THE OXFORD HANDBOOK OF
LAW, REGULATION, AND TECHNOLOGY

牛津法律、 规制和技术手册

[英] 罗杰·布朗斯沃德 (Roger Brownsword)

埃洛伊斯·斯科特福德 (Eloise Scotford)

凯伦·杨 (Karen Yeung)　　主编

周辉　胡凌　张欣　马允　孙南翔　等译

中国社会科学出版社

图字：01-2018-5744号

图书在版编目（CIP）数据

牛津法律、规制和技术手册/（英）罗杰·布朗斯沃德（Roger Brownsword）等主编;
周辉等译.—北京:中国社会科学出版社，2021.12

书名原文: The Oxford Handbook of Law, Regulation, and Technology

ISBN 978-7-5203-7982-3

Ⅰ.①牛… Ⅱ.①罗… ②周… Ⅲ.①科学技术管理法规—英国—文集
Ⅳ.①D956.121.7-53

中国版本图书馆CIP数据核字（2021）第038270号

The Oxford Handbook of LAW, REGULATION, AND TECHNOLOGY
ROGER BROWNSWORD, ELOISE SCOTFORD, KAREN YEUNG
©the several contributors 2017
"THE OXFORD HANDBOOK OF LAW, REGULATION AND TECHNOLOGY was originally published in English in
2017. This translation is published by arrangement with Oxford University Press. China Social Sciences Press is solely
responsible for this translation from the original work and Oxford University Press shall have no liability for any errors,
omissions or inaccuracies or ambiguities in such translation or for any losses caused by reliance thereon."

出 版 人　赵剑英
责任编辑　许 琳　夏 侠
责任校对　李 剑　姜雅雯
责任印制　郝美娜

出　　版　中国社会科学出版社
社　　址　北京鼓楼西大街甲 158 号
邮　　编　100720
网　　址　http://www.csspw.cn
发 行 部　010-84083685
门 市 部　010-84029450
经　　销　新华书店及其他书店

印刷装订　北京市十月印刷有限公司
版　　次　2021年12月第1版
印　　次　2021年12月第1次印刷

开　　本　787×1092　1/16
印　　张　71.25
字　　数　1477千字
定　　价　468.00元

中文版序

罗杰·布朗斯沃德（Roger Brownsword）、埃洛伊斯·斯科特福德（Eloise Scotford）、凯伦·杨（Karen Yeung）主编的《牛津法律、规制和技术手册》是一本兼具体系性、技术性、前沿性、开放性的理论著作，全方位地呈现了近年来西方在"法律和科技"研究领域理论与实践的发展。

近年来，随着技术创新的不断更迭，传统的法律规制体系面临着新问题和新挑战。可以说，新技术的发展对于法律规制体系的影响是深层次的、具有颠覆性的。信息技术正在与经济社会生活的每一面深度融合，诸如无人驾驶、人脸识别、智能机器人、智能医疗等应用层出不穷，人机交互不断加深，技术对于提升国家竞争力、维护国家安全、提高人民生活水平都具有十分重要的意义。在这一语境下，法律的有效性、适用性、合法性都需要展开全新的评估。《牛津法律、规制和技术手册》一书关注法律、规制和技术的交叉领域，深刻地揭示了三者之间的联系与互动，探讨技术对于法律秩序的颠覆、对于规制框架的颠覆以及由于这些颠覆所带来的监管挑战等问题。

在2019年正式取得本书翻译授权后的工作过程中，中国科技规制相关立法取得多项标志性进展，《民法典》《生物安全法》《数据安全法》《个人信息保护法》等重要法律相继出台，深刻地影响着通信信息、商业贸易、公共安全、医学卫生、宣传文化等科技领域。但是，新兴技术不断发展，新兴领域的规制仍是法治建设的热点、难点和重点。本书的译介，正是希望为科技强国、网络强国、健康中国战略的实施和良法善治的法治中国建设，提供广视角的、丰富内容的"他山之石"。我们也期待这本佳作的翻译，能为领域内的立法者、监管者、研究者、从业者提供智识上的增益。当然，原书作者的观点和结论都有特定的时空视界，我们的思考和借鉴只有在中国的国情与人类共同命运的平衡下，才能获得正确的启迪。

《牛津法律、规制和技术手册》的翻译是一个巨大的工程，首先要感谢所有参与翻译的同仁：本书引言、第1、2、3、4、5章由中国社会科学院法学研究所周辉副研究员和中国法学会网络与信息法学会秘书处助理刘鑫翻译；第6、8章由百度高级法律顾问姜鹏翻译；第7、11、17、19、20、29、30章由北京大学法学院胡凌副教授翻译；第9、24、25、26章由对外经济贸易大学法学院张欣副教授翻译；第10章由香港大学法律学院博士研究生狄行思翻译；第12、23、28、40章由中国社会科学出版社副编审许琳博士翻译；第13、32章由中国社会科学院法学研究所徐玖玖助理研究员翻译；第14、44章由中国社会科学院法学研究所刘灿华助理研究员翻译；第15、16、48、49、50、51、52章由中国政法大学法学院马允副教授翻译；第18、21、36、39、42、43、45章由中国社会科学院国际法研究所孙南翔副研究员翻译；第22、31章由北京航空航天大学法学院赵精武助理教授翻译；第27、47章由对外经济贸易大学法学院博士研究生高奇翻译；第33、34、41章由中国人民大学博士后刘笑岑翻译；第35、37、38、46章由中国政法大学法治政府研究院林华副教授和美国乔治城大学法律中心博士研究生徐靖仪翻译。

此外，重庆邮电大学夏燕教授，中国社会科学出版社副编审许琳博士，对外经济贸易大学法学院张欣副教授，中国社会科学院国际法研究所谭观福助理研究员，中国政法大学外国语学院戴嘉佳老师，香港大学法律学院博士研究生狄行思，美国圣路易斯华盛顿大学法学院朱悦博士，中国法学会网络与信息法学会秘书处助理刘鑫，对外经济贸易大学法学院博士研究生高奇，香港大学法律学院博士研究生王伟，对外经贸大学的雒心怡、王孟哲、袁俊、胡馨月、李昊冉同学，英国南安普顿大学经济系硕士研究生，以及中国社会科学院大学的王睿、杜麟玉同学参与了本书译稿的校对工作；刘鑫、徐玖玖为翻译团队的日常工作提供了大量细致、周到的支持；许琳副编审除了亲自参与翻译工作，还为本书版权的引进和顺利出版提供了巨大帮助，对他们的辛苦付出表示特别感谢！

"法律和科技"的命题既是一项宏大而厚重的理论问题，也是一道创新而前沿的专业考题。科技在不断进步，法律也要不断前行。正如原书序言中所指出的那样：这只是旅程的开始，而不是结束。从译者的角度出发，这句话承载着更多的含义。本书的翻译也是一个开端，继续将更多优秀的作品引进国内，友朋共飨，不亦乐乎！在不久的将来，《牛津平台责任手册》（*Oxford Handbook of Online Intermediary Liability*）也将译就出版。我们衷心地希望《牛津法律、规制和技术手册》的中译本能够成为一本跨领域、跨学科、跨专业的启迪之书，与各界的先进一同含英咀华、钩玄提要。原著巨制鸿篇，译者们虽心力虔诚，难免有错漏不妥之处。恳请各位读者不吝指正，感激不尽。

周辉

2021 年 11 月 20 日

于中关村

中文版凡例

一、本书是罗杰·布朗斯沃德、埃洛伊斯·斯科特福德、凯伦·杨主编的《牛津法律、规制和技术手册》一书的全译本，所据版本为英国牛津大学出版社 2017 年版第一次印刷本。

二、书中人名和专用术语一般按通行译法译出。除个别比较冷僻的术语和易致误解的译名外，一般不加译注。译者注释置于页下，并注明"译者注"字样，以与全部排在正文后的原著注释相区别。

三、本书切口处的数字系原书页码。因中英两文本版式不一，故边码未必完全切合。

四、本书注释引用各种语种参考文献甚多，译者不可能完全了解各类文献内容，译为中文，反易讹误，故文献名称以及著（编）者、出版地等均照录原文。此虽有助于读者查检有关文献，对不谙西文的读者毕竟略嫌不便，尚乞鉴谅。

五、为忠实反映原著学术面貌，并方便读者检索，本译本以外外文与中文对照的方式保留了原著的全部索引。索引条目后的数字系原著页码，读者可按本书边码检索。

译者简介

周　辉　中国社会科学院法学研究所网络与信息法研究室副主任（主持工作）、副研究员、科技与法研究中心副主任，中国社会科学院大学法学院副教授，北京大学法学博士、国家行政学院公共管理学博士后，兼任中国法学会网络与信息法学研究会副秘书长、中国互联网协会个人信息保护工作委员会副秘书长、《网络信息法学研究》执行主编，荣获全国法学会系统先进个人、中国社会科学院优秀对策信息对策研究类一等奖、第六届"董必武青年法学成果奖"二等奖等多项部级荣誉奖励，主持国家社科基金等国家级、部级各类项目十余项，在《环球法律评论》《法制与社会发展》《人民日报》等报刊发表论文、文章数十篇

　　研究领域：网络治理、数据隐私、行政法、知识产权

　　代 表 作：《变革与选择：私权力视角下的网络治理》《算法权力及其规制》
　　　　　　　《人工智能治理：场景、原则与规则》

刘　鑫　中国社会科学院大学硕士，中国法学会网络与信息法学研究会研究助理，北京宏福集团董局办秘书

　　研究领域：网络治理、平台规制、法经济学

姜　鹏　中国社会科学院研究生院法学博士、美国宾夕法尼亚大学法学院访问学者，在《华东政法大学学报》等刊物发表论文多篇。现任百度高级法律顾问，负责人工智能业务数据合规工作

　　研究领域：行政法与政府规制、数据隐私、平台责任、司法审查

　　代 表 作：《规制网络平台的模式与平台责任的边界》《不履行法定职责行政案件司法审查强度之检讨》

胡　凌　北京大学法学院副教授，香港大学法学博士，曾担任上海财经大学法学院副院长，兼任中国法学会比较法学研究会理事，在《中外法学》《法学家》等刊物发表论文数十篇

研究领域：法律理论、网络法

代　表　作：《探寻网络法的政治经济起源》

张　欣　对外经济贸易大学法学院副教授、院长助理、党委委员、数字经济与法律创新研究中心执行主任，对外经济贸易大学惠园优秀青年学者。北京大学法学博士，美国哈佛大学、哥伦比亚大学、加州大学伯克利分校以及新加坡国立大学访问学者，兼任中国法学会网络与信息法学研究会理事、中国法学会立法学研究会理事、《经贸法律评论》编辑

研究领域：算法治理、个人信息保护、法律社会学、立法学

代　表　作：《算法影响评估制度的构建机理与中国方案》《算法解释权与算法治理路径研究》

狄行思　香港大学法律学院博士研究生（金融法方向），香港大学亚洲国际金融法研究院博士生研究员

研究领域：金融科技、比较法、民商法

代　表　作：《论智能合约的风险负担及责任分担》

赵精武　法学博士，北京航空航天大学法学院助理教授，中国法学会网保险法学研究会理事、工业和信息化法治战略与管理重点实验室办公室主任、网络空间国际治理研究基地办公室主任、中国科协 – 北航科技组织与公共政策研究院研究员

研究领域：个人信息保护、网络治理、数据治理

代　表　作：《数字正义——当纠纷解决遇见互联网科技》《网络安全漏洞挖掘的法律规制研究》《民法典视野下人脸识别信息的权益归属与保护路径》

许　琳　中国社会科学出版社副编审，中国社会科学院研究生院法学博士、中国社会科学院生态文明研究所经济学博士后，兼任中国法学会网络与信息法学研究会理事

研究领域：网络信息法、环境治理与法、技术治理与法

代　表　作：《日本公民环境权的行政保障》《全球气候治理与中国的战略选择》

徐玖玖　中国社会科学院法学研究所助理研究员，西南政法大学法学博士

研究领域：网络信息法、经济法、行政法

代　表　作：《人工智能的道德性何以实现？——基于原则导向治理的法治进路》

刘灿华　中国社会科学院法学研究所助理研究员、文化法制研究中心副秘书长，北京大学法学博士（刑法方向），中国社会科学院法学研究所、中国应用法学研究所博士后（刑事诉讼法方向），兼任中国法学会网络与信息法学研究会理事、中国法学会案例法学研究会副秘书长、《网络信息法学研究》副主编

研究领域：网络治理、网络犯罪、刑事法

代　表　作：《网络服务提供者刑事责任：理论与实践》《社会治理智能化：实践创新与路径优化》

马　允　中国政法大学法学院副教授、行政法研究所副所长，中国政法大学钱端升青年学者；荷兰伊拉斯姆斯鹿特丹大学法学博士，英国牛津大学、美国印第安纳大学等校访问学者，中国法学会环境资源法学研究会理事；在 Routledge 出版英文专著一部，在 *Journal of Environmental Law*, *Environmental Law Review* 等中英文期刊上发表中英文文章十余篇，主持国家社科基金项目、教育部青年项目等多项课题

研究领域：行政法与行政诉讼法、环境规制与治理、保护地法等

代　表　作：Conservation and Recreation in Protected Areas: A Comparative Legal Analysis of Environmental Conflict Resolution in the United States and China; Dynamics in Central–Local Division of the Authority of EIA Approval in China.

孙南翔　中国社会科学院国际法研究所副研究员，法学博士，兼任中国法学会网络与信息法学研究会理事，中国社会科学院第一届"青年学习标兵"、北京市法学会"百名法学英才"、2016—2018 年度人大复印报刊资料重要转载来源作者。先后在《法学研究》《中外法学》等国内外核心期刊发表论文近 40 篇

研究领域：国际经济法、网络信息法

代　表　作：《互联网规制的国际贸易法律问题研究》《美国经贸单边主义及国际应对》

高　奇　对外经济贸易大学法学院博士研究生（国际经济法方向）

　　　　研究领域：国际经济法、数字法治

　　　　代 表 作：《〈证据新规〉下版权诉讼中的区块链证据：需求、规制及治理应
　　　　　　　　　对》《场景完整性理论在儿童数据保护监管中的应用研究——以
　　　　　　　　　英国〈适龄准则〉和美国 COPPA 为例》

刘笑岑　中国政法大学法学博士，中国人民大学法学博士后，长期供职于互联网企业
　　　　从事数据安全和隐私保护的合规与研究工作，公开发表文章 30 余篇，参与
　　　　多部信息安全标准的起草工作

　　　　研究领域：数据隐私、网络安全、网络犯罪

林　华　中国政法大学法治政府研究院副教授、互联网与法律规制研究中心执行主
　　　　任，中国政法大学法学学士、法学硕士、法学博士，中国社会科学院法学所
　　　　博士后，美国加州大学伯克利分校法学院访问学者。在《中国图书馆学报》
　　　　《教育研究》《环球法律评论》《政治与法律》等权威或核心期刊上发表论文、
　　　　译文 30 余篇

　　　　研究领域：行政法、网络法、教育法

　　　　代 表 作：《公众参与法律问题的行政法研究》《公职人员财产申报法的理论
　　　　　　　　　展开》《网络谣言的法律治理研究》

徐靖仪　美国乔治城大学法律中心法学博士（S.J.D.）候选人，美国乔治敦大学奥尼
　　　　尔全球与国家卫生法研究中心博士研究员，全球卫生公约联盟执行委员会
　　　　会员

　　　　研究领域：全球卫生法，食品药品法，国际医疗援助，医疗系统的改革与完
　　　　善等卫生法相关问题

　　　　代 表 作：How to Protect Intellectual Property Rights for Traditional Chinese
　　　　　　　　　Medicine under the TRIPS Agreement; China's Belt and Road
　　　　　　　　　Initiative and its Impacts on Global Health: Promises, Perils, and Its
　　　　　　　　　Futrue

作者简介

尼古拉斯·阿扎尔（Nicholas Agar），新西兰惠灵顿维多利亚大学伦理学教授

肯尼思·安德森（Kenneth Anderson），美国华盛顿大学法学院法学教授，斯坦福大学胡佛战争、革命与和平研究所访问学者

托马斯·鲍德温（Thomas Baldwin），英国约克大学哲学荣誉退休教授

利里亚·贝内特·摩西（Lyria Bennete Moses），澳大利亚新南威尔士大学法学院高级讲师

本杰明·博林（Benjamin Bowling），英国伦敦国王学院潘迪生法学院犯罪学教授

罗杰·布朗斯沃德（Roger Brownsword），英国伦敦国王学院和伯恩茅斯大学法学教授，谢菲尔德大学名誉教授，新加坡管理大学客座教授

李·A. 拜格雷夫（Lee A. Bygrave），挪威奥斯陆大学法学教授，挪威计算机与法律研究中心主任

O. 卡特·斯奈德（O. Carter Snead），美国圣母大学威廉 P. 和哈泽尔 B. 怀特法学教授，道德与文化中心主任，政治学教授

丽莎·克莱登（Lisa Claydon），英国开放大学法学院高级讲师，曼彻斯特大学名誉研究员

亚瑟·J. 考克菲尔德（Arthur J. Cockfield），加拿大女王大学法学教授

弗朗西斯科·孔提尼（Francesco Contini），意大利国家研究委员会研究员

安东尼奥·科德拉（Antonio Cordella），伦敦政治经济学院信息系统讲师

托马斯·科蒂尔（Thomas Cottier），瑞士伯尔尼大学欧洲和国际经济法荣誉退休教授，世界贸易研究所高级研究员

罗宾·昆蒂斯·克雷格（Robin Kundis Craig），美国犹他大学 S.J. 昆尼法学院詹姆斯 I. 法尔名誉教授

肯尼思·道－施密特（Kenneth G. Dau-Schmidt），美国印第安纳大学毛雷尔法学

院威拉德和玛格丽特·卡尔劳动与雇佣法教授

唐娜·迪肯森（Donna Dickenson），英国伦敦大学伯克贝克学院医学伦理和人文学科荣誉退休教授

巴尔贝尔·多贝克·荣格（Bärbel Dorbeck-Jung），荷兰特温特大学法规与技术荣誉退休教授

诺拉·A. 德雷柏（Nora A. Draper），美国新罕布什尔大学传播学助理教授

马库斯·杜威尔（Marcus Düwell），荷兰乌得勒支大学伦理学研究中心主任，哲学伦理学主席

伊丽莎白·费雪（Elizabeth Fisher），英国牛津大学法学院环境法教授，基督圣体学院

维克多·B. 福莱特（Victor B. Flatt），美国北卡罗来纳大学法学院托马斯 F. 和伊丽莎白·塔夫特杰出环境法教授，气候、能源、环境和经济中心主任

马萨·加里奇（Maša Galič），荷兰蒂尔堡大学法学院博士生

科林·加瓦安（Colin Gavaghan），新西兰法律基金会新兴技术中心主任，奥塔哥大学法学院副教授

莫拉格·古德温（Morag Goodwin），荷兰蒂尔堡大学法学院全球法律与发展委员会主席

约翰·盖尔克（John Guelke），英国华威大学政治与国际研究系研究员

约翰·哈里斯（John Harris），英国曼彻斯特大学阿莱恩斯勋爵生物伦理学教授、科学伦理与创新研究所所长

乔纳森·赫林（Jonathan Herring），英国牛津大学埃克赛特学院法学助教、研究员

弗勒·约翰斯（Fleur Johns），澳大利亚新南威尔士大学法学副院长、教授

罗宾·布莱德利·卡尔（Robin Bradley Kar），美国伊利诺伊州立大学法学院法学和哲学教授

科尔曼·基南（Colman Keenan），英国伦敦国王学院博士生

尤他·科尔（Uta Kohl），英国威尔士亚伯大学高级讲师、研究副主任

伯特－贾普·库普思（Bert-Jaap Koops），荷兰蒂尔堡大学法学院教授

大卫·R. 劳伦斯（David R. Lawrence），英国纽卡斯尔大学博士后研究员

玛丽亚·李（Maria Lee），英国伦敦大学学院法学教授

罗伯特·李（Robert Lee），英国伯明翰大学法学院院长，法律教育和研究中心主任

马克·莱瑟（Mark Leiser），英国斯特拉斯克莱德大学博士生

菲利帕·伦佐斯（Filippa Lentzos），英国伦敦国王学院社会科学、健康和医学系

高级研究员

梅格·莱塔·琼斯（Meg Leta Jones），美国乔治城大学助理教授

菲比·李（Phoebe Li），英国萨塞克斯大学高级讲师

约翰·林多（John Lindo），美国芝加哥大学博士后学者

理查德·麦考瑞（Richard Macrory），英国伦敦大学学院环境法教授，英国布力克律师行大律师成员

斯蒂芬妮·A. 马龙（Stephanie A. Maloney），温斯顿－斯特劳恩律师事务所律师

格雷戈里·N. 曼德尔（Gregory N. Mandel），美国天普大学天普法学院院长、彼得·J. 利亚科拉斯法学教授

安伯·马克斯（Amber Marks），英国伦敦大学玛丽女王学院刑事法与证据学讲师，刑事司法中心联合主任

希拉·A.M. 麦克林（Sheila A. M. McLean），英国格拉斯哥大学法学院法学和医学伦理学名誉退休教授

约翰·麦克米兰（John McMillan），新西兰奥塔哥大学生物伦理中心主任兼系主任

迪纳莎·门迪斯（Dinusha Mendis），英国伯恩茅斯大学知识产权法教授，知识产权政策与管理中心联合主任

杰森·米勒（Jason Millar），加拿大卡尔顿大学哲学系博士候选人

乔纳森·摩根（Jonathan Morgan），英国剑桥大学基督圣体学院法律研究中心主任、副院长、研究员

史蒂芬·J. 摩斯（Stephen·J.Morse），美国宾夕法尼亚大学费迪南德·韦克曼·哈贝尔法学教授、心理学与精神病学法律教授、宾夕法尼亚大学神经科学与社会中心副主任

特莉丝·墨菲（Therese Murphy），英国诺丁汉大学法律批判学教授，贝尔法斯特女王大学法学教授

安德鲁·默里（Andrew Murray），英国伦敦政治经济学院法学教授

黛安·尼可（Dianne Nicol），澳大利亚塔斯马尼亚大学法学教授，学术委员会主席

简·尼尔森（Jane Nielsen），澳大利亚塔斯马尼亚大学法学院高级讲师

托尼亚·诺维茨（Tonia Novitz），英国布里斯托大学劳动法教授

本杰明·庞汀（Benjamin Pontin），英国卡迪夫大学卡迪夫法学院高级讲师

罗斯玛丽·雷弗斯（Rosemary Rayfuse），澳大利亚新南威尔士大学杰出法学教授，瑞典隆德大学法学院联合教授

杰西·L. 雷诺兹（Jesse L. Reynolds），荷兰乌得勒支大学法学院水、海洋与可

持续发展法研究中心博士后研究员

乔瓦尼·萨尔托尔（Giovanni Sartor），意大利博洛尼亚大学法律信息学兼职教授，欧洲大学学院（佛罗伦萨）法律信息学和法律理论兼职教授

埃洛伊斯·斯科特福德（Eloise Scotford），英国伦敦大学学院环境法教授

珍妮·斯内林（Jeanne Snelling），新西兰奥塔哥大学生物伦理中心讲师、研究员

汉·桑姆森（Han Somsen），荷兰蒂尔堡大学法学院副院长，正教授

汤姆·索雷尔（Tom Sorell），英国华威大学政治学和哲学教授

安德鲁·斯特林（Andrew Stirling），英国萨塞克斯大学科学技术政策学教授

特克·蒂曼（Tjerk Timan），荷兰蒂尔堡大学研究员

约瑟夫·塔洛（Joseph Turow），美国宾夕法尼亚大学安纳伯格传播学院罗伯特·刘易斯·沙勇传播学教授

史蒂芬·瓦达姆斯（Stephen Waddams），加拿大多伦多大学法学院首席教授兼古德曼－希佩尔教授

大卫·S.沃尔（David S. Wall），英国利兹大学法学院刑事司法研究中心犯罪学教授

马修·C.瓦克斯曼（Matthew C. Waxman），美国哥伦比亚大学法学院利维乌·利布雷斯库法学教授，罗杰·赫托格法律和国家安全项目主席

凯伦·杨（Karen Yeung），英国伦敦大学国王学院法学教授兼技术、法律与社会中心主任，澳大利亚墨尔本大学法学院杰出访问学者

原著致谢

周　辉　译

这本书最早的构思始于 2008 年，当时还处于早期技术时代：苹果手机上市仅一年；脸谱网（Facebook）才 4 岁；至少在大众意识中，关于人工智能的讨论只是在科幻小说的范畴之内；并且近年来生物科学领域的革命性研究基因编辑技术的力量尚未被发现。本书从动议至最终诞生的这段时期，发生了很多事情。科学发展和科技创新的步伐一直令人叹为观止。虽然法律和法规及监管治理机构以各种方式对这些发展做出了反应，但它们往往没有能力应对法律和其他决策者在寻求了解和把握快速变革的技术发展的重要性方面所面临的挑战。作为本书的主编，我们原计划的出版日期要早得多。但时间不会停滞不前，既不会为了科学或技术而创新，也不会为了受其发展影响的人民包括我们自己的生活而停滞不前。特别是，从本书的构思到完成，这一过程伴随着我三个孩子的出生，到本书付印时，我的第四个孩子也要到来。

尽管书籍和婴儿明显不同，但它们的出现也有几点相似之处。在我们的案例中，两者都是从一个看似简单而引人注目的想法开始的。他们在孕育中经历了多次转折，这一过程无疑是必需的，他们的成长轨迹通常偏离了人们可能的预期或期望。对其支持的可获得程度及支持提供的质量可以在很大程度上决定父母的体验质量和最终产出的形态。为此，我们非常感谢我们的作者，感谢他们的深思熟虑和敏锐的洞察力，特别是感谢那些不久前完成了书稿并耐心等待刊行的人。我们感谢伦敦国王学院 Dickson Poon 法学院，它在本书的整个发展过程中为我们提供了共同的知识家园，也是我们于 2007 年成立的技术、伦理、法律和社会中心的所在地。我们特别感谢该学院为本书编写、研究，以及 2014 年夏天在巴塞罗那举行的作者会议提供资金支持。作者的会议使我们能够交流思想、完善论点，并有助于培养一个新兴的学者群体，致力于技术发展前沿及其与法律和监管治理的联系的相关批判性研究。我们还要感谢牛津大学出版社编辑团队的帮助，他们全程参与了本书的编写，包括艾玛·泰勒（Emma Taylor）、杰玛·帕森斯（Gemma Parsons）、埃利诺·希尔兹（Elinor Shields）；其中特别感谢亚历克斯·弗拉奇（Allex Flach），他在从本书的构思到最终形成电子书及纸质书的过程中，一直是稳定和有指导意义的存在。

尽管支持团体对完成这一雄心勃勃的工作十分重要，但当进展到艰难时刻，往往会有关键人物雪中送炭。在这本书的发展过程中，我们两个生下孩子的人非常幸运地得到了伴侣的忠诚奉献和爱的支持，没有他们，怀孕的痛苦有时会难以忍受（至少对我们中的一个人来说是如此），没有他们，我们就无法在养育年轻家庭的同时安排我们的智力活动。在出版这本书的过程中，我们要向一个人表达深切和衷心的感谢：他就是克里斯·佩雷斯·希克斯（Kris Perez Hicks），他曾是我们的学生，后来担任了研究助理和项目经理。克里斯的援助不仅对完成这本书不可或缺，而且当我们无法支付他的工资时，他还继续提供着坚定不移的支持。虽然克里斯没有被任命为这本书的编辑，但他一直是忠诚、坚定的伙伴，没有他，本书孕育的过程会更加艰难；我们祝愿他在职业生涯和个人旅程的下一阶段一切顺利。埃洛伊斯（Eloise）还感谢穆巴拉克·瓦西姆（Mubarak Waseem）和索南·戈尔丹（Sonam Gordhan），他们是她在2015—2016年休完产假回来后非常宝贵的研究助理。我们三人彼此也很感激：共同努力，分享和完善我们的见解和想法，为一路上不断出现的问题寻找智力灵感和共同解决办法，这是一种荣幸，也是一种快乐，我们相信这不会意味着我们学术合作的结束。

虽然从孕育到出生的过程是一个重要的里程碑，但在许多方面，它只是旅程的开始，而不是结束。世界的状况不是我们可以预测或控制的，尽管毫无疑问科学发展和技术创新将是本世纪的一个特征。在这个不可预测的世界里，我们对孩子的希望总是很高，我们对这本书的希望和抱负亦是如此。我们对这本书的持久希望是，加强对法律、规制和技术之间诸多联结的理解，增加刺激技术发展的机会，促进人类繁荣，同时最大限度地减少由于这样或那样的原因而不可接受的应用。无论读者以前是否与法律、规制或技术进步有联系或体验，他们都会感受到这本书内容的丰富、复杂、多样、挑战性，并且涉及的问题体现紧迫的需求和关键的跨学科参与。在学术方面，我们希望，通过汇集一系列学科和多元学术观点来对技术发展和各种社会领域做出贡献。这本书表明，探索技术前沿法律和监管治理的学术研究可以被理解为一项雄心勃勃的学术努力的一部分，其中可以确定一系列共同关注的问题、主题和挑战。尽管从现在起50年后，本书中讨论的技术发展可能看起来可能脱离现实，但我们认为，它们引发的在法律、社会和治理方面的挑战和见解将会更加持久。这本书旨在成为我们对彼此和我们的孩子（无论是年轻的还是成熟的成年人）的对话的开始，以便塑造目前正在进行的技术变革，并为一个共同繁荣的世界奠定基础。

罗杰·布朗斯沃德

埃洛伊斯·斯科特福德

凯伦·杨

伦敦

2017年3月

目　　录

第四篇　技术变革：对法规和治理的挑战

壹　规制新技术

贰　技术等于规制

第五篇　六大政策面向

壹　医学

PART 01
第一篇

前　言

法律、规制和技术：
领域、框架和焦点问题

罗杰·布朗斯沃德（Roger Brownsword）

埃洛伊斯·斯科特福德（Eloise Scotford）

凯伦·杨（Karen Yeung）

周　辉　译

与其他牛津手册一样，《牛津法律、规制和技术手册》希望向读者展示该学术领 3域内的研究前沿。有的研究领域较为成熟，学术边界固定，研究路径明确，但更多的是"仍在进展中的研究工作"。在"法律和信息技术"领域（有时被称为"法律和科技"）中，尽管有观点认为其中的一些领域可归为边界已确定的学术领域，但我们所研究的"法律、规制与技术"领域明显属于后一类，即边界不明确的研究领域。这一领域是"受监管的领域"中最为活跃的领域之一——该领域几乎每一天都公布一项新技术或新应用——这也是技术创新对传统法律施加压力的体现（比如关于"财产""专利权""同意权"的内容等），并且其进一步推动改造用于企业监管的机构和工具。

我们应当重视今天科技创新那迅速得让人喘不过气来的步伐和其强大的渗透力。众所周知，以"摩尔定律"为例——密集集成电路中的晶体管数量大约每两年翻一番。只要该定律继续生效，机器的计算能力就会像复利一样迅速增长，其会产生进一步的转化效应。例如测量每个人的基因组的成本不断下降，与此同时大量叠加的数据成为不断扩大的数据海洋。当下很多被公众认为理所当然的东西——特别是现代信息 4和通信技术——都是近些年才产生的。仅仅从二十多年前开始：

Amazon.com 刚开始起步，人们可以通过它的数字店面从高效的仓库系统进行订购。同年，eBay 诞生，1996 年 eBay 主办了 25 万场拍卖会，1997 年发展为

200 万场。谷歌于 1998 年注册成立。第一台 iPod 于 2001 年开始销售，iTunes 商店于 2003 年在网上开业。Facebook 在 2004 年上线。YouTube 直到 2005 年才出现（Harkaway 2012：22）。

一如威尔·胡顿（Will Hutton 2015：17）所言，现在我们确实处于"世界历史上一个剧烈变化的时刻"，我们的孩子们可以期望"生活在智慧城市，以智能交通出行，以智能能源为动力，通过智能手机沟通，使用智能银行共同组织金融事务，并在更智能的网络中进行社交"。如果胡顿的发言是正确的，那么我们必须假定，法律和规制将不可能不受这种无孔不入的技术智慧的影响。那些与法律和监管机构有关联的人将被卷入这场大剧，这些人在获得新机遇的同时也面临这些新技术所带来的干扰甚至是颠覆性的冲击。

在技术快速变革的背景下，法律和监管行为的领域边界并不明显，也没有清晰的分析框架。本书引言部分首先是构建研究领域——法律、规制和技术的关键术语，并探讨我们如何确定供分析的调查和焦点问题。我们提出：围绕"颠覆"概念，本书提出三个一般性主题的基本问题：（1）科技颠覆法律秩序；（2）科技更广泛地颠覆监管现有框架，从而引起公众对监管合法性的担忧；（3）在技术迅速更迭的背景下，我们建设和维护"合目的"的管理环境所面临的挑战。然后，我们解释了本书的结构框架和组织构成，并介绍了每一部分的概念和贡献。最后，我们对这一正在兴起的法律研究领域提出了一些总结性意见和建议，包括它将如何为立法者、监管者和决策者的工作提供信息，以及它如何在法学院课程中渗透传播。

一　研究领域和术语界定

在"法律和科技"研究的早期阶段，"科技"往往意味着对计算机或数字信息和通信技术的某种兴趣。而本书所建构的技术领域中最引人注目的是其宽广度。本书并不是那种专门介绍某种特定的技术流或某类技术的法律和规章的手册——比如说，它不是一本专门介绍法律和因特网（Edwards and Waelde 1997）或是信息技术法（Murray 2010）或是计算机法（Reed 1990）或是云计算法（Millard 2013）或是网络空间监管（Murray 2007）的书；也不是法律和人类遗传学手册（Brownsword, Cornish and Llewelyn 1998），抑或关于生物技术的创新和法律责任的图书（Smyth and others 2010），也不是法律和神经科学（Freeman 2011）或纳米技术管理手册（Hodge, Bowman, and Maynard 2010）。这本书涵盖了广泛的现代技术，其包括信息和通信技术、生物技术、神经技术、纳米技术、机器人技术等，其中每一项技术都经常通过高级别报告宣称自己是值得监管机构关注的重要技术。

然而，本书不仅涉及广泛技术领域，法律和监管部分同样涉猎广泛。本书的研究领域并不限定于特定的相关立法内容（如英国 1990 年《计算机滥用法》、1998 年《美国数字千年版权法》、2016 年《欧盟一般数据保护条例》或欧洲委员会《奥维多公约》①等），也不限于评估特定技术与某些领域或法律领域之间的关系，如世界贸易法与基因工程的关系（Wüger and Cottier 2008）；或者遥感技术与刑法、侵权法、合同法等的关系（Purdy 2014）。本书还涉及在国家、国际和跨国范围内产生的、缺乏"硬"法律效力的各种规制方式（以及支持它们的社会和政治机制）。我们可以将这些规制方式理解为有意寻求指导与新技术的研究、开发和使用有关的人员和机构的行为。确实，管理与规制学者倾向于声称：如果不考虑这些更广泛的规范，以及不考虑影响到如何理解和适用这些规范的体制动态，我们可能无法对法律在任何特定领域的运作方式做出实事求是的说明。因此，在法律、规制及科技这几个方面，我们的研究领域都是广泛的。

本书所涉及领域的宽度显示出了关于"法律""规制"和"技术"的含义的问题，本书的书名可能暗示这些是互不关联的概念。然而，这些都是有争议且可能相互交叉的概念，如果我们采用缩小它们三者含义之间距离的标题，本书就会失去概念重点。例如，如果"法律"被广义地理解，那么它可能涵盖通常被理解为"规制"的内容；而且，由于法律和规制都显示出明显的工具性特征（它们可以解释为特定目的的手段），它们本身可能就是"技术"的例子。不仅如此，把最后一点放在前面，可以说，当使用"代码"技术时，它的调控效果本身就代表了一种特殊的"法律"（Lessig 1999）。

解决上述概念界定难题一个可能的回应是干脆将其排除在外，把重点放在更实际的问题上。这并不是把概念性思维当成不重要的部分而忽略；而是这些概念几乎没有资格成为全球政策的主要挑战之一。如果发展中国家的人们不能得到相应水平的医疗、食品、干净的水等，那我们必须要提出问题，即法律、规制与技术是否可以有助于这种情况的改善。在应对这些全球性挑战的过程中，无论是考虑威斯特伐利亚（Westphalian）方式②，还是以包括监管治理在内的广泛多元的方式，两者没有实质的不同（例如，见 Tamanaha 2001）；我们将"法律"视为排除于"科技"外，还是包含在"科技"概念内，这并没有实际区别。

但是为了确定本书的研究领域，我们邀请撰稿人采用下列定义，以反映法律、规制和技术之间交叉的较为重要的部分。对于"法律"，我们提出了一个较为常规的以

---

①　《在生物学和医学应用中保护人权和人类尊严公约》，欧洲委员会《人权和生物医学公约》，1997 年 4 月 4 日。

②　译者注：即象征欧洲三十年战争结束而签订的一系列和约，其确定了以平等、主权为基础的国际关系准则。

国家为中心的定义，即法律作为权威的规则，在强制力的支撑下在国家层面由合法构建的（民主的）单一民族国家实施，并在超国家背景下由主权国家间自愿做出的有约束力的承诺构成（国际公法为典型范例）。关于"规制"，我们首先请撰稿人从菲利普·塞尔兹尼克（Philip Selznick 1985）提出的定义出发，随后朱莉娅·布莱克（Julia Black）进一步将其定性为"按照既定标准故意利用职权影响另一方行事，其包括信息传播手段和行为修改"（2001）。根据此语对规制的理解，法律只是一个有目的性地试图塑造行为和社会结果的部门，当然，影响行为和社会结果的手段还有很多，比如市场、社会规范和技术本身（Lessig 1999）。最后，我们对"技术"的实用定义涵盖了物质的实体和非物质的过程。创造这些实体和过程是为了在有关行为或实践的状态中实现某种价值或演变而进行的精神或物质努力。因此，技术被认为包括可能用于解决现实问题或改善现状的工具、机器、产品或方法（见 Bennett Moses，本书）。

　　这些实用定义的目的仅是为进行广泛、交叉领域的研究奠定基础。关于这些术语和领域（含其中某些部分）概念的讨论可以促进对概念本身的理解。例如，在本书中，伊丽莎白·费雪（Elizabeth Fisher）探讨了如何在环境法领域中结合法律和技术生成理解。汉·桑姆森（Han Somsen）认为，当前是技术驱动环境变化的时代——即人类世迫使我们重新构建对环境法的理解。这种概念研究非常重要。因此，虽然本手册的具体内容需要一个初步的参考框架，但是我们的研究意图并非对法律、规制或技术的定义进行严格的限定，也不阻止撰稿人制定和使用自己所定义的概念。

二　框架与焦点

　　考虑到本书所涉领域的广度，公众可能会怀疑本书在多种研究领域内所进行的研究是否具有内在一致性（Bennett Moses 2013）。我们所给出的简略的答案是——很可能没有。任何试图在这一研究领域多样性的研究中希望确定总的目的或同一定义的企图，都可能无法认识到个人对其贡献的丰富性和其相关见解的深度。尽管如此，我们认为"颠覆"的概念是本书的一个总括性的主题，它构成了对技术变革的法律和监管的学术质疑。本部分探讨了这一总括性主题的三个维度——法律颠覆、规制颠覆以及为应对技术颠覆所构建的适应性目的的监管环境的挑战。技术创新的"颠覆性"潜力在有关理解其对既定市场秩序的微观经济影响的文献中最为常见（Leiser and Murray，本书）。在这篇文献中，克莱顿·克里斯坦森（Clayton Christensen）提出了一个著名的论断："延侯性创新"和"颠覆性创新"是截然不同的。延侯性创新是指在主要市场的主流客户历来重视的维度上提高现有产品的性能；颠覆性创新则不同，尽管这些颠覆性技术在第一次被引入时通常表现不佳，但它们带来了非常不同的价值主张，并最终成为主流，因为客户被它们的好处所吸引。最终的结果是，老牌公司失败了，新的市场进入者取而代之（Christensen 1997：11）。恰如本书所生动地展示的，技术创新不仅仅颠覆市场秩序：新技术也造成法律秩序和监管秩序的颠覆，可以说，因为它们可以颠覆"根本价值观"，而这些"根本价值观"又是现有社会秩序合法性的来源，也是现有法律和监管框架的源头。因此，技术创新，尤其是"颠覆性"创新，带来了复杂的挑战，也就不足为奇了。这些挑战，又与有意为技术培育一种合乎期待的"监管环境"有关。这些技术变革所带来的不同层面的颠覆——法律颠覆、监管颠覆，以及为颠覆性技术创造一个适当的监管环境所面临的挑战，是重叠的，它们以不同方式反映在本书各章中。它们分别和共同提出了面对技术变革挑战的法律和监管治理学者所面临的重要问题。

8

在第一个维度，我们发现了技术创新对法律产生的颠覆性影响的许多方式。如果技术变革像赫顿（Hutton）所描述的那样具有戏剧性和革命性，则社会生活领域无一不受影响，其中包括对法律的影响（Hutton 2015）。新科技的发展正在并将继续对既定法律框架、理论和体制提出挑战。当我们考虑其他重大社会变革如何干扰社会的法律结构（例如历史上的工业革命）或我们今天对气候变化及其影响的认识时，我们可以发现这不是一个新的见解。这些社会剧变挑战并颠覆了我们原本依靠的为我们提供稳定和确定性的法律秩序（Fisher, Scotford 和 Barritt in press）。法律被颠覆的程度可能不同，这种颠覆也可能以不同的方式发生。最为显著的是，我们长期使用的理论规则可能需要重新评估，例如合同法及其对电子商务的适用（Waddams，本书）。正如我们在国际公法和欧盟法中看到的那样，面对新的技术风险，社会可能会出现法律和监管上的空白（Rayfuse 和 Macrory，本书）。同样，技术变革也会引起法律变革，这一点在数字信息通信技术的"科技法律组合"对民事诉讼法的变革的影响中尤其明显（Contini 和 Cordella，本书）。技术变革还可以挑战法律机构的规范性基础，质疑其基本目标或提出如何在创新的背景下实现其目标的问题（例如，Herring, Novitz 和 Morgan 分别对家庭、劳动和侵权法的介绍，本书）。这些不同类型的法律颠覆引发了学者们对其广泛的学术研究，学者们对其作为法律理论基础的目标和价值进行了理论关注和深入分析。

第二，技术创新所导致的颠覆超出了正式法律秩序的范围，扩大到更广泛的监管秩序，这往往会引发人们对现有的监管机构所依赖的监管制度（包括旨在指导和约束受监管地区活动的规范标准）和监管机构与其他机构之间的关系紧密度和互动是否充分的担忧。由于技术创新经常颠覆现有的监管形式、框架和效力，一些人对已有监管的合法性提出质疑并要求对监管制度进行改革，但有时，也有一些改革由监管主体自身主动做出。例如，玛丽亚·李（Maria Lee）研究了法律在促进受技术发展影响的利益相关方和广大公众在民主参与决策中的作用，以便帮助不同主体确定共同立场，从而使监管被视为"可接受的"或"合法的"（不管问题是关于安全还是冲突的利益或

9　价值观）（Lee，本书；Macrory，本书）。莱瑟（Leiser）和默里（Murray）以不同的方式展示了具有跨界影响的技术创新是如何产生的。互联网的发展就是一个主要例证，它催生了一系列监管机构，这些监管机构严重依赖非国家行为者制定有效监管干预措施的努力，并且这些干预措施并不局限于国家边界。

除了影响监管规制的体制，技术创新还可能打乱支持监管规制的想法和理由。20世纪70年代末以来，许多关于监管规制的学术反思都是由需要对市场失灵做出的反应而引发的，新近的学术反思说明：政府监管企业，首要目的在于"监管风险"（Black 2014；Yeung，本书）。这种焦点的转移，既契合于日益流行的"规制治理"而不是"规制"，也突出了逐步"去中心"管理风险的国际尝试，这些风险不仅仅由政府机构承担（有时甚至压根就不是由政府机构承担），也由商业企业或公民社会组织等非政府机构承担。这种转变也反映出，除了狭义经济条件下的市场失灵之外，政府等主体规制企业时需要考虑到社会利益和价值观的多样性。将规制与"风险治理"的理念相结合，在对技术创新产生的"风险"的担忧和对规制必要性的担忧之间提供了更直接的概念联系（Renn，2008）。它还提请注意风险的三个重要方面：第一，"风险"这一标签通常用来表示可能出现的不良现实状态（不利影响）；第二，这种可能性是偶然的和不确定的——指在未来某个时间可能发生或可能不发生的不希望发生的事件；第三，对于个人感知和应对风险的方式，以及面对他们认为最麻烦或最突出的风险，他们通常会有非常不同的反应。安德鲁·斯特林（Andrew Stirling）反思了技术创新所产生的这种不完整的知识，展示了"预防原则"如何在技术政策辩论中拓宽我们对各种选择、实践和观点的关注，鼓励使用更强有力的评估方法，使价值判断更加明确，并提高审议质量（Stirling，本书）。斯特林的分析强调，法律和监管在应对技术发展方面面临的一个根本挑战是如何寻求社会信誉和可接受性，以此提供一个自以为内部技术提升是合法的框架，使在这一框架内的法律和监管机构的合法性都能得到维护。

当然，监管合法性的理念是千变万化的，反映了一系列政治、法律和监管的观点和利益。关于监管机构，朱莉娅·布莱克（Julia Black）将"监管合法性"主要描述为一种经验现象，是侧重于监管机构在其寻求治理的人和其声称代表的人当中拥有"治理权"的看法（Black 2008：144）。然而，她也指出，这些观念通常植根于被认为10　是相关和重要的规范性标准（Black 2008：145）。这些规范性评估经常受到质疑，不同的作者有不同的表述，而且它们因宪法传统而异。尽管如此，布莱克建议（借鉴组织合法性的社会科学研究），这些评估可以大致分为四个主要群体或四个通常所说的"主张"，每个群体不仅在不同群体之间，而且在不同群体内部都有讨论和争议，每个群体都有自己的逻辑：

（1）宪法主张：这些强调符合成文规范（因此包括法律和所谓的"软法"或

非法律的、广义的书面规范）并符合程序正义的法律价值和其他基础广泛的宪法价值，如一致性、相称性等；

(2) 正义主张：强调本组织所追求的价值观或目标，包括正义的概念（例如共和、自由、功利或各种宗教概念的"真理"或"权利"）；

(3) 基于职能或业绩的合法性主张：这些主张侧重于本组织的结果和成果（例如效率、专业知识和效力）以及例如其运作符合专业或科学规范的程度，等等。

(4) 民主主张：这些主张涉及本组织或制度与特定民主治理模式的一致程度，例如代表性、参与性或议事性（Black 2008：145-146）。

尽管布莱克对合法性的规范性主张是在经验背景下形成的，但该领域的许多文献都关注技术的合法性或规范性意义上的监管，尽管有各种各样的锚定点或视角，例如法律的规则或性质、宪法原则或权利或利益的一些其他概念，包括反映"深层价值"的基本权利概念（Brownsword and Goodwin 2012：ch 7；Yeung 2004）。例如，乔瓦尼·萨尔托尔（Giovanni Sartor）认为，人权法可以对不同的技术提供"统一的有目的的观点"，分析技术的部署是否尊重尊严、隐私、平等和自由等基本权利（Sartor，本书）。在这些合法性调查中，我们可以看到律师、监管者和决策者在做出与技术风险相关的集体决策时不可避免地会面临一些一般性挑战（Brownsword 2008；Brownsword and Goodwin 2012；Brownsword and Yeung 2008；Stirling 2008）。

这些挑战也可以从贯穿本书第三个主题中分裂出的许多个人观点中看到。这一主题反映了监管企业的基本目的取向，其质疑在技术迅速变革和创新的时代，监管规制环境是否"充分"。当我们询问监管规制环境是否适当，或者是否"符合目的"时，我们建议对监管规制环境进行审计，要求审查：（1）监管规制规定和目标技术之间的"适合"或"联系"是否适当；（2）监管制度在实现其目的方面的有效性；（3）用于实现这些目的的手段、体制形式和做法的"可接受性"和"合法性"；（4）目的本身的"可接受性"和"合法性"；（5）用于达到这些目的的程序的"接受能力"和"合法性"；和（6）社会认为有价值和值得追求的那些目的和其他目的被优先考虑以及它们之间相互权衡的方式的"合法性"或"可接受性"。

接受这一邀请后，一些学者将关注监管机构和监管工具的发展，这些机构和工具能够与持续不断的技术创新保持良好的联系（Brownsword 2008：ch 6）。在这里，"联系"意味着既要保持监管标准的内容与技术不断发展的形式和功能之间的契合，又要适当调整现有理论或机构，特别是在技术可能以增强现有法律或监管能力的方式部署的情况下（Edmond 2000）。在后一种情况下，技术进步可能会改善现有理论的应用，比如，在刑法中，基于神经科学的见解，评估基于记忆的证据（Claydon，本书），或者它们可以改善现有法律体系的执行，如在线税收程序（Cockfield，本书）。其他学者可能会关注有效性问题，包括大数据分析和遗传物质分析等新技术工具如何有助于更有效地实现法律和监管目标。其他人会衡量监管机构采用的手段是否符合宪法和自由民主价值观；还有一些人会想提出道德和正义的问题——包括隐私或人类尊严等更细微的问题。

即便如此，我们所说的"监管环境"到底是什么意思？通常，在危机、灾难或丑闻之后——无论是全球金融规模还是重大环境事件规模；无论这是大众公司、安然公司还是深水地平线公司；或者，更局部地说，是否存在对医院病人安全或慈善组织监督的担忧——人们经常声称监管环境不再与我们的目的契合，需要被"修复"。有时，这仅仅意味着法律需要修改。但是我们不应该天真地期望简单的"快速修复"是可行的。我们也不应该期望在多样化、自由、民主的社会中，社会能够或愿意有人谈论什么是可接受的目的，从而提出一个问题，即人们是否能够有意义地问一个监管环境是否"合乎目的"，除非我们首先澄清我们指的是什么目的，以及我们关心的是"谁的"目的。然而，当我们说"监管环境"需要调整时，这可能有助于我们理解许多法律、监管和以技术为导向的调查路线在某些方面具有共同焦点。这些不同的调查假设了一个环境，其中包括一系列复杂的信号，从高层次的正式立法到低层次的非正式规范，以及这些规范相互作用的方式。正如西蒙·罗伯茨（Simon Roberts）在他的乔利（Chorley）演讲（2004：12）中指出的：

> 我们现在可能都赞同法律多元化的一些普遍原则。首先，他们对规范领域异质性的坚持似乎完全没有争议。实践中，任何社会领域都可以被公平地描述为由多元的、相互渗透的规范秩序／体系／话语组成。今天，许多人并不想完全赞同（美国）州法律为自己个人规定的系统性的大量要求，律师和社会科学家过去常常不加批判地接受这些要求。

因此，如果危机后、灾难后或丑闻后，我们想要解决问题，仅仅关注高层次的"法律"信号是不够的；相反，需要考虑规范信号的全部范围、它们的相互作用以及受监管社区对它们的接受情况。正如罗伯特·弗朗西斯（Robert Francis）在他对英国中斯塔福德郡国民保健服务基金会信托基金（the Mid-Staffordshire NHS Foundation Trust）的报告中所强调的那样（主要关于在英国中斯塔福德郡医院令人震惊的、一直未能为患者提供充分护理的事件），患者护理的监管环境需要明确无误，不应该有混杂的信息。为了解决这个问题，需要有"共同的价值观，全民共享，把病人和他们的安全放在第一位；需要所有人都承诺为患者提供服务和保护，并在这一努力中相互支持，同时确保国民保健系统中许多坚定的、乐于助人的专业人员有权阻止他们周围的任何不良行为"。③ 然而，这已经暗示了更深层次的问题。例如，当监管者资源不足或在某些其他方面缺乏足够的行动能力时，或者当被监管者不堪重负时，即使对监管目标有共同承诺，简单地重写规则也不会产生多大实际影响。为了使监管环境符合目的，解决腐败问题，纠正不合规文化，可能需要一些更深层次的挖掘、理解和干预（包括额外的资源）——重写规则只会触及问题的表面，甚至加剧问题的负面效应。

　　尽管监管环境涵盖了广泛、多样和复杂的监管信号、机构和组织实践，但这还没有完全传达出新技术的发展会破坏监管格局的意思。诚然，没有人认为"监管环境"就在那里，像尼亚加拉瀑布一样等待每个游客用数码相机来拍摄。在不断变化的社会互动中，有许多监管环境等待构建，每一个都是从特定个人或群体的角度出发。即使在一个国家法律体系相对稳定的监管环境中，也已经存在内在的紧张关系，无论是以规则的"危险补充"、检察和执法机构的酌处权、陪审团公平、警察文化的形式，还是从被监管者回避和不遵守的文化来看。从全球或跨国的角度来看，在"法律以多种方式扩散，法律社区的建设总是有争议、不确定和开放辩论的"（Schiff Berman，2004-5：556），这些紧张关系和动态更加突出。当跨境技术出现扰乱和挑战国家监管控制的情况时，监管环境的构建——更不用说符合目的的监管环境——甚至更具挑战性（Johnson 和 Post 1996）。

　　然而，我们还没有完全触及问题的核心。最根本的问题是，如果世界保持不变，监管治理的挑战将更加严峻：我们希望找到一个具有相对稳定的特征和边界的监管环境；我们想思考一项新兴技术如何符合现有的监管规定（我们有差距吗？我们需要修改一些规则吗？或者一切都合适吗？）；我们希望能够广泛咨询，以确保我们的监管目的得到公众支持；我们希望能够模拟并试行我们提议的监管干预措施（包括利用新技术工具的干预措施）；然后，我们应该能够评估并推出我们的新监管环境，充分测试使其符合目的。但愿这个世界是一个实验室，在这里可以进行严格的双盲、随机、对照试验。即使这是可能的，实现这一切都需要太多的时间。当我们以这种理想化的方式进行咨询和思考时，世界已经向前发展：我们的目标技术已经成熟，新技术已经出现，我们的监管环境已经被进一步破坏和动摇。在提供数字服务方面尤其如此，谷歌、优步和脸书等公司采用的商业模式的前提是全面测试之前所推出的新的数字服务，以便创造新的商业机会，并以技术创新可能实现的方式开拓新的空间，以应对事件发生后任何不利的公共、法律或监管反作用（Vaidhyanathan 2011；Zuboff 2015）。在 21 世纪，我们不得不"仓促"地监管；我们对法规可接受性、法规合法性、适当且适合目的的法规环境的各种要求，并非仅仅受到轻微影响，而是始终被技术变革的

---

　　③　主席声明，第4页，可查阅：http://www.midstaffspublicinquiry.com/sites/default/files/report/Chairman%27s%20statement.pdf。

步伐、技术的全球传播和技术颠覆的深度所动摇。

这促使人们认为，我们对监管环境的概念理解得越广泛、越深入、越用动态的眼光去看，就越有助于我们理解法律、规制和技术之间的多方面关系。与此同时，我们必须认识到，由于形势在不断变化，所以很大程度上，我们对受监管企业的审计必须是灵活的、持续的。我们对这些问题的框架越完善，监管方面的挑战就显得越复杂。

无论好坏，我们可以预期技术发展的加速将成为本世纪的一个特点；而那些对法律和监管感兴趣的人，无法与法律和监管企业自身所处的瞬息万变的环境保持距离。本书希望：对法律、规制与技术间连接的深入了解，可以帮助我们理解现存的监管结构，提振建立符合以下特点的监管环境的概率，如此环境既可促进襄助人类发展的技术，又可同时最小化那些因各种缘由而不合意的（技术的）应用。

三 结构和组织安排

该手册围绕以下四组主要问题进行论述。

首先，本书第二篇考察支撑技术法规和管理的核心价值观。特别是，它考察了哪些价值观和理想为合法监管干预和技术逻辑应用的判断设定了相关的限制和标准，以及这些价值观以何种方式与技术创新相联系。

其次，本书第三篇考察了技术发展带来的与法律理论和现有法律制度相关的挑战。它探讨了技术发展对现有法律概念和程序施加压力、提供信息或可能促进其发展的方式，以及它们何时和如何引发理论变革。

再次，本书第四篇探讨了技术发展促进监管治理的形式、制度和过程等方面创新的方式（如果有的话），并试图理解如何对其进行结构搭建和分析。

最后，本书第五篇考察法律、法规和技术发展如何影响全球政策和实践的关键领域（即医学和卫生；人口、生育和家庭；贸易和商业；公共安全；通信、媒体和文化；食物、水、能源和环境）。它着眼于哪些干预措施有利于人类繁荣，哪些是消极的，哪些是反生产的，等等。它还探讨了法律、规制和技术发展如何有助于满足这些基本的人类需求。

这四组问题将在以下部分介绍和阐述。

四 合法性是对核心规范价值的坚持

在一项新技术可能产生灾难性或极端破坏性影响的情况下（例如基因工程致命病原体可能在人类中迅速传播的可能性），我们可以假设，有能力的人，没有任何理由不将这种发展视为负面。然而，在许多情况下，特定技术发展的破坏颠覆性影响是被视为积极，还是被视为消极，可能取决于它如何影响个人立场的得失。例如，理查德（Richard）和丹尼尔·苏斯金德（Daniel Susskind）在反思信通技术对包括法律职业在内的职业的影响时指出（Susskind and Susskind 2015），尽管信通技术可能威胁到职业目前拥有的对专业知识的垄断，但从"接受者和替代提供者"的角度来看，它们可能具有"社会建设性"（原书第110页），同时使法律知识和专业知识民主化，从而能够更加公平和公正地分配（原书第303—308页）。换句话说，除了在对人类健康、财产或环境的风险方面的技术"安全"，还有一类与维护某些价值观、理想以及这些价值观和理想通常所关联的社会制度有关的完全不同的问题。

　　本书第二部分的重点恰恰是这一类规范性价值观——例如正义、人权和人类尊严等价值观——这些价值观支撑并注入了与技术有关的特定法律和监管立场的合法性的辩论。对于在监管新技术的讨论中反复出现的参考价值，本书作者谈到以下几点：自由、平等、民主、身份、责任（以及我们对代理的基本理解）、公共利益、人权和人类尊严。④ 也许备受争议的人类尊严的价值最能说明人们对新技术对"深层价值"的不稳定影响的焦虑。马库斯·杜威尔（Marcus Düwell）在本书中建议，技术规范评估应以人类尊严为中心，从而要求我们"思考这样一种结构，在这种结构中，技术不再是社会发展的驱动力，而是使人类有可能使按照自己的方式生活；有可能掌控一切和过上充实生活"（Düwell，本书）。本着这种精神，杜威尔指出，如果我们让自己适应尊重人类尊严的原则，我们将逆转发展技术的进程，然后疑惑它们会造成什么样的法律、伦理和社会问题；相反，我们将通过思考尊重人类尊严的要求来指导技术的发展（相较于 Tranter 2011，杜威尔批判法律学者对技术发展的反应方式有些缺乏想象力）。但是杜威尔对人类尊严概念的重建和解读很可能会与那些对人类生物技术的发展持特别批评态度的保守的尊严论者发生冲突，他们认为，将人类胚胎用于研究、干细胞系专利化、种系改良、对人体和身体部位财产的承认、人类生活的商业化和商品化等，都涉及对人类尊严的损害（Caulfield and Brownsword 2006）。

　　由于遵守和兼容各种规范价值是监管合法性的必要条件，因此争论通常集中在监管制度的合法性的特定特征上，无论这些特征是否与监管目的、监管立场还是所使用的监管工具有关，都会引起对这些不同价值的关注。然而，即使更仔细地观察这些参考值，解决这些争论也绝非易事，至少有五个原因。首先，价值观本身是有争议的（例如，参见 Baldwin 的《身份》一章，本书；Snelling 和 McMillan 的《平等》一章，本书）。因此，如果有人认为现代技术会对自由、平等或正义产生负面影响，那么一

16

---

　　④ 《在生物和医学应用方面保护人权和人格尊严公约》：《人权与生物医学公约》，欧洲委员会，1997年4月4日。

个恰当的回应是，这不仅取决于人们想到的是哪种技术，更重要的是，自由、平等或正义对一个人意味着什么。（Brownsword《自由》一章，本书）同样，当我们面对众所周知的"非身份"（指永远不会出生的人）难题时，这种难题在关于生殖技术监管的辩论中，很难摆脱深刻的哲学难题的阴影（Gavaghan，本书）；或者，当今天的监视社会被比作旧的民主德国时，我们可能需要区分斯塔西（译者注：前东德国家安全局）式的监视所代表的"统治"和西方国家未能实现"民主"理想的隐蔽的情报活动（Sorell and Guelke，本书）。即使哲学家能够描绘出令人满意的概念图景，他们也可能难以将某一特定概念指定为"最佳"，或者，在没有一个概念能够被证明是"正确"的情况下，难以找到令人信服的理由来辩论竞争性的概念（对比 Waldron 2002）。

第二，即使我们同意参考价值的概念，问题仍然存在。例如，一些关于某一特定技术合法性的主张可能取决于有争议的事实和因果关系问题。例如，如果有人声称互联网对民主或公共领域发展的总体影响是积极/消极的，在公共领域中可以对公共利益进行辩论（关于公共利益的概念，见 Dickenson，本书）；或者有人声称使用技术管理或基因操纵会违背个人责任感。

第三，价值观可以系统性地挑战技术干预的合法性，或者提出新的、具体的问题以供评估。这些不同类型的规范性挑战体现在司法的价值方面。有时，许多由新技术促成的新的科学见解，促使我们考虑核心伦理、法律和社会的建构是否存在"系统性"的非理性。我们通过这些非理性来理解世界，例如，通过我们的法律和社会机构要求人类对其行为负责，并对其进行道德和法律判断的方式理解责任的概念（例如，Greene and Cohen 2004）。不是科学理解的进步挑战了某些特定法律或法规的有效性，而是法律、法规、道德或任何其他此类规范性规则或体系与科学理解间存在不易辩驳的矛盾。换句话说，这不是一个无辜的人被不公正地定罪的案件。相反，科学家们批评道，当前的刑事定罪和惩罚的法律程序是不公正的，因为技术发展表明，我们并不总是能充分控制自己的行为，因此不能公平地追究其责任（Churchland 2005；Claydon，本书），尽管我们有着与此相反的深刻信念和经验。这种说法具备相当的颠覆性：我们应该停止惩罚和羞辱那些违反规则的人；我们应该认识到追究人类的责任是不合理的。对此，其他人认为，即使我们接受了这一主张，我们应该或随后会放弃与我们的经验非常一致的实践，也并不是不言自明的（Morse，本书）。

科学进步可以影响我们对公平或公正的理解，并不会触及我们理解世界的核心道德和法律概念和结构。有时，科学进步及其产生的技术应用，可能会揭示人类（这一概念）在生物学被特殊识别的方式。然而，决定在分配社会福利或责任中是否应该考虑这种差异时，我们总是受到一些相当原始的正义观念的指导。在法律中，不言自明的是"相似的案例应该得到相似的对待，而不同的案例应该得到不同的对待"。当人类基因组第一次被测序时，人们认为在每个人的基因图谱中发现的变异，会颠覆我们以相同方式对待两个不同个体的意愿。有人担心，保险公司和雇主尤其会分别从保险申请人和未来雇员的基因特征中获得信息，这些信息将决定如何对待本来看似相似的甲乙双方（O'Neill 1998）。鉴于甲、乙双方都无法控制自己的基因图谱，所以普遍认为以此为由区分甲、乙是不公平的。此外，如果我们要通过询问一个在罗尔斯的"无知之幕"背后运作的规避风险的代理人是否可以接受，来测试一个社会的基本规则的公正性，很明显，这种允许基于遗传原因的歧视的规则是不符合要求的（Rawls 1971）。有鉴于此，旨在保护公民在健康保险和就业方面免受基因歧视的2008年《美国基因信息反歧视法》（GINA法）似乎是公正社会的组成基石之一。

　　然而，一视同仁地对待类似的案件，未必能实现正义。雇主可能平等地对待他们所有的雇员，但却是平等的糟糕对待。在这种非比较的意义上，根据什么标准（或多个标准）来判定待遇是公正的还是不公正的？应该根据他们的"需要"，或者他们的"困境"，或者他们的"权利"，来对待个人吗（Miller 1976）？当一项新的医疗技术投入使用时，是否应该优先考虑那些最需要的人，或那些值得的人，或那些既需要又值得的人，或那些拥有某种法定权利的人？如果获得这种技术——假设这是一种以某种方式延长人类寿命或人类能力的"增强"技术——非常昂贵，难道只有那些有能力支付的人才应该获得这种技术吗？如果富人们的财富是合法取得的，拒绝他们获得这种先进的技术，或者要求他们为治疗穷人的费用出资，这是不公平的吗（Nozick 1974）？如果每种新技术都创造自己独有的数字鸿沟加剧现有的不平等，这是否符合正义？然而，在一个已经不平等的社会里，增强技术不是所有人都能负担得起的，如果富人被禁止获得这些技术的好处，这是促进正义吗？还是仅仅是一种空洞的姿态（Harris 2007）？如果我们再一次借鉴罗尔斯派（Rawlsian）关于正义的标准思想中的公正观点，如果这种不平等被认为是他们社会关系的一个特征，那么那些支持无知之幕的人会有什么看法呢？本着罗尔斯派差别原则的精神，他们会坚持认为任何这种不平等都是不公正的吗，除非它们起到激励生产力和创新的作用，使最贫困者的处境比在更平等的条件下更好？

　　第四，在此基础上，与技术变革合法性相关的深层价值观往往会引发相互冲突的规范立场。正如罗尔斯在他后来的著作（Rawls 1993）中认识到，价值冲突问题可以是深刻的和根本性的，可以追溯到"第一原则"的多元化，或者是内在的共同观点。多元观点者可能从许多不同立场出发。然而，从形式上来说，价值观点往往从哲学文献中经常提到的三种立场之一形成，这三种立场分别是基于权利、基于责任（义务）或基于目标或结果。第一，保护和促进权利（特别是人权）应受到重视；根据第二种观点，一个人履行职责（对他人和对自己的职责）是有价值的；第三种观点认为，某种状况——例如效用或福利的最大化，或资源的更平等分配，或提高妇女的利益，或痛苦的最小化，等等——才是值得重视的目标或结果。在关于现代技术合法性的辩论中，功利主义者经常谈论潜在的利益；权利伦理学家鼓吹个人自主和选择；责任伦理学家表达了对人类尊严的保留。通常，这将使尊严主义者反对功利主义者和权利倡导者。在价值多元化以这种形式出现的地方，妥协和退让是很困难的（Brownsword 2003, 2005, and 2010）。也可能出现紧张局势和"地盘之争"，不同的伦理，如人权和生物伦理，声称控制着特定的部门（Murphy，本书）。然而，在其他情况下，困难可能不会如此严重。如果双方至少从同一个立场开始，但在一些解释或适用的问题上意见不一，就有可能暂时和解。例如，在一个致力于尊重人权的社区中，很可能对以下问题有不同的看法：（一）某些权利存在与否，例如"不知情的权利"（Chadwick, Levitt, and Shickle 2014）和"被遗忘的权利"［如欧洲法院（CJEU）在谷歌西班牙案（案件 C-131/12）中所承认的］；（二）被承认的特定权利的范围，如隐私权（Bygrave，本书）、财产权（Goodwin，本书）和生殖自主权（McLean，本书）；以及（三）相互竞争的权利（如隐私和言论自由）的相对重要性。然而，监管者和裁决者可以给自己一些余地来适应这些差异（使用相称性和"升值幅度"的概念）；对结果不满意的受监管行为者可以继续为自己辩护。

最后，在思考支撑技术发展的价值观时，我们还需要考虑到技术发展的不可预测的速度和轨迹，以及这些技术以不同的速度渗透进我们日常生活。在弗朗西斯·福山（Francis Fukuyama）发表《我们的后人类未来》（2002）（Our Posthuman Future, 2002）时，福山对现代生物技术的前景最为激动，这种前景引发了人们对人类尊严的根本担忧，而他对信息和通信技术则更加乐观。他认为后者在很大程度上是有益的，但对侵犯隐私和制造数字鸿沟有所保留。但今天重温这些技术，福山无疑会继续关注现代生物技术对人类尊严的影响，因为新的基因编辑技术真实提高了不可逆地操纵人类基因组的可能性，但他肯定不会对物联网的即将到来感到乐观（在物联网中，人类代理和智能代理类设备之间的界限可能变得更模糊）；或者是关于机器学习，它处理数据来产生关于人类将做什么的预测，但是没有真正理解他们为什么做他们所做的，并且经常产生严重的后果（Hildebrandt 2015，2016）；或者关于个人越来越多地、经常不假思索地放弃隐私以换取数据驱动的数字便利（Yeung 2017），在这种情况下，他们在一些在线环境中的许多交易和交互极其脆弱，并且可能更令人担忧的是，允许对个人行为、出行和偏好进行高度精细的监控，而这在数字时代之前是不可能发生的（Michael and Clarke 2013）。

上述讨论强调了新兴技术与基本价值概念的交织状态是复杂的。正如拉托奥研究所（Rathenau Institute）的一份报告在人权和人类尊严方面指出的那样，虽然技术可能会强化这些价值观，但它们也可能"引发风险和道德问题，从而威胁人权和人类尊严"（van Est and others 2014：10）。换句话说，有时技术会对特定的价值观产生积极的影响；有时它们会产生负面影响；在许多情况下，以及在许多层面上，这种影响是积极的还是消极的还不清楚，也没有实际意义而且是待定的（Brownsword，本书）。

五　技术变革：法律的挑战

在第三篇，作者思考了技术发展对其特定法律专业领域的影响。如上所述，这可以包括一系列广泛的研究，从特定法律领域适用于涉及新技术问题的方式上是否存在任何缺陷或空白，到技术如何塑造或构建理论领域或挑战现有理论。格雷戈里·曼德尔（Gregory Mandel）提出，可以从历史经验中得出一些关于现有法律领域和新技术之间相互作用的一般性见解，包括不可预见的法律纠纷类型将会出现，而先前存在的法律类别可能不适用或不太适合解决这些纠纷。同时，法律决策者也应该"注意避免让新技术的奇迹扭曲他们的法律分析"（Mandel，本书）。换句话说，曼德尔（Mandel）建议我们要认识到，技术变革是在有斗富理论和宪法背景的法律原则下发生的（关于宪法结构在技术规制方面的意义，见 Snead 和 Maloney，本书）。关注法律分析的重要性还反映了这样一个事实，即既定法律体系不仅仅是规则体系，而是具有精心制定的历史的规范性框架，因此，在面对创新时，关于法律领域应该如何发展和解释，可能会产生根本性的问题。维克多·福莱特（Victor Flatt）强调了技术是如何作为一种工具或手段被引入美国环境法的，但它本身已经成为监管的目标，无助于实现保护环境的基本目的（Flatt，本书）。乔纳森·赫林（Jonathan Herring）强调了在养育子女中使用技术是如何引起人们对亲子关系的本质的质疑，以及家庭法是如何理解和构建这些问题的（Herring，本书）。同样，托尼亚·诺维茨（Tonia Novitz）认21为，应扩大与工作场所技术有关的监管议程，以允许工人的权利的享有以及雇主对他们的监督和控制（Novitz，本书）。这些潜在的规范性问题反映了不同的法律领域在多大程度上可能受到技术创新的干扰和挑战。

技术带来的更明显的法律和理论挑战涉及什么样的法律（如果有的话）能够并且应该规范新技术。众所周知，大卫·科林格里奇（David Collingvidge 1980）在新技术出现时发现了监管者的困境。简而言之，监管者往往发现自己处于这样一种境地，要么他们对（不成熟的）技术知之甚少，无法做出适当的干预，要么他们知道什么样的监管干预是适当的，但他们不再能够改变（现在成熟的）技术。即使监管者对一项技术的利益和风险状况，或者对其开发和应用可能带来的价值担忧有足够的信心去应对，定制的立法框架也无法保证可持续性。在法律和技术脱节的情况下，法律面临的这些挑战变得更加复杂，因为法院被鼓励通过实际上重写现有立法来保持法律与技术的联系（Brownsword 2008：ch 6）。

为了应对这些挑战，一些人赞成采取预防办法，在对技术有更多了解之前，遏制和限制技术，而另一些人则极力主张技术的开发和应用应不受限制，除非造成一些明显的损害。在后一种情况下，现有法律应对技术造成的伤害或产生的争端的能力变得尤为重要。乔纳森·摩根（Jonathan Morgan，本书）强调了侵权法可能是监管真正新颖技术的"唯一可提供的法规"，至少在最初是这样。另一种方法是立法者走在前面，设计一种新的监管制度，以应对他们预见的即将出现的重大技术创新。理查德·麦考瑞（Richard Macrory）解释了欧盟立法机构如何设计了一个先发制人的碳捕获和储存机制，该机制在预测如何监管碳捕获和储存技术时可能过于僵化（Macrory，本书）。其他人将再次指出，往往强大的政治、经济和社会力量决定了技术创新的道路，而这些力量往往被错误地认为是不可避免或不可挑战的。按照曼德尔（Mandel）之前提出的思路，一些和解或许是可能的，他认为需要更复杂的上游治理，以便（1）改进数据收集和分享；（2）弥补监管空白；（3）激励企业责任心；（4）加强管理机构的专业知识和相互协调；（5）规定监管的适应性和灵活性；和（6）促进利益有关方的参与（Mandel 2009）。通过这种方式，许多早期的监管权重由非正式法律、软法等承担；但是，在适当的时候，随着技术开始成熟，有必要考虑它如何与各种既定法律领域相结合。

22　　正如第三部分所表明的那样，这种结合已经发生在许多法律领域。知识产权法（Aplin 2005）是与技术发展互动的一个特别丰富的法律领域。有著名的专利法的传统概念如何与技术逻辑创新斗争的例子，特别是在生物技术领域。生物技术的可专利性一直是一个令人担忧的问题，因为将机器的工作模型带入专利局和披露生物技术的工作方式是有很大区别的（Pottage and Sherman 2010）。在 *Diamond v Chakrabarty* 447 US 303（1980）一案中，美国最高法院的大多数法官持自由主义观点，认为原则上没有理由不授予转基因生物专利；根据这一裁决，美国专利局随后承认，原则上，著名的哈佛肿瘤鼠（Oncomouse，一种用于癌症研究的转基因试验动物）是可以申请专利的。相比之下，在欧洲，肿瘤鼠的可专利性并不仅仅取决于创造性等通常的技术要求；因为，根据《欧洲专利公约》第 53（a）条，如果发明的公开使用或商业利用违反公共秩序或道德，则不应授予欧洲专利。虽然最初基于道德理由的排除某些发明的可专利性被推到欧洲专利制度的边缘，但仅在授予专利不可思议的最特殊情况下才被援引，最近，欧洲对被认为损害人类尊严的发明申请专利的保留（如所表达在第 98/44/EC 号指令第 6 条中的）在案例 C–34/10 *Oliver Brüstle v Greenpeace eV* 中得到重申，在该案中，CJEU 大商会认为布鲁斯托（Brüstle）创新干细胞研究的产品被排除在专利范围之外，因为他的"基础材料"来自已经终止的人类胚胎。将公认的知识产权概念应用于技术创新方面的这种紧张情况反映了这样一个事实，即技术发展导致了立法者和法院在发展知识产权时从未考虑过的新事物的产生和发展过程。迪纳莎·门迪斯（Dinusha Mendis）、简·尼尔森（Jane Nielsen）、黛安·尼可（Dianne Nicol）和菲比·李（Phoebe Li）在这一部分中进一步举例说明了这种理论上的脱节，他们探讨了澳大利亚和英国的法律如何以不同的方式在 3D 打印领域努力应用版权和专利保护。

其他法律领域可能以更直接的方式适用于不断变化的技术环境。例如，关于电子商务，合同律师就电子商务是否需要定制法律制度，或者传统合同法是否能满足需求进行了辩论。在这种情况下，在明确电子交易应被视为功能等同于线下交易，并确认前者应同样具有可执行性的前提下，总体框架在形式上保持线下合同法的框架。与此同时，史蒂芬·瓦达姆斯（Stephen Waddams）解释了这一线下法律是如何受到计算机技术的挑战，特别是通过使用电子签名、网站上的标准格式合同和在线同意方法等方式（Waddams，本书）。此外，在实践中，消费者电子商务中产生的大部分争议不会诉诸法院，也不会援引传统合同法——众所周知，每年，易趣（eBay）交易中产生的数百万争议都由在线争议解决机构（ODR）处理。合同法和电子商务至少还要面临三个破坏性因素。第一个问题与其说源于底层交易，不如说源于消费者在网上购物时留下数字足迹的方式。收集和处理这些数据是目前关于重新监管隐私和在线数据保护的争论的关键环节之一（Bygrave，本书）。第二个原因是在线供应商现在能够精心运营他们的网站，这样，每个消费者的购物体验都是"个性化的"（Draper and Turow，本书）。在实体商店中，商品不会随着每个顾客进入商店而重新排列，即使双方定期交易，实体供应商与电子供应商不同，（后者）对顾客的了解要多于顾客对自己的了解，这将是真正的例外（Mik 2016）。合同法的第三个挑战来自交易和消费的自动化。简而言之，合同法是如何与商品的自动化交易（交易在几分之一秒内完成）以及未来日常消费的世界相结合的？在这个世界里，人类操作人员是否被排除在交易之外（不论是供应商还是买家），并被智能设备所取代？

在这些法律领域，就像在其他领域一样，我们可以期待传统理论和一些新技术之间的接触和摩擦。有时人们会试图在现有理论的范围内容纳技术——而且，据推测，该理论越灵活，这种容纳就越容易。在其他情况下，可能需要理论上的调整和改变——例如，19 世纪末的"危险"技术鼓励在新的监管刑法和实际上的监管侵权法中采用严格责任（Sayre 1933; Martin-Casals 2010）；在 21 世纪，试图使互联网服务提供商免于承担侵犯版权、诽谤等不合理的责任（Karapapa and Borghi 2015; Leiser and Murray，本书）。在其他情况下，既没有通融也没有调整，法律将发现自己被削弱或变得多余，或者，法律将反抗，以寻求保护长期规范。因此，尤他·科尔（Uta Kohl，本书）展示了国际私法如何在其试图维护国家法律、反对互联网全球化技术的过程中受到了最大限度的考验。每一个法律领域都会有自己的新兴技术；每个人都有自己的故事要讲；这些故事贯穿手册的第三部分。

第三篇中不同的、"以主题为中心"的研究路线，不应视为在暗示着不同法律领域在调整、响应或规范技术方面各自起效（正如第四部分所示，法律在影响其制定和实施的更广泛的监管背景下工作）。此外，我们需要认识到各种体制难点、一些技术

24 发展的跨管辖区划现象、与其他法律领域的互动，以及，现有理论不容易适应的新法律形式。与此同时，现有的法律领域塑造了对法律及其制度的研究和理解，从而为理解法律和技术如何结合提供了重要的视角和方法。

六　技术变革：规制和治理面临的挑战

本书第四篇旨在对技术发展的监管治理的影响进行批判性探索。学术思考侧重于技术发展对监管的需求，与此不同，本篇的目的是探讨技术发展影响监管企业本身，包括关于技术风险决策的体制形式、系统和方法。通过强调技术发展在监管治理的形式、制度和过程中引发创新的方式，本篇的贡献展示了对监管和技术之间的关系的探索，如何能够加深我们对作为一种重要的社会、政治和法律现象的监管治理的理解。本篇分为两部分。第一部分是关于理解新技术的监管如何有助于发展独特的体制形式和程序，给监管决策者带来其他部门监管中没有出现的挑战的文章。第二部分收集了探讨将技术用作监管工具的含义以及由此给法律和监管治理带来的风险和挑战的资料。

第四篇的重点从司法机构的理论发展，转移到一系列更广泛的机构领域，通过这些领域，（各方）有意识地试图塑造、限制和促进特定形式的技术创新。同样，正如在第三篇所考虑的法律学说的不同领域中所看到的那样，技术颠覆可能会产生深刻和令人不安的影响，这些影响触及我们长期以来赖以组织、分类和理解我们自己和我们的环境的概念的核心，而这些概念，传统上是以核心法律和伦理区别为前提的。例如，有几篇文章观察了特定的技术创新是如何颠覆基本的本体论范畴和法律过程的：机器人和其他人工智能机器的兴起模糊了代理人和事物之间的界限（Leta-

25 Jones and Millar，本书）；数字技术和法医技术正在结合起来创造新形式的"自动司法"，从而模糊了刑事调查过程与公开判定刑事犯罪的审判和审判过程之间的界限（Bowling，Marks & Keenan，本书）；当代监视形式的增多已经民主化，不再局限于国家对公民的监视，这使个人和组织能够利用在线网络环境以各种方式参与监视行为，从而模糊了许多法律和监管边界所依据的公私界限（Timan，Galič and Koops，本书）。这对新技术和监管治理的结合中出现的体制形式、动态和紧张关系进行询问，也提供了一个机会，来审查合法性评估所依据的核心价值（在第二篇中以概念术语进行了探讨）有多少被转化为当代实践。因为，监管努力中的利益攸关方实际表达了这些规范性关切，在试图设计新的监管制度（或重新设计现有制度）以及在技术快速创新的背景下制定、解释和应用适当的监管标准的同时，寻求将竞争性主张与合法性相协调。

通过引入一套更加多样化的监管治理制度，第四篇的内容提请注意技术变革的更广泛的地缘政治驱动因素，以及更大的社会经济力量如何推动体制动态变化，包括有意图管理技术风险和规划技术发展方向——往往是以被理解为自我管理的方式。此外，因为强大的非国家行为者在跨国界的全球市场上运作，全球资本主义的力量可能会严重限制主权国家影响特定创新动态的能力。在某些情况下，这为非传统形式的控制带来了新的、有时出乎意料的机会，包括市场和民间社会行为者在制定监管标准和实施某种监管监督和执法方面的作用（Leiser and Murray，本书；Timan，Galič，and Koops，本书）。然而，国家的作用仍然很大，尽管在更广泛的争夺监管影响力的行为者和机构网络中，国家的作用已经被重新配置。因此，虽然传统的国家机构和国家支持的机构仍然发挥着重要作用，但它们对施加监管影响和获得监管领域的概要观点的企图，现在却因一种更加复杂、全球性、流动性和快速发展的动态而变得相当复杂，在这种动态中，拥有和使用（经济）权力相当重要（事实上，这是一种国家通过将对市场行为者的监管能力作为关键把关者加以利用的动态）。

第四篇的后半部分将注意力转移到监管者采用技术作为监管治理工具的各种方式上。这次检验生动地提醒我们，尽管技术经常被描绘成工具性和机械化的，但它远非价值无涉。技术手段和选择承载价值的层面，以及关注价值冲突问题的重要性和解决这种冲突的过程的合法性，也许在关于（重新）设计人类生物结构和功能以服务于集体社会目标，而不是治疗目的的辩论中得到了最清楚的说明（Yeung，本书）。然而，价值领域也在更庸常的技术形式中出现（Latour 1994）。正如兰登·温纳（Langdon Winner）的著名文章提醒我们的那样，现在人们普遍承认，"艺术品有政治"。然而，当技术被有意用作对受监管人群施加控制的手段时，它们不可避免的社会和政治层面往往是隐藏的，而不是容易识别的。因此，尽管人们经常声称用于筛选和排序大量数据集的复杂数据挖掘技术与人工评估系统相比，提供了巨大的效率收益，弗勒·约翰斯（Fleur Johns）展示了像"排序"（在人员分类和袜子的排序之间打个比方）这样看似平凡的任务实际上是如何充满高度价值负载性和竞争性的选择的，然而这些选择通常隐藏在技术官僚、操作性的外表下（Johns，本书）。当被用作确定难民和寻求政治避难者的关键机制时，这种技术的成果再深刻不过了，至少从那些命运越来越多地受到算法评估的个人的角度来看是如此。然而，包括基因组学在内的当代技术创新的复杂性，可能会扩大对科学见解及其社会影响的来自外行的、法律上的误解的可能性，正如卡尔（Kar）和林多（Lindo）在强调基因组的发展如何可能强化不合理的种族偏见时所证明的那样，这种偏见是基于一种错误的信念，即这些见解为民间对种族的生物学理解提供了科学依据（Kar and Lindo，本书）。总之，第四篇后半部分的贡献可能被解释为告诫人们不要天真地相信我们不断扩大的技术能力所声称的功效，并提醒我们，我们的工具不仅反映了我们的个人和集体价值观，而且还强调了关注这种干预可能涉及的社会意义的重要性。换句话说，我们用来达到目的的技术引入了对人类价值以及什么使我们的生活有意义和有价值的特殊社会理解（Yeung，本书；Agar，本书）。在考虑使用复杂的技术干预来影响他人的行为时，需要特别小心，因为这种干预不可避免地牵涉到我们如何理解我们对人类同胞的权威和义务。在自由民主社会中，我们必须认真履行尊重他人人格尊严的基本义务：作为人，而不是作为技术上可塑的物体。我们不断进步的技术力量可能会诱使我们利用人们去追求非治疗性的目的，这可能意味着一种令人不安的转变，即将他人视为事物而非个人，这可能会贬低我们的人性。第四篇的教训再明显不过。

七　关键的全球政策挑战

本书的最后一篇结合六个全球重要的政策部门探讨了法律、规制和技术发展之间的联系：医学和健康；人口、生育和家庭；贸易和商业；公共安全；通信、媒体和文化；食物、水、能源和环境。可以说，其中一些部门与人类生活和行动的基础设施的完整性有关，比其他部门更为重要——例如，没有食物和水，就没有人类生活或机构的未来。也可以说，如果没有贸易、商业或媒体，人类可能会有一定程度的繁荣；但是，在 21 世纪，否认这些部门总体上与人类的重要需求间的关联是不太可能的。然而，全球各地对这些需求的满足并不均衡，这就产生了一个基本的实际问题：如果现有、新兴或新技术的应用方式能够增加这些需求得到满足的机会，那么监管环境是否应该得到改善，从而实现这种供给改善？或者，直接地说，监管环境有时会阻碍在世界各地创造满足人类基本需求的条件吗？如果是这样，如何扭转这种局面，以便法律和法规促进这些条件的发展？

不用说，我们不应该假设"更好的"监管环境或"更好的"技术会以任何直接的方式转化为人类主观幸福感的提高（Agar 2015）。在思考法律和监管如何有助于促进对特定社会价值和愿望的追求时，许多研究将集中在我们应该创造什么样的监管环境，以适应和控制技术发展。但是法律和监管规制并不总是事后进行的：它可能会发挥重要的事前作用，激励特定种类的技术变革，充当以不同方式鼓励（或阻碍）投资或创新的驱动力（或威慑力量）。这可以通过税收法创造研究某些技术的激励（Cockfield，本书），或通过鼓励污染控制技术发展的法律责任（Pontin，本书）来看。然而，正如庞丁（Pontin）所表明的，法律框架创造技术创新的条件，取决于特定行业以及其他背景和历史因素。如前所述，法律环境如何激励技术发展的更常见例子，是通过知识产权法，特别是专利法实现的。一个普遍的抱怨是，知识产权制度（现在与世界贸易法制度相结合）合谋剥夺了发展中国家数百万人获得基本药物的机会。或者，坦率地说，专利和财产优先于人（Sterckx 2005）。尽管这一说法的细节存在争议——例如，一个大众普遍的反应是许多基本药物（包括基本止痛药）没有专利保护，真正的问题是缺乏像样的医疗基础设施——但不清楚监管环境应当如何调整以改善这种状况。如果专利激励减弱，制药公司如何为新药研发提供资金？如果要降低研发成本，特别是与临床试验相关的成本，监管环境对所有患者的健康和安全的保护将会降低，无论是在发展中国家还是发达国家。目前的监管安排也受到批评，因为它们导致了药品获取方面令人震惊的差距、高收入和低收入国家中众所周知的价格滥用、产品过度营销和对医学上不重要的产品（如所谓的"类似产品"）投资方面的大量浪费，以及对具有最大医疗效益的产品投资不足（Love and Hubbard 2007：1551）。但是，我们可能会从监管灵活性的迹象中得到一些安慰，这些迹象为有前途的新药的批准建立了新的途径——正如巴尔贝尔·多贝克·荣格（Bärbel Dorbeck-Jung）被欧洲所谓的"适应性药物许可"的发展所鼓励的那样（Dorbeck-Jung，本书）。

不仅仅是监管环境在激励技术发展以提供获得基本药物的机会方面的充分性可能会引起关注。其他人可能会因为对推进有前途的新基因编辑技术的抵制而气馁（Harris and Lawrence，本书）。然而，监管者要做出艰难的、往往是令人反感的判断。如果有前途的药物得到早期批准，但随后被证明对患者有意想不到的不良影响，监管者将因警惕不够而受到批评；同样，如果监管者因为担心可能不可逆转的下游效应而拒绝许可种系基因治疗，他们将因过于谨慎而受到批评。（在这种情况下，我们可能会注意到迪肯森（Dickenson，本书）提出的关于线粒体替代技术许可和公共利益理念的问题）。

关于新技术的部署和（事后）监管，法律和监管挑战并不容易应对。有时，困难在于这个问题需要协调一致和坚定的国际对策；只需少数不情愿的国家（提供监管避风港——例如，发起网络犯罪的避风港），即可降低应对措施的有效性。在其他时候，应对挑战不仅仅是获得有效性，而是在相互竞争的政策目标之间达成可接受的平衡。在这方面，一个显而易见的例子是，人们经常表达的观点是，对"安全"的高度威胁需要通过更密集地使用监控技术来应对——更多安全的代价是更少的自由或更少的隐私。毫无疑问，这种对平衡的比喻产生了安全和隐私之间的液压关系（一个上升，另一个下降），招致了批评（例如，Waldron 2003），这种对安全的大开绿灯有许多潜在的不公正和反生产效果。尽管如此，除非避免采取预期和预防措施，否则使用监测技术应对感知的安全威胁的合理性和相称性应成为监管和社会辩论的一个常态化问题。关于监管新技术中竞争价值观的辩论确实很重要，如果制定该监管的决策结构不允许考虑竞争价值观，这种辩论可能会被扼杀，甚至被终止。这是转基因生物和新食品监管中一个特别有争议的方面，例如在欧盟，科学决策被视为审查新技术的一个强有力的框架，通常排除其他价值担忧（Lee，本书）。

再来考虑一下贸易和商业的案例，它是在不同的、支离破碎的国际、地区和国家法律以及跨国治理的背景下进行的（Cottier，本书）。在实践中，商业需要可以被给予比更重要的环境和人权更不理性且更不合理的优先地位。虽然环境和人权问题的这种"被抵押"迫切需要监管部门的关注（Leader 2004），不过，在全球竞争市场中，企业转向过程自动化和新技术产品是可以理解的。曾经是世界上最大的公司之一的伊士曼柯达公司（Eastman Kodak Corporation）的著名死亡故事提供了一个有益的教训。显然，"在2003—2012年——在像Facebook、Tumblr、Instagram这样价值数十亿美元的网络2.0初创企业的时代——柯达关闭了13家工厂和130家摄影实验室，并裁员47000人，试图扭转公司局面却失败了"（Keen 2015：87-88）。随着企业努力提高效率，加大劳动力外包和流程自动化预计将导致就业（和失业）模式的严重混乱（Steiner 2012）。随着智能机器人（目前最热门的技术话题之一）的发展，工作的可持续性——以及随之而来的消费者需求的可持续性——给监管者带来了另一个重大挑战。促进电子商务以开拓新市场，尤其是对小型企业而言，可能是监管者面临的更容易的挑战之一。相比之下，如果智能机器不仅取代了重复性的手工或文书工作，还取代了需要专业技术的专业工作（如药剂师、医生和律师承担的工作：参见Susskind and Susskind 2015），我们可能会想知道"机器人的崛起"将走向何方（Ford 2015; Colvin 2015）。在离线和在线环境中，市场都将因缺乏人力需求而受损（Dau-Schmidt，本书）。

但是，由于我们的机器与全球数字网络的日益"智能"而转向自动化，可能会进一步威胁到我们的集体人类身份。尽管机器人的崛起可以以多种方式改善人类福利，参与以前由个人承担的通常被理解为"肮脏危险的苦差事"的任务，但它们也滋生了其他社会焦虑。其中一些是人们所熟悉和容易识别的，特别是那些与自主武器发展有关的武器，目前正在就自主武器系统是否应该被禁止进行辩论，理由是它们原本就不符合当代武装冲突法（Anderson and Waxman，本书）。这里出现的争论是，是否只有人类应该做出故意杀人的决定，以及自动化机械的决策是否破坏了对非法暴力行为的责任承担。不仅仅是机器的技术复杂性引发了人们对"技术失控"相关危险的担忧。类似的焦虑也出现在我们设计生命赖以构建的生物构件的能力上。尽管基因组科学的进步经常与医学领域的巨大希望联系在一起，但这些发展也引发了对生物危害和生物恐怖主义的潜在灾难性后果的担忧，以及对制定监管治理机制的需要，这些机制将有效地阻止它们的发展（Lentzos，本书）。然而，在国内和国际安全两个领域，技术进步如此之快，以至于我们的管理和集体决策机构都难以跟上步伐，没有出现明确的伦理和社会共识，而这些领域的科学研究继续向前发展。正如我们之前所说的，如果世界能停滞不前……仅仅是如果。

在某些方面，这些复杂性可以归因于目前作为通用技术出现的许多技术的"双重用途"特征，即可以用于明显有益的目的以及明显无益的目的的技术。然而，许多技术进步无视二元特征，反映出对这些创新及其应用理解方式的更大变化和矛盾。比如网络数字技术：一方面，它们产生了许多积极的后果，从根本上改变了来自世界各地的人们上网的方式，让他们以闪电般的速度交流和访问大量信息（当然，假设网络通信基础设施已经到位）；另一方面，它们产生了新的犯罪形式，并从根本上扩大了对地理位置远离犯罪者的人实施网上犯罪的容易程度。但是数字技术有更微妙但同样普遍的影响。德雷柏（Draper）和图录（Turrow）对媒体行业如何利用网络数字技术产生有针对性的广告的批判性探索生动地说明了这一点，他们声称网络数字技术通过提供一个更"有意义的"高度个性化的信息环境，对消费者有利（Draper & Turrow，本书）。德雷柏和图录警告说，这些策略可能会导致对社会群体的歧视、隔离和边缘化，但其方式非常不透明，而且目前几乎没有补救的途径。换句话说，正如数字监控技术使网络犯罪分子能够锁定和"培养"个人受害者一样，它们也为商业行为者锁定和培养个人消费者开辟了新的机会。令人担忧的不仅仅是这些技术的不透明性，还有数字网络技术造成不对称关系的可能性，在这种关系中，一个参与者可以同时"牺牲"多个其他参与者（Wall，本书）。

　　虽然本书第五篇涉及的所有政策问题都被认为是"全球性的"，但解释是什么使问题成为"全球性"问题的方法不止一种。无论我们位于何处，无论我们的社区技术多么先进，都有一些共同关心的政策挑战——最明显的是，除非我们共同保护和维护支持人类生命的自然环境，否则这个物种将无法延续。技术发展有时不仅会模糊环境保护规制的这一目标（Flatt，本书），而且技术干预也能调解环境不同方面之间的联系，例如水资源和不同能源生产手段之间的联系，导致规制和政策权衡的交叉领域出现（Kundis Craig，本书）。其他挑战是由于我们作为人类同胞对彼此的责任而产生的。例如，它不会在第一世界维持一流的保健条件，也不会忽视其他地方的健康和福祉条件。然而，由于我们的实际联系，进一步的挑战出现了。我们可能会忽视我们对他人的道德责任，但在许多情况下，这是轻率的。没有一个国家能够完全抵御对其公民自由和福祉的外部威胁。新技术可能加剧这种威胁，但也可能为我们履行对他人的责任提供新的机会。如果我们要以协调一致的方式应对这些挑战，国家、区域和全球的监管环境是我们努力的主要焦点，并为我们应对关键政策选择定下基调。

八　结束语

　　总之，我们希望本书及它所提供的法律、规制和技术之间的许多联系的丰富理解，能够增加培养监管环境的机会，这种环境能够促进有助于人类繁荣的技术创新，同时阻止那些不能促进人类繁荣的技术应用。然而，正如本书作者生动地阐述的那样，技术中断有许多方面，往往是复杂的，有时是意想不到的，因此试图用二元术语来描述技术变革——可接受的或不可接受的、可取的或不可取的——往往难以捉摸，甚至过于简单化。在许多方面，技术变革显示出我们容易与任何类型的变革联系在一起的双刃性质：即使是明显积极的变革也不可避免地会带来某种损失。因此，尽管绝大多数人乐于接受全球网络环境中数字通信的便捷、简单、低成本和速度，但我们可能会很快失去写信的技艺，随之而来的是，我们也将失去收到邮差通过信箱投递的老式纸质圣诞卡的体验（Burleigh 2012）。虽然这种损失可能会唤起人们对过去的怀念，但有时与技术进步相关的损失可能不仅仅是感情用事。在思考医疗保健计算机化的含义时，罗伯特·瓦赫特（Robert Wachter）警告说，这可能会导致医疗专业人员临床技能和专业知识的损失，并指出航空工业的经验，在航空工业中，飞行员在现代数字飞机中的角色已经主要被降级为监控飞行中的计算机。他提到了悲惨的飞机坠毁事件，例如 2009 年巴西海岸的法航 447 航班和布法罗附近的科尔根航空 3407 航班坠毁事件，在那次事件中，机器发生故障后，飞行员显然不知道如何驾驶飞机（Wachter 2015：275）。然而，衡量这些微妙的变化并不容易，因为它们可能缺乏物质、可见的形式，而且往往难以辨别，我们常常无法意识到我们失去了什么，直到失去了什么（Carr 2014）。但在这方面，技术变革可能没有什么特别新颖的地方，在许多方面，对技术变革的研究可以被理解为一个棱镜，用来思考任何类型的社会变革的影响，以及法律和监管治理制度在面对这种变革时的适应能力、挑战、成功和失败。

此外，技术颠覆——以及伴随这种变革而来的希望和焦虑——并不是什么新鲜事。19 世纪和 20 世纪几部最著名的文学作品唤起了人们对技术进步的希望和恐惧，包括《美丽新世界》（*Brave New World*），它出色地展示了通过改造人类的身心来追求乌托邦未来的吸引力和恐惧（Huxley 1932）；《1984》，它赤裸裸地描绘了无处不在的普遍监视的反面乌托邦后果（Orwell 1949）；在此之前，《科学怪人》引发了对流氓科学家的前景和技术胡作非为为后果的深层焦虑（Shelley 1818）。这些社会技术想象，以及与技术创造力和人类傲慢相联系的希望和恐惧的叙述，有着更长的谱系，往往与当代社会面临的、与特定技术发展相关的持续争论直接相似（Jasanoff 2009）。例如，在

33　思考地球工程对抗气候变化的可能性时，我们想起了年轻的法厄同（Phaethon）在古希腊神话中的命运；男孩说服了他的父亲太阳神赫利俄斯（Helios），同意让他像太阳神自己每天做的那样，从东到西驾驶神的"战车"——太阳——穿越天空和天堂。尽管赫利俄斯告诫法厄同，没有其他人，甚至包括全能的宙斯，能够保持对太阳的控制，法厄同驾驶着炽热的战车，并在失去对战车太阳的控制时烧焦了大部分土地。为了拯救地球免受毁灭，法厄同自己被宙斯毁灭了，太阳回到了赫利俄斯的控制之下（Abelkop and Carlson 2012–13）。如果我们考虑数字网络化全球环境的力量及其产生新见解和各种服务的潜力，从而提高生产力、快乐或健康，我们也可能会想起代达罗斯迷宫（Daedalus's Labyrinth）：一个以如此创意建造的迷宫，它安全地将野兽困在其中。但是在遏制牛头人米那图尔（Minatour）的过程中，它也阻止了那些按照仪式被

引导进来满足怪物对人肉的渴望的年轻人的逃跑。同样，大数据和机器学习技术的复杂性所提供的"诱人诱惑"的数字便利（Cohen 2012）往往只能通过收集我们的个人数据来实现，而这种方式几乎不会影响我们的日常生活和生活体验，又有可能侵蚀对个人自我发展和繁荣的公共领域至关重要的隐私共享空间。

正如希拉·贾桑诺夫（Sheila Jasanoff）提醒我们的那样，这些永恒的叙述不仅展示了与技术发展相关的悠久历史，也见证了与它们相关的不可避免的政治层面，以及随之而来的政治活动（Jasanoff 2009）。因此，任何试图回答"作为一个社会，我们应该如何回应？"这个问题的严肃尝试，需要多学科视角的反思，一方面，从法律学术，另一方面，从监管治理研究，还有从一小部分人的视角来帮助我们理解。但是，认识到跨学科和多学科学术在理解技术创新和社会之间的各种复杂交集方面的重要性，并不是要淡化法律和监管视角的重要性，特别是考虑到在当代宪制民主国家，法律继续对合法行使强制性国家权力拥有专属垄断权。我们求助于我们的法律机构来捍卫我们最珍视的价值观，这些价值观为民主多元社会提供了宪法结构。尽管如此，正如本书的一些作者所表明的那样，市场和技术创新往往对国界漠不关心，而且随着21世纪的推进，民族国家控制其轨迹的实际能力不断被削弱。

法律和监管研究对新技术的意义不仅仅是学术上的。欧洲科学和新技术伦理小组、英国纳菲尔德生物伦理委员会和美国国家科学院等机构不仅监测和报告新兴技术的伦理、法律和社会影响，还经常与学术律师和监管专家合作，并请律师和专家担任其工作组的主席或成员。事实上，在撰写主编结论时，我们也在与一些团体合作，这些团体正在审查最新基因编辑技术的伦理、法律和社会影响（纳菲尔德生物伦理委员会，2016年；世界经济论坛、全球生物技术未来理事会，2016年），机器学习（包括无人驾驶汽车及其被政府使用）（皇家学会，2016年），商业和政府机构在一系列社会领域利用大数据（皇家学会和英国国家学术院，2016年），以及英国国家筛查委员会推出NIPT（无创产前检测）作为唐氏综合症和其他三个国家筛查途径的一部分的建议（英国国家筛查委员会，2016年）。鉴于律师已经在这类政策工作中发挥了主导作用，并鉴于他们在这方面的作用远不止确保相关工作组的其他成员理解"法律地位"，律师有一个极好的机会与科学家、工程师、统计学家、软件开发人员、医学专家、社会学家、伦理学家和技术专家合作，举办一个关于新兴技术监管和在监管范围内使用这类技术的知情演讲。这也是将与此类工作相关的奖学金反馈到法律教育和法律课程中的一个重要机会。然而，迅速接受"法律、规制和技术"课程的前景就不那么确定了。

从表面上看，法律教育似乎和其他领域一样容易受到新技术的干扰。然而，一个完全不同的法学院课程，一个新的"法律、规制和技术"范式的前景，将取决于至少六个相互关联的因素，即：从制度角度来看，人们认为围绕新范式制定方案方面存在

"商业案例"；传统的学术法律界如何适应法律研究的技术方法（其成员可能倾向于将争端、案件和法院视为法律学术的核心）；非律师愿意投入时间，让主要对法律和法规感兴趣的学生跟上相关技术的发展速度；法律职业的观点；未来学生的需求（和市场需求）；以及信息技术对法律教育的进一步变革性影响。

人们不可能对这些因素会如何发展有十足把握。一些专家预测，技术将越来越多地承担更多的监管功能，将法律研究核心领域的许多规则载入历史。那么，当承包35 商不再使用邮政服务来接受报价或撤回报价，而是在线签约或依赖完全自动化的流程时，花时间思考接受邮政规则或接收规则的相对优点又有什么意义呢？如果学术界能够从今天和明天，而不是昨天的角度进行更多思考，法律课程可能会以惊人的速度被取消。尽管如此，法学院课程的灵活性不应被低估。回到曼德尔（Mandel）的建议，在这个美丽的新技术世界里，法律分析的重要性不应该被低估，而这种分析的技巧有着悠久而丰富的历史。

总而言之，正在进行的技术发展的意义，不仅仅在于它们为监管者设定了新颖而困难的目标，还在于它们提供了自己作为监管的工具或手段。鉴于技术逐渐侵入我们生活的几乎所有方面（调节我们交流的方式、我们交易的方式、我们从一个地方到另一个地方的方式，甚至我们如何繁衍的方式），技术也会侵入立法、法律应用等，也就不足为奇了。没有理由假设我们的技术未来是反乌托邦的；但是，同样，也不能保证它不是。未来是我们创造的，律师们需要在我们关于社会轨迹的对话中发声并处于核心位置。我们希望本书将有助于我们理解我们所经历的技术颠覆，同时为我们在经历这些变革时代时需要进行的对话提供信息和启发。

【参考文献】

Abelkop A and Carlson J, 'Reining in the Phaethon's Chariot: Principles for the Governance of Geoengineering' (2012) 21 Transnational Law and Contemporary Problems 101

Agar N, *The Sceptical Optimist* (OUP 2015)

Aplin T, *Copyright Law in the Digital Society* (Oxford: Hart Publishing 2005)

36 Bennett Moses L, 'How to Think about Law, Regulation and Technology: Problems with "Technology" as a Regulatory Target' (2013) 5 Law, Innovation and Technology 1

Black J, 'Decentring Regulation: Understanding the Role of Regulation and Self-Regulation in a "Post-Regulatory" World' (2001) 54 Current Legal Problems 103

Black J, 'Constructing and Contesting Legitimacy and Accountability in Polycentric Regulatory Regimes' (2008) 2(2) Regulation & Governance 137

Black J, 'Learning from Regulatory Disasters' 2014 LSE Legal Studies Working Paper No. 24/2014 <https://papers.ssrn.com/sol3/papers.cfm?abstract_id=2519934> accessed on 15 October 2016

Brownsword R, 'Bioethics Today, Bioethics Tomorrow: Stem Cell Research and the "Dignitarian

Alliance" ' (2003) 17 University of Notre Dame Journal of Law, Ethics and Public Policy 15

Brownsword R, 'Stem Cells and Cloning: Where the Regulatory Consensus Fails' (2005) 39 New England Law Review 535

Brownsword R, *Rights, Regulation and the Technological Revolution* (OUP 2008)

Brownsword R, 'Regulating the Life Sciences, Pluralism, and the Limits of Deliberative Democracy' (2010) 22 Singapore Academy of Law Journal 801

Brownsword R, Cornish W, and Llewelyn M (eds), *Law and Human Genetics: Regulating a Revolution* (Hart Publishing 1998)

Brownsword R and Goodwin M, *Law and the Technologies of the Twenty- First Century* (Cambridge UP 2012)

Brownsword R and Yeung K (eds), *Regulating Technologies* (Hart Publishing 2008)

Burleigh N, 'Why I've Stopped Sending Holiday Photo Cards' (*Time.com*, 6 December 2012) <http:// ideas.time.com/ 2012/ 12/ 06/ why- ive- stopped- sending- holiday- photo- cards/ #ixzz2EHkxsdOt> accessed 17 October 2016

Carr N, *The Glass Cage: Automation and Us* (WW Norton 2014)

Caulfield T and Brownsword R, 'Human Dignity: A Guide to Policy Making in the Biotechnology Era' (2006) 7 Nature Reviews Genetics 72

Chadwick R, Levitt M and Shickle D (eds), *The Right to Know and the Right Not to Know*, 2nd edn (Cambridge UP 2014)

Christensen C, *The Innovator's Dilemma: When New Technologies Cause Great Firms to Fail* (Harvard Business Review Press 1997)

Churchland P, 'Moral Decision-Making and the Brain' in Judy Illes (ed) *Neuroethics* (OUP 2005)

Cohen J, *Configuring the Networked Self* (Yale University Press 2012)

Collingridge D, *The Social Control of Technology* (New Francis Pinter 1980)

Colvin G, *Humans are Underrated* (Nicholas Brealey Publishing 2015)

Edmond G, 'Judicial Representations of Scientific Evidence' (2000) 63 Modern Law Review 216

Edwards L and Waelde C (eds), *Law and the Internet* (Hart Publishing 1997)

Fisher E, Scotford E, and Barritt E, 'Adjudicating the Future: Climate Change and Legal Disruption' (2017) 80(2) Modern Law Review (in press)

Ford M, *The Rise of the Robots* (Oneworld 2015)

Freeman M, *Law and Neuroscience*: *Current Legal Issues Volume 13* (OUP 2011)

Fukuyama F, *Our Posthuman Future* (Profile Books 2002)

Greene J and Cohen J, 'For the Law, Neuroscience Changes Nothing and Everything' Philosophical Transactions of the Royal Society B: Biological Sciences 359 (2004) 1775

Harkaway N, *The Blind Giant: Being Human in a Digital World* (John Murray 2012)　　37

Harris J, *Enhancing Evolution* (Princeton UP 2007)

Hildebrandt M, Smart Technologies and the End(s) of Law (Edward Elgar Publishing 2015) Hildebrandt M, 'Law as Information in the Era of Data-Driven Agency' (2016) 79 Modern Law Review 1

Hodge G, Bowman D, and Maynard A (eds), *International Handbook on Regulating Nanotechnologies* (Edward Elgar Publishing 2010)

Hutton W, *How Good We Can Be* (Brown Book Group 2015)

Huxley A, *Brave New World* (HarperCollins 1932)

Jasanoff S, 'Technology as a Site and Object of Politics' in Robert E Goodin and Charles Tilly (eds), *The Oxford Handbook of Contextual Political Analysis* (OUP 2009)

Johnson D and Post D, 'Law and Borders: The Rise of Law in Cyberspace' (1996) 48 Stanford Law Review 1367

Karapapa S and Borghi M, 'Search Engine Liability for Autocomplete Suggestions: Personality, Privacy and the Power of the Algorithm' (2015) 23 International Journal of Law and Information Technology 261

Keen A, *The Internet is not the Answer* (Atlantic Books 2015)

Latour B, 'On Technical Mediation—Philosophy, Sociology, Genealogy' (1994) 3(2) Common Knowledge 29

Leader S, 'Collateralism' in Roger Brownsword (ed), *Human Rights* (Hart Publishing 2004) Lessig L, *Code and Other Laws of Cyberspace* (Basic Books 1999)

Love J and Hubbard T, 'The Big Idea: Prizes to Stimulate R&D for New Medicines' (2007) 82

Chicago-Kent Law Review 1520

Mandel G, 'Regulating Emerging Technologies' (2009) 1 Law, Innovation and Technology 75 Martin-Casals M (ed), *The Development of Liability in Relation to Technological Change* (Cambridge UP 2010)

Michael K and Clarke R, 'Location and Tracking of Mobile Devices: Uberveillance Stalks the Streets' (2013) 29 Computer Law & Security Review 216

Mik E, 'The Erosion of Autonomy in Online Consumer Transactions' (2016) 8 Law, Innovation and Technology 1

Millard C, *Cloud Computing Law* (OUP 2013)

Miller D, *Social Justice* (Clarendon Press 1976)

Murray A, *The Regulation of Cyberspace* (Routledge-Cavendish 2007)

Murray A, *Information Technology Law* (OUP 2010)

Nozick R, *Anarchy, State and Utopia* (Basil Blackwell 1974)

Nuffield Council on Bioethics, http://nuffieldbioethics.org/ (accessed 13 October 2016)

O'Neill O, 'Insurance and Genetics: The Current State of Play' (1998) 61 Modern Law Review 716

Orwell G, *Nineteen Eighteen Four* (Martin Secker & Warburg Ltd 1949)

Pottage A and Sherman B, *Figures of Invention: A History of Modern Patent Law* (OUP 2010)

Purdy R, 'Legal and Regulatory Anticipation and "Beaming" Presence Technologies' (2014) 6 Law, Innovation and Technology 147

Rawls J, *A Theory of Justice* (Harvard UP 1971)

Rawls J, *Political Liberalism* (Columbia UP 1993)

Reed C (ed), *Computer Law* (OUP 1990)

Renn O, *Risk Governance— Coping with Uncertainty in a Complex World* (Earthscan 2008)

Roberts S, 'After Government? On Representing Law Without the State' (2004) 68 Modern Law Review 1

The Royal Society, *Machine Learning*, available at https://royalsociety.org/topics-policy/pro- jects/machine-learning/ (accessed 13 October 2016)

The Royal Society and British Academy, *Data Governance*, available at https://royalsociety. org/topics-policy/projects/data-governance/ (accessed 13 October 2016)

Sayre F, 'Public Welfare Offences' (1933) 33 Columbia Law Review 55

Schiff Berman P, 'From International Law to Law and Globalisation' (2005) 43 Colum J Transnat'l L 485

Selznick P, 'Focusing Organisational Research on Regulation' in R Noll (ed) *Regulatory Policy and the Social Sciences* (University of California Press 1985)

Shelley M, *Frankenstein* (Lackington, Hughes, Harding, Mavor, & Jones 1818)

Smyth S and others, *Innovation and Liability in Biotechnology: Transnational and Comparative Perspectives* (Edward Elgar 2010)

Steiner C, *Automate This* (Portfolio/Penguin 2012)

Sterckx S, 'Can Drug Patents be Morally Justified?' (2005) 11 Science and Engineering Ethics 81

Stirling A, 'Science, Precaution and the Politics of Technological Risk' (2008) 1128 Annals of the New York Academy of Science 95

Susskind R and Susskind D, *The Future of the Professions* (OUP 2015)

Tamanaha B, *A General Jurisprudence of Law and Society* (OUP 2001)

Tranter K, 'The Law and Technology Enterprise: Uncovering the Template to Legal Scholarship on Technology' (2011) 3 Law, Innovation and Technology 31

UK National Screening Committee, available at https://www.gov.uk/government/groups/ uk-national-screening-committee-uk-nsc (accessed 13 October 2016)

van Est R and others, *From Bio to NBIC Convergence— From Medical Practice to Daily Life* (Rathenau Instituut 2014)

Vaidhyanathan S, *The Googlization of Everything* (*And Why We Should Worry*) (University of California Press 2011)

Wachter R, *The Digital Doctor* (McGraw Hill Education 2015)

Waldron J, 'Is the Rule of Law an Essentially Contested Concept (in Florida)?' (2002) 21 Law and Philosophy 137

Waldron J, 'Security and Liberty: The Image of Balance' (2003) 11(2) The Journal of Political Philosophy 191

Winner L, 'Do Artifacts Have Politics?' (1980) 109(1) Daedalus 121

World Economic Forum, *The Future of Biotechnology*, available at https://www.weforum.org/ communities/the-future-of-biotechnology (accessed 13 October 2016)

Wuger D and Cottier T (eds), *Genetic Engineering and the World Trade System* (Cambridge UP 2008)

Yeung K, *Securing Compliance* (Hart Publishing 2004)

Yeung K, ' "Hypernudge": Big Data as a Mode of Regulation by Design' (2017) 20 Information, Communication & Society 118

Zuboff S, 'Big Other: Surveillance Capitalism and the Prospects of an Informal Civilization,' (2015) 30 *Journal of Information Technology* 75

第二篇

合法性和技术规则：
价值观和理想

第一章
法律、自由与技术

罗杰·布朗斯沃德（Roger Brownsword）

周　辉　译

一　引言

新技术为人类提供了新的工具、处理旧问题的新方法和要做的新事情。每一种新　41
工具都带来一个新的选择——从表面上看，每一种选择都扩大或延伸了人类的自由。
然而，与此同时，随着一些新技术及其应用出现，我们可能会担心短期获得自由的代
价是长期失去自由（Zittrain 2009；Vaidhyanathan 2011）；或者我们可能会担心，无
论"监控社会"的技术提高了多少安全性，都是我们用政治和公民自由的减少换来的
（Lyon 2001；Bauman and Lyon 2013）。

鉴于扩大自由的技术和限制自由的技术之间的这种明显紧张关系，自由和技术如
何相互关联的问题对我们这个时代来说是一个特别重要的问题。因为，如果我们能够
澄清技术及其应用对我们自由的影响，我们就应该能够更好地对技术使用的合法性形
成看法，并对我们是应该鼓励还是不鼓励某些技术的发展或应用做出更有信心和理性
的判断。

我们应该如何开始回答新技术或新技术的特定应用是对个人自由产生积极影响还　42
是消极影响的问题？毫无疑问，对这样一个问题的谨慎回答是，答案很大程度上取决
于正在考虑哪些技术和哪些技术应用，以及假定了哪一种特定的自由概念。

采用这样一种谨慎的方法，我们可以从勾画一个宽泛的或"伞"的自由概念开
始，这种自由概念涵盖开发、应用或使用某种特定技术的规范性和实践性选择。换句

话说，我们开发了这样一种可能性，即不仅评估是否存在开发、应用或使用某种意义上规则允许操作的技术的"规范自由"，也评估是否存在这样一种"实践自由"，即这些行为是一种真正的选择。在确定了自由——规范的和实际的——和技术之间联系的四条研究路线之后，我们将集中讨论法律、自由和"技术管理"之间的关系问题。这个问题特别有趣的原因是，它突出了技术工具可以用来管理行动者行为的方式，此举不是通过修改行为的背景规范性文件（例如，不是通过将法律许可改为禁止），而是通过使人类行动者实际上不可能做某些事情。法律规则规定了我们的规范性选择，而技术管理规定了我们的实质选择。通过这种方式，法律在某种程度上被技术管理所取代，对我们实际拥有的自由的检验与其说是在法律文件中，不如说是在产品、场所甚至是人自身的技术管理中（见本书第 34 章）。或者，换句话说，在一个技术管理的时代，热爱自由的人主要关心的不是使用代表多数人暴政（或者，事实上是少数人暴政）的强制威胁，而是预防性编码和设计对实质自由的侵蚀（Brownsword 2013a，2015）。

二　自由

对于各种有争议的自由理论（Raz 1986；Dworkin 2011：ch17），我提议从韦斯利·纽科姆·霍菲尔德（Wesley Newcomb Hohfeld）对法律关系的开创性分析开始（Hohfeld 1964）。虽然霍菲尔德的主要目的是澄清律师们谈论"拥有权利"时的不同的、潜在的困惑，但他的概念方案有一个优点，那就是对拥有我所说的"正常的自由"是什么这个问题给出了特别清晰和精确的描述。按照霍菲尔德的说法，我们可以说，如果（i）相对于某一套规则（我将把它称为"参考规范"），（ii）特定行为人（A），（iii）有自由做出特定行为（X），（iv）相对于其他特定行为人（B），那么这就意味着 A 某的 X 行为既不被要求也不被禁止，而只是被允许或被选择。换言之，A 有这种规范自由的逻辑是，无论 A 做 X 还是不做 X，都不违反对 B 的义务。然而，在进一步讨论之前，需要注意两个重要问题。

第一点是霍菲尔德方案是基本法律关系之一。自由（如权利、义务或权力）并不普遍存在；相反，这些概念在代理之间的规范关系中有其独特的含义。因此，对于霍菲尔德来说，"A 有做 X 的自由"的说法只有在 A 与另一个人（如 B）有法律关系背景下才变得准确。如果在这种背景下，A 有做 X 的自由，那么，正如我所说的，这意味着 A 对 B 没有义务做或不做 X；与之相关的是，它表明，就 A 做或不做 X 而言，B 对 A 没有权利。A 是否有权对 B 以外的代理人做 X 是另一个问题，其答案将取决于参考规范的规定。根据该准则，如果 A 做 X 的自由是特定于 A 和 B 之间的关系，那么 A 相对于 C、D 或 E 将没有同样的自由；但是，如果 A 做 X 的自由非常普遍地适用，那么 A 做 X 的自由也将适用于与 C、D 和 E 的关系。

第二点是霍菲尔德区分了 "A 相对于 B 有做 X 的自由" 和 "A 对 B 有权利主张 B 不应该干涉 A 做或不做 X"。在许多情况下，如果 A 相对于 B 有做 X 的自由，那么 A 的自由将得到针对 B 的保护性权利的支持。例如，如果 A 和 B 是邻居，如果 A 相对于 B 有看他的（A 自己的）电视的自由，那么 A 也可能对 B 有权利要求 B 不应该不合理地干扰 A 看电视的尝试（例如通过干扰 A 对信号的接收）。如果 A 的自由以这种方式得到加强，那么这就表明 A 对他所拥有的选择的享有受到一定程度的重视。当我们讨论技术对 "公民自由" 和 "基本权利和自由" 的冲击时，我们将回到这一点，这些权利和自由是我们认为国家有义务尊重的。尽管如此，在原则上，霍菲尔德方案允许在 A 和 B 的关系中可能存在对等的自由，这样 A 有看电视的自由，但同时 B 也有参与某些干涉行为的自由。就目前的目的而言，我们不需要花时间试图构建这种对等自由的似是而非的场景；因为，在适当的时候，我们将会看到，在实践中，除了受到不必要的干涉之外，A 的选择可以在许多方面受到限制。

尽管对霍菲尔德来说，参考规范是任何法律体系都适用的实在法，但只要代理人之间的基本形式关系被理解为 "A 对有义务的 B 有权利" 和 "A 相对于无权利的 B 有自由"，他的概念方案就行之有效。因此，霍菲尔德的自由概念可以延伸到许多法律秩序以及道德、宗教和社会秩序。通过这种方式，规范自由的概念允许这样一种可能性，即相对于某些法律秩序，有做 X 的自由，但根据其他法律秩序，却没有这样的自由——例如，相对于某些法律秩序，研究人员被允许使用人类胚胎进行最先进的干细胞研究，而相对于其他法律秩序，他们没有这样的自由；它允许我们根据我们的参照点是法律、道德、宗教还是社会规范的条文，对做 X 的自由做出不同的判断——例如，即使相对于特定的国家法律秩序，研究人员可能被允许使用人类胚胎进行干细胞研究，相较之下，比如在特定的宗教或道德规范之下，他们可能不被允许这样做。

到目前为止，自由与特定技术或应用之间的关系似乎将取决于参照规范守则所采取的立场。随着一些技术或应用进入规范指导的范围，将对其允许性采取立场，根据这一立场，我们可以谈论自由是如何受到影响的。然而，这种分析有些有限。它表明，我们关于自由和技术之间关系的问题的答案是，规范性法规通过要求、允许或禁止与技术的开发、应用和使用有关的某些行为来回应新技术；如果行为被允许，我们就有自由；如果行为不被允许，我们就没有自由。诚然，我们可以梳理出更微妙的问题，在这些问题上，人们发现自己被相互重叠、相互竞争和相互冲突的规范性文件所困扰。例如，我们可能会问，为什么尽管背景法律规则允许医生使用现代器官采集和移植技术，但医疗保健专业人员倾向于遵守他们自己更严格的法规；或者，相反，为什么医生有时会被他们自己的非正式许可规范所指导，而不是被更正式的法律禁令所指导。即便如此，如果我们把我们的问题局限于规范性自由，得到的分析还是有限的。

如果我们要丰富这种说法，我们需要使用一个更广泛的自由概念，一个不仅借鉴规范性立场，而且借鉴实践性可能性的概念，一个既涵盖规范性自由又涵盖实践性自由的概念。例如，如果我们问自己是否有飞向月球的自由，或者通过纳米技术工程线路被运送到月球，那么相对于许多规范性法规，我们似乎有这样的自由——或者，总而言之，如果我们把没有明确的禁令或要求理解为潜在的许可，那么情况就是这样。然而，鉴于空间技术的现状，纳米线旅行还不是一种可选择的技术；而且，即使乘宇宙飞船旅行在技术上是可能的，对大多数人来说也是非常昂贵的。因此，在写作的当下，太空旅行是一种规范的自由，但除了少数宇航员，对大多数人来说还不是一种实际的自由。但是，谁知道呢，在未来的某个时候，人类也许能够乘坐全自动宇宙飞船飞往月球，就像他们很快就能驾驶无人驾驶汽车沿着加州高速公路旅行一样（Schmidt and Cohen 2013）。换句话说，新技术及其应用的重要性在于，它们提供了新的技术选择，从这个意义上说，它们扩大了人类的实质自由（或者说实践自由），但总是受到两个警告：一个警告是，规制可能会以限制自由的方式做出反应，禁止或要求正被考虑的行为；另一个警告是，新的技术选择可能会打乱旧的选择，让人怀疑，总体而言，实质自由是有得有失。

这种描述，结合了自由的规范和实践层面，似乎为我们探讨这个问题提供了更多的空间。例如，在这种方法上，我们可以说，在现代辅助受孕技术发展之前，想要有与他们有相关基因的子女的夫妇可能会因为他们不成功的自然生殖尝试而受挫。在这种沮丧的状态下，他们享有使用辅助受孕的"纸面"规范自由，因为这种使用没有被禁止或要求；但是，在开发出可靠的体外受精和卵胞浆内单精子注射技术之前，它们还没有真正的实质自由来利用辅助受孕。即使当辅助受孕成为可能，获取这项技术所涉及的费用可能意味着，对许多人类来说，它的使用仍然只是纸面上的自由。

再比如，如果这个问题涉及潜在的文件共享者相互分享他们的音乐的自由，那么可能会有不止一个规范性文件在发挥作用；未来的文件共享者是否有分享他们音乐的规范自由将取决于特定的参考规范。根据许多版权法，文件共享是不允许的，因此没有从事这项活动的规范自由；但是，根据"开源"的规范或文件共享者的社会规范，这种活动可能被认为是完全允许的。当我们加入实际的可能性时，这种可能性不一定与特定的规范性文件一致，分析变得更加丰富。例如，当规范性文件将其设置为禁止时，在实践中某些行为主体仍然可能进行文件共享；而且，当规范性文件被设定为允许时，一些年轻人可能仍然处于根本不可能访问文件共享站点的状态。换句话说，理论选择（和禁止）不一定与实质选择对应，反之亦然。最后，如果法律认为文件共享是不允许的，因为它侵犯了知识产权所有者的权利，我们还有更多的话要说。尽管法律没有将文件共享视为一种自由，但它允许购买许可（通过支付版税或谈判许可），但是，对于一些群体来说，购买许可的价格可能太高，实际上，这些群体中的人无法利用这种有条件的规范性自由。

根据这些评论，如果我们再谈回 A，A 相对于 B 有观看或不观看电视的规范自由 46
（根据当地实在法律规则），我们可能会发现，在实践中，A 的立场要复杂得多。首
先，A 可能必须遵守不止一个规范性文件。尽管没有法律规定禁止 A 看电视，但可能
还有其他地方法规（包括家庭内部的规定）造成了不允许看电视的压力。第二，即使
A 有看电视的规范自由，也可能 A 没有真正的选择，因为电视技术在 A 所在的世界
的部分地区还不可用，或者它们可能太贵了，A 租不起或买不起电视。或者，可能是
电视节目用的是 A 听不懂的语言，或者 A 工作太忙，根本没有时间看电视。这些原
因并非都是相同的：一些涉及相互冲突的规范压力，另一些涉及对行使规范自由的真
正限制。就后者而言，一些实际限制反映了技术的相对可及性，或者说是 A 缺乏能
力或资源；可以说，有些是对 A 的内部限制，有些是外部的；有些限制比其他限制
更容易补救；等等。尽管如此多样，这些环境因素都意味着，即使 A 拥有书面的规
范性自由，它也不能与 A 实际享有的实质自由相匹配。第三，将电视引入 A 的家中
也有可能会破坏 A 以前可以利用并被 A 重视的休闲选择。例如，A 的家庭成员现在
可能更喜欢看电视，而不是玩棋盘游戏或在钢琴周围"唱歌"（cf Price 2001）。技术
颠覆经济和社会已是常态；就自由而言，与实质选择相关的是最容易感受到颠覆的。

三 自由和技术：四条前瞻性研究路线

考虑到我们提出的自由的总体概念，以及一系列的技术及其应用，有许多条研究
路线被提出来。在接下来的文章中，我们概述了四种可能性。它们涉及对以下方面的
研究：（1）规范性选择的模式；（2）规范自由和实践自由的差距（或书面选择和实质
选择之间的差距）；（3）技术对基本自由的影响；以及（4）法律、自由和技术管理
之间的关系。

（一）规范性选择的模式
47

首先，我们可以通过各种技术及其应用来衡量规范自由的模式和程度，看看哪
些规范准则允许它们的使用。在一些群体，默认的立场可能是新技术及其应用是允
许的，除非它们对其他人明显是危险或有害的。在其他群体，对允许性的检验可能
是出于技术目的——如人的生殖性克隆或性别选择或人体增强技术——是否损害人
的尊严（例如，Fukuyama 2002；Sandel 2007）。不同的道德背景中，我们会发现
不同的规范自由。

如果我们简单地遵守法律法规，我们会发现，在许多情况下，特定技术的使
用——例如，是否使用手机或平板电脑，或者手机或平板电脑上的特定应用，或者
看电视——是非常随意的；但是，在一些群体，可能存在要求必须使用手机的社会规

范，或者相反，禁止在某些情况下使用手机（例如在会议上、火车上的"安静"车厢或家庭餐桌上使用手机）。如果我们发现一个规范性文件和另一个规范性文件在使用特定技术的允许性方面存在分歧，将会提出进一步的问题。对这种差异的解释，也许是因为对一项技术的安全性不同的专家会做出不同的判断，还是因为正在采用不同的风险评估方法（转基因作物似乎是这种情况），还是因为差异源自更深地考虑到人权和人类尊严（这也是解释关于转基因作物可接受性意见不一的关键因素之一）的基本价值观（Jasanoff 2005；Lee 2008；Thayyil 2014）。

对于比较研究来说，这种分析可能有一些吸引力；正如我们已经注意到的，对于夹在相互冲突的规范之间的人类的反应，有一些有趣的问题要问。此外，随着对不同规范立场的潜在原因的探究，我们可能会发现我们可以与自由文学中所描绘的常见的区别联系起来，最明显的是与柏林（Berlin）著名的消极自由和积极自由之间的区别（Berlin 1969）。用柏林的术语来说，一个国家尊重其公民的消极自由，这给了他们自我发展的空间，让他们能够判断什么是符合自己最大利益的。相比之下，当一个国家以积极自由的理念运作时，它强制推行公民真正或更高利益的愿景，即使这些利益并不被公民视为符合其自身利益。诚然，这是一个直接的区别（MacCallum 1967；Macpherson 1973）。然而，如果一个国家拒绝其公民获得某项技术（例如，国家过滤或阻止访问互联网），因为它判断这样的访问不符合公民的利益，那么这与一个国家允许公民访问技术并让他们来判断这是否符合他们的自身利益的情况形成了鲜明的对比（Esler 2005；Goldsmith and Wu 2006）。对于前一个国家来说，要用自由的说辞来为其拒绝进入辩护，它需要借鉴柏林批评的那种积极的观念；而对后者来说，如果对消极自由的尊重是一种考验，那就没有什么可辩解的了。

虽然一个司法管辖区的法律许可与另一个司法管辖区的法律禁止或要求形成对比，但需要理解的是，法律秩序并不总是将它们的许可视为未经修饰的自由。相反，我们发现激励性许可（例如，通过有利的税收减免或知识产权的可能性激励该选项）、简单许可（既没有激励也没有抑制）、有条件或合格的许可（该选项在某些条件下可用，如许可批准）。

关于专利制度对技术创新的激励，以及激励与自由的关系，奥利弗·布鲁斯特（Oliver Brüstle）的案例具有指导意义。案例概况为，2011 年 10 月欧盟法院（CJEU）根据德国联邦法院的一项建议，裁定：根据"关于生物技术发明法律保护的第 98/44/EC 号指令"第六条（2）（c），奥利弗·布鲁斯特进行的创新干细胞研究不能被授予专利。或者说，无论如何，它被排除在专利保护范围之外的原因在于布鲁斯特的研究依赖于以人类胚胎获得的材料，而在获得此材料的过程中，人类胚胎被破坏了。[①] 布

---

① Case C-34/10,Oliver Brüstle v.Greenpeace e.V.（Grand Chamber,18 October 2011）.

鲁斯特案件受到了广泛的批评，其中之一是这个决定与德国的现实不符——众所周知，德国的胚胎保护法是欧洲最强的——布鲁斯特的研究是完全合法的。那么，这难道不是对布鲁斯特（Brüstle）自由的不可接受的干涉吗？诚然，这一决定最终是否可以接受，还需要进一步讨论。然而，目前的观点只是认为（在欧洲多种道德观点的背景下）布鲁斯特的研究不应该得到知识产权的鼓励，但同时认识到在欧洲的许多地方，进行这样的研究是完全合法的（Brownsword 2014a）。事实是——正如许多思想开明的父母在他们的孩子成年后发现的那样——选择必须被承认，有些不被认可的行为必须被视为是允许的；但这并不意味着每一个特定的选择都应该受到激励或鼓励。

（二）规范自由与实践自由的差距

布鲁斯特一案说明了规范自由和实践自由之间、理论选项和实际选项之间的差距。在该决定做出后，尽管布鲁斯特的研究在德国（以及法律允许进行此类研究的许多其他地方）仍然可以作为理论选项，但其过程和结果在欧洲不受专利保护这一事实可能会使其不属于实际选 项。这对布鲁斯特来说究竟有多大的实际问题，将取决于专利对那些可能投资于研究的人的重要性。如果研究资金枯竭，那么布鲁斯特的规范性自由只不过是一个理论选项。当然，布鲁斯特可能会将他的研究工作转移到另一个可以获得专利的领域，但这可能并不是一个现实的选择。字面上的自由可以重复，但并不总能转化为真正的自由。

布鲁斯特的故事到此为止；但更普遍的观点是，全世界有数百万人的自由只是理论项。从没有禁止做某事的规则这一事实来看，并不意味着所有想做某事的人都有资格这样做。此外，正如笔者在本章第二节中已经指出的那样，有许多原因可以说明为什么某一个人可能无法行使理论上的选择权，有些原因比其他原因更容易纠正。这就要求进行几方面的调查，最明显的可能是，对行使这些规范性自由遇到实际障碍的原因进行一些分析，然后阐明消除这些障碍的一些策略。

毫无疑问，在世界上许多地方，人们每天生活费不到一美元，理论上的选择不能转化为现实选择的原因将是显而易见的。没有对基础设施的重大投资，没有基本能力的发展，没有一个严肃的机会平等方案，无论存在什么样的规范性自由，都将基本上只停留在纸面上（Nussbaum 2011）。在这种情况下，一些较老的技术与现代低成本技术（例如水的纳米修复和节育）的结合可能有助于自由的实际扩展（Edgerton 2006；Demissie 2008；Haker 2015）。然而，与此同时，现代农业和运输技术可能会破坏基本的粮食安全和传统的耕作方式（众所周知，这一点被所谓的"终止基因"技术的发展所强调，该技术旨在防止种子的传统再利用）。

除了这种全球共知的反常之外，还有一些更微妙的方式，即使是在世界上最有特权的人群中，实际选项也与理论上的选项不一致。回到前面的一个例子，也许没有法

49

律禁止看电视，但是 A 可能会发现，因为他的家人不喜欢看他喜欢的那种节目，他很少有机会看他想看的节目（所以他一点也不喜欢看）；或者，可能是，尽管 A 的家里有两台电视机，但这项技术实际上不允许观看不同的节目——所以 A 也没有真正的机会观看他喜欢的节目。如果我们要理解现代技术和自由之间的关系，最后提到的实际限制，即技术限制对行动者的实质选择的影响，是一个中心问题；这是我们将在第四节中返回讨论的一个主题。

（三）自由与放任

作为第三条研究路线，我们可以考虑特定的技术如何影响特定的基本和有价值的自由（Rawls 1972；Dworkin 1978）。在现代自由民主国家中，许多自由被认为是至关重要的，构成了人类作为自己做决定的自治行动者表达自我和蓬勃发展的条件。这些宏观自由或个体自由非常重要，在许多宪法中，享有这些自由常常被视为一项基本权利。现在，回顾霍菲尔德理论的观点，它并不总是得出这样的结论，当 A 相对于 B 有做 X 的自由时，A 也将对 B 有主张权利，即 B 不应该干涉 A 做 X，很明显，当 A 做 X（X 涉及表达观点、与他人交往、信奉宗教、组成家庭或其他）被承认为一项基本权利时，这将是 A 拥有联合自由和主张权利的情况。换句话说，在这种情况下，A 与他人的关系，包括与国家的关系，将不仅仅是做 X 的自由；A 正在做或不做 X 将受到索赔权的保护。例如，如果参考规范命令将 A 的隐私视为相对于他人做 X 的自由，那么如果 A 被要求披露一些私人信息，A 可以拒绝这样做而不违反义务。只要 A 被视为只拥有自由，A 就不会对那些"干涉"他的隐私的人提出权利主张——在其他条件相同的情况下，那些监视和窥探 A 的人不会违反义务。然而，如果参考规范性法令将 A 的隐私视为一项基本自由和基本权利，A 将有更多的自由将某些信息保留给自己，A 将有针对未能（以各种方式）尊重、保护、维护或促进 A 隐私的其他人的特定权利。如果国家或其官员不尊重 A 方的隐私，他们将失职。

澄清这一点后，现代技术如何影响我们视为基本权利的自由？虽然这种技术有时被称赞为能够实现言论自由和可能的政治自由——例如，让年轻人参与政治辩论——但它们也可能被担忧地视为对民主和人权的暗中侵蚀（Sunstein 2001；McIntyre and Scott 2008）。在这方面，监视、跟踪和监控、识别和检测等新技术的发展，是人们对隐私威胁（被视为保留私人选择区域的红线）最常表达的担忧（Griffin 2008；Larsen 2011；Schulhofer 2012）。

似乎面临最艰难选择的是安全和刑事司法领域。一方面，旨在防止恐怖主义行为或严重犯罪的监视对于保护重要利益十分重要；但是，另一方面，对无辜者的监视侵犯了他们的隐私。如何达到正确的平衡（Etzioni 2002）？斯诺登事件曝光后，有一种认识认为监控可能不相称；但是如何评估比例性呢？（参见本书第 3 章。）

在欧洲判例中，艾斯和马尔珀诉英国（*S. and Marper v The United Kingdom*）一案[②]在这个问题上给予了一些启发。在马尔珀（Marper）案之前的几年里，英格兰和威尔士当局建立了世界上最大的人均 DNA 数据库，该系统有大约 500 万份档案。当时，如果一个人被逮捕，那么，在几乎所有情况下，警察都有权提取一个用于鉴定的 DNA 样本。即使逮捕（出于几个原因中的任何一个）没有导致该人被定罪，样本和档案也可以保留。这些广泛的权力招致了相当多的批评——特别是基于双重理由，即除了与严重犯罪有关的逮捕之外，不应有权力提取 DNA 样本，除非该人被实际定罪，否则不应保留样本和简介（纳菲尔德生物伦理学理事会，2007）。马尔珀案提出的问题是，授权采集和保留样本以及制作和保留档案的法律框架是否符合英国的人权承诺。

在英国国内法院，虽然法官们在决定是否根据《欧洲人权公约》第 8（1）条行使信息隐私权时意见并不完全一致[③]，但他们毫不犹豫地接受，国家可以根据第 8（2）条援引预防和侦查严重犯罪的迫切公共利益来证明立法的正当性。然而，斯特拉斯堡大议会（Grand Chamber in Strasbourg）认为，这些法律条款对隐私的影响过于宽泛和不相称。相对于其他签署国，英国显然是一个例外：为了回到正轨，英国有必要更加认真地对待隐私权。

在马尔珀案做出裁决后，英国新政府颁布了《2011 年自由保护法》（*Protection of Freedoms Act* 2011），以期遵循斯特拉斯堡的指导，恢复授权保留 DNA 档案的法律规定的相称性。尽管我们可以说，相对于欧洲刑事司法实践，英国对 DNA 证据的依赖已经恢复正常，但 DNA 使用需求的迅速增长是一种国际现象——例如，在美国，联邦调查局协调的数据库保存了 800 多万份档案。显然，虽然 DNA 数据库对犯罪控制有所贡献，但需要有一个令人信服的理由来大规模构建和广泛使用它们（Krimsky and Simoncelli 2011）。事实上，随着大量新技术的出现，从神经成像到热成像，安全部门和执法人员都可以使用，在我们就公民自由的限制达成一些解决方案之前，我们可以预期会有一系列围绕隐私、合理的搜索依据、公平审判等的宪法和欧洲人权的挑战（Bowling，Marks and Murphy，2008）。

52

（四）法律、自由和技术管理

第四，我们可以考虑"技术管理"对自由的影响。独特的是，技术管理——通常涉及产品或场所的设计，或过程的自动化——试图排除（ⅰ）某些行动的可能性，如果没

---

② （2009）48 EHRR 50. 关于英国国内诉讼，见 [2002]EWCA Civ 1275（上诉法院）和 [2004]UKHL 39（上议院）。

③ 根据第 8 条第 1 款，"人人有权尊重他的私人和家庭生活、他的住房和他的通信"。

有这种战略，这些行动可能只受规则的管制，或（ii）否则将涉及受管制活动的人类。

现在，如果一个选择实际上是可行的，那么限制它的唯一方法似乎就是通过一种认为它不被容许的规范性回应。然而，这忽略了"技术管理"本身侵犯实质自由的方式，同时，它取代了任何规范性的对策，特别是法律文件。

例如，当时在英国有一场大辩论，在汽车上安装安全带，不系安全带就开车是刑事犯罪。批评者认为这是对他们自由的严重侵犯——也就是说，他们可以选择系安全带或不系安全带开车。在实践中，很难监控驾车者的行为，如果驾车者没有被要求遵守，可能会有一个设计车辆的建议，如果不系安全带，汽车就会被锁定不动。在美国，这种技术管理措施在被拒绝之前确实被采用了，但人们强烈地感受到了对自由的影响（Mashaw and Harfst 1990：ch 7）。虽然美国交通部估计所谓的联锁系统每年能挽救7000人的生命、避免34万人受伤，但其"谨慎的家长制的言辞与技术和'老大哥主义'（'big brotherism'）的观点是不相称的。"（Mashaw and Harfst 1990：135）。正如马修（Mashaw）和哈弗斯特（Harfst）对当时立法辩论的评价：

> 安全很重要，但它并不总是胜过自由。[在安全游说团体呼吁疫苗和机器警卫时]自由战士们恰恰看到了他们憎恶的危险、不断发展的监管逻辑。私人客车不是工作场所，也不是普通的运输工具。美国国会在1974年表示这是一个私人空间（1990：140）。

53　　这种技术管理不仅希望限制驾车者的实质选择，包括真正消除不遵守法律的可能性，而且有一种取代法律规则本身的感觉。这将带我们进入下一阶段的讨论。

四　法律、自由和技术管理

本节将介绍技术管理作为一种监管工具的发展所带来的与自由相关的问题。第一，通过考虑技术管理如何作为一种犯罪控制策略以及促进健康、安全和环境保护的策略来解释监管发展的方向。第二，对技术管理通过消除实质选择而影响自由的方式提出的问题进行评论。

（一）监管发展的方向

技术管理可以用于多种目的——例如，控制犯罪；出于健康和安全原因；出于"环境"目的；或仅为了效率和经济。就目前而言，我们可以把重点放在两个主要方面，在这两个方面，我们可能会发现技术管理正在发挥作用。

第一个方面是主流刑事司法系统。正如我们已经看到的，为了提高刑法的效力，可能会（实际上）使用各种技术工具（监视、识别、检测和纠正）。如果这些鼓励（但不保证）合规性的工具能够被强化为全面的技术管理，监管者似乎自然会采取下一步行动。毕竟，如果犯罪控制——或者更好地说，犯罪预防——是目标，为什么不采取一种消除犯罪可能性的策略呢？（Ashworth，Zedner，and Tomlin 2013）对于那些绝望于"一切都没用"的人来说，技术管理似乎是答案。

考虑到道路交通法规和速度限制的情况，可以部署各种技术设备（比如测速摄像头），但全面的技术管理是最终答案。因此，帕特·奥马利（Pat O'Malley）绘制了用于调节机动车辆速度的不同程度的技术控制图：

> 在这种技术的"软"版本中，警告装置会告知驾驶员他们超速或临近交通管
> 制条件，但也有越来越激进的版本。如果驾驶员忽略警告，数据——包括任何时
> 候超速的计算结果，以及超速发生的距离（这可能被认为是一个额外的危险因
> 素，因此是犯罪的加重）——可以直接传输到中央处理处。最后，在从完美检测
> 到完美预防的飞跃中，可以通过远程调节制动系统或加速器来禁用车辆或限制速
> 度。（2013：280）

54

同样，技术管理可以通过锁定车辆来阻止在饮酒或药物的影响下的驾驶行为，传感器检测到的试图驾驶的人受到饮酒或药物的影响。

另一个方面是关注健康和安全、能源安全、环境保护等问题。众所周知，随着社会工业化和运输系统的发展，新的机器和技术给运营商、用户和第三方带来了许多危险，监管者试图通过引入健康和安全规则来应对这些危险（Brenner 2007）。风险管理的主要工具是一套以绝对或严格责任为特征的"监管"刑法，再加上一套"监管"侵权法，这些法律通常认定无过失责任，但有时也使企业免于承担责任（Martin-Casals 2010）。然而，在 21 世纪，我们拥有管理相关风险的技术能力：例如，在危险的工作场所，我们可以用机器人代替人类；我们可以创造更安全的环境，让人类继续工作；而且，随着"绿色"问题变得更加紧迫，我们可以引入智能电网和各种节能设备（Bellantuono 2014）。在每一种情况下，技术管理，而不是法律规则，都承诺会承担很大一部分监管责任。

鉴于犯罪预防和风险管理的必要性，技术管理有望成为 21 世纪公共监管者的首选战略。对私人监管者来说，技术管理也有其吸引力。例如，当沃里克郡高尔夫乡村俱乐部开始遇到当地"快乐骑士"将高尔夫球车带出球场的问题时，俱乐部使用全球定位系统技术，这样，如果有人试图将高尔夫球车开出限制范围，这些车就会被锁定（Brownsword 2015）。尽管快乐骑士的目标行为在理论上仍然是非法的，但这些行为在实践中变得"不可能"，相关的监管信号变成了"你不能这么做"，而不是"禁止这

种行为"（Brownsword 2011）。在这种程度上，技术管理超越了潜在的法律规则："快乐骑士"不再有义务尊重高尔夫俱乐部的合法权益；法律不再是犯罪减少的原因。从这两方面来说，这项工作都是由这项技术完成的。

55 　　然而，至少有两个原因，我们不应该太快地忽视基本法律规则或监管者基本规范意图的相关性。一个原因是，测试技术管理特定用途合法性的一个显而易见的方法是检查，如果监管者使用规则而不是技术手段来实现其目的，它是否足够通过"合法性"的相关测试（无论被理解为实际承认的法律有效性测试要求，还是理想情况下应当承认和适用的测试）。如果基本规则不能满足特定的合法性测试要求，那么技术管理的使用也绝不能通过该测试；相比之下，如果该规则能够满足特定的测试，那么技术管理的使用至少满足其合法性的必要条件（如果还不够的话）（Brownsword 2016）。不完全取消规则的另一个原因是，即使在技术管理的环境中，被监管者面前呈现出能说明什么是能做的或不能做的信号，但在某些情况下，他们可能继续被他们所知道的基本规则或规范意图所引导。

　　虽然在技术管理的使用方面会有一些成功的事例，但是对于它的采用可能会有许多担忧——关于它的采用的透明度，关于对那些采用这种管理策略的人的问责和法律责任，关于个人自主权的减少，关于它与尊重人权和人的尊严的兼容性，关于它相对于法制理想的地位，对创建道德共同点的条件的损害，以及关于可能的灾难等。然而，我们的焦点问题是技术管理如何与自由相关联。

（二）技术管理对自由的冲击

　　技术管理如何侵犯自由？因为技术管理绕过规则，直接与实际可能发生的事情联系在一起，这种冲击主要与实质自由和实质选择的维度有关。我们可以先评估这种冲击，首先是在犯罪领域，然后是与促进健康和安全等相关的冲击，然后再就"通过设计保护隐私"这一特殊案例提出一些简短的想法。

　　1. 技术管理、自由和犯罪控制

　　我们可以从区分技术管理的用途开始，这些用途是（1）防止故意伤害行为，这种行为要么被公认为刑事犯罪，要么被认为是可能发生的刑事犯罪（例如，快乐骑士使用高尔夫球车）和（2）防止一些人认为应该被定为刑事犯罪但另一些人认为不应该被定为刑事犯罪的行为（例如，使用"蚊子"——某种发出只有青少年才能听到的

56 尖锐高音的装置——来防止青少年群体聚集在某些公共场所）。[④]

　　在第一种情况下，技术管理的目标通常是（a）严重的公众错误和（b）蓄意不当行为。有一种观点认为，这正是犯罪控制最迫切需要采用技术管理的地方

---

　　④ 另见 <https://en.wikipedia.org/wiki/The_Mosquito>（accessed 21.10.16）。

（Brownsword 2005）。此外，如果利用当今的技术可以显著改善目标或使潜在罪犯消失，那么这样做的理由似乎是显而易见的——或者，无论如何，只要技术是准确的（以其映射到犯罪的方式，以其预测性和先发制人地识别"真正积极的"潜在罪犯，等等）；条件是它不会不明智地取消执行酌处权；前提是它不会以不可接受的方式将权力平衡从个人转移到政府（Mulligan 2008；Kerr 2013）。即使这些条件得到满足，我们也知道，当锁着的门取代了敞开的门，或者生物安全区域取代了敞开的空间时，人类互动的环境也会受到影响：安全取代了信任作为默认。此外，当应用技术管理来预防或排除国际不法行为时，就提出了道德共同体条件妥协的重要问题。

关于普遍的道德关切，现在出现了两个问题。首先，有一个确定技术管理道德病理学的问题；第二个问题是技术管理的特定应用是否会对道德共同体预设的环境产生重大影响。

关于第一个问题，由技术管理部门强制实施的强制行为在两种情况下可能被视为有问题（取决于被强制实施特定行为的人是否判断该行为符合道德要求）。在一种情况下，反对意见是，即使技术上管理的行为符合人自己对正确事物的认知，它也不是典型的（或真实的）道德表现——因为在这种情况下，人不再自由地做正确的事情，也不再出于正确的原因去做。伊恩·克尔（Ian Kerr 2010）巧妙地说，美德是一件不能自动化的事情；要成为一个好人，就要因做了正确的事情而受到表扬，还必须有做错事情的实质选择。也就是说，一个完整的技术解决方案的问题如果没有留下"做错"的可能性（从而使行动者无法向他或她自己以及其他人确认他们的道德身份和基本的人类尊严），这是没有意义的（Brownsword 2013b）。或者是含蓄地否认行动者不再是有关行为的实施者；或者，也可能同一个意思换了个说法，就是否认行动者对该行为的责任（Simester and von Hirsch 2014：ch 1）。在另一种情况下，技术管理环境迫使行动者违背自己的良心，反对意见可能更明显：很简单，如果一个有道德抱负的群体鼓励其成员形成自己的道德判断，那么就不应该使代理人以不可能符合他们做正确事情的意识的方式行事。如果技术管理排除了所有人都认为不道德的行为，这一反对意见将不适用。然而，正如我们将很快看到的，在技术科学管理被用来强迫道德上有争议的行为发生，出现一些重要的问题是关于对违背良心和非暴力反抗的机会隔绝的合法性。

谈到第二个问题，我们应该如何判断技术管理的特定应用是否会对道德共同体预设的环境产生任何重大影响？没有理由认为，在过去的几个世纪里，在门上安装锁或安装保险箱等，已经成为严重损害了道德共同体的条件。即使考虑到21世纪技术管理的复杂性、多样性和密度，这是否会带来实质性的变化？当然，有人可能会说，仍然会有足够的机会让人自由地做正确的事情，为正确的理由去做，以及反对违背他们良心的监管。为了回答这些问题，每个有道德抱负的群体都应该对技术管理可能损害道德的原因有自己的理解，然后评估在使用这种监管策略时需要采取何种预防措施行事（Yeung 2011）。

在第二种情况下，在刑事定罪有争议的情况下，反对将有关行为进行刑事定罪的人将反对这方面的刑法，他们更应该反对使用技术管理。这种高度关切的一个原因是，技术管理使得持不同意见者更难表达他们出于良心的反对意见或进行直接的非暴力反抗。

例如，假设"在公共场所不合理地游荡"的行为被有争议地定为刑事犯罪。如果业主现在采用技术管理，比如用"蚊子"来驱逐他们的区域上的青少年群体将增加争议。第一，有一个风险是，技术管理部门将超出犯罪范围或应该宽恕的行为排除在外——在这里，规范自由因技术管理措施的应用而减少，这些措施重新定义了游荡青少年的实质自由；第二，在案件通过刑事司法系统时，如果没有机会反思，就可能不会促使公众重新审视法律（停滞不前的风险）；而且，对于那些希望通过直接违抗法律进行和平抗议的青少年来说，他们实际上不能这样做——在这种程度上，他们抗议的实质自由已经被削弱（Rosenthal 2011）。

叶夫根尼·莫罗佐夫（Evgeny Morozov）回顾了罗莎·帕克斯（Rosa Parks）拒绝离开公共汽车的"纯白人"区的著名案例，指出这一重要的非暴力反抗行为之所以成为可能，仅仅是因为：

58

> 公共汽车及其运行的社会技术系统效率极低。公共汽车司机要求帕克斯换座只是因为他无法预料有多少人需要坐在前排纯白人区；随着公交车爆满，司机不得不实时调整区域，帕克斯碰巧坐在一个突然变成"纯白人"的区域。（2013：204）

然而，如果公共汽车和公共汽车站已启用了相关分配技术，这种情况就不会发生——帕克斯要么被拒绝进入公共汽车，要么她坐在分配给黑人的区域。简而言之，技术管理颠覆了自由主义法律理论家的假设，他们认为非暴力反抗行为有效是负责任的道德公民的表现（Hart 1961）。

也就是说，这种思路需要做更多的工作来看看它到底有多重要。在某些情况下，有可能"规避"这项技术；这可能允许在补丁应用到技术上以使其更能适应之前的一些抗议行为。监管机构还可以通过针对试图设计新一轮技术管理的人制定新的刑事犯罪来解决规避问题——事实上，在版权方面，第2001/29/ EC号指令第6条已经要求成员国提供充分的法律保护，防止规避技术措施（如数字版权管理）。⑤换言之，技术

---

⑤　2001/29/EC 关于统一信息社会中版权和相关权利的某些方面的指令，OJ L167，22.06.2001，0010-0019。

管理可能并不总是反技术证据，民事违规者仍有机会通过间接手段（如非法占领或静坐抗议）、违背反规避法律或发起广为人知的"黑客攻击"或"拒绝服务"攻击等来表达对背景监管目的的反对。

然而，如果技术管理的总体效果是尽可能减少直接非暴力反抗行为的机会，那么就需要找到方法来弥补由此导致的负责任的道德公民权利的减少。当技术管理到位时，为时已晚；对大多数公民来说，不遵守不再是一种选择。这表明补偿调整需要事先进行：也就是说，它表明负责任的道德公民需要能够在技术管理被用于特定目的之前表达他们的反对意见；此外，还需要有机会挑战不道德的监管目的和（道德腐蚀）技术管理的使用。

2. 健康、安全和环境风险的技术管理

即使有人担心在刑法的中心地带使用技术管理，但谴责所有技术管理的应用都非法肯定是不对的。例如，我们是否应该反对防止行人被车辆撞上的凸起路面？或者，更广泛地说，我们是否应该反对现代运输系统，理由是它们包含了旨在避免人为错误或粗心大意（以及故意恶意行为）可能性的安全设备？（Wolff 2010）或者，我们是否应该反对这样一个提议，即我们可以利用监管技术来取代一个失败的规范策略，以确保正在服药或在医院接受治疗的患者的安全？（Brownsword 2014b）

可以说，如果在健康和安全风险管理监测上采用技术管理，可能会有非常现实的审慎关切。例如，如果该技术是不可逆的，或者如果禁用该技术的成本非常高，或者如果存在看似合理的灾难性问题，预防措施表明监管机构应该慢慢地实施这一策略（Bostrom 2014）。然而，把审慎的担忧放在一边，有什么理由认为技术管理措施是非法的？如果我们假设所采取的措施是透明的，并且如果必要的话，监管者可以对所采取的相关措施负责，合法性问题的核心是减少可供监管者使用的实质选择。

为了澄清我们对这一问题的看法，我们可以首先指出，原则上，技术管理可能由A方引入，以保护或促进：

（1）A的自身利益；

（2）其他特定利益，如B的利益；或者

（3）部分行为群体的普遍利益。

我们可以考虑实质选择的减少是否会在这些情况下引起任何合法性问题。

首先，有一个案例是，为了保护或促进A方自身的利益而采用技术管理。例如，A希望减少家庭能源费用，采用了一种针对他的能源消费的技术管理系统。这似乎完全不成问题。然而，如果A对技术管理的采用对其他人——例如A的邻居B——产生影响呢？假设能量捕获、转换或储存的特定形式是嘈杂或不美观的。在这种情况下，B方抱怨的不是A方使用技术管理本身，而是A方采用的特定技术管理相对于B方和平享有其财产的利益（或某些此类利益）是不合理的。这不是什么新鲜事。在清洁能源出现之前，B 会对工业排放物、烟雾、灰尘、煤烟等提出类似的投诉。鉴于 A、B 双方利益冲突，有必要确定哪一组利益应占优势；但是使用技术管理本身并没有引发争议。

60　　　在第二种情况下，A 为了 B 的利益而采用技术管理。例如，如果技术管理被用来创造一个安全区，智力低下的人或幼儿可以在这个安全区内走动或玩耍，这无疑是家长制的合法实施（见 Simester and von Hirsch, 2014：chs 9-10）。使用技术管理而不是规则（禁止离开安全区）这一事实，确实意味着 B 的实质选择额外减少了（让我们假设一些 B 确实对他们的选择有意识）：使用技术管理意味着 B 没有离开安全区的实质自由。然而，在这种情况下，支持使用旨在将 B 限制在安全区的规则的家长式论点似乎也延伸到技术管理的使用。一旦确定 B 缺乏能力对留在或离开安全区做出合理的利己判断，家长肯定会更喜欢使用技术管理（保证 B 留在安全区），而不是一种规制（不能保证 B 留在安全区）。

　　　相比之下，如果 B 是一个适格的行动者，A 的家长式作风——无论是作为一个规则还是在技术管理措施的使用上——都是有问题的。很简单，即使 A 正确地判断行使某种选择权不符合 B 的最大利益（无论是"身体上的""经济上的"还是"道德上的"），或者行使选择权的风险超过了它的利益，A 如何证明这种对 B 自由的干涉是正当的呢？例如，A 如何证明对 B 的电脑应用某种技术手段是合理的，这样 B 就不能访问 A 认为违背 B 利益的网站？或者，A 如何证明在 B 体内植入芯片是合理的，这样，为了 B 自身的健康和幸福，B 就不能喝酒了？如果 B 同意 A 的干涉，那就另当别论了。然而，在没有得到 B 的同意的情况下，如果 A 不能证明这种家长式作风是正当的，那么 A 肯定不能证明他的干预是正当的。从这个意义上来说——或者，我们可以猜测—— A 使用技术管理而不是使用规则这件事没什么特别的：在任何情况下，A 的家长式推理都不能证明干预是正当的。另一方面，在某种意义上，技术管理进一步干预了 B 的选择。当 B 面临一项以不合理的家长式推理为后盾的刑法规则时，这将导致严重后果即以系统和永久的方式"强制消除 [B 的纸面] 选项"（Simester and von Hirsch 2014：148）。然而，B 仍然保留了违反规则和直接抗议这种面对非法限制他的自由时的真正选择。相比之下，当 B 的自由受到技术管理的非法限制时，就没有这样的选择——既不违反规则也不直接抗议。在这种情况下，技术管理不仅比其他形式的干预更有效；而且它加剧了 A 对家长式推理的依赖，并加剧了对 B 的选择的干预。

　　　在第三种情况下，使用技术管理（从公众一般健康和安全利益出发）可能会消除在为此目的使用规则时留下的实质选择。例如，规则可能会限制卡车司机在一天内可以工作的小时数；但是，实际上，这些规则可能会被打破，随着卡车司机在驾驶时61　睡着，死亡事件会继续出现。保持这样一种实质的自由显然不是一件绝对的好事。同样，雇主可能会要求他们的司机服用莫达非尼（Modafinil）。同样，在实践中，这一规则可能会被打破，而且，如果群体对使用药物或其他技术来"增强"人的能力感到不舒服，这一倡议可能会被证明是有争议的（Harris 2007；Sandel 2007；Dublijevic 2012）。让我们假设，面对这种无效或不可接受的选择，雇主（在监管支持下）决定用新一代无人驾驶汽车取代他们的卡车。如果在现实世界中，无人驾驶卡车的设计是为了将人类排除在外，美国卡车司机协会估计，大约 870 万个与卡车有关的工作可能面临某种形式的消失（Thomas 2015；并见本书第四十三章）。在没有得到所有受这一措施影响的人同意的情况下，这种规模的技术破坏令人担忧（Lanier 2013）。为了反对增强人类健康和安全的论点，我们必须确认卡车司机失去生计的损失。在某些情况下，监管者可能能够顺应被监管者的合法偏好——例如，至少在一段时间内，应该有可能顺应那些希望驾驶汽车（而不是用无人驾驶汽车运输）或其卡车的偏好，同样，应该有可能顺应那些希望有人类看户而不是机器人看护者的偏好（以及那些希望承担看护角色和责任的人的偏好）。然而，如果保留这种选择是有代价的，或者如果首选的选择对人类健康和安全构成了更大的风险，我们可能会怀疑政府和大多数人能容忍维护这种实质自由多久。在这种情况下，应由群体决定，从各方面考虑，包含技术管理措施的拟议风险管理的一套程序中的条款和条件是否公平合理，以及该使用是否可接受。

　　虽然我们绝不能忽视技术管理对监管环境的影响，但我们在讨论的案例中看到的更多的是它对个人和人类行动者群体的实质自由、实质选择、偏好和特殊利益的影响。在某种程度上，提出的问题是关于如何解决利益冲突的常见问题。然而，在消除可能被重视的特定选项之前、在消除可能逐渐意义重大的选项之前（Simester and von Hirsch 2014：167–168），一些监管上的犹豫是合理的。至关重要的是，需要认识到，越是利用技术管理来保障和改善人类健康和安全的条件，我们就越不依赖相关背景法律——特别是所谓的监管刑法和一些侵权法——这些法律支持健康和安全，并在工作中发生事故时提供赔偿。这些法律的丧失，以及在（例外的）技术失败的情况下，它们可能被某种补偿方案取代，都将对监管制度的复杂性（Leenes and Lucivero 2014；Weaver 2014）和监管环境的情况产生一定的影响。当然，技术管理的使用，而不是法律规则和条例的使用，不仅涉及健康和安全，还对行动者的自主权有影响；但是，尚不清楚这对道德共同体的影响有多严重。可以肯定的是，监管者需要预测一些"紧急"情况，在这些情况下，某种人为控制变得可用（Weaver 2014）；但是，在其他条件相同的情况下，人们很容易认为，采用技术管理来改善人类健康和安全，即使是在破坏既定利益的情况下，也可能是进步的。

　　3. 通过设计保护隐私

　　根据欧盟《一般数据保护条例》草稿（最近商定）文本第 23.1 条

　　　　考虑到技术状况和实施成本，数据控制人在决定处理手段时和处理时间时，

均应采取适当的技术和组织措施及程序，以便处理符合本规例的要求和保护数据
主体的权利。[6]

这项规定要求数据控制人采取更加系统、预防性和嵌入式的方法，根据所谓的"通过设计保护隐私"原则〔如安大略省信息和隐私专员安·卡沃克安（Ann Cavoukian）博士不久前首次提出的〕保护受试者的数据权利。对于设计隐私的建议，隐私应该是默认设置是不言自明的；这种隐私不应该仅仅是"附加的"，而是应该"主流化"；尊重隐私不应该仅仅是一个合规问题，而是一个需要完全内在化的问题（Cavoukian 2009）。这种策略可能涉及某种技术干预，例如部署所谓的隐私增强技术（PETs）；但是设计中的隐私保护可能并不等同于全面的技术管理。然而，让我们假设有可能采用技术管理措施来设计一些（或所有）侵犯人类信息利益的形式——特别是未经授权访问"隐私"信息、未经授权传输"机密"信息以及未经授权收集、处理、保留或滥用个人数据。有了这些技术管理措施，无论是纳入产品、流程还是地方，都不可能侵犯他人受保护的隐私利益。鉴于以上所述，特别是关于这些措施对实质自由的影响，我们应该如何设计通过设计保护隐私的形式？存在一定程度的监管犹豫的原因是什么？

第一，人们担心，通过消除做错事的实质选择，不再有任何"尊重"他人隐私利益的美德。在这种程度上，道德共同体的环境被限缩了。但是，当然，群体可能会判断隐私的获得比道德共同体的环境受到的任何损害都更重要。

第二，考虑到在隐私利益的性质、范围和重要性上是存在争议的——在伦理学和法理学领域，肯定没有更复杂的观点了（Laurie 2002：1-2 及其说明）——行动者很有可能会发现自己要么被迫违背自己的良心，要么被欺骗而无法做他们认为正确的事情。例如，当研究人员收到不可逆匿名形式的健康相关数据时，这可能是一个保护数据主体信息利益的良好策略；然而，如果研究人员在分析数据的过程中发现一个特定的数据对象（无论他或她是谁）患有威胁生命但可治疗的疾病，而他们可能并不知道，那么技术管理就阻止了研究人员将这种情况传达给有患病风险的人。

第三，即使在采用技术管理措施作为标准之前已经有了广泛的公众参与，我们也可能质疑是否需要保留自我监管的选择。在我们赖以生存的法律领域，如侵权行为和合同领域（在没有技术管理的情况下），我们不仅仅是试图保护隐私，我们还在不断协商我们受保护的信息利益的范围。通常，这些特殊利益的存在和范围是有争议的，并根据在相关背景下我们可能"合理预期"的内容进行裁决。当然，如果一个人的期望

---

⑥ COM（2012）11 号终稿，布鲁塞尔 25.1.2012。关于"技术和组织措施"这一规定的最后文本，见"GDPR"第 25.1 条。

的合理性的参考点是我们在实践中所能期望的，那么合理性的界限就有可能被重新划定，从而限缩我们隐私保护的范围和力度（Koops and Leenes 2005）——事实上，有些人已经把这看作是通向隐私终结的途径。然而，有些人可能会在谈判过程中看到价值，而谈判过程决定了我们与他人的互动和交易中什么被认为是合理的；换句话说，谈判合理的自由是一种需要维护的实质自由。在这种观点下，"通过设计保护隐私"风险与其说是固定了我们在特定技术设计中的信息利益，还不如说是巩固了有争议的利益冲突解决方案，是消除了持续规范谈判和调整的实质选择。虽然这第三点似乎是对前两点的重申，但关注的与其说是道德共同体，不如说是保留自治共同体和相关调整的选择。

第四，在某种程度上类似的情况下，自由主义者可能会重视保留"本地"团体和特定群体的选择权，以设定他们自己的标准（前提是这符合公共利益）。例如，在合同法规则作为默认操作的情况下，邀请订约群体制定自己的标准；然后，法律将反映这样一个群体的工作规范，而不是强加额外的标准。或者，如果一个地方团体制定了自己的"睦邻友好"标准，而不是按照国家侵权法制定的标准行事，这可能被视为对社会秩序的一个有价值的微调（Ellickson 1991）——无论如何，只要地方规范不减少"局外人"不可协商的利益，或者由于严重的权力不平衡，减少"局内人"受保护的利益。如果尊重隐私的标准被纳入技术管理，那么团体或群体就没有空间来制定自己的标准或就符合背景法律的工作规范达成一致。虽然用技术管理隐私可能被视为具有消除国家和地方规范秩序之间摩擦所产生的任何问题的优点，但对自由主义者来说，这可能不是一件绝对的好事。

最后，自由主义者可能会担心通过设计保护隐私会成为家长式技术管理的一种工具。例如，一些个体可能希望通过在网上发布他们自己的全序列基因组来用他们的信息做实验——但是他们发现自己被技术管理所挫败，这种技术管理为了他们的隐私，要么首先阻止信息发布，要么阻止其他人访问信息（参见 Cohen 2012）。当然，如果没有家长式的技术管理，我们有家长式的隐私保护默认设置，这可能会缓解一些自由主义者的担忧——或者，无论如何，只要默认设置不太"粘滞"（这样，尽管有选择退出或切换默认设置的规范自由，但实际上这不是一个真正的选择——规范自由和实质自由之间存在差距的另一个例子），并且如果自由主义者认为行动者真的需要主动做出自己的选择，这不是一个问题（Sunstein 2015）。[⑦]

五　结论

在本章开始时，人们注意到一个悖论：虽然技术的发展意味着我们的选择范围的

---

⑦　Quaere：这最后三点是否与 Hayek 的观点（1983：94ff.）有联系。认为法治与自发秩序相关联？

扩大，但是，我们可能会怀疑，从长远来看，这种影响是否会削弱我们的自由。换句话说，我们可能想知道我们的技术命运是不是从今天的一些新选择中获益，却发现我们明天失去了其他选择。通过使用自由的总括概念，我们现在可以看到，新技术的影响可能与我们的规范自由和实质自由相关联，包括我们的理论选择和实质选择。

因此，如果 21 世纪的技术将导致我们的自由有所减少，这将对我们的规范性自由——或保护我们基本自由的规范性权利——产生负面影响（从数量上或质量上）；或者，它会对我们的实质自由产生负面影响（在某种意义上，我们的实质选择范围缩小，或者更重要的实质选择被不太重要的实质选择所取代）。在某些地方，新技术几乎不会渗透，也不会对实质自由产生什么影响；但是，在另一些情况下，这些技术的可用性和它们的迅速普及将会以难以描绘、衡量和评估的方式造成破坏性影响。虽然正如本章所指出的，为了增进我们对自由和技术之间关系的理解，有几条可以研究的方向，但对于后者如何影响前者的问题，没有简单的答案。

也就是说，这一章的中心点是，我们对自由和当今新兴技术之间关系的理解需要集中在这些技术对我们现实选择的影响上。至关重要的是，无论是为犯罪控制目的还是为人类健康和安全或环境保护目的而采用的技术管理都妨碍了我们的实质自由，造成了与围绕规则所建立的管理环境截然不同的管理环境。这并不是说与规范自由的扩大或收缩不相关。相反，我们不应忽视监督和讨论越来越多的对交易和互动的技术调解对我们实质自由的影响，尤其是为监管目的而使用技术管理。

【参考文献】

Ashworth A, Zedner L, and Tomlin P (eds), *Prevention and the Limits of the Criminal Law* (OUP 2013)

Bauman Z and Lyon D, *Liquid Surveillance* (Polity Press 2013)

Bellantuono G, 'Comparing Smart Grid Policies in the USA and EU' (2014) 6 Law, Innovation and Technology 221

Berlin I, 'Two Concepts of Liberty' in Isaiah Berlin, *Four Essays on Liberty* (OUP 1969)

Bostrom N, *Superintelligence* (OUP 2014)

Bowling B, Marks A, and Murphy C, 'Crime Control Technologies: Towards an Analytical Framework and Research Agenda' in Roger Brownsword and Karen Yeung (eds), *Regulating Technologies* (Hart 2008)

Brenner S, *Law in an Era of 'Smart' Technology* (OUP 2007)

Brownsword R, 'Code, Control, and Choice: Why East Is East and West Is West' (2005) 25 Legal Studies 1

Brownsword R, 'Lost in Translation: Legality, Regulatory Margins, and Technological Management' (2011) 26 Berkeley Technology Law Journal 1321

Brownsword R, 'Criminal Law, Regulatory Frameworks and Public Health' in AM Viens, John Coggon, and Anthony S Kessel (eds), *Criminal Law, Philosophy and Public Health Practice* (CUP 2013a)

Brownsword R, 'Human Dignity, Human Rights, and Simply Trying to Do the Right Thing' in Christopher McCrudden (ed), *Understanding Human Dignity* (Proceedings of the British Academy 192, British Academy and OUP 2013b)

Brownsword R, 'Public Health Interventions: Liberal Limits and Stewardship Responsibilities' (Public Health Ethics, 2013c) doi: <10.1093/phe/pht030> accessed 1 February 2016

Brownsword R, 'Regulatory Coherence—A European Challenge' in Kai Purnhagen and Peter Rott (eds), *Varieties of European Economic Law and Regulation: Essays in Honour of Hans Micklitz* (Springer 2014a)

Brownsword R, 'Regulating Patient Safety: Is It Time for a Technological Response?' (2014b) 6 Law, Innovation and Technology 1

Brownsword R, 'In the Year 2061: From Law to Technological Management' (2015) 7 Law, Innovation and Technology 1

Brownsword R, 'Technological Management and the Rule of Law' (2016) 8 Law, Innovation and Technology 100

Cavoukian A, *Privacy by Design: The Seven Foundational Principles* (Information and Privacy Commissioner of Ontario, 2009, rev edn 2011) <www.ipc.on.ca/images/Resources/7foundationalprinciples.pdf> accessed 1 February 2016

Cohen J, *Configuring the Networked Self* (Yale UP 2012)

Demissie H, 'Taming Matter for the Welfare of Humanity: Regulating Nanotechnology' in Roger Brownsword and Karen Yeung (eds), *Regulating Technologies* (Hart 2008)

Dublijevic V, 'Principles of Justice as the Basis for Public Policy on Psychopharmacological Cognitive Enhancement' (2012) 4 Law, Innovation and Technology 67

Dworkin R, *Taking Rights Seriously* (rev edn, Duckworth 1978)

Dworkin R, *Justice for Hedgehogs* (Harvard UP 2011)

Edgerton D, *The Shock of the Old: Technology and Global History Since 1900* (Profile Books 2006)

Ellickson R, *Order Without Law* (Harvard UP 1991)

Esler B, 'Filtering, Blocking, and Rating: Chaperones or Censorship?' in Mathias Klang and Andrew Murray (eds), *Human Rights in the Digital Age* (GlassHouse Press 2005)

Etzioni A, 'Implications of Select New Technologies for Individual Rights and Public Safety' (2002) 15 Harvard Journal of Law and Technology 258

Fukuyama F, *Our Posthuman Future* (Profile Books 2002)

Goldsmith J and Wu T, *Who Controls the Internet?* (OUP 2006)

Griffin J, *On Human Rights* (OUP 2008)

Haker H, 'Reproductive Rights and Reproductive Technologies' in Daniel Moellendorf and Heather Widdows (eds), *The Routledge Handbook of Global Ethics* (Routledge 2015)

Harris J, *Enhancing Evolution* (Princeton UP 2007)

Hart H, *The Concept of Law* (Clarendon Press 1961)

Hayek F, *Legislation and Liberty Volume 1* (University of Chicago Press 1983)

Hohfeld W, *Fundamental Legal Conceptions* (Yale UP 1964)

Jasanoff S, *Designs on Nature: Science and Democracy in Europe and the United States* (Princeton UP

67

2005)

Kerr I, 'Digital Locks and the Automation of Virtue' in Michael Geist (ed), *From 'Radical Extremism' to 'Balanced Copyright': Canadian Copyright and the Digital Agenda* (Irwin Law 2010)

Kerr I, 'Prediction, Pre-emption, Presumption' in Mireille Hildebrandt and Katja de Vries (eds), *Privacy, Due Process and the Computational Turn* (Routledge 2013)

Koops BJ and Leenes R, '"Code" and the Slow Erosion of Privacy' (2005) 12 Michigan Telecommunications and Technology Law Review 115

Krimsky S and Simoncelli T, *Genetic Justice* (Columbia UP 2011)

Lanier J, *Who Owns the Future?* (Allen Lane 2013)

Larsen B, *Setting the Watch: Privacy and the Ethics of CCTV Surveillance* (Hart 2011)

Laurie G, *Genetic Privacy* (CUP 2002)

Lee M, *EU Regulation of GMOs: Law, Decision- making and New Technology* (Edward Elgar 2008)

Leenes R and Lucivero F, 'Laws on Robots, Laws by Robots, Laws in Robots' (2014) 6 Law, Innovation and Technology 194

Lyon D, *Surveillance Society* (Open UP 2001)

MacCallum G, 'Negative and Positive Freedom' (1967) 76 Philosophical Review 312

McIntyre T and Scott C, 'Internet Filtering: Rhetoric, Legitimacy, Accountability and Responsibility' in Roger Brownsword and Karen Yeung (eds), *Regulating Technologies* (Hart 2008)

Macpherson C, *Democratic Theory: Essays in Retrieval* (Clarendon Press 1973)

Martin-Casals M (ed), *The Development of Liability in Relation to Technological Change* (CUP 2010)

Mashaw J and Harfst D, *The Struggle for Auto Safety* (Harvard UP 1990)

Morozov E, *To Save Everything, Click Here* (Allen Lane 2013)

Mulligan C, 'Perfect Enforcement of Law: When to Limit and When to Use Technology' (2008) 14 Richmond Journal of Law and Technology 1 <http://law.richmond.edu/jolt/ v14i4/article13.pdf> accessed 1 February 2016

Nuffield Council on Bioethics, *The Forensic Use of Bioinformation: Ethical Issues* (2007)

Nussbaum M, *Creating Capabilities* (Belknap Press of Harvard UP 2011)

O'Malley P, 'The Politics of Mass Preventive Justice' in Andrew Ashworth, Lucia Zedner, and Patrick Tomlin (eds), *Prevention and the Limits of the Criminal Law* (OUP 2013)

Price M, 'The Newness of New Technology' (2001) 22 Cardozo Law Review 1885

Rawls J, *A Theory of Justice* (OUP 1972)

Raz J, *The Morality of Freedom* (Clarendon Press 1986)

Rosenthal D, 'Assessing Digital Preemption (And the Future of Law Enforcement?)' (2011) 14 New Criminal Law Review 576

Sandel M, *The Case Against Perfection* (Belknap Press of Harvard UP 2007)

Schmidt E and Cohen J, *The New Digital Age* (Knopf 2013)

Schulhofer S, *More Essential than Ever— The Fourth Amendment in the Twenty- First Century* (OUP 2012)

Simester A and von Hirsch A, *Crimes, Harms, and Wrongs* (Hart 2014)

Sunstein S, *Republic.com* (Princeton UP 2001)

Sunstein S, *Choosing Not to Choose* (OUP 2015)

Thayyil N, *Biotechnology Regulation and GMOs: Law, Technology and Public Contestations in Europe* (Edward Elgar 2014)

Thomas D, 'Driverless Convoy: Will Truckers Lose out to Software?' (*BBC News*, 26 May 2015) <www.bbc.com/news/business-32837071> accessed 1 February 2016

Vaidhyanathan S, *The Googlization of Everything (And Why We Should Worry)* (University of California Press 2011)

Weaver J, *Robots Are People Too: How Siri, Google Car, and Artificial Intelligence Force Us to Change Our Laws* (Praeger 2014)

Wolff J, 'Five Types of Risky Situation' (2010) 2 Law, Innovation and Technology 151

Yeung K, 'Can We Employ Design-Based Regulation While Avoiding Brave New World?' (2011) 3 Law, Innovation and Technology 1

Zittrain J, *The Future of the Internet* (Penguin 2009)

第二章
平等：旧辩论，新技术

珍妮·斯内林（Jeanne Snelling）
约翰·麦克米兰（John McMillan）
周　辉　译

一　引言

自由政治民主的一个基本特征是尊重某些核心价值观以及国家行为者有保护和促进这些核心价值观的义务。本章着重于一个特殊的价值，即平等。它考虑了当决策者应对技术发展和创新时，平等的概念如何有助于加强或削弱监管合法性的主张。

现代技术进步，如数字技术、神经技术，特别是生物技术，已经给整个人类生活带来了根本性的变革。这些进步可能对社会的某些部门带来特别的变化。例如，万维网的普及、先进的阅读和识别设备、声控免提设备和其他生物医疗技术增强了失明或瘫痪等残障患者的能力，使他们能够参与新的信息社会——至少在发达国家是这样（Toboso 2011）。然而，并非所有的技术进步都被认为是道德中立的，有些甚至可能被认为具有道德上"越界"的可能。

关于新技术的辩论往往两极分化，平等问题引起了激烈争论。一方面，可以说技术进步应该受到限制甚至禁止，因为某些技术进步可能威胁到个人价值和平等等重要价值（Kass 2002）。这方面的一个典型例子是20世纪90年代引入的生殖遗传技术，即植入前遗传诊断（PGD），它能够根据遗传特征选择离体胚胎。PGD的前景引发了广泛的担忧，人们担心选择性生殖技术将减少人类多样性，潜在地降低某些生命的价值，并将加大未来父母使用选择性技术的压力——所有这些都说明了个人价值和平等的观念。然而，同样明显的是，一旦一项技术获得一定程度的社会认可（或甚至在这

一点之前），大部分辩论都集中在获得平等机会和实现平等获得此类技术的政治义务上
（Brownsword and Goodwin 2012：215）。例如，信息和通信技术的爆炸最初引发了人们
对"数字鸿沟"的关切，并且又在最近引发了人们对"第二级数字鸿沟"或"数字鸿沟
深化"的关切（van Dijk 2012）。同样，人类基因治疗和 / 或基因增强的前景（如果可行的
话）也引起了人们对这种技术可能在基因"丰富"和基因"缺乏"之间造成社会分化的担
忧（Green 2007）。另一方面，评论家们关注新技术促进人类发展的能力，以及促进技术
创新的社会政治必要性（Savulescu 2001）。鉴于各界所提出的各种各样的主张，新技术可
能给监管者带来相当大的挑战，使他们无法做出适当的监管或非监管回应。

　　本章在对新技术的监管对策的背景下审视了平等和合法性的概念。在这种情况
下，监管合法性不仅关系到执行法律规则或监管政策的程序方面，还关系到其实质性
内容是否符合重要的自由价值观。最终，理论上的问题是，相对于一项新技术，监管
决定是否可以宣称其通过了自由平等的考证，使其值得尊重和遵守。①

　　本章首先描述合法性和平等之间的关系。在确定监管干预措施的有效性或可接受
性时，本章探索了对平等的多种解释及其重要性。这一讨论强调了平等主义与自由
政治理论中尊严和权利概念之间的密切联系。然而，对平等主义没有单一的解释。因
此，本文概述了当代主要的平等主义理论，每一种理论都以不同的平等概念及其在公
正社会中的基本价值为前提。这些不同的观点影响了应该如何治理技术以及由此产生
的监管环境的规范性观点（Farrelly 2004）。此外，平等受到重视的原因影响到平等的
另一个主要方面，即分配正义问题（Farrelly 2004）。分配正义的问题通常需要接受三
重诘问：这种技术是否会引入新的不平等或强化现有的社会不平等？ 如果这是可能
的，那么什么可以证明这种不平等是合理的呢？ 最后，如果这种特殊类型的不平等没
有合理的理由，那么监管者需要做什么以避免、缓解或纠正这种不平等？

二　合法性与平等的关系

　　合法性与平等之间的关系是基于这样一种理念，即在自由的政治社会中，平等构
成了赋予合法性的价值；为了实现合法性，政府必须尽可能合理地保护和促进公民之
间的平等。

　　合法性与平等之间的必要联系由来已久。当 17 世纪政治哲学家约翰·洛克

---

① 蒂莫西·琼斯（Timothy Jones 1989：410）解释了合法性如何被用作一种评价概念的："人们可能
会把一个特定的规则或程序描述为缺乏合法性，并认为它在道德上是错误的，不值得支持。"合法性不仅
仅是完成一项法定任务："塞尔兹尼克（Selznick）描述了现代法律文化中的合法性理念如何越来越不仅仅
要求正式的法律正当性，还要求'深度合法性'。也就是说，监管机构的决定并不符合由合法任命的官员
颁布的有效法律规则，而是争论的焦点是，该决定或至少该规则本身必须有实质性的正当理由。"

（John Locke）通过竭力主张所有人自由平等来挑战封建制度时，他直接将合法政府的概念与平等的概念联系起来。洛克认为，政府的存在仅仅是因为人民有条件地交换他们的一些个人自由权利，以使当权者能够保护公民权利和促进公共利益。洛克在文中说道，政府如果不尊重公民包括平等权在内的权利，就会失去其合法性。同样，平等（或平等主义）是与 18 世纪法国大革命以及自由主义和博爱主义（Feinberg 1990：82）相联系的核心价值。最近，20 世纪的全球民权运动对基于种族、宗教、性别或残疾等特征的差别待遇提出了挑战，并促成了当代自由平等主义的出现。这些历史例子表明了平等作为一种典型的自由价值的普遍地位，以及它与合法治理概念的密切联系。最近，法律和政治哲学家罗纳德·德沃金（Ronald Dworkin）重申了合法性与他所谓的"同等关切"的相互依存性。德沃金说：

> 一个政府如果没有公开对其统治的所有公民和对政府效忠的公民的命运表示同等关切，则这个政府是不合法的。同等关切是政治共同体的主权美德。（2000：1）

平等显然影响公民身份的各个方面。这些领域包括政治和法律领域，以及社会和经济领域。新技术可能会影响这些领域中的任何一个或全部，这取决于它会影响生活的哪些方面。

　　有多种方法可以衡量法律的"合法性"。首先，如果一项法律是由适当的民主进程产生的，它就被赋予了合法性。在这种方式下，民主进程赋予了合法性，并要求公民遵守法律规则。各国有义务采取措施，确保其所有公民享有公民权利和政治权利，这一义务在世界范围内得到承认；多项国际人权文书重申了平等关切的权利。[②]在政治领域，平等要求所有有能力的个人自由充分地参与民主进程，并能够表达自己的观点。自由政治理论的另一个基本原则，特别是刑事司法方面的原则，是法律面前人人平等。保护公民的民事权利和政治自由的义务（至少在理论上）对国家权力的行使施加了限制。这与一些新技术的开发和运作方式密切相关，例如警务技术（Neyroud and Disley 2008：228）。[③]

　　然而，另一个更具实质性的合法性概念要求法律可以参照既定原则来证明其正当性。当代关于合法性的讨论更经常涉及实质性的自由价值观，而不是程序性问题。杰

---

　　② 见教科文组织《2005 年世界生物伦理和人权宣言》，第 10 条（the UNESCO Universal Declaration on Bioethics and Human Rights 2005，Article 10）。

　　③ 作者认为，"关于新技术（如 DNA 证据、移动识别技术和计算机数据库）在检测和预防犯罪方面的有效性的事实问题，不应也不能与围绕这些技术可能对公民自由产生影响的伦理和社会问题分开"。这是因为警察的效力和公众对警察合法性的看法之间有着密切的相互关系——如果不认真部署新技术，这种关系可能会受到损害。另见 Neyroud 和 Disley（2008：228）。

夫·斯宾勒·哈列夫（Jeff Spinner Halev）指出：

> 关于政府合法性的传统自由主义论点集中在人民支持上：如果人们支持一个
> 政府，那么它就是合法的，人民就有义务服从它……合法性的最佳论点集中在个
> 人权利，以及如何对待和倾听公民……这些最近关于合法性的自由主义论点集中
> 在权利和对所有公民的平等关切上。人们普遍认为，当政治权威维护个人权利
> 时，当国家平等对待所有公民时，政府具有正当性。（2012：133）

尽管法律要求促进和保护所有公民的平等权利，但这一点显然并不能保证实现。在一
些历史事例中（或者可以说不是历史事例）[4]，法律作为政治行动的直接或间接结果，
起到了压迫某些少数群体的作用。[5] 例如，20世纪70年代末在英国引进体外受精被
认为是一个开创性的事件，因为它为不孕夫妇提供了成为遗传父母的平等机会。然
而，当英国《人类受精和胚胎学法案》（*UK Human Fertilisation and Embryology Bill*）
随后进入讨论时，人们对单身女性或女同性恋夫妇接受体外受精提出了担忧。这导致
该法案包含一项可能限制体外受精机会的福利条款。第13（5）条规定，除非已经考
虑到未来孩子的福利，"包括孩子对父亲的需要"，否则"不得"向妇女提供生育服务。
这个附加在福利条款上的限定词引起了批评，因为它歧视非传统的家庭形式，同时伪
装成对儿童福利的关切（Kennedy and Grubb 2000：1272；Jackson 2002）。

虽然平等道德价值的概念赋予自由国家同等关注公民的义务，但平等主义研究
超越了法律的公民和政治方面。它还关注社会机会平等（确保具有同等天赋和积极
性的公民，无论其社会经济阶层和天赋如何，在办公室和职位上拥有大致相同的机
会）和经济平等（通过各种重新分配财富的政治措施确保社会条件平等）。然而，
即使是在整个自由主义圈子里，实现这些目标的确切方式仍是一个争论的问题。对
平等为何重要的不同解释加剧了这一困难（Dworkin 2000）。有鉴于此，下一节在
探究这些不同的概念对政治行为者的要求和对分配正义的挑战之前，先考虑涉及为
什么平等很重要的各种概念。

---

④ 例如，有些人会争辩说，1990年《联合王国人类受精和胚胎学法》（经修订）第13（9）条禁止
优先转移基因异常的胚胎，如果胚胎不具有这种异常、强制要求，甚至需要基于遗传状况的歧视。

⑤ 以将同性恋定为犯罪的法律为例。另一个典型的例子是美国最高法院的普莱西诉弗格森案［Plessy
v Ferguson, 163 US 537（1896）］。法院认为，根据"分离但平等"的原则，要求在国家资助的机构
中实行种族隔离的州法律是宪法性的。然而，最高法院随后在布朗诉教育委员会案［Brown v Board of
Education, 7 US 483（1954）］中推翻了这一决定，该案载于《美国最高法院判例汇编》，第7卷，第
483页（1954年）。法院利用《美国宪法》第十四修正案中的平等保护条款推翻了这些法律，宣称"单独
的教育设施天生就是不平等的"。

三　什么是平等?

虽然平等有各种各样的理论依据，可以适用于许多不同的事物，但其本质是，在某些相关方面，当个人实际上拥有相同的道德相关的属性时，被区别对待是不公正且不公平的。从这个意义上说，平等与公平、正义和个人价值的概念密切相关。

自由权利理论家杰里米·沃尔德伦（Jeremy Waldron）认为，对平等的承诺是权利理论的基础（Waldron 2007）。他声称：

> 尽管人们的美德和能力各不相同，但权利的观念赋予每个人无条件的价值，不论对他人的特殊价值如何。传统上，这是一种神学解释：因为上帝投入了他的创造的爱在我们每个人身上，我们应该回应这种态度并用这种方式对待所有其他人（Locke[1689] 1988, pp.270–271）。在一个更世俗的框架中，无条件价值的假设是基于每个生命（该价值）对其生命的重要性，而不管其财富、权力或社会地位如何。人们试图为自己创造生活，每个人都有自己的方式。权利理论认为，企业应当被尊重，同样地，人也应该被尊重，所有形式的权力、组织、权威和排斥都应根据它们如何服务于个人事业来评价。（Waldron 2007：752）（重点添加）

沃尔德伦还借鉴法律哲学，将平等与其在坦纳（Tanner）题为"尊严、等级和权利"的讲座中提出的尊严问题直接联系起来。沃尔德伦声称，从法理上来说，"尊严"意味着分配给所有人的法律、政治和社会地位的提高（他称之为合法公民身份）。他解释道：

74
> 人类尊严的现代概念包括等级的均等提升，因此我们现在试图给予每个人以前给予贵族的尊严、等级和对尊重的期望。（Waldron 2009：229）。

因此，沃尔德伦认为，这种基于地位的尊严概念是保护个人免遭有辱人格的待遇、侮辱（仇恨言论）和歧视的法律的潜在基础（Waldron 2009：232）。用沃尔德伦的话说，"尊严和平等是相互依存的"（Waldron 2009：240）。

阿兰·格瓦兹（Alan Gewirth 1971）主张平等和权利之间有着类似的紧密联系。他对道德和权利的描述的规范工具是分类一致性原则（PCC），即人们应该"对交往对象应用你对自己应用的同样的行为分类特征"（Gewirth 1971：339）。PCC 的理念是，所有人都采取行动，换句话说，都采取自愿和有目的的行为。格瓦兹认为，所有人都采取行动这一事实意味着行动者不应胁迫或伤害他人：所有人都应像尊重自己的自由和福利一样尊重他人的自由和福利。他认为 PCC 本质上是一个平等主义原则，因为：

> 当行为接收者的自由和福利受到威胁时，它要求每个行动者在他和行为接收者之间保持公正，因此行动者必须尊重接收者的自由和福利以及他自己的自由和福利。违反个人行为准则就是在行为的分类特征方面，也就是在行为能达到的任何目的或商品方面，从而就行动可以达到的任何目的或获得的物品确立不平等。（Gewirth 1971：340）。

因此，对格瓦兹来说，一个平等主义原则（PCC）的产生来自两点：个人行为的中心地位和划分行为人的最显著特征，即是否执行有目的且自愿的行为。其他权利和职责都可以从这一原则中衍生出来。虽然格瓦兹提供了一个不同的解释，解释了为什么平等与沃尔德伦（Waldron）的权利和公民身份如此紧密地联系在一起，但他们确实同意，大多数正义或权利理论的共同点是平等，或者说，"我们都有相同的道德相关属性"是这些解释的核心。

然而，平等没有单一的解释——事实上，其根本的理论原则是有争议的——即一个社会是否应该关心实现形式上的平等，而不是比例上的平等。一些自由主义者将平等的范围限制在实现形式上的平等，这是通过平等对待所有个人来实现的。[⑥]

亚里士多德（Aristotle）也许是形式平等最著名的诠释者，他声称我们应该像对待类似案件一样对待该案件（Aristotle 2000：1131a10）。我们可以认为这是一个不允许例外的正式原则，尽管重要的是要注意到有争议案件是否"相似"的余地。如果我们考虑亚里士多德所说的社会，奴隶不被认为具有与公民相同的道德相关属性，因此即使在这种正式的平等原则下，他们也不是平等权利的承受者。

然而，许多当代的平等主义自由主义者认为，促进平等有时需要以不同的方式对待群体（Kymlicka 1989：136；Schwartzman 2006：5）。西德尼·胡克（Sidney Hook）对我们为什么应该回避形式平等给出了以下解释：

> 平等原则不是对人类生理或智力本质的描述，而是对待人的方式或政策。这不是一个以同样的方式对待生理或智力不平等的人的方式。平等政策应关切或考虑对有不同需求的人采取不同对待。（1959：38）

---

⑥ 例如，诺齐克（Nozick）限定所有对平等的呼吁必须涉及形式平等。诺齐克认为，一个公正的社会只需要允许所有个人享有同样的消极权利（自由、财产等），而不管许多个人由于其社会地位而无法行使这些权利。见 Meyerson（2007：198）。

如果有人认为有些人由于没有过错或自己没有选择比其他人境况更差是不公平的，国家有义务纠正这种情况，对平等的关注可能意味着积极纠正不幸对这些人生活的影响。在这种方法下，纠正是合理的，因为相对而言，这种不平等是不应该的（Temkin 2003：767）。相反，像洛克（Locke）或罗伯特·诺齐克（Robert Nozick）这样的自由意志主义者会强调个人在权利方面受到平等对待的重要性，这意味着任何为纠正不幸而进行的再分配都会违反对权利的同等关注。尽管有些人认为这种方法"与其被视为平等主义的一个版本，不如被视为对平等主义的拒绝"（Arneson 2013）。

这种不同的说法有一个共同点，那就是认识到平等对于过上美好的生活很重要，而自由主义对平等的解释称，平等意味着一视同仁地尊重个人的生活前景和环境。因此，平等概念的必然结果是，至少在一个自由的西方社会，不平等必须能够被证明是合理的。在缺乏充分理由的情况下，政府有政治和社会义务纠正不平等现象，或者最起码减轻不平等造成的最坏结果。

平等主义自由主义者对平等的重视是不同的，因为他们对"平等"的根本目的有不同的看法。下一节将探究衡量平等价值的三种主要方式。

四 对"平等为何有价值"的解释

（一）纯粹的平等主义

一个"纯粹的"平等主义者声称平等是一种内在的善；那就是平等本身被视为目的。因此，不平等本身就是一种道德罪恶，因为如果有些人在某些有价值的事情上比其他人更糟糕，这种不平等就是坏事。对于一个纯粹的平等主义者来说，平等的目标是压倒一切的，他们要求纠正不平等，即使这意味着损害在这一过程中受影响的所有各方的生活前景或环境（Gosepath 2011）。

纯粹的平等主义会产生反常识的后果；举一个例子，一群先天的、不可逆的听力损失的人，尽管与没有听力障碍的人相比，这些个体可以说处于相对不利的地位，但一个纯粹的平等主义者似乎坚持这样的观点，即如果我们不能纠正他们的听力以创造平等，那么如果其他人都有听力障碍，那就更好了。即使实现了"平等"，也没有人的生活会真正变得更好，事实上有些人可能会过得比他们本可以过得更糟，大多数人会发现这与常识背道而驰。这是一个被称为对纯粹平等主义的"平级反对"的例子。如果追求平等需要把每个人都降低到相同的水平（当有其他更好的和可接受的平等主义选择时），那么实现平等就没有任何价值，因为这对任何人都没有好处。由生活水平降低出发的批评认为，无人生活改善，且令他人生活较本可达到的程度恶化，其中不存在价值。

因此，许多（非纯粹的）平等主义者不认为技术进步导致的不平等必然是不公正的。相反，如果通过涓滴效应或再分配，最终改善最贫困者的社会和经济条

件，一些剩余的不平等可能不会成为问题（Loi 2012）。例如，在《至高无上的美德》
（*Sovereign Virtue*）中，德沃金（Dworkin）认为：

> 我们不应该……试图通过降低水平来提高平等的程度，而且，就像更正统的
> 基因医学一样，只有非常富有的人才能获得一段时间的技术，而这些技术往往会
> 为每个人带来更具普遍性的价值。对不公正的补救办法是重新分配，而不是在剥
> 夺一些人的利益的同时拒绝给另一些人相应的好处。（2000：440）

（二）多元化（非内在/工具性）平等主义

多元平等主义者（pluralist egalitarian）认为，平等的价值在于它有助于个人实现
更广泛的自由理想。这些更广泛的理想包括：普遍自由；充分发展人的能力和人格；
或者减轻由于个人的低下地位，包括统治和污名化的有害影响而造成的痛苦。因此，
基本的自由理想是平等背后的驱动力；平等是实现这些自由最终目标的手段。因此，
"多元平等主义者"承认不平等并不总是一种道德罪恶。多元平等主义者同样重视平
等之外的其他价值观，如福利。特姆金（Temkin）声称：

> 任何合理的平等主义者都将是多元化的。平等对平等主义者来说并不那么重
> 要。它甚至可能不是最重要的理想。但和其他理想相比，这是一个具有独立规范
> 意义的理想。（2003：769）

在这种理论下，如果某些不平等总体上为个人实现了更高的生活质量或福利，那么
这些不平等是合理的。我们可能认为约翰·罗尔斯在《正义论》（*A Theory of Justice*）
中捍卫了多元平等原则：

> 所有社会价值——自由和机会、收入和财富以及自尊的基础——都应平等分
> 配，除非这些价值中的任何一种或所有价值的不平等分配对每个人都有利［强调
> 补充］。（1971：62）

关于不平等分配的限定构成罗尔斯著名的"差别原则"。这种观点认为，不平等
（机会、资源、福利等方面的不平等）只有在这种状况导致最弱势群体获得最大利益
时才算公平。如果做不到这一点，经济秩序应该得到修正（Rawls 1971：75）。

（三）结构性平等主义（Constitutive Egalitarianism）

虽然平等可能因其促进良好结果的工具性品质而受到重视，例如提升人类健康或

福祉（Moss 2015），但另一种重视平等的方式是参照平等与其他事物的关系，而后者本身具有内在价值。一个平等主义者认为平等的价值源于它是另一个我们渴望的更高原则/内在利益（例如人类尊严）的组成部分，这可以被描述为结构性平等主义。

然而，并非所有有助于实现内在利益的（工具性）善本身都具有内在价值（Moss 2009）。工具平等主义者认为，平等的价值完全来自平等推动其他理想之善所产生的价值。因此，平等不是一个基本概念。相比之下，非工具平等主义者认为平等是"内在"有价值的，因为它拥有的价值，在某些情况下，可能是对其促进其他理想能力的补充。莫斯（Moss）解释说，"结构性之善……组成了内在善的价值，因为它们是善具有其价值的原因之一"。（Moss 2009：4）

因此，使结构性之善具有内在价值的是，没有它，内在之善就没有它所具有的价值。因此，平等等善所发挥的构成性作用赋予了它内在的（不仅仅是指导性的）价值。例如，一个结构性平等主义者可能会因为平等与内在的公平利益的关系而重视平等。莫斯阐明了这个概念：

> 例如，如果公平是一种内在的善，公平的一部分是获得平等的事物状态（例如，因为人们对某种善有平等的要求），那么平等就是公平的组成部分。如此一来，平等就不仅仅只有工具性价值，因为平等不是只促成一些好结果而本身没有价值。（2009：5）

结构性平等主义的一个吸引力在于，它把内在价值赋予平等，而这种方式不容易遭到反对。例如，罗尔斯主义者（Rawlsian）可能会声称，只有当平等是公平/正义的构成要素时，它才具有内在价值。平准案件可以说是不公平的，因为它们不会促进任何人的利益，因此，出于平等主义的原因，我们不应平准案件。因此，结构性平等主义者会认为，有些不平等并不总是不公正的，有些不平等或其他社会危害是不可避免的。

例如，政府必须配给稀缺资源，这是无可争议的。不受限制地获得国家资助的最新医疗技术或药品超出了大多数国家的财政能力，会对一个国家造成巨大伤害。在这种情况下，德沃金认为，在没有恶意的情况下，不平等不会使监管框架不合法。他区分了正义和合法性的概念，并指出：

> 政府有主权责任平等关切和尊重每个人。他们政府在这方面做的多出色关乎到他们实现正义的程度……然而，政府可能是合法的——原则上，他们的公民可能有义务遵守他们的法律——尽管这些法律并不完全或甚至只是在很大程度上是公正的。如果政府的法律和政策能够被合理地解释为承认每个公民的命运同等重要，每个公民都有责任创造自己的生活，这种政府就可以是合法的（Dworkin

2011：321-322）[重点补充]。

因此，可以说，同等关切似乎是正义内在利益的一个组成部分。德沃金认为，公平和正义存在于一个范围内，在资源有限的情况下，立法者在合理要求政府做什么方面享有一定的自由裁量权。德沃金说：

> 正义当然是程度问题。没有一个国家是完全公正的，但有几个国家相当好地满足了我捍卫的[平等、自由、民主的大多数条件]……合法性也是一个程度问题吗？是的，因为尽管一个国家的法律和政策可能主要表现出保护公民尊严的善意尝试，但根据对保护公民尊严意味着什么的善意理解，可能无法使一些谨慎的法律和政策与这种理解相一致。（2011：322）

很明显，德沃金并不认为所有的不平等都是不公平的，尽管平等的尊重和关心要求对每个人都给予同等的重视。因此，这方面的重要问题是对一个政治团体的总体政治态度，这是根据每个人都有权得到平等关注和尊重的原则来衡量的。在这方面至关重要的是，政府努力尊重公民的平等人类价值/尊严，让他们实现自己对自己希望过的生活的理想。即使有些人由于资源有限，无法获得他们可能需要的物品。当立法者做的不够好，导致法律或经济不平等时，他们可能会"玷污"该国家的合法性，而不会完全抹杀它（Dworkin 2011：323）。因此，尽管一些不平等的措施可能会损害一个国家的合法性，并需要积极行动和反对，但只有当这种不平等渗透到政治体系（如种族隔离）中时，它才变得完全不合法。

除了在重视平等上的不同，平等主义者也可以重视不同的东西。对于平等主义者来说，一个主要的问题是确定在一个公正的社会中平等关切需要怎么做，哪些方面需要公平。均衡或再分配包括获得资源的平等机会的竞争者；福利；和人类的能力。这些解释对于关于新技术的辩论很重要，因为它们对于人们对科技的容许度和政治行为者的相关义务有不同的含义。

五 平等是什么的平等？分配正义理论

约翰·罗尔斯的正义论及其关于正义是公平的论述是当代分配正义平等主义理论的催化剂。罗尔斯声称民主社会中的政治制度应该以这样的原则为基础："所有社会初级商品都应该平等分配，除非某种或所有这些商品的不平等分配有利于最弱势者"（Rawls 1971：62）。罗尔斯自由主义政治理论的核心是主张个人拥有的社会基础公共利益即权利、自由和机会、收入和财富，自尊的基础（Rawls 1971：60-65）不应该依赖于从道德角度来看是任意的因素——比如一个人在社会或自然生活中的好运或厄运。因此,这种好运气或坏运气不能根据个人的优点或缺点来证成(Rawls 1971: 7)。正是这种"道德任意性"的概念贯穿了分配正义的主流平等主义理论。

然而,有可能的是,面对新技术,对分配正义的诠释可能超出资源或财富或其他社会公共利益的再分配。事实上,技术本身可以被用作平等的工具,而不是目标。埃里克·帕伦斯(Eric Parens)展示了这种推理是如何在人类基因治疗中被引用的:

80

> 如果我们应该使用社会手段来平衡机会,如果使用社会手段和医疗手段之间没有道德差异,那么人们很可能会认为,如果可行的话,我们应该使用医疗手段来平衡机会。事实上,人们可能会得出这样的结论:如果两者都不和谐,并且都有同样的不良影响,那么不处理自然的不利因素只处理社会的不利因素是毫无意义的。(2004: S28)

科林·法雷利(Colin Farrelly)还观察到,像躯体或生殖系治疗和增强这样的干预措施有可能纠正因生命自然遗传随机性有时可能带来的有害后果。[7] 对于分配正义的概念在后基因组社会中会要求什么这个问题,他说:

> 我们必须认真对待这样一个问题,即什么构成了对这些技术的公正监管……什么价值和原则应该成为这些新的基因技术监管的依据?为了充分回答这些问题,我们需要对基因正义做出解释。基因遗传影响我们未来一生中获得的社会基本公共利益(健康和活力、智力和想象力),我们需要解释怎样才是公正的基因遗传分配。(Farrelly 2008: 45)[强调原文]

法雷利声称,解决平等和分配正义问题的方法必须以两个问题为指导:第一,新技术对社会中最弱势群体的影响;第二,对有限财政资源的竞争性主张。他认为:

> 要确定基因干预的不同监管框架可能对最弱势群体产生的影响,需要平等主义者考虑一些超出他们通常考虑范围的不同问题,例如最弱势群体的现状、基因干预背后的财政现实、其他社会项目的财政限制,自由主义者认为这些项目同样应该获得少量公共资助以及基因信息的相互联系性质。这些考虑可能会导致平等主义者放弃一些他们本认为显而易见的有关基因治疗和人体增强的政

---

⑦　Buchanan et al.(2001)提出了类似的主张。

策意见。(Farrelly 2004：587)

虽然法雷利似乎承认平等在社会政治现实中起着一定的作用，但它不能脱离稀缺资源背景下的其他重要因素来考虑。随后，他支持他所称的"宽松遗传差异"原则，以此作为调节基因不平等的指南。他声称，"基因不平等将被安排为使最弱势者获得最大的合理利益"(Farrelly 2008：50)。[⑧] 尽管这仍然留下了什么是合理的问题，法雷利提出了一个强有力的论点，即新技术带来的平等主义挑战应该在现实社会中被考虑，而不是抽象地被考虑。

下一节探究了自《正义论》出版以来经过争论的两种主要的分配正义理论：运气平等主义和能力成就主义。此后，对于"关系平等主义者"提出的"平等是什么的平等"问题，我们探究了第三个最新的答案。

（一）运气平等主义

运气平等主义者认为，由于运气不好或"极其倒霉"而处于不利地位的人有权要求政府纠正这种坏运气的影响。简单的运气平等主义通过增加基于个人责任概念的"选择"运气区分得到了完善。在这种运气下，平等主义者对他们选择的坏结果（选择运气）负责，而不是对"霉运"造成的坏结果负责。这种区别是基于这样一种观点，即只有非自我造成的不利才需要纠正。运气平等主义者关注不同的分配对象，包括：平等机会、福利和资源。

一些平等主义者批评运气平等主义。伊丽莎白·安德森（Elizabeth Anderson）倾向于认为，对于那些被认为对自己的坏运气负有个人责任的人，选择运气的区别过于苛刻。相反，她认为，对他人的厄运进行赔偿含蓄地表明他们低人一等，从而可能使个人蒙受耻辱，构成不适当的国家干涉（Anderson 1999：289）。由于这些原因，安德森声称运气平等主义不能表达对公民的同等关切和尊重（Anderson 1999：301）。安德森认为，平等主义的正确目标是根除压迫性的社会或阶级结构。

然而，运气平等主义者可能会回答说，社会对那些不太能够"追求体面生活"的人负有义务，这种义务不需要居高临下（Hevia and Colon-Rios 2005：146）。南希·弗雷泽（Nancy Fraser）还认为，采取一种"变革性"的方法，去除使劣势和不平等永久化的因素，从而增强个人/社区的权能，而不仅仅是提供补偿，这种方法可能具有纠正社会不公正以及文化或基于阶级的边缘化问题的双重效果。[⑨]

---

⑧　法雷利将他的理论方法描述为基于优先主义——但这与一些版本的平等主义产生了共鸣。

⑨　变革性补救措施减少了社会不平等，但不会造成被视为特殊慷慨受益者的弱势群体的污名化。她们因此倾向于促进承认关系中的互惠和团结（见 Nancy Fraser 1995：85-86）。

81

（二）能力平等

阿马蒂亚·森（Amartya Sen）和玛莎·努斯鲍姆（Martha Nussbaum）发展的能力方法也与以平等机会和平等权利为形式的正义相关。然而，它并不注重社会公共利益的平等分配，而是把实现过上好生活所需的个人能力（或功能）放在中心位置。玛丽亚·托博索（Maria Toboso）解释道：

> 森提议的实质在于他的论点，一个公平的司法理论必须彰显真正的自由，这种自由任何人无论目标相同与否都可以享受到。人们必须要为自己可能的各种生活方式做打算，这就是为什么要思考真正的自由。在应用能力方法时，兴趣点是评估人们在实现他们认为对其生活方式至关重要的有价值的功能方面的优势或劣势。（2011：110）。

玛莎·努斯鲍姆（Martha Nussbaum 1992）为她认为对人类繁荣或个体机构至关重要的十项能力辩护。这些能力是：活到一个完整的人类生命的尽头，拥有健康，避免不必要和无益的痛苦，使用五种感官，对事物和人有依恋，形成"善"的概念，同他人生活且为他人付出，同自然生活且为自然付出，欢笑、玩耍、享受娱乐，过自己的生活。

我们很容易将努斯鲍姆列举的能力看作是内在的，工具性的公共利益：拥有做这些事情的能力本身就是好的，它们都有价值，部分原因在于它们能带来什么。然而，重要的是不要混淆能力和被"客观清单"理论家捍卫的内在益品（Crisp 1997）。对于一个客观列表理论家来说，一个人的生活中若有更多的公共利益，如友谊、幸福和宗教，那他就比没有这些公共利益的人生活得更好。能力之所以有价值，主要是因为它们能摧人奋进，所以它与那些寻求为了平等目的重新分配公共利益的方法完全不同。

尽管如此，努斯鲍姆是一个平等主义者；她声称：

> 在选择和行动的基本自由的意义上，所有人的综合能力都应该超过某个阈值。对于有认知障碍的人来说，目标应该是让他们拥有与"正常"人相同的能力，即使其中一些机会可能必须通过代理人来行使。（2011：24）

因此，对于努斯鲍姆来说，一个民族国家的公民有权要求拥有足够的综合能力，以拥有足够的自由来实现和追求美好的生活。这个目标应该是针对所有公民的，并给予同等的价值，因此努斯鲍姆可以被认为是研究足够能力阈值的平等主义者。

（三）关系平等主义

关系平等主义者（即所谓的"第二波"平等主义者的拥护者）认为分配理论未

能清楚地理解平等主义的政治目标（Hevia and Colón-Rios 2005；Anderson 1999：288）。关系平等主义者更关心的是文化、种族和性别不平等的"认同诉求"，而不是社会中应该实现的平等。一个民族平等主义者认为我们应该努力实现社会团结和尊重，而不是确保社会公共利益的平等分配。安德森（Anderson）为她所描述的"民主平等"理论辩护，其声称：

> 平等主义正义的正确的消极目标不是消除人类事务中倒霉运气的影响，而是结束压迫，这种压迫是社会强加的（Anderson 1999：288）。

南希·弗雷泽（Nancy Fraser 1995）声称，当一些群体经历文化（或阶级）和经济不公正时，区分认同需求和再分配是有问题的。一个群体可能遭受更多的不公，这个群体会根据不公发生的领域预先假定不同的监管对策。

例如，社会经济地位低下导致的不公正可能最适合再分配模式，而承认是对不同性别群体的理想回应（Fraser 1995：74）。然而，重新分配和重新认识并不相互排斥，这似乎是合理的，即使是安德森的观点也是如此：

> 民主平等认为两个人是平等的，当他们每个人都接受按照彼此可以接受的原则强制他们的行为的义务，并且他们认为相互的协商、交换和承认是理所当然的。公共利益分配中的某些模式可能有助于确保这种关系，通过这种关系发展，甚至构成这种关系。但是民主平等主义者从根本上关注公共利益分配的关系，而不仅仅是公共利益本身的分配。这意味着，第三，民主平等对将平等承认的要求与平等分配的要求相结合的必要性十分敏感。（1999: 313）

值得注意的是，所有这些平等主义的正义观讨论了平等主义研究的不同政治目标和工具。值得注意的是，这可能牵涉到所进行分析的性质以及由此得出的正常结论。基因技术提供了一个新技术表现出的对平等焦虑的典型例子。

六 看穿不同平等主义的"镜头"：基因技术案例

在人类基因组计划完成之前，梅尔曼（Mehlman）和博特金（Botkin）宣称：

> 可能除了奴隶社会以外，（基因技术）是对所珍视的社会平等观念有史以来最深刻的挑战。关于谁将获得何种基因技术的决定将可能决定未来将盛行的社会和政治体系。（1998: 6）

如上所述，平等主义者可能会将基因技术视为一个合适的平等化工具——尽管实现平等主义终点的必要手段并不相同。运气平等主义者可能会寻求减轻基因图谱中的任何不公平的不平等，因为它们是我们性格中不和谐的特征。布坎南（Buchanan）和其他人在他们开创性的著作《从机遇到选择》（*From Chance to Choice*）中指出，正义不仅需要补偿自然的不平等关系，还可能需要更多的干涉主义回应。他们援引平等机会和资源平等主义这两个纯粹霉运概念来证明追求他们所描述的所有人的"遗传体面的最低标准"是合理的，但这并不一定延伸到消除所有遗传不平等。他们声称社会承诺使用基因技术来预防或治疗严重的疾病会造成限制个人生活机会的负面影响（Buchanan and others 2001：81–82）。布坎南等人制定了两条原则来指导遗传学时代的公共政策。首先是一个"原则性假设"，即正义需要基因干预来预防或改善疾病对生活的严重限制。第二，这种正义可能需要限制获得基因增强的机会，以防止现有的不公正不平等加剧（Buchanan and others 2001：101）。

然而，基因增强的问题受到强烈质疑。德沃金声称，在最近几十年里，没有哪个科学领域"比遗传学更令人兴奋，而且对于我们后代将要主导的生活特征来说，没有任何一个领域能如此遥远"（Dworkin 2000：427）。他指出，人们普遍担心"我们可以很容易地想象基因工程"会成为富人的特权，从而加剧繁荣和贫困社会本已野蛮的不公正"（Dworkin 2000：440）。哲学家沃尔特·格兰农（Walter Glannon）认为基因增强应该被禁止，因为不平等的使用该科技的机会可能威胁到所有人的基本平等（Glannon 2002）。纳菲尔德生物伦理理事会也表达了类似的关切（Nuffield Council 2002：para 13.48）：

> 我们认为，机会平等是一种基本的社会价值，当一个社会被分层并可能使不平等持续几代人时，这种价值尤其受到损害。因此，我们建议，任何旨在提高正常范围内性状的基因干预都应该考虑到这一点。

显然，基因增强技术引发了两大监管问题：安全和公正。关于公平、平等机会和对社会分层的关注是这场辩论中的常见因素。然而，一些评论员质疑这样一个普遍假设，即基因增强功能只有益于个体接受者，而不利于更广泛的群体（Buchanan 2008，2011）。例如，布坎南认为，社会福利可能因提高个人生产力而增加（即涓滴效应）。事实上，他声称，由于教育的进步或制造技术的改进，历史上也发生了类似的个别进步（一个典型的例子是印刷机）。

对同一问题采取平等主义的能力方法，将侧重于基因增强可以做些什么来创造条件，使所有人都够到自由生活的门槛，并符合美好生活的理念。但是，强调够到一个门槛表明，任何超越这个门槛的东西，也许是通过提高一些人过上超长生活的能力，或者是出于实际原因拥有特殊能力，都不能要求社会予以实现。能力平等主义者是否会同意格兰农的担忧，即基因增强因为超出了标准能力范围而应该被禁止，目前还不清楚。

相比之下，一个关系平等主义者可能会担心基因增强会加剧并固化不平等，过去的不公正和社会结构会影响到种族、性别和文化群体，从而导致社会不平等的扩大和延续。如果基因工程主要提供给那些已经处于特权地位的人，世界上因不公平的社会结构而处于不利地位的地区或群体的情况可能会更糟。

我们可以从中得出的结论是，通过平等主义的视角来看待技术会影响我们的规范性理论。然而，为了充分理解平等在这些辩论中的作用，我们需要更广泛地审视当新技术即将出现时经常提出的各种主张。

七　平等、技术和更广泛的辩论

虽然新技术引发的一些担忧涉及安全、效率和平等问题，但其他担忧可能在更基本的层面上表现出来——比如某些技术有可能破坏我们道德共同体的结构。例如，在自由社会中，生育自由通常是我们认为很重要的事情。然而，能够控制或改变未来孩子遗传结构的可能性，显然改变了我们可能"选择"的东西和自然固定的东西之间的界限。用德沃金的话来说，选择基因身份责任的重新分配——从机会／自然选择到个人选择——有能力破坏"我们传统道德的大部分"（Dworkin 2000：448）。这种技术进步可以挑战日常观念，如生殖自由，这一观念在克隆或基因改造面前显然面临压力。

对于监管者来说，考虑到新技术，平等和平等主义原则与两个不同的调查领域相关：科技对个人层面的影响，以及对技术存在的更广泛社会层面的考虑。在这方面，德沃金区分了两组价值，这两组价值在评估一项新技术应该如何被使用或管理时经常被引用。首先，受特定技术法规或禁令影响某些特定人群会获益或受损，这一特定人群的利益应被考虑在内。这本质上涉及一个"成本效益"的试验，包括询问一些人应该以这种方式获得还是失去公平（Dworkin 2000：428）。其所援引的第二套价值观构成了更普遍的价值观，与特定人群的利益无关，而是涉及对内在价值观的诉求和对一个人希望生活的社会的表达。这是一场更广泛的辩论———场经常被一些人认为对社会道德结构构成威胁的潜在"越界"新技术引发的辩论。

用德沃金的例子来说明这一点，有种看法认为克隆或基因工程是非法的，因为它构成了"扮演上帝"，这可以说是对社会应该如何处理其关系和商业的某个想法的呼吁。然而，关于社会应该如何运作，有许多不同的观点，就像关于"扮演上帝"的可接受性一样。对一些人来说，"扮演上帝"可能是一种违法行为，对另一些人来说，这可能是一种道德上的必需，与科学和医学几个世纪以来使社会能够做的事情并无太大不同，我们也从中受益匪浅。关键是，有时关于新技术的争论涉及有争议的社会价值观，比如扮演上帝的"善"或"恶"。正是在这里，"批判性道德"的概念开始发挥作用。当监管者被要求对挑战现有道德规范的技术做出回应时，他们必须确定并借鉴一套核心原则来指导和证明自己的决策。源自政治自由主义的竞争因素将包括自由、正义、尊严和免受伤害的保护。重要的一点是，平等和平等关切的概念可以说是所有这些自由主义终点的组成部分。

八　结论

虽然新技术引发的一些担忧涉及安全性和有效性问题，但另一些担忧涉及新技术可能违反包括社会公正和平等理念在内的重要价值观。在关于新技术的辩论中，一个共同的主题是它们是非法的还是有害的，因为它们要么会增加现有的不平等，要么会引入新的不平等。这些争论通常以两种截然不同的叙述为特征：支持技术的人认为特定的技术将会给人类带来巨大的利益，因此应该被社会所接受。与此相对的是不太乐观的反驳意见，即技术很少是中性的，如果不加以监管，将加剧社会分层，并鼓励不良的技术"军备竞赛"。对平等获得新技术的关注可以说是对技术的讨论中最常见的问题之一。除此之外，技术进步创造的可能性经常威胁到关于什么是社会"可接受的"的普通假设。

87　　　　本章展示了平等是如何有价值的，因为它在预测特定技术可能产生的影响方面发挥了作用，在个人层面可能产生的不平等如何得到缓解，以及它在更广泛的平等主义事业中的作用。也就是说，我们已经证明了平等是多么有价值，因为它是自由终点和目标的组成部分，包括自由、正义和尊严。也有人认为，在平等问题上，合法性的概念并不要求完美的政策。相反，合法性要求政府真诚地对其公民的同等价值和地位表现出同等的关注和尊重。这将包括考虑到那些受新技术影响最深的人的美好生活的个人概念，以及那些似乎受到新技术威胁的社会价值观。虽然不可能消除一个社会中的所有不平等（这一目标也不一定总是可取的），但平等的概念仍然是一个至关重要的政治概念。它渴望表现出对所有公民的同等关注和尊重。我们给出一个德沃金式的建议，当我们的自由范围被这些新技术扩大时，平等是而且应该继续是对我们自由范围进行修正的合法性的核心。

88　【参考文献】

Anderson E, "What Is the Point of Equality?" (1999) 109 Ethics 287

Aristotle, *Nicomachean Ethics* (Roger Crisp ed, CUP 2000)

Arneson R, 'Egalitarianism' in Edward Zalta (ed), *The Stanford Encyclopedia of Philosophy* (24 April 2013) <http://plato.stanford.edu/archives/sum2013/entries/egalitarianism/> accessed 4 December 2015

Brownsword R and Goodwin M, *Law and the Technologies of the Twenty- First Century* (CUP 2012)

Buchanan A, 'Enhancement and the Ethics of Development' (2008) 18 Kennedy Institute of Ethics Journal 1

Buchanan A, *Beyond Humanity? The Ethics of Biomedical Enhancement* (OUP 2011) Buchanan A and others, *From Chance to Choice: Genetics and Justice* (CUP 2001)

Crisp R, *Mill: On Utilitarianism* (Routledge 1997)

Dworkin R, *Sovereign Virtue: The Theory and Practice of Equality* (Harvard UP 2000) Dworkin R, *Justice for Hedgehogs* (Harvard UP 2011)

Farrelly C, 'Genes and Equality' (2004) 30 Journal of Medical Ethics 587

Farrelly C, 'Genetic Justice Must Track Genetic Complexity' (2008) 17 Cambridge Quarterly of Healthcare Ethics 45

Feinberg J, *Harmless Wrong- doing: The Moral Limits of the Criminal Law* (OUP 1990)

Fraser N, 'From Redistribution to Recognition? Dilemmas of Justice in a "Post-Socialist" Age' (1995) New Left Review 68

Gewirth A, 'The Justification of Egalitarian Justice' (1971) 8 American Philosophical Quarterly 331

Glannon W, *Genes and Future People: Philosophical Issues in Human Genetics* (Westview Press 2002)

Gosepath S, 'Equality' in Edward Zalta (ed), *The Stanford Encyclopedia of Philosophy* (spring 2011) <http://plato.stanford.edu/archives/spr2011/entries/equality/> accessed 4 December 2015

Green R, *Babies by Design: The Ethics of Genetic Choice* (Yale UP 2007)

Hevia M and Colon-Rios J, 'Contemporary Theories of Equality: A Critical Review' (2005) 74 Revista JuHdica Universidad de Puerto Rico 131

Hook S, *Political Power and Personal Freedom* (Criterion Books 1959)

Jackson E, 'Conception and the Irrelevance of the Welfare Principle' (2002) 65 Modern L Rev 176

Jones T, 'Administrative Law, Regulation and Legitimacy' (1989) 16 Journal of L and Society 410

Kass L, *Life, Liberty and the Defence of Dignity* (Encounter Book 2002)

Kennedy I and Grubb A, *Medical Law* (3rd edn, Butterworths 2000)

Kymlicka W, *Liberalism Community and Culture* (Clarendon Press 1989)

Loi M, 'On the Very Idea of Genetic Justice: Why Farrelly's Pluralistic Prioritarianism Cannot Tackle Genetic Complexity' (2012) 21 Cambridge Quarterly of Healthcare Ethics 64

Mehlman M, and Botkin J, *Access to the Genome: The Challenge to Equality* (Georgetown UP 1998)

Meyerson D, *Understanding Jurisprudence* (Routledge-Cavendish 2007)

Moss J, 'Egalitarianism and the Value of Equality: Discussion Note' (2009) 2 Journal of Ethics & Social Philosophy 1

Moss J, 'How to Value Equality' (2015) 10 Philosophy Compass 187

Neyroud P and Disley E, 'Technology and Policing: Implications for Fairness and Legitimacy' (2008) 2 Policing 226

Nuffield Council on Bioethics, *Genetics and Human Behaviour: The Ethical Context* (2002) Nussbaum M, 'Human Functioning and Social Justice: In Defense of Aristotelian Essentialism' (1992) 20 Political Theory 202

Nussbaum M, *Creating Capabilities: The Human Development Approach* (Harvard UP 2011)

Parens E, 'Genetic Differences and Human Identities: On Why Talking about Behavioral Genetics is Important and Difficult' (Special Supplement to the Hastings Center Report S4, 2004)

Rawls J, *A Theory of Justice* (Harvard UP 1971)

Savulescu J, 'Procreative Beneficence: Why We Should Select the Best Children' (2001) 15 Bioethics 413

Schwartzman L, *Challenging Liberalism: Feminism as Political Critique* (Pennsylvania State UP 2006)

Spinner-Halev J, *Enduring Injustice* (CUP 2012)

Temkin L, 'Egalitarianism Defended' (2003) 113 Ethics 764

Toboso M, 'Rethinking Disability in Amartya Sen's Approach: ICT and Equality of Opportunity' (2011) 13 Ethics Inf Technol 107

van Dijk J, 'The Evolution of the Digital Divide: The Digital Divide turns to Inequality of Skills and Usage' in Jacques Bus and others (eds), *Digital Enlightenment Yearbook* (IOS Press 2012)

Waldron J, 'Dignity, Rank and Rights' (2009) (Tanner Lectures on Human Values 2009) Waldron, 'Rights' in Robert Goodin, Philip Pettit and Thomas Pogge (eds), *A Companion to Contemporary Political Philosophy* (Wiley-Blackwell 2007)

第三章
对自由民主的规制与技术进步

汤姆·索雷尔 (Tom Sorell)

约翰·盖尔克 (John Guelke)

周 辉 译

一 引言

在什么情况下政府或执法机构可以针对公民进行监控？当一个人监视另一个人，假使要保护自己免受另一个人未来敌对行动的伤害时，广义上的自卫可能证明监视是正当的。但是政府——至少是自由民主政府——没有权利面对公民的非暴力敌意固执己见，也没有权利采取措施预先防范非暴力、合法敌意的影响。自由民主政府更没有特权来监视那些和平处理自己事务的人，大多数情况下被监控的人可能都是公民。政府没有这些特权，即使这会提高政府的效率，或者有助于政府赢得连任。理由是，个人在追求合法利益时不应被国家所监视。生活和公民社会的一部分独立于国家进行运转符合公民的利益，特别是独立于国家对其施加控制的机会。政府应该保护的利益不是他们自己的，而是他们所代表的公民的利益，在这些利益中，公民被认为是对自己利益的最佳评判者。

因此，如果民主规范初步允许对公民进行监控，那么政府必须在公民直接知情同意的情况下，或者在公民同意政府使用合法手段防止侵犯公民利益的情况下进行监督。监督计划通常不需要直接的民主投票，尽管欧洲司法管辖区的公民定期就公开监控摄像一事进行投票。[①] 然而，即使举行直接投票，该监督计划是否始终获得投票支

---

① 例如，见 EC FP7 Projects RESPECT (2015) accessed 4 December 2015; SURPRISE (2015); accessed 4 December 2015。

持也并不清楚。方案的代价和好处很难毫无争议地展现出来，因此选民在审议时也很难考虑抉择。道德理论允许将监督的合理性问题从知情同意中分离出来。我们可以问，监控具体政策和实践的动机是否是保护公民广泛认可和真正重要的利益，以及监控是否能有效保护这些重要利益。

所有公民，实际上是所有人，在其他条件相同的情况下，对生存和免于重大痛苦、疾病和饥饿都有着至关重要的利益：如果在某些少见的情况下，这些至关重要的利益只能通过道德上令人厌恶的措施来实现，那么政府就有理由实施这些措施，尽管可能不是决定性的理由。例如，在战争中，政府可以征用有价值的房地产和交通工具用于军事目的，如果这些资产是保护公民免受攻击所必需的，征用它们可能是合理的，尽管资产被没收者的财产权受到干涉。监控是反恐措施，还是打击有组织犯罪的一种策略，上述情况在监控方面是否同样成立？

反恐和打击严重的有组织犯罪有非常强有力的初步证据表明，这是政府活动的领域，目的是保护公民的重大利益。诚然，众所周知，自由民主和专制政府都会以未受公认且投机取巧的方式定义"恐怖主义"，因此在这种情况下，人们可以怀疑反恐是否保护公民的切身利益，而不是强权政府在保留权力方面的利益（Schmid 2004）。但这并不意味着对恐怖主义没有一个可接受的定义，在这个定义下，反恐的努力确实保护了重要利益（Primoratz 2004；Goodin 2006）。为此，"恐怖主义"可以被定义为"武装团体和个人针对平民的暴力行动，目的是迫使政府改变政策，而不管民主决策如何"。根据这一定义，恐怖主义威胁到个人人身安全和生存的利益，更不用说非暴力集体自决的利益。这些是真正的重大利益，原则上，政府有理由对真正威胁这些利益的个人和团体采取广泛的措施。

打击严重和有组织犯罪同样可以与保护真正的重大利益相关联。这类犯罪大多是暴力的，施暴者会伤害人们，有时实际上是奴役他们（贩卖人口），或助长令人衰弱的毒瘾，或夺取（或威胁夺取）生命。这里犯罪显然将人们的切身利益处于危险之中，对应着不被奴役、上瘾或将自身性命置于危险之中的权益。还有有组织犯罪渗透和腐蚀机构的方式，包括执法和司法机构。这可能使有组织犯罪在多个司法辖区逍遥法外，并可能造成非民主的权力中心，犯罪团体便能恐吓一些人，并甚至用胁迫和暴力的方式逼迫他们犯罪（Ashworth 2010：ch 6.4）。公民的某些重要利益——自由和人身安全——再次受到关注。

如果反恐和打击有组织犯罪能够从它们所保护的重要利益的角度真的被证明是正当的，如果监视是反恐和打击严重和有组织犯罪的有效和有时必要的措施，那么监视在道德上也是正当的吗？这个问题没有一个定论，因为有太多不同的执法行动可以被描述为有助于反恐或打击严重和有组织的犯罪，它们涉及不同形式的监视，不同程度的侵权。即使监视是正当的，从各方面考虑，它在道德上代价也非常大，因为侵犯隐私显然是错误的，而且监视常常侵犯隐私和民主的一般准则。

在这一章中，我们会涉及一系列为大规模数据收集和分析而开发的新技术，特别是审视美国国家安全局（NSA）在大规模监控中对它们的使用。许多新的监视技术被认为与自由主义原则相冲突，因为它们对个人隐私和选民对政府的控制构成威胁。然而，区分技术是很重要的：许多技术只要受到充分的监督，在调查严重犯罪时使用是合理的。

我们首先讨论监控技术带来的道德风险。在自由司法管辖区，这些风险通常仅限于侵犯隐私、错误和歧视风险以及对宝贵信任关系的损害。NSA 发展的大规模信息收集系统被比作斯塔西（Stasi，民主德国时期的大规模监控）。虽然我们认为这种说法有些言过其实，但这种比较还是值得研究的，以便明确 NSA 中哪些是令人反感的。我们将民主德国使用监视技术描述为一种对自由的系统攻击——柏林意义上的消极自由。大规模信息收集不是对那种自由的攻击，而是对作为非支配的自由的攻击。大规模信息收集使政府能够干涉消极自由，即使幸运的是它选择不干涉。为了实现作为不受支配的自由，迄今为止良性政府压制行为的自由裁量权需要通过强有力的监督机构来解决。在这里，我们借鉴佩迪特对支配概念的使用（Pettit 1996），将支配风险与广泛干涉消极自由的风险区别开来，并与侵入、错误和损害信任的道德风险区别开来。后几种道德风险在自由民主国家预防足够严重的犯罪是有道理的，但统治与自由民主原则直接不符。与民主原则冲突的另一个根源是大量监控的保密性。我们承认某些监视必须是秘密的，但我们坚持认为，为了与民主保持一致，必须限制保密性，并接受人民代表的监督。NSA 大量收集信息并不是斯塔西（Stasi）对消极自由限制的现代翻版，但未能监管其活动并追究其责任，严重背离了自由民主和总体道德的要求。大规模信息收集技术会干扰个人自治，而自由民主国家致力于保护个人自治，无论使用这些技术的代理人是国有还是私营公司。

二　监控技术的道德风险

批量收集技术带来的问题可以被视为监视技术带来的问题的一个特例。监控技术的创新使人们能够获得新的音频或视频信息来源。通常，这些技术以私人场所为目标，如住宅和私人信息，因为私人场所经常被用作推进犯罪阴谋的场所，而对嫌疑人的识别通常是根据个人信息进行的，例如他们与谁有联系，或者他们通过金融交易与谁有联系。

隐私，即公开声明不被监察和传递信息不被审查。由于许多不同的原因，隐私是有价值的，但其中大部分原因与政治无关。例如，大多数人认为隐私对于亲密关系或睡眠是不可或缺的。然而，隐私的许多最重要的好处与道德和政治自主直接相关——

这些益处通过个人对信仰和选择的反思来实现——而不是不加思考地采纳父母、宗教领袖或其他有影响力的权威的观点和生活方式。

94   隐私至少在两个方面促进了自主权。首先，它允许人们发展他们的个人感情。其次，它建立了受规范保护的空间，个人可以在其中思考或尝试不同的想法。一个用新思想通过想法和实验进行思考的人通常需要从别人的审视中解脱出来。如果一个人只能在公众面前展示或探索想法，那么就很难背离既定的行为和思想规范。隐私也能促进亲密感和提供远离他人的空间，防止有些行为可能会引起厌恶或色情兴趣。当被广泛理解为隐私的空间——家庭、厕所、更衣室，或者被广泛理解为隐私的信息——性、健康、良心——受到另一个人的审查时，隐私就受到侵犯。

        侵犯隐私并不是官员，尤其是警察使用监控技术的唯一风险。另一个是将怀疑指向错误的人的风险。最有可能产生这类误报的监测技术包括利用过于宽泛的特征分析算法的数据分析方案（例如，Lichtblau 2008；Travias 2009；ACLU 2015）。其中最突出的是20世纪70年代和9·11事件后不久与臭名昭著的德国"天网"（Rasterfahndung）有关的技术（关于一系列其他反恐数据挖掘，见 Moeckli and Thurman 2009），还有智能相机技术。这些技术可能依赖于有争议的算法，有时是任意地将正常行为与"异常"行为区分开来，并对异常行为进行严格检查，有时是警方干预。[②] 新的生物识别技术，无论是基于指纹、面部还是步态来识别个人，如果底层算法过于粗糙，都可能出错。与错误风险相关的是明显的歧视问题——在这方面，人们担心的不仅仅是技术的使用会将怀疑指向错误的人，而且这样做会过度地牵连到属于特定群体的人，这些人往往是相对脆弱或无力的群体。有时这些技术利用非常粗糙的侧写。德国"天网"方案就是这种情况，该方案根据"来自伊斯兰国家""注册为学生"和18—40岁的男性来寻找潜在的圣战者。该系统确定了300000人，但没有导致逮捕或起诉（Moeckli and Thurman 2009）。

        滥用（以及他人知晓滥用）监控技术会带来更大的道德风险，即损害宝贵的信任关系。这里涉及两种有价值的信任。首先，对警务和情报授权的信任：这些权力机构和被统治者之间的信任关系对于打击恐怖主义和某些类型的严重有组织犯罪特别重要，因为人类情报能最有效地打击这些犯罪。如果警察被认为是敌对的，那么流向警察当局的人员情报很容易枯竭。第二种信任是被通常所说的"寒蝉效应"破坏的信任。这时，人们产生了这样一种看法，即参加政治抗议或阅读反政府文学等合法活动

95   可能会使自己成为监视目标，从而避免这种活动。

        公众对新监视技术，特别是批量信息收集系统的道德合理性的讨论，经常提到斯塔西对民主德国人民的监视。除了我们到目前为止提到的风险之外，考虑一下在民主

---

    ② 例如，见 EC FP7 Project ADABTS accessed 4 December 2015。

德国使用监视的明显错误是很有启发性的。我们认为民主德国使用监视技术是对消极自由的直接干涉。关于与谁交往、阅读什么、与谁结婚、是否和去哪里旅行、是否和如何与他人意见不同或表达不同意见、从事什么职业的决定——所有这些都受到官方的干涉。在民主德国，情报不仅被用来预防犯罪，还被用来压制政治异议以及任何对西方文化和政治感兴趣的公开迹象。这与已经描述的"寒蝉效应"相当，但公民可能有理由担心的制裁更严厉。值得注意的是，这个机制实际上是为了整合社会和驯化人民，而不是作为一个意想不到的副产品而出现。冷酷的效果也是通过无情地攻击任何被认为是政治异见者的人来实现的，他们的统治和恐吓策略经常会涉及极其恶劣的公然侵犯隐私行为。例如，"妇女争取和平"的活动家乌尔里克·波普（Ulrike Poppe）经常受到监视，并受到国家的不断审查（1974 年至 1989 年被捕 14 次）。她受到了明显的监视，比如当她走在街上时，男人们跟着她，开车跟在她后面 6 英尺（Willis 2013）。在德国统一后，当她在斯塔西阅读保存的文件时，她不仅发现了她不知道的进一步的监视（例如安装在马路对面的摄像机记录每个人进出她的家），而且发现了通过诋毁她的名誉来"摧毁"她的计划（Deutsche Welle 2012）。

三　在自由民主国家合理使用监控技术

尽管斯塔西（Stasi）政权极端，但国家——甚至自由民主国家——在道德上有理由进行监督，因为政府的一项职能是维护和平和保护公民。通常，保护人民免受威胁生命的攻击和一般暴力被用来证明使用武力是正当的。如果由公民个人采取暴力行动，国家可以对其采取行动，因为政府有保护公众的特殊责任，而且公众民主地赞同强制性法律。然而，即使受到民主控制和认可的武力也不能只在当局认为合适的情况下使用——它必须在道德上与暴力的紧迫性及其不良影响的规模相称，而且必须符合正当程序的规范。此外，这一观点为反对使用某些强制手段——例如酷刑的权利留有余地，因为这些手段可能永远都是不正当的。

早些时候，我们概述了监控技术的主要道德风险：入侵、错误、对信任的破坏和控制。这些风险能被证明是合理的吗？我们认为在某些罕见的情况下前三个是合理的。但是第四个与自由民主本身的概念不一致，技术发展使得统治成为可能，这需要采取措施确保国家当局不以此为目的使用技术。

道德和政治自治是自由民主社会公民身份的要求。公民通过道德和政治原则为自己思考不仅是可取的——而且自由国家致力于促进这种自治。我们已经概述了隐私是对于这种自治不可或缺的方式。在诸如同性恋这样的道德问题上，或者在诸如投票给谁这样的政治问题上，偏离多数人的意见，在这种偏离不必立即受到公众监督的情况下，就更容易了。这并不意味着所有侵犯隐私的行为都被彻底禁止。例如，侵犯行为在预防犯罪方面是可以接受的。但是任何侵犯都必须在道德上相称。最严重的侵犯隐私行为只有在遇到犯下最严重的危及生命的罪行时才是正当的。

错误是维持公共秩序的常见风险。在可能导致错误定罪、逮捕或监视的情况下，这一点非常重要。无辜的人被错误地怀疑犯罪的风险也有一定正当性，尤其是在最严重的危及生命的案件中。然而，自由民主政府不能对这一风险无动于衷。他们有义务维护所有公民的权利，包括那些哪怕被怀疑犯有非常严重罪行的公民的权利，并有义务确保无意的错误不会导致不公正。

一些信任风险可能是不可避免的——期望全体民众在接受和不接受监控风险时达成共识是不合理的。此外，不管透明度如何，警察和被监管的更广泛的公共群体之间总有可能存在一定程度的信息不对称。政府不能对信任警务政策可能造成的损害无动于衷，但避免这种风险的必要性也不能总是压倒行动考虑——而是必须认识和管理这种风险。

相比之下，在一个自由民主国家中使用监视并不是不可避免的，而且表面上看其是令人反感的。这是因为人民对政府的控制与监视所能促进的那种控制相冲突：即政府对人民的控制。监视可以产生关于自由活动的情报，这些活动不受政府欢迎，政府希望可以预见和阻止，甚至取缔此类活动。旨在控制犯罪或先发制人的恐怖主义技术可能有助于保持政府的权力，或收集信息来诋毁对手。事实上，政府有时具有酌情权暂时将技术用于新目的，这就为特殊意义上的"统治"创造了潜力。如果没有体制上的障碍，即使在民主国家也有统治的可能。

佩迪特（Pettit 1996）在他的《作为反权力者的自由》（*Freedom as Antipower*）中提出了支配的概念，他主张自由的概念不同于柏林意义上的消极自由和积极自由。他认为，自由的真正反义词是奴役。我们对他对自由的描述不持任何立场，但认为他对支配地位的评论有助于在一个依靠复杂的大规模信息收集和监控技术的国家里发现自由受到威胁的可能性。在下列情况下 A 支配 B：

·A 可以不受处罚地，

·干涉，

·B 做出的特定选择，

干涉的范围很广：可能是实际的身体约束，也可能是直接的胁迫性威胁，但也可能是更微妙的操纵形式。表述是"可以干涉"，而不是"进行干涉"。即使实际上没有大量信息收集或其他技术的不当使用，任何滥用的制度或其他风险都是有利于支配的因素。在大量收集电话数据的情况下，网络分析有时可能暗示与恐怖分子或恐怖嫌疑人的通信联系，这种联系非常间接或可进行无害解释；然而，这些分析可能会导致不可控的的污名化调查或黑名单。当网络分析触发调查、逮捕或拘留时，存在出错的风险。正如我们现在将看到的，这些可能远比大宗信息收集的潜在隐私侵犯更为重要，而且它们变得更加严重，以至于难以被政治家妨碍和受法院监督的官方秘密所控制。

四　斯诺登事件下的 NSA 行动

我们现在考虑爱德华·斯诺登揭露的系统所带来的道德风险。斯诺登披露了一个结合了多种技术的系统：光缆窃听、去加密技术、网络攻击、电话元数据收集，以及窃听技术，这些技术甚至适用于监控与美方关系友好的大使馆和官员的个人电话。我们已经注意到了使用传统间谍方法带来的一些道德风险。此外，某些网络攻击的风险类似于电话窃听或音频窃听——例如使用间谍软件激活目标电脑或智能手机上的麦克风和摄像头。这些是高度侵入性的，只能根据针对目标对象的具体证据来证明。

然而，围绕该系统的争议总体上并没有与这些最具侵入性的措施联系在一起。相反，主要争议在于大规模监视、针对全体人口的监视以及收集利用电信技术产生的所有数据。因为几乎每个人都使用这项技术收集所有用途的数据，所以从某种意义上说，每个人都是这项监视的目标。这些技术的使用被指责为侵犯性的。然而，与传统方法相比，它们造成的入侵究竟有多严重，这是值得考量的。

斯诺登爆料揭露的系统包括窃听光缆，电信通过光缆在世界各地传播。通过该电缆的所有数据都会被收集并存储一小段时间。在这个存储中，元数据——通常与处理数据的机器的身份和传输时间有关——被系统地提取一段时间。相关元数据可能包括诸如哪个电话正在联系哪个其他电话以及何时联系的信息。结合其他情报来源分析这些元数据，试图发现有用的模式（也许关于一个人的电子邮件和文本消息的元数据显示他们经常与情报部门已经知道的可疑人员联系）。

大量电信元数据被收集和分析。元数据关系到大多数人，几乎所有人都是无辜的。元数据也涉及被怀疑的严重罪行，从理论上讲，这种罪行可能证明采取严重的侵入性措施是正当的。仅仅收集电信数据本身就代表入侵吗？有些人持肯定态度，或者至少是存在争议的。

然而，收集信息总是代表侵犯隐私，这一结论并不天然成立。假设一位老师注意到她班上的学生之间正在传递一张纸条，假设笔记的内容高度个人化，如果她截获了它，她是否因此侵犯了学生的隐私？不一定。如果她读了这封信，学生显然确实遭受了某种形式的隐私损失（尽管如此，我们仍将对这样的行为是否合理保持怀疑）。但是，如果老师把它撕碎，扔掉而不看，我们就不确定学生是否可以抱怨他们的隐私被侵犯了。这个例子表明，有很好的理由坚持侵犯隐私只发生在阅读或聆听某些东西的时候。这一原则将不限于内容数据——阅读电子邮件或接听电话——而是延伸到元数据——阅读谁在何时向谁发送电子邮件的细节，或者通过检查他们的全球定位系统数据来查看他们的移动。侵犯隐私与否的关键区别在于是否有实际的人有意识地接触信息。

这个提议的区别经得起推敲吗？是的，但只是在一定程度上。记笔记的学生的隐私可能不会受到侵犯，但他们可能会担心受到侵犯。在老师明显地撕掉纸条并把它放进垃圾箱之前，学生很可能会体验到一些和老师阅读时一样的尴尬和脆弱。这个学生至少有被不希望的读者阅读信件的危险。

可以说，教室里的学生无权在课堂上进行私人交流。但成年人通过他们认为私人的渠道相互交流，这种情况非常不同。以写信为例，与学生不一样的是，当我把一封信放在邮箱里时，我看不到有多少人会在去收件人那里的路上处理它，我也不太了解他们个人。然而，我可以知道，他们很可能会有这样一种理解，即信件是保密的，不应被任何人阅读。尽管如此，还是有人有可能打开一封信并阅读其中的内容。甚至可能这样做后再次密封它，并传递给它的接收者，发送者和接收者都不知道。这类案件在相关方面类似于阅读被截获的电子邮件或通过窃听收听电话交谈——人们普遍认为这是高度侵入性的，需要强有力的具体证据证明。然而，NSA 接收的大部分电信数据从未被任何人检查过——这更像是一个作者的信被打开，然后发送给收件人而没有被阅读的情况。这里有隐私被侵犯吗？

人们可以从老师的例子中推断出，隐私受到侵犯的人只是那些信件被真正阅读的人。但是回想一下学生的焦虑，他们想知道一旦老师截获了她的笔记，她的笔记是否会被阅读：邮件被打开的写信人似乎和笔记被老师拿在手里的学生处境相似。情况也许是这样的：因为信息被拷贝、元数据被提取、我的隐私被侵犯的风险继续笼罩着我。被抓到传递笔记的学生至少能够知道他们的笔记被阅读的风险已经过去了。而对NASA 大量信息数据采集事件而言，我无法同样安心地认为我的信息暴露风险已经得到缓解。我最大的希望是，一个可靠的监督系统将最大限度地降低我隐私暴露的风险。

虽然大部分数据没有被读取，但它被用于其他方面。元数据被提取和分析，以寻找重要的通信模式，试图找到与已确定的嫌疑人的联系。这比单纯的收集更具侵犯性吗？在某种意义上，机器的分析类似于人类的分析。但是一台基于个人信息对人进行分类、推断和归类的机器确实会引发更多的伦理问题。这并不是因为它本身是入侵性的：关键是它仍然缺乏像人类有意识地审视信息这样的能力。它引起额外伦理困难的部分原因是，它可能会进一步增加一个实际的人查看我的数据的风险（尽管这将是一个经验问题）。另一个可能更紧迫的风险来源是与错误和歧视相关的。对最初收集的大量数据的分析必须建立在某种假设的基础上，这种假设是关于目标是什么样的或者他们是如何表现的。情报机构所依赖的假设或多或少会得到充分的证据支持。很容易想象，用于筛选大量数据的关键词可能过于宽泛或只是错误的刻板印象。我们可以看看在德国拉斯特法恩东（Rasterfahn dung）这样的案例中使用的粗略鉴别器的具体例子。但是，不可避免的是，就算使用了不那么粗糙和更多基于证据的鉴别方法，即便不是大多数，也有相当一部分通过过滤器鉴别出来的人是完全无辜的。此外，被筛选过程错误地识别出来以供进一步审查的无辜者可能会以跟踪种族或宗教等特征的方式被识别出来。这并不需要故意的歧视。

最终，数据分析技术的隐私风险和数据收集的道德风险一样显现出来。这些技术会带来有意识地侵犯个人隐私的风险。但是这些技术容易出错，增加了对无辜者产生怀疑并以一种歧视性的方式这样做的额外风险。这些风险不仅仅限于侵入性监视的"不公正分配"，还可能导致对无辜者的不当胁迫或拘留。

有人声称 NSA 的情况类似于斯塔西式的方法。从字面上看，这种说法被夸大了——实际上只有一小部分人在阅读他们的通信信息，而且没有同样广泛的敲诈和恐吓策略，也不是由人群中出卖朋友和熟人的有偿间谍来执行。然而，这两种情况有一些共同点：没有得到被监督人的同意，甚至在许多情况下没有得到他们代表的同意。在下一节中，我们会涉及将 NSA 的做法纳入美国的监督和问责结构的尝试，我们认为在实践中，大规模监控计划避免了对问责的正常的民主监督。

五　保密及其与民主的紧张关系

对大规模电信监控的民主控制似乎与保密关系紧张。保密很难与民主控制相调和，因为人们无法控制他们不知道的活动。但是大部分最具侵略性的监视必须秘密进行才能有效。如果想使音频窃听或电话窃听设备这样的有针对性的监控措施有效，监控对象就不能知道它正在进行。我们同意，对于特定的、有针对性的监视用途，需要实行国家保密。只有在秘密进行的情况下，才能通过窃听器或电话窃听进入用于策划严重犯罪的私人空间。这在透明度方面有（轻微的）代价，但是民主原则所要求的问责制仍然是可能的。

然而，行动保密规范和方案保密规范之间有着重要的区别。例如，在事件发生后，公开一些操作细节是符合操作保密的，也可以让民选代表和经过安全审查的代表提前了解行动情况。此外，公众可以知道，被合理怀疑共谋实施严重犯罪的人可能受到侵入性的、有针对性的监视。因此，关于监视制度的一般事实可以被广泛公布，即使操作细节没有公布。甚至操作细节也可以透露给立法机构的成员。

有些人会走得更远，坚持认为需要的不仅仅是操作上的保密。据项目保密的倡导者说，最有效的对密谋实施严重犯罪的监视是使嫌疑犯保持猜测。根据这种观点，嫌疑人不应该知道情报部门能够做什么，也不应该暗示警方在哪里可以监测他们的活动，或者警察当局可以收集关于他们的哪些信息。我们反对方案保密，它不可能与民主原则相一致。丹尼斯·汤普森（Dennis Thompson 1999）的观点令人信服，他认为对于某些类型的任务，民主和保密之间可能存在不可解决的紧张关系，因为某些任务只有在没有公共知晓的情况下才能有效地执行。然而，冲突的根源不仅仅是采取两种不同的价值观——民主和保密——并决定哪一种更重要，而是民主概念本身的内在问题。

汤普森认为，在引发冲突的过程中，民主原则至少要求公民能够追究公职人员的

101

责任。只有当公众能够在不严重破坏政策的情况下了解和评估政策时，他们才会接受这些政策，这才是两难的局面。但对于只有经过公众考虑才能被接受的政策来说，它们只有在一些信息可以公开时才具有正当性：

> 在这些价值观的任何平衡中，都应该有足够的关于问题政策的宣传，以便公民能够判断是否达到了正确的平衡。公开是民主决定公开本身应该牺牲到什么程度（如果有的话）的先决条件（Thompson 1999: 183）。

102　汤普森考虑了两种不同的方法来对保密进行折中。一个人可以暂时保守秘密——通过秘密地采取行动，并且只能在事后公布——或者只公布政策的一部分。无论是哪种方式，用民主原则解决秘密都需要对合法保密的决定负责。

> 只有当一个秘密促进了对公共政策优点的民主讨论时，且当公民及有责代表能够考虑是否要这样做时，它才是正当的。
>
> 该原则的第一部分只是重申问责制的价值。第二部分更容易被忽视，但同样重要。一项保密政策只有在非保密的程序中证明其合理性后才能是正当的。一级保密（在进程中或关于一项政策）需要二级公开（关于对过程或政策保密的决定）（Thompson 1999: 185）。

完全保密是没有道理的，民主问责至少需要对该政策进行二级公开。

我们现在将考虑美国的一个关键机构——参议院情报委员会（SIC），这个机构应该处于进行有效监控的有利地位。这个由 15 名成员组成的国会机构成立于 20 世纪 70 年代，此前 NSA 和美国中央情报局（CIA）的间谍活动曝光，引发了另一桩丑闻，例如 SHAMROCK 项目，这是一个拦截进出美国的电报通信的项目（Bamford 1982）。该委员会是在弗兰克教会委员会调查之后成立的，也设立了外国情报监视法庭（FISC）。它的使命是对美国情报机构进行"警惕的立法监督"。这个委员会的成员是临时轮换的。15 名参议员中有 8 名是其他相关委员会——拨款、军事、外交关系和司法委员会成员，剩下 7 名由另外 4 名多数党成员和 3 名少数党成员组成。

原则上，这个机构应该具备解决安全需求和民主需求之间紧张关系的良好条件。首先，它的成员来自当选参议员，并且包含两党的代表，这意味着这些人对合法性有很强的要求。参议员比许多议员更有代表性，因为其政党制度比英国分散得多。

总的来说，美国国会委员会比英国议会中的相应委员会有更多的资源可以利用。他们有传唤证人和传唤行政人员为自己负责的正式权力。他们的资金来源也要好得多，能够雇用律师团队来审查立法或报告。然而，美国国会对 NSA 的监督令人失望。

很大一部分解释可以在项目的保密性中找到，这是通过安全分类和直接欺骗相结合实现的。在讨论情报机构为抵制监督所做的积极努力之前，还必须考虑一些妨碍在本委员会任职的参议员成功履行职责的制约因素。

　　与同等的议会结构相比，国会委员会能够更好地追究行政部门的责任。然而，让一个机构的成员承担责任是一项需要技术的事业，需要详细了解该机构是如何运作的。国会监督的效力在很大程度上在于它能够根据监督领域的经验提出尖锐的问题。这种专业知识从何而来？艾米·泽加特（Amy Zegart）在 2011 年列出了三个不同的来源：第一，参议员从他们以前的工作中为这个角色带来的已经存在的知识；第二，直接在工作中学习；第三，利用政府问责局、国会预算局或国会研究局等机构。然而，她接着指出，在情报领域中，这三种知识来源都受到了不利影响。

　　首先，考虑任何特定的参议员在没有帮助的情况下对情报机构的工作有详细的了解的可能性。寻求选举的参议员从对参议员家乡地区任何重要的行业的详细工作知识中获益匪浅——这些问题对他们的选民来说很重要，也是他们最倾向于选择他们的首选候选人的问题。来自直接情报经验的本领域知识非常不寻常，例如与军事经验形成对比的是，虽然军事委员会近三分之一的成员有直接的军事经验，但在第 111 届国会的 535 名议员中，只有两名成员有情报部门的直接经验。

　　其次，考虑国会议员在工作中获得相关知识的可能性。参议员们有很多相互冲突的议题，他们可以寻求立法改进的潜在领域：他们为什么要选择情报？当然，他们不太可能因为增长这样的知识获得选民回报：情报政策在选民的优先考虑名单中排名很低，选民更受当地和国内问题的影响。学习情报服务的技术细节非常耗时：泽加特（Zegart）引用了前参议院情报委员会主席鲍勃·格雷厄姆（Bob Graham）的估计，即"学习基础知识"通常会占用情报委员会八年任期的一半。泽加特（Zegart）还认为，这一领域的利益集团比国内政策的利益集团弱得多，尽管她认为情报监督是外交政策，而不是国内政策。在此基础上，她指出，在总共列出的 25189 个利益团体中，协会百科全书（Encyclopedia of Association）仅列出了 1101 个与外交政策有关的利益团体。

　　同样，对情报或外交政策有强烈关注的选民可能会分散在广阔的地区，因为这是一个全国性的问题。而对特定的国内政策，例如农业，对此强烈关注的选民可能会聚集在一个特定的地区。任期限制加剧了参议员积累专业知识能力的限制，但这是公平分担一项不吸引人的职责的唯一途径，对连任没有多大用处，因此大多数参议员在委员会的任期不到 4 年，任职时间最长的成员任期为 12 年，而不是参议院军事委员会的 30 年。现在考虑保密的影响，这意味着专业知识的最初基础可能很少。保密还意味着参议员可能在选民面前炫耀的任何实际好处都不太可能被公布——尽管可能涉及大量公共开支——估计为 15 亿美元。犹他州的参议员很难像吹嘘建造一座桥那样夸耀自己在布鲁夫代尔（Bluffdale）营地建造了美国国家安全局数据存储中心。

103

104

保密也破坏了国会可支配的关键武器之———对财权的控制。国会委员会将监督工作分配给参与政策监督的授权委员会和 12 个众议院和参议院拨款委员会，这些委员会提升财政专业知识，以防止不受控制的政府支出。这一制度虽然受到专业化游说的复杂性的影响，但主要是在国内发挥作用，授权委员会能够有效地公开批评方案的低性价比，而拨款委员会能够取消这些项目的资金。

另一方面，在情报领域，保密削弱了财务控制权力。首先，预算信息主要是保密的。几十年来，这些情报机构高管根本不会提供任何信息。通常只有项目最大一笔支出的数字被解密。即使获得这一信息也是一项挑战，因为只有情报授权和国防拨款小组委员会的成员可以查看这些数字，但只能在安全地点现场查看——因而实际上只有大约 50% 的人会查看。这些项目及其成本的保密性使得国会议员更难抵制行政部门的意愿——一个委员会对情报领域的反对意见并不像农业委员会的反对意见那样是众所周知的。

情报委员会（Intelligence Committee）成员投票表决的项目细节仍然是保密的，这一事实严重损害了他们代表公众表示同意的意义。以《2008 年外国情报监视修正法案》（*Foreign Intelligence Surveillance Amendment Act*）委员会的投票为例，这项立法削弱了《外国情报监视法》（FISA）本身的作用。它降低了 NSA 使用的整个系统对FISA 批准的要求，而不需要逐个目标地批准监视（Lizza 2013）。该法案还为监控电话和互联网内容奠定了基础。然而，委员会中很少有参议员完全了解无授权窃听方案的运作情况，费恩高德参议员（Senator Feingold）强调了这一点，他是少数几个了解情况的参议员之一。他坚持说，随着 NSA 活动的信息被解密，其他参议员将来会后悔通过这项立法。不管他是否被证明是正确的，负责提供民主监督的参议员仍然无法获得相关信息，这在民主上似乎是不可接受的。对公众保密监视项目细节的原因根本不适用于参议员。在他们的情况下，应放弃对信息进行分类。

105　　　分类并不是参议员保持相对无知的唯一方式。在许多情况下，行政当局对情报方案的运作存在隐瞒。例如，人们可能会在 2013 年 3 月参议院听证会上看到国家情报局局长的声明。当被问及 NSA 是否收集了"数百万甚至数亿美国人的任何类型的数据"时，他犹豫不决地回答——"不，先生……不是有意的"。随后斯诺登泄露的消息彻底揭露了这一切。斯诺登泄露的消息显示，电话元数据确实是故意收集数亿美国公民的信息（詹姆斯·克拉珀后来解释说，这种不可信是他试图以"最不诚实的方式"做出回应）。同样，2012 年，美国国家安全局局长基思·亚历山大（Keith Alexander）公开否认正在收集美国人的数据，并指出这样的计划是非法的。2004 年，时任总统布什发表公开声明称，关于电话窃听，"一切都没有改变"，每次窃听都只能根据法院命令进行。

除了国会委员会的监督，还有别的选择吗？国会预算机构，如政府问责局、国会预算局和国会研究服务局都是可能的。这些机构在其他政策领域发挥了巨大的影响，增强了国会最强大的权力来源之一——财政资源。美国政府问责局是一个特别有用的国会工具，它有权根据对联邦机构有效性的彻底监督和实证调查，向联邦机构建议进行管理变革。美国政府问责局拥有 1000 多名有绝密级许可的员工；然而，40 多年来，它一直被禁止审计 CIA 和其他机构的工作。

实施像 NSA 这样精密且有侵犯性的系统，却带来如此少的安全利益，这既武断，又不自由。斯诺登事件曝光后，NSA 主动提交了 50 起案件，这些案件的情报收集使这种系统具有可行性，从而阻止了袭击。然而，经过更仔细的审查后发现，这些案件有足够的怀疑基础，使必要的逮捕令得以批准。大量信息收集没有发挥必要的作用，因为传统的监测方法已经足够。NSA 无法提供更多具有争议性的案件，这意味着就广大公众而言，大量信息收集的安全利益尚未确定。[③]

六　大规模监视和控制

事实上，NSA 的系统受到了监督，因为作为不受控制的系统，它对自由构成了威胁。不可否认的是，这并不像斯塔西的行动那样直接侵犯自由。民主德国政治活动分子不断受到骚扰，这明显表明他们的选择受到了干涉，这因为斯塔西能任意且不负责任地使用权力。行使权力的人既有斯塔西成员——有时他们追求私人仇杀——也有代表国家的团体代理人。这种行为远比在电话记录中挖掘通话行为模式所造成的寒蝉效应还可怕，这在 NSA 的项目中很常见。

然而，NSA 监管不力也有一些令人反感的特征，并且也导致 NSA 和斯塔西之间夸大其词的对比。在我们前面引用的讨论支配的同一篇论文中，佩迪特（Pettit 1996）认为，在满足他的三个支配标准的任何情况下，支配的人和被支配的人都有可能存在于关于支配关系的常识状态中——A 知道他支配 B，B 知道 A 正在支配他，A 知道 B 知道，B 知道 A 知道这一点，依此类推。这很有可能描述了一个像乌利克·波普（Ulrike Poppe）这样的案例。她知道自己受到国家的干涉——事实上，国家工作人员想让她知道。她并不知道国家对她的监控；因此她在阅读档案时感到惊讶。相比之下，当细节不可避免地浮出水面时，秘密监视可能会不顾一切地噤声关联活动，但他们并不希望监视双方长时间对这一支配关系有相同认知。

如果可能的话，这些考虑因素如何适用于 NSA？考虑第一和第三个标准——支配者对被支配者生活选择的干涉。如果监视是秘密的，并且不打算让监控对象知道，那么谈论对选择的干扰就变得不那么直截了当了，除非一个人准备好接受对"干涉我

106

---

③　见 Bamford（2013）关于披露与前政府声明相矛盾的主张，50 个如此声称的成功案例很容易获得。

想在别人不知情的情况下和谁交流的选择"的讨论。或许有这样一种感觉，即NSA通过在没有国会明确批准的情况下建立这一体系，已经"控制"了公众：它已经行使权力来规避公众在这个问题上的自主权。最后，第三个标准，即行为不受惩罚，似乎得到了满足，因为即使国会成功地将该系统纳入一个更广泛的监管体系，任何人都不太可能因该系统的发展而面临惩罚。即便如此，NSA的大规模信息收集对自由的限制也不如斯塔西政权那样广泛。

七　商业大数据与民主

　　NSA的大量信息收集计划只是利用个人数据来源快速增长的一种方式。大规模监
107　控可能是"美国最大的大数据事业"（Lynch 2016），但世界民主国家应该如何应对所有其他大数据事业？我们对私人数据使用的分析只考虑了政府可能利用这一技术的背景。然而，为了保护公民免受伤害或不公正，政府有义务对开发新技术的私营实体进行监管。政府在承担道德风险方面有一定的自由度，这是其他机构所没有的。这是因为政府对公共安全负有独特的责任，有时必须在手段上迅速果断地进行决定。

　　私人主体在利用数据和元数据方面比政府更受限制。政府以一种侵入性的方式审查数据在道德上是合理的——考虑到这样做的真正和具体的安全好处，但是私人机构不能。尽管普通公民对合法入侵的自由度较小，但事实上，由于相应情境通常不如执法重要，这通常意味着错误的分量较轻。也就是说，商业大数据应用在某些情况下可能会产生非常显著的影响。以上，这些技术可以用来评估信用评分、获得保险的机会，甚至是向客户提供服务的价格。在每一个案例中，对正义的考虑都可能被涉及。

　　这些技术威胁隐私吗？我们的回答与NSA提供的分析一致，如批量信息收集和数据挖掘计划。我们再次坚持认为，对隐私的真正威胁最终可以通过对私人信息或私人空间的理性、人性化审查来实现。一方面，这一原则似乎允许大量的数据收集和分析，因为，如果有的话，它似乎更不可能被真实的人仔细检查——总的来说，其目的是找到快速分类大量潜在客户的方法，并且对情报工作所需的个人没有同样的兴趣，因此没有理由查看个人的数据。数据不安全——数据意外泄露或黑客攻击——更有可能侵犯隐私。拥有敏感数据的私人主体——无论它们如何获取准许收集数据的——都有义务防止他人获取这些数据。

　　即使私营公司的数据收集主要不是隐私威胁，它仍然可能引发自主和同意的问题。对大数据应用开发的许多回应都集中在同意上。例如，梭伦·博拉卡斯（Solon Boracas 2014）和海伦·尼森鲍姆（Helen Nissenbaum 2014）强调了知情同意的无意义，即客户在勾选条款和条件框后披露数据。无论对个人数据可能用于什么目的的描述有多完整，都必须排除一些可能的联系，因为揭示个人意外信息的不可预见的

模式是大数据应用不可或缺的一部分——这显然是大数据技术所提供的。博拉卡斯和尼森鲍姆在这些案例中区分了同意的"前景"和"背景"（the "foreground" and "background"）。关于知情同意的常见问题——条款和条件描述中包含什么，它们有多全面和可理解——他们考虑"前景"问题。相比之下，"背景"问题正在研究之中。背景考虑的重点是被许可方实际上可以如何处理所披露的信息。他们认为，与其寻求构建一套完美的条款和条件，更重要的是确定采用这种技术的行为者应该能够做什么的广泛原则，即使是在给予知情同意之后。

　　我们在隐私方面的立场支持关注背景条件。道德上关注的不仅仅是信息收集的事实，而是其后果。一种重要的后果是一个人有意识地仔细检查别人的敏感数据。这可能是因为有人故意查看数据试图找出某人的情况。例如，如果一个官方访问警察数据库的人用它来检查关于他们烦人的邻居或前女友的有趣信息。但是它也可以以其他更令人惊讶的方式发生。例如，《纽约时报》报道了一个著名的案例，他第一次发现他十几岁的女儿怀孕，是因为零售连锁店塔吉特百货（Target）突然涌现的婴儿服装和婴儿床的在线广告（Duhigg 2012）。在这种情况下，尽管我们可能会接受数据收集和分析的使用并不涉及公司的"现场"隐私侵犯，但它为其他地方的侵犯提供了便利。

　　这种风险在大数据技术的应用中反复出现。《纽约时报》的同一篇文章继续解释道，像塔吉特百货这样的公司调整了战略，意识到了类似案例的公关风险。他们决定在更无害的广告中隐藏展示婴儿服装等物品的有针对性的广告，这样潜在顾客就可以看到公司认为他们想要的广告——实际上是他们还不知道他们需要的产品的广告——而不知道广告的位置是基于多少个人数据。总的来说，我们对信息隐私的分析不会谴责这种做法。然而，这并不是给所有类似的做法开绿灯。对于广告的目标来说，有些东西可以说是欺骗性的和操纵性的，广告目标不知道他们为何以这种方式收到广告。我们在结论意见中详细阐述了这一点。

八　推翻和破坏自治

　　我们认为 NSA 的大规模收集信息系统是反民主的。我们也和其他人一样认为大规模信息收集技术对隐私和自主性构成了风险。迈克尔·帕特里克·林奇（Michael Patrick Lynch 2016）描述了大数据技术给自主性带来的风险，他区分了可以侵犯决策自主性的两种不同方式：推翻决策和破坏决策。否决一项决定涉及直接或间接控制——他举了用枪指着某人或洗脑的例子。相比之下，破坏一个决定涉及一个人没有机会行使自己的自主权。在这里他举了说明医生未经许可擅自给病人用药的例子（Lynch 2016：102–103）。

　　林奇提出这一区别是为了证明侵犯隐私通常是第二种——破坏自主性而不是推翻

自主性。他举了偷日记和分发副本的例子。这种侵犯破坏了我所做的关于我将与谁共享这些信息的所有决定，同时却不知道这个决定已经为我做出了。他认为，推翻自治权需要一些例子，比如一个人因为身体状况而被迫说出违反他自己意愿的一切进入他头脑中的东西。

林奇的区别凸显了我们在这一章中强调的同意问题，将未能尊重同意与个人自治联系起来。然而，避开像林奇这样的例子，我们认为对隐私的最严重侵犯恰恰符合推翻自治的特征。"推翻"自治是一个人对另一个人做的事情。虽然这些是非典型的极端事例，但这些案例阐明了大规模收集技术是如何干涉个人自主权的。

最严重的侵犯隐私的行为是那些以不利于受害者自治的方式强制垄断他人注意力的行为。这种伤害的例子更有可能涉及个体侵犯另一个体的隐私，而不是国家入侵个人。例如跟踪。涉及长时间、系统性地侵犯隐私的跟踪，这迫使受害者将注意力放在他平常不愿关注的这个跟踪者身上。当跟踪是"成功"的时候，受害者的生命被他们自己有意识的思想的目标指向跟踪者这一事实所破坏。甚至当跟踪者已经不在了，受害者也会习惯性地想知道他们可能会出现在哪里，或者他们下一步会做什么。随着时间的推移，焦虑的关注会威胁到人的理智和自主性。受害者的自主思想或行动能力严重萎缩。国家监控最极端的案例也开始类似于此。回想斯塔西的例子和波普（Poppe）前面描述过的乌尔里克（Ulrike）在民主德国进行人权活动的待遇：这里的极权主义国家重复使用了某些跟踪者策略，明确使用特工在公共空间跟踪个人，以及在个人家里使用窃听技术。两种情况都是在私人空间下跟踪者和极权国家使用跟踪战术，我们认为如果战术"成功"，林奇的"推翻自治"标准是可以实现的。

这些极端情况是非典型的。许多国家监控都寻求尽可能隐蔽和不引人注目，最
110 好在主体不知情的情况下收集情报。即使是独裁政权也不会侵入私人生活的方方面面，垄断目标的思想。他们故意试图干涉自治，通常是通过阻止政治活动。如果他们把异议带入私人生活，他们就成功了，而且他们不必实现跟踪者对受害者思想的控制。然而，即使不那么剧烈的影响也能达到国家的目的。寒蝉效应是一个很好的例子。这可能接近接管。纳尔逊·曼德拉（Nelson Mandela）在描述压制性立法的心理后果——故意禁止个人与他人交往以防止任何政治组织壮大指出了这会产生"严重的影响……在某个时刻，人们开始认为压迫者不是没有而是在内部"，尽管事实上这些措施很容易被打破（Mandela 1995：166）。

自由主义国家本应是斯塔西或种族隔离国家的对立面，但仍然无需制定一个详尽的计划，就能抑制合法的政治行为。根据自由主义理想，国家在公共领域进行多样化和公开讨论的背景下表现最佳。那些致力于这一理想的人有一个特别的理由关注隐私：即隐私在维护道德和政治自主中的作用。渗透隐私区域的技术在自由主义和非自由主义国家都被用来阻止犯罪行为——例如监控系统所声称的威慑效果（Mazerolle et al. 2002；Gill and Loveday 2003）。刑事司法系统在多大程度上成功地威慑了罪犯是有争议的，但刑事司法威慑功能的合法性相对来说是无可争议的。然而，在自由主义思想中，国家不应阻止合法的政治活动，即使是无意的。国家并不意味着"进入你的头脑"来影响你的政治决策，除非决策涉及严重的犯罪活动。从某种程度上说，大批量信息收集技术会让人不寒而栗，或是让人认为"异见"文学的阅读是不合法的。

利用大数据技术的私营公司会以这种方式干涉自治吗？起初，答案似乎必然是否定的，除非有理由害怕他们的信息被滥用或泄露。考虑到公司数据安全的记录，这种担心是合理的，并且会以干扰生活的方式引起注意。然而，有一种更直接的感觉，这些技术的日常使用可能会推翻个人自主性。在这种意义上，他们的明确目的是劫持个人注意力，把它引向正在销售的任何产品或服务。因为这些技术是如此的复杂，并且在很大程度上是在潜意识层面运作的，所以被推销的对象是被操纵的。还有另一个理由怀疑林奇是否应该将这种情况描述为"破坏"自主性：至少一些大数据流程——包括我们认为令人反感和具有侵犯性的流程——不会涉及缩短同意流程。一些大数据应用程序将利用受试者同意提供给程序使用的信息至少用于有效定位广告。然而，即使数据的使用被同意，这种广告也可能是错误的，因为它威胁到自主权。

当然，使用复杂的定位技术的广告并不是唯一被反对的。许多种类的广告（在伦理上）是不被允许的，因为它们干扰了自主性，这一论点早在本章（Crisp 1987）讨论的技术发展之前就已经确立了。自由民主允许大量广告，包括罗杰·克里斯普（Crisp 1987）所说的"创造欲望"的广告，然而，这是受监管的。受监管的最重要因素之一是，监管在多大程度上可以推翻主体的决策过程。通常，当广告受到限制时，例如针对儿童的广告，或者有害且极易上瘾的产品的广告，我们可以将这些情况评估为对广告商有利的可能性过大的情况。这种情况与一个有能力的成年人买一辆车而不是另一辆车的情况，或者一个她并不真正需要的昂贵的新玩意儿的情况不同。在后一种不那么令人担忧的情况下，自主权如果受到任何干预，都是出于相对微不足道的目的。同样，有理由假设，如果选择变得更加重要，她的自主权不会被侵蚀到无法改变自己的行为的程度。假设她的经济状况发生了变化，她不再有可支配的收入来购买不需要的小玩意儿，或者她突然有了很好的客观理由来选择一辆不同的汽车（也许基于环境原因，她被说服应该选择一辆电动汽车）。对于我们所容忍的大部分广告，我们认为如果大多数成年人有更强的动机去抵制，他们就会抵制。正是在我们认为广告技术真正让人无法控制自己的选择，我们倾向于禁止——儿童更容易受到其伤害，因此值得更强有力的保护。这些最后的考虑并不意味着大量信息收集或分析技术具有固有的侵入性或不可避免的不公正。他们再次指出，在民主社会中，非支配是规制这种技术的适当规范。

111

112 　【参考文献】

ACLU, 'Feature on CAPPS II' (2015) <www.aclu.org/technology-and-liberty/feature-capps- ii> accessed 7 December 2015

Ashworth A, *Sentencing and Criminal Justice* (CUP 2010)

Bamford J, *The Puzzle Palace: A Report on America's Most Secret Agency* (Houghton-Mifflin1982) Bamford, J, 'They Know Much More than You Think' (*New York Review of Books*, 15 August 2013) <www.nybooks.com/articles/archives/2013/aug/15/nsa-they-know-much-more- you-think/> accessed 4 December 2015

Boracas S and Nissenbaum H, 'Big Data's End Run around Anonymity and Consent' in Julia Lane and others (eds), *Privacy, Big Data, and the Public Good: Frameworks for Engagement* (CUP 2014) 44-75

Crisp R, 'Persuasive Advertising, Autonomy and the Creation of Desire' (1987) 6 Journal of Business Ethics 413

Deutsche Welle, 'Germans Remember 20 Years' access to Stasi Archives' (2012) <www. dw.de/germans-remember-20-years-access-to-stasi-archives/a-15640053> accessed 4 December 2015

Duhigg C, 'How Companies Learn Your Secrets' (*New York Times*, 16 February 2012) <www. nytimes. com/2012/02/19/magazine/shopping-habits.html?_r=0> accessed 4 December 2015

Gill M and Loveday K, 'What Do Offenders Think About CCTV?' (2003) 5 Crime Prevention and Community Safety: An International Journal 17

Goodin R, *What's Wrong with Terrorism?* (Polity 2006)

Lichtblau E, 'Study of Data Mining for Terrorists Is Urged' (*New York Times*, 7 October 2008) <www. nytimes.com/2008/10/08/washington/08data.html?_r=0> accessed 4 December 2015

Lizza R, 'State of Deception' (New Yorker, 16 December 2013) <www.newyorker.com/maga-zine/2013/12/16/state-of-deception> accessed 4 December 2015

Lynch M, *The Internet of Us: Knowing More and Understanding Less in the Age of Big Data* (Norton 2016)

Mandela N, *Long Walk to Freedom: The Autobiography of Nelson Mandela* (Abacus 1995) Mazerolle L, Hurley D, and Chamlin M, 'Social Behavior in Public Space: An Analysis of

Behavioral Adaptations to CCTV' (2002) 15 Security Journal 59

Moeckli D and Thurman J, Detection Technologies, Terrorism, Ethics and Human Rights, 'Survey of Counter-Terrorism Data Mining and Related Programs' (2009) <www.detecter. bham.ac.uk/pdfs/D8.1CounterTerrorismDataMining.doc> accessed 4 December 2015

Pettit P, 'Freedom as Antipower' (1996) 106 Ethics 576

Primoratz I, *Terrorism: The Philosophical Issues* (Palgrave Macmillan 2004)

Schmid A, 'Terrorism: The Definitional Problem' (2004) 36 Case Western Reserve Journal of International Law 375

113 　Thompson D, 'Democratic Secrecy' (1999) 114 Political Science Quarterly 181

Travias A, 'Morality of Mining for Data in a World Where Nothing Is Sacred' (*Guardian*, 25 February 2009) <www.guardian.co.uk/uk/2009/feb/25/database-state-ippr-paper> accessed 4 December 2015

Willis J, *Daily Life behind the Iron Curtain* (Greenwood Press 2013)

Zegart A, 'The Domestic Politics of Irrational Intelligence Oversight' (2011) 126 Political Science Quarterly 1

第四章
同一性

托马斯·鲍德温（Thomas Baldwin）

周 辉 译

一 引言

当我们问及某人或某事物的身份，一个陌生人或一只鸟的身份时，我们是在问它是谁或是什么。就一个人而言，我们想知道他是哪一个特别的人，也许是简·史密斯（Jane Smith）；对于不熟悉的鸟，我们通常不想知道它是哪只鸟，而是想知道它是哪种鸟，也许是金翅雀。因此，有两种类型的身份问题：（1）关于特定个人身份的问题，特别是关于个人在一段时间内保持其身份的方式，尽管其间发生了许多方面的变化；（2）关于一般种类（物种、类型、细属种类等）的问题。包括这些种类本身是如何被识别的。这些问题是相互关联的，因为一个特定个体的身份，取决于它属于何种类别。在这里看到这种联系的一个简单方法，是注意事物是如何被计数的，因为只有当我们理解我们在处理什么样的事物时，我们才能计数它们——例如四只正在鸣叫的小鸟或五个金戒指。当这些种类重叠时，这一点尤其重要：因此，一副扑克牌由四套花色组成，包括 52 张不同的牌。那么，在这种情况下，"有多少？"这个问题的答案是什么，取决于要计数的单位是什么——几张牌，几套花色或几副牌。当然，某一属的两种不同的东西可以都属于另一——就像两张卡片属于同一副牌一样。但是，没有因此得到解决的是，某一类的两种不同的事物是否也是另一类的同一事物。这听起来可能逻辑并不连贯，选择这种"相对"同一性现象的例证的案例是有倾向性的，但这个问题值得进一步讨论，笔者将在稍后再讨论［同一性是相对的假设是由彼得·基奇（Peter Geach）提出的；基奇 1991 年为该定义进行了分析和辩护］。然而，在回到该问题之前，需要考虑一些基本点。

二　同一性的基本结构

当我们说杰基尔博士（Jekyll）和海德先生（Hyde）"相同"时，复数动词表示"他们"是两个相同的东西。但是如果它们是相同的，它们就是同一个；所以，复数动词和代词，虽然语法上有确切要求，但在这里应用却是不合适的。没有两样东西，有两个名字的同时实属同一物。因此，由于我们通常认为关系是不同事物之间的关系，所以我们可以假设同一性不是一种关系。但是，因为像同一个颜色这样的关系不仅存在于不同的事物之间，也存在于一个事物和它自己之间，在如此意义上具备"自反性"，并不属于一种关系矛盾，因此，同一性本身也算一个关系。同一性的独特之处在于，与相同的颜色不同，它只存在于事物和自身之间，尽管这仅仅提供了同一性的循环定义，因为反身代词"自身"在这里的使用，是根据同一性来理解的。这一点提出了一个问题，即同一性究竟是可定义的，还是对我们思考世界的方式如此重要以至于无法定义。

同一性要区别于相似性；不同的东西可能有相同的颜色、大小等。尽管如此，在某些方面的相似性，例如同一颜色，有一些形式上的、逻辑上和特征上的同一性：它是自反性的——一切事物的颜色都和它本身颜色相同；它是可传递的——如果 a 和 b 的颜色相同，b 和 c 的颜色相同，那么 a 和 c 的颜色相同；它是对称的——如果 a 和 b 的颜色相同，那么 b 和 a 的颜色也相同。因此，这种相似性被称为"等价关系"，它可以用来将一组对象分成等价类，即所有颜色相同的对象类。同一性也是一种等价关系，但它将对象集合划分为等价类，每个等价类只有一个成员。这表明，我们也许能够通过组合越来越多的等价关系来构造同一性，直到我们创造出一种完全相似的关系，在所有方面都相似，这种关系只适用于一个对象和它本身之间。那么，同一性可以定义为完美的相似性吗？

这是莱布尼茨（Leibniz）最初提出的建议，即"不可分辨的"，即具有所有相同性质和关系的对象是相同的（*Monadology*，proposition 9 in Leibniz 1969：643）。为了确保这一建议是实质性的，需要补充的是，这些关系本身不包括同一性或根据同一性定义的关系；因为事实上，任何具有与 x 相同性质的事物本身都将是 x。问题是，除了身份之外，所有性质和关系的绝对相似性是否能保证同一性。这个问题的答案是有争议的，但我认为，有令人信服的理由认为它不能保证。负面论点的出发点是，假设任何物理物体，比如一个圆形红色台球，都可能有一个完美的复制品，另一个圆形红色台球，具有完全相似的非关系性质，这似乎是合理的。在现实世界中，明显的复制品很可能永远不会完美；但原则上似乎没有理由排除存在这种完美复制品的可能性。

116

然后需要进一步讨论的是这些复制台球的关系属性；在现实世界中，他们通常会有不同的关系，例如一个在我的左手边，另一个在我的右手边。因此，为了消除这种差异，我们需要把球看作是一个非常简单的宇宙中的对称分布，在这个宇宙中它们是唯一的物体。即使在这个简单的宇宙中，如果一个球包含了参照球本身定义的属性，那么球之间仍然会有关系上的差异：例如，假设球相距 10 厘米，那么球 x 具有距离球 y 10 厘米的属性，而球 y 缺乏这种属性，因为它距离自身不是 10 厘米。但是，由于这种关系差异取决于 x 和 y 之间的假定差异，这正是争论的焦点，因此，为了论证的目的，应该把它们放在一边。人们应该考虑在这个简单的宇宙中，这两个球之间是否还有其他的区别。虽然它们的空间位置的问题会变得复杂，但我认为，似乎有理由认为，所涉及的关系属性可以一致地设想为由两个球共享。因此，我们假设可能存在明显不可分辨的物体间具有内在一致性——这意味着不可能用完美的相似性来定义同一性（关于这个问题的最近讨论，见 Hawley 2009）。

尽管有这个结果，莱布尼茨的论文中有一个重要的见解，即不可分辨的同一性；也就是说，同一性与不可分辨性密切相关。然而，关联是反向的——重要的事实，是同一性的不可分辨性，即如果 a 和 b 相同，那么 a 拥有所有 b 的属性，而 b 拥有所有 a 的属性。事实上，回到同一性和其他等价关系之间的比较，同一性的一个基本特征是精确的，虽然等价关系如相同的颜色并不意味着不可分辨，因为相同颜色的物体在其他方面可能很不同，如高度，同一性则确实意味着不可分辨、具有相同的属性。这一要求是否提供了同一性的定义？讨论中的共享属性是否包含身份：如果包含同一性，则定义是循环的；但是如果不包括同一性，那么，由于不可分辨性本身显然满足所建议的定义，这个定义相当于莱布尼茨关于同一性的不可分辨性的论点，我们刚刚看到这是错误的。因此，有理由认为同一性是不可定义的。尽管如此，同一性不可分辨的命题是关于同一性的一个重要的基本真理。

这篇论文的一个重要含义，是关于早先提出的身份是相对的这一建议，也就是说，在一种类别下不同的两物，是另一类别下相同的一物。有人认为，可以从一种动物的以下特征中举例证明这种情况，一个叫"菲多"（Fido）的狗，我们可以这样说：（1）某一天下午 2 点的菲多和下午 1 点的菲多是同一只狗；（2）菲多是有机细胞的集合，其组成随时间变化，因此下午 2 点的菲多是与下午 1 点的菲多不同的细胞集合。因此，下午 2 点菲多的身份与他举例说明的这两种东西有关，一种是狗，另一种是细胞的集合。然而，一旦身份不可分辨的论题被引入，这一结论就受到质疑。因为，如果菲多在下午 1 点和他在下午 2 点是同一条狗，那么在下午 2 点菲多将拥有菲多在下午 1 点拥有的所有属性。因此，与命题（2）相反，下午 2 点的菲多具有与下午 1 点的菲多相同的细胞集合的属性，因为下午 1 点的菲多具有与下午 1 点的菲多相同的细胞集合的自反的属性。身份是相对的这一说法与身份不可分辨的论点是不相容的（关于这个问题的详细讨论，见 Wiggins 2001：ch 1）。

人们可以用这个结论来质疑同一性的不可分辨性；但那将是放弃同一性的概念，我不打算采纳这一质疑性的建议。相反，同一性是相对的，这才应当被抛弃。这意味着需要重新考虑用上述命题（1）—（2）来说明相对主义立场的情况。有两种策略可行。最直截了当的是保留命题（1）和修改命题（2），这样就不用说菲多是细胞的集合，而是说每次菲多存在时，他都是由细胞的集合组成的，尽管在不同的时间他是由不同的细胞组成的。因此，在这种策略下，因为人们否认菲多既是一只狗又是细胞的集合，所以不难认定动物的身份不是细胞的集合。这个策略确实有一个奇怪的结果，那就是每次菲多存在的时候，他所占据的空间也被其他东西占据，也就是那个时候组成他的细胞的集合。一个空间被两样东西占据，一只狗和一群细胞。为了避免这种结果，我们可以采用另一种策略，即认为菲多存在的基础是细胞的临时集合，这些细胞的临时集合可以被视为菲多的临时阶段，因此，每一时间点上，无数个阶段的菲多中的一个占据了某个空间，菲多这只活了十年的狗，再被重新理解为这些临时阶段的一系列连接，由不同细胞集合之间的因果联系连接，每个细胞集合在连续的时间里都是菲多。这种策略违反直觉，因为随着时间的推移，它挑战了我们对同一性的日常理解。但事实证明，随着时间的推移，对同一性的长期研究无论如何都会产生深刻的困惑，所以我们将回到这个替代策略中隐含的同一性理论。

三　作为同一性标准的各种事物

我之前提到过一个东西的同一性和它的种类之间的联系。这种联系源于物种为特定个体、事物提供"同一性标准"的方式。这里的意思是，首先，这使得它区别于其他同类或其他种类的事物，其次，这决定了什么是它存在的开始和结束，从而决定了它在变化中的继续存在。这些要点中的第一点隐含在早期的讨论中，即在计算东西时，我们需要具体说明我们在计算什么样的东西，例如几张牌，几个花色或几副牌。在这种背景下，关于事物同一性的问题，涉及世界每一次如何被"分割"的方式，因此这些问题涉及同一性和事物间差异的共时性。第二点涉及事物的历时同一性，并隐含在前面关于狗菲多的同一性和他所构成的细胞集合之间关系的讨论中；在不同的时间是同一只狗，在这些不同的时间里狗不是由同一组细胞合集构成的。根据事物的种类对事物进行分类，决定了事物之间同一性和差异性的共时性和历时性关系；这就是说种类为特定的事物提供了身份的标准。

人们可能会认为，对于物理物体——鞋、船和密封蜡——空间位置的差异足以产生一个人处理的任何类型事物的共时差异，而一个事物的物理状态在连续时间的因果联系足以使其在这些时间继续存在。然而，尽管对空间位置的测试在直觉上似乎是合理的，但一个物体的空间边界显然取决于一个人正在处理的事情，对狗菲多和构成他的细胞的讨论表明，这一建议引出了非常有争议的问题。物理状态因果联系的检验，尽管也是可能的，会导致不同的问题，因为它本身不能区分与物体存在相关的因果序列和不存在相关的因果序列；特别是，它并没有把一个物体持续存在的因果联系和不持续存在的因果联系分开，就像一个人死亡时一样。因此，尽管这一建议正确地指出了空间位置和因果联系作为与共时差异和历时同一性相关的考虑因素的重要性，但这些考虑因素本身既不必要也不充分，需要参照所涉及的事物种类来细化。在面对熟悉的人工制品，例如房屋和汽车的情况下，我们处理的是为了满足人类利益和目的而制造的东西，身份标准反映了这些利益和目的。因此，以共时差异为例，尽管将一栋建筑划分为不同的公寓确实涉及将其空间分隔为私人空间，但它也允许共享空间，并且这种划分不仅仅是由建筑的空间结构决定的，而是由不同的人对不同空间的控制决定的。现在来看一个案例，在这个案例中，历时同一性问题出现了，虽然汽车零部件的日常维修更换并不影响汽车的持续存在，但撞车后的实质性变化可能会引发这类问题——例如，两辆严重损坏无法工作的汽车的零部件被组合在一起，形成一辆工作正常的汽车，我们有时会判断两辆旧汽车都已不复存在，并且通过组合旧汽车的零部件而产生了一辆新车。我们将会看到这类案件有更多的复杂情况，但这里重要的一点是，没有因果关系或客观事实本身决定哪些判断是适当的；相反，它们是根据这些事实，由我们的实践产生的。

这些案例表明，艺术品的同一性标准包括特定于创造和使用所处理物品的目的和利益的条件。因此，对共时差异和历时同一性的判断，往往存在一定程度的不确定性，例如，当我们考虑一栋连栋房屋里有多少房子，或者对受损汽车的全面修理是否意味着它是一辆新车时。因此出现的一个问题是，身份的标准是否总是考虑人类利益并因此含糊不清。或者是否有这样的情况，即标准是精确的，可以不考虑人类利益而设定。这一问题的答案是肯定的，这是一种涉及抽象对象如集合和数字的情况。集合是相同的，它们有相同的元素，基数是相同的，它们的集合是相同的，这些数可以一对一配对，例如，奇数的个数和自然数的个数是一样的。但这些都是特例。这里有趣的问题是关于"自然"的种类，在自然科学中有解释作用的种类，例如生物种类和化学元素。亚里士多德的一个观点是，正是这些自然种类的标志"在关节处雕刻自然"，也就是说，它们提供了不反映人类利益的精确的身份标准。尽管人类的担忧可能会导致我们把海豚当成鱼，但对海豚是哺乳动物这一事实的科学认识意味着它们不是鱼。但是，还不清楚大自然是否有精确的"关节"。一些动植物物种间的成功杂交表明：物种间的差异并不总是杂交的障碍。事实上，这通常被认为是物种差异的标志；小种的存在（据说蒲公英的小种多达 2000 种）表明，包括 DNA 在内的其他标准并不总能提供明确的区分。即使在化学元素中，门捷列夫表（即化学元素周期表）提供了一个思考自然种类的模型，揭示了自然界中的"关节"，（其中）也有比人们预期的更复杂的东西。例如，已知的碳同位素有 15 种，其中最广为认知的是碳 –14（因为它被有机过程吸收，半衰期为 5730 年，因此有可能基于其在有机材料样品中的普遍存在将其用于碳年代测定）。这种同位素的存在本身并不是对传统的自然种类概念的重大挑战，但具有挑战性的是碳 –11 衰变为硼这一不同的化学元素——从而桥接了一个假定的自然"关节"。因此，虽然这种利用自然标志的分类强调不受人类目的影响的重要差异，但自然现象的复杂性破坏了这样一种希望——隐含的同一性标准，无论共同还是历时，总是精确的。（本节讨论问题的深度分析，见 Wiggins 2001：chs 2–4.）

四　持续和认同

我们对物体的常识性概念是，尽管有许多变化，但它们会随着时间的推移而持续存在，直到某个时候它们分崩离析、腐烂或以其他方式不复存在。这是迄今为止所讨论的历时同一性，它主要是由作为对象存在的时间阶段的状态的因果联系，以及对这类对象的所有存在条件的满足构成的。因此，橡子长成一棵正在蔓延的橡树，直到它屈服于一种入侵的疾病，这种疾病阻止了正常的呼吸和营养过程，从而导致树死亡和腐烂。但是历时同一性这个概念本身就引起了困惑。我在上面提到了修理复杂的人造物品（如汽车）所带来的挑战。虽然，正如我所建议的，在日常生活中，我们接受一个物体尽管有这种微小的变化，但我们可以通过把一系列微小的变化联系在一起，对这个实用主义的立场提出一个根本性的挑战，这些变化的结果是，原始物体的任何一部分，比如说时钟，都不会存在于我们最终得到的特体中。这一挑战可以通过想象原始时钟中被一个接一个丢弃的部分被保留下来，然后以一种结果正常的方式被重新组装起来，以制造出看起来肯定是原始时钟的东西来强调展现。然而，如果我们承认，在这种情况下，确实是原始时钟被重新组装，因此，一系列修复的最终产品并不完全是原始时钟，那么，我们难道不应该接受，即使是对对象部分的微小改变也意味着身份的丧失吗？

我认为这个难题可以被解决。它反映了思考时钟的两种方式之间的张力，因此也反映了时钟身份的两个标准。一种认为时钟是一个物理制品的方式，一个由适当组织的部分组成的"整体"；另一种方式是作为报时的装置。第一种方法导致人们认为重新组装的时钟是原始时钟；第二种方法着眼于保持告知时间的功能，在这种情况下，身份的标准，是以有机系统的标准为模型的，例如橡树，它的持续存在取决于它在丢弃其他材料时接受一些新材料的能力（在这种情况下，这些新材料不能聚集在一起重建一棵"原始"树）。当我们认为对时钟的修复是不破坏其同一性的改变时，我们就认为它是一种用持久性的有机模型来报时的装置，这种思考时钟及其同一性的方式，不同于基于它是一种物理人工制品的概念，它的同一性是基于它的部件的同一性。这里的情况类似于前面讨论的关于狗菲多和它的细胞的情况。正如处理这种情况的第一个策略是区分狗菲多和它的细胞一样，在这种情况下，一个相似的策略是区分时钟作为一个报时装置还是作为一个物理人工制品，它们在存在之初重叠，但在对时钟作为一个报时装置进行修复时会出现分歧。或者，可以遵循第二种策略，即从时钟的临时阶段的概念开始，时钟的临时阶段在某个时间既是物理制品，又是用于在那个时间报时的设备，然后，将持续的时钟视为物理制品，作为连接不同阶段的一种方式，该方式取决于物理部件随时间的同一性；也可以持续将时钟视为设备，同时作为连接不同阶段的一种方式，该方式保留了时钟在任何时间的报时功能。和以前一样，这第二种策略看起来很奇怪，但是，正如我们将要看到的，历时同一性带来了进一步的困惑，这提供了认真对待它的理由。

历时同一性的一个基本挑战来自于变化和同一性不可分辨的命题的结合，即对象的属性差异意味着对象本身是不同的（见 Lewis 1986：202-204）。例如，当 2000 年 2 米高的树在 2001 年是 4 米高时，同一性不可分辨性似乎意味着，如果较早的树与较晚的树是同一棵树，那么树既有 2 米高又有 4 米高；但是这显然是不合逻辑。对这一挑战的一个回应是，认为树的高度变化意味着所讨论的属性必须按时间索引：树在 2000 年具有 2 米高的属性，在 2001 年具有 4 米高的属性，这些属性具有内在一致性。然而，这种反应有很大的代价：因为它意味着高度，而不是物体看起来的固有属性，是内在相关的，总是时间 t 的高度。这当然很奇怪；一旦这一点被概括，它将意味着一个物理对象几乎没有内在属性。相反，人们可能会认为它的内在本质是它的时间本质。然而，这并不是对这一立场的坚决反对。或者，人们可以认为，虽然树的高度确实是树的固有属性，但是树改变高度的事实表明，预测需要按时间编列：树在 2000 年具有 2 米高的属性，但是在 2001 年具有 4 米高的属性。我认为，这是一个更好的策略，但它的实施需要一些谨慎；因为人们再也不能把同一性的不可分辨性说成是这样的要求，即如果 a 与 b 相同，那么 a 就具有与 b 相同的所有属性，反之亦然。相反，预测的时间编列需要明确。因此，如果要求 a 与 b 相同，那么，无论 a 在时间 t 上有什么适当的联系，b 也在时间 t 上有，反之亦然。然后需要更多关于预测的内容来完成这个提议，但是这将把我们带到逻辑和形而上学的问题上，而不是这里所说的。相反，我想讨论对这一挑战的不同反应，这种反应已经出现在对狗菲多这样事物的身份的讨论中。

这种反应的核心是拒绝我们通常认为的历时同一性。有人提出，我们认为存在一段时间的物体实际上是临时的属性束的序列，它们在空间和时间上因果统一，并且因果地与后来类似的属性束相联系。我们认为一棵树能活 100 年，可以被认为是一系列随时间编列的树的属性束——2000 年的树、2001 年的树等。在这种方法中，像高度

122

这样的属性被视为一个内在属性，不是树本身的属性，而是它所属的一个时间索引的属性束的属性；类似地，树在高度上的变化是随后的属性束的问题，即 2001 年的树，包括它的高度不同于属于先前的属性束的高度，这和 2000 年的树之间以因果连接。这种方法违背常理，因为它否定了真正的历时同一性；但是它的支持者观察到，无论历时同一性的支持者对树的临时状态是同一棵树的状态的条件提供了什么解释，这都可以被移用，并被用作描述树属性的临时束如何连接的基础，就好像它们构成了一棵树一样，从而也是树的历时准同一性的基础。因此，我们可以保留关于持久对象的常识性论讨，同时回避对象形而上学中固有的问题，这些问题随着时间的推移而变化，并且保持不变。此外，一旦持续性不被视为同一物体的历时同一性，而是一列按时间排列的属性束的因果联结，就可以避免在我前面讨论的、重新组装时钟的持续性与相互替代性之间进行的选择。有一种方法可以构建这样的序列，并不意味着不存在其他办法，我们可以使用适合于当前场景的连接它们的方法。

123

　　然而，对这种方法也有实质性的反对意见。我们不只是说好像有物体存在了一段时间；相反，他们的持续存在是我们信仰和态度的核心。虽然这些信念的大部分内容可以通过引用临时属性束的适当序列来复制，但是一旦以这种方式理解了这些对象，很难认为我们对这些物体的同一性和保存的关注是有动机的。想象一下，比如说，我们重视一件真正的艺术品，一个古希腊花瓶，和它的完美复制品之间的区别：当我们看到和拿着一个真正的花瓶，比如公元前 500 年制作的花瓶时，如果我们把它看作一堆现在被具体化的属性而非复制品，而这些属性与公元前 500 年第一次组成花瓶的那些属性有因果联系，我们的兴奋是不易察觉的。这第二个想法失去了我们兴奋和惊奇的基础，我们手中的正是 2500 年前在希腊创造的物体。另一个不同的观点是，当我们考虑到某样东西可能存在的时间比它实际存在的时间短的可能性时，真正的历时同一性与历时性准同一性是如何偏离的——例如，一棵活了 100 年的树可能在仅仅十年后就被砍掉了。我们正常的信仰体系允许，除了在不同的时间有不同的属性外，物体也可以有反事实的属性，包括比它们实际生活的时间更短的可能性，并且这种假设可以容纳在这些物体的概念中，因为它们具有真正的历时同一性。但是一旦人们转而认为它们仅仅具有按时间排列的属性束序列的准同一性，这样一个序列可能比实际短得多的假设就遇到了严重的困难。由于序列是时间有序的整体，其同一性由其成员按正确的顺序构成，一个缩写得多的序列将不是同一序列。虽然可能有一个短得多的序列，仅由最初十年的实际树木属性束组成，但实际的序列不可能是那个序列。但是现在还不清楚实际上活了 100 年的树可能只活了 10 年的假设是如何在这个框架内被论证的。

　　这些反对意见带来诸多挑战，我们必须认识到，有些现象用这种方法比用历时同一性更容易适应。一种这样的现象是分裂，将一种东西分裂成两个或更多的继承者，例如植物的克隆。在许多情况下，没有充分的理由认为，其中一个克隆植物比其他植物更适合成为与原始植物相同的植物。在这种情况下，历时同一性就无法维持，历时同一性的支持者必须接受，在原始植物和它的继承者之间，存在一种比同一性更弱的关系——正如人们所说，原始植物"作为"它的继承者而存在。这一结论显然符合理论家的观点，他认为无论如何都没有真正的历时同一性，因为因果连接的属性束的准同一性的概念可以很容易地被修改以适应这种情况。历时同一性的捍卫者可以回应说，做出这种容纳裂变的让步并不表明不发生裂变的地方就没有真正的历时同一性。但是，甚至裂变的可能性也会破坏历时的同一性，这是有争议的。让我们假设在某些情况可能通过克隆一分为二的植物实际上没有分裂（也许是因为天气不适合）；在这种情况下，裂变发生后只有一个植物，也可能有两个。如果有的话，原始植物和幸存植物之间的关系不是同一性，而是生存的继续。现在出现的问题是这个结果对于实际情况的重要性，在实际情况中裂变没有发生。有些观点认为同一性是一种"必要的"关系，也就是说，如果 a 与 b 相同，那么 a 与 b 就不可能不同。这些观点及其依据存在很大争议，我们不能在此详述。但是，如果一个人接受了同一性必要性的这一论点，那么就可以得出结论，仅仅裂变的可能性就足以限制真正的历时同一性，因为，用一个熟悉的习语来说，在裂变发生的可能世界里，没有历时同一性，只有作为两个连续体中的每一个而存在，在裂变没有发生的实际世界里，不可能有历时同一性。这一结论意味着历时同一性只能在不可能裂变的地方获得——这肯定会大大缩小了它适用的情况范围；事实上，如果一个人慷慨地允许微小的可能性，它可能会排除几乎所有历时同一性的情况。但是，当然，历时同一性的捍卫者可以采取一种回应——即拒绝同一性必要性的论点，并认为这种裂变案例表明同一性是偶然的。这当然是一个可以辩护的立场——但它也需要付出复杂的代价来适应逻辑和形而上学中同一性的偶然性。

在这场关于持久性和历时同一性的长期讨论中，我的主要目的并不是为捍卫真正历时同一性的人和那些认为按时间排序的属性集的准同一性保存大部分表象的同时避免不连贯形而上学的理论之间的辩论。与形而上学的许多深刻问题一样，双方都有很好的论据。目前，我突然意识到，各种原因之间的平衡有利于真正的历时同一性，但争论仍在继续，其中最活跃的一个领域是人格同一性（即个人身份，Personal Identity），现在我将转到这一领域（关于这一主题的进一步讨论，见 Hawley 2001；Haslanger 2003）。

五　人格同一性

同一性讨论中最有争议的话题是人格同一性——什么构成了我们作为人的同一性，以及这种同一性意味着什么。事实上，我所描述的许多关于同一性的理论争论都是在关于人格同一性的争论中发展起来的。这适用于约翰·洛克（John Locke）在《人类理解论》（*An Essay Concerning Human Understanding*）第二版中对这一主题的第一次重要讨论。在文章的第一版之后，洛克（Locke）被他的朋友威廉·莫利纽克斯（William Molyneux）要求增加一个关于同一性的讨论，并且他用了一大篇幅来写这个主题（第二卷第二十七章），他从关于同一性的一般性讨论开始，然后继续讨论人格同一性。在他的一般性讨论中，洛克首先强调身份的标准因事物的不同而不同："同一物质（substance）是一回事，同一个人（man）是另一回事，同一个人格（person）是第三回事。"（Locke 1975：332）他认为物质是由基本元素组成的物体，如物质的"体"，它们的历时同一性在于它们的剩余部分由相同的元素组成。像其他动物和植物一样，人类不满足这一条件，因为他们具有历时同一性；相反，"同一个人的身份只包括……同一个持续生命的参与，通过不断飞逝的物质粒子，连续地与同一个有组织的身体紧密结合"（Locke 1975：332）。人是"有组织的团体"，其组成一直在变化，其同一性在于他们被组织起来，"他们一直团结在那个持续的组织中，这个组织适合将共同生活传达给如此团结的所有部分"（Locke 1975：331）。以这种方式提出问题后，洛克转向个人身份问题。他首先说一个人是什么，即

> 一个有理智和思考的有思想的智能存在，它能把自己看作自己，在不同的时间和地点有相同的思想；只有意识才能做到这一点，意识与思考是分不开的，在我看来，意识对思考是必不可少的（Locke 1975：335）。

正如这段话所指出的，对洛克来说，每个人的同一性都是在我们自己的意识中构成的，所以"只要这种意识能够延伸回到任何过去的行为或思想，那么仍然将有同一的自我；现在和那时是同一个自我；和现在反思它的这个自我一样，那个行动已经完成了"（Locke 1975：335）。

　　洛克从未明确提到记忆，但自从他写意识"追溯到任何过去的行为或思想"，似乎很清楚这就是他的想法：正是通过我们对过去行为和思想的有意识记忆，我们的人格的同一性才得以形成。除了他对作为思维存在的人的一般描述，这些人对自己的概念依赖于他们过去对自己的意识，洛克为他的立场提供了两个进一步的考虑。首先，我们观察到人格同一性对于奖惩正义是至关重要的（Locke 1975：341），因为一个人只会因为他自己所做的事情而受到公正的惩罚（Locke 1975：341）。洛克接着说，这表明记忆是如何构成同一性的，因为"这种个性将自我从现在的存在延伸到过去，只有通过意识，它才会担心和负责，拥有和推断自我过去的行为"。（Locke 1975：346）但他自己承认，由于缺乏应有的记忆，这个论点很站不住脚。酗酒并不能为一个人在醉酒时所做的坏事提供借口（Locke 1975：343–344）。

一种不同的思维方式吸引着我们的直觉，我们会如何看待"王子的灵魂，带着王子前世的意识"进入鞋匠的身体。关于这一案件，洛克坚持认为，鞋匠"将与王子是同一个人，只对王子的行为负责"（Locke 1975：340）。洛克现在问道，"但是谁会说是同一个人？"——这表明他首先会争辩说鞋匠不是同一个人；但事实上，洛克认为，由于鞋匠的身体保持不变，王子的意识转换到鞋匠身上"不会产生另一个人"（Locke 1975：340）。这个故事旨在说服我们，作为同一个人，个人同一性与人类同一性不同，尽管正如他承认的那样，这个结论与"我们平常的说话方式"背道而驰（Locke 1975：340）。

洛克的思想实验是许多类似故事的起源。在这种情况下，如果不解释鞋匠是如何拥有王子的意识的，包括他的记忆，我们可能会像怀疑其他转世的故事一样怀疑这个故事。但同样重要的是要注意到，洛克的故事，至少正如他所说的，引起了我之前讨论过的关于同一性的相对主义解释的困难：如果作为同一个人和拥有同一个人格都是同一性的真实例子，而不仅仅是相似性，那么洛克的故事是不连贯的，除非一个人准备好接受同一性的相对性并抛开同一性的不可分辨性。让我们想象王子的意识在1700年元旦进入鞋匠的身体；然后洛克的故事涉及以下主张：（1）1699年的王子和1699年的鞋匠不是同一个人；（2）1699年的王子与1700年的鞋匠拥有同一个人格；（3）1700年的鞋匠和1699年的鞋匠是同一个人。但是，鉴于同一性的不可分辨性，（2）和（3）意味着：（4）1699年的王子和1699年的鞋匠是同一个人，即（1）的否定。这里的问题类似于我之前讨论过的关于狗菲多和它的细胞集合之间的关系。在这种情况下，让我们说一个人格是由一个人实现的，并使用前缀来表明，描述的是一个人还是一个人格，以便我们区分人格——王子和人——王子等。一旦添加了适当的前缀，命题（2）变成（2）*1699年的人格—王子和1700年的人格—鞋匠是同一个人格，并且（3）变成（3）*1700年的人——鞋匠和1699年的人——鞋匠是同一个人，并且现在很明显，只要考虑到人格—王子与人—王子间的关系，不是同一性，而是意识，（4）之推断不合法，即（4）*1699年的人—王子和1699年的人—鞋匠是同一个人。

我不清楚洛克是否不熟悉关于人与人之间的区别的最后这点，也不清楚此处是否只是澄清他的一般立场中隐含的东西的一种方式。然而，这个具有普遍意义的问题我将在以后再谈。我现在想简要讨论休谟（Hume）在《人性论》（*A Treatise of Human Nature*）中对洛克的回应。休谟预见到前面讨论的立场，即否定真正的历时同一性，而支持一种方法，根据这种方法，历时同一性的出现是由本身不符合系统的要素构成的。休谟对这一立场的激进版本基于这样一个论点，即正确理解的同一性与变化是不相容的（Hume 1888：254），并且因为他认为没有持续不变的物质、材料或精神，就没有真正的历时同一性。人们可以称之为"材料"的唯一"独特的存在"是我们短暂的感知，没有时间上的持久性（Hume 1888：233），这些感知之间的相似性导致了物质实体的"持续存在的虚构"（Hume 1888：209）。同样，他认为，个人同一性的概念是"虚构的"（Hume 1888：259）。但是，尽管他认为记忆"是个人同一性的来源"（Hume 1888：261），它实际上是一个"因果链，构成了我们的自我和人格"（Hume 1888：262）。记忆的作用只是认识论的，它是让我们熟悉构成我们自己的"这一系列感知的延续和范围"；但是一旦我们认识了这个世界，我们就可以用我们对这个世界的普遍理解来扩展记忆之外的原因链，从而扩展"我们的人格同一性"来涵盖我们没有记忆的环境和事件（Hume 1888：262）。

休谟很少为他的主张提供论据，即不可能有真正的历时认同，尽管我们已经在上面看到，有一些有力的考虑可以支持这一立场，但我不打算重新讨论这个问题。相反，我想讨论他的论点，即记忆只"发现"个人身份，而因果关系"产生"它（Hume 1888：262）。尽管休谟将这一论题放在他基于感知之间因果关系的人格同一性的"虚构"描述中，但似乎没有很好的理由不将其从这一背景中移除，以修改和改进洛克对人格同一性的描述，使其包括我们没有记忆的事件，例如幼儿时期的事件。然而，这一思路给洛克的整个主张带来了一个中心挑战，即提供一个对人格同一性的描述，这与洛克所说的对我们人的同一性，我们作为"人"的同一性的描述有着根本的不同。对洛克来说，人的同一性是一个"通过不断飞逝的物质粒子参与同样的持续生命、并至关重要地在继承中联合为同一个有组织的生命体"（Locke 1975：331–332）；很明显，这在很大程度上是一个因果过程，通过这个过程，有机体吸收新的物质来代替那些已经耗尽或磨损的物质。因此，这与洛克对人格同一性基础的描述大相径庭，洛克对人格同一性的描述根本不诉诸因果关系，而是通过"只有意识才能将遥远的存在统一到同一个人"这一论点来关注"意识"（Locke 1975：344）。事实上，正如我们前面看到的，洛克的立场意味着把我们自己看作人格（Persons）和人（men）是错误的；相反，我们应该把自己看作是被一个人，一个特定的人体意识到的人。一旦一个人遵循休谟（Hume）的建议，把因果关系引入"可以把遥远的存在统一到同一个人格"的解释中，人们就有理由怀疑，人们是否可能不会将人格（Persons）同一性和人（men）同一性的描述整合在一起。尽管洛克处理这个问题的方式并不是从身心或思维主体之间的形而上学二元论开始的（他在这个问题上是明确的不可知论者——参见Locke 1975：540–542），但他对他们同一性标准的截然不同的描述导致了这样的结论，即没有什么可以既是人格（Persons）又是人（men）。但是一旦我们认识到我们本质上是具体的感知者、说话者和行动者，这种划分就会受到质疑。因为，当我们意识到，像许多其他动物的生活一样，人类的生活包括运用他们的心理能力以及"盲目"的生理过程，构建一个与洛克的方法不同的、关于人类同一性的丰富描述，看起来非常合适，上述解释考虑了包括记忆在内的这些心理能力，并将能力的形式嵌入人类和人格同一性的一般描述中。因此，在这个统一的解释下，因为拥有同一个人格包括成为同一个人，所以没有必要认为只有个人或人类才能拥有人格。相反，很难想象如果真诚地不相信这一点，前述观点看起来相当自然，这里的中心论点是，像我们这样的人，不过是人类而已（也许还有其他人不是人类——也许是神或非人类的猿类；但是这个问题不需要在这里追究）。

这种统一的立场，有时被称为"动物主义"，对休谟之后的新洛克主义（Locke neo-Lockean）立场提出了主要挑战，因为它接受了因果联系构成了人格同一性，并在记忆和自我意识中表现出来，但没有采取进一步的步骤将这种人格同一性的说明与人的同一性的说明结合起来（关于这一立场的详细阐述和辩护，见 Olson 1997）。洛克对统一立场的主要回答是，它没有为我们对思想实验的反应提供逻辑空间，比如洛克关于王子的故事，王子的意识似乎已经转换到一个补鞋匠身上，人——补鞋匠仍是同样的人，不过，补鞋匠"和王子拥有同一个人格，只对王子的行为负责"（Locke 1975：340）。正如我之前提到的，因为洛克的故事没有包含任何假设人格——鞋匠变成了人格——王子的因果基础，所以没有说服力。但是这个问题可以通过假设人——王子的大脑已经移植到人——鞋匠的脑袋里来解决，并且在手术完成后，新的大脑以所有合适的方式连接到人——鞋匠身体的其余部分，从人——鞋匠的身体中发出声音的人就像他是王子一样说话，带有王子的记忆、动机、关心和事业计划。虽然这个故事中有很大的虚构成分，但很容易看出认为移植后的人格——鞋匠现在变成了人格——王子这种观点是合理的。但是，考虑到鞋匠已经接受了王子的大脑移植，我们是否相信人——鞋匠意识到了人格——王子？洛克学派的人的立场是必须接受这一点，但事实似乎是，无论是在移植之前还是之后，人格——王子都是在人——王子的大脑中被首要意识到的，因此，这个洛克（Locke）学派的人的故事所依赖的大脑移植，愈发证明了后来的人格——鞋匠和先前的人格——王子的人格同一性，与洛克（Locke）学派的人声称后来的人格——王子在先前的人——鞋匠中被实现的说法相冲突。对于移植后的人来说人——鞋匠是一个混血儿，与早期的人——鞋匠不同。因此，一旦洛克的故事被填补，以使人格—鞋匠成为人格—王子的说法可信，它就不再支持洛克的进一步主张，即现在认识到人格——王子的人——鞋匠与早期的人——鞋匠是同一个人。这一结论不仅削弱了洛克学派的人对将人格同一性与人类同一性结合在一起的统一立场的反对，整个故事也证明了这一立场，因为它表明个人同一性与人类同一性的核心组成部分，即大脑的同一性联系在一起。

然而，洛克学派的人并非没有进一步的辩证资源。我们不是用大脑移植来填充洛克的故事，而是想象我们从计算机中熟悉的那种技术，通过这种技术，一个人旧计算机上的一些信息和程序可以被转换到一台新计算机上，可以应用到人类的大脑上。因此，在这个新的故事中，鞋匠的大脑逐渐"抹去"了所有的个人内容，因为它被重新编程，这些内容被个人内容（记忆、信念、想象、动机、担忧等）所取代。那是从王子的大脑中复制出来的；一旦这一切都结束了，我们就可以假设，和前一个故事一样，鞋匠显示出王子的自我意识，但是没有大脑移植所固有的身体变化。那么，这个故事是否证实了洛克的论点，即人格—鞋匠可以成为和人格—王子一样的人，还是仍然像以前一样是人——鞋匠？在这种情况下，更难质疑人——鞋匠保持不变的说法；然而，质疑人格—鞋匠已经和人格—王子变成了同一个人的说法是有意义的。这一挑战的直接理由是，当人—王子的大脑中的个人内容被复制到人——鞋匠的大脑中时，人格—王子意识到人—王子的身体不再存在，这并不是故事的重要部分。因此这个故事是克隆王子的人格，而不是移植他。当然，人们可以改变故事，使其具有这一特征，但重要的是，这种思考方式人格——鞋匠变成人格——王子很容易允许克隆人。正如早先关于植物克隆的讨论所表明的，克隆与人格同一性不相容；因此，就修正后的王子 / 鞋匠故事涉及克隆而言，它并没有导致一个关于人格同一性的洛克结论，而是导致一个人格可以和许多不同的人一样生存的结论。然而，这个结论的奇怪之处使得仔细考虑第二个故事是否有说服力变得更加重要。

令人怀疑的是这个故事中采用的重新编程模型。虽然计算机程序当然可以被个体化，但它们是抽象的对象——指令序列——只有当它们在纸上实现，然后在计算机中实现时才存在；但人格并不是以一种抽象的方式，成为一个可以在许多不同人类中实现的人格；他们是思想家和行动者。洛克学派会回应说，这一反对意见并没有公正地对待这个人格—王子被想象成在被转换后的人格——鞋匠的意识中表现自己的方式，他是一个通过意识与这个人格—王子生命的早期部分结合在一起的人；因此，对于转换后的人格—鞋匠来说，不仅仅是他已经获得了王子的人格，以及他的记忆和动机：他有意识地将自己认定为王子。这个回答引出了一个我还没有给予太多关注的关键问题，即自我意识对人格同一性的重要性。对洛克来说，这确实是核心，因为他强调"只有意识才能将遥远的存在统一到同一个人格"（Locke 1975：344）。但是正如休谟所认识到的，这一主张没有说服力；意识既不必要也不充分，因为一方面，一个人的个人生活包括他没有记忆的事件，另一方面，一个人的意识既包括虚假的记忆，如幻想、焦虑、梦等，它们表现为经验记忆，也包括一些关于过去的真实信念，人们容易想象自己在记忆。休谟说得对，一个人生活中的事件之间的因果联系，一个人对它们的感知，对它们的信念和对它们的反应，是人格同一性的基础，即使洛克认为正是通过这些信念和其他思想包括意图在自我意识领域的表现，我们才有人格，成为有能力把自己想成"我"的存在。但有待澄清的是这种自我意识能力对人格同一性的重要性。

洛克似乎认为自我意识本身就是权威。正如作者所说，这是不对的：它需要一个因果基础。然而，洛克关于王子和鞋匠的故事的第二个版本所提出的问题是，一旦因果联系到位，我们是否必须接受自我意识的裁决，认为自己是转换前的人格—王子的、转换后的人格—鞋匠这样做确实是正确的。对事件过程的这种解释的问题是，它允许，在人格—王子仍然和以前一样的地方，我们会有两个不同的人格—王子；我们可以拥有和重新编程程序一样多的次数。这个结果表明，即使有一个有效的因果基础，自我意识也不能作为人格同一性的标准。然后可以得出这样的结论，即所谓的同一性标准只是生存的条件，这样，转换前的人格—王子可以作为不同的人格生存，人格—鞋匠、人格—王子亦或其他人。而对于通过克隆这一假设的某些类似物来繁殖的植物来说，这一结果是不可避免的，对人格来说，这一结果在某种程度上与自我意识的吸引力在这个故事中所扮演的角色相冲突，这一点让我感到非常违背常理。因为每个转换后的王子的自我意识都面临着接受这样一个事实的巨大挑战：虽然他们彼此不同，但他们都正确地认同转换前的王子，认为他的生活是他们自己的过去。虽然这种结果的逻辑可以通过接受所讨论的关系—生存是不对称的来管理，但在我看来，这种自我意识的异化形式，在认为自己与曾经相同的人不同的时候，似乎破坏了这样一种理论基础，即一个人的自我意识在决定自己最初是谁的时候是决定性的（关于个人存在的重要是生存，而不是同一性这一论点的有力阐述和辩护，见 Parfit 1984：pt 3）。

相反，自我意识需要正确的因果基础，而这一角色的明显候选人是由人格统一性与人的统一性的统一理论提供的，这排除了第二个故事中描述的、对人——鞋匠大脑的重新编程可能是得出结论的基础即人格——鞋匠的自我意识表明他已经成为一个人格—王子。对于统一的理论来说，事实是，通过重新编辑程序，这个人格—鞋匠已经被洗脑了：他遭受了可怕的不幸，他自己的真实记忆和忧虑被抹去，取而代之的是从这个人格—王子——那里引进的虚假记忆和忧虑。尽管他有作为人格——王子的自我意识，但这只是一种幻觉——他人自我意识的内在副本。得出的结论是，只有当我们的人格同一性与我们的人类同一性相统一时，才能找到一个令人满意的关于人格同一性的描述，这就意味着不再需要我在讨论洛克立场时使用的冗长的"人"/"人格"前缀的技巧来区分这些标准。我不会试图在这里列出这样一个记述的细节，这需要在许多有争议的问题的思想哲学的立场；相反，我用洛克的观点总结这场关于人格同一性的漫长讨论，洛克承认，尽管他的论点与此相反，但这是常识的立场："我知道，用通俗易懂的话来说，同一个人、同一人格代表着同一件事。"（Locke 1975：340）（对这一部分讨论的问题进行非常彻底的批判性处理，尽管这一处理支持不同的结论，见 Noonan 1989。）

132

六　"自我"——同一性

我赞同洛克的论点，即自我意识是形成人格的必要条件，是一个认为自己是"我"的人，同时我也认为这一论点暗示自我意识对人格同一性具有权威性是错误的。然而，在讨论的这个后期阶段，我想做出让步。我认为，在这里误导我们的是人格同一性和我们对自身同一性的感觉之间的混淆，我称之为我们的"自我"——同一性

（我用引号将它与直接的自我同一性直接区分开来，即一切事物与自身的关系）。我们的"自我"同一性很大程度上是由什么是对于我们最重要的信念构成的——我们的背景、我们的关系、我们生活中的核心事件，以及我们对未来的关注和希望。我们经常根据我们经受的外界对我们的态度（如对我们的种族）和我们对自己的理解来改变这种"自我"同一性。在某些情况下，人们经历了这种"自我"同一性的彻底转变——一个典型的例子是塔尔苏斯的扫罗（Saul of Tarsus）转变为使徒圣保罗（St Paul）。保罗谈到成为"一个新的人"（Colossians 3.10），就像名字从"扫罗"（Saul）变成"保罗"（Paul）所象征的那样。然而，在这个意义上成为一个新的自我，并不是我一直在讨论的那种摆脱人格同一性的方式：圣保罗不否认他曾经迫害基督徒，也不寻求逃避对这些行为的责任。相反，新的自我是和以前完全一样的人，但他的价值观、关注点和愿望却大不相同，涉及新的忠诚和信仰，因此他对自己的同一性有了新的认识。

但是这里所说的新的"自我"和"自我"同一性是什么意思呢（new "self" and "self"-identity）？如果这不是我一直在讨论的那个意义上的人格同一性，是否还有另一种同一性，有着不同的同一性标准，一种比人格同一性本身更接近我们自我意识的同一性？有一点是清楚的，那就是一个人对自己同一性的感觉不仅仅是对人格同一性的理解；圣保罗的皈依不是意识到他不是他曾经相信的那个人。相反，"自我"同一性的核心是一个人的生命过程中有一种统一的感觉，这种感觉既能让一个人理解自己的生活方式，又能给一个人提供未来的方向。有时这种统一被描述为一种"叙述性"的统一（MacIntyre 1981：ch 15），尽管这可以使它听起来像一个人找到了自己的"自我"——同一性，只需把自己的人生历程描述为一个关于自己的故事，但这容易引起一厢情愿而不是诚实的想法。事实上，"自我"同一性的一个重要问题是它被认识的程度和被构建的程度。因为一个人生命历程的中心部分在于找到那些可以实现个人抱负的活动，而不是单调乏味或更糟的，所以，在自我同一性中显然有发现自我的空间。但是，同样，一个人对自己的看法从来没有被这些发现固定下来；取而代之的是，一个人必须对自己发现的东西——激情、恐惧、幻想、目标、爱等——承担责任，然后找到让自己充分发挥自己的生活方式。虽然文学作品中经常提到"自我"同一性这一概念，比如普罗尼尔斯（Polonius）对他儿子莱尔提斯（Laertes）的著名训令"真实地对待你自己"（to thine own self be true）（哈姆雷特第一幕，第三场），但在哲学中对它的讨论并不常见，主要出现在难以解释的存在主义哲学传统的作品中。一个典型的超越圣贤是从海德格尔（Heidegger）的《存在和时间》开始，海德格尔在其中写道"'此在'总是对它在每一种情况下属于我的方式做出某种决定"，这样"它可以在其存在中'选择'自己并赢得自己；它也可能失去自己，永远不会赢得自己"（Heidegger 1973：68）。海德格尔继续将这些选择与真实和非真实存在的可能性联系起来，这确实是有帮助的。因为在对"自我"——同一性的研究中，谈论真实性和不真实性是有意义的：不真实的"自我"同一性是指不承认自己的实际动机，即一个人实际上发现自我实现的方式，而不是遵循别人对自己的期望，而真实性是指通过认识自己的实际动机、恐惧和希望来实现"自我"同一性，从而使一个人能够找到一种可能实现自我的生活方式。

如果这就是"自我"同一性的含义，则它与人格同一性有什么关系？这真的是一种同一性吗？还是两个不同的人可以有完全相同的"自我"同一性，就像他们可以有相同的性格一样？如果不加以进一步的考虑，一个人当然不能简单地通过提及作为"自我"同一性的人来区分"自我"同一性，亦即是这个人的"自我"同一性，而不是那个人的同一性，因为这种情况类似于提及一般的类型、性格的相当，或者干脆是身高。但是与身高不同的是，"自我"同一性应该有一个解释作用，解释一个生命的统一性，人们可能会觉得这是一个至关重要的区别。然而，这种解释关系只会确保"自我"同一性不能被共享，如果在不同的个人生活过程中有一些内在的东西意味着对不同的人解释他们的"自我"同一性必须不同。例如，如果不同的人可以像复制的红色台球一样相似，这为莱布尼茨关于不可分辨的同一性的论点提供了反例，那么就没有理由认为他们必须有不同的"自我"同一性。然而，假设每个人都满足莱布尼茨的论点，即不同的人总是有不同的生活，那么至少有逻辑空间来假设他们的"自我" 134 同一性也总是不同的。尽管这一假设很有吸引力，但要使其具有可辩护性，还有很多可以说的，所以我将不得不以一种推测的方式结束这一关于同一性的长时间讨论。

【参考文献】

Geach P, "Replies: Identity Theory" in Harry Lewis (ed), *Peter Geach: Philosophical Encounters* (Kluwer 1991)

Haslanger S, 'Persistence through Time', in Michael Loux and Dean Zimmerman (eds), *The Oxford Handbook of Metaphysics* (OUP 2003)

Hawley K, *How Things Persist* (OUP 2001)

Hawley K, 'Identity and Indiscernibility' (2009) 118 Mind 101

Heidegger M, *Being and Time* (J Macquarrie and E Robinsons trs, Blackwell 1973)

Hume D, *A Treatise of Human Nature* (OUP 1888)

Leibniz G, *Philosophical Papers and Letters* (Kluwer 1969)

Lewis D, *On the Plurality of Worlds* (Blackwell 1986)

Locke J, *An Essay Concerning Human Understanding* (OUP 1975)

MacIntyre A, *After Virtue* (Duckworth Overlook Publishing 1981)

Noonan H, *Personal Identity* (Routledge 1989)

Olson E, *The Human Animal: Personal Identity without Psychology* (OUP 1997)

Parfit D, *Reasons and Persons* (OUP 1984)

Wiggins D, *Sameness and Substance Renewed* (CUP 2001)

第五章
公共利益

唐娜·迪肯森（Donna Dickenson）

周　辉　译

一　引言

　　在现代生物经济领域中（Cooper and Waldby 2014），新生物技术的支持者总是比反对者有优势，因为他们可以依靠科学进步这一概念来获得权威和合法性。那些对任何提议的创新都持怀疑态度的人经常被贴上反科学路德派分子（Luddites）的标签，推进科学则被描绘成一种积极的道德义务（Harris 2005）。在这种观点下，生物伦理学的任务是充当富有智识的科学的倡导者，提供事实信息以减轻公众的担忧。其假设的背景是正确的事实信息总会支持新的提议，而反对意见是建立在非理性恐惧的基础上的。当这种观点趋向极端，科学的益处将是如此强大和普遍，以至于除了史蒂芬·平克（Steven Pinker）所说的"当今生物伦理学的首要道德目标……是不要挡道"之外，生物伦理学根本已无容身之地（2015）。

　　但是，为什么科学进步对整个社会的益处显得如此毋庸置疑？尽管对科学资助和评审过程中的腐败以及制药公司在设定研究目标方面的不当影响引起了广泛讨论（Goldacre 2008，2012；Elliott 2010；Healy 2012），生物医学研究的神圣性似乎仍然被广泛接受。尽管我们生活在一个个人主义的社会里，这个社会蔑视启蒙运动的进步观念，并且对任何一种特定世界观的真理主张都持坚定的相对主义态度，科学进步仍

然被普遍认为是对每个人都只有好处。"这是一个举世公认的真理"——呼应了一下简·奥斯汀《傲慢与偏见》（*Pride and Prejudice*）的著名开场白。

　　不过，尽管科学的成果通常作为一种公共利益来呈现和被接受，但我们往往对任

何类似公共利益的概念都持怀疑态度。为什么技术进步应该被豁免？答案是否可能在后期的宗教信仰的衰落，以及随之而来的对现世健康长寿的青睐有加？这一点从直觉上说得通，但我们需要深入挖掘。在这一章中，我将从社会、经济和哲学因素入手，考察科学，特别是生物科学，如何成功宣称自己代表公共利益。

随着传统制造业的衰落，以及注重创新价值的新生产模式的兴起，培育"生物经济"是大多数国家的关键目标（Cooper and Waldby 2014）。在英国，这些经济压力导致了相对宽松的生物技术监管政策（Dickenson 2015b）。在其他地方，干预监管生物技术行业的政府机构发现自己受到了抨击：例如，在美国食品和药物管理局（FDA）对零售基因公司23 and Me的营销颁布禁令后，受到了部分公众的口诛笔伐（Shuren 2014）。恰恰相反，在美国食品和药物管理局的药物基因组学政策案例中（Hogarth 2015），以及在发达国家和发展中国家的其他地方（Sleeboom-Faulkner 2014），监管机构有时被"俘获"，以至于与生物科技产业结成共同体。值得注意的是，在反对限制性专利的主要案例中，被告不仅包括持有专利的生物技术公司和大学，还包括运维如此专利许可制度的美国专利和贸易办公室（Association for Molecular Pathology 2013）。

我首先研究了英国最近的一项案例：其中，尽管这项技术中涉及的种系基因治疗实际上可能危及后代的公共利益，所谓的"线粒体转移"或三亲体外受精仍然得到了议会的批准。在这种情况下，政府、医疗慈善机构和研究科学家成功地掌握了科学进步的话语权，打破了反对改变人类种系的国际共识，尽管一些观察者（包括我自己）认为该项目真正的动机更多地与英国的科学竞争力有关，而不是与国家公共利益有关。在这个案例之后，我将对公共利益的概念背景进行分析。最后，我将审视"生物医学公地"这个独立但又相关的概念。这一概念为如何更好地监管生物技术以促进公共利益提供了具体的例证。

二 三亲体外受精：人类基因组和公共利益

137

2015年，英国议会被要求就允许新生殖医学技术的法规进行投票。这些新生殖医学技术旨在允许患有线粒体疾病的妇女生育与其本人有基因联系的孩子，这些孩子遗传该疾病的可能性较小。这些技术，前核转移和母体纺锤体转移，广泛涉及使用来自两个女人和一个男人的配子和脱氧核糖核酸。因为英国《1990年人类受精和胚胎学法案》（UK Human Fertilization and Embryology Act of 1990）规定，用于生育治疗的卵子、精子或胚胎不得有基因改变（s 3ZA 2-4），这一技术需要议会投票通过。通过将来自患有线粒体疾病的女性的卵子的细胞核转移到具有正常线粒体的另一个女性的健康卵子中，然后进一步促进转入细胞核的卵子的生长，这种行为将违反该法律。（术语"三亲体外受精"实际上比支持者所说的"线粒体转移"更准确,因为被转移的并不是线粒体。)然而,1990 年法案第 3ZA(5)条(2008 年修订)确实有可能允许通过法规,规定如果卵子或胚胎所经历的操作旨在防止线粒体疾病的传播,则该卵子或胚胎可以被归入允许的类别。

改变卵子的基因组成引起了人们的关注,因为任何改变都会传到下一代。正是线粒体基因的持久性使得祖先和遗传特征能够从后代追溯到母系(例如,最近的理查德三世尸体的鉴定案)。即使这些改变是有益的,在这个过程中所犯的任何错误或随后发生的突变都会在随后出生的孩子身上持续下去。因此,生殖细胞系基因工程被其他40 多个国家和多个国际人权条约禁止,包括欧洲委员会《生物医学公约》(Council of Europe 1997)。这一国际共识表明,保持人类基因组完整被广泛视为一种公共利益,这与 1997 年教科文组织《世界人类基因组与人权宣言》中的声明一致,即人类基因组是"人类的共同遗产"(UNESCO 1997)。该宣言得到了所有 77 个国家代表团的一致通过,并声称"人类基因组是人类大家庭所有成员基本团结的基础,也是对其固有尊严和多样性的承认"。

科学家们对这项技术表示担忧,因为并非所有有缺陷的线粒体都能保证被替换。即使是极小比例的突变线粒体也可能优先在胚胎中复制(Burgstaller and others 2014),从而给出生的孩子带来严重的问题,并有可能将这些突变转移给后代。也有人担心缺138 乏人体实验证据。正如纽约大学医学院妇产科教授大卫·基夫(David Keefe)在提交给人类受精和胚胎学机构(HFEA)的警告性报告中所说,"这些技术在猕猴和人类身上的应用代表了早期工作的诱人进展,但展现的技术精湛不应让我们忽视这些技术的潜在危害,也不应高估它们的适用范围"。美国俄勒冈州科学家在一些人类卵子中观察到了异常受精,他们之前对猴子的研究没有预料到这一结果(Tachibana and others 2012)。其他科学家也得出结论,"现阶段将这项技术引入临床还为时过早"(Reinhardt and others 2013)。

最后也当然是最重要的是,这项技术将要求健康卵子的捐献者接受卵巢刺激和提取的潜在危险程序。美国国立卫生研究院已经在"2009 年干细胞研究指南"中就这一程序向科学家提出警告。但 HFEA 咨询文件的执行摘要掩盖了这一要求,称"技术将涉及健康线粒体的捐赠",而没有提到仅有卵子中的线粒体才能满足要求。

美国食品和药物管理局(FDA)的细胞、组织和基因治疗咨询委员会(Cellular, Tissue and Gene Therapies Advisory Committee)在 2014 年 2 月开会时,已经决定不允许使用这种技术,因为科学还不够先进,并表示"风险的全貌⋯⋯尚未明了"(Stein 2014)。这些讨论提出了一系列令人不安的情形,包括操作导致的突变线粒体基因携带,以及线粒体基因和核基因之间相互作用的中断。在设计有意义和安全的试验方面,也有令人生畏的挑战,因为怀孕和分娩对最有可能成为该技术试验人员的妇女构成严重的健康风险。在一份总结声明中，美国食品和药物管理局主席埃文·斯奈德博士（Dr Evan Snyder）将"委员会的见解"描述为"可能没有足够的动物或体外数据，来支撑进行人体试验"。据他所言，围绕临床前数据，在基础转录及基本科学方面，仍有担忧。然而，这一决定在英国被描述为美国食品和药物管理局（FDA）尚未决定是否继续进行。2014年6月，美国食品和药物管理局在听证会四个月后发布的一份HFEA专家小组报告称，"美国食品和药物管理局尚未决定是否批准此类试验"（HFEA，2014）。事实上，美国机构已经决定不再继续——直到临床科学被更好地完善。

在英国，这些技术被吹捧为该国研究人员的创举，也是脆弱父母群体的救命稻草。英国最大的生物医学研究慈善机构惠康信托（Wellcome Trust）已经"在改变法律的背后投入了相当大的政治影响力"（Callaway 2014）。英国首席医疗官萨莉·戴维斯（Sally Davies）女士在向议会介绍修订条例草案时声称：

> 科学家们开发了突破性的新方法，可以阻止这些疾病的传播，给许多试图阻止他们未来的孩子遗传这些疾病的家庭带来希望。只有尽快尝试引入这种救命的治疗方法，才是正确的（UK Department of Health 2014: sec 2.1）。

事实上，这些技术不会拯救任何生命：充其量，它们可能允许受影响的女性生下基因相联系的孩子，遗传线粒体疾病的几率较小（而不是没有）。

卫生署咨询文件声称：

> 该提议的预期效果是：（1）能够安全有效地治疗线粒体疾病；（2）确保只有那些极有可能生下患有严重线粒体疾病的孩子的母亲才能够接受治疗；（3）表明英国希望站在医疗技术前沿的愿望（UK Department of Health 2014: annex C）。

但是，这些被提议的技术并不是治疗方法，实证的安全证据仍旧缺乏，而且许多患有线粒体疾病的女性否认有任何使用这些技术的意愿。正如我和我的一位同事在《新科学家》（New Scientist）中写道："如果缺乏安全证据，如果少数受益者可能面临风险，那么匆忙解除禁令的真正动机只有一个：使英国处于科学研究的前沿"（Dickenson and Darnovsky 2014：29）。为了避免这一判断听起来太像阴谋论，英国卫生部副部长简·埃里森（Jane Ellison）在英国下议院作证时，已然在展望英国的科学竞争力："技术创新的使用也将使英国保持在这一领域科学发展的前沿，并证明英国在推动尖端科学突破方面仍然是世界领先的"（HC Deb 12 March 2014）。

尽管HFEA声称新技术已经获得了"广泛支持"，但调查公司ComRes对2031人的调查显示，大多数接受调查的妇女实际上反对这些技术（Cussins 2014）。然而，大众利益的声音却被那些支持这种技术的人成功地运用到了媒体中。有时这是通过寻求对无法治疗的线粒体疾病患者的自然同情来实现的（例如，Callaway 2014）。反对者落个冷酷无情的名声，尽管，同样有理由认为，在没有临床试验和没有后续研究要求的情况下，利用这样的弱势患者是错误的。请求治疗的患者并没有大幅增加：卫生部的咨询文件承认每年涉及的病例不超过 10 例（UK Department of Health 2014：41）。尽管科学本身对所谓的"线粒体转移"的有效性和安全性存在程序上的担忧和分歧，但这种新技术为公共利益服务的理念在议会中获得了通过。2015 年 1 月，英国下议院以压倒多数投票允许生殖诊所使用这些生殖细胞系基因工程技术。提案于同年 2 月获得上议院的批准，从而从同年秋季开始许可 HFEA 使用该技术。

140

三　公共利益：概念分析

为什么，面对许多科学家在功效和安全性上的怀疑，这一研究仍然得以宣称自己代表公共利益？对卵子提供者的伤害、对潜在后代的伤害、对特定利益群体的伤害，以及对社会的伤害，都引起了人们的深切担忧（Baylis 2013）。为什么政府和媒体都倾向于这种新的生物技术？培育生物经济和提升英国的科学竞争力很可能是一个因素，但为什么对这个目标没有更广泛的异议呢？相反，正如弗朗索瓦兹·贝利斯（Françoise Baylis）所说：

> 在我们的世界里——一个无所顾忌的自由主义世界，生殖权利被狭隘地理解为不受干涉的自由、甚嚣尘上的消费主义、全球性生物开发、技术狂和对失败毫不畏惧的傲慢——没有任何基因或生殖技术看起来太危险或太越轨（2014：533）。

如果保持人类种系的完整不构成公共利益，什么才是公共利益？为什么罕有英国生物伦理学家在这个案例中提出这一点？我们可能期望生物伦理学对新生物技术（如三亲体外受精）自动服务于公共利益的假设进行了仔细的分析。毕竟，这种技术的大多数原初实践者，以及研究这种技术的许多学者都接受过分析哲学训练，让他们得以胜任此类分析。然而，一些观察家指责生物伦理在这方面的松懈。医学社会学家约翰·埃文斯（John Evans）认为，生物伦理学领域不再是批判性和独立的；相反，"它已经在医学巨鳄的肚子里谋得一席之地"，与商业化的现代生物技术形成了"复杂和共生的关系"：生物伦理学不再是（如果曾经是）一场不受约束的反对和社会批判的改革运动（Evans 2010：18-19）。

尽管埃文斯（Evans）的写作并不属于这一领域，但一些非常著名的生物伦理学家持相似的观点：最著名的是丹尼尔·卡拉汉（Daniel Callahan）。卡拉汉正是在为

公共利益服务的问题上，对生物伦理学自 20 世纪 60 年代末创立以来的发展进行了
批判；当时，生物伦理学创立的目的即是保护研究对象和确保病人的权利。正如卡
拉汉所写：

> 部分是作为时代和这些问题的反映，该领域开始关注自治和个人权利，自由
> 个人主义成为主导意识形态……作为一种另类意识形态，社群主义更多着眼于公
> 共利益而不是自治，但其是一种被忽视的路径（2003：496）。

导致这种发展的部分原因是"假定在一个多元化社会中，我们不应试图对公共利益形
成任何丰富的、实质性的看法"（Callahan 1994：30）。在这种被广泛接受的多元主义
观点中，我们所能做的最好的事情，是建立一种以公开和透明程序为公共利益服务的
机构；在这种程序中，可以辩论和包容关于利益和收效的、更具实质性的相互竞争的
概念。但在英国的案例中，甚至连这种最基本的程序性的公共利益概念都没有得到解
释说明。在急于提升英国科学竞争力的过程中，磋商过程存在着深刻的缺陷：例如，
2014 年 3 月，公众只有两周的时间提交任何有关安全的新证据。HFEA 审查小组随后
得出结论，新技术"并非不安全"（HFEA 2014），尽管年内早些时候，美国食品和药
物管理局听证会厘定了相应安全问题。

卡拉汉将主导生物伦理学的自由个人主义视为一种意识形态，而非道德理论
（Callahan 2003：498）。他指出，这种对自治的教条，与对消除任何可能阻碍生物医
学进步的限制的类似意识形态彼此结合。人们可能会说，这两者都是政治自由主义观
点的一个方面，而政治自由主义观点通常不信任监管。这种观点认为，就新生物技术
而言，存在无罪推定。正如卡拉汉描述的这一假设的操作：

> 如果一些人需要一项新技术，那么他们有权使用这项技术，除非有确凿的证
> 据（而不是推测性的可能性）表明这项技术是有害的；由于在技术尚未部署和使
> 用的情况下无法提供这种证据，因此可以部署该技术。这条规则实际上意味着，
> 我们其余的人被个人的欲望和自由个人主义对技术的压倒性偏见所挟持，这就产
> 生了一个非常难以对抗的对技术有利的假设（2003：504）。

生物伦理学中占主导地位的自由个人主义也拥有"对综合的人类利益概念的强烈反
感"（Callahan 2003：498）。这并不令人感到意外：自由个人主义以"权利对话"为中
心，其前提是个人之间存在不可避免且相互冲突的权利主张（Glendon 1991）。这一
形象的极端之处在于霍布斯（Hobbes）把人比喻成蘑菇，"刚从土里冒出来"，只有最
脆弱的根才能把人联系在一起。自由个人主义的矛盾之处在于，它既反对公共利益的

142　概念，又把科学进步作为一种最高价值来推动，而科学进步隐性地促进了公共利益。然而，这种不一致之处却无人提及。

在自由主义世界观中，公共利益的概念本质上是有问题的，在该世界观中，除了个人完全不同的目标之外，没有任何其他的利益；个体目标之间，充其量只是通过社会契约恰好重合。霍布斯如此坦白道："没有《旧道德哲学之书》（*Books of the Old Moral Philosopheres*，1914：49）中提到的终极目的（utmost ayme），或者至善（greatest Good）。"在这里，霍布斯明确拒绝托马斯的概念，即法律的目标是公共利益，而不仅仅是各种私人利益的总和（Keyes 2006；Ryan 2012：254）。

公共利益的先哲，不是对英语世界影响最大的自由主义理论家，如霍布斯、斯密、洛克或密尔，而是亚里士多德、阿奎那和卢梭（Keyes 2006）。在《政治学》第三卷中，亚里士多德将正义国家区分为追求全体公民公共利益的政体，而不是只追求个人利益的政体。亚里士多德说，民主也会像独裁或寡头政治一样，受促进私人利益的趋势的影响；事实上，他认为"民主（democracy）"是腐败或不正当的政府形式。公共利益支持好政权类型（王权、贵族和宪政或政体）的程度及公共利益支持坏政权类型（暴政、寡头和民主）的程度："因为暴政是一种君主政体，它只考虑君主的利益；寡头政治着眼于富人的利益；"民主（democracy）"只在意贫困者的利益，他们都不是所有人的公共利益"（Aristotle 1941：1279b 6–10）。与自由主义社会契约论者不同，亚里士多德将人视为"政治动物"，人因其固有的社会性质和公共利益而聚集在一起生活，这是个人和国家的主要目的（Aristotle 1941：1278b 15–24）："结论是显而易见的：关心公共利益的政府是根据严格的正义原则组成的，因此是正当的形式；但是那些只关心统治者利益的政府，都是有缺陷的和不正当的形式"（Aristotle 1941：1279a 17–21）。

尽管亚里士多德基于政权滥用公共利益这一维度建立了他的政府类型学，但对于现代读者来说，他的方案容易受到谁首先决定什么构成公共利益的问题的影响。对亚里士多德本人来说，这实际上不是一个问题：公正的社会是使人类繁荣并促进美德的社会。追求这些目标的政体是由一个人、几个人还是许多人统治，这与他无关。在亚里士多德的框架中，我们也不能把公共利益说成是由统治者决定的，而是只能由他们来实现。

西方自由主义的兴起当归功于这一经典图景（Siedentop 2014），并强化了人的利益不会先于社会本身的观念。除了生命（霍布斯）或财产（洛克）的最低保护水平，作为促使我们签订社会契约的目标，自由主义理论中没有预先存在的公共利益：只有

143　个体在讨论创造国家的社会契约时同意的利益。卢梭在讨论普遍志时，为英国理论家提供了一种不同的公共利益的表述，但保留了社会契约的概念。

"公共利益"是真正民主的基础，还是与透明度和问责制对立？"为公众利益而行动"的概念只是政府非法行动的遮羞布吗？当然，最执着于这个问题的政治理论家

是马克思，《共产党宣言》（ *The Communist Manifesto* ）把国家政权表述为"管理整个资产阶级的共同事务的委员会"（Marx and Engels 1849）。国家最终依赖于那些拥有和控制生产力的人。事实上，"国家本身已经成为所有权的对象；官僚和他们的上级把国家作为一部分财产来控制"（Ryan 2012：783）。然而，在马克思的其他著作中，特别是在《路易·拿破仑的雾月十八日》（ *The Eighteenth Brumaire of Louis Napoleon* ），马克思认为国家部分独立于支撑它的阶级利益（Held 1996：134）。马克思的两条思路都与生物技术的监管相关：我们需要警惕新生物技术背后的经济利益——什么可能被称为"科学——工业综合体"（Fry–Revere 2007）——但我们不应怯懦地认为，国家不能因为没有自主权而不对它们采取任何监管措施。这是一个自我实现的预言。

正如克劳斯·奥菲（Claus Offe）警告的那样（也许是考虑到国会纵火案或水晶之夜 [①] ）："在极端情况下，政治精英可以利用公共利益言论（也许是通过诉诸民粹主义煽动），作为在正式层面废除既定权利的工具，特别是指称某些群体"滥用"了某些权利（2012：8）。自由主义政治理论传统上正是基于这些理由而不信任公共利益，至多允许它作为人们偏好中的最低共同标准（Goodin 1996）或"主导目的"（Rawls 1971）。但是，公共利益不仅仅是个人偏好的总和，也不仅仅是功利主义的"最多数人的最大幸福"。这种相加的总和更接近卢梭所说的"全体意志"（the will of all），而不是"普遍意志"（Universal will）或公共利益（commen good）。

我们可以在一个现代的例子——气候变化中非常清楚地看到这种区别。将大部分化石燃料储备留在地下肯定有助于避免全球变暖，但尽可能多地消耗石油的个人偏好的总和正迅速将我们引向致命的相反方向。2015年6月教皇发布了通谕《关心我们的共同家园》，在这方面有意使用了公共利益的表达："气候是一种公共利益，属于所有人，对所有人都有意义"（Encyclical Letter Laudato Si' of the Holy Father Francis 2015）。正如奥菲（Offe）所说，我们需要一个公共利益的概念，这个概念既包括我们自己的利益，也包括后代的利益：比如可持续性（2012：11）。然而，一种极端但自相矛盾的自由意志主义声称，谈论公共利益会损害公共利益（Offe 2012：16）。也许这就是为什么我们很少谈论科学进步是唯一获得普遍接受的公共利益形式这一假设。然而，生物技术监管政策常常是基于这种隐含的假设制定的，正如英国的案例研究所证明的那样。

尽管公共利益的概念在自由主义理论中并不显眼，但在实践中，自由民主如果没有某种共同性就无法生存："自由宪政国家是由它自己无法保证的基础滋养的——也就是那些面向公共利益的公民取向"（Offe 2012：4；Boeckenfoerde 1976）。罗伯特·普特南（Robert Putnam）颇具影响力的著作《独自打保龄》（ *Bowling Alone,*

144

---

① 译者注。

Putnam 2000）认为，美国的自由民主在战后时期最为健康，当时，一种残余的共同价值观和经验被认为促进了公民的积极行动和对政府的信任。尽管笔者一直批评这种观点（Dickenson 2013），因为它把20世纪50年代描绘得过于乐观，但笔者认为普特南说自由民主需要团结是正确的。这一价值对于说英语的国家来说有些陌生，但在其他地方却很容易得到认可：例如，它是法国生物伦理学的核心（见 Dickenson 2005，2007，2015a）。

科学进步可能同样可以充当社会黏合剂，发挥类似于团结在法国所发挥的作用。然而，如果是这样，我们仍然需要检查它是否真正促进了共同福利。在三亲体外受精的案例中，笔者认为科学进步并没有促进公共福利。相反，科学进步的说辞被用来推广一种新技术，这种新技术可能对未来的世代产生不利影响。虽然人们常说自由民主必须符合程序性而非实质性的公共利益概念，但这一案例研究也表明，即使是这一标准也可能以科学进步的名义遭到违背。在监管新生物技术方面，我们可以做得更好。

四　公共利益和生物医学公共资源

尽管主流生物伦理仍然以强调个人权利、生殖自由和选择为主导，但在重申更多社群价值观方面，已有实质性进展。其中包括成功实施的建立各种形式的生物医学公共资源的提议，特别是与人类基因组有关的部分，其提议将这些公共资源作为人类共同遗产保护起来（Ossorio 1997）。学术哲学家、律师和神学家使用了公共利益的论点来支持将基因组视为公共财产的一种形式（例如，Shiffrin 2001；Reed 2006），尽管有些人已经区分了整个基因组和单个基因（Munzer 2002）。1975年霍华德·希亚特（Howard Hiatt）首次提出了适用于人体组织和器官的"公域"概念，但现在它的应用范围更广，其相关性至关重要。正如笔者在最近出版的《我的医学与我们的医学》（ *Me Medicine vs. We Medicine* ）一书中所写的，"为了公共利益而恢复生物技术将涉及恢复公共资源。笔者知道这是一个很高的要求，但是我们已经在采取的行动让我们有理由乐观。"（Dickenson 2013：193）。

然而，具有讽刺意味的是，恢复公共资源作为一种策略，有可能遭到以公共利益为名的公开的反对。亚里士多德警告说，在退化的政体中，公共利益往往会被部门或阶级利益扭曲。公地也容易被私人利益滥用。这就是所谓的"公地悲剧"（Hardin 1968），它源于每个拥有公地的人过度使用公地的诱惑。这种诱惑被推向极端会导致共同资源这种公共利益的枯竭。我们可以把公地悲剧和公共利益之间的这种潜在紧张关系想象成卢梭反对全体意志和普遍意志，气候变化的例子就说明了这一点。但是"公地悲剧"到底有多真实呢？

现代生物医学确实有一种趋势，将人类基因组或公共生物库视为"商用免费生物资料的开放来源"（Waldby and Mitchell 2006：24）。当这是以"开放获取"这个有吸引力的名称来实现，但可以说更多的是为了公司利益时，生物医学公共资源不一定服务于公共利益。面对有影响力的反方论点，最好记住这一警告，例如，为了使全基因组分析取得进一步进展，研究伦理需要减少或放弃对研究对象的隐私、同意和保密等的传统保护，转而支持"公开同意"的概念（Lunshof and others 2008）。我们需要问谁受益最大：这些提议是符合公共利益还是私人利益（Hoedemaekers, Gordijn, and Pijnenburg 2006）？除非我们相信科学进步自动服务于公共利益——笔者在第 1 节中反驳了这一简单假设——否则我们应该怀疑是否要牺牲病人和研究对象经过一番努力才获得的相对有限的保护。这些"开放获取"的提议完全符合埃文斯（Evans）的主张，即主流生物科技现在位于"鲸鱼肚子里"。知情同意协议中保护措施的任何放松都应通过更严格的生物库治理中的对等形式来平衡，包括承认研究对象和公众是一个整体（O'Doherty and others 2011）。

尽管如此，将"公地悲剧"的观点应用于人类基因组通常是不合适的，因为人类基因组本来就是不可竞争的。很难想象有人会"过度使用"人类基因组。事实上，相反的困境经常困扰着现代生物医学："反公地的悲剧"（Heller 1998）。任何共有资源都有两种可能受到威胁的方式：要么是个人共有资源可能会因占有超过其公平份额而危及共有资源，要么是有价值的共有资源可能会全部或部分变成私人物品，从而剥夺先前的权利持有人的份额（Dickenson 2013：194）。在现代生物技术中，特别是在基因组方面，第一种风险比第二种风险小得多。

当有价值的公共财产转化为私人财富时，就像在英国圈地和苏格兰禁猎期间发生的那样，问题不是过度使用，而是利用不足，这是由于对以前拥有资源使用权的人施加了新的限制。这些公地使用者通常构成一个特定的阶级，而不是整个人口群体（Harris 1996：109），但对于整个社群来说，他们拥有权利的公地比取代它的完全私人的系统更接近于公共利益。以农业为例，农民被剥夺了放牧动物的公共权利，并最终被剥夺了生计和家园。土地转而用作商业化的养羊或牧鹿，但是羊毛市场的崩溃和贵族庄园农业人口的减少导致土地未得到充分利用，村庄被遗弃（Boyle 1997, 2003）。

未充分利用如何适用于基因共享？在限制性基因专利的例子中，已经取得基因专利的公司或大学——不仅仅是诊断试剂盒或与这些基因相关的药物——能够使用限制性许可来阻止其他研究人员开发竞争产品。他们还能够向患者收取高额的垄断性费用，因此，如果患者负担不起费用或者患者的保险人不支付费用，那么许多想要并需要使用诊断测试的患者就无法获得这些测试。"Myriad 公司的决定"（The Myriad decision）（Association for Molecular Pathology 2013）逆转了"反公地悲剧"的许多方面，在这场成功的群体主义运动中，研究人员、患者、医学专业团体、美国公民自由联盟（American Civil Liberties Union）和南方浸礼协会（Southern Baptist Convention）

组成"彩虹联盟"（rainbow coalition），成功地推翻了限制性的BRCA1和BRCA2专利。

　　Myriad公司原告的成功是一个令人鼓舞的进展，有助于巩固生物技术监管中的公共利益概念；另一个是慈善信托模式（Gottlieb 1998；Winickoff and Winickoff 2003；Otten，Wyle，and Phelps 2004；Boggio 2005；Winickoff and Neumann 2005；Winickoff 2007）。这一模式已经在美国的一个州生物库实施（Chrysler and others 2011），通过给予研究参与者与个人信托受益人类似的地位，隐含地纳入了研究参与者公共利益的概念。正如受托人因须以受益人的利益行事而限制了他们对储存在信托中的财富的行为，慈善信托模式限制了生物库经理从资源中获利或将其出售给商业公司的权利。强有力的问责机制取代了对科学进步的管理或奉献的模糊保证。

　　尽管所涉及的群体不如普通公众广泛——正如农民被限制在特定的地方或庄园——慈善信托模式承认大规模基因组研究的合作性质，超越了以更类似于公共利益的名义的个人主义模式。实际上，慈善信托模式创造了一种新的形式，赋予普通人对资源的特定权利。尽管这些权利没有达到完全归属的程度，但这些程序性保障可能对缓解生物库捐赠者已有的担忧（Levitt and Weldon 2005）有很大帮助（从事研究或拥有由此产生的资源的人，配不上他们的利他精神）。

　　更笼统地说，我们可以将传统的公地理论转化为一个包括基因组及捐赠人组织的模型：将基因组和组织作为"固有的公共财产"（Rose 1986），即所有的资产，无论其正式所有权是由公共机构还是私人持有，大众都具有公共使用权。公共资源所体现的差异化财产模式，不是单一所有者的独霸和专制统治，而是包括实物占有、使用、管理、收入和保障安全不被丢失在内的"权益束"（Hohfeld 1978；Honoré 1987；Penner 1996），其中许多是由享有权利的更广泛的人共同享有。物权法可以为促进共有和分享的类似公共结构提供基础，而不仅仅是保护个人主义占有："因此，除了排斥和排他性，财产也是包容的、共享的乐土"（Dagan 2011：xviii）。

　　原住民一直站在迫使生物医学研究人员考虑到公共利益的运动的前沿。在汤加（Tonga），一场当地抵抗运动迫使政府取消了与一家澳大利亚私人公司的协议，该公司为糖尿病研究收集组织样本，取消的理由是社区群体并未真正同意。许多原住民意识到他们的集体血统是基因组的合法拥有者，因此他们拒绝接受仅由个人同意捐赠DNA的想法。当美国印帝安部落欧及布威（Ojibwe）小说家路易丝·厄德里奇（Louise Erdrich）考虑将一份基因样本发送到网上进行基因分析时，她的家人提醒她："路易丝，这不是你能给的"（Dickenson 2012：71）。2010年，美国亚利桑那州北部的哈瓦苏派部落（Havasupai）赢得了一场法律战，他们声称有集体权利质疑，并拒绝大学研究人员对他们的基因数据所做的事情。像汤加（Tonga）人和欧及布威人一样，他们呼吁公共利益的概念，反对狭隘的个人主义知情同意概念。

　　这里必须警惕这些充满希望的发展，尽管它强调了公共资源在现代生物技术中的相关性。私营公司已经在创造一个令人惊讶的新的异常现象：人类组织和基因信息中的"公司共有物"（Dickenson 2014）。新的"公司公地"并不是一种共同创造和共同拥有的资源，尽管攫取了许多人劳动的价值，它却是私有的。在脐带血库（Brown，Machin，and McLeod 2011；Onisto，Ananian，and Caenazzo 2011）、零售遗传学（Harris，Wyatt，and Kelly 2012）、生物样本库（Andrews 2005）中，我们可以看到这种现象的新兴例子。这种新的公司形式的"公地"不允许出力建设并维护公地者获得使用权和用益权。因此，亚里士多德的古老关切与生物医学中的公共利益相关（Sleeboom-Faulkner 2014：205）：特定利益对公共利益的扭曲。公共利益和企业"公共资源"可能不一定是对立的，但至少可以说，如果它们重合，那将是令人惊讶的。

　　尽管普遍存在反对监管的新自由主义假设，但适当和仔细分析公共利益的概念后，我们始终要考虑监管新技术的可能性。这并不一定意味着我们将决定进行监管，而是监管的选择必须至少摆在桌面上，这样我们就可以就此进行理性和透明的公开辩论（Nuffield Council on Bioethics 2012）。反对生物伦理学在规范生物技术中发挥任何作用的人——那些认为生物伦理学应该"让开"的人——冒着以不民主的方式扼杀辩论的风险。在我看来，这本身就与公共利益背道而驰。

【参考文献】

Andrews L, 'Harnessing the Benefits of Biobanks' (2005)33 Journal of Law, Medicine and Ethics 22

Aristotle, *The Politics*, in Richard McKeon (ed), *The Basic Works of Aristotle* (Random House 1941)

Association for Molecular Pathology and others v Myriad Genetics Inc and others, 133 S Ct 2107 (2013)

Baylis F, 'The Ethics of Creating Children with Three Genetic Parents' (2013)26 Reproductive Biomedicine Online 531

Boeckenfoerde E, *Staat, Gesellschaft, Freiheit: Studien zur Staatstheorie und zum Verfassungsrecht* (Suhrkamp 1976)

Boggio A, 'Charitable Trusts and Human Research Genetic Databases: The Way Forward?' (2005)1(2) Genomics, Society, and Policy 41

Boyle J, *Shamans, Software, and Spleens: Law and the Construction of the Information Society* (Harvard UP 1997)

Boyle J, 'The Second Enclosure Movement and the Construction of the Public Domain' (2003)66 Law and Contemporary Problems 33

Brown N, L Machin, and D McLeod, 'The Immunitary Bioeconomy: The Economisation of Life in the Umbilical Cord Blood Market' (2011)72 Social Science and Medicine 1115

Burgstaller J and others, 'mtDNA Segregation in Heteroplasmic Tissues Is Common in Vivo and Modulated by Haplotype Differences and Developmental Stage' (2014)7 Cell Reports 2031

Callahan D, 'Bioethics: Private Choice and Common Good' (1994)24 Hastings Center Report 28

Callahan D, 'Individual Good and Common Good' (2003)46 Perspectives in Biology and Medicine 496

Callaway E, 'Reproductive Medicine: The Power of Three' (*Nature*, 21 May 2014)<www. nature.com/ news/reproductive-medicine-the-power-of-three-1.15253> accessed 4 December 2015

Chrysler D and others, 'The Michigan BioTrust for Health: Using Dried Bloodspots for Research to Benefit the Community While Respecting the Individual' (2011)39 Journal of Law, Medicine and Ethics 98

Cooper M and C Waldby, *Clinical Labor: Tissue Donors and Research Subjects in the Global Bioeconomy* (Duke UP 2014)

Council of Europe, 'Convention for the Protection of Human Rights and Dignity of the Human Being with regard to the Application of Biology and Medicine: Convention on Human Rights and Biomedicine' (Oviedo Convention, 1997)<http://conventions.coe.int/ Treaty/en/Treaties/Html/164. htm> accessed 4 December 2015

Cussins J, 'Majority of UK Women Oppose Legalizing the Creation of "3-Person Embryos" ' (*Biopolitical Times*, 19 March 2014)<www.biopoliticaltimes.org/article.php/article.php? id=7611> accessed 4 December 2015

Dagan H, *Property: Values and Institutions* (OUP 2011)

Encyclical Letter Laudato Si' of the Holy Father Francis on Care for our Common Home (Vatican. va, June 2015)<http://w2.vatican.va/content/francesco/en/encyclicals/docu- ments/papa-francesco_20150524_enciclica-laudato-si.html>

Dickenson D, 'The New French Resistance: Commodification Rejected?' (2005)7 Medical Law International 41

Dickenson D, *Property in the Body: Feminist Perspectives* (CUP 2007)

Dickenson D, *Bioethics: All That Matters* (Hodder Education 2012)

Dickenson D, *Me Medicine vs. We Medicine: Reclaiming Biotechnology for the Common Good* (CUP 2013)

Dickenson D, 'Alternatives to a Corporate Commons: Biobanking, Genetics and Property in the Body' in Imogen Goold and others, *Persons, Parts and Property: How Should We Regulate Human Tissue in the 21st Century?* (Hart 2014)

Dickenson D, 'Autonomy, Solidarity and Commodification of the Body' (Autonomy and Solidarity: Two Conflicting Values in Bioethics conference, University of Oxford, February 2015a)

Dickenson D, 'Bioscience Policies' in *Encyclopedia of the Life Sciences* (Wiley 2015b)DOI: 10.1002/9780470015902.a0025087 accessed 4 December 2015

Dickenson D and M Darnovsky, 'Not So Fast' (2014)222 New Scientist 28

Elliott C, *White Coat, Black Hat: Adventures on the Dark Side of Medicine* (Beacon Press 2010)Evans C, 'Science, Biotechnology and Religion' in P. Harrison (ed), *Science and Religion* (CUP 2010)

Fry-Revere S, A Scientific-Industrial Complex' *(New York Times, 11* February 2007)<www. nytimes. com/2007/02/11/opinion/nyregionopinions/11WEfry-revere.html> accessed 4 December 2015

Glendon M, *Rights Talk: The Impoverishment of Political Discourse* (Free Press 1991)Goldacre B, *Bad Science* (Fourth Estate 2008)

Goldacre B, *Bad Pharma: How Drug Companies Mislead Doctors and Harm Patients* (Fourth Estate 2012)

Goodin R, 'Institutionalizing the Public Interest: The Defense of Deadlock and Beyond' (1996)90 American Political Science Rev 331

Gottlieb K, 'Human Biological Samples and the Law of Property: The Trust as a Model for Biological Repositories', in Robert Weir (ed), *Stored Tissue Samples: Ethical, Legal and Public Policy Implications* (University of Iowa Press 1998)

Hardin G, 'The Tragedy of the Commons' (1968)162 Science 1243

Harris A, S Wyatt, and S Kelly, 'The Gift of Spit (and the Obligation to Return It): How Consumers of Online Genetic Testing Services Participate in Research' (2012)16 Information, Communication and Society 236

Harris J, *Property and Justice* (OUP 1996)

Harris J, 'Scientific Research Is a Moral Duty' (2005)31 Journal of Medical Ethics 242 HC Deb 12 March 2014, vol 577, col 172WH

Healy D, *Pharmageddon* (University of California Press 2012)

Held D, *Models of Democracy* (2nd edn, Polity Press 1996)

Heller M, 'The Tragedy of the Anticommons: Property in the Transition from Marx to Markets' (1998)111 Harvard L Rev 621

Hiatt H, 'Protecting the Medical Commons: Who Is Responsible?' (1975)293 New England Journal of Medicine 235

Hobbes T, *Leviathan* (Dent & Sons 1914)

Hoedemaekers R, B Gordijn, and B Pijnenburg, 'Does an Appeal to the Common Good Justify Individual Sacrifices for Genomic Research?' (2006)27 Theoretical Medicine and Bioethics 415

Hogarth S, 'Neoliberal Technocracy: Explaining How and Why the US Food and Drug Administration Has Championed Pharmacogenomics' (2015)131 Social Science and Medicine 255

Hohfeld W, *Fundamental Legal Conceptions as Applied in Judicial Reasoning* (Greenwood Press 1978)

Honore A, 'Ownership, in *Making Law Bind: Essays Legal and Philosophical* (Clarendon Press 1987)

Human Fertilisation and Embryology Authority (HFEA), 'HFEA Publishes Report on Third Scientific Review into the Safety and Efficacy of Mitochondrial Replacement Techniques' (3 June 2014)<www.hfea.gov.uk/8964.html> accessed 4 December 2015

Keyes M, *Aquinas, Aristotle, and the Promise of the Common Good* (CUP 2006)

Levitt M and S Weldon, 'A Well Placed Trust? Public Perception of the Governance of DNA Databases' (2005)15 Critical Public Health 311

Lunshof J and others, 'From Genetic Privacy to Open Consent' (2008)9 Nature Reviews Genetics 406 <10.1038/nrg2360> accessed 4 December 2015

Marx K and F Engels, *The Communist Manifesto* (1849)

Munzer S, 'Property, Patents and Genetic Material' in Justine Burley and John Harris (eds)*A Companion to Genethics* (Wiley-Blackwell 2002)

Nuffield Council on Bioethics, *Emerging Biotechnologies: Technology, Choice and the Public Good* (2012) 151

O'Doherty K and others, 'From Consent to Institutions: Designing Adaptive Governance for Genomic Biobanks' (2011)73 Social Science and Medicine 367

Offe C, 'Whose Good Is the Common Good?' (2012)38 Philosophy and Social Criticism 665

Onisto M, V Ananian, and L Caenazzo, 'Biobanks between Common Good and Private Interest: The Example of Umbilical Cord Private Biobanks' (2011)5 Recent Patents on DNA and Gene Sequences 166

Ossorio P, 'Common-Heritage Arguments Against Patenting Human DNA', in Audrey Chapman (ed), *Perspectives in Gene Patenting: Religion, Science and Industry in Dialogue* (American Academy for the Advancement of Science 1997)

Otten J, H Wyle, and G Phelps, 'The Charitable Trust as a Model for Genomic Banks' (2004)350 New England Journal of Medicine 85

Penner J, 'The "Bundle of Rights" Picture of Property' (1996)43 UCLA L Rev 711

Pinker S, 'The Moral Imperative for Bioethics' (*Boston Globe*, 1 August 2015)

Putnam R, *Bowling Alone: The Collapse and Revival of American Community* (Simon & Schuster 2000)

Rawls J, *A Theory of Justice* (Harvard UP 1971)

Reed E, 'Property Rights, Genes, and Common Good' (2006)34 Journal of Religious Ethics 41

Reinhardt K and others, 'Mitochondrial Replacement, Evolution, and the Clinic' (2013)341 *Science* 1345

Rose C, 'The Comedy of the Commons: Custom, Commerce, and Inherently Public Property' (1986)53 University of Chicago L Rev 711

Ryan A, *On Politics* (Penguin 2012)

Shiffrin S, 'Lockean Arguments for Private Intellectual Property' in Stephen Munzer (ed), *New Essays in the Legal and Political Theory of Property* (CUP 2001)

Shuren J, 'Empowering Consumers through Accurate Genetic Tests' (*FDA Voice*, 26 June 2014)

Siedentop L, *Inventing the Individual: The Origins of Western Liberalism* (Penguin 2014)

Sleeboom-Faulkner M, *Global Morality and Life Science Practices in Asia: Assemblages of Life* (Palgrave Macmillan 2014)

Stein R, 'Scientists Question Safety of Genetically Altering Human Eggs' (National Public Radio, 27 February 2014)

Tachibana M and others, 'Towards Germline Gene Therapy of Inherited Mitochondrial Diseases' (2012)493 Nature 627

UK Department of Health, 'Mitochondrial Donation: A Consultation on Draft Regulations to Permit the Use of New Treatment Techniques to Prevent the Transmission of a Serious Mitochondrial Disease from Mother to Child' (2014)

UNESCO, Universal Declaration on the Human Genome and Human Rights (1997)<http:// portal. unesco.org/en/ ev.php- URL_ ID=13177&URL_ DO=DO_ TOPIC&URL_ SECTION=201.html> accessed 4 December 2015

US Food and Drug Administration, 'Oocyte Modification in Assisted Reproduction for the Prevention of Transmission of Mitochondrial Disease or Treatment of Infertility'(Cellular, Tissue, and Gene Therapies Advisory Committee; Briefing Document;25-26 February 2014)

152 Waldby C and R Mitchell, *Tissue Economies: Blood, Organs, and Cell Lines in Late Capitalism* (Duke UP 2006)

Winickoff D, 'Partnership in UK Biobank: A Third Way for Genomic Governance?' (2007)35 Journal of Law, Medicine, and Ethics 440

Winickoff D and L Neumann, 'Towards a Social Contract for Genomics: Property and the Public in the "Biotrust" Model' (2005)1 Genomics, Society, and Policy 8

Winickoff D and R Winickoff, 'The Charitable Trust as a Model for Genomic Biobanks' (2003)12 New England Journal of Medicine 1180

第六章
法律、责任与大脑/意识科学

史蒂芬·J.摩斯（Stephen J. Morse）

姜　鹏　译

一　引言

　　苏格拉底曾提出一个著名的问题——人类应该如何生活。作为社会动物，我们曾　　153
设计出包括法律在内的许多制度引导我们的社交生活。法律也具有许多其他机制的主
要作用，包括道德、习俗、礼仪以及社会规范等。它们中的任意一种机制都会提供给
我们去按照特定的方式行事的原因，正如我们也需要与其他人共存那样。法律告诉我
们可以做什么，我们必须做什么以及我们不应当做什么。尽管法律类似于这些机制中
的其他机制，是在一个自由的民主国家中，被以民主的方式选出或被任命的官员创造
出来的，同时它也是这些制度中唯一得到国家强制力保障的机制。因此，法律适用于
主体在国家中的一切生活，并对其起着至关重要的作用。

　　这些关于法律的观点解释了为什么法律是一个完全关乎民众心理（Folk-
psychological）的机制。①规范与实践意味着将人类作为主体，例如有意根据理性做出
行为的生物，他们可以被理性所引导，而成年后在没有例外情形的情况下，有能力足
以为自己的理性推理而承担全部责任。我们都会理所当然地认为存在一种基准或者标
准模板，不仅是法律而且还包括整体的人际关系，包括我们如何向其他人，也包括如
何向我们自己，去解释我们自己。

　　关于人和个人责任的法律概念在整个现代科技时代一直都受到批判，但在过去的　　154

几十年里，在大脑和意识方面令人瞩目的科学成果和发现，尤其是新神经科学与在一个更小程度上的行为基因学，曾一度对这个标准的描述施加了前所未有的压力。例如，一篇于 2002 年发表在《经济学人》的社论，提醒"基因学可能已经威胁到了隐私，使自治灭亡，使社会更加趋同，进而摧毁人性这一概念。而神经科学可能会首先导致上述结果"。神经科学家哈佛大学的约书亚·格林（Joshua Greene）和普林斯顿大学的乔纳森·科恩（Jonathan Cohen）曾经提出过一个过意味深远并且大胆的观点，我用较长的篇幅引用了他们的观点，并且完全认同他们的主张：

> 随着越来越多科学事实的引入，对人的意识究竟是什么样的提供了越来越多生动的解释，越来越多的人将会养成与我们当前社会实践相矛盾的道德直觉……神经科学在这一过程中可以发挥特殊的作用，原因如下。只要人的精神依然未知，那么总会有一个顽固的人将二元论和自由主义者的直觉归罪于此……神经科学所做的，并将加快速度去做的，是阐明引起行为的机械过程中的"何时""何处"以及"如何"等问题。当你的对手提出一个仅仅是一般性的哲学论点时，否认人类的决策纯粹是一个机械的过程是一回事。当你的反对者可以对这些机械过程如何起作用做出详细预测，包括有关大脑结构的图像和描述其功能的方程式，给出你的理由又完全是另外一回事了。在另一个更深层次的意义上……人们可能完全习惯于这样的想法，即每一个决定都是一个彻底的机械过程，其结果完全由先前的机械过程的结果来决定。如果当这些人坐在自己的陪审席上的时候会怎么想呢？未来的陪审员是否会怀疑被告……是否可能采取其他的行动？他是否真的应该受到惩罚？我们认为，这些在今天看来非常重要的问题，在人类决策的机械性质得到充分重视的时代将失去意义。法律将继续惩罚劣行，因为实践上的原因，它必须如此，但我们提出，将真正的、彻底的罪犯与仅仅是因为精神状况而犯罪的人进行区分的这一想法，看起来毫无意义（Greene and Cohen 2006: 217–218）。

这些发人深省的主张，都是出自于严肃和有思想的人。

这不是熟悉的形而上学的观点，其中决定论与责任互不兼容（Kane 2005），笔者稍后会讨论这一观点。[②] 它是一个相当深刻的主张，否认了人性和行为的概念，这样不仅动摇了刑事责任存在的基础，也会动摇法律作为一项规范性的机制的（内在）一致性。这一观点因此彻底背离了我们的常识。正如知名的意识和行为哲学家杰瑞·福

---

② 参见科内（2005：25–31）对非相容主义的解释。笔者在第三部分和第五部分会回到这一主题。就现在而言，注意到有良好的答案应对这一挑战已经足够。

多尔（Jerry Fodor）曾写道：

> 我们没有……任何确定性的理由去怀疑，许多常识性信念／欲望的解释——
> 从字面上来说——是真实的。这也很好，因为如果常识性的故意心理真的被颠
> 覆了，那将是我们物种历史上前所未有的智识灾难；如果我们在意识方面确实
> 错了，那将是我们所犯过的最大错误。比如，超自然的崩塌无法相提并论；神
> 论从未像信仰／欲望的解释那样，与我们的思想和实践如此紧密地联系在一起。
> 也许，除了我们的常识性物理——我们对与观察者无关的中等大小物体的直观承
> 诺——之外，没有什么能像有意的解释一样接近我们的认知核心。如果我们要放
> 弃，我们会陷入深深的麻烦。我半信半疑……我们可以放弃它；我们的智力构成
> 与之无关（实际上也真的与之无关，不只是不严谨的哲学话语），这是一个生物
> 学上可行的办法。但要向前看；一切都会理顺的（Fodor 1987: xii）。

155

这一节的中心论点是福多尔（Fodor）是正确的，同时一般意义上我们对主体、责任
以及合法性的常识性的理解，尤其是刑事法，将不会受到包括神经学和基因学在内
的多种学科领域的当代研究成果的威胁。这些学科将不会对法律造成革命性的影响，
至少短期内不会，并且最多它们可能会对法规范、实践以及政策做出一些一般性的
贡献。

　　出于保持篇幅简短的目的，同时由于刑法已经成为这些挑战中的首要对象，因此
笔者将聚焦于刑法。由于关于侵权和合同方面法的规范和实践，也会像刑法那样以相
同的主体概念作为基础，因此这个论点是一般性的。此外，基于本章的目的，笔者将
把行为基因学，包括环境互动中的基因学，归于新大脑／精神科学中的一类（下文将
使用"新科学"）。

　　这一章首先考察为什么这么多评论者似乎倾向于相信法律中主体与责任的概
念是具有误导性的。然后将转向法律关于人格、主体与责任的概念，对各种对于
上述概念的质疑进行探究，讨论为什么它经常是具有误导性的。尤其是，它证
明了法律是关乎民众心理的，并且不会受到熟悉的决定论的挑战，而这些挑战中
充斥着新的大脑／意识科学。然后简单地讨论了新大脑／意识的新科学的经验研究
方面的成果，尤其是认知、情感和社会方面的神经学，并且回应了对前文格林和
科恩所举例说明的责任的正面抨击。倒数第二节对当科技进步和数据库变得更为
安全后新科学给法律带来的细微变化，提供了一个谨慎的乐观的解释。一个基本
的结论也随即得出。

二　科学方面的高估

自 20 世纪 90 年代初以来，神经显像学的进展以及 2000 年对人类基因组的完整排序，一直是对新科学的影响进行夸大宣贯的主要依据。两种神经科学的发展尤其突出：功能磁共振成像的发现（fMRI），它使得用于神经活动的非侵入性观测指标成为现实。也使得使用更高分辨率的扫描设备成为现实。通俗地说，因为它们使用强大的磁场来收集数据，这些数据最终在科学和大众媒体上以色彩缤纷的脑图像的形式呈现出来。但是，这项技术和许多令人印象深刻的研究结果让人眼花缭乱，许多法律学者和倡导者关于新的神经科学与法律相关性的主张没有得到这些数据的支持（Morse 2011），或者它们在概念上被混淆了（Pardo and Patterson 2013；Moore 2011）。笔者将这种倾向称为"大脑高估综合症（BOS）"，并将"认知神经疗法"（CJ）作为合适的治疗方法。（Morse 2013；2006）

众所周知，法律问题是规范性的，解决了我们应该如何在复杂的社会中，对我们的生活进行管理的问题。它教会我们怎样共同相处，并规定了我们彼此的义务；以及，当违反这些义务的情况发生时，政府在什么时候具有正当性去以最为严苛的方式——但有时是必要的——行使国家权力、追究刑事责任并施以惩处？[③] 什么时候我们应该做这些，向谁做这些，在多大程度上做这些？

几乎所有的法律问题都是有争议的——举例而言，考虑到刑事责任总是在政策、理论和裁决层面有辩论的空间。2009 年，罗宾·费尔德曼教授（Robin Feldman）认为，法律缺乏勇气，去直面它所面临的困难规范问题。因此法律采取了费尔德曼采用的术语"内化"和"外化"策略，去运用科学知识以避免困难（Feldman 2009：19-21，37-39）。在内化策略方面，法律以科学的标准作为法律标准。一个未来的例子是可能使用神经标准来确定刑事责任。在外化策略方面，法律诉诸于科学或临床医学专家做出上述决定。一个例子就是让法医来决定刑事被告是否有资格受审，然后采纳临床医生的意见。这两种策略都不成功，因为每个策略都绕过了面临的疑难问题，并阻碍了法律的演进和发展。费尔德曼教授总结道，法律所出现的问题不在于它像通常主张的那样过少地使用科学（Feldman 2009：199-200）。相反在于它诉诸的太多了，因为法律在其实现正义的资源和能力方面缺乏保障。我也同意这一观点。

一个让人感兴趣的问题是，为什么如此多的狂热者似乎都过分期待新科学对法律的贡献，特别是对刑法的贡献。下面是我对这一现象的原因的猜测。许多人强烈反

---

③　参见，例如在 *In re Winship* （1970）一案中，主张根据正当程序原则，正如犯罪中的所有要件，一切的裁判都应当被排除合理怀疑的证据所支持。

对报复正义的概念和实践，认为它们是不科学以及严酷的。他们所希望的是，新的神经科学将最终取代法律，即决定论是正确的，对于犯罪者而言没有真正的责任，唯一合乎逻辑的结论是，法律应该采取一个基于结果的预测/预防系统的社会控制，以神经学家们的知识为指导，最终将取代柏拉图哲学。④ 然后，他们相信，刑事司法将变得更为温和、公平和理性。然而，他们不承认刑法上大多数的严厉革新导致了如此之多的监禁，例如累犯的强化、强制性最低刑期，以及快克/粉状可卡因犯罪间的量刑差距，都是由对威慑和丧失能力的相应关切所推动的。而且，正如 C.S. 刘易斯很久以前所承认的，这样的制度缺乏对人的尊重，并且是非人性的（Lewis 1953）。最后，报应主义本质上并不严酷。它是一种正义的理论，可以强硬或温和地予以应用。

在一个更为温和的层面上，许多人认为新科学不可能使刑事司法发生变革，但他们表明，更多的罪犯应当被宽恕或至少得到减刑，而且不应受到美国刑事司法系统的严厉惩处。四十年前，刑事司法系统将一直运用精神动力学来实现同样目的。然而，这种动机是显而易见的：放弃惩罚，或者至少减少惩罚。但正如在本章后面将指出的那样，这些倡导者往往采用一种站不住脚的缓和理论或借口，而这些理论和借口会很快瓦解成为虚无主义的结论，即没有人真正负刑事责任。

三　刑法中的人与责任观

本节对当前英美刑法提供了一个"适当的"解释。它并不意味着或表明实然层面的法律是最理想的，但它为思考新科学在公平的刑事司法制度中的作用提供了一个框架。

法律预设了对人与行为的"民众心理"视角。这种心理学的理论有许多变体，这在一定程度上解释了诸如欲望、信仰、意图、意志与计划等精神状态（Ravenscroft 2010）。生物学、社会学和其他心理学的变量也起着一定的作用，但民众心理学认为精神状态对人类行动的充分解释是具有根本性的。法学家、哲学家与科学家们围绕着精神状态和行动理论的定义展开辩论，但这并不否认精神状态具有根本性这一普遍的主张。争论者用来说服他人的论据和证据本身就预设了人们的心理观点。大脑不会互相说服对方，但是人可以做到。法律中责任人的概念，仅仅是一个可以对理性做出反应的主体。

例如，关于你为什么阅读这一章的民众心理解释，大致上是，你希望了解新科学与主体和责任的关系，你相信阅读这一章将有助于实现这种愿望，因此你就形成了阅读这一章的意图。这是个"实用"的解释，而不是一个三段论演绎的结果。

---

④　格林内和科恩（2006）是运用这一思维方式的典型。笔者将在第六部分中讨论这一立场在规范层面的无能为力。

通过简单的思考可以发现，法律的心理学必须是一种民众的心理学理论，这是一种认为人是一种能够为之采取行动并进行回应的动物的观点。法律主要是行为导向的，不能够直接或间接地引导人们，除非人们能够在他们关于行为的推理中使用规则作为前提。作为一种指引行动的规则体系，除非人们能够以法律为指引，否则它将是无用的（或许是不合逻辑的）。[5]法律规则主要是具有行为导向的，因为法律规则为主体的作为或不作为提供了良好的道德指引或严谨的理由。人类行为可以通过影响决策以外的其他方式加以改变，人类在行动之前并非总是刻意的。然而，法律预先假定了民众心理学，即使是在我们最惯常地遵守法律规则的时候。除非人们能够理解并运用法律规则指引他们的行为，否则法律就无法影响人类行为。法律必须将一般人视为有主观意图的、能够回应理性的生物，而不是仅仅像机器一样简单。

法律并不认为人们必须始终根据某种预先确定的、规范的、最优理性的概念进行理性的推理或一贯的行为。相反，法律认为人们可以根据具有支配性地位的传统性、经过社会建构的标准，达到最低限度的合理性。法律所要求的理性，是普通人运用常识对理性的理解，而不是技术性的，在经济学、哲学、心理学、计算机科学等学科中可以接受最优的理解。理性是一种能力的集合，尤其包括直截了当地获取事实，可以以相对合乎逻辑的方式进行偏好排序，理解与行动相关的因素，以及理解如何实现目标的能力。（工具理性）应当如何理解这些能力，以及它们中有多少对责任而言具有必要性，可能会有争论，但争论是针对理性的争论，理性也是核心的民众心理概念。

事实上，所有需要赞扬、责备、奖励或惩罚主体的行为都是精神因果关系的产物，并且原则上是对各种理性的回应，包括刺激。机器可能会造成伤害，但它们无法实施不义之举，也无法违背人们对于应该如何共同生活的期望。机器不应该受到赞扬、责备、报答、惩罚、关注或尊重，因为它们不存在，也不应该因为他们造成的结果而受到赞扬。只有人，那些能够刻意并具有潜在行动能力的人，才会做错事，并且违背他们对彼此的期望。

159　　许多科学家和一些研究意识与行动的哲学家可能认为，民众心理学是人类行为的原始或科学的观点。然而，在可预见的将来，法律将以描述的人和主体的民众心理模

---

　　[5]　参见谢尔（2006：123）表明虽然哲学家在道德所需的必要性和正当性方面没有达成一致，但对于一点已经达成普遍的共识，即"其中道德的首要任务是去引导行为"，也可参见夏皮罗（2000：131-132）与希尔勒（2002：22，25）。

　　这一观点认定法律具有充分的可知性去引导行为，但是一个相反的观点在很大程度上不具有前后一致性，正如夏皮罗所言："法律怀疑主义是一个荒诞的理论。它荒诞是因为法律不能成为一种不可知的东西。如果一个规范体系不具有可知性，那么这个体系将不能成为一个法律体系。为什么法律必须是可知的，一个重要的理由是它的作用就是去引导行为。"（Shapiro 2000：131）

　　笔者不认为法律规则总是清晰的，因此可以提供精确的行为指引。然而，如果法律体系内的大多数规则在大多数情况下不够清晰，这一体系将不能发挥作用。此外，法治原则意味着刑法的规则应当尤其清晰。

型为基础。除非科学发现使我们相信我们对自己的看法是完全错误的，这一可能性将在本章后面提到，否则民众心理学的基本解释手段将仍然处于中心地位。重要的是，我们不能忽视这种模式，以免我们在各种基于新科学的观点提出的时候，陷入困惑。任何一门科学要对现行法律和法律决策产生适当的影响，就必须与法律的民众心理框架相关联，并转化到法律的民众心理框架之中。

民众心理学并没有将自由意志预设为真理，这与决定论的真理是一致的，它并不认为我们有独立于我们身体的思想（尽管它以及平常说话，听起来是那样），它并未预设特定的道德或政治观点。它并不主张所有的精神状态都是有意识的，或者人们每次行动时都要经历有意识的决策过程。它允许"无意识"、自动和习惯性动作以及无意识的意图。它认为，人类行动至少可以通过心理状态解释来合理化，或者根据正确的条件，对理由进行回应。民众心理学使用的定义并不依赖于任何一种特定的关于人们是如何被激励、感觉或行动的民间智慧。任何这些细节，比如人们希望他们的行为产生自然和可能的后果，都可能是错误的。该定义只坚持认为，人类的行动在某种程度上是由心理状态引起的。

法律责任概念涉及行动的主体，而不是社会结构、潜在的心理因素、大脑或神经系统。而后一种类型的因素，则可能说明是否符合民众心理责任标准，但必须始终转化为法律的民间心理标准。例如，证明一个瘾君子有遗传易患或神经递质缺陷本质上并没有告诉法律，一个瘾君子是否应当负责。这些科学证据必须符合法律标准，并且证明这一点需要论证它是如何被证明的。

将刑事责任作为法律的民众心理的典型。刑法的责任标准是行为和精神状态。因此，刑法是一个民众心理机制（Sifferd 2006）。首先，主体必须在理性的完整意识的状态下故意实施被禁止行为（或不作为）（所谓的"行为要求"，通常被混淆地称为"自愿行为"）。其次，几乎所有的严重犯罪都要求此人有进一步的精神状态，有实施禁止行为的犯罪意图。律师们将这些初步认定有罪的标准称为犯罪"要件"。它们是控方必须证明排除了合理怀疑的标准。例如，谋杀的定义是故意杀害他人。要想被初步认定为犯谋杀罪，此人必须故意实施了一些杀人行为，比如开枪或用刀，同时一定要有开枪或用刀杀人的意图。如果被告人根本没有行为，因为其身体动作不是故意的，例如，由于条件反射或痉挛而做出的动作，这样就没有违反禁止故意杀人的规定，因为该主体没有达到罪责的基本行为要求。此外，在缺乏犯罪定义所要求的进一步的精神状态、犯罪意图等犯罪要件的情况下，也不会认定是违法行为。比如，如果被告故意杀人的行为只因是被告疏忽而杀人，那么被告人可能被认定构成过失杀人罪，而不构成故意杀人罪。

160

被告的行为符合犯罪的基本要件并不必然会导致刑事责任。刑法规定了所谓的积极免责抗辩，即使表面证据确凿的案件也会被推翻。积极抗辩既可以证明行为的正当性又可以提供宽恕理由。如果不法行为具有正当性，或者至少在特定情况下是被允许的，则构成前者。例如，在自卫中，故意杀害那些企图杀害你的人，当然是法律所允许的，而且许多人认为这是具有正当性的。当被告存在过错，但不对他的行为负责时，此时就存在宽恕理由。用通用的描述性语言来说，免责事由包括缺乏合理的理性推理能力，以及合理的自我控制能力（尽管后者相较于前者更具争议）。这些所谓的对法律上的精神错乱进行认知与控制的测试是这些免责事由的例子。正当性与免责事由都会考虑主体的行动理由，这是彻底意义上的民众心理概念。请注意，这些免责条件都以能力的形式体现出来。如果主体具备相关法律上的行为能力，但在犯罪时没有行使该行为能力或对其能力的损害负有责任，就不构成抗辩理由。最后，如果被告在强迫、逼迫或协迫之下行事，将免除被告的责任。免责所要求的丧失行为能力或胁迫的程度，是一个规范性问题，在不同文化的道德理念和物质条件下，具有不同的法律回应。

也许看起来，自我控制的能力与缺乏强迫是一样的，但区分它们是有益处的。自我控制的能力或"意志力"被视为一个相对稳定、持久的属性或能力集合，受外部环境影响的人拥有这种能力（Holton 2009）。这种能力在"一方当事人"的案件中存在争议，这些案件的主体声称，在不存在外部威胁的情况下，他不能自控。在某些情况下，控制的能力不具有特征性；在其他情况下，可能会被一些不属于被告过错的变量而削弱，比如精神障碍的发生。这种能力的意义是微不足道的。来自世界各地的许多调查人员都在研究"自控"，但并没有在概念或经验层面达成共识。的确，这种概念和操作上的问题促使美国精神病学协会（1983）和美国律师协会（1989）在20世纪80年代美国精神错乱辩护改革的浪潮中反对精神失常的控制测试。在提出此类问题的所有案件中，被告确实采取行动以满足宣称的强烈愿望。

161

另一方面，如果被告在一种"要么做，要么不做"的艰难选择的情况下而被迫采取行动，则被认定存在胁迫。例如，假设一个持枪歹徒威胁要杀死我，除非我杀死另外一个完全无辜的人。我无权杀死第三者，但如果我这样做是为了挽救自己的生命，我可能因为处于强迫之中而可以适用免责事由。值得注意的是，在外力强迫的情况下，就像是一方当事人的案例，并且不同于不采取行动的情形，主体的行为确实存在故意。此外，注意在这些情况下没有主体的自控问题。免责事由的前提是外部威胁如何影响到普通人，而不是内部驱动和缺乏控制机制。主体在一方当事人的案件中和外部威胁的案件中都在行事，控制的能力因此将再次成为民众心理的能力。

简而言之，所有作为行动指导的法律都取决于民众心理学的观点，这一观点认为人作为责任主体，可以恰当地对法律规定的理由做出回应。

四　错误的起点与危险性偏移

本节认为，对主体和责任提出的错误和偏移的主张主要有三点：（1）决定论的真相动摇了真正责任的基础；（2）由于行为的原因，特别是异常原因，必须使行为得到免责；（3）因果关系等同于冲动。

决定论与责任的相容性问题是一个根本性的问题。决定论不是一个在各种程度适用于各种个体的连续性的概念。不存在片面或选择性的决定论。如果宇宙是确定性的或者是类似的东西，责任要么是可能的，要么就不是。如果人类完全受制于宇宙的因果规律，像一个纯粹的物理学家、自然主义世界观所认为的那样，那么许多哲学家声称，"终极"的责任概念是不可能的（e.g. Strawson 1989；Pereboom 2001）；另一方面，看似可信的"相容"理论认为，责任在确定性宇宙中是可能的（Wallace 1994；Vihvelin 2013）。事实上，这就是责任哲学家中的主导观点，它也最符合常识。当任何理论观念与常识相矛盾时，驳斥常识的说服标准就必须非常高，否定责任可能性的形而上学没有一种达到了这个标准。

在这场辩论看来，似乎没有任何结果，但我们的道义和法律实践并不认为所有人都应当负责任。决定论不能指导我们的实践。如果一个人想要宽恕别人是因为他们受制于某种遗传或神经性的因素，或出于其他原因而决定去做了他们所做的那些事，那么事实上，这个人就是在否认每个人都应当负责的可能性。

我们的刑事责任标准和实践与决定论没有任何关系，也与所谓的"自由意志"（Morse 2007）的必要性无关。自由意志，这一使自己的行为不受除自己以外的任何事物的影响的形而上学的自由主义能力，既不是任何刑法理论的标准，也不是刑事责任的依据。刑事责任涉及对故意的、有意识的和有潜在理性的人类行动进行评估。在关于决定论和自由意志或责任的辩论中，几乎没有人认为我们在行动时不是有意识的、有意的、有潜在理性认知能力的生物。决定论的真理并不意味着作为和不作为是无法区分的，也不意味着理性和非理性行动之间，以及被迫和非强迫行动之间是没有区别的。我们当前的责任概念和实践使用了符合确定性真理并独立于确定性真理的标准。

一个相关的疑问是，一旦一个非故意的因果解释被证实，必须对该人予以免责。换言之，因果关系本身即是免责条件。这有时被称为"免责的因果理论"。因此，如果有人发现遗传、神经生理或其他原因的行为，那么主张此人不负责。然而，在一个完全的现实世界中，这一主张要么与决定论者对责任的批判相同并对所有责任提出了根本性的挑战，要么就是一个错误。我把这称为"基本的法神经学的错误"，因为它作为一种我们的实际理论和实践的描述是错误的，不合逻辑的（Morse 1994）。无因果关系的行为不是也不能成为认定责任的依据，因为所有行为都像所有其他现象一样产生。

因果关系，即使是异常的生理因素，其本身也不构成一个免责事由。异常的生理因素，如神经递质缺陷，可能构成真正的免责事由，但这是理性能力的缺失，而不是因果关系，起到了免责作用。如果因果关系构成一个免责事由，那么没有人应当为行为而负责。除非因果理论的支持者能够提供令人信服的理由来解释因果关系本身就能免责，我们没有理由只因为能够提供一个因果关系解释就完全抛弃刑法的责任原则和做法。

163　　　行为遗传学上的例子证实了这一点。较为新近的非常著名的研究表明，童年遭受虐待的历史，加上一种特定的、基因产生的酶的异常（这产生了神经递质的缺陷），使一个人在青少年或青年时期呈现出反社会倾向的风险增长了 9 倍（Caspi and others 2002）。这是否意味着具有这种环境相互作用基因的罪犯不负责或负更少的责任？不。加害人可能不会承担全部责任或完全不承担责任，但不是因为有因果解释。介入因素的免责或减轻原则是什么？比如，这些人，是否更冲动？它们缺乏理性吗？什么是实际的免责或减轻处罚的事由？因果解释只能提供一个真正的免责事由的证据，而不是它们本身就能够免责。

　　　第三，因果关系并不等同于缺乏自我控制能力或强迫。所有行为都有原因，但只有一些被告是由于缺乏控制能力或由于被强迫而实施行为。如果因果关系等同于缺乏自我控制或强迫，任何人都不应对任何犯罪行为负责。这显然不是刑法的精神。

　　　只要相容主义仍然是一种看似可信的形而上学——如今它正在回归——没有形而上学的理由来解释，为什么新科学对法律上人格、主体性和责任的概念构成唯一挑战。神经科学和遗传学只不过是正在被宣传的最新版本的决定论思想，即使他们与以前用来对法律提出同样观点的科学相比更为追求严谨，但并未提出新的问题。

五　新科学的现状

　　　大脑、意识和行动之间的关系是一切科学中最困难的问题之一。我们不知道大脑是怎样产生意识的，也不知道行为是如何实施的（McHugh and Slavney 1998：11-12；Adolphs 2015：175）。大脑—意识—行动的关系是个谜，并不是因为它本身不在科学可以解释的范围内，而是因为这个问题太困难了。例如，我们想知道神经肌肉痉挛和故意用完全相同的方式移动胳膊之间的区别。前者是纯粹的机械运动，而后者是一种行动，但我们不能解释两者之间的差异。哲学家路德维希·维特根斯坦（Ludwig Wittgenstein）曾有一个著名的问题："让我们不要忘记这一点：当'我举起我的胳膊'时，我的胳膊就会向上。"问题出现了：如果我把我胳膊抬起来的事实从我的胳膊中拔出来，剩下的是什么？（Wittgenstein 1953：para 621）我们知道，一个运转正常的大脑具有精神状态和行动的必要条件。毕竟，如果你的大脑已经死了，你就没有精神164　状态，也不会做出行为。然而，我们还不知道造成精神状态和行为的原因。这一节的其余部分将聚焦于神经科学，因为相较于其他新科学，神经科学目前得到了更多来自法学和哲学的关注。其他的关系，例如行为遗传学，与行为的关系同样是复杂的，我们对它的理解与对大脑之于行为的关系的理解同样都是有限的。

尽管神经显像技术（neuroimaging）和其他神经系统科学的技术取得的进展令人赞叹，但总体而言我们仍然没有一种复杂因果关系原理可以用来解释大脑通常是如何产生思维和行动的，而且我们几乎没有任何法律上相关的信息。科学的问题是令人感到可怕的困难。仅在本世纪，研究人员就开始从非侵入性的 fMRI 成像中积累大量的数据，这种技术产生了最多的法律利益。新的事实不断被发现。[⑥] 此外，几乎没有任何研究，专门对如何应对具体法律问题进行过探讨。司法制度不应过多地寄希望于一个新兴学科，这个新兴学科使用新技术来解决科学中一些最困难的难题，而且并不直接解决法律利益相关的问题。

在转向具体的有限的原因之前，必须提出一些一般性适用性的初步要点。第一个，也是最重要的内容，载于上一节。作为因果关系的生物学变量，包括异常的生物学变量，本身并没有创造出一个免除或减轻责任的事由。任何免责事由都必须是独立形成的。其目标始终是把生物证据转化为法律的民众心理标准。神经科学在发现特定的，法律上相关的精神内容，或提供足够准确的诊断标志来诊断甚至是更为严重的精神障碍方面没有得到充分发展（Morse and Newsome 2013：159-160，167）。然而，与法律相关能力有关的某些方面的神经结构和功能，如理性和控制能力，可能在总体上或在个别情况下保持稳定。如果是这样的话，神经迹象就有可能使关于被告人的理性与控制能力的合理有效的溯源推理成为可能。当然，这将取决于是否存在合适的科学来实现这一目标。我们目前缺乏这样的科学，[⑦] 不过未来的研究可能提供必要的数据。最后，如果行为和神经科学证据之间的冲突，在错误的情况下，我们必须始终相信行为证据，因为法律的标准是行为和精神状态。行动比想象更有说服力。

现在，我们来考虑一下对认识、情感和与法律最相关的学科社会神经学保持谨慎的理由。目前，大多数关于人类的神经科学研究只涉及极少数的主题。尽管随着扫描成本的降低，这种现象正在迅速发生变化。未来的研究将有更强的统计说服力。大多

---

⑥ 例如，贝内特（Bennett）及其他人（2009），指出在之前的功能磁共振成像研究中很大一部分研究，没有通过控制那些所谓的"多维比较"问题，来恰当地控制虚假的正向指标。这一问题也被一些学者称为"伏都教式的关联"，但是他们再次强调其主张，即使用在科学方面令人尊敬的语言。乌尔（Val）和其他人（2009）较晚近的研究对于之前的发现提出更为大胆的怀疑，指出许多发现是无效的，它们可能也不能被重现。（Button and others 2013；Eklund, Nichols & Knatson 2016；Szucs and Ioannidis 2016）但参见利伯曼（Lieberman）和其他人（2009）。但是正如老的乡村律师知道的那样，向一群狗扔石头，就会让被击中的那条狗屈服。

⑦ （Morse and Newsome）（2013：166-167）从总体上解释了除在一些比较明确的医学疾病，例如癫痫病的案子，目前的神经科学基本对刑事责任问题的解决无所助益。

165　数的研究都是针对大学和高校的大学生，他们几乎不是随机抽样调查的人群。然而，许多研究也在其他动物身上进行，如灵长类动物和老鼠。这些研究的成果是否可以推广运用到人类动物，是一个有待商榷的问题。还有一个严肃的问题是，基于人类主体行为和扫描仪中的大脑活动研究结果是否会适用于现实世界的情况。这就是被称为"生态有效性"的问题。例如，在实验室中，一个受试对象在被扫描过程中执行职能任务中的表现是否真的能预测他抵抗犯罪的能力？

考虑下面一个例子。著名的斯特鲁普（Stroop）测试让参与测试的人去说出所写出字母的颜色，而不是简单地去阅读这些字母。因此，如果"红色"这个词用黄色的字母写出来，那么正确的答案应该是黄色。我们都具有一种所谓的强烈的应激性反应机制（一个强力的行为预先处理机制），即只是阅读单词而非去辨认书写它们的颜色。我们用许多隐性的能力去抑制应激性反应。但是即使相关的大脑活动与受试者较弱的前额叶控制能力相关，那些在斯特鲁普测试中反应一般的人会更容易被预先诊断为去实施暴力犯罪吗？我们不得而知。在任何一种情况下，神经科学在与其相关的行为数据中增加了哪些与法律相关的额外信息？

大多数研究将受试者的神经数据平均化，而平均后的数据可能无法准确描述研究中任何实际受试者的大脑结构或功能。研究设计和研究中的潜在的未被证实的介入因素依旧是一个棘手的问题。要控制所有的这些变量是非常困难的。因此，总是会存在一些过度介入的问题。

对法律至关重要的复制实验凤毛麟角。政策与裁判不应被未经充分证实的发现所影响，同时对发现的复制实验直接关系到我们对结果的信心，尤其是考虑到出版偏见的问题。的确，目前社会和神经科学对一些最为重要的问题没有进行复制实验（Chin 2014）。例如，最近一批科学家想要对最为重要的神经学研究成果进行复制实验，但发现只有三分之一能完全做到。（Open Science Collaboration 2015；but see Gilbert and others for a critique of the power of the OSC study）。

认知和人际行为的神经科学的发展在很大程度上处于起步阶段，我们所了解的是粗粒度的、相关性的，而不是细粒度的、因果性的。[8] 正在研究的是一个条件或任务与大脑活动之间的关联。这些研究并不表明大脑活动是一种敏感的诊断标志，或一种对在扫描仪中完成的行为任务来说是必要的、充分的、具有诱发性的因果关系。任何主张其他意见的言论——比如声称某些大脑区域是行为的神经基础——根本没有依据大多数研究的方法论，是完全没有道理的。只有当脑部的其他所有东西都保持不变时，这种推断才是合理的，这是极少的情况（Adolphs 2015：173），即使实验设计似乎允许真正的因果

---

⑧　参见，例如米勒（Miller 2010）提出了一个谨慎的，对于认知和社会精神科学面临的科学和实践问题的全面展望。

推理，比如说暂时呈现脑部不活跃的状态。此外，同一区域的活动也可能与截然相反的
行为现象有关——例如，爱与恨。最近的另一项研究发现，杏仁体———一种与消极行为
有关的结构，尤其是恐惧，它也与积极行为有关，比如良知（Chang and Others 2015）。

　　对于法学而言的终极问题是神经科学证据与有关人类行为的决策的相关性。如
果行为数据不清晰，那么神经科学的潜在贡献就很大了。但不幸的是，神经科学在
这样的情况下也不可能有很大助益。我把这个问题的原因说成是"边界清晰"问题
（Morse 2011）。几乎所有对法律可能感兴趣的神经科学研究都涉及一些已经被确定为
兴趣的行为，如精神分裂症、成瘾和冲动，研究的重点是确定行为与神经性情况的相
关性。要做到这一点，首先要证明研究者已经很好地界定，并验证了神经科学研究中
的行为。这就是为什么认知、社会和情感神经科学不可避免地嵌在一个包含认知科学
和心理学等相关学科的矩阵之中。因此，神经数据很少比与其相关的行为更加有效。
在这种情况下，神经标记可能对已经明确确定的行为非常敏感，因为行为是如此明
确。不太清楚的行为是根本没有研究过的，或者关于不那么清晰的行为的数据的重叠
程度比实验对象和比较对象之间的更大。因此，明确病例的神经标记对解决相关行为
的模糊行为提供了很少的指导作用，如果行为足够清晰，就没有必要了。

　　有时，神经科学可能表明，这种行为没有被很好地界定，或者与其他似乎不同的
行为没有区别。然而，一般来说，在开始进行神经科学研究之前，相关行为的存在已
经是明显的了。例如，有些人与现实脱节了。因此，如果他们不懂是非，我们就会原谅
他们，因为他们缺乏这种知识。我们可能会学到关于这种心理异常的神经系统的很多
知识。但是，没有神经科学数据我们也已经知道这些异常存在，并对其规范性的内涵
有明确的判断。然而，在将来，我们可以更多地了解大脑与行为之间的因果关系，并进
行更为直接的与法律有关的研究。事实上，我最希望的是，神经科学、伦理与法律将充
分地相互影响，或许有助于在某些领域实现我所称作的概念—经验平衡。我怀疑，我们
不太可能在对精神内容进行的神经评估方面取得实质性进展，但我们很可能更多地了解
与免责或减轻责任有关的能力。随着时间的推移，当显像和其他技术变得更为便宜和
精确时，研究设计会变得更加复杂，研究本身的复杂程度也会提升，所有这些问题可
能会迎刃而解。然而，目前，新科学对我们对主体和责任标准的理解的贡献极为有限。

六　神经学面临的根本挑战：我们是神经情况的受害者吗？

　　这一节通过证实我们仅仅是"神经状况的受害者"（或者一些相似的否认人具有主
体性的主张），讨论早些时候提出的主张与希望，即新科学，尤其是神经科学将导致法
律关于主体和责任的概念发生范式转变。这一主张认为我们不是我们所想象的那种具
有特定意图的物种，如果我们的精神状态在我们的行为中不起到任何作用，并且仅仅

是附带性质的，那么传统上以精神状态和精神状态所引导的行为为基础的责任概念就面临危险。但是这个丰富的意向性解释工具是不幸的智人大脑构造出的一种简单的用来解释他们的大脑已经做了什么的事后合理化吗？我们所知道的刑事审判机制会成为一个前科学和残酷时代的过时遗产逐渐式微吗？如果是这样，刑法就不是仅有的面临危险的领域了。比如说，当被称作是人的生物机器主张由于它不能签订合同因此合同不能生效时，合同的命运将会怎样。这个合同也是简单的多样的"神经情况"的后果。

在继续之前，我们必须明白上面讨论的相容的形而上学并没有拯救主体概念，如果根本性的主张是真实的话。如果决定论是真实的话，世界关于主体的两种状态就是可能的：主体存在，或者不存在。相容论认定主体是真实的因为它认为主体在决定论的世界中是有责任的。因此，它实质上回避了反对根本性主张的问题。如果根本性主张是正确的，那么相容主义就是错误的，因为如果我们不是主体，就不可能有责任。没有主体，真正的责任是一个不合逻辑的概念。问题是这个根本性主张是否是正确的。

鉴于我们对大脑—意识和大脑—意识—行为的联系知之甚少，认为我们应该从根本上改变我们自己的观念以及我们基于神经科学的法律理论和实践的主张是一种"神经学优越主义"的一种形式。主张我们精神状态在解释人类行为中不起任何作用，显然与常识和一般性的经验不符。说服的责任都在牢牢地落在根本性观点的拥趸这边，这些拥趸需要跨越巨大的障碍。尽管我预测我们将看到更多运用新科学去挑战传统法律与常识概念的意图，但我已经在其他地方主张过由于概念性和科学性的原因，目前没有理由去相信我们不是主体（Morse 2011：543–554；2008）。

168　　尤其是，我可以基于先前与更为晚近的研究主张"Libet 行业"将要破产。这是对神经学家本杰明·里贝特（Benjamin Libet's）的发现中所声称的道德与法律的意义的一种。高估这项工作发现在受试者意识到移动身体的冲动之前，以及在运动发生之前，大脑的补充运动区有电活动（准备电位）。这一研究和其他类似的调查结果表明，我们大脑机械地解释了行为，以及精神状态没有任何的解释性的作用。近来的概念与经验研究已经推翻这些主张（Mele 2009；Moore 2011；Schurger and others 2012；Mele 2014；Nachev and Hacker 2015；Schurger and Uithol 2015）。简而言之，我怀疑这个行业将出现适用于破产法任一章节的情形。可能我们不是主体，但目前的科学并没有从根本上证明这是真的。说服的责任始终坚定地落在根本性观点的支持者那边。

更重要的是，与支持者的主张有所不同，根本性观点意味着没有积极的动机。如果纯粹机械论的真理是决定做什么的前提，那就得不出任何具体的道德、法律和政治意义上的结论。[⑨] 这包括格林（Greene）和科恩（Cohen）不正确地跟随的纯粹后果

---

　　⑨　这一条思路首先被米彻尔·博尔曼教授在讨论决定论和规范性的论文中提出。（Berman 2008：271n. 34）

主义。根本性观点对人应当如何生活以及怎样回应降格机制的真实性没有提供任何指引。规范依据理性，因此根本性主张在规范层面是无效的。理性属于精神状态，如果理性不重要的话，那么我们没有理由去接受任何特别的道德、政治或者法律的规则，也没有理由去做任何事情。

假定我们相信机械论的观点，毕竟我们并不是有意识的、理性的主体。（当然，如果精神状态是附带性质的话，那么"信服"意味着什么？信服通常意味着被证据和论证所说服，但是一个机器是不能被说服的，它仅仅可以被改装。但是这已经足够了。）如果我们没有精神状态是真的，或者略微可信的是，我们的精神状态是附庸性质的并且在促成行为的过程中不起作用，我们现在应该做什么？如果这是真实的，那我们就会知道在这个世界中认为我们的深思熟虑和意图具有因果性的效果都是虚假的。然而，我们也知道，我们体验过感觉——例如喜悦与疼痛——关心我们会怎样，世界会怎样。我们不能只是安静地坐着并等待大脑去反应，等待决定论起作用。我们必须，也应当思考和做出行为。同时，如果我们没有依据根本性观念所揭示的"真理"去行动，那我们就不能被责备。我们的大脑让我们去做这些。

即使我们依然认为根本性的观点是正确的，并且关于真实的道德责任和惩戒的标准概念也因此是不可能的，我们可能仍然相信法律不必然需要放弃动机的概念。确实，格林与科恩承认我们将会因为实际的原因惩罚相关的人（Greene and Cohen 2006）。"惩罚"这个词在他们的理解中是文法不通的（solecism），因为在刑事审判中，它具有一个与罪罚相联系的建构性的道德意义。格林与科恩将会更好地讨论积极和消极的增强剂之类的东西。这样的一个解释将与涉及经济动机的"黑箱"解释相吻合。在这一解释中，经济动机仅仅依赖于输入和输出的关系，而没有将意识视为两者的调节器。对于那些相信人类行为具有彻底中立性的理解等同于完全的后果主义的人而言，这一结论可能是受欢迎的。

另一方面，这项观点似乎涉及与上文中探讨的具有同样的内部矛盾。发现支配动机如何塑造行为主体的法律的本质是什么？通过社会规范和法律规则来理解和提供激励，是否只是对大脑已经做过的事情的直观的解释呢？我们如何决定哪些行为是积极的还是消极的？理性——一种主体与思想的特性，而不是大脑的特性——在决策中起什么作用呢？

鉴于我们知道并有理由去做，宣告失踪的人仍然存在，并且必然有充分的理由做出行为，包括目前反对根本观点的理由。我们不是匹诺曹（Pinocchios），我们的大脑也不是木匠（Geppettos）。最后，我认为，关于人、人与人之间的关系，以及社会方面的根本性观点视角，会使灵魂黯然失色。相较我们所生活的具体和现实的世界中，我们必须被我们的价值观和我们对幸福生活的愿景而引导。我不想住在根本性的世界中，在那个世界中剥离了主体、惩罚、自治与尊严。相较于它的种种不完美，法律关于人、主体和责任的观念更加令人敬畏和人性化。

七　对神经法学持乐观态度的案件

尽管已经表明了我们应当对目前新科学对法律政策、规范教义和裁判的贡献保持谨慎，我还是会对新科学在短期内可能对我们普通的、传统的和大众心理的法律理论和实践做出的贡献保持相对乐观的态度。换言之，新科学可能会做出相对积极的贡献，尽管在思考人的性质以及主体和责任的标准方面并未发生范式转变。对新科学可能做出贡献的这些法律制度而言，将继续把人认真地当作人来对待——作为自治主体——他们公平地被地期望受法律规则约束，并依据他们的心理状态和行为而受到谴责和惩罚。

170

我的期望，如上文所述，是在一段时间后，在民众心理标准与神经科学的数据之间将会形成一个反馈。每一个数据都与其他数据相互印证。对精神状态进行概念化的工作意味着新的神经系统科学研究，例如神经科学，将有助于归纳出民众心理的类别。最终的目标是形成一个反思性的、概念—经验的平衡（在规范与经验之间实现一个反思性的平衡）。

目前，我认为大多数最有希望的法律相关研究都涉及刑事司法以外的领域。例如，在识别疼痛的神经迹象方面有了神经科学的进展，这使得对疼痛的评估更加客观，这将彻底改变侵权损害赔偿。再举一例，研究为真实记忆找到神经标记的能力是非常有意思的工作。撇开各种隐私或宪法上的反对意见，假设我们能够发现被调查对象使用的反措施，这项工作可能会对诉讼产生深远的影响。然而，接下来，我将会聚焦于刑法。

在更为具体的情形上，神经科学可能会在四种类型的情形中具有助益性：（1）数据表明法律规则所依据的民众心理假设是不正确的；（2）数据表明需要新的或经过改革的法律理论；（3）帮助我们进行个案裁判的数据；以及（4）对刑事案件审判和管理有助益的数据。

许多刑法规范都以民众心理的假设作为基础，这些关于行为假设可能被证明是不正确的。如果是这样的话，就应当改变这些规范。例如，主体普遍被认定他们能够意识到自己行为的自然和合理的结果。在大多数情况下，看起来确实如此，但是神经系统科学在未来可能会帮助证实这一假设远不如我们认为的那么真实。这是因为，具体而言，更为明显的行为是自然而然而非立即就被意识到的。在那种情况下，这些被反驳的假设用于帮助检方证明意图不应被着重或者强调。

这些研究可能操作起来会非常困难，尤其是如果民众的智慧关注内容而非能力或作用。在给出的上述例子中，一个自恰的关于自治性的定义将会非常有必要，同时被扫描的"受试的"主体将不得不处于一个自治状态之中。这将是一个相当困难的研究。同时，如果现实世界的行为和神经科学似乎不一致，那么除了罕见的例外，这种行为必须被认为是准确的衡量标准。例如，如果神经系统科学不能对一般的青少年和一般成人的大脑做出区分时，基于常识和行为研究形成的一个可以相信的结论将是一般的青少年可能会更加不理性，神经系统科学依然没有发展到充分的程度从而能够辨别出不同神经元的区别。

其次，神经系统科学的数据可能意味着需要对法律进行更新和修改。例如，对于法律上的不理性进行的控制测试，在数十年之前就已经因他们难以理解以及难以评估的特性而遭到反对。到目前为止，区分"不能"和"不会"是不可能的，这也是为什么当辛克力案的判决还不受关注的时候，美国律师协会和美国精神卫生协会都建议废除对法律非理性进行控制测试的一个原因（American Bar Association 1989；American Psychiatric Association Insanity Defense Working Group 1983）。

也许神经系统科学的信息会对证实和论证控制难有帮助，这些困难是独立于认知能力之外的（Moore 2016）。如果是这样的话，接下来独立的控制测试可能会被证实，也终究会被完全理性地评估出来。迈克尔·摩尔（Michael Moore），举例而言，进行了最为彻底的尝试去溯源，从而既为失控提供一个民众心理的机制，又为对其进行研究提供了神经系统科学的日程表（agenda）。然而，我确信，他描述的这一机制可以像认知理性缺陷那样得到更好的理解，同时这些缺陷是那些宣称"失控"案件的真正根源，可能会构成减免刑罚的必要条件（Morse 2016）。这些问题都是开放性的问题，然而在更为一般的意义上，也许相对于我们现在相信的那样，占更大比重的犯罪嫌疑人都会具有那种控制性困难，以至于他们会主张当今时代刑法中尚不存在的基因性减刑。[⑩] 神经系统科学会帮助我们揭示事实。如果那是真的话，将会采用基因减免原则而做出判决。我已经提出一个这样的基因性减刑理论，这一理论将同时解决认知和控制能力方面的缺陷，而不需要一个充分辩解理由（Morse 2003），而且这一规范并不存在于英美法中。此外，如果这能证明上述困难并不普遍存在，我们就可以对依据当前规范进行的审判工作更加确信。

再次，神经科学也会为个案的裁判提供数据。正如已经提及过非理性的辩护那样。就像美国的诉辛克力（Hinckley）案，存在一些经常产生的争议，即被告是否可以因神经紊乱而在法律上处于非理性地位，神经紊乱要达到多严重才可以（US v Hinckley 1981：1346）。目前，这些问题必须完全在行为的层面去解决，同时，仍有可能对关于被告的行为产生巨大分歧。如果可以克服通过生物诊疗标志去判断精神紊

171

---

⑩ 我已经提出一个基因作用降低的条件，这将解决不必然成为免责事由的认知障碍和自控能力障碍问题（Morse 2013）。

乱的方法论障碍，那么将来神经科学就可以帮助解决上述这些问题。在可以预见的将来，我怀疑神经科学是否能够帮助辨别具体的心理内容的存在，由于对意识的判断看起来几乎是不可能的，但是我们可以去判断大脑的状态，以揭示这一主体在撒谎，或者熟悉于他所拒绝辨认的点（Greely 2013：120）。这是已知的"读心术"，因为它揭示了一个意识形成过程中的神经关联性，而不是主体具体的心理内容。后者是我们已知的"读心术"。举例而言，特定的大脑活动可能确实会告诉被测对象是加是减，但它不能表明被加或减的具体数字。（Haynes and others 2007）。

172　　　　最后，神经科学可能会帮助我们更有效地实施现有的政策。例如，刑事审判制度为保释、判决（包括死刑）以及假释，会对未来潜在的危险行为进行预测。如果我们已经认为为了做出上述裁决而采用危险性预测具有正当性的话，很难想象合理的理由去解释当我们确实有能力进行更为精确的预测时，我们却处理得不够精确（Morse 2015）。行为性预测技术已经存在。问题是，考虑到数据收集的成本，神经系统科学的变量是否可以通过提高预测的准确性以增加价值。两个最近发表的研究成果揭示出潜在的神经元标记的有用性，其可以提高预测反社会行为的准确性（Aharoni and others 2013；Pardini and others 2014）。目前，这些必须被当作处于初级阶段的对于"理念上的证据"研究。例如，其中一个重新分析揭示出影响的规模相当小。[11] 然而，似乎非常可信的是，真正有效的、性价比高的以及被证实有效的神经元标记在未来将会被识别出来，与此同时，预测的结论也因此会更为准确和公正。

将来神经系统科学的这些潜在价值并不具有革命意义。改革主义者或许会得出改革并非必要的结论。但是目前即使抛开科学的有效性不谈，神经科学与解决法律问题的相关性也微乎其微。举例来说，最近一个关于神经科学与所有实体刑法理论的相关性的评论，认为除了被定义下来的医学疾病，例如癫痫，实际上他们与神经科学并不相关（Morse and Newsome 2013）。这些例外是传统的神经学，并非新的神经系统科学。

尽管存在上述值得谨慎对待之处，在刑法中运用神经科学的最有方法论意义的研究表明，神经科学和行为遗传证据主要是被辩护者越来越多地使用。但是这种运用是随意的（偶然的）、个案式的，而且经常是不够周延的（Farahany 2016）。不够周延的首要原因是这些学科还不够完善，无法为一些观点提供有效支撑。我想补充的是，即使当上述科学是合理的有效的，它常常是与法律无关的；它并不能够帮助解答我们面临的问题，它会被更多地运用是因为它的"宣贯性"效应而不是实际验真的作用。对于这一证据的引入不应当设置一些障碍，但是法官和立法者应当意识到上述科学是不

---

⑪　例如，罗素·波德洛克（Russell Poldrack），一个被称为"神经学方法论主义者"的学者，他对阿哈罗尼研究进行的一个重新分析，证明了影响波及的范围非常小（Poldrack 2013）。同样，这一研究在比较中运用了好的，但并不是最好的行为预测方法。

够完善且与法律无关的。对于法官而言，这一动因来自案件中的一方当事人以及司法教育。

此外，尽管有这一提醒，当新科学的发展和数据具有足够的说服力，尤其如果当这些研究对更多法律相关的问题进行考察后，这些研究对于正义的实现起到的助益作用将会越来越多。

八　结论

173

总体而言，新科学并未发展到可以完全有助于法律规范、政策和实践的阶段。然而，新科学越来越多地在美国的刑事审判中起着作用，同时有必要去控制对于科学性弱和与法律不相关的证据的准入。即使目前刑事审判并未因新科学的进步发生根本性的改变，但新科学可以影响刑事审判，只要它与法律足够相关并能够被纳入法律的民众心理框架和标准之内。这也能够在更为根本的意义上影响特定的实践，例如侵权中的损害赔偿。更为重要的是，面对新科学的根本性挑战。法律对于人、主体和责任的核心观念看起来还安全，正如杰瑞·福多尔（Jerry Fodor）所说，"一切将会变好"（Fodor 1987：xii）。

【参考文献】

174

Adolphs R, 'The Unsolved Problems of Neuroscience' (2015) 19 Trends in Cognitive Sciences 173

Aharoni E and others, 'Neuroprediction of Future Rearrest' (2013) 110 Proceedings of the National Academy of Sciences 6223

American Bar Association, *ABA Criminal Justice Mental Health Standards* (American Bar Association 1989)

American Psychiatric Association Insanity Defense Working Group, 'Statement on the Insanity Defense' (1983) 140 American Journal of Psychiatry 681

Bennett C and others, 'The Principled Control of False Positives in Neuroimaging' (2009) 4 Social Cognitive and Affective Neuroscience 417

Berman M, 'Punishment and Justification' (2008) 118 Ethics 258

Button K, Ioannidis J, Mokrysz C, Nosek B, Flint J, Robinson E and others, 'Power failure: Why small sample size undermines the reliability of neuroscience' (2013) 14 Nature Reviews Neuroscience 365

Caspi A and others, 'Role of Genotype in the Cycle of Violence in Maltreated Children'(2002) 297 Science 851

Chang S and others, 'Neural Mechanisms of Social Decision-Making in the Primate Amygdala' (2015) 112 PNAS 16012

Chin J, 'Psychological science's replicability crisis and what it means for science in the courtroom'

(2014) 20 Psychology, Public Policy, and Law 225

Eklund A, Nichols T, and Knutsson H, 'Cluster failure: Why fMRI inferences for spatial extent have inflated false-positive rates' (2016) 113 PNAS 7900

Farahany NA, 'Neuroscience and Behavioral Genetics in US Criminal Law: An Empirical Analysis' (2016) Journal of Law and the Biosciences 1

175   Feldman R, *The Role of Science in Law* (OUP 2009)

Fodor J, *Psychosemantics: The Problem of Meaning in the Philosophy of Mind* (MIT Press 1987)

Gilbert D, King G, Pettigrew S, and Wilson T, 'Comment on "Estimating the reproducibility of psychological science." ' (2016) 351 Science 1037a

Greely H, 'Mind Reading, Neuroscience, and the Law' in S Morse and A Roskies (eds), *A Primer on Criminal Law and Neuroscience* (OUP 2013)

Greene J and Cohen J, 'For the Law, Neuroscience Changes Nothing and Everything' in S Zeki and O Goodenough (eds), *Law and the Brain* (OUP 2006)

Haynes J and others, 'Reading Hidden Intentions in the Human Brain' (2007) 17 Current Biology 323

Holton R, *Willing, Wanting, Waiting* (OUP 2009)

In re Winship, 397 US 358, 364 (1970)

Kane R, *A Contemporary Introduction to Free Will* (OUP 2005)

Lewis C, 'The Humanitarian Theory of Punishment' (1953) 6 Res Judicatae 224

Lieberman M and others, 'Correlations in Social Neuroscience Aren't Voodoo: A Commentary on Vul et al.' (2009) 4 Perspectives on Psychological Science 299

McHugh P and Slavney P, *Perspectives of Psychiatry*, 2nd edn (Johns Hopkins UP 1998)

Mele A, *Effective Intentions: The Power of Conscious Will* (OUP 2009)

Mele A, *Free: Why Science Hasn't Disproved Free Will* (OUP 2014)

Miller G, 'Mistreating Psychology in the Decades of the Brain' (2010) 5 Perspectives on Psychological Science 716

Moore M, 'Libet's Challenge(s) to Responsible Agency' in Walter Sinnott-Armstrong and Lynn Nadel (eds), *Conscious Will and Responsibility* (OUP 2011)

Moore M, 'The Neuroscience of Volitional Excuse' in Dennis Patterson and Michael Pardo (eds), *Law and Neuroscience: State of the Art* (OUP 2016)

Morse S, 'Culpability and Control' (1994) 142 University of Pennsylvania Law Review 1587 Morse S, 'Diminished Rationality, Diminished Responsibility' (2003) 1 Ohio State Journal of Criminal Law 289

Morse S, 'Brain Overclaim Syndrome and Criminal Responsibility: A Diagnostic Note' (2006) 3 Ohio State Journal of Criminal Law 397

Morse S, 'The Non-Problem of Free Will in Forensic Psychiatry and Psychology' (2007) 25 Behavioral Sciences and the Law 203

Morse S, 'Determinism and the Death of Folk Psychology: Two Challenges to Responsibility from Neuroscience' (2008) 9 Minnesota Journal of Law, Science and Technology 1

Morse S, 'Lost in Translation? An Essay on Law and Neuroscience' in M Freeman (ed) (2011) 13 Law and Neuroscience 529

Morse S, 'Brain Overclaim Redux' (2013) 31 Law and Inequality 509

Morse S, 'Neuroprediction: New Technology, Old Problems' (2015) 8 Bioethica Forum 128 Morse S, 'Moore on the Mind' in K Ferzan and S Morse (eds), *Legal, Moral and Metaphysical Truths: The*

Philosophy of Michael S. Moore (OUP 2016)

Morse S and Newsome W, 'Criminal Responsibility, Criminal Competence, and Prediction of Criminal Behavior' in S Morse and A Roskies (eds), *A Primer on Criminal Law and Neuroscience* (OUP 2013)

Nachev P and Hacker P, 'The Neural Antecedents to Voluntary Action: Response to Commentaries' (2015) 6 Cognitive Neuroscience 180

Open Science Collaboration, 'Psychology: Estimating the reproducibility of psychological science' (2015) 349 Science 4716aaa1

Pardini D and others, 'Lower Amygdala Volume in Men Is Associated with Childhood Aggression, Early Psychopathic Traits, and Future Violence' (2014) 75 Biological Psychiatry 73   176

Pardo M and Patterson D, *Minds, Brains, and Law: The Conceptual Foundations of Law and Neuroscience* (OUP 2013)

Pereboom D, *Living Without Free Will* (CUP 2001)

Poldrack R, 'How Well Can We Predict Future Criminal Acts from fMRI Data?' (Russpoldrack, 6 April 2013) <http://perma.cc/X5TP-LGZ8> accessed 7 February 2016

Ravenscroft I, 'Folk Psychology as a Theory' (*Stanford Encyclopedia of Philosophy*, 12 August 2010) <http://plato.stanford.edu/entries/folkpsych-theory/> accessed 7 February 2016

Schurger A and Uithol S, 'Nowhere and Everywhere: The Causal Origin of Voluntary Action' (2015) Review of Philosophy and Psychiatry 1 <http://perma.cc/7DJL-5BWZ> accessed 7 February 2016

Schurger A and others, 'An Accumulator Model for Spontaneous Neural Activity Prior to Self-Initiated Movement' (2012) 109 Proceedings of the National Academy of Sciences E2904

Searle J, 'End of the Revolution' (2002) 49 New York Review of Books 33

Shapiro S, 'Law, Morality, and the Guidance of Conduct' (2000) 6 Legal Theory 127

Sher G, *In Praise of Blame* (OUP 2006)

Sifferd K, 'In Defense of the Use of Commonsense Psychology in the Criminal Law' (2006) 25 Law and Philosophy 571

Strawson G, 'Consciousness, Free Will and the Unimportance of Determinism' (1989) 32 Inquiry 3

Szucs B and Ioannidis J, 'Empirical assessment of published effect sizes and power in the recent cognitive neuroscience and psychology literature' (2016) *bioRxiv* (preprint first posted online 25 August, 2016) http://dx.doi.org/10.1101/071530

The Economist, 'The Ethics of Brain Science: Open Your Mind' (*Economist*, 25 May 2002) <http://perma.cc/3DKJ-9GAZ> accessed 7 February 2016

US v Hinckley, 525 F Supp 1342 (DDC 1981)

Vihvelin K, *Causes, Laws and Free Will: Why Determinism Doesn't Matter* (OUP 2013)

Vul E and others, 'Puzzlingly High Correlations in fMRI Studies of Emotion, Personality, and Social Cognition' (2009) 4 Perspectives on Psychological Science 274

Wallace R, *Responsibility and the Moral Sentiments* (Harvard UP 1994)

Wittgenstein L, *Philosophical Investigations* (GEM Anscombe tr, Basil Blackwell 1953)

第七章
人的尊严与技术的伦理和监管

马库斯·杜威尔（Marcus Düwell）

胡 凌 译

一　引言

177　　乍一看，对于一本有关法律、监管和技术的手册而言，一个关于人的尊严的章节可能会令人意想不到。古代美德伦理学认为，人类须按其理性的天性行动；人的尊严对证明这一义务的正当性发挥了作用。在文艺复兴时代的哲学中，人的尊严是一个指引人类在宇宙中地位的相关概念。在当代应用伦理学中，人的尊严则主要在（比如说安乐死或使用人类胚胎的情境下的）生命伦理议题上受到争议——技术由此变得相关（比如说创造胚胎），但技术的开发与使用本身却不是争论的核心问题。对整个伦理学传统的初步探究并不能解释：当涉及技术监管时，为何人的尊严应当成为一个核心话题（有关各种传统的概况，见 Düwell and others 2013；McCrudden 2013）

178　　初看之下，如果我们在人权体制下观察人的尊严的作用，那么这一消极结果并没有太大变化。人的尊严作为一个意在为人类提供保护而不受种族灭绝、酷刑或极端形态的工具化侵害的规范性概念，似乎首先起到抵御极端形式之工具化的作用；毕竟全世界对人权的共识在历史上是对大屠杀和 20 世纪其他暴行的回应。然而，如果人的尊严只是对人类极度退化和羞辱经历的规范性回应，那么它首先会在人类自发地以不可接受的方式对待他人的情境中发挥作用。如果从这个角度去使用人的尊严的概念，那么必须将其视为对人身体中以极端形式进行技术干预或奥威尔式极权制度的规范性回应。然而，将极端形式的滥用作为思考技术监管的起点将是很成问题的，正如格言所说的那样："极端情况会导致恶法"。

人的尊严已经被理解为整个人权制度的奠基性概念，这是第二次世界大战后规范性政治秩序的核心。如果我们把注意力集中在这一事实上，那么看待这一问题的图景就会发生变化。问题就将变成人权——位于当代全球监管体制的核心——如何与技术发展发生关联。如果人的尊严是一般权利的规范基础，那么对人类尊严的规范性适用就不能局限于谴责极端形式的残忍行为，而必须是一种规范我们一般生活的规范性原则。因此，我们可以而且应该追问，在对强烈影响我们生活的技术进行监管时，人权的作用可能是什么。毕竟，技术正在塑造我们的生活：它们决定了我们如何居住、如何行动、如何娱乐、如何沟通，以及如何与自己的身体发生关联。由于技术，我们生活在全球化的经济中，改变着气候，并消耗着自然资源。但是就所有这些监管情境而言，人权和它们的关联远非显而易见。技术显然对人类生活产生了积极影响；使用某些技术甚至可能就是一种人权。然而大多数技术都有混杂的效果，我们通常无法预测。从长远来看，其中一些效果可能与人权有关，另一些效果可能还会影响尚未出生的人的生活。

在所有这些情境下，尚不确定人权给出的答案应当是什么，目前也还不清楚人权究竟是否与之相关。许多学者表示怀疑。但如果人权制度与当代世界最紧迫的挑战都没有什么重要关联的话——而且几乎所有这些挑战都与技术的后果有关——那么人权是否能够被视为未来的核心规范框架就是不确定的。也许人权只是特定资产阶级时期的可行的规范框架；也许我们正面临着"人权的终结"（Douzinas 2000）。而我们必须寻找新的全球规范框架。根据这一想法，考察人的尊严与技术监管之间的关系就意味着提出如下问题：对当代技术驱动的世界而言，什么是合适的规范性框架？

在本章中，我将（1）讨论一些哲学思考，它们对于理解人权框架中人的尊严的作用是必要的，（2）简要描绘我自己对如何理解人的尊严的设想，（3）勾画一些将人的尊严应用至技术监管中的核心要点，以及（4）以有关未来讨论的一些评论作结。

二　为什么讨论人的尊严？

人的尊严在过去几十年中一直备受争议。[①] 有些人批评人的尊严是一种"无用的"概念，只是修辞：人的尊严没有任何其他概念所无法表达的意义，例如"自主性"——只是人的尊严听起来更加严肃（Macklin 2003）。有些人则认为它的功能是阻止进一步讨论或禁止讨论。如果这张王牌放在桌上，就无须给出任何进一步正当性证明了。有些人还指责"人的尊严"是一个空洞的概念，任何人都能据此规划自己的意识形态内容。从这个意义上说，自由主义者将人的尊严理解为一个自主决定我们想要的生活的

179

[①]　本节内容在 Düwell and others（2013）的导言中有更广泛解释的讨论。

概念，而来自不同宗教传统的追随者们则将这一概念变成了他们遗产的一部分。

如果这些指责是恰当的，那么这对于当代世界的规范性秩序而言将是危险的，因为它对公开认可的道德的正当性证明的终极素材将只是一种修辞，并会被任何意识形态所左右。由此，援引人权并不会以理性或论辩的方式解决任何规范性的分歧，因为所有支持者都可以按照自己的目的使用这个基础性概念。这种情况解释了尊严讨论中的高度修辞化和情感化。对于本章情形而言，我不会就上述讨论的各个方面展开论述，而只集中在与本书背景相关的一些要素；我也不会对这个概念进行详细的辩护；但会就一些概念上的区别以及哪些情形是有意义的做出解释。

180

（一）人的尊严的规范内容

我们不会不想弄明白人的尊严究竟是何种意义上的规范概念。它是一种具有独特规范性内容的规范性概念吗？在这种意义上，具体的规范性概念彼此不同（例如，身体完整性的权利就与私有财产的权利不同，或者帮助有需要的人的义务与自我完善的义务相区别）。如果人的尊严没有这种独特规范性内容，那么它看上去的确是空洞的。但与此同时，如果其内容由具体权利的内容来确定，这又是不可行的，因为在这种情况下，它无法成为具体权利的基础；相反，它是一个更具一般性的概念。这个问题之所以相关，是因为一些学者主张尊重人的尊严只会要求我们不要羞辱人类，或将人类客体化（Kaufmann and others 2011）。这种羞辱论的解释会使人类尊严的规范性范围缩小到仅仅是对极端暴行的谴责。针对这一立场，我建议我们将人的尊严视为一项原则，它具有厘清其他规范性概念（如权利和义务）的规范性内容以及与之相关的适当制度性功能。在人权制度内，只有这种解释才能理解作为人权基础的人的尊严。这当然也批判了只是把人类当成手段的使用行为，但会将其解释为具有更广泛的规范性内容。在这个意义上，康德著名的"人性定式"声称我们必须将人视为"目的本身"，这也就决定了一般道德的内容，同时暗含排除了将人类降低为仅仅是客体的行为（Kant 1996: 80）。对康德来说，这个公式不仅决定了应当指引国家组织的公共道德的内容，同时也构成了他的美德伦理学的基础。

（二）价值抑或地位

通常认为人的尊严必须被视为人权制度背后的一种奠基性价值，并应当在这个意义上作为概念被接受或放弃。这一解释提出了至少两个问题。首先，我们可以追问将法律建立在具体价值上是否令人信服。如果没有在这种背景下讨论关于价值理论的各种问题，一位法哲学家可能会认为，将法律视为一种基于特定价值或理想的法律秩序来实施的制度是有问题的；对于那些将法律视为保护个人自由以实现自己的理想和价值的制度的人来说，这尤其成问题。但是，为什么我们首先要将人的尊严视为一种价

值？法律、宗教和道德传统对此并没有提供太多理由加以解释，而人的尊严又常出现 181
于这三者之中。在斯多葛派的传统中，人的尊严与一个理性存在的地位有关，并作为
适当行为义务的基础。在宗教传统中，人的尊严更多地与相对于上帝或宇宙中的地位
联系在一起。在康德主义传统中，我们也可以看到理性存在的特定地位在道德框架中
发挥着核心作用。② 因此，将"人的尊严"解释为一种地位，进而成为权利归属的基
础（见 Gewirth 1992 和——在一个完全不同的方向上——Waldron 2012），而不是一
种价值，就说得通了。即使是一个自由主义的、假定价值中立的法律概念，也必须假
设人类具有需要尊重的重要地位。

（三）人的尊严是一个义务论概念吗？

人的尊严如何与义务论、目的论和后果论的规范理论之间的区别发生关联？这
些区分通常被认为是详尽无遗的。所有的伦理 / 规范理论都被认为要么是义务论要么
是目的论 / 后果论——而"人的尊严"通常被视为义务论概念的标准例子之一，根据
这一理论，将人的尊严与其他道德考量进行权衡在道德上是错误的。然而，这些观
念具有多种含义。③ 根据标准解释，后果论理论根据它们将产生的（可预见的和可能
的）结果来检视行为的道德品质，而义务论理论则（至少部分地）独立于结果来评估
道德品质。人们总体上可以怀疑这种区分在多大程度上有意义，因为几乎没有任何伦
理理论会忽视行为的后果（如果一个代理人不对其行动可能的结果做出假设，人们甚
至可以怀疑代理人是否理解行动意味着什么）。同时，后果论解释还必须通过某些标
准来衡量行动后果的好坏——"关注结果"本身并没有设定这样的标准。人权要求可
以作为衡量政治和社会制度道德品质的标准。这些措施对具体监管的后果很敏感，但
它们将基于这样一种假设，即人类生活在可以获得特定权利的条件下具有内在的重要
性。这些标准考虑到了整体汇集积极的后果，但根据人的尊严的概念，在衡量那些整
体汇集后果和个人基本利益之间的权重时会有局限性。我们可能不会仅仅因为这对一
大群人有利而杀死一个无辜的人。威廉·弗兰克纳（William·Frankena）（以及后来
的约翰·罗尔斯）在区分目的论规范理论和义务论时，使用了不同的反对意见，目的 182
论将道德责任视为非道德品（如幸福）的功能（例如最大化）；而义务论不把道德义
务看成是一种非道德品的功能（Frankena 1973：14f）。我们这里可以忽略这种差异的
复杂细节；有关的要点是，在弗兰克纳 / 罗尔斯（Frankena/Rawls）的解释中，人的

---

② 我根据"人性公式"中重构了康德人的尊严的概念，因为这在我看来从体系上讲是适合的。我知
道康德以一种更有限的方式使用"人的尊严"一词——实际上他使用"人的尊严"一词只有几次（参见
Sensen 2011 关于该术语使用的讨论）。

③ 例如，Gerald Gaus（2001a，2001b）已经确定了"义务论伦理学"的 11 种不同含义，其中一些是
相互排斥的。

尊严可以被看作一种允许权衡后果的义务论概念，但却形成了评估不同可能后果的标准；只要其后果符合所要求的对人尊严的尊重，就可以采取行动。我认为后一种区分更适合于形成将人的尊严解释为一种义务论概念的模型。人的尊严不会规定福利或幸福最大化，但会保护自由和机会，同时也可以对行动的后果进行评估，而前一种区分中的义务论概念会排除对后果的评估。人的尊严会证明严格禁止极端暴行（例如种族灭绝）是正当的，而这类禁止可能无法与其他表面上的道德考量相权衡。同时，它还将在评估其他实践的后果方面发挥作用，在这些实践中需要权衡利弊，必须确定具体权利的相对地位，同时判断以更渐进式的方式做出。在人的尊严的基础上，我们可以看到某些实践被严格禁止，而另一些则只能被表述为理想规范。有些后果显然是不可接受的，而另一些则容易引起争议。因此，我们可以将人的尊严视为一个道义上的概念，但前提是我们假定这并不排除后果的影响。

（四）人的尊严在多大程度上依赖于文化？

人的尊严在多大程度上依赖于特定的西方或现代世界观或生活方式，以及，特别是它在多大程度上保护了一种特定形式的个人主义，而这种形式仅发生在 20 世纪以来世界的富裕地区？这个问题似乎很自然，因为通常认为尊重人的尊严会让我们致力于尊重个体，而这种对个人的关注似乎是现代社会的特征（Joas 2013）。因此，我们可以将人的尊严视为一种在现代性中发展出来的规范性概念，其规范性意义与现代世界的特定社会、经济和意识形态条件有密切关联。在这样的一整套环境中，人的尊严表达出这样一种信念，即个体应得的尊重——至少在某种程度上——与其等级和所属的集体无关。在集体性利益之间发生冲突的情况下，个体自由将超过集体利益（例如家庭、家族或国家）。如果个体应得的尊重与集体利益有关联，那也只是因为个体给予它们的价值，或者因为它们是人类实现人生目标所必需的。这种现代观点取决于具体的思想历史。可以说，这种信念只有在一个特定的世界观中才是合理的，该世界观的特征是将人看成"原子"（Taylor 1985），而人与人之间的关系对他们的自我理解是次要的。理查德·塔克（Richard Tuck 1979）认为，自然权利的整套观念只有在历史的大背景下才有可能被理解，在这一历史中，罗马法的特定法律和社会概念在中世纪的自然法和教会法的传统中经历了特定的转变。格萨·林德曼（Gesa Lindemann 2013）提出了一种社会学分析（提到了涂尔干和卢曼）：只有在现代功能分化社会的境况下才能理解人的尊严。这些社会拥有很多自治领域（法律、经济、私人社会领域等），它们有其内在逻辑。人类在各种领域中面临着不同的角色期待。对于个体来说，至关重要的是一个人有可能使自己远离那些并发的期待，他或她也不会被这些领域中的一个完全支配。根据林德曼的说法，保护人的尊严就是保护个体免受这些功能分化领域之一的完全主导。然而，这种观点意味着只有在功能分化社会的基础上才能理解

183

人的尊严。

我无法在这里评估这种历史和社会学解释的价值。但是，这些解释试图提出某种怀疑：我们能否将人的尊严理解为一种可以正确地被视为普遍的规范性概念——最终其发展竟依赖于偶然的历史环境。然而，这种第一印象必须在三个方面进行细致考察。首先，我们可以追问是否存在通向人的尊严的不同路径；毕竟，完全不同的社会都把对人的尊重置于其道德关怀的中心。这些路径有可能具有不同的规范性含义——例如，在中国传统中进行人的尊严精神的可行的重建并非不可能，在这一传统中，也许私人财产或特定形式的个人主义与西方传统中的重要性不同。或者，西方关于历史的目的论观点（基于创造者的意愿，与中国传统不同）有可能对人类尊严的解释产生影响。无论如何，我们可以设法重建和证明人类尊严的普遍核心，并讨论在这样一个核心的基础上，对西方如此宝贵的某些人权制度要素是否真的应该得到这种地位。其次，假定人的尊严对功能分化社会结构的依赖也可以颠倒过来。如果我们有理由认为所有人都应当致力于尊重人的尊严，并且如果这种尊重——至少在具有特定复杂性的社会中——只能在功能分化的基础上实现，那么出于对人类尊严的承诺，我们就会有规范性理由接受功能分化。第三，人的尊严不能简单地被理解为个人主义概念，因为对人类尊严的承诺构成了人与人之间关系的基础，在这种关系中，所有人都通过相互尊重权利而联系在一起；人的尊严构成了"权利共同体"的基础（Gewirth 1996）。

184

这些简短的评论暗示了一系列更广泛的讨论。我们倾向认为，重要的是要认识到在全球视角中理解人类尊严是必要的，以便对潜在的文化偏见进行自我检视，并展望这样一种可能性，即这种自我检视可能会使重新解释人的尊严变得必要。但是这些文化上敏感的考量并没有为我们提供足够的理由放弃对人的尊严的普遍解释。

（五）法律与伦理之间的人的尊严

人的尊严是一种法律概念；作为人权制度的概念，它是国际法的一个要素。许多哲学家提出不要把整个人权概念视为道德概念，而是作为国际法实际应用中的概念（Beitz 2009）。我同意这一提议，前提是，在国际法中达成共识的人权制度与人类在彼此尊重的基础上视为道德上需要遵守的义务体系之间存在根本区别。但是，法律和伦理维度之间的关系比这更复杂。从历史角度看，人权源于道德冲动，如果我们不认为建立这些机构背后有道德原因的话，我们今天仍旧无法理解政治话语和人权机构的存在。因此就有理由追问这些支持建立人权机构的道德理由是否有效，这直接导致了法律—政治话语转向道德话语。如果我们谈论人的尊严，情况尤其如此，因为这似乎是一个显著不同的概念，很难单独作为一个法律概念重建。

另一方面，如果人的尊严作为一种伦理概念是有意义的，那么它就赋予了人某种地位，这种地位构成了我们彼此尊重的基础。然后，这种尊重会在权利和义务的关系中得到阐明；这意味着我们要承担随后这方面的义务，我们还必须假设，回应这一必须的尊重就必然意味着有义务建立足以确保该义务得到履行的机构。因此，如果我们有理由相信所有人都有义务尊重人的尊严，那么我们就有理由认为自己也有义务建立起有效执行这些权利的机构。从这个意义上说，建立政治机构有其道德原因，国际人权制度便是对这些道德性理由的回应。当然，我们可以认为它已经不再是一个适当的回应，那么我们应当有道德理由寻找其他制度安排。

185

三 人的尊严概念论纲

我现在想简要提出我对作为人权制度奠基性概念的人的尊严的建议。[④] 我们将人的尊严归于人类，这是我们为什么要尊重他人的基础。如果我们假设人类的尊严应该得到普遍和绝对的接受，那么这种地位的赋予就不仅仅是一种珍视我们人类同伴的偶然决定。相反，我们一定有理由假定人类一般都有义务互相尊重。如果道德具有普遍性，它一定是基于所有人必须支持的行动理由。这意味着必须从第一人称角度理解道德要求，即所有行动者都必须将自己视为受这些要求的约束。原则上我们每个人都可以自己发展出具有普遍性的理由，只有基于这样的第一人称视角才能理解人的尊严。这并不是假设人类通常会考虑这些理由（也许大多数人从未这样做），而只是意味着这些理由并不是我们作为特定个体所独有的。

康德提出，把我们自己理解为行动者是在理性地暗示，我们认为自己致力于工具性和幸福的目标，但我们也必须尊重某些目的，即：被理解为理性行动者的人性（一个非常有说服力的重构，见 Steigleder 2002）。格瓦兹（Gewirth 1978）以类似的方式提供了一些重构的承诺，这些承诺是行动者无法从第一人称视角进行理性的否定的。作为努力成功实现其目标的行动者，他们必然要求他人不要削弱他们作为成功行动者所需的那些手段。由于这种信念并非基于我作为个体的特殊愿望，而是基于我的一般行为能力，这是一种我与他人共享的能力，故此我也有理由尊重他人的这种能力。尊重人的尊严是基于人类共享的地位，以及他们设定目标和充当有目的的行动者的能力。尊重人的尊严意味着有义务接受所有能够控制自己行为的人的平等地位，因此不应将其置于不具有正当性的强制力之下。

186

从这个意义上说，如果我们尊重具有这种能力的人类，那么其中就会包含各种各样的含义，我想简要地描述其中四个含义。第一个含义是，我们必须确保人类能够获得他们过自主生活所需的那些手段。如果拥有自主生活的可能性是拥有对这些物品权

---

④ 也许说一下我的提议主要属于康德主义阵营中是多余的。除了康德外，我的主要灵感来源是格瓦兹（尤其是 Gewirth 1978），以及 Beyleveld and Brownsword（2001）。

利的正当理由，那么这些物品的紧迫性和必需性对于这些权利在不同程度具有决定性意义，即是说，存在一定的权利等级秩序。第二，如果我们无法否认的相关目标与人的自主性有关，那么我们可以对人类做什么，就存在消极的限制；人有权自我做主，我们也有义务在我们对人类的尊重所规定的范围内尊重这些决定。第三，由于人类只能在某种层次的组织中共同生活，并且由于权利只能通过某些制度安排来确保，那么就需要建立这样的制度环境。第四，这些制度是人类所做出的安排的具象阐释，但它们同时嵌入了人类所属的偶然的历史和文化环境中。我们无法从头开始创设这些机构，我们也无法决定我们仅仅作为纯粹理性存在而生活的具体情境。作为具体存在，作为在特定家庭、特定国家和特定文化里的成员，我们生活在具体情境中，以此构成一段历史。这些条件使我们有能力做特定的事情，同时也限制了我们的选择范围。我们可以做出安排来扩大我们的行动范围，但在某种程度上我们也必须认可这些限制——如果我们不赞同它们，我们就会丧失一般的行动能力。

我知道这个简短的大纲留下许多未回答的相关问题；⑤它只是展示了进一步思考的背景。尽管如此，我希望明确人的尊严作为人权制度的基础并不是一个空洞的概念，而是勾画出一些规范性承诺。同时，它也不是一个静态概念；从这些对规范性规则的思考中具体得出的结果将取决于各种规范性和实践性的考量。

四　人的尊严与技术监管

我已经试图描述我认为人的尊严可以如何重构，因而成为人权背后的规范性观念。这一奠基性观念在如下情境中尤为相关：在其中，我们能追问人权是否仍然能够作为我们理解政治和法律制度的规范框架。人们怀疑人权是否具备这一功能可能有多种原因。在本节中，我只想集中讨论一个问题：如果我们将人权视为一种规范性框架，通过赋予人类个体权利来增强其权力，那么人权就可能会忽略关于这些技术的开发和这些技术由此如何决定我们生活世界的问题。换言之：也许人权为斯诺登提出的议题（美国中央情报局对世界上几乎所有人的隐私进行了系统性侵犯）提供了规范性答案。但是还有各种各样的问题，例如技术对自然的影响、经由 iPhone 使用导致的通信习惯的变化，或者通过网络色情而改变的性爱习惯，在这些情形中人权话语只能靠边站。当然，在涉及儿童参与或知情同意限制时，在线色情内容会有一些人权方面的约束，但人权似乎与这些变化如何影响人们日常生活的核心问题无关。人权似乎只是保护了从事这些活动的自由。然而，如果人权制度在监管技术世界的这些变化方面不具有核心规范性的重要性，那么我们就有理由怀疑人权制度是否具有规范性的重要

187

---

⑤　有关这一论点的详细辩护，请参见 Beyleveld 1991。

性，特别是当我们想到新技术在设计我们的生活和世界时，其具有的中心地位。

在下一节中，我不会对这些问题提供任何答案；我只想概述在人的尊严基础上可以将什么样的问题列入伦理评估议程。

（一）技术的目标

首先要考虑的是评估人权与技术的相关性，主要是在我们希望用技术实现的目标。然而这个过程中出现的问题是：我们为什么要拥有这些技术？这些目标是否可以接受？开发技术是为了避免对人类造成伤害（例如医疗技术以避免疾病，提供防雨和防寒保护）、满足基本需求（例如食品生产的技术）、减轻其他技术的副作用（例如可持续生产技术）或者为生活中的人类项目提供便利，例如让他们的生活更轻松，或帮助他们更成功地实现他们的行动目标。一些技术是通用的，因为它们支持各种可能的目标（例如火车、互联网），而其他技术则涉及更具体的生活项目（例如音乐技术、电脑游戏应用）。

188　　　从这个角度来看，问题似乎是：根据人权制度的要求，这些目标是否可以接受？那么有问题的技术就是那些主要目标是，比如说杀人（例如军事技术）或具有很大潜力伤害人的技术。这里有各种评估方法。例如，人们可以将所谓的价值敏感设计视为一种旨在关注技术开发的潜在评价维度的方法（Manders-Huits and van den Hoven 2009）。这种方法的优点是在其发展的早期阶段在新技术的规范层面进行反思。从人权制度的规范基础出发，我们可以首先评估新技术侵犯人权的可能性。这首先是一种旨在避免侵犯消极权利的消极路径。但人权制度不仅包括消极权利；也有旨在支持人类实现特定的生活目标的（例如社会经济权利）积极权利。[6] 对技术目标的这种道德评价似乎嵌在普遍共享的道德原则中，因为人们通常认为开发诸如抗癌、为可持续的粮食生产或使残疾人生活更加容易的技术，在道德上是值得称道的，甚至是必须的。因此，产生技术的目标就不被视为道德中立，而是具有道德意义。尽管如此，技术开发当然会有各种各样的目标（例如，我们花费大量资金用于癌症研究，而难以获得资金来对抗罕见疾病）。这意味着我们似乎有一个关于道德上相关目标的重要性与紧迫性的隐含的等级排序。然而，这些等级排序几乎没有明确表达过，在有道德分歧的情况下，假定在现代社会中对这些目标的评估会有一种自发的一致性是不合情理的。因

---

[6] 根据我的理解，消极和积极的权利在形式上是截然不同的。消极权利的特点是他人有义务不干涉权利人有权做的事情，而积极权利是有权获得支持，以实现权利持有人有权做的事情。我认为，人权的两个方面都是不可分割的，因为人们在无法确信存在积极权利的同时，不能理性地致力于消极权利（参见Gewirth 1996：31-70；这是一个对 Shue 1996 中消极和积极权利之间关系的不同理解）。假定存在如此广泛的权利并不会排除不同类型权利的紧迫性和重要性的差异。然而，消极权利并不总是比积极权利更重要。存在着比一些消极权利更重要的积极权利；例如，可以有理由主张为支持人们的基本需求而侵犯私有财产的权利。

此，如果对技术开发目标的评估不仅仅是修辞，那么人们可以合理地预期这一评估背后的等级排序，并阐释这种等级排序的理由。在内容上，为了根据上面概述的人的尊严概念来证明一个等级排序的正当性，我的建议是根据行动者需求来对等级排序进行设想（Gewirth 1978：210-271）。可以根据如下内容评估技术的目标：技术旨在支持的目标在多大程度上对支持人的行动能力是必要的。如果这是一般指导原则，那么会有很多后续问题，例如，如何比较不同领域的目标（例如可持续性和医学之间），或者就算在医学范围内，某些行动者（例如有罕见障碍的人）对技术的依赖如何能够与一般的广泛行动者的总体利益进行权衡。

但是，基于这些目标以评估技术是否完全可能？首先，以这种方式判断技术可能相当困难，因为它会预示我们可以预测技术发展的结果。许多技术发展可用于各种目标。通用技术可以用于各种目的，其中一些目的在人权基础上是可接受的或甚至是可取的，而其他目的可能有问题。对于所谓的"道德增强"也是如此，即利用医疗技术来增强被认为支持道德行为的人性特征。大多数性格特征可用于各种目的；智力和情感敏感性可以用来更成功地操纵人。似乎很难说技术只能通过他们应当服务的目标来加以判断。

其次，技术开发存在很大的不确定性。例如，这与技术开发通常需要很长时间的事实有关；从一开始就很难预测应用的环境。例如，从 20 世纪 50 年代发现双螺旋到现在相关技术正得到开发，这之间有很长一段时间。与此同时，我们开始意识到表观遗传学，它将基因功能的表达解释为以复杂的方式与各种外部因素相互关联。技术开发比 20 世纪 80 年代想象的要复杂得多。那个时候我们不知道会有互联网，可以使普通公民获得各种遗传方面的自我诊断。在 20 世纪 50 年代尚不清楚技术将适用于何种政治和文化环境：人们会担心极权主义国家可以使用这些技术，而现在政府对技术应用控制的缺乏则产生了其他挑战。

这些难题并不是停止生物技术开发的理由，但它们形成了对这些技术进行评估的环境。这些基于人的尊严的考量意味着：首先，我们应该通过程序改变评估实践。如果尊重人的尊严应该得到规范性的优先考虑，我们就必须首先发问：这一尊重就新技术开发方面对我们有什么要求，而不是先开发新技术，然后问它们将产生什么样的伦理、法律和社会问题。其次，如果如下事实是正确的，即人的尊严要求我们在行动中尊重一种从行动者需求而来的等级排序，那么我们将不得不在此基础上阐述技术目标的合法性。这更具有相关性，因为政治话语充满了关于这些目标的道德品质的假定（例如关于癌症研究或干细胞研究）。如果尊重人的尊严要求我们平等地尊重人类，如果它意味着我们应该认真对待对于行动者成功行动的能力所必需的事物之等级排序，那么对这些目标的假定就必须进行争论。第三，鉴于上述不确定性的范围，尊重人的尊严要求我们制定出一种预防性的推理说明，能够处理围绕技术开发出现的不确定

189

性，而不会使我们无法行动（Beyleveld and Brownsword 2012）。

190　　**（二）技术的范围**

尽管如此，对目标、风险和不确定性基础的评估是不充分的，因为新兴技术也以一种显著改变责任的方式影响着人与人之间时空维度的关系。核能是责任随时间不断延展的典型例子；由于制造核废料，我们当下的人们危及了未来人们的生命，于是我们有意创造出一种情形，即数十万年后，人们将很可能不得不维持能够处理这种废物的机构。气候变化是人们生活环境可能发生不可逆转变化的另一个例子。我们正决定着未来人们的生活状况，这需要正当性证明。

在空间上已经有技术机制延伸的各种例子。有各种全球范围内运作的技术，其中互联网是最突出的例子，生命科学是另一个例子。所有这些技术的一个特征是：它们通过全世界的努力进行开发，并且它们也在全球范围内得到应用。这意味着，比如说，这些技术在非常不同的文化环境中运作（例如，遗传技术在西方国家和非常传统的、以家庭为导向的社会中同时得到应用）。这种技术的全球应用创造了对全球性监管的需求。

技术监管的具体语境有一些意涵：首先，必须有全球性的监管，这需要一种全球性监管主体。这会首先通过民族国家之间的协议发生，但逐渐建立越来越多的全球监管制度，这些制度按照自己的逻辑存在，并按其自身能力组建自己的机构。（至少是较小的）国家离开这些机构的预期有效的机遇是有限的，甚至不存在，它们有效地通过民主方式发起针对这些制度的政策变革的能力也是如此。这意味着事实上超国家的监管机构已经建立。这造成了各种各样的问题：在这些国际监管制度之间缺乏协调或协调不充分只是其中之一。然而，就我们的目的而言，重要的是要看到必要的张力：一方面，面对全球性运作的技术时，除了创建这些监管制度之外别无选择：互联网等技术要求这样的制度。同样，由于技术将对未来人们的生活产生影响，延伸时间中的行动范围迫使我们质疑未来的人们如何融入我们的监管制度。这意味着我们所建立的技术会影响可能的监管制度，这些制度在人权制度的规范性起点基础上是可以接受的。人权制度建立在民族国家之间合作的基础上，而新技术则要求超国家监管制度，并迫使我们在如下情况下追问未来的人们如何被纳入这些制度：技术的（长期）影响在很大程度上并不确定。

191　　我建议，对这些变化做出适当的规范性回应不能仅仅是质疑特定权利的含义是什么，例如隐私权在数字时代会是什么样（尽管我们当然也要问这一点）。我们的主要任务是根据上述挑战，了解基于人的尊严的监管制度可能是什么样的。这就意味着追问如何确保对个体得到尊重，以及如何通过有效民主控制的方式建立这些结构。延伸到未来人们还要求我们在人权框架内形成对他们地位的看法。一些相关问题在其他地方进行了更广泛的讨论（参见 Beyleveld，Düwell，and Spahn 2015；Düwell 2016）。首先，我们不能将我们在可持续性方面的义务视为独立于人权的要求；由于人权条款应该具有规范意义上的优先权，我们必须在如下事项上建立统一的规范性视角：即我们对同时代人和代际职责的义务如何相互关联起来？其次，这就产生了如下问题，即尊重人的尊严对我们相对于未来人们的义务而言意味着什么。如果人的尊严意味着人对行动者的通用事物拥有某些权利，那么问题就不在于权利人是否已经存在，而在于我们是否有理由假定将来还有人类生存，以及我们是否能知道他们有何种需求和兴趣，以及我们的行为能否影响他们的生活。如果要积极回答这些问题，我们就必须在人权标准下考虑这些需求和利益。这提出了很多关于如何做到这一点的后续问题。

在这些新兴技术的语境下，我们必须重新思考我们的规范性框架，包括人权的内容和制度，因为我们对尊重人的尊严的承诺要求我们考虑有效的结构来强制执行，如果这些机构无效，我们必须对它们重新进行思考。这种重新考虑的后果也可能是某些技术在人权制度下不可接受的，因为有了这些技术，就不可能落实尊重人的尊严。例如，如果无法有效地确保隐私，或者如果无法建立对技术的民主控制，就会影响人的尊严的核心要义，并且可能成为质疑开发这些技术合法性的理由。无论如何，人类尊严是重新考虑规范性和制度性框架的概念与规范基石。

（三）技术世界中人的位置

在可以广泛讨论的各种其他规范性问题中，包括影响人类与自身、他人或自然之间关系的技术。如果人的尊严的规范核心要义与保护人类控制自身行动的能力有关，那么有各种技术都可能影响这种能力。我们将不得不讨论那些遗传诊断和干预措施——其间他人做出关于人的基因构成的决定——的形式，或者医学化对行动者的实际自我理解的影响。另一个相关的例子是我们的生活和世界的架构设计，以及这种设计在多大程度上决定了人可以行使控制力的方式。

然而，技术也在改变着人在世界中的地位，因为我们作为行动者和控制主体的角色仍然是可能的。这并非什么新洞见；像阿多诺（Adorno）这样的批判理论家此前曾在 20 世纪中期阐述过这种担忧；在我们的语境下，我们可以追问与人权相关的后果是什么。如果尊重人的尊严需要让我们继续控制，那么这就要求比如说政治应当有能力就技术开发做出决定，并且应当有能力修改以前的决定。然而，这意味着具有不可逆转后果的技术只有在毫无疑问其影响是积极的情况下才是可以接受的。此外，在人类具有有效影响力的意义上，技术必须具有最大程度的可控性，否则政治谈判几乎不可能实现。

另一个进一步的核心问题是人类决策将在多大程度上在未来的技术监管中发挥核

192

心作用。⑦ 如果从现有的各种发展推断到未来，我们就会产生这个问题：我们为了各种理由将技术整合进我们生活的所有领域。相关的变化范围从外部世界的组织（由人与人之间通信变化导致）到我们自我体验的变化（例如有关增强的辩论）。其中许多变化在道德上都是不确定的；我们想要提高安全性，或者我们想要避免气候变化。我们引入技术使交流更容易，我们想要支持具有非标准需求的人。初步看来，这些目标没有错，开发技术实现这些目标也没有错。然而，其影响便是人类监管的可能性逐渐减弱。社会和物质世界的技术设计越来越多地预先确定采取行动的可能性。这意味着道德和法律规制的作用将发生根本转变。监管仍然存在，但其部分功能被物质世界的组织所取代。在这种情况下，人们往往不会将自己视为对规范性期待进行回应的有意向的行动者，而只是按照世界的设计允许他们做出的动作行事。从人的尊严角度看，这种状况引起了各种各样的关注，不仅涉及技术开发目标与人权关怀或监管模式的兼容性，还涉及人类在监管过程中的基本地位。

193　　**五　展望**

本章首先概述了人类尊严对技术监管的可能关联。我的建议是将人的尊严置于技术规范性评估的核心。技术正在极大地改变我们的生活和世界、人类相互交往的方式，以及他们与自然和自身的关系。最后，它们正在改变人类行为的方式和人类行动者的角色。这些变化不仅提出了如何将具体人权应用于这些新挑战的问题，具体而言就是互联网时代隐私权意味着什么。如果这些挑战在很大程度上改变了人类在监管过程中的地位，那么必须提出的问题是，从人权制度的基本原理出发可以给出何种规范性答案；接下来的问题是人权制度的现有结构、其核心机构和相关程序对技术监管而言是否适合。

我的目的不是要推动针对新技术的文化怀疑论，而是要认真对待挑战。因此，我的建议是重新考虑根据人的尊严对新技术做出适当回应的规范性结构。由于人权制度某些方面的显著的功能失调，这项提议由此是宣称"人权的终结"的一种替代性方案。该提议将人权视为一种规范性制度，以作为奠基性概念的人的尊严为基础，赋予人以核心的规范性地位，并保护其主导自治生活的可能性。来自人权的适当规范性回应将取决于对如下事项的分析：人的尊严面临何种挑战，什么样的机构可以保护它，以及可能采取何种形式的保护。那意味着，如果人类境况发生重大变化，对人的尊严的承诺可能要求我们极大地改变人权制度。由此可见，我并不是指在重新解释人

---

⑦　我感谢罗杰·布朗斯沃德（Roger Brownsword）对此主题的启发（参见 Brownsword 2013，2015；另见 Illies and Meijers，2009）。

的尊严的意义上对人的尊严进行新的解释，例如，通过集体主义方式。相反，这个观念是这样的：如果我们确实有合理的理由认为自己有义务尊重人的尊严，那么这些理由就没有改变，我们也就没有理由怀疑我们先前的承诺。但我们有理由认为，人类过着自主生活的可能性受到技术副作用的威胁，而且在全球化和互联网时代，国家层面上不可能有效针对这些技术提供保护。与此同时，尊重人的尊严构成了国家合法性的基础。如果上面所说是对的，那么尊重人的尊严就要求我们考虑对这些挑战的规范性反应的重大变化，而不是人权制度过去做出的回应。这就可能意味着制定新的人权宪章，可能会产生新的超国家政府结构，或者说有些技术将必须受到严格限制甚至禁止。 194

尊重人的尊严要求我们思考如下社会结构，其中技术不再是社会发展的驱动力，这一社会结构让人类有可能为自己的生活赋予其他形式；公共政策要增加人们掌控和领导令人满足的生活的可能性。几乎没有任何一个领域像技术监管那样，其中人的尊严在价值上应当发挥如此重要的作用。令人惊讶的是，当代关于技术的争论和对人的尊严的争论并未反映出这种洞见。

【参考文献】 195

Beitz C, *The Idea of Human Rights* (OUP 2009)

Beyleveld D, *The Dialectical Necessity of Morality. An Analysis and Defense of Alan Gewirth's Argument to the Principle of Generic Consistency* (Chicago UP 1991)

Beyleveld D and R Brownsword, *Human Dignity in Bioethics and Biolaw* (OUP 2001)

Beyleveld D and R Brownsword, 'Emerging Technologies, Extreme Uncertainty, and the Principle of Rational Precautionary Reasoning' (2012) 4 Law, Innovation and Technology 35

Beyleveld D, M Düwell, and J Spahn, 'Why and how Should We Represent Future Generations in Policy Making?' (2015) 6 Jurisprudence 549

Brownsword R, 'Human Dignity, Human Rights, and Simply Trying to Do the Right Thing' in Christopher McCrudden (ed), *Understanding Human Dignity* (Proceedings of the British Academy 192, British Academy and OUP 2013) 345-358

Brownsword R, 'In the Year 2061: From Law to Technological Management' (2015) 7 Law, Innovation and Technology 1-51

Douzinas C, The End of Human Rights (Hart 2000)

Düwell M, 'Human Dignity and Intergenerational Human Rights' in Gerhard Bos and Marcus Duwell (eds), *Human Rights and Sustainability: Moral Responsibilities for the Future* (Routledge 2016)

Düwell M and others (eds), *The Cambridge Handbook on Human Dignity* (CUP 2013)

Frankena W, *Ethics* (2nd edn, Prentice-Hall 1973)

Gaus G, 'What Is Deontology? Part One: Orthodox Views' (2001a) 35 Journal of Value Inquiry 27

Gaus G, 'What Is Deontology? Part Two: Reasons to Act' (2001b) 35 Journal of Value Inquiry 179-193

Gewirth A, *Reason and Morality* (Chicago UP 1978)

Gewirth A, 'Human Dignity as Basis of Rights' in Michael Meyer and William Parent (eds), *The*

Constitution of Rights: Human Dignity and American Values (Cornell UP 1992)

Gewirth A, *The Community of Rights* (Chicago UP 1996)

Illies C and A Meijers, 'Artefacts without Agency' (2009) 92 The Monist 420

Joas H, *The Sacredness of Person: A New Genealogy of Human Rights* (Georgetown UP 2013)

Kant I, *Groundwork of the Metaphysics of Morals* (first published 1785, Mary Gregor tr) in Mary Gregor (ed), *Immanuel Kant: Practical Philosophy* (CUP 1996)

Kaufmann P and others (eds) *Humiliation, Degradation, Dehumanization: Human Dignity Violated* (Springer Netherlands 2011)

Lindemann G, 'Social and Cultural Presuppositions for the Use of the Concept of Human Dignity' in Marcus Düwell and others (eds), *The Cambridge Handbook on Human Dignity* (CUP 2013) 191-199

McCrudden C (ed), *Understanding Human Dignity* (OUP 2013)

Macklin R, 'Dignity as a Useless Concept' (2003) 327 (7429) British Medical Journal 1419 Manders-Huits N and van den Hoven J, 'The Need for a Value-Sensitive Design of Communication Infrastructure' in Paul Sollie and Marcus Düwell (eds), *Evaluating New Technologies. Methodological Problems for the Ethical Assessment of Technology Developments* (Springer Netherlands 2009)

Sensen O, *Kant on Human Dignity* (Walter de Gruyter 2011)

Shue H, *Basic Rights: Subsistence, Affluence, and U.S. Foreign Policy* (Princeton UP 1996)

Steigleder K, *Kants Moralphilosophie: Die Selbstbezuglichkeit reiner praktischer Vernunft* (Metzler 2002)

Taylor C, *Philosophical Papers: Volume 2, Philosophy and the Human Sciences* (CUP 1985)

Tuck R, *Natural Rights Theories: Their Origin and Development* (CUP 1979)

Waldron J, *Dignity, Rank and Rights (The Berkeley Tanner Lectures)* (Meir Dan-Cohen ed, OUP 2012)

196

第八章
人权与人体组织
——将精子作为财产的案例

莫拉格·古德温（Morag Goodwin）

姜　鹏　译

一　引言

　　无论从法律和技术领域的视角，还是从人权领域的视角来看，人权与技术已成为　197
一个重要的研究领域，人权学者在这方面不得不重新思考对人权的现有解释，从而将
技术发展纳入考虑的范围之内。这一新领域包含许多子领域，部分由不同的技术，例
如信息和通信技术以及人权所界定；或与交叉问题有关，例如知识产权和人权问题；
或对更广泛的地缘政治关切，例如在全球南北关系语境下的南北关系。权利逐步成为
理解技术与我们自己之间的关系或相互作用的首选的切入点。因此，出于对尊严的关
切和道德考虑，以个人权利的话语阐明我们最基本的关切是大势所趋。[①]虽然这种转
变可能是微妙的，但人权对许多人来说自然是以对人尊严的关切为基础。但我想论述
的是，在转变的过程中的一个重要问题，即我们如何看待自己与他人的关系，以及自　198
己与周围世界的关系发生的变化；简而言之，我们认为作为人性的东西发生了变化。

　　从先前立基于人的尊严的伦理关切转向人权，自然不仅限于技术领域，而且也是一
个更广泛趋势的一部分；正如约瑟夫·拉兹（Joseph Raz）指出的，人权已成为我们当代

---

　　① 为了了解概况，参见罗杰·布朗斯沃德、莫拉格·古德温《二十一世纪的法律与技术》，牛津大
学出版社2012年版，第9章。以及特瑞希·墨菲（编）《新技术与人权》，牛津大学出版社2009年版。

通用的道德话语（2010：321）。[②] 鉴于 20 世纪后期人权在广泛地阐明我们的道义和政治关切中处于支配地位，因此，尽管有充分的其他的叙述，尤其是医学或生物伦理学，但人权正在成为技术研究的主导因素，这一点也不奇怪。尽管这一发展并非没有受到过挑战，[③] 但就目前看来，人权话语的支配性趋势仍有继续发展的空间。特别是在技术领域，由于技术创新和继受的跨国性质，在提供普适性的道德表述的过程中，人权也一直起着主导性的作用。

对于人权而言，确定其处于支配地位的另一个特点是没有明确的概念外延。这在一定程度上是由于人权在抽象意义上的不确定性。人权可以被用来挑战法律的严谨性——例如 S. and Marper 诉英国案 [④]——以及对法律的包容性——例如埃文斯诉英国（*Evans v the UK*）案。[⑤] 这种灵活性扩大到可主张人权的地步。人权，当属于法律权利的时候，必须是由个人向国家机构所代表的某个特定政治团体主张的权利。因此，在国家与公民的纵向关系中，人权是挑战国家权力的工具。但是，人权作为道德层面的权利，优先于并与作为法律权利的人权共同存在。这不仅涉及其在内容上的近乎无限的可能性，而且还包括人权不限于纵向的权利要求。它们可以用来挑战其他个人的行动，的确，或者是任何一种行为。我们认为，人权成为表达对我们很重要的某种东西的一种手段，其应当优先于其他主张——如所谓的"权利话语"。因此，个体与群体利益之间的必要平衡成为在更广泛的社会利益的背景下，各当事方之间的一种三方间平衡行为。这两类主张均以此处考察的案件为代表，但个人针对他人提起诉讼是目前的一种趋势。这符合西方社会中广为知晓的个人主义的崛起，这也被托马斯·弗兰克（Thomas Frank）称为"被赋予权力的自我"（Franck 1999）。

因此，本章对"人权"如何使用有一个明显的区别，即特莉丝·墨菲（Thérèse Murphy）在本书的另一章中使用它的谨慎方式（见第 39 章）。在墨菲提到国际人权法的情况下，在本章中，"人权"以更广泛的方式使用，从而涵盖我们所谓的基本权利——人权与宪法权利的结合。一些人可能会认为这只会把事情弄得更复杂。此外，他们有理由认为，主张人权为财产权并不是这里研究的主题。[⑥] 然而，在本文讨论的案例中有意思的部分恰恰是它们反映了我们如何看待和使用（人的）权利。此外，尽管人权显然不是精子案件直接涉及的主题，但人权在更具一般性的意义上影响着我们

---

② 就论证人权在 20 世纪末期的支配地位而言，参见萨莫埃尔·摩恩《最后的乌托邦，历史中的人权》，贝尔克纳普出版社 2010 年版。

③ 例如，参见理查德·E. 阿什克罗福特《人权是否优于生物技术》，《人权法评论》（2011 年）第 10 期，第 639 页。

④ 30562/04 [2008] ECHR 1581.

⑤ 6339/05, ECHR 2007–Ⅳ 96.

⑥ 对于财产的权利当然是国际人权条约的一部分，例如，参见《国际人权公约》第 17 条。但这里的案例不打算引用这些，因为财产权在各国国内的宪法规定中已经得到了充分的保护，至少是上文所提到的那些。

如何看待权利的背景；特别是，财产权利"产权话语"蕴含着对人权话语的热情——人权——包括财产制度包含的合法权利。

我想在本章中提出的是，人权在"权利话语"的普遍性中所表现出的主导地位，是在技术规制领域，特别是在新的生殖技术领域以及对该机构的规制方面，表现出的一种特殊形式。具体而言，似乎有可能讨论一种将权利与财产结合起来作为技术管制的组织框架的运动，因为财产权正日益成为处理新技术发展的主要手段。[7] 这不仅体现在西方学术争论中，而且体现在知识产权与人权相结合的情况下，土著群体也利用了对人格特征的新概念（Sunder 2005）。

近年来，人们针对身体部位立法的趋势进行了大量的讨论。现在，学术界和畅销书作家，其中学术界的财产法专家、家庭法专家、哲学家、伦理学家，当然还有技术规制学者在这一领域产出了大量的作品。我将借鉴这些文献，将重点放在一个特定的领域：对精子的财产权的依附。精子与财产是一个特别有意思的领域，有两个原因：首先在普通法辖区有大量主张精子财产赔偿的案件，作为一名法律人，我认为这些案件是重要的。至少，它们向我们展示了法院在司法实践中是如何审理对精子主张权利的案件的，它们给我们的结果在"真实的世界"中对参与者有效。其次，我们不能忽视涉及人类配子问题的重要性，不论是男性配子还是女性配子，在某种程度上说，它与人的配子，譬如说，头发、血液或皮肤细胞的区别没有那么明显。精子包含着新的起源、身份的可能性，它生命的目的的存在性问题。

了解如何在技术相关的领域使用权利，由谁使用，以及基于什么目的而使用，是一项复杂的任务。虽然先前的部分论点在更具普适的意义上同样适用于人体组织，但这一章着重讨论精子问题，并不试图在普适的意义上去对人体的组织进行阐释。此外，我对严格意义上精子的商业化，即购买和出售精子并不感兴趣。主要也是由于大多数司法辖区都禁止这种交易活动。[8] 另一方面，对精子进行买卖主要涉及对精子财产权的分配问题。最后，本章以精子作为焦点，并不是因为精子是特殊的而卵子并不特殊，而是因为精子是一系列有趣案例的主题。

二 爱与利益面前一切皆平等：我们身体的法律界定

200

（一）拥有我们自己

对人类身体和身体之部分器官的法律研究，通常从我们并不拥有我们自己的身体

---

⑦ 这一趋势具有一些例外情形，欧洲人权法院就是其中之一；对于财产的权利在《欧洲人权公约》中并不处于核心地位，相反，许多案子是依据《公约》第 8 条个体生命权进行审判的。

⑧ 这一规定主要的例外规定是美国的规定。

这一传统的立场出发。[9] 我们被禁止出售我们的肉体（因为那些已然将此出罪的司法辖区，性服务被认为出售的是一种服务，而不是出卖肉体）或我们身体的一部分。[10] 我们不能出卖自己，也不能让自己处于奴役的状态，不管谈到什么价格；[11] 我们不能对是否可以对我们自身施加伤害做出同意，无论是否像某些人那样可以从这些伤害中得到快乐。[12]

类似的法律理论适用于通过医疗手段或事故使人身体的一个部位从它的身体剖离。当一个组织被剖离后，一般认为是它被放弃了，因此是无主物（res nullius）——没有主人的财产。至少在普通法中是这样的。[13] 正如唐娜·迪肯森（Donna Dickenson）所指出的，"普通法主张，某种东西既可以属于一个人，也可以是一个物，但不应该同时具有双重属性——只有物体能够适用财产持有的规则"（Dickenson 2007：3）。[14] 因此，人体器官陷入了一个法律空白地带：它既不属于一个可以拥有物的人，也不是一个可以被拥有的物。至少在法律体系内，如果我不能拥有我自己的身体，[15] 那谁可以拥有？按常理来说，答案是没有人可以拥有。决定我不能拥有自己的身体这一同样的原则，同样地禁止其他人拥有他或他的器官，无论器官是否从他的身体中剖离出来。简单地说，人的身体并不受到财产规制的约束。

然而，这一回答总是比"无财产"的原则要复杂。罗翰·哈德凯瑟（Rohan Hardcastle）在他的研究中，根据普通法对财产、所有权和身体部分的控制问题进行了考察，他指出了一系列问题。普通法在传统上承认某些方面的情况关于人体部分的财产权（Hardcastle 2009: 25–40）。例如，占有一个遗体的权利用于安葬。美国的许多法院都承认家庭成员或死者的遗嘱执行人拥有"准"所有权，尽管他们对这些权利是否来自公共职务，以便有尊严地处理尸体或从身体上获得利益，他们对此意见不一。[16] 随着生物技术的兴起，对"没有财产"进行宽泛理解已变得十分重要。从 20 世纪初

---

⑨ 它在事实上很像一个经典论述，正如罗马法中的原则——"没有人被视为是他自己手臂的主人"，见乌尔比安，编，D9 2 13pr. 参见耶尔沃斯与其他人诉北布里斯托 NHS 信托【2009 年】EWCA Civ 37，见下注 30。这一普通法的立场被英国上议院在 R 诉边沁【2005】UKHL 18,[2005]1 WLR 1057。

⑩ 例如，1997 年《保护人权与人格尊严的欧维多公约》涉及在生物与医疗方面的应用，包括 2002 年《关于器官与人体组织移植的选择协议》。总体上，判决中的例外情形大多集中在头发，在美国是精子。

⑪ 例如，1926 年《废除奴隶压迫和奴隶国际公约》与 1956 年《废除奴隶制、奴隶交易，以及类似于奴隶制的制度和实践的补充公约》。

⑫ 拉斯基、雅加得与布朗诉英国，欧洲人权法院于 1997 年 2 月 19 日做出判决。治疗程序在这一意义上并不被视为一种伤害，因为医学专家坚决主张基于伦理上的考虑，治疗过程应当基于病人的利益。

⑬ 这不是普通法系所特有的，民法法系国家大体上也采取类似的方法。德国民法中有一个例外，它允许有在世的自然人对被分离出来的人体组织或者其他物质享有权利（德国民法典第 90 条）。

⑭ 同上。

⑮ 明白法律论证不是理解我们自身的唯一途径是重要的。例如，从道德上讲，我们很可能认为我们拥有我们自己，这一点是不言而喻的。

⑯ 对于这些案件的分析，参见哈德凯瑟案，第 51—53 页。

期的一个判决中，澳大利亚高等法院认定，一个人的身体实际上可以在"合法的工作或技能的实践"的意义上受到财产法的规制。[17] 如果情况如此，就可以主张对身体进行占有的权利。[18] 都德沃德案（*Doodeward*）设立的这项权利在一些人的身体部分的所有权问题上一直是关键所在，最知名的是摩尔案（Moore）。[19] 这里，加州法院在摩尔先生不知情并未经同意的情况下，将从摩尔先生身体组织培育出的细胞系的所有权，授予一家生物科技公司。摩尔先生试图主张自己的所有权，从而控制住他的身体器官所使用的用途。他无法拥有自己的身体部件，而第三方可以获得（确实成功地申请到了对于合成细胞系的专利）从它身上衍生出的一个产品的所有权，这违反了"都德沃德（Doodeward）原则"。因此，尽管此处没有征得同意，但法院将都德沃德案原则的例外适用范围扩大到未经同意从活体获取的人体组织。

在之后的一个案件中，又一个表面上与都德沃德案原来的事实相符，因为它确实是一个人的组织，而西澳大利亚最高法院认为，"都德沃德原则"在确定是否应适用于人体部分的财产权问题上不再具有相关性。在罗彻诉道格拉斯案中，[20] 申请者试图获取一名死者的身体组织样本，在他死前几年的手术中服用，并在石蜡中保存。申请人要求组织进行 DNA 检测，以确定她是否是死者的女儿，从而对她的遗产出张权利。法院认为，都德沃德案发展出来的原则属于在发现双螺旋之前的一个时代；而不是被这种过时的推理所束缚，这种情况应该按照理性和常识来决定。[21]

根据这种"常识"的路径，法院否认了无财产理论。法院得出结论认为，有令人信服的理由认为组织样本是财产、智慧、节省的时间和费用。因此，尽管加州最高法院似乎暗示，摩尔贪婪地想要获得他身体部分的利益，但西澳大利亚州最高法院不仅愿意接受申请人要求的组织样本，而不是毫无关联的死人，而是这样做的。[22]

（二）法院庭审前存在的精子

在法院审理部分身体器官的案件——都德沃德案、摩尔案和罗彻案（Roche）中，形成了主张精子这一财产案件的法律背景。这些案件的主要部分涉及死者遗孀或伴侣为生孩子而主张拥有精子（至少对男方）。这些案件大多来自普通法院的辖区，而并非所有案件。这些案件表明，法院正在努力使法律适应快速的技术发展，并正在转向

---

[17] (1908) 6 CLR 406 (HCA), 414.

[18] 正如哈德卡瑟所证明的那样，无财产原则并不像它表面上那样直截了当，剩下的问题是改变人体组织的人们或者那些是否可以主张财产权，就像是这些财产权本来包括的内容一样。

[19] 摩尔诉加州大学校董，793 P 2d 479（Cal SC 1990）。对本案的具体的描述与分析，参见狄更案森2008 年，第 22—33 页。

[20] 罗彻诉爱德华·约翰·汉密尔顿·罗文地产公司主管道格拉斯（12 月）[2000]WASC 146。

[21] 同上注 15。

[22] 种节省当然可以被视为一种公共物品。

财产权，往往与各方的意向或利益相联系，以解决其面对的难题。

202　　　在一个非常早的案件中，一名死于睾丸癌的男子的遗孀与父母一起向一家精子库提起诉讼，要求其在法国，法院禁止精子库取用其丈夫的精子来培育孩童。在帕塔莱克斯（Parpalaix）诉精子研究和保存中心（Centre d'etude et cle Conservation du Sperme）案中，[23]原告辩称，精子属于可移动的物体，因此适用于财产法规定的动产规定，故而精子可以被继承。精子库（CECOS）辩称精子创造生命的潜力使它不受制于财产法；因此，精子应该被认为是人体不可分割的一部分，而不是被视为动产。在接受 CECOS 关于精子的特殊性质的主张的同时，法院驳斥了这两项主张。相反，法院主张，精子是"生命的种子……与人的基本自由相关联，即怀孕或不受孕……精子的命运必须由源出者决定"[24]。由于民法典中的任何部分都不能适用于精子，因此在帕塔莱克斯（Parpalaix）案中，法院认定唯一的问题是精子源出者的意图。

　　　十年后，美国法院也面临一个类似的案件。在赫克特（Hecht）案中，[25]加州法院需要确定一名自杀身亡者精子的归属问题。在他的遗嘱和他与精子库的合同中，死者曾明确表示，希望父亲与女友赫克特一起主张对孩子的权利。合同授权将他的精子交给他的遗产执行人，后者被指定为赫克特女士，他的遗嘱将所有权利都交由赫克特女士。然而，关于精子所有权的争议，赫克特和死者的两个孩子之间产生了争议。

　　　这一案例因若干原因引人关注。首先是，加州上诉法院承认法国法院在帕塔莱克斯案中提出的意图的重要性，但更进一步，法院将精子置于财产法的调整范围内。

　　　法院支持赫克特（Hecht）女士关于精子是死者遗产一部分的主张：

　　　　　　被继承人死亡时，其所有权属有利益性质的，在其拥有决策权力的范围内，享有……的权利。因此，死者对其精子有利益，其精子属于广义的财产范围……"任何可能属于所有权客体的东西，包括动产和个人财产及其任何利益。"[26]

上诉法院支持了这一判决，即在案件再次出现时，精子构成死者遗产的一部分，并将其过继给赫克特女士，以便依照死者的意愿生一个孩子。然而，法院指出，虽然赫克特女士可以利用精子怀孕生子，但她无权出售或捐献精子给另一个人，因为精子仍然是死者的财产，对其如何处置仍取决于死者的意图。因此，法院承认精子属于财产法203　调整的范围，但即使在其死亡之后，其完整的财产权仍旧由精子的源出者所拥有。他

㉓　T.G.I. Creteil, 1 Aug. 1984, Gaz. Du Pal. 1984, 2, pan. jurisp., 560. See Gail A. Katz, "*Parpalaix v. CECOS*: Protecting Intent in Reproductive Technology" (1998) 11(3) *Harvard Journal of Law and Technology* 683.

㉔　同上注，第 561 页。

㉕　赫克特诉洛杉矶区法院（凯恩）[1993] 16 Cal. App 4th 836; (1993) 20 Cal. Rptr. 2d 775。

㉖　同上注，第 847 页。

人因源出者的意愿而取得的任何其他财产权利也因此而受到严格的限制。

赫克特案的第二个有趣的地方是，主审法院在以所罗门王式的（Solomon-like）智裁驳回该案件后，决定将双方的精子分开。精子库存放着死者十五件的精子瓶。法院根据当事人之间关于死者遗产的一般先前协议的条款，认为赫克特女士有权获得十五瓶精子中的三瓶精子，其余的则给死者的子女。这一奇怪的决定虽然是在上诉中推翻的，但公然违背了法院对他们所裁定的实质性内容的承认。法院指出，"精子的价值在于其在受精后、生长和出生时创造孩子的潜能"。[27] 没有任何迹象表明死者的子女希望使用其父亲的精子，反而他们希望不再生出新的孩子。而且，在相关竞争的权利主张者之间分配精子，也未能顾及源出者的利益。死者生前非常明确，希望赫克特女士接管他的精子，以便制造一个孕育新生命的机会。他并不打算让他的子女以任何目的占有它。因此，分割精子的决定似乎对将婴儿分割——这是上诉法院在案件驳回时承认的一点。上诉法院强调，精子是"一种独特的财产形式"，因此不能通过协议分割。

这种做法类似于英格兰和威尔士上诉法院在耶尔沃斯（Yearworth）案中采取的做法。[28] 与迄今讨论的情况相比，值得关注的是耶尔沃斯案，即精子的源出者仍然在世，是该案件的申请人。此案涉及 6 名在化疗前提供精液样本的男子，因为癌症很可能会使他们无法生育。存储设施没有在适当的温度下储存精子，从而使精子不能被正常使用。因此，该案涉及要求承认自己的精子所有权。尽管可以追溯到"无财产"原则，以及上议院四年前在 R. 诉边沁（Bentham）案中的重申，但上诉法院仍然一致认定，基于对一个过失的主张，精子可以构成财产。

上诉法院的理由与先前判决的理由相似，尤其是帕塔莱克斯案和总部设在加州大学的赫克特上诉法院的裁决一致，即精子源出者的意图决定了法律可能性的范围；法院在裁决中指出，捐精是由申请人的身体产生的，是为其利益而存储的。这一决定的结果是，没有任何其他行为者、自然人或法人，可以获得申请人的精子权。这可以理解为对精子所有权可能性的分类声明，但被理解为属于这一特定案件的事实。我们不知道，法院是否会考虑到男子可以根据男子的意图确定谁有权获得他们的精子的权利，帕塔莱克斯案和赫克特案的情况也是如此。判决还表明，法院在认定精子构成财产时十分谨慎：他们需要通过认定案件有违反应尽义务的事由来强化其认定结论。

尽管法院审判中十分谨慎，但耶尔沃斯案似乎确立了一个重要的先例。在最近的案例中，英国不列颠哥伦比亚大学的拉姆诉英属哥伦比亚大学上诉法院维持了一项

204

---

[27]　赫克特诉洛杉矶区法院（凯恩）[1993] 16 Cal. App 4th 836; (1993) 20 Cal. Rptr. 2d 849。
[28]　耶尔沃斯与欧蕾诉北布里斯托 BHS 信托 [2009] EWCA Civ 37。

裁决，即精子可以被认为是财产（property）。[29]该案件的情况与去年的情况十分相似，男子因患癌症而接受治疗，在英属哥伦比亚大学开办的一个设施中储存了他们的精子。由于储存不当，精子受到了不可逆的破坏。在由此产生的诉讼案中，法院认定精子构成了男子的财产，否认了关于储存的合同约定，其中载有严格的责任限制条款。然而，温哥华的法院似乎比耶尔沃斯案更进一步，而去年的耶尔沃斯案中只是指出，普通法需要跟上科学发展的步伐，而在拉姆案中，柴森（Chiasson）先生认为，对财产权运用了一种更为巧妙的目的论方法，指出"医疗科学已经到了精子被认为是财产的地步"[30]。

在一个不同的案件中，也是帕塔莱克斯案（Parpalaix）和赫克特案（Hecht）的重叠部分，但这次是在新南威尔士州的澳大利亚法院。一名遗孀为了怀孕而申请拥有已故丈夫的精子。[31]正如在帕塔莱克斯案中，死者没有明确表达对他以这种方式对精子进行使用的愿望；在他死后也不应成为他遗产的一部分。然而，新南威尔士州最高法院认为，在法国的判决中，精子可以被视为财产。然而，基于不同理由，与其判断源出者的意图，不如将其作为一项棘手的命题，因为本案不仅没有明确的书面意图，而且精子是按照爱德华兹太太的指示进行尸体提取的。（与用都德沃德案原则提取的技术不同）因为她是唯一一个有利益去获得它的人。因此，就源出者的意图而言，此处的确定因素取代了原告的利益——这是一个显著的变化。

然而，意图问题，或者说，在这种情况下缺乏意图，是给予了爱德华兹（Edwards）太太的在财产权的范围内有一定权利。与帕塔莱克斯案和赫克特案不同的是，法院授予财产权，以便帮助爱德华兹生一个孩子，法院仅仅赋予其占有权。新南威尔士州的法律禁止在没有得到捐赠者明示书面同意的情况下，通过体外受精来孕育孩子。爱德华兹太太可以获得精子的占有权，但不能为了她所希望的目的使用它，或者对它主张利益。

205　　在这里要考虑的最后一个案件是由在英属哥伦比亚最高法院审理的，其涉及的核心问题是，在离婚后，精子是否会构成婚姻财产而在离婚时进行分割。J.C.M. 诉 A.N.A. 案中[32]，涉及一名已婚女同性恋夫妇，她于 1999 年从匿名捐助者那里购买精子，每瓶价格约 250 美元。利用这些精子，他们曾生过两个孩子。这对夫妇于 2006 年分居，并于 2007 年签订了一项分居协议，其中涉及对这两个孩子的财产分割和监护权的分配。然而，存放在精子库中的精子，却被遗忘，而并没有被纳入协议。当 J.C.M. 女士开启一段新的关系后，并希望在与以前购买的精子的这种新关系的背景下

---

[29] *Lam v University of British Columbia*, 2015 BCCA 2. 拉姆诉英属哥伦比亚大学，2015 BCCA 2。

[30] 同上注 52。

[31] *Jocelyn Edwards Re. the Estate of the late Mark Edwards* [2011] NSWSC 478.

[32] *J.C.M. v A.N.A.* [2012 BCSC 584].

怀孕生子，以确保由此产生的孩子与现有的孩子遗传有关，矛盾开始爆发出来。J.C.M 女士接触 A.N.A. 女士并以最初的收购价提出购买她的"一半"的精子。A.N.A 女士拒绝并坚持认为，这些小瓶不能视为财产，应该销毁。

因此，加拿大法院面临的核心问题是，在 J.C.M. 与 A.N.A. 分开的情况下，能否将精子认定为婚姻财产。在 J.C.M. 与 A.N.A. 分开的情况下，首先需要确定精子是否可以被认定为财产，罗素（Russel）法官研究了两个早期的案例，即耶尔沃斯案和一个涉及胚胎所有权的加拿大的案子。在加拿大的案件中，该法院认为，为怀孕的目的从一个朋友（精子的源出者）的精子到另一个（妇女）创造的胚胎，完全是该妇女的财产；事实上，它发现："他们（受精卵的胚胎）是可以作为她认为适合使用的实际财产。"[33]通过捐赠他的精子以充分了解他的朋友打算如何处理，法院认定他失去了控制或指导胚胎的一切权利。她在这一判例法的背景下，对该案进行了分析，罗素法官认为精子构成财产，这并不奇怪。然而，明显的是，她的判决并非没有认识到该判决的消极意义或暗示；她主张："在确定她们用来孕育孩子的精子捐赠是否是财产时，我绝不是在贬低物质财产的本质。"[34]

然后产生的第二个问题是精子是否可以构成婚姻财产，从而可以分割。罗素法官在做出决定时，认为美国的案件，是冻结的胚胎被认为是亲生父母的个人财产，因此在分居的情况下构成婚姻财产。因此，他们可以成为一个"公正和适当"的分割的主体。[35]根据这一点，罗素法官认为，本案中的精子属于双方的财产，因此，夫妻财产可以，而且应该分割。通过这一论证，她驳回了赫克特案中的判决，认为只有精子的源出者才能确定与精子的关系，因为在本案中的源出者要么出售了精子，要么捐赠了他的精子，目的就是为了孕育孩子，从而使其怀孕。正如 J.C.M. 与 A.N.A. 购买了精子，源出者的意图已不再相关。

回答这两个问题的结果——即精子是否可以构成财产以及是否可以是夫妻财产从而进行分配，不仅涉及她是否有权去主张剩余精子的一半，也关系到她们能像她们认为的那样处置精子，即她们是否对精子拥有完全的财产权。用法院的措词（A.N.A. 希望销毁精子）。如果 A.N.A. 希望将精子的份额卖给 J.C.M，那是她的特权。[36]法院的结论似乎是，源出者处购买精子的事实使精子丧失了任何特殊地位：这只是一个动产

206

---

[33] *C.C. v A.W.* [2005 ABQB 290]; cited at ibid., para. 21.

[34] 同上注 54。

[35] *In the Matter of Marriage of Dahl and Angle*, 222 Or. App. 572 (Ct. App. 2008); cited ibid., 579–581. Cf. the case of Natalie Evans, whose claim for possession of embryos created with her ex-partner was considered within the larger frame of the right to private life and was decided on the basis of consent; *Evans v the United Kingdom* [GC] (2007), no. 6339/05, ECHR 2007–Ⅳ 96. 娜塔莱·伊文斯的案件，诉求为拥有她伴侣的胎盘，也在适用于个人生活的权利的法律分析中进行了讨论，并且基于同意进行了判定。

[36] *J.C.M. v A.N.A.*, para. 96.

规则，尽管有很好的相反的表述，但它仍受制于正常的财产规则，因此可视为婚姻财产予以分割。

（三）所罗门智慧抑或是认真对待精子？

如果我们分析上述法院的审判进路，主要是在普通法系统中，它们正在接受精子，如果我们将其拓展到身体普通部位，我们会得出什么结论？法院是如何将古老的原则适用到生物技术时代的，或者，以罗彻案的主审法院的话来说，是如何适应后双螺旋时代？在我看来，通过两条线索对这些案件进行分析是具有指导意义的。第一条线索是那些主张财产权的人的身份：原告是精子的源出者，还是其他主体？第二条值得注意的线索关注的是对精子主张财产权的目的，当原告不是身体一部分的源出者时，也许是一个特别相关的方面。

只有在耶尔沃斯／拉姆（Lam）案和摩尔案中，精子才作为身体的一部分。在这些源出者也即案件原告的案件的结果差别很大。摩尔被拒绝了对他身体部分所产生的细胞系的任何财产权利，而在耶尔沃斯案中被代理的男士成功地主张了拥有对他们自己的精子的所有权。不同的结果可以用保护财产权的目的来解释：摩尔先生表面上主张财产权，以便分享其他人所产生的利益；耶尔沃斯案的男士们都需要确认自己的财产权，以便以主张过失的理由提起诉讼。因此，诉求的性质不同：被告在耶尔沃斯案中的举动使申请人处境更加不利，因此，赔偿是为了恢复原告的地位，但没有使原告得到充分的赔偿。相反，摩尔案可以被认为不会因为使用他的组织而受到损害，因此任何补偿都不会使他的处境得以恢复，并加以完善。[37]无论何种方式，耶尔沃斯／拉姆案比摩尔案更有价值，法院判决也相应地印证了这一点。然而，动机从来都不是那么清晰。狄更森指出，摩尔案对分享他人的利益并不是特别感兴趣，只是对自己的身体部分主张所有权。同样，案件结果，不论是否构成主要动机，如果主张过失，如同在耶尔沃斯案中那样，就是财产赔偿。因此，这两个案子的区别也比一开始更为模糊。然后案件结果的不同，可能需要由否认财产的主张进行解释。在耶尔沃斯案中，NHS 信托基金的精子储存设施发生故障，因为它不愿意支付赔偿金，因而试图否认这一对于财产的主张。在摩尔案中，戈尔德医生和加州大学洛杉矶分校医学院寻求承认自己的财产权为利益；但加州最高法院认为，这不是某一种具体的利益，而是推动科学进步的利益，因此对整个社会都有利。这种推理有一个奇怪的结论，即一个公共机构仅仅为了进一步的公共健康而存在——布里斯托 NHS 信托基金——正处于财产主张游戏中劣势的一方，而获利者之所以在案件中获胜，恰恰是因为他们正在获利。

另一方面，摩尔案与耶尔沃斯案之间的区别可能是精子被赋予了特殊地位。也

---

[37] 感谢罗杰·布朗斯沃德对此的评论。

许，如果摩尔先生对他的配子，而不是他的 T 细胞的配子主张权利，加州法院的理由则不同。虽然这种可能性似乎不大，但在涉及精子的三种情况下，精子当然处于特殊地位，也得到了法院的支持。

赫克特案和帕塔莱克斯案的情况都很相似；在这两个案件中，一个人主张拥有一个死者的精子，而她与之发生亲密关系的人，都有着怀孕的目的。这两种案件都取决于精子源出者的意图，这一点在赫克特案中表现的很明显，在帕塔莱克斯案中显著少了很多。[38] 在这两个案件中，法院都根据精子源出者的意图支持了原告的诉求。然而，这两个案件之间也有显著差异：其一，法院认定，适用财产权或合同权利没有任何问题；法国法院完全基于意图说支持了帕塔莱克斯太太的诉求。在赫克特案中，美国法院因其源出者的利益，将精子置于财产法的框架中；根据凯恩先生的意图，原告可以对源出者的精子获得非常有限的财产权。于是，精子的特殊性（总体上配子）在财产法律制度中没有位置或是没有特殊位置，精子无法作为一种"独特的财产形式"从而直接将精子限制在另一个人的精子身上（可以说，通过允许帕塔莱克斯太太基于受孕的目的使用已故丈夫的精子，法国法院也赋予了她有限的财产权，但并未采取一种明确的盖棺定论的方式）。

这种基于源出者意图的有限权利思想也在爱德华兹案中起着重要的作用。然而，澳大利亚法院的推理的不同之处在于，原告的利益处于最为核心的位置，至少在确定财产是否存在时是这样的。从意图到利益，无疑是一个重要的转变，这不仅是因为法院没有限制对无子女的遗孀或与死者有亲密关系的个人的明显利益。这似乎表明，其他一些人，例如谋取利益者，有可能根据利益主张占有，也许存在某些特殊因素使人体组织具有特别重要的研究价值，而源出者却没有意图对其组织进行利用。

与耶尔沃斯案和摩尔案不同的是，在那些案件中，精子或身体部分的源出者在自己的案件都是在世的、也是案件的积极参与者，而在帕塔莱克斯案、赫克特案和爱德华兹案等案件中，源出者都已过世。但是，值得注意的是，这些案件中法院的推理都非常具有现时性，主要是强调他们的意图，无论是确定财产权的存在还是这些权利的范围。最后两个案件中还有一个显著的对比有待分析，在罗彻案与 J.C.M. 案中，一个身体部分和精子的源出者已经死亡，一个还活着，但他们在两个案件中都显然缺席了诉讼。

在确定诉讼结果时，源出者缺席或许可归结为这样一个事实，即在帕塔莱克斯案、赫克特案和爱德华兹案的申请人是源出者的配偶或伴侣，都有亲密关系。在罗彻案中，诉求是一个人想确定她实际上是否与死者有亲密的关系；无论她是不是他的女儿。在他一生中没有与她有私人关系，他们还没有见过面。她主张财产权的目的，至

---

[38] 法国法院将把对于帕帕莱克斯先生案的支持——即使婚姻只是几天前的事情，并且帕帕莱克斯太太也直接参与，并产生了怀孕的想法——父母对于他们孩子的意愿并未基于整体合理性的基础。

少从其主张产生的本质来看是利益。罗彻女士试图向死者的部分遗产提出主张，但这并非缺乏事实依据。同时，法院在处理身体部分的问题上，采取了一种明显的实用主义进路：认为为了节省时间和精力，必须将身体部分作为财产进行处置。

在 J.C.M. 案中，有关精子的源出者，如果在诉讼中缺席，同样，也许更引人注目。他的身份和姓名都不为人知。他的意图或进一步的利益在他自己的精子在诉讼过程中没有发挥作用。[39] J.C.M. 案中对于这种转变的论证并不明显。这项主张的目的是给儿童创造一个机会，但案件的框架标志着它与帕塔莱克斯案、赫克特案和爱德华兹案的主张类似。而不是简单地说，在 J.C.M. 案中源出者不知道当事人。精子在婚姻协议约定的条款内，因此应当受到分割。在这里，尽管罗素法官特别强调精子是有价值的，但似乎不再保有任何特殊的属性。它已变得与源出者完全分离，并且只不过是一项简单的动产，必须在爱情结束后被分离出来。

如果是这样的话，像精子这样私密的身体部分完全脱离源出者，成为最普通意义上的财产，那会产生什么后果？

209   三　转向财产权的"常识"？保护与实用主义

在罗彻案中，玛斯特·桑德森（Master Sanderson）指出，没有理由不把从人体分离出的人体组织当作财产。这一大胆的主张抓住了我们如何看待身体部分和组织的趋势。但在我们理解我们应该如何构思人类组织的过程中，这一运动在两个现象之间可以说是更广泛的合作的一部分：在西方社会中，处于主流地位并正在兴起的权利话语与处于边缘地位的财产话语的对立是核心的梳理原则（Waldron 2012）。[40] 正如朱莉·科恩（Julie Cohen）在将个人数据视为隐私问题的运动之外，他指出，"财产话语"是表达对我们非常重要的事项的关键方式之一（Cohen 2000）。科恩的用词"财产话语"隐晦地表达了权利话语与财产的组合是正在形成的梳理框架；结果将掀起一阵全面的和强有力的浪潮，即使用财产权利话语作为重要的解释新技术发展的一种方式。本节认为将财产权作为讨论人体组织的框架是适当的，[41] 并聚焦于只有财产权才能对个人提供必要保护的观点。

（一）实用主义式的保护

唐纳·迪肯森非常善于观察这种发展，她指出，自由市场的变幻莫测现在已成为

---

[39]　他本来应该知道相似的使用将以生孩子为目的——它是值得注意的以至于法院很乐意认定最初的捐献或售卖的决定，已经使得对于精子在未来的一切权益终结。

[40]　桑德尔证实，拉丁，财产论点应当被视为主张人格的力证；桑德尔 2005 年：169。

[41]　焦点更为普遍地在人体组织上，而不是具体的配子，因为学术文献采用一种更为广阔的路径。

生物伦理学的主导因素，她将此种现象称为"新淘金热"（Dickenson 2009:7）。正是在这种背景下，她发展了有利于财产权的论证思路，将其作为保护个人免受企业和其他集体单位侵害的手段如摩尔案债权的手段。根据狄更森的说法，个人权利意味着，同意一经做出，源出者不再能够控制任何发生于已捐赠组织的情况。相反，财产权连同同意将意味着，源出者继续对如何使用和最终处理其人体组织有发言权。因此，狄更森希望重新理解"赠予"的理念，从而放弃财产基础框架下的同意。

古尔德（Goold）和奎格利（Quigley）对此持有类似的观点："现实是，人体生物质料是物件，并且是被使用和被控制的"（Goold and Quigley 2014，260）。此后，利里亚·贝内特·摩西（Lyria Bennett Moses）指出，财产只是"法律的首要机制， 210用以确定谁被允许与"物件"产生互动（Bennett Moses 2014：201）。贝内特·摩西指出，除了财产法以外，法律没有任何为那些干预或破坏"物件"提供民事或刑事的救济措施的必要。当然，赋予申请者财产权，也是耶尔沃斯案与拉姆案的推理方式。因此，为了保护人体组织的占有者，无论是源出者还是其他当事人（如研究人员），人体组织应当受到财产法的规制。[42]古尔德和奎格利认为，这种保护论的论点为法律确定性和稳定性提供了必要条件：当否认财产问题明确性时也将不存在了（Goold and Quigley 2014：241，261）。

（二）既不是一件好事也不是一件坏事

主张财产体系是人体组织最适当框架的支持者，对财产抱有中性的理解，即这本身既不是一件好事，也不是一件坏事，但它是一种确定财产权是否使我们面临不可接受的道德危险的方式。简而言之，这些学者主张对财产进行复杂的解释，其中财产并不一定意味着商业化（Steinbock 1995；Beyleveld and Brownsword 2001：173–178）。

贝内特·摩西主张细致入微，或"浅显"地理解对财产权的承认，而对财产权的理解并不使权利持有人可以与一个人的物体一样做任何愿望。她认为，在不需要"变更"和"所有"的情况下，可以对人体组织和胚胎授予财产权。事实上，财产权不包括可让与，即转让一件物品的能力。（Bennett Moses 2014：210）同样，狄更森把奥诺雷提出的一个有影响力的概念"权利束"作为切入点，对财产权进行解释，根据这一解释必须在不同的背景下赋予不同的财产权利，承认财产权并不意味着拥有所有财产权。这一解释是由主审爱德华兹案的法院做出的，爱德华兹将死者丈夫的精子交给爱德华兹（Edwards）夫人，但没有使用权。在赫克特案中，由于精子的

---

[42]　贝莱福德与布朗斯沃德 2001 年：176—193 页，已经走得更远并揭示了财产权，被理解为专属权，对于支持个人身份与身体身份或其他非常关键。我不能对那些复杂的论点进行判断，在本章的范围内，但是我依然不了解主张身体身份需要财产性的主张去支持它。这对我而言是一个对于第四部分卡特尔式将精神与肉体进行的区分的思考。

源出者拥有更高位阶的财产权，法院对赫克特女士出售或捐赠精子的能力的限制也随之而来。根据法院的说法，这些精子仍然是赫克特先生的财产，其财产的处置仍取决于他的意图。

财产权论点的另一个方面是，这种权利在性质上不一定属于个人。换言之，财产制度也包含集体和公共财产的概念。例如，迪肯森在很大程度上主张的是对新的生物技术进行规制的公共机制，即"在真正的公共机构中构成财产权关系的控制权"（Dickenson 2007:49）。

总体而言，财产权的论点很大程度上是实用主义的，这一论点也被其倡导者们视为，保护个人与从其身体分离出来的身体组织的关系的最佳手段。在实用主义之后，我们将转向道德议题。

四　拍摄海象；或者为什么精子是特殊的

哲学家迈克尔·桑德尔（Michael Sandel）在他的书《金钱买不到什么》中，提出了一个令人印象深刻的问题："如果你想教孩子阅读，你真的希望孩子和邻居一样一瞬间就想到拍摄海象的场景吗？"（2012: 89）在2015年7月拍摄的Cecil the Lion中，展示了优美的画面，问题表明，市场赋予的价值并不是唯一值得关注的价值，并暗示有必要对某些事物赋予比其他事物更高的价值：我们可能都不能同意，单个海象或狮子的存在对自己是有价值的，但我们肯定都承认，每个人能够阅读的价值本身，一定在货币价值之上。

在他的书中，桑德尔提出了两个理由来解释为什么市场应该有道德限制。第一个是公平。桑德尔认为，一些人出售精子的原因，或者说他们身体的任何其他部分，都是一个金钱需要，因此不能被视为真正的共识。同样，允许采取财政刺激措施，比如绝育或提供所有东西的行动——比如"免费"剧院门票或在国会的公共席就座——这都破坏了共同生活。他提到，"商业主义侵蚀了公共性"（Sandel 2012：202）。这种不公平是把价格强加于一切的结果，但这种对商业主义的恐惧与我们身体组织的关系，恰恰是一些学者在鼓吹财产权的原因。例如，迪更森认为财产权为商业化（2009：ch 1）带来的不公平。

桑德尔的第二个论点是反对万物皆有价，这也是我想在这里引用的观点。根据桑德尔的论述，允许一切事物都有一个价格这个事实，会导致对事物本身价值的贬低；允许事物被自由买卖也会使它们自身降格（2012：11-113）。这一论点侧重于事物本身的性质，并指出某些事物的价值与市场可能分配的任何货币价格有明显的区别。这一点不能通过关注在货物交换中的议价能力来解决；这并不是一个同意或公平的问题，而是关系到事物或事物本身的内在价值。更重要的是，它不能通过财产权来进行解释。

　　不仅财产权不能解决这种类型的问题，但我想说的是，将个人的财产权适用于精子本质上就是带有降格性质的，而不论其目的是否为商业化或对其进行保护。主张这一观点就是主张精子和其他人体组织具有道德价值，这种道德价值是与可能附着在它们身上的任何金钱或专有价值有区别或没有关联的，对其附着财产权也会使其降格。

　　有充分的理由认为精子具有货币或特定价值之外的价值；精子是很特殊的（这一论证当然也适用于卵子）。有两个原因认定这一主张。第一个是配子孕育生命的潜力。虽然表面上法院审理案件的主要目的与精子相关，但相关法院并未在任何深入的层面，去探究其将要处置的对象所具有的孕育生命的潜力。他们只是表面上认可精子具有特殊性。虽然审理爱德华兹案的法院限制了爱德华兹太太具有的财产所有权，在完全知情的情况下，爱德华兹夫人本可以将精子带到另一个不那么在意捐赠者同意的司法辖区，以便孕育出想要的孩子，而这恰恰是爱德华兹夫人确实做了的事。审理赫克特案的法院尽管明确表示精子的价值是孕育生命的潜力，进而通过在他的遗孀和孩子之间将凯恩先生（Kane）的精子的小瓶进行区分，以此来做出决定，从而将精子视为可以继承的财产；虽然这种分配方式在上诉中被推翻，但没有推翻精子可以作为财产进行继承的观点。这一点在 J.C.M. 案中被推演到了极致，因为法院认定精子属于婚姻财产，可以随意出售或处置。如果法官在 J.C.M. 案中确实考虑到了这个问题，她也这样做了，对那些已经在现在失效的关系中被孕育出的孩子来说，精子是很有价值的。因此，当关系到潜在孩童的存在时，精子并不被认为是特殊的，孩童才是从这种意义上看，这也是精子具有价值并被争夺的原因。由于未能考虑到配子本身具有令人惊讶的潜力，法院仅仅能够将精子视为各方所希望处置的一件物品。

　　使精子特殊的第二个因素是，它不仅蕴含着创造生命的潜能，还蕴含着对特定生命的创造，这在基因上与精子的源出者有关。在帕塔莱克斯案、赫克特案和爱德华兹案中，对遗孀重要的问题并不是她们对任何精子拥有的财产权，而是她们获得了已故丈夫的精子。这是潜在儿童的特殊基因组成——孩子的身份与他们已故的丈夫在生物学上有相关性——这赋予有关精子以价值。在遗孀的个案中承认了精子与源出者的身份之间的关系，而源出者的意图在很大程度上是决定性的。即使是在 J.C.M. 案中，精子独特的遗传标识使得精子具有价值：J.C.M. 与她的新伴侣本可以购买更多的精子，但是 J.C.M. 并不想要任何更多的精子。她希望她可能的孩子与她现有的孩子有基因上的关联。因此，精子创造出一种特定的生命的潜能，意味着精子对于它包含的身份特性而言是特别的，对于源出者和它所孕育的任何一个儿童来说都是如此。[43] 它是由生命赋予的潜能和身份的结合，使配子变得如此特殊。当然，不仅仅只有配子才包含

213

---

　　[43] 许多判决中为了使之后不再允许匿名捐献精子，已经承认了精子与身份之间联系的重要性。

我们的基因特征。我们身体里的所有细胞都是这样的，而我们定期就会不假思索地把它们清理掉。但这并不是一个令人信服的论点去反对配子拥有特殊的地位：当生命只能由毛囊孕育时，毛囊也将同样获得与配子同等价值的水准。[44]

然而，阐述精子（和雌性配子）具有特殊价值的原因，并没有告诉我们将个人财产权分配给它们为什么会让它们降格。我想说的是，答案就在于理解它对于人类的意义上面。这当然是一种人类尊严的主张（Brownsword and Goodwin 2012：191-205），它由两个部分组成。

第一种观点涉及商品化。在我看来，个人财产权，不论商品是否商业化，都涉及到把精子降格为一种商品，无论这种商品是否被商业化，即可能被交易，或者不能。以何种方式定义财产权（Beyleveld and Brownsword 2001：173-175 对财产定义的一种简洁的论述）。可以说，一个无法再简化的核心是，财产概念涉及主体和客体之间的关系（包括与该对象有关的多个主体之间的关系）。如果是这样，分配财产权似乎必然会贬损精子，或者确实贬损人体组织的精子。这就是人体组织，不管是依托"浅"的财产概念，还是普通的动产（Bennett Moses and Gollan 2013）的"东西"。它仍然是一个"物件"。正如凯特·格瑞斯里（Kate Greasely）所指出的，把价值变成"物件"恰恰是财产权的目的：

> 在任何情况下产生法律的财产权时，它们主要是为了便于将财产的占有、控制或使用从一个当事方转移到另一当事方的可能性，以便以某种基本的方式将该物体作为"物件"加以对待。（Greasley 2014：73，emphasis hers）

将一种巨大价值的良善降格为一个实在的"物品"，在耶尔沃斯案和拉姆案中已经得到了说明。这些案件对于财产权拥护者来说，最有说服力，因为很难不与申请人感同身受。然而，为了向受影响的男子提供财政补偿而转让个人财产权，无疑忽略了这些男子所面临的问题。除了贬低精子的价值外，如何看待金钱作为对丧失生殖能力的一种补偿，以及关乎生存的一切需要，怎么才能成为其他的东西呢？

214 　　反过来，防止将良善降格为实在物品的目的是能够将它与个人分离。正如 OBG 诉 Allan 案中巴罗内斯·海尔（Baroness Hale）所指出的，"财产的核心特征是它的存在独立于任何具体的个人：它可以被购买和出售，接受并赠予，遗赠和继承，抵押或

---

　　[44] 当然，组织包含我们的身份，是它依然具有特殊性的重要原因。在罗彻案中，申请人想去占有死者的组织，因为她想去证明她是自己的亲妹妹。身份罗彻案的核心问题，也是我们基本上会将我们自己的房子留给后代的原因，因为身份问题与血缘关系的关联性。这是真实的，尽管我们越来越接受关于我们家庭构成的替代性方案。

被查封以偿还债务，因嫁给另一半而被丈夫（在早些时候）获得。"⑮然而，尽管可以通过物理的方式将身体组织从人体取出，我们也可能将那些组织看作身体以外的一种独立于我们身体的实在物体，但这不仅仅是一个"物件"，它在某种程度上仍然是我们身体的一部分，尽管它是物理上分离的。杰西·沃尔（Jesse Wall）认为，"我们"也不仅仅是一系列物件的组合；我们是一种由喜好、情感、体验和关系构成的复杂组合体（2014：109）。我们的身体不是简单意义上我所使用的物件。把身体理解为物件或资源的集合，符合笛卡尔肉体与思想相分离的世界观；然而，如果将我们身体视为我们固有的一部分，就不可能把它看作是我所使用的、能够异化的稀缺资源或"物件"的集合，并将这些资源排除在使用之外。相反，将我等同于我的身体，我身体的部分必然与我的身份联系在一起，不管它们是否与我的其他部分已经分开。如果接受这个观点，将我等同于我的身体，而把身体看作是"物件"的集合，这可以说是贬低了它对于人类意味着的丰富性和复杂性，即使财产权的目的是保护身体完整。

因此，即使附着财产权的目的是保护人体组织不受商业开发利用，个人财产权不可避免地采纳了一种异化的观点。他们商品化了身体，认为这就是财产权，即使是对于"浅"的身体部分也这样考虑。贝内特·摩西认为，我们可以把法律权利与道德状况分开，并主张"他认为，一个人在狗身上拥有财产权并不能使对残忍对待动物的行为合法化"（2014：211）。当然，尽管这不能使之合法化，可能在狗身上拥有财产权的事实与狗的道德价值之间具有不可否认的关系。

第二个论点是，将个人财产权适用于配子是不可取的，这关乎它所代表的控制的驱动。桑德尔写了一本关于人类生活的"天赋"的书。桑德尔在对人类增强胚胎选择所带来的完美主义的呼吁中写道：

> 尽管我们付出了努力去发展，但承认生命的天赋是承认我们的才干和力量并非完全属于我们自己的事情，也不是完全属于我们自己的。它能够让我们认识到，不是世界上的任何东西都开放给我们去自由使用或改造的（2007：26-27）。

对于桑德尔来说，接受像彩票一样的遗传特性是人类遗传的基本方面。"天赋"与维护控制的努力恰恰相反，需要接受一个基本的部分，即人类的本性，即人性，要被迫接受我们生活中的一些无法控制的方面，比如我们的基因补偿。⑯然而，就两位主张将财产权适用于人体组织的鼓吹者来看，财产概念反映的正是"控制权"（Goold and 215

---

⑮　*OBG v Allan* [2007] UKHL 21 [309].

⑯　德沃金已经当然地认为挑战我们限制的动力是人性中最为核心的部分；一个人接受这些，然而，当主张一些限制同等适用人性的时候。罗纳德·德沃金："贪玩的上帝：基因、克隆与运气"，于主权的优点（HUP 2000），第 446 页。

Quigley 2014：256）。因此，如何将个人财产权适用于配子的问题，是试图在不属于它的情况下主张个人控制的。我们希望能基于同意、爱或快乐的理念去探讨对生命的孕育，但我们不想在控制权分配的角度探讨孕育生命。

荷兰人权委员会最近的一项咨询意见揭示了在对精子的基于财产的理解中具有导向控制权的危险。[47] 这项意见涉及捐精者可以施加于接受者的条件。所要求的条件包括种族和种族渊源、宗教信仰、性取向以及对接受者婚姻状况的政治信仰。它们还包括生活方式的条件，例如受助人是否超重或吸烟。虽然大多数精子库不接受来自捐赠者的这种条件，但也有一些会接受。如果精子是财产，即这种创设者的意图占据优先地位的情况，那么接受捐赠的人有权决定向谁捐赠精子，似乎是合理的。[48] 即使我们同意有某些理由不能成为委员会所做咨询意见的条件，例如种族或族裔出身或性行为等主题，那么我们也许会遵循委员会的意见，即接受一个捐助者可以阻止未婚或超重的人使用其精子，或者不认可他们的意识形态。然而，当我们认可这一点时，捐赠作为馈赠的理念——以及由此而引起的"天赋"——却丧失了。在允许捐精者为受赠人规定条件，与允许向捐精者付款例如给精子开个价之间，似乎没有什么差别。

因此，这项建议是，分配个人财产权的配子有可能降低他们的道德价值（因此也是我们的道德价值）。他们将我们人类降格为物件，并使我们处于与重要部分相分离的风险之中。此外，个人财产权代表一种成为主流的趋势，这并不是我们想要的。人们可以同情那些在精子个案中失去丈夫的遗孀，而不承认适当的社会反应是让他们对丈夫的精子享有财产权。同样，承认耶尔沃斯案和拉姆案的申请情况的悲剧并不要求我们以财产的术语界定他们的损失，从而使其具有货币价值。

五　请保持谨慎

人权对个人提供保护的同时，也赋予个人权利；这与对权利的否定和积极理解或表现大致相当。在我们所审议的产权辩论中，权利的这两个方面都在发挥着作用。我非常认同对权利的利用行为提供保护，细心的读者也将向他们所希望的那样注意到，我将我的论证限定于个人财产权。唐纳·迪肯森为运用共同财产保护个人权利不受企业主体和第三方商业组织的侵犯，提出了一个有力的论证。此外，公共储存库的观点是，某人若为脐带银行或 DNA 银行垫资，则受集体财产概念的保护，这很可能是保护个人防止逐利者侵害的最佳手段。然而，迪肯森并不主张通过财产权帮助个体实现

216

---

　　[47]　人权学院，对荷兰妇产科学院精子捐献指令的建议，2014 年 1 月。

　　[48]　贝莱福德与布朗斯沃德将财产视为专有性权利，不必然意味着捐赠者的意思优于他人的利益；贝莱福德与布朗斯沃德2001年：172—173 页。然而，将此视为人类组织讨论中提出的一些财产概念的必然趋势，似乎是合理的。

他们的私人目的，恰如在上文讨论的精子案件那样。将精子定性为婚姻财产，从而等同于构成曾经共同生活的任何其他东西，例如旧的唱碟或沙发坐垫，并不符合共同利益。精子不仅只是一件物品，如果不这样看，本质上就在贬低这个令人敬畏的、具有孕育生命能力的事物。对于很多人而言，我们的配子是我们生活意义的一个很大一部分线索。通过创造我们（潜在的）孩子的生命，配子将我们拉到我们周围的世界，甚至一直到我们自己的生命结束的那一天。

我在本章中试图指出的是，上文讨论的案件反映了西方社会中一种强劲的趋势，即人权作为我们的道德话语。尤其是，它们展示了融合财产和个人权利话语的趋势的一个关键部分。这一"亚"趋势在法律和技术领域中逐渐具有相关性。似乎是个人财产权将填补对早期判例法进行理解所遗留的开放空间，例如都德沃德案确立的原则，在生物技术时代已经不再适用。新兴技术已经确保人体组织能够脱离身体并以在过去难以想象的方式储存下来，因此，可以拥有额外的货币价值。当然，有必要通过制定法规来解决这些问题，从而保护个人和集体免受商业活动的开发利用。然而，尽管赋予人体组织以财产权，这一最有说服力的论证是切合实际的，但个人财产权将使得人体组织的淘金热成为一种稳定的趋势，并为贪婪的商业利益提供保护。不能仅仅是因为一项规则是有用的，就认为它本身符合道德。

权利一直具有消极性（保护性）和积极性（授权性）两种性质，它包含这两个方面，同时也可以基于任何一种目的而使用。财产权也一样，既可以用它们来保护个人或集体——就像土著群体那样——但也可以使个人对集体或对另一个群体主张权利。一个人不能使用权利来保护自己，而不允许赋予权力、权利的权利；这也许是件好事，但同样也可能不是。此外，人权不局限于自然人或集体，而且也适用于法人，例如公司。[49] 在诸如这类情形下，不承认个人财产权的适用，并不否认人们日益对人体组织规制进行完善的需求。我想要指出的是，放弃诸如人的尊严等，对个人权利而言是有风险的，因为私人利益无法为利益背后这些我们作为人类所拥有的道德价值提供保护。这一章只是一个请求表达，然后，在匆匆奔向运用财产权作为解决我们的技术规制困境的驶途中，就保持警惕吧。

217

注：蒂堡法学院全球法律与发展教授；m.e.a.goodwin@uvt.nl.；本文初稿在作者于 2014 年 6 月巴塞罗那举行的一次研讨会上进行展示；我感谢与会者的意见。特别感谢利里亚·贝内特·摩西，她热心地与我分享了她渊博的财产法学识。本文所表达的观点与谬误之处仅归于本人。

---

[49]　例如，欧洲人权委员会第一协议第一条规定"所有自然人和法人都有资格平等地享受拥有的快乐"，并且大多数基于这一保护性的申请都来自企业一方。

【参考文献】

Fabre C, *Whose Body is it Anyway? Justice and the Integrity of the Person* (OUP 2006)

Herring J and Chau P, 'Relational Bodies' (2013) 21 Journal of Law and Medicine 294

Laurie G, 'Body as Property' in Graeme Laurie and J Kenyon Mason (eds), *Law and Medical Ethics* (9th edn, OUP 2013)

Radin M, 'Property and Personhood' (1982) 34 Stanford L Rev 957

Titmuss R, *The Gift Relationship: From Human Blood to Social Policy* (New Press 1997)

技术变革：对法律的挑战

第九章
回应技术变革的法律演进 *

格雷戈里·N. 曼德尔（Gregory N. Mandel）

张 欣 译

一 导论

对于技术相关的法律和法规，最根本的问题是在面对技术进化时，法律是否、如何以及何时对其加以回应。如果法律变化太慢，它可能会对人类健康、环境生态、个人隐私和其他个人权利带来问题，或者它可能还会对经济和技术增长带来不友好的运行影响。但如果法律变化太快或构思不良，可能会因为破坏既定的预期并抑制进一步的技术创新而导致另一个层面的危害。法律对技术变革的回应对于经济、技术发展未来进程以及整体社会福利都有重大影响。

第三篇着重讨论了法律在回应技术变革方面的理论挑战。有时技术进步产生的新的法律争端需要新的立法或者规章、新的行政主体，抑或是经过修正的司法认知加以解决。在其他情况下，尽管存在潜在的重大技术演进，新的技术体制所带来的各种争议与此前法律成功规制的议题并没有根本区别。那些看似新的争议是否需要法律做出改变加以应对，且如果需要改变应当如何回应，都是一个艰难的挑战。

技术演进常常以惊人的方式影响着法律的每一个领域。本篇的各章详细介绍法律如何在知识产权、宪法法律、税收和刑法等不同领域对技术变革做出反应。技术变革提出了新的问题，这些问题涉及法律的合法性来源、个人自主性和隐私权、对人类健

＊ 本文是国家社科基金青年项目"移动互联时代立法公众参与的类型特征、形成机制和应对策略研究"（17CFX058）的阶段性成果。

康或环境的有害影响以及对社区或道德价值观的影响。技术变革引发的新型法律纠纷的诸多案例中包括：通过各种方式在互联网上交换信息是否构成侵犯著作权的行为？能否以一种防范未知风险且同时允许新兴技术成长的方式对合成生物学加以管理？

由技术进步所带来的这些和其他法律问题很难被评估。此类问题常常提出了法律在面对不确定性和知识有限的情况下应当如何应对的疑惑。不确定性不仅涉及新技术带来的风险，还涉及技术发展的未来道路、技术的潜在社会影响以及各种对策的合法性。所面临的问题往往涉及科技前沿的技术，且现实使这些挑战更加严峻。不仅普通人难以理解这些技术，该领域的科学专家们也未必能够完全理解。面对这种不确定性和有限的理解，一般情况下，立法、行政和司法参与者必须通过继续建立法律规则的方式对未知的技术和法律领域加以规范。这是一项艰巨的挑战。第三篇的各章描述了这些法律发展和决策是如何在法律领域施展拳脚，并就法律如何在此更好地发挥作用提出了有见解性的建议。这一章的开篇部分试图将来自不同法律领域的不同经验结合起来，探寻是否可以从过去的经验中学习到关于法律和技术的、可以帮助确定当前和未来对技术发展的法律问题的可供推广的见解。

在研究法律对贯穿各门类、法律领域和时间维度的技术变化的回应时，我们可以收集到一些关于法律参与者应当（或不应当）以及如何应对技术变化及其引发法律问题的见解。这些见解并没有为今后应对每一个新的法律和技术问题提供完整的路线图。考虑到技术、法律和它们在社会中相互影响的方式，苛求一份完整的指南是不可能的。但是，这里提出的经验教训可以为法律参与者在面对新的法律和技术问题时提供一些有益的指导方针。

本章的其余部分列举了过去和当前在法律和技术监管方面的三点教训，我认为这些经验在各种各样的技术、法律领域和背景下都是可以被推广的（Mandel 2007）。这三点教训是：（1）现有的法律类别可能不再适用于新的法律和技术纠纷；（2）法律决策者应该谨记，避免让新技术的成就扭曲自己的法律分析；以及（3）新技术引起的法律纠纷的类型常常是不可预见的。

这些并非是从法律和技术的经验中所能汲取的教训，它们也并非在所有情况下都适用，但它们的确是一个开端。因其对讨论法律和技术规制的一般经验教训至关重要，笔者建议这些指导方针可以被适用于各种技术，即使是那些我们目前还无法想到的技术。②

---

② 本章的部分内容摘自 Gregory N Mandel, "History Lessons for a General Theory of Law and Technology"（2007）8 Minn JL, Sci, & Tech 551; Portions of section 4.2 are drawn from Gregory N Mandel & Gary E Marchant, "The Living Regulatory Challenges of Synthetic Biology"（2014）100 Iowa L Rev 155.

二　现有的法律类别可能不再适用

通过研究法律体系对各种历史性技术进步的回应，我们可以论证从前在法律和技术方面的经验教训同样可以适用于当代问题。从过去的法律和技术分析中得出的见解与今天密切相关，尽管目前存在的法律和技术争端在那段时期完全不可想象。

或许从法律应对技术进步的历史中得出的最重要的见解是，决策者在将新的法律和技术纠纷纳入先前存在的法律类别时必须谨慎。律师和法官被训练在法律分类的系统中工作。这在由法条、规章和司法造就的普通法法系以及大陆法法系的范围内都是如此。分类对于制定法律和启用法律的关键宣示功能同样重要。

成文法和规章分类运行。它们界定了不同类型的法律监管以及哪些行为应当受到这种监管。同样，法官制定的普通法也是基于一个判例体系，其依赖于根据过去的类别对当前的案件进行分类。无论有关法律是明确定义了法律类别（例如每小时 100 公里的速度限制），还是虽然没有明确的界限但却界定了不同的法律类别（例如侵权法中的合理性标准），以上结论都成立（Rose 1998）。

228

在许多国家，法学院都在致力于教学生理解什么是法律类别，以及如何认识和界定它们。法律实践也主要涉及分类问题：诉讼和监管领域的律师认为，客户的行为要么属于法定范畴之内，要么属于法律范畴之外；在交易实践中，律师们起草的合同界定了协议领域以及在这一背景下哪些行为可被接受；而咨询律师会告诉客户有关的行为在法律上是处于被认可的定义范围之内还是之外。法律本身就是将人的行动置于适当的法律框架之中。

鉴于法律结构和分类概念的潜移默化，对于技术演进造成的新型法律问题的典型回应之一就是试图将遇到的问题纳入现有的法律范畴之内，这一点并不让人感到奇怪。尽管这些回应是完全理性的，但考虑到上述情况，他们忽略了一种可能性，即将保守的类别应用于新的法律问题可能不再合理。虽然法律可以按照类别划定，但技术并非按照已存的定义进行。技术不受事先分类的约束，因此，它所产生的新的争议可能无法被精确地纳入现有的法律边界之中。要想理解一个新的法律和技术问题，人们必须持续探究并审视现有法律分类体系的基础。多个世纪中科技和法律发展的互动实例就说明了这一点。

（一）电报

在 Wi-Fi、光纤和手机出现之前，即时远程通信的首要手段是电报。电报是由英国的威廉·弗斯吉尔·库克先生（William Fothergill Cooke）与查尔斯·惠特斯通（Charles Wheatstone）以及美国的塞缪尔·摩斯（Samuel Morse）独立发明的。库克（Cooke）和惠特斯通（Wheatstone）在英国西部大铁路沿线建立了第一台商业电报。

摩斯（Morse）于 1844 年 5 月 24 日发出了世界上第一封长途电报："上帝创造了何等的奇迹"（Burns 2004）。电报基础设施迅速发展，与铁路齐头并进，在短时间内（基于 19 世纪的技术扩散规模）这些基础设施在欧洲和美国纵横交错，被广泛使用。

229　　意料之中的是，电报的问世带来了新的法律纠纷，其中之一涉及误传电报的合同纠纷。这些纠纷引发了寄件人对错误造成的损失是否应当承担法律责任、电报公司是否应当承担责任、损害应该如何归咎等问题。乍一看，这些担忧似乎涉及传统合同法问题，但来自美国的两起案件的分析显示，情况并非如此。[③]

帕克斯诉阿尔塔加州电报公司案（*Parks v Alta California Telegraph Co* 1859）是一起发生于美国加利福尼亚州的案件，本案中帕克斯与阿尔塔加州电报公司签约发送电报信息。帕克斯（Parks）得知，他的一位债务人破产了，并发出电报试图扣押债务人的财产。阿尔塔公司未能及时地发送帕克斯的消息，导致帕克斯错失了将债务人财产优先于其他债权人受偿的机会。帕克斯起诉阿尔塔公司赔偿其损失。

法院认为，帕克斯案的结果取决于电报公司是否可以被归类为公共承运人——一个传统上定义运输公司的法律类别。公共承运人是向公众开放的商业企业，其以提供人员或财产相关的运输服务获得报酬。根据这项法律，公共承运人自动为他们接受运输货物的交付提供保险。如果阿尔塔公司被视为公共承运人，则它应当确保帕克斯信息的传递，故应对帕克斯的损失负责。但是，如果阿尔塔公司并非是公共承运人，则它不具有无条件确保消息传递的义务，只需负责电报的费用。

法院认为电报公司是公共承运人。法院解释道，在电报出现之前，交付货物的公司也寄递信件。法院的理由是，"从合同法律义务的普遍性质来讲，携带电文与沿途运输货物或包裹并没有区别。实体机构虽有所不同，但合同的本质是相同的"（Parks 1859：424）。除了这个关于"本质属性"没有本质区别的推理之外，法院并没有进一步解释其结论的依据。

在帕克斯案的法庭观点中写道，"与电报公司责任相关的法律规则并不是全新的。它们是适用于新情况的老规则"（Parks 1859：424）。基于这种观点，法院将电报发送信息类比为物理手段发送信息（信件），由于信函承运人属于公共承运人的现有法律类别，法院将电报公司归类为公共承运人。作为公共承运人，电报公司自动投保邮件，并对因交货失败而造成的损失负责。

大约十年后，布利斯诉美国电报公司案（*Breese v US Telegraph Co* 1871）在纽约引发了一场类似的电报纠纷。本案中，布利斯与美国电报公司签订合同，向一名经纪人发送电报，要求购买价值为 700 美元的黄金。然而，收到的消息却是通过布利斯的账户购买价值 7000 美元的黄金。不幸的是，金价下跌，致使布利斯起诉美国电报公

230

---

③　关于技术进步引致的其他合同问题的讨论，见本卷第三章。

司赔偿他的损失。在该案中，美国电报公司的电报传输表格中包含了一个记号，即对于重要的消息，发件人应该收到发回的消息以确保传输准确。返回重新发送的消息会引起额外的费用。该表格中还指出，如果该消息未被重复发回，美国电报公司不对错误承担任何责任。

布利斯案和帕克斯案一样，取决于电报公司属于否是公共承运人。如果是，则美国电报公司必然是传递信息的保证人，且不能像它在电报表格上所声明的那样通过合同限制其责任。布利斯案的法院断定电报公司并非公共承运人。除了声称本案适用合同法——一个与电报公司是否属于公共承运人无关的要点外，法院并未对其结论给出合理的解释。

尽管帕克斯和布利斯案的法院得出了不同的结论，但这两个裁决都是基于电报公司到底是否是公共承运人而做出的。帕克斯案的法院认为，电报公司是公共承运人，原因在于法院认为电报信息与以往的信息投递方式没有太大区别。但与其相悖，布利斯案法院认为电报消息适用合同法，但不适用于传统的公共承运人规则，因为法院认为电报邮件是一种不同于以往系统的新的信息传递形式。

我们的分析无须确定哪个法院的观点更好（这是一个困难的法律问题，如果按照当时的法律进行正式分析的话，就会涉及一个转瞬即逝的问题，即电报信息是否是发件人的财产）。相反，两个案例的比较显示，两个法庭都没有进行适当的分析来确定电报公司到底是否应该属于公共承运人，两个法庭也未能分析考虑公共承运人的源起分类和来自上述分类的责任规则，以及其应否继续适用于电报公司以及它们的新技术。

技术进步产生的法律问题往往会引发这样的疑问：该技术是否与之前的技术状态足够相似，以至于新技术应该受到类似的、现有规则的管理，或者新技术的差异是否足以使其受到新的或不同规则的管辖。这一问题不能仅仅通过将新技术的功能与先前技术的功能进行比较来解决。这也是帕克斯案和布利斯案法院共同犯下的错误之一。

法律分类并非简单地基于技术的功能，而是基于该功能在社会中的互动。因此，法律决策者不应当追问一项新技术是否与之前的技术发挥了类似的作用（例如询问电报是否像一封信件一样），而应当考虑现有的法律类别如何源起（Mandel 2007）。只有在审查了法律类别的基础之后，人们才能够评估建立这些类别的理由是否也适用于一项新的技术。法律类别（例如公共承运人）仅仅是法律构筑的产物。由于规则和标准可能过于包容抑或包容性不足，这种分类不仅是不完美的，而且是依赖于具体的环境和背景的。即使是精心设计的法律类别，也无法达到"柏拉图式的"适用于所有情况的理想程度。面对技术变革，这样的架构可能需要加以修订。

评估公共承运人的类别是否应当扩大到包括电报公司的相关指标并不是基于所涉及的物理活动（如消息传递），而是基于法律建构的基础。例如，公共承运人承担责

231

任的理由可能是让规避成本最低者担责，并降低交易成本。在电报被发明之前，客户几乎没有办法确保交付到承运人手里的包裹或信件能被妥善送达。在这种情况下，承运人是最了解交付风险和具有避免此类风险最低成本方法的一方。因此，将交付失败的成本分配给承运人承担是颇为有效的。

电报改变了这一切。电报提供了一种全新的、简单的、廉价的自我保险。正如布利斯所说，发送人可以轻而易举地返回一个消息以确保消息已被正确传递。此外，发送人处于最有利的位置，它知道哪些信息是最重要的，且值得额外支付回复电报消息的费用。电报的出现极大地改变了防范信息发送错误问题的效率。这种技术上的变化可能已经足够重要，因此，现有法律中与之前的信息传递技术相关的对公共承运人的类别不应该再适用。两个案件中法庭都未对这个问题进行审议。

认识到现有的法律分类在面对新技术时可能无法再明智地加以适用，似乎是一种非常直截了当的意识，我们期待当下的法院能处理得更好。然而，正如与现代信息传递有关的案例所揭示的那样，将这种分析错误归咎于陈旧的法律决策显得过于轻率。

（二）互联网

20 世纪 90 年代互联网和电子邮件使用量的增长导致用户收到不请自来的电子邮件的数量急剧增加。这一问题至今仍然存在。这些邮件被称为"垃圾邮件"，其显然是以巨蟒剧团（Monty Python）的一个著名小品命名的。在这个小品中，Spam（一种罐头食品）被视为一个令人厌烦的、无处不在的菜单项目。尽管垃圾邮件对于电子邮件用户来说是一个巨大的烦恼，但对于互联网服务提供商来说，却意味着一个更大的问题。互联网服务提供商被迫进行大量额外投资以处理和存储数量巨大的多余电子邮件。由于用户可能会为收件箱被垃圾邮件填满而恼火，他们还面临着流失用户的风险。尽管很难确定数字，但据估计所有发送的电子邮件中多达 90% 是垃圾邮件，而且垃圾邮件每年给公司和消费者造成的损失高达 20 亿至 500 亿美元（Rao and Reiley 2012）。

私人解决垃圾邮件的方法，如电子邮件过滤器，对消费者来说仅在一定程度上解决了垃圾邮件问题。一些司法管辖区，尤其在欧洲，也在 21 世纪头十年颁布了法律，试图在某些方面限制垃圾邮件的扩散（Khong 2004）。但在 21 世纪 90 年代互联网诞生初期，这两种解决方案都未能显著地缓解垃圾邮件的问题。

互联网服务提供商 CompuServe 曾试图通过起诉一位长期存在的垃圾邮件发送者来改善其遇到的垃圾邮件问题。CompuServe 还尝试过以电子方式屏蔽垃圾邮件，但也没有成功（这是互联网服务提供商和垃圾邮件发送者之间持续至今的技术斗争的早期冲突形式）。在 21 世纪 90 年代，垃圾邮件发送者的运作更加公开。CompuServe 能够识别出特定的大规模垃圾邮件发送者、网络推广者，并对 CyberPromotions 的做法提出法庭禁令（CompuServe Inc v Cyber Promotions Inc 1997）。

然而，CompuServe 在他们的诉讼中遇到了一个问题：他们缺乏挑战 CyberPromotions 的明确法律依据。CyberPromotions 以非客户身份使用 CompuServe 电子邮件系统向 CompuServe 的网络服务客户发送电子邮件的行为并未在合同、侵权、财产或其他法律领域找到明显的诉讼理由。事实上，一般来说，以非用户身份使用 CompuServe 用户的电子邮件地址发送信息是可以的，同时也是该电子邮件系统运行的必要条件。如果用户无法收到外部用户的电子邮件，CompuServe 也就几乎没有客户可言了。

由于缺乏明显的法律救济途径，CompuServe 提出了一个有些取巧的法律论点。CompuServe 声称，CyberPromotions 使用 CompuServe 的电子邮件系统发送垃圾邮件，是对 CompuServe 的个人财产（其电脑和其他硬件）的侵犯，违反了不得非法侵犯动产这一古老的法律原则。侵犯他人动产是一种禁止未经授权使用他人个人财产的普通法原则（Kirk v Gregory 1876；CompuServe Inc v Cyber Promotions Inc 1997）。然而，擅自侵犯动产是在产权几乎仅涉及有形财产的情形下发展而来的。

侵犯动产之诉的要件包括：（1）物理意义上接触了动产；（2）原告在永久或相当长的时间被剥夺动产；及（3）此动产在条件、质量或价值上受到损害，或造成身体伤害（Kirk v Gregory 1876；CompuServe Inc v Cyber Promotions Inc 1997）。将传统的侵犯动产的元素复制应用到电子垃圾邮件中并非不证自明。垃圾邮件既未与计算机存在物理性接触，也不会占用电脑并对其造成伤害。CompuServe 将他们的论点与法律构成要件相匹配，认为发送电子邮件的电子信号构成了与其动产的物理联系，发送垃圾邮件所使用的带宽占用了它们的电脑，且 CompuServe 电脑的价值被 CyberPromotion 的垃圾邮件所削弱。法院认为 CompuServe 的类推令人信服，并支持它们的观点。

233

虽然法院对 CompuServe 所处困境的同情是可以理解的，但 CompuServe 案法院犯了帕克斯案和布利斯案法院同样的错误——在将法律分类扩展到新技术引发的新纠纷之前，未能在第一时间考虑法律分类的依据。CompuServe 案采用的理由清楚地表明法院采用的分类是有问题的。在法院的推理框架下，所有不请自来的电子邮件、传统信件和电话都将构成擅自侵犯动产的情形，而这一推理结果将会让许多人感到意外。这一结果为电信运营商反对发送垃圾邮件的公司提供了一个普通法上的诉讼事由。尽管许多人可能会欢迎这样的诉讼事由，但它在法律上并不被承认，自然也不是 CompuServe 案法院有意为之的结果。这种观点还可能被扩展到广播和电视广告。根据法院的推理，个人也可以起诉公共电视广播公司（如英国广播公司或者美国广播公司、美国哥伦比亚广播公司以及全美广播公司）播出广告，认为公共电视广播通过电子信号物理性地与公民的私人电视进行了连接，正如垃圾邮件占用电脑一样，这些广告的存在也削弱了电视的价值。相反的论点是，电视观众应预期或默许商业广告的存在，其同样适用于计算机用户或服务提供商预期或默许由于连接互联网而产生的垃圾邮件。

CompuServe 判决的一个主要问题是，它并未认识到使用无形的电子邮件系统和使用物理性的有形财产之间的差异对于法律类别的演变是有影响的——该类别源自一个互联网并不存在的时期。如上所述，法律类别是为了服务特定情境中的目的而发展的，而这些类别可能无法轻易移植至后来的、以不同方式实现相关功能的技术。CompuServe 的争议并不是关于有关电脑的实物使用的问题，而是有关 CompuServe 业务和用户的过度干扰的问题。因此，擅自侵犯动产的传统法律类别与现代电信所提出的问题并不匹配。如果承认这些背景下的实际差异，就可以更好地通过法律手段解决这类新型问题。

234 法院不应指望通常发展于几个世纪前的普通法总能很好地处理技术监管方面的新问题。在某些情况下现存的法律类别可能适用，但确定这一点的唯一方法是检查这些分类的初始依据，并评估该原则的扩展是否符合这一依据。这种分析取决于具体的法律纠纷和相关技术，通常需要考虑该判决对相关技术在未来发展和传播的影响，以及对经济和更广泛的社会福利的影响。

现实世界的纠纷和社会背景不应被强制纳入现有的法律类别。法律范畴只是一个结构；争议和背景是不可改变的现实。如果法律范畴不能很好地适应新的现实，那么，必须对法律类别重新做出评估。

三 别让科技扭曲了法律

法律和科技监管的第二个教训是，决策者应当超越争议中的技术从而专注于相关法律问题。从某种意义上说，这种担忧是第一个教训——即现有法律类别可能不再适用——硬币的另一面。若未能认识到这一点，部分是因为面对新技术时盲目地遵守现有法律。第二个教训涉及的是相反的问题：有时候，决策者往往会被非凡的技术成就蒙蔽双眼，从而忽视了根本的法律问题。

（一）指纹鉴定

People v Jennings（1911）是美国首例以指纹证据确认身份的案件。托马斯·詹宁斯（Thomas Jennings）被控谋杀罪。这起案件中的房主曾与一名入侵者对峙，发生了一场以枪击和房主死亡而告终的争斗。对该州起诉詹宁斯一案至关重要的是，四名指纹专家的证词中将詹宁斯的指纹与在犯罪现场发现的左手四个手指的指纹进行了比对。

　　这些指纹专家是受雇于警察部门和其他执法部门的。他们以不同的方式证实了詹 235
宁斯（Jennings）的指纹和犯罪现场指纹之间的若干相似之处，并且每位专家都得出
结论认为这些指纹是属于同一个人的。法庭承认指纹证词作为专家科学证据。该意见
的依据是欧洲国家已经承认指纹证据，并且是依赖百科全书和刑事调查相关专著以及
专家证人本人的经验而得出的。

　　但经审查，这些证据的基础薄弱，因此未能达到关键证据可靠性的要求。在法院
引用的百科全书或者论著中，实际上并没有科学支持使用指纹来验证身份，更不用说
证明其可靠性了。例如，从1858年在印度开始，指纹的早期使用包括使用指纹签订
合同（Beavan 2001）。同样，法院认定这4名专家证人各自研究指纹识别已有数年，
但从未提及任何有关指纹分析可靠性的证词或者其他证据。这就类似于声称专家们研
究过占星术，但却忽视了他们正在研究的科学是否可靠的问题。如果并不知道需要多
少相似之处、有多大的可能性在不同的人之间指纹具有的相似之处，或者专家们有多
大的可能性错误地识别这些相似之处，则指纹之间相似之处的识别（由于专家证词各
不相同）只能为确认身份提供证据力微弱的证据。但并未有人提供关于这些事项的
证据。

　　阅读詹宁斯的意见，人们会产生这样一种印象：法院对于指纹识别的概念"惊叹
不已"，指纹识别被视为一种令人兴奋的新兴科学能力和打击犯罪的工具。比如，法
院对这些专家的资质和证词进行了大量描述，尽管法院在一审中并没有讨论指纹识别
的可靠性。鉴于法庭惊叹于指纹识别带来的可能性，在缺乏可靠证据以及指纹专家的
证词若首次被承认会给其自身带来利益——毕竟，这是他们新的职业路线——的情况
下，法院还是听从了专家的意见。

　　詹宁斯案中法院所依赖的从欧洲法院引入指纹证据来确定身份的做法并不更为严
谨。1902年9月9日，哈里杰克逊的指纹与在犯罪现场发现的一枚指纹相匹配，故
被认定犯有入室盗窃罪，被判处7年监禁，成为世界上第一个根据指纹证据定罪的
人。（Beavan 2001）杰克逊案件中的指纹专家作证说，他曾检查过数千个指纹。指纹
模式在一个人的一生中都是一样的，他从来没有发现过两个人的指纹是一样的。但书 236
面证据或者其他可靠证据并没有被引入。

　　关于在杰克逊案中确定身份的问题，鉴定人对被告指纹与现场发现的指纹之间的
三到四个相似之处作了证明，结论是，"在我看来，不可能有第二个人具有我选择和
描述的任何一项相同特性"。几年后，同样是这位专家在第一个案例中作证，依靠指
纹鉴定将谋杀的人定罪，理由是两个不同指纹之间有三点相似之处，但也仅限于此
（雷克斯诉斯特拉顿和他人案 *Rex v Stratton and Another* 1905）。杰克逊案的被告没有
代理人，因此没有对指纹专家进行明显的交叉质证。就像美国的詹宁斯案一样，位于
斯特拉顿的法院似乎对指纹识别的可能性和科学性印象深刻，并在很大程度上认为它

的可靠性是理所当然的。法院缺乏客观性的一个突出事例是法庭打断了专家证词而当庭阐明自己的观点，即一个人指纹的脊状凸起和图案一生都不会改变。

（二）DNA识别

在第一个指纹鉴定案件发生近一个世纪后，法院在刑事案件中采用了一种新的鉴定证据：DNA分型。国家诉里昂案（State v Lyons 1993）关注的是一种新的DNA分型方法的可接受性，即PCR复制方法。DNA分型是"DNA指纹图谱"的技术术语，是确定刑事被告人的DNA与犯罪现场DNA相匹配概率的过程。

尽管与詹宁斯、杰克逊、斯特拉顿和莱昂斯案法院的观点相隔了近一个世纪，但法院对新形式科学证据可采性的分析缺陷却显著相似。在里昂案中，法院同样依赖该方法在其他领域的使用作为其在刑事案件中可靠性的依据。从英国莱斯特大学的亚历克杰·弗里斯爵士开始，PCR方法就被应用于遗传学领域，但在法医学领域的应用却有限。尚没有提供任何证据表明，在不完善的犯罪现场条件下，用于鉴定的PCR复制方法比其在原始实验室环境下的使用效果要更可靠。莱昂斯案法院还依赖专家证人自己的证词，称该专家遵循了适当的操作方案，并将其作为鉴定没有错误的证据。更有问题的是，该证词被用以证明PCR方法本身是可靠的。最后，与詹宁斯案、杰克逊案和斯特拉顿案的专家一样，PCR复制方法的专家对这项被认为具有可靠性的测试享有既得利益——这是他们工作的立身所在。在每一个案件中，新技术及其对打击犯罪的作用似乎都给法院留下了深刻印象，并让法官们感到兴奋。莱昂斯案的判决不仅包括对PCR复制方法过程的冗长描述，还包括对DNA的扩展性讨论，而所有这些都与该方法的可靠性或者案件本身无关。

就该法院而言，与詹宁斯、杰克逊、斯特拉顿和莱昂斯案的法院还有另外一个相似之处：在每起案件中，辩方都未能引入任何与之竞争的专家或者证据来质疑新技术鉴定证据的可靠性。就DNA分型而言，其可靠性缺陷的发现可能是由于发生在英国的一起承认强奸和谋杀的刑事调查中首次使用了DNA分型方法，但发现刑事被告人的DNA与在犯罪现场发现的DNA并不匹配（Butler 2005）。在DNA分型案件中，辩护律师很快学会了引进自己的专家来挑战DNA分型这一新形式的可接受性问题。这些专家开始提供质疑DNA证据的众多理由，从DNA鉴定理论的问题（比如关于种群遗传学的假设）到方法执行的问题（比如缺乏实验室标准或者程序）（Lynch and others 2008）。这些挑战导致遗传学家和生物学家在科学期刊上就DNA分型作为一种识别手段展开了激烈争论，并最终导致美国国家研究委员会就此事召开了两次特别小组会议。在发现了一些关于DNA鉴定方法的重大问题后，法院认为在一些情形下DNA证据不可接受。最终，新的程序被制定和标准化，由于收集了足够的数据，现在世界各地的法院已经常规性地承认DNA证据。这才是DNA分型作为一种识别手段应该开始的地方——通过证据和程序来确保其可靠性。

具有讽刺意味的是，20世纪90年代对DNA分型鉴定方法的挑战，实际上还导致了对美国百年来指纹鉴定证据可接受性的挑战。尽管在破案的诸多传说中指纹鉴定被长期使用且拥有神话般的地位，但它的科学可信度仍然是一个未得到充分解决的问题。质疑现代指纹识别的基础包括：缺乏客观和经过验证的标准来确定两种指纹的匹配、缺乏已知的错误率以及缺乏两个人可能拥有具有给定特征指纹的统计信息。2002年，宾夕法尼亚州的一名地区法院法官认为，基于指纹的身份证据是不被接受的，因为它的可靠性无法成立（United States v Llera-Plaza 2002）。法院确实允许专家们就指纹之间的比对问题作证。因此，专家们可以证明两组指纹之间的异同，但并不允许就某一指纹是否属于某一特定人这一观点作证。这一判决引发了一些骚动，美国政府因而提出了重新考虑的动议。法庭就指纹识别的准确性问题举行了听证会，两名美国联邦调查局特工在听证会上作证。法院推翻了此前的判决并承认了指纹证言。 238

从这些案例中得出的对法律和技术监管的教训相对直接：决策者应当将引人注目的技术成就与其法律影响和使用适当地区分开来。在评判激动人心的技术进步所产生的新的法律问题时，决策者绝不应因为一项新技术带来的奇迹或者希望就忽视现实情况和当前的科学认识。这个教训很容易得出，但应用于实践却并不容易，尤其是当一个没有技术专业知识的决策者首次面对新技术和一批专家证明其惊人的技术前景和能力时。

四　新型技术纠纷不可预见

这里提供给法律和技术监管的最后一个教训，可能是最难以实施的：决策者必须意识到其预见技术进步带来的新型法律问题的能力是有限的。在新技术发展的早期阶段，有关新技术的法律纠纷通常不可避免地会按照现有的法律方案来处理。在这个阶段，通常不会有足够多的关于新技术及其法律和社会影响的信息和知识，来开发或修改已批准的法律规则，或者可能没有足够的时间来建立新的法规或普通法对该技术进行规制。

正如上述诸例所表明的那样，人们往往倾向于根据现有法律规则处理新的技术争议。这种反应不仅通常是最简单的管理方法，而且还有强烈的心理影响，这也使其具有吸引力。例如，基于可得性和代表性的启发式决策方法引导人们通过现有框架来看待一项新技术和新纠纷，而对于现状的偏见同样使人们更适应现行的法律（Gilovich，Griffin，and Kahneman 2002）。

但不足为奇的是，现有的法律结构可能与技术创新引发的新型纠纷并不匹配。通常情况下，将现有的法律体系应用于一项新技术会出现鸿沟或其他问题。对生物技术的监管过程就提供了一系列最新的、有用的例子。

239 **（一）生物技术**

生物技术是指多种基因工程技术，其允许科学家有选择地将对某种特定性状负责的遗传物质从一个活着的物种（如植物、动物或者细菌）转移到另一个活着的物种中去。生物技术有许多商业和研究应用，特别是在农业、医药和工业品行业。

随着生物技术产业在20世纪80年代初的发展，美国政府决定生物工程产品在通常情形下将按照现有的法定和规制结构进行监管。这一决定是在《生物技术规制协调框架》（以下简称《协调框架》）（1986）下确立的，其依据是确定生物技术的过程本身并不具有风险，因此只有生物技术产品需要监督，而非过程本身。

事实证明，这种分析是有问题的。根据协调框架，美国的生物技术产品受到十几项法规、五个不同监管机构的监管。《协调框架》下的生物技术监管经验揭示了生物技术监管方面的局限、监管重叠效率低下、机构对类似品类的生物技术产品的监管不一致，以及监管机构被迫在其专业领域之外实施监管的情形（Mandel 2004）。

在这种背景下，决策者前瞻性能力有限的一个有效例证是《协调框架》未能考虑如何监管转基因植物，尽管转基因植物的首次实地试验始于1987年，即《协调框架》颁布仅一年之后。这标志着《协调框架》中存在更大的局限。通过将生物技术监管置于现有的、复杂的、未充分考虑生物技术本身而设计的监管结构中，《协调框架》导致了美国环境保护局未能参与众多可能对环境产生重大影响的转基因动植物审批之中。在某些情况下，还尚不清楚是否有充足的渠道供行政机构审查生物技术产品对环境的影响。同样的，目前尚不清楚是否有机构对不打算用于人类食品或生产人类生物制剂的转基因动物负有监管权，而这些产品随后逐步出现。

试图将生物技术融入现有监管框架还造成了许多前后不一致。《协调框架》确定了多个机构监管生物技术的两个优先事项：监管转基因产品的机构"采用统一定义"以及机构依据"可比严格"标准实行科学审查（《规制协调框架》1986：23，302—240 303）。然而，由于依赖现有法规所造成的限制，参与生物技术监管的机构却赋予相同的监管结构不一样的定义。同样，美国国家研究委员会的结论是，不同机构所依据的可比分析数据，以及它们进行分析的科学严谨性，并未达到"可比严格"的程度，这与《协调框架》的初衷背道而驰。

在框架下，监管重叠也是一个问题。多个机构对类似问题拥有权限，导致监管资源和工作的低效重复。在某些情况下，多个机构要求同一家公司提供相同生物技术产品的相同信息，但却没有共享这些信息或者对其工作进行协调。美国农业部和美国环境保护局曾就同一种生物技术产品的风险得出了不同结论。在评估转基因棉花与美国部分地区野生棉花杂交的可能性时，美国农业部得出结论认为"在美国发现的棉花的亲缘植物之中，没有任何一种显示出了明确杂交倾向"（Payne 1997），而美国环境保护局认为：在佛罗里达州南部、亚利桑那州南部和夏威夷，转基因棉花与野生棉花将有杂交的风险（美国环境保护局 2000 年）。

由于缺乏预见技术进步所产生新型问题的能力，生物技术的监管还产生了其他问题。例如，1998 年美国环境保护局批准了一种名为星联玉米（StarLink）的转基因产品注册，其是一种可以抗虫的转基因玉米。星联玉米仅被批准用作动物饲料和非食品工业用途，如乙醇生产。它并未被批准用于人类食用，因为它携带的转基因携带了一种已知可能导致人类过敏的蛋白质。

2000 年 9 月，星联玉米被发现出现在多个品牌的墨西哥卷饼皮以及后来的许多其他人类食品中，最终导致超过三百种食品被召回。美国几家最大的食品生产商因担心星联污染而被迫让某些工厂停产，导致美国玉米出口大幅减少。星联注册登记的所有者同意以约 1 亿美元的价格回购该公司一年生产的全部玉米。但却有人预计，星联事件的成本费用可能会高达 10 亿美元（Mandel 2004）。

污染还因为收割、储存、运输和加工食品设备经常被人畜混用而产生。来自各个农场的玉米在收集、储存和运输时被混合在一起。事实上，由于公认的混合经营，美国农业经常在美国散装装运的玉米中混上约 2%—7% 的外国物质。此外，星联玉米的种植者没有得到足够警告，提醒有必要将星联玉米与其他玉米分开，而这导致了更多的谷物在谷仓中被混合。

在国家农业系统有工作经验的人从一开始就应该意识到，一旦星联玉米获得批准、生产和大规模加工，其中一些玉米就会不可避免地进入人类的粮食供应领域。据一位农业专家说，"了解粮食处理系统的任何人都应当知道，将星联玉米与生产人类粮食的玉米分开几乎是不可能的"（Anthan 2000）。尽管美国环境保护局后来承认"对星联玉米的有限审批是不可行的"，但在审批之时，美国环境保护局未能意识到这项新技术带来的问题与他们之前考虑的并不相同。意识到新技术往往会造成不可预见的问题对于沉浸在现有模式中的专家机构来说是一个很难吸取的教训。但这可能会促使决策者重新评估这一议题的假设中存在的争议。

241

（二）合成生物

要察觉自身认识的不足、认识并预见局限性显然是难以保持的。然而，这一教训确实为如何处理新技术的法律监管提供了重要指导。最关键的是，它强调了灵活管理新技术的法律方案的必要性。随着技术本身的发展和我们对技术理解的发展，这些法律方案可以改变和适应新的法律问题。当我们使用现有法律结构来管理在法律制度形成过程中尚不存在的技术时，经常遇到困难也就不足为奇了。

合成生物学就提供了一个显著适用于这一启示的现成例子。合成生物学是发展最快、最有前景的新兴技术之一。它基于这样一种理解：DNA 序列可以像积木一样组装在一起，产生一个具有特定所需特征组合的生命体。合成生物学将使科学家设计不同于自然界已经存在的生命体，并对现有生物重新设计以使其增强或者具备新奇的特性。传统生物技术需要将有限数量的遗传物质从一个物种转移到另一个物种，而合成生物学则允许一种有的放矢的生物整体组装。人们期望合成设计的生物被投入众多有益的用途中，包括更好地检测和治疗疾病，修复环境污染物，以及生产新的能源、药品和其他有价值的产品（Mandel and Marchant 2014）。

242 　　然而，人工合成的生命形式也可能对人类的健康和环境构成威胁。这类风险可能与传统生物技术所带来的风险形式不同。不足为奇的是，现有的监管结构不一定适合处理这种新技术所预期的新问题。探索合成生物学的监管挑战才刚刚开始。以下分析聚焦美国合成生物学的治理；欧洲和中国也遇到了类似的问题（Kelle 2007；Zhang，Marris，and Rose 2011）。

　　考虑到一些成文法和规章的制定方式，监管机构是否有权依据现行法律对合成生物学的某些方面进行监管仍然是一个根本性问题（Mandel and Marchant 2014）。在美国，管理合成生物学的主要法律是《有毒物质控制法》（TSCA）。《有毒物质控制法》对危险"化学物质"的生产、使用和处置进行监管。目前尚不清楚合成生物学创造的活微生物是否符合《有毒物质控制法》中的"化学物质"标准，产生的机体可能也并不完全符合美国环境保护局在《有毒物质控制法》中对化学物质规定的定义。更重要的也许是，美国环境保护局依据《有毒物质控制法》颁布了相应的规章，将生物技术产品的监管限制在"结合源于不同分类学种属的基因物质所形成的"属间杂交微生物上 [40 CFR §§ 725.1（a），725.3（2014）]。美国环境保护局是在传统生物技术的基础上制定这项政策的。然而，合成生物学提高了将完全合成的基因或者基因片段导入生物体或者从生物体中删除、修改基因片段并重新插入其中的可能性。在这两种情况下，根据美国环境保护局的监管定义，这类生物可能不属于"属间杂交"的范畴，因为它们并不包括来自不同属生物的遗传物质。美国环境保护局的生物技术规章自称是"建立了微生物报告的所有要求" [40 CFR §§ 725.1（a）（2014）]，因此，合成生物学创造的非"通用"转基因微生物目前并不在《有毒物质控制法》的一些核心要求范围之内。

　　假设合成生物学产生的生物被现行监管所涵盖，那么即使在现有监管体系下，合成生物学仍然会引发其他问题。比如，对能够繁殖、增殖、进化的活体微生物进行实地检测，就会出现与较传统的对一定量化学物质实地检测所呈现的不同的新型风险。从另一个角度来看，一些监管要求是基于进入环境的某种化学物质的数量而制定的。这种标准在处理通常与质量和风险直接相关的传统化学物质时是有意义的。但是这些假设对合成生物学中可以在环境中再生和繁殖的微生物并不适用（Mandel and Marchant 2014）。

　　像合成生物学这种具有革命性的技术给已经存在的法律体系带来问题并不令人奇怪。鉴于新的法律问题具有不可预知性，创造它们的新技术具有不可预见性，设计出一套可以自身进化和适应的法律制度势在必行。尽管设计出这样的法律结构是一个重大挑战，但却是必要的。适应性更强的法律体系可以通过制定法和规章，以及通过司法决策的发展或者通过各种"软法"措施的实施来建立。从长远来看，具有灵活应对不断变化情况的法律体系对于社会的益处将远远好于将现有的法律体系架构生搬硬套地应用于新环境之中的做法。

五 结论

第三篇的后续章节探讨了许多不同领域的法律是如何应对由技术变革带来的新的法律要求和纠纷的。尽管技术进步的方式多种多样，与其伴随而生的一系列新的法律问题同样如此，但法律制度对新的法律和技术议题的回应揭示了法律和技术领域的诸多相似之处。这些相似之处为法律和技术监管相关的一般理论提供了三个教训。

第一，已有的法律类别可能不再适用新的法律和技术纠纷。为了考虑在新的技术方案下现有的法律类别是否仍然具有法律和社会意义，检视法律分类依据的源起，然后评估其是否适用于新的争议是至关重要的。

第二，法律决策者必须小心谨慎，避免让新技术的成就扭曲其法律分析。这对技术领域的法律决策者来说是一个特别大的挑战，他们需要仔细研究一项开发技术的前景以了解其实际特征和当前的科学知识水平。

第三，新兴技术引发的新的法律纠纷类型往往无法预见。能够随着技术的发展适应并变革法律体系和我们对技术的理解，将比盲目固守现有的法律制度要成功得多。

当您阅读以下法律和技术的案例研究时，您将看到上述问题类型的许多实例，以及法律系统为克服这些问题所做的努力。虽然这些经验并不同样适用于每一个新的法律和技术纠纷，但它们可以为法律适应未来各种各样的技术进步提供宝贵的指导。在许多情况下，法律体系最艰难的情形是，法律并不承认或者回应本文所意识到的一项或多项启示。在技术创新管理方面，一个能够认识到新问题具有不可预测性，灵活性且具有适应力，认识到技术进步产生的新问题可能不适合现有的法律结构和法律体系，将比没有汲取这些教训的法律体系会运作得更好。

六 致谢

我感谢凯瑟琳·文格雷蒂斯、约翰·巴森菲尔德和香农·丹尼尔斯（Katharine Vengraitis, John Basenfelder, and Shannon Daniels）在这一章中提供的杰出的研究协助。

【参考文献】

Anthan G, 'OK Sought for Corn in Food' (Des Moines Register, 26 October 2000) 1D

Beavan C, *Fingerprints: The Origins of Crime Detection and the Murder Case that Launched Forensic Science* (Hyperion 2001)

Breese v US Telegraph Co [1871] 48 NY 132

Burns F, *Communications: An International History of the Formative Years* (IET 2004)

Butler J, *Forensic DNA Typing: Biology, Technology, and Genetics of STR Markers* (Academic Press 2005)

CompuServe Inc v Cyber Promotions, Inc [1997] 962 F Supp (S D Ohio) 1015

Coordinated Framework for Regulation of Biotechnology [1986] 51 Fed Reg 23, 302

Environmental Protection Agency, 'Biopesticides Registration Action Document' (2000) <www.epa. gov/ oscpmont/ sap/ meetings/2000/october/ brad3_ enviroassessment.pdf> accessed 7 August 2015

Gilovich T, Griffin D and Kahneman D, *Heuristics and Biases: The Psychology of Intuitive Judgment* (CUP 2002)

Kelle A, 'Synthetic Biology & Biosecurity Awareness in Europe' (Bradford Science and Technology Report No 9, 2007)

Khong D, 'An Economic Analysis of SPAM Law' [2004] Erasmus Law & Economics Review 23

Kirk v Gregory [1876] 1 Ex D 5

Lynch M and others, *Truth Machine: The Contentious History of DNA Fingerprinting* (University of Chicago Press 2008)

Mandel G, 'Gaps, Inexperience, Inconsistencies, and Overlaps: Crisis in the Regulation of Genetically Modified Plants and Animals' (2004) 45 William & Mary Law Review 2167

Mandel G, 'History Lessons for a General Theory of Law and Technology' (2007) 8 MJLST 551

Mandel G and Marchant G, 'The Living Regulatory Challenges of Synthetic Biology' (2014) 100 *Iowa Law Review* 155

Parks v Alta California Telegraph Co [1859] 13 Cal 422

Payne J, *USDA / APHIS Petition 97- 013- 01p for Determination of Nonregulated Status for Events 31807 and 31808 Cotton: Environmental Assessment and Finding of No Significant Impact* (1997) <http://web.archive.org/web/20010702230537/http://www.aphis.usda.gov/ biotech/dec_ docs/9701301p_ea.HTM> accessed 1 February 2016

People v Jennings [1911] 252 Ill 534

Rao J and Reiley D, 'The Economics of Spam' (2012) 26 J Econ Persp 87

Rex v Stratton and Another [1905] 142 C C C Sessions Papers 978 (coram Channell, J)

Rose C, 'Crystals and Mud in Property Law' (1988) 40 SLR 577

State v Lyons [1993] 863 P 2d (Or Ct App) 1303

United States v Llera- Plaza [2002] Nos CR 98-362-10, CR 98-362-11, 98-362-12, 2002 WL 27305, at *517-518 (E D Pa 2002), vacated and superseded, 188 F Supp 2d (E D Pa) 549

Zhang J, Marris C and Rose N, 'The Transnational Governance of Synthetic Biology: Scientific Uncertainty, Cross-Borderness and the "Art" of Governance' (BIOS working paper no. 4, 2011)

245

拓展阅读——

Brownsword R and Goodwin M, *Law and the Technologies of the Twenty- First Century* (CUP 2012)

Leenes R and Kosta E, *Bridging Distances in Technology and Regulation* (Wolf Legal Publishers 2013)

Marchant G and others, *Innovative Governance Models for Emerging Technologies* (Edward Elgar 2014)

'Towards a General Theory of Law and Technology' (Symposium) (2007) 8 Minn JL, Sci & Tech 441-644

第十章
民事法律程序中的法律及技术

弗朗西斯科·孔提尼（Francesco Contini）

安东尼奥·科德拉（Antonio Cordella）

狄行思 译

一 导论

246　　为实现司法系统精简化和现代化，世界各国政府正大力投资信息和通信技术，通过实施行政和组织改革以及通过数字化实现程序合理化。①实施这些改革可以促进行政合理化，但也会改变公共部门组织生产和提供服务的方式，以及民主制度的运作方式（Fountain 2001；Castells and Cardoso 2005；Fountain 2005）。本章讨论了司法中的数字化变革对其所提供服务的影响。本章认为，在司法中引入信息和通信技术并不中立，并导致行政部门发生深刻变革。司法制度和民事诉讼中的数字化是在特有的制度框架内实现的。这一框架提供了独特的环境，用以研究技术和法律制度的叠加对司法
247　　机构运作的影响。塑造司法程序的、正式条例中深刻而普遍的层面表面：法律和技术的动态交织对适用法律有着深刻影响。在司法背景下，法律和科技被塑造成复杂的集合体（Lanzara 2009）。这些组合体塑造了法律的诠释和适用，从而塑造了司法行为所产生的价值（Contini and Cordella 2015）。

　　为了讨论信息和通信技术对司法行为的影响，本章概述了电子司法研究的总体趋势。本章详细叙述了司法系统中的信息和通信技术具有与法律同样结构性的规范效果

---

① 考虑到国家和欧洲电子司法计划，这一点很容易理解。See Multiannual European e-Justice action plan 2014–2018（2014/C 182/02），or the resources made available by the National Center for State Courts, http：//www.ncsc.org/Topics/ Technology/Technology–in–the–Courts/Resource–Guide.aspx accessed 25 January 2016.

的原因。本章还讨论了民事诉讼法中的实例，概述了法律和技术的叠加应用如何创造出构造所有数字化司法程序的技术—法律组合。之后我们将讨论与部署这些组合体相关的技术和管理挑战，并得出结论。

二　电子司法：在司法程序中寻求更完善的法律和技术诠释

电子司法计划大多被视为以组织司法活动为目的、具有现代化和合理化特性的载体，相应地，电子司法的推行，旨在提高司法程序的效率和效力。因此，电子司法文献往往未能解释与在司法系统中部署信息和通信技术有关的体制性、组织性和司法性改革（Nihan and Wheeler 1981; McKechnie 2003; Poulin 2004; Moriarty 2005）。公共部门和司法机构采用的信息和通信技术带来政治、社会和场景的变化。因此，对那些在公共部门中进行、因信息技术而得以进行的改革，对上述改革如何影响提供公共服务的过程，以及上述改革如何影响这些服务所产出的价值，我们当做出更丰富的解释（Cordella and Bonina 2012; Contini and Lanzara 2014; De Brie and Bannister 2015）。

电子司法项目具有社会和政治的维度，不仅只对组织效率或效力有影响（Fabri 2009a; Reiling 2009）。换言之，信息和通信技术对司法机构的影响可能比信息和通信技术对私营部门的影响更为复杂和难以评估（Bozeman and Bretschneider 1986; Moore 1995; Frederickson 2000; Aberbach and Christensen 2005; Cordella 2007）。由于未能认识到这一点，电子司法本文和实践在很大程度上只着眼于效率和成本合理化。尽管这些分析对评估信息和通信技术在私营部门的组织和经济影响具有价值，但不足以充分顾及信息和通信技术对司法系统转型的影响的复杂性（Fountain 2001; Danziger and Andersen 2002; Contini and Lanzara 2008）。

通过分析这些影响，本章讨论了场景依赖的司法程序数字化。司法程序数字化由技术、制度及法律因素塑造，这些因素又塑造了司法组织及其所提供的服务。因此，信息和通信技术带动的司法改革应该被视为复杂的、场景依赖的、技术—制度复合体（Lanzara 2009）。此处，技术作为一种规则化制度，沿着可预测的、反复的路径参与到社会和组织关系的构成中（Kallinikos 2006：32），这与技术所部署的制度及法律场景类似（Bourdieu 1987; Fountain 2001; Barca and Cordella 2006）；电子司法改革引入了新技术，该技术能够介媒于相叠加的社会和组织关系，因此也受如文化和体制安排以及法律等复杂因素的介媒的影响（Bourdieu 1987; Cordella and Iannacci 2010; De Brie and Bannister 2015）。

为了探讨这些影响，本章提供的分析建立在关注公共部门与部署信息和通信技术有关的社会、政治和体制维度的研究传统之上（Bozeman and Bretschneider 1986; Fountain 2001; Gil-Garcia and Pardo 2005; Luna-Reyes and others 2005; Dunleavy and

248

others 2006）。本章对此讨论的贡献如下：为分析和描述那些使信息和通信技术与法律之互动如此相关于电子司法部署的特征，提供了有用的理论阐述。

　　为了完成这一任务，我们将重点放在信息和通信技术的调节特性上，这些特性，基于信息和通信技术塑造法律和程序产生，并相应塑造公共部门组织的结果（Bovens and Zouridis 2002; Luhmann 2005; Kallinikos 2009b）。当电子司法文献着眼于技术的技术特点时，它已大体上将信息和通信技术视为一个线性转变司法实践和协调结构的潜在促成者[②]（Layne and Lee 2001; West 2004）。电子司法文献主要把信息和通信技术视为提升司法工作效率的工具，它提供了一种更有效的方法来执行组织实践，而相同的文献往往忽略了这一点：信息和通信技术包含的属性构成了组织实践、事件和过程之间的因果关系（Kallinikos 2005; Luhmann 2005）。事实上，信息和通信技术不仅有助于更好地执行现有的组织活动，还依预先确定的技术逻辑，塑造现有组织活动所介媒的组织程序与实践（Ciborra and Hanseth 1998），并令现有组织活动与前述组织程度与实践彼此耦合（Luhmann 2005）。因此，信息和通信技术建立了一套新的、以技术为媒的相互依赖关系，对执行组织程序进行了规范。信息和通信技术构造了社会和组织指令，以提供稳定和标准化的互动手段（Bovens and Zouridis 2002; Kallinikos 2005），这些手段也形成了系统的技术功能。工作顺序和流程在技术功能中予以描述，在构成技术系统核心的脚本和代码中进行标准化和稳定化。因此，通过将其依赖关系排除在技术脚本之外，系统设计得以排除其他可能的功能及因果关系（Cordella and Tempini 2015）。

　　当组织活动或做法被纳入信息和通信技术时，正如主流工具技术观所假定它们不是以线性或整体的方式合理化的——相反，它们被简化为一种可用机器显示的字符串，并彼此结合，以适应计算机系统技术构成的底层逻辑。不同的底层逻辑，例如不同的本体论框架，各自以不同的逻辑序列组织世界构架。因此，一旦认识到技术替代品将复杂性降低到它们不同的逻辑和功能结构中，技术合理化的整体概念就是无效的。工作过程、程序和相互依赖适应于技术的运转逻辑，因而也反映构成信息和通信技术系统操作语言的逻辑序列。故而，重新设计这些工作顺序是为了适应设计信息通信技术系统的需要。一旦被设计出来，信息和通信技术系统就可以通过系统执行的操作顺序和序列将运行域分割开来，从而清晰地划定作业边界。

　　因此，工作序列、程序、实践和相互依赖被从功能上被简化，以适应选择技术运行之下的语言和逻辑结构。信息技术不仅创造了这些因果和工具性关系，而且使这些关系稳定在僵化上述关系的标准化进程中。功能性闭合是将这些关系标准化成稳定脚

---

②　参见，例如，国家法院国家中心提供的《法院资源指南技术》，http：//www.ncsc.org/Topics/Technology/Technology-in-the-Courts/Resource-Guide.aspx accessed 25 January 2016。

本的效果：体现为创建系统的内核（Kallinikos 2005）。由此，信息和通信技术系统成为一种规制模式（Kallinikos 2009b）。通过将行动、规范和规则的途径"镂刻"在技术之中，该模式得以组织人类行为；在这一模式下，这些技术的组织在其行动中受到信息和通信技术系统脚本的限制。在电子司法方面，技术的规律性本质必须与法律规定的现有规律性性质以及新制定的、使技术得以运用的规则框架进行商榷。这些商榷非常复杂，对司法实践的效果产生了非常重要的影响。

在研究和理论化司法中信息和通信技术的应用时，应将这些信息和通信技术的规范属性置于分析的中心，以便更好地了解这些信息和通信技术的使用对司法实践结果的影响和可能的结果（Contini and Cordella 2015; Cordella and Tempini 2015）。 250

三 司法程序中的技术

司法程序是受到规制的、做出司法裁判所需的文档和数据的交互（Contini and Fabri 2003; Reiling 2009）。在以案牍为基础的民事诉讼程序中，通过法院规则、当地惯例和诸如诉讼事件表、卷宗、具有特定和共同的形式和技术特征的表格等工具，程序规则所确立的信息交流得以进行。司法系统中信息和通信技术的发展需要将这种传统的信息交换转化为数字所介媒的过程。司法程序中的技术部署将确定此类交换如何进行的程序性规定标准化。该交流可以由不同形式的技术支持、启用或协调。这一进程并不新颖，也不仅仅与数字技术的部署有关。

实际上，司法程序始终得到技术的支持，例如法院账簿、案件档案和用于行政和协调司法程序的卷宗（Vismann 2008）。法庭为各方当事人和法官提供了一个聚集和交流的场所，也为证人宣誓作证、为法官做出有约束力的决定提供了一个场所。所有这些活动都是由审判室的具体设计协调和塑造的。有较高位置的法官椅，方便法官对法庭的监督和控制。法庭里往往包含誓词、目标或其他法定声明的权威符号（Mohr 2000; 2011）。这一基本技术组合，与司法机构的既定作用和等级结构相联系（Bourdieu 1987），在很长时间里塑造了法律的执行过程和法律程序的框架（Garapon 1995）。一些作者认为（Susskind 1998; Abdulaziz and Druke 2003），即使"无纸化"未来尚未到来，信息和通信技术在司法领域已经迅速发展。目前，传统上由人类处理的，文件的生产、管理和加工方面的任务越来越多，这些任务现在已经实现数字化，并由计算机自动完成。考虑到信息和通信技术的特点，这一过程的解释和框架受到控制这些技术功能的技术特性限制（见第 2 节）。这些特性由技术标准、硬件和软件组件、参与技术开发的私营公司以及制定电子司法行动计划的技术机构来定义。这些信 251
息和通信技术解决办法的部署可能颠覆传统上司法机构所受制的等级关系，从而影响权力和权威关系。这一关系决定了司法机构执行法律解释的磋商和可能结果。信息和通信技术最终确定了解释法律的新生态，从而确定了其弘扬的价值观念。

许多信息和通信技术系统业已实现，用来支持、自动化或促进司法运作的几乎所有领域。这一系统对研究采用信息和通信技术对司法机构的行动和造成的影响提供了一个非常有趣的依据。

四　法律与科技的重叠：科技—法律集合体

大量的技术系统已用于支撑、合理化和自动化司法程序。所有这些系统，对司法机构的组织和运作产生的影响都未必中立。法律信息系统为公民和法律专业人员提供了最新的判例法和法律信息（Fabri 2001）。法律信息系统为选择有关的法律、法理和/或判例法做出了贡献，确定了具体案例的背景。案例管理系统组成了司法实践的中坚力量。这一系统可以收集关键案件资料，自动跟踪法院案件，迅速采取行政或司法行动，并许可收集的数据用于统计、司法和管理方面的应用（Steelman, Goerdt, and McMillan 2000）。其为法庭提高数据和程序的标准化水平提供动力。案件管理系统将程序法和法院的做法转化为软件代码，并通过各种伪装减少了法院和司法裁判者对程序法解释的固有影响力。电子档案包含了案件当事人和法院交换程序性文件所需的广泛的技术应用。通过定义数据身份应如何被查明，定义何种特定文档应当如何以及何时交互，并定义何种前述文档应当在何时、以何种方式变成案件中的一部分，电子档案组织司法程序。综合司法链是为使司法与执法机构间互动得以实现而开发（或者集成）的大规模系统，不同的司法和执法机构使用这一信息和通信技术架构：法院、警察、检察官办公室和监狱部门在通过综合的信息和通信技术架构协调其行动时，可改变对调查和起诉管理工作的行政职责（Fabri 2007; Cordella and Iannacci 2010）。视频会议技术为举行庭审提供了一个不同的媒介：证人可以通过视频出庭，而犯人可以从一个偏远的位置旁听庭审。它们显然改变了法院审理的传统布局和相关工作惯例（Lanzara and Patriotta 2001; Licoppe and Dumoulin 2010），并最终改变规范庭审的法律体系和传统。

所有这些计算机系统与传统的法律框架以不同的、有时也是无法预测的方式产生交互。它们不仅影响了法律程序的程序效率，而且也能塑造其结果。接下来将依次叙述法律信息系统、案件管理系统、视频技术和电子存档系统的影响。

（一）法律信息系统

法律信息系统引发的有限的监管问题，主要涉及对判决中涉及人员隐私权的保护，是否能与司法判决的公示原则相平衡。然而，由于法律信息系统让法律和案例可供电子化利用，这可能会影响法律和案件的实体解释。民间社会和媒体更容易就某一具体案件对法律进行解释，或根据已有的法院判决提出批评。这可能影响到司法机构的独立性，因为法律信息系统在确定相关判例法和判例时不一定中立。它们可以促成有偏见的法律解释，或阻碍相关信息的获取，成为法律具体适用中的积极行动者。一旦搜索引擎和法学数据库以简单而封闭的方式运行，就很难确定搜索系统是否真正中立，或者司法数据库是否完整。

（二）案件管理系统

案件管理系统的开发主要是为使现有司法程序自动化。程序法确立的规则在这一系统中进行部署，以标准化程序流程。这就减少了法官和书记员对程序法律的不同解释。这些解释适用于那些功能上简化并已进入软件代码和系统体系结构的程序。自由裁量权的使用会减少，因为强制组织参与者需要按照系统的请求输入数据。这一系统还强制用户遵循特定的例程，或者使用预先设定的模板来生成司法文档。

这种变化的影响很多。程序法更连贯一致的适用能够与平等原则更一致。更规范的数据采集是可靠统计数据的前提。然而，这其中也存在关键性问题。技术强加的标准化层面，使得司法程序很难适用于局部约束。这可能导致设法绕过技术限制，以允许执行程序（Contini 2000）。案件案例系统也增加了司法运作的透明度，增加了使得对法官、检察官和行政人员的控制。

（三）视讯技术

视频技术的使用，特别是视频会议的使用，改变了法院听证会的既定设置。法院审理并不像标准商业视频会议。法律和功能要求，在口头听证中很容易满足，但很难在视屏会议介媒的听证会中重复。例如，当事人必须能够监测证人是否在没有外部压力或建议的情况下回答问题；律师与被告人的私下沟通应被保障；为满足这些条件，就需要做出具体的技术和体制安排（Rotterdam and van den Hoogen 2011）。这些安排通常是通过法律规定获得授权；立法者还可以详细说明为保证视频会议听讯符合所提及的要求而应满足的特点或功能要求，以及公平审理的权利。

（四）电子档案系统

在讨论上述电子司法制度的影响时，法律与信息和通信科技明显地融合在一起，但与电子存档时的情况相比，两者的融合程度并不高。在这些情况下，电子文件和身份证的推出为电子文件的真实性、完整性和不可抵赖性创造了一个新的环境，同时还必须对身份证问题进行管理。电子备案显示了对跨不同组织的互操作性和数据和文件交换的必要性，相应的解决方案既需要适用不同技术架构，又需要适应不同组织内部使用的程序准则。

确定当事方是设立任何民事司法程序所需的第一个正式步骤，这一步骤必须以正式和适当的方式确定，如经批准的程序文件、宣誓证词、身份认证等。任何程序步骤都由程序守则加以规范，并由法院规则进一步详细规定。在部署电子归档时，如果不与法律预先规定的要求、技术设计的限制以及共享系统的不同组织之间互操作性的需要进行协调，将这些程序数字化是困难且极具挑战的。

例如，在欧洲，以第 1999/93/EC 号指令为基础的数字签名往往被确定为保证当事人身份的最佳解决方案，也是检查其提交案件的资格、真实性以及交换文件的不可否认性的最佳解决方案（Blythe 2005）。因此，它们是许多欧洲国家提出电子申报的先决条件之一。考虑到与数字签名有关的法律价值，国家标准和技术要求往往由国家法律实施（Fabri 2009b）。这些法律标准的执行往往比预期要困难，不仅要求对软件开发提出挑战，而且还需要大量的立法干预措施，以保证数字签字的合法遵守。例如，在意大利，电子档案系统的发展，连同所需的法例规定，共花了约八年时间（Carnevali and Resca 2014）。葡萄牙（Fernando，Gomes，and Fernandes 2014）和法国（Velicogna，Errera，and Derlange 2011）也是类似的复杂发展。这些事例就是反映在电子司法涉及法律和技术重叠的良好范例。

（五）整合司法制度

司法系统的一体化，可以协调不同司法机构的活动，甚至可以重新确定管理每个机构的作用和管辖权的法律安排，从而能够全面组织司法机构。这些潜在影响的一个例子是英格兰和威尔士为促进整个刑事司法链的信息交流而引入的"网关"。该网关导致警察和皇家检察署在调查犯罪活动中的作用发生了深刻的变化。该网关向检察官提供最新的调查资料，改变了司法系统的关系。在新的结构下，并不是警察，而是皇家检察署所领导调查。事实上，这改变了成文法，从而在英格兰和威尔士的宪法安排中实行了"宪法改革"（Cordella and Iannacci 2010）。

255　　本章中对法律和技术在司法部门的影响的分析，突出了两个并行现象。技术在功能上简化和封闭了将法律代码还原为技术代码的解释和应用（Lessig 2007）。同时，技术要具有法律价值并因此有效，就需要有一个法律框架来支持。该框架使技术成分的使用合法化，从而执行技术所介媒的司法程序。这种双重效果对司法机构来说是独特的，在涉及法律程序的数字化时需要认真考虑。技术和法律必须支持相同的程序，并保证跨互操作性。如果技术有效（即能产生预期结果）但没有得到法律框架的支持，就不会产生任何程序效果。司法机构的性质要求法律和技术保持一致，以保证司法程序的有效（见第五部分）。寻找这种一致性可能导致需要建立更加复杂的民事司法程序，而这些程序会更难管理。

五　技术—法律协定：设计和管理问题

正如我们所看到的，新技术组成部分的实施往往需要部署新的法规或条例，以适应信息和通信技术系统的使用和运作，例如在视频技术方面。在这一背景下，正如亨宁（Henning）和尼格（Ng）于 2009 年的研究指出，法律需要授权根据视频会议举行听证，但法律本身无法保证技术的顺利运作。事实上，即使不是不可能，也很难预先规范创新基于信息技术的工作实践，比如随着视频会议系统的使用而出现的实践（Lanzara 2016）。此外，技术系统并非总是稳定可靠的。它们往往是"转移和漂泊"，难以维持信息和通信技术启用的工作惯例与法律约束之间的一致性（Ciborra and others 2000）。因此，事前管制不能面面俱到，而实际结果则以信息和通信技术部署管制的方式为媒介。

每项技术规章都由技术领域内制定的技术准则组成，规章不仅规定了这些系统的技术特点，还确立技术运用的性质，并明示通信技术为与不为的范围。因此，技术并没有减少那些导致更有效司法程序的管制的水平。相反，技术的发展能够使司法程序带动新条例，从而建立一个更加复杂但未必更有效的司法制度。司法实践的数字化涉及管理两个复杂的独特领域。第一个领域涉及通过或制订建立联系和在技术架构上实现技术互操作性所需要的技术标准。这些发展涉及技术组成部分的定义，而这些技术组成部分使比特、数据和信息的流通更加顺利。这种技术互操作性的发展在其他领域是足够的，但不能保证司法程序的效力。事实上，技术系统和建筑结构所规定的程序规则，需要符合并保证与管理给定司法活动或过程的法律原则中的规制要求彼此间的"互操作性"。技术不能在司法程序中被任意采用，而且技术对诉讼程序的影响需要经过仔细确定。技术需要遵守法律的规定，它的合法、合规是其有效性的前提。在司法系统中，技术的有效性不仅涉及系统的技术能力来支持和允许交换比特、数据和信息，还涉及系统——自然也涉及一般的信息和通信技术——支持、启用和调解在诉讼过程中产生预期的法律结果的行动。技术支持的程序步骤必须产生法律制度规定的法律结果，并且必须向参与程序的所有人发出适当的法律效力信号（Contini and Mohr 2014）。

为了取得这一结果，仅仅设计一项技术解决办法是不够的，因为需要保证收集和传输在司法程序中完成特定任务所需的数据和信息的必要功能。鉴于法律上的限制，各种标准的技术组件，如电子邮件或有担保的网站虽已被广泛使用，但可能不适合司法程序。当出现这种情况时，就需要特别的发展使技术方案符合法律架构。必须保证技术和法律的相互操作性，这是最终建立有效电子司法系统的要求，可能会增加这一架构的复杂性，其使得技术含量和符合法律限制的解决办法更加难以确定。鉴于电子司法环境下法律和技术领域的复杂性，这种平衡很难实现和维持。

对技术互操作性的寻找可导致采用技术所介媒的程序行动，而这并不符合有关司法程序的法律要求。通过电子存档、案件管理系统或视像会议而启用、记录和分发的每项行动，都必须遵守司法法律和条例规定的事先程序规则。这些法律和条例往往是以纸面形式或口头程序为基础。信息和通信技术改变了许多程序的先后次序和性质。

257　这种以技术为媒介的程序流程可以与管理基于纸张或口头程序的逻辑不同，因此与管理这些程序的法律规范和规章不相容。现有法律文本规定的任务和行动很难划归到信息和通信技术。在以纸张和面对面的关系为基础的常规领域中开展工作的程序，并不一定与纳入信息和通信技术逻辑的合理化原则相容。如前所述，哪怕签名这一特别简单的意思表示，在法律层面实现从纸张到数字形式的迁移也是特别复杂的。

在一些情况下，正如芬兰的电子档案系统，英国的货币索赔在线系统，以及最近与斯洛文尼亚中央执法部门（COVL），均通过改革法律框架以及设计技术来保证技术和法律的互操作性与合规性（Kujanen and Sarvilinna 2001；Kallinikos 2009a；Strojin 2014）。在这三种情况下，旧的纸面程序中预见的手写签字已被采用不同签字模式的临时解决办法所取代。这些解决办法使律师和公民能够申请电子存档，并在法律和技术要求之间寻找可持续的调解。

相反，在许多情况下，现有的程序框架仍然没有变化，因此必须设计非常复杂的技术架构，以符合法律和程序架构（Contini and Mohr 2014）。电子司法解决方案技术高度复杂的大多数案件，特别是涉及电子存档的案件，都是由于必须保证数字调解程序与现有程序框架之间的法律互操作性，而现有程序框架的设计只是为了支持基于纸张或口头的程序。对跨法律和技术架构的互操作性进行搜索可能变得特别复杂，很难长期部署、维护和维持（Lanzara 2014）。此外，它还可以导致设计烦琐且难以使用的配置。比如，EFDM 以及伦敦的皇家法院的电子工作中多数十亿英镑的失败案例。这些系统变得极其复杂、昂贵，而且由于结构的复杂性，难以维持技术和法律的互操作性和通用性（Jackson 2009；Collins–White 2011；Hall 2011）。

为了开发或部署电子司法解决方案，同时保持法律和技术的互操作性，需要对现有的法律和程序框架进行重新调整。这种重组必须强制技术和法律约束保持一致。这种协调是在信息和通信技术与现有体制和法律构成部分（特别是正式条例）之间持续不断协调的结果，这始终是在技术和法律规定的规则制度之间保持互通性的必要条件。

258　在民事诉讼中，信息和通信技术被设计用来执行任务和程序。这些任务和程序很大程度上——但既不是完全的，也不是明确的——来自法律文本、程序代码和其他正式规则。一旦法律规定的任务在功能上简化并被纳入技术架构，就可能改变执行司法程序的方式，也可能改变对法律的解释。正如第 2 节所述，技术在功能上简化并封闭了执行它的一个规则制度的任务。正如卡尼亚瓦斯卡（Czarniawska）和乔格（Joerges）所指出的（1998），通过技术的部署：

> 社会已将各种机构责任转移到机器技术上，因此从日常意识中消除了这些责任，使其无法被人理解。随着有组织的行动在机器中外部化，随着这些机器在更大范围内变得更加复杂，组织的规范和实践逐渐退化为社会的物质基础：机器上刻着组织，机构实际上成为"黑盒"。（Czarniawska and Joerges 1998: 372）

换言之，一旦将程序列入信息和通信技术，就很难挑战技术所介媒的程序。因此，信息和通信技术，作为一种自为的管理模式（Kallinikos 2009b），一方面触发了各种法定和规制变动的进程，另一方面又对现有的法律框架做出了不同的解释。因此，此类组合本质上产生了不稳定的结果（Contini and Cordella 2015）。这种不稳定性是两种截然不同的现象的结果：第一，技术和法律都创造了路径依赖；第二，技术和法律均仍属自为的调节机制。

在特定法院业务中的技术部署（如案件跟踪和法律信息），导致需要在法庭业务的其他领域进行技术部署，并在法院各部门实施最新技术系统。在司法系统信息和通信技术发展的最近的 20 年中，显然存在着技术路径依赖：人们依靠技术路径用于追踪案件的简单数据库，发展成为综合的司法链（Contini 2001；Cordella and Iannacci 2010），这一综合司法链正在跨国综合司法制度中展开，如欧盟的电子法典（Velicogna 2014）。

与此同时，国家和欧洲的监管机构也在不断执行新立法，以矛盾的方式要求新的条例得到有效执行。例如，欧洲小额索赔或欧洲付款秩序条例的执行情况就是如此，这些条例要求各国修改程序守则和细则。法律对技术建立起路径依赖，并通过不断的干预来维护技术。即使法律和技术旨在影响或与外部领域相互作用，它们基本上仍然是自足的制度（Ellul 1980；Fiss 2001）。

如上文所述，每一新规范（或技术）的发展都取决于现有的规范性或技术发展。换言之，它们是两个不同的规范体系（Hildebrandt 2008；Kallinikos 2009b）。这两个体系均有自主的进化动力，塑造了技术法律组合的性质，使其能够进行民事活动。立法变革可能需要改变已经使用的技术，甚至需要"消灭"系统运转良好的技术（Velicogna and Ng 2006）。同样，如果不对现有的法律框架实施变革，就不能采用新技术。

下一节将讨论三个案例。在民事司法的背景下，当涉及技术—法律组合时，这些案例适用于管理与法律和技术各自独立的演化动态相关的复杂性的显式替代方法（Lanzara 2009：22）。

259

六 技术—法律组合中的转移和漂移

意大利的"民事审判在线"提供了第一个例子，说明在技术—法律组合体的独立历时演化如何改变大规模电子司法项目的命运。自 20 世纪 90 年代末以来，意大利司法部试图建立一个综合的、涉及一整套电子民事程序的电子司法平台，既包括最简单的禁令命令调整，又包括最引人注目的高规格诉讼案件。为支持这一雄心勃勃的项目，这一系统架构是在一个具体的法律框架内和一些章程框架内制定的。这些章程进一步指明了该系统的技术特点。在如此严格的法律框架的多重约束下，开发电子司法平台花了大约五年的时间。当 2005 年法院准备使用该系统时，一个意想不到的问题出现了。当地律师协会无法承担设计和实现律师进入法庭平台所需的界面的费用。这导致了一个死胡同（Fabri 2009b）。当"认证电子邮件"（certified email）被政府 IT 机构推动的一项法定变更的合法认可后，该项目得以复苏并取得了成功（Aprile 2011）。

已注册的电子邮箱③ 提供了一个技术解决方案，允许律师进入法院平台。司法部 IT 部门决定改变架构（和相关立法），采用新的技术解决方案，允许律师进入法院平台（Carnevali and Resca 2014）。技术法律架构中的这种转变降低了整合的复杂性和成本，从而能够迅速地采用这一系统。因此，2014 年的民事网上审判已成为民事审判程序的强制规定。

法国法院的电子存档平台 e-Barreau 的发展也显示出类似的模式。严格的法律框架规定了用于创建系统的技术（特别是基于欧盟指令 1999/93/EC 的数字签名）各种条例，还规定了数字签名和系统其他技术组件的技术细节。对程序法典的修改进一步详细规定了在司法程序中规范使用数字方法的框架。在国家律师协会必须采取该系统接口，以验证律师身份及所传输文件时，再次出现了问题。同样，律师协会也选择了对法国律师来说过于昂贵的解决办法。而且，选择的解决方案基于专有技术（硬件和软件）并没有提供比其他更便宜的系统更高的安全性。结果是系统的采用率非常低。巴黎律协（管理着一个独立的系统，运行的功能和费用都要低很多）和马赛律协（发现了使用国家律师协会技术解决方案的较便宜的方式）提供替代的和更有效的办法来发展互操作性（Velicogna, Errera, and Derlange 2011）。这一地方的发展引起了国家律师协会、服务提供者和地方律师协会之间的冲突和法律争端。结果，该系统长期未能奏效（Velicogna 2011）。在这种情况下，存在着符合法律规定并具有类似功能的不同

260

---

③ 已注册的电子邮件是一个特定的电子邮件系统。在该系统中，一个中立的第三方证明了发送人和接收者之间的正确交换信息。对于意大利立法来说，它具有与注册邮件相同的法律地位。Italian Government, *Decreto legislativo 7 marzo 2005 n. 82. Codice dell'amministrazione digitale*（Gazzetta Ufficiale n. 112 2005）。

技术解决办法，但费用和提案方各不相同，因此很难为所有有关各方实施适当的解决办法。此外，如果存在严格的法律框架来管制技术，可能很难将技术的选择限制在一个解决办法内。这样的案例说明，法律规制因此不足以保证技术规制的存在。

欧盟国际法院的电子法庭案（e-Curia）强调了对电子司法条例的不同做法。欧盟法院主要处理多语种程序中的高规格案件，来自不同欧洲国家的当事人也参与了这些案件。这就建立了一个要求非常严格的电子司法发展框架，基于信息和通信技术的程序，需要面对因为当事各方的身份查验和多语种下的程序文件交流带来的复杂性。然而，尽管存在复杂性，且案件数量很多，电子法庭自 2011 年以来已经成功地支持了电子归档和程序文件的电子交换。法院采用的技术规范方法是取得这一成功的原因之一。2005 年，法院议事规则的一项改变为技术发展设立了法律框架。这一框架确定，法院可决定程序文件电子交换的标准，该标准应被视为该文件的正本（CJEU 2011，第 3 条）。与所讨论的意大利和法国案例不同，该项规定是一般性的，并不确定具体技术解决办法的使用情况，甚至没有确定欧盟所预见的方案。事实上，系统的发展不是以法规或法律原则为指导，而是以其他的设计原则为指导：该制度必须简单易用，对用户免费。安全水平必须与通过欧洲邮政服务交换文件的常规法院程序所提供的水平相当（Hewlett, Lombaert, and Lenvers 2008）。

然而，电子司法系统的发展也很漫长和艰难。这主要是由于将法院复杂的程序转化为数字媒体技术制约所面临的挑战。2011 年，在测试成功后，法院准备向外部用户推出电子法庭。这种做法，随着信息和通信技术的发展在广泛和不具体的法律框架内进行，可引发有关问责制和控制的问题。这一风险涉及利益攸关方，即"法院工作组"。该工作组——由欧盟成员国代表组成——对有关法院规则的规定，包括议事规则，有相关的发言权。该工作组追踪了电子法庭的各阶段发展，并在评估新系统后，批准了它的部署。因此，法院授权使用电子法庭，以电子方式提交和送达诉讼文件。此外，法院批准了电子法庭的使用条件，以确定该系统用户接受的合同条款和条件。该决定规定了成为注册用户应遵循的程序，以及访问电子法庭并提交程序性文件的程序。在这种情况下，法律和技术之间的松散耦合为更简单的技术发展提供了背景（Contini 2014）。此外，它提升了系统发展和适应能力；该法院可以改变系统架构或利用特定的技术手段，而无须改变基本的法律框架。

本节讨论的三个案例强调了发展和维持有效的技术—法律组合所需的复杂和各异的做法。鉴于法律和技术配置的不同性质，不可能规定为有效管理某一特定配置所需的行动。此外，配置随着时间的推移而演变，并要求采取干预措施，以维持有效的技术—法律组合及其所能运用的程序。转移和漂流，是技术—法律组合的部署过程中展开的常见事件。这些转移和漂移不应该被认为是异常的，而应该被看作象征电子司法配置成功部署的常态。

261

262　　**七　总结**

信息和通信技术系统以及法律制度具有调节司法程序行为和司法程序成果的规则性质。本章分析了两种规则体系如何交织在异构的技术—法律组合之中。通过承认支持技术和法律部署的规则制度及其与技术—法律组合的纠葛，有可能更好地预见民事司法程序的数字化对提供司法服务的影响，以及信息和通信技术推动的司法改革的机构影响。

对民事诉讼中法律和技术动态的分析构成了已确立的研究体系。该体系强调，在涉及公共部门部署信息和通信技术系统时，制度和组织背景是要考虑的重要因素（Bertot, Jaeger, and Grimes 2010）。正式条例和技术以及这两个规则制度之间的动态（谈判、调解或冲突），为解释塑造司法机构机构设置和程序框架的技术转型提供了一个新的层面。这些变化不只是应用法律的实例，而且也是向技术—法律组合转型的演化的结果。通过正式条例转化为受信息和通信技术管制、介媒的标准化做法，程序性行为得以实现。因此，技术使司法机构转变为将规则、条例、规范和法律转化为功能简化、置于技术代码中的逻辑结构。与此同时，技术要求制定新的规章，使在司法程序中使用特定的技术成分符合法律规定，并导致它们产生预期的结果。法律和技术作为不同的规则制度都具有"规范性"，但它们构成了不同的管理方式，并以不同的方式运作（Hildrebrandt 2008）。科技是结果导向的：它要么有效，也就是说，它产生预期的结果，或者它根本不起作用（Weick 1990：3–5；Landzara 2014）。这需从目的性上进行判断。从科技的角度看，一份电子申请如使得用户可以在网上向法院递交文件，便属良好；也就是说，它使得可以对比特和数据进行传输。从技术角度来看，所做的工作不一定符合实施诉讼的法律要求。法律规则从本质上来说是有判断的：它们将合法与非法分开。前例也说明，法律上有效未必意味着技术上有效。最后，无论是法律程序所依赖的任何技术，都必须从目的性上对其效果进行判断，并在一定程度上

263　对其合法性进行判断（Kelsen 1967：211–212；Contini and Mohr 2014：58）。技术—法律组合的复杂性使得电子司法改革成为一项高风险的工作，这是因为必须组合和不断重组这两大规则制度。法律和技术之间的影响可能会增加复杂性，推动系统开发或使用，到必须考虑最大可管理复杂度的临界点（Lanzara 2014）。法律规定使用的技术组件可能变得难以开发或使用，就属于这种情况，正如在线审判或电子律师中的案例。然而，正如电子法庭案例所表明的那样，即使在程序要求很高的情况下，技术组成部分可以技术有效且法律合法的方式组装起来，而且可以简单使用。对这些情况的应对，同时寻求技术有效且法律合法的解决方案，确实是当代利用信息和通信技术进行民事司法程序中最艰巨的挑战。

【参考文献】

Abdulaziz M and W Druke, 'Building the "Paperless" Court' (Court Technology Conference 8, Kansas, October 2003)

Aberbach J and T Christensen, 'Citizens and Consumers: An NPM Dilemma' (2005) 7(2) Public Management Review 225

Aprile S, 'Rapporto ICT Guistizia: Gestione Dall'aprile 2009 al Novembre 2011' (2011) Ministero della Guistizia, Italy

Barca C and A Cordella, 'Seconds Out, Round Two: Contextualising E-Government Projects within Their Institutional Milieu—A London Local Authority Case Study' (2006) 18 Scandinavian Journal of Information Systems 37

Bertot J, P Jaeger, and J Grimes, 'Using ICTs to Create a Culture of Transparency: EGovernment and Social Media and Openness and Anti-corruption Tools for Societies' (2010) 27 Government Information Quarterly 264   264

Blythe S, 'Digital Signature Law of the United Nations, European Union, United Kingdom and United States: Promotion of Growth in E-Commerce with Enhanced Security' (2005) 11 Rich J Law & Tech 6

Bourdieu P, 'The Force of Law: Toward a Sociology of the Juridical Field' (1987) 38 Hastings Law Journal 805

Bovens M and Zouridis S, 'From Street-Level to System-Level Bureaucracies: How Information and Communication Technology Is Transforming Administrative Discretion and Constitutional Control' (2002) 62(2) Public Administration Review 174

Bozeman B and S Bretschneider, 'Public Management Information Systems: Theory and Prescription' (1986) 46(6) *Public Administration Review* 475

Carnevali D and A Resca, 'Pushing at the Edge of Maximum Manageable Complexity: The Case of "Trial Online" in Italy' in Francesco Contini and Giovan Francesco Lanzara (eds), *The Circulation of Agency in E-J ustice: Interoperability and Infrastructures for European Transborder Judicial Proceedings* (Springer 2014)

Castells M and G Cardoso (eds), *The Network Society: From Knowledge to Policy* (Center for Transatlantic Relations 2005)

Ciborra C and O Hanseth, 'From Tool to Gestell: Agendas for Managing the Information Infrastructure' (1998) 11(4) Information Technology and People 305

Ciborra C and others (eds), *From Control to Drift* (Oxford University Press 2000)

Collins-White R, *Good Governance— Effective Use of IT* (written evidence in Public Administration Select Committee, HC 2011)

Contini F, 'Reinventing the Docket, Discovering the Data Base: The Divergent Adoption of IT in the Italian Judicial Offices' in Marco Fabri and Philip Langbroek (eds), *The Challenge of Change for Judicial Systems: Developing a Public Administration Perspective* (IOS Press 2000)

Contini F, 'Dynamics of ICT Diffusion in European Judicial Systems' in Marco Fabri and Francisco Contini (eds), *Justice and Technology in Europe How ICT Is Changing Judicial Business* (Kluwer

Law International 2001)

Contini F, 'Searching for Maximum Feasible Simplicity: The Case of e-Curia at the Court of Justice of the European Union' in Francesco Contini and Giovan Francesco Lanzara (eds), *The Circulation of Agency in E-J ustice: Interoperability and Infrastructures for European Transborder Judicial Proceedings* (Springer 2014)

Contini F and A Cordella, 'Assembling Law and Technology in the Public Sector: The Case of E-j ustice Reforms' (16th Annual International Conference on Digital Government Research, Arizona, 2015)

Contini F and M Fabri, 'Judicial Electronic Data Interchange in Europe' in Marco Fabri and Francesco Contini (eds), *Judicial Electronic Data Interchange in Europe: Applications, Policies and Trends* (Lo Scarabeo 2003)

Contini F and G Lanzara (eds), *ICT and Innovation in the Public Sector: European Studies in the Making of E- Government* (Palgrave 2008)

Contini F and G Lanzara (eds), *The Circulation of Agency in E- Justice: Interoperability and Infrastructures for European Transborder Judicial Proceedings* (Springer 2014)

265 Contini F and R Mohr, 'How the Law Can Make It Simple: Easing the Circulation of Agency in e-Justice' in Francesco Contini and Giovan Francesco Lanzara (eds), *The Circulation of Agency in E- Justice: Interoperability and Infrastructures for European Transborder Judicial Proceedings* (Springer 2014)

Cordella A, 'E-government: Towards the E-bureaucratic Form?' (2007) 22 Journal of Information Technology 265

Cordella A and C Bonina, 'A Public Value Perspective for ICT Enabled Public Sector Reforms: A Theoretical Reflection' (2012) 29 Government Information Quarterly 512

Cordella A and F Iannacci, 'Information Systems in the Public Sector: The e-Government Enactment Framework' (2010) 19(1) Journal of Strategic Information Systems 52

Cordella A and N Tempini, 'E-Government and Organizational Change: Reappraising the Role of ICT and Bureaucracy in Public Service Delivery' (2015) 32(3) Government Information Quarterly 279

Council Directive 1999/93/EC of the European Parliament and of the Council of 13 December 1999 on a Community framework for electronic signatures [1999] OJ L13/12

Court of Justice of the European Union, Decision of the Court of Justice of 1 October 2011 on the lodging and service of procedural documents by means of e-Curia

Czarniawska B and B Joerges, 'The Question of Technology, or How Organizations Inscribe the World' (1998) 19(3) Organization Studies 363

Danziger J and V Andersen, 'The Impacts of Information Technology on Public Administration: An Analysis of Empirical Research from the "Golden Age" of Transformation' (2002) 25(5) International Journal of Public Administration 591

DeBrf F and F Bannister, 'e-Government Stage Models: A Contextual Critique' (48th Hawaii International Conference on System Sciences, Hawaii, 2015)

Dunleavy P and others, *Digital Era Governance: IT Corporations, the State, and e- Government* (Oxford University Press 2006)

Ellul J, *The Technological System* (Continuum Publishing 1980)

Fabri M, 'State of the Art, Critical Issues and Trends of ICT in European Judicial Systems' in Marco Fabri and Francisco Contini (eds), *Justice and Technology in Europe How ICT Is Changing Judicial*

Business (Kluwer Law International 2001)

Fabri M (ed), *Information and Computer Technology for the Public Prosecutor's Office* (Clueb 2007)

Fabri M, 'E-justice in Finland and in Italy: Enabling versus Constraining Models' Francesco Contini and Giovan Francesco Lanzara (eds), *ICT and Innovation in the Public Sector: European Studies in the Making of E- Government* (Palgrave 2009a)

Fabri M, 'The Italian Style of E-Justice in a Comparative Perspective' in Augusti Cerrillo and Pere Fabra (eds), *E- Justice: Using Information and Communication Technologies in the Court System* (IGI Global 2009b)

Fernando P, C Gomes and D Fernandes, 'The Piecemeal Development of an e-Justice Platform: The CITIUS Case in Portugal' in Francesco Contini and Giovan Francesco

Lanzara (eds), *The Circulation of Agency in E- Justice: Interoperability and Infrastructures for European Transborder Judicial Proceedings* (Springer 2014)

Fiss O, 'The Autonomy of Law' (2001) 26 Yale J Int'l L 517

Fountain J, *Building the Virtual State: Information Technology and Institutional Change* (Brookings Institution Press 2001)

Fountain J, 'Central Issues in the Political Development of the Virtual State' (The Network Society and the Knowledge Economy: Portugal in the Global Context, March 2005)

Frederickson H, 'Can Bureaucracy Be Beautiful?' (2000) 60(1) Public Administration Review 47

Garapon A, 'Il Rituale Giudiziario' in Alberto Giasanti and Guido Maggioni (eds), *I Diritti Nascosti: Approccio Antropologico e Prospettiva Sociologica* (Raffaello Cortina Editore 1995)   266

Gil-Garcia J and T Pardo, 'E-government Success Factors: Mapping Practical Tools to Theoretical Foundations' (2005) 22 Government Information Quarterly 187

Hall K, '£12m Royal Courts eWorking System Has "Virtually Collapsed" ' (*Computer Weekly*, 2011) <http://www.computerweekly.com/news/2240105625/12m-Royal-Courts- eWorking-system-has-virtually-collapsed> accessed 25 January 2016

Henning F and GY Ng, 'The Challenge of Collaboration—ICT Implementation Networks in Courts in the Netherlands' (2009) 28 Transylvanian Review of Administrative Sciences 27

Hewlett L, M Lombaert, and G Lenvers, e-Curia-depot et notification electronique des actes de procedures devant la Cour de justice des Communautes europeennes (2008)

Hildebrandt M, 'Legal and Technological Normativity: More (and Less) than Twin Sisters' (2008) 12(3) Techne 169

Italian Government, Codice dell'amministrazione digitale, Decreto legislativo 7 marzo 2005 n 82

Jackson R, Review of Civil Litigation Costs: Final Report (TSO 2009) <http://www.judiciary. gov. uk/wp-content/uploads/ JCO/ Documents/Reports/jackson-final-report-140110.pdf> accessed 25 January 2016

Kallinikos J, 'The Order of Technology: Complexity and Control in a Connected World' (2005) 15(3) Information and Organization 185

Kallinikos J, *The Consequences of Information: Institutional Implications of Technological Change* (Edward Elgar 2006)

Kallinikos J, 'Institutional Complexity and Functional Simplification: The Case of Money Claims Online' in Francesco Contini and Giovan Francesco Lanzara (eds), *ICT and Innovation in the Public Sector: European Studies in the Making of E- Government* (Palgrave 2009a)

Kallinikos J, 'The Regulative Regime of Technology' in Francesco Contini and Giovan Francesco

Lanzara (eds), *ICT and Innovation in the Public Sector: European Studies in the Making of E-Government* (Palgrave 2009b)

Kelsen H, *Pure Theory of Law [Reine Rechtslehre]* (Knight M tr, first published 1934, University of California Press 1967)

Kujanen K and S Sarvilinna, 'Approaching Integration: ICT in the Finnish Judicial System' in Marco Fabri and Francisco Contini (eds), *Justice and Technology in Europe How ICT Is Changing Judicial Business* (Kluwer Law International 2001)

Lanzara GF, 'Building Digital Institutions: ICT and the Rise of Assemblages in Government' in Francesco Contini and Giovan Francesco Lanzara (eds), *ICT and Innovation in the Public Sector: European Studies in the Making of E- Government* (Palgrave 2009)

Lanzara GF, 'The Circulation of Agency in Judicial Proceedings: Designing for Interoperability and Complexity' in Francesco Contini and Giovan Francesco Lanzara (eds), *The Circulation of Agency in E-J ustice: Interoperability and Infrastructures for European Transborder Judicial Proceedings* (Springer 2014)

Lanzara GF, *Shifting Practices: Reflections on Technology, Practice, and Innovation* (MIT Press 2016)

Lanzara G F and G Patriotta, 'Technology and the Courtroom. An Inquiry into Knowledge Making in Organizations' (2001) 38(7) Journal of Management 943

Layne K and J Lee, 'Developing Fully Functional E-Government: A Four Stage Model' (2001) 18(2) Government Information Quarterly 122

267   Lessig L, *Code and Other Laws of Cyberspace: Version 2.0* (Basic Books 2007)

Licoppe C and L Dumoulin, 'The "Curious Case" of an Unspoken Opening Speech Act. A Video-Ethnography of the Use of Video Communication in Courtroom Activities' (2010) 43(3) Research on Language & Social Interaction 211

Luhmann N, *Risk: A Sociological Theory* (de Gruyter 2005)

Luna-Reyes L and others, 'Information Systems Development as Emergent Socio-Technical Change: A Practice Approach' (2005) 14 European Journal of Information Systems 93

McKechnie D, 'The Use of the Internet by Courts and the Judiciary: Findings from a Study Trip and Supplementary Research' (2003) 11 International Journal of Law and Information Technology 109

Mohr R, 'Authorised Performances: The Procedural Sources of Judicial Authority' (2000) 4 *Flinders Journal of Law Reform* 63

Mohr R, 'In Between: Power and Procedure Where the Court Meets the Public Sphere' in Marit Paasche and Judy Radul (eds), A Thousand Eyes: Media Technology, Law and Aesthetics (Sternberg Press 2011)

Moore M, *Creating Public Value: Strategic Management in Government* (Harvard University Press 1995)

Moriarty LJ, *Criminal justice technology in the 21st century* (Charles C Thomas Publisher 2005)

Nihan C and R Wheeler, 'Using Technology to Improve the Administration of Justice in the Federal Courts' (1981) 1981(3) BYU Law Review 659

Poulin A, 'Criminal Justice and Videoconferencing Technology: The Remote Defendant' (2004) 78 Tul L Rev 1089

Reiling D, *Technology for Justice: How Information Technology Can Support Judicial Reform* (Leiden University Press 2009)

Rotterdam R and R van den Hoogen, 'True-to-life Requirements for Using Videoconferencing in Legal

Proceedings' in Sabine Braun and Judith L Taylor (eds), *Videoconference and Remote Interpreting in Criminal Proceedings* (University of Surrey, 2011)

Steelman D, J Goerdt, and J McMillan, *Caseflow Management. The Heart of Court Management in the New Millennium* (National Center for State Courts 2000)

Strojin G, 'Functional Simplification Through Holistic Design: The COVL Case in Slovenia' in Francesco Contini and Giovan Francesco Lanzara (eds), *The Circulation of Agency in EJustice: Interoperability and Infrastructures for European Transborder Judicial Proceedings* (Springer 2014)

Susskind R, *The Future of Law: Facing the Challenges of Information Technology* (Oxford University Press 1998)

Velicogna M, 'Electronic Access to Justice: From Theory to Practice and Back' (2011) 61 Droit et Cultures <http://droitcultures.revues.org/2447> accessed 25 January 2016

Velicogna M, 'Coming to Terms with Complexity Overload in Transborder e-Justice: The e-CODEX Platform' in Francesco Contini and Giovan Francesco Lanzara (eds), *The Circulation of Agency in E- Justice: Interoperability and Infrastructures for European Transborder Judicial Proceedings* (Springer 2014)

Velicogna M and Ng GY, 'Legitimacy and Internet in the Judiciary: A Lesson from the Italian Courts' Websites Experience' (2006) 14(3) *International Journal of Law and Information Technology* 370

Velicogna M, Errera A, and Derlange S, 'e-Justice in France: The e-Barreau Experience' (2011) 7 *Utrecht L Rev* 163

Vismann C, *Files: Law and Media Technology* (Winthrop-Young G tr, Stanford University Press 2008)　268

Weick K, 'Technology as Equivoque: Sensemaking in New Technologies' in Paul S Goodman and Lee S Sproull (eds), *Technology and Organizations* (Jossey-Bass 1990)

West D, 'E-Government and the Transformation of Service Delivery and Citizen Attitudes' (2004) 64 Public Administration Review 15

第十一章
法律冲突与互联网

尤他·科尔（Uta Kohl）

胡　凌　译

一　引言

　　本章探讨了作为全球媒介的互联网对于作为一种高度以国家为中心的法律体系的国际私法（或法律冲突）之影响和反作用。矛盾的是，尽管国际私法被设计出来的目的是在国家或准国家法律单位的拼凑版图当中容纳全球活动，但互联网的全球影响范围正在通过不断测试触及甚至超越其极限。有争议地讲，互联网超越了国际私法的（国家）参考框架，这一框架基于如下背景假设：即在一个国家领土范围内由地理划定的活动是常态，而跨国性是例外。

　　在许多方面，国际私法是所有法律中最典型的国家法。它是国家法律而非国际法（协调国家冲突规则的条约除外）的一部分，这在一个世纪左右的时间里一直被视为如此（Paul 1988），而且其目的就是决定哪个国家与跨国事件最为密切相关，以至于其法院程序和法律应当适用。冲突法在观念上是以国家为中心的，并且把国际上人的互动和关系，包括人类整体面临的问题，都看成主要是跨国的或跨境的性质，而非
270　全球的、区域的或地方的（Mills 2006：21）。冲突规则是基于国家法律的合法性的元规则，在管理国际关系和活动时通过在特定国家中将这些关系和活动本地化来重新定义其全球特征。高度国家化的国际私法的一个相关方面是，它专注于"私人"或"民事"纠纷，即私人个体之间受国内或国家规则（合同或侵权、财产或知识产权，或家庭关系）约束的关系。因此，国际私法的前提是接受私人—公共二分法，其中法律的"公共"部分包括国家与它的民众的关系（受刑法和公法管辖），以及与其他国家的关

系（由国际公法约束）。这两种关系也受跨境场景中特殊元规则的约束，即国际公法下的管辖权核心问题。随着民族国家在国际法的积极重建中成为国际法律秩序的关键角色，私人法律领域分离开来和它的"国家化"开始浮现（Paul 1988：161；Mills 2006）。国际私法和国际公法之间概念二分的基础和强化的效果之一是它低估了国家在（跨国）私人关系治理中的重要利益和作用。其隐含假设是冲突规则中立地和"自然地"出现以应对跨国问题，而国家机构作为推动者在后台工作，其中并没有体现（强烈的）公共利益。国际层面的必然结果是，"私人的"个体的行为和互动表面上就从"公共的"全球领域中消除了。

通过关注国际私法而非刑法或公法中的并行的对应能力困境，本章似乎可以使这个有疑问的公私划分在管辖权领域长存（Muir Watt 2014；Mills 2009；Kohl 2007）。但那不是本章意图。本章重点关注互联网与国际私法之间的相互作用可以得到正当性证明，首先作为一个个案研究以展示协调国家法的一般性困难如何回应全球活动，以及这样做的影响。第二，鉴于作为国内法的国际私法并非依赖于达成国际共识，而是过于关注在个案中提供正义，而非面对其他国家竞争性权益时主张本国利益，它为其协调性工作开发出的规则比国际公法下单薄而更加保守的管辖制度更为复杂全面。因此，关注国际私法可以检验针对网络跨国性做出的这些更具体复杂的回应。

关注国际私法的第三个原因是由于互联网互动形成的关系的实质。正是在传统私人领域，互联网加深了全球化："普遍共识认为，当代全球化进程就渗透到世界各地日常生活节奏中的程度而言似乎更为强大"（Wimmer & Schiller 2002：323）。从法律目的看，互联网本身已经渗透到日常生活中并不是特别重要，重要的是，许多互动不再那么私密——这里意味着个人化——以至于需要置于监管雷达之下。实际上，在这种情况下在线活动挑战了现有的法律边界，将从前的个人通信推向受监管的领域。如果同样的交谈发生在社交媒体网站而不是酒吧中，这段交谈就有了更多的法律意义。[①] 互联网为普通人提供了大量受众，从而至少在理论上，给予的是权力。这种赋权必然会产生一个公共身份，并可能对现有政治制度构成潜在威胁。更一般地，互联网对公共领域中的个人赋权会潜在地对他人造成伤害，从而吸引更多的监管。这体现在美国 ACLU v Reno 案中达尔泽尔法官（Dalzell）的名言里，他把互联网称为：

> 这个国家——实际上是世界——已经看到的最具参与性的大众言论市场。原告……描述了互联网通信的"民主化"效应：具有有限工具的个体公民可以向全世界受众讲话……当代的路德们仍然张贴他们的论纲，但却是发布在电子公告板上，

---

① 参见 CPS, *Guidelines on prosecuting cases involving communications sent via social media*（2013），特别是关于"公共秩序立法"的传统目标及其在社交媒体中的应用的建议。

而不是 Wittenberg 教堂的大门上（*American Civil Liberties Union v Reno* 1996：881）。

绝大多数日常在线互动都具有直接的跨境性质，从而激活了国际私法（或公法）。任何在线撰写的内容——博客、推文、社交媒体帖子或可公开访问的新闻网站上的评论——都会因为其表面上的全球可访问性而产生了国际性通信。即使没有实际在线发布任何内容，以下活动都会发生跨国通信：每次用户点击 Facebook Like 按钮、使用 Uber 应用程序进行汽车共享，收听 Spotify 上的歌曲，进行 Google 搜索（即使是针对特定国家/地区的 Google 网站），或通过 Hotmail 或 Yahoo！发送电子邮件。这是因为服务提供商的位置、数字处理行为的地点或服务提供商的合同条款，所有这些活动都隐含了外国法律，并且通常是美国法。在每一个这些活动中，即使实质性交易完全在国内发生，也存在着国际性互动：汽车分享行为在本地发生，Facebook Like 可能是针对本地朋友的帖子点赞。这并不是说绝大多数这些跨境互动会产生争议，而只是为了强调在线事件和关系的普遍性，而这些事件和关系原则上都会涉及国际私法。在互联网上，跨国互动是常态，而非例外。网络空间扭转了全球互动的先前趋势，这个趋势以往受到企业的阻碍，因为它们为了合法只能将互动交易本地化，例如在消费者本国内进行货物贸易（如耐克经销商或麦当劳特许经营）或通信（如电影院或音乐、电影的销售者）。因此，对于消费者而言，这些交易就在国内，而不涉及国际私法。互联网不仅为大众带来了大众传播，也带来了跨国大众传播。

272　　　　最后，对国际私法的关注及其在互联网争端中过于频繁的使用，引发了对国际私法的充分性（也包括国家实体法），及其在网络治理中的合法性的质疑。全球在线活动对国家法的生存性压力突显了国家的私法的重要公共利益（Walker 2015：109；Smits 2010）。它们还突出强调了互联网秩序的要求和需求如何可能（实际上也是这样）通过部分或完全超出国家规范的途径得到满足。本章解决的全部问题就是（国际）私法在何种程度上认识到了这种对其自身合法性和相关性的生存性威胁，以及它寻求协调的诸多法律。

　　　本章的结构围绕国际私法发展中回应在线跨国性的三个趋势或主题展开。第一个趋势是，通过将私法和程序强制应用于互联网活动上，以实现对传统国际私法的公开延续，尽管这对在线通信产生了有问题的后果。有鉴于此，可以看出，通过私法案件，国家声称其继续有权和线下一样监管线上活动，并暗示其作为经济、政治和社会单位的持续重要性。然而，也有迹象表明，国家冲突标准出现了更多的国际主义精神，这反映出更具合作性的立场，并有意识地考虑到外国私人行动者、其他国家和网络空间本身的利益。第二个趋势和第一个相关，突出了冲突法案件中人权修辞的兴起，并提出了跨国私人纠纷的规范性利害关系。仔细阅读核心判决书就会发现，各国都援引了人权论点，通过引用更高的全球规范以便使国家法律适用于全球网络世界合法化，这往往发生在针对公司行动者援引人权的场合，从而使这种适用情况失去合法性。在这个意义上，人权修辞进入冲突法案件可能被视为国家法在全球通信方面陷入困境的症状。本章最后提出了第三个趋势，该主题反映了国际私法（以及更一般的国家法）的界限。它突出表明，对在线"秩序"的要求经常在国家规范之外，比如说，通过跨国公司行为得到满足，它们在准立法、裁决和执法阶段都提供了许多日常"解决方案"，其中只在很小的程度上才在国家法的阴影下发挥作用。

有大量关于跨国或全球法的文献记录了威斯特伐利亚民族国家管辖秩序的分裂，以及作为回应各种经济、社会、文化和环境跨国现象的法律多元主义对它的超越（Teubner 1997；Tamanaha 2007；Brousseau et al.2012；Muir Watt 2014；Halliday & Shaffer 2015；Walker 2015）。本章初步反映了那些争议，通过强调威斯特伐利亚秩序所依赖的控制不符合其中央集权设计的活动（跨国活动）的方法（即国际私法），展示了该种方法承受的压力、出现的失败和内在调适。本章讨论还展示了威斯特伐利亚民族国家如何通过向对威胁其生存的全球现象（在这里的例子是网络空间）进行分割碎片化来强化自己的存在感。

273

二　冲突法规则的延续与融合

很长一段时间以来，国际私法都在处理深层次全球现象，无论这些现象是以移民、通信、贸易和金融，还是环境污染的形式出现。与此同时，长期以来一直存在着对国际私法的高度复杂和低效本质的不满："法律冲突的革命已经孕育得太久了。法律冲突的痛苦指数，即问题与解决方案的比率，或者冗长的废话与其实际后果的比率，在现在比以往任何时候都要高"（Kozyris 1990：484）。这种不满背后的根本问题在于，冲突法就像它所协调的相互冲突的实体法一样，仍然深深扎根于行动者和行为的领土主义（有时伪装成更灵活开放的功能性测试和标准）（Dane 2010）：

> 博弈的名称是位置、位置、位置：事件、事物、人员的位置……[并且] 人员和事件的流动性越大，国家空间的隔离程度越低……任何"地方—国家法"就越无法对一个法律问题提供满意的排他性答案……我们确实存在超出补救冲突能力范围的内在固有缺陷（Kozyris 2000: 1164–1166）。

每当存在相互竞争的规范性命令时，任何协调或弥合它们的任务的政权都注定会遇到困难的选择，但如果这些相互竞争的命令失去其可以自然应用的领域，那么这些困难就会大大增加。更具体地说，国际私法可以恰好应对在跨国活动方面相互竞争的国家法律之间进行协调的任务，只要活动基本上是在领土上划定的从而不援用它。换句话说，冲突法是被设计为填补跨国性异常和异常情况的缺口填充或应急工作人员的，但本质上不适用于如下环境：当异常情景变成了正常情况，即活动的性质是常规和系统地跨国性的。

从表面上看，跨国互联网纠纷似乎与一般的跨国纠纷没有太大差别。他们倾向于涉及位于不同国家的双方当事人，每一方都认为应该控制争议的是他们主场的法院和实体法。作为行动焦点的两个对立面的形象具有欺骗性。每个法学院学生都会学到，除了解决双方之间的实际纠纷外，任何判决都具有前瞻性意涵；它为未来的类似案件树立了一个先例，这反过来又经常引发类似地位的一方当事人的防御性战略，实际上这就是为此而设计的。在这方面，民法与刑法非常相似，履行了一项重要的监管职能，就像"以治理为导向的跨国法分析"所理解的那样（Whytock 2008：450）。

这种以治理为导向的视角特别适用于谦卑的跨国互联网案件引发的关键冲突问题，以及系统地受到争议的随之而来的先例：在一个国家能够访问某网站对其服务提供者是适用该国家的程序还是实体法？如果以肯定方式回答，就像往常一样，那么先例就要求每个网站运营商都必须遵守所有国家的法律：

> 主张立法机关对网络活动有管辖权的理由是，那些活动构成了"进入"物理管辖区；任何地域性权力机构都可以轻易地提出这种主张……所有这些基于网络的活动，在这种观点中，必须同时遵守所有领土性主权的法律（Johnson and Post 1996：1374）。

从一般和理论上讲，遵守所有国家的法律都可以通过遵守所有法律的最低共同标准来实现。或者，网站运营商可以采取特殊的技术措施，通过地理封锁在地域上来限制或围住其网站。除了他们对网站运营商施加的高额法律负担之外，这两种策略对于作为全球公共品的在线世界来说无疑是个问题。问题在于，国家法院和立法机构是否以及何时在事实上宣称有权根据其境内网站的可访问性来管理在线活动。以下各节检视了在这方面出现在两个国家和主题领域的两种推理方式，在其中冲突分析的不同传统和理由得以延续。第一类推理根本没有注意到对全球活动强加基于地域的规范性的严重后果，只关注了受外国网站影响的本地利益。第二种不那么突出的方法则采取了更加开明的国际主义观点，并展示出理解让本地利益胜过其他一切的网络成本，即使在最终分析中，它也被困在传统的冲突领土主义之中。

（一）狭隘的本位主义："仅仅是可访问的"作为全球法律适用的诱因

基于诽谤、隐私或知识产权法的跨国互联网权利主张必须在物理世界中找到在线做出的侵权或准侵权行为，以便决定：（1）特定法院是否对外国被告拥有个人管辖权，以及是否应该行使它（作为不方便法院问询的一部分）；（2）该案应适用哪种实体法。这两个问询的核心问题始终是"伤害在哪里发生"——假设是，如果存在本地的伤害，那么当地法律将适用侵权行为地且当地法院具有管辖权，并且很有可能，应当这样做。因此，在互联网环境中，问题是外国网站是否造成了本地的伤害。早期的澳大利亚诽谤案开始了一种随后变得非常普遍的方法。在 *Dow Jones and Company Inc v Gutnick*（2002）案中，澳大利亚高等法院（HCA）认为美国出版商道琼斯就有关其在线杂志的问题可以在维多利亚州法院（适用维多利亚州法律）被起诉，在该杂志里，一名与美国有联系的澳大利亚商人古特尼克（Gutnick）先生据说被诽谤了。由于古特尼克在维多利亚州的声誉受到损害，因此初步确立了法院的个人管辖权。此外，维多利亚法院不是不方便法院，因为根据法院的说法，该权利主张只涉及维多利亚州，只涉及该州的法律：

> 古特尼克先生试图将其主张限制在……他声称由于在维多利亚州发生的出版活动而导致其在该州的声誉造成的损害。然后，古特尼克先生所起诉的侵权行为的地点就像被定位在维多利亚。即在这一行为中对他的声誉造成的损害据称已经发生的地点，因为在这一地点他所抱怨的出版物是读者可以理解的。他试图证明这是他在该州的声誉，且只有那个州（Dow Jones and Company Inc v Gutnick 2002：[48]）。

无论如何，在该网站的超过 50 万用户中，绝大多数来自美国，只有 1700 人来自澳大利亚，其中几百人来自维多利亚州，这才是有关系的管辖区（*Gutnick v Dow Jones and Company Inc 2001*：[1]-[2]）。如果古特尼克在维多利亚遭受损害，他所需要的就是在维多利亚法院起诉。在同样情况下，在英国 *Lewis v King* 案[②] 中，法院允许这一"从头到尾真正的美国案例"（*Lewis & Ors v King* 2004：[13]）继续在英国进行。通过专注于美国知名拳击推广人金（King）在英国遭受的伤害（由于两个美国网站上的诽谤性言论，fightnews.com 和 boxing-talk.com），该案件成为纯粹的本地案例："英国法将构成这些行为主题的特定出版物视为在英国发生"（King v Lewis & Ors 2004：[39]）。法院驳回了"无管辖权"这一主张（像在其他地方采纳的那样），即并非该网站"目标"的司法管辖区的法院不应当被视为解决争议的方便法院，因为"为了决定被告的'目标'，区分一个司法管辖区和另一个是没有意义的。实际上能够下载其文本内容的所有管辖区都是他的目标"（Lewis & Ors v King 2004：[34]）。换句话

---

② 也参见 *Berezovsky v Michaels and Others*；*Glouchkov v Michaels and Others* [2000] UKHL 25。

　说，网站提供者初步受到该网站可以得到访问的每一个国家的法律的影响，也受到实际上让他们自己觉得伤害已经发生在本国的国家法律的影响。

在欧盟冲突法理学中，在各种侵权和知识产权诉讼范围内，主要关注损害地点作为解决跨国案件法院管辖权问题（通常也是法律适用问题）的一种方法也是相当普遍的。根据《欧盟管辖权条例》第 7 条（2），原第 5 条（3），[3] 法院对"损害事件"具有管辖权，其中包括损害发生地和导致该损害发生的事件地点，以便被告可以在任何一个地方被起诉（Shevill and Others 1995：[20] f）。在 eDate Advertising and Martinez 2011 的联合诽谤 / 隐私案中，CJEU 认为，如果人格权被在线侵犯，则可以在出版商所在地或受害者拥有其核心利益的地方提起所有损害的诉讼。或者，诉讼也取决于每个成员国，如果在该成员国发生了因为在访问侵犯性的在线内容时遭受的特定损害。在 Martinez 案中，这意味着英国被告人出版公司 MGN（Mirror Group Newspapers Limited）可能会被一名法国演员因为一篇发表在 sundaymirror.co.uk 上的侵犯性文章在法国法院起诉。这是相当于 Gutnick 案和 Lewis 案的欧盟法版本，同样的方法现已扩展到跨国商标争议（见 *Wintersteiger v Products 4U Sondermaschinenbau GmbH* 2012）和跨国版权纠纷（见 *Pinckney v KDG Mediatech* 2013）。[4] 在这些情况下，国家法律秩序给予了本地利益相关者充分的和毫不妥协的保护，而没有考虑外国服务提供者或整个国际（在线）社区的利益。

这些方面还有许多其他案例。它们否认案件的跨国性，并隐含地否认了媒介的全球性。这是通过纯粹关注争议的本地元素并降低"外国"数据与冲突问询解决方案之间的相关性来实现的。这种方法符合国际私法的主要理论——无论是基于规则还是基于利益。因此，根据贝尔或戴雪的古典赋予权利理论（该理论认为，在受到损害的地点和时刻，就赋予了侵权法上的权利），法院在这些案件中只是承认这些已存在的既得权利（Beale 1935；Dicey 1903）。通过关注诉由所必需的最后行为发生的地点，赋予权利理论不会遇到法律的"冲突"，因为该活动只与"最后的"地域相关（Roosevelt Ⅲ 1999）。即使在现代主义基于利益的理论中——例如布莱纳德·科里 Brainerd Currie（1963）的政府利益理论——这些案例中的方法似乎仍然存在。Gutnick 案和 Lewis 案都可以被认为是"虚假冲突"的类型，[5] 因为在这两种情况下，从法院的角度来看，都不会或者不可能存在另一个国家在监管特定地域划界的在

---

　　③　EC Regulation on Jurisdiction and the Recognition and Enforcement of Judgments in Civil and Commercial Matters 1215/2012, formerly EC Regulation on Jurisdiction and the Recognition and Enforcement of Judgments in Civil and Commercial Matters 44/ 2001.

　　④　也参见 Case *C- 441/ 13 Hejduk v EnergieAgentur.NRW GmbH*（CJEU, 22 January 2015）。

　　⑤　注意 Currie 描述的"虚假冲突"是原告和被告有共同的住所地的案件。对"行为"而不是"行动者"的同等关注就是当所有相关活动都发生在同一司法管辖区的时候。

线出版方面的竞争性政府利益。两个法院都强调，他们只处理外国网站的本地影响。 277
因此，国际私法的古典和现代主义方法似乎都没有提供一种观点来反驳这种狭隘的
观点。

　　传统上，在线下世界中，可以简单地假设如果在特定地点造成伤害，则被告必须
首先在该位置明知和故意追求该活动。在这种情况下，该地的法律可以为该被告所预
见，虽然不是基于这样的伤害，而是基于他或她在那里的活动。而关于互联网活动，
这种匹配不一定存在，因为故意行为仅仅是上网或把信息放在网上而已，而没有在特
定地域中这样做，因此在各种不可预见的地点都可能发生伤害。简言之，伤害或损害
的存在本身并不能提供稳定且可预见的标准来触发在线的法律适用，即使从法院的角
度（一种狭隘的本位角度）来看，这似乎是一种不证自明的自我辩护的基础。然而，
值得注意的是，即使在线下，本地伤害也从未真正引发法律适用问题，反之亦然；
"伤害"是由文化和法律创造的：

> 有关将社会行为诊断和以修辞建构为一个问题，没有什么是"自然的"……
> 一些行为可能存在很长一段时间之后才被认为是由一个或另一个行动者施行的有
> 问题的……（Halliday & Shaffer 2015：5）

那么，何种类型的损害（作为客观的前法律事实）可能被认为是法律上的伤害，是
因年龄和文化而异的，并且其存在如特定文化所理解并由其法律体系所定义，不一
定能够被来自非常不同（法律）文化的在线提供商所预见到。通过仅关注本地的伤
害，从而忽视侵犯性在线通信的全球性，法院做了它们声称不要做的事情。它们标
榜是温和的，避免过度的治外法权，但事实上，对国家法和基于国家的损害的狭隘
关注给全球通信留下了非常地域性的印记。请注意，如果一项有地域性限制的救济
措施被用来证明广泛的管辖权假设（此处基于网站的可访问性），则救济措施的有限
范围并不会使最初的过度变得中立。一家美国在线出版商如何遵守或避免适用澳大
利亚或英格兰和威尔士的诽谤标准？这种司法立场激发了与政治的线下边界相匹配
的稳固网络边界。

　　鉴于这种批评，法官是否可以在上述案例中采用不同的推理？也许欧洲的立法规
定或普通法先例迫使他们走"民族主义"路线。然而，这一论点并不令人信服。例
如，Wintersteiger 案中的检察长检视被告的行为，除了识别出对本地商标的侵权或
"伤害"风险之外，还提供了对第 5 条（3）的国际主义解释：

> 如果信息的内容导致侵犯商标的风险是不够的，相反，必须认为，存在着能 278
> 够识别本身意图具有域外维度的行为的客观要素。出于这些目的，许多标准可能

是有用的，例如用于表达信息的语言、信息的可访问性以及被告是否拥有在国家商标受到保护的市场上的商业实体。（Opinion of AG Cruz Villalón in Wintersteiger 2012: [28]）。

美国各州的许多长臂法规都是完全相同的。例如：

> 纽约州法院可以对在州外实施不法行为、对州内的人或财产造成伤害的外国人行使管辖权。然而，立法机构再一次限制其……对于那些期待或应该合理期待不法行为会对本州产生影响并额外从州际贸易中获得大量收入的人，行使司法管辖权（Bensusan Restaurant Corp v King 1997: [23]）。

在这些观点中，对损害的关注可以（并且应当）与调查从被告人立场中的局外人角度来看这种伤害的可预见程度相结合。这可以被视为法治从国际环境中产生的合法期待，即法律的可预见性。更根本的是，它将证明国内法官和监管机构通过跨国行为者的视角从外部观察其基于领土的法律秩序的能力和意愿，或者更确切地说，从全球（在线）角度观察国家。打个比方，这就像从智慧树上摘水果吃，从而认识到人的赤身露体。这种外部观点也在某种程度上趋向于温和的冲突立场，试图容纳基于国家的地域规范性和互联网作为全球传播媒介的共存。

　　无论如何，法院的内部狭隘观点，就像 Gutnick 案中的 HCA 在国际私法中留下了强有力的立足点，尽管它在一个紧密相连的世界中受到限制。从法律上讲，它反映了冲突法在传统上建构为一个纯粹的国内法律体系，对国际社会的更高权威不具有问责性（Dane 2010：201）。在政治方面，它体现了对领土社区的经济利益和文化及政治价值的捍卫，以抵御来自外部的、对其存在带来的、实际或感知到的威胁。

（二）国际主义："目标"作为有限法律适用的诱因

　　通过关注损害的冲突规则，狭隘的本位主义宣称自己并不是国际私法对在线跨国性做出反应的唯一方式。关于互联网案件的更具国际主义色彩的冲突法理学已经发展成为跨越司法管辖区和问题领域的反制力量。在互联网的具体语境下，这种替代性方法承认并非每个网站都与每个国家建立了同等强连接，并且在决定当地法院是否对外国网站拥有管辖权以及当地法律是否适用于该网站时，法律必须考虑该网站的真正目标。因此，以下网站明确表达出来的因素就与确定网站提供者的客观意图相关：语言、主题、URL 和其他标记。只有那些客观上成为网站目标的国家才能对其提出监管要求。这种方法的优点是允许在"预期"损害的情况下采取救济，使主管法院和适用法律对网站提供者而言是可预见和可管理的，同时还保持了互联网的开放性。内容提供商和其他在线行为人无须在技术上将其网站与不是其目标的地域区隔开来。但是，即使发生了本地损害，它也需要非目标国家的法律宽容。

在欧盟，这种国际主义方法最突出的例子是消费者合同的处理，其中管辖权和适用法律的保护性条款——专门针对在线交易而制定——仅适用于外国在线商业机构将其活动"导向"至消费者所在国，有争议的消费者合同就落入这些活动的范围。⑥ 在 Pammer / Alpenhof 案中，CJEU 特别澄清说，交易者仅仅使用网站本身并不意味着该网站被"导向"至其他会员国；还需要更多的信息来表明交易者将这些外国消费者变成商业目标的客观意图，例如明确提及目标国家，或向搜索引擎付费以便在那里放置商品和服务广告。确定网站地域性目标的其他更直接的因素是：活动的国际属性（例如旅游业）；使用带有国际码的电话号码；使用顶级域名，而不是交易者成立的州的域名或使用中性的顶级域名；提到国际客户；或使用除了交易者所在州通常使用的语言或货币（*Peter Pammer v Reederei Karl Schlüter GmbH & Co KG* 2010；*Hotel Alpenhof GesmbH v Oliver Heller* 2010）。这种"目标"标准也在跨国商标纠纷中的法律适用阶段在欧盟出现了。在 *L'Oréal SA and Others v eBay International AG and Others* 案⑦ 中，欧洲法院认为商标所有人以销售标志提供商品的权利受到了侵犯，"只要明确了出售带有商标的商品位于第三国的产品针对的是商标所覆盖的地域的消费者（*L'Oréal SA and Others v eBay International AG and Others* 2011：[61]）。在 Pammer / Alpenhof 案之后，法院推断：

> 事实上，如果可以从该地区访问在线市场这一事实足以使那里显示的广告落入……[欧盟商标法]，那么这些网站和广告就错误地受到了欧盟法律约束，尽管其明显仅针对第三国的消费者，并且无论如何都能从欧盟领土上以技术方式访问（*L'Oréal SA and Others v eBay International AG and Others* 2011：[64]）。

280

这些都是欧洲法院想要减少非目标国家监管机构的过度治外法权合法性的强烈言辞。出于同样理由，提出将目标标准作为《一般数据保护条例》及其对非欧洲在线提供商的适用的可能性也说的通（Opinion of AG Jääskinen *Google Inc* 2013：[56]）。

---

⑥ Article 17（1）（c）of EC Regulation on Jurisdiction and the Recognition and Enforcement of Judgments in Civil and Commercial Matters 1215/2012（formerly Art 15（1）（c）of the EC Regulation on Jurisdiction and the Recognition and Enforcement of Judgments in Civil and Commercial Matters 44/2001）；Art 6（1）（b）of the EU Regulation 593/2008 of the European Parliament and of the Council of 17 June 2008 on the law applicable to contractual obligations（Rome I）.

⑦ 与案例 C-523/10 *Wintersteiger v Products 4U Sondermaschinenbau GmbH* [2012] ECR I-0000 的管辖权判决相对照。

　　话虽这么说，这个领域的法律立场是相互矛盾的，狭隘本位主义和国际主义有时令人不安地坐在一起。根据 L'Oréal 案，欧洲商标标准仅适用于目标为欧洲的网站（基于实体商标法），《欧盟非合同义务法律适用条例》（《罗马二号条例》）（2007）[8] 规定了该损害发生地是可适用的侵权法律调查的主要关注点。然而，它通过更灵活的测试来补充这一测试，以寻找"明显与一国联系更紧密"的状态，这可能允许应用目标标准。这种灵活的后备测试伴随着严格的基于规则的测试，与 *Société Editions du Seuil SAS v Société Google Inc, Société Google France*（2009）[9] 的法国版权案采用的方法产生共鸣。在该案中，法国出版商抱怨谷歌公司违反了法国版权法，因为它"向法国公众提供"法国书籍的在线片段而没有权利人授权。法国法院驳回了谷歌公司关于美国版权法（包括其合理使用原则）应该对该争议有管辖权的抗辩。由于此案涉及"复杂"侵权行为（起始行为和结果在不同国家），因此难以适用侵权行为地法，法院则寻求争议具有"最重要关系"的法律。这被发现是法国法，因为谷歌正在具有 .fr 域名的网站上使用法语向法国用户提供法国作品片段，而且其中一名被告是一家法国公司。值得注意的是，尽管法院没有采用"目标"测试，但"最重要的关系"测试支持了类似的推理。"最重要的关系"测试——源于美国冲突法和相关的柯里"政府利益"分析，并得到良好确认（Restatement of the Law of Conflict Laws 1971：§ 145）——可以被视为更为一般的包含目标测试的测试标准。这两种测试都参与到印象主义者对有争议活动与监管国家之间联系的相对强度的评估，并且隐含地，在竞争性国家的相对利益之间进行比较分析。因此，与赋予权利理论不同，利益分析就其基础而言可以说是国际主义的。与此同时，像上述版权纠纷这样的案件强调了每个国家通过民法寻求保护的巨大经济利益，这使得监管宽容在经济和政治上很难。

281　　　**（三）冲突体制中的法律趋同**

　　由于在线跨国性而出现的大量冲突案件在各国对跨境活动的法律主张中形成了强烈的并行主题，这些主题超越了主题事项以及国家或区域冲突的传统。例如，虽然欧盟委员会拒绝欧洲议会的提议，特别是认为针对消费者合同的"导向"条款中的

---

　　⑧　Art 4 of EC Regulation 864/2007of the European Parliament and of the Council of 11 July 2007 on the law applicable to non–contractual obligations （Rome Ⅱ），偶然把侵犯隐私和诽谤从其范围中排除掉了 [见 Art 1（2）（g）]。有关知识产权声明，另见第 8 条。

　　⑨　*Société Editions du Seuil SAS v Société Google Inc*（TGI Paris, 3ème, 2ème, 18 December 2009, n° 09/00540）；discussed in Jane C Ginsberg，'Conflicts of Laws in the Google Book Search：A View from Abroad'（*The Media Institute*, 2 June 2010）<http://www.mediain– stitute.org/IPI/2010/060210_ConflictofLaws. php> accessed 4 February 2016.

围栏企图过于美国化，[10]但欧洲法院对 Pammer / Alpenhof 案中的"导向"概念的推理不会不合时宜地朝向一般性的美国个人管辖权法理学，以及更具体的互联网案件。这种以美国州际冲突为基础的法理学，长期以来一直将节制作为成功协调竞争性规范性秩序的关键。自 *International Shoe Co v Washington*（1945）案以来，[11]法院对一个州外被告人的个人管辖权依赖于确定被告与法院有"最低限度的联系"，这样一起诉讼就不会冒犯"公平竞争和实质正义的传统观念"。半个世纪后出现的大量案件中，这项测试允许法官根据他们与法院所在国建立的联系来区分网站。例如，在 *Bensusan Restaurant Corp v King* 案中，[12]纽约爵士俱乐部"The Blue Note"的所有者反对金在密苏里州同名的小型但历史悠久的俱乐部的在线网站，并声称通过这种在线展示，金侵犯了他在联邦注册的商标权。美国纽约地区法院认为它对金没有管辖权，因为他在纽约没有做任何事情（也没有寻求做任何事情），他只是通过在线提供有关俱乐部的一般信息、事件日历和票务信息来推广他的俱乐部：

> 创建一个网站，就像将产品放入商业流程，可能会在全国范围内感受到——甚至在全球范围内感受到——但是，这不是故意导向法院所在国的行为……[然后重要的是]此项诉讼……没有包含任何指控 King 以任何方式导向与纽约的联系，或与纽约有任何联系，或意图利用纽约的任何利益（Bensusan Restaurant Corp v King 1996：301）。

许多判决都遵循了这一早期案例，以决定何时特定在线活动充分且明知地导向或针对国家，以使法院公正地行使个人管辖权。[13]在美国和欧盟，当然存在一些冲突法理学的朝着"目标"标准的融合，这可能会被认为发出信号说，这应该并且将成为各国朝向分配全球（在线）活动的未来法律方法。但这样的结论太仓促了。

首先，"目标"标准并没有"自然地"出现以应对跨国性本身，而是在相对法律同质性的背景下，在联邦或准联邦法律体系（即在美国通过宪法，[14]在欧盟通过内部市场监管）之内自上而下的命令。该举措主要是为了促进多层次治理的内部领域的合

---

⑩ Amended Proposal for a Council Regulation on Jurisdiction and the Recognition and Enforcement of Judgments in Civil and Commercial Matters（OJ 062 E, 27.2.2001 P 0243-0275），para 2.2.2.

⑪ 也参见 *Hanson v Denckla* 357 US 235（1958）and *Calder v Jones* 465 US 783（1984）。

⑫ 也参见 *Zippo Manufacturing Co v Zippo Dot Com, Inc* 952 F Supp 1119（WD Pa 1997）；*Young v New Haven Advocate* 315 F3d 256（2002）；*Dudnikov v Chalk & Vermilion*, 514 F 3d 1063（10th Cir 2008）；*Yahoo! Inc v La Ligue Contre Le Racisme et l'antisemitisme*, 433 F 3d 1199（9th Cir 2006）。

⑬ 与基于对物诉讼管辖权的案件形成对比，比如通过域名侵犯商标权，见 *Cable News Network LP v CN News.com* 177 F Supp 2d 506（ED Va 2001），*affirmed in* 56 Fed Appx 599（4th Cir 2003）。

⑭ "美国宪法"第五和第十四修正案中的"正当程序"要求，分别涉及联邦和州政府。

作，但有时会超出该范围。在内部治理领域中应用合作标准也保证了待遇的互惠性。它允许各国对外国提供商进行法律宽容，以换取合作伙伴对其国内行为者的互惠承诺。在没有这样的承诺的情况下，各州通过一种关注损害的地域主义，坚持严格遵守国内诽谤、隐私、商标或版权法——这种方法可以立即获得收益，却伴随着对分散的受益群体来说的分散的长期成本。毫无疑问，这与公地悲剧问题很相似，比如说在环境监管语境中。

其次，同样地，尽管对开明的"目标"方法的所有支持，美国已经证明非常不愿意对其互联网巨头执行外国民事判决。在不光彩的但现在已很平常的案件 *Yahoo! Inc v La Ligue Contre le Racisme et l'Antisemitisme*（2001）中，[15] 美国法院宣布法国对雅虎的判决无法执行，因为该公司被命令屏蔽法国用户访问 Yahoo.com 的拍卖网站，该网站违反法国法律提供纳粹纪念品。虽然法国的命令既不延伸到也不影响美国用户在该网站上可以访问的内容，并且尽管美国法院也承认"法国或任何其他国家有权决定自己的法律和社会政策"，但该命令仍被认为与"第一修正案"不一致，因为它"在我们国家境内同时对受保护的言论进行了恐吓"。尽管 Yahoo！根据美国法，正式解除了遵守法国法的义务，且国际法将执法权限制于每个国家的领土内，[16] 它还是在任何情况下都根据市场压力清理了拍卖网站（Kohl 2007）。美国司法机构不愿意合作没什么特别，无论是考虑到之前还是之后发生的事情。[17] 2010 年，美国通过了一项名为《2010 年 SPEECH 法案》（《确保保护我们持久和已建立的宪法遗产法案》）的联邦法律。它明确禁止承认和执行针对在线提供商的外国诽谤判决，除非被告也会根据美国法承担责任，包括美国宪法、诽谤法、对互联网中介的豁免权及其正当程序要求；后者指的是最小联系人测试，可以在线上环境下转换为"目标"方法。因此，与美国法律规定的互联网责任的不同方法无法得到容忍。

从法律趋同到"目标"立场的视角来看，这表明这种合作方式在特定情况下才会蓬勃发展。特别是在国际——而非联邦或准联邦——背景下，这种方法不符合各国的自身利益。

---

⑮ *Yahoo! Inc v La Ligue Contre Le Racisme et L'Antisemitisme* F Supp 2d 1181（ND Cal 2001），在 433 F3d 1199（9th Cir 2006）中以不同理由驳回（但九名法官中的大多数认为，如果他们不得不决定可执行性的问题，结果不会对其有利）。

⑯ 也参见 Julia Fioretti，"谷歌拒绝法国在全球实施'被遗忘权'"（*Reuters*, 31 July 2015）。当 2015 年法国数据保护机构要求谷歌在全球范围内实施数据保护请求时，谷歌拒绝超越本地谷歌平台，理由是"95% 的欧洲搜索是通过本地版本的谷歌完成的…… [以及] 法国当局的命令是对全球权威的一种 [过度] 主张"。

⑰ 例如，*Matusevitch v Telnikoff* 877 F Supp 1（DDC 1995）。

三 公共利益，私人利益和涉及人权的合法性斗争

283

（一）驱动冲突法理学的私人 vs 公共利益

冲突法在私人/公共利益和法律的交叉领域占据了一个模糊的空间。人们早就认识到，公共利益是国际私法的基础，最明显的是通过柯里的政府利益理论，根据该理论，国家是"一个狭隘的权力巨人……在每一种可能的法律选择中，都会追逐自己自私的'利益'"（Kozyris 2000：1169）。与在线跨国主义有关的冲突法理学往往受到各国集体利益的驱动，这些利益往往是积极地捍卫地方经济利益以及其特有的文化和政治利益。例如，这可以从诽谤或隐私法的不同概念中看出。正如一位评论者所说：

> 人们不必冒险进入关于人类知识和科学范畴演变的更高层次的理论领域……为观察到那一点，表面上可能被称为"个人"或"私人"的东西不仅和政治有关，而且实际上塑造了集体反思、判断和行动（Kronke 2004：471）。

此外，虽然上述案件属于冲突法的核心范围，但还有其他一些监管互联网活动的边界法律领域，不能轻易将其归类为"私人"或"公共"法律。数据保护法允许一个私人当事人针对另一个私人当事人提出"民事"诉求。与此同时，很难否认像 *Google Spain SL，Google Inc v AEPD*（2014）等数据保护案的公共或监管特征，其中欧洲法院将欧盟法律扩展到谷歌的搜索活动以响应执法西班牙数据保护局采取的行动。这不涉及传统的冲突分析。相反，欧洲法院必须解释《数据保护指令》（1995）第 4 条中涉及指令的地域范围的内容。法院裁定该指令适用于谷歌，因为其本地营销子公司使其具有经济效益，是"机构"，其活动与处理搜索查询时处理个人数据"密不可分"（Google Inc 2014：[55] f）。对本地立法的地域范围的这种解释不符合标准的冲突分析，这似乎涉及潜在可适用法律之间的"选择"（Roosevelt Ⅲ 1999）。然而，正如已经讨论的，冲突调查常常故意避免承认冲突，并且只是问——就像在解释法规的领土范围——本地实体侵权法或合同法是否可以合法地适用或扩展到该争议。此外，这个问题的答案经常是通过提及不将法律扩展到跨国活动的内向后果来推动的：本地损害是否会得不到救济？同样，在 Google Spain 案中，欧洲法院和随后的第 29 条工作组，利用为地方利益寻求"有效和完全保护"的理由，对谷歌的搜索活动强制执行本地法律（在本案中是欧盟法），而没有对该活动的全球性有任何让步（第 29 条数据保护工作组 2014：[27]）。因此，特别充满"私人利益"的冲突法分类，人为地排除了许多监管性立法，这些立法为私人当事方提供救济，并以与传统冲突法大致相同的方式接近跨国主义。

284

事实证明，在跨国背景下将某些法律归类为"私人的"，而将其他法律归类为"公共的"，在经济自由主义中有其意识形态根源。这种方法使经济活动成为国家主权的独家内部领域的一部分，远离全球问责性：

> 长期以来，形成于19世纪的"公共"与"私人"的划分长期以来被认为是有问题的……[它]实现了私人互动的自由经济概念，这种概念发生在一个绝缘的监管空间中。在国际层面，"传统"划分……同样将私人国际互动与国际法主题相互隔离……[并]因此可被视为国际自由主义的一种实施，旨在为全球市场的运作建立一个受保护的空间。因此有人认为，公共/私人的区分在意识形态上有助于掩盖私人权力在全球政治市场中的运作。(Mills 2006：44)

矛盾的是，这表明经济关系已从国际社会的合法权限中删除，不是因为它们对国际法来说太不重要，而是因为它们太重要而不允许其他国家干涉它们。正如关于在线跨国背景下的争议的法理学证明的那样，通过对国际私法的分析，各国就具有深刻公共意义的事项做出决定。它们描绘了他们通过互联网对其他国家的政治影响，并在线上和线下分配和再分配经济资源，例如，通过知识产权、竞争主张或数据保护法。

285 　　有鉴于此，令人惊讶的是，公共利益在国际私法中的作用并不需要断言。相反，它的私人角色正受到挑战。在这方面可以认为，在某种程度上，国际私法确实专注于私人利益和价值观（例如，在强制执行合同、保护财产或开展业务方面，和维护自己的尊严、声誉或隐私方面），冲突法的倾向应该是相当国际主义的。如果一起诉讼的当事方的利益被认真对待，并不是因为它们代表了裁决法院国家的某些集体利益，那么外国当事人的竞争性私人利益就应该同样认真对待。从这个意义上说，"[政府]利益分析通过坚持不懈地推动一种不可避免地导致冲突沙文主义的观点，或者更准确地说是部落主义（强调国家是一个群体），而对联邦主义和国际主义有所损害"（Kozyris 1985：457）。这更适用于网络世界，因为外国当事人总体而言是私人个体，而不仅是能够遵守、针对其抗辩和适应多种法律制度的大型企业。然而，正如所讨论的那样，互联网冲突法理学往往是高度狭隘的，因此并不能证明这种国际主义的结论。

（二）冲突法理学中人权的兴起

　　至少部分地认识到"私人"权利和利益在这一领域的中心地位，这一发展使人权修辞进入了冲突法理学。鉴于人权法和国际私法使个人及其权利成为其关注的中心，这似乎是自然的。然而，人权法对公民权利和政治权利的历史性关注及其在国际公法中的基础意味着，它根本不是国内法监管的跨国经济活动的自然匹配（Muir Watt 2015）。在冲突法管理的商业活动和通信的私人和国家范围内，公共和国际人权法话语的兴起是一种新现象。现在，国际人权语言经常被用来抵制或加强跨国互联网纠纷中的问责制主张。这些人权论点总是涉及对国际人权标准的不同国家的解释。甚至可以说，国际私法正在被要求解决"人权"冲突。

鉴于互联网作为通信媒介的性质，表达自由和隐私权是该领域相关人权规范的主要竞争者。例如，在 LICRA & UEJF v Yahoo! Inc & Yahoo France 案中，涉及在 Yahoo.com 的拍卖网站上违反法国法律向法国用户出售纳粹纪念品的合法性，私人之间的商业交易转变成了法国和美国之间对表达自由合法限制的碰撞；法国是一个"被以纳粹犯罪事业的名义犯下的暴行深深伤害的国家"，[⑱] 而美国则是一个对政府和政府对言论的限制有着严重不信任的国家（Carpenter 2006）。法国法院以在法国领土上将损害本地化为基础，援引了这种国际政治化语言来证明其言论限制是正当的，而美国法院拒绝在执行判决方面的所有合作，因为该命令对于其最珍视的一项宪法价值而言是"相抵触的"（*Yahoo! Inc v La Ligue Contre le Racisme et l'Antisemitisme 2001*）。在 Gutnick 案中，涉及一项私人诽谤诉讼，被告美国出版商"不止一次提醒法院……[法院]在其手中……掌握了在互联网上传播信息自由的命运"。[⑲] 然而，澳大利亚法官驳回了这样的论点，即在线出版应当为法律目的而本地化（只是在其上传的地点），理由是人权。这一论证：

286

> 主要是政策驱动的，我指的是那些符合被告利益的政策，也可能是以比较不以业务为中心的方式，也许是相信美国版言论自由概念优于其他地方和土地的言论自由（*Gutnick v Dow Jones & Co Inc* 2001：[61]）。

可能有人认为，在跨国私人纠纷中援引人权标准既不新颖，也不是互联网所特有的，并且长期以来这种价值观已经在比如说在决定法律选择的公共政策例外情况下得到承认（Enonchong 1996）。这是一个公平的分析。互联网冲突案件继续存在，并加深了先前存在的趋势。然而，即使在最近的过去，公共政策例外本身也具有狭隘的观点，通过引用"社区的普遍价值"来证明压倒其他可适用的外国法律是正当的（Enonchong 1996：636）。虽然其中一些价值观与现代人权相对应，但将它们作为人权话语的一部分，即使在不同的国家中有不同的解释，也会隐含地承认普遍的人权规范性。例如，自 20 世纪 90 年代以来，法国就认可只有在违反国际公共秩序（包括人权法）而不是国内公共秩序的情况下，才能排除适用的外国法（Enonchong 1996）。同样，英美冲突法中对"国际礼让"的提及过去展示出一种国际主义精神——用上议

---

⑱　*LICRA v Yahoo! Inc & Yahoo France*（Tribunal de Grande Instance de Paris, 22 May 2000）.

⑲　See also *Dow Jones & Co Inc v Jameel* [2005] EWCA Civ 75.

院的话来说，是摆脱"司法沙文主义"（The Abidin Daver 1984）——但是那种精神是通过承认和执行其他国家的法律表达出来的，而不是通过遵从任何更高的国际法的方式。这或者符合国际法的实证主义观点，认为它是自愿的，只是国家之间的横向约束，不包括私人关系的范围，并使得承认外国法变成一种自由裁量。此外，人权话语已经渗透到远远超出公共政策例外的冲突案件中，现在经常是冲突分析的核心。在像Gutnick 这样的案件中，它进入了管辖权和法律选择，这间接地为国家对言论自由的相互不同限制确定了标准。澳大利亚和法国都对这一自由施加了比美国更大的限制。

287　　　在其他互联网案例中，国际私法不仅将人权作为其工具包的一部分，而且也变成了其主题。在 *Google Inc v Vidal-Hall*（2015）案中，英国上诉法院必须决定，作为一家美国公司，谷歌是否可以在"滥用私人信息"和违反数据保护规则的情况下适用英国的诉讼辩护程序，这两种行为均以《欧洲人权公约》第 8 条中的隐私权为基础。该诉讼的产生是因为谷歌在没有英国权利人的知情和同意的情况下，绕过其浏览器设置并植入了"cookies"来跟踪其浏览历史记录，以启用第三方定向广告。该案件具有典型的互联网争议的所有标志，即跨国界性、涉及个人数据中的竞争性利益，以及在广泛的普通用户群中存在轻微损害。技术性的法律辩论集中在关于"滥用私人信息"的新英国普通法诉讼是否可归类为符合冲突目的的侵权行为，以及以痛苦形式出现的非金钱损害本身是否足以根据普通法隐私或数据保护规则提出损害赔偿。在这两方面，法院同意了对英国法律和法律传统的相当大的改变。例如，关于从公平诉讼转向侵权诉讼，法院引用并赞同下级法院的推理：只是因为"狗从狼进化而来并不意味着狗是狼"（Google Inc 2015：[49]）。不过，这还是意味着它们像狼一样。鉴于该判决来自对先例有根深蒂固的尊重的普通法院，这种与传统的彻底决裂令人震惊。判决的动机是希望将索赔置于英国法院的管辖范围内，从而让它继续下去。从实质上看，欧洲隐私和数据保护法提供了关键的论据来满足管辖权的条件，这反过来意味着外国公司可能受到欧洲人权法的约束。因此，冲突法是由英国法、欧盟法以及源自国际法的欧洲人权法之间的交集决定的。

　　　人权话语的中心地位并不是互联网冲突纠纷或互联网治理所特有的。人权话语是一个广泛的法律领域的当代现象（Moyn 2014）。尽管如此，（私人或公共的）国内法在全球互联网活动中的应用尤其成问题，因为它总是限制跨境通信自由。虽然根据裁决国家的特定法律，这些限制可能是合理的，但在线抓住本地法律标准不放的附带损害则是一个跨地域隔离的网络空间，其中供应商必须将网站围住或基于不同地域的合法性创建不同的国家或地区版本。这种能影响"最具参与性的大众言论市场"（*ACLU v Reno* 1996）的附带损害需要强有力的正当性证明。法院试图通过诉诸人权理由来提高基于国家或地区法律的决策的合法性。通常情况下，如前所述，在 Google Spain
288　（2014）案中，欧洲法院一再声称其使谷歌服从欧盟数据保护义务的判决对于确保

"有效和完全保护自然人的基本权利和自由"是必要的（Google Spain 2014：[53]，[58]）。可以说，如果没有这样一个基于人权的理由，就无法将基于国家的法律强加给全球网络行为，而且即使是那样可能也是不够的。

最后，在网络冲突案件中进行的人权斗争不仅体现了各国在代表其主体维护其人权概念方面的竞争性利益，而且还指向事实上可能是全球通信空间中更为重要的对立：企业面对国家。共享经济现象已经展示出在线公司如何能够扰乱国家本地产业，例如：优步和当地出租车公司，Airbnb 和当地酒店行业，或谷歌图书或新闻和出版或媒体行业（Coldwell 2014；Kassam 2014；Auchard and Steitz 2015）。描述国家经济之间发生的这种竞争并不能充分捕捉到许多这些公司在多大程度上是全球性的，并且超出了任何国家的范围。回到冲突案件中的人权话语，法院作为公共机构，要么在诉由执行公认的权利的地方，要么在其创造了进入这种权利的地方都采用了人权论辩。在这两种情况下，据称人权规范都支持将地域性法律适用于在线通信。相反，企业已经使用人权论辩（特别是言论自由）来抵制这些法律，并使用权利语言作为道德上或法律的掩护以主张开放的全球市场和通信场所。对他们而言，权利语言支持放松管制的议程；魔鬼为他的目的引用《圣经》。从最基本的层面来看，这表明基本权利可以成为所有人的一切，而且往往对于解决冲突纠纷是不确定的。尽管如此，它们的使用本身表明了这些争议中更高的规范性利益，否则这些争议可能看起来像是相对微不足道的私人争吵。然而，令人怀疑的是，零碎的司法造法，即使是有意识地带有人权关怀，能否避免由无数国家法院对无数主题做出判决而对互联网产生累积的地域化影响的危险。企业行为者和法院使用的人权修辞强调了他们对最高全球规范的合法性需求，以便最终为其在线和离线社区给出裁决。鉴于全球互联网公司的活动往往因其高效率、对普通人的赋权以及由此导致的在线活动大量流行而引起争议，这种合法性在任何一种情况下都不是不言自明的，并且经常引起激烈争议（Alderman 2015）。基于国家法律（包括私法）对这些活动施加的任何法律限制，都在社会、经济和法律层面面临困难。

四　结论：在线法律冲突的局限

新兴的司法实践体系将国家法应用于全球在线通信，把国际私法作为工具包，具有令人费解、扭曲且往往矛盾的叙述。首先，它假装没有什么太大变化，只要每个国家只处理其"本地损害"，在线全球活动就没有引起什么深刻的治理问题。私人案件掩盖了这一立场对在线运营商的巨大影响，部分原因是法律体系低估了驱动它的重大公共利益，部分原因是这些诉讼的主要焦点是争议的当事方，这从它们向前展望的监管影响转移开来。然而，一切照旧的装饰也存在裂缝。以应用"目标"标准促进的国际主义方法通过坚持认为一些监管宽容是开放全球互联网的必须支付的代价，这对冲突法的狭隘本位立场提出了持续的挑战。更为尖锐的是，在最近的冲突法理学中，以人权法形式对国际规范性的频繁诉求表明了人们认识到民族国家的法律对全球网络世界的不适宜性和缺乏合法性。长期以来，国际私法一直被要求做不可能的事情，并使"国家"与"全球"相协调，但这项任务的超现实性质已经被网络空间前所未有地暴露出来。互联网冲突法理学的严峻考验揭示了真正的监管竞争可能不是国家与国家之间的竞争，而是国家与全球企业的竞争，并且这些参与者会因为他们作为人权拥护者和监管领导者的优越使命而对普通用户产生吸引力。

在 1996 年，莱斯格（Lessig）预言：

> 网络法将发展到这样的程度，以至于制定这个单独的法律比解决无止境的冲突更容易，只要跨境问题存在，这些冲突就会产生……替代方案是法律冲突的复兴；但法律冲突已经死了——被意在拯救它的现实主义所杀死（Lessig 1996: 1407）。

二十年后，这个预言似乎被证明是错误的。如果有的话，各种主题的跨国互联网案件的数量表明，国际私法正在经历鼎盛时期。然而，外表可能具有欺骗性。鉴于在线的大量跨国活动，本章讨论的案例是否真的代表反映了每天必须发生的跨境在线争议数量？

290　　如前所述，每个裁决的案件或立法发展都具有前瞻性影响。它被在线提供商的法律顾问所拆散，并且在争议各方之外产生破坏性影响。在线行为应逐渐内化法官和立法者所宣称的法律期望。此外，这些法律期望总体上是通过搜索引擎、社交网站或在线市场等大型中间人渠道进行引导的，因此在公众视野范围之外企业总部办公室内进行了大量法律实施，起草了用户条款和条件、投诉程序、不同国家的定制平台等。事实上，正是全球在线中介的作用和力量表明存在着在线规范性的平行现实。这种在线规范性不会取代国家作为一种基于地域的秩序，而是与之重叠并相互作用。这是通过解释新兴的全球监管模式来说明的，这些构建社会的监管模式不仅仅或不主要是国家社区内的个人集合，而且是重叠的交流网络：

> （超越国家的）新的公法必须从这样的假设出发：随着向现代社会的转变，出现了一个自主的"文化省"网络，从人类的"自然生存空间"中解放出来；一个关系和连接的非物质世界，其固有的自然合法性在每种特定的选择模式中生产和再生产出来。在他们各自的角色中，例如法学教授、汽车修理工、消费者、互联网用户或选民，人们参与到集体的这个新兴层次的生产和再生产，但不是作

为"人民"，即社会的"起因"……[这些网络化的集体]产生了一种漂移，这反过来又导致了社会、国家、民族、民主、人民团结等所有传统观念的解体……（Vesting 2004：259）。

将通信/沟通而不是个人作为构成社会和监管区域的重点，允许摆脱以二元国家—国际术语建构的法律和社会关系（Halliday & Shaffer 2015）。这种观点对于将网络空间理解为沟通网络的化身也是有用的，无论是整个网络还是通过子网络，例如具有无数子网络的带有自己规范领域的社交媒体平台。

但是，如果有的话，与基于国家的秩序不同的在线规范性如何表现出来呢？在线关系、沟通和行为由互联网中介和平台发出指令，其方式接近我们在三个重要法律活动中对法律和法规的传统理解：标准制定、裁决和执行。所有这些都骑在"当事人自治"的范式之上，这种范式在国际私法中具有显著的准监管历史（Muir Watt 2014）。当起草条款和条件或内容政策时，大型在线中间人可以说是参与标准制定，虽然这些政策在某种程度上"在法律的阴影下"出现（Mnookin & Kornhauser 1979；Whytock 2008），它们在重要方面也远离那些阴影，创造了半自治的法律环境。首先，企业政策不关注国家规范，而是超越的国家秩序以实现全球或区域一致性。早在互联网出现之前，大卫莫利和凯文罗宾斯就说"全球企业向世界各国看齐，不是因为它们有多不同，而是它们有多相似……[并]不断寻求将一切标准化为一种共同的全球模式"（Morley & Robins 1995：15）。Facebook的全球"社区标准"（例如，在其平台可被访问的每个国家社区中可理解的有关淫秽或仇恨言论的标准）低于许多法律限制。与此同时，Facebook的平台也超过了其他国家或地区的限制，例如欧盟数据保护规则（Dredge 2015；Gibbs 2015）。这些企业标准是否符合国家法律要求通常只不过是一个学术观点。对于大多数意图和目的而言，这些是日常管理其在线社区的真正标准。其次，关于内容、行为、隐私、知识产权、纠纷、成员资格等的企业标准，超越了国家法律，以至于企业提供商几乎总是对与错的最终裁决者。它们的决定很少受到（像Google Spain或Vidal案那样）法院的质疑，原因有很多，例如中间人豁免权、没有经济损失，或提起集体诉讼有困难。本章讨论的案例非常特殊。企业提供商通常是最终的裁决者，因为它们提供了平台用户可以获得的仲裁或其他投诉程序，并且这些程序在他们之间具有合法性。例如，eBay、亚马逊和PayPal都有争议解决条款，Facebook和Twitter都有投诉报告程序。最后，通知和删除程序的实施向私人企业手中赋予了广泛的法律判断和执行权力。当谷歌对数百万的版权或商标通知或成千上万的数据保护请求采取行动时，它会响应国家法律规定的法律要求，但这些请求的实施几乎不会（如果有的话）受到任何法律上的问责。这里的要点不是以正当程序或透明度为基础来评估私人监管的利弊，而只是为了表明任何对冲突规则——它们把世界视为彼此竞争的国家法律体系的拼凑而成，并通过它们进行协调——的分析可能会错过法律或准法律的私人全球权威和全球在线法律的发展。这些与线下世界激烈互动的在线私人通信平台部分在国家的阴影下运行，部分在阳光下运行。

293　【参考文献】

Alderman L, 'Uber's French Resistance' *New York Times* (New York, 3 June 2015)

American Civil Liberties Union v Reno 929 F Supp 824 (ED Pa 1996)

Article 29 Data Protection Working Party, *Guidelines on the Implementation of the Court of Justice of the European Union Judgement on Google Spain and Inc v Agencia Espanola de Proteccion de Datos (AEPD) and Mario Costeja Gonzalez* [2014] WP 225

Auchard E and Steitz C, 'UPDATE 3- German court bans Uber's unlicensed taxi services'*Reuters* (Frankfurt, 13 March 2015)

Beale J, *The Conflict of Laws* (Baker Voorhis & Co 1935)

Bensusan Restaurant Corp v King 937 F Supp 295 (SDNY 1996)

Bensusan Restaurant Corp v King 126 F3d 25 (2d Cir 1997)

Brousseau E, Marzouki M, Meadel C (eds), *Governance, Regulations and Powers on the Internet* (Cambridge University Press 2012)

Carpenter D, 'Theories of Free Speech Protection' in Paul Finkelman (ed), *Encyclopedia of American Civil Liberties* (Routledge 2006) p. 1641 Case C-131/12 *Google Inc v Agencia Espanola de Proteccion de Datos, Mario Costeja Gonzalez* (CJEU, Grand Chamber 13 May 2014)

Case C-131/12 *Google Inc v Agencia Espanola de Proteccion de Datos, Mario Costeja Gonzalez*, Opinion of AG Jaaskinen, 25 June 2013

Case C-585/08 *Peter Pammer v Reederei Karl Schluter GmbH & Co KG* and Case C-144/09 *Hotel Alpenhof GesmbH v Oliver Heller* [2010] ECR I-12527

Case C-170/12 *Peter Pinckney v KDG Mediatech AG* [2013] ECLI 635 Case C-68/93 *Shevill and Others* [1995] ECR I-415

Case C-523/10 *Wintersteiger v Products 4U Sondermaschinenbau GmbH* [2012] ECR I-0000

Case C-523/10 *Wintersteiger v Products 4U Sondermaschinenbau GmbH* [2012] ECR I-000, Opinion of AG Cruz Villalon, 16 February 2012

Coldwell W, 'Airbnb's legal troubles: what are the issues?' *The Guardian* (London, 8 July 2014)

Council Directive 1995/46/EC of 24 October 1995 on the protection of individuals with regard to the processing of personal data and on the free movement of such data [1995]OJ L 281/31

Currie B, *Selected Essays on the Conflicts of Laws* (Duke University Press 1963)

Dane P, 'Conflict of Laws' in Dennis Patterson (ed), *A Companion to Philosophy of Law and Legal Theory* (2nd edn, Wiley Blackwell 2010) p. 197

Dicey AV, *Conflict of Laws* (London 1903)

Dow Jones and Company Inc v Gutnick [2002] HCA 56

Dredge S, 'Facebook clarifies policy on nudity, hate speech and other community standards'*The Guardian* (London, 16 March 2015)

Enonchong N, 'Public Policy in the Conflict of Laws: A Chinese Wall Around Little England?'(1996) 45 *International and Comparative Law* 633

Gibbs S, 'Facebook 'tracks all visitors, breaching EU law' *The Guardian* (London, 31 March 2015)　　294

Google Inc v Vidal- Hall [2015] EWCA Civ 311

Gutnick v Dow Jones & Co Inc [2001] VSC 305

Halliday TC and Shaffer G, *Transnational Legal Orders* (Cambridge University Press 2015)

International Shoe Co v Washington 326 US 310 (1945)

Johnson DR and Post D, 'Law and Borders—the Rose of Law in Cyberspace' (1996) 48 *Stanford Law Review* 1367

Joined Cases C-509/09 and C-161/10 *eDate Advertising and Martinez* [2011] ECR I-10269

Kassam A, 'Google News says 'adios' to Spain in row over publishing fees' *The Guardian* (London, 16 December 2014)

King v Lewis & Ors [2004] EWHC 168 (QB)

Kohl U, *Jurisdiction and the Internet— Regulatory Competence over Online Activity* (CUP 2007)

Kozyris PJ, 'Foreword and Symposium on Interest Analysis in Conflict of Laws: An Inquiry into Fundamentals with a Side Postscript: Glance at Products Liability' (1985) *46 Ohio St Law Journal* 457

Kozyris PJ, 'Values and Methods in Choice of Law for Products Liability: A Comparative Comment on Statutory Solutions' (1990) 38 *American Journal of Comparative Law* 475

Kozyris PJ, 'Conflicts Theory for Dummies: Apres le Deluge, Where are we on Producers Liability?' (2000) 60 *Louisiana Law Review* 1161

Kronke H, 'Most Significant Relationship, Governmental Interests, Cultural Identity, Integration: "Rules" at Will and the Case for Principles of Conflict of Laws' (2004) 9 *Uniform Law Review* 467

Lessig L, 'The Zones of Cyberspace' (1996) 48 *Stanford Law Review* 1403

Lewis & Ors v King [2004] EWCA Civ 1329

LICRA v Yahoo! Inc & Yahoo France (Tribunal de Grande Instance de Paris, 22 May 2000)

LICRA & UEJF v Yahoo! Inc & Yahoo France (Tribunal de Grande Instance de Paris, 20 November 2000)

Mills A, 'The Private History of International Law' (2006) 55 *International and Comparative Law Quarterly* 1

Mills A, *The Confluence of Public and Private International Law* (CUP 2009)

Mnookin RH and Kornhauser L, 'Bargaining in the Shadow of the Law: The Case of Divorce' (1979) 88 *Yale Law Journal* 950

Morley D and Robins K, *Spaces of Identity— Global Media, Electronic Landscapes and Cultural Boundaries* (Routledge 1995)

Moyn S, *Human Rights and the Uses of History* (Verso 2014)

Muir Watt H, 'The Relevance of Private International Law to the Global Governance Debate' in Horatia Muir Watt and Diego Fernandez Arroyo (eds), *Private International Law and Global Governance* (OUP 2014) 1

Muir Watt H, 'A Private (International) Law Perspective Comment on "A New Jurisprudential Framework for Jurisdiction" ' (2015) 109 *AJIL Unbound* 75

Paul JR, 'The Isolation of Private International Law' (1988) 7 *Wisconsin International Law Journal* 149

Restatement (Second) of the Law of Conflict of Laws (1971)

Roosevelt K, III 'The Myth of Choice of Law: Rethinking Conflicts' (1999) 97 *Michigan Law Review* 2448

295　Smits JM, 'The Complexity of Transnational Law: Coherence and Fragmentation of Private Law' (2010) 14 *Electronic Journal of Comparative Law* 1

Societe Editions du Seuil SAS v Societe Google Inc (Tribunal de Grande Instance de Paris, 3eme chambre, 2eme section, 18 December 2009, n° RG 09/00540)

Tamanaha BZ, 'Understanding Legal Pluralism: Past to Present, Local to Global' (2007) 29 *Sydney Law Review* 375

Teubner G, *Global Law without a State* (Dartmouth Publishing Co 1997)

The Abidin Daver [1984] AC 398, 411f

Vesting T, 'The Network Economy as a Challenge to Create New Public Law (beyond the State)' in Ladeur K (ed), *Public Governance in the Age of Globalization* (Ashgate 2004) 247

Walker N, *Intimations of Global Law* (CUP 2015)

Whytock CA, 'Litigation, Arbitration, and the Transnational Shadow of the Law' (2008) 18 *Duke Journal of Comparative & International Law* 449

Wimmer A and Schiller NG, 'Methodological Nationalism and Beyond: Nation-state Building, Migration and the Social Sciences' (2002) 2(4) *Global Networks* 301

Yahoo! Inc v LICRA 169 F Supp 2d 1181 (ND Cal 2001

第十二章
技术与美国宪法

O. 卡特·斯奈德（O.Carter Snead）

斯蒂芬妮·A. 马龙（Stephanie A.Maloney）

许 琳 译

一 导论

正如本书所证实的那样，科技规制是一个广阔、分散、复杂的领域。它是一个涉及电信、能源、环境、食品、药品、医疗器械、生物制品、交通运输、农业和知识产权（IP）及其他领域的，包含立法、行政、司法在内的立体法律范畴。那么，美国宪法在高度复杂多样的科技规制中发挥的作用如何？简单地说，在任何法律体系中，宪法都是根本性的法律渊源，用以确立基本制度架构、创建权力来源，并管理着使所有这些成为可能的政治动力。美国宪法亦是如此。由此，根据美国宪法的明确授权，美国国会制定了一系列的法规，形成了技术监管网络。① 由美国总统领导的美国政府，作为行政执法部门，通过各类监管机构，负责对科技监管进行更精细的指导和规则制定工作。当行政部门超出法定职权范围或者国会超越宪法授权时，联邦司法部门即对此进行干预，以恢复宪法秩序。美国各州具有充分的"警察权"，通过制定和执行相关法律法规，保障人民的"健康、福利和道德"。因此可见，科技规制从根本上说是由美国宪法所建立起的联邦政府体系构成的。

本章探讨的问题包括：美国宪法中有关科技规制的独特的结构性规定的影响和后

---

① 例如，见美国《电信法》《食品药物和化妆品法》《清洁水法》《清洁空气法》《能源政策和保护法》《联邦航空管理局现代化和改革法》《农业法案》《专利和商标法》。

果；联邦制和权力分立（无论是在州政府和联邦政府之间，还是在联邦政府内的分支机构之间）发挥的作用；作为次要因素，简要地提及了美国宪法有关个人权利和自由的规定对科技规制的影响；分散化和多元化治理模式的优点和局限性。

本章以生物技术领域作为研究的出发点。更具体地说，重点是与胚胎研究和辅助生殖有关的生物技术和干预措施。之所以聚焦于上述技术和实践，理由有三点。第一，这个存在争议的政治领域可以展现联邦政府所有部门在科技监管中发挥的作用，这些部门包括联邦的行政部门（特别是监管机构）、立法部门和司法部门，还包括各州的。有关科技规制的公共辩论及政治行动，例如，对胚胎研究的监管，涉及联邦政府所有部门之间复杂的"勾心斗角"，也一直是许多州立法的对象。由此产生的联邦立法和州立法相混杂的现实情况，是由美国宪法所创建的联邦治理体系所形塑的。第二，与许多科技规制领域所不同的是，胚胎研究和辅助生殖涉及美国宪法有关个人权利的规定。第三，胚胎研究和辅助生殖引发了一系列深刻且棘手的问题，这些问题涉及分散化和多元化的科技规制模式的适应性。生物技术和生物医学领域关系到一些根本性问题，包括道德与法律的界限，生育、孩子、家庭的含义，以及诸如自主权、人的尊严、正义、公共利益等价值间的适当关系。

本章的写作思路如下。首先，简单概括美国宪法文本的结构，以及由宪法创设的联邦政府体制。其次，进一步讨论了过去 18 年来最为突出的公共生物学问题，有关胚胎干细胞研究的规制实践，其中，重点考察联邦分支机构之间以及联邦和州政府之间的相互作用。本章还对克隆人和辅助生殖技术作了类似的分析。

文章的结论是，美国宪法针对科技的规制的制度设计既有智慧也有弱点。

二　美国宪法架构概要

298

《美国宪法》建立了联邦制，联邦政府根据宪法文本中特别列举条款而具有有限权力；各州政府为实现其人民的健康、福利和道德而保留监管权力，前提是各州政府在监管过程中不侵犯人民的宪法权利（*Nat'l Fed'n of Indep Bus v Sebelius* 2012; *Barnett* 2004: 485）。在颁布法律和政策时，州和联邦政府都受到各自司法机制的限制。联邦政府只具有宪法列举的权力，而州政府根据各自偏好和判断享有广泛的立法权。因此，各州可以尝试不同的规制方法，来回应技术发展和社会需求的改变。这种责任划分允许联邦和州政府之间进行互动，特别是在应对新兴生物技术所造成的一系列挑战的情况下。这种互动也允许对动态法和公共政策做出广泛的、不同的规范性判断。

同样，联邦政府分支之间的横向关系也影响着规制格局。各部门按照宪法规定的权限行事，同时尊重其他部门的特权和领域。正如美国其他监管领域一样，在公共生物伦理学领域，总统（以及他领导的行政机关）、国会、联邦法院（包括最高法院）间的互动是复杂的，有时甚至是充满争议的，这就是美国宪法设计的核心特征。在美国宪法下，联邦政府三个分支发挥着重要的作用，为美国科技规制提供了基础架构，简述如下。

国会权力的主要来源是美国宪法中的贸易条款，该条授权国会对州际贸易进行监管（*US Const art I*,§8,cl 3）。国会也有权根据宪法拨款条款来影响国家行为（*US Const art I*,§8,cl 1）。这种权力的重要推论，是使国会有能力限制联邦资金的来源，从而使政府能够影响本来无法直接影响的国家和私人的行为。或者，国会通常根据广泛的授权拨款，允许行政部门填补具体的拨款缺口。国会授权的资金由行政部门管理，行政部门将资金直接拨付给行政机构，并详细说明已核准的行政管理目的。

行政部门由总统专属授权和控制，负责忠实地解释和执行国会通过的法律（US Const art Ⅱ, §3）。作为行政部门的首长，总统有权执行法律，任命负责执行这一职责的人员，并监督那些执行联邦规制框架的行政机构。

司法部门是对国会和行政权的制衡。联邦法院负责宣告"法律是什么"（*Marbury v Madison* 1803），而这种职责有时涉及解决挑战政府三大分支之一的宪法权威的诉讼（*INS v Chadha* 1983）。联邦法院可以以宪法或其他理由推翻联邦立法，但对立法或行政行为的司法确认也可以有助于重申管制措施的合法性。美国最高法院的判例对下级联邦法院具有约束力，联邦法院必须服从其裁决。州最高法院在与各州法律相关的事务上有最终决定权，只要这些法律不与美国宪法条款冲突。联邦和州最高法院之间的这种权限划分框定了州与联邦政府之间的立法和政策变化。

三　胚胎干细胞研究

自 20 世纪 90 年代末，围绕胚胎干细胞研究的道德、法律和公共政策辩论，一直是美国公共生物伦理学最突出的议题。它已成为政治活动的共同目标；由于一些州已经确认了州的政策，以及其他一些州谴责联邦政府的做法，州的政策引发了国家的大量立法。对胚胎干细胞研究规制的审查，可以帮助我们深入了解联邦和州的政策和宪法机制的运作情况，特别是在为科学和医学研究提供资金方面。因此，本章的案例深刻地说明了美国宪法法律和制度机制如何直接或间接地监管一种存在社会争议的技术形式。

美国对胚胎研究的争论可追溯到 20 世纪 70 年代。根据现代胚胎学家的说法，在干细胞研究中使用和破坏的那些存活 5—6 天的人类胚胎是完整的、活着的、自我导向的、综合性的、整全的（O'Rahilly and Muller 2001：8；Moore 2003:12；George 2008）。现代胚胎学的基本前提是，合子（单细胞胚胎）是一种有机体，是全能的

（即沿着发育轨迹在各个发育阶段运动）（Snead 2010:1544）。[2] 胚胎干细胞研究实践提出的首要问题是，为了获得可能产生再生疗法的研究目的而分解、破坏活的人类胚胎，这在伦理上是否具有正当性。多能细胞，也就是干细胞，是无区别的"空白"细胞，因此特别有价值（Snead 2010:1544）。成年干细胞（在生命体内自然产生并被提取出的无害细胞），可以根据其来源器官分化为有限范围的细胞类型，而胚胎干细胞就有能力发育成身体的任何组织。这种独特的功能使它们能够被转化为任何特定的细胞类型，然后这些细胞可能取代儿童或成人中被疾病损坏或摧毁的细胞。[3] 通常，这类研究中使用的胚胎是由通过辅助生殖治疗而怀孕的个人或夫妇捐赠的，他们不再需要或想要这些胚胎。但也有报道称，研究人员完全出于研究目的，通过试管受精（或称试管婴儿）创造胚胎（Stolberg 2001）。

因为胚胎干细胞是后期细胞谱系的早期阶段，它为了解人类早期发展的机制、测试和开发药品，以及最终设计新的再生疗法提供了平台。对于这类研究的价值，很少有人争论，但实现这些科学愿望需要使用和破坏人类胚胎。该领域的著名研究人员声称，对所有相关疾病或伤害的研究，如果要从基于再生的治疗中受益，需要建立一个足够大的胚胎干细胞库，使之足够多样化。鉴于为此捐赠的试管婴儿（IVF）胚胎的稀缺性，上述研究人员认为，创造胚胎（通过试管婴儿或克隆）完全是为了研究，对于实现干细胞研究的全部治疗潜力是必要的（Snead 2010：1545）。

关于干细胞相关问题的法律和政治辩论，主要集中在一个微观的问题上，即是否以及在多大程度上用纳税人的钱为此类研究提供资金。美国政府是生物医学技术和研究的一个相当重要的资金来源，而长期以来，联邦资金管理一直是一种实际存在但不一定全然合规的监管手段，否则，这些活动可能会超出联邦政府直接监管的列举权限。美国宪法第 1 条第 8 款规定，国会拥有下列权力："规定和征收直接税、间接税、进口税与货物税，以偿付国债、提供合众国共同防御与公共福利。"根据这一条款，国会可将联邦资金用于干细胞研究，并可能将接收此类资金的条件定位于对具体研究过程和目标的追求（*South Dakota v Dole* 1987）。作为负责确保法律得到忠实执行的行政部门的负责人，总统可以根据政府的优先事项（*US Const art* II, §3）分配拨款。联邦拨款是政府支持或不赞成特定行为的令人信服的指标，它可以赋予特定追求合法性，标志着它的价值（无论是道德上还是其他方面）。而联邦政府扣缴或调整资金的

---

② 关于胚胎发育轨迹的总体概述，参见 The president's Council on Bioethics, *Monitoring Stem Cell Research* (2004)<https://bioethicsarchive. georgetown. edu/pcbe/reports/stemcell/>accessed 8 June 2016。

③ 诱导多能性干细胞的最新成果表明，多能性干细胞的非胚胎来源可能有一天不需要胚胎干细胞。2007 年 11 月，研究人员发现，如何通过在成人皮肤细胞中加入基因转录因子，建立起与胚胎干细胞相似的细胞。这种技术将常规体细胞或体细胞转化为多潜能干细胞。这些被重新编程的体细胞被称为诱导多能性干细胞，似乎与胚胎干细胞相似，具有非分化和可塑性。参见 Kazutoshi Takahashi and others, "Induction of Pluripotent Stem Cells from Adult Human Fibroblasts by Defined Factors" (2007) 131 Cell 861, 861。

使用可以传递对相关活动道德上的谨慎或厌恶（Snead 2009:499–aver）。

在历届总统任期内，联邦政府对为胚胎研究提供资金的态度存在明显差异。近 40 年来，各政治分支在这一问题上一直处于僵局。各届美国总统的不同立场体现在给具体负责联邦研究经费使用的美国国家卫生研究院（NIH）发出的行政命令上。

由《国家研究法案》创建的"人类生物医学和行为研究保护国家委员会"建议国会成立一个名为道德顾问委员会（EAB）的常设机构，以审核并批准用于体外胚胎研究的联邦层面的资助。④ 此后，这一要求被作为联邦法规通过。

虽然 EAB 在 1979 年发布了一份报告，原则上批准了对有关使用和销毁体外胚胎的研究资助，但 EAB 章程在其有机会审查和批准任何具体提案之前就已经失效了。尽管 EAB 已不存在，但获得 EAB 批准的法律要求仍然存在。于是，事实上的暂停胚胎研究资助的措施一直持续到 1993 年，国会才（在新当选总统克林顿的敦促下）将 EAB 的批准要求从法律中删除（1993 年《国家卫生机构振兴法案》）。

此后，克林顿总统指示 NIH 起草关于管理联邦胚胎研究资金的建议。1994 年，NIH 人类胚胎小组召开会议并发布报告，建议联邦政府资助涉及使用和破坏体外胚胎的研究，包括完全为此目的（受到一定限制）而创造胚胎的研究方案。克林顿总统接受了其中大部分建议（尽管他拒绝了该委员会批准的仅仅为研究目的的创造的胚胎资助项目），并准备批准这些资助。然而，在他采取行动之前，国会的控制权从民主党转移到了共和党，共和党将拨款标准附加在 1996 年的《劳工、卫生与公众服务部、教育和相关机构拨款法案》（*Department of Labor , Health and Human Services, Education and Related Agencies Appropriations Act*），该修正案禁止为以研究目的的创造、摧毁或损害胚胎提供联邦资金。⑤

这项以其主要发起人命名的《迪基修正案》（*Dickey Amendment*），似乎阻碍了克林顿政府为胚胎研究提供资金的努力。然而，在 1998 年人类胚胎干细胞被分离出之后，克林顿总统时期的卫生与公众服务部（Department of Health and Human Services）的总法律顾问发表了一份解释《迪基修正案》的意见，允许为来源于人类胚胎分解集合体的干细胞研究提供资金，只要研究人员不首先使用联邦资金来破坏胚胎。换句话说，由私人融资最初被用来摧毁相关的胚胎，因此涉及相关干细胞系的后续研究不符合"胚胎被破坏的研究"这一限制。

然而，在克林顿政府授权为此类研究提供任何资金之前，布什总统当选，并下令行政机构暂停所有悬而未决的审查计划（包括那些与资助胚胎研究有关的计划）。布

302

---

④　对胚胎干细胞的联邦研究经费的讨论参见 *Snead* 2010：1545–1553。

⑤　修正案规定以下情况禁止联邦给予资助："为研究目的创造一个或多个人类胚胎的活动；或者'用于'人类胚胎被摧毁、丢弃或明知遭受伤害或死亡的风险大于允许在子宫内进行胎儿研究的研究（根据有关的人体保护条例）"，Balanced Budget Downpayment Act (1996) Pub L No 104–99, § 128。

什政府最终拒绝了这种宽容的解释，转而授权联邦政府对由政府提供资助的干细胞研究做出限制，限定这些研究没有为毁灭人类胚胎创造激励机制，并将联邦资助限制在已宣布政策日期之前获得的胚胎干细胞系。布什的立场是，故意创造胚胎（通过试管婴儿或克隆）用于研究和破坏，这在道德上是不可接受的。

作为一个法律问题，布什总统同意他的前任的观点，即字面意思上的《迪基修正案》并不排除为利用私人融资摧毁胚胎的研究提供资金。但是，他在 2001 年 8 月 9 日宣布了一项政策，即联邦资助将只流向被限定了的那些干细胞系的研究，而这些研究不会为未来在发育初期毁灭人类生命创造激励措施。具体来说，这需要为非胚胎干细胞研究提供资金（例如，从不同组织中衍生出来的干细胞，即所谓的"成年干细胞研究"），而关于胚胎干细胞系的研究在政策公布之前就已经衍生出来，也就是说胚胎已经被摧毁。

当布什总统宣布这项政策时，有超过 60 多条细胞株符合资助标准。之后，符合资助标准的细胞株增加到 78 条。尽管 78 条细胞株有资格获得研究资助，但由于涉及科学和知识产权问题，只有 21 条可供研究。截至 2007 年 7 月，布什政府为所有符合条件的研究提供了超过 37 亿美元的资金，其中超过 1.7 亿美元用于胚胎干细胞研究。在布什政府后期，诱导性多能干细胞（IPS）被发现，这种具备类似干细胞属性的重编程成熟细胞，使从胚胎中提取细胞成为不必要的事情，作为对这种革命性技术的回应，布什总统指示 NIH 资助重点扩大到包括多能细胞研究的任何和所有有希望的途径，而不论其起源。布什总统的政策旨在最大限度地促进生物医学研究，这符合他关于人类胚胎平等的谨慎立场。

国会曾两次尝试推翻布什总统的干细胞研究资助政策，并授权联邦纳税人通过法规支持胚胎干细胞研究。布什总统否决了这两项法案。一项正式授权支持对替代性（即非胚胎）多能细胞来源研究的法案，在参议院以 70 票优势得以通过，但在众议院被程序性地否决。

除了白宫和 NIH 外，行政部门推动了政府关于干细胞研究资助的政策。总统下设的生物伦理学委员会（Council on Bioethics）撰写报告，探讨了支持和反对该政策的论点（以及三份有关问题的报告，包括克隆、辅助生殖技术和多能细胞的替代来源问题）。美国食品和药物管理局（FDA）发布了指导文件，并向包括政府官员在内的有关方面发函，对于使用经批准的胚胎干细胞系研究可能产生的任何治疗产品，FDA 已经做好准备对其启动审批程序。

2009 年 3 月 9 日，奥巴马总统取消了布什总统此前有关干细胞研究资助的所有行政命令，并肯定地指示 NIH 资助所有"负责任的、有科学价值的……在法律允许的范围内"的胚胎干细胞研究，要求 NIH 在 120 天内拿出更具体的指南。截至当年 7 月，美国国家卫生研究院对胚胎干细胞的研究资助还仅限于，用于涉及最初由为生殖目的而采取试管婴儿技术受孕产生的胚胎细胞系。理由是，迄今为止，对于仅仅为了研究而创造胚胎（要么通过试管婴儿，要么通过体细胞核移植，也称人类克隆）的问题，在道德上尚不存在社会共识。此外，NIH 的指南还禁止联邦政府资助人类胚胎干细胞与非人类灵长类动物胚泡结合的研究，以及人类胚胎干细胞可能对非人类动物的种系做出贡献的研究方案。国家卫生研究院指南的最终版本明确阐发了该项政策的动态原则：相信研究的潜力，揭示有关人类发展和再生疗法的知识，以及胚胎捐献者知情同意的权利。奥巴马总统和 NIH 指南都没有就人类胚胎研究的道德问题进行过讨论。

在奥巴马政府的政策实施后不久，专门从事干细胞研究的两名科学家在联邦法院对奥巴马的政策提出质疑。在雪莉诉西贝利厄斯案（*Sherley v Sebelius* 2009）中，原告们辩称，原告方科学家认为，该政策违反了《迪基修正案》中禁止联邦政府资助"胚胎创建或销毁的研究"的规定，并要求颁布禁令，禁止行政机构根据该准则实施任何行动。地方法院同意了上述观点，认为胚胎干细胞系的研究与直接涉及胚胎细胞的研究之间的区别微不足道，并禁止 NIH 实施新的指导方针（*Sherley v Sebelius* 2010）。然而，在上诉中，华盛顿特区巡回法院认定，NIH 已经合理解释了修正案，并撤销了地方法院的禁令（*Sherley v Sebelius* 2011）。因此，在《迪基修正案》继续禁止美国政府资助制造或破坏胚胎（通过克隆）的直接行为的同时，法律允许联邦政府资助对现有胚胎干细胞系的研究，其中包括来自人类克隆的胚胎干细胞。

即使没有联邦政府为某些类型的胚胎干细胞实验提供资金，从新技术中获得经济利益和医学进步的可能性也导致私人投资于这种研发。在这些激励措施中，蕴含着知识产权通过专利程序得到保护的可能性。美国宪法第 1 条第 8 款规定，国会有权"保障著作家和发明家对其著作和发明在限定期间内的专利权，以促进科学与实用技艺的发展"，授权国会授予某些技术和发明以专利。

根据宪法授权，国会制定了《1790 年专利法》，创建了促进新技术创新和商业化的监管体系。要获得专利权，被主张的发明必须在一定程度上构成可专利权的主题。自然界中的细胞，是被发现而不是被发明，因此，被认为是不可能获得专利的。但因人为输入或操纵而产生的生物制品可能是专利的；发明者可以在一个不自然发生的过程中创建一个有效的主张。例如，涉及分离和提纯人类胚胎干细胞具体程序的生物技术获得了专利，同样，通过克隆获得的胚胎干细胞也获得了专利（Thomson 1998:1145）。然而，联邦政府可能会限制这些专利权用于特定的公共政策目的，包括对这些技术性质的道德判断。

为了加强专利制度，国会通过了《2011 年美国发明法案》（*America Invents Act 2011*），并直接解决了人类有机体专利权的问题。该法案的第 33（a）条规定，"任何针对人类有机体或包含有机体的主张的专利都不得被授予"（也被称为《威尔登修正案》，*Weldon Amendment*）。该修正案旨在限制某些生物医学技术的使用，并禁止人类胚胎的专利权，它表明，联邦政府对胚胎干细胞研究的影响和监管是通过授予或拒绝此类研究导致的生物技术发展的专利来施加的。[6]

305　　尽管联邦政策规定了其提供经济援助的那些做法的道德条件，但它允许州政府在自己的辖区内确认或拒绝这项政策。在允许或限制胚胎干细胞研究方面，各州具有一定的宪法空间。根据《美国宪法》第十修正案的规定，"宪法未授予合众国、也未禁止各州行使的权力，由各州各自保留，或由人民保留"。传统上，政府保留监管关系到公民普遍福利的事务的权力。一些州禁止或限制胚胎干细胞研究，而其他州，如加利福尼亚州，则明确支持和资助此类研究，包括资助胚胎干细胞研究和克隆，否则没有资格获得联邦基金（Fossett 2009：529）。加利福尼亚州已拨款 30 亿美元用于资助干细胞研究，专门允许对来自克隆胚胎的干细胞进行研究，并设立一个委员会，以建立知识产权权利方面的监管和政策。加利福尼亚州并不是唯一一个支持克隆生物医学研究的州。新泽西州也有类似的许可和资助研究，涉及从体细胞核移植中获得的干细胞的派生和使用。

　　然而，与联邦政策背道而驰的州资金和监管并非没有风险。国会拥有宪法赋予的权力，可以通过有条件的资助计划对各州施加监管影响。通过限制联邦资金流向那些遵循联邦干细胞研究政策的州——比如禁止创建和销毁用于研究的胚胎——国会可以有效地迫使各州遵守，即使是在国会可能无法监管的地区。例如，作为领取医保基金的条件，联邦政府可能会对各种医疗和科学活动做出规定。

　　综上所述，宪法以多种方式塑造了联邦和州对胚胎干细胞研究的监管，这些监管主要是通过间接方式。联邦政府对胚胎干细胞研究的监管，特别涉及政府的三个部门。这些政府部门在监管干细胞使用方面的紧张关系反映了美国公众在人类胚胎道德地位问题上的分歧。这种状态不仅助长了对此类研究的科学伦理手段和目的的批判性反思，也起到了推动行业标准和实践的作用。尽管总统的行政命令在很大程度上塑造了联邦政府对胚胎干细胞研究的政策，但联邦政府通过专利制度对创新的监管，起到了纵容和限制某些生物技术的作用。司法权也有助于支持行政行动，通过解释和运用法律，形成监管机制。对胚胎干细胞研究的监管也反映了宪法中划定的联邦和州政府

306　之间的管辖关系。州的监管不仅弥补了联邦拨款和监管的空白，也表现了地方的偏好和道德判断。

---

　　[6]　值得注意的是，最近美国最高法院巡回上诉委员会的一项裁决表明，特定克隆动物本身不可能是专利。法庭裁定，著名的克隆绵羊多莉具有供体羊的遗传身份，使它无法获得专利；克隆绵羊与其他绵羊相比，并没有什么"显著的不同"。然而，法院明确了克隆多莉的方法可以合法地获得专利权。In re *Roblin Institute* (*Edinburgh*) (2014) 750 F3d 1333；又见 *Consumer Watchdog v Wisconsin Alumni Research Foundation* (2014) 753 F3d 1258, 1261。

四 克隆人

克隆即利用体细胞核移植产生克隆人类胚胎，与胚胎干细胞研究紧密联系。正如将要讨论的那样，美国对克隆人的监管采用了与胚胎研究相同的联邦架构，但由于克隆人与人类繁衍密切相关（因为体细胞核移植的应用之一可能是活体克隆婴儿的孕育和出生），任何监管方案都将涉及一个问题：美国宪法是否以及在多大程度上保护个人的生育自由？这种宪法保护可以限制联邦和州的行动，因为潜在的监管可能会涉及宪法对生育权利的独特保护。因此，克隆人提供了一扇有趣的窗口，让我们得以一窥美国宪法是如何构建生物技术治理体系的。

体细胞核移植需要从卵子中取出原子核（或遗传物质），从体细胞中取而代之的是原子核（一种常规的体细胞，如皮肤细胞，它提供了完整的染色体补充）（Forsythe 1998:481）。卵子受到刺激后，如果成功，就会作为一种新的生物体在胚胎早期开始分裂。结果是取得一个新的活的人类胚胎，它的基因与被提取体细胞的人相同。克隆的人类胚胎，仅用于最终分解其部分，然后在胚泡阶段被销毁，在它创造的五至七天之后，为研究目的（所谓的"治疗性克隆"）得到干细胞。[7]医学上最常被提及的胚胎克隆的正当理据是，潜在的病人特有的胚胎干细胞可用于细胞置换疗法、组织移植和基因疗法，他们可能会降低植入后免疫反应和排斥反应的可能性。再生疗法的研究人员认为，克隆生物医学研究不仅有助于特定疾病的研究，还能提供更忠实、更有效的模仿人体生理的干细胞（Robertson 1999:611）。

在克隆生物医学研究中，涉及的伦理价值包含人类生命在其所有发展阶段都应受到尊重。克隆技术需要创造人类胚胎作为生物医学研究的原材料，尽管有替代方法来提取干细胞（包括像 iPS 研究中那样的病人专用细胞）。克隆生物医学研究也与克隆人密切相关。事实上，唯一的区别在于胚胎发育的程度，以及如何发育。

307

在美国宪法体制下，克隆人并不是一个联邦重点关注的问题。尽管国会试图用不同方式限制克隆人，包括为生物医学研究而克隆人，或为生育后代而克隆人，联邦限制克隆人的努力都没有成功（Keiper 2015: 74–201）。没有任何联邦法律禁止克隆人。与联邦对胚胎干细胞研究的监管类似，联邦的影响主要是依靠指令来对联邦资金进行控制。例如，国会可以要求卫生和公众服务部（HHS）拒绝通过 NIH 为那些正在进行克隆或其他形式的胚胎破坏研究的州的生物医学研究项目提供资金（Keiper

---

⑦ "治疗性克隆"一词与"生殖性克隆"的用法相反，后者指的理论可能性是，克隆的人类胚胎可以植入子宫，并允许发育成一个儿童，即使这两者都导致了人类胚胎的产生。这两个术语都有问题，更准确地描述这些技术的术语，分别是"用于生物医学研究的克隆"和"克隆生产儿童"，因为这些措辞更好地反映了目前科学的现实状况，以及有关行为者的目标。

2015:83）。[8] 除了支出条款，其他宪法条款也为联邦监督提供了潜在的途径（Forsythe 1998;Burt 2009）。

《美国宪法》第一条授权国会对州际贸易进行监管（US Const art I, § 8, cls 1, 3）。美国最高法院对这一列举的权力进行了宽泛的解释，允许对州际贸易的"渠道"和"工具"，以及"对州际贸易产生重大影响的活动"进行监管（United States v Lopez 1995:558–559）。据了解，如果一项活动是经济性质的，并形成稳定的州际贸易链，那么这一活动将被认定为"实质性地"影响州际贸易（United States v Morrison 2000）。生物医学研究意义上的克隆人，或为生育后代而克隆人都是一种对州际贸易产生重大影响的经济活动，对其进行的任何监管都将被假定为国会商业权力的有效行使。[9] 为生育后代而克隆人将涉及与客户进行的贸易；生物医学研究意义上的克隆人涉及资金和许可证。这两种人类克隆形式涉及来自州际市场的科学家和医生，还涉及从州外供应商那里购买设备和用品，以及跨州向患者提供服务（Human Cloning Prohibition Act 2002；Lawton 1999:328）。根据美国宪法中的贸易条款，国会有权对人体克隆发布联邦禁令，这无疑是对影响贸易和经济的活动所进行的监管。[10] 根据贸易条款，州层面的限制或对私人部门克隆的监管可能符合宪法。

可能有人会说，限制为生育后代而进行的克隆同样会涉及宪法所保护的自由权益（包含在美国宪法第五条和第十四条修正案的正当程序保证中）。美国最高法院已经推翻了有关禁止销售避孕药具、禁止堕胎和禁止与生育有关的其他亲密行为的指令，但是可能这不是一个大多数现任最高法院法官接受的主流法理观点。然而，这种说法说明了个人宪法权利（已列明和未列明的权利）在生物技术的监管中也发挥潜在的作用。

作为联邦监管的另一种手段，国会还可以考虑对克隆人研究所需的人类卵子收集行为进行立法。联邦法律禁止买卖人体器官（The Public Health and Welfare 2010）。然而，这种限制不适用于如血液、精子和卵子等部分。试管婴儿诊所通常会为每个卵子捐赠补偿 5000 美元。联邦法律规定购买卵子必须符合知情同意和其他程序条件，以此加强对卵子采购的限制。基于存在滥用的可能性、对女性构成一定风险，以及生殖组织商业化带来的道德担忧，这种限制有合理性。

---

[8] 但是，参见 Nat'l Fed of Indep Bus v Sebelius（2012）132 S Ct 2566，2602。

[9] FDA 曾表示，试图克隆人类将在其管辖权限内，以联邦政府监管州际商业的权力为基础，但监管当局的这一主张在实践中既未援引，也未被证实。林业发展局从未试图管理人类克隆，参见 Gregory Rokosz，"Human Cloning: Is the Reach of RDA Authority too Far a Stretch"（2000）30 Seton Hall L Rev 464。

[10] 在商业条款中，有类似的先例证实生殖健康设施从事州际商业活动。总统布什签署的 2003 年《禁止成形胎儿流产法案》禁止对成形胎儿进行流产，除非为了挽救母亲的生命而必须这样做。具体而言，第 1531 条（a）规定："任何在州际或国外商业中或影响州际或国外商业的医生，明知而实施部分人工流产，从而杀死胎儿，应处以惩罚，根据本条规定处于罚金或不超过 2 年监禁，或并处罚金和监禁"。18 USC§1531(a). 也见 Gonzales v Carhart(2007)550 US 124。

由于联邦政府在禁止克隆人方面存在惰性，许多州已经直接颁布法律，禁止或明确允许不同形式的克隆人：七个州禁止所有形式的人类克隆；十个州禁止的不是克隆胚胎的产生，而是将克隆胚胎植入女性的子宫（Keiper 2015:80）。例如，加利福尼亚州和康涅狄格州禁止以怀孕为目的的克隆，但保护和资助以生物医学为目的的克隆研究。其他州的法律间接解决了克隆人问题，要么提供或禁止为克隆人研究提供资金，要么对反对人类胚胎克隆的医疗行业实施良心保护。路易斯安那州法律将"人类胚胎克隆"列入"不得要求任何人参加"的医疗保健服务之列。密苏里州宪法禁止购买或出售用于干细胞研究的人类胚泡或卵子，这给生物医学研究带来了负担。目前，在这50个州中，超过一半的州没有关于克隆的法律（Keiper 2015:80）。最早从克隆人类胚胎中生产干细胞的俄勒冈州，既没有法律限制，也没有明确允许，或明确资助人类克隆（Keiper 2015:80）。

美国在克隆人监管方面缺少统一全面的国家层面的政策，这点与其他许多禁止一切形式的人类克隆的国家是有所区别的［《人类克隆危机》（*The Threat of Human Cloning*），2015：77］。尽管美国没有在全国范围内禁止克隆人，但宪法为联邦政府提供了一些管辖途径，以监管这种充满道德问题的生物医学技术。联邦政府的这种不作为，并不是现有宪法和法律概念不足的结果，因为宪法已经给予国会监管州际贸易的广泛授权。限制克隆人的联邦立法的缺失，更重要的是监管形式和内容的分歧造成的。

宪法赋予各州规制克隆人的权力。由于联邦政府对克隆的规制程度不高，因此，各州制定了各种法规来规范有关克隆的实践。结果是，对克隆的规制处于拼凑状态。联邦法律主要涉及资助研究和其他间接规制克隆技术的做法，而各州则通过法律直接禁止或明确允许不同形式的克隆。联邦和地方的规制差异一定程度上反映了不同的价值判断和道德偏好，也是宪法为这种本地化治理创造空间的表现。 309

五 辅助生殖技术

辅助生殖技术（ART）在很大程度上处于监管空白。针对胚胎干细胞研究和人类克隆的政治压力，公权力部门加强了对其相关技术的公共审查，并提高了对监管的需求。辅助生殖技术的技术发展可能已经超出了现行法律，但美国宪法框架为未来的监管提供了许多工具，包括对辅助生殖技术诊所和从业者的监督。辅助生殖技术监管也凸显了由分散的联邦体制引发的特殊的机遇和后果。对辅助生殖行业的监管反映了联邦政府和州政府在面对难以定性的技术的情况下需要迎接的挑战。辅助生殖技术既是一个大的产业，也是一个生育过程，其牵涉成年人的生育决策、儿童的利益和胚胎的道德地位。

在其最基本的形式中，辅助生殖涉及以下步骤：收集和制备配子（精子和卵子），受精、将一个胚胎或多个胚胎移植到女性的子宫、怀孕和分娩（The President's Council on Bioethics 2004:23）。生殖技术的首要目标是缓解（或可能规避）不孕不育，以及预防和治疗遗传性疾病（通常是通过在发育的胚胎阶段筛选和消除潜在的受影响后代）。患者可选择采用辅助生殖的方式，避免因基因异常影响孩子的出生，杜绝风险妊娠，或将胎儿组织冷冻，直至更方便的生育时间。冷冻保存胚胎——这是一种复杂的冷冻过程，在本质上是安全地保存胚胎，它已经成为生殖技术的一个组成部分，这既是因为它允许额外控制胚胎移植的时间，也因为在许多情况下，并不是所有的胚胎都在每个辅助生殖周期中被移植。未使用的胚胎可能会继续保存在冷冻仓库中，最终被植入、捐赠给他人或用于研究，或解冻并被销毁（The President's Council Bioethics 2004: 34）。

310　　　虽然辅助生殖有价值，但它的做法引发了各种各样的伦理问题，包括患者的脆弱性（配子捐赠者和准父母）、实验过程的风险、人类胚胎的使用和处置以及基因筛选和选择的标准（允许个人控制他们生的孩子的性别）。以上担忧在一定程度上刺激了当前的监管体制，并激励更进一步的政府监管。

　　　直接规范辅助生殖的联邦法规是《1992年妇产科成功率和认证法案》（the Fertility Clinic Success Rate and Certification Act of 1992）。该法要求生育诊所向疾病控制和预防中心（CDC）报告治疗成功率，该中心每年都公布这一数据。它还为从事辅助生殖技术的实验室和专业人员提供标准（Levine 2009:562）。这项针对胚胎实验室的模式认证计划旨在为有意发展自己项目的州提供资源，因此其采用完全是自愿的（The President's Council Bioethics 2004: 50）。

　　　其他联邦监管是间接和附带的，没有明确规范辅助生殖的做法。相反，它提供了对使用的相关产品的监管。例如，作为联邦机构 FDA，负责监管在美国上市的药品、设备和生物制剂。根据宪法州际贸易条款，它作为国会管辖权的产物行使监管权力，主要关注产品和公共卫生的安全性和有效性。FDA 负责防止传染病的传播，对捐赠、加工或储存精子、卵子和胚胎的行为行使管辖权。辅助生殖技术中使用的符合药品、器械和生物制剂法定定义的产品，必须满足 FDA 的相关要求。然而，产品一旦获得批准后，FDA 就会放弃对其大部分的监管控制。从事试管婴儿的临床医生被理解为行医，对行医的监管长期以来被视为各州的职权范围，它超出了 FDA 的监管范围。

　　　对辅助生殖的监管发展缓慢的一个解释是，许多人从道德和宪法的角度，通过堕胎辩论的视角来看待这种做法（Korobkin 2007:184）。美国宪法第十四修正案的正当程序条款旨在保护某些基本权利，包括与婚姻和家庭有关的权利。[11] 法院的理

---

[11] 参见 Planned Parenthood of Southeastern Pa v Casey(1992)505 US 833, 846–854; Roe v Wade(1973)410 US 113,152; Griswold v Connecticut(1965)381 US 479,483。

由是，"隐私权对任何事情都有意义，它是个人的权利……不受政府无端干预的问题，这从根本上影响一个人是否生育或生儿育女的决定"（Eisenstadt v Baird 1972: 453）。最高法院从未将试管婴儿直接归类为一项基本权利，但在辅助生殖技术中包含的私密和私人决定，与生殖、家庭、生殖自主权和个人良知相关。然而，生育自由的权利并不是绝对的，法院已经认识到，在某些情况下，它可能会被其他政府利益压制，比如保护胎儿生命、保护产妇健康、维护医疗行业的完整性，甚至防止社会道德情感的粗鄙化。在辅助生殖方面，规制注重程序的有效性、妇女和儿童的健康、胚胎的伦理处理。

法院认为，这种政府利益是对个人生育权利的干涉的正当理由，它完全属于各州广泛的警察权力。而且，对于州的警察权力来说，对医学和科学发现的监管属于州监管部门的传统监管范畴。辅助生殖已经成为医学实践的一部分。医学实践主要通过州许可和医师认证来规范，而不是参照具体的立法禁令。对医疗的规制也同样适用于辅助生殖的实践。州法定标准规定，患者必须对医疗服务和程序提供知情同意，执业人员必须在指定的许可、纪律和证明计划下工作。各州规制还关注生育服务的获取（例如，试管婴儿的保险范围）、界定父母的权利和义务、保护胚胎的生命。例如，佛罗里达州禁止出售胚胎，并授权在死亡或离婚时通过协议处置胚胎（Bennett Moses 2005:537）。但这种州层次的规制的后果是，诊所、从业者和研究人员可以挑选法院，挑选法律限制较少的州，以寻求更新颖，或许是有问题的程序。

除了积极的法律规制外，辅助生殖（比如更广泛的医学领域）还受到侵权行为法，更具体地说，是医疗事故法的管辖。和一般的医学领域一样，辅助生殖在很大程度上是由私人部门根据相关专业协会的标准进行的自我规制，比如，美国生殖医学协会主要关注父母的安全、疗效和隐私。

在辅助生殖方面，联邦宪法授权的管制机制是下限，而不是上限。对健康、安全和福利，特别是医疗的监管属于各州的传统权限范围，它为辅助生殖技术提供了首要的治理机制，其包括各州建立的医疗过失法律制度。由于各州监管占主导地位，由此产生的监管格局是多种多样的。这种多样性使各州能够比较最佳实践，但也使得那些实践更具争议的技术的从业者和研究人员能够找到监管方案不那么全面的州。

六 反思与总结

前述有关胚胎研究、克隆人和辅助生殖治理的讨论表明，美国宪法在塑造联邦体制下政府的技术监管方面发挥了至关重要的作用，它将监管权力分配和分散于美国政府的各分支以及各州。这种安排造成了明显的实际后果，即错综复杂的监管格局。美国宪法下联邦三权分立，因此，国会、行政部门（连同其庞大的行政管理部门）和司法机构缺乏一般的监管权力，而且受到宪法授予权力的限制。尽管宪法收支条款和商业条款的广泛权限使国会得以增强其监管权力，但联邦主义原则在一定程度上仍在继续推动美国对生物技术的监管。各州是民主的实验室，负责通过各种政策举措进行试验，以达成某些平衡相互竞争的需求和利益的最佳实践。州监管使政策制定更加贴近实际，并可利用法律、结构和政治约束较少的优势。州实验主义赋予那些最接近技术的人权力，让他们认识到问题，产生信息，并制定既触及手段又触及目的的前沿监管。

　　美国的宪法制度不仅分权，而且创造了一种治理形式，允许对涉及的规范问题采取不同的方式。在人类胚胎涉及的基本正义问题上，美国政体内部存在严重分歧。联邦制，以及由此产生的各自为政、间接监管的特征，意味着美国国内的各州（实际上还有联邦政府的不同分支）可以采用反映自身在核心人类问题上的独特立场的法律和政策。这些核心人类问题，与人类生命的开端、生育自主权、人类尊严、儿童和家庭的意义以及共同利益有关。从某种意义上说，这种灵活和分散的方式非常适合像美国这样地域广阔、多元化的国家。

　　另一方面，在生物技术和生物医药领域存在的问题是关于道德和法律界限的棘手问题。谁算人类大家庭的一员？谁的利益是公共利益的一部分？个人在人的共同体中享有道德关怀、法律的基本保护和基本人权。属于这个受保护阶层之外的"人"，可以像任何原始研究材料可能为他人谋取利益一样，被创造、使用和破坏。如何协调处于胚胎发展期的人、科学界、希望治愈的患者或寻求生殖援助的人这几者之间的利益，这一问题的答案是否应与美国各州一样多？尽管有联邦制结构，但美国（不像欧洲）是一个统一的国家，有着共同的身份、历史和锚定原则。道德和法律的界限问题是美国根源所在，即一个建立在法律下的自由和平等正义基础上的国家。对于"谁是我们中的一员？"这一问题的不同回答可能会导致美国政体的分裂。话虽如此，美国最高法院在堕胎背景下对这一问题强加了一个答案（即宪法禁止在大多数情况下对未出生者实施堕胎的法律保护），[12]这个答案对美国政治造成了巨大的伤害——影响了总统选举甚至参议院选举。

　　上述困难和复杂的问题值得进一步反思，但已超出目前的研究范围。这就足以说明，兼具复杂性、智慧和缺陷的美国的技术监管体系，是美国宪法及其创立的联邦制政府特有的结构性条款的直接产物。

---

　　[12] 这是最高法院"实质性正当程序"原则和罗伊诉韦德案（和它同类的案例是 *Doe v Bolton*）导致的结果，它要求对堕胎的任何限制都包括"健康例外"，其定义范围广泛，涵盖了妇女福利的任何方面，包括经济和家庭问题，健康例外由堕胎提供者决定。作为一个实际问题，堕胎法律制度规定，无论孕妇何时说服堕胎提供者堕胎符合孕妇的利益，堕胎都必须在分娩前的怀孕期间进行。最高法院允许对堕胎附加一些限制（如：等待期、父母参与、知情同意和对某些特别有争议的晚期堕胎程序的限制），但对堕胎本身没有限制。

【参考文献】

Balanced Budget Downpayment Act (1996) Pub L No 104-99 § 128

Barnett R, 'The Proper Scope of the Police Powers' (2004) 79 Notre Dame L Rev 429

Bennett Moses L, 'Understanding Legal Responses to Technological Change: The Example of In Vitro Fertilization' (2005) 6 Minn J L Sci & Tech 505

Burt R, 'Constitutional Constraints on the Regulation of Cloning' (2009) 9 Yale J Health Pol'y, L & Ethics 495

Consumer Watchdog v Wisconsin Alumni Research Foundation (2014) 753 F3d 258

Eisenstadt v Baird (1972) 405 US 438

Forsythe C, 'Human Cloning and the Constitution' (1998) 32 Val U L Rev 469

Fossett J, 'Beyond the Low-Hanging Fruit: Stem Cell Research Policy in an Obama Administration' (2009) 9 Yale J Health, Pol'y L & Ethics 523

George RP, 'Embryo Ethics' (2008) 137 Daedalus 23

Gonzales v Carhart (2007) 550 US 124

Griswold v Connecticut (1965) 381 US 479

Human Cloning Prohibition Act, S 2439, 107th Cong § 2 (2002)

In re *Roslin Institute (Edinburgh)* (2014) 750 F3d 1333

INS v Chadha (1983) 462 US 919

Keiper A (ed), 'The Threat of Human Cloning' (2015) 46 The New Atlantis 1

Korobkin R, 'Stem Cell Research and the Cloning Wars' (2007) 18 Stan L & Pol'y Rev 161

Lawton A, 'The Frankenstein Controversy: The Constitutionality of a Federal Ban on Cloning' (1999) 87 Ky L J 277

Levine R, 'Federal Funding and the Regulation of Embryonic Stem Cell Research: The Pontius Pilate Maneuver' (2009) 9 Yale J Health Pol'y, L & Ethics 552

Marbury v Madison (1803) 5 US (1 Cranch) 137

Moore K, *The Developing Human: Clinically Oriented Embryology* (Saunders 2003)

Nat'l Fed'n of Indep Bus v Sebelius (2012) 132 S Ct 2566

National Institutions of Health Revitalization Act (1993) Pub L No 103-43, § 121(c)

O'Rahilly R and Muller F, *Human Embryology & Teratology*, 3rd edn (Wiley-Liss 2001)

Planned Parenthood of Southeastern Pa v Casey (1992) 505 US 833

The President's Council on Bioethics, Reproduction and Responsibility (2004)

The Public Health and Welfare (2010) 42 USC § 274e

Robertson JA, 'Two Models of Human Cloning' (1999) 27 Hofstra L Rev 609

Roe v Wade (1973) 410 US 113

Rokosz G, 'Human Cloning: Is the Reach of FDA Authority too Far a Stretch' (2000) 30 Seton Hall L Rev 464

Sherley v Sebelius (2009) 686 F Supp 2d 1

Sherley v Sebelius (2010) 704 F Supp 2d 63

Snead OC, 'The Pedagogical Significance of the Bush Stem Cell Policy: A Window into Bioethical

Regulation in the United States' (2009) 5 Yale J Health Pol'y, L & Ethics 491

Snead OC, 'Science, Public Bioethics, and the Problem of Integration' (2010) 43 UC Davis L Rev 1529

South Dakota v Dole (1987) 483 US 203

Stolberg S, 'Scientists Create Scores of Embryos to Harvest Cells' (*New York Times*, 11 July 2001) <www.nytimes.com/2001/07/11/us/scientists-create-scores-of-embryos-to-harvest-cells.html> accessed 8 June 2016

Takahashi K and others, 'Induction of Pluripotent Stem Cells from Adult Human Fibroblasts by Defined Factors' (2007) 131 Cell 86

Thomson J and others, 'Embryonic Stem Cell Lines Derived from Human Blastocysts' (1998) 282 Science 1145

United States v Lopez (1995) 514 US 549

United States v Morrison (2000) 529 US 598

316

拓展阅读

Childress JF, 'An Ethical Defense of Federal Funding for Human Embryonic Stem Cell Research' (2001) 2 Yale J Health Pol'y, L & Ethics 157 (2001)

Kass LR, 'Forbidding Science: Some Beginning Reflections' (2009) 15 Sci & Eng Ethics 271 Snead O C, 'Preparing the Groundwork for a Responsible Debate on Stem Cell Research and

Human Cloning' (2005) 39 New Eng L Rev 479 The President's Council on Bioethics, Human Cloning and Human Dignity: An Ethical

Inquiry (2002) <http://hdl.handle.net/10822/559368> accessed 7 December 2015 'The Stem Cell Debates: Lessons for Science and Politics' [2012] The New Atlantis <http://www.thenewatlantis.com/docLib/20120125_TNA34Report.pdf> accessed 7 December 20

第十三章
合同法与计算机技术面临的挑战

史蒂芬·瓦达姆斯（Stephen Waddams）

徐玖玖 译

一 引言

本章论述了加拿大英语地区法律中，因在合同订立过程中使用电子技术所产生的一些问题。本章第一部分讨论了合同订立相关的特定问题，包括合同订立的时间，以及对书面形式以及签字相关的要求。本章第二部分研究了关于法院基于不公平或不合理之理由，而撤销合同或修改合同的权力范围这一更为普遍的问题。从某种意义上而言，这些问题并非电子时代才出现的新问题，因为其可能或已然在口头协议或书面契约中出现。但是正如本文将提到的，由于一些原因，电子合同的使用激化了这些不公平问题。本章重点讨论计算机技术对合同订立和可执行性的冲击和影响。

317

二 21 世纪的邮政承诺规则

318

通信方式的变化可能需要合同订立规则进行相应的改变。如果远距离的当事双方通过通信磋商合同，就难以确定合同订立的时间。19 世纪英国和加拿大英语地区的法律发展确立了一项规则，即通过邮寄方式承诺合同时，该承诺邮寄时即生效。这条规则产生的效果是，保护受要约人得以对抗承诺信息邮寄在途期间要约人的要约撤回。该规则被扩大适用到电报领域，当承诺信息遗失或延迟时，对受要约人产生同样的保护效果。这里讨论的问题是，邮政承诺规则能否适用于现代电子通信。对 19 世纪案例的研究表明，当时制定这项规则的原因在于，无论对受要约人而言，还是对公共政策而言，其对保护重要商业利益都是不可或缺的。但是有学者建议，在 21 世纪这些目的可以通过其他方式得以实现，从而不再需要邮政承诺规则。

　　建立于意思或合意基础上的合同法理论在 19 世纪的英国极具影响力，这主要归功于波蒂埃（Pothier）在 1806 年翻译出版的《债法研究》（*Pothier's treatise on Obligations*）中的论述（Pothier 1806）。如果在合同订立中严格要求合意的达成，那么可能导致承诺在邮件抵达要约人时方能生效。而当受要约人的业务性质需要即时信赖时，这一结论将使其在面对承诺信息尚在途中却可能收到撤回要约通知的风险时，容易遭受损失。19 世纪初期，一项旨在保护受要约人利益的规则得以确立（*Adams v Lindsell* 1818）。1848 年英国上议院通过一个苏格兰判例中确立了该项规则，在该判例中大法官科特汉姆（Cottenham）勋爵提出："常识告诉我们，没有这样的规则，交易就无法进行"（*Dunlop v Higgins* 1848）。此后的案例表明，这一规则的主要目的在于保护受要约人的信赖，即使不符合要约人的意图，受要约人亦能正如一个案例中所言那样"立即进入市场"，基于已邮递承诺的效力所产生的坚定信赖去签订转包合同（*Re Imperial Land Co; Harris's Case* 1872: 594）。制定这一规则（"一般原则的例外情形"）是出于"商业便利"的考虑（*Brinkibon v Stahag Stahl GmbH* 1983: 48 per Lord Brandon）。在拜恩诉提霍芬（*Byrne v van Tienhoven*）（1880）一案中，高等法院林德雷（Lindley）法官明确提出，保护受要约人的信赖是要求撤回通知规则和承诺邮寄时生效规则的基础：

319　　　　在本案这一部分完结之前，不妨指出任何其他结论可能产生的极端不公平和不便之处。如果被告的主张得到支持，那么对于通过邮件接收要约并进行承诺的受要约人而言，他需要等待一段时间以充分确定其在承诺前要约人并未发出要约撤回的信函，方能明确自身所处的状态。

他补充道：

　　　　我认为，出于法律原则和实践便利的需要，接受要约但不知道要约已被撤回的一方应处于安全状态，得以基于由要约和承诺所构成的对双方具有约束力的合同而采取行动（*Byrne & Co v Leon van Tienhoven & Co* 1880:348）。

　　从引述"极端不公平和不便之处"和连结"法律原则和实践便利"可以发现，在林德雷（Lindley）法官看来，原则与合同当事人之间公平性的一般考量以及对于公共利益的考虑都是不可分割的。

弗雷德里克·波洛克（Frederick Pollock）是 19 世纪最重要的著述作者之一，其初版著述深受合同"意思"理论的影响，认为邮政承诺规则背离其所主张的"主要原则……即合同是由对要约的承诺所组成"（Pollock 1876: 8）。在该版著述中，他认为这一法则的后果是"违背所有理性和便利"（Pollock 1876: 11）。在上诉法院的一项裁判确立邮政承诺规则之后（*Household Fire v Grant* 1879），波洛克在其第三版著述中改变了态度，不情愿地接受了这一裁判："我们认为，它作为最终结果必须被接受"（Pollock 1881: 36）。

波洛克最终选择支持邮政承诺法则的理由在于，明确的规则无论如何总是比不确定性更为可取（Pollock 1921: vii–viii）。格恩特·特雷特尔（Guenter Treitel）爵士同样认为："这一规则实际上是武断的，与它的竞争者不相上下。"（Treitel 2003: 25）但是纵观历史，正如上文论及之案例所表明的，邮政承诺规则是为了保护受要约人合法利益这一可得明确的商业目的而制定的。

而关于即时通信，我们可以注意到英国上诉法院在 *Entores* 案的裁判中（*Entores Ltd v Miles Far East Corp* 1955），所关注的不是要约人企图撤回要约的行为，而是法律冲突的问题：通过电传从阿姆斯特丹向伦敦发送承诺，其中合同订立地点的问题是关涉英国法院管辖权的要点所在。丹宁（Denning）大法官以电话为例，认为合同在收到承诺时方才成立。但这一推论依赖于他的假设（事实上即便在当时也是存疑的），即电传是一种双向沟通方式，正如在电话交流中"人们通常会以一些措辞来表示谈话的结束"，受要约人有直接的理由知晓通信有无失败。因此，审视这一论证可以为以下论点留出空间，如果（作为更为常见的）电传如同电报般用作一种单向沟通方式，那么鉴于信息可能出现丢失或者延迟使受要约人的合理信赖可能由此失效，没有理由不适用邮政承诺法则。在之后的一个判例中，英国上议院威尔伯福斯（Wilberforce）勋爵认可了这种可能：

320

> 适用于通过要约和承诺完成合同的订立的一般法律原则要求，受要约人对要约的承诺应当在合同订立之前告知要约人……如前所述，通过信函和电报发出承诺的相关案例是合同法一般原则的例外。商业便利是构成例外的原因所在……该商业便利之原因适用于从承诺发出到收到之间将有较长时间间隔的情况。此时，一般规则的例外相较于一般规则本身而言更为便利，总体而言亦更为公平。但是我认为，如果使用电话或电传这类即时通信的沟通方式，就无须援引商业便利之理由。

但是威尔伯福斯（Wilberforce）勋爵接着指出，电传的使用方式具有多样性，其中部分电传更类似于电报而非电话，并补充认为：

不存在能够涵盖所有情形的普遍性规则；具体案件应当通过对于合同双方意愿的参考，通过健全的商业惯例，在某些情况下通过对风险的判断来解决（*Brinkibon v Stahag Stahl GmbH* 1983: 42）。

　　在安大略省 *Eastern Power* 案中，安大略上诉法院认为，合同在收到承诺的传真信息后才成立，但是应当指出的是，问题在于如何认定合同的订立地点以确定安大略法院的管辖权；该案不存在通信故障的情形（*Eastern Power Ltd v Azienda Comunale Energia & Ambiente* 1999）。

　　因此，可以认为邮政承诺规则仍然适用于通过电子邮件发送承诺的情形，以便在通信失败的情形中保护受要约人的信赖。虽然这一推论被英国高等法院所否定（*Thomas v BPE* 2010: [86]），但是支持这一推论的理由认为这将"产生事实上的和法律上的确定性……从而使相隔两地的合同双方可以轻松地订立合同"（Watnick 2004: 203）。

　　安大略省《电子商务法》（Electronic Commerce Act）规定：

　　　　如果收件人已指定或使用信息系统用以接收发送特定的信息或文件，当电子信息或电子文件进入该信息系统并且能够为收件人所检索和处理时……视为收件人已收到该电子信息或电子文件 [《电子商务法》第 s22（3）条]。

321　　该项规定很可能不适用于信息传输失败的情形，因为此时不满足"能够为收件人所检索和处理"的要求。在 *Coco Paving* 案中，合同约定投标应当于截止日期之前"由 MTO 服务器接收"，这表明通过电子信息发送投标信息并不等于收到该投标信息 [*Coco Pacing*（1990）*Inc v Ontario*（*Transportation*）2009]。

　　许多现代的观点都认为，即时通信只有当收到时才生效，尽管如我们已知这并不是一个绝对性的结论，但是这似乎说明邮政承诺规则在 21 世纪已经过时。需要"立即进入市场"的交易主体可以要求确认承诺信息已收到。反对者认为，单向的确认方式（例如电子邮件）会导致合同订立的时间无法确定，因为当要约人被要求确认时可能无法确定受要约人是否有意向继续推进交易，直到其知道已经收到了确认的信息。但是，这种无限倒退的恐慌似乎不太可能在实践中造成问题：要约人发出确认，这一确认的信息为受要约人实际收到并产生信赖，要约人几乎不可能否认合同的存在。如果必须要让双方同时知晓对方都受到了约束，则可以使用电话、视频连接等双向通信方式进行确认。

三　通过电子通信的同意行为

在技术对合同形式要件所产生的影响方面，除了特定的例外情况以外，在加拿大英语地区法律中并不要求合同的订立必须满足形式要件。因此，要约与承诺一般而言可以通过包括电子通信在内的各种途径进行表达。《安大略电子商务法》确认了这一点：

> 19（1）要约、承诺以及其他对合同的订立和实施至关重要的事宜，可以通过以下方式进行表达：
> （a）通过电子信息或者电子文件的方式；或
> （b）通过旨在实现电子通信的行为，例如
> 　　（i）触摸或点击电脑屏幕上适当的图标或其他位置，或
> 　　（ii）语音

《安大略电子商务法》对此进行了非常详尽的规定，允许个人因与电子代理人的通信错误解除合同（电子代理人是指"能够做出某种行为或者响应电子记录或电子运行，而完全或在一定程度上无须人为审查的计算机程序或其他自动化手段"）： 322

> 21 下列情形中，一方当事人与另一方电子代理人之间的交易合同无法强制履行：
> （a）一方当事人在交易中所使用的电子资料或电子文件存在重大错误；
> （b）电子代理人未给予纠正错误的机会；
> （c）发现错误后一方当事人立即通知对方当事人；以及
> （d）一方当事人对于因错误所收到的对价应当
> 　　（i）根据对方当事人的指示进行退回或销毁，或者在无指示时以合理方式进行处理；以及
> 　　（ii）未因收到该对价而获取实质性收益。

鉴于法律的宗旨是促进和扩大电子合同的可实施性，令人有些惊讶的是消费者保护规定中的内容相较于一般法律而言，显然为错误提供了更为广泛的抗辩理由。因此，该条规定可能需要被狭义解释以便将其限定在可论证的文本错误范围内。有评论认为，《统一电子商务法》的规定旨在保护用户不受意外点击的影响，并鼓励供应商在完成交易之前进行检查（例如"您是否确认同意 x 的价格为 y 美元？"）（加拿大统一法律委员会 1999）。

在一些情形中，无须点击"接受"框而仅仅通过网站的使用就可以推定出用户的同意（有时被称为"浏览"行为）。以不列颠哥伦比亚省 *Century 21 Canada* 一案为例，继续使用网站即表明同意主页底部所发布的使用条款。该案中，被告是一个富有经验的用户者，将网站上的资料用作商业用途。法庭明确保留了关于告知充分性和条款合理性的争议事项：

> 虽然法院在未来可能要面临诸多问题，例如合同条款的合理性，用户告知的充分性，超过版权范围的合同条款问题（或者议会可能会选择对这些问题进行立法），但是本案中这些问题均未出现，原因如下：
>
> i. 被告是复杂的商业实体并且自身也使用类似的在线使用条款；
>
> ii. 被告收到了 Century 21 Canada 使用条款的实际通知；
>
> iii. 通过被告承认以及他们使用过类似的使用条款，承认 Century 21 Canada 使用条款的合理性（*Century 21 Canada Ltd Partnership v Rogers Communications Inc* 2011: [120]）。

323

因此，本案不存在消费者用户会仅仅因为网页的使用而受到约束，或者任何用户会受到不合理条款的限制。从这些案例中显然可以发现，合同订立的问题不能与错误和不公平问题完全分开。

四　书面形式

现在来考虑合同的书面要求。通常而言，法律或法规会明确要求以书面形式传递特定信息。《电子商务法》（第 s 5 条）条规定："以电子形式提供信息或文件的相关规定，应满足以书面形式提供信息或文件的法律要件"。但是该条款规定受到该法 [第 s 10（1）条] 的限制，即"如果电子信息或电子文件仅在诸如网站上供对方访问，则不得向对方提供"。在 Wright 案中，法庭不得不对《安大略消费者保护法》（第 ss 5 条和第 22 条）条进行解释，要求向消费者提供的特定信息应当以"一种清楚、易懂和醒目"的书面形式，该份文件"应当被递送给消费者"……"并且可被消费者所留存"。当纸质文件不满足这些要求时，问题在于被告的主张能否依据《电子商务法》得到支持。法官认为应当适用《消费者保护法》规定：

> 实际上，UPS（被告）提出，《消费者保护法》中特别明确和强调的告知要求受到《电子商务法》的约束，并因此有所削弱。对此，我并不认同。我认为，《电子商务法》并未改变《消费者保护法》的要求。这将与消费者保护立法中"应有

利于消费者进行宽泛解释"的宗旨相违背……无论如何，我不认为《电子商务 324
法》支持 UPS 的观点。即关于经纪服务和额外费用的信息"仅供"网上查阅。

UPS 网站或其他来源的告知并不"清楚、易懂和醒目"。事实上，这些信息
被隐藏在网站中。在运单或 IPSO 中没有任何内容提醒接受标准服务的消费者，
将要进行经纪服务并会收取额外费用，或者应前往 UPS 网站获取信息（*Wright v
United Parcel Service 2011: [608]-[609]*）。

这一结论似乎是合理的。《消费者保护法》中对于书面形式的要求旨在通过以特定方
式提醒注意合同的条款，并提供能够充分考虑合同条款的存废及其内容的机会，以保
护消费者的利益。因为消费者可能会也可能不会实际地安全访问电子数据库，纸质文
件往往比在电子数据库发布条款更能有效地实现消费者利益保护的目的。但是在其他
情况下，如果消费者保护不构成问题，并且不存在推测立法机关意图要求实际使用纸
质的理由，则可能会得出不同的结论。

关于契约，《电子商务法》规定：

11（6）：符合下列情形的文件视为已盖章，
（a）文件签署的法定要件符合本条第（1）、（3）或（4）款的规定；以及
（b）电子文件和电子签名符合规定的印章等效要求。

第 s 32（d）条已被授权为本款规定印章的等效要求，但是没有根据该法制定任
何法规。这一漏洞可能导致将每一份电子文件都视作已加盖印章。这一结论将会产
生深远和惊人的后果，而更为合理的解释是，立法机关的意图在于为彰显法定形式
的警示和证据功能，除非电子文件满足额外的形式要求，否则电子文件不作为契约
生效。由于这种额外的形式要求并未被规定，因此结论将是电子文件无法作为契约
生效。

如果合同条款约定特定的材料应以"书面"形式进行提交或提出，而电子文件是
否足够满足这一条件则事关合同的解释。因为合同双方可以明确指定文件应当采用纸
质形式进行提供，他们亦可通过默示方式就相同的事项达成一致，根据合同解释的一
般原则，这将取决于他们是否已经这么做过。《电子商务法》的规定作为建议是与之
相关的，而非结论性的。

五 签字的明确要求

325

如果诸如消费者保护立法或《反欺诈法》（Statute of Frauds）中对签名有明确

的法定要求，那么问题在于电子邮件信息是否构成相关法规所述的签字。有观点认为，以任何方式在电子邮件的末尾引用发件人的姓名构成签字，或者即使不在邮件正文中但在发送邮件时包含有发件人的电子邮箱地址本身也足以构成签字。*J Pereira Fernandez SA v Mehta*（2006）一案的判决认为，电子邮箱的地址不足以满足《反欺诈法》对于签字的要求。法庭提出，电子邮箱的地址是邮件实质内容的"附带"信息，其与文本是相分离的。在新不伦瑞克省 *Druet v Girouard*（2012）案中，在土地买卖中再次涉及《反欺诈法》的规定，法庭认为电子邮件末尾的名字不构成签字，因为当事双方会在订立具有约束力的合同之前考虑使用纸质文件。因此，这一判决适用于一般的合同订立，而非签字的特殊要求。① 而在 *Leoppky* 案中，阿尔伯塔省法庭认为电子邮件中的名字就能够满足条件（*Leoppky v Meston* 2008: [42]），并且在 *Golden Ocean Group* 案中，英国上诉法院认为商业担保中电子邮件末尾的代理人名字满足《反欺诈法》对签字的要件要求（*Golden Ocean Group Ltd v Salgaocar Mining Industries Pvt Ltd* 2012）。

尽管有历史依据支持《反欺诈法》最初关注的问题是证据性的而非警示性的，但是在现代该法广受支持是因为其也发挥了警示的功能，特别是与消费者保障相关的方面。② 如果确保警示被认为是适当的法律目的，那么可以有力地辩称电子邮件信息是不够充分的。众所周知，人们在发送电子邮件时往往很少思虑周全，而在纸质文件上签名就签字者而言，显然是确保警示和深思熟虑的一种更为可靠的方式（当然，也并非绝对可靠的）。如果可以证明要求签字的立法目的在于保护消费者，这一论点则更具有说服力。若反对者认为这种观点会使合理期待落空，那么答案一定是它是法律形式总要付出的代价；若反对者认为这会成为一种商业障碍，那么回答将是已签署的纸质文件可以很容易地通过电子手段或传真进行扫描和传输。如果合同约定与书面要求一样需要签字，那么对于是否要求纸上签字则事关合同的解释。一般而言，可以得出这样的结论，电子通信能否满足书面形式的要求，其答案必然取决于该要求的根本目的。

326　六　不合理条款

本部分讨论的是电子技术与不公平问题之间的关系，这一主题需要审视计算机时代之前制定的与标准格式相关的法律，还需要评估计算机技术影响（如有的话还需

---

① 如果当事各方的意图是在拟定的正式文件签署之前不应有任何具有约束力的协议，那么，书面签字也不足以适用此项抗辩。

② 参见 the comments of Lord Hoffmann in *Actionstrength Ltd（trading as Vital Resources）v International Glass Engineering（INGLEN）SPA* [2003] 2 AC 541, 549（HL）。

要评估计算机技术造成的影响）。有观点认为，电子合同的执行并不存在特殊的问题，一旦同意达成这些条款就具有充分的约束力。在一个案例中，法庭认为"协议……应当被赋予与任何书面协议同样的神圣性"（*Rudder v Microsoft Corp* 1999: [17]）。这一主张提供了两条思路：第一，根据一般合同法，基于不合理之理由，何种抗辩对何种协议是有效的；第二，电子合同是否真的应当在所有方面都与书面合同得到完全相同的对待？或许第三个问题是，在这一背景以下，世俗社会中"神圣"是否还是一个恰当的表述。

　　Parker v South Eastern Railway Co 案是加拿大英语地区法律中关于未签字纸质格式合同的代表性案例。该案的争议在于，乘客在火车站寄存行李时是否受到火车票上所印条款的约束——铁路公司的赔偿责任限制在 10 英镑以内。需要指出的是，这绝非一项不合理的条款，因为这一总额将远远超过绝大多数旅客所携带的行李价值。虽然最终败诉，但是该案乘客的律师弗雷德里克·波洛克（Frederick Pollock）著有一部关于合同法的重要著述，有预见性地指出如果铁路公司的观点得到支持，那么印刷在车票上的完全不合理条款同样可能会有效。该案的法官之一布拉姆韦尔（Bramwell）大法官回应波洛克的观点，认为"存在一个默认的共识，对于提供文件且并未坚持要求对方阅读该文件的一方，就其所知而言不存在不合理条件——就当前问题亦不存在不相关的条件"（*Parker v South Eastern Railway Co* 1877: 428）。这是一个重要的意见，尤其是布拉姆韦尔（Bramwell）大法官相较于该案其他法官而言更倾向于支持铁路公司。③ 但是即便如此，他也并未考虑执行完全不合理的条款。

　　在格式合同中（纸质合同或电子合同），通常存在对于特定交易种类和特定重要条款（特别是价格）的一般性同意。但是，不可能对供方格式合同中可能包含的每个具体条款都达成真正的同意。卡尔·卢埃林（Karl Llewellyn）的观点可能最为接近事实，他认为格式合同的签署人"对卖方格式合同中非不合理或不合适条款的总括式同意（而非具体的同意），这些条款亦不改变或消弱任何条款的合理含义"（Lewellyn 1960）。卢埃林（Lewellyn）文中所述是关于纸质格式合同，但是他的观点对电子格式合同更合适。在一个现代英国的案例中，未签署的格式合同中的条款被认为默示隐含在一份挖土机的租赁合同之中。 327

　　双方之前只进行过两笔交易，丹宁（Denning）勋爵基于对当前格式合同的默示同意而非过去的交易过程得出结论：

　　　　我不会过多关注交易过程，而是会关注双方行为所推知的一般性理解，即，租赁是依据原告通常条件下的合同条款（*British Crane Hire Corp v Ipswich Plant*

---

③ 布拉姆韦尔（Bramwell）大法官将对铁路做出判决；大多数法官下令重新审判。

Hire Ltd 1975: 311）。

这一思路意味着出租方的同意仅针对合理条款，艾瑞克·萨克斯（Eric Sachs）爵士强调需要讨论的条款是"合理的，并且在交易中非常普遍，而合同通常以这些条款为基础"（*British Crane Hire Corp v Ipswich Plant Hire Ltd* 1975: 313）。

为了合理性而限制格式合同条款的理念没有得到广泛的认可，原因在于它不符合基于合意或当事人意志形成合同义务的普遍想法。但是即使在 19 世纪，意志的概念都服从于客观的分析方法，因此，在实践中，波洛克（Pollock）最终认为，正如柯宾（Corbin）之后较具说服力的观点，结果不一定使要约人的真实意图生效，而是保护受要约人作为理性人能够理解要约人的意图这一期待。这一思路被应用于现在安大略省蒂尔登租车公司诉克伦登宁案 [*Tilden Rent a Car Co v Clendenning*（1978）] 的格式合同中。一位顾客在机场租用了一辆车并购买了车辆碰撞损失险（一项针对汽车自身损害的保险），在所签署的保险合同附属细则中有一款规定，如果司机饮酒，无论数量多少，保险合同都将无效。安大略省上诉法院认为这一条款是无效的，因为运用客观的方法分析可知，汽车租赁公司在机场匆忙交易的情况下，是无法合理假定克伦登宁已实际同意这一条款。尽管这一判例无法使所有的格式合同条款，甚至是所有的不合理条款无效，但是它仍然提供了一个避免无法预料的格式合同条款的重要途径，即使已经如同蒂尔登案中一样通过签名或者其他方式（例如计算机点击）表明当事人的同意。从消费者的角度而言这种思路存在一个潜在的限制，即不合理条款太过常见以至于它们不再是无法预料的格式合同条款。

大约在 20 世纪中叶，英国法律曾制定了一项规则，使法院有权对一些对于合同已构成"根本违约"的责任免除条款宣布无效。但是这一规则在许多方面无法令人满意，在英国最终被否决了（*Photo Production Ltd v Securicor Transport Ltd* 1980）。然而应当指出的是，英国上议院在否决这项原则时表示，其在保护消费者免受不合理条款侵害方面发挥了积极的作用。威尔伯福斯（Wilberforce）勋爵认为：

> 尽管"根本违约"原则存在不完美之处和不可靠的缘起，但是它仍然是有益的。对于存在的许多问题和不公正，继续执行免责条款将会产生比不满意更为恶劣的后果（*Photo Production Ltd v Securicor Transport Ltd* 1980: 843）。

对于一项法律原则而言，评价其避免了不公正，且其他选择更为糟糕，这并非一个糟糕的墓志铭。威尔伯福斯勋爵否决这项原则的原因之一是，当时议会颁布了一项法律——《1977 年不公平合同条款法》（The Unfair Contract Terms Act 1977），明确赋予法院宣布消费者格式合同中不合理条款无效的权力。之后，2013 年欧盟关于消费者合同中不公平条款的指令（Council Directive 1993/ 13/ EC）在欧盟地区生效（Brownsword 2014）。这也为消费者对抗不合理的格式合同条款提供了实质性保护。此处更具普遍性的观点讨论将与消费者保护立法范围外的案例相关，例如 *British Crane Hire* 案，以及合同双方在交易过程中均有所行动的其他案件。④

这些英国和欧洲立法中所取得的发展，虽然在加拿大法律中尚未有确切的对应立法，但是与评价加拿大法律的司法发展是相关的。加拿大案件裁判最初采用的是英国的根本违约原则，但是其最高法院最终仿效英国案例同样否决了这一原则。*Tercon Contractors Ltd v British Columbia*（*Ministry of Transportation and Highways*）（2010）案宣布了取代根本违约原则的新的检验标准。在考虑这些标准的适用范围时，重要的是不要忘记根本违约原则之前所服务的合法目的。可以合理地假设，法院意识到新的标准在某种程度上需要履行原先由根本违约原则所实现的消费者保护功能，而现在将由英国和欧盟法律（而非加拿大法律）通过明确的法律规定来完成。*Tercon* 案如同所有文本一样必须结合相应的背景进行解读，而该案的背景就是根本违约原则的历史，即该原则虽然存在缺陷但是已经实现了法律目的。因此，有观点认为，新的标准应当尽可能被解读为，是被设计用以履行原先由根本违约原则所实现的消费者保护之目的。

Tercon 案中认可的标准包括三个步骤：首先，对于相关法条进行解释；其次，根据解释接受显失公平原则的判定；最后，该条款需要接受与公共政策相容性的测试。这些测试能够赋予当事人相当大的权力来拒绝不合理的条款。第一，严格解释或狭义解释通常是使格式合同无效的方式。就 *Tercon* 案本身而言，尽管它不是一个关于消费者的案件，但是大多数法院实际上对于明显免除责任的条款给予非常严格和人为（许多人称之为）的解释。⑤ 第二，对于将显失公平作为认定合同个别条款无效的原因进行开放式认定具有潜在的深远意义。第三，认可不符合公共政策作为特定的不公平条款无效的理由同样具有重要意义。危险缺陷产品的免责条款就是由于这一原因导致无效的例子，但是这一理念不必局限于产品领域。Binnie 法官（虽然对解释观点持有异议，但是就根本违约问题提出法庭意见）补充认为："合同自由，如同任何自由一样，都可能被滥用"[*Tercon contractors Ltd v British Columbia*（*Ministry of Transportation and highways*）2010:（118）]。对于"滥用"一词的使用具有重要的意义，其可能暗示魁北克法律不认可滥用条款的效力（Grammond 2010）。承认某些合同条款构成了对合同自由的"滥用"，这必然意味着法庭有权力并且确实有义务防止这种滥用。在一起家庭法案例中（*Rick v Brandsema* 2009），加拿大最高法院也将显失公平作为合同

---

④　在任何一方都没有在业务过程中采取行动的情况下，它们也可能是相关的（在电子格式合同的上下文中很少见）。

⑤　在 *Robert v Versus Brokerage Services Inc* [2001] OJ No 1341 (Superior Ct) 中，在网上证券交易的背景下，有一项措辞宽泛的免责条款不适用于因重大疏忽而造成的损失 (Wilkins J, [62])。

法总则部分予以接受，但是其概念的解释范围有多宽泛还有待观察。

　　显失公平最初是一个衡平法概念，在 18 世纪被广泛应用于撤销不公平的合同，特别是权益丧失合同。抵押合同往往包含标准语言，相当于 18 世纪的格式合同。在关于英国合同法的初版著述中，有一章题为"救济不合理合同或协议的衡平法上之裁判权"的内容占据很大的篇幅（Powell 1790: vol 2，143）。鲍威尔（Powell）提出，对于不可撤销的合同而言，仅仅是不合理交易的事实并不能成为衡平法中撤销合同的理由，

　　　　因为这并非最明智的人会做出的决定；但是，如果出于对价签订合同，则必须存在欺诈行为才能使这种庄严而深思熟虑性质的行为无效（Powell 1790: vol 2，144）。

但是，鲍威尔接着指出，"欺诈"在衡平法上具有独特和宽泛的内涵：

　　　　尽管有些协议不完全是欺诈，即只带有欺诈性条款，但其仍然会因为不公平和将困难、负担强加给合同一方承担而被撤销，认为这种行为是不道德和缺乏责任心的，这被视为衡平法的一个特色。基于这一原则，法院将撤销诸如例如一方承担过重义务等情况的不公平合同（Powell 1790: vol 2, 145–146）。

鲍威尔以 18 世纪抵押合同中非常普遍的一个格式条款为例，该条款规定未付利息应被视为本金并且在支付之前计提利息。鲍威尔写道："该协议将因欺诈而被撤销，因为存在极端的不公和强迫"（Powell 1790: 146）。对于现代的读者而言，衡平法中所使用的"欺诈"概念可能会令人产生误解。衡平法中的"欺诈"意味着"不负责任的"或者"不公平的"。就抵押权人而言，不要求其存在不当行为。鲍威尔将这类格式条款描述为"欺诈性的"，却并不包含实际欺诈的含义，这表明在当时法庭行使广泛的裁判权以控制不公平条款的使用。每一个现代的高级法院同时都是衡平法院，而在案件裁判中如果普通法与衡平法之间存在冲突，则以衡平法为准 [Judicature Act 1873: s 25（11）]。*Tercon* 案中对显失公平原则的认可应该有助于提醒现代的法院，它们从旧时的衡平法院继承了广泛的权力。

　　在 *Kanitz v Rogers Cable Inc* 案中，一项关于显失公平的分析被应用于消费者电子合同中，被认为确实存在对不平等的议价能力（*Kanitz v Rogers Cable Inc* 2002: [38]）。然而，所涉条款（一项仲裁条款）被判定为有效，理由在于缺乏否定其无法作为一种可能令人满意的救济措施的证据。在未来的案例中，后一项结论可能会遭到质疑。正如夏普（Sharpe）法官所指出的，消费者合同中仲裁条款的现实实践，往往是使消费者无法获得任何有效的救济：

330

　　要求仲裁和禁止聚合索赔诉求的条款具有将消费者索赔排除在集体诉讼之外的效果。卖家偏好仲裁的声明往往只不过是为了规避普遍存在的低级不当行为所带来的责任，它们不能被单独提起诉讼，但是聚集时可以形成一个可行的集体诉讼……事实上，当消费者纠纷通过 NAF 等向供应商企业出售服务的机构进行仲裁时，消费者往往会因为仲裁员偏向占主导地位并且是重复参与者的企业客户而处于不利地位（*Griffin v Dell Canada Inc* 2010: [30]）。

　　也许有理由认为，对消费者而言这类条款通常是不公平的，这无疑也是一些法域的消费者保护立法宣布此类条款无效的原因。有观点认为，在一些情形中当消费者难以撤销合同时，可以以经济胁迫为由宣布合同无效（Kim 2014: 265）。

　　Tercon 案中认可的另一项可能限制格式条款的概念是公共政策。剥夺法院司法裁判权的条款最初被视为对公共政策的违背。法律和司法推理确立了仲裁条款和诉讼管辖地选择条款作为例外情形。但是，对于不公平的仲裁条款和诉讼管辖地选择条款，可能存在公共政策概念的适用空间。法庭可以认为，虽然在拥有平等议价能力的合同当事人自由达成协议的情形中这些条款是可以接受的，但是法庭仍能以这些条款表面违反了公共政策某一要义为理由，对消费者交易和格式合同中的合同真实性和公平性进行审查。判决最后一段援引了沙普（Sharpe）法官对仲裁条款实质影响的评论。将诉讼限制在已知将不便于消费者索赔的偏远司法管辖区域，这类诉讼管辖地选择条款可能也是一种同等有效的威慑。某些情况下，如果合同条款实际上可以有效地阻止用户终止合同并使用其他供应商，那么该合同整体或部分内容可能会因限制交易而无效（*Your Response Ltd v Datateam Business Media Ltd* 2014）。

　　同时还应注意地方性的消费者保护立法。一些合同条款在地方立法中已被禁止。例如在安大略省（《2002 年安大略省消费者保护法》）和魁北克省（《魁北克省消费者保护法》）宣告消费者合同中的仲裁条款无效，而阿尔伯塔省在立法中要求仲裁条款必须事先得到政府部门的批准（《2000 年公平交易法 RSA》）。在许多法律法规中同样存在一些更为宽泛的语言，这些表述在措辞上通常并不清晰。安大略省法律规定"做出显失公平的陈述是一种不公平的做法"（此处的陈述被定义为包括"要约"和"提议"），并且补充规定：

　　在不限制判定陈述是否显失公平的考虑因素的一般性时，需要考察的是陈述者……知道或应当知道……拟定交易单方面地过度偏向于消费者以外的另一方，或拟定交易的条款是不公平的，从而对消费者不利（《2002 年消费者保护法案》第 ss 15（1），15（2）（a），15（2）（e）条）。

这些措辞虽然不够清楚，但是会赋予法院宽泛的权力去宣布格式合同中的不公平条款无效。然而，迄今为止这些规定似乎尚未充分发挥其可能的作用（*Wright v United Parcel Service* 2011: [145]）。其他省份的类似规定也是如此。

由于英国和欧洲法律中对于需要法院来限制消费者合同中不合理格式条款的普遍认可，加拿大和英国合同法之间的联系已经削弱；在加拿大法律中并没有对于这类条款的明确承认。目前加拿大法院在裁判中经常援引美国在合同订立方面的判例，这产生了一种新类型的形式主义，其要求同意的形式而非实质。这似乎很奇怪，因为人们普遍认为在美国形式主义早已被现实主义者所征服。但是转念一想，这一趋势也许并不那么令人惊讶：现实主义的简单形式战胜了其他看待法律的视角，这最终会导致对法律原则的轻视，对法律原则精妙修改和丰富的忽视和不耐，对历史的忽略，以及对日常实践中法律实效的无视，而这一过去曾是普通法思想的核心。彼时唯一留下的是过于简化的形式主义，但矛盾的是，它比现实主义者最初试图取代的任何事物都更为坚固。

法官们不会仅仅因为当事人表面上签订了合同就必须要强行施加义务。普通法规定的合同义务往往受到衡平法权力的制约，当合同出现错误或者显失公平时衡平法将进行干预。现代法院继承了普通法院和衡平法院的权力，它们有权力亦有义务否定那些违背正义与公平的合同或所谓合同的效力。在这种情况下，现实的考量非常重要：当服从于格式合同条款成为一种现实需要，没有理由让法官们在计算机时代对商业惯例视若无睹。正如二百五十年前一个衡平法庭所言仍是真理，"穷人并不是真正的自由人，但是为了应对当前的紧急情况，他们会服从狡猾的人强加给他们的任何条件"（*Vernon v Bethell* 1762: 113 per Lord Northington）。

在 *Seidel v Telus Communications* 案中，加拿大最高法院认为，排除根据《不列颠哥伦比亚省商业惯例和消费者保护法》提起集体诉讼的仲裁条款是无效的。大部分论证是基于法律法规精准的措辞，其中包括：

> 在消费者交易中限制或不限制仲裁条款的选择由立法机关决定。在立法干预缺位的情况下，法院通常会认定自由签订的商业合同条款，甚至是包含有仲裁条款的附属合同条款都具有效力（*Seidel v Telus Communications Inc* 2011: [2]）。

该意见虽然是附带的并且受到"通常"和"自由签订"等词语的限制，但是从消费者保护的角度来看并不十分令人鼓舞；当存在有利于执行的具体立法时，它可能受限于仲裁条款，其中存在有利于执行的具体立法。虽然消费者保护法肯定发挥着重要和实用的作用，虽然消费者保护法重要并确实有效，但是仍然需要对未被立法机关所确定或法定交易行为情形之外的不公平条款进行司法调整。这些想法都是不切实际的：由于立法机关已经明确禁止某一类型的条款，就认为对其他可能的每种合同条款无论有多不公平，都必须积极地要求予以严格执行；由于部分法域颁布了消费者保护法律而另一法域并未出台，就认为这些法域的立法沉默等同于必须执行所有可能的合同条款的积极命令。例如，《安大略省消费者保护法》规定消费者合同中的仲裁条款无效，但是对于同样可能具有剥夺司法救济效果的诉讼管辖地选择条款则并非如此。将这种遗漏解读为安大略省立法机构对于消费合同中无论多不合理的诉讼管辖地都应严格执行的积极主张，这种观点是不切实际的；也不见得要仿效其他法域在立法中明确赋予法院认定消费者格式合同中不合理条款无效的权力，安大略省法律中就不存在类似的一般性授权规定：虽然如此，正如最高法院在 Tercon 案中所确认的那样，合同表面的效力仍然受到诸如显失公平和公共政策等发展起来的一般司法概念的约束。一个法域的立法不能取代另一法域中法院固有的权力；相反，它更倾向于建议通过某些权力（如果不是立法权，就是司法权）以避免不公平，特别是当立法历史表明其本身在一定程度上是为这一目标而发展的早期司法权力的法典化。允许法院浪费其固有的避免不公平的权力是非常可惜的。

333

立法，即使不直接适用于现有的案件，也可以作为一个类比（Landis 1934）。认为因立法机关有规定而使法院不能制定法律的观点，是对普通法过于僵化的看法。Diplock 勋爵在 *Erven Warnink Besloten Vennootschap v J Townsend & Sons（Hull）Ltd* 案件中认为：

> 立法活动在过去数年里可以发现存在一个稳定的趋势，反映了历届议会关于公共利益在某一特定法律领域中的要求的看法，其在同一领域其余部分中普遍法上之发展应当平行而为，而非相互偏离（*Erven Warnink Besloten Vennootschap v J Townsend & Sons（Hull）Ltd* 1979: 743）。

Rudder v Microsoft 案中所提出的第二个问题是，电子合同必须具有与所有书面合同同样的神圣性，从显失公平的角度来说存在审查电子合同的其他理由。用户在实践中不可能阅读合同条款，要求经常访问网站的用户每次都核对条款以确保自前一次使用以来未发生任何改变是完全不现实的假设。[⑥] 电子文件比纸质文件更难以评估和解析，一是因为电子文件的大小无法一目了然；二是因为所有的电子文件看上去十分相似，其外观无法警示用户电子文件的重要性；三是因为难以内部交叉引用（Scassa and Deturbide 2012: 21）。用户知道除了接受条款之外别无选择，因为即使用户提出反

---

⑥ 在 *Kanitz v Rogers Cable Inc* [2001] 58 OR (3d) 299 (Superior Ct) 中，法院认为，用户受允许在网站上发布后续更改的条款的约束。

对也无法改变这些条款，并且使用计算机数据库或电子通信手段往往是现实的需要。访问电子网站已经成为现代生活中十分常见的一部分，而许多网站上的"接受"框每天可能会被点击数十次，甚至数百次。添加格式条款的便利可能导致使用条款日趋累赘的趋势，而这些条款随后又会被竞争者所复制。这些理由是累加的；每一个单独的理由可能不足以区分电子合同和纸质合同，但是积累起来它们的确展示出了两者的实际区别。其中某些理由可能适用于纸质的标准合同，但是对于商事企业而言，电子合同无疑使其在实践中列入用户义务条款变得更为容易。

五十年前德夫林（Devlin）勋爵将垄断环境中对印制格式条款的司法态度描述为"虚假的世界"（*McCutcheon v David MacBrayne Ltd* 1964: 133），这一评价对电子合同更为贴切。玛格丽特·简·拉丁（Margaret Jane Radin）（Radin 2013）和南希·金（Nancy Kim）指出，实践表明电子合同本身特别易于吸引苛刻的和不合理的合同条款。金写道：

> 为了促进交易并为消费者创造流畅的网站体验，企业有意将合同呈现的干扰最小化。所有的这些行为都降低了合同的信号效应，并阻止消费者阅读合同条款。消费者们通常没有意识到，点击"同意"后他们就做出了一个法律承诺。企业利用消费者未能阅读合同条款，在合同中加入更为激进和强迫性的条款。同时，法院不考虑电子格式合同对当事人行为的影响，就适用教条规则（Kim 2014: 265–266）。

金（Kim）继续建议，在消费者别无选择时，在案件中可以以"情境胁迫"为由撤销合同。例如，当数据先前被托管于一家网站时，除非接受其提议的新条款，否则消费者的这些数据将会丢失。她认为：

> 电子合同不同于纸质合同……法院强调这些电子格式合同之间的相似性以及它们的物理复本，却经常忽略了它们之间的差异（Kim 2014: 286）。

正如拉丁（Radin）较为令人信服的观点，这些并非传统文字意义上真正的协议。法院在这类交易中援引诸如"神圣性"之类的概念缺乏充分的推理。合同法包含了对于当事人之间公平性以及社会政策方面的综合考虑（Waddams 2011）。这两种观点都不能证成不适格神圣性的正当性，因为在很多情况下，合同义务绝对执行所假定的利益往往让位于对当事人之间公平性以及社会政策的考量。在电子合同中，法院应当牢记"当普通法允许合同自由时，也应警惕这一自由是否被滥用"[*John Lee & Son（Graham）Ltd v Railway Executive* 1949: 384 *per* Denning J]。在个案中必须权衡考虑，包括（格

式合同的）确定性和可预期性的优点与公平、公正、避免不当得利、消费者保护、防
止权利滥用、诚信以及正义。

七　结论

计算机技术要求对合同法中有关合同订立和可执行性的诸多方面进行重新评估。
19 世纪关于邮政承诺的规则很可能因过时而被废弃。对于书面形式和签名的要求，
必须根据最初要求之目的加以评估。鉴于目前电子格式合同日益累赘的趋势，尤其
（但不限于）是对于消费者方面，监管不公平合同的必要性已经愈发显现。

【参考文献】

Actionstrength Ltd (trading as Vital Resources) v International Glass Engineering (INGLEN) SPA
　　[2003] 2 AC 541

Adams v Lindsell [1818] 1 B & Ald 681

Brinkibon v Stahag Stahl und Stahlwarenhandelsgesellschaft GmbH [1983] 2 AC 34

British Crane Hire Corp Ltd v Ipswich Plant Hire Ltd [1975] QB 303 (CA) 311

Brownsword R, 'The Law of Contract: Doctrinal Impulses, External Pressures, Future Directions'
　　(2014) 31 JCL 73

Byrne & Co v Leon van Tienhoven & Co [1880] 5 CPD 344

Century 21 Canada Ltd Partnership v Rogers Communications Inc [2011] BCSC 1196, 338 DLR (4th) 32　　336

Coco Pacing (1990) Inc v Ontario (Transportation) [2009] ONCA 503

Consumer Protection Act, CQLR 1971 c P-40.1

Consumer Protection Act, SO 2002 c 30

Council Directive 1993/13/EC of 5 April 1993 on unfair terms in consumer contracts [1993] OJ
　　L95/29

Druet v Girouard [2012] NBCA 40

Dunlop v Higgins [1848] 1 HLC 381

Eastern Power Ltd v Azienda Comunale Energia & Ambiente [1999] 178 DLR (4th) 409 (Ont CA)

Electronic Commerce Act 2000

Entores Ltd v Miles Far East Corporation [1955] 2 QB 327 (CA)

Erven Warnink Besloten Vennootschap v J Townsend & Sons (Hull) Ltd [1979] AC 731

Fair Trading Act RSA 2000 cl F-2

Golden Ocean Group Ltd v Salgaocar Mining Industries Pvt Ltd [2012] 1 WLR 3674

Grammond S, 'The Regulation of Abusive or Unconscionable Clauses from a Comparative Law
　　Perspective' [2010] Can Bus LJ 345

Griffin v Dell Canada Inc [2010] ONCA 29, 315 DLR (4th) 723

Household Fire and Accident Insurance Co v Grant [1879] 4 Ex D 216

J Pereira Fernandez SA v Mehta [2006] 1 WLR 1543

John Lee & Son (Grantham) Ltd v Railway Executive [1949] 2 All ER 581

Judicature Act 1873

Kanitz v Rogers Cable Inc [2002] 58 OR (3d) 299 (Superior Ct)

Kim N, 'Situational Duress and the Aberrance of Electronic Contracts' (2014) 89 Chicago-Kent LR 265

Landis J, 'Statutes and the Sources of Law' [1934] *Harvard Legal Essays* 213; (1965) 2 Harvard LJ 7

Leoppky v Meston [2008] ABQB 45

Llewellyn K, *The Common Law Tradition: Deciding Appeals* (Little Brown 1960)

McCutcheon v David MacBrayne Ltd. [1964] 1 WLR 125 (HL)

Parker v South Eastern Railway Co [1877] 2 CPD 416 (CA)

Photo Production Ltd v Securicor Transport Ltd [1980] AC 827 (HL)

Pollock F, *Principles of Contract* (1st edn, Stevens 1876)

Pollock F, *Principles of Contract* (3rd edn, Stevens 1881)

Pollock F, *Principles of Contract* (9th edn, Stevens 1921)

Pothier R, *A Treatise on the law of Obligations, or Contracts* (William Evans tr, Butterworth 1806)

Powell J, *Essay upon the Law of Contracts and Agreements* (printed for J Johnson and T Wheldon 1790)

Radin M, *Boilerplate: The Fine Print, Vanishing Rights, and the Rule of Law* (Princeton UP 2013)

Re Imperial Land Co of Marseilles, ex parte Harris [1872] LR Ch App 587

Rick v Brandsema [2009] 1 SCR 295

Robert v Versus Brokerage Services Inc [2001] OJ No 1341 (Superior Ct)

Rudder v Microsoft Corp [1999] 2 CPR (4th) 474 (Ont Superior Ct)

Scassa T and Deturbide M, *Electronic Commerce and Internet Law in Canada* (2nd edn, CCH 2012)

Seidel v Telus Communications Inc [2011] 1 SCR 531

Tercon Contractors Ltd v British Columbia (Ministry of Transportation and Highways) [2010] SCC 4, 315 DLR (4th) 385

Thomas v BPE Solicitors [2010] EWHC 306 (Ch)

Tilden Rent-a-Car Co v Clendenning [1978] 83 DLR (3d) 400 (Ont CA)

Treitel G, *The Law of Contract* (11th edn, Sweet & Maxwell 2003)

Unfair Contract Terms Act 1977

Uniform Law Conference of Canada, Uniform Electronic Commerce Act (comment to s 22, 1999) <www.ulcc.ca/en/1999-winnipeg-mb/359-civil-section-documents/1138-1999-electronic-commerce-act-annotated> accessed 25 January 2016

Vernon v Bethell [1762] 2 Eden 110, 113

Waddams S, *Principle and Policy in Contract Law: Competing or Complementary Concepts?* (CUP 2011)

Watnick V, 'The electronic formation of contracts and the common law "mailbox rule" ' (2004) 65 Baylor LR 175

Wright v United Parcel Service [2011] ONSC 5044

Your Response Ltd v Datateam Business Media Ltd [2014] EWCA Civ 281

337

第十四章
刑法和演变中的对行为之技术诠释

丽莎·克莱登（Lisa Claydon）

刘灿华 译

一 导论

这本手册讲的是法律与技术的交叉问题。本书的这一部分研究了技术诠释的发展对现有法律概念施加压力的方式，以及这种压力如何可能引发法律学说和法律本身的变化。基于我们对神经学和神经认知学有更多的科学认识，这一章考察了可供我们重新理解犯罪行为的各种机会。本章考虑了科技如何可能为刑法的"老问题"提供新答案。例如，新的技术方法如何帮助准确识别儿童在所谓的非意外头部损伤中死亡的原因，或者如何利用认知神经科学得出的新知识，帮助我们重新理解围绕刑事责任年龄的争论。

刑法在界定较严重的罪行时，往往注重被告人的认知能力，以及被告人在犯罪行为发生时就其实施的行为能够理解或知道什么。从某种意义上说，对于科学上的直接挑战，法律是不予以理会的，因为规范结构的基础决定了法律关于人类怎么想和怎么做的判断。刑法，在犯罪构成要件中，评价刑事责任时仍然将犯罪行为与行为时的主观精神过程相分离。从这个意义上说，它确立有罪或无罪的做法是非常不科学的。研究大脑活动与行为相关性的科学家很少会将精神状态与大脑活动相区别。

在法庭上，由于刑事司法制度的对抗性，证明或否定诉讼案件所需要的科学证据或其他证据的碎片，成为法律争论的焦点。有时，为支持辩方或控方诉求而提供的证据是证人证词，证据的基础有时是以对科学或技术的理解为基础的专家意见。证人证言很可能以发生的更早的事件的记忆为基础，并需要接受交叉询问。技术进步表

338

339

明，这不是找回事件准确记忆的最有效方式。再者，刑事法庭期待，在关于技术知识的专家意见被提出的场合，它是以可验证的科学为依据的，以及给予解释的人是有资格提供专家证据的。[①] 综合起来看，出现的是由刑法、预审和庭审构成的制度，它借鉴了科学对各种关键议题的诠释。然而，这些议题并不一定结合成一个有凝聚力的科学整体，而只是被法律要求和承认作为证据的东西拼凑在一起而已。因此，人们可能期望，在这一个过程中，技术的影响力集中在与判断被告有罪还是无罪密切相关的事物上。

二 科学、媒体、公共政策和刑法

关于如何对待实施严重反社会和暴力行为的人，以及神经认知或生物学关于行为的驱动因素的诠释是否有助于刑事司法体系，都存在很多学术性的与其他方面的争论。一些关于大脑驱动行为，特别是暴力行为的书籍已经出版（例如，见 Raine 2014）。他们的论点是，一些有问题的犯罪行为最好在现行刑事司法体系之外进行处理。这本身就提出了一些有趣的政治和监管问题，包括：谁将决定何时对某些案件进行司法外的处理，这种改变应该以何种方式引入，谁应该负责启动这些新的科学评估方法，以及决策过程应该如何规范。有更多的问题需要回答——例如，这些测试和技术的启动程序能有多透明，以及将在哪里以及如何对它们进行司法审查？而且，这些技术的应用结果通常会要求使用它们或者报告它们的结果的人，行使一定程度的主观判断。将可能被视为事实证据的证据与可能被视为主观意见的证据分开，一直是法院需要面对的问题，对科学家也确实如此。在一个技术认知水平日益提高的时代，法院在决定专家的意见何时必要和何时不必要时，往往会面临着很大的挑战。刑事法庭特别注意防止专家证据的使用会篡夺陪审团的权力。

有一种天真的想法认为，关于"我们如何行为"的新技术诠释的科学解释应该取代司法诠释。同样值得指出的是，科学并不宣称拥有获得真相的唯一途径。科学方法提供了一个有趣的与刑事司法或立法审查过程平行之物。著名的科普作家本·戈达克（Ben Goldacre）描述了这一过程：

> 每一场关于一些数据意义的争论，本身就是科学进步的故事：你提出你的想法，你提出你的证据，我们都轮流试图批驳。在科学上，对于这种严密的批判性的评估过程，我们并不是带着怨恨勉强地容忍：远非如此。对证据的批评和仔细

---

① 例如，案件 R（*on the application of Wright*）*v the CPS*[2015]EWHC 628（Admin），（2016）180 JP 273 中的有关《刑事诉讼程序指南》第 33A 部分的适用。

审查是受到积极欢迎的——它是这个过程的绝对核心——因为被百般挑剔后这些想法才能存在，这就是我们逐渐获知真理的方法（2014: xv）。

刑事法庭是证明公诉案件的地方，针对刑事法庭中诉讼主张，除对抗制度以外，还存在其他平行的制度。透过这种对抗制度，案例法得到了发展，但是很多法律并非如此。公共政策要求，为了让公众认为法律是合法的，或者得到合法的执行，它必须在某种程度上与社会是非观保持一致。相反，这会影响技术和法律的关系。社会对法律的发展有强烈的看法。围绕着新闻媒体所报道的某些备受瞩目的刑事案件，往往会形成某种民意，而这种民意对制定政策的人构成压力。无论是立法机关制定法律时，还是法院解释和适用法律时，都是如此。举例来说，如果某种疾病是犯罪行为的原因，或者至少对犯罪事件的发生提供了部分解释，那么法院面临的法律问题是：基于犯罪事实，精神状况辩护是否适合。社会对那些患有精神疾病的犯罪人的社会危险性的看法，无疑构成了上述讨论的部分背景。精神障碍辩护提供了这种政治讨论的早期例子；事实上，著名的迈克纳顿案（*M' Naghten's case*）是（高等法院的）女王座法院的法官针对上议院对此案的批评而做出的回应。在 1843 年，上议院在国会两院的地位更高。此案具有很高的政治影响力，因为它涉及企图暗杀时任首相以及杀害他的秘书爱德华·德拉蒙德。法庭有时会拒绝将这种精神错乱作为辩护理由，并明确以政策原因为由，缩小精神障碍等辩护理由的范围。在被告人本来可能被给予一个宽恕理由的场合（为了否定这个宽恕理由），通常使用的措辞就是对公众构成危险。（*R v Sullivan[1984]*）。

就公共政策和媒体对犯罪行为的态度而言，一个存在问题的法律领域是刑事责任年龄。目前在英格兰和威尔士，那个年龄被定为十岁。可以说，上议院在 *R v JTB[2009]* 判例中对法律进行严格解释的一个原因就是民意的影响。关于性犯罪儿童的舆论的影响力，可能可以从 2010 年媒体关于两名男孩的审判的报道中展现出来；这两名 10 岁和 11 岁的男孩因为涉嫌对一名 8 岁女孩实施非常严重的性侵犯而在伦敦中央刑事法院（the Old Bailey）接受审判。BBC 对一审的新闻报道提出了一些令人不安的问题，如果对记忆和发育成熟有更好的神经认知学的诠释，所有这些问题都会变得更加清晰。首先，在这个案件中，据说女孩对这些事件的记忆是"牵强的、内在脆弱和前后矛盾的"。其次，在报告的分析中，据报道，御用大律师保罗·门德尔（Paul Mendelle）说："需要讨论的是，我们是否需要重新审视刑事责任年龄和未成年人进入刑事法庭的程度。"（McFarlane 2010）伦敦警察厅联合会代表的观点反映出社会压力如何影响该法的发展：

伦敦警察厅联合会的彼得·史密斯（Peter Smyth）在英国广播公司（BBC）

的电台 4（Radio 4）的《今日》（Today）节目中表示，这起案件不仅仅是惩罚性的："正义不仅仅是惩罚：它是对真相的探索。"家属和受害人需要了解真相是什么。如果他们没有受到审判，然后在两年后，其中一人或两人又袭击了另一个 8 岁的女孩，你能想象出会引发出怎样的激烈反应吗？（Spencer 2010）。

保护公众免受那些实施危险行为的人的伤害，是刑法发展过程中的一个重大压力。神经心理学家大大增加了如何组织询问以找回对过去事件的记忆的知识。为了让儿童能回忆起事件，他们就如何组织对儿童的询问，做了很多工作（Lamb 2008）。

三　主动保护公众？

一般来说，在刑法中，宽恕罪责情节的外延被界定得非常狭窄。那些希望挑战当前保护公众的法律方法的人，基于对行为原因的更多的技术性诠释，提出了许多论点。阿德里安·雷恩（Adrian Raine）探索了多种干预模式，即在犯罪之前就在刑事司法制度之外对有暴力倾向的个人进行处置。雷恩（Raine）于 2014 年设想，在未来世界里，"龙勃罗梭"（LOMBROSO）② 项目将会找出那些可能将要犯下严重暴力罪行的人。雷恩建议，可以组建一个跨学科的团队，以提高现有模型对缓刑释放人员的筛查能力（Raine 2014:342）。他认为，这种"推定模型"将可以利用从潜在暴力犯罪者的大脑、基因遗传以及与心理风险评估相关的因素中获得信息。他声称，这种模型可以有效地预测哪些人可能犯下严重暴力犯罪。在这个想象中的世界里，神经犯罪学将扮演主动而非被动的角色。如果可以实现，这样的未来确实会引发许多关于此类项目合法性的问题，尤其是在公民犯罪前侵入私人世界的合法性问题。

雷恩要求读者想象，在"龙勃罗梭"项目下，所有 18 岁及以上的成年男性都将"在当地医院登记，接受快速脑部扫描和 DNA 测试"。脑部扫描将有三种类型：结构性的、功能性的和增强弥散张量成像。还将进行血液测试（Raine 2014:342）。他认为，曾经遭受严重犯罪的"愤怒的社会"可能会接受对那些有可能犯下严重罪行的人进行预防性拘留。他并不认为，这些检测能够完全准确地预测严重犯罪。雷恩表示，测试最多只能在该地区达到 80% 的准确率，而这只针对特定的罪行，如强奸或恋童癖罪行（Raine 2014:343）。

雷恩的想法激起了深思熟虑的辩论。他对刑事司法系统的主要观点是，他认为它们依赖于社会模式来理解行为。雷恩的观点似乎是，通过找出那些其生物成分显示出

---

② 龙勃罗梭（Cesare Lombroso）是早期的犯罪学家，他的著作《犯罪人论》于 1876 年首次出版。根据实证研究，他认为犯罪人有一些共同的物理特征。

他们容易实施反社会行为的人，或许可以对这种行为进行更有效的管理。雷恩认为这可以让世界成为一个更安全的栖息之地，他希望我们考虑这样的结果在一个自由社会是否合适。这种说法并不新鲜，至少就识别反社会行为的好处而言是如此。大卫·法灵顿（David Farrington）认为，儿童时期的早期干预可以有效地防止成年后实施反社会行为（Farrington and Coid 2003）。显然，雷恩对处置措施的建议超越了目前的做法，而且代价高昂，需要耗费大量资源。对于我们希望生活在一个什么样性质的社会，雷恩（Raine）也提出了一些深刻的问题。

　　为了使这些问题的讨论更加复杂化，刑法和刑事律师以完全不同的方式讨论刑罚和责任的问题。神经犯罪学专家雷恩认为，对犯罪行为的评估几乎完全基于社会的和社会学的几种模式： 343

　　　　在 20 世纪的大部分时间里，对犯罪行为的理解占主导地位的模式是，一个几乎完全建立在社会和社会学模式之上的模式。我的主要论点是，完全依赖这些社会观点从根本上说是存在根本缺陷的。(2014: 8)

雷恩提出的假设是，法律的核心原则是，根据选择或者"自由意志"的程度来确定有罪或无罪。这种假设存在争议。法律确实认为犯罪行为是一种自愿行为，但这是否意味着"自由意志"仍存在很大争议。诺里（Norrie）认为，刑法对自由意志的任何承认都是有限的。他还指出，在刑法中，对驱动行为的社会环境的解释，在确定有罪或无罪方面的作用是很有限的。他这样写道：

　　　　刑法的普遍判断标准是一套最小公分母。全人类都实施有意识的行为，而且是有意为之。这在很大程度上是正确的，法律否认这些人的刑事责任也是有道理的：他们因为精神疾病或其他类似因素而缺乏自愿性（狭义的）或缺乏故意。但这种方法忽略了使个人生活成为可能的社会背景，在这个社会背景下，除非存在认知或意志崩溃的情况，个人的行为是被中介促成的和有条件的。我们无法逃离自身所处的家庭、邻里、环境、社会阶层和政治之中。正是这些背景让我们掌握了或多或少的有效的"牌"。诚然，对所处的环境而言，人类的作用不能被简化，但如果没有它们，人类或人类的行为也无法理解。(2001: 171–172)

　　这种相互矛盾的观点的根本原因在于，雷恩提出，犯罪学推理过于依赖社会／社会学的行为模型是错误的，而神经认知／生物学的方法可以识别出那些真正危险的人。雷恩是犯罪学家，而诺里是刑法学者。诺里认为，在审判阶段，刑法所采用的刑事责任模式，在很大程度上忽视了对行为的社会或社会学解释。诺里对法律的批评表明，更好地理解社会环境如何影响犯罪，将有助于我们理解什么时候应该追究某人的刑事责任，而雷恩则表明，这无助于我们理解是什么促使人去做出犯罪行为。这是两个存在微妙差异的问题。雷恩感兴趣的是讨论：对于生活环境和神经生物学因素增加其实施严重犯罪行为可能性的人，我们如何最好地防止他们伤害整个人群。诺里关注的是，那些被指控犯罪的人有机会在刑事法庭接受公正的审理。只有被判决有罪之后才会讨论刑罚问题，这就给我们引出了一个真正的问题，即国家惩罚那些犯下罪行之人的合法性。

344　　## 四　刑事法庭合法性的现实问题

可以说，对刑法发展施加的最大压力，是杰里米·霍德（Jeremy Horder）的论点中提到的，它涉及国家执法合法性的来源：

> 从更广泛的意义上说，人们不应根据刑法典的狭隘性来推断，人们是否信奉所谓的自由价值观，即形式上的平等、法律上的确定性和广泛的意志自由。相反，人们可以认为，如此狭隘的做法源于（错误的）假设：宽恕罪责的条件如果很宽泛，则会严重损害已经被证明的在所有发达国家——无论是过去还是现在，自由主义的还是非自由主义的——都被认为是非常重要的战略性的事情。这就是，维护法律制度压制武力或者武力威胁的权威，即通过将人们报复（或者不那么吓人地说，强制监禁）不法行为人的欲望，转化为国家惩罚不法行为（或监禁）的欲望（2004: 195–196）。

霍德认为，通过保持宽恕罪责条件范围的狭窄性，同时在减轻或者加重刑罚的问题上承认罪责的等级性，可以使国家保持其合法性地位。这就避免了，民众因为国家未能追究犯罪人适当的刑事责任而实施报复行为。一个有趣的问题是，假如国家意识到公众转而支持一种控制潜在犯罪人的、更加技术性的和干预主义的立场，将会发生什么？

这个问题并非完全没有先例，关于如何处理有可能犯下严重罪行的个人的问题，在此前一直是英国讨论的焦点。2010 年，麦克斯·卢瑟福（Max Rutherford）发表了一份研究心理健康问题和刑事司法政策的报告。针对雷恩设想的那种系统在实践中可能如何工作，他的报告给出了见解。他的报告考察了 1999 年由当时的政府推出的治疗个人危险和严重人格障碍（DSPD）的政策的运作情况（Rutherford 2010）。卢瑟福（Rutherford）从一开始就跟踪了这一举措，他的评估结果是令人沮丧的：

DSPD 项目是一项为期 10 年的政府试点项目，已耗资近 5 亿英镑。积极的结果非常有限，自 1999 年成立以来，人们提出了许多道德问题。(2010:57)

卢瑟福鉴定的伦理问题来自多种来源，但最该死的是来自英国医学杂志的一篇社论：

政府的提议伪装成精神卫生服务的延伸。事实上，它们是预防性羁押的提案……它们的目的是……绕过《欧洲人权公约》(*European Convention on Human Rights*)，该公约禁止预防性羁押，除非是头脑不健全的人。他们承诺提供新的资金和研究资金，希望借此贿赂医生，使其在无限期羁押某些选定罪犯的过程中成为同谋。这些提案给卫生专业人士带来的道德困境没有得到讨论，大概是因为它们在道德和职业上都是站不住脚的。(Mullen 1999:1147; 转引自 Rutherford 2010:50)

卢瑟福严重怀疑该计划对实现其目的是否有用。司法部的 4/11 研究摘要检查了该计划的部分内容，并研究了其有效性。研究概要指出，暴力程度风险分数降低了。报告还指出了治疗实践的差异，以及更倾向于在监狱而不是精神病院实施该计划。它指出，良好的多学科合作对取得成功至关重要。较不积极的是，它指出"从机构出来的路径不是很明确"(Ministry of Justice 2011:1)。

霍德关于国家刑罚合法性的观点，如果他是正确的，意味着公众会希望知道，当金钱被用于治疗严重人格障碍罪犯时，他们更安全地免受暴力犯罪的伤害。事实上，这可能是公众对刑事司法制度的结果的关注焦点。如果没有很好地界定路径以防止再犯，那么民众很可能会对这类罪犯的治疗效果产生担忧。刑事审判提出了不同的问题，公众的公平观与刑法规定的犯罪构成要件及辩护元素之间仍然存在紧张关系。科学技术在这里变得相关，以确定事件是如何发生的，以及向法院提出起诉。

五　解答刑法老问题的新技术

法院面临的另一个问题是如何准确确定构成犯罪所必需的主观要素。在没有目击证人的情况下尤其如此。例如，当某人声称对创伤犯罪没有记忆，但他们似乎是行凶者时，他们的精神状态证据如何被证明？或者，如果被告患有一种医学上的疾病，表明他们不可能符合犯罪主观要件的，那么有什么证据支持这样的辩护呢？再者，除了依靠陪审团作为事实的认定者，法律是如何确认某人正在说的是事实真相？一些基于测谎的技术主张，它们可以协助法庭。应该如何评估这种主张？

346　　　　刑事法庭很难确定什么科学是有效的，并且应该采纳作为证据。专家意见证据与误判的关系由来已久。这就是为什么法律对技术做出回应的方式之一是重新界定证据资格方面的规则。然而，技术诠释方面的进步极大地协助了法院以司法鉴定手段解决事实证据问题。当技术无法为已经发生的事件提供解释时，可能会出现问题。当刑事被告人也无法对刑事指控的事件做出解释时，问题就变得更加严重了。然后，法院必须依据专家的论点，对有关事件进行科学解释。当她认为这些证据不会帮助陪审团或没有基于有效的科学依据时，法官可以决定完全不接受这些证据。

　　　　构成有罪和无罪的基础问题是根本性的，从这个意义上讲，不会随着时间的推移而改变。然而，科学可能发生变化，这些科学有助于发展与这些基础问题相关的法律推理。以下各节探讨了新的技术和科学知识确实或可能帮助法律发展其法学知识的一些方式。

（一）死因是否被正确认定？

　　　　科学在提供事实的明智解释方面的重要性，于 2005 年在上诉法院审理的一组案件中得到了强调（*R v Harris, Rock, Cherry and Faulder[2005]*）。这些案件是安吉拉·坎宁斯案（Angela Cannings）引发关注之后发生的。在 *R v Cannings* 中，专家的意见证据，基于医学上对婴儿猝死原因的理解，被证明无法准确地证明安吉拉·坎宁斯的两个孩子在很小的时候突然死亡的原因。对案件情况的审查、陪审团听取的大量技术细节以及专家证据的多样性，再加上对死亡没有任何解释，让法庭有理由感到担忧。上诉法院的结论是，向陪审团提交大量有关一个家庭发生两起死亡事故可能性的技术信息，可能误导了陪审团。上诉法院的理由是，在这么多专家无法有效解释为什么这两起婴儿猝死发生在同一个家庭的情况下；那么陪审团由于认为缺乏科学解释而支持公诉的做法，也不是没有道理的。

347　　　　*在整个过程中，我们必须非常小心，不要单凭这些悲伤事件的罕见性，就得出一个假设或虚拟假设：这些死亡的婴儿是被故意杀害的，或者自觉或不自觉地认为，被告如果无法提供造成死亡的合理解释，就应该支持公诉。如果在检查所有证据时，所有可能的已知原因都被排除在外，那么结论是死因不明*（*R v Cannings[2004]:768*）。

2005 年，上诉法院收到了大量专家证据，他们必须试图了解儿童死亡的原因。为了跟进在坎宁斯案中发现的问题，一个跨部门小组成立了，而由于这个小组的工作，Harris 和 Cherry 的案件被送到法院审理。小组复查了"受虐婴儿案"，并写信给上诉人并表示，"每个人都可以认为，她（他）适合向上诉法院请求进一步考虑其有罪判决的妥当性（*R v Harris, Rock, Cherry and Faulder [2005]:4*）"。在每一个案件中，上诉庭上的辩论都涉及死亡或重伤是否有证据支持以及最有效的科学推理是否已经应用于所谓的非意外伤害。

大量的技术信息被复审案件由上诉法院受理。那些提供专家证据的专家的专业范围从病理学、脑外科、组织病理学、放射科、外科、神经创伤，到生物机械工程学。该案的一个核心问题是，从孩子身上的三重伤害推导出非意外伤害结论的这一诊断是否是适当的。不同寻常的是，法律报告包含两个附录：附录 A 是医学术语的词汇表，附录 B 包含头部图表。

关于可能对非意外头部损伤（NAHI）进行鉴定的新证据在法庭上被提出，这些证据是由专家提出的，而专家是从生物机械工程学关于人脑损害产生方式的知识获得了新诠释。没有一位出庭的专家是这方面的专家，但法院考虑了两位生物机械工程学专家的书面报告，报告是关于摇晃对人体造成的影响。一名专家证人为所有的上诉人提供证据和另一名专家证人则在皇室法院中为 Cherry 案提供证据。专家意见并不一致。法庭表示：

> 不能因为科学思维和技术的发展仍然处在假设阶段，就将它排除在法庭之外。显然，将专家证据的真实状况坦诚地向法庭表明，是第一位的（*R v Harris, Rock, Cherry and Faulder[2005]:270*）。

鉴于受伤或死亡的原因在所有的个别案件中都不容易查明，因此上诉法院面对的判定 NAHI 可能性的问题，是非常困难的。针对这些正在审理的上诉案件，法庭对每一个案件中的证据的证明力的看法都是不一致的。有趣的是法庭在一个技术和科学知识不确定的领域进行裁决的方法。[③]在处理摆在他们面前的新证据时，法庭要评估这些新证据对陪审团已经审理过的旧证据会造成什么影响。上诉法院的结论是，如果提出的新证据表明死因存在不明确之处，那么定罪就存在合理怀疑。[④]

---

③　[135]："在我们的判断中，抛开莫里斯（Morris）教授的统计数据不谈，他提出的一般观点是，与婴儿死亡有关的科学仍然是不完整的。"正如理查兹（Richards），在被问及造成伤害所必需的力量的背景下，所言，他认为，对伤害的评估需要大量的进一步实验和信息。他同意"我们不知道我们应该知道的一切"的观点。同样，卢瑟（Luthert）教授在他的证言中也说：

我说这种话的理由很简单，有很多情况下，人们都会质疑孩子是怎么死的，而且，由于这些情况存在一个很大的问号，人们很容易认为，我们所知道的导致死亡的方式是唯一合理的解释。但事实上，我认为我们已经有了这方面的例子——我已听到过。有些领域是未知的。用我们所知道的东西来填补那些未知的领域，是一种非常简单的做法，但我认为很重要的一点是要接受，我们不一定有足够的知识去解释每一个案例。

正如法院在 *Cannings* 和 *Kai-Whitewind* 案中所述，这些意见一般适用于婴儿死亡。

④　Cherry 的定罪被维持，Rock 的谋杀罪名被撤销，谋杀罪名被取代。Harris 和 Faulder 的定罪被撤销。

348　**（二）这个人是否成熟到可以被视为可负责任的？**

法院面临的一个长期问题是，确定某人在多大年纪的时候是足以承担刑事责任。在 Roper 诉 Simmons 一案（2005 年）中，美利坚合众国最高法院裁定，那些被判犯有杀人罪，但在杀害受害者时只有 16 岁或 17 岁的人不应该被判处死刑。行为学的和神经认知学的大量证据被用于支持以下说法：犯罪人的年龄与犯罪所应承担的刑事责任程度是相关的。在英格兰和威尔士，上议院在 *R v JTB[2009]* 中审查了与刑事责任年龄有关的法律。给出意见的上议院法官对法律进行了解释，确认刑事责任年龄为 10 岁。摆在他们面前的问题是，关于儿童在 14 岁以前不承担刑事责任这一可被反驳的推定，是否已被《1998 年犯罪和妨害治安法》第 34 条废除。上议院给出的意见中没有提及任何行为学的或科学的证据。因此可能的情况是，没有相关的证据在他们面前接受质证。上诉案件涉及对一名 12 岁男童的定罪，罪名是导致或诱惑 13 岁以下儿童参与性行为。在警察询问时，该名儿童已经承认他实施了犯罪行为，但他说他不知道这是错误的。这就在上诉中带来这个问题：他承担刑事责任的判决是否正确，或者他是否可以声称是无犯罪能力的（doli incapax），因而无法承担刑事责任。上议院提出其意见，得出的结论是，在《1998 年犯罪和妨害治安法》草案讨论期间，有关的政治讨论非常明确地表明其目的就是否定所有儿童是"无犯罪能力"的主张。做出这种决定是令人失望的，有充分证据表明，不存在一个特定的年龄界限：界限之前是儿童，因此不承担刑事责任，跨越界限之后就不再是儿童，因此要承担刑事责任。

2011 年，英国皇家学会制作了一份关于神经科学和法律的政策文件（The Royal Society 2011）。该文件指出："在大脑发育的时间和模式上，有巨大的个性差异"（The Royal Society 2011:12）。因此，政策文件认为，归责需要根据犯罪者的年龄灵活确定个人刑事责任，这就需要根据案件的具体情况来确定。这一论断的推理基于神经科学证据：

> 神经科学为大脑发展提供了新的视角，并揭示了作为行为基础的重要神经回路的变化至少持续到 20 岁。大脑发育的曲线与心智功能（如智商，但也有暗示感应性、冲动性、记忆力或决策能力）的类似变化相关，在大脑的不同区域也有较大差异。前额叶皮质（它在判断、决策和冲动控制方面尤其重要）是最慢
349　成熟的。相比之下，大脑中负责激励和情感处理的杏仁核在青春期早期就已经发育起来。人们认为，负责引导行为的前额叶皮质发育迟缓与杏仁体及相关结构的发育过快之间的失衡，可能是情绪反应增强和青春期危险行为特征的原因（The Royal Society 2011:12）。

尼塔·法拉哈尼（Nita Farahany）在美国最高法院对 *Atkins v Virginia*（2002）做出判决后写道，在年龄、发育不成熟和导致缺乏承担结果的责任的脑损伤之间进行区分，是存在困难的（Farahany 2008–2009）。威廉·威尔逊（William Wilson）写道，如果惩罚基于规则制度的话，那么就必须假定行为人具有"遵从规则的基本能力"（Wilson 2002:115）。没有这样的假设，施加惩罚就缺乏合法性。

这个问题也是法律委员会的讨论稿，即《刑事责任：精神错乱与自动化，一个讨论稿》（法律委员会 2013）的关键议题。第九章提出承认一种新的辩护理由的可能性，该辩护理由是，以发育不成熟为由而"不承担刑事责任"。然而，这个建议中的辩护理由只会免除那些因发育不成熟而完全没有如下能力的人的刑事责任：

    （1）就他或她被指控所做的事情，做出理性的判断；
    （2）了解他或她被指控所做的事情是错误的；或者
    （3）就他或她被指控所做的事情，控制他或她自身的身体举止。
（Law Commission 2013：第 9.4 段）

法律委员会援引英国皇家精神病学学院的评论支持这一提议：

    大脑额叶的功能等生物因素在自我控制和其他能力的发育中扮演着重要的角色。大脑额叶涉及个体管理从许多来源进入意识的大量信息的能力，涉及改变行为、使用获取的信息、规划行动和控制冲动的能力。一般而言，大脑额叶会在 14 岁左右发育成熟（Law Commission 2013：第 9.11 段）。

法律委员会建议，需要讨论的一个议题是，这项被提议的辩护理由不应仅适用于 18 岁以下的人（Law Commission 2013：第 9.17 段）。因此，理解大脑如何发育的技术的进步，正给法律施加压力，要求其在适用时更加人性化。法律委员会已经认识到这一点，开启了一场辩论：法律应该如何应对那些因发育不成熟而缺乏刑事责任能力的人。来自委员会的建议是，需要在这方面进行更多的研究。

法官们在所谓的 NAHI 案件中的理由，以及法律委员会在解释发育不成熟问题上的理由，表明有效的科学证据可以帮助法院对刑事责任进行评估，这显然是正确的。双方都认识到，科学技术知识不会永远是结论性的。然而，这两件事的启示是，法院对新技术和相关科学有更多的了解，将大大提高法律决策能力。

（三）记忆、真实与法律?

所谓的犯罪者、受害者和声称目睹了犯罪的人的证词的真实性，需要由刑事司法

350

系统进行评估。这在整个犯罪调查过程中都会发生。在每一个刑事案件中，诉讼的侦查阶段和庭审阶段审查证据的方法，将是准确构建事实证据的关键，陪审团将依赖这些证据做出有罪或无罪的认定。如果在证据收集时，犯罪已经发生了一段相当长的时间，那么就很难达到高程度的准确性。当唯一能够给出解释的人可能是犯罪者时，就会出现特别的问题。犯罪者可能声称自己没有，或者真的没有犯罪的记忆。区分后两种状态是有困难的。

鉴于人类对于事件的记忆的形成方式，即使有事件的目击者，区分真实性和虚假性仍然存在问题。关于记忆及其形成方式的科学诠释正在增加，但还没有万无一失的方式对证人证言进行准确的测量，以确立其真实性。人或多或少都是有说服力的，法院假设陪审团能够根据其生活知识和经验来判断真假。然而，有关行为的记忆如何形成的新诠释，可能对这种假设提出质疑。

1. 理解以记忆为基础的证据

马丁·康威（Martin Conway）是一位认知神经学家，他写了大量关于记忆与法律关系的文章。他有在刑事审判中担任专家证人的经历。他的工作为法律提出了许多相关问题。他关注与记忆有关的专家证据的呈现，特别是关于谁应该对记忆证据的有效性发表评论的问题。康威认为，在选择从谁那里接受有关记忆有效性的证据时，法庭应该谨慎。在《法律和其他领域应该知道的关于人类记忆的十件事》一章中，康威解释了他目前的有关法律如何听取记忆证据的观点是如何得到的。在撰写该章的时候，他的意见是建立在八年专业专家证人工作的基础之上的。在这一章中，他提出了许多主张。首先，关于记忆是如何形成的及其可靠性，法律是"充斥着不了解情况的意见"（Conway 2013：360），他对专家证人声称的科学地位表示担忧。他讲述了，当对方的专家证人准备质疑他基于合理科学认识的"理性、深思熟虑"的观点时，他很震惊（Conway 2013:360）。他认为，法官们抗拒接受关于记忆的专家意见。他还表示，在必须评估记忆证据的案件中，太多专家并没有关于记忆或者记忆如何形成的真正专业知识，而他们向法庭提供影响有罪或者无罪决定的证言。

康威对记忆的研究确实给检察官和刑事法庭带来了一些有趣的挑战。在康威看来，记忆天生就是支离破碎、残缺不全的，而特定类型的记忆很可能比其他形式的记忆更准确。与对特定经历或特定事件的记忆相比，与"人的生活知识"相关的记忆更有可能是准确的（Conway 2013:370）。事实上，康威断言，经过科学证明，对事件的记忆是由头脑构建的，而且由于这种情况发生的方式，很容易出错。

再者，回忆环境对精确的记忆检索异常重要。康威举例说明了事件的虚假记忆是多么容易被设计出来的。在论述了准确记忆和可能不那么准确记忆的区分标准的科学观点后，他断言："任何有关记忆的描述都将带有被遗忘的细节和空白之处，这绝不能被视为任何准确性指标。对于那些没有忘记和空白的记忆来说，是极不寻常的"（Conway 2013:361）。康威指出，在法庭上，法官和陪审团通常都认为，记忆的不准确或者事件回忆的混乱意味着证据不那么可靠。如前所述，针对一名 8 岁的遭受性侵犯的儿童的语言，此种观点被考虑了。然而，对记忆的科学知识表明，高度详细的记忆描述可能不太准确，而不是更准确。康威建议，不能要求对事件进行高度详细的描述，比如精确地回忆对话的内容。他认为，"建立记忆的真相的唯一方法是有独立的确凿证据"。他认为，某些类型的记忆，其中包括创伤经历、童年事件和老年人的记忆，需要特别谨慎地对待（Conway 2013:361）。

法院一直不愿采信这些与儿童有关的证据。刑事上诉法院质疑其证明价值。*R v E* [2009]。CPS 向那些在刑事审判中作证的人提供关于在作证时处理检方或辩方的交叉询问的信息。CPS 的建议是要做好充分准备，并有信心。建议举证者应记住"保持理性和镇定的人将获得更多的尊重和可信度"（CPS 2014:20）。鼓励证人查阅案发时所做的记录，为庭审做准备，熟悉自己以前在举证前所做的陈述。显然，确保证据尽可能好地呈现是很重要的，也避免了时间和金钱的浪费。尽管如此，审判中呈现的证据尽可能准确也很重要。这就要求了解记忆是如何形成的，以及记忆如何被找回。在这方面已经做了很多工作，但还有更多的工作要做，我们将从记忆是如何形成的更多的神经认知知识中学习更多（参见英国皇家学会 2011:25）。

2. 隐藏的记忆：根除真相？

美国（Smith and Eulo 2015）[⑤] 和印度（Rödiger 2011）的事态发展提出了一个问题：是否可以使用测谎或记忆检测机器这种新方法去确定人们是否说实话。这些说法是基于心理生理的科学和相关技术，更常见的说法是测谎（Rosenfeld，Ben-Shakhar and Ganis 2012）。显然，如果国家能够准确地识别那些撒谎者，那么就可以节省大量开支，减少对公众的伤害风险。测谎仪测量一系列反应的变化。其中可以包括镀锌皮肤反应、心率，也可以是心电图（EEG）测出的 P300 信号。一些关于使用问题来揭示隐藏记忆的研究运用复杂的范式，从声称拥有高度准确性的研究对象那里得到回应。一些技术专家认为，对那些计划进行恐怖袭击的人进行掩藏记忆的测试，将有助于当局正确地识别出那些犯下恐怖主义袭击的人；并可能获得有关未来攻击的有用信息[⑥]（Meixner and Rosenfeld 2011）。

考虑到已发表的大部分研究都是在实验室条件下进行的，人们对此类说法有很多

---

⑤ 在美国，虽然测谎证据目前在刑事审判中是不被承认的，但律师事务所仍可能建议客户进行测试。这是因为法律顾问认为，让专家就有关涉嫌犯罪的陈述的真实性给出答案的报告可以提供协助。该报告可以让亲人相信自己是无辜的，并可能在州检察官不确定是否继续起诉或可能达成辩诉交易协议的情况下有所帮助。

⑥ 两种类型的测试截然不同。测谎仪记录了对一些问题的回答，这些问题是为了测试被测试者在回答所问的问题时是否在说谎。记忆检测还可能测试对问题的反应，可能使用 fMRI 扫描技术评估反应以测试是否存在隐瞒的信息的行为，也可能测试对图片信息的反应，或者对只有嫌疑人可能知道的信息的陈述的反应。

猜测和担忧，这是合情合理的。使用的方法同时可以被用于隐瞒信息的反制措施。此外，实验室测试不受现实生活中出现的困难的影响。起诉当局将面临难以封锁有关犯罪细节的信息、以防止这些信息传递到更广泛的公众手中的困境。但是，对犯罪细节的广泛了解可能会损害任何可以执行的记忆测试。此外，关于记忆的形成和记忆的一般准确性的问题，使对虚假或真实记忆的检测更加复杂。尤其是在回忆不是发生在自己身上的事件，以及是在测谎前相当长一段时间发生的事件的场合。

353　　　然而，支持这些测试的人认为，它在揭示隐藏记忆方面可能比现在讯问不合作嫌疑人的技术更准确（Sartori et al 2008）。在信息被隐瞒时，一项测试可以被运用的想法对于国家当局而言是非常有吸引力的，因为当局希望展现出他们保护公众免受危险的所有努力。例如，在英格兰和威尔士，基本的测谎技术被用来测试被假释的恋童癖犯罪人所做陈述的真实性。司法部的新闻稿指出，将对1000名最严重罪犯进行强制性的测谎测试，并将培训缓刑官员，以管理测试。新闻稿引用了唐·格鲁宾（Don Grubin）教授的下列主张：

> 测谎可以成为对性犯罪者进行管控的重要工具，可以强化现有之规定。
> 以前的研究已经表明，测谎仪测试既便于信息揭露，又能提醒犯罪者的管理人员可能存在的欺骗行为，使他们能够以更专注的方式管理犯罪者。（Ministry of Justice and others 2014）

　　培训的性质和检测所用的方法，显然会影响结果的准确性。2015年8月，《每日电讯报》（Daily Telegraph）报道称，在测谎后，63名性犯罪者被取消假释，回到监狱。（Ross 2015）

六　新技术与刑法难题

　　科技给法律带来困难的一个领域是有关生命终结的决定。2014年6月，英国最高法院就有关协助自杀相关法律的司法审查请求做出决定 {*R on the application of Nicklinson and another v Ministry of Justice; R on the Application of AM（AP）v DPP*[2014]}。医学进步方面的新技术意味着人们的寿命更长，但他们继续生存的情况可能并不像他们希望的那样。其中一些人会被他们的处境所困：他们可能希望自杀，但如果没有援助，他们将无法实现自杀的愿望。在英格兰和威尔士，协助他人自杀是刑事罪行。最高法院最近的一项裁决对有关法律进行了审查，这些法律涉及那些需要他人帮助才能结束生命的人。最高法院必须面对的技术困境之一是，在案件提交
354　最高法院之前就去世的一名安乐死患者，他能够使用一个"眨眼电脑"，通过社交媒

体向外面的世界传达他的想法。公众对他的困境有相当大的同情，这可能是因为他在传达自己的意愿时遇到了非常明显的困难。但在最高法院关于技术的讨论中，最有趣的部分或许与它提供一台机器的能力有关，在这种情况下，机器将为那些希望结束自己生命的人注射致命剂量的必要药物。纽伯格（Neuberger）勋爵认为，在缺乏这类技术的情况下，不能考虑是否存在违反《欧洲人权保护公约》第八条保护的生命权的问题：

> 在我们能够支持第 2 节 [1961 年自杀法案] 侵犯了申请人的第 8 条权利这一观点之前，我认为，我们必须得到确信，有一个物理上和行政上均可行和健全的系统，使得申请人可以被协助自杀（Nicklinson[2014]：第 120 段）。

在纽伯格看来，缺乏这项技术的困难意味着一个基本的道德问题无法解决："亲自向申请人注射毒药的医生，与设置申请人可以自己激活注射毒药系统的医生，它们之间的道德差异。"这意味着，如果法院宣布起诉人要求司法审查的法律是有效的，将毫无疑问使被定性为谋杀（如果有适当减轻处罚的情节的话）或非预谋杀人的行为合法化。另一方面，如果可以使用上面第 4 段描述的尼斯克（Nitschke）博士的机器，那么对法院来说，宣告（与欧洲人权公约）不一致将是一个不那么激进的主张（Nicklinson[2014]：第 110 段）。

这里的问题是缺乏设计这种机器的技术能力。也许更深刻的问题是，这种技术的创造是否只会改变讨论的性质。技术不改变有关"死亡权"的问题；这些都非常复杂，人们可能会认为，本质上并不是技术层面的。

七　技术进步压力下的法律变迁

或许，刑法应对技术进步最重要的方式，就是要做到措施得当，确保专家意见证据得到妥善采信。如果认为证据是适当的，并且基于最好的科学知识和诠释，那么法律应当承认其对确定刑事责任的相关性。关于在刑事审判中接纳专家证据的规则规定了在刑事法院应当如何采信专家证据（《刑事诉讼规则 2015 年》：第 19 部分）。

这些规则的第 19 部分明确区分被接受为事实的证据和作为意见的证据。专家的意见必须客观公正，所提出的意见必须在专家的专长领域内。（《规则》）明确了，专家对法院的义务优先于专家对其雇主的义务，以及专家对于可以向其发出指令的人的义务。如果问题超出其专业范围之外，任何专家都有义务明确地指出。此外，在专家报告撰写并提交法院之后，如果专家的意见发生了变化，专家必须向法院表明这一变化。与专家证据的作证过程相关，《刑事诉讼规则》明确了作为事实证据

355

的采信要求。《规则》还加强了对未被承认为事实证据的要求。这类证据必须详细说明证据的依据；它必须明确，是否有证据表明，提供意见证据的专家的可信度被严重削弱，而提交法庭的证据正是基于这些专家意见。提交证据的一方当事人也必须在有要求时提供：

（i）专家的发现和意见所依据的任何检查、测量、测试或实验的记录，或者在得出这些发现和意见的过程的记录，以及

（ii）任何进行上述检验、测量、测试或试验的事物 [19.3（d）]。

如果没有遵守这些要求，专家证供将不被接受，除非其他各方同意提交这些证据，或法院指示应接受证据。再者，专家报告的接受，除非专家出庭作证，也受到同样的限制。第 19.4 条规则列出了专家报告的框架，并要求报告详细说明专家的资格、经验和认证。规则中列出了非常具体的要求，以使专家证据的有效性能够在法庭上得到测试。[⑦]

这些规定旨在尽可能避免在法庭上出现专家意见的分歧，既要求通知诉讼当事人，也要求确定争议事项（19.3）。在有多名被告人的情况下，法院可以指令单一专家举证（19.7）。随着人们对人类行为许多方面的技术认知的增长，规则的改变是一种可以理解的反应。它们反映了负责刑事司法系统的部分人的愿望，即只有最有效的科学证据才可在法庭上审理。当然，这也会给处于初级阶段的合理的科学技术带来挑

356

⑦   19.4 专家报告内容
如果第 19.3(3) 条规定适用，专家报告必须——
(a) 详细说明专家的资格、相关经验和认证情况；
(b) 提供专家在报告过程中所依赖的任何文献或其他资料的详情；
(c) 载有一项陈述，列明向专家提供的所有事实的实质内容，这些事实对报告中表达的意见或所依据的意见具有重要意义；
(d) 明确报告中陈述的事实中，哪些是专家知情的；
(e) 阐明谁进行了专家在报告中使用过的任何检查、测量、测试或实验以及
    (i) 提供该人员的资格、相关经验及认证情况；
    (ii) 阐明是否在专家监督下进行了检验、测量、试验或试验；
    (iii) 总结专家所依赖的研究结果。
(f) 如果报告中的事项存在多种意见的——
    (i) 总结各种意见，并
    (ii) 给出专家自己的意见。
(g) 如果专家没有资质就不能提供意见，则说明资质情况；
(h) 包括法院可能需要的信息，以决定专家的意见是否足够可靠，可以作为证据加以接纳；
(i) 载有所得出的结论的摘要；
(j) 声明专家理解其对法院的职责，并且已经遵守并将继续遵守那个职责；以及
(k) 做出真实性声明，与证人陈述一样。

战，它将不能越过新程序规则表面上所设定的障碍。

八　结论

有一些科学和技术议题确实对法律提出了难题，但更多的科学和技术诠释将提供协助。例如，有两个议题被认为仍然需要刑法的重点关注：发育成熟及其可能如何影响刑事责任的问题；以及，关于我们如何诠释记忆的形成方式的议题。特别是，在找回性侵或其他虐待的创伤记忆方面，法院面临着相当大的问题。目前，足以承担刑事责任的发育成熟年龄被推定为 10 岁。这可以说是极其年轻的，尽管对年轻罪犯的追诉是通过少年司法系统和与该系统有关的法院进行的。围绕这些议题的科学的进一步诠释，将有助于法院公正地适用法律。

引入刑事诉讼新规则，作为对科技知识不断增长的回应，是值得欢迎的。它力求避免在安吉拉·坎宁斯案中出现的证据审议问题。确保案件双方当事人获知专家意见证据的确切依据的改革目的，是一种进步。来自技术和科学认识进步的压力，将更容易在专业知识和观点基础明确的领域得到控制。然而，坎宁斯案的最大困难之一是，尽管有大量的医学和科学证据，但不可能确切地查明死因。在那起案件中，上诉法院认定，未能拿出科学证据来确定婴儿死亡的原因，这可能是陪审团认为起诉案件更可信的原因之一。同样，关于记忆证据，马丁·康威教授认为，通常所有有适当资格的专家都能够说的是，他们无法确定记忆是否准确。也许在这个科技时代，法官们将不得不提醒陪审团，仍有许多问题是科学无法解决的。可能需要提醒陪审团的是，科学论证的缺乏，既不能支持公诉，也不支持辩护理由；它仅仅指出了人类知识的一个空白。

【参考文献】

358

Atkins v Virginia (2002) 536 US 304

Conway M, 'Ten Things the Law, and Others, Should Know about Human Memory' in Lynn Nadel and Walter Sinnott-Armstrong (eds), *Memory and the Law* (OUP 2013)

Crown Prosecution Service, 'Giving Evidence' (*cps.gov*, November 2014) <www.cps.gov.uk/victims_witnesses/going_to_court/giving_evidence.html> accessed 26 January 2016

Farahany N, 'Cruel and Unequal Punishments' (2008-2009) 86 *Wash U L Rev* 859 Farrington D and Coid J (eds), *Early Prevention of Adult Antisocial Behaviour* (CUP 2003) Goldacre B, *I Think you'll find it's a Bit More Complicated than That* (Fourth Estate 2014) Horder J, *Excusing Crime* (OUP 2004)

Lamb ME, *Tell me What Happened, Structured Interviews of Child Victims and Witnesses.*(Wiley 2008)

Law Commission, *Criminal Liability: Insanity and Automatism, A Discussion Paper* (Law Com 2013)

M'Naghten's Case 1843 10 Cl & Fin, 200

McFarlane A, 'Putting Children on Trial for an Adult Crime (*BBC NEWS*, 24 May 2010) <http://news.bbc.co.uk/2/hi/uk_news/8692823.stm> accessed 26 January 2016

Meixner J and Rosenfeld J, 'A Mock Terrorism Application of the P300-Based Concealed Information Test' (2011) 48(2) *Psychophysiology* 149

Ministry of Justice, The Early Years of the DSPD (Dangerous and Severe Personality Disorder) Programme: Results of Two Process Studies, Research Summary 4/11 (2011) Ministry of Justice and others, 'Compulsory Lie Detector Tests for Serious Sex Offenders'(Gov. uk, 27 May 2014) <www.gov.uk/government/news/compulsary-lie-detector-tests- for-serious-sex-offenders> accessed 26 January 2016

Mullen P, 'Dangerous People with Severe Personality Disorder: British Proposals for Managing them are Glaringly Wrong - and Unethical ' (1999) 319 BMJ 1146

Norrie A, *Crime, Reason and History* (2nd edn, Butterworths 2001)

R v Cannings [2004] EWCA Crim 1, [2004] 1 All ER 725 (CA)

R v Harris, Rock, Cherry and Faulder [2005] EWCA Crim 1980 (CA) [2006] 1 Cr. App. R. 5 *R v E* [2009] EWCA Crim 1370 *R v JTB* [2009] UKHL 20

R (on the application of Nicklinson and another) (Appellants) v Ministry of Justice (Respondent); R (on the application of AM) (AP) (Respondent) v The Director of Public Prosecutions (Appellant); R (on the application of AM) (AP) (Respondent) v The Director of Public Prosecutions (Appellant) [2014] UKSC 38

R v Sullivan [1984] AC 156

Raine A, *The Anatomy of Violence: The Biological Roots of Crime* (Penguin 2014)

Rodiger C, 'Das Ende des BEOS-Tests? Zum jungsten Lugendetektor-Urteil des Supreme Court of India [The End of the BEOS Test? The Latest Judgment on Lie Detection of the Supreme Court of India]' (2011) 30 Nervenheilkunde 74

Roper v Simmons 543 US 551 (2005)

Rosenfeld P, Ben-Shakhar G, and Ganis G, 'Detection of Concealed Stored Memories with Psychophysiological and Neuroimaging Methods' in Nadel Lynn and Walter Sinnott- Armstrong (eds), *Memory and Law* (OUP 2012)

Ross T, '63 Sex Offenders Back in Jail after Lie Detector Tests' (*The Daily Telegraph*, 22 August 2015) <www.telegraph.co.uk/news/uknews/crime/11818068/63-sex-offenders-back-in- jail-after-lie-detector-tests.html> accessed 26 January 2016

The Royal Society, *Brain Waves Module 4: Neuroscience and the Law* (2011) <https://royal- society.org/~/media/Royal_Society_Content/policy/projects/brain- waves/Brain-Waves- 4.pdf> accessed 26 January 2016

Rules of Criminal Procedure (October 2015)

Rutherford M, *Blurring the Boundaries* (Sainsbury Centre for Mental Health 2010)

Sartori G and others, 'How to Accurately Assess Autobiographical Events' (2008) 19 *Psychological Science* 772

Smith and Eulo, 'Lie Detector Test in Orlando' (*Smith and Eulo Law Blog*, 2015) <www. smithandeulo.com/smith-eulo-law-blog/lie-detector-test-in-orlando/> accessed 26 January 2016

Spencer C, 'Daily View, Rape Trial of Two Boys' (*BBC News*, 25 May 2010) <www.bbc.co.uk/ blogs/seealso/2010/05/daily_view_rape_trial_of_two_b.html> accessed 26 January 2016

Wilson W, *Central Issues in Criminal Theory* (Hart Publishing 2002)

第十五章
想象技术与环境法

伊丽莎白·费雪 (Elizabeth Fisher)

马　允　译

一　引言

　　环境法无论在规范意义上还是实体意义上都关乎未来。就规范意义而言，它是关 360
系当代和后代社群生活质量的学科。实体意义而言，大部分的环境法都可归于事前规
制。环境法的前瞻性意味着它与技术的互动关系主要是想象意义上的。这关系我们作
为一个政体如何设想法律和技术在确保环境质量方面可以发挥的作用。

　　本章关乎想象的程序。它有关于我们对环境法、环境问题和技术的叙事，以及这
些叙事如何能够限制或拓宽我们的法律想象。确切来说，它重点关注环境法领域最流
行的"起源神话"（Stirling 2009），即 1968 年加勒特·哈丁（Garrett Hardin）那篇著
名的文章《公地悲剧》。"公地悲剧"是环境法中重要的概念之一，学界对其讨论已颇
为丰富（Ostrom 1990；Committee on the Human Dimensions of Climate Change 2002）。
简单来说，公地悲剧是有关集体行动问题以及如何解决这些问题的寓言。就像博戈耶 361
维奇（Bogojevic）指出的那样，哈丁的著作在"任何有关公地管理和规制的辩论中都
处于核心位置"（2013:28）。或明示或暗示，公地悲剧对于讲述技术与环境问题的互
动都大有助益。

　　本章探索如何通过两种不同的方式来理解公地悲剧这一叙事，每一种方式都为法
律和技术设想了不同的角色。该两种不同的理解展示出环境法文献中两种不同的研究
倾向：第一种是将公地悲剧视作一种工具，用以理解作为解决问题的工具性方案的法
律和技术，另一种是将公地问题作为一种叙事方式，用以理解法律、技术和环境问题

相互之间的构成关系。

概言之，我将展示对于公地悲剧的不同形塑将会产生对于法律和技术的不同理解，进而塑造出对其潜力的不同理解（Jasanoff 2003）。从这个角度而言，我们可以把公地悲剧理解为产生了截然不同的"社会—技术想象"。贾桑诺夫（Jasanoff）和金（Kim）将社会—技术想象描述为：

> 在设计和完成国家特定的科技和／或技术项目时，有关社会生活形式和社会秩序的集体想象形式。就该意义而言，想象描述了可实现的未来，并规定了国家认为应当实现的未来（2009:120）。

本章聚焦于公地悲剧如何产生不同的社会—技术想象，这突出了环境法和技术相互勾连的角色是可塑的、文化嵌入式的，并且是由集体理解共同塑造的。本章分为三个部分：首先，它简要地介绍公地悲剧，以及公地悲剧如何影响了环境法的发展。其次，它展示了公地悲剧如何产生出两种截然不同的社会—技术想象，并由此促进了对法律和技术的不同理解。这突出了如何想象法律和技术的不同路径和方式。最后，本章选取了化学品规制为例展示上述问题。

在展开下文论述之前需要做出三点重要的声明。第一，本章并不旨在对公地悲剧问题做出全面分析。相反，它的主要目的是以公地悲剧为例展示类似于公地悲剧这样的"起源神话"是如何直接影响到我们对环境法和技术的理解。第二，技术和法律一样都非常难以定义（Li-Hua 2013）。我对"技术"一词做了宽泛的界定，包括任何形式的"应用科学"（Collins and Pinch 2014：ch1）。此种"应用科学"的最根本的特征是它被运用在物理和社会的世界中。第三，因为公地悲剧在美国有颇为显著的影响，在接下来的一些章节中，我将主要关注美国的环境法。但是，本章的最后一节也会展示出有关社会—技术想象的分析并不仅仅局限于美国的法律文化中。

362　二　哈丁的公地悲剧

加勒特·哈丁是一名科学家。他在1968年发表了题为"公地悲剧"的文章。这篇文章最初是一篇"即将荣退的主席对美国科学促进联合会太平洋分会的演讲稿"，也是哈丁第一篇"跨学科的分析"，尽管是意外写就的一篇（Hardin 1998:682）。哈丁的文章实质上是有关自由观念的道德叙事，也是关于如何思考环境问题的寓言。该篇文章的副标题是"人口问题没有技术上的解决方案，它要求根本性的道德延伸"。哈丁将技术解决方案定义为"只要求自然科学技术领域的改变，而很少要求或不要求人类价值或道德观念的改变"（1968:1243）。

他的文章的出发点是两位作者有关核扩散的分析，该两位作者在文章中总结道：

> 经过我们的专业判断，我们认为这一两难困境没有技术上的解决方案。如果大国依旧只在科学和技术领域内寻求解决方案，只会使现在的情况变得更糟（Hardin 1968:1243）。

正如哈丁所言，"技术解决方案总是受欢迎的"，但是他文章的目的在于识别出一系列被他描述为"技术无解的问题"（1968:1243）。他的特别关注点是人口过度增长。就像很多道德叙事的文章一样，这篇文章因未能与时俱进，所以读起来感觉有点过时。但是，这篇 1968 年写作的文章现在仍然可取的是哈丁在文中称之为公地悲剧的几个段落。

哈丁首先向我们说明他文章的切入点是虚构的场景："让我们想象一块向所有人开放的草地"（1968:1244）。牧人在这块草地上放牧牲畜。由于"部落争斗、盗猎和疾病"的存在，草地被过度使用这种后果可能不会发生，但是一旦"社会稳定成为一种现实"，它就会导致每一名牧人在草地上尽可能多地放牧牲畜，最终导致草地的过度使用。哈丁说道："公地上的自由毁掉一切"（1968:1244）。在这篇文章中，哈丁也提到公地悲剧在污染问题上呈现出一种"相反的状态"，使得公地成为他所指称的"污水坑"（1968:1245）。在应对公地悲剧的问题上，哈丁指出了几种可能的回应方式：将公地私有化、规制进入公地的行为、征税，但最后他强调了"普遍同意的共同强制"的重要性（1968:1287）。

不管如何评价哈丁的文章内容，毫无疑问的是"在哈丁发表这篇关于公地悲剧的文章之前（1968），学术文献里包含了"公地""公共池塘资源"或"公共财产"这样字眼的文章寥寥无几"（van Laerhoven and Ostrom 2007:5）。哈丁之后，对公地悲剧的研究成为很多学科的组成部分。尽管有争议，但公地悲剧似已形成了一个独特的学科领域，并有着自己独特的方法论挑战（Poteete，Janssen，and Ostrom 2010）。我的关注点是环境法。

363

公地悲剧已经成了环境法之所以兴起并采取措施的主要理由。尤其是公地悲剧促进了这种观念的产生，即一定形式的立法或法律干预对于防止环境退化来说是必要的。这种观念可以用很多不同的方式表现出来，从单纯的对法律强制力的需求，到把环境法理解为对未计入成本的外部性所导致的市场失灵的回应，或者对集体行动问题的回应。正像辛登（Sinden）指出的那样：

> 公地悲剧已经成为环境法最核心、最典型的隐喻，也是几乎所有的有关环境退化议题的出发点。实际上它是一个有说服力的、强大的思想实验。它形象地阐

释了使得一个群体浪费那些共同所有的资源时的激励结构，即便这种浪费有损于该群体中的个体利益之和。而且，公地悲剧还解释了外部性的概念以及外部性是如何导致市场失灵的（2005:1408–1409）。

公地悲剧是环境法领域很多新发展的催化剂。它促进了环境联邦主义的形成（Percival 2007:30）以及国际环境法的出现（Anderson 1990）。就此方面，奥斯特罗姆（Ostrom）曾言：

> 根据传统的集体行动理论的预测，没有人会自愿地改变行为去减少能源使用和温室气体的排放；需要有一个外部的权威性机构去实施有执行力的规则来改变这些相关人员的激励……分析者主张创设新的全球层面的机构来改变有关能源使用和温室气体排放的激励手段（Ostrom 2010:551）。

因此国际条约正在"解决"集体行动的问题。[1]公地悲剧的影响还体现在它是"污染者付费"原则的一个影响因素（尽管不是唯一的影响因素），因为该原则促使成本内部化（Lin 2006:909）。因此，公地悲剧对环境执法有影响，而且给下述观点提供了正当化理由，即惩罚

> 至少可以……把污染者所获得的"经济利益"的外部性予以收回，如果该污染者未能遵守污染标准，而其他的公司却对减少对空气和水的污染排放进行了必要的投资从而将污染成本内部化（Blomquist 1990:25）。

而且，公地悲剧导致了对环境问题的两个主要法律回应。第一个是命令控制式的立法，正像罗斯（Rose）指出的那样，这种立法通常建立在"正确道路"的逻辑上，它规制"资源被使用或开发的方式，有效地规范使用者可以开发资源的方法"（1991:9）。她指出"现代的命令控制式的环境措施允许被规制者对空气进行排污，但是这种排放必须使用特定的控制设备（'最佳可得技术'），例如用于清洗燃煤排气管排放物的洗涤器，或者用于机动车的催化转化器"（Rose 1991:10）。换言之，环境法经常基于公地悲剧而限定特定的技术选择。

基于公地悲剧的第二个法律回应有关内化环境影响成本的规制策略的使用。这些策略被描述为经济工具，包括可交易的许可和税收。碳排放交易体系是这些经济工具的最显著的例子之一（Bogejevic 2013）。该体系的核心在于它通过内化经济成本而促

---

① 正如下文我们将会看到的那样，奥斯特罗姆对这一假设持批评态度。

进了技术创新（Wiener 1999:677）。正像斯托尔沃西（Stallworthy）指出的那样：

> 排放市场成功的关键在于确保碳的价格足够高，以反映受威胁的环境的价值，并且能够为技术创新提供激励和成本最少的解决方案（2009:430）。

换言之，公地悲剧直接产生了环境法和技术之间的特定关系。问题是这到底是什么类型的关系呢？

在这一点上，问题开始变得有些棘手。这些年来，我读了很多遍哈丁的文章，最让我诧异的是这篇文章有多模棱两可——当将公地悲剧作为环境法的核心来讲述时，这种模棱两可的特点经常被忽略，但考虑到它的来源，其实这种特点并不让人诧异。哈丁并不是一名社会科学学者，如果我们期待他能够对法律和社会的关系做出非常复杂的理解，这对他而言也是不公平的。他文章的重要性更多地体现在它明确表达了发展及其环境后果的起源神话。像奈（Nye）指出的那样：

> 人们讲述故事是为了理解其所处的世界，而其中最经常重复的那些叙事包含了一个社会对其与环境之间关系的基本设想（2003:8）。

哈丁的文章就是这样一种叙事。然而，作为一种起源神话，它可以以不同的方式被理解。尤其是哈丁的文章可以被理解为产生了两种非常不同的"社会—技术想象"——有些人将法律和技术视为工具性的，有些人则赋予它们更多实质性的含义。接下来，让我逐一讨论它们。

三 作为工具的环境法与技术

我们将公地悲剧理解为社会技术想象的第一种方式是把技术、法律和道德理解为相互独立存在的。在这种语境下，哈丁在公地悲剧这篇文章里想让读者聚焦于道德问题，以及在资源稀缺的情况下应当修正自由主义的观念。对这种价值转变的关注也解释了为什么公地悲剧是"技术无解的问题"。

这种关注对如何理解技术和法律这一问题也有启发。尤其是依此路径，技术（technology）被描述为"技术的"（technical）并因此是工具性的。在这方面，哈丁所使用的"技术的"一词的含义与波特（Porter）指出的在20世纪时这一概念出现时的内涵是相似的，即"在定义技术这个问题上，如果我们认为技术意味着对那些没有实际需求的人来说既困难，又难以理解，还有共识认为其可有可无"（2009:298）。把一些问题归类为"技术问题"会"回避掉一些问题，从而让专业人士（通过个别的方式去专门）考虑这些问题"（Porter 2009:293）。技术专家是工具性的，无关公众理性。这并不是说技术没用，相反，对于哈丁来说，技术是道德的工具。

同样，哈丁也可以被理解为视法律为工具。法律是"系统的"一部分，而这个系统为了应对当下的问题需要被更新（Hardin 1968:1245–1246）。诸如公地、私有财产、制定法、行政法这些法律概念和框架需要在道德的语境下进行更新。实际上，我们可以把哈丁理解为反对公地这样一个法律概念。他说道：

> 可能对这个人口问题的分析最简单的总结就是：公地如果能被正当化的话，只有在低人口密度的条件下才能获得正当化。由于人口已经增长，公地这种制度早晚需要被抛弃。（1968:1248）

换言之，法律需要"精心地修修补补"以应对过度使用的问题（Hardin 1968:1245）。在波特的意义上，法律也可以被认为是"技术性的"，因为它的细节性问题既不能诉诸公众辩论，也与此种辩论无关。实际上，波特把法律知识当作技术知识的一个主要示例（2009:293）。

最后值得注意的是，法律和技术不仅仅在这种"工具性的社会—技术想象"的意义上被理解为工具性的和技术性的，而且也体现在它们改变价值观的方式上。像霍尔德（Holder）和弗雷萨斯（Flessas）指出的那样：

> 哈丁在"公地悲剧"中认识到在公共使用背后的问题实际上是价值观的问题。对进入的规制以及伴随的所有权构造变得越来越必要，因为哈丁在其虚构的例子中假设了在资源有限的情境下不利于集体性和公共性的价值观（2008:309）。

因此，面对资源有限的问题，法律被用来回应改变价值观的需求。它仅仅是价值转化的工具，别无其他。

这种对公地、技术和法律从社会—技术角度呈现出的看法对当下的环境法产生了非常显著的影响。因此，如上文所言，自早些时候公地悲剧就被视为集权化的命令控制规制措施的正当化理由，这种规制通常或明示或暗示地指定技术选择：美国的《清洁空气法》和《清洁水法》就是这样的例子（Ackerman and Stewart 1987:172–173）。在这些基础性的环境立法中，法律和技术都被当作环境保护的工具。一旦这些工具被认为不足以产出理想的环境结果，人们就会转向于经济工具，并把它视为回应公地悲剧的替代性手段。法律框架被视为未能产出需要的技术结果，因此阿克曼（Ackerman）和斯图尔特（Stewart）说道：

最佳可得技术的控制手段可以确保既有的控制技术得到推广。但是它们并不能为新的环境更优技术的发展提供充分激励，甚至实际上还有可能阻碍它们的发展（1987:174）。

相反，阿克曼和斯图尔特主张经济工具，尤其是可交易许可的使用，会产生相反的结果。他们认为：

可交易权利的体系将会以成本最小的方式控制成本，每年可节省成百上千亿美元。它会减少最佳可得技术对新产业和更加有生产力的产业所造成的不合比例的负担，因为最佳可得技术在同一基础上对所有相同的污染源进行等量齐观的处理。它还会为那些发展了环境更优的产品和生产流程的企业提供更可观的经济回报（1987:179）。

排污交易体系和其他种类经济工具的产生可以视为来源于上述逻辑。这些不同的策略由于鼓励技术创新，可被视为是对公地悲剧问题的更好回应。

至20世纪90年代，这种思考模式产生了对环境法的"工具箱"式的看法（Fisher 2006），其中技术和法律都被视为应对环境退化问题的装置。这种看法并没有完全抛弃命令控制型的规制（Gunningham 2009），而是建立在这样一种假设的基础上，即需要针对一个特定的环境问题，去具体设计法律和技术的回应。因此，甘宁汉（Gunningham）写了很多有关"聪明规制"（smart regulation）的文章，他指出：

就大型点污染源而言，直接规制发挥了很好的作用，尤其是"一刀切"的技术可以被强制适用的时候。诸如可交易许可的经济工具在交易前景较好的情况下，能够更好地应对那些已经被测量、监控和验证的污染（2009:210）。

这里需要注意的最重要的一点就是法律和技术都被视为工具，与公共理性无关。

这种工具思维模式最明显的例子就是在不同管辖区域推广排放交易计划。博戈耶维奇（Bogojevic）探索了法律在这一领域的工具性特征，其论述细节精良，熠熠生辉（Bogojevic 2009；Bogojevic 2013）。她展示了学者和政策制定者如何将这一计划理解为不需要进行过多讨论的"直截了当的规制措施"，因为它涉及一种"通用的分步骤设计模型"，国家于其中不发挥太多作用（Bogojevic 2013:11）。因此，这些计划（及其促进的技术创新）被视为有助于实现国际气候变化的义务目标，不需要进行主流公共辩论。最近的另一个例子是经合组织（OECD）促进"绿色增长"的想法（2011年），其重点是确保环境和经济政策"相辅相成"的关系（2011：10）。经合组织国家指出，"创新将在（这一关系中）发挥关键作用"，因为"创新可以通过把前沿向外延伸，从而使增长与自然资本枯竭脱钩"（2011：10）。

人们对这种思考法律和技术关系的工具主义路径提出了许多批评。其中一些来自伦理和规范的视角（Gupta and Sanchez 2012；Sinden 2005），另一些来自法律学界（Bogojevic 2013）。其中最重要的批评来自埃莉诺·奥斯特罗姆，她展示了哈丁对公地悲剧问题的分析及其解决办法过于简单化，忽视了尤其是在其他国家的文化中有关公地管理的社会安排的多样性（1990）。几乎所有上述学者都对法律和技术的工具性理解进行了批评。因此，奥斯特罗姆、杨森（Janssen）和安德里斯（Anderies）认为，公地悲剧已经产生了这样一种路径——法律被用作解决问题的灵丹妙药：

> 灵丹妙药的倡导者们，提出了两个错误的假设：（1）所有问题，不管它们是单一资源系统的不同挑战，还是横跨不同种类资源的挑战，都是类似的，而且能够用一小类正式模型来代表；（2）假定的偏好、信息的可能作用以及个人的看法和反应，都被假设为与西方发达市场经济国家的一模一样（2007:15176）。

因此，奥斯特罗姆、杨森和安德里斯也强调了对公地悲剧的工具性理解被用作促进对环境问题同质化理解的方式——在这种方式中，文化没有发挥任何作用。实际上，奥斯特罗姆的研究是探讨各种切实存在而且能够管理公共池塘资源的体制安排。这种分析模式就没有那么工具主义了——它将法律、体制和环境问题理解为存在于一种"共同演化"的关系之中（Dietz，Ostrom and Stern 2003:1907）。这是一种有关环境问题、法律和技术的非常不同的叙事方式。

四　相互建构的环境法与技术

我所关注的并不直接与奥斯特罗姆的作品有关，而是哈丁的作品在环境法方面所促成的以及能促成的社会技术想象的类型。

回到哈丁的文章中，它所推动的社会技术想象的类型存有一定的悖论。如上所述，哈丁反对公地问题的技术性解决方案，但一直把公地悲剧视为将法律和技术作为实现道德和行为转变的工具的正当化理由。换言之，公地悲剧已经成为一种促进技术性解决方案的叙事方式。进一步思考哈丁的论断是有益的，可以表明其他解释也是可能的。

我认为，对公地悲剧很容易有其他的替代理解方式。重要的是要记住哈丁的副标题是"人口问题没有技术性的（technical）解决方案；它需要根本性的道德延伸"。他的论点的主旨是反对以"技术"（technique）的解决方案。他的关注点是科学技术

（scientific technique），但可以理解为以改变为特征的反对波特意义上的"技术性解决方案"（technical solutions）这一更普遍的论点（Porter 2009）。哈丁所说的"悲剧"并不是从不幸这一意义上来说的，而是来自哲学家怀特黑德（Whitehead）对悲剧的观点，即悲剧"蕴藏于事物无懊无悔的运作的严肃性之中"（Hardin 1968:1244）。哈丁的文章是关于环境问题是如何成为社会安排的产物，尤其是我们如何理解人类行为、市场和国家。哈丁借鉴了一位 19 世纪"业余数学家"的观点，把公地悲剧作为对亚当·斯密（Adam Smith）"无形之手"概念的反驳。他讨论了国家的作用（以及强制的观点）和私人财产的可能作用，认为处理人口过剩和污染等问题需要思考社会，而不是"迅速的技术修复"（Hardin 1968:1244）。

特别是，哈丁的分析是对美国关于自由的特定概念的回应（Foner 1998）。换句话说，他的"起源神话"所对抗的是当时在美国正存在的其他"起源神话"。这些神话往往植根于美国西部扩张的叙事中，并促进了其独特的自由主义思想（O'Neill 2004）。的确，哈丁的文章是在好莱坞西部大片的巅峰时期写就的，这一点很令人震惊。当时的西部片呈现了"现代资产阶级遵守法律、拥有私人财产、市场经济，且技术先进的社会的建立"等方面的重要想象（Pippin 2010）。哈丁真的是在对抗这样一种想象。哈丁注意到："对大多数自由主义者来说，强制（coercion）是一个肮脏的词汇"（1968:1247），他的文章正是试图展现为什么这样说是不正确的。哈丁明确反对现状（1968:1247–1248）。他的文章中不乏美国边疆和美国生活的例子：圣诞节购物停车和控制美国国家公园的进入。换言之，虽然公地悲剧可以被视为一个提供了环境退化问题答案的简单装置，也可以被看作关于社会如何影响环境问题这一问题的重要性的叙事方式。换句话说，解读公地悲剧，可以为我们揭示法律和技术的更多实质性作用。这一作用展示出技术具有重要的制度面向，其与社会政治秩序和法律秩序都密切相关。这不仅是对本章先前描述的技术的"更厚重"的描述，也是对法律的"更厚重"的理解（Fisher 2007:36）。正如柯林斯（Collins）和平齐（Pinch）所指出的那样，技术并不是"神秘的"，而是"像厨房或花园棚屋的内部一样熟悉"（2014:ch1）。技术因而与日常生活息息相关。技术是由物质和社会世界塑造的，反之亦然。

369

这样一种解读与奥斯特罗姆的研究要旨相一致，同时也与大量的环境法文献相互关联，它表明法律不仅仅是一种工具，而且它还塑造了我们对技术的理解（Jasanoff 2005）、对财产观念的理解（Rodgers 2009；Barritt 2014）和对公共行政作用的理解（Fisher 2007）。法律在塑造我们对什么是技术以及技术可以是什么的理解方面具有实质性和纲领性的作用。此外，在其他学科，尤其是科学和技术研究领域中，人们认识到，"科学和技术的制度实践默默受到更深刻的社会价值观和利益的塑造和影响"（Expert Group on Science and Governance 2007:9）。这不仅意味着技术选择是规范性选择（显然如此），而且意味着技术概念化的方式是动态的，是社会秩序所塑造的。法律的论坛共同塑造了我们对社会和物质世界的理解（Jasanoff 2010），法律和行政实践正在给技术划定界限（Lezaun 2006）。法律、技术和我们对世界的理解都是可塑的。

因此，问题变成了关于环境法和技术的最有成效和最具建设性的思维方式是什么（Latour 2010）。哈丁的观点是避免把问题分割到无法触及的技术领域，即超出公共理性的领域。因此，公地悲剧可以被视为促进了一种与它实际上促成的社会—技术想象非常不同的想象，它实际上造就了应当避免技术性解决方案这样一种想象。这种有关公地悲剧的更厚重的解读版本中的一个重要部分是哈丁的"相互同意下的相互强制"的观点。哈丁强调对公地悲剧的回应不能来自对专家的遵从；相反，这些回应应当在主流治理论坛中得以发展制定。就像柯林斯（Collins）和平齐（Pinch）指出的：

> 威权主义伴随着将科学和技术神秘化的倾向——维护一个神父一般的社会阶层，其拥有特殊渠道去获取那些超过普通人理性所能掌握范畴的知识（2014: ch1）。

哈丁对此则持相反观点。要使某件事情能够被"相互同意"，它必须在"普通人理性"的范畴之内。

我应该强调，我并非在从事一些修正主义的行为。我的观点是，公地悲剧确实产生了环境法中的某一种叙事方式，但这种叙事并非不可避免。法律和技术不仅应被理解为工具，还应具有实质性和相互构成的作用。关于环境法和技术的另外一种社会技术想象是可能的，但是在这种想象中环境法和技术都发挥着更具有建设性的作用。

370

如果我们去读经济社会学家米歇尔·卡隆（Michel Callon）关于"热"状况和"冷"状况的研究，就可以看到这种相互构成的关系。它强调了在如何共同产生社会和物质世界方面的一些抉择是怎样被做出的（Fisher 2014）。在一篇探讨经济外部性和市场（从而探讨了与哈丁类似的基础性问题）的文章中，卡隆指出：

> 如果代理人能够计算他们所做的决定，他们必须至少能够：（1）编制一份可能的世界状态（world status）的列表；（2）对这些世界状态进行等级划分和排序；（3）确定并描述产生每个可能的世界状态所需的行动。一旦这些行动可被计算，不同代理人之间就可以进行交易和谈判（1998: 260）。

这可以被认为是一个"维持通常做法的模型"，在这个模式中，行为者和行动都在一个稳定和坚实的框架内运作。法律显然在创造这些框架方面发挥着作用。任何法律框架都不会是完美的，从而产生卡隆所称的"溢出"——没有框架控制，包含一切（1998:248-250）。外部性，无论是正外部性还是负外部性，都是溢出的例子，但假定是它可以由当事人或通过某种形式的规制加以承认和管理，这就是卡隆所说的"冷状况"（1998：255）。在此情况下，行为者可以计算不同行动的成本和收益，并在此基础上进行协商和/或采取行动（Callon 1998:260）。我们还可以想象一种允许采取"技术性解决方案"的情况，因为在这种情况下，协商和计算似乎不需要任何形式的道德或社会政治辩论和讨论。就此而言，这是一种对哈丁所反对的公地问题的理解方式。虽然有哈丁的公地悲剧的比喻，但通过识别世界状态、相关的利益方和可能的行动，这也带有一种"冷状况"的意蕴。

对于卡隆来说，"冷状况"与"热状况"相比，有很大的区别。后者是指下述状况：

> 一切都变得有争议：中间环节和溢出效应的识别、资源和目标代理人的分配、衡量效果的方式。这些争论表明缺乏稳定的知识库，通常涉及各种各样的行动者。实际的行动者名单以及他们的身份将在争议过程中发生波动，它们对未来世界状态提出了相互抵触的描述（1998:260）。

许多环境问题都很容易被认定为"热"问题，尤其是公地问题：在查明来源和目标代理人方面存在困难，而且有广泛的行动者；缺乏稳定的知识库；对世界的理解有互不兼容之处。由于大多数环境法是以一种事前的方式进行，环境问题的"热"性质因此得到加强。

在"热状况"中，法律在重新建构我们对世界的认知和与该认知有关的责任方面发挥着重要作用（Leventhal 1974；Fisher 2013）。这些建构常常跨越现有的法律框架和对责任的理解。因此，环境法可以理解为这样一种过程，即环境问题和技术在我们寻求"更好的"路径时被重新建构（Howarth 2006；Winter 2013）。兰格（Lange）和谢菲尔德（Shepheard）（2014）认为有必要采取生态—社会—法律的路径来思考水权问题，在这些问题上，法律、环境退化和技术实践之间具有相互构成和可塑的关系。法律和技术都不只是工具，而是具有实质性和可塑性的。它们与道德也并不相互分离。另外一个社会技术想象是可能的。

五 重新想象环境法与技术：以化学品规制为例

让我举个简单的例子来说明这种相互构成的法律、技术和环境问题叙事：化学品管制（Fisher 2014）。法律对很多技术的框定方式已被其他学者描绘得非常漂亮（Jasanoff 2005；Lange 2008）。乍一看，化学品似乎并不适合这种分析，因为化学品并不视为是一种技术，而是不可改变的分散的实物。但是化学品的使用是一种"应用科学"。化学品规制的重点不是化学本身，而是化学品如何在不同的工业和制造流程中被使用。而且，如果在不同的法律文化中审视与化学品安全有关的不同规制制度，会发现它们以不同的方式塑造着化学品使用技术。

关于化学品，我们可以讲许多不同的事例（Brickman, Jasanoff, and Iglen 1985），其中许多叙事都与公地悲剧的叙事相重叠。因此，通常的理解是，化学品安全问题之所以产生，是因为历史上没有为制造商对其化学品的安全进行测试提供激励（Lyndon 1989）。这是因为没有任何法律阻止不安全的化学品流入市场。这就造成了一个"公地问题"，因为提供这种信息并不符合制造商的自身利益，而是一种公共利益（Wagner 2004）。生产这类信息不仅价格昂贵，而且生产出来也没有市场优势。的确，恰恰相反。就像经典的公地悲剧一样，命令控制型立法被视为解决这一问题的必要手段。由于许多化学品已经在市场上出售，这类立法主要适用于新的化学品。但是，与其他类似立法一样，化学品规制被视为是有问题的，因为它使得生产新化学品变得昂贵而被视为阻碍了技术创新（Sunstein 1990）。

这种叙事可以很容易地融入以法律和技术为工具的技术—社会想象中。因此，可以认为，1976 年的美国《有毒物质控制法》采取了一项命令控制模式，而欧盟在其《化学品注册、评估、授权和限制条例》（REACH）中采取了以市场为基础的办法来解决公地的问题（Fisher 2008）。这种叙事的问题在于，它忽视了这些不同的制度对化学品不同的建构方式。换言之，化学品被想象为非常不同的"规制对象"（Fisher 2014）。

因此，根据美国 1976 年的《有毒物质控制法》（TSCA），化学品被理解为只有在确定某种程度上的"风险"才会予以规制的对象。联邦环保署（EPA）署长的权力并不是规制所有化学物质的一般性权力。因此，虽然署长必须编制一份超过一定制造数量的化学物质清单 [15 USC§2607（b）（1）]，而且制造商必须将其生产情况告知环保署（15 USC§2604），署长的权力仍仅限于存在"风险"的情况。只有在化学物质"可能对健康或环境构成不合理的损害风险"的情况下，才可以施加检测要求 [15 USC§2603（a）（1）（A）（i）]。只有在"有合理根据能得出这样的结论，即一种化学物质或混合物的制造、加工、销售、使用或处置，或此类活动的结合，对环境或健康构成或将构成不合理的损害风险"的情况下，才会发生对某化学品的实际规制。如果存在这样的根据，《有毒物质控制法》列出了一些不同的规制要求，署长可以"在必要的范围内，使用负担性要求最少的方式，来提供免受这些风险损害的充分保护"（15 USC§2605）。根据《有毒物质控制法》，化学品被概念化为一种"有风险的"技术，并以此种方式加以规制。

与此相反，在欧盟 REACH 制度下，化学品被视为市场的对象。《未来化学品政策战略》白皮书发起了关于 REACH 的辩论，指出化学品安全的真正问题是"不够了解化学品对人类健康和环境的影响"（Commission 2001:4）。市场是形成这些信息的渠道，REACH 条例是根据欧盟的内部市场权限 [现在的《欧盟运行条约》（TFEU）第

114 条〕而非环境保护权限〔现在的《欧盟运行条约》第 192（1）条〕制定的，而且欧盟内对此事负责的是企业和工业总署（DG Enterprise and Industry）。REACH 机制的首要和最具争议的规制义务是第 5 条（Fisher 2008）。它被明确称为"无数据，无市场"。它规定：

> 依据本法第 6、7、21 和 23 条的规定，物质本身、在制备中的物质（substances in prepartion）或成品物质（substances in articles），未依照本篇相关条文要求完成注册，不得在共同体内制造或置于市场。

373

第 5 条规定，一旦这些物质被"制造"或"置于市场"，就获得了规制对象的身份。对 REACH 来说，化学品是市场"技术"。它们作为规制对象的身份来自它们是经济商品。

换言之。美国法和欧盟法之间的区别，不仅仅是命令控制型模式和以市场为基础的模式之间的区别。每个法律制度都以不同的方式设想问题，从而对化学品的想象也不同。在美国，人们从人类健康风险的角度来理解这个问题，因此，化学品规制是为了减少风险。在欧盟，REACH 的规制逻辑是基于缺乏化学品安全信息为市场竞争力带来的问题。因此，化学品规制是为了确保这一竞争力。我们对法律和技术的想象也不仅仅局限于基于国家的法律和基于市场的法律这样的二元选择。

举例来说，加利福尼亚绿色化学倡议（CGCI）将化学品描述为"科学物体"，尽管这样做并不会将化学品变成一种只能限于波特（Porter）口中的"技术"领域的东西。CGCI 已经发展成为自 20 世纪 90 年代初以来一直在进行的关于绿色化学及其变体的广泛的国际讨论的特定的法律体现（Anastas and Kirchhoff 2002）。这一论述始于规制科学领域，而不是规制法，讨论的重点一直是对化学产品进行科学设计，从而减少或消除危害。因此，设计被理解为"要求有意识地和深思熟虑地使用一套标准的一个基本要素"（Anastas and Kirchhoff 2002:686）。

正如林斯特（Linthorst）在谈到绿色化学时所说：

> 它是若干化学概念的组合，是一个概念框架，可用于设计通过防止污染实现环境和经济目标的化学过程……有两个概念构成了这一绿色化学哲学的核心。第一个概念是原子经济，它是"绿色化学原则的基础"；另一个概念是催化，是"基本的研究领域"（2010）。

因此，绿色化学在很大程度上是将环境和健康保护融入分子设计（Iles 2013：465）。在绿色化学中管理化学品的主要行为者也随之成为实验室研制化学品的科学家

（Iles 2013：467）。说到这里，绿色化学是前瞻型的。如果不关注化学品的使用，它就无法运作。重点不仅在于设计，也在于开发更安全的化学产品。因此，绿色化学关乎法律重新建构对化学品的认识，接着便是对技术的认知。

374　　　这样的建构在美国加利福尼亚州推进绿色化学的过程中可见一斑。2008 年，加利福尼亚州编写了一份报告，概述了六点建议："扩大污染预防；发展绿色化学能力；建立在线产品配料网络；建立在线有毒物质信息交换中心；加快寻找更安全的产品；远离从'摇篮到摇篮'的经济"（Californian Environmental Protection Agency and Department of Toxic Substances Control 2008:3）。该报告做出之后相继出台了两部法律。参议院第 509 号法案在《卫生和安全法典》中引入了名为"绿色化学"的新的一篇，并提出了建立有毒物质信息交换中心的要求。议会第 1879 号法案授权加利福尼亚有毒物质控制局（DTSC）确定化学品的用途及其潜在影响，并确定优先次序，然后就这些化学品"进行多媒介的生命周期评估"。该法律要求该局制定旨在减少化学品危害的规章，并鼓励使用更安全的替代产品。该法还设立了一个绿色丝带科学小组，该小组的职能之一是"协助部门发展绿色化学"。

　　　上述两项法规均于 2013 年 10 月生效。《更安全的消费者产品条例》对化学品的定义更类似于《有毒物质控制法》的定义 [§6950 1.1（a）（20）（A）（i）–（2）]。该《条例》非常重视信息收集和披露。它还确定了一份"候选化学品"清单，该清单主要包括在美国、欧盟和加拿大的其他规制和政策制度下进行分类和管理的化学品。因此，这些化学品在加州成为"候选化学品"，因为它们已在其他制度下被确定。"候选化学品"清单是确定哪些化学品可能需要进一步科学分析的工具。

　　　该《条例》随后要求通过确定"产品 / 候选化学品组合"来制定一个优先产品清单。列入该清单的标准为是否产生或有产生不利影响的可能性，其中相当详细地界定了不利影响。必须对优先产品进行替代性分析，这涉及若干阶段。第一阶段涉及确定产品要求和有关化学品（在优先清单上的那些化学品）的功能，然后查明替代品。第二阶段涉及对替代品进行多媒介生命周期分析。这一过程在很大程度上是一个科学的、分析性的过程——条例的要点在于，在对化学用途和产品设计的思考中，应当"回到绘图板"。因此，虽然条例确实允许部门做出规制回应，但其重点在于要求制造商进行特定类型的科学和研究调查。

　　　我提供了加利福尼亚州绿色化学倡议的这个扩展示例，这是一个很好的例子来说明如何以非常不同的方式来想象法律、环境问题和技术。化学品及其性质正在接受375　公众监督和公共理性的审视。这是一种非常不同的社会技术想象，而不是把法律和技术只视为实现特定道德转变的工具。它与哈丁关于对技术性解决方案保持警惕的论点相契合，并清楚地表明，现状可能以很多不同的形式出现。哈丁要求他的读者以一种不同的方式想象环境及其能力——这种方式并不能很容易地与现有的政治叙事融为一体，但却对法律有影响。

在这个关于化学品规制的例子中我们看到，想象的过程可以采取不同的形式，并植根于不同的法律文化之中。因此，《有毒物质控制法》可以被视为美国行政国家的产物，它在其中的作用是评估风险（Markell 2010；Boyd 2012）。相比之下，REACH产生于非常独特的规制资本主义理念，这是欧洲一体化的副产品（Levi-Faur 2006；Fisher 2008）。尤其是，欧盟的经验中市场是可塑的框架，可以通过很多不同的方式得以建立（Fligstein 2001）。与此形成对比的是，绿色化学是从规制科学的独特经验中发展出来的（Jasanoff 1990）。在所有这些情况下，法律和技术不只是工具，而是相互构成的。

六 结论：在思考环境法和技术时认真对待想象

本章讲述了环境法学者对环境法和技术的想象。特别是，它表明了哈丁对公地悲剧的论述是如何产生了一种促进了对法律和技术工具化理解的社会技术想象。这里蕴含着一定的讽刺意味，因为哈丁文章的主旨是反对"技术性解决方案"，但他的短文可以被理解为是一种不同的社会技术想象的基础，在这种想象中，法律和技术发挥着更多的实质性和构成性的作用。这种想象并不是特别激进，正如前文所讨论的那样，它可以解释不同法律文化中化学品规制的不同构架。

拉图尔（Latour）指出，社会往往"缺乏（关于技术的）叙事资源"（1990）。尽管这些叙事并不总是明确的，但不意味着它们不存在，而是被嵌入进更广泛的关于社会本质的"起源神话"之中。没有对法律和社会的想象，我们就无法想象技术。正如贾桑诺夫（Jasanoff）和金（Kim）（2013：190）所指出的那样，"社会技术想象是一种强大的文化资源，它有助于社会形成对创新的回应"。通过认识到这种想象及其对环境法和技术发展的影响，人们显然可以对其方向和实质做出选择。这些选择并不是简单的关于规制战略和技术创新的选择，而是选择如何想象世界以及如何生活在其中。换个角度来说，有许多不同的方式来思考哈丁所说的"向所有人开放的牧场"。

376

【参考文献】

Ackerman B and Stewart R, 'Reforming Environmental Law: The Democratic Case for Market Incentives' (1987) 13 Columbia J Env L 171

Anastas P and Kirchhoff M, 'Origins, Current Status, and Future Challenges of Green Chemistry' (2002) 35 Accounts of Chemical Research 686

Anderson F, 'Of Herdsmen and Nation States: The Global Environmental Commons' (1990) 5

American U J Intl L & Policy 217

Barritt E, 'Conceptualising Stewardship in Environmental Law' (2014) 26 JEL 1

Blomquist R, 'Clean New World: Toward an Intellectual History of American Environmental Law, 1961-1990' (1990) 25 Val U L Rev 1

Bogojevic S, 'Ending the Honeymoon: Deconstructing Emissions Trading Discourses' (2009) 21 JEL 443

Bogojevic S, *Emissions Trading Schemes: Markets, States and Law* (Hart Publishing 2013) Boyd W, 'Genealogies of Risk: Searching for Safety, 1930s-1970s' (2012) 39 Ecology LQ 895 Brickman R, Jasanoff S and Iglen T, *Controlling Chemicals: The Politics of Regulation in Europe and the United States* (Cornell UP 1985)

Californian Environmental Protection Agency and Department of Toxic Substances Control, *Californian Green Chemistry Initiative: Final Report* (State of California 2008)

Callon M, 'An Essay on Framing and Overflowing: Economic Externalities Revisited by Sociology' in Michel Callon (ed), *The Laws of the Markets* (Blackwell 1998) 244-269

Collins H and Pinch T, *The Golem at Large: What You Should Know About Technology* (CUP Canto Classics 2014)

Commission of the European Communities, 'White Paper on the Strategy for a Future Chemicals Policy' COM (2001) 88 final

Committee on the Human Dimensions of Climate Change (ed), *The Drama of the Commons* (National Academies Press 2002)

Dietz T, Ostrom E, and Stern P, 'The Struggle to Govern the Commons' (2003) 302 Science 1907

Expert Group on Science and Governance, *Taking European Knowledge Society Seriously* (European Commission 2007)

Fisher E, 'Unpacking the Toolbox: Or Why the Public/Private Divide Is Important in EC Environmental Law' in Mark Freedland and Jean-Bernard Auby (eds), *The Public Law/Private Law Divide: Une entente assez cordiale?* (Hart Publishing 2006) 215-242

Fisher E, *Risk Regulation and Administrative Constitutionalism* (Hart Publishing 2007) Fisher E, 'The 'Perfect Storm' of REACH: Charting Regulatory Controversy in the Age of Information, Sustainable Development, and Globalization' (2008) 11 J of Risk Research 541

Fisher E, 'Environmental Law as "Hot" Law' (2013) 25 JEL 347

Fisher E, 'Chemicals as Regulatory Objects' (2014) 23 RECIEL 163

Fligstein N, *The Architecture of Markets: An Economic Sociology of Twenty- First Century Capitalist Societies* (Princeton UP 2001)

Foner E, *The Story of American Freedom* (WW Norton 1998)

Gunningham N, 'Environment Law, Regulation and Governance: Shifting Architectures'(2009) 21 JEL 179

Gupta J and Sanchez N, 'Global Green Governance: Embedding the Green Economy in a Global Green and Equitable Rule of Law Polity' (2012) 21 RECIEL 12

Hardin G, 'The Tragedy of the Commons' (1968) 162 Science 1243

Hardin G, 'Extensions of "The Tragedy of the Commons" ' (1998) 280 Science 282

Holder J and Flessas T, 'Emerging Commons' (2008) 17 Social and Legal Studies 299

Howarth W, 'The Progression Towards Ecological Quality Standards' (2006) 18 JEL 3

Iles A, 'Greening Chemistry: Emerging Epistemic Political Tensions in California and the United

States' (2013) 22 Public Understanding of Science 460

Jasanoff S, *The Fifth Branch: Science Advisers as Policy Makers* (Harvard UP 1990)

Jasanoff S, 'The Idiom of Co-Production' in Sheila Jasaonff (ed), *States of Knowledge: The Co-Production of Science and the Social Order* (Routledge 2003)

Jasanoff S, *Designs on Nature: Science and Democracy in Europe and the United States* (Princeton UP 2005)

Jasanoff S, 'A New Climate For Society' (2010) 27 Theory, Culture and Society 233

Jasanoff S and Kim SH, 'Containing the Atom: Sociotechnical Imaginaries and Nuclear Power in the United States and South Korea' (2009) 47 Minerva 119

Jasanoff S and Kim SH, 'Sociotechnical Imaginaries and National Energy Policies' (2013) 22 Science as Culuture 189

van Laerhoven F and Ostrom E, 'Traditions and Trends in the Study of the Commons' (2007) 1 International Journal of the Commons 3

Lange B, *Implementing EU Pollution Control* (CUP 2008)

Lange B and Shepheard M, 'Changing Conceptions of Rights to Water?—An Eco-Socio Legal Perspective' (2014) 26 JEL 215

Latour B, 'Technology as Society Made Durable' (1990) 38(S1) Sociological Review 103

Latour B, 'An Attempt at a "Compositionist Manifesto" ' (2010) 41 New Literary History 471

Leventhal H, 'Environmental Decision Making and the Role of the Courts' (1974) 122 U of Pennsylvania Law Rev 509

Levi-Faur D, 'Regulatory Capitalism: The Dynamics of Change Beyond Telecoms and Electricity' (2006) 19 Governance 497

Lezaun J, 'Creating a New Object of Government: Making Genetically Modified Organisms Traceable' 378 (2006) 36 Social Studies of Science 499

Li-Hua R, 'Definitions of Technology' in Jan Kyrre Berge Stig Andur Pedersen and Vincent F Hendricks (eds), *A Companion to the Philosophy of Technology* (Wiley-Blackwell 2013), 18-22

Lin A, 'The Unifying Role of Harm in Environmental Law' (2006) Wisconsin L Rev 897

Linthorst J, 'An Overview: Origins and Development of Green Chemistry' (2010) 12 Foundations of Chemistry 55

Lyndon M, 'Information Economics and Chemical Toxicity: Designing Laws to Produce and Use Data' (1989) 87 Michigan L Rev 1795

Markell D, 'An Overview of TSCA, Its History and Key Underlying Assumptions, and Its Place in Environmental Regulation' (2010) 32 Washington U J of L & Policy 333

Nye D, 'Technology, Nature, and American Origin Stories' (2003) 8 Environmental History 8 OECD, *Towards Green Growth* (OECD Publishing 2011)

O'Neill T, 'Two Concepts of Liberty Valance: John Ford, Isaiah Berlin, and Tragic Choice on the Frontier' (2004) 37 Creighton L Rev 471

Ostrom E, *Governing the Commons: The Evolution of Institutions for Collective Action* (CUP 1990)

Ostrom E, 'Polycentric Systems for Coping with Collective Action and Global Environmental Change' (2010) 20 Global Environmental Change 550

Ostrom E, Janssen M and Anderies J, 'Going Beyond Panaceas' (2007) 107 PNAS 15176

Percival R, 'Environmental Law in the Twenty-First Century' (2007) 25 Va Envtl LJ 1

Pippin R, *Hollywood Westerns and American Myth: the Importance of Howard Hawks and John Ford for Political Philosophy* (Yale UP 2010)

Poteete A, Janssen M and Ostrom E, *Working Together: Collective Action, the Commons, and Multiple Methods in Practice* (Princeton UP 2010)

Porter T, 'How Science Became Technical' (2009) 100 Isis 292

Rodgers C, 'Nature's Place? Property Rights, Property Rules and Environmental Stewardship' (2009) 68 CLJ 550

Rose C, 'Rethinking Environmental Controls: Management Strategies for Common Resources' (1991) Duke LJ 1

Sinden A, 'In Defense of Absolutes: Combating the Politics of Power in Environmental Law' (2005) 90 Iowa LR 1405

Stallworthy M, 'Legislating Against Climate Change: A UK Perspective on a Sisyphean Challenge' (2009) 72 MLR 412

Stirling A, 'Direction, Distrubtion and Diversity! Pluralising Progress in Innovation, Sustainability and Development' (2009) STEPS Working Paper 32

Sunstein C, 'Paradoxes of the Regulatory State' (1990) 57 U of Chicago L Rev 407

Wagner W, 'Commons Ignorance: The Failure of Environmental Law to Produce Needed Information on Health and the Environment' (2004) 53 Duke LJ 1619

Wiener J, 'Global Environmental Regulation: Instrument Choice in Legal Context' (1999) 108 Yale LJ 677

Winter G, 'The Rise and Fall of Nuclear Energy Use in Germany: Processes, Explanations and the Role of Law' (2013) 25 JEL 95

第十六章
从改善到增强：人类世拂晓时欧盟环境法的复兴

汉·桑姆森（Han Somsen）

马　允　译

一　引言

在《自然契约》（*The Natural Contract*）中，米歇尔·塞雷斯（Michel Serres）讨论了现在被广泛称为人类世的问题（2008：4）。该术语指称在全新世后的一个新的地质纪元。人类世中，技术驱动的人类活动对地球生物圈造成的影响已经聚积并超过了自然本身蕴含的巨大的地质力量，有些人坚持认为这对人类福利造成了全球性、灾难性的影响。人类世引发我们对那些根深蒂固的心理学、政治学和哲学上的分歧进行反思和质疑：包括人与自然之间、地区与全球之间、个人与集体之间、现在与将来之间。人类世并非科学之建构，它是规范意义上的，代表了哲学、政策和法律的分水岭（Clark 2015）。比其他任何法律部门尤甚，环境法不得不面对一些尚未确切来临的、不那么令人愉悦的问题。

关于人类世将带来的影响，"末日启示"专家的观点有些太过言之凿凿，这在第21届联合国气候变化大会，即巴黎气候峰会中体现得尤为突出，相应观点得到了惊人的广泛传播（Luntz 2014）。塞雷斯（Serres）希望人类世可能带来的范式变迁能够帮助唤起人类拥抱一个"自然契约"的视野和决心。的确有理由认为"自然契约"有助于促进人类之间的和平，但事实证明它并不适合预防人类对大自然发动的破坏性战争，这也是人类对自身发动的战争：

如果我们认为我们的行为是无辜的，那么当我们认为自己赢了，其实什么都赢不了，历史将一如既往；当我们输了，我们就会失去一切，对可能发生的灾难毫无准备。相反，如果我们选择承担责任，那么如果我们输了，我们什么都不会失去；如果我们赢了，我们就赢得了一切，仍然是历史的参与者。一边是一无所获或全盘皆输，另一边是大获全胜或无所丧失：哪个才是更好的选择，这是毫无疑问的（Serres 2008：5）。

人类世强调，对地球系统施加的技术性影响本身已成为一种地质能量，现有的和新兴的各种技术使得监管者能够充满现实的期待，为人类的利益把这些力量用于重新设计和驱动地球。简言之：综合上述情况，我们对地球2.0版本的憧憬越来越可信起来。

　　正是在这种背景下，本章拟讨论一些由技术驱动的动议，这些动议多数情况下仍是孤立的、特例的，通常是用于支持人类（权利）的需求。它们旨在对人居和非人居的环境进行改造和再造，而改造和再造的方式都是没有自然、法律或历史的先例的。我用一个总括术语来概括这些动议，即"环境增强"。[①] 环境增强初步定义如下：

　　　　为了改变自然系统而进行的有目的的干预，形成了前所未有的一些特点和能力，而这些被视为是满足人类和生态需要或需求可取的或必不可少的。

该定义是讨论的起点，当然并不是终局性的定义。这一定义的范例包括：通过对那些传播疾病的蚊子进行基因改造来保护人类健康、[②] 太阳能辐射管理的动议，以及其他形式的用以减少气候变化影响的气候工程，发明新物种用以保障粮食供应、吸纳人口增长，以及为恢复生态系统的完整性而做出的消除物种灭绝的努力。尽管上述例子可能表明环境增强是一种新现象，但哈伯－博施制氨法已被使用一个多世纪了。通过这一方法，大气氮被有目地转化为氨，从而允许大量生产人工肥料以支持不断增加的粮食需求（或者我们同样可以争辩说是为了追求"获取食物的权利"）。这一方法改变了地球的氮循环，带来的影响比从前发生的任何自然事件都要大（Erisman and others 2008）。

　　传统的"药物治疗"和"人类强化"很难被区分（Cohen 2014），与此相似，正统的

---

① 参见 Han Somsen, "Towards a Law of the Mammoth? Climate Engineering in Contemporary EU Environmental Law"（2016）7 *European Journal of Risk Regulation*（forthcoming March 2016）。显然，这一措辞并不是没有意义的。"增强"（enhancement）有积极的内涵，"驱动"（engineering）是中性的，而"操纵"（manipulation）显然有负面意味。本文对"增强"这一字眼的选择是有意识的，反映了因人类需要而改善环境的野心。

② 根据世界银行最近的一份报告，气候变化增加了水传播类疾病和疟疾传播的风险，气温升高2—3摄氏度可能会使1.5亿人感染疟疾。参见 The World Bank（*Shockwaves, Managing the Impact of Climate Change on Poverty*）(Washington 2015)。作为回应，科学家现在已经对疟疾蚊子进行了基因改造。参见 VM Ganz et al., "Highly efficient Cas9–mediated gene drive for population modification of the malaria vector mosquito Anopheles stephensi" (2015) 112 *Proceedings of the National Academy of Sciences* E6376–43。尤其是 *Science and Technology Select Committee, Genetically Modified Insects*（HL 2015–16, 68–I）。

"环境改善"和表现出争议的"环境增强"之间的分界线同样难以确定。如果作为我们称之为"传统环境法"根基的监管架构能够容纳环境增强政策，那么环境增强在概念界定上的困难可能仅存在于学术研究兴趣的范畴，但事实并非如此。因此，用布朗斯沃德（Brownsword）的话来说，本章所讨论的问题是传统环境法是否与环境增强"联结"起来（Brownsword and Somsen 2009）。为得出这一结论，本章将重点关注作为规制领域的欧盟法。欧盟之所以能够为该讨论提供恰当的背景，其理由至少有二：第一，欧盟在为其成员国制定环境政策和法律方面的作用既是由来已久又是不可或缺的。第二，欧盟拥有直接对其成员国和欧盟公民施加义务的权力和工具，并致力于利用这些权力用以确保对（环境）人权的尊重。

尽管既有的欧盟环境法的背景应该有助于聚焦对本文核心问题的讨论，但这仍是一个艰巨的任务。这不仅是因为它首先需要对环境增强这一概念进行界定，还因为目前并没有任何一种独立的标准来衡量规制脱节的问题。从抽象意义上而言，我们可能会说如果某一规制机制在新技术（的使用）中的持续应用，破坏了商定的规制目标（效率）的实现；或者它危害到商定的原则、程序，或与监管目标本身或实现该目标之方式的合法性相关的机制，这些就是脱节本身的含义。构成欧盟环境法的所谓商定的目标、原则、程序和机制种类繁多且形式多样，可见于欧盟所加入的各项条约和国际公约之中。因此，我们必须在相当高的抽象水平上阐述欧盟的环境增强与环境法之间的契合性。

为了分析我们关于规制联结的核心问题，必须把环境增强作为一种独立的现象来看待，它具有自身特有的含义和超越于《欧盟运行条约》（TFEU）第191（1）条所指"环境改善"的重要性。为了考察环境法与环境增强之间的规制联结，我们必须首先勾勒出一个可行的欧盟环境法的现行运作框架。谈及环境法与环境增强之间的契合性，其概率可能从开始分析的时候就很低，因为环境增强本质上是对居于环境法核心的结构性缺陷的一种不情愿的回应。因此，环境增强往往涉及在我们理解不充分且复杂的生态和社会系统中进行高风险的技术干预。半个世纪来的环境规制使人类福祉遭受灾难性威胁，而只有当这些威胁为不可辩驳的证据所证实时，上述干预之风险才会被认真对待并纳入考量。

法律学者、哲学家和政治学家应将注意力转向具有紧迫性的环境增强，因为面临即将到来的生态灾难、风险和规制脱节，环境增强可能很快会被证明是一个合理的政策回应。③《行星边界假设》（*Planetary Boundary Hypothesis*）一书描绘了有关行星阈

---

③　Han Somsen，"When regulators mean business：Regulation in the Shadow of Environmental Armageddon"（2011）40 *Rechtsfilosofie & Rechtstheorie* 47. 公众对在复杂地球系统中进行大规模技术干预以补救环境退化的接受度也在增加。参见 "NextNature" <https：//www.nextnature.net/nl/> 访问日期 2016 年 1 月 9 日；"Ecomodernist Manifesto"（Ecomodernism）http：//www.ecomodernism.org/manifesto−english/ 访问日期 2015 年 12 月 13 日。

值的一套复杂的科学话语（Rockström and others 2009；Nordhous，Shellenberger and Blomqvist 2012），该种话语使得本章拟讨论的问题具有特别的紧迫性，因为我们有理由相信，监管机构可能会认为这意味着其有义务推行那些旨在主动避开那些预示末日的阈值的环境增强政策（Pal and Eltahir 2015[④]）。例如，据观察，气候变化是其中之一：

> 只有专门科学家方能够识别出的威胁，对非专家要求一种严格的精确性是我们的知识局限所不能及的。我们必须承认自己对那些我们无法干预的辩论的依赖性，但却不允许因此种不确定性变得动摇或被动。[...] 我们被要求集体果断地做出行动，行动的根据是我们无法自己去评估、目前还未确定的可能性，但其影响却可能是灾难性的（Perez Ramos 2012，重点加注）。

本文还将进一步指出，指示欧盟"维持、保护和改善"环境的传统欧盟环境法和联合国"尊重、保护和落实"（环境）人权的框架之间具有高度的一致性，这将有助于为该种主张赋予一定的法律属性。

围绕作为环境规制者的欧盟，本章剩余部分相应地分为三小节：第二节试图提炼当前欧盟环境法的核心原则，并在这种传统范式下展开对环境增强政策的分析。第三节试探性地探讨了将环境增强政策义务化的可能性，并以此为基础，试图根据联合国的"尊重、保护和落实"框架，重新阐释传统的环境法。第四节将提供所得结论。

383

二　欧盟环境法与环境增强

（一）欧盟环境法的核心宗旨

如果我们把自己想象为道德高尚的和无所不知的规制者，预测到始于 19 世纪 50 年代中期的人为的气候变化，[⑤]那么无疑我们将果断采取行动，以保持气候的完整性。那么如何实现这一目标呢？首先，我们将盛行气温设定为具有法律约束力的基准，并且要求国家不得采取使气温高于基线水平的措施。其次，我们还需要采取积极的政策保护气候不受私人侵犯，引导私人行动者的行为，从而控制二氧化碳排放。第三，也是最后一点，我们应当密切和持续地监测所采纳的气候措施的有效性。当我们发现可

---

④ Jeremy Pal and Elfatih Eltahir, "Future temperature in southwest Asia projected to exceed a threshold for human adaptability" (Nature Climate Change, 26 October 2015).

⑤ 符合这一特征的真实候选人是亚历山大·冯·洪堡（Alexander von Humboldt）（1769–1859）。他在 1829 年发表的演讲中呼吁 "全球的科学家开展广泛合作，收集与森林砍伐影响有关的数据，这是人类对气候影响的第一次全球研究，也是 160 年后成立的政府间气候变化委员会的模型"。参见 Nathaniel Rich, "The Very Great Alexander von Humboldt" (2015) 62 (16) *The New York Review of Books* 37。

能有人为的影响导致排放量上升时，我们将迅速做出反应，采取额外的补充措施改善这一趋势，直到恢复原来的基准水平。用现行有效的《欧盟运行条约》第 191（1）条的话来说，我们将采取行动，以"维持、保护和改善"环境的质量。[⑥]我们将衡量该三个层面的政策的有效性，即在我们自我施加的基准线基础上维持、保护和改善气候。同时这也将构成维持、保护和改善气候这一核心义务的组成部分，对决定这些义务的范围起到决定性作用。

　　后一点至关重要，因为它不仅可以很好地解释当前的环境危机，而且正如下文将会进一步展示的那样，它也预示着监管机构在通过环境增强政策驱动地球 2.0 版本时可能有哪些期待。我们可以粗略地设想一下，如果没有这样一种自发的、通用的生态基准线，就像环境法里缺乏"人的尊严"这一概念一样。基于"人的尊严"，每一个人的生命将被视为是固有的，不以时间和地点为转移的。这可被视为是以人类之本质抵御破坏性影响的盾牌（或者从人的尊严这一角度来说，是利剑）。[⑦]在当代环境法中，最接近的等价物或许是"不退化原则"，这在美国的荒野法律中[⑧]，因荒野法非特指，而是泛指偶尔在欧盟的二级环境立法中有所体现（Glicksman 2012）。但是，无论是美国还是欧盟的立法中，这一原则都是附条件的，只有当国会行使立法裁量权把一片区域命名为"荒野"，或者欧盟的立法机关偶然情况下行使立法权力方可。因此，欧盟环境法并没有一个不附加条件的一般性应用基准，使得环境即使面对最具破坏性或最草率的人类攻击时仍处于事实上未被保护的状态。[⑨]

384

　　如果塞雷斯在《自然契约》中的憧憬可能会变成现实，那么有关生态完整性的一般适用这一首要原则应当成为其设计之核心。诚然，规定在《欧盟运行条约》第 191（2）条的预防原则作为欧盟环境法的一般法律原则，使得欧盟的立法机关有权在没有有关环

　　[⑥]《欧盟运行条约》[2012] OJ 1 326/47（TFEU）第 191（1）条规定：

欧盟的环境政策应有助于实现下列目标：

• 维持、保护和改善环境质量；

• 保护公众健康；

• 自然资源的审慎和合理使用；

• 促进国际范围内处理区域性和世界环境问题的措施，特别是应对气候变化的措施。

　　[⑦]当然，这并不是唯一甚并不是对人类尊严的普遍理解。参见 Derrick Beyleveld and Roger Brownsword, *Human Dignity in Bioethics and Biolaw*（Oxford University Press 2001）。

　　[⑧]参见 Wilderness Act of 1964 Pub L 88–577（16 USC 1131–1136）s 4（b）："除本法另有规定外，负责管理任何划定为荒野地的管理机构须负责维持本区域的荒野特征，并出于其他目的管理这些荒野地，而该其他目的也是为了维护该区域的荒野特征而被设立的。"

　　[⑨]关于基线可以说很多。基线可以有许多不同的形式，环境法在这方面也有了重大发展。例如，《化学品注册、评估、授权和限制条例》（REACH）标志着这样一个阶段，即化学品生产商在产品上市前必须证明产品是安全的（举证责任倒置）。对 1992年《关于保护自然栖息地和野生动植物指令》（"栖息地指令"）中所述的栖息地和物种来说，成员国必须努力建立"有利的保护状态"（favorable conservation status）。尽管拥有如此不同的保护基线，环境在受到有目的的保护之前，仍然是不受限制的人类干预的目标所在。

境风险的确凿科学证据的情况下采取行动。但是，与人的尊严不同的是，预防原则只有在面对可能对环境造成严重的和 / 或不可逆转的伤害之合理理由时才被触发，而人的尊严可以使得人类免受无害的外部影响。而且，即便降低了规制行动的证据门槛，仅凭预防原则能否施加给欧盟可受司法审查的义务，以采取行动应对与环境关切有关的新问题，这一点是值得怀疑的。[⑩] 这些预防义务至多可能存在既有立法的情形下产生，即在该立法明确承认和清晰阐述的情况下产生具体的环境要求。举例来说，欧盟关于自然栖息地和野生动植物保护的第 92/43/EEC 号指令代表了这样一种综合性制度，尤其是保护其附件中所列举的 220 个栖息地和 1000 个物种（OJ L106/1）。根据这一既有的立法制度所确立的目标和运行原则，可能会产生将特定栖息地或物种列入保护物种名单的预防职责，[⑪] 尽管笔者的该种论断尚未得到相关先例的支持。

即便如此，对当前讨论有意义的首先是根据《欧盟运行条约》第 191（1）条，欧盟环境政策的核心包括维持、保护和改善环境的三阶段方案。其次，这种行动是由欧盟机构通过行使裁量权提出动议并得到实质性界定的。欧盟机构可以决定对届时尚未得到保护的环境设置保护性基准线。笼统地说，只要还没有明确赋予苏格兰野鸡以保护性地位，那么它就可以出现在我们的餐桌上。[⑫]

在欧盟的环境实践中，保护环境质量的基线具有不同的形式，反映出既定措施背后的法理。在《欧盟运行条约》第 191（1）条中，以生态为中心和以人类为中心的法理模式共存："维持、保护和改善环境"与"保护人类健康"。[⑬] 此外，《欧盟运行条约》第 114 条授权欧盟采取的环境措施旨在建立内部市场或开展内部市场运行，[⑭] 这一规定所确立的基准补足了我们当前叙述的完整性。例如，在水生态环境问题上，按照人类中心主义的方式表述的基线包括划定一些必须能够支撑某些特定用途的水域［例如洗澡（2006/7/EC 号指令），饮用（98/83/EC 号指令）和垂钓（2006/113/EC 号指令）等］。以生态为中心的基线则通过生态质量目标（例如"良好生态状况"）得以阐释，有时该目标与极端危险物质的排放标准相结合，用以实现最终"零排放"的目标。

无论基线是反映了环境还是健康目标，始终是立法权的行使方可触发欧盟对维

---

⑩　参见 Elizabeth Fisher, "Is the Precautionary Principle Justiciable?"（2001）13 *Journal of Environmental Law* 315。比较 Arie Trouwborst, *Precautionary Rights and Duties*（Brill 2006）。Trouwborst 的结论认为，就国际习惯法而言，这种义务产生于"根据最佳可得信息，有合理理由担心可能会对环境造成严重的和 / 或不可逆转的损害"（第 159 页）。

⑪　Floor Fleurke, *Unpacking Precaution*（PhD thesis, University of Amsterdam, 2012）.

⑫　这些情况造成了如下案例：Case C–169/89, Gourmetterie van den Burgh [1990] ECR I–02143。

⑬　"自然资源的审慎和合理使用"以及"促进国际范围内处理区域性和世界环境问题的措施，特别是应对气候变化的措施"似乎是生态环境和健康义务的具体化。

⑭　第 191（1）条规定了保护环境质量，因此我们忽视了内部市场管制，这种管制通常表现为控制向环境中排放（极端危险的）物质的标准和管制产品的环境影响的标准。尽管这些标准可能直接有助于环境质量，但保证最低环境质量并非它们的目的。

持、保护和改善环境质量的承诺。尽管现阶段可能无法得出答案，我们应该问的一个重要问题是，在危及人类健康的情况下，立法权的行使是否像在纯粹危及生态环境时一样享有裁量余地。如果对该问题的回答是满足人类核心健康利益的行动比起那些满足生态需要的行动，其裁量权要限缩得多，如此，人类世论点所称的人类 / 自然二分有多么站不住脚，裁量权方面的差异可以说就有多么难以为继。

即便我们说欧盟机构给未受保护的环境划定保护地位的裁量权是不受限制的，这也会低估《欧盟运行条约》第 191（3）条所述指南的重要性。尽管有预防原则存在，指南仍会构成需要协商的额外障碍。[15]其中特别包括一些经济性的考量，例如"行动或不行动的潜在收益和成本"，以及"整个欧盟经济和社会发展及其各区域的平衡发展"。"应致力于"这一立法表述进一步表明《欧盟运行条约》第 191（1）条并未施加不附条件之义务。不可否认，《欧盟运行条约》第 191 条的规制倾斜是倾向于允许人类开发环境，而从生态角度进行规制干预则代表了对这一一般规则的例外。

一旦欧盟的环境指令或条例得以通过，就由此确立了基线，而处于休眠状态的维持、保护和改善环境的义务由此获得了法律含义和重要性。举例来说，如果基线是以特殊保护区域（SAC）的方式出现，那么维持特殊保护区域就意味着制止那些可能威胁到此处生态完整性的活动。保护该区域则要求采取积极的政策，使之免受外部攻击的影响，这种攻击可能以狩猎、发展经济等形式出现。改善特殊保护区域则需要采取一些修复行动，以便使环境恢复到在划定区域之时的生态原状，该生态原状即是应对基线的质量水平。

过去四十年来所通过的欧盟监管工具的数量可能会给人们这样一种印象，即整个欧盟环境事实上受到适当的规制，因此《欧盟运行条约》第 191（1）实则没有予以关切的实际必要。然而实际上，每存在一个受保护的物种，就有几百个在法律上没有受到保护的物种，审美价值和非生物环境（海洋和天空的颜色，云层的形成等）都受到很少或根本没有受到法律保护。就本章写作目的而言，最后这一点的观察强调了未受保护的环境可以很容易成为环境改善行动的对象。

（二）环境增强：最后的边界？

面对着威胁生命的失控的气候变化，若是在 19 世纪中期，我们曾想象的全能的

---

⑮　《欧盟运行条约》第 191（3）条规定：

3. 欧盟在制定环境政策时，应当考虑到：

● 现有的科学和技术数据；

● 欧盟各区域的环境状况；

● 行动或缺乏行动的潜在成本和收益；

● 整个欧盟的经济和社会发展以及区域间的均衡发展。

监管者除了屈服于大规模的监管失败，别无他策。为了应对气候危机而欲采取的牲畜和公民向较冷地区的大规模迁徙也因前景黯淡，最终还是搁置执行。在当代气候法的说法中，这样一种临阵逃脱的方式被委婉地称作"气候适应政策"。如果没有这种选择，那必然的结论，用丹麦气候学家杰森·博克斯（Jason Box）的原话来说就是，"我们被打败了（we're fucked）"（Luntz 2014）。然而，与他在 19 世纪的先辈不同，博克斯还有一个最后的妙招诀窍：

> 我们需要一个积极的大气脱碳计划。我们已经在一条通往无法管理的气候灾难的道路上走了太长时间：失控的气候变暖。如果我们不把大气中的碳排放降下来，给北极降温，那么气候物理学和最近的观测告诉我，我们很可能会触发这些巨大碳储量的释放，使我们的孩子不可避免地生活在一个高温的地球上。当你的担忧已经像我们一样多的时候，刚才的话可能非常难以接受。⑯

博克斯的"积极的大气脱碳计划"设想将二氧化碳直接从大气中取出，这一建议是出于对人类健康的关注。我们所讨论的是一项旨在"改善"气候的常规环境法方案，或者实际上是一项环境增强的提议呢？本节将概括地讨论该方案，并在概念上界定环境改善／增强这一二分法。

第一，无论其最终形式如何，该方案都将以技术为驱动。尽管人们可以通过使用技术来构建这种毁灭性的全球力量，这一事实不可避免的结果是，技术在环境监管工具箱中的地位日益突出，其本身意义重大。⑰ 这意味着未来环境法可能不太重视受管制者的行为，而是越来越多地发展出一套对技术使用进行管理的原则，既把它当作调控目标，也把它当作监管工具。第三节将简要讨论未来这些技术的使用问题。

然而，不仅是技术的核心作用使脱碳方案有别于欧盟常规的环境法规。最重要的是，这些技术被直接用来改变大气的化学成分，完全绕过作为目标群体的监管对象。387 这标志着环境政治的一个阶段，其中人类的聪明才智和技术能力被认为与自然的力量比肩。这也反映出这样一个事实，即若不能说服穆罕默德到山下去，就要把这座山移

---

⑯　S. Luntz, "Climatologist Says Arctic Carbon Release Could Mean 'We're Fucked'"（IFL Science, 4 August 2014）<www.iflscience.com/environment/climatologist–arctic–>.

⑰　参见 Bruno Latour, "Love your Monsters—Why We Must Care for our Technologies as we do for Our Children" in Michael Shellenberger and Ted Nordhous（eds）, *Love Your Monsters*（Breakthrough Institute 2011：55）；"生态政治要取得成功，就必须至少像现代化的解放（emancipation）故事一样强大，而不是想象我们正从大自然中解放出来。解放的叙事话语指出了不断增加的掌控自然和摆脱自然的自由——例如农业、化石能源和技术，这可以被重新设计为日益扩大的规模上事物与人之间的依附关系。如果旧的叙事话语将人类想象成要么从自然中降生，要么从自然中解脱出来，那么新的构成叙事则描述了我们对自己不断创造的新的大自然日益亲近的程度。只有'走出自然'，生态政治才可能重新开始"。

到穆罕默德处。在刑法的情境下，这就好比是要放弃针对潜在罪犯的预防性和矫正性的反犯罪政策，而是大面积地采用道德增强药物的方式来进行犯罪管理（Persson and Savulescu 2008）。有些人甚至可能认为，博克斯的脱碳计划与一般意义上理解的"规制"并不相同，因为它并不针对监管对象的行为，而是寄希望于重新改造大气来适应当下和未来世代人类的需求。[18]

实现此种方案当然需要有法律依据，根据《欧盟运行条约》第 192（2）条的规定，欧洲议会和欧洲理事会可以建立此项法律依据。然而，任何此类欧盟工具的性质都会与我们理解的传统欧盟环境法的性质大相径庭。就像增强道德预防犯罪方案一样，这（在一定程度上）意味着通过药剂法律来取代刑法，而气候工程方案或者其他的通过直接技术干预来改造环境的方案都要求环境规制演变成为一整套面向风险的工程原则。[19]从规制行为到规制设计的转变，对广大公众有着明显而深刻的影响。最重要的是，参与标准制定是欧盟环境治理的一个决定性特征，它可能因此变得更加麻烦和被边缘化。

所有这一切仍然没有回答这样一个问题，即我们面对的究竟是一个尽管有争议但是常规的、依据《欧盟运行条约》第 191（1）条的精神做出的改善环境的技术驱动动议，还是我们已经进入了一个环境增强的未知世界。这一问题的答案取决于保护性基线的存在和性质。从这一角度而言，《欧盟运行条约》第 191（1）条区分了两类广泛的基线：分别是致力于健康的和致力于环境的基线。由于健康和环境义务要求有不同的甚至是相反的规制干预，从健康的角度来说，那些构成了"改善"或"增强"的可能有害于环境，反之亦然。接下来的分析将会澄清健康 / 环境两分法的重要性。

1.追求人类健康的环境增强

逻辑上来说，我们不能在没有事先商定的基准或基线的情况下谈论维持、保护或改善环境，出于同样理由，我们也不能在此情况下谈论环境增强。前文已述，如果事先未经过裁量行为确定一个基线的话，欧盟环境法就没有任何自主的参照点用以确定环境的哪些方面需要加以维持、保护或改善，而这实际上使这种环境处于不受保护的状态。正是在此意义上，欧盟环境法是许可性的；在没有保护基线的情况下，对环境的改变可以不受阻碍地发生。这还意味着，在此种情况下，脱碳方案所带来的有益的气候改变将不会遇到法律阻碍，因为该方案当然不会对人类健康或环境保护造成什么危险。

388

---

[18]　一个可行的传统定义是"国家机关制定的旨在塑造个人和企业行为的具有约束力的法律规范"。参见 Barak Orbach，"What is Regulation?"（2012）30 *Yale Journal on Regulation Online* 6。但是这一思想实验依赖于比"具有约束力的法律规范"更广泛的规制定义，还包括自我规制、市场手段和技术的形式。

[19]　在这方面，欧盟的生态技术条例提供了一个有益的实例。欧盟委员会第 2001/18/EC 号关于向环境中蓄意释放转基因生物的指令（OJ[2001]L106/1）对转基因生物的设计进行了规制，以期控制风险。过去十年间，风险的概念逐渐扩大，包括道德和社会经济性质的"其他关切"。

正是由于这个原因，最近与转基因的雄性埃及伊蚊有关的露天实验可以得以继续。首先，没有关于昆虫保护的基线性法律；其次，此种基因改变对人类和环境来说被视为是安全的。[20] 基于根除登革热所满足的人类福利的需要，解决埃及伊蚊传播的问题很可能被视为是对环境有益的改变。但是我们应该把它看做是改善还是增强环境呢？如果我们把自己置于昆虫的位置，毫无疑问，这种干预显然是有害的，因此并不能被视作是对环境的改善行为。如果从环境法的生态范式角度来看，尽管没有相关保护埃及伊蚊的法律规定，消灭埃及伊蚊是一种环境破坏的行为。

然而，《欧盟运行条约》第 191（1）条将"保护人体健康"作为欧盟环境政策的基础原理，但是从人类健康的角度看，对昆虫的基因改造与此明显不同。在缺乏以生态为中心的基线的情况下，我们在对埃及伊蚊基因改造进行评判时，是以人类的健康作为考量标准的。我们并不是在维持、保护或改善环境，因为我们并没有在努力保护生态现状（需要维持和保护措施）或生态原状（我们需诉诸于改善政策）。就所有的意图和目的而言，我们正在以人类健康为基准，"增强"昆虫，使它具有前所未有的服务人类的特性。尽管我们使用了"前所未有"而不是"反自然"这个词——在人类世时代，"反自然"一词已经失去了大多数的含义——但如何准确地界定"前所未有"仍然是一个难以回答的问题。在接下来一节中将要讨论的"去灭绝"问题时，我将会论证"前所未有"可能既涉及物质方面（物理上的新事物）也涉及法律层面（法律上的新事物）。

埃及伊蚊的例子同样也适用于那些之前在自然界从未存在但是被凭空制造出来并特意释放到环境中去的那些生物，例如用来清洁有机和无机污染物的细菌。同样，我们是在面对环境增强问题。正如目前的欧盟生物技术法律所表明的那样，只要没有对人体健康或环境构成威胁，那么对释放到环境中的有机物的种类就几乎没有或只有很少事先的限制。[21] 然而，最近上议院特别委员会关于转基因昆虫问题的报告仍然惋惜地指出，第 2001/18/EC 号关于向环境中蓄意释放转基因生物的规制过于严格（OJ L106/1 2001）：

389

> 将新的转基因技术与不现实的、无风险的替代技术相关联这种做法是不恰当的。我们建议规制程序应当将其与正在使用的规制方法相对照，例如一种新的技术可以取代的杀虫剂。[22]

---

[20] 参见在开曼群岛、马来西亚和巴西蓄意释放转基因蚊子，视图在不使用危险的杀虫剂的情况下终止登革热的传播。Renee Alexander, "Engineering Mosquitoes to Spread Health"（*The Atlantic*, 13 Sept. 2014）<http://www.theatlantic.com/health/archive/ 2014/09/engineering-mosquitoes-to-stop-disease/379247/> 最后访问日期 2016 年 1 月 4 日。

[21] 同上。

[22] 本文脚注 2，世界银行。

的确，第 98/44/EC 号（有关生物技术发明的法律保护）的指令通过第六条排除了一些特别令人不悦的增强技术获得专利的可能性。但是，从第六条第一款可反面推导出，一项发明不可以获得专利并不等于否定它的合法性。总而言之，在没有保护基线的情况下，基于人类健康需要向环境释放一些新生物，仍然构成一种合法的环境增强行为。

更为复杂的是如何理解在保护性的环境基线已被阐述的情况下，出于健康目的所采取的环境措施的性质。是否有可能确定从"改善"（即旨在重新确立基线中所阐明的生态原状的行动）变成"增强"的临界点？直觉上而言，当环境中的直接干预技术迫使国家"超越合规"时，我们可能会感到这种转折已经发生了。[23] 例如，最近通过的有关气候变化的《巴黎协定》第二条包含了这样一个目标，即通过后续规定所确立的方案把温度控制在与前工业化时期相比增长 2 摄氏度的范围内（*Paris Agreement 2015*）。如果博克斯对大气进行直接干预的方案实际上能够减少大气中二氧化碳的浓度，并因此使地球温度降低到工业化前的水平，那我们可以说自己位于环境增强这一领域。

然而即使在这种情况下，将脱碳方案视为环境增强也并不是没有问题的。从大气中去除二氧化碳的过程形式上可能是一种技术创新，但是只要它并未造成"前所未有的"气候特征，那似乎就不能满足我们之前关于环境增强的定义。实际上，这一方案只希望恢复气候原状，也就是通过尽可能地回到《巴黎协定》所属的前工业化时代来"改善"气候。至于那些超出了法律强制性约束的降低二氧化碳浓度、放慢全球变暖速度的行动，即便它意味着冷却地球，我们也可以说这些只是《欧盟运行条约》第 193 条和《巴黎协定》第 4（3）条所规定的"更加严格的保护措施"。[24] 这样的脱碳方案也是符合《巴黎协定》的，其中第 4（1）条规定：

在公平的基础上并在可持续发展和消除贫困的努力的背景下，认识到对发展中国家缔约方来说，达到峰值需要更长的时间，并且随后需要根据最佳可得技术迅速削减，为了实现第 2 条所规定的长期温度目标，缔约方力求尽快实现温室气体排放的全球峰值，以便实现在本世纪下半叶实现人为排放量和温室气体削减之　　390

---

[23] Neil Gunningham, Robert A Kagan, and Dorothy Thornton, "Social License and Environmental Protection: Why Businesses Go Beyond Compliance" （2004）29 *Law & Social Inquiry* 307 <http: //scholarship.law.berkeley.edu/facpubs/675> 最后访问日期 2016 年 1 月 4 日。

[24] UNFCCC Conference of the Parties, "Adoption of the Paris Agreement" FCCC/CP/2015/ L.9.Rev.1 （12 December 2015）, art 2. Available at <http: //unfccc.int/resource/docs/2015/ cop21/eng/l09.pdf> 最后访问日期 2016 年 1 月 4 日。第 4（3）条："每个缔约方在国家范围内的连续贡献，将代表着超越该缔约方当时在本国范围内所确定的贡献的进步，并反映出其最大可能的抱负，反映了不同国家根据本国的不同国情所承担的共同但有区别的责任。"

间的平衡（重点加注）。

事实仍然是，《巴黎协定》第二条规定的是限制全球平均气温增长的国家义务，而更为激进的脱碳方案（理论上）也许会导致温度下降。法律上来说，《欧盟运行条约》第 193 条所指的"更具保护性的措施"必须是在温度上升的情形下适用，以此为基础，以实现温度下降为目标的措施是不能被证成的。

不过也没有必要这样做。正如已指出的那样，在没有基线（形式包括最低全球气温，禁止域外影响等等）的情况下，很难去阻止国家推行这种做法或行动。[25] 总之，有助于控制全球平均气温增长的脱碳方案构成环境改善。当这一方案产生超越现有法律基线的结果时，将该方案视为环境增强更为恰当。

其他的气候工程举措，例如太阳辐射管理，显然更适合归入环境增强的范畴。举例来说，如果将反光粒子释放到大气中来反射太阳光冷却地球，这就产生了大气中存在前所未有的成分，并构成了环境增强的明显例子。[26]

2. 追求生态保护的环境增强

比利牛斯山羊（Pyrenean ibex）是山羊科的其中一种，尽管欧盟的栖息地保护指令已对该物种加以保护，它还是在 2000 年灭绝了。科学家们试图用生殖克隆技术来恢复这一物种，但到目前尚未成功。我们要如何做出这种"去灭绝化"的努力？[27] 庇里牛斯山羊的故事令人印象深刻且非常重要。它迎来了自然保护政策的一个阶段，其中定义物种保护的失败不再需要产生不可逆转的生态多样性丧失的后果。然而，庇里牛斯山羊的回归并不能被视为环境增强的例子。其中所涉技术非常惊人，但是考虑到山羊之前的受保护的状态，应将克隆视为"改善"环境的例子，即旨在恢复到之前在栖息地指令中商定的基线水平。[28] 如果将来去灭绝化的技术变得更加可靠，那么似乎没有理由解释在诸如庇里牛斯山羊的案例中，为什么成员国有不应当运用这种技术的义务。

---

[25] 这假定这种变化不会造成国际责任所涉及的域外影响。

[26] 因此，有人断言"一些计划取决于平流层中额外尘埃（或可能是烟尘）的影响或很低的平流层对阳光的屏蔽。这些尘埃可以通过各种方式传送到平流层，包括用大型步枪或火箭发射，或者通过氢气球或热气球升空。这些可能性看来是可行的、经济的，并且能够减轻每年我们所需支付的二氧化碳当量的影响"。Panel on Policy Implications of Greenhouse Warming et al., *Policy Implications of Greenhouse Warming: Mitigation, Adaptation, and the Science Base*（National Academy Press 1992）918.

[27] 关于去灭绝的信息，参见 "The Long Now Foundation" <http: //longnow.org/ revive/> 最后访问日期 2016 年 1 月 4 日。

[28] 参见 Steve Connor, "Cloned goat dies after attempt to bring species back from extinction" *The Independent*（London, 2 February 2009）<http: //www.independent.co.uk/news/science/cloned- goat–dies–after–attempt- to-bring–species–back–from–extinction- 1522974.html> 最后访问日期 2016 年 1 月 4 日。拯救比利牛斯山羊使其免于灭绝的努力仍在进行中。

　　同时，一个适当的观点是栖息地指令为追求环境增强的举措提供了充足的空间，倘若 Natura 2000 的整体一致性未被破坏，或者此种干预是出于人类健康或公共安全、对环境具有非常重要的有益结果，或者出于维护公共利益的原因。栖息地指令第 22　391（b）条同样规定，只要不损害自然范围内的自然生境或野生的本地动植物，就可向野生环境中引进任何非本地物种。因此，采用基因强化的物种可以被引进，只要这些物种符合相关的欧盟二级立法，例如关于蓄意释放转基因生物的 2001/18/EC 号指令（OJ L106/1 2001），并且不损害自然范围内的自然生境或野生的本地动植物。㉙

　　显然，对于那些已灭绝甚久的动植物都没有保护基线存在，例如猛犸象。因此，目前正在实施的将恢复猛犸象物种的方案应当被视为增强。因为猛犸象从来都没有受到过这样的法律保护，所以克隆猛犸象的方案将会通过恢复原状来改善环境这样一种说法，从形式上来说就是不准确的（Shapiro 2015）。从这种形式法律意义上来说，猛犸象的回归是前所未有的。

三　人类世欧盟环境法再生的启示

（一）维持、保护和改善环境的人权义务

　　我们已经看到，在没有一个包罗万象的、一般性的生态静止（ecological standstill）原则的情况下，环境增强将会遭遇一些法律障碍。㉚欧盟环境法的默认立场是而且仍是人类可以其认为恰当的任何方式自由改变环境，除非这些环境已经被有目的得施以特别保护。改变明显可以包括与人类需求相关的对未受保护的环境的增强，以及对已受保护的尚未规制的领域的增强。举例来说，在没有规则约束太阳光使用的情况下，挪威的一个小村庄尤坎（Rjukan）的居民可以在高斯塔（Gausta）山顶安装三面巨大的由太阳供能、电脑操纵的镜子，用来把阳光反射到他们自己的小村庄，来解决每年六个月由于光照不足造成的抑郁问题。同样，出于保护健康权、为控制登革热提供解决方案的目的，可以允许与转基因雄性埃及伊蚊有关的大规模露天实验，因为这些蚊子本身并没有受到法律保护。

　　"行星边界假设"（PBH）提出了一个可以推动环境增强政策的重要见解。它认为　392在人类发展问题上存在九个关键的、全球的生物地理阈值（Steffen 2015），而且至关

㉙　关于在栖息地指令的情景下环境增强范围的更详细分析，参见上文脚注 1，Somsen 文。

㉚　关于生态基线的例子，可见欧盟《关于预防和修复环境损害的环境责任的指令》（Dir. 2004/35/EC of 21 April 2004 on Environmental Liability with regard to the Prevention and Remedying of Environmental Damage [2004] OJ L143/56）第 2（14）条："'基线条件'系指根据最佳可得信息估计，如果环境损害没有发生的话，自然资源和服务在损害发生时的条件。"

重要的是，跨越这些阈值边界将会对人类福祉造成灾难性后果。[31] 尽管行星边界假设只是一种科学话语，但是它却有着重大的政治和法律意义，因为有令人震惊的证据表明，其中一些阈值已经接近边缘，甚至有些在事实上已被超越。例如空气中二氧化碳的含量比过去 250 万年间的含量都高，是导致巨大的气候变化即将发生的原因。[32] 人们可以很容易理解其对气候的影响，但是对同样有害的、对生物地球化学循环的人为改变却理解不足。这一循环包括氮、磷和硫，通过农业进行的陆地生态系统，通过河水流动变化的淡水循环，以及海洋中的二氧化碳和氮的水平。[33]

行星边界假设所使用的世界末日语言的直接法律意义在于，它可以促使人们寻找一种围绕着作为职责开展的环境法律范式，以实现《人权宪章》第 37 条、《欧盟运行条约》第 191 条和《欧洲联盟条约》第 4 条所规定的义务。按常理，欧盟及其成员国应责无旁贷地采取有效行动，以避免人类生存所面临的迫在眉睫的灾难性生态威胁。越来越有力的科学证据表明，现在环境恶化对人类生活的基本前提构成了直接威胁，这意味着环境法会成为一种专门化的人权法。[34] 这种转变从根本上颠覆了环境法的构成范式和运行逻辑。本质上，环境法的基本原理不仅仅是为了制止、减缓或补救人类对环境现状的影响以追求可持续性，也为了以人类为中心来管理一个为追求人类生存和福利而在技术上引起的有意的环境变化的过程。正如哈珀博世（Haber Bosch）进程的例子所表明的那样，这种环境增强的做法早在一个多世纪前就开始了，而很少有人意识到这一做法的规模。

至于欧盟各机构应如何承担重新设计环境的任务，关键是要承认，系统的生态和社会复杂性造成了非线性的变化模式，使人们很难准确预测何时会出现灾难性的临界点。在这种科学不确定性普遍存在的情况下，预防原则指示欧盟尽早采取行动，至少是在不采取行动的风险超过采取行动的风险的情况下进行。[35] 人们对预防原则的这种理解，通常与保护生态现状有关而当然与驱动地球 2.0 无关，它必然会引起争议，但

---

[31] 这些包括土地使用变化、生物多样性丧失、氮和磷水平、淡水使用、海洋酸化、气候变化、臭氧消耗、气溶胶负荷和化学污染。

[32] 最新资料可参阅 Internet at Earth System Research Laboratory, "Trends in Atmospheric Carbon Dioxide" <http://www.esrl.noaa.gov/gmd/ccgg/trends> 最后访问日期 2016 年 1 月 8 日。2014 年 4 月的水平是 401.30。

[33] 类似的观点，参见 Karen N Scott, "International Law in the Anthropocene: Responding to the Geoengineering Challenge" （2013）34 *Michigan Journal of International Law* 309。

[34] 参见 Urgenda v The Netherlands HA ZA 13–1396, 在第 4.74 自然段表达了类似的观点，"国家根据宪法 21 条赋予它的法定义务，有广泛的制定气候政策的自由裁量权。但是这种裁量权并非是毫无限制的。就本案的情形而言，如果有发生气候变化的高度风险，对人和环境造成严重的和危及生命的后果，那么国家就有义务采取适当和有效的措施保护其公民。对于这种做法，它还可以依赖欧洲人权法院的前述判例。当然，问题仍然是在特定情况下何者为适当和有效的。出发点必须是国家在决策过程中认真考虑各种利益"。可查阅 <http://www.urgenda.nl/documents/VerdictDistrictCourt–UrgendavStaat–24.06.2015.pdf> 最后访问日期 2016 年 1 月 7 日。

[35] 同上。

并非完全不可信（Reynolds and Fleurke 2013）。

如果欧盟环境法为人权所驱动，也会使人们对《欧盟运行条约》第191（1）条的性质产生疑问。联合国的"尊重、保护和落实"（RPF）框架可能有助于这种转变的概念化和合法化。这一框架源于有关"食物权"的实质内容的辩论（Eide1989），但其效用扩大到更广泛的社会和经济权利，包括享有清洁环境的权利（Anton and Shelton 2011）。"尊重、保护和落实"（respect/protect/fulfill，RPF）的三维框架与《欧盟运行条约》第191（1）条的维持、保护、改善（preserve/protect/improve，PPI）三部曲之间的协同作用和词源上的相似性非常突出，令人惊讶的是它们逃脱了法律评论者的兴趣。实际上，这两个框架之间的相似之处似乎表明了以人类为中心对欧盟环境法进行重新解释是可行的（表16.1）。

表16.1	RPF与PPI框架之间的协同增效作用
社会和经济人权组织（RPF）	欧盟环境法（PPI，《欧盟运行条约》第191条）
尊重的义务→	←←维持的义务
保护的义务→	←←保护的义务
落实的义务→	←←改善的义务

与PPI框架一样，RPF是一个围绕三方类型的框架，但它包含了"避免剥夺（尊重）"、"保护不被剥夺（保护）"和"帮助被剥夺者（落实）"的职责。尊重的义务指向国家而不是私人实施的侵权行为。正如所讨论的那样，在欧盟环境法律文献中，维持环境的责任意味着欧盟及其成员国不得干扰处于指定状态的环境。对尊重义务和维持环境的义务作一致性解释的一个重要意涵是，我们应否对维持对人类福祉至关重要的环境这一义务附加条件，是有待考察的。

从文字上看，RPF和PPI框架下都包含保护义务。在RPF框架内，保护的义务意味着国家有义务在私人活动威胁到享受（环境的）权利时采取行动。[36] 保护的义务被理解为国家有义务"采取一切可能的合理措施阻止事件发生"。[37] 通过《欧盟运行条约》第191（2）条，欧盟环境法同样提出了防止损害的义务，并规定欧盟规制行动提供的保护水平必须"很高"。

对我们而言，最有趣的是通过解读落实（改善）义务对"改善环境"进行重新解释。落实的责任是"对受害者——其权利已受到侵犯的人——所负的责任。援助的

---

[36] 不应将这种情况与可归于国家责任的私人行为的情况相混淆。就这一问题，可参阅有关"国家对国际不法行为的责任"的文章。International Law Commission, "Report of the International Law Commission on the Work of its 53rd session"（23 April–1 June and 2 July–10 August 2001）UN Doc A/56/10.

[37] Osman v United Kingdom ECHR 1998–VIII 3124, paras 115–22.

394 义务……主要是收复的责任，即从履行尊重和保护职责的失败中恢复"（Shue 1985）。一个显而易见且极具争议的问题是，落实的义务是否会产生国家的增强义务关于食物权，有人指出：

> 落实［实现（facilitate）］义务意味着国家必须积极主动地开展活动，以加强人民获得和利用资源及手段，确保其生计，包括食品安全。最后，当个人或集体由于不可控的原因无法通过所拥有的手段享有适足食物权时，国家有义务直接落实（提供）这一权利。这项义务也适用于自然灾害或其他灾害的受害者（重点加注）。[38]

普遍认为，资源匮乏使得国家承担落实责任要比其尊重或保护责任更重要。然而，诸如基因操纵、合成生物学和气候工程等环境增强技术的出现使得这一前提变得不确定，因为与现行的缓解政策相比，它们往往是廉价的替代品。[39]

事实上，更广泛地说，技术将是环境法从维护、保护和改善环境这一具有载量空间的主观抱负向尊重、保护和落实环境权利的义务进行转变的核心。不妨简要地尝试对技术在这方面可能发挥的作用进行概念化。

（二）环境技术的概念化

人类世工作组提议将人类世正式确定为人类目前所处的地质时代，这不仅与行星边界假设密切相关，在政治上和科学上也都具有重要意义。[40] 这一概念最初是由获诺贝尔奖的大气化学家保罗·克鲁岑（Paul Crutzen）提出的，用以表示地球历史上人类对地球的状态、动态和未来产生决定性影响的时期（Crutzen and Stoemer 2000；Steffen, Crutzen and McNeil 2007）。在开普敦举行的 2016 年国际地质大会上，国际地层学委员会审议了将人类世正式化的建议。迄今为止，人类世并不是一个像更新世和全新世一样在地质时代尺度范围内被正式定义的地质单元，人类世的正式化取决于科学标准和它对科学界的有用性。然而，正如人类世工作组网站所指出的那样，这一概念所具有的政治、心理和科学的意义是实质性的（Subcommission Quarternary

---

[38] Committee on Economic, Social and Cultural Rights, "The Right to Adequate Food（Art 11）"（1999）UN Doc E/C.12/1999/5, General Comment 12, para 15. 评论 14 进一步规定缔约国若"不愿意最大限度地利用现有自由实现健康权，则违反了第 12 条规定的义务"。

[39] 参见例如 Johann Grolle, "Cheap But Imperfect: Can Geoengineering Slow Climate Change?"（*Spiegel Online*, 20 November 2013）<http://www.spiegel.de/interna- tional/world/scientist-david- keith-on-slowing- global-warming- with- geoengineering- a-934359.html> 最后访问日期 2016 年 1 月 8 日。

[40] Colin Waters et al., "The Anthropocene is functionally and stratigraphically distinct from the Holocene" 351（2016）*Science*, 137.

Stratigraphy 2015)。

鉴于行星边界假设的法律意义涉及环境法的目的，人类世的到来对实现这些目标须依赖的手段具有重要影响。重要的是，人们认识到技术在人类不懈地征服宇宙的过程中发挥着如此决定性的作用，它们现在已经开始在塑造地球未来的过程中与自然力量相媲美。[41] 这意味着，就手段而言，环境法必须调动和引导技术的全部潜力，以便为当代和后代人维持、保护、改善和在很可能的程度上增强环境。从人类世中可以得到的教训是，除非技术成为环境决策的主要目标和工具，否则环境法就会变得无关紧要。大众汽车恶意利用智能软件，在数百万台柴油动力汽车上伪造数据使其符合排放标准，这几乎肯定会导致生命损失，这场丑闻吞噬了大众，为监管机构着力打击这类行为提供了令人震惊的例证。[42]

在这方面，监管机构可以从一系列为技术驱动的环境政策工具的存在和持续发展角度出发，这些工具可能启动本文所述的环境法复兴。在概念上，建议区分规制机构在履行其环境义务时可以而且有时必须采取的四大类技术：

（1）监测技术；

（2）实施传统法定标准的技术；

（3）规范技术（"法典"）；以及

（4）增强技术

这四类技术在实施维持、保护和改善环境职责方面的作用大致概述如下。

最重要的是，监测是及早发现复杂的社会—生态地球系统要素变化的必要前提，这些变化可能会在整个系统中产生意想不到的灾难性影响。[43] 监控技术这一功能的含义是它必须是全景的。此外，还亟须进行大量监测，以提高往往造成不可逆转的环境损害的侵权行为和环境犯罪的低破案率。

当然，技术将继续在实施旨在维持、保护和改善环境的法定标准（如环境和水中

---

[41] Committee on Economic, Social and Cultural Rights（注38），第614页："该词……表明，地球现在已经离开了自然地质时代，即目前的称作全新世的冰川间状态。人类的活动已经变得如此普遍和深刻，以至于它们与大自然的巨大力量相匹敌，正在把地球推向一个未知领域。"

[42] 参见 "VW Emissions Cheat Estimated to Cause 59 Premature US Deaths", *The Guardian* 29 Oct. 2015 published on the Internet at:　<http://www.theguardian.com/environment/ 2015/oct/29/vw–emissions–estimated–to–cause–59–premature–us–deaths>。

[43] 人们意识到必须改变环境治理，采纳所谓的"复杂的适应性系统"，这一认识已经成为人类世思考的一部分。无论环境政策旨在缓和环境退化或是增强环境，都必须面对这一挑战。参见 Duit A and Galaz V, "Governance and Complexity—Emerging Issues for Governance Theory"（2008）21 *Governance*：*An International Journal of Policy, Administration, and Institutions* 311。

的排放标准和质量目标）方面发挥关键作用。这些技术可能既涉及产品，也涉及工艺。

此外，必须制定和使用规范性技术，将那些若进一步违反将造成灾难性影响的不合规行为完全排除出去。[44] 虽然我们可能会担心这种技术的使用必然会侵犯人类的自主权，但是如果这些技术已经被常规化使用，例如汽车经销商把那些已拖欠月供款的车主的车辆停驶，我们很难抗拒使用规范技术去避免灾难的发生（Corkery and Silver-Greenberg 2014）。

最后，在既有的法律标准之外驱动环境或与已知的环境状态不相符合时，为了人类生存和人权实现的需要，需使用增强技术。最后一类技术驱动的环境政策的例子包括基因操纵、合成生物学、纳米技术、气候工程和消除物种灭绝的努力等（表16.2）。[45]

表16.2	环境技术分类
在监管进程中的角色	对象
欧盟法定标准的补充	被监管人（人）
确保完善的监测	被监管人（人）
确保完美的合规	被监管人（人）
环境增强	环境（生物体 / 非生物体）

四　结论

人类世所造成的现实是，如若避免人类灾难，人类就必须控制其产生的技术力量。显然，这一结论不能让环境法独善其身。本章讨论了对欧盟环境法可能产生的若干影响，特别是为了避免这种灾难而对地球系统采取系统的、可能是大规模的有意干预措施的前景。这些干预措施被称为"环境增强"。尽管事实证明有时难以区分环境增强和环境改善，但本章认为这种区分既可行又可取。这种可取性不仅在于将环境增强作为一项标准政策选择的合理前景，甚至可以说当人类的生命面临直接危险的情况下，可能会产生环境增强的义务。

因此，需要解决的问题是，传统环境法的范式以及为这一范式提供描述和构建框架的文本是否符合这一新的现实。此种契合似乎是欠缺的，因此，我们可以说环境增强的现实和现有环境法之间的规制脱节。

首先，脱节在合法性问题上表现出来，因为如若把"环境增强"和"环境改善"混为一谈，就会赋予欧盟一种它从未打算获得的权力。欧盟目前的"维持、保护和改

---

[44] 关于环境政策中使用规范技术所涉问题的详细分析，参见注3，Somsen 文。

[45] 注27，The Long Now Foundation。

善"环境的权力由于环境现状（限制了维持和保护环境的权力）或环境原状（限制了改善环境的权力）而受到了很大的限制，[46]而增强环境的抱负是独立存在于当前或过去的环境状态的，因此实际上是没有边界限制的。此外，环境增强的权力在法律上受到的约束基本上只有两个"软"约束：现有的给予环境以受保护状态地位的环境法规，以及"风险"。这些约束的软性来自于行使《欧盟运行条约》第 191 条的"维持、保护和改善"环境权力时的自由裁量的特性，这来自于人权超越了受法律保护的生态价值这一事实，也来自于这样一种常识性的真理，即只有当环境增强的风险超过了替代行动或不作为所构成的风险时，环境增强举措才会被阻止。实质上，基于欧盟现行环境法，欧盟增强欧洲环境的权力看起来是没有边界限制的。

　　其次，规制脱节很可能表现在效率方面，因为环境法的传统原则旨在引导欧盟立法机构寻求回溯性生态保护和改善。最令人怀疑的是，这些原则是否同样适用于优化由技术驱动的环境增强政策；相反，这些政策在性质上是前瞻性的，并捍卫往往与生态价值发生冲突的环境人权保护的要求。例如，尽管上文没有详细讨论预防原则的传统解释，但它会与日益增强的出于人权保护而进行环境增强的需求不符。我们可能会建议在涉及人权义务的情形下，对预防性原则附随一项"行动原则"（proactionary principle）（More 2013：258–267）。

　　《欧盟运行条约》第 191（2）条的其他原则是否依然恰当，例如环境损害应当在源头上得到纠正，以及污染者应当在优先考虑自己作为被监管者的行为的范围内支付费用等，似乎也是存疑的。这是因为如脱碳方案的例子所示，环境增强的本质在于绕过被监管者。环境增强与其说是控制大气中二氧化来源的增加（例如汽车的使用或汽车设计），倒不如说是它的调控对象直指本源：气温的上升。

　　总而言之，似乎有充分的理由开始认真思考重新设计环境法，使之符合人类世的现实。

【参考文献】

Anton D and Shelton D, *Environmental Protection and Human Rights* (CUP 2011)

Brownsword R and Somsen H, 'Law, Innovation and Technology: Before We Fast Forward—a Forum for Debate' (2009) 1 Law, Innovation and Technology 1

Clark T, *Ecocriticism on the Edge— The Anthropocene as a Threshold Concept* (Bloomsbury 2015)

Cohen G, 'What (if anything) is Wrong with Human Enhancement. What (if anything) is Right with It?' (2014) 49 Tusla Law Review 645

Corkery M and Silver-Greenberg J, 'Miss a Payment? Good Luck Moving That Car' (*New York Times*,

---

[46]　参见《欧盟运行条约》，第 191—194 条。

24 September 2014) <http://dealbook.nytimes.com/2014/09/24/miss-a-pay- ment-good-luck-moving-that-car/?_r=0> accessed 8 January 2016

Crutzen P and Stoemer E, 'The "Anthropocene" ' (May 2000) 41 Global Change Newsletter 17 Erisman J and others, 'How a Century of Ammonia Synthesis Changed the World' (2008) 1 Nature Geoscience 636

Fleurke F, Unpacking Precaution (PhD thesis, University of Amsterdam 2012)

Glicksman R, 'The Justification for Non-Degradation Programs in US Environmental Law' in Michel Prieur and Gonzalo Sozzo (eds), *Le Principe de Non- Regression en Droit de l'Environnement* (Bruylant 2012)

Luntz S, 'Climatologist Says Arctic Carbon Release Could Mean "We're Fucked" ' (IFL Science, 4 August 2014) <www.iflscience.com/environment/climatologist-arctic-carbon- release-could-mean-%E2%80%9Cwere-fucked%E2%80%9D> accessed 23 December 2015

More M, 'The Proactionary Principle, Optimizing Technological Outcomes' in Max More and Natasha Vita-More (eds), *The Transhumanist Reader* (Wiley-Blackwell 2013)

Nordhous T, Shellenberger M, and Blomqvist L, *The Planetary Boundaries Hypothesis: A Review of the Evidence* (Breakthrough Institute 2012)

Pal J and Eltahir E, 'Future temperature in southwest Asia projected to exceed a threshold for human adaptability' (Nature Climate Change, 26 October 2015) <www.nature.com/ nclimate/journal/vaop/ncurrent/full/nclimate2833.html> accessed 23 December 2015

Perez Ramos I, 'Interview with Richard Kerridge' (2012) 3(2) European Journal of Literature, Culture and Environment 135 <www.ecozona.eu/index.php/journal/article/view/317/ 624> accessed 23 December 2015

Persson I and Savulescu J, 'The Perils of Cognitive Enhancement and the Urgent Imperative to Enhance the Moral Character of Humanity' [2008] Journal of Applied Philosophy 62

Reynolds JL and Fleurke F, 'Climate Engineering Research: a Precautionary Response to Climate Change?' (2013) 2 Carbon and Climate Law Review 101

Rockstrom J and others, A Safe Operating Space for Humanity' (2009) 461 *Nature* 472 Serres M, *The Natural Contract* (The University of Michigan Press 2008) 4 Shapiro B, *How to Clone a Mammoth* (Princeton UP 2015)

Shue H, 'The Interdependence of Duties' in Philips Alston and Katarina Tomasevski (eds), *The Right to Food* (Martinus Nijhoff 1985) 86

Steffen W, Crutzen P, and McNeil J, 'The Anthropocene: Are Humans Now Overwhelming the Great Forces of Nature?' (2007) 36 Ambio 614

Steffen W and others, 'Planetary boundaries: Guiding human development on a changing planet' (2015) 347 Science doi: 10.1126/science.1259855

Subcommission on Quarternary Stratigraphy, 'Working Group on the "Anthropocene" ' <http:// quaternary.stratigraphy.org/workinggroups/anthropocene/> accessed 7 May 2015

UNFCCC Conference of the Parties, 'Adoption of the Paris Agreement' FCCC/CP/2015/ L.9.Rev.1 (12 December 2015), art 2. Available at <http://unfccc.int/resource/docs/2015/ cop21/eng/l09.pdf> accessed 4 January 2016

United Nations Sub Comnission on the Promotion and Protection of Human Rights, 'The Right to Adequate Food as a Human Right—Final Report by Asbj0rn Eide' (1989) UN doc E/CN.4/ Sub.2/1987/23

403

第十七章
父母责任、过度教养和技术的作用

乔纳森·赫林（Jonathan Herring）

胡　凌译

一　引言

在当下的文化和学术辩论中，对儿童的基因强化既有魅力，也令人恐慌。当决定　　404
生孩子的父母不去卧室而是去实验室的时候，人们对未来有了相当多的反省。在实
验室，他们会仔细阅读有光泽的小册子，并选择孩子的外表、运动能力、性别和音乐
倾向。以往你将拥有什么样的孩子取决于概率以及随机性，但这样的日子似乎早已是
过去式了。当你可以用科学来确定孩子是什么样的时候，为什么要留给概率呢：爱运
动、有吸引力、雄心勃勃。

关于是否应允许或甚至要求父母操纵胚胎基因以产生儿童的理想化版本，有相当
大量的学术争论。关于这个主题已经有大量的文献（Murray 1996；Agar 2004；Glover
2006；Green 2007；Sandel 2007）。我不想直接在那些文献中增加讨论。尽管如此，令　　405
人惊讶的是对这个问题人们给予了相当多的关注，鉴于在很大程度上这应该是科幻小
说的内容。如果有可能实现的话，能够控制儿童的性格和能力所需的技术要在几十年
之后才能出现。那么，为什么除了提出一些有趣的学术问题之外，它还引发了如此多
的讨论？

本章提出，基因工程辩论以及它所产生的大量媒体、学术和专业讨论反映了当代
育儿的情感冲突。父母有能力创造出一个和他们相似的孩子，他／她又将成为一个有
益社会的良好公民，这一愿景伴随并反映出当前成为家长的恐惧和欲望。特别是，它
反映了父母对子女所负责任以及通常被称为"过度教养"或"直升机教养"的广泛争

论。父母使用技术以多种过度养育方式实现对儿童的监视。因此，本章通过解构对父母教育的理解来审视技术在养育子女中的作用。在父母教育的单向的、控制的和过度的教养模式中，技术提供了便利，十分有用。然而，本章的结论是，这种育儿模式以及与之相关的技术期待，都存在着严重缺陷，因为它没有考虑到父母与子女之间的偶然和相互滋养关系的丰富性。

因此，本章审视了未来不同形式的生殖技术的争论和关注想要在"成为父母的本质"（特别是法律和文化意义上的家长责任概念）这一问题上告诉我们什么。为了开始讨论，本章聚焦于基因强化，该论辩提出了反对这种干预的有说服力的道德案例，即应将儿童视为上天之馈赠。在尝试以法律、政治和社会视角探讨父母对子女的责任之前，本章还考察了父母责任的法律概念。这些关于责任的论述与父母变得没有安全感并且从事过度教养的做法密切相关。为此，技术不仅使父母有能力控制他们的孩子，而且还使他们的孩子能够在一系列活动中超越其他孩子。本章最后以谴责这些进展作为结论。儿童不应被视为由父母塑造成完美公民的橡皮泥玩具。相反，父母和孩子处于深层关系中——他们以深刻的方式关心对方并相互影响。

二 视孩子为上天之馈赠

406　　一直对基因强化秉持反对态度的麦克尔·桑德尔（Michael Sandel）曾提出（2004：57）：

> 基因强化最有力的道德反对不在于意见的充分表达，而在于它所反映的人本倾向。问题不在于父母篡夺了孩子的自主权而在于为孩子设计人生之路的父母的狂妄自大，企图掌握孩子出生成长的奥秘……这将会破坏父母与孩子之间的关系，剥夺父母对生命的敬畏以及对不请自来事物的宽容心、同情心。

他还认为（2004：62）：

> ……承诺能掌控一切是有缺陷的。它有可能剥夺我们视生命为上天之馈赠的感恩之心，使我们在意志之外缺少为之确信之物。

这种论证在基因强化辩论中已证明是有影响力的（尽管存在争议），与当前进行的高压教育父母责任概念的争论非常相关。过度养育往往是为了让孩子成为最好的自己并保护他们免受危险；这正是那些寻求促进基因强化的人的动机。对于那些认为桑德尔的主张具有吸引力的人来说，让父母接受孩子本为上天之馈赠与父母有责任塑造孩子，二者存在矛盾关系。桑德尔（2004：62）直接引出了这样的联系："我们这个时代所熟悉的过度教养代表了一种焦虑的过度掌控和统治，这会错失将生命视为上天之馈赠的感恩心态崇尚优生学与人种改良，令人不安。"他在这篇文章中扩展了他的恐惧：

> 想要排除偶发性和掌控出生奥秘的欲望贬低了插手设计孩子的父母，并破坏了父母养育子女的、由无条件爱的所规范的社会实践的那一份亲情。[它] 令人反感，因为它表达并巩固了对某种看待世界的立场——即掌控和统治。这种立场不仅没有尊重人类力量和成就中的天赋特质，也错失了与上天所赋予能力的持续谈判中的那部分自由（Sandel 2007：82-83）。

相反，我们应该"如其所是地"接受孩子，"不是作为我们设计的对象"或"我们野心的工具"。引用神学家威廉姆（William F. May）的话，他呼吁"对孩子不期然的部分保持开放"（Sandel 2007：64）。

这些论点存在明显的困难：从表面上看，它们可能反对父母同意接受任何形式的医疗或改善干预，而不是让孩子自生自灭（Kamm 2005）。桑德尔（2004：57）很清楚，这不是他所争辩的。他声称"治疗或预防疾病的医疗干预……并不亵渎自然，而是颂扬自然。治愈疾病或伤害不会超越孩子的自然能力，但允许他们蓬勃发展"。为了使自己的观点更加生动，他区分了优质的跑鞋和通过吸毒来提高运动能力的不同，前者有助于发挥运动员的天赋和适当的能力，后者则不是这样。因此，通过区分干扰儿童的自然能力、设计儿童的自然能力以及消除可能抑制儿童自然繁荣的障碍之间的不同就更加重要。弗朗西斯·卡姆（Frances Kamm）（2005）观察到癌症细胞和龙卷风是自然的一部分，但我们不应当尊重它们，这种观察展示出困难。增强自然能力和创造自然界中不存在的能力之间的界限并不明显。但是，尽管它很难绘制，但它肯定是在文献中已被检验的流行界限。这是与围绕父母责任法律概念的辩论相关的界限。

三　父母责任

父母身份法律效力的核心是"父母责任"的概念。这在英国《1989 年儿童法》（*Children Act 1989*）第 3 条（1）中有所规定："'父母责任'是指儿童的父母依法对子女及其财产拥有的所有权利、义务、权力、责任和权威。"

这不是一个特别有用的定义。但是，相当清楚的是立法起草者的想法。他们想要从涉及父母权利的语言转向强调其责任的语言。法律委员会（1982：第 4.18 段）的工作在《1989 年儿童法》的制定中具有十分重要的作用，它指出"可以有理由认为，谈论'父母权利'不仅是一种法律分析不精确的问题，也是一种普通语言的误用"。委员会（1982：Para 4.19）接着认为"谈论父母权力、父母权威，甚至父母责任，而不是权利，可能更为合适"。毫无疑问，这种观点被认为是进步的。儿童不是父母拥有权利的对象，而是他们负有责任的人。父母所拥有的任何权利都应以可靠的方式用于促进儿童的福利。正如弗雷泽勋爵（Lord Fraser）在 *Gillick v West Norfolk and Wisbech AHA* 一案中所说的那样："父母控制孩子的权利不能是为了父母的利益。它们的存在是为了孩子的利益，只有在父母能够履行其对孩子的责任以及对家庭中的其他孩子的责任时，才能获得正当性。"[①]尽管如此，认为父母可以没有限制地自行决定如何履行其职责则是错误的。正如巴罗内斯·黑尔（Baroness Hale）所观察到的，"'孩子不是国家的孩子'，在自由社会中，父母应该在履行父母责任的方式上享有很大的自主权，这一点很重要"。[②]

　　在许多方面，强调父母责任是一个积极的举动；当父亲被视为拥有支配或虐待其子女的父权时，任何家庭律师都不愿意退却。然而，由于它起源于父母权利的现代版本，特别是对可能导致"受到不良教养"儿童的社会问题的回应上面，关于父母责任的讨论现在已经呈现出一种险恶的泛音，以下各节将讨论这些问题。

408

四 "养育危机"

　　在《父母陷阱》一书中，毛林·弗瑞利（Maureen Freely）提到"作为一个国家，我们已经开始沉迷于对受损儿童和濒危童年的恐惧"（2000：13）。她争辩说，父母现在害怕对孩子没能尽职尽责：

> 　　做到足够好的父母养育的可能性永远都有。尽责标准正在提高，正如更多母亲被推入工作一样。忽视和滥用的定义正在增加，现在扩展到包括同居和婚姻破裂。在目前的大环境下，作为一个足够好的父母在公共场合发言，就是邀请其他人指出我们失败的多么糟糕。……这使我们成为一个不安全和顺从的选区，我们会很快地为自己的错误道歉，却缓慢地指出我们的主人可以做得更好的地方，政府利用我们的弱点来巩固其权力（2000：201）。

这些担忧在政治和媒体对父母身份的描绘中得到反映和加强。不良养育方式被指责为广泛的社会弊病，导致弗兰克·弗雷迪（Frank Furedi）（2011）将其描述为"教养的病态化"。报纸头条描绘了现代育儿的惨淡景象："父母责备帮派文化"（*BBC News*

[①] *Gillick v West Norfolk and Wisbech AHA* [1986] 1 AC 112, 170.

[②] *R v Secretary of State for Education and Employment ex parte Williamson* [2005] UKHL 15 [72].

2008）；"戈登布朗说父母应该为少年持刀犯罪负责"（Kirkup 2008）；"父母为不良行为出现受到责备"（Riddell 2007）；"肥胖儿童的父母正在'使肥胖正常化'——英国国家医疗服务体系（NHS）负责人说"（Western Daily Press 2015）；"教师们说，学生比以往任何时候表现得更糟糕，这是父母的错"（Daily Mail 2013）。根据这些观点，毫不奇怪，养育子女被描述为一个主要的"公共卫生问题"（Dermott and Pomati 2015：1）。

谈到"童年危机"（BBC 2006），这种对父母身份的惨淡景象得到了加强，尽管事实上人类可能从一开始就担心童年（Myers 2012）。2007年，联合国儿童基金会（UNICEF）的一份报告将英国儿童的福祉排在21个发达国家中的末位，衡量指标包括健康、贫困以及家庭和同伴关系的质量等。2011年，慈善机构"救助儿童会"发布的一份报告以儿童福利为标准，将英国列为43个发达国家中的第23位（Ramesh 2011）。

政治家们一直要为大部分指责父母的头条新闻负责。政治言论有一个有趣的转变，从强调家庭形式（特别是婚姻）——这是20世纪80年代后期保守党政府强调的——转向了现代的强调父母行为（Collins，Cox and Leonard 2014）。父母被视为要为确保儿童成为未来的积极公民而负责（Janssen 2015）。当他担任副首相时，尼克·克莱格（Nick Clegg）说，"父母掌握着由他们带入这个世界的孩子的命运"（*The Telegraph* 2010）。 409

2011年夏天英国的"骚乱"是责怪父母的特别典型的例子（De Benedictis 2012；Bristow 2013）。卡普等（Kirkup，Whitehead and Gilligan）（2011）报道了当时的首相戴维·卡梅伦（David Cameron）的回应：

> 首相表示，家庭破裂是导致上周动荡的主要原因，并表示政治家们必须勇敢地解决数十年来传统社会价值观被侵蚀的问题……人们上周一遍又一遍地问的问题是"父母在哪里？他们为什么不把骚乱的孩子留在室内？"可悲的是，在某些情况下，法官们由衷地感叹道："为什么父母甚至不会在他们的孩子出庭时出现？"好吧，将点连成线，你就清楚地知道为什么这些年轻人的表现如此可怕了。要么是在家里没有人，他们都没有太在意，或者他们失去了控制。

社会评论员则对这一主题变得友好。爱丽丝·汤姆森（Alice Thomson 2011）写道：

> 这不是课堂问题。在克罗伊登和切尔西着存在离婚、关系异常和父亲缺失等问题。父母工作太辛苦了或者工作并不够拼命。我们中很少有人知道如何规范我们的孩子；他们已成为我们的朋友，即使建议他们自己铺床，我们也很紧张……

肯定不仅是右翼政治家将这个问题确定为"不合标准的教养"（Bennett 2008）。在没有太多政治反对的情况下，政府采取了一系列旨在帮助父母履行其职责的举措。2011 年推出了"陷入困境的家庭"计划，针对英国 12 万家庭生活困难和混乱的家庭（Department for Communities and Local Government 2013）。这促进了通过社会工作的直接干预。内政部（2008 年）解释了这些干预背后的思维方式：

> 育儿教养是一项具有挑战性的工作，需要父母有效地训练、指导和培养他们的孩子。父母对孩子和社区有责任进行监督和照顾他们的孩子，防止其行为和发展出现问题，如果不加以控制，可能会给个人、家庭和社区带来重大困难。

育儿合同和命令是一项支持性措施，旨在帮助父母或照顾者提高其养育技能，以便他们可以防止孩子的行为出现问题，并避免他们参与反社会和犯罪行为。

410　　强调父母对孩子不良行为的责任已经反映在法律中（Hollingsworth 2007）。越来越多的权威措施已经被用来对付因被认为未提供足够程度的育儿行为而导致反社会和犯罪行为的父母（Gillies 2012）。育儿令［《2004 年裁判法院（育儿令），规则：法定文件 2004 年第 247 号》］允许裁判官要求父母签署育儿合同、育儿计划，甚至参加住宿育儿课程。正如勒萨奇与德鲁伊特（Le Sage and De Ruyter 2007）所说："这种父母责任可以用控制来解释，即父母有义务监督、控制或保护孩子，抑制他们的反社会冲动，并试图创造一个没有反社会诱惑的环境。"总而言之，这些政治图景和最近的社会变化表明，父母责任现在如何被强调为一种社会类故事的叙述，但却是消极意义上的。父母正在因未能履行对子女的责任而辜负了国家。

五　过度养育

对父母身份的责任的强调导致了所谓的"偏执的教养"，这并不奇怪（Furedi 2014）。到 1996 年，（Sharon Hays）（1996：8）正在撰写母亲们的强烈期望。她声称，我们期待"情感上有吸引力、劳动密集、经济上昂贵"的母亲教养行为。媒体对这个问题的介绍很有吸引力。和其他领域一样，母亲无法获胜。她们要么是"虎妈"，对孩子过于咄咄逼人（Chua 2011），要么是未能给孩子生命中最好的开始的疏忽大意的母亲："不能教会基本生活技能的母亲不仅辜负了她们自己的孩子，也辜负了其他人"（Roberts 2012）。

在大众媒体中，父母的不安全感和内疚感反映在不断增长的旨在完备和训练父母的文学著作中。这可以在针对寻求提高技能的父母的大量书籍文献中找到。标题中反映了恐惧和压力：《如何成为一个更好的父母：无论你的孩子表现得多么糟糕或你有多忙》（Jardine 2003）、《平和的父母，快乐的孩子：无压力育儿的秘密》（Markham 2014）《更平静、更轻松、更快乐的育儿：改变家庭生活的革命性计划》（Janis-Norton 2012）。一些读者可能对这些书所呈现的现实主义持怀疑态度，并且与《洗洗睡吧》（Mansbach 2011）的作者表现出更大的相似性。

由于父母在儿童生活中的重要性在媒体和法律中得到了强调，因此这会产生一些 411 被视为过度的现代育儿现象也就不足为奇了（Honore 2009）。詹森（Janssen）（2015）分出了几种过度养育方式：

> （1）"直升机父母"，他们试图解决他们孩子的所有问题并保护他们免受一切危险……
>
> （2）"小皇帝"的父母，他们努力给孩子们所有他们想要的东西……
>
> （3）"虎妈"，她们只鞭策并接受来自孩子的特殊成就……
>
> （4）通过安排孩子参加几项课外活动来实践"协调育人"的父母，为他们提供优势……

这些形式的过度教养被认为是在其教养角色中行为过分了（当然了，总是别人！）。在政治家和媒体宣传的信念驱动下，即养育子女有能力对儿童的福祉产生巨大影响，父母需要技能以在养育子女方面表现出色，因此他们会牺牲一切来确保他们的孩子茁壮成长。他们不断地让孩子参与提升活动，以确保他们"成功"，这意味着他们比其他孩子表现得更好。卡罗琳·戴奇（Carolyn Daitch）（2007）将其描述为"一种过于专注于孩子的父母的风格……他们典型地对孩子的经历，特别是他们的成功或失败承担了过多的责任"。安·邓尼伍德（Ann Dunnewold）（2012）提到了过度教养的做法："它意味着以一种过度控制、过度保护和过度完善的方式参与到孩子的生活中，这是一种过度的负责任养育方式。"

阿尔文·罗森菲尔德（Alvin Rosenfeld）和尼科·怀斯（Nicole Wise）（2001）对这种行为的解释进行了总结：

> 这种情况正在发生，因为许多当代父母认为，父母的基本工作就是为其后代设计一个完美的成长计划，从受孕开始直到孩子上大学。孩子的成功——通过"成就"来加以量化，比如提前学会说话、有资格参加天赋和才能课程项目，或者获得精英大学入学资格——已经成为衡量父母成就的标准。这就是为什么最具竞争力的成人运动不再是高尔夫运动，而是养育子女。

也许过度教养与我们社会中的巨大不平等有关。成功或不成功的后果就经济状况而言被认为是如此重要，以至于相当大的父母投资是合理的（Doepke and Zilibotti 2014）。

马拉诺（Marano）（2008）认为，在女性离开工作岗位以支持全职母亲育儿的情况下，可能会出现过度教养。特别是在教育程度高、有更多驱动的地方，她的野心被投入到孩子身上。事实上，也许是为了证明她离开自己的职业生涯决定的正确性，她反而提供了密集的养育行为。更令人信服的是，贝勒斯（Bayless）（2013）将恐惧定位为过度教养的根源，暗示了"害怕可怕的后果；焦虑的感觉；过度补偿，尤其是因为父母在童年时感到不受欢迎或被忽视，以及他们的父母自身不足；来自其他父母的同伴压力"。最后一个因素导致一些评论家更喜欢竞争性养育的概念（Blackwell 2014）。这反映了一个人没能像其他父母那样做的焦虑，因此他/她就其责任而言失败了（Faircloth 2014）。对于可以确保我们的孩子装备充分、注定成为良好公民的技术，我们不必担心我们做得不够，以确保孩子能够获得最好的生活起点（The Economist 2014）。这里我们又回到了关于基因强化的辩论。

正如我们所看到的，"指责父母"已经成为当代文化的一个强大特征（Bristow 2013）。家长被期待拥有一套特定的技能，并能够充满能力和关怀对这些技能加以实践。无法做到的话就无法成为一个好父母，结果社会也受到了负面影响。本章的其余部分将对有关育儿的信息以及这些发展对育儿的影响进行批判性研究。我认为对父母的期望使他们失败了；父母的负担过重了；负担是高度性别化和有类别的；在当前关于养育子女的讨论中，孩子的身份被归结为父母的身份；并且教养行为已经变得私有化了。本章最后提出了关于亲子关系的另一种看法。

六　父母注定会失败

对父母的要求或期望已经过度了。弗兰克·弗雷迪（Frank Furedi）（2014）专注于专家的角色和"抚养孩子的科学化"与父母以及他们对孩子承担个人责任的能力之间的关系：

> 当代育儿文化劝告父母按照"最佳实践"培养孩子。在当今社会生活的几乎每个领域，专家都提倡寻求帮助的重要性。获得建议——以及，更重要的是，遵循专家撰写的脚本——被视为"负责任教养"的证据。

父母身份俨然成为给专家的问题，或至少是"超级保姆"。父母需要特殊技能和培训来完成这项工作。然而，这可能使父母失败。

里斯（Reece）（2013）在《从出生到五岁》一书中关注政府的建议（Department of Health 2009），其中积极育儿行为被提升为对疾病问题的回应。她引用了这段话：

要对好的事物保持积极的态度……养成经常让孩子知道他或她让你快乐的习惯。你可以通过注意、微笑或拥抱来做到这一点。不一定非要有一个"好"的理由。让你的孩子知道你爱他或她，只是因为他们的样子就好了……每次他或她做一些令你高兴的事情，请确保你要说出这些话（Reece 2013：61）。

对于里斯来说，虽然这种积极养育的形象可能听起来并不是特别艰巨，但"积极强化是深远而模糊的：无限延伸，无法定义或实现。这就是无限制的教养行为。"父母将不可避免地无法做到尽可能积极主动。她还提到一项指导父母听孩子说话的建议：

它并不像听起来那么容易。要听，首先你必须考虑你的肢体语言。让她坐在一把椅子上，你坐在另一张椅子上，面对着她。保持良好的目光接触；有一个轻松的面部表情；提供反馈，告诉你正在倾听；在正确的地方点头（Reece 2013：63）。

正如里斯（2013：63）指出的那样，尽管听起来像常识，但实际上这些要求是艰巨而且无法实现的："这些建议的良好的细节加强了成功的不可能性：你可能会以积极的语气给予了表扬，但是你在正确的地方点头了吗？"父母有能力"足够"地"倾听"或足够"积极主动"吗？父母被要求成为"反思性父母"，而里斯认为这实际上是强制性的。它否认父母有自然和自发的机会。因此我们看到"如何成为一个好家长"市场的增长，以及将育儿责任日益"外包"给专家并不奇怪。

七　父母的过度负担

关于现代育儿的社会信息的第二个方面是，对所给出的建议对父母的影响并没有太多理解。以《从出生到五岁》中这些评论为例："好好吃晚饭，这样你的孩子就能好好吃晚饭；把你的衣服整齐地收好，这样你的孩子就可以整齐地收起他的衣服了"（Home Office 2008）。虽然看起来是一个很好的建议，但对父母的期望却相当可观。如果你敢略显凌乱；以不礼貌的方式吃东西；食用不健康的零食；或者说不该说的话，那么你的孩子就注定要放纵自己的生活。当然，这不是政府建议试图说的，但考虑到养育子女的一般氛围，这就是它的理解方式。

用于跟踪和监控儿童的技术增加了父母的负担。在担任政府部长期间，玛丽亚·米勒（Maria Miller）表示，父母有责任确保儿童不在互联网上查看色情内容或不适当的资料（Lawrence 2012）。这可能是成本高且复杂的工作，在商业环境中往往由受过培训的 IT 部门承担。

父母可以使用各种技术承担保护儿童免受危险并确保他们成为好公民的责任。从婴儿监视器到 GPS 跟踪器，父母可以使用技术密切关注他们的孩子；但这需要大量的时间和财务上的承诺。马克思和史蒂夫（Marx and Steeves）（2010）对可用设备的范围进行了评论：

> 所检视的技术包括产前检测、婴儿监护仪和保姆照相机、RFID 服装、GPS跟踪设备、手机、家庭药物和精液测试，以及监视玩具，并涵盖从孕前到较大的青少年。我们鼓励家长购买监控技术，以保证孩子的"安全"。虽然也有对父母的便利和自由的次一级强调，但监视已主要作为负责任和爱心养育的必要工具。企业家还声称，父母不能相信他们的孩子会以亲社会的方式行事，而必须采取间谍活动来克服孩子撒谎和隐藏其不良行为的倾向。

如果任何一位家长认为这些侵犯了儿童的隐私，纳尔逊（Nelson）（2010：166）就提醒父母们"都称赞婴儿监视器和手机帮助他们建立起这种理想的亲密度和反应能力，并使他们能够利用这些获得的知识更好地控制他们的孩子"。这种跟踪技术的可获得性可能意味着那些不行使这些选择的父母会被认为没有认真对待他们的角色。

八　对家长身份的夸大

当代对于父母的理解所传达的一个重要信息是，他们是全能的（Faircloth and Murray 2015）。即使他们目前无法通过基因工程改造他们的孩子，他们仍然可以做很多事情来影响孩子。一个育儿课程广告指出：

> 我们是对青少年未来的主要影响。……满足青少年最深层次的需求，设定健康的界限，帮助他们发展自己的健康情绪，并教导他们如何做出正确的选择，这些都需要技巧和奉献精神。花时间思考我们的最终目标可以帮助我们建立与青少年的关系（National Parenting Initiative 2013）。

这里以及更一般的法律中的假定是，父母对孩子的控制程度似乎过高。一个好例子是上诉法院最近在 Re B–H 案中做出的判决。案件涉及两名十几岁的女孩，她们在父母分居后与母亲住在一起，强烈反对看到她们的父亲。沃斯（Vos L.J.）说："母亲的养育责任的一部分是尽力说服她的孩子与父亲建立良好的关系，因为这符合他们的最大利益。"③ 虽然承认"顽固的"青少年可能会变得"特别沉重"和"特别苛刻",但母亲应该改变女儿的态度。家庭部门主席写道:

> ……人们可以合理地要求的是——不仅是作为法律问题,而且更基本上是作为自然的养育义务的问题——通过论证、劝说、哄骗、哄诱、诱导、制裁(例如,"罚孩子不许出门"或者没收移动电话、计算机或其他电子设备)或者不带蛮力的威胁,或者它们的组合,父母就可以以最佳水准确保孩子遵从。④

关于这个案例可以说的更多(Herring 2015),但现在有三点值得注意。首先,法院似乎认为父母对子女的权力远远超出想象。一位母亲如何强迫青少年与其他人保持良好的关系?让青少年做功课很难;让他们去拜访并积极思考其他人是另一回事。特别是在这种情况下,父亲过去曾经虐待过这些孩子。法院似乎更有兴趣将责任归咎于母亲而不是其他任何事情。其次,本案忽视了对母亲的情感影响。本案中的破裂是痛苦的。母亲有充分的理由认为父亲有问题并反对接触。尽管可以理解,但在接受法院判决之后,最好让孩子们与父亲共度时光,期望母亲不要妨碍接触是合理的。但是期望她能够促进接触(她如此强烈反对这一点)就需要更多的工作。再次,本案没能看到孩子自己的自主权。她们也有理由不想见到父亲。假定孩子的观点是母亲的责任,就会呈现出儿童完全受父母影响的图景。它否认了儿童的能动性,并且是高度父爱主义式的。最后一点是对育儿态度的普遍关注。强调父母对儿童行为的责任,以及对良好育儿需求的重视,都忽视了儿童自身的行为。

九　责任的性别面向

责备父母的影响是高度性别化的。虽然各种建议和媒体报道通常会谈论养育子女,但建议的负担通常落在母亲身上。一个很好的例子是 NHS Choices(2010)对已有研究的讨论,表明:

> 后代 BMI 与其母亲的 BMI 之间存在显著的正相关关系,即如果母亲有体重超重/肥胖症,那么其孩子有体重超重/肥胖症的可能性就较高。儿童和母亲 BMI 之间的关系在几代人之间变得更显著。如果母亲全职工作,后代队列中的 BMI 增加也有正向趋势;这种关系在 1958 年的队列中没有出现过。

---

③ *Re B- H* [2015] EWCA Civ 389 [66].

④ Ibid. [67].

由此在母亲的体重、母亲的工作状态、肥胖症之间，联系就建立起来了。虽然，相当恰当的是，该网站强调该研究并未证实相关性，但人们怀疑许多读者会这样理解该信息："如果母亲想要一个瘦小的孩子，她应该自己瘦，且不能工作。"而另一方面"如果你的孩子肥胖，那就是你的工作或你自己的肥胖导致了这种情况"。证据表明，目前对儿童肥胖的关注以及家长解决这一问题的必要性，无疑被家长和专业人士视为主要针对母亲（Wright，Maher and Tanner 2015）。

十 家长身份背后的阶级假设

容易被忽视的是，"好父母"的流行演示是高度基于阶级的（Ramaekers and Suissa 2011）。本章已经注意到好父母将如何使用技术，以使他们能够监控儿童的互联网使用情况并跟踪其行动。这些手段仅适用于拥有重要经济资源的人士。使用"超级保姆""训练有素的儿童心灵师"、父母指导和课程，更不用说合格的音乐教师、网球教练等，以确保孩子健康和全面发展，几乎不用说，这些很花钱。纳尔逊（2010：177）写到了过度教养如何使用经济和社会资源：

417
      简言之，专业的中产阶级父母的细致活动需要并依赖于大量物质资源，即使它不一定依靠所有可用的技术；同时，细致活动根源于文化和社会实践并由文化和社会实践加以维持。

另一个例子是上学。选择学校现在是父母选择的一个重要方面。但实际上它与社会经济资源密切相关（Dermott and Pomati 2015）。负责任父母会谨慎行事，但对于拥有操纵该系统的经济和社会资源的人来说，只有一个有意义的选择。

十一 父母与子女的融合

在关于现代教养的大部分文献中，父母和孩子的身份合并到一起。这在基因强化辩论中非常明显，因为儿童是应父母的命令和要求创造出来的。孩子反映了父母的价值观和品格。但是，在当前围绕父母身份的氛围中也是如此，即竞争性的父母希望他们的孩子成为最好的孩子，因为这表明了他们是最好的父母。正如我们之前看到的那样，孩子的不整洁表现出父母的不整洁。孩子是父母的反映，这种观点被斯培德伦（Stadlen）（2005：105）描述出来，按照这种说法，母亲在自己家中创造了"她自己独特的道德体系"，让她"学到了不仅是什么东西有用"，还有她最深刻的价值观，以及如何在创造家庭时表达这些价值观（第 248 页）。她的家庭是她的价值观的体现，"既是她的私事，也是她的政治基础"（第 253 页）。强调父母有责任把孩子养育好，就强化了这种态度。由此人们关注不仅是这会导致父母与子女危险的融合。正如里斯所说的那样："这给予'小的自我'一词带来了全新的含义"（2013）。

十二　家长身份的私有化

强调父母对孩子的责任忽视了更广泛的社会、环境和社区对儿童产生影响的重要性（Gillies，2011）。当辩论被塑造为以父母的失败为框架时，良好环境、优质教育、支持性社区和高质量儿童电视的重要性将全部丧失（Dermott and Pomati 2015）。正如列维培斯（Levitas）（2012）指出的那样，"问题家庭"是以多方面缺点来定义的，例如没有父母在工作。然而，也许不可避免地，问题家庭和制造麻烦的家庭之间的界限会很快变得模糊。政府提出的解决方案是帮助这些父母成为更好的父母，而不是要解决导致他们"困扰"劣势的根本原因。

418

十三　朝向家长身份的关系型模式：家长身份技术化的局限

本节汇集了本章有关过度教养的主题——对儿童基因改造能力的迷恋、控制和塑造儿童的愿望，以及父母对儿童责任的强调。这些主题都对技术在"好的教养"中发挥的有用作用持开放态度，但它们都受到一个主要缺陷的影响：他们将家长身份想象成一条单行道。家长身份是父母对孩子所做的事情，其目的是培养优秀、全面发展的孩子。父母的技巧是要把他们的孩子塑造成为好公民，如果他们的孩子出现了相反的结果，他们还要为此负责。育儿教养已成为动词，而不是名词（Lee and others 2014：9-10）。正如弗雷迪（Furedi）（2011：5）所说的那样：传统上好的教养和滋养、激励和社会化儿童有关。而今天它与监控他们的活动有关。育儿已经成为一种需要学习的技能，而不是一种生活的关系。

本章描述的现代育儿模式将儿童视为父母的被动接受者。但亲子关系并不是那样。现代模型忽视了孩子们"照料"他们生活中成年人的方式。儿童关心、塑造、控制、训练和哄骗父母，就像父母照顾孩子一样。父母试图对他们的孩子进行基因改造或进行过度教养的不正当行为不仅仅是父母试图对他们孩子施加关于什么是好的生活的特定观点，尽管那也是错的。这还是因为成年人未能向孩子们开放，把他们作为成年人；未能向孩子们学习；没有看到你认为重要的东西事实上并不重要。它没有找到孩子的奇特之处、恐惧、孤独、焦虑、自发和快乐，并为了自己重新找回这些东西（Honore 2009）。

419　　　　家长身份不是关于使用技术工具训练人以完成任务。履行责任不是一项工作，而是一种关系。难道我们不应该寻找温暖、善良、有爱心和理解心的父母，而不是训练有素、配备技能和高度警惕的父母吗（Stadlen 2005）？这不是因为作为父母并不是通过拥有技能来实现的。这是与特定孩子的特定关系。它涉及父母和孩子一起工作，以确定什么将成为一个成功的关系（Smedts 2008）。桑德尔（Sandel）（2004：55）说，"父母的爱并不取决于孩子碰巧拥有的才能和品质。"或许，这可能是过度教养的错误。孩子不是父母设计和控制的项目。儿童作为礼物的说法更可取。这通常被视为一种宗教主张，但它也可以被视为一种隐喻（Leach Scully，Shakespeare，and Banks 2006）。

　　　　对于其孩子不符合传统上"正常"感觉的人来说，这些观点更为明显。在这种语境下，父母控制和为孩子是什么样或做什么而承担责任的观念似乎是荒谬的。规则书早就被丢弃了，这是一个日复一日地发现什么有效，或者更常见的是，什么不起作用的问题。残疾儿童的父母开始知道，孩子再大的成功会因任何政府排行榜或考试委员会的客观标准而失败。但是这样的社会标准未能抓住育儿的一个关键方面——孩子们可以让父母对更美好的事物持开放态度，特别是当他们与所谓的社会规范明显不同时。汉娜·阿伦特（Hannah Arendt）（1958）谈到了"天性"的力量：对出生带来的不可预测的、无条件的新生活持开放态度。也许正是这一点似乎成为当前政治和公众关于家长身份的喋喋不休的诅咒。正如朱莉娅·卢普顿所写的那样，"极权主义既不知道出生也不知道死亡，因为它无法控制由天性发起的开放行动——有机会去做、制造或思考一些新事物"（2006）。

　　　　回到基因强化问题，弗朗西斯·卡姆（Frances Kamm）（2005：14）写道：

> 　　　　我认为，更深层次的问题是我们缺乏设计师的想象力。也就是说，大多数人对各种商品的概念是非常有限的，如果由他们来设计人，他们的改进很可能符合有限的、可预测的类型。但我们应该知道，我们总是对人们的各种优良特性感到惊讶，甚至更令人惊讶的是，令人难以置信的各种特性组合结果在人们中产生了"味道"，令人惊讶的是，这些味道是好的。

这抓住了一个主要的论点，即反对养育子女的技术化，试图利用我们拥有的权力塑造我们的孩子。我们关于什么是对我们的孩子最好的愿景其实很有限：一份好工作，一段愉快的关系，愉快的健康，并且没有疾病。然而，最好的生活并不一定由这些事情进行标记。埃利斯（Ellis）（1989）写道，残疾儿童的父母遭受"失去完美儿童的悲痛"。这是一个令人悲伤的家长身份框架，因为残疾至少可以摆脱预期的束缚。它让父母摆脱竞争性养育的斗争，未来不是一个可预测的生命历程，而且更令人

420　兴奋。

十四　结论

罗斯柴尔德（Rothschild）（2005）写到了"完美孩子的梦想"，但它却是非完美孩子的噩梦，似乎捕捉到了今时父母的育儿想象。本章探讨了技术对养育子女的一些影响。基因强化的"希望"让人们能够创造出一个人们想要的孩子。在此之前，一些父母会寻求利用技术和其他技能来控制和丰富他们的孩子。过度教养和竞争性养育反映了父母培育理想孩子的愿望。以法律制裁为保障的政府辞令，强调了父母对孩子的责任越来越繁重和不切实际。本章以对家长身份的不同看法作为结论。家长身份不是一份工作，需要父母有设备和接受特殊培训以确保生产出理想产品；毋宁是一种关系（Smith 2010），在其中父母与孩子之间相互教导、滋养和照顾彼此。

【参考文献】

Agar N, *Liberal Eugenics: In Defence of Human Enhancement* (Blackwell Publishing 2004)

Arendt H, *The Human Condition* (University of Chicago Press 1958)

Bayless K, 'What Is Helicopter Parenting?' (*Parents*, 2013) <www.parents.com/parenting/ better-parenting/what-is-helicopter-parenting/> accessed 26 January 2016

BBC News, 'Archbishop warns of crisis' (*BBC UK*, 18 September 2006) <http://news.bbc. co.uk/1/hi/uk/5354998.stm> accessed 26 January 2016

BBC News, 'Parents Blamed Over Gang Culture' (*BBC News*, 9 May 2008) <http://news.bbc. co.uk/2/hi/uk_news/7393466.stm> accessed 26 January 2016

Bennett J, 'They Hug Hoodies, Don't They? Responsibility, Irresponsibility and Responsibilisation in Conservative Crime Policy' (2008) 47 Howard Journal 451

Blackwell R, 'Welcome to the World of Competitive Parenting' (*Huffington Post*, 14 August 2014) <www.huffingtonpost.co.uk/2014/08/14/welcome-to-the-world-of-competitive- parenting_n_7335336.html> accessed 26 January 2016

Bristow J, 'Reporting the Riots: Parenting Culture and the Problem of Authority in Media Analysis of August 2011' (2013) 18 (4) Sociological Research Online 11

Chua A, *Battle Hymn of the Tiger Mother* (Penguin Press 2011)

Collins A, Cox J, and Leonard A, ' "I Blame the Parents": Analysing Popular Support for the Deficient Household Social Capital Transmission Thesis' (2014) 54 Howard Journal of Criminal Justice 11

Daily Mail, 'Pupils are more badly behaved than ever and it's their parents fault, say teachers' (*Daily Mail*, 24 March 2013)

Daitch, C, *Affect Regulation Toolbox: Practical and Effective Hypnotic Interventions for the Over-Reactive Client* (W.W. Norton & Co 2007)

De Benedictis S, ' "Feral" Parents: Austerity Parenting under Neoliberalism' (2012) 4 Studies in the Maternal 1

Department for Communities and Local Government, *How the Troubled Families Programme Will Work* (Stationery Office 2013)

Department of Health, *Birth to Five* (Stationery Office 2009)

Dermott E and Pomati M, ' "Good" Parenting Practices: How Important are Poverty, Education and Time Pressure?' (2015) *Sociology* <doi: 10.1177/0038038514560260> accessed 26 January 2016

Doepke M and Zilibotti F, *Parenting with Style: Altruism and Paternalism in Intergenerational Preference Transmission* (National Bureau of Economic Research 2014)

Dunnewold A, *Even June Cleaver Would Forget the Juice Box: Cut Yourself some Slack (and Raise Great Kids) in the Age of Extreme Parenting* (Health Communications 2012)

The Economist, 'Stressed Parents: Cancel that Violin Class' (*The Economist*, Bethesda, 26 July 2014)

Ellis J, 'Grieving for the Loss of the Perfect Child: Parents of Children Born of Handicaps' (1989) 6 Child and Adolescent Social Work 259

Faircloth C, 'Intensive Parenting and the Expansion of Parenting' in Ellie Lee, Jennie Bristow, Charlotte Faircloth, and Jan Macvarish (eds), *Parenting Culture Studies* (Palgrave 2014)

Faircloth C and Murray M, 'Parenting: Kinship, Expertise and Anxiety' (2015) 36 Journal of Family Issues 1115

Freely M, *The Parent Trap* (Virago 2000)

Furedi F, 'It's Time to Expel the "Experts" from Family Life' (*Spiked*, 12 September 2011) <www.spiked-online.com/newsite/article/11067#.Vqg1IiorLIU> accessed 26 January 2016

Furedi F, 'Foreward' in Ellie Lee, Jennie Bristow, Charlotte Faircloth, and Jan Macvarish (eds), *Parenting Culture Studies* (Palgrave 2014)

Gillies V, 'From Function to Competence: Engaging with the New Politics of Family' (2011) 16 Sociological Research 11

422　Gillies V, 'Personalising Poverty: Parental Determinism and the "Big Society" Agenda' in Will Atkinson, Steven Roberts, and Mike Savage (eds), *Class Inequality in Austerity Britain: Power, Difference and Suffering* (Palgrave Macmillan 2012)

Glover J, *Choosing Children: Genes, Disability and Design* (OUP 2006)

Green R, *Babies by Design: The Ethics of Genetic Choice* (Yale UP 2007)

Hays S, *The Cultural Contradictions of Motherhood* (Yale UP 1996)

Herring J, 'Taking Sides' (2015) 175 (7653) New Law Journal 11

Hollingsworth K, 'Responsibility and Rights: Children and their Parents in the Youth Justice System' (2007) 21 International Journal of Law, Policy and the Family 190

Home Office, '*Youth Crime Action Plan*' (Home Office 2008)

Honore C, *Under Pressure: The New Movement Inspiring Us to Slow Down, Trust Our Instincts, and Enjoy Our Kids* (Harper One 2009)

Janis-Norton N, *Calmer, Easier, Happier Parenting: The Revolutionary Programme That Transforms Family Life* (Yellow Kite 2012)

Janssen I, 'Hyper-Parenting is Negatively Associated with Physical Activity Among 7-12 Year Olds' (2015) 73 Preventive Medicine 55

Jardine C, *How to be a Better Parent: No Matter How Badly Your Children Behave or How Busy You Are* (Vermilion 2003)

Kamm F, 'Is There a Problem with Enhancement?' (2005) 5 (3) The American Journal of Bioethics 5

Kirkup J, 'Gordon Brown Says Parents to Blame for Teenage Knife Crime' (*Daily Telegraph*, 21 July

2008)

Kirkup J, Whitehead T, and Gilligan A, 'UK riots: David Cameron confronts Britain's "moral collapse" ' (*Daily Telegraph*, 15 August 2011)

Lawrence T, 'Parents have responsibility for stopping their children looking at internet pornography says Maria Miller' (*The Independent*, 9 September 2012)

Le Sage L and De Ruyter D, 'Criminal Parental Responsibility: Blaming parents on the Basis of their Duty to Control versus their Duty to Morally Educate their Children' (2007) 40 Education Philosophy and Theory 789

Lee E, Bristow J, Faircloth C, and Macvarish J (eds), *Parenting Culture Studies* (Palgrave 2014)

Levitas R, *There may be 'trouble' ahead: What we know about those 120,000 'troubled' families* (PSE UK Policy Response Series No 3, ESRC 2012)

Law Commission, *Illegitimacy* (Law Com No 118, 1982)

Lupton R, 'Hannah Arendt's Renaissance: Remarks on Natality' (2006) 7 Journal for Cultural and Religious Theory 16

The Magistrates' Courts (Parenting Orders) Rules 2004, SI 2004/247

Mansbach A, *Go the F**k to Sleep* (Cannonsgate 2011)

Marano H, *A Nation of Wimps: The High Cost of Invasive Parenting* (Broadway 2008)

Markham L, *Calm Parents, Happy Kids: The Secrets of Stress- Free Parenting* (Vermilion 2014)

Marx G and Steeves V, 'From the Beginning: Children as Subjects and Agents of Surveillance'(2010) 7 Surveillance & Society 192

Murray T, *The Worth of a Child* (University of California Press 1996)

Myers K, 'Marking Time: Some Methodological and Historical Perspectives on the "Crisis of Childhood" ' (2012) 27 Research Papers in Education 4

National Parenting Initiative, 'Parenting Teenagers Course' (2013) <www.relationshipcen- tral.org/ parenting-teenagers-course> accessed 30 May 2015

Nelson M, *Parenting Out of Control: Anxious Parents in Uncertain Times* (New York UP 2010)

NHS Choices, 'Working Mothers and Obese Children' (*NHS*, 26 May 2010)

Ramaekers S and Suissa J, *The Claims of Parenting; Reasons, Responsibility and Society* (Springer 2011)

Ramesh R, 'Severe poverty affects 1.6m UK children, charity claims' (*The Guardian*, 23 February 2011)

Reece H, 'The Pitfalls of Positive Parenting' (2013) 8 Ethics and Education 42

Riddell P, 'Parents Blamed for Rise in Bad Behaviour' (*The Times*, 5 September 2007)

Roberts G, 'Mothers who can't teach basic life skills are failing not just their own children, but everyone else's too' (*Daily Mail*, 15 February 2012)

Rosenfeld A and Wise N, *The Over- Scheduled Child: Avoiding the Hyper- Parenting Trap* (St Martin's Press 2001)

Rothschild J, *The Dream of the Perfect Child* (Indiana UP 2005)

Sandel M, 'The Case Against Perfection' (2004) 293 (3) The Atlantic Monthly 51

Sandel M, *The Case Against Perfection: Ethics in the Age of Genetic Engineering* (Harvard UP 2007)

Scully JL, Shakespeare T, and Banks S, 'Gift not commodity? Lay people deliberating social sex selection' (2006) 28 (6) Sociology of Health and Illness 749

Smedts G, 'Parenting in a Technological Age' (2008) 3 Ethics and Education 121

423

Smith R, 'Total parenting' (2010) 60 Educational Theory 357

Stadlen N, *What Mothers Do: Especially When it Looks like Nothing* (Piatkus Books 2005)

The Telegraph, 'Nick Clegg: Good parenting, not poverty, shape a child's destiny' (*The Telegraph*, 18 August 2010) <www.telegraph.co.uk/news/politics/7952977/Nick-Clegg- good-parenting-not-poverty-shape-a-childs-destiny.html> accessed 26 January 2016

Thomson A, 'Good parenting starts in school, not at home; Support the best teachers and they will give us the mothers and fathers that we need' (*The Times*, 17 August 2011)

Western Daily Press, 'Health: Parents of obese children are "normalising obesity" say NHS boss' (*Western Daily Press*, 19 May 2015)

Wright J, Maher JM and Tanner C, 'Social class, anxieties and mothers' foodwork' (2015) 37 Sociology of Health and Illness 422

第十八章
人权与信息技术

乔瓦尼·萨尔托尔（Giovanni Sartor）

孙南翔 译

一 导言

信息技术改变了个人和公共生活的所有领域的活动，包括经济结构、政治事务和 424
政府工作、通信、社交、工作和娱乐领域。面对不断推陈出新的诸如搜索引擎、社交
网络、机器人工厂、智能数字助手、自动驾驶汽车和飞机、语音、拟人和翻译系统、
自主武器等信息技术创新活动，我们内心充满期待，也充满恐惧。事实上，如经济和
政治、身体护理或行政职能等，大多数社会职能，现在都通过社会技术系统（关于这
一概念，见 Vermaas and others 2011：ch 5）所完成。其中，信息技术发挥着巨大的且
日益重要的作用。信息技术对人类产生了广泛的影响。其不仅影响到社会结构，而且
影响到个体和公众的本性和自我了解。同时，信息技术也影响到作为人权而得到保护
的基本人类价值。正如我们所看到的，一方面，信息技术强化了人权，因为它们为实
现这些权利提供了巨大的机会，使得人权可被所有人所获得。另一方面，信息技术将
人权置于危险之中，因为它们为干预此类权利提供了新的有力手段。

关于规制信息技术而言，正如本章所述，人权的作用不仅限于将其作为对象的保 425
护，因为人权话语体系有助于对信息社会的治理问题展开辩论（Mueller 2010: ch 2）。
实际上，这一话语体系有能力对信息技术的碎片化管理提供统一的观点；它提供了一
个有目的的框架，能够涵盖多种类型的信息技术及其使用的语境，并且能够支持将不
同的重要利益与多个利益攸关方联系起来。

二　信息技术的机遇

本节将探讨信息技术如何成为现代社会和公共生活的一个基本组成部分。信息技术为个人和社区提供了巨大的机会，特别是在促进经济发展、提供教育、知识构建、加强公共行政、支持合作和道德进步层面。在社会生活的许多领域，只有与信息技术合作才能实现当前所需的发展水平。

（一）经济发展

首先，信息技术促进经济发展。在信息技术驱动的社会技术系统中，通过人类和机器的综合努力，大量的信息以前所未见的速度和精确性被收集、储存，人类由此进行决策。因此，信息技术不仅提供了新的产品和服务，如计算机和网络设备、软件、信息服务等，而且还推动从农业和工业到服务、行政和商业的所有领域的生产率大幅提升（关于信息经济，见 Varian，Farrell and Shapiro 2004；Brynjolfsson and Saunders 2010）。此外，计算和电信的耦合使创新和发展能够在全世界迅速传输和传播，这超越了疆域壁垒。虽然工业技术在欧洲以外的发展需要数个世纪的时间，但是，信息技术在所有地区占据优势仅需要数十年时间。特别是，可通过对个人资料的处理来支持经济效率，从而满足个人消费者所预定的目标，并允许用户管理自动化。通过数据分析，此类数据可以用来推断趋势、预期需求以及直接投资和商业策略。

（二）公共行政

信息技术对公共行政的贡献同样重要。信息技术不仅规定了所有种类的数据的收集、储存、展示和分发，而且还支持决策，并向公民提供在线服务（Hood，Margets 2007）。工作流程可被重新设计与加速，重复性的活动可以被自动化，公民与行政部门的互动可被便利化，文档可被公开获得，并且对行政程序的参与能够加强，因此也可控制行政裁量权的行使。所有的公共服务和活动原则上都会受到影响，包括身体护理、环境保护、安全、税收、交通管理、司法、立法等。在日益严格的经济限制条件下保持稳定的"社会状态"，也取决于使用信息技术来降低提供公共服务的成本，尽管降低费用（而非服务质量）往往成为在信息技术部署方面的首要考虑。公共管理的效率可能需要个人资料的处理，以便确定公民个人的权利和义务，管理与他们之间的互动，并预测和控制社会发展进程（诸如在公共卫生、教育、犯罪或运输等领域）。

426

（三）文化和教育

信息技术强化文化和教育的可获得性。它们推动向每个人提供信息、教育和知识，克服社会经济和疆域障碍。事实上，一旦信息商品被创造出来（其创作的成本已被确保）并在网上提供，无论位于何处，向其他网络用户提供该信息产品的成本是可忽略的。进一步的，信息技术还能提供互动式教育服务，包括多种信息来源。自动化功能可以与人类教育工作者相结合，其一，其提供标准化的材料和测试；其二，其通过信息技术基础设施，可与学生进行单独接触。最后，新技术通过减少生产教育产品（如排版、记录、修订、修改和加工数据等）的费用而对教育做出贡献。

（四）艺术和科学

427

信息技术有助于人类在艺术和科学领域的成就。它们为生产信息商品提供了新的创意工具，使其能够以更低的成本出版文字、制作电影、记录音乐和开发软件，并取得前所未有的成效。越来越多的人可以为去中心化的文化生产做出贡献，创造可以让每个人都能获取的内容。同样，信息技术也提供机会强化科学研究。信息技术支持处理从自然科学实验中提取数据（例如，他们对确定 DNA 模型做出了决定性贡献）也包括从社会调查中获得数据，使科学家能够参与模拟和控制复杂的设备。总而言之，信息技术提供了强大的认知技术，强化了人力在信息储存、检索、分析、计算影响、识别选项、创造信息和实物的能力（关于认知技术，参见 Dascal and Dror 2005）。

（五）社交、信息、互动和结社

信息技术有助于通信、信息、互动和集会。计算和电信技术的一体化使远程通信无所不在，从而便利了人类之间的交流（例如通过电子邮件、在线聊天和网络电话）。这扩大了每个人挖掘、交换意见，并自由建立联系纽带的能力。大量互联网平台（从专门用于文化、社会和政治行动的网站，到论坛、讨论小组和社交网络）都支持那些共享利益和目标的人们之间召开会议。信息技术也为那些属于少数文化、种族、爱好和利益的人提供了新的机会，使他们能够进入社交网络，在那里他们可以逃避孤独和歧视。最后，信息技术可以支持发言者的匿名化以及保持通信的保密性，保护诸如记者和政治活动家等人免受威胁和镇压。尤其是，匿名网络使用户能够在没有被跟踪的情况下浏览互联网，而且密码学使信息能够被编码，这样只有他们的收件人才能对内容进行解密。

（六）社会知识

信息技术使个人的贡献融入社会知识体系。在所谓的"互联网 2.0"中，用户通过平台交付和整合其内容的方式做出贡献。在内容存储库中的非组织化的"众

428

包"工具（如 YouTube 和 Twitter）提供了巨大的集体工作聚合个人贡献。此外，个人投入可以合并成具有社会意义的产出：博客聚集在相关的中心点周围，个人喜好合并成声誉评级，垃圾邮件过滤系统汇总用户信号，链接到网页被并入相关性指数等。

（七）合作

信息技术促进合作。新的交流机会使人们能够从事与商业、研究、艺术创作和爱好有关的共同项目，而不论其实际地点如何。在技术领域中，对互联网标准的协同定义体现了开放式讨论和技术能力如何可以引导不同的利益攸关方聚合到重要的共同成果。从邮寄名单，到维基百科，再到跟踪和协调文件和软件产品变化的系统，协作工具进一步便利了协作活动的开展。他们支持开放源码软件（如 Linux）、知识工程（例如，维基百科）和科学研究的"同行生产"（Benkler 2006）。

（八）公共对话与政治参与

信息技术有助于公共对话和政治参与。它们提供了政治沟通、辩论和围绕议题和观点分组的新渠道。通过网站和在线平台，它们使发言者能够向潜在的、无穷尽的受众发表讲话。它们还促进公民和政治机构之间的联系（例如，通过关于立法建议的在线协商）和公民参与政治参与（例如，通过网上投票和请愿活动：见 Trechsel 2007）。随着人们可以用匿名方式在网上行动，或者通过其特定的个人或社会身份相脱离的抽象身份开展行动，从而使他们免受与这种条件有关的刻板观念的影响，因此，政治平等可以得到加强。由于公民能够通过信息技术获得证据并且通过处理这些证据而获得洞见，因此合理性也得到加强。诚然，互联网未能实现带来新政治的预期，此类预期是基于延伸理性的讨论和思考：信息交流的动态机制并不总是让人们产生最理性的观点，因为它可能更强调偏见和分化（Sunstein 2007）。然而，电子民主可以满足更具有现实性的期望，使公民能够更广泛和更具知情性地参与政治和社会辩论以及立法和管制程序。在政治辩论和通信受政府约束的地方，互联网和各种信息技术工具（网站和博客、用于秘密通信的加密、克服信息障碍的黑客技术和监督政府活动等）使公民能够获得并分享有关政府行为的信息，以传播批评意见并协同政治行动。上述观点仍是正确的，即使互联网在最近的抗议运动中的作用存在一些幻灭，因为在缺乏适当的社会和机制结构下，互联网不能带来预期的民主改革（Morozov 2010）。

（九）道德进步

最后，信息技术可促进道德进步。通过克服沟通的障碍，向人们提供新的合作形式，减少参与联合创作活动的费用，信息技术可支持那些普遍的、互惠的、利他主义的合作。尤其是，一般认为，当工作本身具有回报，那么通过该工作使得他人获利的观点将更加具有说服力，这几乎没有什么代价，全球受众可以访问它，因为许多项目的目的是提供开放的数字内容（如维基揭秘网）或开启源码软件（Benkler and Nissenbaum 2006）。然而，为了获得这种道德感，在经济和社会生态中非营利性企业需要成为一个可行的选择，在这种经济和社会生态中，替代方案是合法的，也是实际上可获得的。我们不应该对创作者施加过度的压力，要求其放弃个性，或者要求其放弃谋生的可能性（对分享经济的批评，见 Lanier 2010）。

三　信息技术的风险

为提高人类价值提供巨大机会的同时，信息技术也将这些价值观置于危险之中。尤其是，信息技术的不同用途会造成社会疏远、不平等、侵犯隐私、审查制度、对个人选择的虚拟限制，以及对基本规范框架的挑战。在人权法语境下，这些风险将在第4节下进行重新分析。

430

（一）失业 / 离职

随着越来越多的实务和知识任务由信息技术自动执行，或者在有限的人类参与情况下执行，许多工人可能变得多余，或被限定在附属的任务中。那些"与机器竞争"（Brynjolfsson，McAfee 2011）而落败的人可能被剥夺体面的生活来源。即使受到充分的社会保障而免于贫困，他们也会丧失在社会中发挥积极作用的能力，失去了从事有目的和有意义的活动的机会，也丧失了获取和利用重要技能的机会。

（二）不平等

信息技术会增大生产率，以及对需要创造力和解决问题技能的高薪工作的需求，这些技能是机器所不能取代的。同时，信息技术（尤其通过人工智能和机器人技术）接管了那些底层的行政和人工活动。这一进程将扩大受过教育的、能力更强的工人与技术不熟练的同事之间的收入差异。进一步的，由于信息技术使数字内容和某些业务过程易于复制，一些人（即被公认为是领域中的顶尖行为者，如艺术或管理）可以满足所有或几乎所有的需求，从"赢家通吃"的市场中提取超级巨额收入（Frank and Cook1995）。其他表现略逊一筹的人可能被开除（关于技术和不平等，参见 Stiglitz 2012：第三章）。最后，信息技术提供的信息和行动的不同可能性将使不平等现象更为严重。尤其是当前一些大玩家（如 Google 和 Facebook）控制着从虚拟和实体空间收集的大量数据。这些数据不仅对个人不可获得，而且对公共行政部门和小型经营者也都是无法获得的，他们处于相对不利的处境。

（三）监控

对公共权力和私人行为者来说，信息技术使得监控变得更加容易、廉价和准确。硬件和软件设备可以上传跟踪来自实体和虚拟环境的人类行为（例如，通过街头摄像机记录生活场景，截取通信，盗用计算机，检查搜索引擎的查询和与在线服务的其他互动）。这些信息可以用数字形式储存和自动处理，从而能够提取个人资料，特别是监测不受欢迎的行为。

431

（四）数据汇总和编排

信息技术能够收集来自不同来源的相同个体的多种数据，并将其汇总成这些个体的文档。可以推断与这些个人有关的潜在特征、态度和利益，如预期的采购行为或对不同类型的广告的反应，或倾向于从事非法或其他不正当行为。由于通过对通信或社交网络检查的获取，对一个人与其他人的联系的分析也使软件系统能够对人的态度做出推断。在此情况下，电子身份得以建构，其可能提供有关个人的虚假或误导性的图像。

（五）虚拟世界的助推

由于信息技术系统通过大量个人文档，丰富了社会知识，它们可以将利益和态度以及对这些个体的优缺点加以区分。在此基础上，这些系统可以预见行为并提供信息、建议和引发预期反应的助推活动（见 Hildrbrandt 2015），就像购买或消费一样。他们甚至可以创造或增强欲望和态度，例如，将选择游戏化，即通过奖励促进期望的选择并强化此类欲望和态度。

（六）自动化评估

信息技术依靠收集和储存有关个人的信息，以便根据对个人不可知的标准来评估其行为，并做出对个人产生影响的决定（例如，给予或拒绝贷款、租赁、保单或工作机会：见 Pasquale，2015：ch2）。相关的个人可能被拒绝给予公正的听证，其被剥夺从其他同伴中获得理由和做出异议的机会。

432

（七）歧视和排斥

在计算机系统中储存的信息可用来区分和歧视个人，根据刻板印象将它们简单归类，而不需要考虑其真实身份，或考虑到他们的某些特征，使其在就业、获得商业和社会机会以及其他社会商品方面受到区别对待（Morozov 2013：264）。

（八）虚拟限制

由于人类行动在信息技术环境（设备、基础设施或社会和技术系统）发生，它受到此类环境的形状或结构所影响，并因此通过此类环境的形状或结构进行管理（Lessig，2006：ch4）。特别是，禁止可以转化为无能力，因为不需要的行动在这种技术环境下变得不可能（或更困难或代价高昂），同时，义务可以转变为必需品，也就是说，如果有人想使用基础设施，他就必须采取这些行动。因此，人类用户可以受到其无法逃避的严格的网络限制所约束，并且他们甚至可能不知道，因为它们是无缝地适应其虚拟环境。

（九）审查 / 教化

用于识别、过滤和分发信息的信息技术可用于跟踪和消除不需要的内容，并确定参与制作和分发信息的人。进一步的，信息技术可支持建立和分发那些被认为有助于通过以信息技术为导向的社会技术环境进行分化或教化的事项（Morozov 2010：ch4）。

（十）社会分割和两极化

超越地理界线的社交将会导致个人拒绝作为社会纽带来源的实体距离。他们可以选择避免偶遇和不熟悉的话题或观点，以便只与那些态度和背景相似的人互动，并且只接触那些符合他们喜好或旧有观念的信息（Sunstein 2007: ch3），这些信息可能通过个性化筛选被预先选择（Negroponte 1995：ch11）。因此，他们可能失去与更广泛的社会环境的接触，包括获知同伴们的政治和社会问题认识。

433

（十一）技术战争

最近，智能武器的发展可能是基于信息技术的新军备竞赛的开端。战争将越来越多地交给技术设备，其破坏力和精确度越来越高，不仅影响特定个人和公众的生命，而且还可能潜在威胁人类的未来（关于自动武器，见 Bhuta and others 2015）。

（十二）丧失规范性

通过监督、虚拟限制和虚拟鼓动，以信息技术为基础的指导方针可以补充或替代道德和法律规范（相关讨论，见 Yeung 2008）。受信息技术推动的人类可能不再提到内部化的规范和价值观，为了限制他们对自己同胞的私利，并为了质疑社会和法律安排的正义。简言之，他们可能不再充当规范管理的共同体或"权利共同体"成员（Brownscher 2008：ch1），以及作为可正当化的道德权利和责任承担者。

四　人权的角色是什么？

为确保机会并防止刚才所述的风险，对信息技术的管制需要将不同的法律措施（涉及数据保护、安全、电子商务、电子文档等）、公共政策（解决经济、政治、社会、教育问题），以及不同角色的参与（立法者、行政机关、技术专家、民间团体）结合起来。鉴于信息技术的复杂性和迅速发展，以及它们所利用的社会技术生态，我们无法预测此类技术的长期社会影响。结论是，监管机构往往会通过"零敲碎打式修修补补"的方式，采取社会工程的策略。他们把注意力集中在特定领域的（具体技术或其运用的领域）有限目标上，且通过试错方法，即，对许多意外的副作用进行小的调整和修正，并不断地改进。（Popper 1961：66）。事实上，该路径通过信息技术法的发展得以证实，在行业立法时常与那些严格的具体网络规制措施相伴随的地方，诸如对不同计算机系统类型的安全措施，或者信息记录隐私规则，抑或街头摄像头发生持续的变化。

然而，信息技术法的碎片化需要（而非排除一个总体和有目的的观点）在这一观点下，基于不同制度、位于不同领域、针对不同技术的规制，这可以被视为旨在达成一套共同目标的单一整体。今天，人权话语体系能够促进这种统一观点，因为它具有独特的能力，能够将新出现的问题与现有的人类需要及其相应权利联系起来。这一话语体系可以考虑到不同社会行为者的重要利益，并可以使关于新技术影响的规范性讨论纳入一个更大范围内，包括规范和案例，以及社会、政治和法律论点问题。

的确，关于人权的权威规范、理论发展及其社会性理解不能为信息技术提供全面的规制框架。一方面，人权的范围及其限制存在合理的分歧。另一方面，经济和技术考虑、政治选择、社会态度和法律传统，以及个人权利，在规范技术方面也起着关键作用。然而，人权的相对不确定性以及将人权与更多考虑结合起来的需要，并不排除（但事实上解释了）人权在信息技术法律规制上的具体作用：作为监管的标尺表明要实现的目标和其预防的危害，并且作为对此类规制的限制，通过比例性和裁量余地原则而进行执行。

人权话语体系在关于互联网治理的辩论中发挥越来越大的作用，这证实了人权对信息技术管理的重要性。在辩论中，这种话语体系为所有利益有关者（各国政府、经济行为者、民间团体）提供了共同立场，对他们不同的观点进行分析可找到一些趋同性。尤其是人权成为技术和政治问题主要议题之一，例如联合国在互联网治理问题上的两项主要倡议——2003—2005 年关于信息社会世界峰会和创建于 2006 年的互联网治理论坛（Mueller 2010：chs 4 and 6）。人权被明确表示为 2015 年互联网治理论坛的主题之一。它们对互联网的意义体现在一个重要的软法文件上，即《互联网权利和原则动态联盟宪章》(作为开放的群体，在互联网治理论坛下创建了动态联盟，该开放团体通过引入多元的利益相关者解决具体问题)。　　　　　　　　　　　435

有人认为，信息伦理和信息法应当超越人类利益本身。它们应当侧重于维护和发展信息生态，该主张类似于深层生态学的主张，自然的生态系统应当为其本身的目的而不是为人类现在和未来的效用目的进行维护。特别是，卢西亚诺·弗洛里迪（Luciano Floridi）（2010：211）曾争辩说：

> 信息伦理学评估任何道德行动者对信息空间增长贡献的义务，以及对整个信息空间产生负面影响的进程、行动或事件，而不是仅仅是针对一个信息实体的贡献或负面。即，由于其增加了熵水平，因此其是一个邪恶的例证。

信息结构和文化创造的内在好处可能远远超出了它们对人类利益的影响。但是，只要法律仍然是使人类能够共同生活和合作的一种手段，即法律是人类的价值，特别是作为人权的价值观，那么法律仍然是法治制度的主要的和独立的重点内容。它们的意义并不在于对丰富的信息生态的发展的贡献（也不是对其他的超个人价值，见 Radbrch 1959：29）。进一步的，人权与个人对信息生态的吸引力之间的对立，在很大程度上可以克服，因为人的繁荣需要丰富的信息生态，并通过人类创造性的贡献得以发展。

事实上，所谓"互联网价值观"的广义性、开放性、创新和中立性，是不直接涉及人类利益的信息空间的理想特征。然而，这些价值观也可被视为人权和社会价值观的代表。它们的实施虽然支持发展一个更丰富的、更多元的、更活跃的信息生态，但也有助于在这一生态中促进人类价值（例如，创新有助于福利增长，促进言论自由和信息自由）。

正如我们所看到的，由于信息技术影响到一些人权和价值观，许多人权文件与规制有关，特别是《1948 年世界人权宣言》《公民及政治权利国际公约》《社会、经济、文化权利国际公约》《欧洲人权公约》《欧盟基本权利宪章》（关于人权和条约的讨论，见 Klang and Murray 2005；Joergensen 2006）。国际和跨国法院的判例法也具有相关性，特别是欧洲人权法院和欧洲联盟法院（De Hert and Gutwirth 2009）。国家法律制度也采用了与信息技术有关的范围广泛的权利章程，如 2014 年巴西的《互联网公民权利框架》（*Marco Civil da Internet 2014*）和 2015 年意大利《互联网权利宣言》（*Carta dei diritti in Internet*，意大利众议院互联网权利和义务问题研究委员会通过的一项软　436性法律文件）。本章仅着重说明《1948 年世界人权宣言》（下称：《宣言》），该《宣言》为对其他人权文件相关的考察提供了一个参考。

五 自由、尊严和平等

不同的人权权利受信息社会的机遇和风险的影响。本节考虑《宣言》第 1 条提到的三个基本价值，即自由、尊严和平等，并提及第 2 节和第 3 节所载的信息技术的机会和风险，而第 6 节和第 7 节同样涉及《宣言》中的权利。

（一）自由

《宣言》第 1 条（"人人生而自由，在尊严和权利上一律平等"）是最广泛的人类价值，即自由和尊严。作为自主自决的自由[①]，和作为每个人应享有的被尊重的尊严，虽然已被严重削弱，但是其提供了评估信息技术机遇和风险的基本参考。这两个价值都是有争议的、多层面的，具体案件不同可能决定其实现的不同方式，甚至可能存在相反的解读。例如，行使收集信息和表达他人的事实和观点的自由可能负面地影响他人的尊严，对他人的隐私和声誉产生影响。

全面理解自由，它包括个人实现所希望或有理由想要的结果的能力，以及通过一种倾向或同意的过程取得这些成果的能力；如森（Sen）（2004：510）所言，其包括有机会实现决策的自主性和不被侵犯的豁免权。因此，个人对自由的拥有要求不进行干预，其削减了特定的行动的（重要）可能性，而且其还包括拥有资源和权利，使一个人能够有足够的选择权或自我决定的机会。人们还注意到，任意干涉行动自由或"支配"，主要影响到政治社会中的自由，因为它剥夺了人民的自由控制，即在话语体系互动中积极参与的权利，其作为理由提供者和理由给予者，旨在塑造人类的行为范围（Pettit 2001：ch4）。当一个人受到敌对的胁迫、欺骗或操纵的情况下，人的尊严将被干扰，对话语权的控制也被拒绝。

信息技术运用所导致的机遇和风险影响自由的价值。假设每个人都从私人和公共产出的增加中受益，那么经济发展（s 2.1）和公共行政（s 2.2）的效率可以促进自由的资源流动。自动化可以减少疲劳和重复性的任务，为从事娱乐和创造性活动开创机会。通过扩大文化和教育机会（s 2.3），扩大参加艺术和科学（s 2.4）和新的生产性活动（s 2.1）的可能性，信息技术增加了可用于自主选择的选择范围。交流（s 2.5）、创造和获取社会知识（s 2.6）和他人合作（s 2.7）的额外可能性，增强自治的社会性，即互动和实现共同目标的可能性。信息技术的新渠道增加了参与政治辩论和行动的机会（s 2.8），同时，也增加了构成向我们同伴做出道义承诺的人类自由的范围（s 2.9）。自由的非主导性层面也得到增强，对通信、创意和行动的信息技术以可获取的

437

[①] 另见《法律、自由和技术》第 1 章。

市场价格而提供，或者通过非营利机构而提供，而不需要获得授权和许可。

另一方面，上述许多风险对自由造成了负面影响。在缺乏充分的社会措施下，信息技术实质性地产生了失业和分裂问题，剥夺了人们从事有价值和有意义活动的机会。对人民自由的更直接攻击将因普遍的监控（s 3.3）和编档（s 3.4）而出现，他们可能会诱使人们避免那些曾经被发现并与他们的身份联系起来的活动，可能会使他们暴露在负面环境中。自动化评估（s 3.6）可能让人们面对沮丧的厌恶情绪，个人要接受自动判断，他们就不能通过理性的反对而挑战自动化判断的结果（在欧盟法律中，1995 年《数据保护指令》第 15 条规定了对个人自动评估提出质疑的可能性）。作为自动化干扰的结果，人们的自由也会受到影响，因为他们被拒绝从事那些其认为有价值的活动（s 3.7）（Pasceale 2015）。

通常来说，网上活动的虚拟限制（s 3.8）与信息技术的互动相关，它也影响着自由，因为当前大部分人的生活离不开网络。以信息技术为基础的"鼓动"（s 3.5）也可能对作为有价值的替代方案的理性选择自由构成威胁。通过隐藏的说服和操纵，鼓动行为可能事实上会导致一种负面话语体系占优的情形。审查和教化扒制也在一定程度上削弱了自由（s 3.9），这影响了个人的获得、形成和表达意见的能力。最后，规范性的丧失（s 3.11）也影响到自由，因为它剥夺了人们行使道德选择的权利。

因为连接互联网是享受所有网上机会的必要先决条件，因此，今天获取互联网的权利可被视为自由的一个基本方面；封锁一个人进入互联网的机会严重干涉了自由，这也影响到私人生活和通信以及参与政治和文化。这一问题最近不仅存在于那些压制利用互联网进行政治批评的地方，还包括在那些将排除互联网获得视为是对重复侵犯版权行为的制裁活动的地方（包括欧洲的国家，如法国和英国）。

上述《世界人权宪章》和《互联网原则》要求各国政府尊重进入互联网的权利，避免侵犯这一权利，即排除或限制使用互联网的权利。《宪章》还要求各国政府通过旨在保证服务质量和软件硬件系统选择自由的措施，保护和实现这一权利，以克服数字隔离。《宪章》还提出了一个更受怀疑的要求，即各国政府应确保中立，防止任何当事人享有对经济、社会、文化或政治评论上的特权，或者是阻碍任何当事人发表反对意见。一般而言，网络中立是关于网络运营商应该以同样的方式对待互联网上所有的数据的原则。尤其是，这类经营者不得针对不同的服务或来自不同服务提供商的信息实行消极或积极的歧视（例如，放慢或加快速度，或收取更多或更少的费用）。正如莱姆利和莱西格（2001 年）所主张的那样，网络中立性可能不仅是出于创新和竞争的理由，而且也是基于人权理由。事实上，在一个网络中立性的制度下，将更难限制某些个人或群体的获得性，或限制向缺乏支付费用能力的用户提供服务。然而，也可以认为，网络中立是与互联网服务市场的管理有关的问题，仅与保护人权有间接关系。相应地，只有在某些服务或提供者的差别待遇确实会减少获得互联网机会的可能性，以至于达到与人权不相协调的程度，对网络中立性的限制才会影响人权。（关于网络中立性，见 Marsden 2010；Crawford 2013）。

（二）尊严

尊严[②] 是比自由更具争议性的价值，因为它的理解是基于多元哲学—政治学观点。还来自乔瓦尼·皮科·德拉·米兰多拉（Giovanni Pico della Mirandola）和马内利·康德（Immanuel Kant）对当代辩论的许多看法（McCrudden 2013）。它是对每个人的价值以及如何作为法律价值或基本权利加以保护的问题（Barak 2013）。罗杰·布朗斯沃德（Roger Brownsword）（2004：211）认为，"作为赋予权力的尊严"需要

> 认可人们为自己做出选择的能力；自由做出的选择就应该得到尊重；对自主决策（和行动）的有利环境的需求应当被认可和采取行动。

作为赋权尊严的价值，从广义上理解，接近上面所分析的自由的价值，并且因此受到同样机会和风险的积极或消极的影响。尤其是，在康德式理念下，人的尊严取决于从事道德选择的能力，人的尊严将受到"技术管制"的负面影响，通过监督（s 3.3），虚拟限制（s 3.4）和鼓动（s 3.5）预先制止道德决定，包括那些涉及接受、遵守或争辩法律规范的决定（Brownsword 2004:211）。在另一个康德式理念下，即，"人类必须掌控他的所有行动，无论是对自己或对其他理性的人，人应该始终被视为目的"（Kant 1998：37），当信息技术被用于监控（s 3.3），编档（s 3.4）和虚拟鼓动（s 3.5），进而在缺乏强有力的理由下侵犯个人时，尊严也受到影响。当话语权不被认可时，特别是当个人无法质疑自动化评估的内容（s 3.6），尊严同样会受到影响。运用自主武器部署针对攻击目标为人类的杀伤性武器（s 3.11），这也可能忽视人的尊严，因为生存和死亡的选择将被委托给那些（至少在现有状态下）无法理解人类态度和利益的装置。

尊严还可以为集体行动提供参考（虽然是非常片面的，并无定论），目的是支持在信息技术社会中的人类繁荣。这可能包括支持提供和获得丰富的、多样的、刺激性的数字资源、促进人类接触、并支持虚拟和实体词语的融合。尊重人的尊严也支持在工作环境中使用人工和机器融合的方法，其强调人类行为和控制，从而避免与工作的异化（s 3.1）。

---

② 另见第 7 章，《人的尊严与技术的伦理和监管》。

（三）平等

像自由和尊严一样，平等的价值^③有三个不同的解释。尽管我们可能同意，"如果政府对于那些其领土内的和那些效忠于政府的人的命运没有表现出平等的关切，它也不可能是个合法的政府"（Dworkin 2002:1），关于资源、福利或机会分配的平等问题也富有争议。信息技术事实上推进了机会的平等，特别是它们促进对文化、教育、信息、通信、公共对话和政治参与的普遍获得（ss 2.3、2.5、2.8）。然而，如上文所述，有证据表明，在没有再分配政策的情况下，信息技术助长了经济上的不平等，因为它们放大了技能和教育差异对收入的影响（s 3.2）。这种不平等可能导致剥夺行使基本权利和自由的恶劣情况发生（s 3.1）。获得信息方面的不平等与大数据时代的垄断也具有相关性。该不平等能够通过推动竞争和确保信息资源公共准入的措施所解决（s 3.2）。

平等支持不受歧视的权利，该条禁止：

> 任何基于种族、肤色、性别、语言、宗教、政治或其他见解、国籍或社会出身、财产或其他地位，以及那些具有取消或剥夺所有人在平等基础上对所有权利和自由的承认、享受或行使的目的或效果的区分、排斥、限制或偏好（第18号一般性评论，联合国汇编总评论：135[7]）。

这种权利可能受到对获得信息技术资源的影响的不同限制，因为需要这些资源来行使人权，如知情权和受教育权。从这个角度来看，基于预防性的经济或其他障碍，将个人排除在进入互联网的范围之外，即被视为歧视。

免受歧视的权利也是相关的问题，即收集、储存和处理信息的技术能力被用于根据所储存的或所推断的数据分类，对不同的人采取不同的对待措施（s 3.7）。此类数据可能涉及个人的不同方面，如财务状况、健康或遗传条件、工作和生活历史、态度和利益。在这些基础上，个人可能被排除在机会和社交产品之外，可能通过自动化决策，也通过概率进行评估（s 3.6）。这方面的一个显著要求是对算法决策的透明度，这样就可以发现和质疑不公平的歧视。

六　隐私和声誉权

《宣言》第12条列出了一组对信息技术特别重要的权利：隐私权、通信权、信誉和声誉（"任何人不得对他人的隐私、家庭、住所或来往书信加以任意干涉，也不得攻击他的名誉"）。隐私权的信息部分受到信息技术的强烈和最直接的影响，因为它们

---

③　另见第2章，该卷（"平等：旧辩论，新技术"）。

使人们能够捕捉和处理大量和日益增多的个人信息。这种信息往往被用于有关数据主体的利益，使他们能够在私人部门和公共部门（如保健部门或金融行政部门）获得适合其利益和需要的个性化的答复。此外，还可以经常使用个人资料（ss 2.1 和 2.2），以改善经济业绩（尤其是通过数据分析）或服务于有价值的公共目的（例如保健管理、交通管制和科学研究）。然而，个人资料的处理也使个人面临与这些数据的不良使用相关的危险，以及使得此类数据暴露于此类危险的寒蝉效应中。

通过自动采集（s 3.3）、存储、联合处理（s 3.4）个人信息，及其预期和指导行动（s 3.5），并对个人进行评估（s 3.6），信息技术可能对隐私产生负面影响。这种影响可以通过通信或发布同样的信息来复制。联合国大会于 2013 年 12 月 18 日通过了《关于数字时代隐私权的第 68/167 号决议》，承认了数字隐私权的人权相关性。其证实，在数字通信中应尊重隐私权，并敦促各国停止侵权行为，并采取立法和其他措施，防止这种侵犯行为，特别是对通信的监督。

隐私权的范围是有争议的，因为此类权利可以在不同的概念领域内被制定入不同的法律规范和不同的理论。特别是，虽然《宣言》第 12 条谈到"隐私"，但《欧洲人权公约》第 8 条使用了明显范围更广的概念，即"私人生活"，而《欧盟基本权利宪章》则包括了私人和家庭生活权利（第 7 条），独立的数据保护权利（第 8 条）。基于本文目的，《宣言》中的隐私权无疑具有信息方面的特点，即，它还处理个人可识别的信息。这项权利包括保罗·德·赫特（Paul De Hert）和瑟格·古特沃斯（Serge Gutwirth）（2006）（在严格意义上）的隐私和数据保护："不透明"的权利（因此对个人信息的处理是有限的）以及"透明的"的权利（所以合法处理是依法引导、公平、可控制）。斯特凡诺·罗德塔诺（Stefano Rodotà）将隐私解释为"对自己的信息保持控制并决定建立自己的私人领域的方式"（Rodotà 2009：78）。

在我看来，信息隐私（包括数据处理）的人权被视为是一项原则，或者说，从一项原则中推导出来罗伯特·阿列克西（Robert Alexy）（2003：46）所指明的权利。也就是说，信息隐私权是一项目标，其将得到保护和支持，只要推进其实现不会对其他有价值的个人或集体目标造成更严重的干涉。作为抽象原则的隐私可以涵盖以信息技术为基础的对个人数据的处理活动，从而确定有关数据主体的知情决定权。然而，作为一项原则，承认隐私并不意味着禁止未经数据主体明确授权的每一种处理方式，因为这样的原则必须与其他权利和受保护的利益相称。（见 Barak 2012：ch12）。因此，根据当事人的合理期待，由于不同利益存在于不同的社会关系中，在适当注意所有相互竞争的合法利益时，对隐私权的最广泛的认可似乎符合解决信息流动的"体系完整性"的隐私观念（Nissenbaum 2010）。

关于监控而言，根据《2013 年监控项目联合声明》及其联合国见解和言论自由问题特别报告员和美洲组织美洲人权委员会言论自由特别报告员的观点，对隐私的限制可以被正当化。《联合声明》规定，法律可以授权监控措施，但是必须是被适当的限制和控制，并且"在立法机构定义的最为例外的情况下"（关于隐私和监控，见Scheinin and Sorrell 2015）。

隐私权关系到在不同语境下的多种重要利益的多重关系。在许多情况下，隐私和其他法律价值观之间存在着协同作用，因为，通过防止对这种选择可能产生的不利反应，即，可能受到偏见、僵化观念或相互冲突的经济和政治利益，隐私有助于自由选择。特别是受在亲密生活、社会关系或政治参与中的自由选择所影响。在其他情况下，隐私和其他个人权利或社会价值观之间的冲突可以通过适当的组织和技术办法来解决，这可满足隐私和相平行的利益。例如，通过确保对健康数据处理的保密性和安全性，病人的隐私和健康利益将得到共同的满足。同样的，匿名化也常常能满足隐私和研究利益的共同需求。相比之下，在其他情况下，隐私需要被限制，根据比例性原则，以满足其他人的权利（如言论自由和信息自由）或者是促进社会价值取向（如安全或公共健康）。

隐私权也支持数据和通信的保密性，即选择不被识别的演讲者和保持传播内容的机密性。具体而言，根据《宣言》第 8 条可主张使用匿名化和加密化的信息技术的权利，这被《人权宪章》和《互联网原则》所证实。

信息技术与名誉权（也在《宣言》第 12 条得到确认）也十分相关。它们可以通过提供工具（例如博客、社交网络和参加论坛）来促进声誉，通过这种工具，一个人可以通过这些工具表达和交流，勾勒他或她的社会形象。然而，它们也可能对个人的名誉造成负面影响，因为它们可以用来玷污或限制社会特征，或以不符合有关个人的现实和愿望的方式来建构社会特征。首先，通过促进信息的分发，信息和通信技术也便于传播对个人声誉产生负面影响的信息，即使这些信息是虚假的或不准确的，也仍然可被获取和查询，也可能不再反映有关数据主体的个性。保护名誉需要赋予人民权力，使他们能够获取信息并纠正这种情况。事实上，《欧洲数据保护指令》第 11 条确认了该项权利。然而，关于公布个人的真实信息或意见而言，名誉权和言论信息自由权之间的冲突提出了诸多难题，不同的法律制度对这些问题的处理方式有所不同。

个人名誉权也受到个人的电子文档的影响（s 3.4），在此基础上，人类和机器都能在更高层次的推理表达中形成意见（例如，对一个人的可信性进行评估）并据此采取相应行动（例如，拒绝合同或贷款：ss 3.5 和 3.6）。因此，名誉权成为（数字）身份的权利，涉及在计算机系统中根据自己的真实和实际特征或根据自己选择的形象来代表的权利要求。这也支持了被遗忘权，即，有权限制获取存在偏见的或不受欢迎的信息的权利，使其不再体现相关个人的身份。欧洲人权法院在谷歌—西班牙案中承认了这项权利（Case C-131/12 Goggle-Spain SL，Google Inc. v Agencia Espanola de

443

Proteccion de Datos（AEPD），Mario Costeja Gonzalez[2014]），在该案中，法院确认某人有权要求搜索引擎必须在将此人作为搜索关键词得到的信息中删除特定的个人信息，特别是当该信息并不再与公众有关时（参见 Sartor 2016）。

七　其他《宣言》的权利

在使用信息技术下，还存在诸多相关的《宣言》的权利。本节包括如下其他权利：人身安全权、私有财产权、结社自由权、言论和表达意见权、政治参与权、受教育权、受劳动权、文化参与权和知识产权权利，以及对侵犯人权行为采取有效补救的权利。这份长篇的清单强调了人权话语体系在作为分析信息技术的社会规范范例方面是中肯的。

《宣言》第 3 条赋予了人身安全权（"人人享有生命、自由和人身安全权"）。它首先涵盖身体完整权利，这受到使用信息技术的武器的影响（s 3.11），并且关键基础设施的信息技术故障也可能造成伤亡。然而，我们可以理解"人的安全"也涵盖了人的思想，而不仅仅是"体现"的思想（那些在个人头脑中的事项），还包括个人的"拓展的思维"，即，一个储存了自己的思想和记忆的装置，以及用以补充人们的认知和沟通能力的工具。认知科学的专家们事实上已经观察到人类认知（及记忆）不只在一个人的头脑中进行，而且通过与外部工具进行交流，从铅笔和纸张到最复杂的技术得到实现（Clark and Chalmers 1998；Clark 2008）。由于个人越来越依赖信息技术工具来进行认知操作，因此无论是否靠个人电脑还是在远程系统，这些工具都会干扰个人的记忆（数据、项目、和他人的关联）和认知能力，削弱这些个人的正常功能。这可能被理解为违反了他们（外在的）人格的安全。

德国宪法法院确认，个人自决的基本权利需要辅之以信息技术系统完整性的新型基本权利，因为人们利用这种制度来发展其人格。根据德国法院的观点，若根据一项法律，授权警察在没有司法授权的情况下在犯罪嫌疑人的电脑上安装间谍软件，那么这项权利可能受到不同程度的影响（[BVerfGE]27 Feb 2008，120 Entscheidungen des BVerfGE 274（FRG））。

第 17 条财产保护（"每个人都有决定其财产具有独立性的权利，也有与使其与其他财产联合的权利"）补充着个人安全，涵盖属于个人和集体所有的信息技术设备，以及存储在这些设备中的数据。仍然有待观察的是，财产概念在多大程度上也适用于依赖第三方服务的电子数据和工具。这尤其是在云上可用的数据存储或软件工具的情况。通过可重复使用的形式，个人数据可以从其存储的平台中输出，可转移性的权利，同时也与更为广泛的个人安全和财产相关联。2016 年《一般数据保护条例》第 18 条确认了个人资料的可转移性权利。

《2014 年人权和互联网原则宪章》第 3 条规定，保证人民在互联网上享有安全的权利不仅要求政府不得干涉，而且还要求保护免受第三方的攻击，例如网络犯罪和安全侵犯。

445

《宪章》第 7 条解决结社自由。信息技术，尤其是互联网，大大增加了互动和联系的可能性（s 2.5），其不得限制或干扰协会网站维护的屏蔽或过滤内容，或干扰基于邮件列表、论坛、社交网络和其他平台的关联交互，或使参与者受到无理监视。

《宪章》第 8 条解决通过适当的国家法庭解决违反基本权利行为的有效救济的权利。信息技术可通过商业和非商业系统（Greenleaf 2010），使法律信息更容易被获得，促进人们对权利的认识、促进诉诸司法和提高司法系统的效力，从而有助于实现这项权利。④ 另外，当人们受到计算机系统决定的影响的情况下（s 3.5），由于缺乏精准信息和标准以质疑决定的可能性，得到有效救济的权利可能受到影响。

《宪章》第 19 条通过授予见解、表达和获得信息的自由，解决个人和信息之间的关系（"每个人都享有见解和言论自由的权利"；这项权利包括不受干涉地持有意见的自由，并通过任何媒体和不受边界影响，可寻求、接受和传播信息和想法的自由）。与通信技术结合的信息技术大大增强了实现这种权利的可能性，使每个人都能与世界各地的人进行交流。特别是，通过网页、博客、讨论组和其他在线提供信息和知识创造的途径，互联网允许成本更低的信息普遍分发的方式。这种扩大的自由往往遭到一些政权的打击，这些政权出于政治控制的目的，限制使用信息技术：通过封锁或过滤内容，将合法的网上表达方式定罪，将责任强加于中间商，将不受欢迎的用户从互联网接入、与网络袭击无关的网站断开，并对信息技术基础设施进行监控等。互联网还为监控提供了新的能力（s 3.3），特别是通过在线跟踪以及审查和过滤（s 3.9）。

同样的，参与文化和科学的权利（第 27 条：每个人都有权自由参与社区的文化生活，享受艺术，并分享科学进步及其好处）得到信息技术的支持，这有助于达到前所未有的智力和艺术作品水平，并创造新的内容（s 2.4），信息技术对文化多样性的影响是多层面的。的确，今天在线提供的大多数内容都是在发达国家制作的，而且这种内容大多通过少量的语言表达，其中，英语具有支配地位。然而，信息技术通过促进知识的生产和分发以及社交网络的发展，使族裔、文化或社会少数群体能够表达其语言并自我理解，并使上述内容传输到全球。

446

通过便利复制和修改现有内容，即使没有权利持有人的授权，信息技术也影响作者的权利（第 27 条：每个人都有权得到他作为作者的任何科学、文学或艺术作品所产生的精神和物质利益的保护）。尤其是在文化参与和版权之间存在着紧张关系：虽

---

④ 另见第 10 章，在本卷中（"民事法律程序中的法律及技术"）。

然信息技术能够最广泛地分配和获取数字内容，包括软件、文本、音乐、电影和视听材料（s 2.3），但是，版权使权利持有人享有在公众复制、分配和交流的专属权利。尽管许多知识产权学者同意，现行版权法规的某些方面（如版权持续时间很长）过度牺牲用户利益，但如何最好地协调创造和获得数字内容的不同利益攸关者的利益和人权，这仍然是一个悬而未决的问题（Boyle 2008）。

除了版权与享有文化的关系紧张之外，还有一种与知识创造的动态性产生矛盾的冲突：作者对修改后的作品的独占权可能妨碍他人在制定和发展现有作品时发挥创造性（Lessig 2008）。类似的冲突还涉及对计算机程序源代码的保密，因为通常程序要么以难以被人们所理解的编译形式分发，要么被用作远程服务（如搜索引擎），其源代码仍然留在服务提供者的所在地。因此，用户、科学家和开发人员无法研究此类程序，识别它们的错误之处，改进它们，或者使它们适应新的需要。这种无能为力不仅影响到参与文化和科学的权利，而且也影响到政治和社会批评的可能性，后者涉及那些其内容不可获得的、在计算机程序内进行隐藏的选择。此外，从人权的角度来看，扩大使用专利保护信息技术硬件和软件的工作也是存在质疑的。事实上，专利增加了数字工具的成本，并且在需要此类工具行使人权的地方，减少了对这些工具的可获得性。此外，专利限制了通过改进专利产品来发挥创造力和经济发展的可能性（Stiglitz 2008）。与专利通过优化生产而获得利益相比，知识产权对人权存在负面影响是否可以被视为成比例性的，该问题依赖于那些知识产权在何种程度上推动创造和创新的经济证据（对于专利的负面看法，见 Boldrin and Levine 2013）。

通过促进教育资源的生产和世界范围的分配（s 2.3），信息技术为实现《宪章》第26条（人人享有教育权）的目标做出贡献。一个电子教育资源最重要的例子是维基百科，这是目前最流行的百科全书，它的成果是数百万作者的合作努力所实现的，并为每个人提供了更多高质量的内容的成本。在各种网络学习或混合模式的范围，互动式学习工具也可以减少教育费用，并增加教育质量和可获得性，其表现在海量开放网络课程（MOOCs）的巨大成就上，以及持续增加的网络资源。但是，这种倡议应与教师和同学的个人接触加以补充，以便培养关键学习的能力，并防止丧失社会接触能力。

因为在公民之间、公民及其代表或行政机关之间提供新的政治交往形式，信息技术也对政治参与产生了影响（第21条：每个人都有权直接或通过自由选择的代表参与其国家的政治活动）。它们为公民参与提供了新的机会（s 2.8）。政治参与的权利要求各国政府不得干涉基于政治参与和通信的目的使用信息技术工具（通过阻塞、过滤或对互联网服务提供者施加压力：s 3.10），也不得使用此类工具干涉政治自由（通过监控、威胁和压制；s 3.3），它还支持利用匿名和加密方法进行政治沟通的权利（s 2.5）。

最后，信息技术也影响到工作权（第23条）。它们为发展经济和创造新的就业机会提供了新的机会（s 2.1）。然而，它们贬低了那些被自动化工具取代的技能，甚至使相应的活动变得多余。从此层面上，它们可能会损害那些拥有这种传统且掌握过时技能的人的生活（s 3.1）。信息技术提高了人的创造力和生产力（s 2.4），但也有助于新形式的监测和控制。⑤信息技术系统可能确实通过监控影响工人的自由和尊严（s 3.3），并可能对工人的活动造成不当的限制（s 3.8）。在信息技术语境下，对工作权利的有效保护要求提供对工人的教育和再认可，以确保工作场所的隐私以及工程人员与机器的相互作用，使人类的主动性和责任感得以保持。

八　结论

关于信息技术的人权义务包括尊重人权、保护人权不受第三方的干涉，并支持实现人权。因此，第一，政府不应剥夺个人通过信息技术行使人权的机会（例如，阻断访问互联网），也不应使用信息技术来阻碍或限制人权权利的享有（通过网上审查的方法）。第二，它们应当保护合法使用信息技术免遭第三方的攻击，包括网络攻击，并防止第三方以侵犯人权的方法使用信息技术，例如，实施非法监视。第三，政府还必须积极干预，以确保能够和方便地利用信息技术，例如，向处境不利的人提供利用互联网和数字资源的机会。

信息技术相应地产生了不同的人权权利获得程度。其中一些权利与《宣言》或其他国际文书中所描述的独立性的人权有关。它们可能关注行使新的基于信息技术的机会的自由，例如利用互联网发表意见或传输和获取信息。它们也可能关注针对新的基于信息技术的威胁的保护，比如通过监视、电子归类或黑客入侵侵犯隐私。

一些权利是多方面的，因为它们涉及信息技术赋能的机会，也可能影响多项人权的风险。例如，进入互联网是享有网络提供的一切机会的先决条件，因此可以将它视为享有自由的一般权利的一个方面，并作为享有其他人权权利的先决条件。另一个更为具体但仍然具有支配性的权利涉及匿名权和使用加密方法的权利，这种权利不仅对隐私是必要的，而且还是充分享有政治权利所必要的。

最后，对信息技术与人权之间关系的分析表明，这种技术不仅是人权威胁的来源，这需要通过社会政策和法律措施的方法应对。而且，信息技术还提供了（而非无足轻重的）独特的机会，以增强人权并进一步实现人权普遍化。

448

---

⑤　另见第 20 章《监管工作场所使用的技术：议题的扩展》。

【 参考文献 】

Alexy R, 'On Balancing and Subsumption: A Structural Comparison' (2003) 16 Ratio Juris 33 Barak A, *Proportionality* (CUP 2012)

449　Barak A, 'Human Dignity: The Constitutional Value and the Constitutional Right' in Christopher McCrudden (ed), *Understanding Human Dignity* (OUP 2013)

Benkler Y, *The Wealth of Networks: How Social Production Transforms Markets and Freedoms* (Yale UP 2006)

Benkler Y and H Nissenbaum, 'Commons-based Peer Production and Virtue' (2006) 14 Journal of Political Philosophy 394

Bhuta N and others, *Autonomous Weapons Systems: Law, Ethics, Policy* (CUP 2015)

Boldrin M and DK Levine, 'The Case against Patents' (2013) 27 Journal of Economic Perspectives 3

Boyle J, *The Public Domain: Enclosing the Commons of the Mind* (Yale UP 2008)

Brownsword R, 'What the World Needs Now: Technoregulation, Human Rights and Human Dignity' in Roger Brownsword (ed), *Global Governance and the Quest for Justice. Volume 4: Human Rights* (Hart 2004)

Brownsword R, 'So What Does the World Need Now? Reflections on Regulating Technologies' in Roger Brownsword and Karen Yeung (eds), *Regulating Technologies Legal Futures, Regulatory Frames and Technological Fixes* (Hart 2008)

Brynjolfsson E and A McAfee, *Race Against the Machine* (Digital Frontier Press 2011)

Brynjolfsson E and A Saunders, *Wired for Innovation* (MIT Press 2010)

Civil Rights Framework for the Internet (*Marco Civil da Internet*, Law 12.965 of 23 April 2014, Brazil)

Clark A, *Supersizing the Mind: Embodiment, Action, and Cognitive Extension* (OUP 2008)

Clark A and DJ Chalmers, 'The Extended Mind' (1998) 58 Analysis 10

Crawford S, 'The Internet and the Project of Communications Law' (2013) 55 UCLA Law Review 359

Dascal M and IE Dror, 'The Impact of Cognitive Technologies: Towards a Pragmatic Approach' (2005) 13 Pragmatics and Cognition 451

De Hert P and S Gutwirth, 'Privacy, Data Protection and Law Enforcement: Opacity of the Individual and Transparency of Power' in Erik Claes, Antony Duff, and Serge Gutwirth (eds) *Privacy and the Criminal Law* (Intersentia 2006)

De Hert P and S Gutwirth, 'Data Protection in the Case Law of Strasbourg and Luxemb urg: Constitutionalisation in Action' in Gutwirth S, and others (eds) *Reinventing Data Protection?* (Springer 2009)

Directive 95/46/EC of the European Parliament and of the Council on the protection of individuals with regard to the processing of personal data and on the free movement of such data [1995] OJ L281/31

Dworkin RM, *Sovereign Virtue: The Theory and Practice of Equality* (Harvard UP 2002)

Floridi L, *Information: A Very Short Introduction* (OUP 2010)

Frank R and PJ Cook, *The Winner- Take- All Society: Why the Few at the Top Get So Much More Than the Rest of Us* (Penguin 1995)

Greenleaf G, 'The Global Development of Free Access to Legal Information' (2010) 1(1) EJLT <http://ejlt.org/article/view/17/39> accessed 26 January 2016

Hildebrandt M, *Smart Technologies and the End(s) of Law Novel Entanglements of Law and Technology* (Edgar 2015)

Hood CC and HZ Margetts, *The Tools of Government in the Digital Age* (Palgrave 2007)

Joergensen RF (ed), *Human Rights in the Global Information Society* (MIT Press 2006)

Kant I, *Groundwork of the Metaphysics of Morals* (CUP 1998)

Klang M and A Murray (eds), *Human Rights in the Digital Age* (Routledge 2005)

Lanier J, *You Are Not a Gadget* (Knopf 2010) 450

Lemley MA and L Lessig, 'The End of End-to-End: Preserving the Architecture of the Internet in the Broadband Era' [2001] 48 UCLA Law Review 925

Lessig L, *Code V2.* (Basic Books 2006)

Lessig L, *Remix: Making Art and Commerce Thrive in the Hybrid Economy* (Penguin 2008) McCrudden C, 'In Pursuit of Human Dignity: An Introduction to Current Debates' in Christopher McCrudden (ed) *Understanding Human Dignity* (OUP 2013)

Marsden C, *Net Neutrality towards a Co- regulatory Solution* (Bloomsbury 2010)

Morozov M, *The Net Delusion: The Dark Side of Internet Freedom* (Public affairs 2010) Morozov M, *To Save Everything, Click Here: The Folly of Technological Solutionism* (Public Affairs 2013)

Mueller M, *Networks and States: The Global Politics of Internet Governance* (MIT Press 2010) Negroponte N, *Being Digital* (Knopf 1995)

Nissenbaum H, *Privacy in Context: Technology, Policy, and the Integrity of Social Life* (Stanford UP 2010)

Pasquale F, *The Black Box Society: The Secret Algorithms that Control Money and Information* (Harvard UP 2015)

Pettit P, *A Theory of Freedom* (OUP 2001)

Popper KR, *The Poverty of Historicism* (2nd edn, Routledge 1961)

Radbruch G, *Vorschule der Rechtsphilosophie* (Vanderhoeck 1959)

Regulation 2016/679/EU of the European Parliament and of the Council on the protection of natural persons with regard to the processing of personal data on the free movement of such data, and repealing Directive 95/46/EC (General Data Protection Regulation) [2016] OJ L119/1

Rodota S, 'Data Protection as a Fundamental Right' in Serge Gutwirth and others, *Reinventing Data Protection?* (Springer 2009)

Sartor G, 'The Right to be Forgotten: Publicity and Privacy in the Flux of Time' [2016] 24 *International Journal of Law and Information Technology* 72

Scheinin M and T Sorrell, 'Surveille Deliverable d4.10: Synthesis Report from Wp4, Merging the Ethics and Law Analysis and Discussing their Outcomes' (European University Institute, *SURVEILLE*, 2015) <surveille.eui.eu/wp-content/uploads/sites/19/2015/04/ D4.10-Synthesis-report-from-WP4.pdf> accessed 19 November 2016

Sen A, *Rationality and Freedom* (Belknap 2004)

Stiglitz J, 'Economic Foundations of Intellectual Property Rights' [2008] 57 Duke Law Journal 1693

Stiglitz J, *The Price of Inequality* (Norton 2012)

Sunstein C, *Republic.com 2.0* (Princeton UP 2007)

Trechsel A, 'E-voting and Electoral Participation' in Claes De Vreese (ed), *The Dynamics of*

Referendum Campaigns (Palgrave Macmillan 2007)

Varian H, J Farrell, and C Shapiro, *The Economics of Information Technology: An Introduction* (CUP 2004)

Vermaas P and others, *A Philosophy of Technology— From Technical Artefacts to Sociotechnical Systems* (Morgan and Claypool 2011)

Yeung K, 'Towards an Understanding of Regulation by Design' in Roger Brownsword and Karen Yeung (eds), *Regulating Technologies: Legal Futures, Regulatory Frames and Technological Fixes* (Hart 2008)

第十九章
版权法和专利法共存以保护创新
——英国和澳大利亚法律保护3D打印的案例

迪纳莎·门迪斯（Dinusha Mendis）、简·尼尔森（Jane Nielsen）

黛安·尼可（Dianne Nicol）、菲比·李（Phoebe Li）

胡　凌　译

一　导言

专利和版权，比从属于法庭证据科学讨论的任何其他类别的案件，都更加接近所谓的法律形而上学，其中的区别，至少可能是非常微妙和精练的，有时几乎消失殆尽——约瑟夫·斯托里（Joseph Story）法官。[①]

知识产权法的首要目标是确保促进创造和创新，并为社会提供这些创造性和创新努力的成果（Howell 2012）。实现这些目标的最有效方法是确保原创者权利与作品、过程和产品的用户之间达成最佳平衡。历史上，知识产权框架明确区分了受版权法保护的书籍、音乐、戏剧和艺术作品的创意世界，和受专利法保护的机器、药品和制造业的具备发明性与实用性的世界（George 2015）。然而，创造性和功能性之间的法律鸿沟正日益变得模糊，这一事实恰适地体现在3D打印所带来的技术进步中，这导致了某些情况下的保护空白，以及其他情况下的重叠保护（Weatherall 2011）。

立法机关、法院和知识产权局一直在努力解决如何将现有知识产权法应用于新兴技术的问题（McLennan and Rimmer 2012）。立法者面临困境的一个例子是，软件究竟是为读者提供信息的文学作品，还是旨在执行技术功能的发明性作品（Wong

451

452

---

① *Folsom v Marsh*, 9 F. Cas. 342, 344 (C.C.D. Mass. 1841) (no. 4901, Story J).

2013）。同样，3D 对象究竟是创意艺术作品还是实用对象？在生物医学中，DNA 序列是一种新分离的化学物质，还是仅仅是一组信息？

本章在 3D 打印和扫描（技术上称为"增材制造"）的语境下考虑这些问题，并关注英国和澳大利亚版权法和专利法的共存问题。这些司法管辖区有着共同的起源，特别是专利法领域的《垄断法》[2] 和版权法领域的《安妮法案》[3]。这些古老的立法基础继续在澳大利亚知识产权法中引起共鸣。《垄断法》第 6 条的"制造"概念仍然是 1990 年《专利法》[4] 中可专利性的试金石；在这方面，和英国法相比，澳大利亚知识产权法现在更加类似美国法。与澳大利亚一样，美国也是"机械、制成品和合成物质"[5]。

相比之下，英国加入欧洲共同体（后来是欧盟）导致知识产权法中存在以欧洲为中心的特点。欧盟委员会参与了广泛的计划，以协调版权法的统一（Sterling and Mendis 2015）。例如，在过去几年中，已经实施了 9 项版权指令。[6] 相比之下，专利仍然是欧盟内部最不协调的领域（Dunlop 2016）。无论如何，这些指令的影响是，必须在欧盟国家（包括英国）保持或引入类似于指令中提供的保护级别。[7]

本章分为两个主要部分，以 3D 打印为个案研究，考察版权和专利法在应对创新技术方面的共存。关注版权和专利法的原因有两个。首先，自 3D 打印技术最初发展以来，与这些技术相关的 9145 项专利已在全球发布（从 1980 年到 2013 年）[英国知识产权局（UK Intellectual Property Office）2013]，表明该领域的专利水平很高。

453　　其次，很明显，如果一件 3D 打印对象是基于良好的设计文件（Lipson and Kurman 2013：12），那么它只能成为现实，而这正是将 3D 打印与传统制造分开的特定元素。在 3D 设计和 3D 建模过程（产生了 3D 打印）存在的"创造性"维度要求考虑其在版权和专利法下的地位和保护（Guarda 2013）。

（一）3D 打印：界定

3D 打印是一个过程，其中电子数据为机器提供蓝图，以通过逐层"打印"来创建对象。术语"3D 打印""是用于描述一系列数字制造技术的术语"（Reeves and

---

② Statute of Monopolies 1624 21 Jac 1, c 3.

③ Statute of Anne 1709 8 Ann c21.

④ Patents Act 1990 (Cth) s 18(1)(a).

⑤ Patents Act 35 USCS §101.

⑥ 其中包括保护计算机程序、出租 / 出借权和相关权利、卫星广播和有线转播、保护期限、数据库保护、信息社会中的版权、艺术家转售权、孤儿作品和集体权利管理，以及更广泛应用的执行指令。

⑦ 在 2016 年 6 月 24 日欧盟公投后，英国投票退出欧盟，英国在欧盟范围内的知识产权法的未来仍有待观察。成员国退出欧盟的程序在《欧洲联盟条约》（TEU）第 50 条中有规定，而且必须按照英国宪法传统进行。在本文写作时，这些因素都没有被触发，因此导致了英国法律的不确定性。

Mendis 2015：1）。该设计的电子数据源通常是设计文件，最常见的是计算机辅助设计（CAD）文件。CAD 文件中编码的电子设计可以使用扫描技术从头创建或从现有物理对象中派生（Reeves，Tuck and Hague 2011）。CAD 文件被描述为相当于建筑物的建筑蓝图，或服装的缝纫图案（Santoso，Horne and Wicker 2013）。在该设计可以进行 3D 打印之前，必须将 CAD 文件转换为另一种文件格式，行业标准文件格式为立体光刻（STL）（Lipson and Kurman 2013：79）。

　　3D 打印和扫描领域的每个组成部分都可能具有与其相关的某种形式的知识产权，包括专利、版权、工业品外观设计、商标、商业秘密或其他知识产权，无论是否附加到正在打印的对象、软件、硬件、材料或其他题材上。本章的重点将放在打印的物理对象及其在 CAD 文件中的数字化表达内容。

二　3D 打印版权法的现状、执行与侵权：英国与澳大利亚的视角

　　没有连接计算机和良好设计文件的 3D 打印机与没有音乐的 iPod 一样无用（Lipson and Kurman 2013：12）。由于软件和 CAD 文件在 3D 打印过程中扮演着不可或缺的角色，因此必须详细考虑其版权保护（以及本章第 3 节中讨论的专利保护）的资质。在本节中，作者根据英国和澳大利亚的法律考虑版权法对 3D 模型、CAD 文件和软件的适用性。

454

（一）英国版权法在 3D 打印中的应用：现状与保护

　　在英国，《1988 年版权、外观设计和专利法案》（已修订）（以下简称 CDPA 1988）第 4 条（1）规定，"图形作品、照片、雕塑或书籍，不论是否具有艺术品质……或作品艺术工艺"能够得到艺术版权保护。第 4 条（2）将"雕塑"定义为"为雕塑目的而制作的铸造品或模型"。

　　根据上述定义，可以推断出来自基于 CAD 文件的 3D 模型或产品可以被认为是艺术作品［CDPA 1988 s17（4）］。英国的一些法律判决试图澄清这一立场，特别是"雕塑"的含义[8]，包括模型等 3D 作品。在卢卡斯影业案中，[9]最高法院同意上诉法院的有利于被告的判决，声称《星球大战》中的白头盔是"实用的"而非雕塑作品，因此无法引发版权保护。[10]该案表明，通过工业工艺生产的雕塑（或艺术工艺品）的版

---

　　[8] *Wham-O Manufacturing Co., v Lincoln Industries Ltd* [1985] RPC 127 (NZ Court of Appeal); *Breville Europe Plc v Thorn EMI Domestic Appliances Ltd* [1995] FSR 77; *J & S Davis (Holdings) Ltd, v Wright Health Group Ltd* [1988] RPC 403; *George Hensher Ltd v Restawhile Upholstery (Lancs) Ltd* [1976] AC 64; *Lucasfilm Ltd & Others v Ainsworth and Another* [2011] 3 WLR 487.

　　[9] *Lucasfilm Ltd & Others v Ainsworth and Another* [2011] 3 WLR 487.

　　[10] *Lucasfilm Ltd & Others v Ainsworth and Another* [2011] 3 WLR 487 [44].

权保护仅限于主要为其艺术价值而创造的物品，即美术。诸如"特殊的训练、技能和知识"等元素对于设计 3D 模型至关重要——无论是实用还是艺术，就像《星球大战》的白色头盔——都被认为超出了该条款的范围。因此，除非雕塑或 3D 模型包含原始的比如说图像或雕刻，否则它将不会引发版权。这可被视为英国版权法在保护工业工艺生产的 3D 模型方面的重大限制。该判决所依据的 CDPA 1988 第 51 条指出：

> 在设计文件或模型或艺术作品或字体以外的任何设计中，为该设计创作一个物品或复制一个为该设计创作的物品，都不是侵犯版权。

澄清一下，它不是设计本身的版权，而是受该条款影响的设计文件或模型的版权。[⑪] 此外，CDPA 第 52 条（2）将对这些类型的艺术作品的版权保护限制为 25 年，在此期间已经制作了 50 多件白头盔，这对卢卡斯影业的被告很有利。[⑫]

455　　　对英国版权法的改变将意味着卢卡斯影业在未来的影响不大。[⑬]CDPA 1988 第 52 条被废除（于 2016 年 7 月 28 日生效），将为 3D 对象提供和其他艺术作品的保护期相同的期限（创作者有生之年外加 70 年），这可以为 3D 对象的设计者提供更多的保护。[⑭] 在决定被废除的第 52 条规定的"艺术工艺"时，将考虑"生产中的特殊训练、技能和知识"，以及艺术作品的质量（美学价值）和工艺（英国知识产权局 2016：7）。这使英国更接近澳大利亚的立场，尽管如下所述，澳大利亚设计师根据澳大利亚《1968 年版权法》第 10 条（1）给予了更高层次的保护。

　　从适用于版权法的物理 3D 模型到支持该模型的 CAD 设计文件，CDPA 1988 第 3 条（1）和《欧盟软件指令》[⑮] 提供了一些指南。根据第 3 条（1），计算机程序及其嵌入的数据一起被认可为版权法下的文学作品；[⑯] 根据《软件指令》第 7 条，"计算机程序"被认为是"包括任何形式的程序，那些被整合进硬件的程序也包括在内"。它还"包括导致计算机程序开发的预备性设计工作，只要预备性工作的性质可以使计算机程序在以后阶段产生"。《软件指令》第 7 条的一项分析明确，"保护是……与程序

---

⑪　"《星球大战》这部电影是卢卡斯先生和他的公司创作的艺术品……头盔是实用性的，因为它是电影制作过程中的一个元素"：*Lucasfilm Ltd & others v Ainsworth and another* [2011] 3 WLR 487 [44]。

⑫　CDPA 1988, s 52(2).

⑬　*Lucasfilm, Hensher (George) Ltd v Restawhile Upholstery (Lancs) Ltd* [1975] RPC 31 (HL) 是另一个考虑废除第 52 条的案件。

⑭　参见 https://www.gov.uk/government/consultations/transitional–arrangements–for–the– repeal–of–section–52–cdpa accessed 4 September 2016。

⑮　Parliament and Council Directive 2009/24/EC of 23 April 2009 on the legal protection of computer programs [2009] OJ L111/16, recital (7).

⑯　CDPA 1988, s 3(1)(b), (c) (as amended).

代码和使计算机执行其任务的功能相关联。这反过来意味着对于没有这些功能的元素（即图形用户界面 [GUI] 或'仅仅是数据'），并且没有反映在代码中的（即功能性本身不受保护，因为可能存在能够产生相同功能的不同代码），就没有保护。"⑰换句话说，版权保护与计算机代码的表达方式相关，而不会扩展到软件的功能。

从英国的角度来看，在将 CDPA 1988 第 3 条（1）（"计算机程序及其嵌入的数据一起被认可为文学作品"）应用于 3D 打印时，可以认为计算机程序在其定义范围内就包含了设计文件或 CAD 文件，因此能够作为文学作品进行版权保护。在 *Autospin*（*Oil Seals*）*Ltd. v Beehive Spinning* 案 ⑱ 中可以找到对这种观点的一些支持，在该案中雷迪（Laddie J.）在附随意见中引用了由计算机设计的 3D 文件，并指出"由计算机代码构成的文学作品就代表了 3D 文件"。⑲同样，在 *Nova v Mazooma Games Ltd* 案中，雅各布参考了 CDPA 1988 实施的《软件指令》，确认为了版权的目的，该程序及其预备性材料都被认为是一个组成部分，而不是两个。⑳然而，正如澳大利亚语境中所讨论的那样，这是一个需要澄清的棘手问题，可能会在未来以司法案件的形式出现。

（二）澳大利亚版权法在 3D 打印中的应用：现状与保护

456

在澳大利亚，1968 年《版权法》第 10 条（1）中对"艺术作品"的定义包括：

> （a）绘画、雕塑、绘图、雕刻或照片，无论该作品是否具有艺术品质；
> （b）建筑物或建筑物的模型，无论该建筑物或模型是否具有艺术品质；或者
> （c）无论是否在（a）或（b）中提及的艺术工艺作品。

原始的 3D 打印对象似乎符合艺术作品的定义，因此有资格获得版权保护。如果它们被归类为雕塑或雕刻，则定义中的（a）就规定说其艺术品质无关紧要。㉑如果它们是建筑物模型，同样（b）也取消了对艺术品质的要求。这与英国的情况有很大不同。如果将类似于 Lucasfilm 的案件带入澳大利亚，那么《星球大战》头盔可能会被视为雕塑，尽管它主要是实用性的。因此，即使 3D 打印产品属于功能性产品领域，如果它们包含一些艺术成分，例如原始图像、雕刻或独特形状，它们将在澳大利亚有资格

---

⑰　Case C–406/10 *SAS Institute Inc, v World Programming Ltd* [2012] 3 CMLR 4. See also Guarda P, "Looking for a Feasible Form of Software Protection: Copyright or Patent, Is that the Question?" [2013] 35(8) *European Intellectual Property Review* 445, 447.

⑱　*Autospin (Oil Seals) Ltd v Beehive Spinning* [1995] RPC 683.

⑲　*Autospin (Oil Seals) Ltd v Beehive Spinning* [1995] RPC 683, 698.

⑳　[2007] RPC 25.

㉑　对建筑的 3D 打印模型将以同样方法处理：Copyright Act 1968 (Cth), s 10(1)(b)。

成为艺术作品。[22]

有趣的是，根据《版权法》第 10 条（1）（c），艺术工艺作品［与（a）或（b）下的作品不同］要求有一定的艺术品质。虽然没有要求它们是"手工制作"的，但它们必须表现出原创性和工艺性，不受功能因素的限制。[23] 换句话说，在考虑这种类型的作品时，创造性变得至关重要，而本质上是实用的客体则不符合。

澳大利亚和英国（和美国）不同，除了艺术工艺之外缺乏对艺术品质的关注（Rideout 2011：168；Weinberg 2013：14-19），由此在创造性和实用性作品之间就有明显的区别。然而，值得注意的是，澳大利亚法律中有一项重要的限定条件，使得这种差异在实践中并不那么重要了。《版权法》排除了艺术作品（建筑物或建筑物模型或艺术工艺品除外），或根据《2003 年外观设计法》注册了相应的工业品外观设计的艺术作品[24]中，侵犯版权的行为（这一直应用于工业版权）。[25] 如果适用于如下情况，艺术作品将采取工业版权适用的标准：

（a）有超过 50 个物品；或者

（b）以长度或件数制造的一件或多件物品（手工制品除外）。[26]

457　　对于属于工业版权适用的《版权法》第 10 条（1）（a）范围内的对象，该例外留下了知识产权保护的空白，但尚未寻求工业品外观设计保护。这种保护的空白类似于在英国由于卢卡斯影业而产生的空白，尽管是通过不同的路径。这种保护功能性物品的失败与版权法的核心原则并不矛盾，但澳大利亚和英国版权法未能保护同样具有功能性的创意对象的可能性在 3D 打印场景中被夸大了，因为创造性和功能性并不能总是清晰地划分出来。

关于 3D 打印背后的计算机文件，澳大利亚的法律地位又有不同。软件著作权保护的起点是《版权法》第 10 条（1），其中包含了文学作品定义中的计算机程序。计算机程序进一步被定义为"一组旨在产生特定结果的指令"。[27] 目前的定义是许多修订和法律判决的结果。例如，1984 年计算机程序的定义提到了该程序"执行特定功能"的要求。[28]

---

[22] *Wildash v Klein* [2004] NTSC 17; (2004) 61 IPR 324.

[23] *Burge v Swarbrick* (2007) 232 CLR 336.

[24] Copyright Act 1968 (Cth), ss 77(1), 77(2).

[25] Copyright Act 1968 (Cth), s 75.

[26] Copyright Regulations 1969 (Cth), reg 17(1).

[27] 这一定义由 the Copyright Amendment (Digital Agenda) Act 2000 (Cth) 引入。

[28] 《1984 年版权修正法案》引入了这一定义：用任何语言、代码或符号表示的一组指令（无论是否有相关信息），其目的是：（a）转换为另一种语言、代码或符号；（b）以不同的材料形式复制，使具有数字信息处理能力的设备执行特定功能。

高等法院 Data Access Corp 案㉙的多数意见承认，虽然版权法在适应计算机技术方面存在困难，《版权法》仍然明确要求他们这样做。㉚埃米特（Emmett J.）在澳大利亚视频零售商协会有限公司案中证实，早期定义中的"基本观念"保留在新定义中。㉛因此，似乎功能性要求仍然是澳大利亚计算机程序版权的关键特征——它区别于欧盟和英国的版权法学。

　　至于 CAD 文件本身的版权状态，是一个更棘手的问题。CAD 文件当然类似于软件，因为它们向打印机提供关于如何打印特定对象的必要指令（或蓝图）（Lipson and Kurman 2013：12）。然而，可以争辩说它们并不是软件，而是数据文件（Rideout 2011），本质上更多是计算机生成的作品（Andrews 2011），㉜这些根据澳大利亚法律已经被认为超出了带有作者身份的作品范围。㉝

　　与英国一样，CAD 文件中包含的基础电子设计可能构成澳大利亚法律下的艺术作品。毫无疑问，CAD 文件可以数字方式展示（尚未打印的）原创性要素，并且那个重要的创造性思想可能会进入对象的设计。因此考虑到澳大利亚的法律，可以得出结论：支持 CAD 文件的电子设计可以构成绘画形式的艺术作品，其中"包括表格、地图、图表或计划"。㉞即使 CAD 文件是电子生成的，也是如此。

（三）执法和侵权：英国版权法保护的能力

　　前面的部分考虑了英国和澳大利亚法律中版权是否可以存在于 3D 打印过程的不同元素中。本节以及随后的部分考虑了这些权利在每个司法管辖区的可执行性。上述 2.1 节得出的结论是，英国版权可能存在于为 3D 打印创作的 3D 打印设计中（作为艺术作品），而作为文学作品进行保护仍然存在争议。但是，为了 3D 打印的目的，轻松共享设计文件的能力意味着该技术通常更容易导致侵权。随着复制变得越来越容易，知识产权将越来越难以实施。㉟3D 打印产品以数字方式创建的事实使得制作副

458

㉙　*Data Access Corp v Powerflex Services Pty Ltd* (1999) 202 CLR 1 [20].

㉚　*Data Access Corp v Powerflex Services Pty Ltd* (1999) 202 CLR 1 [25].

㉛　*Australian Video Retailers Association Ltd v Warner Home Video Pty Ltd* (2002) 53 IPR 242 [80].

㉜　例子包括软件、数据库和由自动过程产生的卫星图像。

㉝　*IceTV Pty Ltd v Nine Network Pty Ltd* (2009) 239 CLR 458; *Telstra Corporation Ltd v Phone Directories Co Pty Ltd* [2010] 194 FCR 142.

㉞　Copyright Act 1968 (Cth), s 10(1).

㉟　参见 Mendis D and Secchi D, *A Legal and Empirical Study of 3D Printing Online Platforms and an Analysis of User Behaviour* (UK Intellectual Property Office, 2015) 41. 法律和经验研究得出结论，"3D 打印在线平台形式的现状似乎多种多样，并且向用户提供了许多选择……随着 3D 打印的持续增长，在这些在线平台上存在着知识产权侵权的证据，尽管目前规模很小。例如，商标或受版权保护的设计，如钢铁侠头盔或《星球大战》和电子游戏《末日》或迪斯尼人物的玩偶，很容易被找到。这表明，兴趣和活动每年都在呈指数级增长，突显出未来知识产权问题的潜力"。

本更容易，侵权更难以发现。[36]3D 打印导致的知识产权权利人缺乏控制力（Hornick 2015：804-806），以及数字文件传输的简易性加剧了这一问题。

致力于传播和共享 3D 设计的在线平台提供了在线工具（Reeves and Mendis 2015：40），[37] 便于 3D 设计的创建、编辑、上传、下载、重新混合和共享。这允许用户修改共享的 CAD 文件。这反过来又引发了一些问题，即改进的 CAD 设计是否侵犯了原始设计或引发了新的版权，以及在线平台是否要为授权侵权而承担责任。接下来会反过来思考这些问题。

在思考原始 CAD 设计时，英国的"原创性"指南已经通过从 Graves' Case[38] 到 Interlego[39]到 Sawkins[40]等案例[41]建立起来。在 Interlego 案中，法院得出结论说，原告的互锁玩具砖工程图纸是从早期的设计图纸中重新绘制的，经过一些微小的改动，没有资格获得版权保护（Ong 2010：172）。[42] 奥利弗勋爵进一步澄清了英国法院对技能、劳动、努力和判断的态度，指出仅仅在复制过程中的"技能、劳动或判断不能赋予原创性"。[43] 法院确定，如果要进行"修订"，必须有：

> 一些材料改变或点缀的元素，足以使作品的整体成为原创作品（……）但复制本身，无论多少技能或劳动可能用于这个过程，都无法做出原创性作品。[44]

奥利弗勋爵的格言意味着，是改变的程度（特别是"重大"变化）将使作品成为原创作品，从而引发新的版权（Ong 2010：165-199）。[45]

这些案例的应用提出了一个问题，即通过扫描创建并通过使用在线工具进行转换的 3D 模型是否可以引发新的版权，这一过程中扫描（角度、照明、定位）和"清理"扫

---

[36] See Bad Vibrations: "UCI Researchers Find Security Breach in 3-D Printing Process: Machine Sounds Enable Reverse Engineering or Source Code", UCI News (2 March 2016) https://news.uci.edu/research/bad-vibrations-uci-researchers-find- security-breach-in-3-d-printing-process/ accessed 30 May 2016.

[37] 这些包含了比如说，Meshmixer www.meshmixer.com; 123D Catch www.123dapp.com/catch (by Autodesk) Makerbot Customizer; www.thingiverse. com/apps/customizer (by Thingiverse); WorkBench http://grabcad.com/workbench (by Grabcad)。

[38] *Graves Case* (1868- 69) LR 4 QB 715.

[39] *Interlego AG v Tyco Industries Inc* [1988] RPC 343.

[40] *Sawkins v Hyperion Records Ltd* [2005] EWCA Civ 565.

[41] *Walter v Lane* [1900] AC 539 (HL); *Antiquesportfolio.com Plc v Rodney Fitch & Co Ltd* [2001] FSR 23 是另一些例子。

[42] *Interlego v Tyco Industries Inc, and Others* [1988] RPC 343.

[43] *Interlego v Tyco Industries Inc, and Others* [1988] RPC 343, 371 per Lord Oliver.

[44] *Interlego v Tyco Industries Inc, and Others* [1988] RPC 343, 371 per Lord Oliver.

[45] 应当指出的是，枢密院在 *Interlego v Tyco* 案中的判决是基于非常具体的政策关切，即版权法不应被用作在（曾经存在于同一主题上的）专利权和设计权期限届满后为商业产品创造新知识产权的工具。*See Interlego v Tyco Industries Inc, and Others* [1988] RPC 343, 365-366.

描的数据都需要技巧、劳动、努力和判断。回答这个问题的一些指引可以从上述案例中得出，也可以从 Antiquesportfolio.com、[46] Johnstone[47] 和 Wham-O Manufacturing[48] 这些案例中得出，它们表明如果在 3D 模型设计中从另一个创造者那里获取了"重要部分"，那么它可能产生侵权作品。因此很清楚，如果作品未经授权被"复制"，则构成侵犯版权。

另一方面，在诸如 Infopaq[49] 等案例中所看到的欧洲的"创作性输入"法学的应用，则要求创作者的个人化印记（而不是精确的复制品）才能引发新的版权。因此可以认为，做出创造性的选择，诸如在通过扫描物体创建 3D 数字模型时选择物理对象的特定视图，足以使 3D 数字模型成为"作者的智识性创造，反映出其个性以及在其生产中表达出来的自由的和创造性的选择"（Mendis 2014）。[50]

关于授权侵权的第二点，可以认为授权或促成侵权的在线平台可能要承担辅助或间接侵权责任（Daly 2007）。[51] 英国在 CDPA 1988 第 16 条（2）中禁止了此类活动。[52] 像 Pirate Bay 这样的在线文件共享服务在明知的情况下授权共享侵权内容，已经被判定承担辅助侵权责任（Quick 2012）。[53] 通过采用这种观点，法院确立起网站协调人知道发生了侵权活动。[54] 有人建议 3D 打印开辟一种新型的内容共享，同时提出了与 Game Workshop 和 Pokemon 相关问题中出现的类似问题（Thompson 2012: 1-2）。[55]

（四）执法和侵权：澳大利亚版权法保护的能力

根据澳大利亚《版权法》，跨维度和单维复制行为中可能会发现侵犯版权行为。[56] 例如，制作受保护的 CAD 文件的 3D 副本可能会侵犯版权，因为可能会从受版权保护物品中产生 CAD 文件，比如说扫描产品。虽然在另一种媒介中再生产（例如，通

---

[46] *Antiquesportfolio.com v Rodney Fitch & Co Ltd* [2001] FSR 345.

[47] *Johnstone Safety Ltd v Peter Cook (Int.) Plc* [1990] FSR 16（"实质性部分"不能通过英寸或度量来界定）。

[48] *Wham- O Manufacturing Co v Lincoln Industries Ltd* [1985] RPC 127 (NZ Court of Appeal).

[49] *Infopaq International A/ S v Danske Dagblades Forening* [2010] FSR 20.

[50] *Painer v Standard Verlags GmbH* [2012] ECDR 6 (ECJ, 3rd Chamber) para 99.

[51] 本文描述了在线平台服务商如何积极鼓励广告侵权，并从这些活动中获得经济利益。参见 Maureen Daly, "Life after Grokster: Analysis of US and European Approaches to File-sharing" [2007] 29(8) *European Intellectual Property Review* 319, 323-324 in particular。

[52] Section 16(2)（"未经著作权人许可，从事或者授权他人从事了著作权所限制的行为，就是著作权侵权"）。

[53] *Dramatico Entertainment Ltd & Ors v British Sky Broadcasting Ltd & Ors* [2012] EWHC 268 (Ch).

[54] "帮助侵权"是针对像 Napster 这样的在线公司提起的。在确定"帮助侵权"时，需要满足两个要素：（1）侵权人知道或有理由知道侵权行为；（2）通过诱导、导致或促成侵权的行为而积极参与侵权。

[55] "Pokemon Targets 3D Printed Design, Citing Copyright Infringement" (World Intellectual Property Review, 21 August 2014), available at http://www.worldipreview. com/news/pok-mon-targets-3d-printed-design-citing-copyright-infringement-7067.

[56] Copyright Act 1968 (Cth) s 21(3).

过受文学作品版权保护的书面描述进行艺术作品创作）不会侵权，[57]但通过使用对该作品口头或书面的描述，可能会产生间接复制艺术（或其他）作品的侵权行为。[58]这里的问题是，这个描述是否"传达了声称'被复制'的版权材料的那些设计部分的形式（形状或图案），还是只传达了绘图或人工制品的基本思想"[59]。这可能包括一个包含产品的详细数字版本的 CAD 文件，这并不是不可想象的。

在确定对详细调查的受保护作品的侵权时，要求要从受保护作品中衍生出来证据，以及作品之间具有客观相似性。[60]如果在原作和涉嫌侵权作品之间可以客观地建立足够的相似性，则应进行一定程度的修改，[61]例如使用在线工具修改文件。根据英国法，使用受保护作品的"实质部分"足以证明侵权行为。[62]如果新作品具有足够的原创性，那么在侵权过程中可能会出现新作品的版权。但即便如此，根据现行澳大利亚法，创作者仍将对侵犯原作的行为负责。[63]

还有一点，迄今为止澳大利亚政府一直拒绝接受澳大利亚版权法规定的合理使用例外的概念，尽管这是澳大利亚法律改革委员会的坚定建议（Australian Law Reform Commission 2014: chs 4 and 5）。这种例外将包括转换性使用的概念，以便询问特定使用行为是否与版权作品的创作目的有所不同（Australian Law Reform Commission 2014）。这个问题再次在改革层面得到进一步检视（Productivity Commission 2016）。如果应当对澳大利亚版权法中非常有限的公平交易例外做出更改，[64]那么在通过3D打印进行复制的情景下，对知识产权持有人的影响可能很大。这是因为合理使用抗辩可以保护那些扫描和修改的文件免受侵权，但仅限于预期用途具有转换性。

至于3D打印背景下的间接版权侵权，《版权法》第36条（1A）和第101条（1A）规定，个人可以对授权另一方所犯的直接侵权负责。这些规定的复杂性反映在密集的解释性判例法中，本章无法对其进行全面分析。在确定某人是否进行了授权侵权时，法院必须考虑以下（未穷尽的）因素：

（a）该人有能力阻止有关行为的程度（如有的话）；

（b）该人与做出有关行为的人之间存在的任何关系的本质；

---

[57] *Cuisenaire v Reed* [1963] VR 719, 735; applied in *Computer Edge Pty Ltd v Apple Computer Inc* (1968) 161 CLR 171, 186–187 (Gibbs CJ), 206–7 (Brennan J), 212–214 (Deane J).

[58] *Plix Products Ltd v Frank M Winstone (Merchants) Ltd* (1984) 3 IPR 390.

[59] *Plix Products Ltd v Frank M Winstone (Merchants) Ltd* (1984) 3 IPR 390, 418.

[60] *Elwood Clothing Pty Ltd v Cotton On Clothing Pty Ltd* (2008) 172 FCR 580 [41].

[61] *EMI Songs Australia Pty Ltd v Larrikin Music Publishing Pty Ltd* (2011) 191 FCR 444.

[62] *Elwood Clothing Pty Ltd v Cotton On Clothing Pty Ltd* (2008) 172 FCR 580 [41].

[63] *A- One Accessory Imports Pty Ltd v Off- Road Imports Pty Ltd* [1996] FCA 1353.

[64] 参见 Copyright Act 1968 (Cth) s 40.

（c）该人是否采取任何合理步骤以防止或避免该行为，包括该人是否遵守任何相关的行业业务守则。

澳大利亚高等法院已将这些因素解释为要求法院询问被控侵权人是否受到第三方的"制裁、批准或反驳"。[65] 然而，这些 Moorhouse 案标准随后被赋予了一个相对狭隘的解读：现在的相关问题是，授权人是否有任何直接的权力来防止侵权。[66] 行使该权力的繁重任务是一个关键因素（Lindsay 2012; McPherson 2013）。例如，互联网服务提供商（ISP）不太可能对授权承担责任，因为阻止侵权的唯一直接权力是终止其提供的合同服务，[67] 尤其是识别侵权者会比较困难、时间紧。[68] 虽然尚未在 3D 打印情景中进行测试，但这种狭义理解的含义非常重要：诸如 Thingiverse 和 Shapeways 这样的文件共享网站的所有者不太可能识别和阻止上传可能侵权的 CAD 文件，或随后根据澳大利亚版权法被认定为对授权侵权行为负责。

461

三　3D 打印情景中的专利法现状、执行和侵权：英国和澳大利亚的视角

在从英国和澳大利亚的角度考察了版权法的挑战之后，本章现在考察对专利法的影响。版权法所固有的跨越信息 / 物理鸿沟的问题在专利法中变得更加明显，因为它的领域已经扩展到囊括并非以物理性为特征的标的物，而是产生某种可见效果的无形性。这对 3D 打印产品和功能具有明显的影响，主要表现在排除专利适格性。

（一）专利现状

专利是发明的垄断权，赋予发明人或所有者使用该发明的专有权，以换取向公众充分披露该发明。对于专利适格性，第一个障碍是是否有可获得专利的客体材料，这是最近许多司法管辖关注的焦点，特别是在计算机执行和生物学主题的语境下（Feros 2010）。在遥远的过去，人们不愿接受计算机程序作为可获专利的客体资料，因为它们被认为仅仅是在背诵数学算法（Christie and Syme 1998）。同样，来自自然界的产品被认为不具可专利性。随着时间的推移，人们普遍接受，如果计算机程序应用于某些具

---

[65]　*University of New South Wales v Moorhouse* (1975) 133 CLR 1, 20 (Jacobs J with whom McTiernan ACJ agreed).

[66]　*Roadshow Films Pty Ltd v iiNet Ltd* (2012) 248 CLR 42.

[67]　*Roadshow Films Pty Ltd v iiNet Ltd* (2012) 248 CLR 42, 69–71 (French CJ, Crennan and Kiefel JJ), 88–89 (Gummow and Hayne JJ).

[68]　*Roadshow Films Pty Ltd v iiNet Ltd* (2012) 248 CLR 42, 68 (French CJ, Crennan and Kiefel JJ), 88–89 (Gummow and Hayne JJ).

有某种实际效果的特定目的,这可能足以使其获得专利。[69]同样,如果从自然界获得的
产品具有一些人为性,或者与其自然发生的对应物相比具有的一些实质优势,它也可
以获得专利。[70]这些问题在下面英国和澳大利亚专利法的背景下进行了探讨。

(二)英国专利法在 3D 打印中的应用:现状与保护

根据英国法,可专利性的要求包含在 1977 年《专利法》第 1 条;该法规定,如果
一项发明是新的,具有创造性,并且能够进行工业应用,则该发明具有可专利性。[71]从
表面上看,许多 3D 打印产品和工艺都有可能满足这些专利标准。但是,第 1 节继续列
出了一些与专利资格有关的具体排除项,其中一些似乎直接适用于 3D 打印技术。[72]计
算机程序的排除在这里尤其相关。[73]第 4A 条提供了额外的与医疗方法和诊断方法有关的
排除。相关地,这些例外情况来自《欧洲专利公约》(EPC)。[74]第 1 条规定的排除范围是
有限的,只能扩展到"类似的事物"。虽然"技术的"主题可能因此具有可专利性,但
属于这一范围的内容却受到相当不同的解释(Feros 2010)。在早期判决中,欧洲专利
局(EPO)和英国法院采用了"技术贡献"方法,如 Vicom 案[75]和 Merrill Lynch 案[76]所述,
它们认为需要以新结果的形式对现有技术进行一些技术改进。

最近的 EPO 案已经展示出对排除事项的处理方式的转变,更广泛的"硬件设施"
方法现在成为了 EPO 的测试选择。[77]相比之下,在英国,Aerotel 案[78]现在提供了一个
全面的四阶段测试来确定与第 1 条排除有关客体材料是否具有可专利性:(1)正确
理解可专利性的主张;(2)确定实际贡献;(3)询问是否仅属于被排除的客体材料;
(4)检查实际或所谓的贡献是否实际上属于技术性的。这种方法被认为等同于先前的
英国判例法"技术贡献"测试,[79]但不一定是欧洲专利局的"硬件设施"方法(Feros

---

[69]　See, for example, the seminal US case of *Gottshalk v Benson* 409 US 63 (1972).

[70]　这种朝向综合生成生物产品的可专利性转变的最好例子之一,是另一个关键的美国案例,*Diamond v Chakrabarty* 447 US 303 (1980).

[71]　Patents Act 1977 (UK) s 1(1).

[72]　See Patents Act 1977 (UK) s 1(2).

[73]　Patents Act 1977 (UK) s (1)(2)(c).

[74]　The Convention on the Grant of European Patents of 5 October 1973 as amended by the act revising Article 63 EPC of 17 December 1991 and by decisions of the Administrative Council of the European Patent Organisation of 21 December 1978, 13 December 1994, 20 October 1995, 5 December 1996, 10 December 1998 and 27 October 2005.

[75]　*Vicom System Inc's Patent Application* [1987] 2 EPOR 74.

[76]　*Merrill Lynch* [1989] RPC 561.

[77]　See *Controlling Pension Benefits System/ PBS Partnership* T 0931/95 [2001], *Auction Method/ Hitachi T 0258/ 03* [2004] OJEPO 575; *Clipboard Formats I/ Microsoft T 0424/03* [2006].

[78]　[2007] RPC 7.

[79]　UK Intellectual Property Office, *Manual of Patent Practice: Patentable Inventions* (2014) [1.08]; *Aerotel v Telco* [2006] EWCA Civ 1371; *Macrossan's Patent Application* [2006] EWHC 705 (Ch).

2010）。Symbian 案[80]确认，仅仅因为涉及计算机程序的使用不会自动发生对专利适格性的排除；[81] 技术贡献和改进的功能性才是关键。[82]

因此，遵循 Aerotel 案的方法，3D 打印软件的功能性方面将具备可专利性。[83] 这将囊括与 3D 打印相关的基于设计的软件，只要它符合 Aerotel 案中列出的所有标准。但是，CAD 文件本身的可专利性更有疑问。因为它们纯粹是信息性的，法院似乎不太可能认为它们满足任何技术性要求。3D 打印的可见输入和输出是另一回事。它们的物理形态和技术性将使其有资格获得专利保护，只要它们符合新颖性、创造性和产业应用性的其他专利标准。[84] 某些功能性必须得到展示，以至于纯粹艺术性的 3D 打印作品将不符合英国法的保护条件。

（三）澳大利亚专利法在 3D 打印中的应用：现状与保护

虽然澳大利亚专利法包括与英国专利法相同的基本标准：新颖性、创造性和实用性，但这些标准的应用方式存在一些显著差异。最相关的是，不像英国，没有明确的被认为不符合专利条件的主题列表。相反，《1990 年专利法》第 18 条仅要求要有一种"制造方式"，并根据《垄断法》第 6 条内容进行解释。该法第 18 条还包括了其他专利标准。[85]1959 年澳大利亚高等法院在 NRDC 案[86]中做出的开创性判决提供了对"制造测试方法"的明确解释。法院认为，该测试不易受到精确制定的影响，反之相关的问题是："根据为《垄断法》第 6 条的应用而制定的原则，这是否是一个合适的专利主题？"[87]在案件的特殊情况下，法院认为该条件得到了满足，因为所涉及的客体材料是一种具有经济效用的人为创造的事态。[88] 这种制造方式的双重适用条件成为后续案件中具备可专利性的客体材料的标准测试，包括涉及计算机实施发明的案件。[89]

与美国一样，[90]澳大利亚客体材料在早期法学中更多适用于计算机实施的主题。[91]

[80]　*Symbian Ltd v Comptroller General of Patents* [2008] EWCA Civ 1066.

[81]　目前，EPO 遵循养老金福利体系中的"任何硬件"方法，可以展示"物理实体意义上的具体装置的特征"。*Pension Benefits System* [2001] OJ EPO 441.

[82]　*Symbian Ltd v Comptroller General of Patents* [2008] EWCA Civ 1066 [53]–[55].

[83]　*Aerotel v Telco* [2006] EWCA Civ 1371; *Macrossan's Patent Application* [2006] EWHC 705 (Ch).

[84]　Patents Act 1977 (UK) s 1(1).

[85]　Patents Act 1990 (Cth) s 18(1).

[86]　*National Research and Development Corporation v Commissioner of Patents* (1959) 102 CLR 252.

[87]　*National Research and Development Corporation v Commissioner of Patents* (1959) 102 CLR 252, 269.

[88]　*National Research and Development Corporation v Commissioner of Patents* (1959) 102 CLR 252, 277.

[89]　例如参见 *CCOM Pty Ltd v Jiejing Pty Ltd* (1994) 28 IPR 481, 514。

[90]　*State Street Bank and Trust Company v Signature Financial Group, Inc* 149 F.3d 1368 (Fed. Cir. 1998), but note the later US Supreme Court decisions in *Bilski v Kappos* 130 S Ct 3218 (2010) and *Alice Corporation Pty Ltd v CLS Bank International* 134 S Ct 2347 (2014).

[91]　*Welcome Real- Time SA v Catuity Inc* (2001) 51 IPR 327.

但是，澳大利亚联邦法院全体法官在 Grant 案[92]、Research Affiliates 案[93]和 RPL Central 案[94]中的三个判决强调，必须有一些物理上可观察到的效果，以满足人为创造的事态的条件，并且那种天才想法必须依赖于计算机的使用方式。对于物理而非信息世界的依恋也是澳大利亚高等法院最近在 D'Arcy 案[95]中做出判决的关键特征，该判决涉及编码与遗传性乳腺癌相关的蛋白质的核苷酸序列。此后，澳大利亚生产力委员会一直质疑软件和商业方法是否应被视为具备可专利性的客体材料。[96]

作为这些司法判决的结果，很明显，CAD 文件将作为机械障碍而失败，因为它们本质上是信息。有人认为，应考虑扩大可专利客体的范围，以便为 CAD 文件提供保护（Brean 2015）。然而，作者认为，成功的希望很渺茫，主要是因为 CAD 文件缺乏可专利客体的核心特征。与 CAD 文件相关的情况相反，形成 3D 打印输入和输出的 3D 对象不太可能违反制造要求，因为它们具有必要的物理性质。但是，与英国一样，它们仍然需要满足其他专利标准。

464

（四）执法和侵权：英国专利法保护的能力

与第 2 节一样，以下两节反映了英国和澳大利亚专利法对于每个司法管辖区内专利保护相关联的 3D 打印方面的可执行性。根据英国法律，直接专利侵权行为包括制造发明、处置或提供处置或使用发明、进口发明和保留发明。[97]很明显，3D 打印是一种包含所有发明核心要素的产品的复制品，这符合"制造"的法定定义，但仅仅创建专利物品的 CAD 文件则不然。3D 打印允许通过扫描对象并在 CAD 文件中进行更改来进行显著程度的修改或"修复"。"修复"行为不属于直接专利侵权范围。然而在 3D 打印语境中，当某些东西被"修复"而不是"制造"时，界限并不总是很清楚。[98]

上议院在 United Wire 案[99]中考察了"修理"和"制造"的概念，认为修理权是剩余性权利，而产品的拆卸实际上是一种新的侵权性的制造行为。在 Schutz 案[100]中，最高法院确认，"制造"的含义是因具体情况而异的，必须赋予其普通含义，并需要仔

---

[92] *Grant v Commissioner of Patents* [2006] FCAFC 120.

[93] *Research Affiliates LLC v Commissioner of Patents* [2014] FCAFC 1.

[94] *Commissioner of Patents v RPL Central* [2015] FCAFC 177. 应当注意高等法院拒绝给予上诉特别许可：*RPL Central Ltd v Commissioner of Patents* [2016] HCASL 84。

[95] *D'Arcy v Myriad Genetics Inc* [2015] HCA 35.

[96] Productivity Commission, *Inquiry into Australia's Intellectual Property Arrangements: Final Report* (2016: Commonwealth of Australia, Canberra).

[97] Patents Act 1977 (UK) s 60(1).

[98] *United Wire Ltd v Screen Repair Services (Scotland) Ltd* [2001] RPC 24.

[99] *United Wire Ltd v Screen Repair Services (Scotland) Ltd* [2001] RPC 24.

[100] *Schutz (UK) Ltd v Werit UK Ltd* [2013] UKSC 16, [2013] 2 All ER 177.

细权衡不同因素。[⑩]与此相关的是追问生产的物品是否是"这样一种专利物品的附属部分以至于其替代品……不涉及'制造'一件新的物品"[⑩]。

结果是，一旦备件部分被视为附属部件，那么对一个对象的备件部分进行 3D 打印就不会构成侵权。另外，如果 3D 打印部件被视为产品的"核心"组件，则很可能构成专利侵权（Birss 2016）。确定一个部件究竟是核心还是附属的相关问题还有：3D 打印部件是否独立可更换的零件；特定部件是否需要频繁替换；它是否是整体的主要组成部分；更换是否涉及不仅仅是常规工作；以及利用替代品后市场价格是否有显著差异。[⑩]

然而重要的是，通过分发 CAD 文件来促成侵权的行为有可能属于英国法规定的间接侵权范围。当侵权人进行如下活动时，就发生了间接或帮助专利侵权行为：

> 以任何手段向在英国的人提供或提出供应……与该发明的基本要素相关的物品……那些手段适合于实施该发明，并且有意图使该发明付诸实施。[⑩] 465

传统上要求，必要的"手段"本质上必须是有形的，因此简单和抽象的指示不符合要求（Mimler 2013）。然而，Menashe Business Mercantile 案[⑩]认为侵权者的主机在英国被"使用"，而不管它是否实际位于加勒比海的国外。在英国提供 CD 上的软件或通过互联网下载使用户能够访问主机，并且整个在线游戏系统也被视为共同侵权。无论被控侵权计算机系统的地理位置如何，只要客户获得访问系统的方法就作数。

提供访问侵权 CAD 文件的方法的在线平台可能会就共同侵权来负责，对于扫描对象物体以及创建和分发代表这些对象的 CAD 文件的私人或商业实体也是如此（Ballardini，Norrgard and Minssen 2015）。这里重要的一点是，在这些情况下访问侵权 CAD 文件更便利了。提供侵权手段是确定责任的关键。

（五）执法和侵权：澳大利亚专利法的保护能力

1990 年《专利法》第 13 条赋予专利权人利用和授权他人利用该发明的专有权。与发明有关的"利用"包括制造、雇用、销售或以其他方式处置发明（或提出要进行任何这些行为）、使用或进口发明。类似的定义适用于方法或过程发明产

[⑩] *Schutz (UK) Ltd v Werit UK Ltd* [2013] UKSC 16, [2013] 2 All ER 177 [26]–[29] per Lord Neuberger (with whom Lord Walker, Lady Hale, Lord Mance, and Lord Kerr agreed).

[⑩] Ibid [61].

[⑩] Ibid [44], [74], [75].

[⑩] Patents Act 1977 (UK) s 60(2).

[⑩] *Menashe Business Mercantile Ltd and another v William Hill Organisation Ltd* [2003] 1 All ER 279, [2003] 1 WLR 1462.

生的产品。⑩

如果一件产品包含了一项发明的所有要素，且该产品是 3D 打印的，则可能出现直接侵权。例如，将一个包含发明的所有要素的复制品打印出来，就构成了"制造"该发明。此外，澳大利亚联邦法院在 Bedford Industries 案⑩的决定中建立了一个更加广泛的"使用"定义，似乎包括了通过制造侵权产品来获取专利产品的商业优势，还有在销售前进行改造以生产出非侵权产品。⑩ 创建和分发一项发明的 CAD 文件，无论是通过扫描还是从头开始设计，是一个单独的问题。创建 CAD 文件不会以有形的形式复制发明所有元素，因此不构成"制造"发明。同样，创建 CAD 文件并不等同于"使用"，这符合 Bedford Industries 案中对"使用"的思考：即使创建了 CAD 文件并且产品进行了"调整"，也没有中间人"制造"有形产品。打印时，产品会在以后才"制作"。因此，发现 CAD 文件创建的直接侵权行为的可能性极小（Liddicoat, Nielsen and Nicol 2016）。

1990 年《专利法》还为专利权人提供了起诉二次侵权的能力。授权他人侵犯专利权是一种二次侵权行为，⑩提供为侵权使用的产品也是一样。⑩首先看授权侵权行为，1990 年《专利法》没有包含关于何种标准可以在确定侵权行为是否已经得到授权时加以考虑的任何指引。尽管该术语与 1968 年《版权法》中的相应条款具有相同的含义。⑪由此，《版权法》指南也与此相关。⑫

然而，与版权法的立场相反，对 Moorhouse 案标准的广义解读（在第 2.4 节中讨论过）仍在专利法中继续应用。创建一个体现侵权产品的文件并将其上传到文件共享网站会使创作者面临授权侵权的风险，如果该文件被下载和打印的话。如果选择不创建文件就可以简单地避免责任了。即使是对 Moorhouse 案标准的狭义解读也是如此。如果 ISP 拥有识别和删除侵权文件的资源和权力，那么广义解读也可能导致要求 ISP

---

⑩ Patents Act 1990 (Cth) sch 1 (definition of "exploit").

⑩ *Walker v Alemite Corp* (1933) 49 CLR 643, 657–658 (Dixon J); *Bedford Industries Rehabilitation Association Inc v Pinefair Pty Ltd* (1998) 87 FCR 458, 464 (Foster J); 469 (Mansfield J); 479–480 (Goldberg J).

⑩ *Bedford Industries Rehabilitation Association Inc v Pinefair Pty Ltd* (1998) 40 IPR 438.

⑩ Patents Act 1990 (Cth) s 13(1).

⑩ Patents Act 1990 (Cth) s 117.

⑪ *Rescare Ltd v Anaesthetic Supplies Pty Ltd* (1992) 25 IPR 119, 155 (Gummow J); *Bristol- Myers Squibb Co v FH Faulding & Co Ltd* (2000) 97 FCR 524 [97] (Black CJ and Lehane J); *Inverness Medical Switzerland GmbH v MDS Diagnostics Pty Ltd* (2010) 85 IPR 525, 568–570 (Bennett J); *SNF (Australia) v Ciba Special Chemicals Water Treatments Ltd* (2011) 92 IPR 46, 115 (Kenny J); *Bristol- Myers Squibb Co v Apotex Pty Ltd* (No 5) (2013) 104 IPR 23 [409] (Yates J); *Streetworx Pty Ltd v Artcraft Urban Group Pty Ltd* [2014] FCA 1366 (18 December 2014) [388]–[396] (Beach J).

⑫ 参见最近的 *Inverness Medical Switzerland GmbH v MDS Diagnostics Pty Ltd* (2010) 85 IPR 525, 568–570 (Bennett J); *SNF (Australia) v Ciba Special Chemicals Water Treatments Ltd* (2011) 92 IPR 46, 115 (Kenny J); *Streetworx Pty Ltd v Artcraft Urban Group Pty Ltd* [2014] FCA 1366 (18 December 2014) [388]–[396] (Beach J).

发现侵权行为。

最后，根据 1990 年《专利法》规定的"供应侵权"规定，在符合某些条件的情况下，[113] 为侵权使用提供的产品可能构成侵权。[114] 目前尚不清楚 CAD 文件是否符合"产品"的定义，尽管考虑到它可以成为一个商业用途的物品，[115] 似乎有强有力的论据证明这一点。如果可以客观地评估供应产品的使用方式是侵权，那就足够了。[116] 因此，如果有证据表明体现侵权产品的 CAD 文件是通过某种方式创建和分发的，这将是非常有力的证据以表明 CAD 文件是为了促成侵权使用而提供的。CAD 文件只有一个合理的用途：作为将其所代表产品打印出来的工具。在这方面，根据澳大利亚法，供应侵权（如授权侵权）是一种有效工具，使用它的侵权 CAD 文件分发者可能要承担专利侵权责任。

四 结论

由于新兴技术的变化，知识产权法自开始以来就需要不断发展。从印刷机到影印机到在最近时代的比特流技术，这种趋势已经很明显。（Nwogugu 2006; Thambisetty 2014）。在每一种情况下，挑战都与这些技术保持同步，同时在保护创作者的努力和为用户提供例外情形之间保持公正的平衡（Story 2012）。从这个意义上讲，3D 打印技术也不例外。随着 3D 打印对象市场的不断扩大和技术本身的不断发展，现有的知识产权法律需要得到审查，以确定其在平衡原创者和用户利益方面的充分性。在这方面，用于共享设计文件的在线平台尤其值得担忧。

本章从英国和澳大利亚法律角度探讨了版权和专利法对 3D 打印的适用性。通过比较，本章强调了两个司法管辖区之间的某些差异，同时也识别出法律上的空白。作者们考察了与体现 3D 模型的 CAD 文件相关的艺术版权的现状，并在这方面确定了 CDPA 1988 第 17 条（4）作为英国法中保护 3D 模型或产品的基础。然而，像 Lucasfilm 这样的案件挑战了这一立场，表明对工业工艺制造（即实用的）的雕塑（或艺术工艺品）的版权保护仅限于主要为其艺术价值而创造的对象。

467

---

[113] Patents Act 1990 (Cth) s 117.

[114] Patents Act 1990 (Cth) s 117(2). 这些条件是：

(a) 考虑到其性质或设计，该产品只能有一次合理使用；

(b) 就该产品的任何用途而言，并非商业产品，如果供应商有理由相信该人会以那种方式使用该产品的话；

(c) 在任何情况下，该产品的使用须符合供应商向该人发出的使用该产品（或诱导使用该产品）的指示，这一指示需要由供应商发布或经供应商授权而刊登的广告所载。

[115] "产品"有其通常的含义：*Northern Territory v Collins* (2008) 235 CLR 619。

[116] Unlike s 117(2)(b), ss 117(2)(a) and (c) 似乎并未要求主观要素：*Zetco Pty Ltd v Austworld Commodities Pty Ltd* (No 2) [2011] FCA 848 [77]。

　　澳大利亚法采取相反的观点，至少从表面上看是这样。根据 1968 年《版权法》第 10 条（1），艺术工艺品以外的艺术作品受到保护，不论其艺术品质如何。换句话说，在澳大利亚法中，《星球大战》头盔将是受版权保护的雕塑，尽管它主要是实用性的。然而有趣的是，澳大利亚《版权法》排除了在工业上应用的艺术作品（建筑物或建筑物模型或艺术工艺品除外）侵犯版权的行为，或相应的工业品外观设计已经根据《2003 年外观设计法》注册的行为。结果是，尽管通过不同的路径，英国和澳大利亚在保护上存在类似的空白。英国废除 CDPA 1988 第 52 条将为该司法管辖区的 3D 设计师和建模师带来好消息。然而，未能保护两个司法管辖区内同时具有功能性的创造性对象的这一问题还需要解决，特别是在 3D 打印场景中，创造性和功能性之间的界限并不总是清晰地划分。

　　CAD 文件本身的版权保护是一个更棘手的问题，并且已经被许多学者讨论过。很明显，这一领域需要法律发展，英国知识产权局在《2015 年委托研究》之后就已经认识到了这一点。这些管辖区之间的一个显著特点是，在澳大利亚，功能性要求仍然是计算机程序版权的一个关键特征，而这却远离了欧盟和英国的版权法学。

468　　　　在专利法语境下，作者们认为 CAD 文件缺乏英国和澳大利亚专利法中可专利客体的核心特征，尽管 3D 对象可以获得专利，只要它们符合标准专利标准。在这两个司法管辖区，信息本身都不具有可专利性。必须有一些额外的功能性或技术性。即使对于可专利主题的法律测试在不同司法管辖区之间存在很大差异，英国也有明确的被排除主题的法定清单，澳大利亚将这一决定留给了司法解释，情况也是如此。

　　在考察专利侵权时，作者们得出结论，仅仅通过制作和分发 CAD 文件来确立直接侵权是很困难的。在英国和澳大利亚，必须对所要求保护的发明的所有基本元素进行物理复制。但是，在两个司法管辖区的辅助侵权条款下，都有可能获得追索权。在英国法中，对于提供侵权手段可能会产生间接侵权责任，其中可能包括未经专利所有人许可而提供对 CAD 文件的访问。同样，澳大利亚也可能因供应侵权而承担责任。澳大利亚专利法还包括另一种侵权行为，即授权第三方直接侵权。总之，尽管澳大利亚和英国专利法规中相关条款的准确措辞差异很大，但现状和侵权方面的后果可能并没有那么不同，当然，这取决于司法解释。

　　这些结论提出了一些有趣的考虑因素和熟悉的共识内容。与许多技术一样，3D 打印及其相关元素（如在线平台和 CAD 文件）在其触及范围内具有普遍性。然而，法律是地域性的。这种异常通过技术的普遍性反映出来，加上不断增长的分发网络可能最终导致法律在不同的法律制度中以不同的方式形成，导致原创者和用户缺乏确定性，以及跨越共同技术系统的权利和工作条件的不兼容性。

　　想要处理 3D 打印技术的独特方面，认为现有知识产权法未能为原创者提供适当保护以及为用户提供适当权利的一种选择可能是：创建一种独特的知识产权保护制度。这些制度是为电路布局和植物多样性权创造的，[117]有时需要新技术带来新的知识产权挑战（如同与基因测序相关：Palombi 2008）。然而，在作者们的讨论中，如果一种新兴技术如此具有破坏性以至于一种全新的定制化回应得到了正当性证明，这还是很少见的。相反，尽管现行法律已经识别出空白和不连贯，但在绝大多数情况下，对这些制度进行细致改造可能是一种充分的回应。

展望未来，创作者、用户和立法者应该从过去的经验中汲取灵感，从法律和技术的角度来看，这些经验教给我们一些困难的教训，但也证明了适应性（Mendis 2013）。比如说，本章概述了澳大利亚最初不愿接受计算机程序作为可专利客体，因为它们被认为仅仅是在背诵数学算法（Christie and Syme 1998）。然而，随着时间推移，人们普遍接受如果计算机程序应用于某些确定的目的，从而具有一些实际效果，那么这可能足以使其具有可专利性。在计算机执行客体的场景下，对"计算机程序"的明确排除最初导致了所有软件被全面排除在欧洲法下的可专利性之外。然而，全球协调一致的需要促使欧盟/英国转向可专利性标准，只要存在着"硬件设施"或"技术效果"。[118]一般而言，版权法扩大了其囊括创意作品及其数字时代使用的例外情况，而十年前情况并非如此（Howell 2012）。

这些例子展示了法律与新兴技术保持同步的方式，而专利和版权法的融合，尤其是它们对计算机软件的适用性，越来越明显（Lai 2016）。在两个司法管辖区都是如此：版权和专利法制度之间的相互作用允许出现保护机制的适应性，并允许开发人员探索其特定技术的"最佳适应性"。随着3D打印的不断发展，专利和版权法很可能会受到严峻的挑战，但会继续发展和共存，因为它们多年来一直在对各种技术做出回应。

469

【参考文献】

474

Andrews C, 'Copyright in Computer-Generated Work in Australia Post-Ice TV: Time for the Commonwealth to Act' (2011) 22 AIPJ *29*

Australian Law Reform Commission, *Copyright and the Digital Economy: Report No 122* (Commonwealth of Australia, 2014)

Ballardini R, Norrgard M, and Minssen, T, 'Enforcing Patents in the Era of 3D Printing' (2015) 10(11) JIPLP 850

Birss, The Hon Mr Justice Colin and others, *Terrell on the Law of Patents* (18th edn, Sweet & Maxwell 2016), ch 14

Brean DH, 'Patenting Physibles: A Fresh Perspective for Claiming 3D-Printable Products'(2015) 55

---

[117] 例如在澳大利亚，参见 Circuit Layouts Act 1989 (Cth) and Plant Breeder's Rights Act 1994 (Cth)。

[118] *Aerotel v Telco* [2006] EWCA Civ 1371; *Macrossan's Patent Application* [2006] EWHC 705 (Ch).

Santa Clara L Rev 837

Christie A and Syme S, 'Patents for Algorithms in Australia' (1998) 20 Sydney L Rev 517 Daly M, 'Life after Grokster: Analysis of US and European approaches to file-sharing' (2007)29(8) EIPR 319

Dunlop H, 'Harmonisation is not the issue' (2016) 45(2) CIPAJ 17

Feros A, 'A Comprehensive Analysis of the Approach to Patentable Subject Matter in the UK and EPO' (2010) 5(8) JIPLP 577

475   George A, 'The Metaphysics of Intellectual Property' (2015) 7(1) The WIPO Journal 16

Guarda P, 'Looking for a feasible form of software protection: copyright or patent, is that the question?' (2013) 35(8) EIPR 445

Hornick J, '3D Printing and IP Rights: The Elephant in the Room' (2015) 55 Santa Clara L Rev 801

Howell C, 'The Hargreaves Review: Digital Opportunity: A Review of Intellectual Property and Growth' (2012) 1 JBL 71

Lai J, 'A Right to Adequate Remuneration for the Experimental Use Exception in Patent Law: Collectively Managing Our Way through the Thickets and Stacks in Research?' (2016) 1 IPQ 63

Liddicoat J, Nielsen J, and Nicol D, 'Three Dimensions of Patent Infringement: Liability for Creation and Distribution of CAD Files' (2016) 26 AIPJ 165

Lindsay D, 'ISP Liability for End User Copyright Infringements' (2012) 62(4) Telecommunications Journal of Australia 53

Lipson H and Kurman M, *Fabricated: The New World of 3D Printing* (John Wiley & Sons, Inc., 2013)

McLennan A and Rimmer M, 'Introduction: Inventing Life: Intellectual Property and the New Biology' in Matthew Rimmer and Alison McLennan (eds), *Intellectual Property and Emerging Technologies: The New Biology* (Queen Mary Studies in Intellectual Property, Edward Elgar 2012)

McPherson D, 'Case Note: The Implications of *Roadshow v iiNet* for Authorisation Liability in Copyright Law' (2013) 35 SLR 467

Mendis D, 'Clone Wars: Episode I—The Rise of 3D Printing and its Implications for Intellectual Property Law: Learning Lessons from the Past?' (2013) 35(3) EIPR 155-168

Mendis D, 'Clone Wars: Episode II—The Next Generation: The Copyright Implications relating to 3D Printing and Computer-Aided Design (CAD) Files' [2014] 6(2) LIT 265

Mendis D and Secchi D, *A Legal and Empirical Study of 3D Printing Online Platforms and an Analysis of User Behaviour* (UK Intellectual Property Office, 2015) <https://www. gov.uk/ government/ uploads/ system/ uploads/attachment_ data/ file/ 421221/ A_ Legal_and_Empirical_ Study_of_3D_Printing_ Online_ Platforms_and_ an_Analysis_of_User_ Behaviour_-_Study_I.pdf> accessed 8 October 2016

Mimler M, '3D Printing, the Internet, and Patent Law—A History Repeating?' (2013) 62(6) La Rivista di Diritto Industriale 352

Nwogugu M, 'The Economics of Digital Content and Illegal Online File Sharing: some Legal Issues' (2006) 12 CTLR 5

Ong B, 'Originality from copying: fitting recreative works into the copyright universe' (2010) (2) IPQ 165

Palombi L, 'The Genetic Sequence Right: A Sui Generis Alternative to the Patenting of Biological Materials' in Johanna Gibson (ed), *Patenting Lives: Life Patents, Culture and Development* (Ashgate 2008)

Productivity Commission, *Inquiry into Australia's Intellectual Property Arrangements, Final Report*

(Commonwealth of Australia 2016)

Quick Q, 'The Pirate Bay launches "Physibles" category for 3D printable objects' (*Gizmag*, 24 January 2012) <http://newatlas.com/the-pirate-bay-physibles-3d-printing/21208/> accessed 8 October 2016

Reeves P and Mendis D, *The Current Status and Impact of 3D Printing within the Industrial Sector:*   476
An Analysis of Six Case Studies (UK Intellectual Property Office 2015) <www.gov. uk/ government/ uploads/ system/uploads/attachment_data/ file/ 421550/The_ Current_ Status_and_ Impact_of_3D_ Printing_Within_ the_ Industrial_ Sector_ - _Study_ II.pdf> accessed 8 October 2016

Reeves P, Tuck C, and Hague R, 'Additive Manufacturing for Mass Customization' in Flavio Fogliatto and Giovani da Silveira, (eds), *Mass Customization: Engineering and Managing Global Operations* (Springer-Verlag 2011)

Rideout B, 'Printing the Impossible Triangle: The Copyright Implications of ThreeDimensional Printing' (2011) 5 JBEL 161

Santoso SM, Horne BD, and Wicker SB, 'Destroying by Creating: the Creative Destruction of 3D Printing Through Intellectual Property' (2013) <www.truststc.org/education/reu/13/ Papers/HorneB_ Paper.pdf> accessed 8 October 2016

Sterling A and Mendis D, 'Regional Conventions, Treaties and Agreements' Summary in JAL Sterling and Trevor Cook (eds), *World Copyright Law* (4th edn, Sweet & Maxwell 2015)

Story A, ' "Balanced" Copyright: not a Magic Solving Word' (2012) 34 EIPR 493

Thambisetty A, 'The Learning Needs of the Patent System and Emerging Technologies: A Focus on Synthetic Biology' (2014) IPQ 13

Thompson C, '3D Printing's Forthcoming Legal Morass' (Wired, 31 May 2012) <www.wired. co.uk/ article/3d-printing-copyright> accessed 8 October 2016

UK Intellectual Property Office, *3D Printing: A Patent Overview* (Intellectual Property Office, 2013) www.gov.uk/government/uploads/system/uploads/attachment_data/file/ 445232/3D_Printing_ Report.pdf accessed 8 October 2016

UK Intellectual Property Office, *Consultation on new transitional provisions for the repeal of section 52 of Copyright, Designs and Patents Act 1988: Government Response and Summary of Responses* (Intellectual Property Office, 2016) https://www.gov.uk/government/ uploads/system/uploads/ attachment_data/file/515305/Gov-response_s52.pdf accessed 8 October 2016

Weatherall K, 'IP in a Changing Information Environment' in Bowrey K, Handler M, and Nicol D, (eds), *Emerging Challenges in Intellectual Property* (Oxford University Press 2011)

Weinberg M, What's the Deal with Copyright and 3D Printing? (*Public Knowledge*, 29 January 2013) <www.publicknowledge.org/news-blog/blogs/whats-the-deal-with-copyright-and- 3d-printing> accessed 8 October 2016

Wong R, 'Changing the Landscape of the Intellectual Property Framework: The Intellectual Property Bill 2013' (2013) 19(7) CTLR 195

第二十章
监管工作场所使用的技术：议题的扩展

托尼亚·诺维茨（Tonia Novitz）

胡　凌　译

一　引言

477　　在工人们给雇主打工的社会背景下，在工人的就业环境中，他们长期以来对新技术持怀疑态度。对雇主的机器和其他形式的设备进行技术变革的动力在一开始就是显而易见的，因为这种变革可以提高生产率并减少对劳动及其相关成本的需求。因此有了来自"卢德分子"（Luddites）的回应，以及 20 世纪 70 年代对印刷活动的计算机化的抵制，还有当前比如说对于使用呼叫中心以及它们通过信息和通信技术（ICT）实现跨境的、快速的重新安置工作之能力的关注。值得注意的是，在这种情况下，监管工作主要通过案例法和管理就业合同、裁员和集体行动的立法来为雇主的利益服务。

478　　此外，可用于监测与工作相关的活动或测试（用于药物、酒精和整体的身体状况）的 ICT 和新技术为雇主提供了新的监视机会。这些方法可以为雇主提供提高生产力和客户服务的机会，同时也保护雇主不受各种形式的不忠诚和声誉损害的伤害。但是，雇主可以利用监视技术为其利益服务的程度已经受到限制。例如，立法机构已经以"黑名单"和"举报人"立法的形式参与到这一问题中，这些立法为工人提供了部分保护。技术的发展引起了对数据保护和员工隐私的担忧。在这里，法院试图更加谨慎地在"比例性"的人权话语框架内调和雇主雇员双方在雇佣关系中的利益。

　　关于技术监管紧张关系的主流叙述与雇主利益和工人抵抗（与对他们自身需求的认可相一致）都有关联。然而，这不是唯一需要考虑的事。新技术不仅可以为雇主而且可以为工人提供支持，增强自决的能力（或"潜能"），考虑到这些问题就可以扩展议题。

可以通过多种方式使用技术来提高工人的自决能力。例如，新技术可以弥补先前因残疾而被排除在工作之外的人群的不利条件。因此，存在一个潜在的参与工作的权利和平等理由，以推动将新综合形式的技术引入工作中。此外，ICT 有可能在工作场所中为工人提供集体发声甚至民主参与，这可以与更广泛的基于人权的结社自由和言论自由权利联系起来。新技术（尤其是 ICT）有能力为工人集体学习创造机会，并在工作场所内外创造更广泛的民主和政治参与。值得注意的是，目前增强技术参与到这些积极方面的立法机制（就工人的利益而言）是有限的。这里建议可以做更多的工作来考虑技术的能力建设方面的特征及其监管。

二　紧张关系的叙述：雇主利益和工人抵抗

在工作场所使用新技术通常被理解为有关提升改进生产力和提供服务过程中的雇主利益，另外还能保护其声誉。法律机制，通过保护雇主的野心由此得到适用，而工人试图抵抗则受到约束。这种针对工作和技术的路径可以从工业化的遗产和建立起来的保护雇主管理特权的法律框架得到理解。这样做的后果是，雇主们被允许（甚至是被正面鼓励）投资于新技术，以增强其企业的盈利能力。可能需要带着更多怀疑看待的是雇主带有强烈企图的监视行为，这些行为倾向于局限在商业需求（增强生产力或提供服务、预防不忠诚行为和避免声誉损害）的认可范围内，并受到工人隐私权的影响。如何平衡这些相互竞争的利益一直存在争议。

（一）对引入新技术的管理特权的法律保护

在英国，对工作技术进行监管的历史起点可以说是工业革命。显然，雇主有充分的动力利用技术进步并在工作场所实施这些技术。雇主将有能力提供更加一致的成品，可以用更少的工人更快地生产。可以获得的工作岗位数量的减少可能导致对剩余工作的竞争，从而降低人们接受该工作的工资水平。此外，先前支付给"熟练"员工的工资溢价将会消失（因为他们的技能被机器取代了）。在这种情况下，日常生活和工作时间之间也出现了明显的区别（Thompson 1967：80，96）。这是辛苦而低薪工作的开始，长时间的工作也开始围绕着机器使用加以协调。在此基础上，人们就可以看到工人抵制雇主技术创新的理由，尽管到了 1821 年经济学家李嘉图（Ricardo）已经争论说，即使短期内工人的生活会暂时中断，随着时间的推移，技术创新能够带来新的就业机会和改善的工作条件（Ricardo 1951）。

我们必须在如下背景下理解技术变革对工业化的影响：立法设计制定了"主人和

仆人"关系并在普通法中具象化（Deakin and Wilkinson 2005：62–74）。根据普通法，仆人必须遵守主人合法的甚至无理的指示。[①] 因此当主人要求这样做并学习新技能的时候，个体仆人必须改变他们的工作方式（在时间和设备方面）。

此外，对那些试图联合起来抵制技术进步及其后果的工人还实行严格的立法控制（Thompson 1968：553–572）。众所周知，这些立法都施加在如下群体的抵制上：那些从事熟练手工艺品的人（如针织工、剪毛工和织布工）反对在其工作中引入新机器以及降低工资和改变工作条件（Deakin and Wilkinson 2005：60）。工人以破坏新机器作为回应，该行为得到"奈德·卢德"（Ned Ludd）（可能是化名）或"卢德分子"（今天有其自身的负面含义）的倡导（Pelling 1973：28–29；Grint and Woolgar 1997：40ff）。这些通过适用法规而积极地镇压这些集体叛乱行为，这使其成为一种死罪；然而允许法官解决工资问题的旧法律却没有得到强制执行，然后被废除了。[②] 换句话说，新机器向雇主提供的减薪机会在国家的支持下被利用了。

可以看出，自19世纪初的"卢德分子"活动以来，个人就业法和集体劳动法都得到了相当大的发展。然而，当代法律制度仍有利于雇主在技术变革方面的利益。这可能是出于如下持久的共识，即制造业（和服务业）中的技术创新促进了经济增长、私营企业的盈利能力、公共机构的效率，并在长期内创造了就业机会（Fahrenkrog and Kyriakou 1996）。然而，困难在于技术进步似乎具有迥然不同的影响：一些雇员就会特别脆弱（特别是因为裁员）（Brynjolfsson and McAfee 2012）。

规制个人雇佣合同的普通法仍然要求雇员在涉及引进新技术时，使其合同履行情况须符合雇主合法与合理的指示。在 *Cresswell v Board of Inland Revenue* 案中，[③] Creswell 和其他一些公务员拒绝（根据工会的建议）开始使用新的计算机系统来管理税收法令和相关通信。正如沃尔顿（Walton J.）在介绍其判决的介绍性评论中所解释的那样：

> 我认为，应该赞赏工会在这个问题上的立场，这是正确的。这不是一个真正的卢德分子立场，想要试图推迟进步的进程。相反……工会……非常清楚地认识到……系统［将］为其操作员提供一项工作，这项工作将免除目前与之相关的大部分苦差事。但其中有一个问题。无论它会使其操作员受益多少（不管他们现在怎么认为），它肯定会导致操作新系统所需的员工数量减少。工会自然不喜欢损失会员……因此工会已经从其收入中寻求承诺，即系统投入使用后不会有强制性

---

① *Turner v Mason* [1845] 14 M & W 112.

② 通过这种方式，工资就以市场规律为准，但工人不能联合起来影响市场的运作。见如下讨论：the Statute of Artificers of 1562 5 Elizabeth I c 4 by Deakin and Wilkinson（2005：49ff）and its repeal by 1814 in Pelling（1973：29）。

③ [1984] ICR 508.

退休。④

由于这些工会要求未得到满足，成员们主张新的工作安排构成违约，并因此寻求确认性救济。但是，沃尔顿拒绝了这种救济问题，认为：

> 毫无疑问，员工应该适应他在雇佣过程中引入的新方法和技术……在计算机 481
> 强行进入教室、玩电子游戏被学龄儿童当成日常生活中的一部分的年代，如今几
> 乎无法想象下述要求有多么深奥或者不寻常，即要求员工获得从计算机检索信息
> 或将这些信息输入计算机的基本技能。⑤

这一判决仍然是一个先例，影响了我们对雇员何时需要遵守其雇主的新命令的理解，或者反过来，所需的再培训的极端性质何时就意味着以裁员方式终止雇佣合同。⑥

此外，虽然工人为保护其利益而采取的集体行动现已通过行业方面的立法获得法定保护，⑦但这项权利的范围仍然有限。如果工会要免除民事责任，则必须遵守投票和通知要求，但也只有特定目标被视为"合法贸易争议"的主题。⑧特别是必须有"工人与雇主之间"的争议，"完全或主要与一个项目清单相关"。集体行动可以合法地解决新技术的引入，这些技术需要符合下述条件：会影响他们的"就业条款和条件，或者影响任何工人被要求在其中工作的物理条件"，或者可能导致裁员。⑨如果没有明显的效果，所采取的行业行动就可能不属于法定豁免权，⑩尽管真正的担忧可能就足够了。⑪在过去的案例中，仅仅关于私有化影响的猜测并不足以满足"全部或主要"的条件；⑫一笔交易的潜在影响也不满足。⑬我们还没有看到关于引进新技术本身的判例法。

1986年发生在伦敦沃平（Wapping）的争议充分说明了工人在这方面的脆弱性，当时鲁伯特·默多克（Rupert Murdoch）试图引入新的计算机技术以取代他的报纸中使用的印刷工艺。这种变革明显地会导致工作减少。在印刷工人所在的工会做了一些

---

④ Ibid 511.

⑤ Ibid 518–519.

⑥ 如果雇员单方面提出全新的职责，雇主将无法坚持遵守这些规定。参见 *Bull v Nottinghamshire and City of Nottingham Fire and Rescue Authority*; *Lincolnshire County Council v Fire Brigades Union and others* [2007] ICR 1631（有关先前由急救医疗保健专家履行的新职责，而非新技术方法）。

⑦ 参见 the Trade Union and Labour Relations（Consolidation）Act 1992（TULRCA）s 219。

⑧ TULRCA，s 244.

⑨ TULRCA，s 244（1）（a）and（b）.

⑩ 参见 *Hadmor Productions Ltd v Hamilton* [1982] IRLR 102。

⑪ 参见 *Health Computing Ltd v Meek* [1980] IRLR 437。

⑫ *Mercury Communications v Scott- Garner* [1983] IRLR 494.

⑬ *University College London NHS Trust v UNISON* [1999] IRLR 31.

让步但被管理层拒绝之后，超过 5000 名《新闻国际》的工作人员被号召起来罢工。那些工人随后因罢工而被解雇（因为没有选择性解雇或重新聘用），并且在任何情况下（基本上）都被认为是多余的。新工人在新建的安装了计算机技术的工厂里接管了工作（Ewing and Napier 1986）。一些管理层认为这一纠纷是一个"打破工会控制"的机会（Marjoribanks 2000：583）。工会作为代表是允许的，但是要由一个不同的工会来进行，它要同意"不罢工"条款（Ewing and Napier 1986：288，295-298）。随后 482 《金融时报》《每日电讯报》和镜报集团利用这一先例，就拟议的技术变革达成工会协议，从而导致重大裁员和工会影响力减弱（Ewing and Napier 1986：581）。

技术现在可以使工作地点在更大范围内移动，以减少雇主的劳动力成本，例如离岸呼叫中心（Taylor and Bain 2004；Erber and Sayed-Ahmed 2005；Farrell 2005）。这种向国外转移的可能性由信息技术跨越国界的能力加以实现，但也受到了私营部门工会的有限影响和对行业行为的法定限制（Bain and Taylor 2008）。工作地点迁移的威胁也可以作为推动国内工会接受降低了的条款和条件的讨价还价工具（Brophy 2010：479；也参见 Ball 2001 and Ball and Margulis 2011）。最近，新形式的计算机技术已经被雇主用来当成将工人视为在所谓"零工"经济中个体经营的借口（De Stefano 2016）。

因此，技术为雇主带来了明显的好处；但是英国的个人就业法或集体劳动立法目前并没有减轻对工人的严重短期调整效应。考虑到德国这样的国家提供了更多的监管选择，其工作委员会以更加渐进的方式审议和协助对这些劳动形式的调整（Daubler 1975；Frege 2002），这就很有意思。相比之下，英国的欧盟工作委员会对跨国公司的要求⑭ 已经半心半意，⑮ 并且对可能的国家级信息和咨询安排的采纳程度很有限（Lorber and Novitz 2012：ch 6）。

（二）雇主监视及其限制

雇主在工作场所监视其工人的活动绝不是一种新现象。在相当长一段时间内，"控制"因素被认为是雇佣合同的一个明确特征。⑯ 通过这种方式，雇主长期以来一直寻求确保工人遵守他们的指示，并迅速这样做了（Thompson 1968）。此外，雇主保护其财产利益的权利长期以来一直与他们保护其信息免于泄露给竞争对手以及捍卫其商誉的利益有关。出于这个原因，雇主认为保留与员工有关的数据并对工作场所内外的活

---

⑭ 1994 年 9 月 22 日关于在社区规模企业和社区规模企业集团中建立欧洲工程理事会或程序以便通知和咨询雇员的理事会指令 94/45/EC[1994]OJ L254/64。根据 1997 年 12 月 15 日的理事会指令 97/74/EC 扩展到联合王国 OJ L10/22。

⑮ 参见 Transnational Information and Consultation of Employees Regulations 1999 and for commentary, see Lorber （2004）。

⑯ 参见 *Montgomery v Johnson Underwood* [2001] IRLR 270 （Buckley LJ）。

动进行某种形式的监视是合适的。正是我们日益使用的 ICT 使雇主比以往任何时候都更有效地进行不同形式的审查，但其功效引起了关注。通过远程设备追踪工人的流动甚至已经被称为"地缘奴隶制"（Dobson and Fisher 2003；Elwood 2010）。在这方面，确定合法雇主监视的例外情况就变得从未如此重要。这些既与公共利益有关（例如工人对雇主的非法活动进行"揭发"的能力），也与工人在隐私方面的个体利益有关。

　　在各种情况下，司法部门都支持雇主对工人使用计算机的情况进行监视和控制。例如，对雇员家进行摄像监视以评估其工作表的有效性，这种行为被认为是可抗辩的。[17] 此外，雇员有义务交出存储在置于英格兰的家用电脑上的、与雇主业务有关的电子邮件和其他文件。[18] 当然，员工可以因雇主了解到的社交媒体上的行为受到约束甚至解雇。[19] 这可以说是因为如下雇主责任而发生：雇主要对在线发生的一个员工对另一个造成的任何骚扰或其他行为负责。[20] 英国不公平解雇立法表明，只要遵循适当的程序，雇主对不当行为的看法（在合理的回应范围内）就足以成为解雇的理由。[21]

　　雇主能够（通常也会）在一开始就通过合同或明确的书面指示来强化他们的地位，这些指示说任何使用 ICT（电子邮件、短信或寻呼机信息、互联网活动、电子日记或日历，等等）都将受到仔细审查。监视还能涉及调查员工的身体健康状况，或者检查他们没有摄入会影响其工作或雇主声誉的非法物质。[22] 通常，这是通过援引一项针对该特定工作场所的政策而完成的；或者，可以简单地实施如下做法：雇员以开始或继续雇佣工作的方式而表示同意。这种默示同意的观念是英国普通法的一个特征（Ford 2002：148）。鉴于双方之间讨价还价存在根本上的不平衡（这也得到了英国最高法院的承认[23]），是否有真正的同意（或双方之间的合意）可能会受到质疑。当然，

483

----

　　[17]　*McGowan v Scottish Water* [1995] IRLR 167.

　　[18]　*Fairstar Heavy Transport NV v Adkins and Anor* [2013] EWCA Civ 886. 这并不是一项纯粹的所有权，而是基于一个基于商业效率的代理论点。

　　[19]　有关在 Facebook 上对批评同性恋婚姻的其他同事发表评论后的"规训"案例，参见 *Smith v Trafford Housing Trust* [2012] EWHC 3221, judgment of 16 November 2012。也参见 *Weeks v Everything Everywhere Ltd* ET/2503016/2012。

　　[20]　*Otomewo v Carphone Warehouse* [2012] EqLR 724 （ET/2330554/11），其中一项针对雇主的性取向骚扰指控成功了，由于同事在工作时在其他同事的 Facebook 页面上发表了不恰当的评论。

　　[21]　参见 Employment Rights Act 1998, s 98；as applied in *Foley v Post Office* [2000] ICR 1283 （CA）。也参见 Trade Union and Labour Relations（Consolidation）Act 1992, ss 207 and 207A；ACAS Code of Practice; and *Polkey v Dayton* [1988] ICR 142 per Lord McKay at 157. 即使涉及《欧洲人权公约》第 8 条规定的隐私权，也是如此。see *Turner v East Midlands Ltd* [2012] EWCA Civ 1470.

　　[22]　注意，英国工会大会（TUC）强烈反对这种做法，声称不需要进行药物测试。See Trade Union Congress, "UK Workers Are Overwhelmingly Drug Free—Study"（2012）<www.tuc.org.uk/workplace–issues/drugs–and–alcohol/uk–workers–are–overwhelmingly–drug–free–study> accessed 28 January 2016；Trade Union Congress, "Drug Testing in the Workplace"（2010）<www. tuc.org.uk/workplace– issues/ health–and–safety/drugs–and–alcohol/guides–and–reports– reps/drug–testing–workplace> accessed 28 January 2016.

　　[23]　*Autoclenz v Belcher* [2011] UKSC 41, [2011] IRLR 820 [35]. Discussed by Bogg （2012）.

普通法下合同路径固有的局限性已经导致了各种形式的雇佣监视，特别是当雇主不再追求合法商业利益，而是其他一些目标的时候。

1. 公共利益作为限制

在某些时候，雇主的目标可能不被视为合法。在这里，黑名单和举报的立法提供了两个有用的例外，并且已经通过立法得到了承认。这是因为工人（无论是个人还是集体）有能力无须恐惧就能参与工会业务并促进健康和安全或环境标准等问题，在这种能力中可以看到公众利益。例如，雇主收集、保存和使用以及得到扩散的有关工人工会活动的信息现已通过《1999 年英国就业关系法（黑名单）条例 2010》得到解决［*UK Employment Relations Act 1999（Blacklists）Regulations 2010*］。该监管动议是继"咨询协会"开展的关于建筑行业的大量黑名单活动之后推出的（Barrow 2010：301–303），[24] 并且可能指出了《1998 年英国数据保护法》（在下文讨论）在处理此类行为时的局限性。《条例》规定，任何人不得"编制、使用、出售或提供""禁止性名单"，该名单"包含已经或曾经是工会成员或参加或参与活动人员的详细信息"，并且是为了"歧视目的"而编制。但是，《条例》更多地用于控制雇主对工作场所监视之后的信息所采取的行动，而不是对监视本身的形式和范围行使控制。此外，《条例》仅限于"工会"活动或歧视。[25] 其他形式的工人激进行动并未像其他法域那样涵盖在内，在那些法域中，无论是否具有实际的工会会员身份，集体或"一致"行动都受到保护（见 Gorman 2006 and Creighton 2014，分别讨论了美国和澳大利亚）。此外，在英国，"工人"身份对那些通过代理机构雇用的人员来说可能是需要满足的困难先决条件，因为他们不属于标准的工会保护范围。[26]

举报也是一项对广为接受的普通法来说至关重要的例外：普通法规则规定雇员对雇主负有保密义务。根据普通法，雇员只需遵守雇主的合法命令，并有权以压倒一切的公共利益为由披露犯罪行为或其他非法行为。[27] 1998 年，这种披露信息的能力得到了扩展。"符合条件"的披露现在可能涉及更广泛的事件，例如危害健康和安全、破坏环境或甚至故意隐瞒这些事件。尽管如此，工人必须在工作场所内寻求主要的"内部"披露，"外部披露"则仅限于非常有限的情况。[28] 最受欢迎的以监视为导向的举报案例是美国国家安全局雇员爱德华·斯诺登，但类似案件也出现在其他工作场所情景

---

[24] House of Commons, Scottish Affairs Committee, *Blacklisting in Employment: Interim Report*, Ninth Report of Session 2012–2013 HC 1071.

[25] Especially TULRCA, ss 146–152.

[26] *Smith v Carillion and Schal International Management Ltd* UKEAT/0081/13/MC, judgment of 17 January 2014.

[27] *Initial Services v Putterill* [1968] 1 QB 396.

[28] 参见 Public Interest Disclosure Act 1998 incorporated into the Employment Rights Act 1996, ss 43A–43H。

中（Fasterling and Lewis 2014）。开始变得清晰的是，公共利益通常与捍卫公开且透明有关，可能进一步与表达自由和集体能力有关，[29]3.3 节会讨论。

2. 私人利益作为限制

私人利益——实际上是隐私权——也可能通过使用 ICT 来限制雇主监视。英国有欧盟数据保护立法的立法性限制，也有欧洲委员会 1950 年《欧洲人权公约》第 8 条规定的保护隐私和家庭生活的人权的限制，该公约通过英国 1998 年《人权法案》以立法方式加以执行。后者提供了最为灵活、帮助度较高的工具来限制管理层的自由裁量权。尽管如此，重要之处在于，这项权利仍受到对雇主需求也敏感的比例性检验。本文现在就讨论这种平衡过程的发生方式。

（1）数据保护 485

雇主监视工人活动的能力受到立法（尤其涉及数据处理，特别是个人信息）的限制。在英国，《1998 年数据保护法》（DPA）将《数据保护指令 95/46 / EC》转换为国内法。[30]现在，该立法也可以理解为受欧盟《基本权利宪章》的管辖，其中第 8 条规定了如下义务：

1. 每个人都有权保护与他或她有关的个人数据。

2. 此类数据必须为特定目的，并在有关人员同意的基础上或法律规定的其他合法基础上公平处理。每个人都有权访问收集的有关他或她的数据，并有权纠正这些数据。

3. 遵守这些规则应当受到独立机构的控制。

DPA 通过硬法（以法律要求的形式）和软法（由"独立机构"——信息专员提供的指南）相结合的方式处理工作场所中的技术。英国 DPA（硬法）区分了"个人数据"和"敏感个人数据"（额外的保护措施得以适用）；并且对"数据控制者"对这些数据的"处理"施加了特定限制。[31]在我们的工作场景中，数据控制者将是雇主，而工人之间的通信记录或他们对社交网络的访问可被视为普通"个人信息"。工会会员资格当然构成"敏感个人信息"，其中还包括有关工人的个人详细信息，如种族或民族血统、政治观点和宗教信仰。[32]该法律由"信息专员"执行，该办公室现已具有广泛的权力，

---

[29]　参见 *Heinisch v Germany App* no 28274/08（ECHR, 21 October 2011）；[2011] IRLR 922.

[30]　注意 2000 年《调查权条例》（RIPA）和 2000 年《电信条例》（法律、商业惯例）（通讯拦截）所施加的进一步限制；但两者都不涉及工作场所监视。

[31]　参见 European Parliament and Council Directive 95/46/EC of 24 October 1995 关于处理个人数据和自由移动该数据的个人保护，[1995] OJ L281/31, art 6；also Data Protection Act 1998 (DPA), Schedules 1–3.

[32]　DPA, s 2.

包括对严重违规行为发出最高 50 万英镑的罚款通知。㉝

此外，信息专员办公室（ICO）首次在 2003 年发布了《雇佣实践准则》（EPC），这是一项不具约束力的软法，但旨在向雇主详细说明其作为数据控制者对于作为数据主体的工人的义务。此后《守则》进行了修订和补充㉞（甚至为了较小的雇主考虑进行了删节）。㉟工人可能会提出两个关键问题。一个是同意使用个人数据的问题：我们应当应用普通法原则来表明默示同意就足够了？另一个关键问题是雇主合法地保存数据的目的（或多重目的）。

根据 DPA，"同意"被视为收集个人数据的先决条件，"明示同意"则是收集"敏感个人数据"的先决条件，但这具有欺骗性。因为如果任何其他例外适用的时候（这些例外对于"个人"信息比对"敏感"更为慷慨），则无论是默示还是明示都不需要同意。黑泽尔·奥利佛（Hazel Oliver）对此表述表示担忧。首先，它提供了证明在未经工人同意的情况下使用敏感个人信息为正当的可能性，这可能会降低工人的能动性。其次，甚至更重要的是，它使工人能够"外包"一个人的隐私权，即使其他标准并没有达到，也没有任何正当理由（Oliver 2002：331）。

根据欧盟指令第 6 条，数据仅可用于"特定的、明确的和合法的目的，不得以与这些目的不相称的方式进一步处理"。"良好实践"的建议是，雇主"就这些目的及其实践，向工人和 / 或工会或其他代表进行咨询"。㊱EPC 承认，收集数据的行为，比如说"监控工人发给职业健康顾问的电子邮件信息，或工人与工会代表之间的信息，是能够引起关注的"。㊲然而，EPC 并未对"黑名单"进行评论，这可能有点奇怪，鉴于《2010 年黑名单管理条例》的采用就是由咨询协会的信息专员办公室通过起诉推动的，该著名诉讼涉及有关建筑行业 3213 名工人的信息。

EPC 建议雇主应当考虑收集健康相关信息的潜在"不利影响"，这可能是有妨碍的，可能会被那些没有"需要知道的业务需求"的人看到，还可能影响雇主和工人之间信任和信心的关系，在收集时可能存在"压迫性或贬低性"。㊳还有关于何时可能是适当场合的指南，再比如说在一个"事件"发生之后。在这方面，有一家欧洲工作场

㉝ 参见 amendment of the DPA by Criminal Justice and Immigration Act 2008, s 144。

㉞ Published November 2011（96 pages in length）and available at：<www.ico.org.uk/ for_ organisations/ data_ protection/topic_guides/~/media/documents/library/Data_Protection/Detailed_specialist_guides/the_employment_ practices_code.pdf> accessed 28 January 2016.

㉟ Also published November 2011（but only 26 pp in length）and available at：<www.ico. org.uk/for_ organisations/data_protection/topic_guides/~/media/documents/library/Data_Protection/Practical_application/quick_ guide_to_the_employment_ practices_ code.pdf> accessed 28 January 2016.

㊱ EPC, 13.

㊲ Ibid, 56.

㊳ Ibid.

所药物测试协会（EWDTS）可能与之相关，该协会提供关于工作场所药物测试的非约束性指导（Agius and Kintz 2010）。在基因检测方面，EPC 明确指出，这不应该用于获取"预测工人未来的健康状况的信息"，并且仅适用于遗传易感性可能在工作场所对其他人造成伤害或危及工人自身的情况。[39] 此外，任何使用基因检测用于就业目的的建议必须告知英国人类遗传委员会（Agius and Kintz 2010）。因此，在限制雇主监视范围方面，EPC 可能较有帮助，但该守则不具有约束力。

（2）隐私

与数据保护相关的硬法和软法仍然受到与"公约规定的隐私权"相一致解释的影响。[40] 工人享有的隐私权利使人们对仅仅同意工作场所的监视是否充分产生了怀疑，这种情况下雇主的目标不能被视为合法，或者根据这些目标采取的措施是不成比例的。《欧洲人权公约》第 8 条规定：

487

> 1. 人人有权享有使自己的私人和家庭生活、家庭和通信得到尊重的权利。
>
> 2. 公共机构不得干预上述权利的行使，但是，依照法律规定的干预以及基于在民主社会中为了国家安全、公共安全或者国家的经济福利的利益考虑，为了防止混乱或者犯罪，为了保护健康或者道德，为了保护他人的权利与自由而有必要进行干预的，不受此限。

这意味着第 1 款中尊重隐私的权利最终取决于是否存在干涉权利的任何合法依据，这可被看成是合比例性。值得注意的是，对隐私的限制必须是合法的，并且"在民主社会中是必要的"——因此，比如说，对工会成员的歧视并不充分。国家只有在下述场合才能被允许干涉工人的隐私，即涉及雇主的"权利和自由的保护"，例如雇主的财产权利（根据《欧洲人权公约》1 号议定书第 1 条）。这是手段符合比例的唯一情形，[41] 尽管在这方面批准国还有自由裁量权。

有一个案例强调了工人在数字时代的行为所引发的问题，即 *Pay v UK*。[42] *Pay* 是 Lancashire Probation Service 的一名员工，因为他是一家运营性虐待癖网站的董事并组织相关活动而被解雇。这不是非法行为，但却可能导致佩的雇主产生尴尬的行为。欧洲人权法院（ECtHR）推翻了英国法院的判决，即第 8 条规定的隐私权在此处并不涉及（Mantouvalou 2008）。性生活是受第 8 条保护的个人领域的一些"重要因素"之一；此外，私人行为被他人记录并在网上展示的事实并未使私人行为变得不那么私密

---

[39] EPC, 95.

[40] Human Rights Act 1998, s 3.

[41] *Autronic AG v Switzerland* App no 12726/87（ECHR, 22 May 1990），para 61.

[42] *Pay v UK* App no 32792/05（ECHR, 16 September 2008）；[2009] IRLR 139.

了。人权法院还指出，第 8 条保护"与其他人和外部世界建立关系的权利"。事实上，很多内容都取决于什么可以被视为"隐私合理预期"。在这个特殊案件中，"特别考虑到申请人与性犯罪者合作的性质，以及解雇他是因为他未能遏制他最有可能进入公共领域的私人生活的那些方面"，人权法院没有认为针对佩采取的措施不成比例。

　　Pay 案判决中的一个难点是"隐私合理预期"这一概念，这会产生一种不合情理的激励，即雇主越明确地监视工人的行为，就越不可能出现隐私的"合理预期"（Ford 2002；Oliver 2002）。例如，美国 *City of Ontario v Quon*[43] 案表明，当有一个关于 ICT 的工作场所政策，并且监视行为与雇主的合法利益成比例时，雇主最容易避免与隐私相关的诉讼；随着监视在实践中变得更加广泛或有效，可能不得不重新审视这个问题。

488

　　最近 ECtHR 对工作场所监视做出了一项判决，这似乎证实了这也可能是欧洲人权法院采用的方法。*Kopke v Germany*[44] 涉及一名在超市偷窃的员工的秘密视频监控。法院赞同的是，根据第 8 条，在她的工作场所"没有事先通知"的视频记录影响了她的"私人生活"。然而，在这个案子里，雇主干涉 Kopke 的隐私是有正当理由的，因为这涉及雇主根据《欧洲人权公约》第 1 号议定书第 1 条享有财产权的权利。[45] 比例性得到了满足，因为"没有任何同等有效的手段来保护雇主的财产权"，这本来可以"以较小的程度干预申请人的权利并尊重她的私人生活"。[46] "适当司法活动中的公共利益"也得到了考虑。[47] 但是，判决确实包含以下附带声明：

> 有关的相互竞争的利益在未来可能具有不同的重要性，并考虑到新的、越来越复杂的技术对私人生活的侵扰程度。[48]

当然，隐私只是一项可以限制雇主监视的人权。可以说，结社自由（包括根据第 11 条组建和加入工会的权利）是另一种自由，这样当雇主非法持有与工会活动有关的数据时，这就不仅是对隐私的侵犯，而且是对另一项人权的侵犯。通过这种方式，人权可以作为"边界标记"运作（Brownsword and Goodwin 2012：ch 9），但也许也可以作为工作场所以工人为导向的技术参与的主张。下文第 3 节进一步探讨了这种可能性。

---

[43]　*City of Ontario v Quon,* 130 SCt 2619, 560 US.

[44]　App no 420/07（ECHR, 5 October 2010）—admissibility decision.

[45]　Ibid [49].

[46]　Ibid [50].

[47]　Ibid [51].

[48]　Ibid [52].

三　能力的故事：获得工作和话语权的技术

到目前为止，本章讨论了通过在工作场所引入新技术，雇主利益如何得到实现，以及工人抵抗如何受到限制。这是一个消极的说法，也许能通过与黑名单、举报和数据保护等事项相关的立法行动来缓解。隐私权也可能限制雇主监视的范围。但是，有可能将技术议题扩展到包含其他可能的监管方法上去。特别是，可以利用能力理论来理解何种技术可以以更积极的方式为工人生活做出贡献。我们在下述情境中都能找到很多例子：工作中使用技术增加参与感与平等性，以及在工作中获得话语权。

（一）为什么讨论能力？

我的目标是建立一个愿景，走向由阿玛蒂亚·森（Amartya Sen）（1985, 1999）提出的"能力"，他主张建立"实现行动和决策自由的两个过程，以及人们拥有的实际机遇"（Sen 1999：17）。森的重点是实现人类"功能性活动"的潜能，即"一个人可能珍视去做或者去成为的各种事物"（Sen 1999：75）。森专注于"自由的实现"（Sen 1999：117-118）。他设想了学习和讨论过程，以使任何特定个人、团体和社会能够确定什么是有价值的目标。在他的解释中，工人的价值及其能力得到了明确承认（Sen 1999：27-30，112-116）。在早期以经济为导向的技术和就业研究中，森关注的是关于提高生产率的好处（最终从长远来看是就业）的基本问题，并指出就业不仅有利于收入和生产，而且可能产生来自工作的尊重和实现感（Sen 1975：ch 9）。

玛莎·努斯鲍姆寻求发展应用森的思想，她强调，"潜能与人权的关系非常密切"（Nussbaum 2003：36）。此外，她认为森讨论能力的方法提供了批评、解释和应用人权的基础。在她看来，对能力的关注要求我们超越新自由主义者对消极自由的坚持，例如防止侵犯隐私。相反，她根据自己对人类尊严的理解识别出"核心的人类能力"，并将"归属"的积极需求置于其中（Nussbaum 2000：ch 1）。归属被理解为包括有能力"参与各种形式的社会互动；有能力想象出他人的境遇"。她进一步解释说，这需要"保护构成和培育各种形式的归属的机构，同时保护集会和政治言论的自由"（Nussbaum 2003：41-42）。设身处地地参与社会互动也被理解为要求防范基于种族、性别、性取向、宗教、种姓、种族和民族血统的歧视。信息技术已经被认为有助于人类发展和能力（Alampay 2006：10-11；Heeks 2010；Johnstone 2007：79）。本章建立在重申人权作用的基础上，使人们能够利用信息通信技术获得工作机会，从而不受歧视。也能就像我在其他地方论述的那样，便利言论和结社自由以促进更广泛的民主参与（Novitz 2014）。

（二）获得工作和平等的问题

雇主可能有兴趣为熟练掌握特殊技术的员工提供便利，使其更容易进行工作，以便当他们现有雇员遇到身体缺陷时，雇主可能有动力提供技术援助以保持其工作能力（而不是要求退出）。对于患有风湿病、关节炎或重复性劳损的人来说，语音激活软件就是一个例子。同样，能说话的电信服务和软件可能对那些有渐进或长期视力问题的人有用（Simpson 2009）。

　　然而，具有身体缺陷的（潜在的）工人本身也对获得工作有重大兴趣。他们的权利（以及所有寻求工作的人的权利）在国际和欧洲法律中得到广泛承认。《联合国人权宣言》第 23 条（1）规定："人人有权工作、自由选择职业、享受公正和合适的工作条件并享受免于失业的保障。"同样，欧洲委员会《欧洲社会宪章》第 1 条规定了"工作权"，除其他内容外，提到了"有效保护工人在自由进入的职位中谋生的权利"的重要性。[49] 此外，《联合国残疾人权利公约》（UNCRPD）表明，各国有义务提供"辅助性技术"。特别是第 26 条（1）规定：

　　　　缔约国应当采取有效和适当的措施，包括通过残疾人相互支持，使残疾人能够实现和保持最大限度的自立，充分发挥和维持体能、智能、社会和职业能力，充分融入和参与生活的各个方面。

在第 26 条（3）中包含了一项义务，即"在适应训练和康复方面，有义务提升为残疾人设计的与适应和康复有关的辅助设备以及技术的可用性、知识和用途"。人们还希望辅助性技术有助于根据《联合国残疾人权利公约》第 27 条促进工作场所的平等，因此成为为工作场所残疾人设想的"合理容纳"的一个关键方面。《联合国残疾人权利公约》的文本最近影响了《欧盟框架指令 2000/78 / EC》中残疾歧视条款的适用，该指令目前根据 2010 年《平等法》在英国实施。欧盟法院在 C–335/11 *HK Danmark v Dansk almennyttigt Boligselskab* 案[50] 中认为《联合国残疾人权利公约》和其中提倡的"残疾人"的"社会模式"必须受到尊重。是否存在"残疾"应根据有关人员的工作要求来确定；换句话说，就是他们参与"职业生活"的能力。反过来，这种决定应该影响国内法院认为的"合理容纳"。希望从一个关注无能力的残疾"医疗模式"转变为"社会模式"，这种转变将解决残疾工人被持续排除在劳动力市场之外的问题（Fraser Butlin 2010）。到目前为止，关于残疾歧视的法律规定已被证明是一种生硬的工具，鲍勃·赫普尔（Bob Hepple）报告称，"残疾人工作的可能性比具有其他相似特征的非残疾人低 29%"（Hepple 2011：32）。

491

---

　　[49]　也参见《欧盟基本权利宪章》第 15 条中对这一原则的重申。

　　[50]　[2013] IRLR 571.

（三）获得话语权：民主参与和言论与结社自由

除了隐私（根据《欧洲人权公约》第 8 条），其他形式的人权保护也潜在地有帮助。这些可能包括关于言论自由的第 10 条和关于结社自由的第 11 条。言论自由经常作为一个问题与隐私权一起出现，欧洲人权法院每次都倾向于处理后者，发现这些指控"等于重申第 8 条所述的投诉"，因此没有"发现有必要进行分别检视"。[51] 这似乎是由于和第 8 条（1）中规定的"沟通"有重复，但有可能设想一个场景，其中工人试图能做出一个发表在雇主网站上的公开声明，以便让其他工人参与辩论。那么问题就成了，评估雇主的专有权利是否足以限制工人对第 10 条（2）规定的言论自由的依赖。一种可能性是，如果工人能依赖不止一条《欧洲人权公约》条款的理由，这应该被视为对他们案件的规范性增加权重，以便使其获得额外的说服力（Bogg and Ewing 2013：21–23）。

此外，根据《欧洲人权公约》第 11 条，可以通过工作场所 ICT 保护（和促进）工人的交流沟通。《欧洲人权公约》第 11 条（1）的重要性在于它指出："人人有……与他人交往的自由权利，包括组建和加入工会的权利。"这种措辞的包容性使得能够广泛保护所有工人的归属行为和集体行动，即使这尚未得到工会的支持。鉴于工会会员人数下降、代表性缺口的扩大，以及无法获得工会代表的工人群体的自发行动的增长（Pollert 2010），这对工人发声来说似乎就至关重要了。通过这种方式，工人的话语能力可以得到支持和确立，而不是在他们不适合特定国家授权模式的地方遭到放弃（Bogg and Estlund 2014）。这可能需要为工人的在线集体活动提供更具广泛基础 | 492
的保护。TUC 主席弗朗西斯·奥格雷迪已经要求，如果保守党要改变罢工投票规则，要求投票率至少达到 50%，那么就应该引入电子投票："政府应该让人们更容易投票"。[52]《2016 年工会法》（TUA）第 4 节现在规定，国务大臣"应为行业行动选票就实现安全的电子投票方法提供独立审查"，这要在 TUA 通过后六个月内进行。但是，国务大臣只有义务公布对独立审查的"回应"，而不是实际实施安全的电子投票。

主动支持和使用技术还可以使工人更广泛地参与工作场所以外的国家层面政策辩论，从而影响到他们工作生活的更广泛经验（Ewing 2014）。值得注意的是，这与奥利弗和福特的想法相吻合，他们赞赏说隐私权本身在本性上就是一种"归属"。黑译尔·奥利弗把隐私理解为不仅仅是"免于干涉的自由"，而是民主地"参与的自由"："隐私允许个人在'公开'之前发展他们的想法，并且可以被描述为民主政府的必要条件，这是由于它促进和鼓励道德自治的方式"（Oliver 2002：323）。此外，迈克尔·福特（Michael Ford）提倡法院先前对 *Niemitz v Germany* 案中隐私处理的做法，[53]

---

[51] *Halford v UK* App no 20605/92 （ECHR, 25 June 1997），para 72.

[52] BBC news item："TUC Head Frances O'Grady Attacks Tories Union Curb Plans" 17 March 2015.

[53] App no 13710/88（ECHR, 16 December 1992）para 29.

即隐私不仅仅关注个人拥有某种受保护体验的"内部圈子",而且还必须"在某种程度上包含建立和发展与其他人的关系的权利"(Ford 1998:139)。

　　这似乎导致了福特试图推动隐私权的一个程序性维度,即"施加向工人提供信息的义务,并且最重要的是,与各种形式的监视行为有关的集体协商的义务,无论这是否涉及私人生活,这种义务可以提供更好的解决方案"(Ford 2002:154–155)。工人对这些问题的集体参与,无论是从工会的角度还是更自发的工作场所组织形式,都可能对工作场所技术的适当处理提出一个和人权组织技术的不同看法。人权组织对其雇主的业务持续成功不太有兴趣(Mundlak 2012)。与常见的假设相反,对于能够提升能力的"好"雇主而言,可能存在双赢局面。这再次表明,作为一种监管工具,工作中的交流渠道可能更有帮助,这种渠道不应以任何方式表明缺乏工会参与,而恰好说明工会影响的广泛性,即在特定工作场所工会不在场的时候为言论提供支持。无论如何,不管支持工人通过技术获得发言权的论据力度如何,几乎没有旨在实现这一目标的立法干预。目前,立法承认 ICT 促进工人声音的积极潜力仅限于工会参与的两个方面。第一个是工会学习基金条款,它提出了信息技术的支持。[54] 第二个是工会认可程序,它只以最小的方式影响相对较少的工人。[55] 关于后者,《实践守则》有《2005 年确认和终止确认投票期间的访问和不公平实践》(AUP)[56],它部分地承认 ICT 在确定工会招聘和组织能力方面的重要性,这些要求对雇主施加了新的适度的要求。

　　例如,在法定承认的投票中,如果雇主通常允许互联网使用的话,他们只需要允许工人访问工会的网站。如果不允许互联网使用,雇主就应该"考虑让工会提名的一名工人给予下载材料"并进行分发。同样,应当允许使用发送电子邮件,但前提是雇主一般性地允许将电子邮件用于非工作目的,或者雇主自己以这种方式在竞选活动中使用电子邮件。[57]《守则》规定雇主或者工会的竞选活动可以"通过电子邮件、视频或其他媒介传播信息来进行",只要它不具有威胁性。[58] 但是,工会不一定有权访问工人的电子邮件地址,除非有关工人已经授权雇主披露。[59]

　　因此可以公平地推测,工会获取 ICT 的权利范围极为有限。实际上,法定承认的

[54]　Union Learn with the TUC, "Union Learning Fund" <www.unionlearn.org.uk/union- learning–fund> accessed 28 January 2016.

[55]　TULRCA, Schedule A1. See Bogg(2009).

[56]　Department for Business, Innovation & Skills, "Code for Practice: Access and Unfair Practices during Recognition and Derecognition Ballots" (gov.uk, 2005)<www.gov. uk/ government/ publications/ code– of– practice– access– and– unfair– practices– during– recognition–and–derecognition–ballots> accessed 28 January 2016.

[57]　AUP 27.

[58]　Ibid 45.

[59]　Ibid 17.

程序没有得到广泛使用。[60] 此外，这些只是适用于短时间窗口和有限目的的权利（法定承认选票前的"访问期"），[61] 并且《守则》似乎只是设想了工会获取而不是个体工人。因此，还有更大的通过立法手段促进工人获得发言权的空间。

四 结论

有一个熟悉的说法，即工作场所的技术变革对雇主有利，但往往对受到直接影响的工人不利。在这方面，英国个人就业法和集体劳动立法使雇主能够开发通过技术改进的生产和服务形式，同时只允许工人有限形式的异议。雇主使用监视方法虽然是合法的，即在普通法中承认了"控制"对雇佣关系至关重要，但却受到成文法的限制。通过黑名单、举报和数据保护立法提供的硬法（以为工人提供立法保护的形式）实现了这一目标；此外，还通过诸如《就业实践准则》等软法机制，为雇主提供有关工作场所数据管理和健康测试形式的指导。此外，该领域的"硬"法和"软"法仍然受到人权义务的约束，这对于雇主行为的基于隐私的限制尤其重要。

然而，它能够而且应该可以进一步扩展工作场所技术的议题，这样不仅通过技术发展提升雇主利益，而且提高了工人的福祉。人权不仅需要作为边界标志，而且需要作为立法干预的基础，以便强化工人潜能的实现。这里给出了两个例子。首先是对工作场所的使用，这对于残疾工人在加强更广泛的平等议题方面具有重要意义。第二个是获得话语权，使工人的言论和结社自由的能力得以改善，对工作场所内外的进一步民主参与产生影响。这些可能性尚未得到法定机制的充分认可，尽管在这方面有一些新的变化指标。虽然这些问题显然不是针对更广泛的工作场所相关问题的技术解决方案，而是基于我们当前就业法背后的假设，但这些例子可能为更广泛的技术议题奠定基础。

494

【参考文献】

497

Agius R and P Kintz, 'Guidelines for Workplace Drug and Alcohol Testing in Hair' (2010) 2(8) Drug Testing and Analysis 267

Alampay E, 'Beyond Access to ICTs: Measuring Capabilities in the Information Society' (2006) 2(3) International Journal of Education and Development Using ICT 4

Bain P and P Taylor, 'No Passage to India?: Initial Responses of UK Trade Unions to Call Centre

---

[60] Central Arbitration Committee, CAC Annual Report （gov.uk, 2012–13）<www.cac. gov.uk/media/pdf/5/s/The_CAC_Annual_Report_2012–2013.pdf> accessed 28 January 2016, 10–11.

[61] Central Arbitration Committee, CAC Annual Report （gov.uk, 2012–13）<www.cac. gov.uk/media/pdf/5/s/The_CAC_Annual_Report_2012–2013.pdf> accessed 28 January 2016, 19.

Outsourcing' (2008) 39(1) Industrial Relations Journal 5

Ball K, 'Situating Workplace Surveillance: Ethics and Computer Based Performance Monitoring' (2001) 3(3) Ethics and Information Technology 211

Ball K and S Margulis, 'Electronic Monitoring and Surveillance in Call Centres: A Framework for Investigation' (2011) 26(2) New Technology, Work and Employment 113

Barrow C, 'The Employment Relations Act 1999 (Blacklists) Regulations 2010: SI 2010 No 493' (2010) 39(3) ILJ 300

Bogg A, *The Democratic Aspects of Trade Union Recognition* (Hart Publishing 2009)

Bogg A, 'Sham Self-employment in the Supreme Court' (2012) 41(3) ILJ 328

Bogg A and C Estlund, 'Freedom of Association and the Right to Contest: Getting Back to Basics' in Alan Bogg and Tonia Novitz (eds), *Voices at Work: Continuity and Change in the Common Law World* (OUP 2014)

Bogg A and K Ewing, *The Political Attack on Workplace Representation— A Legal Response* (Institute of Employment Rights 2013)

Brophy E, 'The Subterranean Stream: Communicative Capitalism and Call Centre Labour' (2010) 10(3/4) Ephemera: Theory and Politics in Organization 470

Brownsword R and M Goodwin M, *Law and Technologies of the Twenty- First Century* (CUP 2012)

Brynjolfsson E and A McAfee, *Race Against the Machine: How the Digital Revolution Is Accelerating Innovation, Driving Productivity, and Irreversibly Transforming Employment and the Economy* (Research Brief 2012)

Creighton B, 'Individualization and Protection of Worker Voice in Australia' in Alan Bogg and Tonia Novitz (eds), *Voices at Work: Continuity and Change in the Common Law World* (OUP 2014)

Daubler W, 'Codetermination: The German Experience' (1975) 4(1) ILJ 218-228

Deakin S and F Wilkinson, *The Law of the Labour Market: Industrialization, Employment and Legal Evolution* (OUP 2005)

Dobson J and P Fisher, 'Geoslavery' (2003) IEEE Technology and Society Magazine 47 De Stefano V, The Rise of the "Just-in-time Workforce": On-demand work, crowdwork and labour protection in the "gig-economy IILO, 2016) available at: http://www.ilo.org/ wcmsp5/groups/public/---ed_ protect/---protrav/---travail/documents/publication/ wcms_443267.pdf

Elwood S, 'Geographic Information Science: Emerging Research on the Societal Implications of the Geospatial Web' (2010) 34(3) Progress in Human Geography 349

Erber G and A Sayed-Ahmed, 'Offshore Outsourcing' (2005) 40(2) Intereconomics 100

Ewing K, 'The Importance of Trade Union Political Voice: Labour Law Meets Constitutional Law' in Alan Bogg and Tonia Novitz (eds), *Voices at Work: Continuity and Change in the Common Law World* (OUP 2014)

Ewing K and B Napier, 'The Wapping Dispute and Labour Law' (1986) 55(2) Cambridge Law Journal 285

Fahrenkrog G and D Kyriakou, *New Technologies and Employment: Highlights of an Ongoing Debate* (EUR 16458 EN, Institute for Prospective Technological Studies 1996)

Farrell D, 'Offshoring: Value Creation through Economic Change' (2005) 42(3) Journal of Management Studies 675

Fasterling B and D Lewis, 'Leaks, Legislation and Freedom of Speech: How Can the Law Effectively Promote Public-Interest Whistleblowing?' (2014) 71 International Labour Review 153

Ford M, *Surveillance and Privacy at Work* (Institute of Employment Rights 1998)

Ford M, 'Two Conceptions of Worker Privacy' (2002) 31 ILJ 135

Fraser Butlin S, 'The UN Convention on the Rights of Persons with Disabilities: Does the Equality Act 2010 Measure up to UK International Commitments?' (2010) 40(4) ILJ 428

Frege C, 'A Critical Assessment of the Theoretical and Empirical Research on German Works Councils' (2002) 40(2) British Journal of Industrial Relations 221

Gorman D, 'Looking out for Your Employees: Employers' Surreptitious Physical Surveillance of Employees and the Tort of Invasion of Privacy' (2006) 85 Nebraska Law Review 212

Grint K and S Woolgar, *The Machine at Work: Technology, Work and Organization* (Polity Press 1997)

Heeks R, 'Do Information and Communication Technologies (ICTs) Contribute to Development?' (2010) 22 Journal of International Development 625

Hepple B, *Equality: The New Legal Framework* (Hart Publishing 2011)

Johnstone J, 'Technology as Empowerment: A Capability Approach to Computer Ethics' (2007) 9 Ethics and Information Technology 73

Lorber P, 'European Developments—Reviewing the European Works Council Directive: European Progress and United Kingdom Perspective' (2004) 33(3) ILJ 191

Lorber P and T Novitz, *Industrial Relations Law in the UK* (Intersentia/Hart Publishing 2012)

Mantouvalou V, 'Human Rights and Unfair Dismissal: Private Acts in Public Spaces' (2008) 71 Modern Law Review 912

Marjoribanks T, 'The "anti-Wapping"? Technological Innovation and Workplace Reorganization at the *Financial Times*' (2000) 22(5) Media, Culture and Society 575

Mundlak G, 'Human Rights and Labour Rights: Why the Two Tracks Don't Meet?' (2012- 2013) 34 Comparative Labor Law and Policy Journal 217

Novitz T, 'Information and Communication Technology and Voice: Constraint or Capability' in Alan Bogg and Tonia Novitz (eds), *Voices at Work: Continuity and Change in the Common Law World* (OUP 2014)

Nussbaum M, 'Capabilities and Human Rights' (1997) 66 Fordham Law Review 273

Nussbaum M, *Women and Human Development: The Capabilities Approach* (CUP 2000)

Nussbaum M, 'Capabilities as Fundamental Entitlements: Sen and Social Justice' (2003) 9 Feminist Economics 33

Oliver H, 'Email and Internet Monitoring in the Workplace: Information Privacy and Contracting-out' (2002) 31 ILJ 321   499

Pelling H, *A History of British Trade Unionism* (2nd edn, Penguin 1973)

Pollert A, 'Spheres of Collectivism: Group Action and Perspectives on Trade Unions among the Low-Paid Unorganized with Problems at Work' (2010) 34(1) Capital and Class 115

Ricardo D, 'On the Principles of Political Economy and Taxation' in Piero Sraffa and Maurice H. Dobb (eds), *The Works and Correspondence of David Ricardo* (vol 1, 3rd edn, CUP 1951)

Sen A, *Employment, Technology and Development* (Indian edn, OUP 1975)

Sen A, *Commodities and Capabilities* (North-Holland 1985)

Sen A, *Development as Freedom* (OUP 1999)

Simpson J, 'Inclusive Information and Communication Technologies for People with Disabilities' (2009) 29(1) Disability Studies Quarterly <http://dsq-sds.org/article/view/ 167/167> accessed 28 January 2016

Taylor P and P Bain, 'Call Centre Offshoring to India: The Revenge of History?' (2004) 14(3) Labour

& Industry: A Journal of the Social and Economic Relations of Work 15

Thompson E, 'Time, Work-Discipline and Industrial Capitalism' (1967) 38 Past & Present 56

Thompson E, *The Making of the English Working Class* (Penguin 1968)

拓展阅读

这些参考文献并不直接涵盖技术和就业法的关系，但提供了一些对这种关系进行分析的监管背景信息。

Bogg A and T Novitz (eds), *Voices at Work: Continuity and Change in the Common Law World* (OUP 2014)

Bogg A, C Costello, A.C.L Davies, and J Prassl, (eds), *The Autonomy of Labour Law* (Hart Publishing 2015)

Dorssemont F, K Lorcher, and I Schomann (eds), *The European Convention on Human Rights and the Employment Relation* (OUP 2013)

McColgan A, 'Do Privacy Rights Disappear in the Workplace?' (2003) European Human Rights Law Review 120

第二十一章
国际公法与对新兴技术的规制

罗斯玛丽·雷弗斯（Rosemary Rayfuse）

孙南翔 译

一　导言

国际公法是规范国际行为者行为的规则和原则的体系。虽然国际法在规范新兴技术的发展或使用方面并没有明显作用，但在历史上，针对保护国际社会免遭技术滥用及可能带来的灾难，甚至是避免技术所施加的既存的风险上，国际法时常发挥创造性的作用。无可否认，国际法对新兴技术规制的传统做法是反应型的，而不是预防性的；它仅试图评价和规范其发展或事后利用。然而，随着科学技术的研究越来越多涉及全球环境和人类本身的权力和能力发展，在长期甚至是永久的基础上，国际法需要建构起国际规则和治理的新形式，以积极应对预见、评估、最小化并减轻新兴技术或新技术所构成的风险。这些风险包括国家或个人单方使用技术所导致的风险（UNEP 2012）。换言之，国际法不仅要规范过去和现在的技术发展和使用，而且还被要求规定这些技术所产生的不确定的未来。简言之，国际法正日益成为威尔斯（Wells）所称的"先知先觉"的场域（Wells 1932）。

国际法是否充分满足这项任务仍然是一个未决问题。一方面，国际法确保在管理不同行为者之间关系、促进技术发展和促进知识、货物交流以及和平解决争端上，提供框架性的权利和义务，并提供秩序和明确的指导。另一方面，即使法律仍然是稳定和可预测的力量，规制不确定的、未知的和甚至不可知的未来还需要灵活性、透明度、可问责制、国家以外的一系列行为者的参与，以及取得、理解和转化科学证据的能力。尽管全球利益和关注事项越来越广泛，但国际法仍然植根于"威斯特伐利亚"

体系，该体系的前提是各国主权平等。这就产生了各种问题，包括一个碎片化的和去中心化的模糊体系，甚至是时常相互冲突的准则和规则、不确定的执行机制以及重叠的和相互竞争的管辖体制。

本章考察了作为规制新兴技术机制的前提及其国际法的作用。特别是，它侧重于可能对全球环境产生影响的新兴技术及其过程：地球工程。以地球工程为重点的案例研究使得国际法在规制新兴技术方面的作用中表现出合理性，不管是通过影响全球环境的潜在能力，还是明确指明其积极行事的明确目标。地球工程的潜在能力对所有国家和人类都有影响，无论其所处的地理位置，这使得它成为一个全球问题，在这一问题上，国际法（即表面上的法律）可发挥作用。

本章首先简要介绍国际法作为新兴技术的规制工具。其次，它转而讨论国际法作为这种规制工具的局限性。然后，本文将聚焦国际法在地球工程规制中的案例研究，特别提到与海洋肥化和海洋地球工程有关的新的法律制度。本章最后对国际法在发展新的国际治理体系方面的重要作用进行了一些思考，这些新的国际治理体系能够预测、评估、尽量减少和减轻迅速出现的、具有改变或影响全球环境能力的科技研究形式所产生的危害。

502

二　作为新兴技术规制工具的国际法

纵观整个历史，新技术对人类产生了或积极或消极的深刻影响。事实上，正是火药和大炮等新技术的发展，使民族国家的崛起成为可能（Allenby 2014），同时也伴随着当代国际公法的崛起。鉴于其确保国家间事务和平运作的重要使命，国际法第一次与新兴技术的"小摩擦"是在规范战争方法和手段的背景下产生的，这一点也就不足为奇了。19 世纪中叶，国际人道主义法确认，杀伤敌人的方法和手段不是毫无限制的，应该禁止某些违反人性、道德和文明要求的特定技术（Solis 2010：38）。

当然，禁止特定武器的意图并不新奇。在古代，印度教徒、希腊人和罗马人都禁止使用有毒的武器。在中世纪，拉特兰委员会宣布弓弩是"非基督教"的武器（Roberts and Guelff 2000：3）。然而，在 1868 年《圣彼得堡关于爆炸性弹丸的宣言》（*St Peterburg Declaration on explosive Projectiles*）中第一次尝试了一种真正的国际做法，即禁止使用爆炸性子弹。这使得在 1899 年和 1907 年海牙和平会议上通过了废除特定武器和战争手段的其他宣言，并最终通过了关于禁止发展、生产、储存和使用毒气（1925），细菌或生物武器（1972），化学武器（1993），激光致盲武器（1995），其他常规武器（1980）以及某些类别的杀伤人员地雷（1996）的国际条约。近期，国际人道主义法正着力解决网络武器和其他新兴军事技术的威胁，例如无人驾驶飞行器、直接能源武器和致命的自主机器人（Allenby 2014）。

在武装冲突之外，人们早就认识到，技术发展有可能支撑产品、服务和加工方面越来越多的积极突破性创新，并有助于应对重大的全球和国家挑战，包括气候变化、人口和经济增长以及其他环境压力。然而，人们也认识到，某些新技术的滥用或无意的负面影响可能对人类和（或）全球环境造成严重的后果，甚至引发灾难（Wilson 2013）。正是在这种情况下，国际法具有了与此议题的相关性。

目前，没有一个具有法律约束力的统一全球条约制度来规范新兴技术，以限制其潜在的风险。然而，所有国家都受习惯国际法的原则和规则的全面约束，上述习惯国际法可适用于新兴技术的开发和应用。这些原则和规则包括：国际和平与安全法的基本准则，例如禁止使用武力和干涉他国内政（例如，见 Gray 2008）；国际人道主义法的基本原则，如人性的要求、区分原则和比例性原则（例如，见 Henckaert and Doswald-Beck 2005）；国际人权法的基本原则，包括人的尊严和生命权、自由权和人身安全的原则（例如，见 de Schuter 2014）；以及国际环境法的基本原则，包括无损害原则、防止污染的义务、保护脆弱生态系统和物种的义务、预防原则、进行合作、协商、通知和信息交流、环境影响评估和参与有关的一系列程序性义务（例如，Sands and Peel 2012）。关于国家责任和损害责任的一般习惯法规则也得以适用（Crawford 2002）。[①]

除了这些习惯国际法的一般原则之外，具体条约义务性质的碎片化规则也可能具有相关性（Scott 2013）。不可否认，一些技术（如纳米技术和人工智能）在本质上仍然不受国际法的制约（Lin 2013b）。然而，如1992年《生物多样性公约》（CBD）缔约方大会已经讨论了合成生物的国际规制问题，其中涉及了合成生物对生物多样性的维护和管理的潜在影响问题。不过，在2014年，缔约方会议认为，目前没有足够的信息可用来决定"合成生物学"是否是与生物多样性的维护和可持续利用有关的新问题。因此，《生物多样性公约》对合成生物学的应用仍是缔约方会议讨论和辩论的问题（Oldham，Hall，and Burton 2012）。

不论如何，国际条约至少在某些形式或层面确实规范了生物技术和地球工程技术的开发和使用。就生物技术而言，国际法在生物安全、生物恐怖主义和人类生物工程学等问题上也引起了一些关注。关于生物安全而言，《生物多样性公约》要求各国建立或维持手段，以规范、管理或控制与生物技术产生的改性活生物体的使用和释放相关的风险，这些生物可能产生不利的环境影响或影响生物多样性的养护和可持续利用，同时还需考虑到对人类健康的危险［《生物多样性公约》第8（g）条］。

503

504

---

① 关于习惯国际规则和原则的起源、性质、范围和内容的充分讨论超出本章的范围。关于国际公法的一般性文本提供了有益的讨论，例如，Shaw M, *International Law* (6th) (Cambridge University Press 2008); Brownlie I, *Principles of Public International Law* (6th) Oxford University Press 2003); 和 Evans M, *International Law* (4th) (Oxford University Press 2014)。

虽然《生物多样性公约》本身没有界定"生物修改有机体"（LMO），但是在 2000 年《关于生物多样性公约的卡塔赫纳生物技术安全议定书》中，该概念被定义为"拥有通过使用现代生物技术取得的基因材料的新组合物"［《卡塔赫纳议定书》第 3（g）条］。"生物有机体"被定义为"任何能够转移或复制遗传材料的生物实体，包括无菌的有机体、病毒"［《卡塔赫纳议定书》第 3（h）条］。因此，生物修改有机体包括新型病毒和实验室中的生物。当然，仅仅是实验室中的生物工程学中的生物修改有机体并不构成"释放"要求。然而，其构成《生物多样性公约》中的"使用"，更为具体的，其构成《卡塔赫纳议定书》下的"独立的使用"，它包括"在一个设施内进行的任何行动……其涉及通过具体的措施控制生物修改有机体，其有效地与其外部环境进行接触，并施加影响"（《卡塔赫纳议定书》第 11 条）。

这些规定反映出，至少部分的《生物多样性公约》缔约国认识到生物技术的潜在利益和潜在的弊端。它们力求不禁止对生物修改有机体的开发、使用和释放，但要确保有足够的保护措施，用于评估和保护它们在跨界或全球环境中免受意外或恶意有害的释放的风险。这一点特别重要，因为科学家做出的关于安全的自我评估的案例研究涉及缺乏客观性准则的项目，并因此需要额外的、独立的审查（Wilson 2013：338）。在没有适当措施的情况下，《生物多样性公约》和《卡塔赫纳议定书》的缔约方将对这种释放造成的任何越境损害负国际责任。

比起生物安全，1972 年《禁止生物武器公约》（BWC）更侧重于生物恐怖主义，其不仅规制使用和释放的条件，而且在缺乏预防、保护或其他和平用途的正当理由下，还试图全面禁止发展、生产、储存和获取或保有"微生物或其他生物剂或毒素，无论其来源或生产方法如何，无论其类型和数量是多少"（《禁止生物武器公约》第 1 条）。本公约各缔约国被禁止不将本公约第 1 条所规定的任何物剂、毒素、武器、设备或运载工具直接或间接转让给任何接受者，并不以任何方式协助、鼓励或引导任何国家、国家集团或国际组织制造或以其他方法取得上述任何物剂、毒素、武器、设备或运载工具（《禁止生物武器公约》第 3 条），并被要求应按照其宪法程序采取任何必要措施以便在该国领土境内，在其管辖或受其控制的任何地方，禁止并防止发展、生产、储存、取得或保有本公约第 1 条所规定的物剂、毒素、武器、设备和运载工具（《禁止生物武器公约》第 4 条）。然而，尽管有明显的禁止性用语，但《禁止生物武器公约》对生物技术的适用是有限的，第 1 条和第 10 条规定了有关预防、保护或其他和平用途等例外情形。显然，即使是最致命的生物制剂和毒素，也可基于和平目的而开发，但仍然容易受到偶然或恶意释放的影响。因此，虽然《禁止生物武器公约》明确拒绝使用生物制剂和毒素为武器，但它确实表明，各国接受用于和平目的的生物技术发展。

与生物技术和基因工程有关的人类尊严问题已在 1977 年欧洲理事会《人权和生

物医学公约》（CHRB）中得到国际法律界的注意。该公约禁止改变人类遗传基因，因为这种改变可能危及整个人类物种的生命安全（欧洲理事会 1997）。根据《人权和生物医学公约》第 13 条规定，"只有为了预防、诊断或治疗的目的，并且并不是为了改变后代的基因组的目的，方可寻求对人类基因组修改的干预"。然而，正如其表现出的，《人权和生物医学公约》只是一个由部分欧洲国家参与的有限的区域条约。[②] 与提及的其他技术一样，国际法在人类生物工程学的管理方面发挥极为有限的作用。

就地球工程而言，可以很公平地说，目前，可直接适用的国际监管极为有限。然而，这些技术的研究和潜在使用并不是在完全的监管真空中进行的。除《生物多样性公约》等全球适用的条约和习惯国际法基本原则外，尽管其范围和适用范围有限，但是 1985 年《臭氧公约》及其 1987 年《蒙特利尔议定书》、1979 年《远距离越境空气污染公约》与 1967 年《外层空间条约》明确其缔约方能够调控一些设计大气干预的地球工程事项。例如，1991 年《埃斯皮公约》规定了有关环境评估和通知的程序性义务，同时 1998 年《奥胡斯公约》规定了与公众参与和诉诸司法有关的义务。与不受全球条约制度管辖的大气层不同的是，海洋受 1982 年《联合国海洋法公约》（LOSC）确立的法律制度约束。因此，涉及海洋环境的地球工程首先由《联合国海洋法公约》第 12 部分包含的与环境保护和信息分享相关的一般规则的约束。此外，海洋问题还可能适用若干具体的区域性和行业性的制度，如 1959 年《南极条约》及其 1991 年的《环境议定书》，更重要的是，1996 年《伦敦议定书》（LP）与 1972 年《伦敦（倾废）公约》（LC）。然而，除《生物多样性公约》《伦敦议定书》和《伦敦（倾废）公约》外，地球工程问题还没有在其他条约制度中得到具体解决，其规制体系仍未完善（Scott 2013；Wirth 2013）。

正如下章一节所讨论的，国际法在地球工程管理中的作用也被称为国际法的"结构性"限制问题。

506

三　国际法的限制和新兴技术

正如历史所表明的，许多新兴技术将是完全良性的，甚至对人类健康和环境福祉都有利。然而，历史也向我们表明，在某些情况下，新技术的滥用或非故意的负面效果可能对人类及全球范围内的人类生存造成严重损害，或者对地球环境造成灾难性的永久破坏，甚至是产生无法修复的后果（Bostrom and Ćirković 2008：23）。即使在一

---

② 截至 2017 年 5 月 1 日，29 个欧洲国家均为该公约缔约返回。见《条约》第 164 条的签署和批准图表，可在网上查阅：http://www.coe.int/en/web/con-ventions/full-list/-/conventions/treaty/164/signatures?p_auth=q2oWmMz2（2017 年 5 月 1 日访问）。

个完美的世界中，管理和控制新兴技术的研究和发展将是一项艰巨的任务，特别是在许多情况下，这些技术所带来的风险在进一步发展，甚至是具体使用之前都不会得到理解。在这个不那么完美的世界中，国际法在应对这些挑战方面的能力存在着许多局限。特别是，在国际法由国家同意的内在本性下，国际法对新兴技术的范围及其适用的认识受限于诸多结构性限制。

首先，需要忆及的是，国际法规范技术的关注点或兴趣不在于其固有的性质、形式、发展，甚至是其使用事项。国际法院在《关于核武器用于威胁或使用核武器合法性的咨询意见》（*Nuclear Weapons Advisory Opinion*）中确认，如果没有各国自由接受的具体条约义务，国际法并不禁止发展核武器。事实上，即使核武器的使用本身也并非是违法的；至少在国家面临现实威胁以及其他遵守武装冲突法的情况之下如此。同样的，国际法没有规定也没有禁止关于改变环境技术的开发和使用，只有国际武装冲突法对其恶意使用进行了规定（1976 年《禁止为军事或任何其他敌对目的使用改变环境的技术的公约》）。因此，一般来说，国家主权原则允许各国利用其资源、开展研究，并制定和使用其认为合适的技术，或允许其国民研究、开发和使用此类技术。

507 然而，国际法关注的是对人类、环境、其他国家和全球公域造成有害的跨界问题。特别是，国家主权受到所有国家的义务之约束，即确保其管辖和控制下的活动不对其他国家及公民造成损害（Corfu Channel case；*Nuclear Weapons Advisory Opinion*[29]；Gabcikovo–Nagymaros case[140]）。因此，以《卡塔赫纳议定书》为例，其并非适用于改性生物活体的发展，而是适用于关于改性生物活体的"跨界发展、处理、运输、使用、转让和释放"（《卡塔赫纳议定书》第 4 条）。然而，即使这种关切也受到国际法义务本性的限制。例如，《生物多样性公约》第 8（g）条要求各国进行"管制、管理或控制"，但没有明确说明要采取的具体行动，进而赋予国家采取具体措施的自由（Wilson 2013：340）。进一步的，即使《卡塔赫纳议定书》有关风险评估和风险管理的要求阐明了具体行动，然而国家决策者具有决定风险是否可被接受的广泛裁量权，并且能够基于国家"保护目标"推翻负面的评价（AHTEG 2011：18；Wilson 2013：340）。

国际法对国家裁量权的尊重体现在"合理审慎"上，其程度和具体内容将根据所援引的情况和所处环境涉及的规则而有所变化，例如，合理审慎要求的程度将取决于具体活动的性质、各国的技术和经济能力、其领土管制的有效性以及科学或技术知识的状况 [《关于担保个人和实体从事区域活动的国家所负责任和义务的咨询意见》：[117]–[120]（海底采矿咨询意见）]。当然，即便是合法的科学研究，也可能造成意想不到的后果，比如生物毒素的意外释放或生物恐怖分子的恶意利用。不过，只要一个国家履行合理审慎义务，其就被免除承担那些无意的或偶然的行为以及个人重大恶意行为的国际责任（Birnie Boyle and Redgwell 2009：146）。在这种情况下，国家的义务只是通知受影响或潜在受影响的国家，尽管威尔逊指明，"仅仅是通知，不可能阻止全球灾难性或实际损害的发生"（Wilson 342）。

　　国际法固有的另一种结构性限制来自国际法正式渊源的性质。虽然习惯国际法的基本原则和规则对所有国家都具有约束力，但这些原则和规则仅仅提供了一个关于可能产生的新兴技术发展和 / 或使用的基本规制框架。具体的义务则是条约法的范畴。然而，作为一个"立法性的"机制，谈判缔结条约是一项耗时和烦琐的工作，而且通常侧重于规范当前的具体活动，而非将来的活动。换言之，条约受到其实体范围的约束。此外，条约只对其缔约方具有约束力（1969 年《维也纳条约法公约》第 34 条）。任何国际法都不迫使一个国家成为某项条约的缔约方。因此，为在一个条约之外自由行动而产生的"搭便车"和"无赖国家"问题在国际法中显得更为突出。事实上，即使条约存在且国家是其缔约方，许多条约仍缺乏遵守或执行机制，从而使当事方能较自由地拒绝履行义务。

　　国际法所涉及的行为者本质更存在问题。各国政府并非是唯一研究、发展和使用新兴技术的行为者。相反的，这些活动往往是由个人（公司和自然人）所开展。现有文献提及对此类活动"管理"的必要性，其认识到私人在发展"政府"体系方面可能发挥的作用，包括从涉及自我规制的自愿性道德框架以及由国内法和 / 或国际法所通过立法措施的正式规制框架（Bianchi 2009；Peters and others 2009）。然而，除了对国际罪行负个人责任的情况之外，国际法在管制这些私人行为者方面的作用是不明显的。

　　这一问题可以通过参照国际法在科学研究管制中的作用加以论证。许多人把追求科学知识的自由视为一项基本权利。然而，至少从纽伦堡审判以来，人们普遍认为，这种自由并非完全不受限制（Singer 1996：218）。虽然科研边界的具体限制仍有待辩论，但现有的科学调查的道德界限对那些科研可能对人类和非人类的动物产生潜在负面影响的范围已经做出界定（Singer 1996：223）。进一步的，对权利限制的认识愈发受到风险观念变化和不确定性问题认识程度的影响（Ferretti 2010）。在某些情况下，这些变化的观念促成了法律规制，随着对核武器和人类基因组规制发展的分析可知，获取知识的自由优先于禁止研究的假定只有在那些进行"负责任的"研究和进行"合法的科学目的"的领域产生作用（例如，参见 Stilgoe，Owenand Macnaghten 2013）。何为负责任的、合法的科学研究呢？这不仅取决于对科学可信性的评估，而且取决于在较大的社会发展背景下其可取性（Corner and Pidgeon 2012；Owen，Macnaghten and Stilgoe 2012）以及其对国际法律规范的遵守（南极捕鱼案）。从此层面，在阐明和协调何为"负责任的"或"正当的科学研究"之审慎标准的法律内容上，以及在建立全球层面的合法性和可取性评估的机制和机构方面上，国际法可发挥作用。正如将在以下各节中讨论的，是否可以在国际法的独立的和碎片化的条约制度中就这类标准达成一致意见，这是另一个问题。

508

509

四 国际法与地球工程的规制

国际法对新兴技术的限制可通过地球工程的例子加以说明，特别是，可参考海洋肥化和其他海洋地球工程活动的规制制度。地球工程也被称为"气候工程"，其被定义为"有意识地大规模操纵行星环境，以对抗人为引起的气候变化"（Royal Society 2009）。该术语涉及越来越广泛的技术、活动和程序。其一般分为两大类——二氧化碳（CO_2）清除（CDR）和太阳能辐射管理（SRM）。二氧化碳清除技术包括收集和封存大气中的二氧化碳。其包括从大气空气中收集二氧化碳的各种技术，以及在生物体内或地下储存二氧化碳，进而增强海洋吸收二氧化碳并强化矿物风化能力等建议。太阳能辐射管理是旨在提高地球反射率以对抗升温的一系列技术和程序。建议的方法包括将硫黄气溶胶注入上层大气，喷洒海水增加云亮度，向海洋注入气泡，并在太空中放置反射镜（EuTRACE 2015；Vaughan and Lenton 2011）。与致力于解决人为气候变化根本原因的清洁发展机制（即，过度的二氧化碳排放）不同的是，太阳能辐射管理仅用于解决全球升温问题。因此，二氧化碳排放增加所造成的其他后果（如海洋酸化）将继续存在（IPCC 2014）。

人们普遍认为，地球工程方法带来了一系列环境风险，其中一些风险很容易被评估和管理，而其他一些风险则难以评估和管理。在《第五次评估报告》中，政府间气候变化专门委员会（IPCC）将地球工程技术称为"未经检验的"技术，并警告，使用该技术会有许多不确定性，并带来一系列副作用、风险及其相应缺陷（IPCC 2014：25）。特别是，太阳能辐射管理目前被吹捧为一种对全球变暖的潜在的廉价且技术和管理手段简单的措施（参见 Reynolds 本书文章），但它对降水模式和光的可用性带来一系列未知的、潜在的副作用，将影响农业、植物繁殖能力和生态系统（IPCC 2014：25）。这也提出了所谓的"终止"困境。根据 IPCC，如果太阳能辐射管理被建立然后终止，它将产生特有的灾难性风险。据 IPCC 所述，人们相信地表温度会快速上升，迅速作用于易受此类变化影响的生态系统上（IPCC 2014：26）。

虽然科学家们一再警告地球工程可能带来可怕的副作用，并煞费苦心地指出该技术永远不该投入使用，但是他们仍继续强烈要求对各种技术开展科学研究（参见 Reynolds 本书文章）。近年来，关于地球工程各领域的研究项目已经发展起来，其主要由美国、欧洲和其他发达国家的国家研究理事会和私人基金所资助。

那些赞成推行地球工程研究议程的人认为，地球工程解决方案（特别是太阳能辐射管理和大气吸入硫黄气溶胶）可能是相对廉价、易于管理的方法。他们建议，如果我们现在无法采取有效措施缓解气候变化，那么地球工程可能最终将是两个坏结果中较好的那一个。因此，现在进行这项研究是"武装未来"的有效方式（Gardiner

2010），以确保我们最终对其有需求时，能够做好使用这项技术的准备（Crutzen 2006；EuTRACE 2015；Keith 2013；Parson and Keith 2013；UK Royal Society 2009）。

地球工程的反对者（或非支持人士）认为，关注实施成本（即使成本被证明是低的）忽略了可能发生的风险和成本，在某些情况下，地球工程可能存在危险的副作用，而侧重于这种"投机性的"研究会使研究资金转移，不再关注那些提供更有利效果的措施，如可再生能源研究（Betz 2012；Lin 2013a）。他们还指出，气候变化未来进展具有内在不确定性，我们所预计的糟糕情况实际上可能并不会发生，因此，也许有更适当的办法来为将来做准备。依据经验，他们注意到追求给定研究议程的势头将不可避免地导致"技术锁定"和实施（Hamilton 2013；Hulme 2014）。他们同时认为，在科学家将时间、金钱和职业生涯都投入到这些项目之前，能够更容易避免不道德的或误导性的技术项目的出现（Rosache 2008：323）。最后，他们指出，"精灵一旦脱离了瓶子"，就不可能在未经其他国家和国际社会的同意下，对恶意的个人、公司或国家所开展的地球工程技术应用进行控制，而这可能会损害其他国家和国际社会的利益（Robock 2008；Victor 2008；Vidal 2013）。

地球工程（特别是太阳能辐射管理措施）是否应该被认为是一种缓解灾难性气候影响的潜在机制，这仍然是一个极其具有争议的问题。IPCC 注意到在地球工程方面（特别是在太阳能辐射管理方面）所涉及的非常具体的治理和伦理意涵（IPCC 2014：26），同时，还有越来越多的文献集中在有关其研究和应用的社会政治、地缘政治和法律问题上（例如，参见 Bodle 2010–11；Horton 2011；Corner and Pidgeon 2012；Lin 2013b；Long 2013；Scott 2013；Lloyd and Oppenheimer 2014；EuTRACE 2015）。最核心的关切是，受气候变化影响最大的人将仅仅因为地球工程下的"伪装"而受到更蓄意、更进一步的、因人为干扰全球气候系统而产生的损害。鉴于很难确切地预测所提议的地球工程设施将对全球天气模式产生何种影响，以及难以通过一致有利的方式控制或传输其影响，伦理学家和其他人员共同询问我们是否应该在建立适当管制或治理结构之前，参与研究（更不用说使用）这些技术（Hamilton 2013）。

对规制研究与规制使用之间辩论在海洋肥化和太阳能辐射管理等技术上更具有相关性，其有效性只能以几乎全面执行措施的方式加以测试（Robock 2008）。鉴于对这些技术的任何大规模实的试验都将涉及海洋或大气层（其两个领域构成全球公域），以及这些实验中的影响和风险（包括单方恶意应用所产生的影响和风险）都将是有意图的跨界行为，甚至可能是全球性行为，因此，国际法在研究阶段也必须发挥一定的作用（Armeni and Redgwell 2015：30）。事实上，即使地球工程研究只打算产生当地影响，在对研究建议的评估和授权、环境影响评估、监测、执行，以及跨界损害责任方面，国际法在阐述应有的审慎标准方面可发挥作用（Armeni and Redgwell 2015：30）。问题是，这一作用将可能采取何种法律形式，以及如何实施。国际法在海洋肥

511

化方面的应对提供了一个有利的例证。

五　海洋肥化：国际法在新兴技术规制上的作用之个案研究

512 　　海洋肥化是以刺激海洋从大气中吸收二氧化碳的能力为目的，故意地增加对诸如铁、磷、氮等肥化物质，或以人为加强海洋深层混合的方式，对自然繁衍过程进行控制（Rayfuse，Lawrence，and Gjerde 2008；Scott 2015）。虽然基于海洋的地球工程建议并不局限于海洋肥化，但它是迄今得到关注最多的技术。其最初于 1990 年被提出（Martin 1990），经过十三个主要科学实验，其功效及其对环境的长期影响仍未明确（IPCC 2014；EuTrace 2015：34）。然而，这并没有阻止商业经营者在自愿的市场上出售碳抵消额，而计划从事肥化活动（Rayfush 2008；Rayfuse，Lawrence，and Gjerde 2008；Rayfuse and Warner 2012；Royal Society 2009）。

　　从国际法的角度看，正如本章第二节所指出，国际环境法的一些习惯原则适用于地球工程。其中包括防止损害的义务、防止污染的义务、保护脆弱生态系统和物种的义务、预防原则、在适当考虑其他国家的情况下采取行动的义务、合作的义务、交换信息、评估环境影响以及环境损害的国家责任。这些原则已在诸如 1972 年《斯德哥尔摩宣言》、1992 年《里约宣言》以及多种条约有关环境的"软法"文件中得到阐明，并且其习惯法地位也在一系列国际法院和仲裁庭的决定中得到认可（例如，见 Gabcikovo–Nagymaros 案；Pulps Mills 案；海底采矿咨询意见）。正如斯科特（Scott）指出的，这些原则"包含了国际环境法的基本事项"（Scott 2013：330）。然而，这些原则在具体的背景下的实施仍具挑战。

　　在海洋肥化领域，主要关切是该问题是否属于 1982 年《海洋法公约》[LOSC，第 1（5）（b）（ii）条]、1972 年《伦敦公约》（LC，第 1 条）和《伦敦议定书》（LP，第 2 条）等列示的例外，上述条款豁免了并非仅是以处置为目的设置的排放体系，只要此类放置与《海洋法公约》或《伦敦公约》/《伦敦议定书》目标不相悖（Rayfuse，Lawrence and Gjerde 2008；Freestone and Rayfuse 2008）。该例外可以被解读为，如果肥化是为了科学研究、减缓气候或其他商业和环境目的，例如，加强渔业，那么海洋肥化将被排除在倾废的一般性禁止之外（Rayfuse 2008；Rayfuse 2012）。

　　2007 年，关于海洋肥化有可能对海洋环境造成重大损害的风险的问题上，《伦敦公约》和《伦敦议定书》的缔约方同意进行研究并考虑进行规制（IMO 2007）。随后的一年，《伦敦公约》和《伦敦议定书》科学小组得出结论，他们认为，"基于科学预513 测，其可能对海洋环境造成重大损害"（IMO 2008）。这促使《生物多样性公约》缔约方会议（其本身关注海洋肥化对海洋生物多样性的影响）通过一项无约束力的备忘录，该备忘录针对在制定对此类活动的"全球透明和有效的控制和规制机制"之前，各缔约国对其管辖范围内严格控制具有科学正当性的小规模科学研究（CBD 2008）。《伦敦公约》和《伦敦议定书》的缔约方随后也采取了不具有约束力的决议，认同"除合法科学研究外，海洋肥化活动应被视为违背本《公约》和《议定书》目标的活动"，因此应被禁止（IMO 2008）。就备忘录目的而言，海洋肥化被定义为"以刺激海洋初始生产力的原则，人类采取的任何活动，其不包括常规的水产养殖或海产养殖，或建造人造珊瑚礁"。

2010年，《生物多样性公约》缔约方将海洋肥化的备忘录扩展到更广泛的对影响生物多样性的所有气候相关的地球工程活动的备忘录上（CBD 2010）。在其范围内，《伦敦议定书》缔约方通过了《海洋肥化活动评估框架》，要求提供"适当的科学本质"的证明和全面的环境影响评估，以确保拟开展的活动不违背《伦敦公约》和《伦敦议定书》的合法科学研究目标，同时，此类合法的活动应被授权开展（IMO 2010）。其最初不具有法律约束力，在2012年加拿大西海洋一家本国企业从事极具争议的未授权海洋肥化活动后（Tollefson 2012；Craik，Blackstock and Hubert 2013），《评估框架》在2013年具有强制力，同时，《伦敦议定书》修订为禁止所有列式在公约新附件中的海洋地球工程程序，除非其基于合法的科学目的并符合《评估框架》颁发的特别许可证（IMO 2013；Verlaan 2013）。目前，海洋肥化是唯一被列出的事项，不过其他事项正在被考虑。

《评估框架》将"适当的科学本质"界定更为符合公认研究标准而被设计且增加对科学知识体系认识的活动。为此，拟开展的活动应阐明其基本原理、研究目标、科学假设、方法、规模、等级和地点，并说明为什么不能合理地以其他方法实现预期结果。经济利益不得影响到拟开展活动的设计、行为和/或结果，并且，任何直接或经济利益应被禁止。国际科学同行评议将在评估过程的适当阶段进行，其评议的结果将公布，同时，还将公布通过评估的活动的细节。此类活动的支持者也将承诺在同行评议的科学出版物中公布结果，并在拟开展活动中列入一项计划，以便在规定的时限内公开数据和结果。然后，符合这些标准的计划可进入环境评估阶段。这包括风险管理和监测的要求，并涉及许多组成部分，包括问题制定、选址、风险评估、效果评估、风险表征和风险管理部分。只有在完成了环境评估之后，才能确定拟开展的活动是否不违背《伦敦公约》和《伦敦议定书》合法科学研究的目标，因而被允许进行。

重要的是，凡涉及《公约》附件所列海洋工程的每一次试验，无论大小或规模，都将根据《评估框架》进行评估，当然，根据每项试验的性质和规模，所需的资料有所不同。这完全符合《海洋法公约》，其要求所有影响海洋环境的活动应符合海洋环境保护规定（《海洋法公约》第194条），并且若缔约方建立其国内标准豁免某些实验，那么此行为将与《海洋法公约》和《评估框架》相悖（Verlaan 2013）。

《评估框架》不仅具体阐述审慎的国际标准，而且还协调《伦敦议定书》缔约国所采纳的标准。然而，即使修正案得以生效，^③《伦敦议定书》只对其缔约方具有拘束力。截至 2015 年，仅有 45 个国家为《伦敦议定书》的缔约方。因此，无论各缔约方采取何种严格的做法，海洋肥化的支持者们极有可能通过在非缔约国开展活动来破坏《伦敦议定书》的规制成果。鉴于其近乎具有全球辐射力，《生物多样性公约》关于海洋肥沃和地球工程的暂停措施对《伦敦议定书》工作有极强的辅助作用。然而，这些暂停措施在法律上不具约束力，无论如何，虽然美国是绝大多数地球工程研究倡导者的母国，但是其并非是《生物多样性公约》以及《伦敦议定书》的缔约方。

此外，《伦敦议定书》缔约方的行动范围受到该议定书的具体目的和意图的限制，其限定在保护和维持海洋环境免受海洋倾倒废物或其他物质污染之害（《伦敦议定书》第 2 条）上。虽然《伦敦议定书》缔约方可通过寻求将《评估框架》扩大到其他形式的海洋地球工程上的方式，如采取发展的条约解释和适用的路径（Bjorge 2014），但是这些实体上的和地理的限制意味着，并非所有的地球工程（甚至不是所有涉及或影响海洋环境的地球工程）都可以属于其管辖范围。关于土地和（或）以大气为基础的地球工程建议没有得到解决。例如，即使在海洋施肥的环境下，《伦敦议定书》制度的适用性仍然取决于实际使用的肥化技术（例如，以海洋为基础的肥化不同于陆上肥化或在水柱中悬浮的波浪混合机器活动），以及肥化的位置（是否在国家管辖范围以外的地区或在非缔约国管辖的地区内进行了肥化活动）（Rayfuse 2012）。此外，当规定施肥的目的是为鱼类繁殖目的而非用于气候缓解目的的肥化时，其规制的角色将进一步复杂化（Rayfuse 2008；Craik，Blackstock and Hubert 2013）。当然，如上文所述，国际环境法和国家责任的一般原则能够适用于这些活动。但是，在没有具体实施细则的情况下，其适用性无法得到保证。

海洋肥化的案例研究清楚地说明了国际法在规范研究和可能的利用地球工程方面能力有限（Markus and Ginsky 2011）。当然，毫无疑问，现有的规则和原则有助于形成对地球工程的规制和管理机制（例如，参见 Bodle 2010；Bodansky 2013；Lin 2013b；Scott 2013；Armeni and Redgwell 2015；Brent，McGee and Maquire 2015），困难之处在于执行这些原则。显然，其他条约制度有可能在特定领域规制地球工程。然而，这种做法的困难之处在于其碎片化和耗时的特点，很可能造成一种不全面、不协调的，且可能重叠的、不兼容的、受到现有国际法限制的体系。因此，有人建议，可能需要一种新的关于地球工程的全球协定，即，制定统一的规制方法（例如，见Scott 2013）。我们正在慢慢探索这种制度的法律雏形（尤其参见本卷 Reynolds 文章），

---

③ 截至 2017 年 5 月 1 日，未有接受的文件。见《伦敦议定书修正清单》，可在网上查阅：http://www.imo.org/en/OurWork/Environment/LCLP/Documents/List%20of%20amendments%20to%20 the%20London%20Protocol.pdf(2017 年 5 月 1 日访问)。

包括此类不确定性事项（Reynolds and Fleurke 2013），分配公正（SRMGI 2011）、义务和责任（Saxler，Siegfried and Proelss 2015）以及单边主义的棘手问题（Virgoe 2009；Horton 2011）。然而，无论是作为一项独立的协定还是1992年《联合国气候变化框架公约》的议定书或任何其他条约，其潜在范围、适用范围和地点仍然是不明确的（Armeni and Redgwell 2015；EuTRACE 2015）。

六 结论

我们应该呼吁制定能够预见、评估、减少和减轻新兴技术或新奇技术所产生风险的国际规制和管理新形式（UNEP 2012）。特别是考虑到国际法所固有的结构性限制，要实现此类目标是另外一件难事。虽然针对其他新兴技术而言，这些问题不一定容易解决，但发展新国际规制机制的挑战明显体现在地球工程的案例中，在地球工程领域，既得的研究利益已被锁定，对于不进行地球工程的风险是否大于这样做的风险，人们的立场是两极分化的。从国际法的角度来看，关于公平和公正的关键问题已经出现，特别是考虑到那些赞成推行地球工程研究的既得利益者存在于制造气候变化问题的少数发达国家中。如果地球工程不是帝国主义的一种新形式，其研究和发展就需要迄今为止最全面的、最透明的和最具包容性的全球进程进行规制。正如一开始所指出的，国际法是否能胜任这项任务仍然是一个悬而未决的问题。

516

本章试图介绍国际法作为新兴技术的规制工具的概念，并简要探讨它的一些雏形。有人认为，在涉及对人类福祉或对跨界或全球环境拥有转化或影响的能力的技术层面，尽管其有局限性，但国际法可以而且确实应该在规范此类技术的发展和使用方面发挥作用。正如地球工程实例所表明的那样，国际法是存在的。不过，对它的承诺仍有待实现。

【参考文献】

1868 St Petersburg Declaration Renouncing the Use, in Time of War, of Explosive Projectiles Under 400 Grammes Weight, 11 December 1868, into force 11 December 1868, LXVI UKPP (1869) 659

1925 Geneva Protocol for the Prohibition of Poisonous Gases and Bacteriological Methods of Warfare, 17 June 1925, into force 8 February 1928, XCIV LNTS (1929) 65-74

1959 Antarctic Treaty, 1 December 1959, into force 23 June 1961, 402 UNTS 71

1967 Treaty on Principles Governing the Activities of States in the Exploration and Use of Outer Space, Including the Moon and Other Celestial Bodies, 26 January 1967, into force 10 October 1967, 610 UNTS 205

1969 Vienna Convention on the Law of Treaties, 23 May 1969, into force 27 January 1980, 1155

517　　　UNTS 331

1972 Convention on the Prevention of Marine Pollution by Dumping of Wastes and Other Matter, London, 29 December 1972, in force 30 August 1975, 11 ILM 1294 (1972)

1972 Stockholm Declaration of the United Nations Conference on the Human Environment, 16 June 1927, 11 *International Legal Materials* 1416 (1972)

1972 United Nations Convention on the Prohibition of the Development, Production and Stockpiling of Bacteriological (Biological) and Toxin Weapons and on their Destruction, 10 April 1972, into force 26 March 1975, 1015 *UNTS* 163 (1976)

1976 Convention on the Prohibition of Military or Any Other Hostile Use for Environmental Modification Techniques, 2 September 1976, into force 5 October 1978, 1108 *UNTS* 151

1977 Convention for the Protection of Human Rights and Dignity of the Human Being with Regard to the Application of Biology and Medicine, 4 April 1997, into force 1 December 1999, 2137 UNTS 171

1979 Convention on Long-Range Transboundary Air Pollution, 13 November 1979, into force 16 March 1983, 1302 UNTS 217

1980 United Nations Convention on Prohibition or Restrictions on the Use of Certain Conventional Weapons Which May be Deemed to be Excessively Injurious or to Have Indiscriminate Effects, 10 October1980, into force 2 December 1983, 1342 UNTS 137

1982 United Nations Convention on the Law of the Sea, 10 December 1982, into force 16 November 1994, 1833 UNTS 3

1985 Convention for the Protection of the Ozone Layer, 22 March 1985, into force 22 September 1988, 1513 UNTS 293

1987 Montreal Protocol on Substances That Deplete the Ozone Layer, 16 September 1987, into force 1 January 1989, 1522 UNTS 3

1991 Convention on Environmental Impacts Assessment in a Transboundary Context (Espoo), 25 February 1991, into force 10 September 1997, 30 *International Legal Materials* 802 (1991)

1991 Protocol on Environmental Protection to the Antarctic Treaty, 4 October 1991, into force 14 January 1998, 30 *International Legal Materials* 1461 (1991)

1992 Convention on Biological Diversity, 5 June 1992, into force 29 December 1993, 1760 *UNTS* 79

1992 Rio Declaration on Environment and Development, 13 June 1992, 31 *International Legal Materials* 874 (1992)

1992 United Nations Framework Convention on Climate Change, 9 May 1992, into force 21 March 1994, 1771 *UNTS* 107

1993 Convention on the Prohibition of the Development, Production, Stockpiling and Use of Chemical Weapons, 3 September 1992, into force 29 April 1997, 1974 *UNTS* 317

1995 Protocol IV to the United Nations Convention on Prohibition or Restrictions on the Use of Certain Conventional Weapons Which May be Deemed to be Excessively Injurious or to Have Indiscriminate Effects, on Blinding Laser Weapons, 13 October 1995, into force 30 July 1998, 35 *International Legal Materials* 1218 (1996)

1996 Amended Protocol II to the United Nations Convention on Prohibition or Restrictions on the Use of Certain Conventional Weapons Which May be Deemed to be Excessively Injurious or to Have Indiscriminate Effects, on Prohibitions or Restrictions on the Use of Mines, Booby-Traps and Other Devices, 3 May 1996, into force 3 December 1998, 35 *International Legal Materials 1206-1217*

(1996)

1996 Protocol to the 1972 Convention on the Prevention of Marine Pollution by Dumping of Wastes 518
and Other Matter, London, 7 November 1996, in force 24 March 2006, 36 International Legal
Materials 1 (1997)

1998 Convention in Access to Information, Public Participation and Decision-Making and Access to
Justice in Environmental Matters (Aarhus) 25 June 1998, into force 30 October

2011 38 International Legal Materials 517 (1999)

2000 Cartagena Protocol on Biosafety to the Convention on Biological Diversity, 29 January 2000,
into force 11 September 2003, 39 International Legal Materials 1027 (2000)

AHTEG, Guidance on Risk Assessment on Living Modified Organisms, Report of the Third Meeting
of the Ad Hoc Technical Expert Group on Risk Assessment and Risk Management Under the
Cartagena Protocol on Biosafety, UN Doc UNEP/CBD/BS/ AHTEG-RA&RM/3/4 (2011). Available
at <http://bch.cbd.int/protocol/meetings/docu- ments.shtml?eventid=4736> accessed 8 December

Allenby B, 'Are new technologies undermining the laws of war?' (2014) 70 Bulletin of the Atomic
Scientists 21-31

Armeni C and Redgwell C, 'International Legal and Regulatory Issues of Climate Engineering
Governance: Rethinking the Approach' (Climate Geoengineering Governance Working Paper
Series: 021, 2015) <http://geoengineering-governance-research.org/perch/ resources/workingpaper2
1armeniredgwelltheinternationalcontextrevise-.pdf> accessed 8 December 2015

Betz G, 'The Case for Climate Engineering Research: An Analysis of the "Arm the Future" Argument'
(2012) 111 Climatic Change 473-485l

Bianchi A, Non- State Actors and International Law (Ashgate 2009)

Birnie P, Boyle A and Redgwell C, International Law and the Environment (OUP 2009) Bjorge E, The
Evolutionary Interpretation of Treaties (OUP 2014)

Bodansky D, 'The Who, What and Wherefore of Geoengineering Governance' (2013) 121 Climatic
Change 539-551

Bodle R, 'Geoengineering and International Law: the Search for Common Legal Ground' (2010-2011)
46 Tulsa Law Review 305

Bostrom N and Cirkovic M, 'Introduction, in Nick Bostrom and Milan Cirkovic (eds), Global
Catastrophic Risks (OUP 2008)

Brent K, McGee J, and Maquire, A 'Does the 'No-Harm' Rule Have a role in Preventing
Transboundary Harm and Harm to the Global Atmospheric Commons form Geonegineering?' (2015)
5(1) Climate Law 35

CBD COP, Decision XI/ 16 on Biodiversity and Climate Change (2008)

CBD COP, Decision X/ 33 on Biodiversity and Climate Change (2010)

CBD COP, Decision XII/ 24 on New and Emerging Issues: Synthetic Biology (2014)

Corfu Channel (Merits) (UK v Albania) (1949) ICJ Reports 4

Corner A and Pidgeon N, 'Geoengineering the Climate: The Social and Ethical Implications' (2012)
52(1) Environmental Magazine 26 <http://www.environmentmagazine.org/ Archives/ Back%20
Issues/ January- February%202010/ geoengineering- abstract.html> accessed 8 December 2015

Council of Europe, Explanatory Report to the Convention for the Protection of Human Rights and
Dignity of the Human Being with regard to the Application of Biology and Medicine: Convention
on Human Rights and Biomedicine (1997) (Oviedo, 4.IV.1997) <https://rm.coe.int/CoERMPubli

cCommonSearchServices/ DisplayDCTMContent?doc umentId=09000016800ccde5> accessed 8 December 2015

519　Craik N, Blackstock J, and Hubert A, 'Regulating Geoengineering Research through Domestic Environmental Protection Frameworks: Reflections on the Recent Canadian Ocean Fertilization Case' (2013) 2 Carbon and Climate Law Review 117

Crawford J, *The International Law Commission's Articles on State Responsibility: Introduction, Text and Commentaries* (CUP 2002)

Crutzen P, 'Albedo Enhancement by Stratospheric Sulfur Injections: A Contribution to Resolve a Policy Dilemma?' (2006) 77(3-4) Climate Change 211

De Schutter O, *International Human Rights Law* (CUP 2014)

Ferretti M, 'Risk and Distributive Justice: The Case of Regulating New Technologies' (2010) 16 Science and Engineering Ethics 501-515

Freestone D and Rayfuse R, 'Ocean Iron Fertilization and International Law' (2008) 364 Marine Ecology Progress Series 227

Gabcikovo-Nagymaros (Hungary v Slovakia) (1997) ICJ Reports 7

Gardiner S, 'Is "Arming the Future" with Geoengineering Really the Lesser Evil? Some Doubts about the Ethics of Intentionally Manipulating the Climate System' in Stephen Gardiner and others (eds), *Climate Ethics: Essential Readings* (OUP 2010)

Gray C, *International Law and the Use of Force* (3rd edn, OUP 2008)

Hamilton C, 'Geoengineering Governance before Research Please' (22 September 2013) <http:// clivehamilton.com/ geoengineering-governance- before- research- please> accessed 27 January 2016

Henckaerts J and Doswald-Beck L, *Customary International Humanitarian Law* (International Committee of the Red Cross, CUP 2005)

Horton J, 'Geoengineering and the Myth of Unilateralism: Pressures and Prospects for International Cooperation' (2011) IV Stanford Journal of Law, Science and Policy 56

Hulme M, *Can Science Fix Climate Change* (Polity Press 2014)

International Maritime Organization (IMO), LC/LP Scientific Groups, 'Statement of Concern Regarding Iron Fertilization of the Ocean to Sequester CO2', IMO Doc. LC- LP.1/Circ.14, 13 July 2007

IMO, Resolution LC/LP.1, *Report of the 30th Consultative Meeting of the Contracting Parties to the Convention on the Prevention of Marine Pollution by Dumping of Wastes and Other Matter, 1972 and 3rd Meeting of the Contracting Parties to the 1996 Protocol thereto*, IMO Doc LC30/16, 9 December 2008, paras 4.1-4.18 and Annexes 2 and 5

IMO, Assessment Framework for Scientific Research Involving Ocean Fertilization, Resolution LC- LP.2 *Report of the Thirty-S econd Consultative Meeting of Contracting Parties to the London Convention and Fifth Meeting of Contracting Parties to the London Protocol*, IMO Doc. 32/15, (2010) Annex 5.

IMO, Resolution LP.4(8), On the Amendment to the London Protocol to regulate the Placement of Matter for Ocean Fertilization and other Marine Geoengineering Activities, IMO Doc. LC 35/15 (18 October 2013)

Intergovernmental Panel on Climate Change (IPCC), 'Summary for Policymakers', in *Climate Change 2014: Synthesis Report* (IPCC, Geneva 2014)

Keith DW, *A Case for Climate Engineering* (MIT Press 2013)

Legality of the Threat or Use of Nuclear Weapons (Advisory Opinion, 1996) ICJ Reports 226

Lin A, 'Does Geoengineering Present a Moral Hazard?' (2013a) 40 Ecology Law Quarterly 673

Lin A, 'International Legal Regimes and Principles Relevant to Geoengineering' in Wil Burns and Andrew Strauss (eds), *Climate Change Geoengineering— Philosophical Perspectives, Legal Issues, and Governance Frameworks* (CUP 2013b)

Lloyd D and Oppenheimer M, 'On the Design of an International Governance Framework for Geoengineering' (2014) 14(2) Global Environmental Politics 45

Long C, 'A Prognosis, and Perhaps a Plan, for Geoengineering Governance' (2013) 3 Carbon and Climate Law Review 177

Markus T and Ginsky H, 'Regulating Climate Engineering: Paradigmatic Aspects of the Regulation of Ocean Fertilization' (2011) Carbon and Climate Law Review 477

Martin J, 'Glacial—Interglacial CO_2 Change: 'The Iron Hypothesis' (1990) 5 Paleoceanography 1

Oldham P, Hall S, and Burton G, 'Synthetic Biology: Mapping the Scientific Landscape' (2012) 7(4) PLoS One 1, 12-14

Owen R, Macnaghten P, and Stilgoe J, 'Responsible Research and Innovation: From Science in Society to Science for Society, with Society' (2012) 39 Science and Public Policy 751

Parson E and Keith D, 'End the Deadlock on Governance of Geoengineering Research' (2013) 339(6125) Science 1278

Peters A and others, *Non- State Actors as Standard Setters* (CUP 2009)

Pulp Mills on the River Uruguay (Argentina v Uruguay) (Judgment) (2010) ICJ Reports 3 Rayfuse R, 'Drowning our Sorrows to Secure a Carbon Free Future? Some International Legal Considerations Relating to Sequestering Carbon by Fertilising the Oceans' (2008) 31(3) UNSW Law Journal 919-930

Rayfuse R, 'Climate Change and the Law of the Sea' in Rayfuse R and Scott S (eds), *International Law in the Era of Climate Change* (Edward Elgar Publishing 2012) 147

Rayfuse R, Lawrence M, and Gjerde K, 'Ocean Fertilisation and Climate Change: The Need to Regulate Emerging High Seas Uses' (2008) 23(2) The International Journal of Marine and Coastal Law 297

Rayfuse R and Warner R, 'Climate Change Mitigation Activities in the Ocean: Regulatory Frameworks and Implications' in Schofield C and Warner R (eds), *Climate Change and the Oceans: Gauging the Legal and Policy Currents in the Asia Pacific Region* (Edward Elgar Publishing 2012) 234-258

Responsibilities and Obligations of States Sponsoring Persons and Entities with Respect to Activities in the Area, (Request for Advisory Opinion Submitted to the Seabed Disputes Chamber) 2011, ITLOS. Available at <https://www.itlos.org/en/cases/list-of-cases/case- no-17/> accessed 8 December 2015

Reynolds J and Fleurke F, 'Climate Engineering research: A Precautionary Response to Climate Change?' (2013) 2 Carbon and Climate Law Review 101

Roache R, 'Ethics, Speculation, and Values' (2008) 2 Nanoethics 317-327

Roberts A and Guelff R, *Documents on the Laws of War* (3rd edn, OUP 2000)

Robock A, '20 Reasons Why Geoengineering May be a Bad Idea' (2008) 64(2) Bulletin of the Atomic Scientists 14

Sands P and Peel J, *Principles of International Environmental Law* (3rd edn, CUP 2012)

Saxler B, Siegfried J, and Proelss A, 'International Liability for Transboundary Damage Arising from

520

Stratospheric Aerosol Injections' (2015) 7(1) Law Innovation and Technology 112

Schafer S, Lawrence M, Stelzer H, Born W, Low S, Aaheim A, Adriazola, P, Betz G, Boucher O, Carius A, Devine-Right P, Gullberg AT, Haszeldine S, Haywood J, Houghton K, Ibarrola R, Irvine P, Kristjansson J-E, Lenton T, Link JSA, Maas A, Meyer L, Muri H, Oschlies A, ProelE A, Rayner T, Rickels W, Ruthner L, Scheffran J, Schmidt H, Schulz M, Scott V, Shackley S, Tanzler D, Watson M, and Vaughan N, *The European Transdisciplinary Assessment of Climate Engineering* (EuTRACE): *Removing Greenhouse Gases from the Atmosphere and Reflecting Sunlight away from Earth* (2015) <http://www.iass-potsdam. de/de/publikationen/ projektberichte> accessed 27 Jaunary 2016

Scott K, 'Geoengineering and the Marine Environment' in Rosemary Rayfuse (ed), *Research Handbook on International Marine Environmental Law* (Edward Elgar Publishing 2015)451-472

Scott K, 'International Law in the Anthropocene: Responding to the Geoengineering Challenge' (2013) 34 Michigan Journal of International Law 309

Singer P, 'Ethics and the Limits of Scientific Freedom' (1996) 79(2) Monist 218

Solar Radiation Management Governance Initiative (SRMGI), *Solar radiation Management: The Governance of Research* (2011) <http://www.srmgi.org/files/2016/02/ SRMGI.pdf> accessed 27 January 2016

Solis G, *The Law of Armed Conflict: International Humanitarian Law in War* (CUP 2010)

Stilgoe J, Owen R and Macnaghten P, 'Developing a Framework for Responsible Innovation' (2013) 42(9) Research Policy 1568

The Royal Society, 'Geoengineering the climate: science, governance and uncertainty' (2009) <https:// royalsociety.org/ topics- policy/ publications/ 2009/ geoengineering- climate/ > accessed 27 January 2016

Tollefson J, 'Ocean fertilisation project off Canada sparks furore' (2012) 490 Nature 458 <www.nature. com/ news/ocean-fertilization-project-off- canada-sparks-furore- 1.11631> accessed 27 January 2016

United Nations Environment Programme (UNEP), '21 Issues for the 21st Century: Results of the UNEP Foresight Process on Emerging Environmental Issues' (UNEP, Nairobi Kenya 2012)

Vaughan N and Lenton T, 'A Review of Climate Engineering Proposals' (2011) 109 Climate Change 745-790

Verlaan P, 'New Regulation of Marine Geo-engineering and Ocean Fertilisation' (2013) 28(4) International Journal of Marine and Coastal Law 729

Victor D, 'On the Regulation of Geoengineering' (2008) 24(2) Oxford Review of Economic Policy 322

Vidal J, 'Rogue Geoengineering could 'Hijack' World's Climate' (*The Guardian*, 8 January 2013) <www.theguardian.com/environment/2013/jan/08/geoengineering-hijack-world- climate> accessed 27 January 2016

Virgoe J, 'International Governance of a Possible Geoengineering Intervention to Combat Climate Change' (2009) 95(1-2) Climatic Change 103

Wells H, 'How the Motor Car Serves as a Warning to Us All' (*BBC Radio*, 19 November 1932) <www. bbc.co.uk/archive/hg_wells/12403.shtml> accessed 27 January 2016

Whaling in the Antarctic (Australia v Japan, New Zealand intervening, 2014) ICJ <www.icj- cij.org/ docket/files/148/18136.pdf> accessed 27 January 2016

Wilson G, 'Minimizing Global Catastrophic and Existential Risks from Emerging Technologies through International Law' (2013) 31 Virginia Environmental Law Journal 307

Wirth D, 'Engineering the Climate: Geoengineering as a Challenge to International Governance' (2013) 40(2) Boston College Environmental Affairs Law Review 413

第二十二章
侵权和科技

乔纳森·摩根（Jonathan Morgan）

赵精武 译

一 引言

522　　侵权（或不法行为）法是民事（非犯罪）不法行为的法律，也是这些不法行为受害者可利用的救济手段。本章的重点是侵权法可以在多大程度上为新技术的受害人提供救济手段。在普通法（英美法）的传统中，侵权行为（类型）主要是通过法院的裁决发展起来的。主要行为包括（大致按历史发展顺序）非法侵入[①]、滋扰[②]、诽谤、过失。自20世纪以来，最后一个"过失"才被承认为独立的侵权行为。过失主导着侵权法，因为以往的侵权法保护特定的利益（身体完整、土地所有权、名誉等），而针对特殊类型侵权行为（如直接身体侵害或向第三方披露），侵权法中的过失几乎毫无意义。任何一种损害似乎（至少在原则上）都能够触发过失行为的能力；[③]（这些行为的）共同之处在于（正如其名称所表明的）被告的过错，而不是遭受损害的利益。

　　这又如何影响到侵权法对技术的回应？前述结构隐含着两个层面的责任。[④]第一，由于没有明确的概念限制，过失侵权本身存在延展的可能，能够为新技术手段造成的

[①] 这里是指对人（包括非法拘禁）、对土地以及对货物的"侵害"。

[②] 这里是指干扰土地的使用和享有。

[③] Ibbetson 2003：488（例如在"案件中的行为"，过失的历史前因行为，"自始对于可回复损失的范围就不存在内在的边界"）。

[④] Nolan 2013：与欧洲基于一系列受保护利益的不法行为体系相对应（例如 Germany § 823 BGB），并且这些（行为）以一般过错为基础（例如 France § 1382 Code Civil）。

意外损害提供救济渠道。但是，尽管过失侵权存在成为（侵权法领域）帝国主义的趋势，其仍未完全取代其他类型的侵权行为。（前述过失侵权）扩张的过程存在一定的边界，因为以往单独归类的侵权行为有时会保护尚未获过失侵权认可为可起诉过失的利益（例如，名誉，该名誉在受到诽谤行为损害时，侵权法提供专门的保护），或者，更严格地规定责任，从而确保它们（这些侵权行为分类）对可能无法证明（过失）过错的原告继续保持吸引力。⑤ 因此，单独归类的侵权行为也必须正面回应新技术所造成的损害。这些较早的侵权行为通常有更详细的结构，并根据其特定适用范围中出现的问题进行了相应调整（一系列的诽谤抗辩就证明了这一点）。

规范是侵权法的内在核心。在决定哪些利益应该得到承认和保护以及确定哪些行为是"不法行为"（以及行为据此是可以实施）等方面内容时，司法部不可避免地制定了行为标准。侵权行为做出的相当宽泛禁令（"谨慎行事"）的行为导向效用是值得怀疑的，特别是只有在法院事后（对行为）做出的裁判才能准确地对这些行为提供具体内容（的指引）的情况下。尽管存在这些缺陷，但面对真正的新型技术（即超越行政人员和立法机构制定监管法规能力的技术），在最初阶段，侵权法可能是唯一一种监管规范。

因此，一般侵权法提供了一个在新技术面前考虑司法推动法律适应性的绝佳平台。有几位学者曾警告说，所有新技术不可避免地要受新立法的规制（Tapper 1989；Bennett Moses 2003）。这些批评者列举了司法推动法律发展的潜在好处，以及监管的负面影响。鉴于几个世纪以来一直存在法官定义过错并为过错所致损害制定补救方案的传统，侵权似乎是这一理论理想的试验场（需要明确的是，法官总是能够提供最佳的规范方式并不是欠缺思考的断言；相反，前述立法不一定是每个案件中的理想方式）。

本章将考虑侵权和技术的某些实例。首先，本章将考虑侵权法承认新型错误的一般能力以及新型的权利（或利益）。然后接着考虑了网络诽谤、产品责任以及"无人驾驶汽车"发展领域的具体实例。无论是对于历史、当代或未来的技术发展，这些实例都将成倍地增加（关于转基因生物的文献参阅拓展阅读）。侵权法以肯定的方式证明了自己有能力适应新技术造成的损害。现有的普通法原则的司法发展已经数次涉及此类案件。法律改革也存在相应的重要实例。但一个反复出现的议题——一个持续的疑问——是这种渐进式的法律发展所确立的责任是否合适。我们还必须质疑，如果责任不会阻止有利于整个社会的创新，单独的赔偿（责任）和监管机制是否应该完全取代侵权责任。

---

⑤　Consider *Wilson v Pringle* [1987]1 QB 237（battery）；*Rylands v Fletcher*（1868）LR 3 HL 330（flooding reservoir）.

524　　　**二　应对传统损害的新路径**

　　侵权法可以——也可以说是必须——适应造成损害的新手段。在英国（和苏格兰）过失行为法中，麦克米兰勋爵（Lord Macmillan）针对其有关过失所形成的判例指出：

> 作为人的错误，行为的原因可能是各种各样的；并且法律责任的概念可能会随着社会条件和标准的改变而有所发展。判断标准要根据生活场景的变化予以调整和适应。过失的类型范畴从来不是封闭的。⑥

尽管比较悲观，但我们必须承认，技术发展通常会为"人类的错误"提供新的机会。法律要求采取合理谨慎的措施（过失赔偿责任的正面推论）同样适用于这些新机会，正如其适用于现有的行为类型。准确地说，随着涉及新技术的案件提交法院，要求将驾驶机动车人员与驾驶马匹和马车的车夫的法律两相比较的法律，自然很快就会放在统一的"合理性"标准面前裁断。因此，从形式上讲，21世纪英国的道路事故责任与19世纪相同——现在正如当初（19世纪的道路事故责任）一样，司机要为缺乏应有的注意而承担责任。

　　在这一描述背后，是一个"适应性假说"——现有侵权法原则可以成功地适用于新技术所产生的损害。在所有情况下都不能假设这一点是真实的，因此需要对经验数据进行测试 [从这些数据中，谨慎地对（侵权法原则）未来适应性做出预测]。最近的一项比较研究项目提供了相关方面的一些论证材料。它考虑了1850年到2000年欧洲各司法管辖区（包括英国）侵权责任的发展。其中一卷专门考量了"技术变革"（铁路机车、锅炉爆炸和石棉引起的火灾责任的发展）产生的损害。另外三册还考虑了那段时期因技术推动而产生的众所周知的危害，包括道路交通事故（Ernst 2010）、缺陷产品（Whittaker 2010）和工业污染（Gordley 2010）。

　　所有这些类型引发的问题并没有与近代早期侵权律师所面临的有根本不同。道路事故与火灾蔓延或烟雾污染（恶臭的猪圈⑦或有毒的砖窑）一样常见。自火药发明以来，爆炸一直是人类生活中偶然但极具灾难性的特征。⑧ 诚然，自古以来人们就已经认识到了石棉（及其阻燃特性），但它的毒性似乎直到20世纪20年代才被发现（在

---

⑥　*Donoghue v Stevenson* [1932] AC 562, 619.

⑦　Aldred's Case（1610）9 Co Rep 57.

⑧　帕特农神庙在被土耳其人用做火药库时，被威尼斯人在1867年9月炸成了瓦砾。

20世纪的最后25年相关诉讼纠纷达到峰值）。不过这些法律问题是为人所熟知的（即便这些问题积重难返）。因被告们的不同过失而被暴露在石棉中的间皮瘤受害者面临着一个严峻的问题，那就是证明被告对"致命纤维"负有怎样的责任。同样的问题也出现在低技术含量的语境下，原告无法证明在几个存在过失的猎人中，是哪一个误射造成了他们的受伤。[9]实际上，罗马法学家早在公元二三世纪讨论过这个问题。[10]出于（个人）焦虑或者未来存在感染重疾的可能性，那些受害人将提出索赔请求，而（无征兆的）石棉引起的胸膜斑块在提出索赔请求已然面临前述"熟悉的"障碍（以及，由法谚"法律不考虑琐事"意味的障碍）。[11]

　　欧洲研究项目的合集卷指出，尽管（例如）在1850年前后的道路事故或污染问题之间的连贯性毋庸置疑，但两者也存在重要差异，不仅在规模上如此，在社会关注的程度上亦是如此（Bell and Ibbetson 2012）。在早期的农业社会，当工匠的活动造成污染时（从陶器中散发出来的烟雾、从滑石上散发的气味），这些问题仅在当地造成影响。这与工业时代有害行业的"完全不同"……"在规模、强度和潜在的持久性上形成鲜明对比"（Bell and Ibbetson 2012：138）。在同类污染行业的环绕下，高度的城市化加速这种影响。尽管20世纪道路交通事故的数量大幅增加，但在19世纪60年代，英国道路交通事故造成的死亡人数除以总人口的比例，实际上高于20世纪60年代（Bell and Ibbetson 2012：112–114）。[12]同时，技术还以另一种方式侵入：即使受侵害人数与马拉时代相比没有根本改变，"侵害变得更加深重，尤其是在1950年以后，当时药物使更多的受害者得以生存"（Bell and Ibbetson 2012：34）。

　　贝尔（Bell）和艾伯森（Ibbetson）的结论是，在调查的不同国家中，侵权责任的发展方式在功能上高度趋同（但这是通过学说层面的不同主张而实现的，即"书本上的法律"）。就形式上的法律学说而言，制度各自演进，因而在学说层面上存在分歧。在特定的法律传统中，学者和法院使用他们所拥有的材料进行工作；存在高度的路径依赖。他们的关注点不仅仅是让法律适应社会变革，还包括"试图实现一套智力上令人满意的规则和原则体系"（Bell and Ibbetson 2012：163）。法学学说的分类确实很重要（Mandel 2016）。

　　有趣的是，贝尔和艾伯森（Bell and Ibbetson 2012：171）评论说，虽然立法者理论上可以不受这些限制采取行动，但在实践中，立法改革也"通常非常缓慢，而且

---

　　[9]　E.g. *Summers v Tice* 199 P 2d 1（1948）（California）；*Cook v Lewis* [1951] SCR 830（Canada）.

　　[10]　Digest D 9 2 51 Julian 86 digesta and D 9 2 11 2 Ulpian 18 ad edictum（discussed by Lord Rodger of Earlsferry in the leading English case, *Fairchild v Glenhaven Funeral Services Ltd* [2002] UKHL 22, [2003] 1 AC 32, [157]–[160]）.

　　[11]　*Rothwell v Chemical & Insulating Co Ltd*（*sub nom Johnston v NEI International Combustion Ltd*）[2007] UKHL 39, [2008] AC 281.

　　[12]　显然是由于19世纪客船的危险性质。

往往是渐进的"。而这存在例外，当特定事件或道德恐慌造成政治压力时，立法机构需要做出快速回应（Bell and Ibbetson 2012：164）。从宏观历史角度观之，不可否认的是，侵权责任可以而且确实适应于（其他事物之间）技术创新所产生的社会环境变化。更广泛的思想和政治变革，比如对风险的态度以及对受伤工人补偿的措施也对此产生了相应影响（Bartrip and Burman 1983）。但这个过程绝非线性的。法律通常是有惰性的（如果是为了提供任意一种社会稳定秩序的话，它必须如此）。改变它需要对各类行为主体（包括立法者、法院、律师、诉讼当事人和法律学者）施加多重动因的压力。在某一特定法律传统中，普遍存在的思想习惯以及相关法律领域中所继承的学说派别对前述变化的程度和速度提供了现实的制约；甚至立法也往往倾向于递增（发展）而不是另起炉灶。

对于立法干预的鼓吹者与司法发展的捍卫者之间的争论，历史比较学的论据似乎存在可疑之处。法院不像一些人断言或假设的那样胆怯或受限制。相反，立法者似乎也不像理论上那样不受约束。正确的路径又是什么呢？谁应当对侵权法适用新型活动承担主要责任？一些人则会坚称，只有立法机构才享有为解决有关新技术争议而必需的民主合法性。他们可以判断（某些技术活动）是否应该彻底禁止；是否应当受到监管和进行准入许可；是否应当允许对其所造成的所有损害予以赔偿；是否应当以一般过错为基础；或者是否应当综合前述各类方法。但是立法者们可能更愿意观望新技术的发展状况，因为他们意识到过早制定严格规则的危险性。因此，未能通过立法（适应新技术的发展）本身可能是一种有意识的民主选择，亦是对普通法回应创新的一种立法认可，其民主程度不亚于任何一种将立法权下放给专家机构的做法（Bennett Moses 2003）。

另外，法官在制定普通法方面存在边界。法院并不认为立法缺失意味着故意赋予他们立法权，这是正确的。不作为往往既源于侵权行为改革所被定位的低政治性优先级，又在于立法时间的紧张。因此，一个真正的新问题可能会消失在亨利·弗兰德利（Henry Friendly）法官（1963 年）所提出的"法官不能和立法者不想"之间的著名鸿沟之中。法院和立法机关都很容易把责任推给另一方。

与此相对的是，法院别无选择，只能对提交给他们的案件做出裁决，并且"伸张正义"的动机强烈。过去二十年来，英格兰最引人注目的一系列"技术侵权"案件都牵涉石棉。[13] 在某些情况下，法院通过有争议的学理创新，为受害者提供救济途径。值得注意的是，上议院（House of Lords）在费尔柴尔德诉格伦黑文殡葬公司

---

⑬　在其他欧洲司法管辖区，这一点不那么明显——在与英国侵权理论中"相当大的压力"相比，在这些地区，侵权行为发挥了"附属"的作用（如果有的话）。这些国家规定的其他赔偿机制可以解释这一点（例如，2002 年法国的法定计划）。参见 Bell and Ibbetson 2012：166。

（*Fairchild v. Glenhaven* Funeral Services）案件中裁定，部分存在过失的被告可能导致了原告的间皮瘤（癌症），但实际发生的证据无法确定（谁造成这种损害结果），他们因而都要对损害负责。[14] 随后，在作为"续集"的 *Barker v. Corus* 一案中，上议院认为，这些被告仅对其暴露石棉的比例承担相应责任，而不是作为通常的共同侵权人而承担全部责任（连带责任）。[15] 但 *Barker v. Corus* 一案存在政治上的争议（在实践中，这意味着对许多受害人而言，赔偿是不完整的，因为很难对暴露石棉的所有行为主体进行追溯、起诉以及要求其恢复原状）。在《2006 年赔偿法案》第 3 节中，英国议会推翻了间皮瘤案件的判决，上述推翻溯及过往。

英国法院承认，这种"不切实际的做法"致使赔偿范围宽泛化。[16] 它们在限制 *Fairchild v. Glenhaven* 一案中创造的特殊"飞地"（enclave）责任时也遇到了困难。总的来说，法院不能做它们显然想做的事情，即制定一项专门规定，只适用于石棉暴露导致的间皮瘤。普通法是通过类推发展的，不容许不可类推的、特案特办的裁判准则（Morgan 2011）。极其特别的是，一位在 *Fairchild* 和 *Barker* 案件中发表演讲支持这一决定的英国上议院高级法官现在承认，这一开创性的决定是一个司法错误（Hoffmann 2013）。创新的诱惑难以抵挡，因为上议院认为，如果它在没有索赔的情况下就驳回间皮瘤患者的诉求，那么巨大的不公正将得不到救济。然而，法官们错误地预测了议会可能做出的回应。Barker 案中的裁定很快被推倒，这表明如果根据通常的因果关系原则，*Fairchild* 一案中索赔请求据此而被驳回的话（对于间皮瘤患者来说，这将是比 *Barker* 一案的裁定糟糕得多的结果），那么，补救性立法可能随之而来。侵权法的立法与司法发展之间的适当平衡仍然是一个敏感而又饱受争议的问题。

三　新型损害

技术发展，尤其是在医疗领域的发展，往往使以往不可能简单实现的利益（或损害的阻止）成为可能。在很多情况下，这无疑是对人类有利的。[17] 但是，如果这项技术不能发挥作用，造成法律以前从未考虑过（更遑论承认）的损害，又该如何呢？

---

[14]　Fairchild（n 10）.

[15]　*Barker v Corus*（UK）*plc* [2006] UKHL 20, [2006] 2 AC 572.

[16]　E.g.*Sienkiewicz v Greif*（UK）*Ltd* [2011] UKSC 10, [2011] 2 AC 229 [174]（Lord Brown："unsatisfactory"）; also [167]（Baroness Hale："Fairchild kicked open the hornets' nest"）.

[17]　*Cf Lim Poh Choo v Camden and Islington Area Health Authority* [1979] QB 196, 215– 216（丹宁勋爵建议，一个脑损伤的病人最好已经死亡，而不是被从死亡中夺回来并带回到一个不值得活下去的生活中去。）The Court of Appeal declined to award damages for "loss of the amenities of life" during the plaintiff's projected 37 years of unconscious, artificially– supported life）; cf [1980] AC 174（House of Lords）（"objective loss" approach too well– established）.

527

（Bennett Moses 2005）[18] 例如，当可以对未出生的婴儿进行先天性残疾筛查时，如果医生因疏忽未能发现这些问题（如果发现这些问题，孕妇将打胎，以此为前提），孩子是否能够针对先天残疾主张相应的权利（Bennett Moses 2005）？ 在一个绝育手术可靠的时代，一个疏忽且不成功的输精管结扎手术的接受者是否有权就抚养不想要的孩子产生的费用请求相应的赔偿？[19] 当有可能在人体外保存配子或制造人类胚胎时，对它们的损害是否构成（或是否足够类似）：（a）人身伤害，[20] 或（b）财产损害，[21] 以便可针对侵权行为提起诉讼？ 如果不是，新型独特的法益是否应当被承认？[22] 在试管婴儿治疗过程中出现的混淆导致婴儿的皮肤颜色与父母不同，是否产生法律将（要求）予以赔偿的一种损害？[23]

528

　　这类问题显然更难通过现有（侵权行为）类别的渐进式发展来解决。他们倾向于提出一种带有高度伦理色彩的基本问题，在这种问题上，法院可能会认为他们缺乏合法性，无法通过创设新型损害来解决这些问题。但是，普通法无疑有能力扩大（适用范围）以应对新型案件，而且这确实已经成为现实了。尽管以往"单独归类"的侵权行为是为了保护特定的诸如直接占有等利益，"损害"的分类因而显得至关重要，但在过失侵权中，并不存在"有限数目原则（numerus clausus）这一限定"。它是多元化的。但这并不意味着每一种新型损害都在过失侵权意义上可诉。同时也存在侵权法所不保护的利益。即便被告有过错，"这个世界上也充满了法律无法弥补的损害（damnum abque injuria）"[24]。

　　因此，"可诉损害"的类别对于确定过失侵权的边界尤为重要。尽管如此，奇怪的是该概念却很少受到英国学者的关注（cf Nolan 2007；2013）。（问题）核心似乎已经足够清楚——对人身或财产的物理损害。[25] 这一点已谨慎地延伸至精神病和纯粹经济损失。但是，在"错误出生"的案例中，英国法律已经承认了父母自治（控制家庭规模的权利）是可补偿的利益。[26] 这似乎为整个生育侵权领域提供了巨大的适用前景（cf Kleinfeld 2005）。然而，英国有关配子损害的案例集中将这些损害归入公认的"财

[18]　Bennett Moses L, "Understanding Legal Responses to Technological Change：The Example of In Vitro Fertilization"（2005）6 Minn JL Sci & Tech 505.

[19]　*McFarlane v Tayside Health Board* [2000] 2 AC 59（child-rearing costs unrecoverable）.

[20]　BGH 9 November 1993, NJW 1994, 127（Germany）.

[21]　*Yearworth v North Bristol NHS Trust* [2009] EWCA Civ 37, [2010] QB 1（frozen sperm）（England）.

[22]　*Holdich v Lothian Health Board* 2014 SLT 495 (frozen sperm) (Scotland).

[23]　A v A Health and Social Services Trust [2011] NICA 28, [2012] NI 77　（驳回父母的索赔请求）。

[24]　*JD v East Berkshire Community Health NHS Trust* [2005] UKHL 23, [2005] 2 AC 373 [100] (Lord Rodger).

[25]　The boundaries even here are far from certain：C Witting, "Physical damage in negligence" [2002] CLJ 189；Nolan 2013：270– 280.

[26]　*Rees v Darlington Memorial Hospital NHS Trust* [2003] UKHL 52, [2004] 1 AC 309.

产损失"或"人身伤害"类别。㉗ 因此，在这一领域，创新与守旧夹杂。应当指出的是，尽管英国议会对生育技术实行了开创性的监管制度，但它并没有为诊所和研究人员创设相应的责任。㉘ 法院一直不愿认为监管义务是可起诉的（通过违反法定义务的侵权行为），议会也没有明确的意图会倾向做出该类行为。㉙

当然，尽管这些对阐述有用，但在新的手段和新类型的技术损害之间没有明显的边界。如果犯罪分子侵入原告的电脑，导致其经常崩溃，那是"财产损失"（法律通常认可赔偿），还是无形伤害（"纯粹的经济损失"）？以第一种形式提出索赔具有明显的取证优势，基于启发式理性，法院可能会强烈倾向于这一形式（Mandel 2016）。如果现有法定分类不能适应新的情况，法院可能承认将它们视为一种新的侵权行为。将"网络入侵"推定为侵权行为就是一个很好的例子。㉚ 但它在美国语境下的衰落，以及它在英国意欲创设的极其宽泛的责任 [因为非法入侵是"本身即可起诉的"——（尽管）没有损害证据——以此能够维护仍存争议的财产权]，表明了未经深思的盲目扩张类型范畴的危险性。赫德利（Hedley）在 2014 年得出结论，立法（以及真正的技术发展）为诸如"垃圾邮件"等问题提供了优越的解决方案。

四　法定侵权行为

529

立法在规范新技术时发挥着重要作用。立法者有很多选择。㉛ 它可以通过无视司法发展的方式进行。立法也可以从根本上确立监管的新原则，这与普通法的渐进式发展形成鲜明对比。从宪法角度论之，对政府财政支出提出要求的法律，以及创设新型刑事犯罪类型的法律，均完全属于立法的范畴。不太可能基于普通法（立法）技术完全禁止新技术。㉜ 然而，立法者箭袋中的一支利箭已然在普通法中发现存在诸多相似之处，换言之，即对造成损害（的一方）苛以法律责任。但"法定侵权行为"的理论基础可能会有所不同。

一个特别重要的区别与"预防性原则"有关："在存在严重或不可逆转损害威胁

㉗　Year worth（n 21）；cf Holdich（n 22）.

㉘　Following an exemplary consultation exercise and striking public debate：MJ Mulkay, The embryo research debate：Science and the politics of reproduction（CUP 1997）.

㉙　Holdich（n 22）[25]– [28].

㉚　*CompuServe Inc v Cyber Promotions Inc*（1997）962 F Supp（SD Ohio）1015（discussed Mandel 2016）.

㉛　一种（方案）是故意不采取行动，将监管留给普通法原则，例如侵权行为。

㉜　请注意，法院通常会发出强制令，以限制持续的侵权行为（一种持续的妨害），或防止其重复（例如，诽谤声明的再版），甚至一开始就禁止这些行为的发生（the quia timet injunction）。参见 John Murphy, "Rethinking injunctions in tort law"（2007）27 OJLS 509。

的情况下，缺乏充分的科学确定性不得作为推迟实施成本效益措施的理由"。㉝这恰恰要求立法者做些什么，这一点引起了很多争论，预防原则本身的合法性也受到了质疑（Fisher 2007；Brownsword and Goodwin 2012：ch 6）。但其作为一种技术监管的规则，很少有人会完全抛弃它。不过，普通法中并没有这样做。侵权案件中的原告必须证明他们的案件是以概率平衡为基础（包括被告的行为造成其损害结果的概率）。如果他们没有证明（即使他们不能因为"缺乏充分的科学确定性"），那么"损失就必须仅限于其实际发生的地方"（受害人之处）；"普遍观点认为，除非能够从打破现状中获得某些明确的利益，否则就不应当启动（国家）这种庞大而昂贵的机械。国家的干涉是一种邪恶，无论如何都不能被证明是正确的（Holmes 1881：95，96）。法官们已经认识到，这对受害者，尤其是那些据称由有毒接触引起疾病的受害者，造成了不可逾越的潜在障碍。在石棉案件中，有一位杰出的英国人试图绕过这块"不确定的巨岩"；㉞法院随后警告称，若要扩大这一例外，将会"颠覆我们的法律，并大幅增加迄今为止曾被否决的纯粹投机的索赔请求"。㉟考虑到举证责任，预防性原则不可能在普通法中扎根。

与一般侵权原则相比，立法可能会创设更为严格或更为广泛的责任。例如，在《2013 年网络安全法案》中，明确创设了"网络欺凌"（cyberbullyirg）这种侵权行为类型（第 21 条），使得未成年人的父母承担共同责任，除非他们做出合理努力防止或阻止这种行为 [第 22 条第（3）款至第（4）款]。否则他们将承担连带责任。这是采取积极措施防止第三方蓄意造成损害的责任。普通法通常不愿意强加这样的义务；父母对子女的侵权行为一般不承担责任。然而，父母在确保儿童负责任地使用互联网方面的作用被认为如此重要，以至特别为他们在这方面的失败创设责任。㊱

侵权责任可能构成宽泛化监管机制的一部分。一个例子是放射性物质，除了政府许可和检查外，1965 年（英国）的《核设施法》（Nuclear Installatiens ACT）第 7 条和第 12 条明确规定了（侵权）责任。值得注意的是，法院非常不愿意再次将其（即侵权责任）强加入普通法，这是一种绝对化的特征。戈夫大法官（Lord Goff）曾指出：

> 作为一般规则，由议会确定高风险活动的严格责任，比由法院施加（严格责任）更恰当。如果法律规定了这种责任，与之相关的活动能够被认定，并且相关法律主体就能够明确他们所处的处境。此外，针对前述责任，法律可以酌情规定

㉝　United Nations Conference on Environment and Development, "Rio Declaration on Environment and Development" (14 June 1992) UN Doc A/ CONF.151/ 26（Vol. I），31 ILM 874（1992），Principle 15.

㉞　*FairSienkiewicz v Greif*（n 16）[186]（Lord Brown）. child（n 10）[7]（Lord Bingham）.

㉟　*Sienkiewicz v Greif*（n 16）[186]（Lord Brown）.

㊱　Nova Scotia Task Force, "Respectful and Responsible Relationships: There's No App for That"（Report on Bullying and Cyberbullying, 29 February 2012）31– 32.

530

明确发生概率和范围的精确标准。㉞

然而，这种立法在其创设的特定领域之外毫无意义可言。戈夫大法官的观点证明了这一点。上议院通过他的发言，不愿延伸普通法中的危险排放物原则（适用范围）；特别是法院没有准备使用立法作为宽泛的严格责任侵权行为原则的基础。这源于典型的普通法对法规的态度，这些法规被视为代表独立的主权意志（Munday 1983）。法官在其适用范围内"忠诚地"适用，然而在其他方面立法则不会对普通法原则产生影响。拒绝以此类推地适用立法，或从中综合法律的一般原则，（这些做法）一直受到批评（Beatson 2001），但它仍然是（至少是）英国律师的核心法理原则。

五　侵权与互联网：新行为，新抗辩

我们不应忘记，技术是可以用来故意伤害他人的。同样，这也算不上什么新问题。沃伦（Warren）和布兰代斯（Brandeis）（1890：195）在他们呼吁保护隐私的著名文章中解释道，"最近的发明"（伴随着新闻界越来越多的骚动）让这种法律发展变得至关重要：

> 瞬时照片和报业企业已经侵入了私人生活和家庭生活的神圣领域；许多机械装置都有可能实现这样的预测："在壁橱里窃窃私语的言论将在屋顶上被公布。"

电子媒体时代只是加剧了此类问题。互联网公布智能手机的照片是瞬间的、全球性、不可磨灭的。侵犯隐私的"速度、范围和持久性"显著增加（Brownsword and Goodwin 2012：236）。骚扰、欺凌、诽谤也存在新的可能性（Schultz 2014）。英国有关公布个人信息的新救济措施的最新发展源自于1998年的《人权法案》（英国），只是巧合地与这些技术发展同时出现。然而，一些具体的发展显然是受技术担忧的驱使："被遗忘权"是谷歌时代对隐私的一种（存在争议的）回应。㉟

相反的是，人们担心，如果新媒体过于轻易与（侵权）责任绑定在一起，互联网

531

㉞ *Cambridge Water Co v Eastern Counties Leather Plc* [1994] 2 AC 264, 305. The Nuclear Installations Act 1965 has been described as a "clear example" of such legislation：Blue Circle Industries Plc v Ministry of Defence [1999] Ch 289, 312（Chadwick LJ）.

㉟ E.g. *Google Spain v Gonzalez* [2014] QB 1022（CJEU）；Commission, "Proposal for a regulation of the European Parliament and of the Council on the protection of individuals with regard to the processing of personal data and on the free movement of such data（General Data Protection Regulation）" COM（2012）011, art 17, art 77. Cf criticism by House of Lords European Union Committee, EU Data Protection Law：a "right to be forgotten"？（HL 2014- 15, 40- I）.

时代的利益——信息和言论自由——将受到损害。[39] 当然，诽谤是一种长期存在的侵权行为。长期以来，英国对诽谤言论的严厉责任一直因其对言论自由的寒蝉效应而饱受诟病。在涉及互联网出版的起诉中，出现了某些新的论点——或者旧的论点被赋予了新的紧迫性。（侵权）责任随之进行了改革。这里讨论两个实例。

首先，每一份诽谤性言论新出版物都构成新的诉讼事由，这一规则对一年诉讼时效的侵权行为具有相当大的重要性。1849 年，它（该规则）被放置在一个案例中，当时的情况与互联网时代不相上下：[40] 流亡的布伦瑞克公爵（Duke of Brunswick）亦即40 岁的查尔斯二世（Charles Ⅱ）派他的仆人到一家报社购买了一份报纸（17 年前印刷），其中刊登了一篇诋毁他的文章。王座法庭认为，出售这份报纸已经构成新的出版物，诉讼时效从出售时起算（而不是报纸发表的原始日期）。在 2001 年，《泰晤士报》因其在一年前首次出版的文章以诽谤为事由被起诉，但其网站仍可查阅。上诉法院适用了"布伦瑞克公爵规则"，并认为，每次访问网站都构成新的出版，因此，诽谤诉讼仍在诉讼时效范围内。[41]

被告报纸在此辩称，应根据现代条件修改"布伦瑞克公爵规则"：当最初以打印稿形式出版的材料随后在互联网上公开时，不应适用（该规则）。这一规则在这种情况下使诉讼时效"毫无意义"，破坏了短时间限制的立法目的。再者：

> 如果认为技术进步具有一定的社会效用，使报纸能够在互联网上提供往期刊号的档案，使一般公众能够立即、无障碍或无须费用地查阅，而不必购买往期报纸（如果有的话）或访问收藏往期报纸的图书馆，那么，为适应传统打印件出版而发展起来的法律，如今已然难以适应现代条件……[42]

被告们以《人权法》（ECHR）第 10 条为依据支持他们的意见，他们辩称，该规定"肯定会对媒体维护此类网站的准备工作产生影响，从而限制言论自由"[43]。但上诉法院无动于衷。菲利普斯勋爵（Lord Phillips MR）认为，维护报纸档案（stale news）是"言论自由的一个相对微不足道的方面"，尤其是在负责任的档案实践可以很容易地消除诽谤之刺的情况下。[44]《泰晤士报》向在斯特拉斯堡的欧洲人权法院提出申诉，法院驳回了该申诉请求。令人尊敬的英式规则并没有违反第 10 条。尽管新闻媒体扮演着

532

---

[39]　Google Spain ibid, Opinion of AG Jääskinen, paras 131–134.

[40]　*Duke of Brunswick v Harmer*（1849）14 QB 185.

[41]　*Loutchansky v Times Newspapers Ltd* [2001] EWCA Civ 1805, [2002] QB 783.

[42]　Ibid [62]（quoting counsel's written argument）.

[43]　Ibid [71].

[44]　Ibid [74].

重要的"公共监督机构"的角色，但与易逝去的新闻材料相比，报纸有更严格的责任来确保历史信息的准确性。[45]

尽管如此，该规定仍继续引起互联网出版物的关注（Law Commission 2002：Part Ⅲ；House of Commons Culture，Media and Sport Committee 2010：[216]–[231]）。英国政府一致认为，布伦瑞克公爵规则"不适合现代的互联网时代"（Ministry of Justice 2011：[72]）。它已被《2013年诽谤法案》（英国）第8条正式废除。现在（出于限制的目的）单一出版物首次出版后，除非以"实质上不同的……方式"重复前述言论，否则不会被视为"重新出版"。该条款因为未能意识到互联网档案的永久可用性也会增加声誉损害而被批判；因此，法官将不断面临以损害原告利益为由延长一年诉讼时效的申请[46]（考虑到他们根据第八条ECHR享有的恢复名誉权）（Mullis and Scott 2014：102–104）。

面向互联网出版商，比如网站博客主机和互联网服务提供商，2013年法案还颁布了处理第二个问题的相关规则。这些"托管"可能是单个博客或留言板帖子的"出版商"（尽管他们通常既没有撰写内容，也没有构思内容）。[47]当主出版商（一篇文章的作者）匿名且难以追踪时，对托管服务提出索赔是有吸引力的（也是常见的）。普通法对"出版商"的宽泛定义长期以来一直威胁着参与老式纸质媒体生产和发行的各方——即印刷和新闻采编人员——承担令人不安的宽泛责任。[48]《1996年诽谤法》（英国）（第1条）为二级出版商规定了抗辩事由，但前提是他们不知道他们正在协助诽谤罪的公布或有合理的理由相信他们采取了合理的谨慎措施避免此类参与行为。但是，正如 *Godfrey v Demon Internet* 的例子所表明的那样，[49]一旦一个互联网主机被告知其网站上有（据称是）诽谤内容，如果它不采取行动，它就无法再依赖这种抗辩事由。它显然不能再表现出对诽谤的不知情，也不能证明自己的行为是合理的（因为它没有行使删除诽谤的权力）。虽然从理论上讲，这些被告可能已经调查了投诉的优点（询问帖子是否真的是诽谤、特权、公平的评论或者是否真实），但实际上，他们可能的反应是立即删除被投诉的内容。[50]如果不这样做，相应的代价则会高不可见（Law Commission 2002：2.43；Perry and Zarsky 2014：239–25）。

---

[45] *Times Newspapers Ltd v United Kingdom* [2009] EMLR 14, [45].

[46] Mullis A and Scott A，"Tilting at Windmills：the Defamation Act 2013"（2014）77 MLR 102–104.

[47] *Tamiz v Google Inc* [2013] EWCA Civ 68, [2013] 1 WLR 2151；cf *Bunt v Tilley* [2006] EWHC 407（QB），[2007] 1 WLR 1243（ISP not publisher）. Cf further *Delfi AS v Estonia* [2013] ECHR 941 （broad liability of comment-hosting website for interfering with defamed individual's right to private life under Article 8, ECHR）.

[48] E.g. *Emmens v Pottle*（1885）LR 16 QBD 354.

[49] [2001] QB 201.

[50] Rather than risk "defending lengthy libel proceedings, on the basis of （potentially worthless）assurances or indemnities from the primary publishers"：Law Commission 2002：2.4.

533　　　其结果是针对诽谤首先遭受指控的是自我审查。[51] 这显然对通过这些日益重要的互联网平台的言论自由产生有害的影响（Law Commission 2002：Part Ⅱ；Ministry of Justice 2011：[108]–[119]）。在某种程度上，互联网服务提供商"被意图阻止相关内容在互联网上传播的人员视为战术目标"（Law Commission 2002：2.65）。然而，法律委员会对效仿美国的完全 ISP 模式表示怀疑。[52] 这可能会让遭受真正损害的人得不到有效的救济（2002：2.49–2.54）。[53]

　　　《2013 年诽谤法案》（英国）采取了一种更为微妙的方式。首先，法院没有管辖权来审理对二级出版商的指控，除非"满足对作者、编辑或出版商提起诉讼并非合理可行"（第 10 条第 1 款）。这一规定不局限于互联网领域，尽管它在互联网领域具有特别重要的意义。为网站的运营者提供了一个特定的抗辩事由，"表明（他们）不是在网站上发布声明的操作者"（第 5 条第 2 款）。但是，如果申诉人表明无法辨认发帖人身份，向网站运营者发出投诉通知，且运营者未按法律规定对投诉做出答复（尽管经营者只需征得本人同意或经由法院指令就有义务识别发帖人身份）[（第 5 条第 3 款）；2013 年（网站运营者）诽谤条例]。这种"剩余间接"责任已被认为是最有效的模式（Perry and Zarsky 2014）。它避免了（侵权）责任对二级出版商的寒蝉效应，但也避免了让言论的提出者独自承担全部责任这种差强人意的结果（当发帖人是匿名的、难以追踪时，这可能缺乏威慑力）。然而，有人提出，尊重被诽谤的个人人权可能要求互联网服务提供商承担比英国法律现行规定更加广泛的责任（Cox 2014）[54]。利益平衡的实现绝非易事，许多人倾向于同意立法解决路径是更可取的。

六　产品责任

　　　正如人们所看到的，大多数为技术发展创设责任的立法都是在逐个问题解决的有限基础上进行的。一个主要的例外是欧盟范围内的产品责任制度。这源于欧洲理事会第 85/374/EEC 关于缺陷产品责任的指令。该指令声称旨在赔偿由缺陷产品造成的消费者损害，而不需要有生产商的过错证明。[55] 虽然一些主要的产品责任案例属于低技

---

[51] 尽管有人认为这将导致（经审查的）作者对主机 isp 违约提出索赔，并使（言论自由受到保护的）美国互联网服务供应商获得重大竞争优势。Law Commission 2002：2.32–2.33.

[52] Law Commission for England and Wales, Defamation and the Internet： A Preliminary Investigation （2002）.

[53] Cf *Zeran v America Online Inc* 129 F 3d 327 （4th Cir 1997）.

[54] Discussing *Delfi v Estonia* （n 47）.

[55] Cf Stapleton （2002）1247 （Directive "a political 'fudge' that tried to square the circle of disagreement between Member States by use of ambiguous terms and a cryptic text"）.

术含量领域，⑤⑥但这对技术的发展至关重要。沙利度胺（Thalidomide）（一种药物）胎 534
儿受伤丑闻促使欧盟效仿美国的产品责任模式。因此，人们可能会认为，无论 1985
年的指令意图如何，它都应当确保补偿那些因新药（以及其他新型产品）意外副作用
而遭受损害的人。然而，它是否能够做到或应当做到这一点，仍然存在争议。⑤⑦争论
以"缺陷"和所谓的"发展风险抗辩"的定义为中心展开。

　　在欧盟制度下，"有缺陷"产品的安全性低于消费者有权期待的标准。这并不纯
粹是一个事实问题（消费者预期如何？）而是包含了一个法院评估的问题。当新产品
上市时，消费者是否有权期望它绝对安全？或者，他们是否有权只期望生产者在设计
产品（并合理地检验其安全性）的过程中包含合理的安全特征？一些人认为，在涉及
产品固有特性的情况下（"设计缺陷"而不是在危险状态下从生产线上脱落的流氓产
品），前述的现实性将不得不被考虑（Stapleton 1994）。例如，绝对安全的汽车会是什
么样的？如果它的结构足够坚固，足以承受任何可能的事故，那么它的重量会因为太
过沉重而影响它的效用（例如速度）吗？⑤⑧但最安全的车不就是那种移动速度非常慢
的车吗？⑤⑨为了避免这种削减功能的荒谬做法，暗示某种"合理安全"的概念似乎是
不可避免的。⑥⑩然而，英国的主要案件拒绝接受这一理由，原因是它将重新引入过错
责任。⑥①这将与该指令为遭受损害的消费者利益承担严格责任的理由不符。⑥②

　　在英国政府的一再坚持下（对于严格责任对创新的影响的担忧），1985 年的指令
中包含了对责任的"发展风险"抗辩——即按照"[生产者] 把产品投入流通时的科
学和技术知识状况并不能够发现缺陷的存在"（第 7e 条）。几乎所有成员国都将这种
抗辩纳入本国法律。然而，它被狭隘地解读了。首先，与要求以想象方式应用现有技
术不同，若阻止事故并不需要特别的"科学或技术知识"，仅仅因为前述事故不可预
见（因为以前从未发生过这样的事故）就不存在过失，这与上述抗辩不合。⑥③这就得
出了一个"奇怪"的结论：由于气球的缓冲特性几个世纪前就已经为人所知，在发
明安全气囊很久以前，"科学技术知识的现状"显然就指向在汽车上安装安全气囊了

---

⑤⑥　*Escola v Coca- Cola Bottling Co* 150 P 2d 436（1944）（exploding bottle）; *Abouzaid v Mothercare*（CA,
unreported, 2000）（recoiling elastic strap）; *Richardson v LRC Products Ltd*（2000）59 BMLR 185（splitting
condom）; *Bogle v McDonald's Restaurants Ltd* [2002] EWHC 490（QB）（hot coffee）.

⑤⑦　关于沙利度胺（Thalidomide）受害者是否可以超越发展风险的辩论参见 Goldberg 2013：193–194。

⑤⑧　Bogle n 56：消费者有权要求热咖啡（尽管有固有的燃烧危险），而不是温热、安全的咖啡。

⑤⑨　Cf *Daborn v Bath Tramways Motor Co* [1946] 2 All ER 333, 336（Asquith LJ）："如果把这个国家
所有的火车都限制在每小时 5 英里的速度内，事故就会少一些，但我们的国民生活就会不能容忍地慢下来"。

⑥⑩　E.g. *Navarro v Fuji Heavy Industries Ltd*, 117 F 3d 1027, 1029（7th Cir 1997）（Posner J）.

⑥①　A v National Blood Authority [2001] 3 All ER 289.

⑥②　Cf Stapleton（2002）1244（"no coherent and consistent statutory purpose"），1249– 1250.

⑥③　Abouzaid（n 56）[no liability in negligence; but the recoil properties of elasticated straps were well
known, so no Art 7（e）defence].

（Stapleton 1999：59）。[64] 第二个狭义的解释来自国家血液管理局的主要案件。由于在供应血液时，丙肝是一个众所周知的问题，不适用前述抗辩。事实上（直到 1991 年）都没有筛查过程，以至于不知道某一袋血液是否被感染。斯特普尔顿（Stapleton）也抨击了这种解释，因为它削弱了抗辩，且忽视了其立法目的。"政治现实是，英国撒切尔政府在 1985 年动用了其在欧盟的立法否决权，坚持要求保护一个已尽其所能为且尽其所应为以保证产品安全的生产商"（Stapleton 2002：1247）。

535

无论如何，产品责任被严格地解释为对生产商的责任。流行病学家彼得·拉赫曼（Sir Peter Lachmann）抨击了这种广泛的责任，尤其是它对新药开发的破坏性影响。拉赫曼（Lachmann）评论沙利度胺的持久影响时，说它"可能是有史以来最大的药物灾难"：

> 公众对所有处方药品的风险容忍度大大降低。以至于人们习惯认为任何处方药都应该绝对安全。这是一个不可能的愿望，因为毫无疑问地，任何药理作用的化合物都会产生不良反应。（2012：1180）

这一信念也增加了对制药商的起诉。意想不到的后果是新药的开发变得"极其昂贵"（将一种新药推向市场可能需要 15 亿美元），因此只有非常大的公司才可能进行。（此外，只有对相对常见的疾病进行这种投资才是经济的，因为在这种情况下，预期的销售将允许在专利期限内收回成本）其结果是价格高昂的新药数量极少。

尽管拉赫曼将大部分责任归咎于过于谨慎的监管制度（尤其是广泛且昂贵的"第三阶段"人体试验的要求），但他认为，严格的产品责任使得情况更加糟糕。对于科学研究者来说，风险收益分析"完全是医学上的所有决策的核心"（因此，法律将其排除在外是"完全疯狂的"）。如果社会有必要对不可预见和不可预防（药物）反应的受害者进行赔偿，拉赫曼建议，这应该通过一般税收来实现，而不是像 1979 年英国的《疫苗损害支付法案》那样。公众作为一个整体，从医药创新中受益，同时也将承担相应的成本；严格追究制药商责任（目前的做法）是对创新的威胁。

这就引出了另一个重要的观点。损害赔偿可以通过税收资助的社会保障或私人出资的保险以及侵权责任实现。侵权行为的独特之处在于将特定的受害人与造成其损害的责任人联系在一起。这具有理论上的重要性（亚里士多德矫正正义的"两极"联系）。这也解释了侵权的威慑作用：必须对损害赔偿的威胁提供一种避免过失行为的激励（或者通过严格责任，要求将产品给消费者造成的所有成本内部化，提供了一种

---

[64] 斯特普尔顿（Stapleton）认为，"科学知识"因此应该包括其实际应用所必需的创造性步骤。

自动的激励，让我们对此类伤害采取一切成本合理的预防措施）。[65] 这种威慑作用在（社会或私人的）保险计划中消弭。[66]

然而，必须强调的是，这种威慑因素，不仅在产品责任中，乃至在整个侵权法中，都存在很大争议。有的人认为侵权的威慑作用极其有限；相反地，有些人（比如 Lachmann）认为，侵权的威慑作用过甚，可能因此对社会有害（cf Cross 2011）。当然，这最终沦为一个经验问题。[67] 公平地说，还没有进行明确的实证研究——这场争论是否有可能得到"确定的"答案仍存有疑问。现有实证工作研究认为（Schwartz 1994；Dewees，Duff，and Trebilcock 1996），侵权责任具有一定的威慑作用，但它尚未接近法律和经济学运动中最具雄心的侵权法监管解释中假定的、调节良好的程度。[68]

国家监管与普通法侵权责任之间的适当平衡，正应了美国"优先权"的争议：政府监管机构（如美国食品和药物管理局 FDA）对产品的批准是否可以作为侵权行为的抗辩事由（Goldberg 2013：ch 7）。这在一定程度上取决于美国宪法中联邦法律和州法律之间的平衡，但更广泛的监管问题也随之产生。侵权责任的批评者认为，专门机构更有能力处理技术方面的问题，并进行药物（或其他产品）审批所需的复杂成本效益分析。侵权责任相当于事后的零星修补，而不是"广泛而复杂的社会成本和利益的中介"（Lyndon 1995）。然而，侵权行为的支持者指出，机构监管也不是完美的（就其所有显而易见的优点而言）。尤其是监管部门的批准是在早期阶段进行的，但知识则是随着时间显现的危险而增加的。因为侵权行为允许个人在损害发生时援引法律程序，可以看作是对机构监管的补充。侵权责任是在多样化的现实损害语境下确定的，而不是（像监管一样）以抽象的方式提前确定。普通法是"重复的"，其判例法允许"随着知识的发展而逐步考虑问题"。这与各机构相比更为有利，因为这些机构收集信息的时限更短。林登（Lyndon 1995：157，165）得出结论："侵权法"或类似事物是对技术的必要回应……尤其是侵权法独立于监管议程，并且能够考虑个案，使其成为监管方式的有益补充。侵权法的巨大监管优势在于它的"学习与反馈机制"。

在 *Wyeth v Levine* 一案中，美国最高法院认定，FDA 的事前批准并不优先于产品责任损害赔偿请求。[69] 史蒂文斯·J.（Stevens J.）在代表法庭发言时认为没有理由怀

536

---

[65]　此外，更危险的产品（Cteris Paribus）因此会更贵，消费者会更喜欢购买"更便宜（因为更安全）的产品"：Stapleton 1986：396。

[66]　For ways in which insurance may enhance（far from negating）personal responsibility cf Rob Merkin and Jenny Steele, Insurance and the Law of Obligations（OUP 2013）30–31.

[67]　For a technology- specific study：Benjamin H Barton，"Tort reform, innovation, and playground design"（2006）58 Florida LR 265.

[68]　当然，可以对公开的监管法律（刑法和其他法律）的执行（和最终威慑影响）提出平行的经验性问题并质疑。

[69]　555 US 555（2009）.

疑 FDA 以前的（"传统"）地位，即侵权法对其活动进行补充：

> FDA 监管市场上 1.1 万种药物方面的资源有限，制造商有更好的渠道获得有关它们药物的信息，尤其是在上市阶段时出现新风险。国家侵权诉讼揭开不明药品危害的面纱，并为药品制造商及时披露安全风险提供了激励机制。它们还具有明显的补偿功能，可能会激励受害人提供信息……[侵权索赔明确了] 制造商，而不是 FDA，在任何时候都对自己的药品标识负有主要责任。因此，FDA 长期以来一直坚持认为，州法律提供了额外的、重要的消费者保护层，这与 FDA 的监管相辅相成。[70]

然而，两年后，在 *PLIVA Inc. v Mensing* 案中，联邦最高法院就仿制药问题得出了不同的结论（基于两类药品不同的审批制度）。[71] 在这一点上，监管机构的批准确实先于原告的侵权损害赔偿请求。索赔该判决创立了双层责任（Goldberg 2012：153-158）。在不同意见中，索托马约尔·J.（Sotomayor J.）表示，这种区分意义不大，"剥夺了仿制药消费者的赔偿"，并且"在联邦州平行的监管计划中形成了空白地带，可能会对药物安全性造成令人担忧的后果"（破坏 *Wyeth v. Levine* 一案中所认定的侵权行为的利益）。[72]

显然，在新产品监管方面，机构许可和侵权责任之间的平衡在未来几年仍将存在争议。[73] 的确，无期限的争论是不可避免的，因为每种技术都有自己的优势和劣势。有些观点是明确的。对于彻底禁止新技术，或相反地，对其施行绝对豁免而言，立法活动是必需的。它几乎没有必要指出，这些回应饱受争议。最后，必须通过政治进程来解决这些争议，尽可能通过可靠的经验数据了解每一种管理方式的积极和消极后果。

七　未来：侵权行为与无人驾驶汽车

最后，我们考虑到一个引起公众想象的即将到来的技术发展：机器人化"无人驾驶汽车"。由于道路事故占据了侵权法官大部分时间，自动化也给侵权律师带来了突出的问题。从行业角度来看，责任可以说是创新型制造商最关心的问题。尖锐的利益冲突上升形成了侵权和技术的经典困境：如何将事故数量的减少（威慑）、伤者的赔

---

[70]　Ibid 578–579.

[71]　131 S Ct 2567（2011）.

[72]　See similarly *Mutual Pharmaceutical Co v Bartlett* 133 S Ct 2466（2013）and Sotomayor J's dissent.

[73]　Cf Goldberg 2012：158–165（discussing debate on introduction of regulatory compliance defence in EU）.

偿与鼓励社会效益的创新进行调和？毫不奇怪，有人呼吁更严格的责任（为前一个目标服务）和豁免权（为了促进创新）。但在没有任何激进的立法改革的情况下，如果只是不得已而求其次的话，现有的侵权法原则将能够适用。对于目标而言，这些内容是否足够？

在过去的一个世纪里，司机们被要求遵守越来越严格的标准，以扩大对交通事故受害者的赔偿范围。驾驶人的责任要么在形式上变得严格（许多欧洲司法管辖区都是如此），要么，在制度体系中存在过错理论的要求（如英国），法院实践中严苛的做法极大地削弱了和前者的差异性（Bell and Ibbetson 2012：118-119，155）。然而，随着人类驾驶员的积极作用下降，[74] 可能连最严厉的过错定义也不再包含"驾驶员"的剩余责任。[对此，有人观察到，一个司机仅仅监督汽车的自动系统是更容易分心的；并且，事实上，目前与驾驶相关的能力可能会因停止使用而退化（Robolaw 2014：58,208]。自动化主要是一种有益的发展。人们希望科技能够在很大程度上消除由司机失误导致的道路事故（因此英国媒体估计，从 2015 年开始的 5 年内，司机的保险费将减半）。然而，由于硬件、软件、通信或无人驾驶汽车其他部分的技术存在故障，仍将发生一些撞车事故。驾驶员错误的消除却产生了新的错误来源。[75] 因此，事故的成本可能会从驾驶员责任转移到制造商对缺陷产品的责任上（因此最终会通过更高的价格再次回到司机身上）。

消费者"有权期待"的安全标准是什么？欧盟委员会的一份报告得出结论，由于社会不太可能欢迎"在安全方面向后迈步"，除非无人驾驶汽车能够像人类驾驶的汽车一样安全[也就是说，从统计学上讲，它比人类驾驶的汽车总体上更安全，或者比最好的人类驾驶员（驾驶汽车）更安全]，否则无人驾驶汽车将被认为是有缺陷的（Robolaw 2014：57）。报告认为，除了责任的加重，制造商还将担心媒体对所有早期无人驾驶汽车事故（以及由此造成的声誉损害）的高度关注。尽管对于社会而言，在无人驾驶汽车变得比人类司机更安全时就引入无人驾驶汽车是理性的，但这种情况很可能不会发生。预测的僵化突显了责任的寒蝉效应（Robolaw 2014：59-60）。

对于制造商来说，这种悲观的预测并不被普遍接受。哈伯德（Hubbard 2014：1851-1852）认为，由于无人驾驶汽车的复杂性，对制造商提起诉讼可能存在"几乎无法克服的证据问题"。尤其是它们与其他复杂机器（如智能公路基础设施和其他车辆）的互联互通以及"人工智能"机器应用和学习的前景。假设这类机器人仅是简

---

　⑭　最初是对计算机化汽车的监督；最终在全自动车辆中完全消失。

　⑮　道德哲学家一直致力于就"无人驾驶汽车"在面对不可避免的事故时应该做出的瞬间决定向程序员提供建议——例如，计算机是否应该牺牲汽车（和它的人类乘客）来拯救更多的其他道路使用者？[比较一下众所周知的道德困境——"Trolley 问题"（Trolley Problem）]。参见 Knight W, "How to Help Self-Driving Cars Make Ethical Decisions" 29 July 2015, *MIT Technology Review*。

单地按程序员指示的方式活动，那就是"过于简单化"了；传统的责任原则"与日益不可预测的机器是不相容的，因为没有人对 [它们的] 行动有足够的控制（Robolaw 2014：23 ）"。当一个自学自主的系统离开制造商的手中时，很难证明它存在"缺陷"——除非安装独立决策能力本身就是一个缺陷。（Cerka et al. 2015：386 ）。

539　　　人工智能的发展（机器人技术的前沿——远远早于半自动汽车），对律师们，甚至对哲学家都提出了根本性问题。智能机器人能享有法律主体资格（从而承担法律责任 ）吗？对侵权律师来说，这里的深层问题并没有多少共鸣。与其他无所不在的非自然法人——公司相比，智能机器人不可能有资产来执行判决。为机器人损害的可能受害人寻求救济的侵权律师已经绕开人格的形而上学，而选择了从现有的法律类别类推出熟悉的论证策略。有人认为，类推野生动物、儿童、雇员（替代责任 ）、罗马法中的奴隶以及危险物品（侵权责任 ），机器人的所有者应当为机器人所造成的损害而承担严格责任（Hubbard 2014：1862-1865；Cerka et al. 2015：384-386 ）。毫无疑问，我们可以在这里找到某些相似之处，但它们应当如此吗？律师们满足于相信类比论证仅是一个"共识"问题。事实上，如果不存在对初始分类原理的论证及其对新情景的可拓展性的信念，这显然无法实现（Mandell 2016 ）。监管机构与其使用这种令人困惑的普通法技巧，倒不如在适当的民主讨论"允许哪些机器人应用、推动哪些机器人应用、劝阻哪些机器人应用、禁止哪些机器人应用"之后，由监管机构公开做出相关的公共政策选择（Robolaw 2014：208 ）。

　　　鉴于制造商可能承担非常广泛的责任，一些人呼吁豁免权以保护创新。卡洛（Calo）（2011）为可编程的"开放式"机器人提倡制造商豁免（豁免及于所有者对机器人的实际使用 ），[76] 他将此类比美国对枪支制造商的法定豁免，美国的枪支制造商对自己的武器在他人手中造成的损害不负责任。卡洛认为，如果不这样做，（更有前途的 ）"开放式"机器人的创新将因美国"代价沉重"的侵权责任而转移，"置于诉讼门槛更高的其他国家之后"。

　　　这是对行业补贴的公开呼吁，一些（具有争议的）认定是工业革命时期在侵权责任中转移的隐含依据（Horwitz 1977 ）。自然，这个呼吁并非没有受到质疑。哈伯德（Hubbard 2014：1869 ）批评（侵权）责任的反对者依赖"轶闻"。他也认为（相当有意思！）自动化程度越来越高的当代汽车（已经相当大程度上是"车轮上的计算机"）并没有明显被美国关于防抱死制动系统（ABS ）等问题的广泛诉讼所吓倒（Hubbard 2014：1840 ）。上面已经指出，这种（据称）经验上的争论总是受到缺乏可靠数据的阻碍。

　　　哈伯德（2014）也以公平为依据提出了批判。为什么机器人汽车（或其他类似技

---

　　⑯　卡洛将"封闭的"机器人与"只运行专有软件、不能被消费者物理修改的设置功能"进行了对比。

术）的受害者应当补贴那些制造和使用它们的人？ Robolaw 严苛的（2014 年）承认，机器人造成人身伤害的受害者将需要得到赔偿，尽管该报告担心责任会阻碍创新。这表明侵权法不一定是正确的机制。一些以保险为基础的制度可能是补偿（和分散）损失的上乘方式。侵权责任的威慑效果可以用公共监管来替代。

540

这突显出一个普遍的观点，即侵权责任绝不是监管新技术的必然特征：其减少事故和补救伤害的功能可以通过其他方式来实现，这可能会（也可能不会）更少地阻碍创新。普通法的侵权行为能够、也将会在新技术出现时予以适应。监管机构和立法机构面临的一个关键问题是，它（侵权）是否应该被允许这么做，或者它是否能够被其他补偿和威慑机制所取代。

【参考文献】

Bartrip P and Burman S, *The Wounded Soldiers of Industry: Industrial Compensation Policy, 1833-1897* (Clarendon Press 1983)

Beatson J, 'The Role of Statute in the Development of Common Law Doctrine' (2001) 117 LQR 247

Bell J and Ibbetson D, *European Legal Development: The Case of Tort* (CUP 2012)

Bennett Moses L, 'Adapting the Law to Technological Change: A Comparison of Common Law and Legislation' (2003) 26 UNSWLJ 394

Bennett Moses L, 'Understanding Legal Responses to Technological Change: The Example of *In Vitro* Fertilization' (2005) 6 Minn JL Sci & Tech 505

Brownsword R and Goodwin M, *Law and the Technologies of the Twenty- First Century: Text and Materials* (CUP 2012)

Calo MR, 'Open Robotics' (2011) 70 Maryland LR 571

Cerka P, Grigiene J, and Sirbikye G, 'Liability for Damages Caused by Artificial Intelligence' (2015) 31 Computer Law & Security Rev 376

Cox N, 'The Liability of Secondary Internet Publishers for Violation of Reputational Rights under the European Convention on Human Rights' (2014) 77 MLR 619

Cross F, 'Tort Law and the American Economy' (2011) 96 Minn LR 28

Dewees D, Duff D, and Trebilcock M, *Exploring the Domain of Accident Law: Taking the Facts Seriously* (OUP 1996)

Ernst W (ed), *The Development of Traffic Liability* (CUP 2010)

European Council Directive 85/374/EEC on the approximation of the laws, regulations and administrative provisions of the Member States concerning liability for defective products [1995] L210/29

Fisher L, *Risk Regulation and Administrative Constitutionalism* (Hart Publishing 2007) Friendly H, 'The Gap in Lawmaking—Judges Who Can't and Legislators Who Won't' (1963)63 Columbia LR 787

Goldberg R, *Medicinal Product Liability and Regulation* (Hart Publishing 2013)

Gordley J (ed), *The Development of Liability between Neighbours* (CUP 2010)

544

Hedley S, 'Cybertrespass—A Solution in Search of a Problem?' (2014) 5 JETL 165

Hoffmann L, '*Fairchild* and after' in Andrew Burrows, David Johnston, and Reinhard Zimmermann (eds), *Judge and Jurist: Essays in Memory of Lord Rodger of Earlsferry* (OUP 2013)

Holmes OW, *The Common Law* (Little, Brown and Company 1881)

Horwitz M, *The Transformation of American Law, 1780-1860* (Harvard UP 1977)

House of Commons Culture, Media and Sport Committee, *Press standards, Privacy and Libel,* HC 2009-10, 362-I (The Stationery Office Limited 2010)

Hubbard F, ' "Sophisticated Robots": Balancing Liability, Regulation, and Innovation' (2014) 66 Florida LR 1803

Ibbetson D, 'How the Romans Did for Us: Ancient Roots of the Tort of Negligence' (2003) 26 UNSWLJ 475

Kleinfeld J, 'Tort Law and In Vitro Fertilization: The Need for Legal Recognition of "Procreative Injury" ' (2005) 115 Yale LJ 237

Lachmann P, 'The Penumbra of Thalidomide, The Litigation Culture and the Licensing of Pharmaceuticals' (2012) 105 QJM 1179

Law Commission for England and Wales, *Defamation and the Internet: A Preliminary Investigation* (2002)

Lyndon M, 'Tort Law and Technology' (1995) 12 Yale Jo Reg 137

Mandel G, 'Legal Evolution in Response to Technological Change' in Roger Brownsword, Eloise Scotford, and Karen Yeung (eds), *The Oxford Handbook of Law, Regulation, and Technology* (OUP 2016)

Martfn-Casals M (ed), *The Development of Liability in Relation to Technological Change* (CUP 2010)

Ministry of Justice, *Draft Defamation Bill: Consultation* (Cm 8020, 2011)

Morgan J, 'Causation, Politics and Law: The English—and Scottish—Asbestos Saga' in Richard Goldberg (ed), *Perspectives on Causation* (Hart Publishing 2011)

Mullis A and Scott A, 'Tilting at Windmills: the Defamation Act 2013' (2014) 77 MLR 87 Munday R, 'The Common Lawyer's Philosophy of Legislation' (1983) 14 Rechtstheorie 191 Nolan D, 'New Forms of Damage in Negligence' (2007) 70 MLR 59

Nolan D, 'Damage in the English Law of Negligence' (2013) 4 JETL 259

Perry R and Zarsky T, 'Liability for Online Anonymous Speech: Comparative and Economic Analyses' (2014) 5 JETL 205

Robolaw, *D6.2 Guidelines on Regulating Robotics* (*RoboLaw*, 2014) <www.robolaw.eu/ RoboLaw_ files/documents/robolaw_d6.2_guidelinesregulatingrobotics_20140922.pdf> accessed 28 January 2016

Schultz M, 'The Responsible Web: How Tort Law can Save the Internet' (2014) 5 JETL 182

Schwartz G, 'Reality and the Economic Analysis of Tort Law: Does Tort Law Really Deter?' (1994) 42 UCLA LR 377

Stapleton J, 'Products Liability Reform—Real or Illusory?' (1986) 6 OJLS 39

Stapleton J, *Product Liability* (Butterworths 1994)

Stapleton J, 'Products Liability in the United Kingdom: Myths of Reform' (1999) 34 Texas Int LJ 45

Stapleton J, 'Bugs in Anglo-American Products Liability' (2002) 53 South Carolina LR 1225 Tapper C, 'Judicial Attitudes, Aptitudes and Abilities in the Field of High Technology' (1989)15 Monash ULR 219

545

Warren S and Brandeis L, 'The Right to Privacy' (1890) 4 Harvard LR 193

Whittaker S (ed), *The Development of Product Liability* (CUP 2010)

拓展阅读

Faure M and Wibisana A, 'Liability for Damage Caused by GMOs: An Economic Perspective' (2010) 23 Geo Int Env LR 1

Kessler D and Vladeck D, 'A Critical Examination of the FDA's Efforts to Preempt Failure- To-Warn Claims' (2008) 96 Geo LJ 461

Kirby M, 'New Frontier: Regulating Technology by Law and "Code" ' in Roger Brownsword and Karen Yeung (eds), *Regulating Technologies: Legal Futures, Regulatory Frames and Technological Fixes* (Hart Publishing 2008)

Koch B (ed), *Economic Loss Caused by Genetically Modified Organisms. Liability and Redress for the Adventitious Presence of GMOs in Non- GM Crops* (Springer 2008)

Koch B (ed), *Damage Caused by Genetically Modified Organisms. Comparative Survey of Redress Options for Harm to Persons, Property or the Environment* (de Gruyter 2010)

Lee M and Burrell R, 'Liability for the Escape of GM Seeds: Pursuing the "Victim"?' (2001) 65 MLR 517

Rodgers C, 'Liability for the Release of GMOs into the Environment: Exploring the Boundaries of Nuisance' [2003] CLJ 371

第二十三章
税法与技术变革

亚瑟·J. 考克菲尔德（Arthur J. Cockfield）

许　琳　译

一　引言

546　　　这一章回顾了税法和技术变革相关文献中的主题。这些文献既涉及早期有关研发税收优惠的讨论，还包括近期对数字产品和服务进行征税的探讨，审视了税法如何适应和促进技术变革，以及税法如何偏好某一技术而扭曲市场活动。尤其是，考虑到正在进行的技术变革，文献通常关注的是税收法律和政策如何能够最好地保护传统利益（比如从跨境交易中获得的收入）。这一章的另一个目的是从这些文献中提炼指导原则以及作者的观点。上述讨论反映了在法律与技术的交叉点上对最优的法律和政策进行的更广泛的审视（Cockfield 2004；Mandel 2007; Moses 2007; Tranter 2007; Brownsword and Yeung 2008）。

　　　本章第二节提供了一个例子，说明美国各州和地方销售税是如何努力适应促进州外销售的技术变革的。该例子用于介绍围绕税法与技术之间复杂相互作用的三个547　相互独立但相关的问题：（1）税法如何应对技术变化；（2）税收法如何促进技术革新；（3）税法如何根据技术变革来维护传统利益。第三节讨论了税法和技术，首先是对国际电子商务税收的讨论，然后是对研发税收优惠和跨境税收信息交流的概述。

　　　第四节讨论由税法和科技专家探讨的促进最优法律和政策的指导原则。第一，需要建立尊重政治需要的灵活的政治制度，以产生有效的规则制定程序，以应对税法和技术变革带来的政策挑战。第二，实证分析有助于评估技术变革是否阻碍了税法和政策实现其政策目标的能力。第三，税收法律和政策应以中立的方式适用于实质性经济活动的广泛领域，而不论授权技术如何。第四，需要对技术如何帮助执行纳税义务进行更关键的审查。最后一节是结论，有关税法和技术的讨论反映了对法律如何适应技术变革等外部冲击的更广泛审视。

二 当税法与技术相遇

探索法律和技术相互作用的文献常对以下问题进行讨论：法律如何对技术变化做出反应，并适应技术变化（在"法律就是技术"的观点下）；法律如何塑造技术变化以达到政策目标（或"技术就是法律"，这真的只是莱西格的"代码就是法律"的胜利吗）；以及根据技术变革税法如何维护传统利益的历史分析（McLure 1997；Lessig 1999；Cockfield 2004: 399–409）。本节就美国州和地方销售税法在面对技术革新时的问题展开了讨论。其中，详细探讨了技术变革可能挑战由税法来保护的传统利益。例如，（通过电话进行邮购销售或通过互联网电子商务销售的方式）向州外出售的产品数量不断增加，加大了地方政府税法执法的难度，并导致税收流失（Hellerstein 1997）。该部分回顾了美国法院既要确保在过于积极的税收不会过度抑制州际贸易的同时，又要努力保护州税收权力的诸多斗争。这些有关销售税的决策是关于法律与技术关系的引人注目的案例。

目前，美国45个州和7000多个地方政府（市政府）都有销售税立法。这些州和地方政府一般依靠商业中介机构征收销售税；例如，税法通常要求零售商向商品购买方代征销售税，并将税款交给州或地方政府。另一种选择是，由消费者自行评估每笔交易所欠的税款（称为"使用税"），然后将这笔款项送交相关税务机关，但这种做法效率不高，也不可行，主要是因为消费者普遍没有遵守这一义务。

从20世纪40年代开始，随着电视和电话的广泛使用，技术变革促进州外邮购销售，州政府越来越担心税收问题。政府通过立法，试图迫使州外企业征收销售税。由于担心可能会干扰州际贸易，美国联邦最高法院认为有必要为各州和各地划定税收管辖范围（Mason 2011:1004–1005）。

从"National Bellas Hess 诉财政部案"[*National Bellas Hess v Department of Revenue*（1967）386 US 753]开始，在美国联邦最高法院的一系列判决中，联邦最高法院提出并发展了实质关联（substantial nexus）原则，该原则限制州和地方政府对经济活动征收销售税，除非这些活动源自征税州境内的实际存在（Cockfield 2002a）。由此，外州公司只有在某一州有销售办公室或销售团队等时，才需要向该州消费者征收销售税。为此，消费者经常可以在销售免税的基础上购买像衣服这样的邮购商品，因为邮购公司通常设在没有任何销售税的州（Swain 2010）。"二战"后的一段时期，州的消费税收流失状况令人担忧，但或许这些并不过分，因为人们认为损失并不是太严重。

548

　　然而，正如美国联邦最高法院在后来的"Quill Corp 诉北达科他州案"（*Quill Corp v North Dakota* 1992）判决中清楚地认识到的那样，"物理存在"（physical presence）原则是一种激励手段，促使消费者更多地选择跨境邮购消费，因为消费者通常可以享受免税："实际上，邮购行业在过去 25 年的大幅增长的原因，很可能由于（由法院秉持的）由 Bellas Hess 案源起的明示免税政策。"尽管存在这种担忧，而且有证据表明，由于物理存在原则，州政府的收入损失正在增加，但联邦最高法院的大多数法官仍坚持遵循先例。然而，在 Quill 案中，怀特（White）大法官提出异议，更倾向于采用一种更为灵活的原则，该原则提出要仔细审查州外卖家的活动，审视强制征收义务是否会成为州际贸易的障碍。与"物理存在"原则相反，更灵活的方法可以说在尊重各州利益方面做得更好，同时考虑到宪法对干预州际贸易的担忧。大多数持不同意见的观点提出了一个问题，即税法应该如何以最优的方式应对技术变革。

549　　技术思考者有时可以分为两类：一类是主张所谓技术工具理性的人，一类是遵循技术实质主义的人（Feenberg 2002）。在 Bellas Hess 和 Quill 案中，大多数法院遵循了技术变革的工具理性。通常来说，工具理性者倾向于将技术视为中立的工具，而不考察其更广泛的社会、文化和政治影响。工具主义者通常认同这样的思路，即在技术问题上尊重个人（或代理）的自主权，部分是因为技术本身在对人类事务的影响中被认为是中立的，部分原因是强调是否采用技术是由人类意志决定的（van Wyk 2002）。对于工具主义者来说，人类能够并且确实主导技术的使用，认为对技术凌驾于个人自主权的担忧是没有根据的。这些有关技术的界定，许多都是建立在一个乐观的前提之上，即技术变革在很大程度上为个人及其社区带来有益的结果。

　　相比之下，怀特大法官对 Bellas Hess 案的异议似乎更为关键，即物理存在原则如何危害国家税收收入，以及如何将技术变革与法院对税法的解释相结合，改变某些市场的结构。怀特大法官的做法更接近技术实质主义，这些理论强调技术系统（或"结构"）对个人和社区利益可能产生实质性影响，而这些影响可能不同于技术的预期影响。实质主义者有时强调技术结构如何克服人类意志甚至是体制行为（Winner 1980）。"结构"不是指机器控制我们，而是指技术的发展会微妙地（或显著地）损害法律传统上保护的重要利益。无论是技术工具性还是实质性的视角，都可以为法律与技术的关系的理论提供信息（Cockfield and Pridmore 2007）。

　　为了应对美国最高法院的判决带来的问题以及解决各州收入损失的问题，州政府于 1999 年开始展开合作，试图通过一项名为"简化销售税计划"（Streamlined Sales Tecute Project）的制度安排，避免与州外销售相关的税收损失。上述努力促成了不同的州和地方销售和使用税基的统一，试图简化州外销售公司的合规义务——截至本报告撰写之时，44 个参与的州政府中的 24 个已通过了与此相适应的税法规定。尽管这些改革仍在进行中，其最终成果尚不清楚，但新的合作制度安排可以说是对技术变革挑战政策的有效回应（Hellerstein 2007）。此外，各州政府正在探讨税法如何通过"技术就是法律"解决方案来影响个人和团体的合规行为，从而影响技术发展 [有关美国各州在线税收销售税系统的讨论，参见第 4.4 节]。

550

最终，互联网和所有其他表面上的"无关道德"的技术构成了塑造或决定个人和社区行为及兴趣的复杂社会矩阵的一部分（Hughes 1994）。另外，在许多国家，税收与正义观念和民主原则密切相关。因此，税法学者经常探讨两者之间的紧张关系，前者是指中立的、旨在提高效率的技术变革，后者是指税法对社会经济目标的偏好以及对如横向或纵向公平等传统税收政策目标的追求。

三　税法与技术的主题

本文梳理了三个税法与技术变革交叉的问题：一是跨境电子商务税收；二是税法对研发的激励；三是跨境税收信息交换。讨论旨在梳理相关文献是如何探讨税法和技术之间的复杂关系。例如，学者们探讨了跨境电子商务税收是如何挑战各州政府所保护的传统权力，包括征收所得税和从州外在线销售中取得收入。关于研发税收优惠问题，不同的视角审视了税法对追求创新和技术变革的经济活动的激励能力。文章还探讨了政府如何利用新的在线技术，在跨境税收信息交流中分享纳税人的数据，从而更直接地追求"技术就是法律"的方法。

（一）跨境电子商务征税

一旦互联网成为一种可行的商业媒介，关于电子商务征税的话题就成为研究税法与技术关系文献的重点。上一节讨论了美国州和地方征收销售（消费）税以及通过电子商务进行远程销售问题，本节主要考察与电子商务相关的国际所得税的发展情况。

从 20 世纪 90 年代中期开始，学术界、各国政府和其他机构开始审查全球电子商务带来的税收挑战（US Dept of Treasury 1996；Cockfield 1999; Doernberg and Hinnekens 1999;Basu 2007）。特别是，蒂林哈斯特（Tillinghast）在 1996 年的一篇文章中提出了质疑：传统的国际税法和政策是否足以应对跨境电子商务带来的挑战？（Tillinghast 1996）对经济合作与发展组织（OECD）及其税基侵蚀和利润转移（BEPS）项目的详细审查还在继续，BEPS 项目旨在禁止对跨境电子商务等国际税收进行积极的规划（OECD 2013:74–76; Cockfield 2014）。

551

批评者开始就这些问题展开辩论，并最终提出了多项可能的改革措施。他们总结了全球电子商务可能带来的影响，包括对所得税的侵蚀，更多地进入避税天堂的企业，以及更多的无形资产（数字商品和服务、知识产权、品牌、商誉等）向低税收司法管辖区的转移。上述文献存在普遍的共识，即全球电子商务挑战了传统的国际税法和政策，尽管对于这些困难的程度以及相应的政策应对措施仍存在分歧。

　　为应对全球电子商务可能带来的收入损失和其他税收政策挑战，评论人士提出的改革措施包括：（1）电子商务支付的低、中、高预扣税率（Avi-Yonah 1997; Doernberg 1998）；（2）定性经济存在测试（即事实和情况测试），使来源国在来源国内部没有传统的实体存在的情况下，对电子商务支付征税（Hinnekens 1998）；（3）定量经济存在测试（如允许来源国家对高于起征点的销售征税，如销售额 100 万美元）（Doernberg and Hinnekens 1999;Cockfield 2003）；（4）以目的地销售为因素的全球分配方案，鼓励来源国税收（Li 2003）；（5）跨境电子商务交易的全球交易税（Soete and Karp 1997; Azam 2013）

　　然而，在很大程度上，各国政府选择了一条更温和的改革道路。从 1997 年首届经合组织全球电子商务会议在芬兰图尔库召开，到 1998 年在加拿大渥太华举行第一届部长级会议，税务当局一般不主张脱离传统法律和政策（OECD 1998a; Li 2003）。从各国应对电子商务对税收挑战的实践可以看出，只要没有证据表明传统价值观存在严重风险（跨境交易的税收），各国政府一般会采取审慎的态度（Cockfield and others 2013: chs 4 and 5）。这种谨慎态度的一个可能解释是，越来越多的人认为，对跨境电子商务征税并没有导致高税收国家的不当收入损失（Sprague and Hersey 2003）。

552　　有关跨境电子商务对税收制度影响的激烈争论，其最有趣的后果之一，就是在国际层面以及美国各州等的次国家环境中，出现了通过非约束性政治机构加强合作的现象（参见第 2 节）。作为此次加强国际税收合作的一部分，经合组织发起了一系列"第一"来应对全球电子商务税收挑战（Cockfield 2014：115–118，193–233）。在经合组织的主持下，出现以下发展：（1）各国进行多边讨论，促成税收原则达成一致，以指导国际税收规则的后续制定；（2）经合组织与产业界成员一道，指导制定新的税收细则；（3）经合组织与各国税务部门、工业界和学术界抽调的税务专家一起，广泛分析政策选项；（4）非经合组织国家被允许参与正在进行的审议；以及（5）经合组织成员国就跨境订单增值税 / 货物和服务税（VAT/GST）问题进行了广泛讨论。

　　这些新的合作机制和进程，例如经合组织的 VAT/GST 指南，旨在处理全球数字贸易征税问题或与之相融合的问题，而这些问题越来越多地受到所有跨界服务贸易和无形资产贸易的更广泛的规则的约束（见第 4.3 节）。政策回应表明了有效的制度改革过程的重要性，以应对技术变革所推动的税收挑战，这些挑战对税收等传统利益构成了威胁（见第 4.1 节）。

　　在早期一篇关于税收和电子商务的文章中，艾布拉姆斯（Abram）和多恩伯格（Doernberg）预见到，电子商务在税收政策方面的增长最重要的含义可能是，技术而不是政策将决定 21 世纪的税收政策（Abrams and Doernberg 1997）。有趣的是，正是技术变革，而不是传统的政策问题，引发了全球和美国次国家层面的史无前例的税收合作。

（二）研究与开发

在追求经济增长的过程中，政府为追求创新战略的企业提供税收优惠（即减少纳税义务）。政府希望减税将激励企业把更多资源用于开发提高生产率的技术。企业也可能搬迁到新的司法管辖区，以利用税收减免，增加就业。通过这种方式，税法刺激技术变革和实现相关政策目标。

有学者考察了税法与研发之间的相互作用（Graetz and Doud 2013）。与税法和技术变革相关的任何领域文献相比，这些关于研发税收优惠的文献都包含更多的经济分析。这一节考虑了法律文献所论述的两点：（1）研发税法激励措施是否促进了有益的国内经济成果；以及（2）这些激励是否会引发无益的国际税收竞争，损害大多数国家的福利。

研发税收优惠通常是在鼓励投资于研发活动的基础上合理化的，否则如果没有这些优惠，研发活动就不会发生。例如，在以色列，研究人员发现，每获得价值一美元的研发补贴，由公司资助的研发支出就会增加 41 美分（Lach 2000）。此外，在加拿大，一项研究表明，与只获得研发税收抵免的公司相比，获得研发补贴的公司更具创新性（Berube and Mohnen 2009）。经济学家普遍认为，研发对一个经济体产生了积极的溢出效应，超过了对从事这些活动的特定公司利润增长的预期：溢出效应包括吸引和维持熟练的劳动力、改善自然环境、提高整体工人的生产率（随着技术的变化，鼓励生产资源消耗更少的商品和服务）。上述努力帮助了司法管辖区内的公司，因为研发补贴往往会提高企业和行业的生产率，同时增加进一步的投资，由此，税率将在确定公司投资的方向方面发挥作用（Pantaleo, Poschmann, and Wilkie 2013）。

20 世纪 70 年代，许多政府开始通过税法正式补贴研发活动。这些法律通常通过税收抵免、退款和 / 或强化扣除额为活动提供救济（Dachis、Robson and Chesterley 2014）。此外，税法有时还规定，研发活动产生的知识产权带来的收入可获得税收减免。税收抵免（即从纳税义务中扣除一美元抵一美元）似乎是使用最广泛的机制：例如，美国、加拿大和英国都为纳税人的研发活动提供税收抵免（Atkinson 2007）。截至 2008 年，提供研发税收优惠的经合组织国家超过 21 个（Mohnen and Lokshin，2009）。此外，税法的设计可以影响高科技初创公司的投资和运营（Bankman 1994）。

尽管政治上接受了此类税法，但尚不清楚研发激励措施是否会促进长期国内经济效益（Ientile and Mairesse 2009）。审视此事的经济文献提供了几种不同的视角（Cerulli 2010）：首先，税法致力于促进整体研发活动的加强，进而鼓励经济增长和生产率：在这种观点下，对增强的经济活动征税的收入收益弥补了与激励措施相关的收入损失。例如，在美国的一项研究中发现，在税收收入中每损失 1 美元，就多支

554　出 1 美元用于研发（Hall 1995）。其次，税法并不直接导致某种行为，而是激励纳税人出于税收原因而不是真正的经济理性来转移其投资类型，最终产生收益损失而没有相应的有益结果。这种观点还认为，各国实际上是在"搬起石头砸自己的脚"，因为税收激励措施只会导致税收损失，因为纳税人在缺乏激励措施的情况下可能会进行的活动会获得补贴。最后，税法提供了复杂的结果，在某些情况下，它似乎促进了有益的研发活动，但也促进了纳税人的"博弈"，导致更大的收入损失（Klette、Moen and Grilliches 2000）。

　　尽管证据并不充分，但各国政府普遍对利用税法来促进研发保持着热情。由于许多国家的政府都专注于促进以知识为导向的、能产生知识产权收入的服务经济，它们越来越倾向于通过税法来吸引研发活动。最近，各国政府越来越多地对知识产权产生的收入减免税收。例如，英国在 2012 年引入了所谓的"专利盒"制度，部分目的是鼓励跨国公司将研发活动设在英国。根据该办法，英国将不对通过涉及专利的许可协议产生的特许权使用费收入征税。专利盒还旨在鼓励企业保留和商业化现有专利。在爱尔兰、荷兰和中国也能看到类似专利盒的制度（Pantaleo, Poschmann, and Wilkie 2013）。

　　从全球范围来看，观察人士担心，所有这些激励措施（无论是通过税法对运营的补贴还是由此产生的收入）都在导致一场所谓的"底部竞争"，因为各国政府感到有必要提供越来越慷慨的补贴，最终导致知识产权收入的零税收和相应的收入损失（Leviner 2014）。虽然研发补贴赋予了一些独立利益，例如增加了创新，但对研发投资的更大的影响是通过提供更好的激励让企业迁移。鼓励研发的国家越多，竞争可能会变得越激烈。如果一个国家无法与其他国家提供的激励措施相匹敌，它很可能会看到研发能力的下降。有一种观点认为，随着美国在研发税收补贴方面的领先地位下降，而为了降低成本，越来越多的美国公司将研发转移到了海外（Atkinson 2007）。

　　此外，纳税人可能只是转移其知识产权的位置，而不会在补贴国部署任何资产或工人。例如，跨国公司有时会部署"实体孤立"战略，即在目标国家范围内设立公司（或其他商业实体），持有所有知识产权资产（如专利、商标和版权），从而使所有跨境知识产权费用保持轻税或免税（Cockfield 2002b；Sanchirico 2014）。截至发稿时，
555　这些担忧正通过前面提到的经合组织税基侵蚀和利润转移（BEPS）计划得到解决，该计划旨在通过积极的国际税收规划来抑制跨国公司将收入转移到低税收国家的能力（OECD 2013）。

　　虽然经验证据喜忧参半，但各国政府仍在继续推行"技术就是法律"的战略，试图利用税法促使企业从事导致技术变革的活动。然而，对这些问题进行更广泛的审视（详见第 2 节提到的实质性技术理论）就会发现，这些战略可能会导致一场"底部竞

争"，所有国家都会因为研发税收优惠导致的收入损失而以至损害本国研发能力。

（三）跨境税收信息交换

技术发展使政府和私营部门收集、使用和公开金融和税收信息等个人信息的效率更高、成本更低（Cockfield 2003）。现在只要能上网，只需点击鼠标，就可以从政府数据库调出记录，进行聚合、复制，并转移到位于世界任何地方的另一个政府机构。许多国家和次国家政体（如州和省）可以相对轻松地进行跨境税收信息交换。各国政府交换批量纳税人信息主要是为了确保居民纳税人为税收目的而申报其全球收入（Dean 2008）。通过这样做，这些政府正试图根据技术变革来保护自己的传统利益。在这种情况下，它们寻求确保居民纳税人遵守它们的税法义务，为它们的非居民收入来源纳税。

加强跨境税收信息交换的努力开始于 20 世纪 90 年代初，当时各国政府开始利用信息技术发展的优势，开发和促进税收记录的数字化，包括纳税申报单，并将这些记录存储在联网的数据库中，以提高行政效率，促进个人纳税人的年度纳税申报单的在线申报（Bird and Zolt 2008; Buckler 2012）。特别是，数字技术促进了跨境税收信息的"自动交换"（例如，通过欧洲理事会/经合组织互助公约或欧盟储蓄指令）。各国政府通过交换大量纳税人信息，以辨别居民纳税人是否在披露国际投资并纳税（Keen and Ligthart 2006）。

学者和政策制定者研究了信息技术发展促进税收信息交流的方式，以及数字化的税收信息、联网数据库的使用和自动税收征收系统（Hutchison 1996; Jenkins 1996）。随着各国政府对其收集、使用和披露税务信息的信息技术越来越有信心，它们似乎正在寻求加强与其他政府提供的技术服务的联系，包括联网数据库。在这方面，我们看到政府对一种潜在有益的技术变化做出反应，这可能会让它们更容易获得跨境收入。

556

经合组织为促进加强税收信息交流，将其作为 1996 年开始的"有害税收竞争"项目的一部分，以打击滥用避税天堂的行为（Ambrosanio, Caroppo 2005; Brabec 2007）。1998 年，经合组织发表报告指出，"缺乏有效的信息交流"是打击有害税收行为的关键障碍之一（OECD 1998b）。2000 年，经合组织公布了 35 个避税天堂国家的初步"黑名单"，这些国家不允许有效的税收信息交换等。2002 年，经合组织制定了不具强制约束力的模范税收信息交换协议（TIEA），以鼓励透明度并为这些信息的交换制定标准。有人认为，TIEA 可能会阻止纳税人试图通过非法不披露境外收入逃税。此外，人们希望 TIEA 将抑制国际洗钱、资助全球恐怖主义和激进避税策略等行为。

最具争议的单边发展始于 2010 年，当时美国政府出台新立法，获取居住在国外的美国公民（以及其他"美国人"）的税务信息，以打击离岸逃税行为（Christians and Cockfield 2014）。根据美国税法，所有美国公民，无论居住在哪里，都要对其在全球范围内的收入交税，而且每年必须向美国提交纳税申报单，并缴纳任何应缴税款。为帮助识别离岸逃税者，新法律试图迫使外国银行和其他金融机构提供有关居住在国外的美国公民的金融信息 [该制度基于《外国账户税收合规法案》（*Foreign Account Tax Compliance ACT*），FATCA]。外国金融机构被要求收集这些个人财务信息，并直接传送给美国国税局。

经合组织和美国的进展受到了观察人士的密切关注，他们普遍支持加强跨境信息交流，但担心损害纳税人隐私等问题（见第 4.4 节）。当前另一个卓有成效的探索领域是研究跨境"大数据"和数据分析如何促进有益的政策成果：通过"技术就是法律"的方法，各国政府通过税法，利用信息技术的发展，寻求加强纳税人大量数据的在线交换，以促进合规目标的实现。对税务当局来说，大数据和数据分析有可能抑制逃税、国际洗钱、资助全球恐怖主义和激进的国际税收计划（Cockfield 2016）。作为积极的国际税收规划的一项改革，前述的 2013 年经合组织 BEPS 项目旨在按国别制作报告，据此即跨国公司需要向外国税务当局披露其缴税国家的所有纳税情况和其他财务数据（经合组织 2013 年；Cockfield and Macarthur 2015）。这个大数据可以向税务机关提供高质量信息，帮助它们决定是否审计纳税人的国际活动。

四　制定指导原则

最后一节从有关最优税法和因应技术变化的政策的文献中提炼指导原则（Mandel 2007; Moses 2007; Cockfield and others 2013:490–509）。报告讨论了有效的制度安排如何既尊重政治主权关切又能够有效应对不断变化的技术环境；探索了那些有助于确定技术变革是否在颠覆受税法保护的传统利益的经验做法；探讨了无论启用何种技术，广泛的实质经济行为所需的那些中立的税收政策；还讨论了如何更多地利用技术来执行税法。这些观点通常遵循广泛接受的税收政策目标（如追求公平和效率），而非技术变革的领域。

（一）有效的制度安排

政府税收改革过程在一定程度上决定了税法对技术变化的反应。因此，根据技术变革，机构设计决定了这些进程是否会鼓励维护传统利益（如税收征收和横向 / 纵向公平）。

1. 尊重税收主权

税收改革的政治机构需要对改革可能影响到税收主权问题保持敏感。与税收有关的制度和制度安排是民族国家经济增长的重要决定因素（North 1990）。虽然关于是否需要有约束力的全球税务机构的辩论仍在进行中，但观察人士普遍指出，在可预见的将来，朝这一方向的行动仍然是不可能的（Bird 1988; Avi-Yonah 2000:1670-1674; Sawyer 2004）。大多数国家希望在不受正式的世界税收组织或其他过于干涉性的约束性措施干涉的情况下，维持为本国利益量身定制的法律和政策：税收主权问题仍然是国际税收政策的主要驱动因素之一（Cockfield 1998; Azam 2013）。各国政府极力地捍卫自己的财政主权，以便其税收制度能够追求不同的社会经济议程，如财富再分配。 558

例如，观察员研究表明经合组织通过组织讨论、学习和非约束性改革等类似"软法"方式寻求国际电子商务改革（Ring 2009:555; Christians 2007; Ault 2009）。所谓软法（或称软性制度），是指为达成共识，通过为行动方提供了一个协商性的、不具约束力的规则和原则，而采用的非正式程序，而不是具有约束力的公约。这些程序可以在不对国家主权施加过度限制的情况下应对技术挑战。

从这个角度来看，经合组织似乎为应对技术变革提供了一个适当的论坛，因为它既满足了最发达工业经济体及其纳税人的利益，又没有强加任何约束其成员国税收政策的规则（见第 3.1 节）。经合组织的电子商务倡议部署了旨在解决重要经济行为体（如跨国公司）需求的流程，它减少了对跨境贸易和投资的税收壁垒，同时尊重了民族国家的政治需求。经合组织的电子商务税收倡议还通过在不对成员方税收政策施加任何侵入性限制的情况下提供重要的进口机会来鼓励合作。

将提供更多表达关切的机会与使用软性制度结合起来，这可能有助于制定经合组织成员国都能接受的有效指南（Bentley 2003）。同样，在美国，州和地方政府之间的一项名为"精简销售税项目"的合作努力，似乎鼓励了积极的政策结果（见第 2 节）。

2. 适应效率的需要

为促进有效地、及时地应对技术环境的不断变化，除了需要尊重税收主权，还需要设计税收改革进程。通过适当的制度设计，这些改革进程在受到技术变革威胁时，将更好地维护传统利益。技术变革瞬息万变（互联网就是最好的例证），对此，法律机构包括立法者、法院和国际组织，必须能够有效和及时地做出反应。一种观点认为，经济发展在很大程度上取决于"适应效率"，即一个社会或社会集团在创建有生产力、稳定、公平、被广泛接受和灵活的制度方面的有效性，这些制度可以根据政治和经济反馈而被改变或替代（North 1990）。

国际电子商务征税的改革就是通过非正式机制，由经合组织从中斡旋，管理其成员国试图制定政治上可接受的国际税收政策的预期。经合组织发展了新的合作流程， 559 将审议范围扩大到行业代表和学者，成立专家技术咨询小组，深入研究技术变革问题，并接触中国、印度、俄罗斯和南非等非经合组织成员国，鼓励它们"接受"拟议中的解决方案。由于主要的改革进程（从 1997 年至 2003 年）及时完成，《经合组织税收协定范本评注》做了修订（Cockfield 2006）。

经合组织的电子商务指导倡议似乎已经通过履行威廉姆森（Williamson）提出的

八个步骤，在一定程度上实现了满足适应效率要求的政治制度（或"交易成本视角下的"制度安排）：（1）需要披露的适应时机，之后（2）确定替代适应性；（3）制定各自的后果；（4）确定最佳适应性；（5）选择的适应性是由该机构传达和接受；（6）实施适应；（7）进行后续评估，并且（8）随后进行适应性的顺序调整（Williamson 1999：333）。

（二）作为现实验证的调查和实证研究

我们的下一个指导原则是显而易见的：实证研究可以帮助确定技术变化是否损害传统利益。考虑到各国政府在跨境电子商务活动急剧增加方面面临的挑战。目前，因为没有相关的实证研究，各国与国际电子商务交易相关的收入损失难以估计（OECD 2013:74–75）。

税务当局已经注意到某些"灰色市场"商业活动的持续上升，比如设在离岸避税天堂的赌博和色情网站，这可能导致税收损失（US Treasury Department 1996）。一些税收观察人士所提倡的激进和非传统的税收改革是没有必要的，因为缺乏实证研究来支持他们的主张（见第3.1节）。通过实证法律研究或其他一些方法进行更全面的探索，可以帮助政策制定者就其管理跨境电子商务的税法和政策做出更明智的决定（Mcgee and van Brederode 2012:11,50）。

然而，与缺乏有关国际层面的收入损失经验证据比较，美国次国家背景下的情况恰恰相反。在美国的次国家背景下，几项研究表明，由于邮购和涉及有形商品的互联网交易导致远程消费者销售增加，美国州和地方政府正遭受数十亿美元的收入损失（尽管估计的收入损失仍只占传统商业产生的总体销售税收入的一小部分）（Bruce, Fox, and Luna 2009; Alm and Melnik 2010）。如前所述，迄今为止，美国已有24个州政府采取了史无前例的措施，一是统一销售，二是利用税基鼓励州外销售的公司自愿履行。可以理解的是，如果没有国际上的类似证据，税务机关和立法机构可能不愿意把注意力集中在一个可能不会造成重大收入损失的领域。

（三）实行中立的税收待遇

我们在这一章中看到了一些例子，这些政府为应对技术变革而有效利用新的或传统的税法和政策。如果它们真的采取行动，税法的设计应该广泛适用于实质性的类似经济活动，无论有什么技术在起作用。换句话说，正如美国财政部的一份文件所讨论的那样，要面对持续和不确定的技术变革，需要广泛制定税收规则：它提出了一个普遍性的、灵活的解决方案，以应对目前无法预见的技术和商业模式的发展（US Treasury Department 1996）。采取中立税收待遇背后的目的是抑制税法扭曲经济决策（传统效率目标）的可能性，以及确保两个类似位置的纳税人以相同的方式纳税（传统的横向公平目标）。因此，拟议中的方法确保了税法根据技术变化寻求维护传统利益。这种做法的例子包括，美国财政部规定，通过关注实体经济活动对计算机程序交易进行分类（财政部会计规则 1.861–18）；经合组织跨境数字交易收入分类规则（经合组织，2010：第 12 条注释第 17.1 至 17.4 条），以及以色列税务机关关于电子和传统销售的声明（Rosenberg 2009）。所有这些努力都力求以同样的方式对待功能上的等值交易。一个反例是经合组织的改革，它制定了一个具体的规则来解决特定的技术变化（通过《经合组织模范税收条约》中的"服务器 / 常设机构"规则），该规则关注的是软件功能，以确定税收管辖权。该规则不仅未能保护传统利益（如来源国的税收征收），反而通过鼓励激进的国际税收计划加剧了问题（Cockfield 1999）。

与此相关的是，中性税收待遇阻碍技术创新和扩散的风险是最低的。法律规则既可以激励，也可以阻却技术变革（Stoneman 2002；Bernstein 2007）。例如，在美国，20 世纪 90 年代中期，有关新税将"摧毁互联网"的呼声导致国会通过了《互联网税收自由法》（*Internet Tax Freedom Act*）。《互联网税收自由法》禁止国家和地方政府对互联网征税或"歧视性"的互联网征税。该法案的目标之一是确保州和地方政府不会依据州外互联网相关企业在州内的实质联系，对这些企业征收税款。鉴于美国现行宪法禁止各州强迫州外销售商征收销售税的禁令（见第 2 节），这一法令可能已经没有必要。尽管如此，《互联网税收自由法》的通过仍是一个重要的信号，它表明联邦议员希望"保护"互联网免受新的或歧视性的州层面税收的影响。

正如第 3.1 节所讨论的，在国际层面上，经合组织及其成员国通常选择采取温和的改革路径，试图使用传统的税法和政策。之所以采取这种做法，部分原因是担心新税会阻碍互联网的发展或抑制创业努力。至少在最初阶段，中小型公司在全球电子商务中占有很大的份额。事实上，低廉的创业成本鼓励了许多互联网公司通过电子商务销售"走出去"。但这些公司往往可能没有资源或技术来遵守客户所在外国的税法或新税法。因此，更为激进的改革路径遭到了否决，包括可能对每一次跨境数据传输都适用的"比特税"（Soete and Karp 1997）。

在某些情况下，还需要在"现实"和"虚拟"世界之间提供中立的税收待遇，以保护非经济利益。互联网既是特别重要的商业平台，也是非商业性表现形式的特别重要的平台，这是互联网技术比较新奇的一面。网络空间由多种不同的商业和非商业平台的演化和互动构成，例如社交网络。因此，网络空间可以与"数字生物圈"进行类比（Cockfield 2002a）。税务当局应更谨慎地应对新的网络平台。来自数百个政府的无数税收规则可能会阻碍这些新平台以及传统（此处指西方自由主义）价值观的发展，比如网络对私人的和匿名的交流的保护（见第 4.4 节）。

（四）利用科技手段执行税法

本节考察的是包括互联网的硬件和软件技术在内的技术如何帮助税法执法。通过"技术就是法律"的方法来规范技术，政府可以决定个人可以做什么和不能做什么，从而间接影响政策结果（Lessig 1999）（见第 2 节）。例如，政府可以依据税法，使用在线税收技术来促进纳税人的合规。值得注意的是，征收技术的变化一般不涉及传统的税收原则和法律：潜在的改革围绕的是征收技术，而不是一般的原则和税收义务（尽管，税收技术的变化也可以挑战传统价值观，如纳税人的隐私）。

如前所述，各国政府正在采用技术，使网上报税和税务数据分析能够识别审计的"危险信号"（见第 3.3 条）。然而，到目前为止，各国政府一直不愿完全接受新的数字技术，以促进税收信息交流，并应对加强地区和全球经济一体化带来的其他挑战。正如赫勒斯坦（Hellerstein）所指出的，这些政府未能将其执行税法的技术能力与税法的影响范围联系起来，而税法的影响范围往往包括在其境外产生的利润或销售（Hellerstein 2003;Swain 2010）。

近期国际政策改革努力的重点是规范技术和机制，以更有效地交换跨境税收信息（OECD 2014）。跨境税收信息交换还可以通过开发一个全面的税收信息共享网络来实现。互联网作为科技平台可能涉及以下组成部分的一部分或全部。

（1）向所有参与的税务机关延伸一个安全的外网，它们可以自动转移税务信息；（2）在各税务机关与其境内金融中介机构之间只铺展一个安全的内网，以便税务机关能够获取所需的财务信息；（3）对部分款项自动代扣代缴税款；（4）建设网上清算所，协助办理跨境 VAT/GST 支付的自动评估、征缴和汇缴（Cockfield 2001:1238-1256）。

参与的美国各州政府通过精简销售税项目的改革，为在跨境税收征收过程中运用互联网技术的改革提供了更具体的范例（见第 2 节）。互联网技术被用来帮助税收合规和执行。此外，美国各州政府正在评估一个系统，根据该系统，经过认证的第三方中介机构将扮演卖方代理人的角色，履行卖方的所有销售和使用税务功能。单一登记点的网上登记系统用来降低合规成本。任何使用这种经过精简认证的软件的企业，都将免受通过该软件处理的销售的审计责任。

然而，从更广泛的社会和政治角度来看（如实质主义的理论家所强调的），使用这种税收技术引发了纳税人对隐私保护的严重担忧（见第 2 节）。数字化的纳税人信息是永久性的，它使政府部门数据库间信息交换更加便捷，也使得信息流向那些隐私法律更宽松的地区变得更加容易（Dean 2008; Schwartz 2008; Christians and Cockfield 2014）。政策回应包括：（1）改革隐私法，以规范私营部门的信息收集做法（如欧盟 1995 年的数据保护指令）；（2）改革规范公共部门信息收集行为的隐私法（如加拿大的联邦隐私法）；（3）制定政府机构隐私准则，以规范访问纳税人信息的新安全倡议的设计、实施和运作（如加拿大隐私专员办公室 2010 年事项信任准则）（加拿大隐私专员办公室 2010）；（4）创造政府搜索税收数据库记录的审计踪迹等技术改革（Cockfield 2007）；（5）促进多边合作，如，潜在的全球纳税人权利法案（Cockfield 2010）。

五 结语

从文献上看，税法通常会在技术变革中发挥积极作用（第 2 节指出的"法律就是技术"框架）。根据这种方法，当技术变革似乎威胁到传统利益时，税收法律和政策将被修订。政府经常采用传统的税法和原则来管理技术变革推动的新商业活动。通过这样做，它们有助于促进法律和商业稳定，因为它使得税务律师更容易预测该法律将如何适用于特定纳税人的活动和交易。

税法有时还试图通过为研发提供税收优惠来促进技术变革，或者至少是锁定创新活动的地点。在这种"技术就是法律"的方法下，税法试图推动技术变革，以促进预期的政策结果，比如鼓励科技行业的投资和就业。在更罕见的情况下，税法试图更直接地塑造一些技术，比如强制使用新的软件协议来评估和征收纳税义务（例如自动在线征收系统）。

此外，学者们研究了当纳税人的活动或交易得到比其他纳税人更优惠的税收待遇时，税法与技术之间的复杂相互作用如何扭曲市场。正如第 2 节讨论的那样，美国销售税法鼓励州外销售，禁止各州将税法扩展到远程邮购或在线销售商。

我们从税法和技术相关文献中提炼一些初步的指导原则；这些观点总体上与传统的税收政策目标相一致，例如提高效率和公平。政治上可信、适应效率较高的国内和国际政治机构最适合达成共识，根据技术变革来推动有效的改革努力。此外，实证研究可以帮助确定这种变化是否正在损害受税法保护的传统利益。

税收法律本身应当以中立的方式适用于功能等同的经济活动的广泛领域，而不论其根本的技术如何。最后，各国政府应严肃地探讨技术如何帮助执行税法的问题。例如，自动收税系统可以鼓励纳税人更好地守法，并能使税收增加。相应地，政府需要对技术对个人和社区的社会和政治影响保持敏感，以防范这些税收系统对纳税人隐私造成威胁。

从更广泛的角度来看，税法和技术相关文献显示，法律是如何将技术变革等潜在的破坏性外部冲击结合起来，以维护传统利益的。特别是，当法律框架承认这些时代的历史连续性时，传统税法原则的应用将不同的技术时代（农业时代、工业时代、信息时代等）联系在一起。通过研究这些过程，相关理论可以帮助我们在一个正在进行技术变革的环境中寻找到最优的税法和政策。

注：感谢英国女王大学法学院 JD 候选人丹尼尔·弗兰克（Daniel Frank）提供的有益的研究帮助。

【参考文献】

Abrams H and R Doernberg, 'How Electronic Commerce Works' (1997) 14 Tax Notes International 1573

Alm J and J Melnik, 'Do Ebay Sellers Comply with State Sales Taxes?' (2010) 63 National Tax Journal 215

Ambrosanio M and M Caroppo, 'Eliminating Harmful Tax Practices in Tax Havens: Defensive Measures by Major EU Countries and Tax Haven Reforms' (2005) 53 Canadian Tax Journal 685

Atkinson R, 'Expanding the R&D Tax Credit To Drive Innovation, Competitiveness and Prosperity' (2007) 32 Journal of Technology Transfer 617

Ault H, 'Reflections on the Role of the OECD in Developing International Tax Norms' (2008-2009) 34 Brooklyn Journal of International Law 770

Avi-Yonah R, 'International Taxation of Electronic Commerce' (1997) 52 Tax L Rev 507

Avi-Yonah R, 'Globalization, Tax Competition and the Fiscal Crisis of the State' (2000) 113 Harvard L Rev 1573

Azam R, 'The Political Feasibility of a Global E-commerce Tax' (2013) 43(3) University of Memphis Law Review 711

Bankman J, 'The Structure of Silicon Valley Start-Ups' (1994) 41 UCLA Law Review 1737 Basu S, *Global Perspectives on E- Commerce Taxation Law* (Ashgate Publishing 2007)

Bentley D, 'International Constraints on National Tax Policy' (2003) 30 Tax Notes International 1127 (2003)

Bernstein G, 'The Role of Diffusion Characteristics in Formulating a General Theory of Law and Technology' (2007) 8 Minnesota Journal of Law, Science and Technology 623

Berube C and P Mohnen, 'Are Firms That Receive R&D Subsidies More Innovative' (2009) 42 Canadian Journal of Economics 206

Bird R, 'Shaping a New International Order' [1988] Bulletin for International Taxation 292

Bird R and E Zolt, 'Technology and Taxation in Developing Countries: From Hand to Mouse' (2008) 61 National Tax Journal 791

Brabec G, 'The Fight for Transparency: International Pressure to Make Swiss Banking Procedures Less Restrictive' (2007) 21 Temple International and Comparative L J 231

Brownsword R and K Yeung, *Regulating Technologies. Legal Future, Regulatory Frames, and Technological Fixes* (Hart Publishing 2008)

Bruce D, W Fox, and L Luna, *State and Local Revenue Losses from Electronic Commerce* (University of Tennessee, Center for Business and Economic Research 2009) <http://cber. utk.edu/ecomm/ ecom0409.pdf> accessed 28 January 2016

Buckler A, 'Information Technology in the US Tax Administration' in Robert F van

Brederode, *Science, Technology and Taxation* (Kluwer Law International 2012) 159 Camp B, 'The Play's The Thing: A Theory of Taxing Virtual Worlds' (2007) 59 Hastings Law Journal 1

Cerulli G, 'Modelling and Measuring the Effect of Public Subsidies on Business R&D: A Critical Review of the Economic Literature' (2010) 86 Economic Record 421

Christians A, 'Hard Law and Soft Law in International Taxation' (2007) 25 Wisconsin Journal of International Law 325

Christians A and A Cockfield, Submission to Finance Department on Implementation of FATCA in Canada (*Social Science Research Network*, 2014) <http://papers.ssrn.com/sol3/ papers. cfm?abstract_id=2407264> accessed 28 January 2016

Cockfield A, 'Tax Integration under NAFTA: Resolving the Clash between Sovereignty and Economic Concerns' (1998) 34 Stanford Journal of International Law 39

Cockfield A, 'Balancing National Interest in the Taxation of Electronic Commerce Business Profits' (1999) 74 Tulane Law Review 133

Cockfield A, 'Transforming the Internet into a Taxable Forum: A Case Study in E-Commerce Taxation' (2001) 85 Minnesota Law Review 1171 Cockfield A, 'Designing Tax Policy for the Digital Biosphere: How the Internet is Changing

Tax Laws' (2002a) 34 Connecticut Law Review 333 Cockfield A, 'Walmart.com: A Case Study in Entity Isolation' (2002b) 25 State Tax Notes 33

Cockfield A, 'Reforming the Permanent Establishment Principle through a Quantitative Economic Presence Test' (2003) 38 Canadian Business Law Journal 400-422

Cockfield A, 'Towards a Law and Technology Theory' (2004) 30 Manitoba Law Journal 383 Cockfield A, 'The Rise of the OECD as Informal World Tax Organization through the Shaping of National Responses to E-commerce Taxation' (2006) 8 Yale Journal of Law and Technology 136

Cockfield A, 'Protecting the Social Value of Privacy in the Context of State investigations Using New Technologies' [2007] 40 University of British Columbia Law Review 421

Cockfield A, 'Protecting Taxpayer Privacy under Enhanced Cross-border Tax Information Exchange: Towards a Multilateral Taxpayer Bill of Rights' [2010] 42 University of British Columbia Law Review 419

Cockfield A, 'BEPS and Global Digital Taxation' [2014] 75 Tax Notes International 933 Cockfield A and C MacArthur, 'Country by Country Reporting and Commercial Confidentiality' (2015) 63 Canadian Tax Journal 627

Cockfield A, 'Big Data and Tax Haven Secrecy' (2016) 12 Florida Tax Review 483 Cockfield A and J Pridmore, 'A Synthetic Theory of Law and Technology' (2007) 8 Minnesota Journal Law, Science & Technology 475

Cockfield A and others, 'Taxing Global Digital Commerce (Kluwer Law International 2013)

Dachis B, W Robson, and N Chesterley, 'Capital Needed: Canada Needs More Robust Business Investment' (C.D. Howe Institute, 2014) <www.cdhowe.org/sites/default/files/ attachments/ research_papers/mixed//e-brief_179.pdf> accessed 28 January 2016

Dean S, 'The Incomplete Global Market for Tax Information' (2008) 49 University of British Columbia Law Review 605

Directive 95/46/EC of the European Parliament and of the Council of 24 October 1995 on the protection of individuals with regard to the processing of personal data and on the free movement of such data [1995] OJ L281/31 [European Union's Data Protection Directive 1995]

Doernberg R, 'Electronic Commerce and International Tax Sharing' (1998) 16 Tax Notes International

1013

Doernberg R and Hinnekens L, *Electronic Commerce and International Taxation* (Kluwer Law International, International Fiscal Association 1999)

Feenberg A, *Transforming Technology: A Critical Theory Revisited* (OUP 2002)

Graetz M and R Doud, 'Technological Innovation, International Competition, and the Challenges of International Income Taxation' (2013) 113 Columbia Law Review 347

Hall B, 'Effectiveness of Research and Experimentation Tax Credits: Critical Literature Review and Research Design' [1995] Office of Technology Assessment

Hellerstein W, 'State Taxation of Electronic Commerce' (1997) 52 Tax L Rev 425 Hellerstein W, 'Internet Tax Freedom Act Limits States' Power to Tax Internet Access and

Electronic Commerce' (1999) 90 Journal of Taxation 5

Hellerstein W, 'Jurisdiction to Tax Income and Consumption in the New Economy: A Theoretical and Comparative Perspective' (2003) 38 Georgia Law Review 1

Hellerstein W, 'Is "Internal Consistency" Dead?: Reflections on an Evolving Commerce Clause Restraint on State Taxation' (2007) 61 Tax Law Review 1

Hinnekens L, 'Looking for an Appropriate Jurisdictional Framework for Source-State Taxation of International Electronic Commerce in the Twenty-first Century' (1998) 26 Intertax 192

567 Hughes T, *Technological Momentum, in Does Technology Drive History*' (Merritt Roe Smith & Leo Marx 1994) 101

Hutchison I, 'The Value-Added Tax Information Exchange System and Administrative Cooperation between the Tax Authorities of the European Community' in Glenn P Jenkins (ed), *Information Technology and Innovation in Tax Administration* (Kluwer Law International 1996) 101

Ientile D and J Mairesse, 'A Policy to Boost R&D: Does the R&D Tax Credit Work?' (2009) 14 EIB Papers 144

Jenkins G, 'Information Technology and Innovation in Tax Administration' in Glenn P. Jenkins, *Information Technology and Innovation in Tax Administration* (Kluwer Law International 1996) 5

Keen M and J Ligthart, 'Information Sharing and International Taxation: A Primer' (2006) 13 International Tax and Public Finance 81

Klette T, J Moen, and Z Griliches, 'Do Subsidies to Commercial R&D Reduce Market Failures? Microeconometric Evaluation Studies' (2000) 29 Research Policy 471

Lach S, 'Do R&D Subsidies Stimulate or Displace Private R&D? Evidence from Israel' (2000) 7943 National Bureau of Economic Research

Lessig L, 'The Law of the Horse: What Cyberlaw Might Teach' (1999) 113 Harvard Law Review 501

Leviner S, 'The Intricacies of Tax & Globalization' (2014) 5 Columbia Journal of Tax Law 207 Li J, 'International Taxation in the Age of Electronic Commerce: A Comparative Study'

[2003] Canadian Tax Foundation 2003

McGee R and R van Brederode, 'Empirical Legal Studies and Taxation in the United States' in Robert F van Brederode, *Science, Technology and Taxation* (Kluwer Law International 2012) 11

McLure C, 'Taxation of Electronic Commerce: Economic Objectives, Technological Constraints, and Tax Laws' (1997) 52 Tax L Rev 269

Mandel G, 'History Lessons for a General Theory of Law and Technology' (2007) 8 Minnesota Journal of Law, Science & Technology 551

Mason R, 'Federalism and the Taxing Power' (2011) 99 California Law Review 975

Mohnen P and B Lokshin, 'What Does It Take For an R&D Tax Incentive' (2009) 9 Cities and Innovation

Moses L, 'Recurring Dilemmas: The Law's Race to Keep Up with Technological Change' (2007) 7 University of Illinois Journal of Law, Technology and Policy 239

National Bellas Hess v Department of Revenue, 386 US 753 (1967)

North D, *Institutional Change and Economic Performance* (CUP 1990)

OECD, 'Committee on Fiscal Affairs, Electronic Commerce: Taxation Framework Conditions' (OECD 1998a)

OECD, 'Harmful Tax Competition: An Emerging Global Issue' (OECD 1998b)

OECD, 'Model Tax Treaty Commentaries' (OECD 2010)

OECD, 'Addressing Base Erosion and Profit Shifting' (OECD 2013)

OECD, 'Standard for Automatic Exchange of Financial Account Information' (OECD 2014) Office of the Privacy Commissioner of Canada, 'A Matter of Trust' (Government of Canada 2010)

Pantaleo N, Poschmann F and Wilkie S, 'Improving the Tax Treatment of Intellectual Property Income in Canada' (2013) 379 CD Howe Institute Commentary *Quill Corp v North Dakota*, 504 US 298 (1992)

Ring D, 'Sovereignty and Tax Competition: The Role of Tax Sovereignty in Shaping Tax Cooperation' (2009) 9 Florida Tax Review 555 | 568

Rosenberg G, 'Israel: Direct Taxation of E-commerce Transactions in Israel' in Ana D Penn, *Global E-Business Law and Taxation* (Internet Business Law Services and OUP 2009) 315

Sanchirico C, 'As American as Apple Inc.: International Tax and Ownership Nationality' (2014) 68 Tax Law Review 207

Sawyer A, 'Is an International Tax Organisation an Appropriate Forum for Administering Binding Rulings and APAs?' (2004) 2 eJournal of Tax Research 8

Schwartz P, 'The Future of Tax Privacy' (2008) 61 National Tax Journal 883

Soete L and K Karp, 'The Bit Tax: Taxing Value in the Emerging Information Society' in Arthur J. Cordell and others, *The New Wealth of Nations: Taxing Cyberspace* (Between the Lines 1997)

Sprague G and R Hersey, 'Permanent Establishments and Internet-Enabled Enterprises: The Physical Presence and Contract Concluding Dependent Agent Tests' (2003) 38 Georgia Law Review 299

Stoneman P, *The Economics of Technological Diffusion* (Blackwell 2002)

Swain J, 'Misalignment of Substantive and Enforcement Tax Jurisdiction in a Mobile Economy: Causes and Strategies for Realignment' (2010) 63 National Tax Journal 925

Tillinghast D, 'The Impact of the Internet on the Taxation of International Transactions' (1996) 50 Bulletin for International Taxation 524

Tranter K, 'Nomology, Ontology, Phenomenology of Law and Technology' (2007) 8 Minnesota Journal of Law, Science & Technology 449

US Department of the Treasury Office of Tax Policy, 'Selected Tax Policy Implications of Global Electronic Commerce' (1996)

van Wyk R, 'Technology: A Fundamental Structure? (2002) 15 Knowledge, Technology & Policy 14

Williamson O, 'Public and Private Bureaucracies: A Transaction Cost Economics Perspective' (1999) 15 Journal of Law, Economics, and Organization 306

Winner L, 'Do Artifacts Have Politics?' (1980) Winter Daedalus 109

PART 04

第四篇

技术变革：对法规和治理的挑战

壹

规制新技术

第二十四章
面向社会技术变革的规制 *

利里亚·贝内特·摩西（Lyria Bennett Moses）

张 欣 译

一 引言

当技术不仅在地球上根植，还奴役了人类的身体和思想，有关法律和规制对社会 573
技术领域的管控和影响的相关问题被频繁加以讨论。在法学领域，大多数讨论用来评
估如何最好地影响或限制被认为会造成损害或产生风险的特定做法。常常碎片化的讨
论通常涉及在小范围内分析与特定技术发展相关的已有或将有的行为、与这些行为相
关的潜在好处或危害、对现有法律和法规的影响以及提出新的法律或者规制的建议。
从这个意义上说，大多数律师和规制机构对于新技术的讨论都是具体的。这种学术和
分析很重要；有关法律和规章设计的诸多问题都需要了解具体的背景。

然而，更为普遍的学术研究也有其作用，那就是在跨越学说和技术语境的情况
下理解法律、规制和技术之间的关系。事实上，本书的标题就已经表明，对于"法
律和技术规制"而言，人们可能会有一些普遍的看法。这两类学术研究并非是独立
的——大部分学术研究涉及的具体问题依赖于对更为普遍情况的或明确或含蓄的假 574
设。例如，有一些假设是关于技术中立的优点以及法律和规制的滞后性（被喻为
"乌龟"）与技术创新的快速发展（被喻为"野兔"）等问题相关的（Bennett Moses

---

* 译文是译者承担的国家社科基金青年项目"移动互联时代立法公众参与的类型特征、形成机制和
应对策略研究"（17CFX058）的阶段性成果——译者注。

2011）①。本章的目标是要在更为普遍的层面上关注法律、规制和技术能够（和不能够）被讨论出何种规律。

很多研究认为，新技术给法律和规制带来了挑战 [例如，布朗斯沃德描述了"规制联结的挑战"Brownsuord 2008）；马歇尔、艾伦比和赫克特描述了"步伐问题"Marchant, Allenby, and Herkert 2011]。本章将提出，这些困难大多不属于"任何技术性的"（问题）（Heidegger 1977），而是来自这样一种社会技术背景下的事实：法律和规制运行是一系列新技术能力所变革的结果。换句话说，这一领域的挑战之所以出现，并非是因为损害或者风险与活动的"技术"程度成正比，也并非因为技术产业本身更容易受到市场失灵的影响，而是因为新增强的技术能力提出了需要解决的新问题。此外，技术变化的速度是如此之快导致挑战经常出现。因此，主要问题不是"某种特定技术的规制是合理的吗？"（第 3 节）或者"如何管理特定技术？"（第 4 节），而是"对于这种新的技术可能性，应当采取何种适当的法律或者规制予以回应？"在更广泛的层面上，我们需要追问的不是如何"规制技术"（如布朗斯沃德和杨提出的，2008），而是现有的法律和监管框架应该如何变革。因为正在创建的事物、可能进行和执行的活动以及所构建的社会技术网络都发生了快速变化。科技很少是唯一需要受到规制的"事物"，单凭科技甚至新型科技的存在并不能为呼吁实施新型规制的合理性证成。相反，规制（无论其目标和目的是什么）必须适应其运作中不断变化的社会技术环境。将"规制技术"或者"规制新技术"的框架更改为"为社会技术变革而调整的法律法规"有助于更好地理解法律、规制和技术之间的关系。它取代了技术中立原则，从而以更微妙的方式评估技术的特殊性在多大程度上是适当的。它有助于更好地理解法律和规制为何似乎总是滞后于技术的原因，从而减少对简单比喻和寓言的依赖②。换句话说，它确保了那些在特定技术背景下设计法律和规章的决策者能够依赖对法律和技术之间的关系进行更为精确的调整假设。结论并非可以自动套用公式（例如技术中立性原则）而得出，相反，这些因素需要与各种其他关于善治的建议以及特定背景下的具体要求（政治性的和规范性的）全盘考虑（Black 2012）。它们构成了一个有用的起点，有助于人们更好地理解法律和规制如何应对快速技术创新带来的挑战，从而在更为具体的背景下指导决策。

二 术语

在思考法律、法规和科技的时候，明确这些核心术语的含义是十分重要的。这三

---

① 该文作者的另一篇文章中曾运用龟兔赛跑的比喻形容法律制度变迁和技术发展——译者注。

② 译者注：有文献曾将法律和规制比喻为乌龟，将技术发展比喻为兔子，将两者之间的关系比喻为龟兔赛跑。

个术语都没有统一的含义——每个术语在本质层面都存在一系列争议，学者们提出的特殊定义往往是想表示他们的定义更好地揭示了相关现象。当法律、法规和技术的概念结合起来时，它们的定义又会发生进一步的变化。虽然"法律"和"规制"被认为是"技术"的一种形式（例如 Baldwin，Cave，and Lodge 2010），"技术"也可以作为"规制"或者"法律"的一种形式（Lessig 1999），但很少有人注意到试图将"监管技术"作为制约"技术"的一种手段所体现出的潜在循环性（但可以参见 Tranter 2007）。

与"法"相比，"规制"一词的普及程度有所提升，这反映出现代社会对各种权力来源和形式的意识有所增强。"法律"一词有时被认为过于关注"硬法"，即由公认的政治机构或者由其正式任命的代表颁布的正式规范。这表明我们还需要一个更宽泛的术语（例如，Rip 2010）。但是，正如有各种各样的声音声称要定义"法律"这个词一样，"规制"一词也与各种定义紧密相连（Jordana，Levi-Faur 2004：3–5；Baldwin et al. 2012：2–3）。这些定义从简单地将规制视为自由市场负担的政治理念（Prosser 2010：1），到更为细致入微的定义，不一而足。杨（Yeang）（参见本书第34章第2节）解释了定义"规制"一词的历史脉络和紧张关系。《布莱克法律辞典》的定义发生过变化，包括"持续而有针对性地试图根据标准或者目标改变他人的行为，以产生一个广泛确定的结果，其可能涉及标准制定、信息收集和行为修正机制"（Black 2005：11）以及"有组织地试图管理风险或者行为以实现公开声明的目标或者一套目标"（Black 2014：2）。有一些令人信服的论据稍稍修改了《布莱克法律辞典》的定义（2014），正如杨所建议的那样（参见第34章第4节），即"为解决集体问题或者集体担忧而试图有组织地管理风险的特定行为"。所有这些定义都刻意超越了传统的"指挥和控制"规则，而包含了促进或者推动措施以及"助推"功能（Thaler and Sunstein 2012），同时排除了那些非主观的影响变量（例如天气）。

另一个需要定义的重要术语是"技术"，对其进行定义的历史同样复杂。许多文献对技术规制的关注一直集中在当前和可预见未来的一系列领域，例如纳米信息—生物 [③]—机器人—神经技术（例如 Allenby 2011）。这类技术领域通常被描述为发展迅速的、具有革命性的和赋能的——它们代表着一场不仅挑战法律规则，而且挑战规制和治理体系的浪潮。本文并无意玩危险的游戏，即试图阐明一个有限的、可能影响未来的重要技术领域的清单，其可能会使进一步的技术创新对法律和规制构成挑战。实际上任何这样的清单都会随着时间的推移而改变（Nye 2004；Murphy 2009b）。因此，技术被认为包括所有上述领域，以及较早的领域，并包括"任何工具或技术、任何产品或过程以及任何物理领域"，以使人的能力得到延伸（Schön 1967: 1）。

本文的另一个主要概念是新观念或者变革的思想。鉴于技术的上述定义可知，一

576

[③] 经常包括合成生物学。

项新技术使得新事物和新行动成为可能，虽然较早的技术已经存在一段时间了。这里没有明确的分割线——新技术可能源于旧技术，所具有改变能力的方式也有可能来源于传统方法。例如，人们可能会发现，以全新的目的使用一种较早的药物本身就是一种新意。因为这些变化并不单纯以人工制品为中心，还包括实践，所以才会使用"社会技术变革"这一术语。

三　技术或者技术影响作为规制的理由

本节将探讨涉及"技术"这一事实是否符合或增强了规制公共利益的行为理由。当以公共利益为理由对技术规制时，它忽略了规制中可能同时存在的私人利益以及不同的规制理由在辩论中可能相互影响的方式。这里的目标不是要理解有关规制必要性在政治层面的争论，而是希望探寻从公共政策的视角来看，"技术"的存在在证明规制合理性方面的重要性。在大众心目中，"技术"的确很重要，因此人们经常认为规制是合理的，原因在于技术的影响、危害、风险或者与其相关的副作用，或者仅仅因为技术作为一个类别，都是需要民主化治理的。

对探讨一般规制理由的一个有用的起点是普罗瑟（Prosser）提出的规制类别：（1）出于经济效率和市场选择的规制；（2）保护权利的规制；（3）为了社会团结的规制；（4）作为审议的规制（Prosser 2010：18）。这并非是对规制理由进行分类的唯一方法（cf Sunstein 1990：47–73），但不同的分类通常是相互交叉的。

本节将指出，尽管技术在证明规制合理性方面并不重要，但技术发展的趋势在证明法律和规制改革的合理性方面却至关重要。换言之，规制机构面临的首要问题并非"规制技术"的必要性，而是确保法律和规制机制能够很好地适应它们所处的社会技术环境。随着技术实践的转变，新的危害、风险、市场失灵和体系架构都会实际或者潜在存在。同时，基于当下做出的可能性判断时，现有的社会规范、规则和规制力量往往被错误定位。这就需要规制改革或者建立新的法律以及规制制度。规制机构需要应对新技术，并不是因为它们本身是技术性的，而是因为它们是新的，法律和规制需要加以改变以适应新的社会技术环境，包括新的负面特征（危害、风险、市场失灵、不平等，等等）。

（一）根据之一：技术作为市场失灵的场所

在市场经济体制下，经济规制通常是参考市场失灵的机制设定的。在此背景下所指的种种市场失灵，包括自然垄断、暴利、外部性（包括对后代的影响）、信息不足、连续性和服务可得性、反竞争行为、道德风险、议价能力失衡、稀缺性、合理化和协调性等（例如 Baldwin，Cave，and Lodge 2012）。更一般地说，就像规制的基本原理一样，市场失灵也可以分为不同的类别；例如，人们可以将那些与公共产品供应有关的失灵归为一类。

虽然大多数市场失灵的类别并非专门与技术或者技术产业有关，但市场失灵往往涉及"技术"问题，以及一种关涉公共利益的协调问题。特别是，在制定技术标准以实现设备间的兼容性方面，规制可能是虚置的。比如，可以采取国家规定的方式规范电源插头或者数字电视传输。然而，尽管技术标准是一种经典的规制协调方式，协调的需求却并不仅局限于技术领域。对协调的渴望可能会激发集体性营销（Baldwin, Cave, and Lodge 2012），并且可能不仅需要在事物之间，在人际网络与事物之间也需要具备相互操作性（就像汽车设计需要与人在道路一侧行驶的方向保持一致）。因此，即使在与技术有关的协调方面，也有许多超越技术目标的标准和协调机制存在，甚至有些标准和协调机制的存在其实与技术无关。

另一个与技术有关的市场失灵表现形式是与某些技术的不透明度和不可理解性相关的信息不对称问题。同样，复杂性等问题与技术是没有必然联系的，即使这些问题与技术有关，对信息的需求也可能与技术本身无关。例如，美国公布体外受精结果统计数据的法律要求与技术过程的复杂性无关，而是与消费者需要获得市场可能无法以其他方式提供的类似信息有关。[④] 因此，规制的主要理由仍然是存在信息不对称，包括但不限于围绕技术不透明或者技术复杂性所产生的问题。

归根结底，作为规制理由的市场失灵不一定与技术有关，在任何给定的背景下，都可以在不考虑技术因素的情况下对其加以解释。当然，市场失灵可能发生在技术行业中，有些市场失灵通常涉及技术（特别是由于协调和信息不足），但"技术"的存在仍然只是规制正当性的附带原因。技术并非是市场失灵的一个单独类别。

另外，社会技术格局的变化会对市场运行产生重要影响，从而导致市场失灵现象的发生。旨在纠正市场失灵而设计的规制必须始终针对特定的背景而进行；随着技术和技术产业的发展，其设计的背景也应随之发生变化。

（二）根据之二：面对技术及其影响的权利保护性规制

普罗瑟提出的第二个规制的理由是使个人权利得到一定程度的保护，包括与健康、社会保障、隐私和环境有关的权利（Prosser 2010：13-15；Sunstein 1990）。在这种情况下，技术常常被认为是造成损害或产生风险的方式，侵犯了社会共识承认的个人应享有的权利（Murphy 2009a；Prosser 2010：13-17）。然而，正如这一部分所解释的，"技术"的介入与规制的正当性无关——无论是否由"技术"引起，造成的危害和风险都是以类似的方式来衡量的。

---

④ 见《1992 年生育诊所成功率和证明法》，PL 编号 102-493，106 Stat 3146（美国）。

其实不难理解为什么"技术"被认为会产生危害或者风险。许多大规模的灾难，如核爆炸、破坏地球生态平衡或者人类自身特征的变化都与"技术"相关（Jonas 1979；Sunstein 1990；Marsden 2015）。鉴于技术有可能造成不可逆转的破坏或损害（不需要以有形方式），有必要通过规制来防止特定技术的实施，或防止制造或拥有特定技术的制品存在。禁止人类生殖克隆技术和控制特定类型武器生产的国际条约的规定，对这些技术本身可能产生的危害而言是合理的。⑤ 除了这些大规模的危害外，技术还有可能造成更为常见的危害，例如产生局部的空气或噪声污染。同样，规制还被用来禁止或限制特定物质或物体的制造，无论是在地点、数量还是资格方面。因此，技术具有造成各种不同类型的损害或者侵犯权利的能力，的确可以成为规制存在的理由。

故而，本文的论点并不是说，在技术威胁权利的情况下，规制是不合理的，而是说在存在非技术性伤害行为的情况下我们同样可能需要进行规制。规制实际上面临的考验是潜在危害而非"技术"本身的存在。要看到这一点，还需要考虑与其他不一定是技术性的行为或者事务相关的伤害和风险，包括个人身体暴力、病毒感染和牛的甲烷排放导致的气候变化等（Johnson and Johnson 1995）。因为技术并非是造成伤害的唯一原因，且技术并不总是会造成伤害，其还可以减少伤害（例如疫苗接种），以避免危害为目的的规制不应以"技术"存在为理由。技术性和非技术衍生的伤害都可能成为以防止危害发生、保护权利为目的的规制存在的潜在依据。关于"危害"的观点也同样适用于"风险"的概念，这是在讨论"技术规制"时经常提到的另一个概念。在某些情况下，行为可能产生的消极后果可能与小于1的概率（在这种情况下被视为风险）或与未知的概率（在这种情况下，它是不确定或已被知晓的未知）（Known unknown）有关（Knight 1921）。在感知潜在的以及不可避免的伤害或者权利侵犯过程中，"风险"一词被使用，尽管它有一些局限（参见 generally Tribe 1973；Shrader-Frechette 1992；Nuffield Council on Bioethics 2012）。作为规制存在的理由，风险治理表明规制机构对于风险的反应应该与特定风险的危害因素相称，是潜在负面影响的概率和程度的一定倍数（Rothstein, Huber, and Gaskell 2006：97）。每当技术产生风险时，规制风险的理由才应与技术挂钩。例如，费雪在讨论公共管理的制度规制角色时使用了"技术风险"这一术语（Fisher 2007）。国际风险管理委员会网站上奥尔特温·雷恩（Ortwin Renn）教授的视频也将科技与风险联系在一起。该视频指出，"风险管理"是关于"社会对技术、活动和不确定后果做出集体决策的方式"（Renn 2015）。但是，风险和技术之间的实际联系类似于危害与技术之间的联系。就像视频中所指出的那样，技术及其影响并不完全

---

⑤ 见《2002 年禁止人的克隆生殖法》（Astary Cth）；《关于禁止发展、生产和储存细菌（生物）及毒素武器和销毁此种武器的公约》（1972 年 4 月 10 日），1015 UNTS 163（1975 年 3 月 26 日生效）。

与风险有关。技术和"自然"活动都可能使得人类的健康和安全面临风险以及成为缓解风险的方式。大多数情况下，根据技术性、社会性或产生于自然的对风险进行分类是没有益处的，气候变化的例子就说明了这一点（Baldwin，Cave，and Lodge 2012：85）。

另一种分析视角是远离衡量危害和风险的客观指标，转而考察诸如焦虑等主观状态。在一个由科技恐惧症构成的社会里，通过规制来回应科技或许有很强的正当性。不过，虽然"技术"作为一个类别可能会引发一些人的担心，但新技术影响的不确定性却通常会导致高度焦虑（Einstein 2014）。实际上，只要是新的未经检验的活动，无论是否关乎技术，都有可能带来围绕风险的主观和客观估计的不确定性，以及因此而夸大的主观风险评估。

较老的技术，就像自然现象一样，其风险状况是静态的，往往已经成为规制的对象。在某些情况下，科学可能会发现新的与静态现象相关的危害，从而制定新的规章。但在多数情况下，现有的规制制度只需要监督和执行，并不需要改变规制方式或者展开新的规制。静态危害的管理与其是否与技术衍生的地位无关，主要涉及对现有规制制度有效性的评价。

然而，随着社会技术格局的转变，危害的来源、危害的种类、其风险和程度也会随之改变。正是技术的动态性，使其在（可负担得起的）选择领域内带来了新的可能性，通常会牵涉这种选择背后的价值观，并刺激规制机构做出回应（参见 Mesthene 1970）。现有的法律和规制机制对它们将在何种社会技术环境下运作做出假设。一种新技术可能会带来新的危害或者创造出危害产生的新语境，其往往会游离于现有规则所包含的禁止和限制之外，并超出现有规制框架的范围。预防或者减少危害和风险需要采取新的规制措施（如 Ludlow et al. 2015）。因此，问题不在于技术总是增加风险，而是它可能导致与（可能无法测量的新的）风险相关的活动或者改变现有的风险状况。因此，技术问题再次被归结为社会技术变革问题，包括新实践带来的各种新影响。

（三）根据之三：为了社会团结的技术规制

普罗瑟提出的第三个规制理由是促进社会团结（Prosser 2010：15-17）。这一理由与亨特提出的为"正义"（Hunter 2013）而规制的理念密切相关，并且关注围绕集体需求和愿望以及社会团结的规制动机展开。这与维德（Vedder 2013）提出的将技术作为规制理由的"软"性后果相互辉映。正如"数字鸿沟"这一术语所表明的，科技可能会引发对社会排斥的担忧，并带来持久的负面影响（Hunter 2013）。规制有时是为了增加获得特定技术的机会，例如通过政府补贴或者限制歧视性定价。然而，如一再强调的，技术并非是特别的——人们可能希望通过规制来纠正所有不均衡分配，并对社会团结而不仅仅是与技术有关的那些产生持续影响。数字鸿沟并不比其他与贫困相关但非技术性的鸿沟更重要，例如在教育或者健康领域的鸿沟。事实上，关注基于技术的分歧往往会掩盖更大的问题，比如教育政策若只关注狭隘的方案（如补贴笔记本电脑），则可能忽视了其他资源。

（四）根据之四：科技的民主治理

规制技术的第四个理由是必须对技术格局的形成行使集体意志。这与普罗瑟的第四个规制理据相关，即将规制作为一种审议过程来对待。其理念是，鉴于技术广泛的影响力和可塑性，技术应当成为民主辩论的话题，从而增强技术设计对不同观点的响应能力。

技术的可塑性，特别是在其发展的早期阶段，已通过案例研究得到证明（例如，Bijker 1995）。在其发展的早期阶段，新的产品或过程可以有一系列解释。随着时间的推移，围绕一种技术的形式和期望变得不那么模糊，产品或工艺达到了稳定或闭合的程度。因此，技术发展的路径容易受到有意或无意的影响，包括国家的资助决定（Sarewitz 1996；Nuffield Council on Bioethics 2012）。

许多学者注意到不同技术潜在的重大影响，包括积极影响和消极影响（例如，Friedman 1999）。其中一位较知名的学者温纳（Winner）认为，科技具有"政治性"，设计选择成为了公共秩序框架的一部分（Winner 1986：19–39）。在法律背景下，莱斯格（Lessig）对与互联网相关的设计选择的重要性提出了类似的主张（Lessig 1999）。行动本身会受到物理和虚拟技术架构的限制。

鉴于科技的影响力和可塑性，有充分的理由认为，科技决策应当受到与其他重要决策类似的政治性约束。例如，芬伯格（Feenberg 1999）认为，应该对技术实行更大层面的民主治理，以确保它满足人类的基本需求和目标，并使社会更加民主和平等。民主治理对科技发展的重要性已经在各种情况下得到承认。例如，英国皇家环境污染委员会（2008）提到，必须从风险治理转向民主控制意义上的创新治理。同样位于英国的纳菲尔德生物伦理学委员会（2012）主张，应该通过"公共话语伦理"来促进生物技术治理的"公共伦理"路径，其中包括适当采用公众参与活动以提供"多元且有条件的建议"。从丹麦的共识会议到澳大利亚的科技参与路径（STEP）框架，[⑥]不同的司法管辖区已经承诺或尝试在决策者、设计师和公众之间就技术进行直接对话。

然而，就像前述罗列的三个根据一样，"科技"并不像最初出现的那样重要。温纳和范伯格的哲学主要是对早期文献的回应，这些文献认为技术要么是自主的要么是中立的，因此超出了民主和法治的范畴或优先级（Barry 2001：7–8）。对技术进行民主治理的主要理由是将技术纳入能够而且应当接受这种治理的领域。它并没有提出将

---

⑥ 澳大利亚政府的工业、创新和科学部，"科学和技术参与途径：社区参与科学技术决策"您所在地区的 D 部分计划。Au/ 工业 / 工业和部门 / 纳米技术 / 出版物 / 社区参与 / 缴款 / 违约。Aspx&gt；访问时间：2017 年 5 月 19 日。

民主治理局限于技术，或者只专注于技术的理由。例如，纳菲尔德委员会认为，新兴生物技术需要得到特别关注：

> 因为正是在这一领域，正常的民主政治进程最有可能受到部分技术话语和对"以科学为基础"的政策遵从的破坏，这些政策可能会掩盖在其他科学和技术路径之间进行社会选择的现实。(2012: 91)

因此，这一议题将正常的民主政治进程扩展到有时可能会被忽略的领域。

从某种意义上说，所有治理都是技术治理，因为根据对"技术"的最广泛的定义可知，这个术语包括人们希望治理的一切，从人类行为、语言到规制体系。但是，无论如何定义技术，其所属的范畴本身更需要民主治理。

同样的，社会技术领域的变化比技术本身的变化更为关键。随着新的行为方式成为可能，有一种选择应当受到民主决策的影响。这种选择就是应该鼓励、允许、规制、禁止这种行为还是在某些情况下允许这种行为。有时会通过现有的法律或者法规来处理；在其他情况下，默认许可也不失为一种选择。然而，主动的民主监督是有可能性的，偶尔也具有必要性。这比"技术"这一类别本身的固有属性更好地解释了在技术前沿进行公众参与和民主决策的必要性。

（五）结论：科技本身与规制的正当性无关

科技涵盖了一系列事物和实践，具有重要的政治、社会和经济意义。在某些情况下，允许技术的发展和设计独立于规制或者民主监督并不合适。由于技术路径并非不可避免，因此在民主体制中，允许对伤害抱有担忧或者允许其他社群目标对技术发展轨迹产生影响是被允评的（例如，Winner 1993）。

然而，尽管特定技术（及其相关影响）与规制的正当性相关，但涉及技术本身的事实并非如此。规制可以通过市场失灵、损害（保护集体所期望的权利）、风险、公正、社会团结或者民主控制的愿望为理由来证明其正当性，但不能以涉及技术这一事实来证明其正当性。相反，正是技术变革引发了有关规制改革的讨论。尽管技术本身并非规制的理由，但新技术使新事物或新实践成为可能，这一事实可以成为引入新规制的理由。一些新技术可能造成新的或更高的危害或风险，或创造可能发生损害的不同环境。潜在利益可能会因使用或者协调而不断变化。在许多情况下，由于这些规则是新的介于新的实践或事物相关的规制难以产生影响或者影响不足。具体干预措施的可取性（考虑到干预措施本身的危害和风险）应是在具体情况下需要讨论的问题。在这场辩论中，关键不在于科技或者人类的独创性，而在于创新和开放的选择（允许、启用、鼓励、劝阻或禁止）。

规制机构因技术而面临的挑战主要是技术不断变化和发展的结果。这就是"步调问题"抑或是"规制联结的挑战"（Brownsword 2008；Marchant, Allenby, and Herkert 2011）所阐明的观点。技术变革给规制者提出了两个主要问题——如何更好地管理新的危害、风险和关注领域，以及如何应对由于技术变革而暴露出来的在规则和规制制度中出现的且针对性差、不确定性和过时性的问题（Bennett Moses 2007）。此外，当这些实践是新的、更容易被塑造的时候，公众参与实践的愿望就会更加强烈。因此，与"技术"本身不同，社会技术变革确实值得规制者给予特别关注。

四　将技术作为规制目标

在讨论了"技术"是否能够作为规制的理由这一问题之后，下一个问题是可否将它视为规制的目标。换言之，"将某种生产或工艺（而不是其他）技术作为一种控制方式"（Levi–Faur 2011：10）的规制模式是否具有意义。笔者（Bennett Moses 2013b）在早期文章中曾经提到这一问题，此处只对这个问题进行简单重述。

即使规制的目标是确保特定的技术产品具有特定特征，实现这一目标的手段也可能通过间接方式实现。规制可能寻求直接影响技术产品的设计，也可能侧重于围绕这些技术产品或其设计者或使用者的实践进行。例如，可以通过规定桥梁的要求，要求建造桥梁的人在建设前进行一系列测试，或者还可以要求在经过认证的土木工程项目中开设特定课程以及通过各种其他机制来提高安全性。在大多数情况下，规制目标是以（希望如此）能够影响技术产品本身的方式影响人们。如果规制试图影响人、物、关系的组合，那就分不清这其中的哪些组合是"技术性"的了。如果对技术的定义过于宽泛，那么所有的人类网络和人造事物都将是技术性的，如此一来则所有的规制都是以技术为对象的。如果对其进行狭义的界定，将其限于对事物的规制，则有可能忽视更为合适的规制手段以实现规制目的。

关于"技术规制"的讨论之所以存在问题，还有另外三个原因。首先，除了在技术变化时面临类似的挑战以外，规制"技术"的不同领域之间没有内在共性。其次，将技术作为规制对象可能会导致在制定规则或者规制制度时产生不可取的技术特殊性。如果规制机构探究如何规制一种特定的技术，结果将是一种针对该特定技术的规制制度。这样做的效率可能不高，因为人们关注的是一个更广泛问题的子集，而且有过时的趋势。正如有关纳米技术所述，"纳米技术风险"是个难以捉摸的概念，"纳米技术"这个术语目前的使用方式，可能确实会把"规制纳米技术"的努力变成一场可能产生荒谬后果的鬼魅般的追逐行动（Jaspers 2010：273）。最后，认为技术受到"技术规制"的观点还忽视了一个事实，即规制可以在技术发明、创新或者扩散之前对其施加影响。因此，"规制"有时是先于"技术"而存在的。

在实践中，只有当技术是新技术时，技术才会被当作规制对象。关心"技术规制"的人很少讨论枪支和汽车的规制问题。如前所述，新技术确实经常需要新的规制（无论是直接针对技术制品还是技术流程）。然而，这种新的规定并不需要将特定的技术对象或者实践作为对象。

五　面对社会技术变革展开规制的一般原则

第3节和第4节试图解释为什么关于法律、规制和技术的辩论应该改变现有框架，从"规制技术"转变为面对正在进行的社会技术变革而重构规制制度的挑战。本节解释了应当如何重新构建规制设计的一般原则、规制机构、规制时机以及在特定环境下加以应用的规制回应能力。

（一）规制设计：技术专用性

长期以来，技术中立一直是政策圈内的口头禅，[⑦]但它不够精确。特别是，它有一系列的潜在含义，且经常发生冲突（Koops 2006；Reed 2007）。就当前目的而言，当一项法律或规制制度的适用范围仅限于特定的技术背景时，该法律或规制制度即被描述为是针对技术产生的。这在一定范围内具有代表性，但并非绝对。针对纳米材料的规制制度在技术上具有很强的针对性。而规制工业化学品的制度在技术上就不那么具体了。参照一般的指标（例如死亡人数超过 y 的可能性为 x）以规定风险水平，不考虑来源或者背景的制度的确技术上是中立的。即使这种规则制约了特定的技术实践，情况仍然如此。

这样看来，单纯的技术中立未必是实现某些规制目标的最佳手段。许多旨在实现设备之间的相互操作（从而产生协调性）的规定需要以一种技术上非常具体的方式来建构以达到目标和预期。此外，正如第3节解释的那样，虽然技术的存在并非是规制的理由，但一些危害与特定的技术制品和技术实践仍然有关。在这种情况下，最好的手段可能是将相关技术作为规制对象。例如，许多司法管辖区都有规定，故意通过人类受精以外的方法制造人类胚胎是违法的。这规定了一种特定的程序，即

586

---

⑦　例如，见美国政府，《全球电子商务框架》(1997 年 7 月)< http://clinton4.nara.gov/WH/New/ Commerce/ > 2015 年 10 月 14 日访问（"规则应与技术无关"）；经济合作与发展组织，"理事会关于互联网决策原则的建议"(2011 年 12 月 13 日)。< http://www.oecd.org/internet/ieconomy/49258588.pdf > 于 2015 年 10 月 14 日访问（"保持所有互联网服务的技术中立性和适当质量也很重要……"）；2002 年 3 月 7 日关于电子通信网络和服务共同监管框架的第 2002/21/EC 号框架指令，[2002 年] OJ L108/33(引用要求考虑到使监管"技术中立"的可取性)。另见《与贸易有关的知识产权协定》(1994 年 4 月 15 日，摩洛哥马拉喀什)，《建立世界贸易组织马拉喀什协定》，附件 1C，法律文本：乌拉圭回合多边谈判的结果，321 (1999) 1869 年，UNTS 299，33 ILM 1197，第 27 条 (要求在"技术领域"没有歧视地获得专利和享受权利)。

可以在实验室或者自然条件下进行，同时禁止其他程序，即使它们同样以创造人类胚胎为目的。假设要补救的损害与被禁止的做法有关（例如，因为人类生殖克隆侵犯了人类尊严），一项专门针对该技术的法律（例如颁布的法律）可能是实现目标的最佳途径。

虽然技术特殊性有时是有用的，但在其他情况下，技术中立性可以确保规制制度处理的是根本问题，而不是该问题的表面形式。例如，当一种攻击性行为（如骚扰）可以通过多种不同的技术来完成时，通过规定"滥用"该特定技术来认定不同的犯罪可能会导致重复规制，或者规制可能因为犯罪手段加以改变而变得过时（Brenner 2007）。如果目标在技术上是中立的，例如在减少骚扰的案件中，技术背景就不那么重要了。当然，大多数规制机制都包括针对技术和技术中立的目标和条款。

将这些线索结合在一起，规制机制应当是技术中立的，因为规制的理由同样是中立的。例如，当危害或者风险完全与特定的制造业产品或技术实践相关联时，可以将规制机制的重点放在这些产品和实践上。如果由于不同的事物或实践可能产生类似的危害和风险，那么仅仅围绕其中的一些事物或实践而设计规则或制度就会缺乏针对性。当一件特定的事物或者实践是当前风险的主要来源，且这一事实具有偶然性，问题会变得更加复杂。许多时候，新技术凸显规制上的空白，而后续技术也会产生同样的问题。在这种情况下，一项技术上特定的规则或制度在未来很可能失效。尽管很难提前预测，但重要的是要反思"真正"的规制理由，以及它与特定技术的联系程度，包括这种联系将在多大程度上继续存在。如果有可能从技术细节中抽离出来，人们就可以设计出专注于结果而不是手段的规制规则，从而拓宽其范围（Coglianese and Mendelson 2010）。然而，认识到我们预测能力的局限性也很重要。因此，对技术上特定原则的想象可能是过于狭隘的。同样重要的是要牢记由于可能存在过度干预的负面后果，必须将该规则的范围限制在立法者所考虑的特定情况下，这样的规则才是可取的（Ohm 2010）。

除了使基本原则与规制范围相一致这一可取性外，还需要考虑的另一个一般因素是明确性/可预测性和易用性的重要意义。在优化规制设计方面，没有任何单一的功能（如适当的目标或与规制目标的协调）是可以单独发挥作用的（Diver 1983）。对汽车制造商来说，要求汽车必须使用特定设备（如安全带或自动制动系统）的规制要求虽然既清楚又可负担，但不一定符合提高安全性的政策目标。另外，法规要求汽车必须达到特定的性能标准，至少可以在理论上运用更多的技术手段达到合规目的（Breyer 1982）[8]但由于检查是否合规的成本更为昂贵，也因此更难达到（Hemenway

---

　　[8]　由于标准的选择往往基于技术上可能的假设，业绩标准也可能表现出技术过时段向（因此失去一致性）。

1980）。一项完全技术中立的要求是，汽车的设计应在碰撞中保护乘员，虽然这一要求是与规制目的保持一致的，但它既不透明，亦难以实现，因此很难执行。所以，即使目标具有技术上的中立性，也可以通过使用一些明确或隐含的技术假设规则来达到最佳的效果。而且，无论人们事前试图做何种尝试，重要的是要意识到，"即使在原则上，也不可能为每一种可以想象的情况写出一个适当、客观和具体的规则"（Stumpff Morrison 2013：650）。

有关技术专用性适当程度的问题并非是一个容易的问题。它只能在特定的背景下，参照已知的规制目标、现有的社会技术背景和想象中的未来情形加以评估。

（二）规制机构：在适当的层面展开规制

认识到规制机构具有规制能力的多样性，才有可能在不同层面的规制机制内协调不同层级的技术特性。像议会这样的机构反应迟缓，不太可能了解技术发展，所以应当制定相对技术中立的法律规范，同时保持充分的民主监督。关键并不在于立法总是可以在技术上完全中立（如果有可能的话），而在于相对的制度惰性，这是一些机构应该推动立法向技术中立一端发展的原因之一。

技术专用性对于受到规制的企业来说是非常重要的，因为它可以使规制更清晰，并使规制监督更有效。这些规制型的监督还可以委托给其他规制机构，比如国家机构、专业机构、行业团体或者个别企业。在特定的背景下，这类组织可能更加了解技术变革，也更有能力在修改规则、要求和激励措施方面迅速做出回应。妥当的议会监督程度因管辖范围而异，并应考虑到具体情况（包括在某些情况下加强民主问责制的可取性、不同规制机构的可靠性以及不同行业和专业团体的责任）。一般规则应始终让位于特定环境下的特定需求和关切——这里的重点不是取代特定的分析，而是澄清如何在承认技术特殊性优势的同时，使规制制度对技术变革的回应更加稳健。[9]

（三）规制时机：应对不确定性

大多数评论人士认为，规制机构对新技术做出回应的时机一般不佳，而且常常为时已晚。兔子与乌龟的寓言故事被频频援引，但却未能反思乌龟在比赛中获胜的讽刺意味（Bennett Moses 2011）。从社会技术变革对法律和规制制度的影响来看，这种看法是可以理解的，在某种程度上说，甚至是不可避免的。问题不在于律师和规制者相

---

⑨　因此，在某种程度上实现了对联合王国（英国）环境污染问题皇家委员会（2008 年）提出的"新的信息能够得到迅速和有效反应"的"适应管理系统"的需求。

较于有创新精神的工程师更加愚蠢或者更缺乏创造力，而在于所有的规制体制都不可避免地会做出社会技术假设，若没有立即得到修正这些假设可能会过时。其结果是，规制通常是稳定的但却阻碍了创新（Heyvaert 2011）。第 5.1 节和第 5.2 节提出的一般性建议可能会缓解这一问题，但无法完全消除。

时机问题常常被讨论，就好像技术本身就是规制的对象，例如科林格里奇困境（Collingridge 1980）。这表明，规制机构必须在早期规制和后期规制之间做出选择，前者面临着技术轨迹、风险和收益等许多未知因素，而后者对于技术框架的灵活性较低（Collingridge 1980）。然而，当可操作的现有法律（例如，合同、侵权和消费者保护法）能够处理与新产品有关的风险时，这种两难局面就减少多了。只有在现有的规则或制度做出的社会技术假设不再成立，或者新规则或制度已获证立，才会出现滞后的风险。即便如此，通常也没有理由推迟整改，除非其他与政治议程设定相关的事项具有优先级。因此，对工业化学品的规制可以及时修订，以确保现有版本的纳米物质在现有测试要求下被视为新产品。这并不是人们经常呼吁的专门针对纳米的规制（其可取性是值得怀疑的），但它至少确保了纳米材料接受与其他工业化学品类似的测试。

事实上，科林格里奇困境只适用于引入新规制的决定，因为新规制的原理和目标均与一项新技术密切相关。在这种情况下，早期的规制利用低成本的优势对仍然具备灵活性的社会技术实践施加影响（Huber 1983）。随着时间的推移，技术框架和惯例在技术实践以及法律和规制假设中日益固定（Flichy 2007），这使得改变规制从而改变社会技术实践的进程变得困难和成本较高——尽管对其改变并非不可能（Knie 1992），特别是在技术达到临界用户数量后呈指数级扩散的领域（Bernstein 2006）。另外，设计与新技术紧密相关的规制理论和规制目标是一项充满不确定性的工作。在发展初期，由于经验有限，无论是技术轨迹、效益、危害还是风险评估都是不确定的。因此，新技术与不确定性密切相关，其并非是可计算、可量化的风险（Paddock 2010）。事实证明，为规制提供理由的早期假设很可能是错误的。由于新技术的实践经验有限，科技上具有不确定性，规制经验也十分有限，因此挑战更为复杂。即使风险最终是可被计算的，它们也可能需要新的风险评估工具来进行计算（因为在开发过程中风险是不确定的）。考虑到对未经试用技术进行风险评估可能具有投机特性（Green 1990），早期规制还伴随着过度规制或者规制不足的风险。公众参与等民主机制的作用也十分有限，因为它们要求小型团体具备了解技术潜力和风险的机会，而这在很大程度上是未知的。

在科林格里奇困境确实适用的情形下，需要就如何应对不确定性表明立场。在面对不确定性时可以提前实施规制，也有各种各样的原则可以援引，虽然围绕这些原则也存在较大的规范性争议。其中最著名的是预防性原则（参见 Harding and Fisher

1999）。对这一原则，有支持和反对的特定理由，[⑩]但很明显，最理想的原则是在特定司法管辖范围内基于民主形式表达社会价值观偏好和风险容忍度。所采用的任何原则都应该是相对稳定的，同时在技术上是中立的，以便能够迅速地适用于所有新技术。但是，它可以区分所涉价值的性质（例如重要性、可量化性）和风险类别（例如健康与犯罪）。

这一原则的存在并不能解决规制时机的问题。预防性措施可能会影响规制的态度和方法，使得规制制度在不确定的情况下倾向于过度规制。其他方法则表现出相反的倾向。但无论选择哪一种，最初的规制制度都将对影响、危害和风险做出假设，其中一些假设随着时间的推移可能会被证明是错误的，而公众参与和对特定技术的道德反思可能会以不同的方式影响规制机构，由此仍需要不断调整。因而，建议在引入早期规制的领域将其设计为具备临时且灵活特性的（Wu 2011；Cortez 2014）。另一种选择是，规制制度被设计成相对普遍和技术中立的，这样它只适用于特定的风险发生之时，无论是与最初关注的技术规制有关，还是与随后发生的技术相关。例如，除非特定的安全特性被证明，规制机构可以对某一广泛行为类别加以阻止或者禁止。通过这种方式，不确定性甚至可以被加以利用，以便在相信某项技术是安全的人和怀疑某项技术是安全的人之间达成协议（Mandel 2013）。

规制机构对社会技术变革做出回应的最佳时机这一议题比简单的龟兔赛跑这一比喻所暗示的要复杂得多。在有些情况下，是没有理由对其拖延的。在另一些情况下，拖延是可以避免的，但可能需要执行一个本身趋向于过时的制度。最终，要求规制机构对社会技术变革迅速做出反应是需要谨慎而为的，并非简单地引用前述寓言那么简单。

（四）规制回应性：监测

法律法规的难点之一在于它的相对稳定性。一旦法律规则或者规制程序存在，它就趋向于稳定，直到有某种推动改革的动力出现。在某种程度上，"短视模型"使得在规制计划设计中做出的假设变得根深蒂固（Black and Baldwin 2010）。一旦社会技术格局发生变化，也许有很好的理由做出调整，但只有那些有能力做出改变的人才会注意到这些调整。

因此，面对这个问题，有许多建议提出应当创建一个专门机构，其任务是监测技术领域并适时建议对法律和法规进行调整（例如 Gammel, Lösch, and Nordmann 2010）。它们可以采用多种形式。在一些司法管辖区，现有的法律改革或技术评估机构职责中的一部分就是在新技术发展的法律、规制或政策变化方面发挥建议作用

---

⑩ 关于预防性原则的争论，见韦德瓦斯基（1988）；桑斯坦（2005）。又见贝弗雷德和布朗剑（2012）（提出了一个与标准预防原则相似但又有所不同的原则）。

（Bennett Moses 2011，2013）。还有人提议设立一个专门机构，要么具有普遍规制任务，⑪ 要么局限于特定技术领域发挥作用。⑫ 前者的优点在于在新技术领域早期活动阶段，就可以借鉴各种各样技术领域的专业知识和经验（Bowman 2013：166）。对于这一机构在促进公众参与方面的作用也存在一些重要议题。虽然本章没有具体说明应该如何设计这样一个机构，但笔者确实强烈赞同设计这类机构的必要性。

六　结论

关于设计良好的规制制度，我们可以（而且已经）做出很多探讨。在技术变革的背景下讨论规制问题并不需要重复这种一般性建议，也不需要辩论其优先次序和重要性。相反，本章提出的问题是，规制机构在考虑新技术或者在规制一个已知容易持续发生技术变化的领域时，还需要额外注意哪些其他事项。

这里提出的有关规制设计、机构、时机和监测的建议并不能盲目地应用于某一特定的环境之中。在某些情况下，关于如何在设计和实施规制制度时提出管理社会技术变革的一般性建议还必须让位于对特定情况的考量，其中包括政治考量（Black 2012）。不过，我们期待进一步了解法律和法规如何与不断变化的社会技术格局相互作用，这将有助于更好地了解不同方法的优点和局限性。因此，即便是那些对本文提出的理论要点并不感兴趣的人，也可能会对"技术中立"等预设以及围绕规制时机过于简单的规定产生怀疑。

【参考文献】

Allenby R, 'Governance and Technology Systems: The Challenge of Emerging Technologies' in Gary Marchant, Braden Allenby and Joseph Herkert (eds), *The Growing Gap between Emerging Technologies and Legal- Ethical Oversight* (Springer Netherlands 2011)

Baldwin R, M Cave, and M Lodge, 'Introduction: Regulation—The Field and the Developing Agenda' in Robert Baldwin, Martin Cave, and Martin Lodge (eds), *The Oxford Handbook of Regulation* (OUP 2010)

Baldwin R, M Cave, and M Lodge, *Understanding Regulation: Theory, Strategy and Practice* (2nd edn, OUP 2012)

---

⑪　类似的提议还包括，马尔奇特和瓦拉奇（2013）为"协调委员会"，即公共/私营财团，为新兴技术的治理发挥协调职能。

⑫　见库兹玛（2013：196-197）（提议设立三个小组，以监督 GMOs 的管理——一个机构间集团、一个利益攸关的利益攸关组和一个协调更广泛的公众参与的小组）；Calo（2014）（主张在美国设立一个新的联邦机构，负责关于机器人法律和政策的咨询）。

Barry A, *Political Machines: Governing a Technological Society* (Athlone Press 2001)

Bennett Moses L, 'Recurring Dilemmas: The Law's Race to Keep Up with Technological Change' (2007) 7 University of Illinois Journal of Law, Technology and Policy 239

Bennett Moses L, 'Agents of Change: How the Law "Copes" with Technological Change' (2011) 20 Griffith Law Review 263

Bennett Moses L, 'Bridging Distances in Approach: Sharing Ideas about Technology Regulation' in Ronald Leenes and Eleni Kosta (eds), *Bridging Distances in Technology and Regulation* (Wolf Legal Publishers 2013a)

Bennett Moses L, 'How to Think about Law, regulation, and technology: Problems with "Technology" as a Regulatory Target' (2013b) 5 Law, Innovation and Technology 1

Beyleveld D and R Brownsword, 'Emerging Technologies, Extreme Uncertainty, and the Principle of Rational Precautionary Reasoning' (2012) 4 Law, Innovation and Technology 35

Bernstein G, 'The Paradoxes of Technological Diffusion: Genetic Discrimination and Internet Privacy' (2006) 39 Connecticut LR 241

Bijker W, *Of Bicycles, Bakelites, and Bulbs: Toward a Theory of Sociotechnical Change* (MIT Press 1995)

Black J, 'Learning from Regulatory Disasters' (2014) LSE Legal Studies Working Paper No. 24/2014, <http://ssrn.com/abstract=2519934> accessed 10 October 2015

Black J, 'What is Regulatory Innovation?' in Julia Black, Martin Lodge and Mark Thatcher (eds), *Regulatory Innovation* (Edward Elgar Publishing 2005)

Black J, 'Paradoxes and Failures: "New Governance" Techniques and the Financial Crisis' (2012) 75 MLR 1037

Black J and R Baldwin, 'Really Responsive Risk-Based Regulation' (2010) 32 Law and Policy 181

Bowman D, 'The Hare and the Tortoise: An Australian Perspective on Regulating New Technologies and Their Products and Processes' in Gary E Marchant, Kenneth W Abbott, and Braden Allenby, *Innovative Governance Models for Emerging Technologies* (Edward Elgar Publishing 2013)

Brenner S, *Law in an Era of 'Smart' Technology* (OUP 2007)

Breyer S, *Regulation and Its Reform* (Harvard UP 1982)

Brownsword R, *Rights, Regulation and the Technological Revolution* (OUP 2008)

Brownsword R and K Yeung, *Regulating Technologies: Legal Futures, Regulatory Frames and Technological Fixes* (Hart Publishing 2008)

Calo R, *The Case for a Federal Robotics Commission* (Centre for Technology Innovation at Brookings 2014)

Coglianese C and E Mendelson, 'Meta-Regulation and Self-Regulation' in Robert Baldwin, Martin Cave, and Martin Lodge (eds), *The Oxford Handbook of Regulation* (OUP 2010)

Collingridge D, *The Social Control of Technology* (Frances Pinter 1980)

Cortez N, 'Regulating Disruptive Innovation' (2014) 29 Berkeley Technology LJ 173

Diver C, 'The Optimal Precision of Administrative Rules' (1983) 93 Yale LJ 65

Einstein D, 'Extension of the Transdiagnostic Model to Focus on Intolerance of Uncertainty: A Review of the Literature and Implications for Treatment' (2014) 21 Clinical Psychology: Science and Practice 280

Feenberg A, *Questioning Technology* (Routledge 1999)

Flichy P, *Understanding Technological Innovation: A Socio- Technical Approach* (Edward Elgar

594

Publishing 2007)

Fisher E, *Risk Regulation and Administrative Constitutionalism* (Hart Publishing 2007) Friedman L, *The Horizontal Society* (Yale UP 1999)

Gammel S, A Losch, and A Nordmann, A "Scanning Probe Agency" as an Institution of Permanent Vigilance' in Morag Goodwin, Bert-Jaap Koops, and Ronald Leenes (eds), *Dimensions of Technology Regulation* (Wolf Legal Publishers 2010)

Green H, 'Law-Science Interface in Public Policy Decisionmaking' (1990) 51 Ohio State LJ 375

Harding R and E Fisher (eds), *Perspectives on the Precautionary Principle* (Federation Press 1999)

Heidegger M, *The Question Concerning Technology and Other Essays* (Harper & Row Publishers 1977)

Hemenway D, 'Performance vs. Design Standards' (National Bureau of Standards, US Department of Commerce 1980) <http://gsi.nist.gov/global/index.cfm/L1-5/L2-44/A- 134> accessed 10 October 2015

Heyvaert V, 'Governing Climate Change: Towards a New Paradigm for Risk Regulation' (2011) 74 MLR 817

Huber P, 'The Old-New Division in Risk Regulation' (1983) 69 Virginia LR 1025

Hunter D, 'How to Object to Radically New Technologies on the Basis of Justice: The Case of Synthetic Biology' (2013) 27 Bioethics 426

Jaspers N, 'Nanomaterial Safety: The Regulators' Dilemma' (2010) 3 European Journal of Risk Regulation 270

Johnson K and S Johnson, 'Methane Emissions from Cattle' (1995) 73 Journal of Animal Science 2483

Jonas H, 'Towards a Philosophy of Technology' (1979) 9(1) Hastings Centre Report 34 Jordana J and D Levi-Faur, 'The Politics of Regulation in the Age of Governance' in Jacint

Jordana and David Levi-Faur (eds), *The Politics of Regulation: Institutions and Regulatory Reforms for the Age of Governance* (Edward Elgar Publishing 2004)

Knie A, 'Yesterday's Decisions Determine Tomorrow's Options: The Case of the Mechanical Typewriter' in Meinolf Dierkes and Ute Hoffmann (eds), *New Technology at the Outset: Social Forces in the Shaping of Technological Innovations* (Campus Verlag 1992)

Knight F, *Risk, Uncertainty and Profit* (Hart, Schaffner & Marx 1921)

Koops B, 'Should ICT Regulation Be Technology-Neutral?' in Bert-Jaap Koops and others (eds), *Starting Points for ICT Regulation: Deconstructing Prevalent Policy One- Liners* (TMC Asser Press 2006)

Kuzma J, 'Properly Paced? Examining the Past and Present Governance of GMOs in the United States' in Gary E Marchant, Kenneth W Abbott, and Braden Allenby, *Innovative Governance Models for Emerging Technologies* (Edward Elgar Publishing 2013)

Lessig L, *Code and Other Laws of Cyberspace* (Basic Books 1999)

Levi-Faur D, 'Regulation and Regulatory Governance' in David Levi-Faur (ed), *Handbook on the Politics of Regulation* (Edward Elgar Publishing 2011)

Ludlow K and others, 'Regulating Emerging and Future Technologies in the Present' *Nanoethics* 10.1007/s11569-015-0223-4 (24 April 2015)

Mandel G, 'Emerging Technology Governance' in Gary E Marchant, Kenneth W Abbott and Braden Allenby (eds), *Innovative Governance Models for Emerging Technologies* (Edward Elgar Publishing 2013)

Marchant G, B Allenby, and J Herkert, *The Growing Gap between Emerging Technologies and Legal-Ethical Oversight: The Pacing Problem* (Springer Netherlands 2011)　595

Marchant G and W Wallach, 'Governing the Governance of Emerging Technologies' in Gary E Marchant, Kenneth W Abbott, and Braden Allenby, *Innovative Governance Models for Emerging Technologies* (Edward Elgar Publishing 2013).

Marsden C, 'Technology and the Law' in Robin Mansell and others (eds), *International Encyclopedia of Digital Communication & Society* (Wiley-Blackwell Publishing 2015)

Mesthene E, *Technological Change: Its Impact on Man and Society* (Harvard UP 1970)

Murphy T (ed), *New Technologies and Human Rights* (OUP 2009a)

Murphy T, 'Repetition, Revolution, and Resonance: An Introduction to New Technologies and Human Rights' in Therese Murphy (ed), *New Technologies and Human Rights* (OUP 2009b)

Nuffield Council on Bioethics, *Emerging Biotechnologies: Technology, Choice and the Public Good* (2012)

Nye D, 'Technological Prediction: A Promethean Problem' in Marita Sturken and others (eds), *Technological Visions: The Hopes and Fears That Shape New Technologies* (Temple UP 2004)

Ohm P, 'The Argument against Technology-Neutral Surveillance Laws' (2010) Texas L Rev 1865

Paddock L, 'An Integrated Approach to Nanotechnology Governance' (2010) 28 UCLA Journal of Environmental Law and Policy 251

Prosser T, *The Regulatory Enterprise: Government Regulation and Legitimacy* (OUP 2010)

Reed C, 'Taking Sides on Technology Neutrality' (2007) 4 SCRIPTed 263 <www.law.ed.ac. uk/ahrc/script-ed/vol4-3/reed.asp> accessed 10 October 2015

Renn O, 'What Is Risk?' (International Risk Governance Council, 2015) <www.irgc.org/ about/organisation-structure/scientific-and- technical-council/prof- dr-ortwin- renn/ > accessed 14 October 2015

Rip A, 'De Facto Governance of Nanotechnologies' in Morag Goodwin, Bert-Jaap Koops, and Ronald Leenes (eds), *Dimensions of Technology Regulation* (Wolf Legal Publishers 2010)

Rothstein H, M Huber, and G Gaskell, 'A Theory of Risk Colonization: The Spiralling Regulatory Logics of Societal and Institutional Risk' (2006) 35 Economy and Society 91

Royal Commission on Environmental Pollution, *Twenty- Seventh Report: Novel Materials in the Environment: The Case of Nanotechnology* (Cm 7468, 2008)

Sarewitz D, *Frontiers of Illusion: Science, Technology and the Politics of Progress* (Temple UP 1996)

Schon D, *Technology and Change* (Pergamon Press 1967)

Shrader-Frechette K, 'Technology' in Lawrence C Becker and Charlotte B Becker (eds), *Encyclopedia of Ethics* (Garland Publishing 1992)

Stumpff Morrison AS, 'The Law Is a Fractal: The Attempt To Anticipate Everything' (2013)44 Loyola University Chicago Law Journal 649

Sunstein C, *After the Rights Revolution: Reconceiving the Regulatory State* (Harvard UP 1990)

Sunstein C, *Laws of Fear: Beyond the Precautionary Principle* (CUP 2005)

Thaler R and C Sunstein, *Nudge: Improving Decisions about Health, Wealth and Happiness* (Penguin 2012)

Tranter K, 'Nomology, Ontology, and Phenomenology of Law and Technology' (2007) 8 Minnesota Journal of Law, Science and Technology 449

Tribe L, 'Technology Assessment and the Fourth Discontinuity: The Limits of Instrumental Rationality'　596

(1973) 46 Southern California L Rev 617

Vedder A, 'Inclusive Regulation, Inclusive Design and Technology Adoption' in Erica Palmerini and Elettra Stradella (eds), *Law and Technology: The Challenge of Regulating Technological Development* (Pisa UP 2013) 205.

Wildavsky AB, *Searching for Safety* (Transaction Books 1988)

Winner L, *The Whale and the Reactor* (University of Chicago Press 1986)

Winner L, 'Social Constructivism: Opening the Black Box and Finding It Empty' (1993) 16 Science as Culture 427

Wu T, 'Essay: Agency Threats' (2011) 60 Duke LJ 1841

Yeung K, 'Are Human Biomedical Interventions Legitimate Regulatory Policy Instruments?' in Roger Brownsword, Eloise Scotford, and Karen Yeung (eds), *Oxford Handbook on the Law and Regulation of Technology* (OUP 2017)

拓展阅读

Brenner S, *Law in an Era of 'Smart' Technology* (OUP 2007)

Brownsword R, *Rights, Regulation and the Technological Revolution* (OUP 2008)

Brownsword R and K Yeung, *Regulating Technologies: Legal Futures, Regulatory Frames and Technological Fixes* (Hart Publishing 2008)

Cockfield A, 'Towards a Law and Technology Theory' (2004) 30 Manitoba LJ 32

Dizon M, 'From Regulating Technologies to Governing Society: Towards a Plural, Social and Interactive Conception' in Heather Morgan and Ruth Morris (eds), *Moving Forward: Tradition and Transformation* (Cambridge Scholars Publishing 2012).

Goodwin M, B Koops, and R Leenes (eds), *Dimensions of Technology Regulation* (Wolf Legal Publishers 2010)

Marchant G, B Allenby, and R Herkert (eds), *The Growing Gap between Emerging Technologies and Legal- Ethical Oversight* (Springer Netherlands 2011)

第二十五章
新兴技术预期治理中的隐喻破解
——以机器人规制为例 *

梅格·莱塔·琼斯（Meg Leta Jones）

杰森·米勒（Jason Millar）

张　欣　译

一　引言

机器人时代已经到来，且远未停下脚步。机器人从工厂车间中源源不断地涌出， 597
与制造业和仓库工人合作、汇聚在低空空域运送货物和收集信息、取代家用电器和
电子产品以创造互联且"智能"的家庭环境并前往人类力不能及之处开拓新的探索领
域。大大小小的机器人已经被整合到医疗、交通、信息收集、生产和娱乐领域中。在
公共和私人空间，它们正在改变其赖以运行的环境和动力。

关于什么是"机器人"，至今并无一个简洁的、达成一致的定义。我们也许可 598
以通过"感觉—思维—行为范式"来理解它们，该范式将机器人区分为通过一个或
多个传感器收集环境数据、以相对自主的方式处理信息并作用于物理世界的技术
（Bekey 2012）。尽管这种定义通常将软件和计算机排除在机器人家族之外（虽然它们
也能够通过用户界面感知世界并与其互动），但因为许多在机器人领域中出现的伦理
和规制问题同样出现在了人工智能（AI）领域中，人工智能与机器人之间的界限从某
种程度上来说便逐渐模糊了（Kerr 2004；Calo 2012）。

---

* 译文是译者承担的国家社科基金青年项目"移动互联时代立法公众参与的类型特征、形成机制和
应对策略研究"（17CFX058）的阶段性成果——译者注。

　　我们仍然处于机器人革命的初级阶段，人们预测机器人革命将以不同的方式发生，并以不同的速度进行。微软创始人比尔·盖茨（2007）说道："当我看到当下发展趋势已经开始趋同的时候，我可以预见到在未来，机器人将成为我们日常生活中几乎无处不在的一部分。"罗德尼·布鲁克斯（Rodney Brooks）（2003）解释说，机器人革命正处于"萌芽阶段"，并将在 21 世纪初全面爆发。人类数百年来对人造生物的探索正在结出硕果。奥巴马政府的国家机器人计划"正在加速创新，这将扩大人类能力的范围，并有可能在未来十年为美国经济增加 1000 亿美元以上的收入"（Larson 2013）。欧盟委员会在与以欧洲机器人协会（euRobotics AISBL）为代表的机器人行业组织建立合作伙伴关系时称，"机器人技术将在未来十年占据主导地位。它将影响工作和家庭的各个方面"（euRobotics AISBL 2013）。

　　目前还没有专门针对机器人设计的监管制度。相反，机器人被列入一般的民事和刑事法律责任范畴内（Karnow 2015）。机器人被认为是人类使用的工具，使用者可能会也可能不会被追究使用责任，除非有具体的立法规定，如美国联邦航空管理局临时禁止商用无人机，或者少数几个州通过了专门法律来解决无人驾驶汽车的问题。机器人技术的颠覆性特征挑战着维护和引导社会秩序的法律和伦理基础（Calo 2015；Millar and Kerr 2016）。这些对颠覆式监管的预测引发了预期治理的问题，比如"我们应该做些什么来引导和塑造即将到来的机器人革命，以最好地服务于环境和人类？""设计师、用户和决策者应该如何看待机器人？"，以及"是否需要为机器人创制独有的新伦理、政策和法律？"预期治理是处理与技术变革有关的社会问题时一种相对较新的方法；它承认依据被精确预测的未来进行监管的行为是徒劳的。相对的，预期治理接纳多种未来的可能性，并寻求建立一种制度能力来理解和发展选择、背景以及自反性（reflectiveness）（Sarewitz 2011）。

　　隐喻对上述问题很重要，因此人们可以在预期治理中使用它们。科技隐喻对于机器人的创造性开端、基于用户的设计、部署和潜在用途而言是不可或缺的。随着机器人技术进一步融入社会的各个方面，对机器人的理解和分类隐喻将伴随其政治显著性而受到质疑和争议。根据现有的技术和期望，机器人的设计和应用将有助于我们理解和使用机器人，而法律和政策则将根据现有规则和学说使用隐喻和类比推理来规范机器人。虽然对设计者和用户可能使用的隐喻进行预测将有助于指导政策制定，但却充满了不确定性。本章批判性地审视隐喻在新兴技术治理中所扮演的角色，并思考如何选择技术隐喻来驱动实现规范性目标的治理。

二　机器人法律、政策和伦理中隐喻的不稳定性

　　麻省理工学院机器人学家辛西娅·布雷齐尔（Cynthia Breazeal）在 IndieGoGo 众筹视频中获得了巨大成功。她在视频中称，她最新的社交机器人创意吉博（jibo）"不

仅仅是一个铝壳，也不仅仅是一个三轴电机系统，甚至不是一个被连接的设备，他（he）是家里的一员"（2014）。像"家庭成员"这样的隐喻在我们构建对技术的理解和阐释方面发挥着基础性作用。在选择将吉博描述为家庭成员时，布雷齐尔将吉博拟人化，使"他"听起来像人，并将他置于家庭这个具有亲密性特征的社交单位的中心位置。她用蒙太奇的手法构建了这个隐喻，展现了吉博在生日派对和假日聚会上与家人互动的场景，在厨房（家的中心）一对一地帮助女主人，甚至在小女儿就寝的时候帮忙讲故事。吉博被呈现为一个可靠、周到、可信、主动的家庭成员形象。

布雷齐尔的视频显然是为吉博公司这个昂贵的科技项目筹集资金而做的推销。但如果仅仅把它当成一种宣传，那就大错特错了。这段视频成功凸显出了隐喻的力量，它可以为不同的观众勾勒出技术的意义所在。募捐活动的新闻报道通过呼应吉博作为家人的隐喻，进一步巩固了吉博的前期公众形象，一篇文章甚至认为吉博是一种治愈孤独的良方（Baker 2014; Clark 2014; Subbaraman 2015）。吉博在一周内就超额完成了筹资目标，最终在不到一个月的时间里筹集到了 200 多万美元（Annear 2014）。布雷齐尔和她的团队是否夸大了一项技术还有待观察——吉博可能会成功，也可能不会成功满足用户将其作为家庭成员的期望。

无论如何，吉博的例子说明了隐喻在构建媒体和消费者理解和解读一项技术的方式方面可以发挥的重要作用。由此可见，隐喻也可以构建设计者、工程师、法律和政策制定者理解和解释技术的框架（Richards and Smart 2015）。

吉博是否能被称为家庭成员之一在很大程度上是一个悬而未决的问题，这主要取决于谁来描述它，以及他们的价值观和所需利益是什么。人们可以为吉博选择另一个隐喻。尽管成功的隐喻无疑会突出一项技术的显著特点，但任何隐喻所描绘的画面往往都是片面的，而且通常强调了那些提供者所持有的特定价值观（Guston 2013）。于是，一个人用来描述某一技术的隐喻取决于他的目标、利益、价值观、政治观点甚至专业背景。从这个意义上说，"隐喻"是语境导向的、有争议的和不稳定的。

在有关机器人法律、政策和伦理的文献中，出现了一些相互竞争和相互重叠的隐喻，这些隐喻有助于强调它们的语境本质、争议性和不稳定性。

理查兹和斯玛特（Richards and Smart）（2015）主张，在可预见的未来，机器人仅应该被理解为"工具"，与一把锤子或者网络浏览器并无不同。作为工具，机器人应该被认作中立的对象，它们总是，也只是根据为它们设置的既定激活程序来工作。他们亦提出，采用工具隐喻可能会遇到挑战，因为与之相对的一个常见隐喻告诉我们机器人并不只是工具。在电影和其他流行媒体的描绘中，机器人往往具有独特的个性、自由意志、可以表达情感的面孔、手臂、腿和其他类似人类的品质和特点，以提供一种情感诱饵来增强故事代入感，且似乎非常容易成功。机器人通常被有效地描绘成朋友、情人、宠物、恶棍、小丑、奴隶、仆人、弱者、恐怖分子以及无数其他类似于人类或者动物的角色。研究表明，人类倾向于把机器人（和其他技术）视为具有人类或者动物般的特质——即将其拟人化——即使在某些情况下机器人的行为极其简单（Duffy 2003）。就连那些"理应懂得更多"的设计师和工程师也发现，他们同样非常容易受到拟人化趋势的影响（Proudfoot 2011）。尽管人类心理学多次提出质疑，理查兹和斯玛特（2015）坚持认为当我们将机器人拟人化时，我们犯了采用不准确隐喻的错误，他们称为机器人谬误。每当人们根据机器人的外观判断其能力时，就会犯下机器人谬误。机器人谬误通常是假设一个机器人比其实际本身更像人类。在理查兹和斯玛特看来，在法律和政策制定的背景下犯下机器人谬误可能是"不合适的"，甚至是"危险的"（2015）。他们认为，机器人谬误将导致我们对机器人的能力做出错误的假设，并认为它们不仅仅是机器（Richards and Smart 2015, 24）。因此，为了使法律具有正确性，我们必须采用"工具"性的隐喻，从而"不惜一切代价避免机器人谬误"的发生（Richards and Smart 2015, 24）。我们应当按照机器人的功能而非其形式来进行治理。

理查兹和斯玛特可能会对将吉博作为家庭成员之一的说法持保留意见。对他们来说，用这个隐喻来形容吉博就是机器人谬误的一个直接例证，随之而来的必定是有缺陷的立法和政策。然而，尽管他们坚持认为除"工具"以外的任何隐喻都会导致对技术的误解，但"工具"仍然只是在机器人领域可以采用的众多隐喻之一。

例如，布雷齐尔（Breazeal）曾对那些把社交机器人仅仅视为奴隶或者工具的人表达了失望之情（Baker 2014）。尽管她的 IndieGoGo 视频专注于机器人作为家庭成员的隐喻，她却认为，一个设计精良的社交机器人最好被视为"伴侣"。工具是为个人用户和特定任务而设计的，会"强迫你脱离当前情境"，而像"吉博……这样的合作伙伴会让你延续当前情境——或曰在延续生活——的前提下访问所有信息和技术"（Baker 2014）。与理查兹和斯玛特的法律视角不同，布雷齐尔的设计视角坚持伙伴隐喻，同时想象复杂的用户群体和丰富的社会情境，并将机器人积极地置身其中。布雷齐尔在描述她的首批社交机器人创作之一基斯梅特（Kismet）时说，

> 基斯梅特有很多种魅力。当你创造出一个类似社交机器人的东西时，你可以在所有不同的角度体验它。你可以从科学和工程学的角度来思考，但你也可以把它当作另一个社会成员。这其间并没有冲突。当基斯梅特转过身来用它的眼睛看着你时，你感觉就像有人在家里一样，就像是在和一个真正的人交谈。这个人用这种方式与我解释、回应以及互动。我并不觉得这是一个死气沉沉的空壳。我能实际感受到基斯梅特的存在（Baker 2014）。

这两种观点之间的差异表明，不同的价值观和世界观是如何支撑着互相冲突的隐

喻的。从律师和工程师的角度来看，对机器人采用陪伴者的隐喻似乎未能预见到使法律复杂化而引发的规制困境。而根据一位社会机器人工程师的说法，"工具性"这个隐喻的失败之处在于，它无法承认并预测好的、有意义的用户体验。更糟糕的是，它否认了人类和机器人之间可以建立社会关系的问题。所以每一个视角以及它所附带的隐喻选择，都反映了同一技术的不同方面，也强调了有助于实现某种规范目标的不同价值观。

　　工具隐喻并不是唯一契合法律视角的隐喻。理查兹和斯玛特认为，计算机程序的确定性给了我们采用工具隐喻的充分理由：确定性程序似乎允许我们预测机器人的行为，并在事后对其进行解释。然而，许多当前和下一代设计机器人的方式却逐渐使它们的行为变得难以预测（Millar and Kerr 2016）。它们的不可预测性一定程度上源于它们需要在开放环境中运行的事实。这意味着为确定性程序输入的集合在不断地变化。也就是说，在所有输入信息和程序的当前状态都已确定的情况下，机器人原则上是可被预测的，但现实中在它们做出相应的动作之前得知这些信息并不可行。此外，故意设计出的不可预测性越来越普遍，因为它能使机器人在现实环境中几乎没有约束地运行——正是这些不可预测性才有助于机器人更加自主。

　　不可预测性可以直接在法律语境中挑战工具隐喻，尤其是当机器人被设计为具有不可预测和社交性特征的时候。与布雷齐尔对基斯梅特的描述相一致，我们与社交机器人的互动往往会让我们把它们想象得更像一名个人助理而非工具。事实上，人类心理似乎就是这样运行的，一个机器人涌现出的社交行为让我们很难将社交机器人仅仅看作工具（Duffy 2003; Proudfoot 2011; Calo 2015; Darling 2015）。根据卡洛（Calo 2015：119）所言，"这种效应是如此系统化，以至于一个由著名的心理学家和工程师组成的团队主张为机器人建立一个介于物品和代理人之间的新型本体类别"。将社交机器人置于自主性的本体论范畴将挑战一个迄今为止将物体（包括机器人）视为单纯工具对待的法律体系（Calo 2015）；因此，人类的心理可能会"颠覆个人/工具这种两分法及其所支撑的（法律）理论"（Calo 2015:133）。

　　隐喻也可以作为一种精心设置的、设定框架的装置，其目的是促使人们在与机器人互动时以特定的方式对其思考。例如，在部署扫雷军用机器人时，为防止士兵对这些机器人产生情感上的依附，推广一个强有力的工具性隐喻可能是有益的。众所周知，士兵如果对机器人产生了个人情感依恋，当机器人受到伤害或者"受伤"时，士兵们就会冒着生命危险去"拯救"机器人（Darling 2015）。另外，比如在伴侣型机器人中，推广一些鼓励人们建立社交联系和信任的隐喻可能是有益的，在实践中，这类机器人正是靠着这些社会特征而获得成功。将社交机器人设定为"伴侣"的好处并不局限于使用方便。正如达林指出的那样，社交机器人的设计目的是"提供陪伴、教学、治疗或鼓励，当机器人被视为社交代理而非纯粹的工具时才能更有效地达成这些目标"（Darling 2015:6）。

尽管有些人认为，无论何时犯了机器人谬误都是错误的，但我们的隐喻选择显然应当是灵活的。我们决定使用的特定隐喻应该取决于所描述的特定机器人以及我们希望通过使用该机器人达成的规范结果和目标，而不是基于狭隘的技术考虑来限制我们对隐喻的选择。重要的是，机器人可能会带来很多社会效益，我们的得失取决于依附在每个机器人上的隐喻。

我们对任何特定机器人所采用的隐喻都会影响政策和规则。例如，人们可能会忍不住用监管其他汽车的方式去监管无人驾驶汽车，比如谷歌汽车。然而，除了需要传统的技术解决方案来保证汽车在道路上的安全行驶（例如发动机、转向和制动系统），无人驾驶汽车还需要软件来自动实现复杂的道德决策，从而尽可能安全地驾驭交通（Lin 2013，2014a, Lin 2014b; Millar 2015）。如下面的假设场景所示，后一种需求可能会引入新的设计和工程挑战，而这些挑战反过来又会要求政策和监管机构做出一些创新：

> 隧道问题：史蒂夫驾驶一辆自动驾驶汽车沿着一条单车道山路行驶，汽车正在快速驶向一条狭窄的隧道。就在进入隧道前，一名儿童误跑到道路中央并被绊倒，完全堵住了隧道的入口，汽车无法及时刹车以避免撞车。它只有两个选择：撞死孩子，或者转向隧道两侧的墙壁从而杀死史蒂夫。决策必须由计算机在几毫秒内做出，这辆车应该怎么做呢？（Millar 2015）

隧道问题不是传统的设计或者工程问题。从伦理道德的角度看，它提出的问题是没有"正确"答案的。因此，尽管解决方案需要技术元素（例如软件、硬件），但隧道问题并不是任何传统意义上的"技术"问题。此外，这一问题显然对史蒂夫具有重要的道德意义。是否有一种隐喻可以帮助我们将道德、设计和治理问题一起纳入隧道问题中？因为这款车最终必须通过编程来"做出"生死抉择，我们可以把它看作一个"道德代理人"，随时准备代表史蒂夫做出那个重要的决定（Millar 2014, 2015）。就像医学伦理学中存在很长一段管理代理决策的历史一样，这个隐喻也可以这样加以完善：有效地管理无人驾驶汽车，可能需要我们确保机器人代理（无人驾驶汽车）的设计符合史蒂夫的最佳利益（Millar 2015）。这可能意味着为用户设计具有"伦理设置"的汽车，也可能意味着通过广泛宣传有关自主做出伦理抉择的行业标准来加强无人驾驶汽车的知情同意实践（Millar 2015）。借用达林的观点，道德代理隐喻可以保持个人对更深层道德决策的自主权。这样的政策决定无疑会使当前的法律和监管框架复杂化，制造商也会将其视为一种不可取的决定（Lin 2014b）。鉴于汽车制造商必然会被要求针对隧道式场景进行设计，监管机构也需要在它们处理无人驾驶汽车时考虑到这种规划。这样做将要求汽车制造商和监管机构采用"道德代理"等新型隐喻来描述无人驾驶汽车的各种社会技术方面。

针对不同的新型机器人应用，人们还提出了各种其他类型的隐喻，每一种都具有独特的法律、政策和道德含义。IBM 沃森超级计算机在《危险边缘》(*Jeopardy!*) 节目中击败了两位最优秀的人类竞争对手，被称为"专家机器人"(Millar and Kerr 2016)。IBM 沃森旨在从自然语言（基于文本的非结构化来源）中提取有意义和有用的信息，并在接受培训后回答特定领域内详细而微妙的问题。如果训练有素，沃森能够在特定任务上表现得比人类更好。在这一点上，将它描述为专家是讲得通的。沃森目前受雇于医疗保健机构，为诊断、决定治疗计划和其他医疗决策提供依据(Millar and Kerr 2016)。沃森的工作方式是通过搜寻学术医疗期刊、病例和其他文本资源，尽可能多地"学习"特定的医学专业。越来越多传统上由人类医疗保健专家完成的工作正在由沃森负责。在沃森的案例中采用专家这一隐喻有朝一日可能会成为现实，但对其他（人类）医疗专家来说，这可能会产生重大的道德和法律影响。鉴于沃森的能力，人类医疗专家的决策权威将会受到挑战。这一专家隐喻还将挑战医疗政策制定者。他们需要弄清楚沃森在医疗领域应该扮演的角色，并制定适当的政策来治理它(Millar and Kerr 2016)。

机器人在其他语境下也被描述为"儿童""动物"和"奴隶"。的确，越来越多用于描述机器人的隐喻表明，没有单一的隐喻能抓住机器人或者其他任何技术的精髓。每一种隐喻都映射了特定的价值观和视角。每个隐喻都带着一套独特的法律、政策和伦理意涵。如果我们希望能够通过某种解释来实现该技术所期望的规范目标，那么决定采用哪个隐喻来形容某个特定用途的机器人是一个越来越值得关注的重要议题。

三 创新与社会科技隐喻的生命周期

技术随着新功能、新能力、新应用和新用途的加入不断发展。同样地，用以描述技术的隐喻常常需要调整，或根据新的社会技术现实进行全面变革。因此，隐喻就像它们描述的技术一样，具有自己的生命周期。理解这种生命周期使我们能够制定策略来预见隐喻将对技术产生的影响，从而使我们能够塑造技术和治理框架，以满足我们的规范目标。不过，正如我们将要解释的那样，控制技术隐喻实现特定目标并非易事。

科技创新始于由旧的、熟悉的技术和新的、陌生的技术的隐喻进行比较开始。例如，本杰明·富兰克林(Benjamin Franklin)通过观测与闪电的相似性来驱动他的电子实验(Heilbron 1979)。亚历山大·格雷厄姆·贝尔(Alexander Graham Bell)通过研究人类耳朵里的骨头发明了电话机(Carlson and Gorman 1992)。在指导人工智能研究和部署的过程中，将计算机喻为大脑的隐喻扮演了重要的、有争议的作用(West and Travis 1991; Warwick 2011)。阿尔伯特·爱因斯坦(Albert Einstein)将他自己的创作、发现过程称为"组合游戏"（Einstein 1954：32）。创新在本质上就是一种类比推理：

> 它是将一个已知的关系网络与一个假设的或新发现的关系网络巧妙地结合起来，从而使前者影响后者的一种过程。类比思维是通过与已经被征服的领域作对比来开化未经驯服的领域（Geary 2011: 170）。

作为创新过程的组成部分，隐喻在设计和分配过程中可能呈现出不同的形态，当它们被设计出时，通常需要考虑用户的想法。负责设计人机交互（HCI）可用系统的研究人员提出的一个核心问题是，"我们如何才能确保用户获得一个合适的心智系统模型？"（Booth 2015: 75）。时下流行的人机交互教科书曾解释道，"很少有人会争论一个好的隐喻对于增加用户和计算机应用程序之间的初始熟悉度到底有何价值"（Dix and others 1998: 149）。最初的用户界面隐喻如"窗口""菜单""滚动""文件"和"桌面"的成功继续推动着设计范式，但也并非没有争议。1994 年通用魔术公司（General Magic）的"魔术帽"（Magic Cap）和 1995 年微软（Microsoft）的"鲍勃"（bob）等臭名昭著的用户界面（两者都使用了"家庭办公室"的隐喻，并配以桌子、电话和其他办公设备的图片）使一些人对隐喻在设计中的效用提出了质疑，那些认为隐喻在设计中的效用被夸大了的观点也得到了证实（Blackwell 2006）。概念隐喻通过比照用户既有知识来帮助其了解新系统的功能和能力，但用户并不一定需要瞬间抓住所有的概念隐喻，这样可能会制造出笨重或混乱的用户体验。以用户为中心的交互感知过程继续得到人机交互研究人员和设计师的认可和研究（Blackwell 2006）。

　　各种人机交互（HRI）研究已经证明了在设计中使用隐喻的实用性和潜在的复杂性。电脑游戏（Avateering）和操纵木偶的隐喻已经被证明有助于用户理解和操作远程机器人（Hoffman, Kubat, and Breazeal 2008; Koh 2014）。虽然操纵杆的隐喻对于直接控制机器人运动的人类来说非常直观，但当被控制的机器人也能发起动作时，这一隐喻就会出现问题。在这些情况下，"后座驾驶"或者"遛狗"等隐喻已经被证明可以提高任务性能（Bruemmer, Gertman, and Nielsen 2007）。在机器人设计中使用拟人主义比操纵杆或者木偶更具争议性，因为它引发了关于效用与设计的辩论以及从奴役到失业的一系列社会焦虑（Schneiderman 1989; Duffy 2003; Fink 2012），但正如前面所讨论的，这在一定程度上是必然的。即使没有动力，人们也有将人工智能和机器人系统拟人化的强烈倾向，从而导致不可预测性、模糊性和强烈的态度和行为反应（Duffy 2003）。

　　试图引导用户的观点应当是有限度的，也是会产生后果的。如上所述，计算设计中的隐喻往往带有"以技术为工具"的视角，通过某些特殊方式重新表述问题，从而解决它们（Bijker 1987; Oudshoorn and Pinch 2005）。因此，设计中的选择会以特定方式塑造技术使用、用户和围绕技术的社会结果（Winner 1980; Nissenbaum 2001）。然而，机器人研究已经开始使用像"蜂群"（e.g. Brambilla et al. 2013）和"团队"（e.g. Breazeal 2004; Steinfeld and others 2006）等隐喻来开发和部署技术。这意味着该方法更接近布鲁诺·拉图尔（Bruno Latour）的行动者网络理论（Latour 2005; Jones 2015），其承认技术物体的自主性，并将设计政治化，从而进一步承认技术在人际交互方面的强大作用。

如果技术得到广泛采用，迟早会在监管或者司法环境中受到正式的质疑，在这些环境中，相互竞争的隐喻发挥着核心作用。技术甚至可以被设计用来预测这种争论，在创新过程的早期就将政策和法律纳入解释范围。例如，从 20 世纪 90 年代到 21 世纪头十年，媒体发行的变化见证了一场重大的改变系统设计的隐喻之争。版权行业游说政策制定者并试图组织公众辩论，强调媒体版权是"财产"，并坚持未经许可使用此类材料是"盗窃"和"盗版"的行为。学者和活动人士用"数字公地"（digital commons）、"媒体回收"（media recycling）和"文化保护"（Reyman 2010: 75）等以及"分享"和"礼物"的经济和文化（Lessig 2008）等环境隐喻来反驳这种说法。预测隐喻在法律语境中的影响，可能会在政策辩论爆发之前就开始影响其结果，或者可能会从根本上避免政策争论的发生。

隐喻还影响着有争议的技术在政治舞台上的构建方式。控制隐喻意味着控制对话并最终控制了论辩结果。正因如此，政治辩论往往成为一场隐喻之战。在互联网的早期，无数不同的消息来源争论着到底应该用哪些隐喻来指导政策。例如，将互联网描述为"信息高速公路"，表明它既是一种公共资源，也是一种商业利益。信息高速公路的隐喻在 1992 年美国总统竞选中被广泛使用。戈尔（Gore）是互联网发展的公开倡导者，当时互联网对公众来说仍很神秘，他解释道：

> 一个有用的办法是把国家信息基础设施视为一条公路——就像 50 年代开始建设的州际公路……这些高速公路将比今天的技术所允许的更广泛……因为对于视频、语音和计算机的新使用将使更多的信息以更快速度移动……他们需要宽阔的马路。（1993 年《戈尔传》）

把互联网看作一个独立的"网络空间"，意味着创建一个没有国界的、超越了国家法律的虚拟社会。电子前沿基金会的积极分子和创始人约翰·佩里·巴洛（John Perry Barlow）1993 年写道：

> 工业世界的政府，你们这些令人疲惫的钢铁巨人们，我来自网络空间，新的

心灵家园。我代表未来，请你们这些来自过去的人离我们远一点。我们不欢迎你。在我们聚集的地方，你们没有主权。（Barlow 1996）

对其他技术隐喻的探索已经在许多技术相关的法律中进行。约瑟芬·沃尔夫（Josephine Wolff）（2014）分析了网络安全中最常见的三个隐喻——"入室盗窃""战争"和"健康"——来寻找他们的弱点。盗窃的隐喻来源于物理安全的概念，比如栅栏和大门，但它表明防御者可以察觉到安全漏洞，从而可以防范所有可能的入侵（Wolf 2014）。"战争"和"入室盗窃"的隐喻将人类看成是具有代理权和恶意的威胁者，但"健康"的隐喻又把威胁比作一种无差别复制的普遍疾病（Wolf 2014）。同样，一些人也发现，缺乏人类参与的云计算隐喻也存在弱点，因为云计算依赖于"数据流"等自然隐喻，而"人在云计算中无处可寻"（Hwang and Levy 2015）。皮埃尔·德·弗里斯（Pierre de Vries 2008）对将频谱作为领土的隐喻提出了质疑。他认为"互联网""互联网协议地址""域名"或者"商标"等非空间隐喻可能更适合制定频谱政策。地域隐喻将频谱视为一种自然资源，暗示了"丰富""稀缺""效用"和"生产力"等多种概念，这些概念严重阻碍了信号干扰问题的解决（de Vries 2008）。相反，德·弗里斯认为，"商标"才是最合适的隐喻，因为其权利保护是通过在政府机构注册实现的，而有害的干预实际上等同于未经授权使用商标（de Vries 2008）。这些隐喻塑造并控制着政治叙事，不仅驱动特定类型的政策和结果，而且还为治理问题提供创造性和灵活性的解决方案。

608　　　在法律和政策实施前后，许多治理都是通过法院系统进一步发展和完善的，其运用类比推理来确定一组新的事实如何与现有判例法中的事实相关联。法官的类比推理包括通过调查过去的判决使决定符合现有的法律体系，确定这些判决与当前问题的相似或者差别之处，并通过这种比较来裁定目前尚未解决的问题（Sherwin 1999）。凯斯·桑斯坦（Cass Sunstein）（1993：745）用以下四个步骤来描述这一类比工作：

（1）有些事实体现出 A 模式具有一定的特征 X，或者特征 X、Y、Z；
（2）事实模式B在某些方面与模式A不同，但共享特征X，或者特征X、Y、Z；
（3）法律以一定的方式对待 A；
（4）因为 B 与 A 有某些共同的特征，则法律应该对 B 一视同仁。

桑斯坦为这一做法进行了辩护，他认为，在政治和理论上持不同意见的法官有可能在案件之间的低层级类比上达成一致，从而当不涉及有争议的政治或道德问题时解决紧迫的问题（1996）。

　　一旦确定了一个法律领域，如合同法或刑法，法官可以运用狭义或广义的类比推理，将新技术与过去判例法中的技术联系起来。卢克·米利根（2011）认为，法官在有关第四修正案的判决中过于狭隘地关注于之前案件中的技术等价物，例如，将手机视为寻呼机、通讯录或只是一般的容器。这些案例在很大程度上依赖于这些技术的共享特征，米利根建议在第四修正案判例中为这种狭隘的类比推理增加两个更广泛的方面：（1）通过使用特定监控技术所获得的效率以及（2）基于所使用的监控技术收集信息的能力（Milligan 2011）。作为回应，虽然技术设计者可能会根据或围绕司法类比进行设计，将技术划分为非法或合法、有责任或可豁免等类别，但当类比推理导致不利结果时，立法者也可能介入并通过法律。在互联网的早期，法院被问及在线内容提供商（网站）是否像出版商、分销商或者普通运营商一样，承担着不同类型的法律义务（Johnson and Marks 1993）。纽约法院审理了两起涉及这一问题的案件，一起是认定含有诽谤性内容的网站运营商不负有任何责任（*Cubby Inc v. CompuServe Inc 1991*），另一起是认定该运营商负有责任，因为它对"具有冒犯性和恶趣味"的内容负有积极审查的义务（*Stratton Oakmont Inc v. Prodigy Servs Co 1995*）。随后，国会通过了《通信规范法》（*the Communications Decency Act*）第230条，以确保网站运营商不必对第三方发布的内容负责，即使这些内容是经过策划的（1996年的《通信规范法》），从而结束了关于网站是否属于出版商、分销商或普通运营商的争论，即出于信息相关法律诉求的目的，禁止将它们视为除了中介平台之外的任何类别。

　　今天，关于下列社会技术在法律相关性上差异的辩论甚嚣尘上：通信记录器（pen registers）和元数据（*ACLU v Clapper* 2013: 742; *Klayman v Obama* 2013），跟踪元件和GPS（*US v. Jones* 2012），遥控军用航空器和无人驾驶飞机（联合国致命武器系统会议 2015）以及虚拟现实与物理领域（美国联邦贸易委员会 2015）。发展到这一阶段的技术大量带来了常常被忽视的概念成见。诚然，随着技术的成熟，创新概念化和设计的早期发展会对政治和法律隐喻产生影响。因此，我们最明智的做法就是在技术生命周期的早期就开始处理隐喻这一重要且有影响力的问题以便尽可能获益。技术隐喻的生命周期包括创新初期的比较和组合型意义创造、为技术的使用和使用者所做的调整、监管机构政治框架的形成以及法庭上的类推推理等各个阶段。在这个生命周期过程中，用于评估和构建技术隐喻以实现特定治理目标的分析工具仍然是预期治理以及法律和技术领域中一个重要且发展不足的方面。

四　打破预期治理中的隐喻

　　计算机科学家和法律学者一致认为，在面对新技术时，寻找"最佳"或者"正确"的隐喻，通常是浪费时间。"寻找这个神奇的隐喻是你在用户界面设计中可能犯的最大错误之一"（Cooper 1995:53）。例如，法律学者约翰逊和马克斯（Johnson and

Marks 1993）认为，这种努力并无益处，甚至会由此忽视了互联网早期的可塑性。试图将网络空间"融入"当时已有的法律隐喻，可能会"束缚"这种新媒体，从而阻碍网络空间以最适合设计师和用户的方式发展（Johnson and Marks 1993: 29）。

因此，一个更有成效的任务是找到有助于实现一套特定规范目标的隐喻。哲学家、设计学者唐纳德·舍恩（Donald Schön 1993）解释说，隐喻可能产生或保守或激进的影响。隐喻可以作为灵活的"投射模型"，表现出某种新事物的独特性、不确定性和模糊性。或者，一个隐喻可以作为一种防御机制。其中，用概念 B 来描述概念 A 限制了 B 的性质：A 的本质未经检验，且将自身的局限转接到了概念 B 之上（Schon 1993）。

无论是在机器人设计的早期阶段还是在后期的法庭案件中，预期治理都应该涉及投射模型以强调机器人隐喻在塑造社会技术现实方面的根本作用。重要的是，伦理学家、政策制定者、监管者、律师和法官都应该认识到，每一个隐喻都是一种选择，而不是一种发现，选择一个隐喻而非另一个隐喻必然蕴含着对特定价值观的偏好。选择隐喻是一项重要任务，具有强有力的影响。因此，这个过程应当是开放且经过深思熟虑的。在治理语境下，"我们应该根据总体目标和正义原则运用现有的隐喻，同时还应注意选择特定隐喻会造成的影响"（Schön 1993: 11）。

对于机器人技术和其他技术的预期治理，我们建议在开发和反思隐喻方面采取更具结构化的措施。这种结构化的运行方式，我们称之为破除隐喻，其可以使隐喻、技术和社会之间的各种联系透明化。正如我们所说，该过程包含五个审慎的步骤：

(1) 承认最初的（主观的）意义制造隐喻；

(2) 通过检验其他隐喻来挑战具有单一意义的隐喻；

(3) 研究隐喻相互竞争的潜在结果；

(4) 以规范目标为基础评估结果；

(5) 列出获得胜利的隐喻所存在的局限。

（一）一个破除隐喻的例子：无人驾驶汽车

无人驾驶汽车是一项即将到来的技术，作为解决我们所有汽车问题的解决方案，它在媒体上引起了广泛轰动。然而，无人驾驶汽车带来了重大的治理挑战，从关于责任（制造商、程序员、所有者/运营商，甚至汽车本身）的问题到有关技术社会影响的伦理问题，不一而足。

前面论述的隧道问题是构建此类挑战的一个很好的例证，同时还可以用来展示隐喻破除的好处。它代表了一类涉及乘客、行人和其他司机/乘客之间价值权衡的设计问题（Millar 2015）。其他涉及类似价值权衡的问题也已经被另外讨论过了（Lin 2013），这些问题可以从对隧道问题的研究中受益。

在这个例子中，笔者展示了两个相互竞争的隐喻——"司机"和"道德代理人"——在使用前述框架进行"测试"时是如何导致截然不同的分析结果的。如上所述，道德代理隐喻的动机是希望在更深层的道德困境中保持个人决策自主权。而司机的隐喻很可能被认为是该技术预设的一种隐喻：它捕捉了无人驾驶汽车在使用环境中所扮演的角色，汽车自动驾驶，而你舒舒服服地坐着等着到达目的地。因此，在本例中，我们将司机隐喻视为"初始（主观）意义生成的隐喻"，而代理隐喻则是初始隐喻的一个挑战者。

我们首先要认识到，完全有可能进行更全面的分析，这将为流程的每个阶段提供更多细节。我们也承认，隧道问题只是众多无人驾驶汽车治理环节适用的触发因素之一（即某些场景表明需要新的／调整过的治理响应），这些汽车可能会从破除隐喻的过程中受益。然而，由于篇幅所限，我们在这里只提供一个全面分析的草图，以展示隐喻破除行为分析的好处。

1. 承认最初（主观）感性的隐喻

第一步是认识到自己对这项技术的设想。你觉得你会坐在车里的什么地方？你是礼貌地对着车说话还是下达简短的命令？你会多久检查一次车辆以确保行驶顺利？

（1）隐喻："司机"

描述：无人驾驶汽车最常见的设想是将司机变成乘客。换句话说，设想中的司机根本不开车。谷歌最新的无人驾驶汽车原型车出现在一段被大肆炒作的网络视频中，它没有方向盘，视频中的一名乘客解释道，"你只用坐着，放松，而不需要做其他任何事情"（谷歌 2014）。考虑到这种场景，把汽车描述成一个机器人司机是有道理的，当你在处理电子邮件、打电话或者打个盹儿的时候，车辆会自动从一个地方开到另一个地方。

2. 通过测试其他隐喻来挑战单一意义的隐喻

无人驾驶汽车的概念化有很多种方式。我们可能会认为它们像普通汽车一样，但却拥有越来越多的技术功能。毕竟，包括刹车和变速箱在内的其他不需要被重新概念化的功能也已经实现了自动化。要想理解司机和车辆之间自主权的再分配，一个有用的概念方法可能是重新选择"马"这个隐喻。无人驾驶汽车也可以与公共交通的转变相提并论。在公共交通中，日常出行以一种网络化的方式重组，旅客无法控制实际的驾驶行为。

虽然应该对这些（以及许多其他）隐喻的治理影响进行检查，但为了简洁起见，我们将主要关注司机和道德代理隐喻。

（1）隐喻："道德代理人"

描述：在无人驾驶汽车及其乘客遇到隧道等危及生命的紧急情况时，必须提前对汽车进行编程或者"设置"，以某种预先确定的方式对该情况做出应对。不可避免

611

612

的碰撞通常会导致人员受伤甚至死亡，而这种情况是可以被合理预见的，（Lin 2013，2014a，2014b; Gooclall Millar 2014，2015）。这些场景往往涉及高度主观层面的价值权衡，而且没有道德上明确的"标准"答案可以确保万无一失。鉴于汽车必须经过编程，才能在不可避免的碰撞场景下做出特定的决定，要么是工程师提前设计，要么是车主在使用时通过"设置"方式做出，因而汽车可以被合理地视为道德代理决策人（Millar 2015）。

将无人驾驶汽车概念化的最刚刚好的方法是把它当作任何一辆有着更多技术功能的传统汽车来对待：这种方法对现有治理框架的改变最小。将无人驾驶汽车视为司机的概念仍然是相当狭窄的，但其关注驾驶行为控制权的改变。同样的，将无人驾驶汽车与马进行比较，也只将注意力集中在运输设备的自主性上。道德代理的隐喻更为宽泛，包含了更多与驾驶有关的社会功能。将无人驾驶汽车视为一种变革性的公共交通工具是最广泛的，也由此开启了许多研究领域。如果专注于在道路运行中添加新技术，或者考虑到人们现在依赖联网服务在公共空间中移动的方式，可能会出现其他隐喻，但每个隐喻的范围略有不同。

3. 研究隐喻相互竞争的潜在结果

（1）专职司机

在多数日常驾驶环境中，司机的隐喻捕捉到了无人驾驶汽车展示的各种功能。如果制造商能够兑现他们的承诺，无人驾驶汽车通常会载着乘客到处行驶而不会发生事故。

然而，当出现问题时，把无人驾驶汽车当作司机，就可能会导致理查兹和斯玛特（2015）提出的一些担忧。尽管无人驾驶汽车会让人觉得它们是在载着你到处跑，但如果我们认为它们是道德或者法律意义上的"代理人"，尤其是在试图让它承担法律/道德责任的时候，那么我们就犯了"机器人谬误"。无人驾驶汽车并不是如同人类司机一样的道德代理人，如同任何负责任的成年人一样，能够做出充分理性的决策。因此，在我们需要依靠责任模式来决定责任归属的情况下，司机的隐喻很可能会引发问题。

（2）道德代理

在非常特殊的情况下——例如那些涉及隧道问题中价值权衡的情形下——道德代理的隐喻可能有助于解决责任问题。道德代理隐喻凸显了技术设计内在的政治性和伦理性（Winner 1980; Latour 1992; Verbeek 2011; Millar 2015）并邀请设计师、用户和决策者将重点放在谁应该为无人驾驶汽车编程/设置以特定模式运行的问题上，以及明确在选择这些编程/做出选择时，关注真正的知情同意要求（Millar 2015）。这样做使道德代理隐喻成为一种治理工具，对所有相关方都提出了更高的要求，以便在使用该技术之前清楚地分配责任，由于责任的明确性得到了提高，这些需求也被视为是有益的。这种方法曾受到挑战，理由是它使法律变得复杂化（Lin 2014b），但至少有一项研究表明，在治理某些无人驾驶汽车功能时，可能有人会支持更严格的知情同意措施（开放机器人伦理倡议 2014）。

4. 根据规范性目标评估结果

此时可以追问：规范性目标是什么？通过将规范性问题置于设计过程的后期，我们可以看到基于技术的设计和使用而产生的意义，而不是只考虑解决特定政策问题的技术方法。当更广泛的公众、不同的用户群体或在以后的决策中无法有效地理解这些隐喻时，其可以避免对策略流程的干扰，并保持流程的灵活性和动态性。

（1）规范性目标

以更明确的模式来处理责任和用户（道德）自主权，同时在驾驶语境下尊重用户的隐私信息实践。

（2）专职司机

尽管司机的隐喻将一定程度的自主权归咎于汽车本身，从而引发某些问题，但如果这是政策制定者希望的方向，将责任转移到汽车的设计者身上可能是有益的。但是，规范性目标表述的是更为明确的责任模式。因此，与道德代理模式相比，专车司机隐喻与现有的问责模式发生背离，并不尽如人意。

614

司机这一隐喻可能对实现隐私目标具有意义。如果无人驾驶汽车的用户认为该辆车就像车上的其他人一样有意识和专注，则用户可能会根据自己的信息共享偏好来调整自己的行为。不过，这个隐喻可能并不贴切，因为无人驾驶汽车实际上收集和处理的信息可能比车内其他人更多，且不尽相同。（参见，例如 Calo 2012）。

（3）道德代理人

道德代理模型旨在明确界定责任，但目标的达成与否取决于无人驾驶汽车的用户如何理解模型，同时他们可能会误解自己在车内所扮演的角色。如果将信息标准纳入设计的一部分，并告知用户其正在进行有限的信息收集，道德代理模型可以服务于保护隐私的目标。然而，这个隐喻也可能使隐私保护的目标复杂化。道德代理者到底需要多少信息才能够做出道德的决定？这种不确定性可能导致用户信息被过度收集，也导致政策制定者将此类做法视为维持道德代理功能运行的必要手段。

通过按照规范的目标来处理结果，就可以更加清楚地知道什么类型的情景使用信息或者测试是必要的。这一步骤也可能引发针对规范目标本身的特殊问题，并揭示出目标仍相当不明确或者存在争议。

5. 列出获得胜利隐喻的限制

（1）专职司机

司机这一隐喻可能是这两个隐喻中更容易被理解和采用的一个，因为人们天生就会犯"机器人谬论"（Darling 2015），而且无人驾驶汽车在大多数正常驾驶环境中都符合这一隐喻。在城市地区，旅客通常由他人搭载，这一隐喻可能更正确。而在司法领域，由于类推推理会受到一定的限制，因此这一隐喻可能更为成功。

（2）道德代理

人们可能更难理解或采用这一隐喻，因为它需要人们理解责任承担以及与法律责任相关的法律和道德技术。它还要求政策制定者、律师、法官、伦理学家和用户在一定程度上理解制造无人驾驶汽车所涉及的复杂的编程原理。

其他被建议的隐喻也有很大局限性。例如，将无人驾驶汽车隐喻为一匹马却并不能说明它是怎样运作的，或是怎样依此做出责任之诉中的特定选择。此外，在今天很少有人见过用来运输的马，更不用说体验过它了，因此一匹马这一隐喻对于理解无人驾驶汽车能有多大用处？这些都是抛弃马这一隐喻的有力理由。

基于这种粗略的分析，我们可能会认为道德代理这一隐喻是比较有益的，并鼓励设计师、营销人员和用户将其纳入相应的流程之中。我们还可能需要更多的信息，也需要对这些隐喻的实用性和预期结果进行测试。当然最重要的是知道应该避免使用哪些隐喻，并思考其他人理解机器人的方式。

五 结论

隐喻既可以描述技术，也可以塑造技术。在治理语境中，隐喻可以用来构建技术框架，使之依附于非常具体、通常是相互竞争的价值观和规范。因此，相互竞争的隐喻不仅仅是对技术的不同思考方式；每一个隐喻还承载着不同的伦理道德，也是规范性的结果。我们建议将破除隐喻作为一种方法，将其运用在设计和治理层面以仔细考虑某一隐喻可能带来的规范性后果。

尽管设计选择和设计框架都是强大的工具，但我们控制人们理解技术方式的能力总是有限的。人们的诠释方式甚至会挫败我们在塑造技术以及将技术应用于社会层面时最严格的尝试。我们提出的考虑因素以及破解隐喻的方法，有助于指导我们采取何种方式控制和影响这些努力。在最有限的情况下，我们仍然希望有一个更审慎的过程，以缓解必要的伦理、法律和监管反应，从而使我们的技术未来更加平稳。更重要的是，我们希望在破除隐喻的帮助下能够解决复杂的技术治理任务，因为它揭示的事实告诉我们，好的设计需要我们预测人们对开关、旋钮和隐喻的反应。

【参考文献】

ACLU v Clapper, 959 F Supp 2d 724 (SDNY 2013)

Annear S, 'Makers of the World's "First Family Robot" Just Set a New Crowdfunding Record' (*Boston Magazine*, 23 July 2014) <www.bostonmagazine.com/news/blog/2014/07/23/jibo- raises-1-million-

six-days-record/> accessed 2 December 2015

Baker B, 'This Robot Means the End of Being Alone' (*Popular Mechanics*, 18 November 2014) 616 <www.popularmechanics.com/ technology/ robots/ a11661/why- the- jibo-robot- means-the-end-of-being-alone-17437592/> accessed 2 December 2015

Barlow J, 'A Declaration of the Interdependence of Cyberspace' (*EFF*, 8 February 1996) <https:// projects.eff.org/~barlow/Declaration-Final.html> accessed 2 December 2015

Bekey G, 'Current Trends in Robotics: Technology and Ethics' in Patrick Lin, Keith Abney,and George Bekey (eds), *Robot Ethics: The Ethical and Social Implications of Robotics* (MITPress 2012) 17-34

Bijker W, 'The Social Construction of Bakelite: Towards a Theory of Invention' in Wiebe Bijker, Thomas Hughes, and Trevor Pinch (eds), *The Social Construction of Technological Systems: New Directions in the Sociology and History of Technology* (MIT Press 1987) 159-187

Blackwell A, 'The Reification of Metaphor as a Design Tool' (2006) 13 *ACM Transactions on Computer-Human Interaction* 490-530

Booth P, *An Introduction to Human-Computer Interaction* (Psychology Press 2015) Brambilla M, E Ferrante, M Birattari, and M Dorigo, 'Swarm Robotics: A Review from the Swarm Engineering Perspective' (2013) 7 Swarm Intelligence 1-41

Breazeal C, 'Social Interactions in HRI: The Robot View' (2004) 34 *Systems, Man, and Cybernetics, Part C: Applications and Reviews* 181-186

Breazeal C, 'Jibo, The World's First Social Robot for the Home' (*INDIEGOGO*, 2014) <www. indiegogo.com/ projects/ jibo- the- world- s- first- social- robot- for- the- home#/ story> accessed 2 December 2015

Brooks R, *Flesh and Machines: How Robots Will Change Us* (Vintage 2003)

Bruemmer D, Gertman D, and Nielsen C, 'Metaphors to Drive By: Exploring New Ways to Guide Human—Robot Interaction' (2007) 1 *Open Cybernetics & Systemics Journal* 5-12 Calo R, 'Robots and Privacy' in Patrick Lin, Keith Abney, and George Bekey (eds), *Robot Ethics: The Ethical and Social Implications of Robotics* (MIT Press 2012) 187-202

Calo R, 'Robotics and the Lessons of Cyberlaw' (2015) 103 *California Law Review* 513-563

Carlson W and M Gorman, 'A Cognitive Framework to Understand Technological Creativity: Bell, Edison, and the Telephone' in Robert Weber and David Perkins (eds), *Inventive Minds: Creativity in Technology* (OUP 1992) 48-79

Clark L, 'Friendly Family Robot Jibo Is Coming in 2016' (*WIRED*, 18 July 2014) <www.wired. co.uk/ news/archive/2014-07/18/jibo-indiegogo> accessed 2 December 2015

Communications Decency Act of 1996, 47 USC §230 (1996)

Cooper A, *About Face: The Essentials of User Interface Design* (Wiley 1995)

Cubby Inc v CompuServe Inc, 776 F Supp 135 (SDNY 1991)

Darling K, ' "Who's Johnny?" Anthropomorphic Framing in Human-Robot Interaction, Integration, and Policy' (2015) <http://papers.ssrn.com/sol3/papers.cfm?abstract_ id=2588669> accessed 2 December 2015

de Vries P, 'De-Situating Spectrum: Rethinking Radio Policy Using Non-Spatial Metaphors' (Proceedings of 3rd IEEE Symposium on New Frontiers in Dynamic Spectrum Access Networks, 2008)

Dix A and others, *Human- Computer Interaction* (2nd edn, Prentice Hall 1998)

Duffy B, 'Anthropomorphism and the Social Robot' (2003) 42 *Robotics and Autonomous Systems* 177-

190

617

Einstein A, 'Letter to Jacques Hadamard' in Brewster Ghiselin (ed) *The Creative Process— A Symposium* (University of California Press 1954) 43-44 euRobotics AISBL, 'Strategic Research Agenda for Robotics in Europe 2014-2020' (2013) <www.eu-robotics.net/cms/upload/PPP/SRA2020_SPARC.pdf> accessed 2 December 2015

Federal Trade Commission, 'Internet of Things: Privacy & Security in a Connected World' (Staff Report, 2015)

Fink J, 'Anthropomorphism and Human Likeness in the Design of Robots and Human- Robot Interaction' (2012) 7621 *Social Robotics* 199-208

Gates B, 'A Robot in Every Home' (*Scientific American*, 2007) <www.scientificamerican. com/article/a-robot-in-every-home/> accessed 2 December 2015

Geary J, *I Is an Other: The Secret Life of Metaphor and How It Shapes the Way We See the World* (HarperCollins 2011)

Goodall N, 'Ethical Decision Making During Automated Vehicle Crashes' (2014) 2424 *Transportation Research Record: Journal of the Transportation Research Board* 58-65

Google Self-Driving Car Project, 'A First Drive' (*YouTube*, 27 May 2014) <www.youtube. com/watch?v=CqSDWoAhvLU> accessed 2 December 2015

Gore A, 'Remarks by Vice President Al Gore at National Press Club' (21 December 1993) <www.ibiblio.org/nii/goremarks.html> accessed 2 December 2015

Guston D, ' "Daddy, Can I Have a Puddle Gator?": Creativity, Anticipation, and Responsible Innovation' in Richard Owen, John Bessant, and Maggy Heintz (eds) *Responsible* Innovation: Managing the Responsible Emergence of Science and Innovation in Society (Wiley 2013) 109-118

Heilbron J, *Electricity in the 17th and 18th Centuries: A Study in Modern Physics* (University of California Press 1979)

High Contracting Parties to the Convention on Prohibitions or Restrictions on the Use of Certain Conventional Weapons Which May Be Deemed to Be Excessively Injurious or to Have Indiscriminate Effects, 'Revised Annotated Programme of Work for the Informal Meeting of Experts on Lethal Autonomous Weapons Systems' (United Nations Meeting on Lethal Autonomous Weapons Systems, CCW/MSP/2015/WP.1/Rev 1, 2015)

Hoffman G, R Kubat, and C Breazeal, 'A Hybrid Control System for Puppeteering a Live Robotic Stage Actor' (IEEE 2008) Robot and Human Interaction Communication 354-359

Hwang T and K Levy, 'The "Cloud" and Other Dangerous Metaphors' (*The Atlantic*, 20 January 2015) <www.theatlantic.com/technology/archive/2015/01/the-cloud-and-other- dangerous-metaphors/384518/> accessed 2 December 2015

Johnson D and K Marks, 'Mapping Electronic Data Communications onto Existing Legal Metaphors: Should We Let Our Conscience (and Our Contracts) Be Our Guide' (1993) 38 *Villanova L Rev* 487-515

Jones M, 'The Ironies of Automation Law: Tying Policy Knots with Fair Automation Practices Principles' (2015) 18 *Vanderbilt Journal of Entertainment & Technology Law* 77-134

Karnow C, 'The Application of Traditional Tort Theory to Embodied Machine Intelligence' in Ryan Calo, Michael Froomkin, and Ian Kerr (eds) *Robot Law* (Edward Elgar 2015) 51-77

Kerr I, 'Bots, Babes, and the Californication of Commerce' (2004) 1 *University of Ottawa Law and Technology Journal* 285-324

Klayman v Obama, 957 F Supp 2d 1 (2013)

Koh S, 'Enhancing the Robot Avateering Metaphor Discreetly with an Assistive Agent and Its Effect on Perception' (2014) Robot and Human Interaction Communication 1095-1102

Krementsov N and D Todes, 'On Metaphors, Animals, and Us' (1991) 47(3) *Journal of Social Issues* 67-81

Larson P, 'We the Geeks: "Robots" ' (*Office of Science and Technology*, 6 August 2013) <www.whitehouse.gov/blog/2013/08/06/we-geeks-robots> accessed 2 December 2015

Latour B, 'Where Are the Missing Masses: The Sociology of A Few Mundane Artefacts' in Wiebe Bijker and John Law (eds), *Shaping Technology/ Building Society: Studies in Sociotechnical Change* (MIT Press 1992) 225-258　618

Latour B, *Reassembling the Social: An Introduction to Actor- Network Theory* (OUP 2005)

Lessig L, *Remix: Making Art and Commerce Thrive in the Hybrid Economy* (Penguin Press 2008)

Lin P, 'The Ethics of Saving Lives with Autonomous Cars are Far Murkier than You Think' (*WIRED*, 30 July 2013) <www.wired.com/opinion/2013/07/the-surprising-ethics-of-robot-cars/> accessed 2 December 2015

Lin P, 'The Robot Car of Tomorrow May Just Be Programmed to Hit You' (*WIRED*, 6 May 2014a) <www.wired.com/ 2014/ 05/ the- robot- car- of- tomorrow- might- just- be- programmed-to-hit-you/> accessed 2 December 2015

Lin P, 'Here's a Terrible Idea: Robot Cars with Adjustable Ethics Settings' (*WIRED*, 18 August 2014b) <www.wired.com/ 2014/ 08/ heres- a- terrible- idea- robot- cars- with- adjustable- ethics-settings/> accessed 2 December 2015

Millar J, 'You Should Have a Say in Your Robot Car's Code of Ethics' (*WIRED*, 2 September 2014) <www.wired.com/2014/09/set-the-ethics-robot-car/> accessed 2 December 2015

Millar J, 'Technology as Moral Proxy: Autonomy and Paternalism by Design' (2015) 34 IEEE Technology and Society 47-55

Millar J and Kerr I 'Delegation, Relinquishment and Responsibility: The Prospect of Expert Robots' in Ryan Calo, Michael Froomkin, and Ian Kerr (eds) *Robot Law* (Edward Elgar 2016) 102-129

Milligan L, 'Analogy Breakers: A Reality Check on Emerging Technologies' (2011) 80 *Mississippi L J* 1319

Nissenbaum H, 'How Computer Systems Embody Values' (2001) 34 *Computer* 120-119

Open Roboethics Initiative, 'If Death by Autonomous Car is Unavoidable, Who Should Die? Reader Poll Results' (*Robohub*, 23 June 2014) <http://robohub.org/if-a-death-by- an- autonomous-car- is-unavoidable- who- should- die- results- from-our- reader- poll/ >accessed 2 December 2015

Oudshoorn N and T Pinch (eds), *How Users Matter: The Co- Construction of Users and Technology* (MIT Press 2005)

Proudfoot D, 'Anthropomorphism and AI: Turing's Much Misunderstood Imitation Game'(2011) 175 *Artificial Intelligence* 950-957

Reyman J, *The Rhetoric of Intellectual Privacy: Copyright Law and the Regulation of Digital Culture* (Routledge 2010)

Richards N and B Smart, 'How Should the Law Think About Robots?' in Ryan Calo, Michael Froomkin, and Ian Kerr (eds), *Robot Law* (Edward Elgar 2015) 3-24

Sarewitz D, 'Anticipatory Governance of Emerging Technologies' in Gary Marchant, Braden Allenby, and Joseph Herkert (eds), *The Growing Gap Between Emerging Technologies and Legal-Ethical Oversight* (Spring 2011) 95-105

Schneiderman B, 'A Nonanthropomorphic Style Guide: Overcoming the Humpty-Dumpty Syndrome' (1989) 16(7) *Computing Teacher 331- 335*

Schon D, 'Generative Metaphor and Social Policy' in Andrew Ortony (ed), *Metaphor and Thought* (CUP 1993) 137-163

Sherwin E, 'A Defense of Analogical Reasoning in Law' (1999) 66 *University of Chicago L Rev* 1179-1197

Steinfeld A and others, 'Common Metrics for Human-Robot Interaction' [2006] Proceedings of ACM SIGCHI/SIGART Conference on Human-Robot Interaction 33-40

Stratton Oakmont Inc v Prodigy Servs Co, 1995 WL 323710 (NY Sup Ct 1995)

Subbaraman N, 'Jibo's back! Cynthia Breazeal's Social Robot is On Sale Again at Indiegogo' (*Boston Globe*, 20 May 2015) <www.betaboston.com/news/2015/05/20/ jibos-back-cynthias-breazeals-social-robot-is-on-sale-again-at-indiegogo/> accessed 2 December 2015

Sunstein C, 'On Analogical Reasoning' (1993) 106 *Harvard L Rev* 741-791

Sunstein C, *Legal Reasoning and Political Conflict* (OUP 1996)

US v Jones, 132 S Ct 945 (2012)

Verbeek P, *Moralizing Technology: Understanding and Designing the Morality of Things*(University of Chicago Press 2011)

Warwick K, *Artificial Intelligence: The Basics* (Routledge 2011)

West D and L Travis, 'The Computational Metaphor and Artificial Intelligence: A Reflective Examination of a Theoretical Falsework' (1991) 12 *AI Magazine* 64

Winner L, 'Do Artifacts Have Politics?' (1980) 109 *Daedalus* 121-136

Wolff J, 'Cybersecurity as Metaphor: Policy and Defense Implications of Computer Security Metaphors' (Proceedings of the 42nd Research Conference on Communication, Information and Internet Policy, 13 September 2014) <http://papers.ssrn.com/sol3/papers. cfm?abstract_id=2418638> accessed 2 December 2015

拓展阅读

Hacking I, *The Social Construction of What?* (Harvard UP 2000)

Hartzog W, 'Unfair and Deceptive Robots' (2015) 74 *Maryland L Rev* 785-839

Jasanoff S, *Designs of Nature: Science and Democracy in Europe and the United States* (Princeton UP 2007)

Kerr I, 'Spirits in the Material World: Intelligent Agents as Intermediaries in Electronic Commerce' (1999) 22 *Dalhousie L J* 189-249

Lakoff G, 'The Death of Dead Metaphors' (1987) 2 *Metaphor and Symbolic Activity* 143-147 Latour B, *Pandora's Hope: Essays on the Reality of Science Studies* (Harvard UP 1999)

Leiber J, *Can Animals and Machines Be Persons? A Dialogue* (Hackett 1985)

Pagallo U, 'Killers, Fridges, and Slaves: A Legal Journey in Robotics' (2011) 26 *AI & Society* 347-354

Smith B, 'Automated Vehicles Are Probably Legal in the United States' (2014) 1 *Texas A&M L Rev* 411-521

Weizenbaum J, *Computer Power and Human Reason: From Judgement to Calculation* (Freeman 1976)

619

第二十六章
欧盟技术治理中公众参与的法律制度化

玛丽亚·李（Maria Lee）*

张 欣** 译

一 引言

法律在使公众参与到新技术和新兴技术治理的制度化方面发挥着重要作用。但与此同时，法律亦通过明确或含蓄的方式限制决策者考虑事项的范围，并使其对一项决定以特定方式加以解释从而限制了公众参与。本章聚焦于欧盟法律和治理，探讨法律如何将可执行的、参与新技术治理的公众权利制度化，或者更准确地说，将获得征询意见的权利制度化，然后再转向讨论法律对公众参与的限制。公众参与的局限性已经存在诸多讨论之中（参见 Irwin，Jensen，and Jones 2013），本文讨论的重点是公众参与所处的法律和政策框架的详细规定如何限制了参与的范围。

620

有三个领域的法律可以作为讨论的示例。第一，欧盟的《环境评估法》标志着参与式环境治理的制高点①，它包括广泛的、非公开的、"利益相关者"加入的参与，以及来自精英阶层的"利益相关者"的参与。环境影响评估（EIA）并没有明确对技术加以关注，但它的适用范围十分广泛，包括以风电场为代表的大规模的技术改造。风

621

---

* 感谢受邀 ECPR 监管治理会议，并感谢各位编辑对本文的评论。

** 译文是译者承担的国家社科基金青年项目"移动互联时代立法公众参与的类型特征、形成机制和应对策略研究"（17CFX058）的阶段性成果——译者注。

① Dir 2011/92/EU on the assessment of the effects of certain public and private projects on the environment (codification) [2012] OJ L26/2, amended by Dir 2014/52/EU on the assessment of the effects of certain public and private projects on the environment [2014] OJ L124/1 (EIA Directive); Dir 2001/42/EC on the assessment of the effects of certain plans and programmes on the environment [2001] OJ L197/30.

能虽然算不上什么"新"技术，但肯定会引起争议；环境影响评估也同时适用于碳捕获与封存等更为新颖的基础设施领域。第二，化学物质的扩散范围（化学物质的登记、评估、授权和限制，简称为 REACH）[②]——化学制品的规制是一项复杂的立法，其要求于欧盟内部制造或者进口的相关"物质"[③]信息必须首先在欧洲化学机构（ECHA）注册。该法规规定被列为"需要高度关注的物质"（SVHC）的化学品需要获得授权。化学物质的扩散范围（REACH）[④]不仅适用于传统的化学品，还适用于各类新兴技术，包括纳米级的"物质"。

这两个领域对于参与式治理提出的问题略有不同。基础设施的发展被界定在一定的空间范围内，它引发了关于谁构成相关"公众"的推定（仍有争议），并对地方与欧盟或国家利益之间的关系提出了长期质疑。但化学品是全球性的贸易产品，其引发了人们对欧盟（和国际）贸易法的质疑；在下面的讨论中反复出现的一个主题是，欧盟条约（EU Treaty）在保障成员国货物在整个欧盟法律框架内自由流动时所处的中心地位（及其微妙之处）。与基础设施建设相比，在许多情况下将化学品的规制框定为具有"技术性"的特征是无须争议的，而且在常规决策中，"公众"要求参与决策的声音并不那么明显。但同样，这仍然是一个各类学识互相质疑的领域，这种争议很有可能爆发成公开辩论，其中就包括对化学品管理的社会框架的看法和主张。

或许不可避免的是，鉴于这一话题的广泛性，本文讨论的第三个领域是欧盟对转基因生物（GMOs）的授权。[⑤]转基因生物提供了一个法律变革减轻对公众参与的制度限制，以及所要面对的深层次挑战的探讨的机会。欧盟委员会（European Commission）提出的一项关于转基因生物"新方法"的提案（将在下文讨论）实际上可能会加深现存的事实与价值之鸿沟，并强化将经济进步的观点隐含地置于优先位置的现状。在这种观点中，技术"进步"被认为是与社会和经济"进步"（Felt and others 2007；Stirling 2009）齐头并进的，深远的贸易自由被认为是繁荣的独特基础。

622　然而，该提议也暗示了一种更具创造性和雄心勃勃的方式，用以思考"贸易"如何限制了人们围绕新兴技术的参与。

---

② Reg 1907/2006/EC concerning the Registration, Evaluation, Authorisation and Restriction of Chemicals (REACH), establishing a European Chemicals Agency [2006] OJ L396/1 (REACH Regulation).

③ "substance: means a chemical element and its compounds in the natural state or obtained by any manufacturing process" [REACH, art 3(1)].

④ Notoriously, under the former legislation, the safety of "existing" chemicals was not investigated adequately (if at all), see European Commission (2001b) 88.

⑤ Dir 2001/18/EC on the deliberate release into the environment of genetically modified organisms [2001] OJ L 106/1; Reg 1829/2003/EC on genetically modified food and feed [2003] OJ L 268/1 (Reg GM Food and Feed).

本文提出了一个看似温和的论点。虽然重要的是要仔细审查公众参与的形式、参与的对象、对话的性质、谁在倾听以及如何倾听，但更为重要的是法律框架规定了在哪些情况下才能够参与的先决条件。本文讨论的三个领域说明了一般的和具体的法律框架是如何限制决策过程中的公众参与，同时反过来又以其为决策正当性基础的。本文认为，扩大法律框架以便决策者能够听到更广泛的公众意见既是可取的也是值得信赖的——尽管会非常艰难。这里所关注的是过程而非结果：决策者应该能够依赖于公众意见中正如我们将看到的那样所表达的实质性关切做出决策，虽然在具体情况下这些关切的分量将有所不同。

二　公众参与的背景

已有大量文献讨论过"公众参与"在技术治理中的地位。向参与的转变可能在一定程度上被视为对旧（但持续存在的）范式的抵制，旧的范式将技术治理视为专业技术的问题，并假设公众与专家之间的任何分歧都来源于公众的误解和非理性认知（参见 Stilgoe, Lock, and Wilsdon 2014，该研究描述了公众参与从"赤字到对话"的转变以及其中存在的局限性）。公众参与和广泛承认并接受技术发展的政治性或者社会性密切相关：有关技术发展轨迹的决策涉及风险、利益和成本的分配，会塑造我们所生活的物理和社会世界。专家们在涉及这些问题时并无独到自主的见解，单凭他们的专业知识无法在民主社会中为一项决策提供合法性。更简单地说，这直接暗示了公众参与的两个主要理由，它们分别侧重于实质和程序，或者说侧重于产出和投入的合法性。就实质层面而言，公众参与可能有助于最终决策的质量，通过增加决策者可获得的信息、向他们提供分散或专业的知识以及更为广泛的看法来改进决定，或者提供一个更具商议性的集体解决问题的平台来改善决策（Steele 2001）。就程序层面而言，公众参与可能具有内在的或者规范性的（民主）价值；公民有权参与塑造其世界的决策过程。一个机构可能对其运行所需的合法性有自己的理解（Jarman 2011；Coen and Katsaitis 2013），例如它主要寻求的是输入合法性还是输出合法性，由此导致参与的方式有所不同。这并不一定是错的，除非它建立在一个假设上，即待解决问题的性质是无可争议的。这些机构本身也并非总是成为自身合法性的最佳判断者。更为实际的是，决策者可能会为参与其中的公众考虑非常具体的合法化功用。参与性过程可以被视为一种为机构赢得更大信任的方式，或者（这可能对下面即将讨论的一些现象提供了部分解释）被认为对于扩大技术发展接受程度具有不言自明的意义（参见 Lee and others 2013）。精心限制参与过程可以被用来（以玩世不恭的方式或者其他方式）终止一个决定，或者试图使基于其他理由所做出的决定合法化（Stirling 2008）。

无论是好是坏，这些支持参与的理论以及自由民主国家在接近 20 世纪末时强调的"公众参与"并不限于技术变革的问题。⑥ 不断挑战和完善有效的以及民主的治理方式不应该仅局限于技术发展领域。但新技术或者新兴技术的某些方面加剧了这种争论。也许核心是在处理新兴技术时，人们倾向于把它们视为纯粹的技术问题，即关于人类健康和环境安全的问题，任何掌握相关信息的人都会以同样、普遍适用的"客观"方式回答这些问题。这反过来又导致了对行政机构的严重依赖。这些行政机构与选举过程联系薄弱，但在风险评估或者成本效益分析等任务方面却是专家。正如纳菲尔德生物伦理委员会（Nuffield Council on Bioethics）认为的，政策领域越不透明、越加技术官僚化，主流政治中的言论就越容易被忽视，支持公众参与的论点就越发具有说服力（2012：para 5.61）。此外，将注意力转移到具有复杂性的专业知识表明，我们需要来自不同视角的观点提供替代性的信息，将问题予以概念化由此需要找到可能的替代方案。对于良好和有效的决策，技术及其新颖性并不一定会构成独特的挑战。但（新兴）技术的出现却凸显出了空间的重要性：在空间之中，既可以挑战复杂的知识主张，也可以挑战决策中被认为是重要的内容。新技术的不确定性进一步强化了公众参与的需求：数据可能缺失或者存在争议，开放生态系统和社会系统的影响实际上也可能难以预测，我们尚"不知道自己的知识边界"（Wynne 1992）。有机会辩论和挑战有关技术发展的社会和政治承诺，对知识提出质疑，对我们为什么采取特定步骤（暗示着风险和不确定性）发问，对谁受益、谁承担，我们知道什么、如何知道等内容成为了技术治理的中心部分。

624

　　"技术"在政治和社会上的复杂性与国家权力分散带来的参与压力与国家传统民主和法律问责的碎片化相伴而生。鉴于这里的焦点是欧盟，我们可能会注意到，参与决策的方式在这个层面上产生了特殊的共鸣。虽然欧洲一体化在早期主要是由精英主导的项目，但关于"民主赤字"的公开辩论在欧洲经济共同体成立早期就出现了。有关公众参与缺失的特征，与"民主"的含义和性质一样饱受争议。⑦ 但是民主的某些特征仍然是辩论的焦点。在最基本的层面，那些被代表着通过和实施法律的人，无法以普选的方式否决或影响立者与政府：委员会和理事会拥有重大立法权，但只有欧洲议会才受到选举制约，委员会不受议会的控制。甚至欧洲议会的民主合法性也存在争议：投票并不总是主要围绕欧洲的政策和领导层展开，而是至少部分地按照国家路线进行投票；而且，欧洲选民之间缺乏共同的利益认知。在世纪之交，对欧盟民主问

---

　　⑥ Environmental protection is an obvious forerunner, consider the UNECE Aarhus Convention on Access to Environmental Information, Public Participation in Decision-Making, and Access to Justice on Environmental Matters United Nations Economic Commission for Europe (1998) 38 ILM 517 (1999). The move to participation in environmental decision-making is closely linked to technological change, given the contributions of technologies to both environmental problems and protection.

　　⑦ There is an enormous literature. See e.g. Craig (2011). Forcing national governments to consider non-national interests, through EU membership, may even be democracy-enhancing, Menon and Weatherill (2007).

责制漏洞的抵制促使人们深入思考参与民主的多种形式（例如，欧盟委员会曾经讨论过为欧洲制定宪法的条约 2001a）。尽管现在欧盟似乎不那么强调公众参与的民主基础了（参见 Lee 2014：ch 8），但对参与式和协作式治理的需求仍然相当大。

对欧盟法律的审视只能告诉我们围绕新技术展开的参与制度化的程度。公众"参与"的界限并不明确：下面讨论的有限的协商机会是真正的公众参与吗？我并不想忽视那些"非官方"的抗议或者"未经邀请"的参与形式的重要性（Wynne 2007）。这些非制度性的参与形式可能会与制度性的公众参与产生有意思的互动（例如欧文斯讨论了抗议是如何随着时间的推移改变了公众参与的背景的），例如利用获取信息的合法权利[8]以及获取审查权限的机会与制度参与互动。因篇幅有限，此处不对信息获取和伸张正义加以讨论，而非其本身不重要。此外，欧盟是一个复杂的多级治理体系的组成部分。在任何司法管辖区，专注于最终决定会导致忽略了评估技术和做出决策的复杂过程（Stirling 2008），尽管此处的意图是在某些特定的框架背景下重新考虑这一问题。虽然参与权的法律制度化只是其中的一小部分，但它可以提供参与在技术治理中被制度化和未被制度化等具体情境的基本细节。

625

三　参与式治理的法律保障

这些富有挑战的要求和参与理由是通过或多或少有些雄心勃勃且混杂着正式性的方法来解决的。这些方法可以支持公众参与到特定的或者围绕技术发展的决策活动中来。转向参与制度化的一个表现是当前已经相当常规地将参与机会纳入到欧盟立法的过程之中了。

环境影响评估指令要求项目获得授权前对"可能对环境产生的重大影响"进行评估。[9]开发人员必须提交一份报告，其中至少包括：项目描述及其对环境可能产生的重大影响，并提出缓解措施；"开发人员对研究的合理替代方案的描述"以及"对选择该方案主要原因的说明"。[10]专门的公共机构，例如自然保护或者环境机构也均被给予"表达意见的机会"。[11]"有关的公众"[12]被给予"在早期阶段获得有效机会"参与决

---

[8]　e.g. NGOs have produced a SIN（"substitute it now"）list of substances that they say meet the regulatory criteria for qualification as an SVHC, and should be replaced with less harmful substances, challenging the slow pace of official listing of SVHCs: see International Chemical Secretariat (2015); Scott (2009).

[9]　EIA Directive, art 4.

[10]　EIA Directive, art 5. Also new Annex IV with more detail.

[11]　EIA Directive, art 6.

[12]　Defined broadly: those "affected or likely to be affected" or having "an interest in" the pro¬cedures; environmental interest groups are "deemed to have an interest" [EIA Directive, art 1(2)(e)].

策，并"有权在开放所有选择的情况下发表评论和意见"。[13] 环境影响评估（EIA）收集的所有信息，包括咨询结果，在决策程序中都应当被"纳入考虑"。[14] 决策部门会得出一个"合理的结论"，即"该项目对环境的重大影响"。[15]

化学物质的扩散范围（化学物质的登记、评估、授权和限制）提供了多次公众评论的机会。在此，我将重点讨论使用"高度关注物质"（SVHC）申请授权的过程。SVHC 是符合 CMRs（致癌、致突变或者对生殖有毒）、PBTs（持久性、生物积累和毒性）以及 vPvBs（非常持久性和非常生物积累）等分类标准的物质，"有科学证据表明其可能对人类健康或者环境造成严重影响，并引起同等关注"。[16] 首先通过"候选清单"的方式对潜在的高度关注物进行识别。[17] 欧洲化学品管理局在其网站上公布正在被考虑列入候选名单的物质，并邀请"所有利益相关方""提交意见"。[18] 如无任何评论意见，欧洲化学品管理局则会将该种物质列入候选名单。否则，将由欧洲化学品管理局成员国委员会做出一致决定。如果有任一成员国不同意，则由欧盟委员会做出决定。[19] 就像其他许多案件一样，该委员会通过一个称为"欧盟专家委员会"（comitology）的程序行事。下文将进一步讨论委员会制度，基本上它允许 28 个欧盟成员国（在委员会中）讨论、批准或者否决委员会做出的某些行政决定。需要最终批准的、高度关注物质的最终名单将纳入附件十四。[20] 欧洲化学品管理局发布了一份建议草案，并邀请"相关方"发表"意见"。[21] 它的最终建议将提交给委员会，委员会（连同欧盟专家委员会）依据附件十四修订版本的内容做出最后决定。（使用相应化学品的）授权申请提交给欧洲化学品管理局，并由欧洲化学品管理局风险评估委员会和社会经济分析委员会进行审查。欧洲化学品管理局在其网站上公布"有关使用的广泛信息"，两个委员会都必须对第三方提交的信息予以"考虑"。[22] 欧盟委员会和委员会制度对授权做出最终决定。[23]

转基因生物在被正式发布或投放市场之前，必须获得欧盟层面的授权。[24] 此种情

626

---

[13]　EIA Directive, art 6.

[14]　EIA Directive, art 8.

[15]　EIA Directive, art 1(2)(g)(iv).

[16]　REACH Regulation, art 59.

[17]　REACH Regulation, art 59.

[18]　REACH Regulation, art 59(4). Interested party is not defined in legislation.

[19]　REACH Regulation art 59. If no comments are received following publication of the dossier, the substance is simply added to the Candidate List.

[20]　REACH Regulation, art 58.

[21]　REACH Regulation, art 58(4).

[22]　REACH Regulation, art 64(3).

[23]　REACH Regulation, art 64(8).

[24]　The process varies depending on the GMO; here I will discuss the process for authorization of a GMO destined for food or feed use.

况下，与其他生物类别一样公众将有公开的机会参与其中。当欧洲食品安全管理局（EFSA）收到申请后会将档案摘要提供给公众。[25] 欧洲食品安全管理局随后公布对申请的意见，"公众可向委员会发表意见"。[26] 最后授权决定由欧盟委员会和委员会制度共同做出。

这些例行的协商咨询条款反映了法律对参与实践的普遍限制。法律更多地关注个人权利，而非"集体意志的形成"（Brownsword and Goodwin 2012：ch 10），它至多为公众提供了有限的机会来影响议程。但公众始终应当对技术发展的法律治理拥有发言权。并且在单纯的法律要求的范围内设定出更具雄心的目标。例如，环评指令赋予了成员国在组织公众参与方面相当大的自由裁量权。虽然需要接纳潜在的大量参与者，这意味着某种形式的书面或者电子咨询是可行的，但也意味着采取更慎重和积极的方法是同样可行的。

在欧盟决策程序内部也存在着外部输入的机会（Heyvaert 2011）。欧盟委员会可以向欧洲化学品管理局的管理委员会最多任命六名无投票权的代表，其中包括三名来自"利害关系方"的代表：目前三位代表分别来自化工行业、工会和一名法学教授（ECHA 2014：75）。欧洲议会还可以任命两名"独立人士"对议会进行监督。[27] 此外，管理委员会应当"与委员会达成一致"，"与利益攸关方""组织建立适当的联系"。[28] 欧洲化学品管理局认为"所有对化学品法规感兴趣或受其影响的个人都是其利益相关者"（ECHA 2015），并欢迎他们参加各种活动，包括参加 2013 年举行的两个"利益相关者日"（ECHA 2014：56）。但是只有经过认证的利益相关者组织能够参加委员会以及其他相关活动，例如指导方针的编制。这些组织必须是非营利组织且在欧盟层面工作，在欧洲化学品管理局的相关工作中具有"合法利益"，并在其专业领域具有代表性（ECHA 2011b）。欧洲化学品管理局的风险评估和社会经济评估委员会已经邀请利益相关方组织派遣一名定期观察员参加他们的会议，因为其"有助于保证决策过程的可信度和透明度"（ECHA 2011a：62）。

在欧盟法律中，将局外人纳入核心决策机构的做法相对较为常见，尽管局外人在该机构中的角色各不相同：利益相关者只是经济合作委员会会议的观察员，而在其他情况下，规范制定的过程可能还需要多个公共和私人参与者的合作（参见 Lee 2014：ch 5）。这是接受不同观点的一种潜在的重要方式，也可能成为加深参与者之间互动和思考的有效途径。原则上，组织内部的意见可能更容易被听取，尽管参与者不太可能对该机构的监管优先事项经常发起成功挑战（参见罗斯坦有关英国食品安全局命运

---

[25]　Reg GM Food and Feed, art 5(2)(b) (food) and art 17(2)(b) (feed).

[26]　Reg GM Food and Feed, art 6(7) (food); art 18(7) (feed).

[27]　EIA Directive, art 79(1). Currently a professor of regulatory ecotoxicology and toxicology and an MEP.

[28]　EIA Directive, art 108.

多舛的消费者委员会的相关讨论 2007）。这种有限但深入的参与也会带来问题。选择参与者显然很重要，而且容易引起争议。在欧盟，由产业界（凭借其相对于公共利益团体而展现的财务和信息优势）主导决策的担忧一再出现。[29] 此外，这一形式可能特别容易产生风险，即精英参与者将形成共同利益，从而削弱了问责职能（Harlow and Rawlings 2007）。

欧盟政府更广泛的问责制和合法性模式也适用于本文要讨论的案例。特别是，人们会注意到，欧盟层面的最终决定通常是由欧盟委员会与委员会制度共同研究后做出的。这反映出了欧盟法院和相关机构的坚持，即最终决定是由政治上而非科学上合法的决策者做出。[30] 委员会制度（comitology process）正式成为会员国监督委员会行使行政权力的机制，但更重要的是，它为会员国与委员会之间的谈判、合作和寻求共识提供了机会。从本质上讲，委员会制度有时形式过于复杂，它提供了两级委员会，由国家代表（"上诉委员会"的成员具有更高的国家政治权力）组成，他们对委员会的决定草案进行辩论，然后按照有效多数原则投票。[31] 基本上，委员会制度只是同意委员会的意见并采取相关措施。若没有达成一致，则该决定将被提交给上诉委员会。如上诉委员会采纳了肯定意见，委员会"应当"采纳其草案；如采纳否定意见，则委员会"不应"采纳其草案。在某些情况下，包括关于授权转基因生物的决定在内，[32] 各会员国未能在任何方面达成有效多数，因此不发表意见。在没有意见的情况下，委员会"可能"通过其草案有效地采取行动，这实际上是在不向会员国负责的情况下行事，但这其实恰是委员会应当向其成员国提供的。就目前而言，委员会制度为成员国提供了一个机会，让它们将本国公民的关切，包括国家参与的结果纳入决策过程中。[33] 由于有 28 个成员国的存在，再加上很难让各国政府对其在委员会制度中的作用负责，这就不可避免地增加了复杂性。欧洲议会对委员会制度通常只有弱化的"审查权"，根据这项权利，其可以对任何超出权力行使范围的行为加以关注。[34]

---

[29] e.g. the Commission refers to concerns from other outsiders about the ECHA's "strong engagement with industry stakeholders", European Commission (2013: [4]). Participation and influence vary greatly, depending eg on institution and sector at stake, see eg Dur and de Bievre (2007). See also Abbot and Lee (2015).

[30] e.g. Case T-13/99 Pfizer Animal Health SA v Council [2002] ECR II-3305.

[31] Reg 182/2011/EU laying down the rules and general principles concerning mechanisms for control by Member States of the Commission's exercise of implementing powers [2011] OJ L 55/13.

[32] Decisions, which recite the results of comitology, can be found on the GMO register, European Commission.

[33] Note that the Member States are also closely involved in the "scientific" governance pro¬cess in agencies, eg through the ECHA's Member State Committee.

[34] Art 11. Under the "regulatory procedure with scrutiny", which survives from an earlier version of comitology, but is supposed to be removed by legislation in 2014, Parliament can reject a Commission draft decision by simple majority.

四　"技术性"推理的持续主导地位

尽管人们显然接受了广泛的公众参与在决策制定中的必要性，但仍然倾向于从技术角度，例如在风险评估方面阐明做出决定的理由。许多情况下，这相当于提供独立于"参与性"的投入来证明决策的合理性 [库埃拉尔（Cuellar）讨论了如果要听取参与者的意见，其意见"成熟度"的重要性，2005]。这种将决策理由描述为"技术性的"并非为了证明事实和价值之间存在的所谓界限，或者为了阐明技术评估的必然性或客观性。相反，决策者之所以能够用这些技术性的词汇来定义其结果，是因为他们在"科学"以及"政治"方面做出了大量工作 [见欧文（Irwin）的《边界工作》（boundary work）和《联合生产》（co-production，2008）]。但是这种关于技术选择的技术性框架坚持将"技术科学创新和争议的公共意义"视为一个"风险和科学"问题的看法倾向于忽视了技术选择的社会或者政治影响（Welsh and Wynne 2013：543）。这种将部分公众排斥在外的做法在一系列领域和跨司法管辖区尤为明显（例如，韦恩2001 年讨论了"农业生物技术"的问题；佩茨和布鲁克斯 2006 年讨论了关于空气污染的研究）。在我们的案例中，通过对一系列裁决加以解读可以发现，欧盟委员会在转基因生物方面明显偏爱欧洲食品安全局的风险评估（而不是任何社会性的考量，甚至是相互竞争的风险评估）。[35] 对于欧盟委员会将在多大程度上按照化学物质扩散范围（包括登记、评估、授权和限制）的授权程序听取欧洲化学品管理局的建议，现在发表评价还为时过早，尽管有迹象表明，该委员会有较大的可能表示反对。针对将候选物质纳入附件十四的待审批清单，委员会已制定三项实施条例。[36] 毫不奇怪，这些条例都密切关注"需要高度关注的物质"标准（CMRs、PBTs、vPvBs 和等效关注）的技术遵守情况。执行条例依赖于欧洲化学机构（ECHA）咨询意见，参考是 ECHA 对候选清单上物质的排序，但并不完全遵循这一建议。[37]

虽然欧盟层面的技术 / 科学建议具有极大影响力，但并非所有情况下都具有决定作用。不难发现，委员会中存在并不遵守其科学建议的情况。[38] 当然，在法律上，虽

629

---

[35]　Looking only at decisions does not of course account for the avoidance or postponement of some decisions, especially on the cultivation of GMOs. EFSA advice is also generally decisive in areas other than GMOs, see Vos (2010).

[36]　Commission Regulations 143/2011, 125/2012 and 348/2013 amending Annex XIV to Regulation (EC) No 1907/2006 of the European Parliament and of the Council on the Registration, Evaluation, Authorisation and Restriction of Chemicals (REACH) [2011] OJ L 44/2; [2012] OJ L 41/1; [2013] OJ L 108/1.

[37]　One regulation postpones inclusion in Annex XIV pending consideration of the imposition of restrictions on the substance; another provides an extended deadline for application following Member State comments.

[38]　e.g. Pfizer (n 30), Case C-77/09 Gowan Comercio Internacional e Servigos Lda v Ministero della Salute [2010] ECR I-13533.

然法院一般认为风险评估是许多行政决定强制性的起点，[39] 并且禁止仅基于"未经科学验证的推测"做出决定，[40] 但（政治）机构却明确表示不会受专家的约束。不过如果该政治机构不遵循其专家顾问的意见，它必须提供"有关调查结果的具体原因"，而这些原因"必须至少具备与所讨论的意见相称的科学水平"。[41] 同样，只有在"特殊情况"下，以及"在其他措施可以充分保证科学客观性"的情况下，才允许不咨询欧盟相关科学委员会的意见直接做出复杂的技术或者科学决策。[42] 原则上，如果立法框架允许（请参见下文对"其他合法因素"的讨论），政治机构可以基于与风险技术评估无关的理由做出决定。然而，法律仍然具有非常强烈的激励措施鼓励为决策提供科学根据。

即使在"风险"框架并不适用的领域，也可能存在对技术评估的偏好。在国家层面对需要进行环境影响评估的项目做出决定，根据不同国家的做法和文化，不同类型证据的作用根据语境的不同而有所不同。然而，英格兰和威尔士"具有全国意义"的风电场项目的权威报告却似乎表明，在这种背景下，技术评估中的"专家"声音比外行参与者的个人经历更为重要（Rydin，Lee，and Lock 2015）。有关景观和视觉影响的讨论可能被认为是最不容易用技术术语而非经验术语来表达的，但即使是这样，在实践中也存在着围绕技术方法和"专家"之间影响范围的讨论。[43]

五　公众参与的法律和政策约束

630　　有关决策者更加偏好技术性决策的解释已经存在诸多讨论。对问责制和透明度的要求可能会增加政治压力，由此要求其用中立性的技术评估语言对其做出解释（Jasanoff 1997；Power 2004）。[44] 不同的合法性社区（Black 2008：144）、不同级别的治理机构（地方、国家、欧盟和全球）、普通公众和专业人士都需要知晓决策做出的理由，即使是像基础设施建设这样明显属于地方性的事务也应如此。欧盟层面的决策还面临着来自欧盟政治和行政机构合法性争议的额外压力，这使得将"事实"作为决策

理由的主张更有吸引力。令人难以理解的技术评估可能会进一步增加审查技术咨询意见的难度，可能将那些在技术术语中没有明确定义的贡献不当地排除在外。就监管机构提供的理由采取技术方法解释时，最重要的是构建参与和决策过程的框架，正如上文中所建议的那样，就是要创建"对哪些内容进行辩论，哪些内容不进行辩论的默认安排"（Felt and Fochler 2010：221）。法律所要求的特定解释常常是这些"安排"形成的背后因素，也是其形成的原因。

原则上，关于基础设施发展的决定可以通过多种方式进行。尽管如此，法律和政策问题的制定方式仍然可能会限制某些观点被充分听取的能力，虽然这些观点不会被当场驳回。例如在就建设风力发电场进行磋商时，许多重要决定已经做出。英国受到欧盟法律义务的约束，到 2020 年，其可再生能源应占最终能源消耗的 15%；2008 年制定的国家《气候变化法》规定，到 2050 年其碳排放（从 1990 年的水平）应当减少 80%。决策制定还要放在国家能源政策的背景下进行。如果对 2008 年《规划法》授权的"国家重点"风电场加以特别关注（见 Lee and others 2013），可以发现有关能源和可再生能源的《国家政策声明》为公众参与设定了一个非常有限的框架（能源与气候变化部 2011a，2011b）。《国家政策声明》并不具有决定性，但根据《规划法》提出的申请必须按照政策做出决定，除非这样的决定不具有合法性（例如基于人权的理由），或者"开发项目申请的不利影响将超过其收益"。[45] 决策者被明确允许对任何"涉及国家政策声明中的政策优点有关的评论""不予理会"。[46] 此处无须赘述，我们不难发现许多证据证明在政策制定中参与者几乎不会得到决策者的注意。政府的决定基于"已经证明有必要使用特定类型的基础设施，并且在对其需求规模和紧迫性论证的基础上"做出（能源和气候变化部 2011a：第 3.1.3 段）；由于决策者考虑到"未来的提案可能需要所有提议的合适建设地点的能源基础设施"，因此风电场的替代地点不太可能影响决策。（能源和气候变化部 2011a：para 4.4.3）。"对景观和视觉效果将造成显著影响"被认为是陆上风能开发（能源和气候变化部 2011b：第 2.7.48 段）不可避免的（因此是可接受的）后果，尽管可能会有一些缓解措施，但这种景观和视觉影响不太可能影响授权。[47] 对可再生能源国家政策声明展开的可持续性评估证实了缺乏回应公众关注问题的现象。这项政策曾被认为"对陆上风电场的视觉、噪音和阴影闪烁等不利影响的容忍度较低"，但由于随后批准的风电场较少，对能源安全和温室气体排放产生了负面影响，因此这项政策被随之驳回 [能源与气候变化部 2011b：第 1.7.3（a）段]。由此可见，有关风能项目的磋商是在预设需要风力发电场的情况下进行的，因此当地社区将不可避免地承担这些项目的筹建成本。笔者的观点并不是质疑对可再生能源做出的承诺，而是希望观察到，即使在这种潜在的

631（右侧边码）

---

[45] Planning Act 2008 (UK), s 104.

[46] Planning Act 2008 (UK), ss 87(3)(b) and 106(1)(b).

[47] Negative impacts on nationally designated landscape is potentially a more weighty consideration.

最为开放的环境中，任何想要影响决策的参与者需要多么小心翼翼地塑造自己的贡献，以及在参与过程中对提案做出重大修改的可能性有多么小（参见 Rydin，Lee，and Lock 2015）。[48] 对气候变化的潜在应对措施被描述为"封闭和单一"的，而非"明显开放和多元化"的（Stirling 2009：16）。

化学物质扩散范围（包括登记、评估、授权和限制）的规定中非常明确地限制了公众参与（另见 Heyvaert 2011），欧洲化学品管理局的网站也使用高度技术性的术语描述了"公共磋商期间所需的信息类型"（ECHA 2015）。根据授权原则，当候选名单上的物质被提议加入规章附件十四部分的"授权名单"时，应当征询"所有利益相关人士"的"意见"，特别是涉及"应当豁免授权要求的规定"时。[49] 原则上，更为广泛的贡献可以被考虑在内，但对于工业界（包括下游用户）来说，这显然是一个诘难监管机构的机会，而不是一个可以对危险化学品问题广泛探讨的机会。另外，在授权过程中，第三方仅被明确邀请提供关于"替代物质或技术"的信息[50]，而不是对高度关注物质（SVHCs）的社会影响展开广泛评论。

正如本书第一节所言，将化学品规制视为有关安全的"技术"问题而非公共价值问题往往没有太大争议，特别是与能源基础设施建设相比。对专业知识的需求是扩大公众参与的一个重要原因，但也成为了公众参与的障碍。我们不应因此低估公众参与机会在化学品治理中的重要意义。首先，外部"专家"的参与能力，比如环保组织，可以提供一种透明的、专业的必要问责形式（Black 2012）。此外，一般公众也可以贡献自己的专长（Wynne 1992），提出对化学品的社会和道德影响的不同看法。例如，高度关注物质的风险和收益不太可能是平均分配的，对其分配的判断也不仅仅是专业知识的问题。即使对于那些接受以人类健康和环境安全为规制合法性来源的人来说，所涉风险的可接受性还是一个政治问题。在动物试验领域还可以发现另外一个明显的例子。如果制造商或进口商不具备关于某种物质的全部必要信息，它必须向欧洲化学品管理局提交测试建议。涉及动物试验的提案必须公开，并广泛征求公众意见。但是只有"科学有效的信息和研究才会被行政机构考虑在内"。[51] 这意味着欧洲化学品管理局将听取替代测试的建议，但不会就该物质的使用（例如软装饰染料）不足以支持动

632

---

[48]　Note that there may be sufficient space in principle to satisfy the legal requirement[Art 6(4)]that "all options" be open at the time of consultation. See also R (on the application of HS2 Action Alliance Limited) (and others) v Secretary of State for Transport [2014] UKSC 3, on parliamentary decision-making.

[49]　REACH Regulation, art 58(4).

[50]　Rolls-Royce declined to comment on consultation responses other than those relating to these criteria in respect of its application for the use of Bis (2-ethylhexyl) phthalate (DEHP), ECHA, http://www.echa.europa.eu/web/guest/addressing-chemicals-of-concern/ authorisation/ applications-for-authorisation- previous-consultations/ - /substance-rev/ 1601/term accessed 21 October 2015.

[51]　REACH Regulation, art 40(2).

物测试事项提出质疑。

　　除了参与过程中能够寻求到的信息明显减少以外，法律环境还限制了外部人士可能做出的贡献。拒绝授权高度关注物质许可的理由十分严格。如果对人体健康或环境的风险"得到充分控制"，就应获得许可[52]（这基本上意味着，特定的、不会超标的"安全"暴露水平已被确定，且爆炸等事件发生的可能性微乎其微）。[53]如果仅基于"充分控制"这一理由不能授予许可，但如果可以证明该物质的社会经济利益大于对人类健康或者环境的风险，并且没有合适的替代物质或技术时，则同样可以授予许可。[54]这一过程的框架围绕着风险展开。对化学品在社会中所起的作用，唯一可以实施更广泛的社会观察的渠道是对该制品展开社会经济评价——但社会经济评价只能继续使用已经被确定为"高度关注"的化学品，而且该项评价是技术性的成本效益分析。出于社会原因许可使用高度关注物质不一定是坏事，但是这一方式却只能是单向的；社会关注的问题，例如，相对于其在动物福利方面带来的风险、危害或成本，特定物质本身的用途并不显著，并却不能因此阻止对一项"充分受到控制"的高度关注物质进行许可或者销售。[55]这表明，存在着一套特定的经济假设支撑着这一进程；在这一进程中，需要有充分的理由限制而非允许新技术的不断引进。

　　立法中已经明确规定了这些限制。尤其在产品许可方面，同样重要的是行政和内部市场所在的法律环境。[56]欧盟内部市场商品自由流动的重要性往往会对塑造技术创新的理由造成压力。在转基因生物的许可过程中，"其他合法因素"的存在就很好地说明了这一挑战。转基因生物立法规定，欧盟委员会授权决定的草案可以将"欧洲食品安全管理局的意见、欧盟法的任何相关规定以及与审议事项相关的其他合法因素"考虑在内。[57]虽然在"科学"和"其他合法因素"之间进行简单二分法是有问题的，但以"其他合法因素"为基础起草一项决定可能扩大了决策所需依据的范围，也扩大了决策者需要考虑之事的范围。[58]原则上，它允许采取超越将农业生物技术视作

633

---

[52]　REACH Regulation, art 60(2).

[53]　REACH Regulation, s 6.4 of annex I, art 60(2).

[54]　REACH Regulation, art 60(4).

[55]　Although note that restrictions can be imposed on substances posing unacceptable risks, even if they are not SVHCs, Art 68.

[56]　See also Stokes (2012), on how (internal) market objectives are unreflectingly embedded in the regulatory framework for nanotechnology.

[57]　Reg GM Food and Feed, art 7(1)(Food).

[58]　Reg GM Food and Feed, Recital 32: "Other legitimate factors" applies only to food and feed GMOs: "in some cases, scientific risk assessment alone cannot provide all the information on which a risk management decision should be based, and … other legitimate facts relevant to the matter under consideration may be taken into account". This is a formula that recurs throughout EU food law, see eg Reg 178/2002/EC Laying Down the General Principles and Requirements of Food Law, Establishing the European Food Safety Authority and Laying Down Procedures in Matters of Food Safety [2002] OJ L 31/1.

风险这一主导框架下的干预措施，这些风险问题包括担忧农业生物技术的高成本可能使小农和生产有机产品的农民处于不利地位，还包括农业生物技术可能使企业加强对食品和农业的控制（参见 Lee 2008：ch 2）。更笼统地说，人们可以对任何技术的社会目的提出质疑。

但"其他合法因素"是在特定法律背景下进行的。行政权力必须依据授予目的而行使；就转基因生物而言，拒绝授权主要（而不是全部）[59]是出于对环境保护和人类安全的考虑（见 Lee 2008：ch 2）。因此，尽管依据人类健康和环境的可接受风险水平做出决定显然具有正当理由，但更广泛的担忧（如分配或道德问题，或对一项技术影响的尚未可知的担忧）就算合理也很难被纳入决策做出的过程之中。上文讨论的司法界基于风险评估的解释倾向，对于决策的广泛合理性施加了额外限制，这显然排除了将风险评估作为一种普遍适用的知识形式是否具有表示怀疑的充分可能性（参见 Lee 2009）。然而，尽管依靠技术框架对转基因生物做出决定的动机是明确的，且这些动机考量了"其他合法因素"，但有关科学咨询意见的司法干预并未明确提及"其他合法因素"的重要地位并从中受益。[60]

授权阶段的其他合法因素表明，决策者在原则上愿意开放其决策过程，但这一过程在实践中受到了复杂阻碍。阻力之一是根深蒂固的法律假设——关于什么才算一项决策做出时的"好"理由。我们在授权后阶段观察到了类似情形。原则上，欧盟授权的转基因种子可以在欧盟内任何地方种植，其食品或饲料可以在任何地方销售。多年来，欧盟委员会在欧盟层面对转基因生物的授权问题一直存在严重分歧。如今，欧盟委员会提出了一项新条款，该条款将扩大成员国在其本国境内限制转基因生物授权种植的自由。[61]当然这一提案的规定只在有限的情况下予以适用。首先其只适用于转基因生物的种植（而非在食品中的使用），其次限制实施的决定不能与保护人类健康或环境有关。但即使把这些值得商榷的限制放在一边（Wickson and Wynne 2012），[62]并以各成员国自己的方式接受该提议，成员国也仍然面临着需要遵守该条约中内部市场相关法律的挑战。次级立法（指令和规定）必须符合条约，且不能因个案而搁置。《欧盟运行条约》第 34 条禁止"对进口数量实施限制，以及采取一切具有同等效果的措施"。这些措施（包括禁止培育转基因生物）在某些情况下是合理的，前提是这些措

---

[59]　e.g. consumer protection is a relevant concern under Reg Genetically Modified Food and Feed (n 5).

[60]　Although see the narrow approach of Kokott AG in Case C–66/04 United Kingdom v European Parliament and Council (Smoke Flavourings) [2005] ECR I–10553, discussed in Lee (2009).

[61]　European Commission, Proposal for a Regulation amending Directive 2001/1 8/ EC as regards the possibility for the Member States to restrict or prohibit the cultivation of GMOs in their territory COM (2010) 375 final. For discussion of the final legislative measures, see Lee (2016).

[62]　Note that other provisions (Article 114 TFEU and safeguard clauses) that allow for national autonomy in respect of environmental or human health concerns, but these have been very (arguably unnecessarily) narrowly interpreted as turning around new scientific evidence, see Lee (2014: ch 10).

施是为了保护《欧盟运行条约》第 36 条中规定的价值（例如"公共道德、公共政策或公共安全；保护人类、动物或植物的健康和生命；保护工业和商业财产"），或者是为了保护判例法规定的其他公共利益（"强制性要求"）。[63]

限制转基因生物种植的成员国必须从合理目标出发证明所采取限制措施的合理性。在缺乏欧盟层面协调的情况下，成员国可以采取行动保护人类健康或环境，但从原则上讲，由于这些利益在授权过程中已经得到解决，它们并不存在于欧盟委员会的提议中是不存在的。[64]判例法实践表明，法院不太可能不假思索地驳回成员国认为符合其公民利益的提议（参见 Lee 2014：ch 10）。就目前而言，最重要的是最高法院已经考虑到了"保护农业社区、保持土地所有权分配从而发展有活力的农场，以及对绿地和市政空间进行人性化管理"的重要性，[65]并明确对是否可以从原则上利用道德和宗教要求来为转基因种子申请禁令的问题持保留意见。[66]成员国禁止种植转基因作物以保护家庭或有机农业的生存似乎是合理的，且有望达到合理目标的认定标准。但我们需要多加注意，尽管我们可以从潜在的社会效益方面解释（例如）对小农经济进行保护理由，但经济因素仍然不能作为干扰商品自由流动的正当性根据。[67]

任何真正追求合法公共利益目标的措施必须是符合比例原则的。在与国内市场有关的判例法中，"比例性"的严格程度尚不清晰（例如 Jacobs 2006）。但成员国至少首先需要确认措施的有效性，其次证明其必要性。所以成员国需要让法庭相信对转基因种植的限制实际上有助于（例如）保持传统的农业形式，而且采取比限制更轻的任何措施都不足以解决这一问题。我们也可以想象出类似论点。然而，欧洲法院的法律顾问博特却指出，这可能并不简单，他认为（在传统作物和有机作物与转基因作物共存的情况下）对种植的广泛禁止还必须"严格证明其他措施无法充分达到同样的效果"。[68]

这些论点需要被谨慎处理，但它们似乎是合理的。不过，成员国不能仅简单地表明自己的立场，[69]其还会面临真正的证据挑战（也见 Nic Shuibhne and Maci 2013）。它

---

[63] Case 120/78 Rewe– Zentral AG v Bundesmonopolverwaltung fur Branntwein (Cassis de Dijon) [1979] ECR 649.

[64] Although note that Article 114 TFEU or the safeguard clause in the legislation allows Member States to take measures in respect of health or environmental protection. On the narrow framing of those possibilities, see Lee (2014: ch 10).

[65] Case 452/01 Margarethe Ospelt v Schlossle Weissenberg Familienstiftung [2003] ECR I– 9743, [39]. Note also the public goods associated with organic farming by European Commission, European Action Plan for Organic Food and Farming COM (2004) 415 final, section 1.4.

[66] C–165/08 Commission v Poland [2009] ECR I–6943, [51].

[67] Nic Shuibhne and Maci (2013); Jans and Vedder (2012: 281–283).

[68] Case C–36/11 Pioneer Hi Bred Italia Srl v Ministerio dell Politiche agricole, alimentary e forestali' [2012] ECR I–000, [61].

[69] In Poland (n 66), Poland made no real effort to justify its claim that it was pursuing reli¬gious and ethical objectives; general comments are not sufficient.

635　们需要证明自身主张的真实性，即受保护的价值在成员国中存在争议（也许是通过公众参与实践展现），其采取的措施确实是为了追求所声称的价值并且能够实现其目标，同时没有其他限制较少的贸易措施能够实现这一目标。已有的海量文献讨论了内部市场相关法律的具体细节。就目前而言，我们可以注意到，虽然改变规则看似简单且存在可能性，但要改变那些国家层面的限制措施、抑制欧盟内部商品自由流动的法律环境则要困难得多。

六　增强规制之外的参与程序

如果仅仅在技术官僚的决策过程中增加公众参与，而不检查该过程背后蕴含的基本假设（例如关于商品的自由流动、应对气候变化的方式、用语言描述风险值），那么对"其他"问题的考虑本质上就是迟滞且存在局限的。虽然我把论述重点放在了决策形成的详细框架上，但更根本的是，这种方法并未认识到事实和价值观/科学和政治是无法整齐划分的（参见欧文对"边界工作"的讨论 2008），知识和权力常常是相伴而生的（Jasanoff 2004）。简而言之，它忽略了公众参与所要回应的技术发展治理的复杂性（Jasanoff 2003；Wynne 2006）。

目前还不清楚人们将会如何应对这一挑战。委员会制度所具有的脆弱合法性，以及它与那些受到决策影响的人存在的距离感，加之其采用的技术官僚决策方法（Joerges and Vos 1999），使其无法弥补公众参与过程中存在的任何缺点。超越当前的规制环境认识到这个具有法律意义的决定只是漫长过程中的一个瞬间——其只是一个重要的回应而已。长期以来，欧盟机构（尤其是欧盟委员会，包括欧洲化学品管理局和欧洲食品安全局等机构）一直在利用一系列方法收集信息，并允许公众在立法和决策的早期阶段就参与其中。[70] 在更为实际的层面上，策略性环境评估（SEA）可能会被解释为环境影响评估的"上游"阶段（European Commission 2009：para 4.1）。如果做得好，早期的公众参与可以更加主动，并允许在更广泛的问题上更有建设性地参与。在HS2诉讼中，卡恩沃思勋爵将策略性环境评估描述为一种"确保同意开发许可的决定

636　不受其未经早期重大环境影响评估的限制"，[71] 这或许是暗示了其本身并未受到公众参与的影响。

更早、更多的战略参与十分重要，但它并不是一个直接的合法性工具，改变处于

---

[70]　A sense of the variety of approaches can be gained from the contributions to Kohler– Koch, de Bievre, and Maloney (2008). See also Consolidated Version of the Treaty on European Union [2008] OJ C115/13, art 11; Mendes (2011).

[71]　R (on the application of HS2 Action Alliance Limited) (and others) v Secretary of State for Transport [2014] UKSC 3, [36].

问题核心的制度承诺在任何平台上都不是一件容易的事情。一个重要的挑战是谁来参与。对于并不专业的公众来说，策略可能显得相当抽象，而一项政策的实际效果可能只有在具体的项目或者技术阶段才会变得清晰。在欧盟层面，由于程序本身具有复杂性，以及文本和实践层面的鸿沟，所有常见的与"普通""非专业"的公众参与有关的挑战都变得更加严峻。此外，这一过程的不同部分涉及不同的群体和个人，他们有着不同的观点、利益和价值观，因此合法性群体发生了变化，合法性的要求也随之改变。围绕"参与"化学物质扩散范围（REACH）的规制谈判以激烈、包容和漫长而著称，看起来似乎满足了不同的要素（见 Lindgren and Persson 2011）。渴望稳定适用这项立法的愿望是完全可以理解的，但是不断试图扰乱辩论的做法也是可以理解的。简言之，围绕"战略"或者立法的参与质量的批评也会在个案基础上存在："质疑代表性""质疑沟通和表达""质疑影响和结果""质疑民主"（Irwin，Jensen，and Jones 2013：126-127）。

若将公众参与作为一种合法化技术加以操纵、许诺无法落实的参与，将会产生相反的效果。明确开放讨论哪些内容将非常重要（Lee and others 2013）。在这一点上，特别困难的不是参与本身的性质和平台（尽管不能低估这一点），而是参与发生的法律和政策背景。围绕背景假设和框架设定的公众参与和辩论可以被视为对后续参与施加限制的一种重要回应，如果这些假设被认为是合法的，那么将它们纳入有关参与程序的讨论范围之中也会稍微容易一些。但我们也可以思索一下，挑战背景假设意味着什么，这样就可以做出更大的贡献。就风力发电场而言，这可能包括承认应对气候变化的各种能源选择（Stirling 2009）。在产品方面，可能需要承认目前的贸易法律和行政动力，更不用说欧盟贸易法的细节（见朗关于颠覆我们对一个貌似自由的国际贸易体制设想的讨论 2006）。不过，尽管欧盟内部市场的细节具有偶然性，但它的根基却非常稳固，而且难以改变。从表面上看（尽管很难在此不愤世嫉俗，但如果断然否定它也将是愚蠢的），欧盟委员会关于增加各国种植多样性的提议旨在减轻法律的制约，令人印象深刻。除了授权过程中采用了"其他合法因素"的推导，它还允许公众有意义地参与决策过程并承担他们在参与中做出的具有"知识实质"性的参与（Wynne 2001：455）。对程序的适用性提出更深刻的质疑也并非不可想象，虽然欧盟风险评估提案的范围是有限且存在问题的，但对其程序的适用性提出受深刻的质疑也并非不可想象。例如，有关不确定性（甚至未知）的可接受度可以纳入特定（国家）的价值观下加以考虑。然而与此同时，如果任何会员国希望限制在其领土上培育转基因生物，就必须提出极为谨慎的法律论点（这无疑在某种程度上扭曲了社会关切的现实），这表明，仅仅通过改变浮于表面的参与规则来挑战更广泛的决策框架是如此困难。此外，会员国自己在这些问题上与"公众"接触和代表的的方式无疑也受到批评。

七　结论

公众参与所面临的挑战是深远且显而易见的。公众参与的过程框架将决定辩论的可能性，即在决策中可以听到或考虑到的异议的数量。仅仅呼吁更多地参与在政治和实践层面（特别是在欧盟层面上）都不现实，而且在很多情况下，简单地改变规则并不能取得更大成效。此外，我们也应设想到，限制参与的更广泛的假设也可能得到普遍接受。风力发电场的环境优势特别巧妙地解决了这一难题；尽管人们对其价值可能存在强烈的异议，但与自由贸易相关的经济效益是一个需要与其他问题进行权衡的具有道德重要性的议题。这可能会让我们远离制度化的公众参与，甚至远离技术治理：全面做出可信的气候变化承诺，避免某些地区成为象征性的牺牲；或许还需承认（这一特定）经济发展的（经济）利益必须共享。

虽然欧盟委员会提出的关于转基因生物的新办法令人沮丧，且在许多方面存在严重的问题，但它使我们得以窥见如果坚持采取一种富有想象力和雄心勃勃的办法来解决如何在制度中赋予理性的问题可能会给参与带来怎样的可能性。同样，依靠科学风险评估以外的其他因素的可能性，为公众在决策过程中更慷慨、更富想象力地参与创638　造了更大的空间。虽然历史、目前立法进展的不足、提案面临的立场限制使得人们很难保持乐观，但没有一个民主参与的制度化机制是简单、完整、不存在任何潜在不良影响的。挑战令人望而生畏，但开放进程中那些富于创造力的可能性可以使得更为广泛的问题得到考虑，而这需要我们坚持不懈的努力。

641　【参考文献】

Abbot C and Lee M, 'Economic Actors in EU Environmental Law' [2015] Yearbook of European Law 1

Black J, 'Constructing and Contesting Legitimacy and Accountability in Polycentric Regulatory Regimes' (2008) 2 Regulation & Governance 137

Black J, 'Calling Regulators to Account: Challenges, Capacities and Prospects' (2012) LSE: Law, Society and Economy Working Papers 15/2012 <www.lse.ac.uk/collections/law/ wps/WPS2012-15_Black.pdf> accessed 21 October 2015

Brownsword R and Goodwin M, *Law and the Technologies of the Twenty- First Century* (CUP 2012)

Coen D and Katsaitis A, 'Chameleon Pluralism in the EU: An Empirical Study of the European Commission Interest Group Density and Diversity across Policy Domains' (2013) 20 Journal of European Public Policy 1104

642　Craig P, 'Integration, Democracy and Legitimacy' in Paul Craig and Grainne de Burca (eds),*The Evolution of EU Law* (OUP 2011)

Cuellar M, 'Rethinking Regulatory Democracy' (2005) 57 Administrative Law Review 411

Department of Energy & Climate Change, *Overarching National Policy Statement for Energy* (EN-1)

(2011a)

Department of Energy & Climate Change, *National Policy Statement on Renewable Energy Infrastructures* (EN-3) (2011b)

Dur A and de Bievre D, 'The Question of Interest Group Influence' (2007) 27 Journal of Public Policy 1

European Chemicals Agency, 'ECHA's Approach to Engagement with Its Accredited Stakeholder Organisations' (2011a) <https://echa.europa.eu/documents/10162/13559/ echas_approach_to_ engagement_ with_ accredited_ stakeholder_organisations_ en.pdf> accessed 21 October 2015

European Chemicals Agency, 'List of Stakeholder Organisations Regarded as Observers of the Committee for Risk Assessment (RAC)' (2011b) <http://echa.europa.eu/documents/ 10162/13579/ rac_loa_sto_en.pdf> accessed 21 October 2015

European Chemicals Agency, General Report 2013 (2014) <https://echa.europa.eu/ documents/10162/13560/mb_04_2014_general_report_2013_en.pdf> accessed 21 October 2015

European Chemicals Agency, 'Public consultations in the authorisation process' <www. echa.europa. eu/ web/ guest/ addressing- chemicals- of- concern/ authorisation/ public- consultation-in-the-authorisation-process> accessed 21 October 2015

European Commission, 'EU Register of Authorised GMOs' <http://ec.europa.eu/food/ dyna/gm_ register/index_en.cfm> accessed 21 October 2015

European Commission, *European Governance— A White Paper* (COM 428 final, 2001a) European Commission, *White Paper: Strategy for a Future Chemicals Policy* (COM 88 final 2001b)

European Commission, *Report on the Application and Effectiveness of the Directive on Strategic Environmental Assessment* (COM 469, 2009)

European Commission, *General Report on REACH* (COM 49 final, 2013)

European Commission, *Streamlining Environmental Assessment procedures for Energy Infrastructure Projects of Common Interest* (no date)

Felt U and others, 'Taking European Knowledge Society Seriously: Report of the Expert Group on Science and Governance to the Science, Economy and Society Directorate, Directorate-General for Research', European Commission (European Commission, 2007) <http:// ec.europa.eu/ research/ science- society/ document_ library/ pdf_06/ european- knowledge-society_en.pdf> accessed 21 October 2015

Felt U and Fochler M, 'Machineries for Making Publics: Inscribing and Describing Publics in Public Engagement' (2010) 48 Minerva 219

Harlow C and Rawlings R, 'Promoting Accountability in Multi-Level Governance: A Network Approach' (2007) 13 European Law Journal 542

Heyvaert V, 'Aarhus to Helsinki: Participation in Environmental Decision-Making on Chemicals' in Marc Pallemaerts (ed), *The Aarhus Convention at Ten: Interactions and Tensions Between Conventional International Law and EU Environmental Law* (Europa Law Publishing 2011)

International Chemical Secretariat, 'Sin List' (2015) <www.chemsec.org/what-we-do/sin- list> accessed 21 October 2015

Irwin A, 'STS Perspectives on Scientific Governance' in Edward J Hackett et al (eds), *The Handbook of Science and Technology Studies* (MIT Press 2008)

Irwin A, Jensen T, and Jones K, 'The Good, the Bad and the Perfect: Criticising Engagement in Practice' (2013) 43 Social Studies of Science 118

Jacobs F, 'The Role of the European Court of Justice in the Protection of the Environment' (2006) 18

643

Journal of Environmental Law 185

Jans J and Vedder H, *European Environmental Law: After Lisbon* (Europa Law Publishing 2012) Jarman H, 'Collaboration and Consultation: Functional Representation in EU Stakeholder Dialogues' (2011) 33 Journal of European Integration 385

Jasanoff S, 'Civilization and Madness: The Great BSE Scare of 1996' (1997) 6 Public Understanding of Science 221

Jasanoff S, 'Technologies of Humility: Citizen Participation in Governing Science' (2003) 41 Minerva 223

Jasanoff S, 'The Idiom of Co-Production' in Sheila Jasanoff (ed), *States of Knowledge: The Co-Production of Science and Social Order* (Routledge 2004)

Joerges C and Vos E (eds), *EU Committees: Social Regulation, Law and Politics* (Hart Publishing 1999)

Kohler-Koch B, de Bievre D, and Maloney W (eds), *OpeningEU-Governance to Civil Society Gains and Challenges* CONNEX Report Series No 05 (2008)

Lang A, 'Reconstructing Embedded Liberalism: John Gerard Ruggie and Constructivist Approaches to the Study of the International Trade Regime' (2006) 9 Journal of International Economic Law 81

Lee M, *EU Regulation of GMOs: Law and Decision Making for a New Technology* (Edward Elgar Publishing 2008)

Lee M, 'Beyond Safety? The Broadening Scope of Risk Regulation' (2009) 62 Current Legal Problems 242

Lee M, *EU Environmental Law, Governance and Decision- Making* (2nd edn, Hart Publishing 2014)

Lee M 'GMOS in the internal market: new legislation on national flexibility' (2016) 79 Modern Law Review 317

Lee M and others, 'Public Participation and Climate Change Infrastructure' (2013) 25 J Environmental Law 33

Lindgren K and Persson T, *Participatory Governance in the EU: Enhancing or Endangering Democracy and Efficiency?* (Palgrave MacMillan 2011)

Mendes J, 'Participation and the Role of Law After Lisbon: A Legal View on Article 11 TEU' (2011) 48 CML Rev 1849

Menon A and S Weatherill, 'Democratic Politics in a Globalising World: Supranationalism and Legitimacy in the European Union' LSE Working Papers Series 13/2007

Nic Shuibhne N and Maci M, 'Proving Public Interest: The Growing Impact of Evidence in Free Movement Case Law' (2013) 504 CML Rev 965 Nuffield Council on Bioethics, *Emerging Biotechnologies: Technology, Choice and the Public Good* (2012)

Owens S, 'Siting, Sustainable Development and Social Priorities' (2004) 7 Journal of Risk Research 101

Petts J and Brooks C, 'Expert Conceptualisations of the Role of Lay Knowledge in Environmental Decision-making: Challenges for Deliberative Democracy' (2006) 38 Environment and Planning A 1045

644   Power M, *The Risk Management of Everything: Rethinking the Politics of Uncertainty* (Demos 2004)

Rothstein H, 'Talking Shops or Talking Turkey? Institutionalizing Consumer Representation in Risk Regulation' (2007) 32 Science, Technology & Human Values 582

Rydin Y, Lee M, and Lock S, 'Public Engagement in Decision-Making on Major Wind Energy

Projects: Expectation and Practice' (2015) 27 Journal of Environmental Law 139

Scott J, 'From Brussels with Love: The Transatlantic Travels of European Law and the Chemistry of Regulatory Attraction' (2009) 57 American Journal of Comparative Law 897

Shuibhne N and Maci M, 'Proving Public Interest: The Growing Impact of Evidence in Free Movement Case Law' (2013) 504 CML Rev 965

Steele J, 'Participation and Deliberation in Environmental Law: Exploring a Problem-Solving Approach' (2001) 21 OJLS 415

Stilgoe J, Lock S and Wilsdon J, 'Why Should We Promote Public Engagement with Science?' (2014) 23 Public Understanding of Science 4

Stirling A, *Direction, Distribution and Diversity! Pluralising Progress in Innovation, Sustainability and Development* (2009) STEPS Working Paper 32 <http://steps-centre. org/anewmanifesto/wp-content/uploads/stirling-paper-32.pdf> accessed 21 October 2015

Stirling A, ' "Opening Up" and "Closing Down" Power, Participation and Pluralism in the Social Appraisal of Technology' (2008) 33 Science, Technology & Human Values 262

Stokes E, 'Nanotechnology and the Products of Inherited Regulation' (2012) 39 Journal of Law and Society 93

Vos E, 'Responding to Catastrophe: Towards a New Architecture for EU Food Safety Regulation?' in Charles F Sabel and Jonathan Zeitlin (eds), *Experimentalist Governance in the European Union: Towards a New Architecture* (OUP 2010)

Welsh I and Wynne B, 'Science, Scientism and Imaginaries of Publics in the UK: Passive Objects, Incipient Threats' (2013) 22 Science as Culture 540

Wickson F and Wynne B, 'The Anglerfish Deception' (2012) 13 EMBO Reports 100

Wynne B, 'Uncertainty and Environmental Learning: Reconceiving Science and Policy in the Preventive Paradigm' (1992) 2 Global Environmental Change 111

Wynne B, 'Misunderstood misunderstanding: social identities and public uptake of science' (1992) *Public Understanding of Science* 281

Wynne B, 'Creating Public Alienation: Expert Cultures of Risk and Ethics on GMOs' (2001) 10 Science as Culture 445

Wynne B, 'Public Engagement as Means of Restoring Trust in Science? Hitting the Notes, but Missing the Music' (2006) 9 Community Genetics 211

Wynne B, 'Public Participation in Science and Technology: Performing and Obscuring a Political-Conceptual Category Mistake' (2007) 1 East Asian Science, Technology and Society 99

第二十七章
科技治理下的预防措施

安德鲁·斯特林（Andrew Stirling）

高　奇译

一　引言

645　　在全球范围内的各个领域里，与技术治理有关的机构都会面临着来自社会、环境和健康方面紧迫的压力。科学技术呈现出革命性的进步，这些进步要比许多过去发生的惊喜更加让人难以预料，这些科技也呈现出了越来越明显的融合趋势。加速变革的科技包括生物合成（IRGC 2010）和基因编辑（House of Lords Science and Technology Select Committee 2015）；纳米技术和新材料（The Royal Society & The Royal Academy of Engineering 2004）；神经科学（The Royal Society 2011）和认知增强（National Research Council 2008）；人工智能和自主机器人（The Royal Academy of Engineering 2009）；气候地球工程学（Shepherd and others 2009）和小行星管理（UNESCO and ISSC 2013）。

　　这些科技在发展的过程中伴随着有毒物质和核污染的积累（United Nations Environment Programme 2012），而早已存在的气候变化和生态破坏（Griggs and others 646 2013）使情况进一步恶化（UNESCO and ISSC 2010）。与地缘政治（United Nations 2013）和经济、社会（United Nations Development Programme 2013）等各种动态因素的互联互通，为传统监管提出了严峻的挑战（Strand and Kaiser 2015）。特别是，不确定性事件大量出现（Leach，Scoones，and Stirling 2010）。这些不确定性事件发生在过去、当前和未来（Funtowicz and Ravetz 1990），以不同的形式和程度出现（Faber and Proops 1990），有不同的来源（Petersen and others 2012），涉及不同的观念，存在未知的结果（Rayner and Cantor 1987）；暗含着各方的利益与风险（Morgan and Henrion

1990）。

由于认识到传统的风险评估方法仅面向上述问题和挑战中的部分侧面性（Nuffield Council on Bioethics 2012），人们为应对这一问题，对"预防"提出了各自的理解（O'Riordan, Cameron, and Jordan 2001）。各学科对这一问题从不同方面进行了深入的讨论，包括环境（Raffensperger and Tickner 1999）和社会科学（Wynne 1992）；市场（Gollier, Jullien, and Treich 2000）；生态经济学（Getzner, Spash, and Stagl 2005; Persson 2016）；科学技术研究（Luján and Todt 2012）；政治理论（Pellizzoni and Ylönen 2008）；通信研究（Moreno, Todt, and Luján 2009）；管理研究（Barrieu and Sinclair-Desgagne 2006）等。各种关于预防概念的介绍都包括在主流政治话语中（Taverne 2005），蕴含风险管控（Fisher E 2002）与政策创新（Government Office for Science 2014a）特征。

国际法学传统上就具有多样性的特征（Fisher E 2006），风险评估已经演进出了各种实践形式与做法（Hood, Rothstein, and Baldwin 2001）。因此对预防原则形式上的多样性应感到毫无意外。在软法和硬法中（Schomberg 2012），预防原则以各种形式体现（Trouwborst 2002），不同版本和不同区域间（Sadeleer 2002）已经出现了许多细节上的差异。在食品安全（Ansell and Vogel 2006; Tosun 2013b）、化学品管制（Brorasmussen 2002）、基因编辑（Millstone, Stirling, and Glover 2015）、电信（Stilgoe 2007）、纳米（Spruit 2015）、气候变化（Shaw 2009）、环境与健康保护（Martuzzi and Tickner 2004）等领域，不同的监管部门对预防原则都有不同的表述，这增强了预防原则的多样性。

尽管存在这种复杂性和多样性，仍可给蓬勃发展的"预防原则"下一个相对清晰的界定（Trouwborst 2002）。预防原则最早起源于 20 世纪 70 年代的国际环境保护倡议中，20 世纪 80 年代，德国制定了名为"预防原则"（Vorsorgeprinzip）的环境政策，预防原则得以在法律意义上完善（O'Riordan and Cameron 1994）。这一时期环保思潮风起云涌（Grove-White 2001），环保主义者和倡导公共卫生的人士积极倡导预防原则，在极富争议的全球环境公约中，这一原则在其早期阶段便建立了起来（Hey 1991）；并最终在 1992 年的全球首脑会议上被推向了高潮（United Nations Conference on Environment and Development 1992, or UNCED）。预防原则的迅速发展受到了一些人的强烈抵制（Raffensperger and Tickner 1999），尤其在美国更是饱受争议（Tickner and Wright 2003）。在有些州，以及在一些政治和法律的博弈中（van den Daele 2000），这种抵制在细节层面更为复杂。尽管如此，预防措施的观念却已经越来越深入人心，尤其是在 20 世纪 90 年代的欧洲（Tosun 2013a）。在欧洲，预防原则从欧盟委员会环境政策的指导原则（CEC 2000）转变为欧盟法律的一般法律原则（Christoforou 2004）。大西洋两岸在全球竞争中处于核心地位得益于各种高风险的经济和工业利益，因此在一系列的国际贸易争端中预防措施不断被关注（Bohanes 2002; van Asselt, Versluis and Vos 2013）。这种背景下，有关预防原则的争论主要集中在科学在这里面能发挥什么作用（Foster 2011; Foster, Vecchia, and Repacholi 2011）。

随着世界范围内"循证政策"（OECD 2003; CEC 2008）的不断扩展，由科学的不确定性带来的挑战愈发突出，令人不安。有些人以降低或否认不确定性作为应对预防措施在面对不确定性时的处理方法，另一些人则寻求更加彻底的、公开的方法去解决这些问题。正是在后者的影响下，预防原则已经从环境监管领域（Jordan 2005），扩展到了健康（Raffensperger and Tickner 1999）、风险（Randall 2011）、科学（Foster 2011）、创新（Stirling 2014）、高新技术（Bedau and Parke 2009）和世界贸易（Harding 1999）等更为广泛的领域。

与此同时，在更为深层的社会问题中，全球性预防措施的构建也被广泛讨论，涉及政治领域的不平等、集体行动（Basili, Franzini, and Vercelli 2006）、政治中的不可逆特性（Verbruggen 2013），经济领域的"去增长"远景（Garver 2013），医疗和精神健康（Porteri 2012）以及跨学科（CEECEC 2012）的合作研究等诸多方面。随着预防原则所涉及的问题迅速扩展，其覆盖面和影响力都迅速增加。不仅在科技领域，在更广泛的社会问题上也日益发挥着更突出的作用（Felt and others 2007）。

本章回顾了全球范围内预防措施在风险控制和科技管控领域产生的争议，并评估了这些政策的实际影响。总结预防原则相关背景的同时，也在一些重要问题上提出了自己的关切。虽然尚存争议，但预防原则的出现的确对各种形式、各种程度的不确定性进行了有力的回应。许多人认为，由于不确定性的存在，很多领域内传统监管无法对风险进行有效评估。

本章总结了监管评估带来的实际影响，并确定了易于实施的各类评估方法，只是方法往往被忽视，因为政府机构过分执着于简化后的风险概念。为了证实预防原则能在监管中切实有效，本章最后简要说明了预防性监管评价的一般框架，这些框架具有操作性，并避免了对风险评估的过度依赖。

二　关于预防原则的基本思考

在对预防原则的早期表述中，联合国 1992 年《里约热内卢宣言》影响较大。宣言里的表述比其他版本获得了更多认同，甚至包括美国一些持怀疑态度的州（Myers and Raffensberger 2006）。宣言第 15 条规定："当存在严重的或不可逆转的损害或者损害威胁时，不应以缺乏充分的科学论证作为推迟实施成本有效的保护环境措施的理由（UNCED 1992）。"这一点有时也被概括为"三思而后行"或"保证安全比事后后悔强"（Renn 2008）。预防原则的定义在其他版本里或宽松，或严格（Ashford and others

1998）。有些人认为在"有力的预防措施"下，"举证责任"从批评者一方转移到了支持者一方（Sachs 2011）。其中的一些问题本文将在随后进行讨论。目前，第15条规则表述较为简洁，但地位权威，较好地阐释了预防性原则所具备的四个基本特征，成为核心议题。

第一，预防措施并非普遍适用，在适用决策的过程中须要考虑一定因素，尤其需考虑缺乏科学的有效论证可能造成严重的或不可逆的损害（Aldred 2013）。

第二，预防措施并非无所不含，而是以具体的价值追求为基础，例如旨在增进环境或人类健康福祉，并非仅针对经济利益、部门利益或党派利益（Fisher，Jones，and von Schomberg 2006）。

第三，预防措施并不是为了要简单地阻止什么，而是要承担起责任，对可能采取的措施进行更为谨慎和明确的判断。换句话说，这更强调理解、思考和责任，而不是仅仅追求结果（Peterson 2013）。

第四，预防措施本身并不偏向于应用，它需要考虑各种可能发生的情况，并做出各种相应的决定，这种决定也包括什么都不做。与风险评估一样（预防措施更侧重于对于不确定性的关注），在决策过程中，对问题的方方面面进行均衡考虑，因此预防措施十分缜密（O'Brien 2000; Tickner and Wright 2003）。

从这个层面上说，预防原则可以被看作一个多世纪以来经验的升华，这些经验带来了意想不到的新知识、新技术和社会创新。与理想中具备完善科学机制的风险评估理念不同，预防原则体现了对权力关系不对称和不平等的认识，这种关系影响了决策过程，塑造了各类知识的基本结构（Jasanoff 2005）。

因此，预防原则常被拿来与一些其他原则进行比较，诸如防范（de Sadeleer 2007）、污染者付费（Grundmann 2001）、无悔（Joerges and Petersmann 2006）、参与（Dreyer, Boström and Jönsson 2014）、替代（Wexler and others 2011）和清洁生产（Diamond and others 2015）等，它们之间存在密切的关系。受上面这些因素的影响，预防措施有助于企业提高自己的注意义务，增强政府和监管部门的责任意识和保护意识（Whiteside 2006; Spruit 2015）。总之，与传统的风险评估机制相比，预防原则需要对尚未彻底弄清的领域，给予更明确的、更科学严谨的、更为细腻的关注（Funtowicz and Ravetz 1990; Gee and others 2013）。

三 对一些批评的回应

鉴于问题的性质以及对利益的关切，预防原则遭到了一些言辞激烈的批评（Wirthlin Worldwide and Nichols-Dezenhall 2000; Sandin and others 2002; Tagliabue 2015）。一个常见的问题是它定义的模糊性。例如在《里约公约》中，"严重"的程度是多少？"不可逆"到底是什么意思？"科学上的确定性"存在过吗？如果将预防原则视为一个充分、全面、确定的程序性规则的话，那这些批评不无道理。然而法律学者指出，作为一项决策规则（Bohanes 2002），预防原则与"比例原则"或"成本效益原则"等一般性法律原则一样，并没有既有概念可以充分表达其内涵（Fisher E 2002）。一些其他的原则（例如，风险评估、成本效益分析）要发挥作用需要依靠具体的方法和程序，预防原则的每一次应用，都是对预防原则理论体系更为细致的发展和适用（Stirling 1999b）。本章最后将对该问题进一步讨论。

　　一种更为严厉的批评是，预防原则所具备的规范性特征，一定程度上使其变得"非理性"（Sunstein 2005）、"不科学"（Resnik 2003）。这种担忧无疑是基于一个假设，即传统上以科学为基础的监管程序，要优于以规范为基础的监管程序（Jasanoff 2005）。然而，这忽略了对风险评估和成本效益分析方法的实际应用，也固然需要判断标准（Stirling 2010）。例如，在风险评估中对保护级别的设定、各种危害与反补贴利益之间的平衡、价值观等都是必须考虑的固有因素（Klinke and others 2006）。除此之外，大量的文献记录了所谓的"完备的科学"方法，这些方法与预防措施形成鲜明对比，但是这些方法通常也受制于不同的可能"框架"中蕴含的不确定性（Stirling 2010）。因此，即使采取"循证"方法，在能源（Sundqvist, Stirling, and Soderholm 2004）、化学（Saltelli and others 2008）、基因编辑（Stirling and Mayer 2001）和行业监管（Amendola 2001）等领域，假设不同，基于各种数据得出的结果往往不同。同样权威的研究，彼此假设可能会有很大差异。因为所有的分析都必须受制于价值判断框架，所以预防原则所体现的规范性特征就会更加合理，更为令人信赖了（Klinke and others 2006）。正如事实——价值二分法所揭示的那样（Putnam 2004），许多对于预防原则的批评，哪怕只是暗示性的，都是非理性的，固有的规范性原则在所有的风险评估方法中都是存在的。

　　在规范性原则的话语体系下，对于习惯性批评预防原则的人来说，仍可找到批评的余地。预防原则仅仅解决了诸如环境和人类健康等一般问题，而未对私益，如商业利益或科技发展有所贡献（Sunstein 2005; Tavares and Schramm 2015）。从政治角度来说，这种偏见是可以理解的，因为预防措施所涉及的监管领域风险普遍较高。但对于追求中立的监管者以及追求客观性的学者来说，对预防措施进行贬低是很不合理的。

　　全球范围内预防措施的一个重要特征是，有些人往往以学术独立或"完备的科学"为名义（Graham 2004），强烈反对预防措施。人们无论认为何种价值优先，无论是否认识到不确定性的重要性，拒绝采取合理预防措施的行为都是不仅缺乏理性，而且违反民主的，具体原因将在下文进一步探讨（Stirling 2014）。

　　在技术监管中，因政治价值观不同而导致争论，这本是完全合法的。仅仅是当其中的政治内容被否定，或通过技术"中立性"（Latour 2004）进行伪装时，问题方才出现。尽管如此，这里隐含着预防性原则的一个基本原理，对那些持怀疑态度的人来说，这个原理也是可以接受的。这需要承认在技术、健康和环境等各个方面，政治都始终存在。不同领域都存在着利益之争，都是为了维护对自己最有利的格局，就好像只有他们自己才能代表科学（Stirling 2003）。

这个观点并无偏颇；这种利益之争在监管的各个层面都有体现。最重要的是需要意识到，无论哪种类型的现有利益集团，都很有可能利用自身所处的地位，去俘获监管（Sabatier 1975）。例如，在石棉、苯、沙利度胺、二恶英、含铅汽油、烟草、农药、汞、氯和激素类药物，以及氟氯烃、高硫燃料和化石燃料等领域（Harremoës and others 2001; Oreskes and Conway 2010; Gee and others 2013）的监管历史中，对不确定性的揭示都具有明显的工具特性。这里不是要说利益集团的监管本身是坏事，而是说这会对监管的理解和行动产生负面影响，忽视这种情况是不理智的。

因此，在更加宏观和多元的背景下，可以把预防性原则视为抵制特权滥用的一种手段，可以抵消特权的负面影响并且对各方利益进行平衡（Stirling 1999b）。无论如何，在监管中采用预防性原则，并不必然否定对其他因素的考虑，例如利润、就业、GDP 的优先性问题。预防原则要做的，只是确保因不确定性导致无法仅以科学知识解决监管问题时，决策将更加公开，人们将围绕优先考虑哪些价值进行讨论（Funtowicz and Ravetz 1990; Klinke and others 2006）。

有些人关心预防措施在政治领域上的其他影响。有时候，多种因素交错，预防措施的实施似乎前后矛盾，抑或只是作为权宜之计，追求一个出于其他的理由结果（Garnett and Parsons 2016）。例如，拒绝引进可能损害利益集团利益或在国际贸易中影响本国产业发展的相关技术，就是一个例子（Marchant and Mossman 2004）。在某种程度上，这只是强调了现实世界中技术治理的一个普遍趋势。在对预防性原则进行合理的倡导过程中，应该承认，同其他原则一样，预防性原则并不能免受操纵。例如，风险评估中的合理效用最大化原则常被用于一些具有偏见的观点中，然后这些观点好像就具备了合理性（Stirling 1999b）。就像前面提到的那些，预防措施在监管史上发挥了重要作用（Harremoës and others 2001; Gee and others 2013; UNESCO and ISSC 2013），仅仅因为上述这些原因就对预防措施进行批评，这是很不合理的。

然而，我们需要关注在非透明或歧视性条件下，对于预防原则的援引（Klinke and others 2006）。例如，只选择性地对针对特定政策选择采取预防措施，而另外一些政策只按照旧例，并不采取预防措施。这种方法是非法的，可能会在环境和健康问题方面造成负面后果（Sunstein 2005; Klinke and others 2006）。在不同情境中，预防原则的不同版本可以一致方式适用于不同选项，这说明之前的问题并不是预防措施的固有缺陷，而是属于不恰当的适用问题（Stirling 1999b）。其实，预防原则的反对者和支持者们都有一个共同目标，就是要通过特定的方法建立一个新的监管评估机制，相比

652

于现在的监管评估机制，新的机制要更加严谨、系统，对于未知领域和潜在的不可逆转的伤害的处理更加公开透明（Stirling 1999b; 2010; Klinke and others 2006）。

许多人提出，预防措施可能会一概拒绝新技术，这些言论通常都缺乏证据（Sunstein 2005）。这些观点的背后是"无权创新"（Thierer and Wilt 2016）或各种"主动"（Fuller 2012; Holbrook and Briggle 2013; More 2016）或"创新"（Whaley 2014）原则。尽管作为政治辞令这是合法的，但从实质上讲，利益集团及其说客的这种干预很难证明具有实质正当性（Dekkers and others 2013）。各种形式的预防原则都是数十年来在艰难的谈判和司法实践过程中积累起来的，这种十分随意的说法，怎么能与之相媲美？

653　　然而更严重的是，许多政治行为不仅对预防措施的表述南辕北辙，而且对创新的本质也理解错误（Stirling 2010; Government Office for Science 2014a）。原因很简单。首先，预防措施关注的是干预的原因，并不会对干预措施本身的严苛程度带来很大影响（de Sadeleer 2002）。设定预防措施，可以采取提高标准、战略遏制、设置许可、进行监测、强制标注、责任设定或进行补偿的形式，而不是一味地全面禁止或逐步淘汰（Stirling 1999b）。

其次，许多人指责预防原则有违创新，他们未能触及一个根本问题，即技术和社会变革都是人类进化过程的一个分支（Government Office for Science 2014b）。预防措施的反复实践表明，对某一技术领域（例如，核技术或转基因）的抑制，会促进另一领域（例如，可再生能源或分子标记辅选）的发展（Harremoës and others 2001; Dorfman, Fucic, and Thomas 2013）。预防措施所带来的是创新方向的转变，绝非创新的停止。从这个意义上说，预防措施可以协调和控制政治压力带来的紧张关系（Todt and Lujan 2013）。对特定议题进行选择性的标签化处理，并将其认定为有违技术发展，简单地说这就是一种论战——这是不同政治观点的合法表达，但无法作为对这个重要议题全面或公正的描述。

四　不确定性的本质和预防原则

在所有对预防原则进行的争论中，最有意义的实际特征，是意识到了预防原则的实质意义在于它依靠特定的制度框架，使得决策更为慎重，分析更为有效。换句话说，预防原则其实是一种认知和思考的过程，而不仅是一种假定的决策规则（Stirling 1999b; Peterson 2007; von Schomberg 2012）。

以预防性原则为线索，通过加强对未知可能性的防范，增加对"社会学习"
654　（Wynne 1992）的关注，较之以往探索更多更广更深的知识（Funtowicz and Ravetz 1990; Stirling 1999b），从而有效解决公认的缺乏科学定论的问题。目前政府机构表面上对预防原则的支持（比如欧盟委员会提供过一些支持）很大程度上是基于这样一种假设：预防是一种风险"管理"措施，而非风险评估措施（CEC 2000）。然而，当了解到预防措施对监管评估所产生的影响后，可以看出，在面临不确定性这一问题时，上述立场会打乱预防措施的真实逻辑，降低其真正的价值（Voss, Bauknecht, and Kemp 2006）。预防风险和管理风险同样重要。

这与认为预防措施"非科学"或"反科学"的观点有关（Sunstein 2005）。简而言之，这些假设包括："完备的科学"监管等同于基于概率的技术分析，在定量时简单地将不确定因素化约或加总为一个类似"风险"的量（Stirling 2003），这可能是对预防原则误解最深的一点。预防措施并非是产生不确定性的原因，反而是针对不确定性的回应。各种版本的预防原则都始终在提醒人们，有必要摆脱对于传统的风险评估方法的依赖。面对风险评估的困境时，拒绝接受预防措施，否认不确定性的本质并将其仅仅归结于概率，这并不理性，且有违科学（Stirling 1999b）。

我们可以从图 27.1 中找出一丝端倪。此图依照传统的风险评估中的两个参数进行构建。横轴反映了事件发生的数值，纵轴反映了事件发生的可能性。在主流的风险评估方法中，需要综合考虑不同的角度、背景、成因、视角，然后计算。因此，需要注意图表的左上角。图里十分自信地对一些具有官方色彩的量变因素进行缩减或者组合（Stirling 2010），这些量变因素使图变得像组织纪律或者政治议程。这些带有政治色彩的用语明确否认了不确定性的深层条件（与许多"不确定性"的概念相比，这些概念更为深刻，也不容易驾驭），这些条件位于右下角的位置（Wynne 1992）。用概率论家德菲尼提（de Finetti）的话来说，概率是根本"不存在"的（de Finetti 1974）。通过简化或组合，试图将这些十分复杂的因素简单地称为"风险"（Beck 1992），这是很不负责任的，这些人只关注问题的某一特定方面，并希望将可能的负面后果转移到他人身上。

预防措施重点关注缺乏严密科学论证时的情况，风险评估尚不能解决不确定性这一问题时，有必要建立不同类型的监管评估方法、监管程序和操作流程。在风险评估中采取各种措施，这并不是促进其发展的唯一方法。还可以以其他方式进行补充，比如对许多深层次的问题肩负起责任来（Charnley and Elliott 2000）。在这方面，许多对于社会和政策进行科学分析的文献，贡献尤为巨大（Wynne 1992; Felt and others 2007）。在图 27.1 中示意性说明的，对不确定性的各个方面进行开拓性探索，这份材料指出了一系列严格的应对措施，避免了传统风险评估可能带来的那种"假定性"（de Finetti 1974）。

图 27.1 左下角象限所列是"不确定性"，经济学家奈特（Knight）（1921）和凯恩斯（Keynes）（1922）在近一个世纪前引入了这个术语。自此以后，这个定义非常明确地阐明了"不确定性"与相对易处理的"风险"之间的区别，在此基础上，确定有

利和不利形式的概率和数值变得可能（Stirling 2010）。在奈特更为复杂的不确定性模型下，人们也许有信心描述出一系列可能的结果，但现有的经验信息或分析模型，却无法为各种可能性的发生提供一个明确的依据（Stirling 2003）。

这促使人们考虑"模糊性"的特征，这一特征在图的右上角进一步阐释（Stirling 1999b）。这一部分排列的更多是存疑的结果，而不是可能性。当确定性的事情相互矛盾时，就会产生这种模糊性（Thompson and Warburton 1985）——这一概念也适用于结果已经出现的情况。

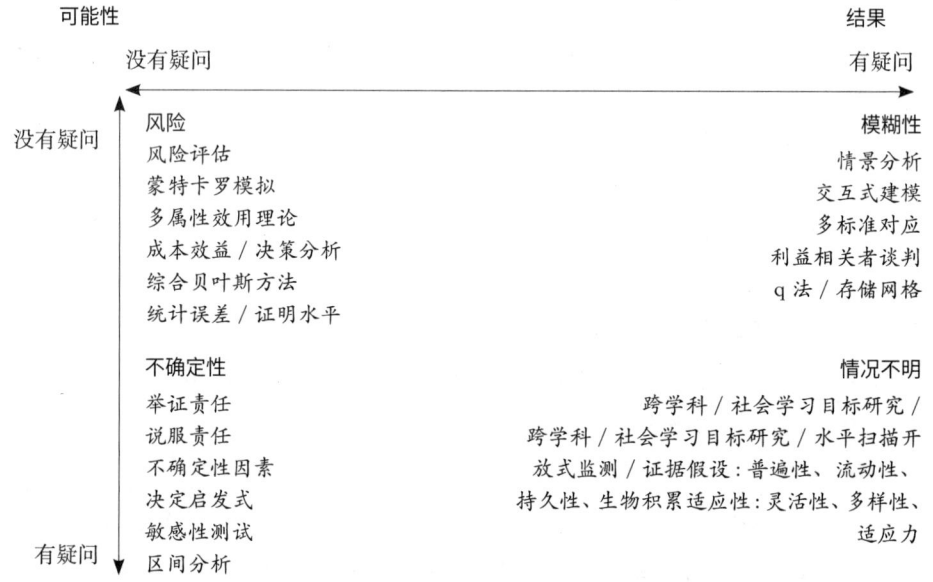

图27.1　该图是一个启发式框架，在不同情况下对不确定性的应对做出了规定

656　　　例如，对利弊的形式和内容存在不同的理解，在选择、分类、划界、度量、分级、解释和组合的过程中，可能会存在分歧（Stirling 2003）。发生价值观冲突时，根据理性选择的基础理论，很难找到单一的加总偏好。尽管隐居于传统的监管风险评估和成本效益分析法中的中心，但在"模糊性"的情况下，这种理论本身就是一个非常不理性的目标，更不用说对其进行应用了（Arrow 1963）。在一个多元化的社会里，只存在一个明确、合理、科学的解决政治监管挑战的方案，实在自相矛盾（Stirling 2006: 225–272）。

除此之外，图 27.1 还列出了更加难以控制的"不可知性"。人们已经认识到了事情发生的概率和结果都不能被完全列举（Dovers and Handmer 1995），人们承认事物的不可知性，也包括承认"我们不知道自己不知道什么"（Wynne 1992）。这就是"出人意料"存在的前提（Brooks 1986）。当然，"出人意料"可能让人开心，也令人沮丧

（Howard 2003）。近年来，诸如平流层臭氧的损耗（Harremoës and others 2001）、疯牛病（van Zwanenberg and Millstone 2005）和激素药物（Thornton 2000）等这些重要的环境问题和健康问题，并不仅仅是由于概率或规模上的错误估计导致的，这才是目前监管面临的主要问题。事件的形成机制和最终结果都出乎意料，在风险评估中这些变量因素没有意义，更不用说进行精确的计算了（Stirling 2003）。

区分这些不和谐方面的关键不在于提出特定的表述。在大量复杂的文献中，图27.1 中的每个术语都可以完全不同的方式使用。这里的要点——为了说明实际的预防反应——只是为了强调背景的多样性。当然，在实践中，这四种"理想—典型"知识状态通常一起出现。因此，该方案并不是一种分类方法，而是基于特定的原因、环境、含义，从不确定性的不同方面对其进行试探性的区别（Stirling 2003）。每个方案都涵盖各种具体原因、设置和含义。给它们贴标签其实是次要的。重要的是，监管实践中的现状就是依赖风险评估，风险评估中并不将各种形式的不确定性风险纳入考虑范畴，有时候甚至都不承认它们的存在，这是要极力避免的。由于对不确定性因素的基本认识和内在本质都存在偏见，因此，预防措施作为对不确定性因素的回应而常被严重误解，这一点也就不足为奇了。

总之在传统的风险评估中，数值和概率都可能受各种片面的或存疑因素的影响，而这些因素往往难以用概率的方法进行分析，这一点常常被忽略（Funtowicz and Ravetz 1990）。这就是通过采用概率或统计的方式，来解读预防措施是个错误的原因（Taleb and others 2014: i-5）。这也说明了在欧洲有关机构中将预防措施置于风险评估的次要、从属地位是不合逻辑的（CEC 2000; Zander 2010）。在某些情况下，不可能对风险和收益进行单一的量化，并平衡它们之间的相互关系。这种观点被采纳，可以说是意识形态对现实主义的胜利。

在监管评估方面承认这种不足普遍存在，并不意味着对科研水平或诚信水平有所贬损。正是严谨和务实的精神使我们倍感压力。我们必须承认，即使是最理性的监管机构，有时也难以抗拒带有欺骗性质的行为。"现实世界"里的政治需求只需要简单的理由，而同样是"现实世界"中，自然和物理过程却充满了不确定性，它们之间存在着十分紧张的关系。表面上看，陷入困境的监管机构希望获得必要的政治资源，以证明决策是正确的（Collingridge 1980），并获得信任与认可（Pellizzoni 2005）（Wynne 1983），同时有能力管控争议（in a political sense）。体制风险如此之高，以至于在政治层面上需要考虑的因素越少越好，但这在科学层面却没有什么意义（Stirling 2010）。

监管机构对风险评估的依赖，不仅会误导决策，还会掩盖深层次的问题。前述风险评估生成的数值和概率都不具备现实性。如果借"严谨的科学"之名，或多或少的政治因素认定是合理的，问题会加重（Stirling 2010）。这种观念威胁的不仅是监管的

657

有效性。使科学为特定的一方利益服务，这还会破坏科学自身的完整性，并损害科学的地位。因此，正是由于存在这些虚假的反科学的政治力量，所以，即使预防原则的各类版本并不相同，无论哪种类型预防原则，都需要去维护其作为预防原则的共同特征。对淡化严重损害或不可逆损害的言论进行抵制，在面对不确定性的问题时提倡更加谨慎和严谨的推理；在面对模糊性的问题时，对问题应施加更负责和明确的规范；在对可能发生的事情一无所知的情况下，优先考虑采取各种替代行动。尽管预防原则在实践过程中还存在许多缺陷和不足，但正是预防原则和严格监管中的其他原则一起，抵消了来自政治层面的负面影响。

幸运的是，预防原则并不缺乏实践，通过实践，对于不确定性较大的问题可以采取更强的预防性对策。图 27.1 凸显了预防措施的一个重要特征，在不太苛刻的条件下，图右下角的要素还原和聚和程度，要比左上方要素的更弱。然而，预防性的替代方案本质上不亚于风险评估所具备的系统性或科学性。在评估过程中多关注现实的多样性，就更容易意识到预防措施不仅与管理，而且与风险评估都是紧密相关的。

因此，预防措施不仅对风险管理具有重要意义 [因为风险管理常常受制于监管（CEC 2000）]，在对政策的评估上也具有重要意义。事实上，图里对不确定的情况、模糊的情况和不可知的情况进行区分，这种方法不仅符合所谓"严谨的科学"，在某些情况下，由于对虚伪的信息进行了排除，要比风险评估更为准确（Funtowicz and Ravetz 1990; Wynne 1992; Stirling 1999b）。然而还需要强调的是，风险评估技术在许多条件下是仍然适用的，例如对于熟悉而又确定的环境里，只通过对概率进行演算，就足够达成目标。

然而这并不能否认，在一些特定的风险条件下，预防措施具有独特的功能。在设定保护层级或避免统计错误等方面，各种类型的预防原则会持续发挥作用。预防措施也与一些要求有关，这些要求通常被简单地称为"举证责任"（Sunstein 2002）；如预防措施可以促进对证明强度、证明水平、证明责任，以及图 27.1 情景下的各种要素分析等这些问题的进一步思考。

五 指导性实践框架

本章节已经用了很大篇幅去解释，对预防原则的批评是具有强烈误导性的。尽管表 27.1 列出了许多实践操作方法，但相关讨论都比较宽泛。这就存在一种风险，即预防原则在监管评估中的作用会被认为是相当抽象的。尽管篇幅有限，但是有必要以更加具体和更加建设性的方法去回应这种观点。

问题的核心是：在实际操作中，如何针对事件的不确定性、模糊性，以及在毫不知情的情况下体现预防措施的多样性，并在大范围的评估中将它们联系起来？结合最近的理论、经验和方法（e.g., Stirling 1999b; Harremoës and others 2001; Gee and others 2013），表 27.1 总结了一系列重点，有助于解决这一问题。

表27.1	预防性评价程序的主要特点	659

1. 需要独立于既定的制度、纪律、经济和政治利益。例如石棉对工人造成了伤害，然而这一问题受到的关注有限。

2. 对不确定的事件、敏感性的事件和可能发生的事件，需要在更大范围上进行检查。如，动物饲料中抗菌素的风险在早期已经被注意到了，但后来却被忽视。

3. 需要刻意寻找"盲点"、知识上的空白和科学上的分歧。就像对酸性气体排放在环境扩散动力学上的假设一样。

4. 对于可能造成的伤害指标给予关注（例如机动性、生物学上的积累，长期性）。例如在监管化学品时就遇到这种问题，对良性燃料添加剂 MTBE 的监管便是如此。

5. 实践中对于完整生命周期和资源链的思考。例如在电气设备退役时，PCB 外壳却无法处理。

6. 考虑间接影响，如叠加影响、协同影响和积累影响，比如有些职业，长期暴露于电离辐射过程中，这一问题却被忽视。

7. 将行业趋势、制度行为和不合规问题纳入讨论范围。在动物饲料中大规模滥用抗菌药物，突出体现了后者的问题。

8. 对举证责任、说服主体、证据、分析进行明确界定；例如，在风险评估中系统性地忽视"第二类错误"。

9. 对一系列技术、政策潜在的替代方案进行比较；例如在医疗保健中过度使用 X 射线，但这一问题却被忽视。

10. 审议正当性理由，以及更深层次的利益、风险和成本，这在对孕妇许可发放 DES 药物时考虑不足。

11. 利用专业学科以外的相关知识和经验；就像观鸟者需要对于鱼类种群掌握一定知识。

12. 与所有可能存在的利益相关者保持接触，这是从当地社区造成了五大湖污染事件得到的经验。

13. 以公民参与的方式进行独立的验证，这一点在检验疯牛病的 BSE 管理方案中，被严重忽视。

14. 从理论建模向系统监控的转变，这将有助于从概念上摆脱限制，例如对多氯联苯监管的限制。

15. 更加重视以针对性的科学研究来解决的问题；这一点在 BSE 危机的发展过程中长期被忽略。

16. 应在决策过程中的最早阶段启动；有助于发现更好的创新路径，不会出现太多负面决策。

17. 强调可逆性、灵活性、多样性、恢复性等可以在一定程度上对冲毫无所知带来的负面影响的宏观特性。

以上每一项都代表了预防性技术评估过程中的一般特征。每一种方法都辅之以监 660
管实践中的案例进行说明。在许多方面，表 27.1 中列出的只是一般性常识。由于具有一般性，这些方法适用于包括风险评估在内的任何技术评价方法。这更加说明了预防措施是在不确定性的情况下对科学严谨性的深化，而不是与之矛盾的。

当然，在现有制度环境中一个重要的问题是，充分实施足以展现图 27.1 所示的因素的各类方法，在多大程度上是可行的？在这方面进行努力，要比风险评估中为可能遗漏的环境或健康风险进行预付成本效果更好。在监管评估中，这方面会对财力、精力、时间和证据提出更直接、更高的要求。因此必须承认，在监管实践中，预防措施确实存在着比例要求的困境。比起预防措施两极化的争议来说，我们更需要对这类问题进行更多的建设性讨论。

　　本章最后一节草拟了一个具体的程序框架，并进行了说明。在各种新兴技术的监管评估中，利用该框架，可以更容易地实施各种预防措施，得以更好地尊重不确定性，更好地使人意识到预防措施的必要性。以最近的分析为基础，并根据一系列利益相关者的讨论进行调整（Renn and Dreyer 2009），图 27.2 以最新的分析为基础，并按照一些利益相关者的要求进行了调整，最终给出了一个说明性的框架，为预防措施提供了一个相对公平的论证（Klinke and others 2006）。

661

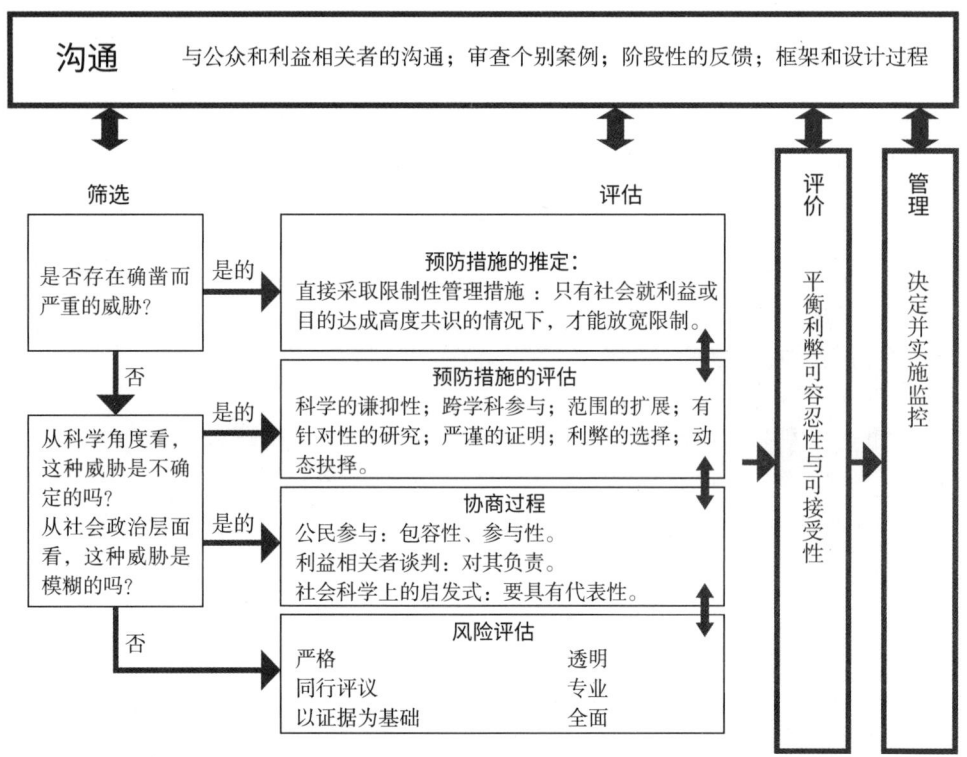

图27.2　对风险评估和预防评估的框架说明

注：Adapted from Stirling A, Renn O, and van Zwanenberg P, 'A Framework for the Precautionary Governance of Food Safety: Integrating Science and Participation in the Social Appraisal of Risk'. In Fisher E, Jones J, and von Schomberg R (eds) *Implementing the Precautionary Principle: Perspectives and Prospects*. Cheltenham: Edward Elgar, 2006; 284–315.

　　这一框架阐释了初步的审查程序，解决了评价中的比例问题。在审查中，只有最恰当的要素才会分配给基础更广泛（和更繁重）的预防性评估程序。根据在透明的利益攸关方审议中应用的一套详细的筛选规则，不同的案例和方面被分配给更具包容性和参与性的评估形式（在含糊不清的情况下）或更为直接和熟悉的风险评估形式（在这些形式已经足够的情况下）。这样，通过采用更有针对性的评价方法，使既定的比例原则与预防措施相协调。当这种筛选适用于所有情况时，作为整体的分析—商议框架仍然体现了预防性（Dreyer and others 2008）。

当然，这些操作框架看起来非常简单实用。如果对复杂潜在挑战的回应过于简单，那么这样的操作框架可能会适得其反。令人担心的是，将它们融入现有做法中，可能会凸显体制上的缺陷。但无论如何，如果能做到本章中涉及的关键的基本要求，那么至少可以驳斥对预防措施做出的笼统论断（Sunstein 2005）。图 27.2 所示的框架，可以反驳一些过分的和出于政治动机的批评，有助于在科学和技术治理过程中更多地关注被忽视的政治问题（Fisher L 2006: 288–292）。 662

总的来说，对于新兴技术的治理，有两个重要的结论，即这些框架为不同部门提供了更多的预防性监管评估。首先，它有助于拓宽人们对技术政策选择、实践和视角的关注（Stirling 2006: 1–49）。其次，有利于对不确定性不同解释进行更加严谨、成熟、活跃的讨论（Stirling 2010）。它们并不意味着预防和创新之间存在任何必要的冲突（Todt and Lujan 2013）。预防措施和科学之间也没有任何冲突（Stirling 1999a）。不以特定的党派利益出发，可以把预防性原则简单地视为一系列监管工具，用来更好地应对常被忽视的不确定性的挑战。通过降低监管强度（Myhr and Traavik 2003），这些方法可以促进评估手段的提升，使价值判断更明确，并提高审议质量。

正是通过这些方式，作为 1992 年"公约"这部形成范围更广的禁令的一部分，在保持其规范表述方面进一步提高了预防的质量。各种形式预防原则的出现，反映了几十年来，对仅以科学和技术为导向的权力模式的斗争，预防原则有助于为创新提供更透明和更慎重的民主决策过程（Munthe 2011; Government Office for Science 2014b）。正是这一过程中有意无意产生的巨大政治压力，促使其受到强烈的批评。但这也正是预防原则之所以重要的原因。与风险评估的权宜之计形成鲜明对比的是，预防原则在不确定性的情况下可以很大程度地保证民主和严谨。

【参考文献】 663

Aldred J, 'Justifying Precautionary Policies: Incommensurability and Uncertainty' (2013) 96 Ecol Econ 132

Amendola A, 'Recent Paradigms for Risk Informed Decision Making' (2001) 40 Safety Science 17

Ansell C and Vogel D (eds), *What's the Beef: The Contested Governance of European Food Safety* (MIT Press 2006)

Arrow K, *Social Choice and Individual Values* (Yale UP 1963)

Ashford N and others, 'Wingspread Statement on the Precautionary Principle' (Racine 1998) van Asselt M, Versluis E and Vos E (eds), *Balancing between Trade and Risk: Integrating Legal and Social Science Perspectives* (Routledge 2013)

Barrieu P and Sinclair-Desgagne B, 'On Precautionary Policies' (2006) 52 (8) Manage Sci 1145

Basili M, Franzini M and Vercelli A, *Environment, Inequality and Collective Action* (Routledge 2006)

Beck U, *Risk Society: Towards a New Modernity* (Sage 1992)

Bedau M and Parke EC (eds), *The Ethics of Protocells: Moral and Social Implications of Creating Life in the Laboratory* (MIT Press 2009)

Bohanes J, 'Risk Regulation in WTO Law: A Procedure-Based Approach to the Precautionary Principle' (2002) 40 Columbia J Transnatl Law 323

Brooks H, 'The Typology of Surprises in Technology, Institutions and Development' in WC Clark and RE Munn (eds), *Sustainable Development of the Biosphere* (CUP 1986)

Bro-rasmussen F, 'Risk, Uncertainties and Precautions in Chemical Legislation' in Joel Tickner (ed), *Precaution, Environmental Science, and Preventive Public Policy* (Island Press 2002)

CEC, 'Mind the Gap: Fostering Open and Inclusive Policy Making' (2008) 1-8

CEC, Communication from the Commission on the Precautionary Principle (2000) CEECEC, *The CEECEC Handbook: Ecological Economics from the Bottom- Up* (ICTA 2012) Charnley G and Elliott E, 'Risk vs Precaution: A False Dichotomy' in MP Cottam and others(eds), *Foresight and Precaution Vol 1* (AA Balkema 2000)

Christoforou T, 'The Regulation of Genetically Modified Organisms in the European Union: The Interplay of Science, Law and Politics' (2004) 41 Common Market Law Rev 637

Collingridge D, *The Social Control of Technology* (Open University Press 1980)

Cooney R, *The Precautionary Principle in Biodiversity Conservation and Natural Resource Management: An Issues Paper for Policymakers, Researchers and Practitioners* (IUCN Policy and Global Change Series No. 2., 2004)

van den Daele W, 'Interpreting the Precautionary Principle—Political versus Legal Perspectives' in MP Cottam, DW Harvey, RP Pape, and J Tait (eds), *Foresight and Precaution* (Taylor & Francis 2000)

Dekkers M and others, 'The Innovation Principle: Stimulating Economic Recovery' (Brussels 2013) https://corporateeurope.org/sites/default/files/corporation_letter_on_innovation_ principle.pdf accessed 10 October 2016

Diamond M and others, 'Exploring the Planetary Boundary for Chemical Pollution' (2015) 78 Environ Int 8

Dorfman P, Fucic A, and Thomas S, 'Late Lessons from Chernobyl, Early Warnings from Fukushima' in D Gee (ed), *Late Lessons from Early Warnings: Science, Precaution, Innovation* (European Environment Agency 2013)

Dovers S and Handmer J, 'Ignorance, the Precautionary Principle, and Sustainability' (1995) 24(2) Ambio 92

Dreyer M, Bostrom M, and Jonsson A, 'Participatory Deliberation, Risk Governance and Management of the Marine Region in the European Union' (2014) 16 J Environ Policy Plan 1

Dreyer M and others, *A General Framework for the Precautionary and Inclusive Governance of Food Safety in Europe*, Final Report of subproject 5 of the EU Integrated Project SAFE FOODS (30 June 2008), Stuttgart, DIALOGIK

Faber M and Proops J, *Evolution, Time, Production and the Environment* (Springer 1990)

664

Felt U and others, 'Taking European Knowledge Society Seriously: Report of the Expert Group on Science and Governance to the Science, Economy and Society Directorate, Directorate-General for Research, European Commission' (European Commission 2007)

de Finetti B, *Theory of Probability—A Critical Introductory Treatment* (Wiley 1974)

Fisher E, 'Precaution, Precaution Everywhere: Developing a "Common Understanding" of the Precautionary Principle in the European Community' (2002) 9 Maastricht J Eur Comp L 7

Fisher E, 'Risk and Environmental Law: A Beginners Guide' in Benjamin Richardson and Stepan Wood (eds), *Environmental Law and Sustainability: A Reader* (Hart Publishing 2006)

Fisher E, Jones J, and von Schomberg R (eds), *The Precautionary Principle and Public Policy Decision Making: A Prospective Analysis of the Role of the Precautionary Principle for Emerging Science and Technology* (Edward Elgar Press 2006)

Fisher, L, 'Book review: Cass Sunstein, Laws of Fear: Beyond the Precautionary Principle, Cambridge: Cambridge University Press, 2005' (2006) 69 Modern Law Review 288

Foster CE, *Science and the Precautionary Principle in International Courts and Tribunals: expert evidence, burden of proof and finality* (CUP 2011)

Foster K, Vecchia P and Repacholi M, *Science and the Precautionary Principle* (CUP 2011)

Fuller S, 'Precautionary and Proactionary as the New Right and the New Left of the Twenty- First Century Ideological Spectrum' (2012) 25 International Journal of Politics, Culture and Society 157

Funtowicz S and Ravetz J, *Uncertainty and Quality in Science for Policy* (Kluwer Academic Publishers 1990)

Garnett K and Parsons D, 'Multi-Case Review of the Application of the Precautionary Principle in European Union Law and Case Law' (2016) Risk Anal DOI: 10.1111/ risa.12633

Garver G, 'The Rule of Ecological Law: The Legal Complement to Degrowth Economics' (2013) 5 Sustain 316

Gee D and others (eds), *Late Lessons from Early Warnings: Science, Precaution, Innovation, no. 1* (European Environment Agency 2013)

Getzner M, Spash C, and Stagl S, *Alternatives for Environmental Valuation* (Routledge 2005) Gollier C, Jullien B, and Treich N, 'Scientific Progress and Irreversibility: An Economic Interpretation of the 'Precautionary Principle' (2000) 75 J Public Econ 229

Government Office for Science, 'Innovation: Managing Risk, Not Avoiding It—Evidence and Case Studies' (Annual Report of the Government Chief Scientific Adviser, 2014a)

Government Office for Science, 'Innovation: Managing Risk, Not Avoiding It—Report Overview' (Annual Report of the Government Chief Scientific Adviser, 2014b)

Graham J, 'The Perils of the Precautionary Principle: Lessons from the American and European Experience' (Heritage Foundation 2004) <www.heritage.org/research/lecture/ the-perils- of- the-precautionary- principle-lessons-from- the-american- and- european- experience accessed 10 October 2016

Griggs D and others, 'Sustainable development goals for people and planet' (2013) 495 (21) Nature 305

Grove-White R, 'The Rise of the Environmental Movement' in TC Smout (ed), *Nature, Landscape and People since the Second World War* (Tuckwell Press 2001)

Grundmann R, *Transnational Environmental Policy: Reconstructing Ozone* (Routledge Studies in Science, Technology and Society 2001)

665

Harding R and Fisher E, *Perspectives on the Precautionary Principle* (Federation Press 1999)

Harremoes P and others (eds), *Late lessons from early warnings: the precautionary principle 1896-2000* (European Environment Agency 2001)

Hey E, 'The Precautionary Approach: Implications of the Revision of the Oslo and Paris Conventions' (1991) 15(4) Marine Policy 244

Holbrook J and Briggle A, 'Knowing and Acting: The Precautionary and Proactionary Principles in Relation to Policy Making' (2013) 2(5) Social Epistemology Review and Reply Collective 15

Hood C, *The Blame Game: Spin, Bureaucracy, and Self- preservation in Government* (Princeton UP 2011)

Hood C, Rothstein H, and Baldwin R, *The Government of Risk: Understanding Risk Regulation Regimes* (OUP 2001)

House of Lords Science and Technology Select Committee, '1st Report of session 2015-16, Genetically Modified Insects' (The Stationery Office Limited, 2015)

Howard J, 'Environmental "Nasty Surprise" as a Window on Precautionary Thinking' (2003) 21(4) IEEE Technology and Society Magazine 19

International Risk Governance Council, 'Guidelines for the Appropriate Risk Governance of Synthetic Biology (Policy Brief)' (IRGC 2010)

Jasanoff S, *Designs on Nature: Science and Democracy in Europe and the United States* (Princeton UP 2005)

Joerges C and Petersmann E (eds), *Constitutionalism, Multilevel Trade Governance and Social Regulation, vol. 9* (Hart Publishing 2006)

Jordan A (ed), *Environmental Policy in the European Union: Actors, Institutions and Processes* (Earthscan 2005)

Keynes J, 'A Treatise on Probability' (1922) 31(2) Philos Rev 180

Klinke A and others, 'Precautionary Risk Regulation in European Governance' (2006) 9(4) *J Risk Res* 373

Knight F, *Risk, Uncertainty and Profit* (Houghton Mifflin 1921)

Latour B, *Politics of Nature: How to Bring the Sciences into Democracy* (Harvard UP 2004) Leach M, Scoones I, and Stirling A, *Dynamic Sustainabilities* (STEPS Center 2010)

Lujan J and Todt O, 'Precaution: A Taxonomy' (2012) 42 Soc Stud Sci 143

Marchant G and Mossman K, *Arbitrary and Capricious: The Precautionary Principle in the European Union Courts* (American Enterprise Institute Press 2004)

Martuzzi M and Tickner J, *The Precautionary Principle: Protecting Public Health, the Environment and the Future of our Children* (World Health Organization 2004)

Millstone E, Stirling A, and Glover D, 'Regulating Genetic Engineering: The Limits and Politics of Knowledge' (2015) 31(4) Issues in Science and Technology 23

More M, 'The Proactionary Principle' (2016) www.maxmore.com/proactionary.html accessed 21 March 2017

Moreno C, Todt O, and Lujan J, 'The Context(s) of Precaution: Ideological and Instrumental Appeals to the Precautionary Principle' (2009) 32(1) Sci Commun 76

Morgan M and Henrion M, *Uncertainty: A Guide to Dealing with Uncertainty in Quantitative Risk and Policy Analysis* (Cambridge UP 1990)

Munthe C, *The Price of Precaution and the Ethics of Risk* (Springer 2011)

666

Myers N and Raffensberger C (eds), *Precautionary Tools for Reshaping Environmental Policy* (The MIT Press 2006)

Myhr A and Traavik T, 'Genetically Modified (gm) Crops: Precautionary Science and Conflicts of Interests' (2003) 16 J Agric Environ Ethics 227

National Research Council, *Emerging Cognitive Neuroscience and Related Technologies*, (National Academies Press 2008)

Nuffield Council on Bioethics, 'Emerging Biotechnologies: Technology, Choice and the Public Good' (Nuffield Council on Bioethics 2012)

O'Brien M, *Making Better Environmental Decisions: an alternative to Risk Assessment* (MIT Press 2000)

O'Riordan T, Cameron J, and Jordan A, *Reinterpreting the Precautionary Principle* (Cameron May 2001)

O'Riordan T and Cameron J (eds), *Interpreting the Precautionary Principle* (Earthscan 1994) OECD, 'Open Government: Fostering Dialogue with Civil Society' (2003)

Oreskes N and Conway E, *Merchants of Doubt: How a Handful of Scientists Obscured the Truth on Issues from Tobacco Smoke to Global Warming* (Bloomsbury 2010)

Pellizzoni L and Ylonen M, 'Responsibility in Uncertain Times: An Institutional Perspective on Precaution' (2008) 8(3) Glob Environ Polit 51

Pellizzoni L, 'Trust, Responsibility and Environmental Policy' (2005) 7(4) Eur Soc 567 Persson E, 'What are the Core Ideas behind the Precautionary Principle?' (2016) 557-558 Sci Total Environ 134

Petersen A and others, 'Guidance for Uncertainty Assessment and Communication— Second Edition' (PBL Netherlands Environmental Assessment Agency 2012)

Peterson M, 'Should the Precautionary Principle Guide Our Actions or Our Beliefs?' (2013) 33 BMJ 5

Peterson M, 'The Precautionary Principle Should not be Used as a Basis for Decisionmaking' (2007) 8(4) EMBO Rep 305

Porteri C, 'Genetics and Psychiatry: A Proposal for the Application of the Precautionary Principle' (2012) 16(3) Med Health Care Philos 391

Putnam H, *The Collapse of the Fact/ Value Dichotomy and Other Essays* (Harvard UP 2004) Raffensperger C and Tickner J (eds), *Protecting Public Health and the Environment:Implementing the Precautionary Principle* (Island Press 1999)

Randall A, *Risk and Precaution* (CUP 2011)

Rayner S and Cantor R, 'How Fair Is Safe Enough? The Cultural Approach to Societal Technology Choice' (1987) 7 Risk Analysis 3

Renn O, *Risk Governance: Coping with Uncertainty in a Complex World* (Earthscan 2008) Renn O and Dreyer M, *Food Safety Governance: Integrating Science, Precaution and Public Involvement*, no 15 (Springer 2009)

Resnik D, 'Is the Precautionary Principle Unscientific?' (2003) 34(2) Stud Hist Philos Sci Part C Stud Hist Philos Biol Biomed Sci 329

The Royal Academy of Engineering, 'Autonomous Systems: Social, Legal and Ethical Issues' (The Royal Academy of Engineering, London, 2009)

The Royal Society, 'Brain Waves Module 1: Neuroscience, Society and Policy' (The Royal Society 2011)

The Royal Society and The Royal Academy of Engineering, 'Nanoscience and Nanotechnologies: Opportunities and Uncertainties' (2004)

667   Sabatier P, 'Social Movements and Regulatory Agencies: Toward a More Adequate and Less Pessimistic Theory of "Clientele Capture" ' (1975) 6 Policy Sci 301

Sachs N, 'Rescuing the Strong Precautionary Principle from its Critics' (2011) (4) Univ Ill Law Rev 1285

de Sadeleer N (ed), *Implementing the Precautionary Principle: Approaches from the Nordic Countries, EU and USA* (Earthscan 2007)

de Sadeleer N, *Environmental Principles: From Political Slogans to Legal Rules* (OUP 2002) Saltelli A and others, *Global Sensitivity Analysis: The Primer* (John Wiley 2008)

Sandin P and others, 'Five Charges against the Precautionary Principle' (2002) 5(4) J Risk Res 287

von Schomberg R, 'The Precautionary Principle: Its Use Within Hard and Soft Law' (2012) 2 Eur J Risk Regul 147

Shaw C, 'The Dangerous Limits of Dangerous Limits: Climate Change and the Precautionary Principle' (2009) 57 Sociol Rev 103

Shepherd J and others, 'Geoengineering the Climate: Science, Governance and Uncertainty' (The Royal Society 2009)

Spruit S, 'Choosing between Precautions for Nanoparticles in the Workplace: Complementing the Precautionary Principle with Caring' (2015) J Risk Res 37

Stilgoe J, 'The (Co-)production of Public Uncertainty: UK Scientific Advice on Mobile Phone Health Risks' (2007) 16 Public Underst Sci 45

Stirling A, 'Towards Innovation Democracy: Participation, Responsibility and Precaution in Innovation Governance' in *Annual Report of the Government Chief Scientific Adviser 2014, Innovation: Managing Risk, Not Avoiding It. Evidence and Case Studies* (Government Office for Science 2014) www.gov.uk/government/uploads/system/uploads/attachment_ data/file/376505/14 accessed 9 October 2016

Stirling A, 'Keep it Complex' (2010) 468 Nature 1029

Stirling A, 'Precaution, Foresight and Sustainability: Reflection and Reflexivity in the

Governance of Science and Technology' in JP Voss and R Kemp (eds), *Reflexive Governance for Sustainable Development* (Edward Elgar 2006) 225-272

Stirling A, 'Risk, Uncertainty and Precaution: Some Instrumental Implications from the Social Sciences' in Frans Berkhout, Melissa Leach, and Ian Scoones (eds), *Negotiating*

Change: New Perspectives from the Social Sciences (Edward Elgar 2003)

Stirling A, *On Science and Precaution in the Management of Technological Risk— Volume I: A Synthesis Report of Case Studies* (Institute for Prospective Technological Studies 1999a)

Stirling A, 'Risk at a Turning Point?' (1999b) 1(3) J Environ Med 119

Stirling A and Mayer S, 'A Novel Approach to the Appraisal of Technological Risk: A Multicriteria Mapping Study of a Genetically Modified Crop' (2001) 19(4) Environ Plan C-Government Policy 529

Strand R and Kaiser M, 'Report on Ethical Issues Raised by Emerging Sciences and Technologies' (Centre for the Study of the Sciences and the Humanities, University of Bergen 2015)

Sundqvist T, Stirling A, and Soderholm P, 'Electric Power Generation: Valuation of Environmental Costs' in CJ Cleveland (ed), *Encyclopedia of Energy* (Elsevier Science, Lulea University of

Technology, 2004) 229-243

Sunstein C, *Laws of Fear: Beyond the Precautionary Principle* (CUP 2005)

Sunstein C, 'Beyond the Precautionary Principle' (John M Olin Program in Law and Economics Working Paper No. 149, 2002)

Tagliabue G, 'The Nonsensical GMO Pseudo-category and a Precautionary Rabbit Hole' (2015) 33(9) Nature Biotechnol 907

Taleb N and others, 'The Precautionary Principle' (Extreme Risk Initiative, NYU School of Engineering Working Paper Series 2014) 1-5

Tavares E and Schramm F, 'The Principle of Precaution and the Nano-techno-sciences' (2015) 23(2) Rev Bioet 243

Taverne D, *The March of Unreason: Science, Democracy, and the New Fundamentalism* (OUP 2005)

Thierer A and Wilt M, 'Permissionless Innovation: A 10-Point Checklist for Public Policymakers' (Mercatus Center, George Mason University, 2016)

Thompson M and Warburton M, 'Decision Making Under Contradictory Certainties: How to Save the Himalayas When You Can't Find What's Wrong with Them' (1985) 2 Journal of Applied Systems Analysis 3

Thornton J, *Pandora's Poison: Chlorine, Health and a New Environment Strategy* (MIT Press 2000)

Tickner J and Wright S, 'The Precautionary Principle and Democratizing Expertise: A US Perspective' (2003) 30(3) Science and Public Policy 213

Todt O and Lujan J, Analyzing Precautionary Regulation: Do Precaution, Science, and Innovation Go Together?' (2013) 34(12) Risk Anal 2163

Tosun J, 'How the EU Handles Uncertain Risks: Understanding the Role of the Precautionary Principle' (2013a) 20 J Eur Public Policy 37

Tosun J, *Risk and Regulation in Europe: Assessing the Application of the Precautionary Principle* (Springer 2013b)

Trouwborst A, *Evolution and Status of the Precautionary Principle in International Law* (Kluwer Law International 2002)

UNESCO and ISSC, 'World Social Science Report 2013: Changing Global Environments' (UNESCO, ISSC, Paris 2013)

UNESCO and ISSC, 'World Social Science Report 2010: Knowledge Divides' (UN Education, Scientific and Cultural Organisation; International Social Science Council 2010)

United Nations Conference on Environment and Development (UNCED), 'Rio Declaration on Environment and Development' (UNEP 1992)

United Nations Development Programme, 'Human Development Report 2013—The Rise of the South: Human Progress in a Diverse World' (UNDP 2013)

United Nations Environment Programme, '21 Issues for the 21 Century: Results of the UNEP Foresight Process on Emerging Environmental Issues' (UNEP 2012)

United Nations, 'The Millennium Development Goals Report 2013' (United Nations 2013) Verbruggen A, 'Revocability and Reversibility in Societal Decision-making' (2013) 85 Ecol Econ 20

Voss J, Bauknecht D, and Kemp R (eds), *Reflexive Governance for Sustainable Development* (Edward Elgar 2006)

Wexler P and others (eds), *Chemicals, Environment, Health: A Global Management Perspective* (CRC Press 2011)

668

Whaley P, 'Innovation, precaution or both?' (Health & Environment 2014) <https://healthandenvironmentblog.files.wordpress.com/ 2014/ 10/ oct- 2014- edition- prec- vs- innov-print-version.pdf> accessed 10 October 2016

Whiteside K, *Precautionary Politics: Principle and Practice in Confronting Environmental Risk* (MIT Press 2006)

669 Wirthlin Worldwide and Nichols-Dezenhall, 'The Precautionary Principle: Throwing Science out with the Bath Water' (Wirthlin Worldwide, February 2000)

Wynne B, 'Uncertainty and Environmental Learning: Reconceiving Science and Policy in the Preventive Paradigm' (1992) 2 Glob Environ Chang 111

Wynne B, 'Redefining the Issues of Risk and Public Acceptance: The Social Viability of technology' (1983) 15 Futures 13

Zander J, *The Application of the Precautionary Principle in Practice: Comparative Dimensions* (CUP 2010)

van Zwanenberg P and Millstone E, *BSE: Risk, Science, and Governance* (OUP 2005)

第二十八章
非国家行为体和机构在新数字技术治理中的作用

马克·莱瑟（Mark Leiser）

安德鲁·默里（Andrew Murray）

许　琳　译

一　引言

（一）传统、节点、跨国治理模式

670

　　传统的规制和治理模式从国家主权中汲取权威，并将这种权威转化为监管或治理的行动。① 正如摩根（Morgan）和杨（Yeung）在其经典的《法律和规制导论》（*Intraluction to Law and Requlation*, Morgan and Yeung 2007）一书概括的，传统的规制和治理模式从控制论原则出发。这种模式从控制系统的三个组成部分开始：一是标准制定能力；二是信息收集能力；三是行为改变能力。从本质上讲，规制和治理模式是建立在一个标准制定机构、一个监测系统和一种纠正措施的基础上的。律师们更常用的是对规制的狭义定义："在最狭义的情况下，规制的定义往往集中在政府故意试图通过建立、监控和执行法律规则来影响有社会价值的行为，这些行为可能会产生不良副作用"（Morgan and Yeung 2007:3）。然而，有些人采用了更广泛的规制定

671

---

① 由于人们对"规制"（regulation）的含义有着广泛的理解，因此很难对规制做出合适的定义。本书的主编建议作者采用菲利普·塞尔兹尼克（Philip Selznick）的定义，该定义被朱莉娅·布莱克（Julia Black）提炼为"根据既定标准，特意使用权力影响另一方的行为，包括信息收集和行为矫正"（Black 2002）。基于此种对于规制的理解，法律只是有目的地试图塑造行为和社会结果的一种手段，也可能有许多其他手段，包括市场、社会道德和技术本身。"治理"（governance）尚未有确切的定义。本书主编再次给出建议，（与政府相联系）的治理包含相关商品和服务的供给和分配，以及对此的规制。因此，规制被认为是治理的主要组成部分，旨在有目的地引导事件和行为的走向，而不是供给和分配。本章的作者采纳了上述定义。

义，即某些人理解的治理："在最宽泛的规定中，规制被视为包括所有形式的社会控制，不管是故意控制的还是无意的，不论是由国家强加还是由其他社会机构强加的"（Morgan and Yeung 2007:3–4）。与前者相比，规制和治理的本质可能更接近后者，但对这种定义不清的领域的研究将是不可能的，因为任何机构的几乎任何社会行为都可以被定义为规制行为。因此，对规制和治理的研究已经形成了一些改进和补充模式。比如基于风险的规制（Black 2010）和回应性规制是基于一个行业或部门与其规制机构之间的特殊关系界定的（Ayres and Braithwaite 1992；Baldwin and Black 2008）。它们假设了经验和语言的共性：从本质上讲，这些方法既是规制的制度性方法，也是治理的制度性方法。另一组模型考察了自由意志家长制和经验性调控等规制和治理的社会结构（Sunstein and Thaler 2003; Sunstein 2011）和"巧"规制（Gunningham and others 1998），这些都是对规范的控制论模式和风险/回应型制度模式的宝贵补充。它们对本文的分析没有特别大的帮助，因为它们关注的是监管矩阵中社会主体的反应，而即时分析则是针对技术和技术主体的。因此，尽管我们承认这些贡献对更广泛的规制和治理讨论的重要性，因为它们承认人类行为者可能利用偏见和启发，但我们不打算在这里研究这种由社会调解的规制形式。②

　　一些规制模式确实体现了科技作为行动者所扮演的角色。其中，最为相关的是行动者网络理论（ANT）或科学技术社会理论（STS）（Kuhn 1962; Latour 2005）。ANT经常与米歇尔·卡隆（Michel Callon）和布鲁诺·拉图尔（Bruno Latour）联系在一起，并与巴黎创新社会中心的工作紧密联系在一起。它不是特别为了处理计算机网络而开发的，而是为了模拟网络人类或非人类中所有行动者之间的符号化关系（Latour 1996）。如果没有多年的研究，很难建立模型，但奥勒·汉塞斯（Ole Hanseth）和埃里克·蒙泰罗（Eric Monteiro）给出了一个又好又简单的描述：

> 　　在处理你的业务时，比如，在开车或使用文字处理器写文档时，有很多事情会影响你的工作方式。比如开车的时候，你受交通法规的影响，以及受限于之前的驾驶体验和汽车的操纵能力。文字处理器的使用受到早期使用经验、文字处理器功能等的影响。所有这些因素都与你的行为有关或相联。你不是在完全的真空中做生意，而是在各种各样的周围因素的影响下做生意。你正在进行的行为和所有这些影响因素应该放在一起考虑。这正是行动者网络这个词的题中之义。因此，行动者网络是将其与所有影响因素联系在一起（这又是一种联系），产生一个网

---

② 在行动者网络中行动者的重要性，参见 Andrew Murray, The Regulation of Cyberspace (Routledge-Cavendish 2006);Andrew D Murray, 'Nodes and Gravity in Virtual Space' (2011) 5 Legisprudence 195; Mark Leiser, 'The Problem with "Dots": Questioning the Role of Rationality in the Online Environment', (2016) 30 International Rev L Computers and Technology 1.

络。一个行动者网络由技术和非技术两个要素组成和联系在一起。影响驾驶汽车的，不仅有汽车的性能，还有你的驾驶素养。因此，ANT 谈到了行动者网络的异质（Hanseth and Monteiro 1998:96–97）。

可以看出，对于在信息和通信技术（ICT）领域工作的人包括我们从事 ICT 规制或治理的人来说，这是一个非常吸引人的模式。因为它有助于模拟网络中非人类行为者的角色和影响，并且更好地建模人类行为者的反应，以便于规制他的行为。基于 STS 的观点，ANT 本身就是一个子集，也可能是一个发展。这是对科学发现与进步与外部社会、政治、文化影响之间相互关系的更为广泛的研究。它涵盖了从技术决定论到现代性、协商民主的诸多领域。STS 的现代结构在很大程度上要归功于托马斯·库恩的著作，尤其是他的著作《科学革命的结构》（*The Structuk of Scientific Revolutians*）（1962）。库恩提出的论点是，科学理论的革命性变化可能归因于潜在的知识范式的变化。对于我们这些在信息通信技术领域工作的人来说，尤其具有吸引力的不是库恩的论文本身，而是技术决定论的问题——它在 STS 理论中也发挥着至关重要的作用，尤其是硬决定论和软决定论之间的区别。硬决定论认为技术是社会发展的动力。根据这种决定论的观点，我们自己组织起来是为了满足技术的需要，而这个组织的结果是我们无法控制的，或者我们没有自由就结果做出选择（Ellul 1954）。这可能被视为网络集体主义或网络家长主义等运动的影响因素（Lessig 2006; Goldsmith and Wu 2006; Zittrain 2008）。仍然认同技术是我们进化过程中的一种指导力量，但他们会坚持认为，我们有机会就一种情势的结果做出决定。这体现在网络社群主义等运动中（Murray 2006）。STS 在 ICT 领域的第三个应用当然是媒体决定论，这是马歇尔著名的论述。麦克卢汉（McLuhan）在他 1964 年出版的《理解媒体：人类的延伸》（*Understanding Media: The Extensions of Man*）一书中，提出了著名的一句 673话"媒体就是信息"。

　　在信息和通信技术的规制和治理领域中，对 ANT 理论和 STS 理论的应用获得极大的发展（Knill and Lehmkuhl 2002;Gutwirth and others 2008; DeNardis 2014）。由于这方面的文献已经具有既定的性质，我们不建议在本章中应用 ANT 理论或 STS 理论；相反，在这种分析中应用的工具被用于节点化或去中心的治理以及跨国治理和规制。克利福德·雪芙（Clifford Shearing）（Shearing and Wood 2003）、彼得·德拉霍斯（Peter Drahos）（Burris and others 2005）和朱莉娅·布莱克（2001）都在进行节点化和去中心化治理方面的研究。从本质上说，认同规制环境的积极参与者比承认传统控制论要多得多。正如布莱克所观察到的：

　　　　这种对规制的模糊理解是源于对监管失败的判断，这些判断是基于并导致人们对社会本质、政府及其之间关系的理解发生了改变。第一个方面是复杂性。复杂性既指因果复杂性，也指社会中行为者之间相互作用的复杂性（从系统论的角度讲就是系统）。人们认识到，社会问题是各种因素相互作用的结果，并非所有这些因素都是已知的，其性质和相关性随着时间的推移而变化，其间的相互作用不能被完全理解。（2001:106–107）

去中心的分析还必须置于现代治理和规制的全球和跨国层面。同样，布莱克承认：

> 去中心化也被用来描述政府和行政内部发生的变化，即政策形成和执行任务的内部碎片化。去中心化进一步被用来表达政府在行动中受到约束，以及它们既是行动者又是监管者的观点（而不是规范目标）。因此，去中心化一方面是全球化辩论的一部分，另一方面是关于政府（地区主义、权力下放、联邦制）发展辩论的一部分（2001:104）。

去中心化和节点化治理与 ANT 或 STS 理论的结合，为新兴数字技术规制提供了有力的规制模式（Teubner 2006; Sartor 2009; Koops and others 2010）。这是网络集体主义的基础，也是网络家长主义运动的基础，该运动在美国东海岸的机构中扎根，在我们对网络治理的理解中占据主导地位（Lessig 2006; Goldsmith and Wu 2006; Zittrain 2008）。本文的中心观点是代码的作用，或将分析从仅仅由互联网支持的技术，向所有类型的数字技术所使用的标准和协议扩展开来。网络家长主义者认为，国家或精英阶层通过操纵软件代码或网络硬件来引领网络空间，对于防止网络空间无政府状态或低效状态是必要的（Lessig 2006:120–137; Zittrain 2008:11–19,101–126）。劳伦斯·莱西格（Lawrence Lessig）的规制模型最能说明这一点。他在模型中确定了四种规制模式——法律、社会规范、结果或设计以及市场（Lessig 2006:122–123）。这些模式是对行动或行为的约束，在数字空间的可塑环境中，几乎所有方面的环境都可能被人为干预改变。莱西格将架构或代码识别为关键模态（Lessig 2006:83–119）。正如吴（Wu）在讨论莱西格的作品时所说的：

> 代码之所以对法律如此重要，是因为它能够大规模地定义行为。这种能力可能意味着对行为的约束，在这种情况下，代码可以调节行为。但它也可能意味着将行为塑造成法律上有利的形式（2003:707–708）。

莱西格指出了这种环境下规制能力和权力的转换。代码的力量和可塑性使其成为数字技术的主要控制机制：

那些塑造了数字空间特征的代码、软件、架构、协议是由代码作者选择的。他们通过使其他行为成为可能或不可能来约束一些行为。该代码嵌入了某些价值观，或者使某些价值观变得不可能。（Lessig 2006:125）

他指出了两种相互竞争的规制利益。首先是美国东海岸的规范制定者（"程序员"）：

国会通过的那些层出不穷的法规，用语言表达如何行为，也可以看作一种"代码"。有的法规直接规范个人；有的直接规范公司；有的直接规范官员。这种技术和政府本身一样古老：使用命令来控制。在美国，制定法规主要是东海岸（华盛顿特区）的活动。（Lessig 2006:72）

第二个规制利益者是来自西海岸的程序员，由"代码编写者'制定'的代码，被嵌入使网络空间工作的软件和硬件中的指令"（Lessig 2006:72）。他们通常会与传统的或东海岸的规范制定者（"程序员"）合作，要求技术界制定技术标准。有时，驱动东海岸和西海岸工作的是相同的价值观。它们偶尔会发生冲突，在某些情况下，东海岸规范占上风，在另一些情况下，西海岸代码得到尊重。不过，莱西格更加认可西海岸程序员的贡献：这是正在发展的节点化或去中心化规制模式的又一个实例，更重要的是，莱西格认可非国家行为体具有规制权力。

（二）技术部门中的非国家行为体

随着数字技术从实验室转移到家庭，最近又通过移动和可穿戴数字技术转移到我们周围的世界，非国家行为体已经从美国硅谷和西海岸走出来，栖息和出现在各个社会领域。在这一章中我们将他们归纳为四个分类：（1）企业行为人；（2）跨国多元行为体；（3）跨国私人行为体；（4）民间社团。每种行为体都有独特的价值设定和能力来影响关键的规制设计师（东海岸和西海岸的规制者）。尽管这些行为体都没有能力直接制定政策、法律或开发潜在的控制架构，但每个参与者都有能力接触到那些有能力的人，而且每个人都有特定的方法或影响手段。

第一类群体包括：一是商业行为体，由那些有能力直接影响包括实际代码开发者在内的新兴技术的设计或代码的技术公司组成，如微软、谷歌、苹果；二是硬件开发商，如索尼或LG，以及媒体和内容公司如福克斯、迪士尼或UMG。商业行为体可使用的工具多种多样。直接接触软件或硬件设计的人可能直接操纵对他们有优势的设计和代码。人们可能会发现，由于像互联网服务提供商（ISP）或搜索引擎这样的商业行为体的中介作用，他们成为他人利益的代理规制者（Laidlaw 2015）。新平台和技术的开发人员经常发现自己很快就处于主导地位，尤其是当这项技术既具有破坏性又被广泛采用时。在过去 20 年里，谷歌在一些技术领域占据了主导地位，尤其是在搜索领域；而苹果在数字音乐分销领域占主导地位（但可能将不再占据主导地位）。目前 Spotify 似乎在流媒体音乐分销领域占据领先地位，对抗来自苹果音乐、谷歌 Play 音乐和 Amazon Prime 音乐等的强大竞争，而 Netflix、Hulu 和 Amazon 则在流媒体视频分销领域争夺主导地位。内容供应商需要对接这些占主导地位的平台，这赋予了这些平台公司相当大的市场力量。这需要反垄断机构花费相当长的时间来认定平台公司的地位，正如我们在讨论微软的垄断案例中所见到的（见第 3.2 节）。

　　第二类跨国多元行为体，反映了新技术和新兴技术的全球影响力：新技术的市场是全球性的。因此，正如约翰逊（Johnson）和波斯特（Post）（1996）所预测的那样，民族国家合法有效地规制新兴技术的能力是有限的。这增强了欧盟（EU）和联合国（UN）等超国家组织的作用。欧盟在许多新兴技术领域处于领先地位，特别是通过《欧洲数字议程》（*Digital Agenda for Europe*），应对隐私和数据隐私、滥用支配地位等各种问题。联合国机构也发挥着关键的塑造作用。最明显的是举办信息社会世界峰会和制定国际电信联盟互联网政策与治理计划。[3] 第三，美国还提出了《跨大西洋贸易与投资伙伴关系协定》（*Transatlantic Trade and Investment Partnership*）等多边倡议，提出包括信息通信技术、制药、工程和医疗器械在内的多个科技行业的共同标准。它是继《防伪贸易协定》（ACTA）之后出台的第二个多边条约。事实证明，这些条约在公民社会团体中极具争议，被解读为以试图确保当前技术供应商对可能出现的技术保持主导地位为目的。

　　第三类是跨国私人行为者。不同于商业行为体，这些都是私人规制机构，他们要么从技术设计或自我规制角色有机发展为规制角色，比如互联网架构委员会（Internet Architecture Board）和万维网联盟（World Wide Web Consortium），要么是为填补互联网名称与数字地址分配等新兴技术的跨国性质造成的真空而设立的机构（ICANN）。与跨国多元行为体一样，最近的发展是多利益相关者原则的设计。这些机构从多个渠道获取规制的权威和能力。互联网架构委员会和万维网联盟本质上是由开发和利用其系统的工程师支持的技术体系。ICANN 是从与美国商务部和互联网工程特别工作组签订的两份谅解备忘录中获得的正式授权[4]，它的地位并不是没有争议（Hunter 2003）。

---

③　ITU, 'Internet Policy and Governance'<http:// www.itu.int/ en/ action/ internet/ Pages/default.aspx> accessed 19 September 2016.

④　ICANN, 'Memorandum of Understanding between the U.S. Department of Commerce and Internet Corporation for Assigned Names and Numbers' (1998) <https:// www.icann. org/ resources/ unthemed- pages/ icann- mou- 1998- 11- 25- en> accessed 19 September 2016; the Internet Society, 'Memorandum of Understanding Concerning the Technical Work of the Internet Assigned Numbers Authority' (2000) <https:// tools.ietf.org/ html/ rfc2860> accessed 19 September 2016.

最后，我们必须承认民间社团的作用。互联网技术的一个方面是，随着商业变得全球化，激进主义和公民社会也变得全球化。美国公民自由联盟（American civil Liberties Union）和开放权利组织（ORG）等领先的公民社团发现自己得到了隐私国际（Privacy international）、政府实验室（GovLab）、无人机观察（Drones Watch）、Stop the Cyborgs 等多个国际多议题和单一问题公民社团的补充。虽然不能直接规制或治理，但这些群体通过稳定的压力，可以影响新的、新兴技术的发展和部署。隐私国际（Privacy International）和其他国际公民社会组织成功地影响了欧盟，将一些数字监控技术归类为出口用途的两用技术，⑤ 同时阻止了 Cyborgs，并通过一场旷日持久、声势浩大的运动，促使谷歌最终决定不将 explorer 版本的谷歌眼镜（Google Glass）完全商业化。⑥

通过一系列的案例研究，本章研究了这些群体如何在新技术和新兴技术的治理发展中发挥作用，展示了非国家治理在新兴数字技术中的作用和贡献。第一项案例研究着眼于商业行为体，特别是谷歌、Facebook 等互联网中介机构（IIs），以及 BT 或 Sky 等关键互联网服务提供商在控制在线内容访问方面的作用。作为守门人（gatekeepers），他们在允许信息从网络的一个部分自由流动到另一个部分方面发挥着特殊的作用，有些人认为他们有相应的规制责任（Laidlaw 2015）。他们独特的守门人地位也导致他们被美国各州确定为一个关键的规制节点，被列为代理规制机构。第二个案例考察了联合国和欧盟等跨国公共机构的特殊作用。我们对这一领域的研究集中在欧盟在竞争法或反垄断方面的作用上。我们研究了微软的一系列案件，这些案件是公司历史上被处以的最大一笔罚款。欧盟目前正在对谷歌展开调查，其中一项针对谷歌购物市场，另一项针对安卓（Android）操作系统和应用商店。第三个案例研究考察了跨国标准制定机构，特别是 ICANN 在管理通用顶级域名空间（gtldl）方面的作用。这是一个具有相当商业价值和一定公共利益的空间。多年来，ICANN 一直被要求管理一些有争议的项目，以扩大 gtldl 的准入，我们将详细审查两个程序，即 .xxx 空间和新的顶级域（GTLD）的进程。最后，我们将讨论民间团体在这一领域的作用，特别是民间团体在数字隐私权领域取得的成功，特别注意数字权利爱尔兰（Digital Rights Ireland）和欧洲其他隐私团体在应对欧盟数据保留指令所带来的一系列挑战中的作用（Dir.2006/24/EC）。

677

---

⑤ 两用技术既可用于民用，也可用于军事。此类物品的国际贸易需要出口许可证。参见 Annex to the Commission Delegated Regulation amending Council Regulation (EC) No. 428/ 2009 setting up a Community regime for the control of exports, transfer, brokering, and transit of dualuse items C (2014) 7567 final。

⑥ 谷歌报告称谷歌眼睛项目正在进行中，但就新版本眼睛的产品开发或发布日期等细节的信息的披露有限。有报道显示，新版本将是一个优化版本，可供医生、建筑商或酒店员工在工作场所使用，而不是用于一般销售。

二　企业行为体：中介公司作为代理规制机构

（一）守门人

作为网络环境守门人的角色，IIs-ISP、托管商、搜索引擎、支付平台和参与式平台（如社交媒体平台）发挥关键作用（Laidlaw 2015）。虽然 IIs 提供了"使互联网能够推动经济、社会和政治发展"的重要工具，但它们也可能"被用于有害或非法目的，如传播安全威胁、欺诈、侵犯知识产权或传播非法内容"（OECD 2011：3）。守门人的角色为 IIs 明确了规制改革的目标。美国东海岸立法者想鼓励他们扮演可编辑的、自我规制的角色；当 IIs 希望消除对同样有害内容负责的任何风险时，删除有害内容。

在美国，Stratton Oakmont Inc. 案件判决把这个问题的发展推向高潮。纽约高级法院在 *Stratlon Oakmont Inc. v Prodigy Services Company1995 WL 323710* 一案中裁定，在客户内容方面担任编辑角色的 IIs 可能被追究出版商的责任，这可能使 ISPs 对其用户的行为负有诽谤或侵权的法律责任。这实际上阻碍了 IIs 的自我规制，这一结果违背了国会的意图。上述案件导致 1996 年《通信规范法》（*Communications Decency Act*，47 USC）第 230 条的通过，该法案为以编辑身份运营的 IIs 提供豁免权。与该法案中那些后来被裁定违宪的有争议的反不雅条款不同，第 230 条仍然有效。它允许互联网服务提供商限制客户的行为，而不必担心被发现对其干预行为负有法律责任。在 *Zeran v. America Online 129 F3d 327* 中，美国联邦第四巡回上诉法院指出，"国会通过了 230 法案，以消除 Stratton Oakmont 案判决给自我规制带来的不利影响"。由于担心这种"承担责任的幽灵"会阻止互联网服务提供商屏蔽和筛选攻击性内容，美国国会颁布了 230 法案（s. 230），"以消除对开发和使用屏蔽和过滤技术的限制，这些技术授权父母限制子女接触令人反感或不适当的网上内容"[47 USC § 230(b)(4)]。因此，230 法案旨在鼓励 IIs 发挥监管作用。

在欧洲，规制者对 IIs 采取了一种微妙的规制方式。电子商务指令将精力集中在通知和删除上，只有在真正了解非法内容或活动的情况下，ISP 才会承担责任（第 14 条，Dir.2000/31/EC）。这里主要通过判例法进行微调，法院一直在努力寻找一种平衡互联网用户和诉讼当事人权利的比例感。在执行这一不光彩的任务时，法院要在符合国际标准的互联网自由倡导者可接受的框架内，平衡用户权利和其他权利人的权利。

（二）寻求比例

在英国，搜索"细微差别"引发了一系列案件，法院审理了与 IIs 在内容节制方面的被动性有关的各种问题：例如，在 IIs 失去责任豁免之前，IIs 如何参与节制？[7]

---

[7] *Kaschke v Gray and Hilton [2010] EWHC 690 (QB).*

根据《电子商务指令》第 14 条的规定，什么是"通知"?[8] 根据该指令，"中介"一词的含义是什么? [9] 这种寻找细微差别的方法产生了三种影响。首先，它将中介责任分散为具体的分析对象。在版权法中，英国（和欧洲）的法律发展了《信息社会版权指令》（Dir.2001/29/EC）第 8 条，对《电子商务指令》第 12 条规定的管道豁免权做出了回应。1988 年的《版权、设计和专利法》第 97A 条在英国生效，它是一项专门针对 IIs 的禁令。同时，综合《1996 年诽谤法》第 1 条、《2013 年诽谤法》第 5 条和第 10 条、《网站经营者条例》以及针对网络运营商的规定，如果能证明网站运营商没有发布诽谤声明，就能为其提供具体的辩护理由。[10] 第二，还有一系列案件十分敏感，很难划出一条权限线，向行为人建议如何建构他们的业务。[11] 最后，在没有传统国家行为体通常期待的监督和透明度的情况下，在正式法律框架之外达成协议。例如，英国政府与主要互联网服务提供商（ISPs）之间的协议允许限制访问被视为色情的内容，除非宽带用户通过互联网服务提供商"选择"访问此类内容。英国政府已经表示，打算将这一机制推广到提供极端主义内容的网站（Clark 2014），而英国电信（BT）等公司在父母控制框架下实施了更广泛的内容过滤系统，新用户必须选择多种内容，从淫秽内容，到以裸体、毒品和酒精、自残和约会网站为特色的内容（BT 2015）。

2012 年以来，英国法院根据 1988 年《版权、设计和专利法》第 97A 条做出了一系列裁定，要求 ISP 屏蔽或至少阻止访问提供侵权内容的网站。自从 20 世纪福克斯电影公司诉英国电信公司案（2011）以来，互联网服务提供商没有反对过一个权利人提出的禁令。相反，它们将自己局限于就裁定的措辞进行谈判。迄今为止，就申请的成本或执行这些裁定的成本，还没有人提出任何呼吁。[12] 第 97A 条涉及的版权裁定由电影制片厂、唱片公司或英超联盟适用。法院还允许根据 1981 年《最高法院法》（Supreme courts Act

679

---

[8] *Tamiz v Google* [2013] EWCA Civ 68; *Davison v Habeeb* [2011] EWHC 3031 (QB); *L'Oréal v eBay* [2012] All ER (EC) 501.

[9] 英国在线培训公司 Metropolitan International Schools Ltd. 一案（Compare *Metropolitan International Schools Ltd v Designtechnica Corp* [2009] EWHC 1765 (QB)）中，法官 Eady 在判决书中写道，谷歌仅提供传输、缓存或内容宿主；与此形成对比的是，在谷歌诉路易斯威登案（*Google, Inc. v Louis Vuitton Malletier* [2011] All ER (EC) 411）中，法院认为谷歌是适用有限责任条款的网络服务商。

[10] 如果索赔人证明：（a）发布声明的人是匿名的，则该抗辩被驳回；（b）索赔人向运营商发出了与声明有关的投诉通知；以及（c）经营商未能按照条例中的任何规定对投诉通知作出回应。

[11] *Delfi AS v Estonia* [2013] ECHR 941.

[12] *Twentieth Century Fox Film Corp v British Telecommunications plc* [2011] EWHC 1981 (Ch); *Twentieth Century Fox Film Corp v British Telecommunications plc (No. 2)* [2011] EWHC 2714 (Ch); *Dramatico Entertainment Ltd v British Sky Broadcasting Ltd* [2012] EWHC 268 (Ch); *Dramatico Entertainment Ltd v British Sky Broadcasting Ltd (No. 2)* [2012] EWHC 1152 (Ch); *EMI Records Ltd v British Sky Broadcasting Ltd* [2013] EWHC 379 (Ch); *Football Association Premier League Ltd v British Sky Broadcasting Ltd* [2013] EWHC 2058 (Ch); *Paramount Home Entertainment International Ltd v British Sky Broadcasting Ltd* [2013] EWHC 3479 (Ch); and *Twentieth Century Fox Film Corporation & Ors v Sky UK Ltd & Ors* [2015] EWHC 1082 (Ch).

1981）第 37（1）条对大规模销售商标侵权商品的网站发出第 97A 条的禁令。[13] 根据第 97A 条 [或第 37（1）条] 颁布的 13 项禁令给法院带来了一系列新的挑战，这在很大程度上是因为《强制执行指令》第 11 条要求，任何救济措施都必须"有效、适当、有说服力"，并以不造成"合法贸易壁垒"和"防止滥用"的方式执行。法院必须考虑到第三方的利益，尤其是那些真诚行事的消费者和私人的利益（Recital 24, Dir. 2004/48/EC）。总的来说，执行指令（Dir. 2004/ 48/EC）的 Recital 24 和 Article 3（2）以及欧洲法院在 *L'Oréal v eBay* [2012] 所有 ER（EC）501 中的裁决要求任何禁令不仅必须"有效、相称、具有劝阻性、不得为合法贸易制造障碍"，还必须考虑到防止滥用和第三方利益的保障措施。[14]

（三）商业行为体

680
对 IIs 加强规制的主要支持者可以说是为现在受规制的版权侵权服务提供合法替代品的人。这就使得 Spotify、Apple 音乐、Google Play 音乐或 Amazon Prime 音乐等对法律服务的需求增加，这里的法律服务主要涉及用于访问和 / 或购买版权音乐，此外在利润丰厚的视频市场中的 Netflix、Hulu 和 Amazon Prime 也会增加法律服务需求。商业在新兴技术治理中的作用从未如此重要。Dropbox、Spotify 和 Netflix 等公司已经开发了自己的服务，以回应用户对数字环境的失望。云存储公司 Dropbox 的蓬勃发展，是因为它提供了一种用户友好的解决方案，可以从多个设备上安全地进行离线访问文件，同时提供了一种规避个人计算机硬件容量限制的产品。到 2016 年夏天，音乐服务商 Spotify 的用户已经超过 1 亿，付费用户超过 4000 万[15]。Spotify 的成功最终迫使音乐下载市场的领导者苹果、谷歌和亚马逊在竞争中开始了自己的流媒体服务。与此同时，视频服务商 Netflix 在 190 多个国家拥有 8300 多万用户，每天观看电视节目和电影的时间超过 1.25 亿小时。[16] 随着云计算、合法创收的媒体提供商越来越受欢迎，权利人在网络环境中继续采取措施保护自己的知识产权也就不足为奇了。

第 97A 节似乎是东海岸规则制定者武器库中的一个强大而具有象征意义的工具。

---

[13] 在卡地亚诉天空广播公司案（*Cartier International AG and others v British Sky Broadcasting and others* [2016] EWCA Civ 658 ）中，英国上诉法院维持高等法院裁定，根据英国《1981 年最高法院法》第 37 条（1），采取了保障商标所有者的合法权利的措施，针对广告和销售假冒商品的网站，可以执行第 97A 禁令。

[14] 执行指令第 11 条须结合指令第 3 条第 2 款理解。

[15] Spotify 的"信息"，参见 <https:// press.spotify.com/ uk/ about/ >(information correct on 19 September 2016) accessed 19 September 2016。

[16] Netflix 的"概况"，参见 <https:// ir.netflix.com/ > (correct on 19 September 2016) accessed 19 September 2016。

根据第 97A 节下的命令，权利人可以迫使 ISP 成为他们战斗中的同谋副手，无论战斗可能是什么。劳德芳（Laidlaw）如此雄辩地讨论了守门人，现在可以说是双重角色：守门人不仅是一个独立的监管机构，执行自己的道德或企业价值观（230 法案），还是一个代理——一个更大的监管矩阵中的一个工具或节点。在许多情况下，第二类捕获了大多数"莱西格们"的行为——国家俘获并安排非国家行为体，以保护更广泛的政治或商业利益：西海岸代码已经被东海岸法典记录在案。⑰

三　跨国多元行为体：欧盟 DG 大赛

（一）新兴市场和破坏性创新

当然，各国政府仍然在参与数字治理辩论。讨论非国家行为者在新兴数字技术治理中的作用有一个前提，即国家（国家行为体）仍是这一领域的主要规制者。国家行为体可能直接或间接地利用控制手段，它们通过政府咨询委员会和政策委员会在私人治理领域发挥关键作用。更直接的，政府可以通过联合国、欧盟或非洲联盟等组织，形成超国家规制集团。欧盟在新兴数字技术领域的规制非常活跃，尤其是在竞争滥用领域。

新兴技术通常具有破坏性，因此对现有市场参与者构成威胁。经济学文献已经对现有市场参与者所面临的风险进行了广泛的识别和讨论，尤其是哈佛商学院的克莱顿·克里斯滕森（Clayton Christensen），他的著作《创新者的困境》（*The Innovator's Dilemon*, 1997）是本文的基础。

在当代人尝试对熊彼特已经过时了的创造性破坏概念（Schumpeter 1942:81-87）进行现代化和更新时，克里斯滕森用一种以微观经济业务为中心的颠覆性创新概念取代了熊彼特关于资本主义崩溃的宏观经济概念（Christensen 1997：10-19）。熊彼特关注的是破坏的结果，克里斯滕森关注的是因果机制。克里斯滕森指出，虽然大多数技术创新都在持续创新，但此处的技术主要是那些（提高）成熟产品性能的技术，主要着眼于市场主流客户历来看重的性能维度（1997：11），而颠覆性技术与此有很大的不同：

> 至少在近期内，它们会导致产品性能变差……它们给市场带来与以往截然不同的价值主张。一般来说，颠覆性技术在主流市场的表现落后于现有产品。但它们还有一些边缘（通常是新的）客户所看重的其他功能（1997: 11）。

---

⑰ 相对于俘获，"登记"作为一个术语，借鉴了朱莉娅·布莱克的"入学人数"术语，代表了将西海岸代码编写人员人数登记在案的东海岸立法者的"野心"。

随着越来越多的客户被新技术带来的好处所吸引，这些技术逐渐成为主流。与此同时，由于未能投资于这种颠覆性技术，现有技术的运营商将蒙受损失，原因有三：

> 一是颠覆性产品更简单、更便宜；它们通常承诺降低利润率，而不是提高利润。其次，颠覆性技术通常首先在新兴或微不足道的市场商业化。第三，领先公司最赚钱的客户通常不想要、实际上最初也无法使用基于颠覆性技术的产品（Christensen 1997:12）。

结果，老牌公司倒闭，新的进入者接手。我们在数字技术上经常看到这种情况。主要大型机制造商 IBM 和 DEC，在 20 世纪 80 年代输给了更小更灵活的台式电脑制造商，如戴尔、Wang 和苹果；IBM 在 OS 市场上再次败给微软，而谷歌、Adobe、Netflix 和 Spotify 等互联网技术专家最近扰乱了包括网页浏览、文件存储、应用软件、移动 OS、电视和电影以及音乐发行在内的许多市场。

682　　　　因此，老牌市场参与者往往采取守势也就不足为奇了。相对于显示出颠覆性特征的新兴技术而言，情况更是如此。这种防御姿态取决于市场和新进入者。占主导地位的市场参与者通常拥有广泛的专利丛，他们为其技术的各个方面申请了专利，正如在苹果诉三星系列案件中看到的那样，苹果的核心技术 381，覆盖回弹（bounce back）专利；三星的核心技术 711，覆盖音乐多任务（music multitasking）专利。[18] 替代战略是在一个技术市场中利用市场主导，对一个新兴市场实现控制或主导地位。通常，当一个市场的主导者希望进入一个垂直关联的新兴市场时，就会采用这种策略，比如微软试图利用 OS 市场的主导地位，以实现在网络浏览器市场的主导地位，或者谷歌试图利用在网络搜索领域的主导地位，进入垂直搜索、在线广告和移动平台。不出所料，这些尝试引起了美国和欧盟竞争监管机构的注意，并为分析作为多国、超国家的公共规制机构的欧盟竞争规制机构的规制活动提供了完美的案例。

（二）微软：互操作性、媒体播放器、网页浏览器

20 世纪 90 年代，像微软这样的操作系统和应用软件（AS）开发商的颠覆性创新是网络浏览器。风险在于，任何可以通过个人电脑实现的东西，都可以通过连接服务器的网络计算机实现。如今，网络计算机概念的成果可能会出现在谷歌 Chromebook 等廉价、轻便的笔记本电脑上。谷歌 Chromebook 使用 Chrome OS 操作系统，这是

---

⑱ 这一系列案件包括韩国、日本、德国、法国、意大利、荷兰、澳大利亚、英格兰和威尔士 (*Samsung Electronics (UK) Ltd v Apple Inc.* [2012] EWHC 1882 (Pat)) 和美国 [*Apple Inc. v Samsung Electronics Co. Ltd* et al. C 11–1846 and C 12–0630, ND Calif. (2012)]。

Linux 的一种变体，旨在用于谷歌的在线办公套件等网络应用程序。微软面临着双重威胁：浏览器可能挑战其在 OS 市场的主导地位，而在线应用程序可能削弱其在 office 应用软件领域的主导地位。正如克里斯滕森预见到的那样，尽管存在这种威胁，但微软在更广泛的 OS/AS 市场中仍是一个缓慢采用网络浏览技术的公司。第一个商业网页浏览器是 Netscape 或 Mosaic 浏览器，在 1994 年 1 月，它的互联网用户占有率为 97%。[19] 微软直到 1995 年 8 月才推出名为 Internet Explorer 的浏览器，那时，Mosaic 的替代品 Netscape Navigator 即将控制近 90% 的浏览器市场。[20] 但引人注目的是，到 1998 年 10 月，Internet Explorer 超过 Netscape Navigator，成为最受欢迎的网络浏览器：在 3 年多一点的时间里，微软在浏览器市场的份额从不足 4% 升至 49.1%，[21] 最终 Internet Explorer 将占据浏览器市场近 97% 的份额。[22] 微软如何做到这一点的故事当然是众所周知的，正如美国诉微软案（253 F.3d 34）的事实调查结果所记录：

683

> 1995 年初，开发微软 Internet Explorer 的人员考虑在产品发布时向原始设备制造商和其他制造商收取费用。Internet Explorer 本来会被整合进一个软件包，作为附加软件出售给 Windows 95。事实上，微软在 1995 年年中就知道，Netscape 向客户收取导航许可费用，Netscape 的很大一部分收入来自浏览器许可的销售。尽管有机会从 Internet Explorer 的销售中获得可观的收入，而且知道市场上占主导地位的浏览器产品 Navigator 正在以一定的价格获得授权，微软的高管们还是决定，微软需要放弃它的浏览器，以进一步实现加快推进 Internet Explorer 收购浏览器使用份额的更大战略目标。因此，当微软首次在 Windows 操作系统中加入 Internet Explorer 时，它决定不收取价格增量部分的费用，而且从那以后，它一直延续着这一政策。此外，微软从未在与 Windows 单独分发时收取过 Internet Explorer 许可证的费用（*US v Microsoft*:[137]）。

正如地区法官杰克逊所指出的：

---

[19] GA Tech, 'GVU's First WWW User Survey Results' (1 January 1994) http:// www. cc.gatech.edu/ gvu/ user_ surveys/ survey- 01- 1994/ accessed 19 September 2016.

[20] GA Tech, 'GVU's Fifth WWW User Survey Results: Browser Expected to Use in 12 Months' (10 April 1996) <http:// www.cc.gatech.edu/ gvu/ user_ surveys/ survey- 04- 1996/ graphs/ use/ intend_ browser.html> accessed 19 September 2016.

[21] Ed Kubaitis, 'Browser Statistics for October 1998'(*EWS Web Archive*) <http:// web. archive.org/ web/ 20010507151253/ http:// www.ews.uiuc.edu/ bstats/ months/ 9810- month. html> accessed 19 September 2016.

[22] OneStat.com, 'Microsoft's IE 6.0 is the most popular browser on the web'(29 April 2002) <http:// www. onestat.com/ html/ aboutus_ pressbox4.html> accessed 19 September 2016.

　　1995 年 7 月 Internet Explorer 1.0 发布后的数月甚至数年的时间里，微软的高管们一直在全神贯注于最大限度地扩大 IE 浏览器的使用份额。微软高级副总裁保罗·马里茨（PaulMaritz）说，每当相互竞争的优先事项威胁干预时，微软的决策者就会提醒那些向他们汇报工作的人，即浏览器的使用份额仍然存在（*US v Microsoft*:[138]）。

　　在 6 年半的时间里，微软将 3.7% 的市场份额转化为 96.6% 的市场份额。著名的美国诉微软（*United States v Microsoft*）案，审视了 Windows 操作系统中 Internet Explorer 和 Windows 媒体播放器的捆绑。这起耗时 6 年才最终得到处置的案件（*Massachusetts v Microsoft Corp*, 373 F.3d 1199）受到严厉批评，被认为其在防止微软未来滥用 OS 市场主导地位方面做得不够（Chin 2005;Jenkins and Bing 2007）。

　　可以说，美国诉微软案的结果代表着政府未能规制自己的公民。不过，除了美国的反垄断调查外，欧盟委员会还单独进行了调查。这项调查始于 1993 年，涉及 Windows OS 的许可、Windows OS 应用程序接口（APIs）的访问以及 Windows Media Player（WMP）的捆绑。欧洲最初的调查不涉及 Internet Explorer，但后来的调查确实涉及 Internet Explorer 捆绑。最初的案件是在 1998 年被提起的，是对两项违反《欧共体条约》第 82 条（现为 TFEU 第 102 条）和《欧洲经济区协定》第 54 条的调查：（1）拒绝提供互操作性信息并允许其用于开发和分发工作组服务器 OS 产品（互操作性调查）；（2）使 Windows 客户端 PC 操作系统的可用性的条件是从 1999 年 5 月开始同时采集 WMP，直到本决定（捆绑调查）之日。㉓ 当然，这个案子广为人知。经过 5 年的调查，欧盟委员会发现，微软在集团服务器操作系统市场和个人电脑操作系统市场都占据主导地位。他们还发现，微软滥用这两种市场支配地位，利用对相关市场的控制，由此，最终对微软处以超过 4.97 亿欧元的罚款。尽管随着时间的推移，由于微软未能及时遵守规定，罚款金额大幅增加，微软还在 2008 年追加了 8.99 亿欧元的罚款（上诉金额降至 8.6 亿欧元），它为微软设立了一个明确的、代价高昂的先例。㉔ 在欧盟委员会宣布将注意力转向捆绑微软的 Internet Explorer 后不久，微软立即采取行动，确保自己提供了一个 "E" 版的 Windows 7，以遵守欧盟竞争法，该版本

684

　　㉓ Commission Decision of 24 May 2004 relating to a proceeding pursuant to Article 82 of the EC Treaty and Article 54 of the EEA Agreement against Microsoft Corporation (Case COMP/ C- 3/ 37.792— Microsoft) (2007/ 53/ EC).

　　㉔ Commission of the European Union, 'Antitrust: Commission imposes €899 million penalty on Microsoft for non- compliance with March 2004 Decision'(27 February 2008) <http:// europa.eu/ rapid/ press- release_ IP-08- 318_ en.htm> accessed 25 October 2015; T- 167/ 08 *Microsoft Corp v European Commission* [2012] 5 CMLR 15.

将把 Internet Explorer 拆开在欧盟境内销售（Heiner 2009）。2013 年微软因未能正确、及时地执行 2009 协议而被处以额外 5.61 亿欧元的罚款。㉕

　　欧盟委员会的行动通常被认为比美国联邦政府干预微软活动成功得多。在监管微软利用其在 OS 市场的主导地位方面，美国的反垄断诉讼被认为不够有效，但欧盟的反垄断诉讼被视为对新兴流媒体视频和浏览器市场的有效干预。市场份额数据似乎表明，考虑到自由选择，消费者的选择与微软产品无关。Internet Explorer 的全球市场份额已从 2002 年 4 月的近 97% 降至 2016 年的 9.5%。此外，市场要开放得多，没有浏览器占据明显的主导地位，市场领军者谷歌 Chrome 的市场份额为 58.1%，苹果 Safari 为 12.7%，火狐为 12.4%，Internet Explorer/Edge 为 9.5%，Opera 为 2.8%。㉖ 尽管市场份额的这种变化很大程度上可以归因于智能手机和平板电脑等新的浏览技术的出现，这些技术广泛使用了谷歌和苹果的 OS（因此 Chrome 和 Safari 在这些产品上占据了领先地位），但毫无疑问，欧盟委员会的行动帮助创造了一个环境，使 Chrome 和 Safari 等新的（和现有的）技术能够在手机和平板电脑开发出来之前，在个人电脑市场开发出自己的产品。仅就台式机市场份额而言，准确的数据更难找到，但在线网站"净市场份额"表明，Internet Explorer/Edge 在台式机浏览器市场的地位更高了，Chrome 在台式电脑市场占据主导地位，43.4% 的台式机是 Chrome 浏览器，26.1% 的是 Internet Explorer/Edge，5.4% 的是 Firefox，3.3% 的是 Safari，1% 的是 Opera。Internet Explorer 更大的桌面应用程序似乎是一个历史遗留问题，因为仍有 4.2% 的用户在使用 Internet Explorer 8（几乎是 Safari 和 Opera 的加和）。这是 2009 年发布的一个版本，该版本与欧盟以外的 Windows 7 捆绑在一起，根据欧盟委员会的说法，该版本错误地捆绑给了 1500 万欧盟公民。㉗ 毫无疑问，如今的浏览器市场比 2009 年健康得多。同样的数据显示，在欧盟委员会的干预下，流媒体视频播放器市场要健康得多。㉘ 欧盟委员会与微软的互动可能遭到了一些自由市场思想家的批评（Ahlborn and Evans 2009; Economides and Lianos 2009）。但毫无疑问的是，通过削弱微软杠杆化的垂直主导地位，它们让新进入者和新技术在或许并不热闹但重要的日常市场蓬勃发展。

685

㉕ Commission of the European Union, 'Antitrust: Commission fines Microsoft for non-compliance with browser choice commitments' (6 March 2013) <http:// europa.eu/ rapid/ press- release_ IP- 13- 196_ en.htm> accessed 19 September 2016.

㉖ W3C, 'August 2016 Market Share'(31 August 2016) <https:// www.w3counter.com/ globalstats. php?year=2016&month=8> accessed 19 September 2016.

㉗ Net Market Share (19 September 2016) <https:// www.netmarketshare.com/ browser-market- share. aspx?qprid=2&qpcustomd=0> accessed 19 September 2016.

㉘ Website Optimization, 'Apple iTunes Penetration Closing Gap with Microsoft— April 2011 Bandwidth Report' (April 2011) <http:// www.websiteoptimization.com/ bw/ 1104/ > accessed 19 September 2016.

四　跨国标准和私人行为体：ICANN

（一）互联网名称与数字地址分配机构

一想到数字环境中的跨国私人行为体，就不约而同地想到了 ICANN。ICANN 是一家拥有全球影响力的知名私人规制机构。ICANN 成立于 1998 年，负责 root domain 域名空间的管理，这意味着 ICANN 将负责向区域注册商分配互联网协议（IP）地址空间，并负责管理通用顶级域名（gTLDs），如 .com、.net、.org。这一切都是通过与美国政府签署的一份谅解备忘录来实现的，该备忘录将此前由南加州大学信息科学研究所管理的所谓 IANA 分配互联网地址块的职能移交给了 ICANN（Mueller 1999）。ICANN 有意识地创建了一个私人多利益相关者监管机构，以取代旧的公共 / 私人治理体系（NTIA 1998）。ICANN 创立以来的几年里，它已发展成为一个有效的、但有争议的涉及多利益相关方的规制机构。尽管最初有人批评它不具有代表性（Mueller 1999; Froomkin 2001），以及缺乏合法性（Froomkin 2000）。ICANN 经受住了许多挑战，包括在 2005 年 WSIS 突尼斯峰会上对其角色的持续挑战（Pickard 2007），今天尽管面临持续的挑战，但其角色似乎是安全的。作为既定的全球监管机构，ICANN 不仅拥有 IANA 职能和根域名系统（DNS），而且还具有更广泛的域名政策（Take 2012）。

686　（二）通用 gTLD 和 .xxx 争议

ICANN 和利益相关者一直在讨论的一个政策领域是创建新的 gTLDs。人们认为，由于域名结构中可供选择的解决方法很少，因此这些方法是必要的。gTLD 的数量有限（1998 年 ICANN 成立时只有 3 个开放式 gTLD：.com、.org 和 .net），这意味着一旦有人注册了 apple.com，那么其他人是无法再使用的。也就是说一旦苹果公司（Apple）已注册此地址，苹果唱片或苹果银行已不再能使用此服务（Murray 1998）。由于可用域名空间极度稀缺，推动更多通用顶级域名的努力，以缓解不断扩张的域名使用的压力，是非常紧迫的。1997 年，国际特设委员会（IANA 的前身是 ICANN）提出了 7 个新的 gTLDs，包括 .firm、.stor 和 .web。在代表互联网上的组织和个人的全部范围时，DNS 是短缺的（Gibbs 1997）。当 ICANN 接手经营时，这些提议被放弃了，但在 2000 年 11 月，在经过短暂的公开咨询后，ICANN 宣布了自己的 7 个新的通用顶级域名：.aero、.biz、.coop、.info、.museum、.name 和 .pro。这一措施很快受到来自商业以外的批评，人们认为其范围太窄，十年后对商业通用顶级域名（gTLD）的分析也发现它未能实现其政策目标。尽管如此，ICANN 在 2004—2007 年继续推出了 6 种通用顶级域名，并在 2012 年又推出了一种。这段时间，主要争议在 .xxx 提案

上。这是由 ICM Registry 域名管理机构于 2004 年提出的由 .xxx gTLD 划定的互联网
成人空间的建议。最初，ICANN 批准了这一申请，但在这一决定之后，各国政府通
过 ICANN 的政府咨询委员会（GAC）展开了接触。GAC 是一个由联合国所有成员国
和多个超国家组织的代表组成的咨询委员会，其中包括非洲联盟和欧盟委员会，此外
还有来自欧洲广播联盟和国际电信联盟等国际组织的观察员。

　　起初，政府监管部门的成员似乎并不反对 .xxx 提案。2005 年 4 月，GAC 主席穆
罕默德·沙里尔·塔米齐（Mohamed Sharil Tarmizi）发表了一封信，"GAC 成员已
在 GAC 中表达了对本轮中 sTLDs 申请的具体意见"。[29] 不过，这种情况很快发生了变
化。在家族研究理事会和关注家庭等群体的压力下，美国政府对 .www 提案立场表现
出强硬态度。之后很快，澳大利亚、英国、巴西、加拿大、瑞典、欧盟委员会和其
他许多国家都提出了反对意见。因此，ICANN 在 2006 年 5 月撤回了核准。对此，有
多种观点。多方利益相关者模式的成功在于，在民间社会团体采取行动和 GAC 民主
治理代表的讨论后，ICANN 委员会在有限协商后做出的初步决定被推翻，或者，可
以将 ICANN 视为未能代表更广泛的社群以及对 gTLD 空间自由化感兴趣的各种利
益相关方。在对 ICANN 多利益攸关方模式的首次重大挑战中，各国政府展示了实
力，并赢得了胜利。正如乔纳森·温伯格（Jonathan Weinberg）所言："各国政府
在当天晚些时候就卷入了这个问题，但它们的反对意见是强有力的……根据这一经
验，GAC 成员试图使它们的观点更广为人知"（Weinberg 2011:203）；可以肯定的是
ICANN 允许 GAC 在协商中占主导地位（Berkman Centre 2010; Mueller 2010:71–73;
Weinberg 2011）。也许是偶然的，ICANN 先前同意在它们的决定受到任何挑战的时
候选择仲裁，而 ICM 也利用了这一点来挑战这一决定。国际争端解决中心 2010 年 2
月的最终裁决指出，ICANN 推翻它们的裁决是错误的（*ICM v ICANN*, ICDR Case N
o.50 117 T 00224 08,19 February 2010）。它们认为，ICANN 有责任"为整个互联网社
群的利益进行操作，按照国际法的相关原则和适用的国际公约和当地法律开展活动"，
ICANN 董事会正在采用其在 2005 年 6 月 1 日形成的决议表明，ICX Registry 对 .xxx
sTLD 的申请符合所要求的赞助标准，而且至关重要的是，董事会对这一发现的重新
考虑与中立、客观和公正的文件政策的应用是不一致的（*ICM v ICANN*:[152]）。它们
还默认支持 ICM 的意见，即"[ICANN] 以中立和客观的方式拒绝了 ICM 的申请，这
暗示了'掩盖'拒绝 .xxx 提案的真正原因的背景基础"，亦即"美国政府和其他一些
强大的政府反对其提议的内容"（*ICMR v ICANN*：[89]）。正因如此，ICANN 对这一
决定进行了审查，并于 2011 年 3 月批准了 .xxx 域名。

687

---

　　[29] ICANN, 'Correspondence from GAC Chairman to the ICANN CEO' (3 April 2005) <https:// www.icann.
org/ en/ system/ files/ files/ tarmizi- to- twomey- 03apr05- en.pdf.> accessed 19 September 2016.

（三）新的 gTLD 进程

.xxx 域名案的后果对域名自由化的下一阶段产生了很大的影响，"新 gTLD"的创建过程于 2008 年正式开始。2011 年有了新的进展，当时 ICANN 理事会同意在支付实质性管理费后允许来自任何利益方的新 gTLD 申请。[30] 到目前为止，已批准了 1200 多个新 gTLD，[31] 它们主要分为四类：（1）商标如 .cartier、.toshiba 和 .barclays；（2）地域，如 .vegas、.london 和 .sydney；（3）职业，如药店（.pharmacy）、地产经理（.realtor）和律师（.attorney）；（4）博彩、酒吧、色情行业、扑克。[32] 在学习借鉴 .xxx 争议案的经验后，ICANN 在推进新的 gTLD 进程时与以往的做法是不同的。

688　　首先，GAC 的一些成员试图重新获得对审批流程的控制权。奥巴马政府试图确保美国和其他 GAC 成员对新 gTLD 申请的否决权被 ICANN 拒绝了（McCullagh 2011）。相反，ICANN 重申了先前商定的程序；该提案最终得到大多数 GAC 成员的同意。[33] 为了满足允许开放注册流程（允许注册任何字母或字符串）和 .xxx 关注点的问题，新 gTLD 注册流程有两个保护措施。首先，申请一经提出，就有一个期限可以就四个理由之一提出反对授予的意见：（1）字符串混淆（如果申请名称与已在使用或申请串标类似，则认定为混淆，如 .bom 或 .cam）。（2）法律上的权利异议（名称与合法商标或名称混淆，如 .coach 或 .merch）。（3）社区反对（如果一个社区的代表可以暗示或隐含地提到某个群体的代表可能提出质疑，如 .amazon 或 .patagonic）。最后，在我们看来，这是一个有限的公共利益挑战，可能会带来与公认的国际法准则所认可的道德和公共秩序法律规范相悖的结果。每项异议都会引发 WIPO 仲裁程序，调解中心处理法律上权利异议；国际争端解决中心处理字符串混淆异议，国际商会国际专业中心处理社区利益和公众利益挑战。在没有提出任何异议或申请人在仲裁中胜诉之前，新的 gTLDs 不能被授予。任何有地位的利益方，包括 GAC 成员，都可能带来挑战。正如 .xxx 案那样，仲裁是解决争端的最佳办法，而与长期争端解决程序一样，独立仲裁人更可取。第二个保障是创建和任命一个"独立的反对者"。这是一个专门为全球互联网用户的最佳利益服务的办事处。在没有提出其他异议的情况下，独立的反对者

---

[30] ICANN, 'Approved Board Resolutions— Singapore' (20 June 2011) <https:// www.icann. org/ resources/ board- material/ resolutions- 2011- 06- 20- en> accessed 19 September 2016.

[31] ICANN, 'New gTLD Program Statistics' <https://newgtlds.icann.org/en/program-status/statistics> accessed 15 May 2017.

[32] 所有种类参见，ICANN, 'Delegated Strings' (2016) <http:// newgtlds.icann.org/ en/ program- status/ delegated- strings> accessed 19 September 2016。

[33] ICANN, 'GAC indicative scorecard on new gTLD outstanding issues listed in the GAC Cartagena Communiqué' (23 February 2011) <https:// archive.icann.org/ en/ topics/ new-gtlds/ gac- scorecard- 23feb11- en.pdf> accessed 19 September 2016; ICANN, 'ICANN Board Notes on the GAC New gTLDs Scorecard' (4 March 2011) <https:// archive.icann. org/ en/ topics/ new- gtlds/ board- notes- gac- scorecard- 04mar11- en.pdf> accessed 19 September 2016.

可以提出异议，但只能基于有限的公共利益和社区理由。被任命的反对者是阿兰·佩尔莱特（Alain Pellett）教授，他提出了23项这样的反对意见。从 .amazon 到 .health。他在5次索赔中获胜，14次败诉，4次索赔被撤回。

　　新的 gTLD 进程显然是对以前几轮 gTLD 创建过程中使用的流程进行的改进。在对 ICANN 的批评中，有不少人质疑其合法性。其中许多质疑都聚焦于其更新和改革域名服务的流程。批评者提出的主张包括，ICANN 尽管被设置为一个多利益相关方的监管机构，但其做法过于狭隘，对批评反应迟钝，行动不民主（Mueller 1999; Froomkin 2000; Froomkin 2001; Koppell 2005; Pickard 2007）。对 GAC 成员的不当影响的担忧至今仍然存在（Mueller and Kuerbis 2014），但新 gTLD 流程虽然并非没有缺陷（Froomkin 2013），但显然更加包容更广泛的互联网社区，以及通常封闭群体（ICANN 董事会成员、GAC 成员和商标持有者）之外的利益相关者。反对派来自不同的利益集团，如国际女同性恋双性恋跨性别协会和美洲正统犹太人大会众联盟、万国邮政联盟和国际建筑师联合会等成员协会，包括共和党全国委员会在内的政治协会和当地的利益集团，包括香港儿童权利委员会。这些挑战包括独立反对者带来的挑战、商业实体带来的大量挑战以及各国政府和公共当局带来的有限数量的挑战。正如本文开头所指出的，域名作为一种身份识别工具的重要性和价值，以及解决方法，意味着它们在新兴的在线产品中扮演着至关重要的角色。很多时候，我们会想到硬件或创新服务方面的新技术。从1998年起，DNS 的发展一直是互联网发展的一个重要组成部分，而移动内容和 ICANN 在这方面发挥了重要作用。当 DNS 成为如此备受争议的规制者时，其重要性和价值恰恰在于此。它们显然仍需要很大的改进，但新的 gLTD 流程可以说是朝着正确方向迈出的一步。

五　民间社会团体：数据留存

（一）数据保留、比例和民间团体

　　《欧盟数据留存指令》（Dir.2006/24/EC）是有关寻求统一欧盟成员国关于公共电子通信服务或公共通信网络提供者为调查、发现和起诉严重犯罪所需的数据留存义务的"规定"（《欧盟数据保留指令》第1条第1款）。根据该指令的第10条，成员国被要求提供与提供公开的电子通信服务或公共通信网络有关的数据的留存或处理的统计数据。这些统计包括：依照适用国家法律向主管部门提供信息的案件；数据留存的日期与主管部门要求传输数据的日期之间的时间差；以及无法满足数据请求的情况。[34]

---

[34] ICANN, 'GAC indicative scorecard on new gTLD outstanding issues listed in the GAC Cartagena Communiqué' (23 February 2011) <https:// archive.icann.org/ en/ topics/ new-gtlds/ gac- scorecard- 23feb11-en.pdf> accessed 19 September 2016; ICANN, 'ICANN Board Notes on the GAC New gTLDs Scorecard' (4 March 2011) <https:// archive.icann. org/ en/ topics/ new- gtlds/ board- notes- gac- scorecard- 04mar11- en.pdf> accessed 19 September 2016.

鉴于技术的快速进步，对什么是足够的法律保障措施的担忧仍不明朗。在一个名为"信息获取计划"（AIP）的组织提起诉讼之后，保加利亚最高行政法院（SAC）废除了保加利亚第40号条例第5条，该条规定，"通过计算机终端进行无限接入"内部，以及安全部门和其他执法机构未经法院许可，访问互联网和移动通信提供商的所有留存数据。SAC废止了这一条款，认为该条款没有对计算机终端的数据访问设置任何限制，也没有规定对第3条规定的隐私权的保护（《保加利亚宪法》第32条第1款）。在罗马尼亚，一项对罗马尼亚实施条款298/2008号法律的挑战发现：

> 第288/2008号法律关于留存公共电子通信服务提供商或公共网络提供商生成或处理的数据的规定，以及关于个人数据处理和保护电子通信领域私人生活的法律506/2004的修改违宪。㉟

在3万多名德国公民提起集体诉讼后，德国最高法院裁定该指令侵犯公民隐私权，须暂停执行。㊱ 最后，名为"数字权利爱尔兰"的民间团体在爱尔兰法院提出了一项宪法挑战，质疑欧洲数据留存的法律基础（*Digital Rights Ireland Ltd v Minister for Communications, Marine and Natural Resources*（C–293/12）[2014]All ER（EC）775）。

作为回应，欧盟制订了数据保留改革计划，以减少和协调数据保留期限：欧盟指出"67%的数据在三个月内被要求保留，89%的数据在六个月内被要求保留"（欧盟委员会2013：7）。此外，要保留的数据类型和范围、访问和使用数据的最低标准、更强大的数据保护以及偿还运营商成本的一致方法都有所增加。㊲ 与此同时，爱尔兰政府试图停止其行动，要求为需要向法院支付的费用提供安全保障，以便在国家败诉时支付这些费用。由于高等法院一开始就要求支付这种款项的行动费用很高，因此可以有效地防止案件被审理。法院驳回国家的申请：

> 鉴于当前技术的迅速发展，确定政府使用的现代监视技术的合法法律限制非常重要……如果没有足够的法律保障，滥用和无理侵犯隐私的可能性显而易见……这并不是说事实就是这种情况，但我认为风险如此之大，以至于对拟议立法的更严格审查当然是值得的（*Digital Rights Ireland Ltd v Minister for Communication& Ors*[2010]IEHC 221:[108]）。

691

㉟ Romanian Constitutional Court Decision no. 1258 (18 October 2009).

㊱ Bundesverfassungsgericht, 'Leitsätze' <http:// www.bundesverfassungsgericht.de/ SharedDocs/ Entscheidungen/ DE/ 2010/ 03/ rs20100302_ 1bvr025608.html> accessed 19 September 2016.

㊲ European Parliament News, 'MEPs cast doubt on controversial rules for keeping data on phone and Internet use' (*European Parliament*, 25 October 2015) <http:// www. europarl.europa.eu/ news/ en/ news- room/ content/ 20121019STO53997/ html/ MEPs- cast-doubt- on- controversial- rules- to- keep- data- on- phone- and-internet- use> accessed 19 September 2016.

（二）透明度与公民社会

斯诺登泄密事件导致对情报和监控机构的监管正在慢慢加强，尽管其速度不一定是隐私权倡导者所希望的。通常，隐私权可能与其他基本权利无关，但是对公民社会社会喧嚣的回应压力，在制止滥用失控的国家权力方面发挥了越来越重要的作用（联合国 2013；联合国 2014）。在欧洲人权法院，公民社会团体提出了一些法律上的挑战，从监视挑战到对开放文件的要求，这些文件详细说明了"五眼人"合作伙伴之间的间谍活动（*Or.v UK ECtHR* App. 58170/13; *Bernh Larson Holdings v Norway*, ECtHR App. 24117/08; *Liberty*）（*Ors v The Secretary of State for Foreign and Commonwealth Affairs*）（Ors[2015]1 Cr App R 24）。在欧洲联盟法院（CJEU），公民社会成功地挑战了关于数据留存的法律制度（*Digital Rights Ireland Ltd v Minister for Communications, Marine and Natural Resources*（C–293/12）[2014] All ER（EC）775），而且，正如已经看到的，这对执行、立法产生的影响深远。其他的欧洲社会组织领导了国内运动，迫使各国政府重新考虑其国内监控措施，或不接受可能损害基本权利的计划。德国宪法法院部分维持了一项申诉，即警察当局对一处住宅的音频监视（大规模窃听攻击）侵犯了基本权利；发现任何基于 IT 安全的对宪法权利的侵犯，都需要事实证据表明对未解决的、压倒一切的法律利益和司法授权的具体威胁。[38]

在国家对内容进行规制的领域，公民社会也起到了缓和合法行动的作用。2014年，英国政府要求 ISP 和手机公司在选择架构上做出改变，限制访问色情内容。除非宽带用户"选择"访问此类网站，否则对色情内容的访问将被屏蔽。主要的 ISP 实施了一个过滤程序，将该程序宣传为"父母控制"，用户必须选择才能加入各种各样的内容，从淫秽内容，到以裸体、毒品和酒精、自残和约会网站为特色的内容。然而，拦截系统的工作原理往往不如预期；旨在阻止色情内容的过滤器也会封锁性教育、性健康网站。并且父母对网站自动过滤的依赖可能会降低父母的责任。过度依赖网络过滤程序的父母通常会假设没有什么不良内容能够被孩子接收，这导致父母误以为自己的孩子是安全的。公民社会发起请愿，要求缓和政府的立场，并帮助互联网服务提供商与那些可能会受到改变默认规则决定影响的用户接触。像 451 这样的群组无法使用，也被屏蔽了。org.uk 帮助强调了网络拦截问题，并鼓励法院发布阻止命令以提高透明度。由于这类主张，英国法院采纳了 ORG 的建议，即任何拦截命令都应被要求有防止滥用的保障措施，因此采纳了 ORG 关于登录页和"日落条款"的建议，以作为防止滥用的保障措施。

692

---

[38]　BvR 370/ 07 and 1 BvR 595/ 07.

六 结论

本章阐明了非国家行为体在网络环境治理中的角色和联系。在此过程中,它审视了这种角色形成的原因,并讨论了其效用和合法性与传统的威斯特伐利亚式治理形式之间的关系。本章还注重法律的同等作用,描绘了法律与非国家行为体的互动。它的基本前提是,非国家行为体在网络空间监管中扮演着如此关键的角色,以至于在不解释其框架的情况下,无法对后者进行恰当的理解。与此同时,我们试图讨论非国家行为体扮演规制者角色时的合法性和对其的规制。因此,人们越来越意识到,非国家行为体内部蕴含的权力,需要持续评估私人和公共机构之间的权力平衡。

在另一个层面上,本章还试图解决非国家行为体在"元规制"中的角色——他们在与市场和政府的网络中进行协调。非国家行为体的作用不断扩展引发了批判性分析;因此,越来越多的人意识到,互联网监管机制具有难以理解的内在复杂性。这给监管机构带来了重大挑战,也带来了法律上的不确定性,但也为非国家行为体滥用权力创造了机会。特乌布纳(Tetubner)认为,私有化的规则制定继续在法律制定过程中发挥着"私人利益的巨大而未经过滤的影响",并被定性为"结构性腐败"(Tetubner 2004:3,21)。对于其他人来说,私人需求仍然是规范在线环境的最合法有效的手段(Easterbrook 1996; Johnson and Post 1996:1390–1391)。在可预见的未来,非国家行为体的角色仍将是人们批评的对象。

693　　非国家行为体的崛起是网络环境的一个标志。对网络空间的侵入证明了非国家行为体强大的征服能力。法学研究者将继续审视网络空间中普遍存在的关系,不仅是私营企业之间的关系,也包括政府机构和非国家行为体之间的管理关系。这些特别适用于私营部门行为体之间的关系(以企业对企业或企业对消费者的关系的形式),其次适用于私营部门行为体与政府机构之间的关系(以企业对政府的形式)。总的来说,它们帮助嵌入了最近新兴的宏观调控术语,如"节点治理""互联网治理"和"跨国私人监管"(Braithwaite 2008; Abbott and Sindal 2009; Calliess and Zumbansen 2010; Cafaggi 2011)。

正如我们试图展示的那样,ICANN 是展现跨国私人监管机构复杂性和动态性的极佳例证。ICANN 的组织错综复杂且难以破译(Bygrum and Michaelsen 2009: 106–110),目前,它能够反映各种利益攸关方的意愿,通过广泛的共识决策来弥补 ICANN 前期的缺陷。对 ICANN 的一个持久批评是,对于另一个有权推翻 ICANN 的机构,缺乏上诉程序。尽管一项政策提案可能会得到相关利益人的广泛同意,但采纳或否决该提案的决定权仍在 ICANN 董事会手中。[39] 尽管有几种机制可以审查董事会的决定，但这些机制都没有产生具有法律约束力的结果（Weber and Gunnarson 2013：11-12）。ICANN 的非商业用户群体仅仅是为了遏制 ICANN 那些利益相关者的影响力，这些利益相关者保持着相当大的经济和政治影响力。它们的功能是为个人权利和个人注册者开辟一个空间，以对抗权利所有者和政府的过度主张。例如，非商业利益相关者集团（NCSG）花了 7 周时间与其他利益相关者集团谈判，试图平衡知识产权所有者与新企业和小企业、其他非商业实体、各种用户以及注册处 / 注册处社区的权利。

NCSG 作为公民社会团体唯一一个实例，用来检验公民社会在"检查"更传统的权力结构中所扮演的角色。公民社会不再仅仅是一个用来将非政府实体和非商业性实体聚合在一起的术语。诸如隐私国际（Privacy International）、ORG 和电子前沿基金会（Electronic Frontier Foundation）等组织的存在，是为了确保在两个层面上存在问责制：一是对行为人的既定目标和职能进行组织问责，二是对内部管理的行为进行程序问责。可以说，公民社会的作用日益增强，是对越来越多的法律协议脱离传统法定工具、落入"软法律"保护伞的回应。因此，对于用什么法律文本规范了网络环境中的哪些行为人这样的问题，我们在确立明确的法律界限方面存在内在的困难。软法律措施对改变既定的收入来源（想想我们早些时候对被第 97A 命令屏蔽的网站的财务后果的讨论）或基本人权（对数据隐私的立法）有着难以置信的影响。政治格局的变化也可以迫使公民社会与改变网上环境其他行为者的互动方式（例如，根据承诺的确认取代美国政府和 ICANN 的《项目联合协定》）。

有时，公民社会在抵制非国家行为体实施的"软法律"措施方面会发挥重要作用。有时，软法律有助于塑造在线沟通的持续细微差别。虽然有人说互联网是言论自由的大帮手，但政府不断地设法根据公民的要求限制这种权利。例如，打击由互联网助长的现代特有的犯罪，例如网络欺凌、钓鱼和色情。然而，我们发现，每当监管机构需要"硬法"来实施针对特定平台、服务或在线社区需求的细节控制时，往往会适用合同法。在很大程度上，对非国家行为体的法定控制形式仍是"最后手段"。"最后手段"主要是以间接的方式使用，旨在通过网络或市场的结构性特征发挥控制的杠杆作用。这一点在我们通过欧盟监管机构监管媒体播放器和互联网浏览器市场的活动中得到了体现。此类干预措施仍然很少见，而且鉴于其复杂性和成本，只有在所有其他解决方案都用完的情况下才会使用。在未来一段时间内，非国家的、不受监管和中介控制，很可能仍将是网络规制和治理的核心。

694

---

　[39] 例如，审查可以通过向董事会治理委员会提出"复议请求"（*Bylaws Art* IX(2)）或向 ICANN 监察员提出投诉（*Bylaws Art* V）。

697 【参考文献】

Abbott K and D Sindal, 'Strengthening International Regulation through Transnational New Governance: Overcoming the Orchestration Deficit' (2009) 42 Vanderbilt J Transnational L 501

Ahlborn C and D Evans, 'The Microsoft Judgment and Its Implications for Competition Policy towards Dominant Firms in Europe' (2009) 76 Antitrust LJ 887

Ayres I and J Braithwaite, *Responsive Regulation: Transcending the Deregulation Debate* (OUP 1992)

Baldwin R and J Black, 'Really Responsive Regulation' (2008) 71 MLR 59

698 　Berkman Centre for Internet & Society, 'Accountability and Transparency at ICANN: An Independent Review, Appendix D: The.xxx Domain Case and ICANN Decision-Making Processes' (20 October 2010) <http://cyber.law.harvard.edu/pubrelease/icann/pdfs/ AppendixD_xxx.pdf> accessed 19 September 2016

Black J, 'Decentring Regulation: Understanding the Role of Regulation and Self-Regulation in a "Post-Regulatory" World' (2001) 54 Current Legal Problems 103

Black J, 'Critical Reflections on Regulation' (2002) 27 Australian Journal of Legal Philosophy 1

Black J, 'Enrolling Actors in Regulatory Systems: Examples from the UK Financial Services Regulation' (2003) Public Law SPR 63

Black J, 'Risk-based Regulation: Choices, Practices and Lessons Learnt' in Organisation for Economic Co-operation and Development (ed), *Risk and Regulatory Policy: Improving the Governance of Risk* (OECD 2010)

Braithwaite J, G Coglianese, and D Levi-Faur, 'Can Regulation and Governance make a Difference' (2007) 1 Regulation and Governance 7

Braithwaite J, *Regulatory Capitalism: How It works, Ideas for Making It Work Better* (Edward Elgar Publishing 2008)

BT, *Blocking categories on Parental Controls* (2015) <http://bt.custhelp.com/app/ answers/detail/a_id/46809/~/blocking-categories-on-parental-controls> accessed 19 September 2016

Burris S, P Drahos, and C Shearing, 'Nodal Governance' (2005) 30 Australian Journal of Legal Philosophy 30

Bygrave L and T Michaelsen, 'Governors of Internet' in Lee Bygrave and Jon Bing (eds), *Internet Governance: Infrastructure and Institutions* (OUP 2009)

Cafaggi F, 'New foundations of Transnational Private Regulation' (2011) 38 JLS 20

Calliess G and P Zumbansen, *Rough Consensus and Running Code: A Theory of Transnational Private Law* (Hart Publishing 2010)

Chin A, 'Decoding Microsoft: A First Principles Approach' (2005) 40 Wake Forest L Rev 1 Christensen C, *The Innovator's Dilemma: When New Technologies Cause Great Firms to Fail* (Harvard Business School Press 1997)

Clark L, 'UK Gov wants "unsavoury" web content censored' (*Wired*, 15 March 2014) <www. wired. co.uk/ news/ archive/ 2014- 03/ 15/ government- web- censorship> accessed 19 September 2016

DeNardis L, *The Global War for Internet Governance* (Yale UP 2014)

Easterbrook F, 'Cyberspace and the Law of the Horse' (1996) University of Chicago Legal Forum 207

Economides N and I Lianos, 'The Elusive Antitrust Standard on Bundling in Europe and in the United

States in the Aftermath of the Microsoft Cases' (2009) 76 Antitrust Law Journal 483

Ellul J, *La technique, ou, Lenjeu du siecle* (Armand Colin 1954)

European Commission, 'Evidence for necessity of data retention in the EU' (2013) <http:// ec.europa. eu/ dgs/ home- affairs/ pdf/ policies/ police_ cooperation/ evidence_ en.pdf> accessed 19 September 2016

Froomkin M, 'Wrong Turn in Cyberspace: Using ICANN to Route around the APA and the Constitution' (2000) 50 Duke Law Journal 17

Froomkin M, 'ICANN Governance' (Senate Commerce, Science and Transportation Committee Communications Subcommittee, 14 February 2001) <https://w2.eff.org/ Infrastructure/ DNS_ control/ ICANN_ IANA_ IAHC/ 20010214_ icann_ sen_ hearing/ 0214fro.pdf> accessed 19 September 2016

Froomkin M, 'ICANN and the Domain Name System after the "Affirmation of Commitments" ' in Ian Brown (ed) *Research Handbook on Governance of the Internet* (Edward Elgar Publishing 2013)

Gibbs M (1997), 'New gTLDs: Compromise and Confusion on the Internet' *Network World* (17 February 1997) 50

Goldsmith J and T Wu, *Who Controls the Internet? Illusions of a Borderless World* (OUP 2006) Gunningham N, P Grabosky, and D Sinclair, *Smart Regulation: Designing Environmental Policy* (OUP 1998)

Gutwirth S, P De Hert, and L De Sutter, 'The Trouble with Technology Regulation from a Legal Perspective: Why Lessig's "Optimal Mix" Will Not Work' in Roger Brownsword and Karen Yeung (eds), *Regulating Technologies. Legal Futures, Regulatory Frames and Technological Fixes* (Hart Publishing 2008)

Halvorson T and others, 'The BIZ Top Level Domain: Ten Years Later', (2012) 7192 Passive and Active Measurement: Lecture Notes in Computer Science 221

Hanseth O and E Monteiro, *Understanding Information Infrastructure* (1998) <www. researchgate.net/ publication/265066841_Understanding_ Information_ Infrastructure> 19 September 2016

Heiner D, 'Working to Fulfill our Legal Obligations in Europe for Windows 7' (*Microsoft Blogs*, 11 June 2009) <http://blogs.microsoft.com/on-the-issues/2009/06/11/working-to- fulfill-our-legal- obligations-in-europe-for-windows-7/> 19 September 2016

Hunter D, 'ICANN and the Concept of Democratic Deficit' (2003) 36 Loyola of Los Angeles Law Review 1149

Jenkins G and R Bing, 'Microsoft's Monopoly: Anti-Competitive Behavior, Predatory Tactics, and the Failure of Governmental Will' (2007) 5 Journal of Business & Economic Research 11

Johnson D and D Post, 'Law and Borders: The Rise of Law in Cyberspace' (1996) 48 Stanford Law Review 1367

Knill C and D Lehmkuhl, 'Private Actors and the State: Internationalization and Changing Patterns of Governance' (2002) 15 Governance 41

Koops B, M Hildebrandt, and D Jaquet-Chiffelle, 'Bridging the Accountability Gap: Rights for New Entities in the Information Society?' (2010) 11 Minnesota Journal of Law Science & Technology 497

Koppell J, 'Pathologies of Accountability: ICANN and the Challenge of "Multiple Accountabilities Disorder" ' (2005) 65 Public Administration Review 94

Kuhn T, *The Structure of Scientific Revolutions* (University of Chicago Press 1962)

699

Laidlaw E, *Regulating Speech in Cyberspace: Gatekeepers, Human Rights and Corporate Responsibility* (CUP 2015)

Latour B, 'On Actor-Network Theory: A Few Clarifications' (1996) 47 Soziale Welt 369

Latour B, *Reassembling the Social: An Introduction to Actor- Network- Theory* (OUP 2005)

Lessig L, *Code Ver 2.0* (rev edn, Basic Books 2006)

Levine J, 'Time to Renew.coop,.museum, and.aero ICANN' (*Circle ID: Internet Infrastructure*, 31 December, 2005) <www.circleid.com/posts/time_to_renew_coop_museum_and_ aero_icann/> accessed 19 September 2016

McCullagh D, 'U.S. seeks veto powers over new domain names' (*CNET*, 7 February 2011) <www.cnet.com/news/u-s-seeks-veto-powers-over-new-domain-names/> accessed 19 September 2016

Morgan B and K Yeung, *An Introduction to Law and Regulation: Text & Materials* (CUP 2007)

700   Mueller M, 'ICANN and Internet Governance Sorting through the Debris of "SelfRegulation" ', (1999) 1 Info, the Journal of Policy, Regulation and Strategy for Telecommunications, Information and Media 497

Mueller M, *Networks and States: The Global Politics of Internet Governance* (MIT Press 2010) Mueller M and B Kuerbis, 'Towards Global Internet Governance: How to End U.S. Control of ICANN without Sacrificing Stability, Freedom or Accountability' (TPRC Conference

Paper, 27 August 2014) <http://ssrn.com/abstract=2408226> accessed 19 September 2016

Murray A, 'Internet Domain Names: The Trade Mark Challenge' (1998) 6 International J L Info Technology 285

Murray A, *The Regulation of Cyberspace* (Routledge-Cavendish 2006)

Nicholls T, 'An Empirical Analysis of Internet Top-level Domain Policy' (2013) 3 J Information Policy 464

NTIA, 'A Proposal to Improve Technical Management of Internet Names and Addresses' (Discussion Draft, 13 January 1998) <www.ntia.doc.gov/legacy/ntiahome/domainname/ dnsdrft.htm> 19 September 2016

Organisation for Economic Co-operation and Development, 'The Role of Internet Intermediaries in Advancing Public Policy Objectives: Forging Partnerships for Advancing Policy Objectives for the Internet Economy, Part II' (DSTI/ICCP (2010)11/FINAL, 2011) <http://www.oecd.org/ internet/ieconomy/48685066.pdf> accessed 19 September 2016

Pickard V, 'Neoliberal Visions and Revisions in Global Communications Policy: From NWICO to WSIS' (2007) 31 Journal of Communication Inquiry 118

Sartor G, 'Cognitive Automata and the Law: Electronic Contracting and the Intentionality of Software Agents' (2009) 17 Artificial Intelligence and Law 253

Schumpeter J, *Capitalism, Socialism and Democracy* (Harper & Brothers 1942)

Shearing C and J Wood, 'Nodal Governance, Democracy, and the New "Denizens" ' (2003) 30 JLS 400

Sunstein C, 'Empirically Informed Regulation' (2011) 78 University of Chicago L Rev 1349

Sunstein C and R Thaler, 'Libertarian Paternalism is Not an Oxymoron' (2003) 70 University of Chicago L Rev 1159

Take I, 'Regulating the Internet Infrastructure: A Comparative Appraisal of the Legitimacy of ICANN, ITU, and the WSIS' (2012) 6 Regulation & Governance 499

Teubner G, 'Societal Constitutionalism: Alternatives to the State-Centred Constitutional Theory?' in

Christian Joerges, Inge-Johanne Sand and Gunther Teubner (eds), *Transnational Governance and Constitutionalism* (Hart Publishing 2004)

Teubner G, 'Rights of Non-Humans? Electronic Agents and Animals as New Actors in Politics and Law' (2006) 33 JLS 497

United Nations, 'Resolution of the General Assembly, 18 December 2013: The Right to Privacy in the Digital Age' A/RES/68/167 <www.un.org/en/ga/search/view_doc.asp?symbol=A/ RES/68/167> accessed 19 September 2016

United Nations, 'The Right to Privacy in the Digital Age: Report of the Office of the United Nations High Commissioner for Human Rights' 2014 A/HRC/27/37 <www.ohchr.org/ EN/ HRBodies/ HRC/ RegularSessions/ Session27/ Documents/ A.HRC.27.37_ en.pdf> accessed 19 September 2016

Weber R and S Gunnarson, 'A Constitutional Solution for Internet Governance' (2013) 14 Columbia Science & Technology Law Review 1

Weinberg J, 'Governments, Privatization, and Privatization: ICANN and the GAC' (2011) 18 Michigan Telecommunications and Technology Law Review 189

Wu T, 'When Code Isn't Law', (2003) 89 Virginia Law Review 679

Zittrain J, *The Future of the Internet and How to Stop It?* (Yale UP and Penguin UK 2008)

701

拓展阅读

Bernstein S, 'Legitimacy in Intergovernmental and Non-State Global Governance' (2011) 18 Review of International Political Economy 17

Drezner D, 'The Global Governance of the Internet: Bringing the State Back in' (2004) 119 Political Science Quarterly 477

Grabosky P, 'Beyond Responsive Regulation: The Expanding Role of Non-State Actors in the Regulatory Process' (2013) 7 Regulation & Governance 114

Laidlaw E, 'A Framework for Identifying Internet Information Gatekeepers' (2010) 24 International Review of Law Computers & Technology 263

Perritt H, 'The Internet as a Threat to Sovereignty? Thoughts on the Internet's Role in Strengthening National and Global Governance' 5 Indiana Journal of Global Law Studies 423

Wu T, 'Cyberspace Sovereignty—The Internet and the International System' (1997) 10 Harvard Journal of Law and Technology 647

貳

技术等于规制

第二十九章
司法自动化？技术、犯罪与社会控制

安伯·马克斯（Amber Marks）*

本杰明·博林（Benjamin Bowling）

科尔曼·基南（Colman Keenan）

胡　凌　译

一　引言

技术和科学发展对传统刑事司法范式和国家与公民之间形成的关系具有深远影705响。法庭证据技术变得更复杂、广泛和无处不在，这是近 20 年前米尔伊安·达玛什卡（Mirjan Damaška 1997：143）预测的"事实调查的逐步科学化"的重要组成部分。本章目的是研究新技术在调查和起诉犯罪中的应用对传统刑事司法模式的影响（Bowling，Marks and Murphy 2008）。我们的论点是，我们正在迅速走向日益自动化的司法系统，这种系统削弱了传统刑事司法模式带来的保障。与传统的正当程序保障措施相比，该系统有利于提高效率和效用。并且某些技术的运用使得传统机构规模萎缩，自动化司法系统正在显得更加有生命力。我们认为，一个"自动司法"系统正被创造出来。为了在这样的系统中重新平衡国家与公民之间的关系，我们可能需要接受现有706刑事诉讼程序框架的局限，并寻求发现其核心价值的问题所在，以便在隐私和数据保护领域——这些发展迅速的法律领域与刑事司法日益相关——进行更有效的部署。

本章内容如下：第一，我们提供对传统刑事司法范式的概述及其对国家与公民关

---

* 安伯·马克斯的工作部分得到 European Research Council (ERC) 的 ERC-2013-AdG339182-BAYES_KNOWLEDGE 项目的支持。

系的意义；第二，我们解释了刑事司法的当代趋势，并探讨了科学技术的进步如何促进和加速刑事司法系统内的重点转移；第三，我们考察了技术创新如何影响传统犯罪司法模式的内外部稳定性，以及这些变化对其基本价值观的影响。我们详细说明了技术创新的压力如何使得刑事司法模式的外部和内部边界变得更加容易渗透，即便其变得越来越安全。在刑事司法系统与外界之间没有任何明确界限的情况下，所有公民的隐私和自由都容易受到国家的任意入侵。第四也是最后一点，我们首先探讨更广泛地适用刑法原则的可能性，试图来解决所面临的挑战，然后简要地转向隐私和数据保护法，该法似乎能够提供一种替代性和附加性架构，以捍卫其中所包含的类似价值（Damaška 1997：147）。

二　传统刑事司法范式

传统上，刑法体现了国家规制公民行为最具强制性的权力。虽然传统的刑事司法模式在概念上难以完全说清，但仍可以识别出某些规范性价值。赫伯特·帕克（Herbert Packer）在他的经典文本中描述了他称为"正当程序"的模式，其中包含了一个程序规则的"障碍过程"，这在促使发现真相的同时防止了不公（1968：163）。从这个意义上说，我们可以谈及刑事程序的"内在道德"（Duff and others 2007：51）；刑事审判是其重点，是追求国家与公民之间合法争议解决的主要事件。任何自由民主的核心价值都是最低限度的国家干预原则。国家的代理人被授予权力强迫公民，侵入他们的私生活并剥夺其自由——作为追求社区安全和公共秩序的手段。赋予国家这些侵入性和强制性权力的必然结果是，只有在合法、必要和成比例的情况下才能使用这些权力。

707　　刑法由犯罪行为组成，进行犯罪使国家能够通过侮辱、剥夺自由或对他们施加其他痛苦的方式来惩罚公民。在审判阶段开始之前，刑事调查需要合理的、因人而异的和明确的怀疑作为调查的先决条件；如果有足够的证据对嫌疑人不利，则该人会被指控犯有特定的刑事罪，且该人的法律地位会变成被告人。审判活动是这一模式的核心：调查权力可以通过其服务审判过程产生——可以在法庭上得到审查和检验的证据、发布事实和公正性（这将会决定惩罚是否得到正当性证明）——的能力得到预测。那么，公平审判是惩罚的先决条件，必须在合理的时间内进行。在传统模式中，被告要么在程序结束时退出刑事司法系统，要么在惩罚合理的情况下获得犯罪者的地位，并通过在系统内一段时间内而得到惩罚。

嵌入传统模式的正当程序保障有三个首要目标：（1）最大限度地减少国家对公民生活的侵犯；（2）保护人的尊严；以及（3）维护国家强制的合法性和事实的准确性。程序上的适当性，与人类尊严有关，旨在"将被告视为会思考的、带有感情的、受官方关注和尊重的人类主体，有权获得机会积极地参与诉讼程序，这会对他们的福利产生直接的和可能是巨大的影响,而不是相反作为受国家控制的对象,他们会为了更大的善(或一些不那么有价值的目标)而受到操纵"(Roberts and Zuckerman 2010:21)。我们将在这种模式基础上转向正在侵蚀和重塑刑事过程的治理模式、趋势和随之而来的技术。

三 刑事司法中的主流治理模式与范式转换

刑事司法系统在过去40年中经历了很大的变化,往往是以复杂和不连贯的方式(O'Malley 1999)。然而,刑事司法政策的某些模式和趋势往往反映出普遍存在的主流治理模式。为了捕捉西方自由民主国家中主流治理模式的本质,人们提出了一系列表达:国家的空洞化(Rhodes 1994);国家的退却(Strange 1996);远距离治理(Rose and Miller 1992);掌舵而不划船的国家(Osborne and Gaebler 1992);"促进型国家,国家作为合作伙伴和设计师,而不是提供者和管理者"(Rose 2000:327)。所有这些都反映了一种意识形态,即新自由主义,在这种意识形态中,国家试图通过将许多国家职能私有化,同时将商业模式理想融入其他尚未私有化的职能,将经济、效率和效能作为律令奉为圭臬。这是以新的公共管理主义形式出现的,为公共服务的供给注入了商业精神。市场及其机制的具象化以及对公共机构的密集审计是这种治理模式的核心原则(Jones 1993)。因此,商业的语言和精神已遍及刑事司法系统。面对日益严峻的预算约束,警察部队现在被要求"少花钱多办事"。刑事司法系统的传统"正当程序"模式像一座笨重建筑,一个优先考虑公平而不是效率的制度,被认为与上述目的不符。在技术和科学的日益进步的帮助下,为了效率着想,人们被远程地调查、裁决和惩罚。援引罗斯和米勒的"远距离治理",评论家们现在说的是当代的"远距离惩罚"(Garland 2001:179),这个术语设想了一个刑事司法系统,只是将个人视为数据库里的单词和字母。

我们正在目睹传统的、反思性的、因人而异的刑事司法模式(该模式优先考虑一种经过深思熟虑和个人化的方式追求正义和真相)逐渐转向一种前瞻性的、聚合的模式(这种模式涉及一种表面上更有效的模式,而且是非个人化和疏远的)。"精算司法"基于一种"风险管理"或针对监管犯罪和司法行政的"精算"方法(Feeley and Simon 1994)。菲利和西蒙将此描述为一种远离对个体罪犯的关注、强调聚合和"开发更具成本效益的监禁和控制形式以及……识别和分类风险的新技术"的运动(1992:457)。正如加兰德所描述的那样,"个人不被视为一个特殊和独特的人,一个要深入研究其特点才知晓的人,而是视为精算表上的一个点"(Garland 1997:182)。因此,精算司法的核心原则是,该系统应较少关注基于下游或事后目标(如报复和恢复原状)的传统惩罚。相反,它应该使用上游或先发制人的破坏、控制和遏制技术来管理危险和无序所带来的风险。从报复和恢复原状到预防的转变意味着国家在犯罪之前寻求识别潜在的罪犯。鉴于这种趋势，马尔科姆·菲利（Malcolm Feeley）预测最终将出现的"统一精算系统"将把刑事程序彻底转变为行政系统（2006：231）。

精算司法有许多不同的形式，它和"情报主导警务"（ILP）密切相关。这是一种面向未来的警务模式，在这种模式下，收集犯罪数据，评估风险并制定相应的警务策略（Maguire 2000）。这与20世纪70年代流行的被动回应式警务不同，当时"主要的组织要求是到达现场、开展工作、尽快离开"（Sherman 2013：378）。以情报导向的警务不仅旨在发现、调查和起诉犯罪，而且还旨在威慑和破坏那些被认为可能在未来犯罪的人的活动。这种形式的警务包括：不当使用拦截搜查权力来威慑和控制某些类型的行为，而非减轻对犯罪活动的合理怀疑（Young 2008）；加强对"高风险"住宅区的监视（Joh 2014）；使用禁飞和其他此类观察名单和黑名单制度；剥夺公民身份以及以民事预防性命令（如反社会行为令 [ASBOs]）和恐怖主义预防和调查措施（TPIMs）的形式使用新创建的处置替代方案进行刑事指控。所有这些做法都会导致对相关个体经常性的耻辱性和惩罚性影响，同时避开了刑事审判的程序性保障。这些对刑事定罪的替代性举措"界定了地位，施加了监视，并强制执行各种旨在控制、限制或排除的义务"（Zedner 2010：396）。

监视必然和基于风险的精算刑事司法关联在一起（Lyon 2003：8）。虽然监视可以在各种各样的场景下进行，并且出于类似的诸多目的，但在犯罪控制的背景下，其目的是从不确定性中提取知识。由此可以说，"对安全的渴望驱动了对有关风险的更多更好知识的无法满足的追求"（Ericson and Haggerty 1997：85）。米歇尔·福柯（Michel Foucault）的全景敞视监狱（1977）（以及奥威尔的老大哥 [1949]）已经成为主导和普遍的监视理论模型（Haggerty and Ericson 2000：606）。当单向监视从庞大僵化的官僚制监视国家中产生的时候，这一概念在其最广泛的意义上被构思和抽象出来。尽管如此，它是一种体现了战后国家特征的模式，即烦琐且缺乏活力和流动性，这与后期现代监视有很大不同，后者跨越公共和私人的边界和机构，并以不同和多样的形式扩展。在世纪之交，哈格蒂和埃里克森（Haggerty and Ericson）借鉴了吉尔·德勒兹和菲利克斯·瓜塔里（Gilles Deleuze and Felix Guattari）（1988）的有影响力的著作，构思了一种"监视性组装"，它扩展而不是脱离了全景敞视监视模式（2000）。这种监视组合是块茎式的，因为监视能力以很多方式在不同语境中发展和扩展，结合在一起提供互补的监视性全貌。人们还提到了相互结合并插入的不同组装（Haggerty and Ericson 2000：608）。

作为我们讨论背景的一部分，刑事司法领域的进一步变化是"简单、迅速、简易司法"的观念（Home Office, Department of Constitutional Affairs and Attorney General's Office 2006）。它被称为"新形式的行政司法"（Jackson 2008：271），与精算司法在一些方面有所重合：两者都试图将潜在的罪犯从完全严厉的刑事程序中转移到替代性的处置程序。简单、迅速、简易司法旨在通过增加审前处理程序的范围和使用来实现这一目标，其宣称的目标是节省开支："发生变化的是提出的从法院转移的案件数量的规模，和检察官可能对那些承认自己有罪的罪犯采取的惩罚措施"（Jackson 2008：271）。新的处置形式包括有条件的警告、谴责、对年轻人的警告、定额罚款通知，以及强化为在刑事司法程序中尽早认罪提供行政和财政激励。技术由这些组织性目标塑造，这些目标本身是由普遍的治理模式所塑造的。在刑事程序的例子中，确保经济、效率和效能的激励嵌入在绕过公平和合法性的行政刑事程序当中。追求效率的强制性要求成为采用某些形式的技术的制度性动力，因此"新技术通常会因其承诺的效率收益和成本节约的理由出售给刑事司法从业者"（Haggerty 2004：493）。

四 "新监视""新型刑事鉴定技术"和"大数据"

三个内容交叉的术语识别和捕捉到了当今刑事司法领域中技术使用的新颖和重要的内容："新监视""第二代"刑事鉴定技术和"大数据"。尽管每个术语可被用于描述相同的特定技术应用——例如 DNA 画像和 CCTV——每个术语都有其自己对刑事司法场景的影响。"新监视"包括"通过使用技术手段提取或创建个人或群体数据（无论是来自个人还是具体情境）进行审查"（Marx 2005）。该术语用来表达技术在扩展感官和渲染"可见之前以前难以察觉"方面的相对侵入性（Kerr and McGill 2007：393），并使法律执行有能力通过获取有关公民的更多信息来削弱程序保障措施，这要比从传统搜查或讯问中获得的信息更多（Marx 2005）。艾琳·墨菲（Erin Murphy 2007：728-729）详细描述了她所谓的"第二代"刑事鉴定技术的特征，其中以下内容与本章相关：

（1）高度专业化的知识和专业技能——这使得他们的工作对于非专业人士而言比传统刑事鉴定技术更难以获取、更少透明；

（2）底层基础科学的复杂性——这使得它们至少可以被描绘为提供一定程度科学确定性并有能力提供确凿的有罪证据。传统的刑事鉴定技术（对比如说目击者的证词和供词证据）通常只起到辅助作用，而第二代技术更常被用作唯一的证据；

（3）它们对数据库的依赖以及他们揭示广泛信息的能力（而不是仅限于确认或否认特定问题，如身份识别），以及它们因此比传统的取证学更深入地侵入隐私。

"大数据"通常被认为是将人工智能应用于现有大量数字化数据的缩略表达，在这种情况下，大部分数据将来自"新监视"和"第二代"刑事鉴定技术。这种新的情报收集方法被用于获得比询问嫌疑人或对他们或其房屋进行物理搜查的传统调查技术能获得的更多信息，并便于对所输入的数据进行自动分析。正如伊丽莎白·E.乔（Elizabeth E. Joh）简洁地总结的那样，"'大数据'时代已经来到警务之中"（2014：35）。

　　无处不在的数字记录和计算机处理能力的结合彻底改变了画像和社交网络分析。[①]
每当我们打电话、发送电子邮件、浏览互联网或走在大街上时，我们的行为都可以
被监控和记录；个人数据的收集和处理已经变得无处不在和常规化（House of Lords
Select Committee on the Constitution 2009: 5）。数据监控——"基于在线数据监控公民"
（Van Dijck 2014：205）——是新监控的范例。使用基于数学的分析工具来检测大型
数据集之中的模式取得进展，这促进了画像分析（数据挖掘的一种方法）（Bosco and
others 2015：7），其中特定类别人群的一组特征先根据过去经验推断出来，然后搜索
数据库以寻找与这组特征非常吻合的个体（Clarke 1993：405），以便建立和识别可
疑行为的模式。欧洲数据保护机构（DPA）一致认为，数据画像的三个主要特征是：
（1）它基于对不同类型数据的收集、存储和／或分析；（2）它基于自动化处理和电子
手段；（3）目标是预测或分析私人人格以及创建个人资料。此外，一些 DPA 的第四个
关键原则是数据画像会对数据主体产生法律后果（Bosc and others 2015：23）。警方使
用数据挖掘工具来识别出那些应当受到不断增加的数据画像约束的人员，这些画像分
析是对第 2 节中概述的审判程序的替代性控制措施。新监视与基于风险的精算技术和
数据挖掘技术相结合，旨在充分利用有限资源，并有助于加强当代对情报收集（或者
说是警务的吸纳功能）的依赖（Brodeur 1983：513）。技术通过空间（通信）和时间
（存储）促进信息传输（Hilbert 2012：9）。存储所有的数据（如闭路电视录像、面部图
像）从长远看没有任何物理障碍。日益复杂的识别技术和搜索工具"总有一天能够在
任何特定时间和日期找到指定个人的位置"（Royal Academy of Engineering 2007: 7）。

　　与传统的刑事科学鉴定技术（如墨水指纹识别和笔迹分析）不同，像数字指纹识
别和 DNA 识别那样的"第二代"刑事科学鉴定技术（Murphy 2007），可以利用庞大
的数字数据库，并且不需要警方一开始识别嫌疑人。第一代技术主要用于证实或否认
嫌疑人，第二代技术则提升了调查能力。指纹技术的发展说明了这一发展轨迹。一旦
限缩在搜索个性化匹配时指纹图案的识别，那么将质谱法添加到指纹分析中就能够对
这些标记进行详细检查，揭示出留下痕迹人的相当多的个性与行为特征：他们可能的
性别、他们使用过的卫生用品、摄入的食物、是否抽烟等。正如亚历克斯·艾萨克斯
（Alex Iszatt）在《警务预言》（Police Oracle）中解释的："通过分析指模的构成，我
们能描述罪犯的习惯"（2014）。这种发展意味着，过去可能无法发觉嫌疑犯的指纹识
别检查，如果与数据挖掘工具相结合可以发觉更多的潜在嫌疑犯。它还将人们的个人
习惯和生活方式数据库变成犯罪调查人员潜在有用的资源，从而为那些寻求将在没有
在先怀疑情况下就收集集体性个人数据合法化的人提供了更多资料，指纹技术现在可
以轻松收集数字指纹，并立即与数据库中包含的其他指纹进行比较。

712

---

① 有关社会网络分析简史，见 Wey and others (2008)。

"大数据"分析、"新监视"和"第二代"刑事科学鉴定技术比因人而异的刑事定罪更容易适应刑事司法的新"精算模型"——基于计算机化的风险预测和据称客观和结论性的结果。最近在英国法院引入的流水线型的法证报告程序具有如下目的：削减"成本，加快产出证据结果：进行足够的证据工作以支持指控或确保及早认罪"（Forensic Access 2014）。新技术鼓励和促进改革转向并击退了起诉证据面临的高成本挑战，在加快"简单、迅速、简易司法"的趋势方面发挥着关键作用。

713

这十年中出现了大量的司法不公，其中错误定罪被归咎于错误的专家意见或传统刑事司法模式的无能（因为它充斥着大量非科学人员），它们无法正确解释技术和科学证据。世界各地普通法司法辖区都发布了一些引人注目的报告，试图解决这些问题。[②] 传统刑事司法模式中被感知到的危机加深了对主观性知识的不信任，而且这现在已经从非专业人士的不信任扩展到对专家意见的不信任。现在推动的方向是越来越多的客观数据（Fenton 2013）。决策方法——理解为客观的、数学的和科学的——被认为是比人类决策者所执行的"常识"带有更少的偏见（Palmer 2012），更擅长处理复杂性和大量科学数据：

> 当我们的自然感官所察觉到的客观现实与旨在发现超越此感知范围外的世界的修复设备所揭示的现实之间的差距逐渐扩大时，从调查真实性角度看，人类直观感觉的重要性在降低。（Damaška 1997: 143）

刑事科学鉴定调查正变得本身越来越自动化（所谓的"按钮刑事鉴定技术"），这导致如下人员对调查的底层基本概念的理解缺失：不仅包括信息接收者（执法人员、被告和法院），也包括实际进行证据调查的科学家（James and Gladyshev 2013）。移动手持设备可以从嫌疑人那里获取 DNA 和指纹，并在现场进行分析，提供即时的尽管可能是临时性的结论和有说服力的指控。这就是自动化方法对人类决策的明显优势，越来越多的法院得到"安全评估工具"的帮助以做出保释申请和判决的决定（Leopold 2014；Dewan 2015）。这些工具所谓的成功令人质疑人类决策的价值及其伴随的偏见和缺乏专业理解能力。心理学家和学者曼迪普·达米（Mandeep Dhami）不认为明天的法庭决策者还会是人类。她的研究得出结论：治安法官在做决定方面"不像计算

---

② 关于英国，参见 Law Commission Consultation Paper No 190, "The admissibility of expert evidence in criminal proceedings in England and Wales: a new approach to the determination of evidentiary reliability" (2009); Law Commission Report No 325 "Expert evidence in criminal proceedings in England and Wales" (2011); House of Commons Science and Technology Committee, *Forensic Evidence on Trial, Seventh Report of Session 2004-05 p 76; The Fingerprint Inquiry* (Scotland, 2011). 关于加拿大，参见 Goudge ST. Inquiry into paediatric forensic pathology in Ontario. Toronto (ON): Ontario Ministry of the Attorney General, 2008.

机那么好",并声称可以设想治安法官"可能会被'自动化系统'取代"(Dhami and Ayton 2001:163)。其他研究者认为,数据驱动的预测和自动化监视实际上可能会加剧偏见,甚至可能会引入一种不那么透明的"无意中的嵌入式偏见"(Macnish 2012:151)。

714

五 自动化的刑事司法?

对"定位、识别、登记、记录、分类和验证或产生怀疑理由"的数据库的依赖(Marx 2007:47)导致了"从传统上将特定嫌疑人作为目标扩大到类型化的嫌疑人"(Marx 2001)。在智能导向的警务模式中受到监视和控制的人群在"净扩大",这被当下无处不在的所谓"新监视"技术推动和加速。对大规模监视和数据留存的普遍批评是,它使"所有公民都成为嫌疑人",而且这本身通常就被认为是令人反感的。[③]犯罪控制系统已经出现,与传统刑事司法系统并行运作。这一并行系统将所有公民看成是可疑的,其监视不是基于个人化而是泛在化的怀疑进行预测。它提出了加强版监视、控制措施、惩罚措施,并将公民列入黑名单——有时基于秘密情报,甚至没有与当事人沟通,缺乏司法监督的情况,也没有提供任何救济机制(Sullivan and Hayes 2011)。

近年来,为了利用科学进步,立法变革已经在双重危险原则上取得了重大进展。[④]持续不断的科学技术进步将继续增加以下可能性:发现被告无罪释放时仍存在未知的新的和令人信服的证据。这种发展模糊了被宣告无罪的人和嫌疑人之间的界限,破坏了传统模式中固有的终局性。这一并行系统在输入和输出端点都挑战了刑事司法系统的外部边界;绕过了刑事司法系统的程序框架以及公民、嫌疑人、被告人、囚犯和无罪释放者之间的区别。

我们目睹了刑事司法系统之内的程序性基础设施在同时解体。由技术和科学创新强化的上述精算趋势的结果是,传统的执法制度已经"从调查性制度转变为控告和存储制度"(Jackson 2008:272)。一旦发现并确证了不法行为,司法可以通过使用传统的警告、对失范行为施加固定惩罚等手段来立即实现,而不是像停车或超速罚单。在技术的辅助下,传统上一直保持很强独立性的刑事司法程序的调查和缓刑阶段,如今已合并为一个几乎没有人为判断或参与的程序。

在一些警务和处罚领域,自动化现在已成为常规。以机动车牌照调查和保险调查为例。在英国,据估计警方每天都会查获大约 500 辆汽车,警察有合理理由相信这些车是在没有保险的情况下驾驶的(McGarry 2011:220;Motor Insurers' Bureau 2010)。

---

③ 例如参见来自 McCartney (2007) 的引用。

④ Criminal Justice Act 2003, Part 10.

这种干预可以来自常规的警察检查，或者现在被整个英国警队广泛使用的专门"整治"行动。整个过程涉及对车辆使用自动车牌识别系统（ANPR）进行检查，随后再次与警察国家计算机数据库（与汽车保险数据库 MID 相连）和驾驶员和车辆许可机构（DVLA）相连接进行交叉检查，以确定是否有保险记录（Kinsella and McGarry 2011）。如果没有，汽车挡风玻璃上会被贴上一张大贴纸，说明该车"因驾驶没有保险被警察抓获"，该车会立即被装上拖车并被运到车管所。通过高度自动化，违法行为被监视、调查、检测和证明，"违法者"由此受到惩罚、被贴上标签和羞辱。点点滴滴连在一起，道路警务不久将是一个系统，其中连接到计算机的摄像头自动读取机动车牌照、识别驾驶员和前座乘客的面部、检测车辆的速度、将这些数据连到许可证和犯罪数据库上、发布处罚和部署人员叫停车辆并将其从道路上移除。在"物联网"背景下，各种设备通过计算机网络互联互通。可以想象在未来的世界里，人们受到调查，针对他们的证据被收集，有罪判决会被做出，并在没有人类参与的任何情况下做出罚款。

有充分的理由预计，"自动化司法"将很快在普通街头警务中占据突出地位。如上所述，受风险技术启发，预先接触的做法现在渗透到所有层次的警察活动中（Hudson 2003）。新装置，例如体戴式摄像头和安装在车辆中的摄像头，能够使警察以前所未有的方式记录与公众的接触。通过这些设备收集的证据是有说服力的，并由警方和嫌疑人即刻审核。推出量身定制的计算机平板电脑将能立即访问所有警方的和其他数据库——不论是国内还是跨国——获取所有事项信息：从犯罪记录的姓名、面部、指纹、DNA 以及犯罪情报、许可、保险、福利和其他个人信息。

警察领导层的愿景是"利用数字化将刑事司法系统从最初的犯罪报告到法庭出庭都连在一起，提供端到端服务"（Hogan-Howe 2015）。执法中采用的技术被视为"从数字技术和更智能的工作方式中获益"，包括"服务质量"、生产力、效率和效能的提升（Hogan-Howe 2015）。大都会警务专员朝向"真正的数字警察部队"的追求实际指向了自动化司法的方向。

716

六　对刑事司法价值的影响

20 年前，米尔伊安·达玛什卡建议：

> 英美程序法环境很难适应科学信息的使用……证据的科学化很可能会加剧传统程序性安排中目前的轻微摩擦。应该在这一基础上关注它们的进一步恶化。（1997: 147）

上述勾勒出的发展将传统的审判概念视为"一个高潮事件",并提出公共审判是否保留其作为刑事诉讼中心地位的问题(Damaška 1997:145)。在促进和加速刑事司法系统架构的巨大变革方面,这些新技术发展引起了程序合法性的紧迫问题。例如:证据的可靠性和准确性将如何以及在何种阶段受到挑战?正当程序保障(诸如无罪推定、沉默权、行使警察权的合理怀疑要求、在合理时间内获得审判的权利、平等辩护原则和对抗权)的命运是什么?所有这些都在传统刑事司法模式的程序性要素中表达出来,但在自动化的刑事司法系统中却是有问题的。

不幸的是,正如麦加里(McGarry)所指出的那样,自动警务系统——例如调查未保险的驾驶行为——倒置了举证责任,有时还会犯错误,使用起来较为笨重,几乎没有保障措施或纠正错误的手段,并且对以这种方式受到惩罚和羞辱的无辜者有重大影响(McGarry 2011)。维根(Wigan)和克拉克(Clarke)在一篇关于"大数据"的意外后果的文章中总结了上述趋势和技术对正当程序构成的挑战:

> 决策制定基于难以理解和低质量的数据,尽管如此,这些数据仍被视为具有权威性。后果包括:不明确的指控、未知的指控者、举证责任的倒置,以及由此对正当程序的否认。进一步扩展则包括事前歧视和有罪预测,以及普遍存在的怀疑气氛。弗兰兹卡夫卡可以绘制出这幅图景,但无法预见到启用技术的具体细节(2013:52)。

这一段话和刑法学者对"加速司法"的批评暗示了,这种司法过程未能作为国家机构与嫌疑人进行互动,以及存在着基于不准确和不受挑战的证据就将人视为有罪的风险(Jackson 2008)。

到目前为止,数据挖掘和画像在其行为预测中并不可靠。正如丹尼尔·沙勒夫(Daniel Solove)观察到的那样,鉴于大多数公民都受到数据挖掘技术的影响,即使非常小的假阳率(1%)也会导致大量无辜的人被标记为可疑(Solove 2008:353)。就像瓦尔塞密斯·米特斯雷加斯(Valsamis Mitsilegas)指出的,许多人没有可能知道,更不用说对这种评估(例如,就他们被标记为可疑行为的场景)提出抗议(2014)。即使他们这样做,算法包含的假设也可能不仅有误,而且也很难发现,因为它们"隐藏在计算机代码的架构中"(Solove 2008:358)。法律从业者已经表达了对"不会犯错的氛围"的关注,这种气氛围绕在通过数学生成的信息周围,阻止了尝试理解如何产生结果的过程并抑制对其精确性的挑战(Eckes 2009:31)。

由于出错对国家(就合法性和财务成本而言)和个人(就羞耻、财务损失或剥夺自由而言)的成本都很高,刑事定罪就需要高度准确性和确定性(必须证明该案件超越合理怀疑)(Roberts and Zuckerman 2010:17)。在画像分析可疑行为方面需要考虑的问题是要计算出出错给国家和个人带来的成本。此类评估不仅应考虑单独进行额外调查或列入黑名单、以及造成的拒绝服务等成本（Ramsey 2014），还应考虑对诸如结社自由和隐私权等权利的更抽象的影响，因为用于生成画像的大部分数据都来自合法行使这些权利的行为（Solove 2008：358）。

执法人员可能并不总是意识到新技术存在错误的可能性，从而愿意将判断和决策托付给技术。法律制度经常错误地评估科学证据的相关性（Marks 2013）和可靠性（Law Commission 2011）。人们已经对所谓的 "CSI 效应"（关于警察、司法机构和陪审团对法庭证据科学的错误尊重）表达了关注。如果法院被视为遵从专业知识，学者们同样一直在关注判决合法性的脆弱："下述担忧正在蔓延：法院在没有政治合法性的条件下，秘密地将决策权力委托给局外人（专家）。法院的名义上的仆人是否变成了它隐藏的主人?"（Damaška 1997：151）。根据罗伯茨和扎克曼的观点，如果这种对遵从科学和技术的担忧被证明是有根据的，那么这就相当于对刑事审判程序进行了彻底的调整（2010：489）。完全依赖科学代表了 "放弃法律责任"（Alldridge 2000：144）。

很清楚，如果刑事司法系统的程序、技术和结果易于被广泛地理解，它将获得公众更多的支持。而这受到日益自动化司法系统的破坏，该系统严重依赖于科学程序、数学计算和技术设备。统一数据收集和永久数据留存的前景对刑事司法模式产生了若干影响。刑事司法系统的目的不是广播有关轻微犯罪的信息，在许多国家，犯罪记录系统在进行犯罪记录核对时会主动忽略旧的犯罪行为。因此，该系统有利于宽恕和恢复，而不是永久地将人们贴上罪犯的标签。肆意的数据留存与这些建设性目标相冲突（Wigan and Clarke 2013：51）。

718

七　解决挑战

挑战在于如何确保 "自动化司法" 保留 "司法" 的特征，并符合公平审判权利。一方面，传统模式中的刑事司法价值受到挑战，另一方面，犯罪控制的平行模式的出现可能导致国家入侵和胁迫的程度超过传统刑法。预测性大规模监视（与有针对性的回应性监视相反）在很大程度上不受刑事司法程序的监管，而且由于数据无限期存储，可以说对隐私权更具侵入性。这种监视大部分的合法性还远未明朗。欧洲人权法院和欧洲法院的判决清楚地表明，仅仅留存个人数据，无论其如何处理，都构成对隐私的侵犯（*S and Marper v United Kingdom* 2009：para 67）。法院还判定，黑名单制度必须符合基本权利，包括《欧洲人权公约》第 6 条所保障的辩护权（*Yassin Abdullah Kadi and Al Barakaat International Foundation v Council and Commission* 2008）。米雷利·海德布朗特（Mirelle Hildebrandt）将刑事诉讼的基本原则描述为不应被视为理所应当的历史人工制品。相反，它们应该被承认为任何自由民主国家——包括由复杂技术运作的——必须依赖的基础（Hildebrandt 2008）。[⑤]我们认为有三种方法可以解决自动化司法对传统上刑事诉讼中所体现的基本价值所构成的挑战：（1）将程序性要求扩展到传统刑事司法模式之外；（2）将刑事司法价值纳入快速发展且极具竞争力的数据保护法领域；（3）将数据保护法的经验教训纳入刑事司法系统。

（一）扩展刑事司法模式的范围

鉴于各种替代处置措施和新技术的广泛应用，可以说刑事调查、起诉和定罪的

[719] 威胁不再是国家最具强制力的部分，而且公民／嫌疑人和嫌疑人／罪犯之间的区别也不再成立。正如利兹·坎贝尔（Liz Campbell）令人信服地主张，"这可能意味着一些与刑事审判有关的传统保护措施，严格来说，在更广泛的语境下是有价值或必要的"（2013：689）。由于监视性、调查性、证明性和惩罚性的权力已经从刑事司法系统迁移出来，现在在整个社会中得到更广泛的扩散，因此需要与之相关的正当程序保护措施。一些学者和法院已经认识到将司法监督和正当程序保障措施扩展到监管潜在的惩罚性措施（诸如观察名单）（Ramsey 2014）。

无处不在的新监视提出了成为嫌疑人究竟意味着什么的问题。一些学者将问题思考的很严重，以至于声称"嫌疑人的概念现在已彻底改变，因为我们不再能够将其限制在司法意义上"（Bauman and others 2014：138）。利兹·坎贝尔认为，我们应当在其司法意义上重新诠释嫌疑人的概念，将其扩大到涵盖一种"临时类别嫌疑人"（Campbell 2010：898），适用于那些受到国家特别对待的方式表明他们并非"完全无辜"（*S and Marper v United Kingdom* 2009: 89）。设定该临时类别是为了留存大规模特定目标人群的信息，以他们所构成的风险为前提。"初始嫌疑人"的地位可能会带来一定程度的嫌疑人权利。除了对无罪推定进行扩展解释之外，这种对嫌疑人的重新定义表明，成为嫌疑人的核心是与他人区别对待。然而，有可能将嫌疑人的概念与罪犯的概念混为一谈，这本身就反映了如下紧张关系：无罪推定的适用与其适用于审前措施和审判当中的程度，更不用说最近关于将其扩展到替代处置措施的辩论。

罪犯的待遇与那些甚至不是嫌疑人的待遇之间明显相似性在 *S and Marper v United Kingdom*（2009）案中为隐私权打下了基础，该案限制了留存实施犯罪以外的人的 DNA。但是，只有在人们受到与"完全无辜"的人不同对待，适用保护无罪推定进行保护的合乎逻辑的结论没能在长时段中保护隐私，如果公民都受到不同形式的大规模监视和数据留存。除了进一步探索支持无罪推定的价值观——特别是在其可能

---

⑤　我们从米雷利·海德布朗特关于在一个智能环境下如何维护宪政民主成就的讨论（2008: 167）借用了这一术语。

适用于看起来像刑事处罚的监管措施（"交往行为"作为惩罚）之外，思考下述问题可能是有用的：即除了耻辱之外什么负面后果可以说成是成为嫌疑人的核心要素。[⑥]我们可能会考虑支持双重危险原则的价值观以获得进一步的指导。[⑦]一个支持双重危险原则的重要价值是终局性。在承认有争议的问题（即犯罪嫌疑人的犯罪）得到解决后，对嫌疑人和整个社会都有价值（Ashworth and Redmayne 2010：399）。而在没有解决方案的情况下，一个人在国家强制的永久威胁下进入一个不确定的未来，他就仍然是一个嫌疑人。毫无疑问，嫌犯的地位还有其他重要方面，对于那些寻求解决大规模监视不公正现象的人来说，这可能是有用的地方。

720

（二）在刑事司法系统中吸纳隐私和数据保护法的进展

阿尔德里奇（Alldridge）和 布朗兹（Brants）（2001：5）认为，"当主动出击的警务之重要性增加时，也应该由此关注犯罪程序中的隐私主张"。[⑧]证据学者强调了不成比例的入侵对隐私构成的威胁，其形式是下述三者的结合：不良品格证据的可接受性规则标准的放宽、对不良品格证据的宽泛定义，以及现在可在线访问的丰富个人数据。正如罗伯茨和扎克曼（Roberts and Zuckerman）（2010：599）所言，"授权当局要求被告人为他的整个生活和道德品质负责，这与自由主义的有限政府概念不相符。"由于"新监视"和"第二代"法庭证据科学的涉及范围，需要更加注意在传统刑事司法模式中保护被告的隐私权。

我们专注于隐私权，因为"隐私对主动出击的警务而言就好比正当程序原则对回应性警务一样重要"（Alldridge and Brants 2001：21）。有关警察搜查的法律的存在理由是保护公民的个人空间免受任意干涉，然而新技术通过避免传统的停止和搜查的需要而绕过了这种保障（*R v Dyment* 1988）。新的监视实践和技术，例如热成像和毫米波可以在不进行身体接触的情况下调查一个人拥有的物品，主人甚至不会意识到他们正在被"搜查"。使用个人通信中的元数据"有可能创建一个忠实而详尽的地图，其中包含了完全构成其私人生活一部分的人的大部分行为，甚至可以完整准确地描述其私人身份"（*Digital Rights Ireland Ltd v Minister for Communication* [2014]，Opinion of AG Villalon：para 74）。

发挥调查和监视等新技术手段的有效性和实用性的同时防止隐私入侵的侵害，这种有效平衡标准尚处于起步阶段。因此，隐私的概念迫切需要澄清，以确保旨在保护隐私的法律得到有效应用并能跟上技术创新的步伐（Royal Academy of Engineering

---

⑥　对无罪推定的详细解释，包括对"无罪"基本概念的探讨，以及这一假定在保护被告免受刑事诉讼过程之苦的历史作用，参见 Stuckenberg (2014)。

⑦　对其价值基础的解释，例如参见 Roberts (2002a, 2002b) and Dennis (2000)。

⑧　Alldridge and Brants (2001: 5); 关于对在刑事诉讼理论和实践中容纳隐私权的可能的范围，也参见 Borts (2001)。

2007；Metcalfe 2011：99）。学者们面临的挑战是在这种语境下澄清隐私的概念。初步的任务是制定一系列侵入性指标。⑨ 通过对公众态度的调查，已经进行了若干尝试来衡量各种潜在侵犯隐私的相对干扰性。⑩ 另一种方法是动用有关非法侵犯的刑法。这利用了"背景社会规范"来描绘个人空间的边界并确定任何入侵的程度（*Florida v Jardines* 2013：7）。非法侵犯不包括"日常接触"或"普遍接受的行为标准"，例如在拥挤的火车上撞到某人或者敲击肩膀上的某人以告知他们掉了东西（*Collins v Wilcock* 1984）。在一个新的数字通信世界中，我们个人生活现在如此多地以数字格式进行（Roux and Falgoust 2013），而这些背景社会规范仍处于萌芽阶段。隐私权与数据保护法之间存在"明显的联系"，这种关系以及在数据保护法中保护隐私的潜力已在其他地方详细研究过（Stoeva 2014）。

由于《95 数据保护指令》对追求犯罪预防和安全活动的广泛豁免（Bignami 2007）以及《2008/977 / JH 关于在警察和刑事司法合作框架内处理的个人数据保护和犯罪事务中的司法合作》理事会框架决议的有限范围（仅限于成员国之间处理个人数据），情报和执法官员在很大程度上未受到早期数据保护法规的影响。

《一般数据保护条例》（2016/679）于 2016 年 5 月 24 日发布，自 2018 年 5 月 25 日起生效。与其前身（《1995 数据保护指令》，以下简称"95 指令"）一样，这一数据保护条例不适用于执法行为，而是在指令 2016/680 设定的新的数据保护框架下单独处理。该指令废除了理事会框架决议 2008/977 / JHA，欧盟成员国将不得不在 2018 年 5 月 6 日之前将其转换为国内法。这一新指令确实适用于带有执法目的以及跨境处理的国家数据处理行为，但学者们质疑"警察和司法部门的处理方式与其他部门的区别和不同"（Cannataci 2013）。关于《一般数据保护条例》在多大程度上成功应对"21 世纪的计算转向"以及由此隐含的"大规模的、复杂的、多用途形式的匹配和挖掘泽字节数据"的辩论，对于日益自动化的刑事司法系统而言十分相关（Koops 2013：215）。

对警察和法院对刑事司法系统中科学和技术的尊重的关切，以及行使"95 指令"关于在处理个人数据时保护个人的第 15（1）条的起草者实践之间，有明显的相似之处。第 15 条赋予每个人不受如下决定约束的权利：完全基于数据的自动处理、对他们产生法律效力或对他们产生重大影响的决定。这是数据保护法首次尝试直接应对自动化画像分析。⑪ 根据"95 指令"第 12（a）条，每个数据主体都有权从控制者那里获得"与他有关的数据的任何自动化处理所涉及的逻辑问题的知识"。即：

---

⑨　Alldridge and Brants (2001: 21) 试图这样做。

⑩　例如参见 Slobogin (2007)。

⑪　第 15 条授予每一个人不受对其产生法律效力或对其有重大影响的决定影响的权利，该决定仅基于旨在评估与其有关的某些个人方面的数据的自动化处理。

一种对其产生法律后果或者对其产生重大影响的决定，而且做出此类决定唯一的基础在于对与其有关的某些个人方面如工作表现、信用度、可靠性、行为操守等进行评估的数据的自动化处理 ["95 指令" 第 12（a）和第 15（1）条]。

95 指令第 15 条的起草人表达了如下关注："决策过程的自动化日益增加，导致所达成决定的有效性的自动接受，同时减少了人类的调查和决策责任"（Bygrave 2001：18）。上文讨论了与"按钮取证"相关的类似问题，并且在司法上不愿单独根据统计证据对被告定罪的情况也可以发现同样的不适，一些证据学者认为这是一种令人憎恶的前景，因为它是"错误的证据类型"（Duff 1998：156）。第 15 条所涉及的关切与促进刑事程序所载保护的动机之间存在着进一步的共鸣，这可以包含在以人道（甚至人类！）待遇原则维护人的尊严的关注中。第 15 条旨在"保护数据主体的利益，使其参与制定对其具有重要意义的决定"（欧洲共同体委员会 1990：29）。传统刑事司法模式中的刑事诉讼规则同样具有这一目标。最近欧洲法院对传闻的裁决重新激起了关于"对抗权"的含义和重要性的辩论（O'Brian Jr 2011；Redmayne 2012）。这种权利——与原告对质的权利——与"自动化的指控者"的前景相比有多好？（Wigan and Clarke 2013：52）。

《一般数据保护条例》（2016/679）复制并加强了有关仅基于自动化处理的决定的规定（第 13、21 和 22 条）。

数据保护立法的这一要素被描述为特别适合于加强结果 / 决策的透明度，但是它被批评为仅限于应用于完全自动化的决策上面（Koops 2013：211）。数据控制者有义务提供有关自动化决策处理是否存在的信息、相关重要性、预想后果，这些已被描述为提供了一个潜在"革命性"步骤，从而在画像分析的实践上保持平衡（Koops 2013：200）。然而，该法规被批评为将其重点放在事前流程透明度上，未能将其范围扩大到事后结果 / 事件 / 决策的透明度（Koops 2013：200）。人们在以"理解哪些数据和哪些权重因素对结果负责"的形式提倡更大的决策透明度，其理由在于这会使基于其分析的决策得到有效挑战或修订，而不是主体意识到他们参与提供数据（Koops 2013：213）。

2016 条例第 11 条（执法部门的数据保护处理）要求成员国禁止仅基于自动处理的决策，包括画像分析，在没有包含"适当保护措施"的合法授权的情况下产生不利或其他"重大影响"（包括"至少是控制者获得人为干预的权利"），并且禁止根据某些特殊的个人数据类别（"2016 年条例"第 11 条）导致歧视的画像分析。目前尚不清楚还有哪些额外的适当保障措施，以及是否还有其他强制性保障措施。这些保护措施是否仅适用于基于自动化流程的决策？那么基于半自动化流程和人为判断的决定呢？目前尚不清楚根据该指令什么将被视为"重大影响"。如果处理的后果是警察搜查的风险增加，这是否会构成"重大影响"？在是否对数据采取行动并进行搜索时，是否可以根据人为判断进行操作（意味着该决定不是基于自动化处理的）？该指令未提及披露自动化处理逻辑的任何义务。公民是否有权了解将车辆标记为可疑的决策背后的逻辑？（Koops 2013）

最近对英格兰和威尔士《刑事诉讼规则》关于专家证据的修改（按照法律委员会建议的方针）试图确保无论专家意见在审判时是否被接纳，该意见的依据都应当是普通人可理解的。在调用替代处置方法的情况下，决策透明度被混淆，且如上所述，特别是在所得出的推论基于复杂算法的情况下，即使执行决策的人也可能不了解所使用的推理过程细节。在缺乏算法透明度的情况下，司法失误将更难以发现。

（三）在快速发展和高度争议的数据保护法律领域中纳入刑事司法价值

围绕数据保护法规适用于执法的程度存在广泛的误解和含糊之处（O'Floinn 2013），但数据保护机构越来越多地利用多年来在刑法理论和实践中发展起来的"正当程序"价值观。英国信息专员最近承认，当警方的公开声明损害了无罪推定时，就会采用公平合法的数据处理原则。在 ICO 发表的一份声明中，一位发言人解释说：

> ICO 在其"＃推特上被称为饮酒司机"运动之后与斯塔福德郡警方进行了交谈。我们担心的是，把那些只是带有"饮酒司机"标签的人进行点名，就强烈暗示了对其罪行的有罪推定，我们认为这不符合《数据保护法》的公平合法处理原则。（Baines 2014）

在应用数据保护原则方面的这种进展可以在某种程度上解决坎贝尔关于将无罪推定扩展到传统模式之外的国家实践的程序性障碍，例如列入"观察名单"，以及公开预防性命令（Campbell 2013）。虽然在信息专员处理的案件中，被指控的人已被指控并正在等待审判，但无罪推定的精神可以纳入公平合法的处理原则这一事实是一个充满希望的发展。[12]

八 结论

从历史上看，政府控制公民的范围界限在刑事诉讼和证据规则中得到了最明确的阐述。这主要是因为刑法传统上为国家提供了最具强制性和侵入性的权力和机制，可

---

[12] 也参见 Civil Rights Principles for the Era of Big Data, ACLU, 2014 available at <http:// www.civilrights.org/press/2014/civil-rights-principles-big-data.html> (accessed 2 July 2015).

以用来进行监视、控制和惩罚（Bowling，Marks and Murphy 2008）。最近的技术革新加剧了传统刑事司法模式中的紧张局势，使其内部和外部边界处于崩溃的边缘。新的科学技术、数据收集设备和数学分析程序对刑事司法管理产生了深远影响。它们正在模糊应该能够期望免于国家入侵和胁迫的无辜者与"受到合理怀疑"的人之间的界限，对他们来说，某些权利可能被合理地限制。这些相同的技术也模糊了被告与被定罪者之间的界限。对证据收集、证据的准确性和证明价值的检验以及对有罪的判定进行区分的既定过程正在被自动化、临时性和程序性地压缩。与此同时，刑事司法程序的开始和结束现在变得没有限期且模糊不清，原因是大规模监视的引入和科学进步造成的"双重危险"保护的削弱，这些保护使得有可能重新审视在遥远的过去得出的结论。我们认为，这种漂移正在危及所有公民的隐私和自由，而且对"普通的嫌疑人"最有危害性。在扩大对每个人实施刑事司法保障方面可能存在保护的空间。然而，这一领域发生的技术变革的速度和深度可能超过了传统刑事司法模式——具有无罪推定、警察收集证据与法院检验证据之间的分离等——不再适用于解释刑事司法实践或限制国家权力的目的。我们最大的担忧之处在于，此种可能不受约束的现象逐渐走向以技术为驱动的自动化刑事司法程序。只有更强大的隐私权和增强的数据保护才可能为建立一个长期保护基本人权和公民自由的模式奠定更坚实的基础。我们认为，在一个日益数字化的世界中，需要进一步阐述传统的刑事司法价值观，并详细研究这些价值观如何与数据保护发展相结合，以便在新的技术驱动的刑事司法世界中提供适当的保障。

725

【参考文献】

726

Alldridge P, 'Do C&IT Facilitate the Wrong Things?' (2000) 14 International Rev of L, Computers & Technology 143

Alldridge P and C Brants, *Personal Autonomy, the Private Sphere and Criminal Law: A Comparative Study* (Hart 2001)

Ashworth A and M Redmayne, *The Criminal Process* (4th edn, OUP 2010)

Baines J, 'Staffs Police to Drop Controversial Naming "Drink Drivers" Twitter Campaign' (Information Rights and Wrongs, 2014) <http://informationrightsandwrongs.com/2014/ 01/23/ staffs- police-to-drop- controversial- naming- drink- drivers- twitter- campaign/ > accessed 25 October 2015

Bauman Z and others, 'After Snowden: Rethinking the Impact of Surveillance' (2014) 8 International Political Sociology 121

Bignami F, 'Privacy and Law Enforcement in the European Union: The Data Retention Directive' (2007) 8 Chicago Journal of International Law 233

Borts P, 'Privacy, Autonomy and Criminal Justice Rights' in Alldridge and Brants (2001)

Bosco F and others, 'Profiling Technologies and Fundamental Rights and Values: Regulatory

Challenges and Perspectives from European Data Protection Authorities' in Serge Gutwirth, Ronald Leenes, and Paul de Hert, *Reforming European Data Protection Law* (Springer 2015)

Bowling B, A Marks, and C Murphy, 'Crime Control Technologies: Towards an Analytical Framework and Research Agenda' in Roger Brownsword and Karen Yeung (eds), *Regulating Technologies: Legal Futures, Regulatory Frames and Technological Fixes* (Hart 2008)

Brodeur J, 'High Policing and Low Policing: Remarks about the Policing of Political Activities' (1983) 30 Social Problems 507

Bygrave L, 'Automated Profiling: Minding the Machine: Article 15 of the EC Data Protection Directive and Automated Profiling' (2001) 17 Computer Law and Security Review 17

727 Campbell L, 'A Rights-Based Analysis of DNA Retention: "Non-Conviction" Databases and the Liberal State' (2010) 12 Criminal L Rev 889

Campbell L, 'Criminal Labels, the European Convention on Human Rights and the Presumption of Innocence' (2013) 76 Modern Law Review 681

Cannataci J, 'Defying the Logic, Forgetting the Facts: The New European Proposal for Data Protection in the Police Sector' (2013) 4(2) European Journal of Law and Technology

Clarke R, 'Profiling: A Hidden Challenge to the Regulation of Data Surveillance' (1993) 4 Journal of Law and Information Science 403

Collins v Wilcock [1984] 1 WLR 1172

Commission of the European Communities, *'Proposal for a Council Directive concerning the protection of individuals in relation to the processing of personal data'* COM(90) 314 final ~ SYN 287, 13 September 1990 (1990)

Council Directive 95/46/EC of 24 October 1995 on the protection of individuals with regard to the processing of personal data and on the free movement of such data [1995] OJ L281/31 (Data Protection Directive)

Damaska MR, *Evidence Law Adrift* (Yale UP 1997)

Deleuze G and F Guattari, *A Thousand Plateaus: Capitalism and Schizophrenia* (Athlone Press 1988)

Dennis I, 'Rethinking Double Jeopardy: Justice and Finality in Criminal Process' [2000] Crim LR 933

Department of Constitutional Affairs and Attorney General's Office, 'Delivering Simple, Speedy, Summary Justice' (2006)

Digital Rights Ireland Ltd v Minister for Communication [2014] Cases C-293/12 and C-594/12(Opinion of AG Villalon)

Dewan S, 'Judges Replacing Conjecture with Formula for Bail' (*New York Times*, 26 June 2015) <www.nytimes.com/2015/06/ 27/ us/ turning-the- granting- of- bail- into-a-science. html> accessed 25 October 2015

Dhami M and P Ayton, 'Bailing and Jailing the Fast and Frugal Way' (2001) 14 Journal of Behavioral Decision Making 141

Duff R, 'Dangerousness and Citizenship' in Andrew Von Hirsch, Andrew Ashworth and Martin Wasik (eds), *Fundamentals of Sentencing Theory: Essays in Honour of Andrew von Hirsch* (Clarendon Press 1998)

Duff R and others, *The Trial on Trial: Towards a Normative Theory of the Criminal Trial, Volume 3* (Hart 2007)

Eckes C, *EU Counter- Terrorist Policies and Fundamental Rights: The Case of Individual Sanctions* (OUP 2009)

Ericson R and K Haggerty, *Policing the Risk Society* (OUP 1997)

Feeley M, 'Origins of Actuarial Justice' in Sarah Armstrong and Lesley McAra (eds), *Perspectives on Punishment: The Contours of Control* (OUP 2006)

Feeley M and J Simon, 'The New Penology: Notes on the Emerging Strategy of Corrections and Its Implications' (1992) 30 Criminology 449

Feeley M and J Simon, 'Actuarial Justice: The Emerging New Criminal Law' in David Nelken (ed), *The Futures of Criminology* (SAGE 1994)

Fenton N, 'Effective Bayesian Modelling with Knowledge before Data' (2013) ERC Advanced Grant 2013 Research proposal [Part B1] *Florida v Jardines*, 569 US (2013)

Forensic Access, 'Streamlined Forensic Reporting (SFR)—Issues and Problems' (2014) <www. 728 forensic- access.co.uk/ streamlined- forensic- reporting- sfr-problems- issues.asp> accessed 19 May 2014

Foucault M, *Discipline and Punish: The Birth of the Prison* (Pantheon 1977)

Garland D, ' "Governmentality" and the Problem of Crime: Foucault, Criminology, Sociology' (1997) 1 Theoretical Criminology 173

Garland D, *The Culture of Control: Crime and Social Order in Contemporary Society* (OUP 2001)

Haggerty K, 'Technology and Crime Policy' (2004) 8 Theoretical Criminology 491

Haggerty K and R Ericson, 'The Surveillant Assemblage' (2000) 51 British Journal of Sociology 605

Hilbert M, 'How Much Information Is There in the "Information Society"?' (2012) 9 Significance 8

Hildebrandt M, 'Ambient Intelligence, Criminal Liability and Democracy' (2008) 2 Criminal Law and Philosophy 163

Hogan-Howe B, '2020 Vision: Public Safety in a Global City' (Speech at Royal Society of Arts, 12 March 2015)

Hudson B, *Justice in the Risk Society: Challenging and Re- affirming 'Justice' in Late Modernity* (SAGE 2003)

Iszatt A, 'Fingerprints: The Path to the Soul' (*Police Oracle*, 2 May 2014) <www.policeoracle. com/ news/Investigation/2014/ May/02/Fingerprints- The- path- to- the- soul_81363.html/ technology> accessed 25 October 2015

Jackson J, ' "Police and Prosecutors after PACE": The Road from Case Construction to Case Disposal' in Ed Cape and Richard Young (eds), *Regulating Policing: The Police and Criminal Evidence Act 1984 Past, Present and Future* (Hart 2008)

James J and P Gladyshev, 'Challenges with Automation in Digital Forensic Investigations' (2013) <http://arxiv.org/abs/1303.4498> accessed 25 October 2015

Joh E, 'Policing by Numbers: Big Data and the Fourth Amendment' (2014) 89 Washington L Reform 35

Jones C, 'Auditing Criminal Justice' (1993) 33 British Journal of Criminology 187

Kerr I and J McGill, 'Emanations, Snoop Dogs and Reasonable Expectations of Privacy' (2007) 52 Criminal Law Quarterly 392

Kinsella C and J McGarry, 'Computer says No: Technology and Accountability in Policing Traffic Stops' (2011) 55 Crime, Law and Social Change 167

Koops B-J, 'On Decision Transparency, or How to Enhance Data Protection after the Computational Turn' in Mireille Hildebrandt and Katja de Vrie (eds), *Privacy, Due Process and the Computational Turn: The Philosophy of Law Meets the Philosophy of Technology* (Routledge 2013)

Law Commission, *Double Jeopardy*, Consultation Paper No 156 (1999) 37

Law Commission, *Expert Evidence in Criminal Proceedings in England and Wales* (Law Com No 325, 2011)

Leopold G, 'Can Big Data Help Dispense Justice?' (*Datanami*, 12 December 2014) <www. datanami. com/2014/12/12/can-big-data-help-dispense-justice/> accessed 25 October 2015

Lyon D, *Surveillance as Social Sorting: Privacy, Risk, and Digital Discrimination* (Psychology Press 2003)

McCartney C, 'Universal DNA Database Would Make Us All Suspects' *New Scientist* (19 September 2007)

McGarry J, 'Named, Shamed, and Defamed by the Police' (2011) 5 Policing 219

Macnish K, 'Unblinking Eyes: The Ethics of Automating Surveillance' (2012) 14 Ethics and Information Technology 151

Maguire M, 'Policing by Risks and Targets: Some Dimensions and Implications of Intelligence- led Crime Control' (2000) 9 Policing and Society: An International Journal 315

Marks A, 'Expert Evidence of Drug Traces: Relevance, Reliability and the Right to Silence' (2013) 10 Criminal L Rev 810

Marx G, 'Technology and Social Control: The Search for the Illusive Silver Bullet' (2001) International Encyclopedia of the Social and Behavioral Sciences

Marx G, 'Surveillance and Society' in Ritzer G (ed), *Encyclopedia of Social Theory* (SAGE 2005)

Marx G, 'The Engineering of Social Control: Policing and Technology' (2007) 1 Policing 46

Metcalfe E, *Freedom from Suspicion: Surveillance Reform for a Digital Age: A Justice Report* (Justice 2011)

Mitsilegas V, 'The Value of Privacy in an Era of Security: Embedding Constitutional Limits on Preemptive Surveillance' (2014) 8 International Political Sociology 104

Motor Insurers' Bureau, 'Welcome to the Motor Insurers Bureau' (2010) <www.mib.org.uk/ Home/en/ default.htm> accessed 8 July 2015

Murphy E, 'The New Forensics: Criminal justice, False Certainty, and the Second Generation of Scientific Evidence' (2007) 95 California L Rev 721

O'Brian W, Jr 'Confrontation: The Defiance of the English Courts' (2011) 15 International Journal of Evidence and Proof 93

O'Floinn M, 'It Wasn't All White Light before *Prism*: Law Enforcement Practices in Gathering Data Abroad, and Proposals for Further Transnational Access at the Council of Europe' (2013) 29 Computer L and Security Rev 610

O'Malley P, 'Volatile and Contradictory Punishment' (1999) 3 Theoretical Criminology 175 Orwell G, *1984* (Secker & Warburg 1949)

Osborne D and T Gaebler, *Reinventing Government: How the Entrepreneurial Spirit is Transforming Government* (Addison-Wesley 1992)

Packer H, *The Limits of the Criminal Sanction* (Stanford UP 1968)

Palmer A, 'When It Comes to Sentencing, a Computer Might Make a Fairer Judge Than a Judge' (*The Telegraph*, 21 January 2012) <www.telegraph.co.uk/news/uknews/law-and- order/9029461/ When-it-comes- to-sentencing- a-computer- might-make- a-fairer-judge- than-a-judge.html> accessed 2 November 2015

Ramsey M, 'A Return Flight for Due Process? An Argument for Judicial Oversight of the NoFly List'

729

(2014) <http://ssrn.com/abstract=2414659> accessed 4 November 2015

Redmayne M, 'Confronting Confrontation' in Paul Roberts and Jill Hunter (eds), *Criminal Evidence and Human Rights: Reimagining Common Law Procedural Traditions* (Hart 2012)

R v Dyment [1988] 2 SCR 417

Rhodes RA, 'The Hollowing Out of the State: The Changing Nature of the Public Service in Britain' (1994) 65 Political Quarterly 138

Roberts P, 'Double Jeopardy Law Reform: A Criminal Justice commentary' (2002a) 65 MLR 93   730

Roberts P, 'Justice for All? Two Bad Arguments (and Several Good Suggestions) for Resisting Double Jeopardy Reform' (2002b) 6 E&P 197

Roberts P and Zuckerman A, *Criminal Evidence* (2nd edn, OUP 2010)

Rose N, 'Government and Control' (2000) 40 British Journal of Criminology 321

Rose N and P Miller, 'Political Power beyond the State: Problematics of Government' (1992) 43 British Journal of Sociology 173

Roux B and M Falgoust, 'Information Ethics in the Context of Smart Devices' (2013) 15 Ethics and Information Technology 183

Royal Academy of Engineering, 'Dilemmas of Privacy and Surveillance: Challenges of Technological Change' (2007)

S and Marper v United Kingdom (2009) 48 EHRR 50

Select Committee on the Constitution, *Surveillance: Citizens and the State* (HL 2008-2009, 18-I)

Sherman L, 'The Rise of Evidence-based Policing: Targeting, Testing, and Tracking' (2013) 42 Crime and Justice 377

Slobogin C, *Privacy at Risk: The New Government Surveillance and the Fourth Amendment* (University of Chicago Press 2007)

Solove D, 'Data Mining and the Security-Liberty Debate' (2008) 75 University of Chicago Law Review 343

Stoeva E, 'The Data Retention Directive and the right to privacy' (2014) 15 ERA Forum 575-592

Strange S, *The Retreat of the State: The Diffusion of Power in the World Economy* (CUP 1996) Stuckenberg, C-F, 'Who Is Presumed Innocent of What by Whom' (2014) 8 Crim Law and Philos 301-316

Sullivan G and B Hayes, *Blacklisted: Targeted Sanctions, Preemptive Security and Fundamental Rights* (European Center for Constitutional and Human Rights 2011)

Van Dijck J, 'Datafication, Dataism and Dataveillance: Big Data between Scientific Paradigm and Ideology' (2014) 12 Surveillance and Society 197

Wey T, DT Blumstein, W Shen, and F Jordan, 'Social Network Analysis of Animal Behaviour: A Promising Tool for the Study of Sociality' (2008) 75 Animal Behaviour 333

Wigan M and R Clarke, 'Big Data's Big Unintended Consequences' (2013) 46 Computer 46

Yassin Abdullah Kadi and Al Barakaat International Foundation v Council and Commission [2008] ECR I-6351

Young R, 'Street Policing after PACE: The Drift to Summary Justice' in Ed Cape and Richard

Young R (eds), *Regulating Policing: The Police and Criminal Evidence Act 1984 Past, Present and Future* (Hart 2008)

Zedner L, 'Security, the State, and the Citizen: The Changing Architecture of Crime Control' (2010) 13 New Criminal Law Review 379

第三十章
监视理论及其法律意涵

特克·蒂曼（Tjerk Timan）
马萨·加里奇（Maša Galič）
伯特－贾普·库普思（Bert-Jaap Koops）①
胡　凌　译

一　导言

731　　　监视是当代社会中的重要现象，足以引发一个独立研究领域发展：监视研究。该领域汇集了各类学科的视角和发现，包括社会学、政治科学、地理学、计算机和信息科学、法学和社会心理学。虽然法学研究和治理研究都对监视研究产生了影响，但监视在法律和监管中的意涵尚未成为监视理论的一个组成部分。相反，监视研究所洞悉了解的，已经远远超出了全景敞视理论所包含的基本观念（而法律和监管学者仍主要仅仅把全景敞视理论与监视联系在一起），但尚未很好地纳入法律和监管学术研究。本章的目的是提供监视理论的概述，并强调该领域对于理解和发展法律和监管框架的重要性。我们从三个阶段对监视提供一个理论说明（第2节），讨论监视技术和实践的一
732　些关键要素（第3节），并从中为总体上的法律和监管提供一些教训（第4节）。

二　监视理论

　　　尽管在20世纪90年代中期，监视仍然被认为只是"惊悚小说或科幻电影的支柱"

---

　　① 特克·蒂曼、马萨·加里奇和伯特－贾普·库普思分别是荷兰蒂尔堡大学的蒂尔堡法律、技术和社会研究所的博士后研究员、博士研究员和监管与技术教授。

（Petersen 2012：7），现在它已成为一个家喻户晓的词汇。然而，监视的含义存在相当大的模糊性。监视的日常用法和字典定义似乎只能捕获当前监视的部分现实情况。监视通常被定义为"密切观察，特别是针对可疑人员"，或"仔细观察某人或某事的行为，特别是为了预防或发现犯罪"。②然而，今天的大多数监视技术并非特别针对可疑之人，而是不加区分和无处不在地适用于每个人、每个场景中。适用于全部的空间、时间、网络和人群（Marx 2002：10）。核心监视理论家大卫·里昂（David Lyon）提出了这样一个定义：监视是"为了影响、管理、保护或指导的目的而对个人细节进行集中、系统和常规的关注"（Lyon 2007：14），而哈格蒂和埃里克森（Haggerty and Ericson）（2000：3）将监视定义为"收集和分析有关人口的信息以管理其活动"。但要了解监控实际上包含了什么，我们需要更深入地研究复杂的监视研究领域所产生的理论洞见。

虽然监视是一个古老的社会过程，但在过去40年，它已经成为现代主导性的组织实践（Ball，Haggerty and Lyon 2012：4）。在技术进步，物质、企业和政府基础设施有重大发展的同时，为了克服人类感官的历史局限，已经产生了"发生在权力、身份、制度实践和人际关系动态中的下游社会变革"（Ball，Haggerty and Lyon 2012：1；另见 Lyon 2002：4）。因此，监视研究的贡献是，通过经验、理论和伦理研究来阐明作为一种全新的基本社会秩序过程的"网络化"监视的本质、影响和效果（Lyon 2002：1）。获取对当下监视实践洞察力的一种方法是检查历史上的监视模式、范式和发展。在本节中，我们提供了一个关于核心监视理论和概念的简明的、按时间顺序的主题性概述，显示其按照时间顺序的发展过程，并关注当下监视实践的特征。我们通过识别出三个阶段来实现上述目标：（1）圆形监狱（也称全景监狱）与全景敞视主义；（2）后全景敞视理论；和（3）当代理论和概念，每种理论和概念的特征都是某一时期的关键特征和与当时相关的技术。

（一）第一阶段：全景监狱与全景敞视主义

虽然关于监视的零散理论在全景敞视监狱之前就产生了，例如，关于在15世纪占主导地位的宗教监视或16、17世纪的政治监视（Marx 2002：17-18），我们与边沁（Jeremy Bentham）及其在18世纪末的全景敞视设计一起开始监视理论构建的第一阶段。全景敞视监狱是最广泛使用的监视隐喻，几乎已成为它的同义词，以至于今天许多研究监视的学者主张在将监视理论化的同时废除全景敞视监狱（例如 Haggerty 2006）。鲜为人知的是边沁实际上至少设计了四个全景敞视监狱。按照布伦恩 – 恩斯特（Brunon-Ernst）（2013）的分类，除了"一般的全景监狱"[主要在 *Panoption;*

------

② 根据《牛津—韦伯斯特词典》的说法。

or the Inception-House（1786, 1790–1791）中描述] 以外，还有 "贫民的全景敞视设计"[为贫民住房而设计，但也用于改造和工作，主要在《贫民管理改善工作的纲要》（1797—1798）中描述]、"全景敞视学校"[一个全景敞视样式的日间学校，一位检查师傅可以监视学生而不被看见；主要描述在《选集》（*Chrestomathia*）（1816—1817）一书中] 和 "全景敞视设计的宪法"[也称为反转或倒置的全景敞视监狱；这是边沁的自下而上监视的想法，通过使用全景方法监视治理工作人员，以确保良好的治理，主要在 *Constitutional Code*（1830）中进行描述]。尽管这三个几乎不为人所知的全景敞视设计不仅复制了原初全景敞视监狱的想法，还提出了对第一个项目的修正版本，反映了它可以对新环境进行适应和重新配置，并举例说明了不同的全景甚至反全景的特征，但是已成为监视同义词的全景敞视监狱只是基于一般的监狱。

　　臭名昭著的一般全景监狱，就其全景特征而言，主要是一种建筑理念———一种 "空间战略"，在该空间内创造出一种不断监视的幻觉，从而通过物理设计克服时间和空间的局限。在全景敞视监狱的中心是一名督察人员，他从一个静态点观察着所有囚犯——这里的监视是静态的、自上而下的。监视的重点是 "下层阶级" ——囚犯、穷人和病人，并由国家及其机构执行。此外，监视的目标是改造个体（该人的所有方面），以创造完美和内化的纪律，使惩罚不再必要。作为功利主义哲学家，边沁在 "效用" 原则基础上运用了一种理性主义的伦理观和政府观，其中全景敞视监狱是不可分割的一部分：如果所有事物和所有人总是可见的，人们就会按使幸福最大化和预防痛苦的理性原则行事（Dorrestijn 2012：30）。然而，边沁的全景敞视安排应该被视为一种 "全景式范式"（Brunon–Ernst 2013）———众多具有各种全景与反全景特征的全景设计。虽然贫民的全景敞视设计仍然保留了主要的全景特征，但这些特征在全景学校和全景宪法中要少很多。③ 当边沁监狱意义上的全景监狱通过福柯的全景敞视主义概念而变得特别著名后，边沁借助着人们阅读福柯的著作来被理解；然而鉴于全景范式，应当把全景监狱视为比福柯所承认的更多样化和可逆的结构（至少如 Foucault 1991 所述）。

　　监视理论化的第一阶段与福柯的全景敞视主义和规训社会概念一并发展，并持续到 20 世纪 70 年代末。虽然福柯的全景敞视主义概念几乎完全基于边沁的全景敞视监狱，但他的分析不仅复原了边沁的著作，还延伸至现代社会中权力关系和网络

---

③ 对全景敞视监狱的特征与运作的更详细的描述，见 Maša Galič, Tjerk Timan, and Bert–Jaap Koops, "Bentham, Deleuze and Beyond: An Overview of Surveillance Theories from the Panopticon to Participation" (2017) 30 Philosophy & Technology 9。更多关于全景敞视类型的信息，见 Anne Brunon–Ernst, "Deconstructing Panopticism into the Plural Panopticons" in Anne Brunon–Ernst (ed) Beyond Foucault: New Perspectives on Bentham's Panopticon (Ashgate Publishing 2013); Philip Schofield, Bentham: A guide for the perplexed (Bloomsbury Academic 2009); Janet Semple, Bentham's Prison: A Study of the Panopticon Penitentiary (OUP 1993).

的更广泛视角（见 Galič，Timan，and Koops 2017）。为了突出权力关系和治理模式（Foucault 1991），福柯将（全景敞视监狱的）全景架构作为一种图形投射到社会其他部分上。在《规训与惩罚》中，他提出了对启蒙运动的批评，并表明虽然解放在思想层面上传播，但在实践中人们实际上从属于新的权力机制——现代社会中的纪律机制，伴随着逐渐密集的组织化和制度化（Dorrestijn 2012：50）。规训权力产生了温顺的个体："用没有形式的黏土，不熟练的身体，就可以建造所需的机器；姿势逐渐得到纠正；经过计算的约束在身体的每个部分缓慢地运行，掌控它，使其柔韧，并随时准备好，静静地转向习惯的自动发生"（Foucault 1991：135）。因此，纪律代表了一种通过日常化④和服从（在日常生活的隐蔽纤维中能够发现，在其中习惯、仪式和行为，以及按照规范的行为被浓缩到一起）起作用的权力，导致了道德、价值和控制的内在化，而这些是通过像精神病院、学校或军队那样的特定国家机构施加在主体身上的。当每个人都受到监视时，控制、道德和价值观就会内化。由于边沁的全景敞视监狱用于监视目的的效率和合理性，在福柯那里，它就成了一般规训系统的最终范例（Dorrestijn 2012：50）。因此，福柯的全景主义概念代表了权力关系，表现为督导、控制和纠正（也参见 Foucault 1980）。

因此，福柯的规训和全景敞视主义概念所产生的监视特征在很大程度上与边沁的全景监狱相对应。总之，监视理论中全景阶段的主要特征是： 735

1. 监视主要是物理的，局限于封闭物理空间，并且可见（尽管由于规训权力的行使使得监视变得更加分散，而且与边沁的全景敞视监狱相比，在福柯那里监视更加分散、更不可见）；

2. 监视的主要参与者是拥有其机构的国家；

3. 监视的对象是下层阶级，重点是个体及其身体；

4. 监视旨在规训；

5. 监视主要被认为是消极和有害的，尽管人们也承认其具有某些积极或赋权的方面。

（二）第二阶段：企业、网络与监视装置

监视理论的第二阶段始于 20 世纪 70 年代后期，伴随着（消费者）资本主义作为全球政治体系的兴起以及计算机和随后网络化的技术作为家用电器的出现。这个阶段可以说是"后全景"阶段，因为代表作者试图摆脱全景敞视监狱作为思考监视的主要模式，他们认为由于社会技术领域的变化，监视已经转变为不同的东西。后全景理论

---

④　福柯创造的术语"惯常化"不同于常态化，因为福柯认为习惯先于常态。这意味着个体首先要养成习惯（比如通过教育、指导或强迫）。见 <http:// 1libertaire.free.fr/3ConceptsFoucault.html>（accessed 2 May 2017）有详细的解释（法语）。也参见 Michel Foucault, The Birth of Biopolitics: Lectures at the Collège de France, 1978–1979（Graham Burchell tr, Palgrave Macmillan 2008）。

的创始人德勒兹（Deleuze），试图在 20 世纪 70 年代末到 80 年代在全景敞视监狱之外找到可以进行监视分析的地方。⑤ 德勒兹（有时与瓜塔里一起）观察到福柯式的机构及其行使规训的方式正转变成不同的监视和行使权力的模式。他声称，规训不再是治理的目标和驱动力。从规训社会到控制社会的转变已经发生。资本主义和全球化的驱动力已经在很大程度上改变了（西方）社会，以至于企业开始代表全球化社会的主要参与者，而非民族国家及其机构，后者本身也日益开始像企业一样行动。全球企业实施监视背后的主要愿景就成了从人们在日常交易中产生的日益增长的（数字的）数据中获利，并且这种新式监视开始通过网络技术远程发挥作用（参见 Galič、Timan，and Koops 2017）。

企业根本不同于民族国家，因为它不会努力实现整个社会的进步（而这是国家的假定目标）。相反，它要努力控制逐渐国际化的市场的特定方面部分（Taekke 2011：451–452）。企业通过持续不断地监控和评估市场、劳动力、战略等来实现这种控制。这种控制社会的一个重要特征是调节，这意味着它的系统和制度正在不断变化，因为有一天一套技能、商品和服务是有价值的，但随着公司利益和市场的变化，第二天可能毫无用处。这些调节发生在不透明的网络中，以至于它们通常对于这种控制的主体来说是不可见的。因此，监视不再主要是物理的、有限制的和可见的；它已经变得抽象、可用数字表示、广泛散布且不透明。此外，也不再是下层阶级吸引了监视者的注意力，而是"富有生产力的公民"，他们日益被建构成主要或仅仅是消费者，导致了消费者档案的创建，旨在塑造他们的购买行为。个体已经变得支离破碎——德勒兹（1992）称为分裂的个体——监视已经不再对作为整体存在的个体及其物理身体感兴趣，而是对来自数据痕迹的个人某些部分感兴趣：他们的数据复制品（Poster 1990）。因此，监视现在专注于构建消费者档案，以限制或控制对场所和信息的访问，从而导致提供或拒绝提供社会性补贴，例如信用评级或快速通过机场检查。

德勒兹对权力网络以及个人身体与其表征脱钩的早期洞察力令人难以置信，为近年来更多的监视研究学者提供了主要灵感和理论来源。哈格蒂和埃里克森（Haggerty and Ericson）（2000）在他们的开创性论文《监视组装》（"The surveillvant assemblage"）中发展出最重要和最流行的一种当代监视概念。尽管他们的监视性组装概念某种程度上超越了后全景理论，并且与所谓的第三阶段监视理论具有某些共同特征，但它放在第二阶段最为契合，因为其理论牢固地根植于一种看待社会的后全景观点和德勒兹—瓜塔里式概念：组装和块茎（参见 Deleuze and Guattari 1987）。德勒

（左侧页边码：736）

---

⑤　这一阶段另一个关键的最早的思想家是 Jean Baudrillard，他关于模拟的研究 [in Jean Baudrillard, Simulacra and Simulation (University of Michigan Press 1994)] 可以完美地和监视联系起来，就像 Bogard 的研究一样。见 William Bogard, The Simulation of Surveillance: Hypercontrol in Telematic Societies (CUP 1996)。

兹和瓜塔里将组装定义为"多样性的异质对象，其统一性完全来自 [它们]……作为一个功能性实体一起产生作用的事实"。除了这个功能性实体外，组装还包括了网络中基本上无限范围节点的离散流动，例如人员、机构、所有类型的数据和信息。这些流体和动态流动固定下来成为或多或少稳定和不对称的排列—组装，变成我们能看到的承载不透明的听觉上、嗅觉上、化学的、视觉上和信息的刺激性流动的设备，然后它变成支配系统，允许某人或某物指导或统治他人的行为。这种转换的必然性是通过组装这一术语进行思考的关键，因此监视组装可以被视为"记录机器"，因为其任务是捕捉、俘获或抓住流动性，并将其转换为可重复生产的事件。哈格蒂和埃里克森（Haggerty and Ericson）使用这个概念，因为他们认为当代监视的新型和不同的属性是紧急、不稳定的，缺乏可辨别的边界和负责任的政府部门，以至于无法通过集中在单一的、有局限的官僚机构或制度上来进行批判。这种监视是由将系统结合在一起的欲望驱动的，这导致了曾经的离散监视系统日益趋同化，监视能力的程度也呈指数级增加。哈格蒂和埃里克森也把监视描述为块茎式的——块茎是通过水平的地下根系统延伸到表面生长的植物，这种生长方式不同于木本植物，后者具有深根结构并通过树干上的枝条生长。这就意味着监视正在不受限制的方向上不断增长、扩散，跨越了国家和非国家机构，通过像块茎一样扩大其使用（用于控制、治理、安全、获利和娱乐的目的），特别是在新型强化的技术能力帮助下，并依靠机器制作和记录离散的观察。块茎式监视可以由多个部分、方面和行动者构成，它们不一定具有相似的意图或目标。尽管这可能对监视层级产生一定程度的均化效应，并导致新的人群受到监控（甚至是自下而上的监视），监视仍然在产生和强化社会不平等方面扮演重要角色，其主要关注点也仍旧是为企业和国家创造利润（参见 Romein & Schuilenburg 2008）。因此，监视性组装的社会控制是分布式的、形态不断变化。与德勒兹一样，监视主要集中在"人身体"的去肉身化上，哈格蒂和埃里克森将其理解为一种混合的组合，一种肉体—技术—信息的混合体 [用唐娜·哈拉维（Donna Haraway）的话来说]。数据复制品构成了另外的自我，一种"功能性混合"，其目的是对允许或拒绝访问多个领域并对人差别对待的企业和机构有用处。然而，他们还指出，监视可被视为一种积极发展，提供了娱乐、愉悦，甚至（在有限程度上）对自上而下的监视的抵抗，以及针对强权的权力。

　　企业—网络化的监视理论的主要特征是：

　　1. 监视是抽象的、可用数字表示的、再生产的（广泛和不断扩散的），通常看不见或不透明；

　　2. 监视的主要参与者是企业；即使是由国家机构执行，仍然是像公司一样行为；

　　3. 监视的对象是消费者，一个分裂的个体——被视为对企业有用（可以从数字复制品中分辨出来）的个体的特定部分；

　　4. 监视旨在控制访问权；

5. 它被认为几乎完全是消极的（尽管哈格蒂和埃里克森也承认监视的某些积极方面）。

（三）第三阶段：当代监视理论

738　　　监视理论的第三个也是最后一个阶段，涵盖了当代监视概念，其特点是在不同方向上划分出不同理论，在基于以往理论的同时更多地关注监视中的特定现象，而非建立无所不包的理论（Galič，Timan and Koops 2017）。这种差异化和特殊化表现为：监视设备、数据源、参与者、使用场景和目标，从而最终是更多的形式各异的监视，这些方面的研究正在稳定增长，也体现出多样化。自 9·11 事件以来，监视产业的规模和内容都迅速增长。这是一种对哈格蒂和埃里克森开始绘制的趋势的适应性延续。现在技术发展和使用的步伐如此迅速和不可预测，以至于监视理论和概念仍旧是零散的，需要定期重新审视。事实上，这一阶段没有人尝试（或者可能不需要）像第一阶段提供的主要监视理论那样建立一个总体理论。观察者和被观察者以及社会中的权力关系的角色正变得越来越弥散，特别是当专用监视技术与普通的可获得的消费者技术日益交织在一起的时候。前两个阶段能明确区分监视对象和主体，第三阶段则发展为一个更混乱的事件。一方面，政府和企业监控基础设施日益混合在一起使用，并使用商业的、普通的和可获得的工具（如笔记本电脑和移动电话）收集消费者 / 公民数据。与第一阶段的物理基础设施相比，这种形式的监视不那么明显和可见。另一方面，可以看到公民自发使用监控设备的情形在增加，其中同样的笔记本电脑和移动电话都配有摄像头。结果便是，随着摄像头的大量出现，在公共和私人空间中拍照、制作电影和其他形式的捕捉和记录行为正日益成为标准做法。通过数字平台记录和分享各种人类活动，为监视增添了有趣和愉悦的方面，并挑战了（但不是取代）社会中现有的监视权力关系。

　　　三个最值得注意的当代监视概念构成了当下零散的监视理论：替代性视力、反监视（逆向监视）和参与式监视。尽管从 20 世纪 70 年代末人们开始寻求后全景理论，但全景敞视监狱仍然被用作分析当前技术语境下监视的隐喻。大卫·莱昂表示，"无论是历史上还是今天的监视分析中，我们都无法逃避与全景敞视监狱的某些互动"（Lyon 2006：4）。由于各种新的（信息通信）技术导致的"观察和被观察"机制不断增加，这一隐喻可能仍然有效。尽管第二个德勒兹主义阶段强调通过数据库进行监视的虚拟和表征层次，莱昂会争辩说，福柯描述的通过全景敞视监狱行使的规训权力仍然存在：

739　它只是从用来纠正犯人的物理架构的监狱，到以生产力和效率为理由通过工作场所和政府，最后到了当下的"更柔性的娱乐和营销形式。通过真人秀节目和 YouTube，"被观看"正在成为一种社会规范，甚至是资产（观看越多越好）。莱昂称为"全景式商品"，而惠特克（Whitaker）称为"参与式全景"（Lyon 2007; Whitaker 2000）。这两个概念都试图捕捉作为一种规训形态的观察和被观察的观念，并将这一对观念投射到当下的现代表现形式上面；他们声称这些表现形式基本具有相同的全景敞视原理。类似地，拉图尔（Latour）用他的"窄景逼视"（oligopticon）概念认为，类似的全景原理仍然存在，但却通过较小的子系统和情形分散开来——一个由多个小型全景敞视监狱组成的网络，它们都具有不同的对个体的规训权力（Latour 2012：91-93）。

另一方面，9·11事件导致了（德勒兹式的）作为控制的监视快速增长，比如说以公民现在日常生活中遇到的访问门禁或检查站的形式出现。为了将这一事件及其对控制、自由和安全概念的影响概念化，毕格（Bigo 2006）创造了"门禁敞视"（BANopticon）的概念，这个概念不是指监控和跟踪个人或团体以识别不良行为，而是旨在把所有坏人挡在外面：它禁止所有那些不遵守特定社会中入境或访问规则的人。毕格指出一系列事件（最突出的是9·11袭击）已经宣布了"不安状态"和美国强加的全球"不安全"观念（Bigo 2006：49），这产生了阿甘本（Agamben 2005）说的永久性的例外或紧急状态。这还导致了"安全比遗憾要好"的言论，在这种修辞下，监视措施正扩展到有时被称为"全面的"监视，社会的每个角落都会被观察到。当新型实验性监视技术进入社会的某些部分时，这种辞令就会重现。在这种说辞下，人们无法"反对"监视。

被认为对监视结构具有长期影响的另一个进展要素是互联网。新媒体和研究监视的学者认为，我们管理生活的方式已经由此而发生了严格的改变。由于连接到数据库、服务器和屏幕为代表的互联网基础设施，其他驱动力和事件出现了，这改变了社会中监视的合法性和范围。通过互联网的镜头，学者们在我们与（VS）他们的视角之外，寻找新视角看待监视。继哈格蒂（Haggerty 2006）之后，在观察和被观察的系统中，可能会发现更多积极和得到赋权的账户。如果我们接受我们确实生活在某种形式的网络化和技术饱和的社会中，那么可以说，福柯（Foucault）已经提到过的监视装置、方法、工具和技术就不仅仅在自上而下、渴望权力的治理机构或政府手中。即使我们遵循德勒兹的推理，认为现在的企业掌握着大量增长的权力和控制，由于其不透明性和侵入性而更具威胁，但个体仍然能够抵制、拒绝或寻找替代性使用技术的方式。由于监控技术主要通过信息通信技术与消费者技术日益相结合，它们越来越容易被普通公民获得。

740

如果争议点在于多大程度上可以实现的话，那么这带来的理论上的转变是：监视没有成为"一人观察多人"的场所或行为，相反，新媒体技术遵循着"多人观察多人"的逻辑，其中的可见性通常被慎重地选择。曼恩（Mann）（2004）把这种状况叫作"逆向监视"（sousveillance）（参见 Mann and Wellman 2003），其中公民从下面观察政府机构，以监视监视者，而不是经典的自上而下的视角（监视）。虽然新媒体中分享的逻辑有其自身的经济驱动因素，但近期的发展确实暗示了（监视）技术民主化提供的另一种可能性——即进行逆向监视行为。亚布莱赫伦德（Albrechtslund）（2008）以分布式监视理念为基础，超越了曼恩创造了"参与式监视"这一术语。逆向监视者（Sous-veillors）不仅作为观察者积极参与监视，他们还自愿和有意识地参与被观察的角色。许多在线环境，尤其是社交网站，都是可被研究的有趣网站，因为这里分享了许多信仰、想法和观点。正如博伊德和埃里森（Boyd and Ellison）（2007）所描述的那样，社交网站今天在网络活动中占主导地位，由此这些地方构成了监视的新领域。然而，从这些在线场所的用户和访问者的角度看，以跟踪和被跟踪、观看和被观看、或分享和被分享的形式出现的高水平监视不一定是消极的。这种方法的附加价值是以用户为中心的监视视角。此外，这种方法允许分析监视的另一个视角，即跟踪用户的步骤和活动能够揭示出监视和可见性的其他体验。

为什么可见性对这些用户如此重要？科斯克拉（Koskela）（2004）解释说，社交网站或电视节目可以很充分地满足用户爱出风头的表现欲。通过将自己的一切都投入公共领域，这种可见性冲击了我们对透明度和权力之间的关系的思考方式；在反抗与私人事物相关的羞耻感时，表现欲得到了疏解，因为人们"拒绝谦卑"（Koskela 2004：199）。同样，在市场营销语境下，多拉基亚和兹维克认为，超级表现癖"并不是对隐私的否定，而是试图对信息外化重新控制。当消费者进入'消费领域'时，就会有人针对他们进行建立档案、分类、界定身份，而超级表现癖就应当被理解为抵制这些偷偷摸摸进行的方式"（Dholakia and Zwick 2001：13）。

当代监视理论和概念的主要特征是：

1. 监视是物理的，也是抽象的和可计算的，它既封闭又开放，既稳定又流动（Bauman 2006），既可见又不透明；

741

2. 监视的主要参与者是国家、企业和个体本身；

3. 监视的对象既有"富有生产力"的公民，也有下层阶级；既有个体的物理身体，也有分裂的个人及数字复制品；

4. 监视旨在规训和控制访问；

5. 它既被认为是有害的，又被认为是有益的，甚至是娱乐性的；

6. 监视技术与实践。

三 监视技术和实践

上述三个监视阶段涉及监视发生的不同方式；观看和被观看的这些不同方式都与用于监视的技术相关。彼得森（Petersen）（2012：10）将技术性监视概述为"使用技术性的技术或设备来检测属性、活动、人员、趋势或事件"。使用一项技术［例如，在人类操作员决定是否存在异常行为的场合使用闭路电视（CCTV）摄像头］或通过技术本身，即通过界定异常行为的规则或算法（例如，用自动车牌识别技术自动筛选"可疑"车辆），都能够发生检测行为。与监控和检测行为密切相关的是记录全过程，或关注镜头捕捉之外发生的事情。从边沁的全景敞视监狱到当前监视的数字形式，监视行为威胁监视对象要做好事或根据系统的规则行事，否则将面临潜在后果。只有存在某种形式的记录行为证明，或者至少有这种证据存在的概念时，才能存在这种联系。这可以是全景敞视监狱中的"全视"或"神一样的"观察者（他们一直记得所有的东西）、街上记笔记的警察，或 CCTV 服务器的存储器。然而，目前的监控技术不仅仅是监控、检测和记录：它们的（不）可见性本身也可以在不同类型的监控中发挥作用。当我们将全景敞视监狱视为物理技术和架构时，监视对象必须看到瞭望塔，但却看不到观察者。另一个例子可能是公共场所的 CCTV，其宣称的功能不仅是视听检测越轨的行为，而且还像全景敞视监狱一样充当犯罪预防的一种形式：基础设施的可见性和守望者的不透明性。

监视技术的数量和类型差异很大，取决于监视的预期目标和实际用途。彼得森（2012：12-14）辨别出以下类型： 742

● 虚假监视：使用各种设备模仿或伪造的监视，包括无功能的摄像机或空的摄像机外壳，或者虚假地声称某个区域受到监视的贴纸。暗中监视是对盗窃和破坏行为的低成本威慑；

● 公开监视：被监视者了解监视的性质和范围，或监视设备的标记和显示清晰。在工作场所或零售安全系统中经常出现过度监视，这些系统会警告员工或客户他们正在被观察；

● 隐蔽监视：暗中监视，其中被监视者应该不知道监视。在许多国家，如果没有合法的理由（比如法律规定、法院命令或其他形式的许可），秘密监视是非法的。秘密监视常用于执法、情报收集、间谍行为和犯罪；

● 秘密监视：对被监视者而言，监视系统或其使用处于开放状态但并不明显；

● 超级阈界（即超出意识）：监视发生在监视者的意识之外。

这些类型提供了一种方法，用以区分以技术促成的监视形式和它们与监视主体之间的联系。监视有两个字面上的解释——"从上方观察"和"监视"，这两个解释与密切监视有很强的关联，并且可以通过密切监视的不同类型得到解释。从边沁开始，"监视"已被解释为一种观察行为，不仅可以带有纠正或控制的目光，还可以确保一切事物或每个人都做得很好。后一部分可以在比如说医院中得到见证，因为在那里监视被解释为一种医疗观察。这种监视者的目光旨在检测一个系统中的相关变化，以便在必要时进行干预。

在第一阶段，密切关注的这一方面变得很明显：在这一阶段，边沁的全景敞视监狱是物理架构的基础设施，而在福柯的全景主义中，焦点转移到更广泛的系统中，这些系统通过重复的任务和检查来规训个体；在这一阶段，规训技术嵌入日常活动，因此成为监视技术的一部分。福柯使用的例子包括从军队（如何正确射击）到笔试（学生必须拿着铅笔并按预定规范书写才能通过）（Foucault 1991：186-187）。福柯提到的机构是监视的物理场所，包括场所和人员（学校和教师、工厂和老板、医院和医护人员、街道和警察）以及测试和规范（这是规训的虚拟层面）。

743   在第二阶段，我们看到了计算机和电子网络的兴起，这些技术部分地混淆了物理基础设施和监视技术。一个明显的、经常用于说明监视的例子，是 CCTV 摄像头。该技术旨在"监视"；然而，观察者与被观察者之间不再紧密相连。监控行为随着促成监视性目光的不同技术发展而发展。现在可以远程监控行为并记录下来以备将来参考。这一阶段的监视技术源于军事发展，反映了"侦察"和"情报"的全球化以及通信技术的快速发展，从探测敌人活动或导弹的卫星网络和雷达系统，到通过计算机网络形成的第一个全球贸易市场，它可以监控货币流动。在大型参与者手中，监视技术在这个阶段被民族国家和跨国企业使用；与第一阶段相比，他们不仅关注（分裂的）个体，还关注"事物"（例如股票交易、污染废物、军事目标）。

在第三阶段，监视技术在深度和广度上都有所扩展。在深度上，更多设备和监视技术已经易于获得，得到普遍使用，例如，合成 DNA 喷雾被店主用来标记商店扒手，通过警察佩戴的身体摄像机或无人机进行移动监视，或者机场使用的摄像机测量旅行者的体温和行为。大多数这些技术源于军事技术的发展，并随后进入民用领域（Rip et al. 1995）。在广度上，第三阶段是利用网络技术开发新的监视技术，如数据挖掘和画像，或将现有技术用于监视，如社交媒体监控（Marwick 2012）或数字警戒措施（Trottier 2015：209）。

从技术观点看，这一阶段与之前阶段的区别在于，大多数（如果不是全部）形式的监视都是通过同一个网络汇聚、运营或通信（Castells 2010）。这些网络及其附带的软件和硬件组件就是所有类型的人类活动（包括监视）的新型"黏合剂"。互联网不仅允许在比以前更大的地理范围内近乎实时地连接和组合现有监控技术（例如，实时匹配的 CCTV 片段与当地警方的图像数据库），它还允许在更长时间段内扩展监控。监视行为从监控、检测和记录物理世界中的事件扩展到监控和连接物理与数字世界。在大数据时代（参见 Kitchin 2014），最黑暗的（或者对有些人来说，最光明的）的场景是永久收集所有事件、所有人和所有事物的可能数据。最近的事件已经揭露了一系列由国家引发的通信监视实践，这种古老的做法现在也涉及 ICT 服务提供商。当我

744   们看到诸如 PRISM[6] 这样的美国国家安全局项目，或大型科技公司窥探私人消费设备

---

[6] 例如，参见"NSA Prism program slides"（The Guardian, 1 November 2013）<www. theguardian.com/world/interactive/2013/nov/01/prism-slides-nsa-document> accessed 2 May 2017。

时，⑦我们发现互联网确实允许新型监控，从监控、检测、存储和行动的监视模式转向了事先预防或直接操纵系统的模式，这基于主要挖掘的数字信息（例如，由于在社交媒体上发表评论而被预防性逮捕⑧）。这也意味着新的监视技术不仅可以从远程促成凝视，还能够远程行动、干预和预先行动。

四　讨论：对法律意味着什么

我们可以从监视理论、技术和实践的概述中吸取什么教训？鉴于本章属于技术法律和监管手册中的内容，我们希望关注对法律的影响，提供我们关于法律人——立法者、法院、从业者、法律学者——可以从监视理论中学到什么的视角。认真对待监视理论对法律人来说非常重要，因为总体而言，法律迄今为止只是以肤浅和零碎的方式介入监视行为，它将监视置于黑箱之中，没有试图了解监视实践和组装中究竟发生了什么（Hier 2003; Cohen 2015：92）。为了接受朱莉·科恩（Julie Cohen）的挑战，以促进监视研究和法律之间的对话，以及她的洞见（Cohen 2015）和我们过去对这两个领域的研究基础上，我们提供以下建议，作为更深入参与到监视研究法律领域中的起点。

当代监视理论建立在全景敞视和企业—网络化阶段的理论建构之上，但变得多样化、具体化之时，这些理论展示出当代社会中的监视是动态的和混合的：它把物理的、国家导向的和规训的全景敞视监狱的特征，与数字的，企业导向的和控制性的监视组装的特征相结合，同时也实现了娱乐和愉悦的元素。我们为第三阶段确定的每个监视特征在其混合性中对法律都有深刻意涵。

首先，监视既是物理的又是数字的，既是稳定的又是流动的，既可见又不透明。然而，法律仍然倾向于基于二分法：我们有约束线下行为的法律和约束线上行为的法律，但没有法律应对这种行为，它无缝地整合了当今人们作为一个生命空间居住的物理和数字空间。虽然法律类别不可避免具有一定的人为性，但它们至少应当具有一定的现实基础，现在这些基础包括针对分裂个体的网络化非线性监视，这些人同时也在

---

⑦　例如，参见 Samuel Gibbs, "Google eavesdropping tool installed on computers without permission" (The Guardian, 23 June 2015) <www.theguardian.com/technology/2015/jun/23/google-eavesdropping-tool-installed-computers-without-permission> accessed 2 May 2017; Samuel Gibbs, "Samsung's voice-recording smart TVs breach privacy law, campaigners claim" (The Guardian, 27 February 2015) <www.theguardian.com/technology/2015/feb/27/samsung-voice-recording-smart-tv-breach-privacy-law-campaigners-claim> accessed 2 May 2017. 在这种案件中，为了"研究用户"的利用，ICT 生产商或供应商会制造后门来收集用户数据而不让他们知道。

⑧　见 Alyson Shontell, "7 People Who Were Arrested Because Of Something They Wrote On Facebook" (Business Insider, 9 July 2013) <www.businessinsider.com/people-arrested-for-facebook-posts-2013-7?op=1&IR=T> accessed 2 May 2017; Julia Greenberg, "That ;) you type can and will be used against you in a court of law" (Wired, 12 February 2015) <www.wired.com/2015/02/emoji-in-court-cases/> accessed 2 May 2017。

745 物理空间中存在（Cohen 2015：93）。这意味着，例如，法律框架需要从物理空间假定（例如，对"私人场所"的强宪法保护，特别是家庭，主要是防止物理性入侵）迁移到新的保护形式——类似比喻为"家庭2.0"，无论身在何处，都可以保护人们周围的抽象空间（Koops 2014a）。线下和线上行为的复杂交织意味着需要对私人空间进行概念化——即一个相对不受意外或不受控制监视影响的空间——包括物理和数字空间，其中人们可以保留对真实空间和网络空间之间不间断数据流的某种形式的控制（Cohen 2012）。

其次，监视的主要参与者现在是国家和企业，也有个体自身。这对法律有两个重大影响。尽管监视—工业复合体是国家监视行为与私营部门生产、使用监视技术和数据行为的象征性关系，但法律仍然严重依赖于典型的公私二分法。当然，这并不意味着公法和私法之间的根本区别已经过时，但它应该引导我们密切追问，当出现关于混合监视性基础设施和组装的法律问题时公法和私法中的各种理论如何相互作用。例如，美国的第三方理论认为，在与第三方自愿分享的数据中没有合理的隐私预期，这一理论被学者们正确地批评说已经过时，因为人们每天都会"泄露"他们生活中许多方面的数据，这比传统的金融或电话记录要多很多（例如 Ohm 2012），然而这一理论尚未得到根本性的审查。类似地，在欧洲数据保护法中，企业必须在得到命令时向警方或情报机构提供客户数据，这凌驾于消费者同意或合同安排之上，而且这本身就是消费者—企业关系中处理数据的合乎逻辑的例外，但是当例外成为规则或通行实践时就会变得有问题。简言之，我们应该"超越死记硬背公共—私人二分和消费者同意首要地位的教条，更加谨慎地考虑重塑日常生活的商业监视模式和实践"（Cohen 2015：95）。

混合行动者的另一个影响是将个体在监视实践中的作用考虑进来，其方式要使社会网络和参与式监视的复杂动态性变得公平。参与式监视的转变可能会有风险，即会导致公共/私人监视实践的监管不足（Cohen 2016），政府和行业在外交辞令上都会援引"我没什么好隐瞒的"论点来宣称人们不应该抱怨，因为他们"把所有东西都放到网上了"（令人信服地反驳了这一观点，Solove 2007）。个体不应该为如此行为而受到惩罚，他们一边玩游戏一边在游戏中作为棋子被公开地和不透明地移动。相反，我们应该着眼于理解实践如何通过诸如量化自我、数字警戒措施和反监视等现象发生转

746 变，参与其中的监视者与被监视者是否以及如何产生新的漏洞，还有这些漏洞如何通过法律或其他监管方式得到填补，都需要我们着重理解。

第三，监视的对象不仅是下层阶级或"可疑群体"，而且还是"有生产力的"公民或消费者，以及他们的身体和数据复制品；总之是不同语境下的任何人。这使得难以根据特定群体脆弱性来监管监视行为，例如，在部门法中，但更重要的是，它意味着大多数形式的法律保护都集中在个体——人权，数据保护——已经不足以全面解决数据监控的监管挑战。试图在以个人为中心的数据保护法律框架中监管基于大数

据的监视，就相当于试图将 21 世纪的做法纳入 20 世纪的框架（Koops 2014b）；替代性方法（更多关注正当程序和算法决策的透明性）可能是更有希望的方法来解决画像的监管挑战（Hildebrandt and De Vries 2013：14）。监管者需要发展出集体隐私的概念，因为"我们大多数人都是沙丁鱼。个体沙丁鱼可能认为环绕的渔网试图抓住它。但并不是这样。渔网试图抓住整个鱼群。因此，如果要保护沙丁鱼，就需要保护鱼群（Floridi 2014：3）。此外，总会有特别脆弱的群体，但这些群体取决于当时的社会—政治趋势，并且监视对社会分类的承受能力（Lyon 2003）需要仔细考察，不仅是因为弱势群体的边缘化，也因为它对"我们 vs 他们"的累积性影响以及 BANopticons 所蕴含的社会日益两极分化。

第四，监视涉及规训和访问控制。原则上，法律适用于处理访问控制的影响，因为这涉及权力形式，而且法律通常有现成的保护措施以补偿不平等的权力关系。然而，在执行访问控制的监视不透明、秘密的甚至是超阈值（超越人意识）的情况下，因此难以通过监督进行监管，这就可能需要加强法律保护；此外，当权力关系发生变化时，法律保护机制可能会过时（Koops 2010）。为了解决监管规则的监管挑战，法律面临着更为根本的挑战。尽管有大量关于有限理性的社会科学知识，尽管监视研究已经展示出人们受环境影响和引导的多种方式（Cohen 2015：92），法律仍极大依赖于自由主义政治理论，将被监视者看成是（有足够信息的）能自主做出决定的理性人。法律制定者和法律学者需要承认技术并非中立，它共同塑造了人类行为。这不仅意味着知情同意在法律中的关键作用需要受到质疑，而且监管者注意力也需要专注于技术本身，这些技术以非中立方式运行在监视性组装中。如果已经提出的监管方法（如经设计的隐私或算法透明性）想要实施的更有意义，监管机构需要更多专业知识 747来了解监视组装内部发生了什么，而不是将监视黑箱化。

最后，监视被认为既是有害的，又是有益的，甚至是娱乐性的。问题在于密切监视的感知是在旁观者的眼中。大多数观察者似乎对监视的看法相当固定，要么总体是好的要么是不好的，监视乐观主义者和监视悲观主义者很少参与真实和开放的对话。监视研究也没有提供多少帮助，因为它们关于监视的惨淡图景"似乎为善意的政策制定者们开出了只不过是治疗绝望的处方"（Cohen 2012：29）。参与监视活动的法律学者通常可以非常巧妙地分为监视批评者（大多数）或监视支持者（更少），他们努力说服"另一方"关注过度强调或低估了特别监视实践利弊的风险。如果有更多法律学者没有一开始就支持隐私或支持监视，而是把监视看成是总体上兼具好坏的不同方面，或者取决于具体情况来判断，那就很有帮助。此外，一些监视实践的有趣和愉悦的元素不应该被忽视：虽然法律通常不关心人们如何自我娱乐（除了赌博和公共广播等一些例外），但它应该注意不要误解娱乐性的参与式监视，这是人们不介意被监视的标志。

　　从当代监视的这五个特征中，我们也可以为法律找到一些总体上的教训。鉴于监视不再属于若干简单类别，而是本质上混合的，那么法律就不应过分关注监视实践的一个或其他个要素，例如参与者、技术或一种规训，因为这将错过也在发挥作用的其他要素；它特别容易错过特定实践所属的更广泛的图景。通过普遍、广泛和相互作用的监视基础设施和组装，至关重要的是要看到整体而非个别部分，并承认监视对社会、群体和个人的累积影响。科恩（Cohen 2012）阐述了游戏空间的重要性，人们在日常实践中发展和探索自我需要喘息的空间；在这个意义上，监管者应该试图保留这一游戏空间，当监视性组装变得无缝地缠绕在一起的时候，它可能会受到削弱殆尽的威胁。法律似乎开始认识到需要考虑监视实践的整体效果，例如，马赛克理论[9]发展到考虑许多轻微隐私侵犯的累积效应；尽管如此，一个从"整体情况"入手的理论仍面临着相当大的实际挑战，需要解决（Gray and Citron 2013）。此外，法律制定者在建立基于全面评估的法律框架方面并不是特别擅长——法律变革往往依赖于政策制定者，他们除了"勉强应付"之外别无他法（Lindblom 1959）。

748　　与此同时，或许矛盾的是，监视的混合性也需要反向观察整体：同样重要的是研究混合实践的所有特殊性。尽管在互联世界中数据监视和物理空间监视具有同质和融合的特征，但当地监视组装在它们如何"做"监视方面表现出截然不同的处理和结果。监视性实践的情景特定性意味着通用法律方法往往无法实现其目标，因为它们几乎无法解释特定监视行为者、对象、工具、目标和语境组合之行为的无数种途径。但是，当然，法律无法避免一般性，因此必须达成妥协，一方面基于对具体实践（和整体情况）的坚实理解创建一般规则，另一方面在一般规则无法解释任何特定案件具体情况的具体案件中，建立补偿机制以伸张正义。后者将包括监督、获得司法救济、举报投诉、（非货币性）损害赔偿等程序规则，以及除经典命令和控制性法律之外的更广泛监管方法。这对法律人来说可能很困难：他们为了确保法律的一致性和可靠性而倾向于坚持现有规则和理论，而不是创建难以监督的新型开放式监管框架；然而，最好是基于对技术如何改变社会实践及其如何影响个人和群体的细致评估（Cockfield and Pridmore 2007），从长远来看最好采取灵活和前瞻性的法律制定方法以实现法律确定性，这样就兼具了具体性和累积性。

五　结论

　　在本章中，我们通过辨别监视理论化的三个阶段，对监视进行了简要概述。由于

---

　　⑨　参见 *United States v Maynard*, 615 F.3d 544 (U.S., D.C. Circ., C.A.). Cf. Sotomayor 在 *United States v Jones* [2012], 132 S Ct 945. 的协同意见。

监视理论与技术和社会背景相互关联，这些阶段几乎不可避免地是按时间顺序展开的。然而，通过根据某些特征（或者说监视行为具体做了什么）来定义这些阶段，它们的划分也显示了阶段之间不同主题的特征和侧重。第一阶段讨论了监视理论的基础，观察边沁的不同的全景敞视类型和福柯使用全景敞视监狱，以展示全景敞视主义作为规训社会公民的驱动力或权力如何运作。在第一阶段涉及民族国家及其机构，而第二阶段则主要涉及全球资本主义力量。这里的驱动力是消费主义，监视的舞台是通过网络技术连接的国际市场。我们就从一个规训社会转变为一个控制社会，其目标不再是"教育"公民，而是增加利润。在第三个也是当前阶段，监视变得更加复杂、模糊和分散。这几乎是（西方）社会各种技术和技术实践的普遍存在而产生的合乎逻辑的结果；尤其是各种设备和系统中互联网的日益饱和状况已经扩展了空间、参与者和监视的形式——但同时也导致了它们的融合。我们不再只看到跨国企业及其市场作为监视的关键参与者；相反，政府的混合体、公私伙伴关系和公民—消费者都会以这种或那种方式参与监视行为。

对于监管者而言，这意味着他们应该找到方法确保法律和监管框架有能力应对融合和混合的监视性基础设施和组装的挑战，既考虑到这些挑战的依赖语境的特定性，又考虑到其对公民 / 消费者—分裂个人的累积影响；确保期许的法律框架足够详细，以处理快速发展的技术能力，同时又具有足够的广泛性和灵活性，可以解决其长期后果；并确保在不忽视其积极方面的情况下减少监视实践的有害方面。这必然是一项艰巨的任务。但监管者，像被监管者一样，需要喘息的空间，他们可能会在游戏中（也是监管的一部分）找到一些安慰，监视也是如此。因为就像玛丽安娜（Marianne）[帕特里克·梅尔罗斯（Patrick Melrose）小说中比较具有同情心的人物之一] 反思的那样："当然想要改变别人是错的，但你还可能想要他们做什么呢？"（St Aubyn 2012：193 ）

致谢

本文的研究是通过荷兰科学研究组织 NWO 的 VICI 资助实现的，项目编号 453-14-004。我们感谢 Bryce C Newell 对早期版本提供的宝贵意见。

【参考文献】

Agamben G, *State of Exception* (1st edn, University of Chicago Press 2005)

Albrechtslund A, 'Online Social Networking as Participatory Surveillance' (2008) 13 (3) First Monday <www.uic.edu/ htbin/cgiwrap/ bin/ ojs/ index.php/ fm/article/view/ 2142/ 1949> accessed 2 May

2017

751 Ball K, Haggerty K, and Lyon D, 'Introduction to the surveillance handbook' in Kristie Ball, Kevin Haggerty, and David Lyon (eds), *Routledge Handbook of Surveillance Studies* (Routledge 2012)

Bauman Z, *Liquid Fear* (1st edn, Polity Press 2006)

Bigo D, 'Security, exception, ban and surveillance' in David Lyon (ed), *Theorizing Surveillance: The Panopticon and Beyond* (Willan Publishing 2006)

Boyd DM and Ellison NB, 'Social Network Sites: Definition, History, and Scholarship' (2007) 13 Journal of Computer-Mediated Communication 210

Brunon-Ernst A, 'Deconstructing Panopticism into the Plural Panopticons' in Anne Brunon-Ernst (ed), *Beyond Foucault: New Perspectives on Bentham's Panopticon* (Ashgate Publishing 2013)

Castells M, *The Rise of the Network Society: The Information Age: Economy, Society, and Culture Volume I* (2nd edn, Wiley-Blackwell 2010)

Cohen J, *Configuring the Networked Self: Law, Code, and the Play of Everyday Practice* (Yale UP 2012)

Cohen J, 'Studying Law Studying Surveillance' (2015) 13 Surveillance & Society 91

Cohen J, 'The Surveillance-Innovation Complex: The Irony of the Participatory Turn' in Darin Barney and others (eds), *The Participatory Condition* (University of Minnesota Press 2016)

Cockfield A and Pridmore J, 'A Synthetic Theory of Law and Technology' (2007) 8 Minnesota Journal of Law, Science & Technology 475

Deleuze G, 'Postscript on the Societies of Control' (1992) 59 October 3

Deleuze G and Guattari F, *A Thousand Plateaus: Capitalism and Schizophrenia* (1st edn, University of Minnesota Press 1987)

Dholakia N and Zwick D, 'Privacy and Consumer Agency in the Information Age: Between Prying Profilers and Preening Webcams' (2001) 1 Journal of Research for Consumers 1

Dorrestijn S, 'The design of our own lives—Technical mediation and subjectivation after Foucault' (PhD thesis, University of Twente 2012)

Floridi L, 'Open Data, Data Protection, and Group Privacy' (2014) 27 Philosophy & Technology 1

Foucault M, *Power/ knowledge: Selected interviews and other writings, 1972- 1977* (Pantheon Books 1980)

Foucault M, *Discipline and Punish: The Birth of the Prison* (Alan Sheridan tr, Penguin 1991)

Galic M, Timan T, and Ko ops BJ, 'Bentham, Deleuze and Beyond: An Overview of Surveillance Theories from the Panopticon to Participation' (2017) 30 Philosophy and Technology, 9

Gray D and Citron DK, 'A Shattered Looking Glass: The Pitfalls and Potential of the Mosaic Theory of Fourth Amendment Privacy' (2013) 14 North Carolina Journal of Law and Technology 381

Haggerty K, 'Tear down the walls: On demolishing the Panopticon' in David Lyon (ed) *Theorizing Surveillance: The Panopticon and Beyond* (Willan Publishing 2006)

Haggerty K and Ericson R, 'The Surveillant Assemblage' (2000) 51 British Journal of Sociology 605

Hier S, 'Probing the Surveillant Assemblage: on the dialectics of surveillance practices as processes of social control' (2003) 1 Surveillance & Society 399

Hildebrandt M and de Vries K, *Privacy, due process and the computational turn: the philosophy of law meets the philosophy of technology* (Routledge 2013)

752 Kitchin R, 'The real-time city? Big data and smart urbanism' (2014) 79 GeoJournal 1 Koops BJ, 'Law, Technology, and Shifting Power Relations' (2010) 25 Berkeley Technology L J 973

Koops BJ, 'On Legal Boundaries, Technologies, and Collapsing Dimensions of Privacy' (2014a) 3 Politica e societa 247

Koops BJ, 'The Trouble with European Data Protection Law' (2014b) 4 International Data Privacy Law 250

Koskela H, 'Webcams, TV Shows and Mobile Phones: Empowering Exhibitionism' (2004) 2 Surveillance and Society 199

Latour B, 'Paris, invisible city: The plasma' (2012) 3 City, Culture and Society 91

Lindblom C, 'The Science of "Muddling Through" ' (1959) 19 Public Administration Rev 79 Lyon D, 'Editorial. Surveillance Studies: Understanding visibility, mobility and the phenetic fix' (2002) 1 Surveillance & Society 1

Lyon D, *Surveillance as Social Sorting: Privacy, Risk, and Digital Discrimination* (Psychology Press 2003)

Lyon D, *Theorizing surveillance: The Panopticon and Beyond* (Willan Publishing 2006)

Lyon D, *Surveillance Studies: An Overview* (Polity 2007)

Mann S, ' "Sousveillance": Inverse Surveillance in Multimedia Imaging' (2004) Multimedia 2004: Proceedings of the 12th Annual ACM International Conference on Multimedia 620

Mann S, Nolan J, and Wellman B, ' "Sousveillance: Inventing and Using Wearable Computing Devices for Data Collection in Surveillance Environments' (2003) 1 Surveillance & Society 331

Marwick A, 'The Public Domain: Surveillance in Everyday Life' (2012) 9 Surveillance & Society 378

Marx G, 'What's New About the "New Surveillance"? Classifying for Change and Continuity' (2002) 1 Surveillance & Society 9

Ohm P, 'The Fourth Amendment in a World Without Privacy' (2012) 81 Mississippi L 1309 Petersen JK, *Introduction to Surveillance Studies* (CRC Press 2012)

Poster M, *The Mode of Information: Poststructuralism and Social Context* (2nd edn, University of Chicago Press 1990)

Rip A, Misa T, and Schot J, *Managing Technology in Society: The Approach of Constructive Technology Assessment* (Pinter Publishers 1995)

Romein E and Schuilenburg M, 'Are You on the Fast Track? The Rise of Surveillant Assemblages in a Post-industrial Age' (2008) 13 Architectural Theory Rev 337

Solove D, ' "I've Got Nothing to Hide" and Other Misunderstandings of Privacy' (2007) 44 San Diego L Rev 745 St Aubyn E, *Bad News* (Picador 2012)

Taekke J, 'Digital Panopticism and Organizational Power' [2011] 8 Surveillance and Society 441

Trottier D, 'Vigilantism and Power Users: Police and User-Led Investigations on Social Media' in Daniel Trottier and Christian Fuchs (eds) *Social Media, Politics and the State: Protests, Revolutions, Riots, Crime and Policing in the Age of Facebook, Twitter and YouTube* (Routledge 2015)

Whitaker R, *The End of Privacy: How Total Surveillance is Becoming a Reality* (The New Press 2000)

拓展阅读   753

Baudrillard J, *Simulacra and Simulation* (University of Michigan Press 1994)

Bentham J, *Panopticon: or the Inspection-House (1786,1790-1791)*

Bentham J, *Outline of a Work Entitled Pauper Management Improved* (1797-1798)

Bentham J, *Chrestomathia* (1816-1817)

Bentham J, *Constitutional Code* (1830)

Bogard W, *The Simulation of Surveillance: Hypercontrol in Telematic Societies* (CUP 1996) Brin D, *The Transparent Society: Will Technology Force Us to Choose Between Privacy and Freedom?* (Basic Books 1999)

Foster J and McChesney R, 'Surveillance Capitalism: Monopoly-Finance Capital, the Military-Industrial Complex, and the Digital Age' (2014) 66(3) Monthly Review <http:// monthlyreview. org/2014/07/01/surveillance-capitalism/> accessed 2 May 2017

Foucault M, *The Birth of the Clinic: An Archaeology of Medical Perception* (Routledge 1989) Foucault M, *The Birth of Biopolitics: Lectures at the College de France, 1978-1979* (Graham Burchell tr, Palgrave Macmillan 2008)

Fuchs C and others, *Internet and Surveillance: The Challenges of Web 2.0 and Social Media* (Routledge 2012)

Haraway D, *Simians, Cyborgs, and Women: The Reinvention of Nature* (Free Association Books 1991)

Kruegle H, *CCTV Surveillance: Video Practices and Technology* (Elsvier Butterworth-Heinemann 2011)

Long E, *The Intruders: The Invasion of Privacy by Government and Industry* (Frederick A. Praeger 1966)

Marx G, *Windows into the Soul: Surveillance and Society in an Age of High Technology* (The University of Chicago Press 2016)

Murakami Wood D, 'What is global surveillance? Towards a relational political economy of the global surveillant assemblage' (2013) 49 Geoforum 317

Norris C and Armstrong G, *The Maximum Surveillance Society: The Rise of CCTV* (Berg Publishers 1999)

Packard V, *The Naked Society* (David McKay Publications 1964)

Richards N, 'The Dangers of Surveillance' (2013) 126 Harvard Law Review 1934 Schofield P, *Bentham: A Guide for the Perplexed* (Bloomsbury Academic 2009)

Select Committee on the Constitution, *Surveillance: Citizens and the State Volume I: Report* (HL 2008-09, 18-I)

van Dijck J, 'Datafication, dataism and dataveillance: Big Data between scientific paradigm and ideology' (2014) 12 Surveillance & Society 197

Webster CWR, 'Surveillance as X-Ray' (2012) 17 Information Polity 251

Wright D and Raab C, 'Constructing a surveillance impact assessment' (2012) 28 Computer L & Security Rev 613

Zamyatin Y, *We* (Clarence Brown tr, Penguin 1993)

第三十一章
硬接线隐私

李·A. 拜格雷夫（Lee A. Bygrave）

赵精武 译

一 引言

"机器的答案在机器里"（Clark 1996）。在这句谚语中，已故的英国出版商和以捍卫知识产权而闻名的律师查尔斯·克拉克（Charles Clark）在 20 多年前撰写了一篇论文。在论文中，他呼吁发展技术基础设施，以维护新兴数字网络中知识产权持有人的利益。克拉克并没有把这些网络和其他形式的信息和通信技术（ICT）视为对知识产权的天然障碍，而是认为可以利用它们来为知识产权持有人的利益服务。他的说法随后成为旨在打击网上利用信息损害知识产权人的技术和组织措施的核心——这些措施最初是按照"电子版权管理系统"（ECMS）命名的，后来又被称为"数字版权管理系统"（DRMS）（见 Bekker and others 2003）。

在数据隐私领域，也发现了与这种"版权技术"（Bygrave 2002a）类似的东西。大约在 1996 年克拉克构思他那篇论文内容的同时，荷兰和安大略省的数据隐私保护机构发表了一份题为《增强隐私的技术：通往匿名的路径》（*Privacy-Enhancing Technologies: the Path to Anonyality*）（Hes and Borking 1995）的报告。它们的报告（更多细节详见本文）提出了掩盖和以其他方式保护一个人身份的多种技术机制。与克拉克类似的是，它们观点的前提是认识到在（知识产权持有人）利益受威胁的同时仍可适用这些技术。尽管它们的报告并不是第一个呼吁建立促进尊重相关隐私利益的技术机制，但事实证明，它是后来"增强隐私技术"（PET）工作的一个极具影响力的开端。近年来，前述工作（PET）有所强化，因为有必要在信息系统开发的整个生命周期中，尤其是在其早期阶段，确保对与隐私相关的利益进行适当考虑，使前述利益"硬接线"到相关系统中。该论述通常归属于"经设计的隐私"（PbD）或"经设计的数据保护"（DPBD）之下的议题（参见，例如：Danezis and others 2014；Klitou 2014；Schartum 2016）；它融入了一项更广泛的跨学科工作，旨在将人类的关键价值观——尤其是那些对美德伦理至关重要的价值观——嵌入技术设计过程中（Wiener 1954；Friedman 1997；Friedman and others 2000；Spiekermann 2016）。

正如人们所暗示的那样，前述工作的拥护者们认识到（即使没有明确地承认）"信息之法"（Lex Informatica）（Reidenberg 1997）和"西海岸之法"（West Coast Code）（Lessig 1999）的强大监管潜力。换句话说，他们认识到信息系统架构能够以与法令确立的法律规定和合同实施相并行的方式构造人类行为，且这种方式相较于前述法律更为有效。与此同时，他们试图寻求将知识产权和数据隐私方面的法律规范纳入信息系统架构，以此改进这类法律规范的影响。一个假设是——至少是对那些热衷"硬接线"工作的部分支持者而言，通过这种嵌入，自动化处理架构将有助于实现法律规范的自动化，从而使法律规范在很大程度上实现自我执行。与前述假设相关的是大幅增加这些规范的事前适用，并相应减少事后适用的主张。人们希望，这种监管力度的调整将缓解传统上困扰法律工作的"追赶技术"问题。

硬接线企业并没有止步于试图在信息系统架构中嵌入法律规范：通过推动法律规范内容的调整以支持嵌入。正如在这一章中详细论述的那样，在过去的20年里，人们已经采取了一些行动，在法规或合同中纳入明确鼓励或保护硬接线企业固有技术的规则，从而为硬接线企业提供了一层法律保护。

在20世纪90年代中后期，这类企业的前景看起来很有希望——至少对它的支持者来说是这样。然而，20年后的今天，人们可以公正地说，"机器"远没有给出支持者们期望的"答案"。硬接线企业一直奋力争取在信息系统开发文化和消费者行为方面的广泛支持。与隐私相关的工作尤其如此，不同于知识产权相关的工作，这些有关隐私的工作也挣扎于获得强大而直接的法律支持，至少直到最近是这样。

756 这些困难的性质、界限和原因构成本章的主题。其重点主要针对与隐私相关的利益，将其与知识产权相关工作现状的比较穿插其中。本文的基本观点是，尽管存在越来越明确的法律支持硬接线隐私企业，但此类企业仍然难以获得更广泛的吸引力。这是由于一系列因素所致，其中最重要的是可能热衷于硬接线隐私的巨头企业与国家利益相冲突，并且同时对于大多数消费者和工程师而言，是关注的次要方面。

二　争论的澄清

就像许多有关技术发展的讨论一样，与硬接线隐私有关的讨论充斥着一系列令人困惑的术语和概念。"硬接线隐私"同样还被语义上的争论搞得支离破碎。因此，澄清其主要条款和概念是理所当然的。然而，对此进行澄清却充满挑战性。

论述的一个主要内容是 PETs 的概念。该术语通常是为有意加强隐私（保护）的技术机制而保留的。与这种机制形成鲜明对比的通常是 PIT（首字母缩写），即"侵入隐私的技术"或"侵犯隐私的技术"。PIT 可能被定义为"对隐私构成特别威胁的技术"和（或）能够被用来实质侵犯个人的隐私权和/或数据保护权利的技术（Klitou 2014：87；Clarke 2001a）。

作为一项技术，PET 不仅仅是行为模式（例如，维持某人电子邮件地址的保密性）。作为一种旨在促进隐私的机制，它们不同于具有附带隐私保护效果的技术平台或者阻止平台（例如传统的现金支付系统）。

另外有必要区分的是"安全性强化技术"（Security Enhancing Technologies，SETs）。该术语指的是主要为了确保数据和信息的保密性、完整性或可用性的技术，尽管（该技术）不一定是为了促进隐私（保护）。然而，在实践中，PET 与 SETs 存在交叉重叠。以前大部分工作都侧重于个人数据保密性（Gürses and Berendt 2010；Klitou 2014：89）以及诸如加密等可以同时服务于 SET 和 PET 的技术措施。与 PbD 相关的一些设计策略也出现了类似的侧重和重叠（Danezis and others 2014）。同样值得注意的是，欧盟将 PbD 与"经设计的安全"一并列入 2013 年出版的《网络安全战略》的补充部分。在 2013 年出版的《网络安全战略》（European Commission 2013）中，设计作为补充成分（出现）。

早起的 PET 大部分工作集中于使用加密协议中的数字假名，并在很大程度上采用了大卫·查姆（David Chaum）的成果（Chaum 1981，1985，1992）。因此，海斯（Hes）和博尔金（Borking）在 1995 年的报告《增强隐私的技术：通往匿名的道路》（*Privacy Enhancing Technologies: The Path to anonity*）中提出了一个多功能"身份保护者"概念：监控身份披露的实例；生成假身份；把假身份与（真）身份的相互转换；将假身份转换为其他假身份；以及打击欺诈和其他滥用身份行为。然而，后来关于 PET 的一些研究和讨论将身份保护延伸至对其他问题的关注。这包括：防止在组织边界或其他语境边界内跟踪、链接和合并个人数据集合；确保信息系统运行方式队友数据主体和系统用户而言是透明和可理解的；并且确保这些系统可以由用户和数据主体进行适当控制和管理（Rost and Pfitzmann 2009）。这种关注范围的拓宽反映出，在过去的 15 年里，人们对在数据隐私领域制定一种更"系统化"或"主动式系统化"的监管政策越来越感兴趣——即该政策不仅关注单个数据处理操作，而且还关注支持此类操作的信息系统的设计和结构方式（见 Bygrave 2002b；Schartum 2016）。

在这一发展过程中，PbD 已然成为与有关隐私的硬接线的主旨，并将 PET 挤出了当前政策讨论的核心范围。然而，在欧洲，PbD 的提法通常被替换为 DPbD，但

632

没有证据表明两者之间存在巨大差异。尽管个人数据保护与隐私保护并不完全相称（González Fuster 2014），PbD 与 DPbD 却通常交替使用（参见 Klitou 2014；Danezis and others 2014；Schartum 2016）。然而，鉴于本章对两者将作进一步阐述，将这些术语视为完全同义的词语是有风险的。

这些术语都是模糊的。对它们语义的精确阐述绝非易事。正如鲁本斯坦（Rubenstein）和古德（Good）指出的，"尽管对经设计的隐私表达了强烈的支持，但它的意思仍难以捉摸"（Rubenstein and Good 2013：1335）。然而，克里托（Klitou）2014：86）在提供 PbD 的一般定义方面做得相当不错：

758

> PBD 是指通过实际设计、技术规范、体系结构和／或有关的设备、系统或技术的计算机程序，在隐私原则和相应的规则／条例适用的情形下，（核心道德）价值的实现。PBD 的目标是以支持和实现这些作为目标和功能的隐私原则、（核心道德）价值和规则的方式设计和开发某类系统或设备（例如软件和／或硬件），从而使该类系统或设备变得"隐私敏感"或"隐私友好"。换言之，PBD 可以定义为实践措施，以技术和／或基于设计的解决方案作为手段，旨在遵循隐私／数据保护法律，更好或近乎完美地确保合规，并将相关技术（例如 PITs）的隐私侵犯能力最小化。

这一定义也很好地概括了 DPbD。通过对定义的分析，我们发现 PbD 在很大程度上指代：一种结果（"价值的实现"）、一种手段（"实践措施"）、一系列目标（"PBD 的目标"），并且隐含着一套方法论或设计原则。这种多维性赋予了 PbD 作为一种修辞手段的灵活性，但却削弱了其作为一种分析或操作工具的效用。

同样的问题也困扰着对相关设计原则的尝试性解读。其中最具影响力的尝试来自安大略省前信息和隐私专员安·卡沃基安（Ann Cavoukian）。她提出了 PbD 的七个基本原则（Cavoukian 2009）。这些原则在 2010 年第 32 届数据保护与隐私专员国际会议（International Conference of data Protection and privacy Commissioners）上获得了全球数据隐私监管机构的一致支持。原则制定如下：

- ·主动而非被动；预防而非补救
- ·默认隐私
- ·隐私权嵌入设计
- ·全功能性：正和而非"零和"（博弈）。
- ·端到端的生命周期保护
- ·可见性和透明性
- ·尊重用户隐私权。

较之于分析或操作工具而言，这些"公式化"内容更适合作为修辞口号发挥作用。即便在同一份文件中做出解释之后，情况亦是如此（Cavoukian 2009）。对于如何操作表达的规范和理想，相关解释是模糊且缺乏细节的。例如，在阐述"作为默认的隐私"这一词语时，卡沃基安表示：

> 通过确保个人数据在任何 IT 系统或商业实践中得到自动保护，经设计的隐私试图达到最大限度的隐私（保护）。即便一个人什么都不做，他们的隐私依然"完好如初"。

虽然该说明让我们对默认原则的基础内容有所了解，但它仍留下了一些悬而未决的问题，而这些问题对原则的实施至关重要。特别是所谓"最大限度的隐私"究竟指什么？以什么标准来衡量这样的"程度"？是否超出了法律规定的范围？事实上，我们可能会问，用"最大化"隐私的概念来进行运作是否切实可行。

与通常的 PET 技术开发相比，PbD 显然具有更大、更具期望的缓和空间。PbD 不仅适用于软件或硬件的设计，也可延伸适用于商业战略和其他组织实践（Cavoukian 2009）。它不仅适用于信息处理的特定阶段或信息系统的特定部分，还包括整个系统和信息处理生命周期，以及未来的（信息）处理前景（Schaar 2010：271）。而且，正如前面所指出的，PbD 不单单试图强化隐私保护，还试图保证实现默认隐私保护的"最大化"（Cavoukian 2009）。尽管如此，PET 仍然不能脱离 PbD：前者可能既是后者的结果，也可能是后者的基石。

一个尚未被广泛讨论的基本问题是，PbD 促成的隐私设置必须在多大程度上得到保证以及预防规避。换句话说，硬接线（隐私）应当有多牢固？与此相关的一个问题是很少有人讨论 PbD 是否包含了一种温和家长式作风，仅仅是推动一个信息系统朝着有利于隐私的方向发展，但并没有将其锁定在这条道路上。在克里托（Klitou）（2014：88）看来，PbD 的目标是非常接近于消除规避，或者大幅减少现有隐私保护措施的可能性：

> PETs 虽是有效的（软件）技术或 ICT 措施，但它们仍有可能被规避或渗透。另一方面，规避 PBD（这一行为的）解决方案本质上是（几乎是）不可能或异常困难的，因为它意味着试图迫使相关的设备 / 系统去执行一个未曾被设计（完成）的行为或者（以目前形式）没有能力去做的行为。

对于 PbD 来说，这是一个艰巨的任务，而且可能并不是所有的支持者都会接受。尽管如此，它似乎符合欧盟一般数据保护条例（Regulation 2016/679，下文缩写为

759

GDPR）中有关"经设计的数据保护和经默认的数据保护"的新条款内容；本章在结尾也做了相关分析。

　　类似的问题也出现在 PET 中。仅仅预防现有隐私（保护）水平受到侵蚀（而不是增加它们）的机制是否能够被视为一项 PET 内容？此外，PET 的概念能否延伸至一种仅仅提升人们关于隐私水平的意识或选择的机制？ PET 的一些概念至少包含后一类机制（参见，Hall 2002）。然而，如果我们认真对待 PET 概念中"增强"标准的一般语义，就很难将这两个类别视为 PET。不过，此事并没有就此单纯转向语义（解释）；"隐私"的语义同样需要被考虑在内。后一种语义是出了名的含糊，存在不同的解释。如果隐私被定义为一种有限的可访问状态或可访问条件（参见，Gavison 1980），那么真正的 PET 必须试图将这种状态事前化。然而，如果隐私被定义为一个人能够通过影响其个人有多少信息流向他人的方式来决定（或共同决定）前述可访问的程度，除此之外别无他法，那么真正的 PET 的指向会有所改变——如下文所示。

　　在 PET 的语境中，这些隐私概念之间的紧张关系，主要凸显于 20 世纪 90 年代末和 21 世纪初由万维网联盟（World Wide Web Consortium）开发的"隐私偏好平台"（P3P，Platform for Privacy Preferences）的地位。P3P 是一种通过各自的隐私偏好集合实现网站和浏览器之间自动对话的协议。它得到了微软 Internet Explorer 的支持，但在其他方面用处不大。尽管如此，P3P 的推出仍引发了巨大轰动并伴随着激烈的争论。争论的一部分涉及 P3P 的推定地位。在一些隐私拥护者看来，P3P 并不是 PET，而是"一种单纯的'隐私政策声明'标准"（Clarke 2001b: 82）。或者"充其量是一项隐私技术……这使得在以市场为基础的微观经济关系中考虑隐私条款成为可能"。在以市场为基础的微观经济关系中（Rotenberg 2001: 567）。其他人提出反对意见。例如，莱西格（Lessig 2006: 382）写道：

> 如果隐私是对你的信息如何发布的控制，那么强化这种控制的技术就是 PET，即使它没有"减少（个人数据的）传输"——只要这种减少符合个人的偏好。

虽然这种说法在其前提框架内是合理的，但它的逻辑实际上意味着，如果 PIT 是由隐私受威胁的人选择的，那么它就有资格成为 PET。这个结果与 PET 概念通常表示的意思相悖。莱西格的逻辑风险不仅破坏了 PET 概念的普通语义，而且还将隐私简化为一种自治形式。这种混淆破坏了隐私作为一种独特状态或存在条件的地位。然而，即使人们拒绝将 P3P 视为真正的 PET，该平台（或类似的平台）也很可能会为更宏伟的隐私保护计划奠定基础或构建基石。同样的道理也适用于一类"工具"，该类工具可以强化用户对隐私威胁的意识，而非对这些威胁采取其他应对方案。例如经验形式和真实形式的隐私保护通知（Calo 2012）。

　　围绕 PETs、PbD 和 DPbD 的适当范围的另一个问题涉及这三者各自功能可能在多大程度上超越、违背数据隐私法基本准则。在很大程度上，关于 PET、PbD 和 PDBD 的讨论与这些（数据隐私法律）规范密切相关，并聚焦于它们吸引力的提升。举个早期的例子，海斯（Hes）和博尔金（Borking）在 1995 年撰写的具有开创性的报告《提升隐私的技术：通往匿名的路径》（*Privacy Enhancing Technologies*：*The Path to anonymity*）（Hes and Borking 1995）中提到一个关键标准，若要实现人机交互的信息系统特定功能（例如认证、审计），知悉一个人的身份是必要的。该标准本质上适用了数据隐私法中的最小化原则（即个人数据的采集量应限于实现数据收集和进一步处理的目的所必需）和相关性原则，例如比例原则（即个人数据的处理应与其旨在实现的目标相关、必要且不过度。参见 Bygrave 2014a：147–150）。

761

　　然而，我们可以看出，近年来在 PbD、DPbD 和 PETs 的概念之间开始分化，这些概念寻求的不仅仅是对数据隐私法律核心原则的阐明或实施。例如，卡沃基安认为 PbD 的基本原则不仅包括数据隐私法的"公平信息实践"，还将其进行引申——依其观点，PbD 的基本原则"极大提升了"法律规范的"门槛"（Cavoukian 2012）。相比之下，欧盟有关 DPbD 的初期政策往往倾向与欧盟数据隐私法的标准保持一致。因此，欧盟委员会关于对智能电网和智能计量系统的数据保护影响评估模板的建议以如下措词界定了 DPbD[European Commission 2014：para 2（d）]：

　　　　考虑到技术状态和实施成本，"经设计的数据保护"要求在确定处理工具和处理行为本身时，以一定的方式实施合适的技术和组织措施以及相应的程序，该方式使处理符合欧盟第 95/46/EC 号指令的要求，并确保对数据主体权利的保护。

这符合欧盟《一般数据保护条例》中有关 DPbD 的新条款的主旨——本章倒数第二节将对这些条款进行详细分析。

　　我们可能会问，DPbD——至少按欧盟机构的设想——在范围上是否比卡沃基安的 PbD 概念范围更窄。从表面上看，前一个概念（DPbD）——受制于法律规范——不如 PbD 概念"自由"。然而，DPbD 所受制于的规范比卡沃基安所指的标准"公平信息实践"（fair information practices）更宏大、范围更广，尤其是北美数据隐私法通常规定的实践（Bygrave 2014a）。例如，欧盟数据隐私法规定了一个数据主体有权反对影响其利益的某些类型的完全自动化的决定（GDPR 第 22 条；欧盟 95 指令第 15 条）以及有权访问这些（完全自动化）决定背后的逻辑 [GDPR 第 15 条第 1 款 h 项；另见第 13 条第（2）款 f 项和第 14 条第 2 款 g 项；欧盟 95 指令第 12（a）条。] 这些权利不属于标准的"公平信息实践"。因此，尽管欧洲的 DPbD 概念与法律捆绑在一起，但其概念可能比北美的 PbD 概念更为深入。它们也比前述莱西格的 PETs 概念走得更远：正如章末结尾所阐述的那样，GDPR 的目标之一是确保默认适用最小化原则，并对数据的可访问性设置默认限制（尤其是第 25 条第 2 款），除此之外别无他法。因此，至少在跨大西洋的对话中，"经设计的数据保护（Data Protection by Design）"和"经设计的隐私"（Privacy by Design）两个术语的适用必须相互替换。

762   一个更具法律挑战性的硬接线隐私（概念）是由冈萨雷斯·福斯特（González Fuster）（2010）提出的。其观点的出发点是能够让人们传播有关自己的不准确信息的技术。例如为数据注入随机的"噪音"的"扰动技术"以及制造"假流量"和"不准确性云"的技术（González Fuster 2010：89—90）。她辩称，这类技术符合"PET"的标准：数据对象提供不准确的数据，会削弱他人识别、定位或追踪数据对象，或削弱他人准确预测其行为的能力，从而提高隐私保护效果。此外，她认为，针对由他人披露和利用有关自己数据，决定这些数据准确性程度的个人能力是这些主体决定他们如何定义和代表自己在世界上的能力，并且，后一种能力（决定如何代表自己在世界上的能力）反过来是天然的普遍理想中的隐私和数据保护。这些观点具有说服力。更重要的是，就目前的目的而言，她突出强调了前述硬接线隐私措施（以及通常的隐私设想）和提升数据准确性的数据隐私法律规范之间的紧张关系（González Fuster 2010：92）。然而，正如她所强调的（González Fuster 2010：93），数据隐私法中关于数据质量的核心规范仅对数据控制者施加了准确性义务，而不是数据主体。因此，前述的紧张关系尚未升级为直接冲突。

三　市场吸引力的争夺

在大约 15 年前写的一篇短文中，我发现 PET 既不"流行"（pop），也不是"宠物"（pet）（Bygrave 2002c）。我的意思是说，PET 并不是我们日常生活中随处可见的一部分；与家养宠物相比，它们是陌生的、神秘的，并且与绝大多数人的日常习惯格格不入。在此期间，这种紧张关系并没有得到明显改善。尽管我们有大量的致力于鼓励硬接线隐私的研究、言辞、会议、政策和设计协议，但我们仍然面临着缺乏广泛的消费者参与使用 PET 的问题。

硬接线隐私工作在日常生活中的边缘化存在诸多原因。此处的意图不是为了详尽地分析这些原因（关于相对细节的阐释，参见例如，Perri 6 2001），而是为了简要强调它们的主要内容。这一系列原因与消费者忽视 PET 可用性和功能性相关，再加上消费者普遍不愿意脱离他们的"舒服区"——除非是面对特别明显的威胁时，他们才会采取主动措施确保自己在线隐私的安全。人们或许有理由预计，在"斯诺登爆料"事件之后，这种不情愿的情绪会有所减弱，但迄今为止的经验证据表明，后者763   （"斯诺登事件"）未能刺激为网络使用而设计的 PET 的用户群出现值得注意的增长

（Preibusch 2015：54）。

PET 本身及其营销的某些特点也阻碍了消费者对 PET 的接受。例如，个人的 PET 的功能和应用领域通常很狭窄（比如电子邮件加密或 cookies 屏蔽）。这意味着，那些在众多语境下对维护自己的隐私利益产生浓厚兴趣的人，不得不从多个组织中了解和获取多种 PET。此外，有些 PET 可以说是相当粗糙，难以适应社会交往的各个层面，尤其是人们交往和希望交往（所采用的）各种意料之外的方式。正如格里梅尔曼（Grimmelmann）（2009：1140）所说，如果 PET "妨碍社交，用户就会禁用和误用它们"。在营销方面，10 多年前人们就已经注意到许多相关产品缺乏易得、非技术的信息（Bernat 2001）。在我的印象中，情况在此之后并没有明显改善。

有关 PET 的大众市场的缺乏带来了经济挑战。很多 PET 不付费。因此，在过去 20 年里，PET 的发展充斥着商业失败举措。PET 并非仅限于对搜寻应用程序的技术——就像许多 PIT 一样——也是寻找商业生存能力的技术。开发和推出诸多 PET 应用程序所需的投资金额通常会超过财务回报。

这并不是说所有的 PET 都陷入艰难境地。苹果和安卓手机默认提供的全盘加密是硬接线隐私成功的一个例子，这种成功源自它们所在产品的成功。诸如 "Blackphone"（译者注：某安全手机品牌）这样一个表面上更宏大、更全面的 PET 举措是否能够获得同样的人气还有待观察（Jones 2015）。

"互联网经济" 的基本逻辑可以说对隐私保护提出了更大的经济挑战。尝试开发和适用强大的 PETs 或 PbD 策略很容易与这种逻辑相抵触，这种逻辑在很大程度上是建立在监管货币化的基础之上。众所周知，这一业务模式得到了巨头公司的支持，它们为网上终端用户的常规处理制定了诸多默认标准。这些标准赋予了这些公司为各自利益处理个人数据时享有较大的活动空间。因此，脸书等热门在线社交网络的默认数据收集设置通常是为了最大限度地收集数据。针对终端用户，业界所设定的 "选择—退出" 并非倾向于停止收集有关网络浏览模式的数据。这些标准所固有的商业模式产生了巨大的收益。因此，这些公司竭尽全力为它辩护。他们并不反对破坏能够严重影响公司从监管中获利能力的技术标准工作。我们近期观察到，在万维网联盟尝试制定严格的 "不跟踪" 标准失败之际，这种（失败）情形将受到网络广告业的欢迎（Pfeifle 2013；Gilbertson 2015）。

隐私保护也没有得到政界人士和立法者的真正支持。诚然，人们在口头上表示了支持，尤其是在 PbD 方面。此外，我们现在看到，至少欧盟立法者决心给予 DPbD 以明确的法律支持——这一进展将在本章结尾处进行分析。然而，当硬接线隐私威胁到国家安全或预防犯罪的利益时，如果并不反感的话，各国政府通常倾向于对其保持怀疑态度。特别是确保警察和其他执法机构能够随时获取通过互联网发送的加密数据流量的 "明确文本" 的压力越来越大（参见，例如 MacDonald and

Bartunek 2015)。

至于没有明显威胁到国家安全或犯罪控制的硬接线隐私，政客们可能会出于否认 PET 大众市场吸引力的类似原因而将其（硬接线隐私）抛弃。例如，在挪威，部分政客们的忽视、冷漠以及保守主义的混合已经阻碍了合理提议的实施，即对国家健康登记簿上所存储的个人数据进行假名化（参见，例如 Boe 1994；Boe 2000 ）。

四　规划引力之争

不过，隐私保护难以立足的另一个领域是信息系统开发领域。在欧盟网络信息安全机构和其他机构的支持下，最近发表的一项有关 PbD 的研究中（Danezis and others 2014：2 ），其关键发现如下：

> 许多系统开发人员不熟悉执行这些功能的隐私原则或技术。他们的工作通常集中在实现功能要求上，而其他要求——比如隐私或安全保障——却无法实现（相关标准）。此外，软件公司提供的开发工具也几乎不考虑隐私原则。

正如这份报告所指出的，充分考虑隐私原则的开发者工具的缺乏容易导致建立不符合隐私原则的系统，并且与此同时"几乎不可能建立一个符合隐私原则的系统"（Danezis and others 2014：50 ）。

一系列因素又加剧了这些问题。一个所谓"象牙塔综合征"的问题困扰着硬接线隐私的研究：

> 关于隐私工程的研究目前与实践并没有太大联系，即许多潜在的解决方案没有被那些可以使用或提供的主体所注意到，有些潜在的解决方案与实际场景中的预期实用效果和功能难以匹配（Danezis and others 2014：50 ）。

765　另一个因素是缺乏稳定的隐私衡量标准（Danezis and others 2014：48 ）。正如前一节所暗示的，该隐私尤其破坏了数据最小化原则的"硬接线"，"因为不清楚如何构建需要最小化的客观功能"（Danezis and others 2014：48 ）。到目前为止，硬接线隐私的研究趋势更关注特定的技术、特定组成部分而不是方法和基础架构，这加剧了前述问题（Antignac and Le Métayer 2014 ）。

系统开发人员的文化和习惯也起到了一定作用。例如，阿格雷（Agre）（1997：55 ）指出，采用 PET 一直受到"系统设计师习惯"（至少在 20 世纪 90 年代）的阻碍，这些系统设计师倾向以显示个人身份的方式处理关乎个体的记录。更普遍的看法是，可能做出这样的合理假设，即在一个主要致力于执行技术官僚性要求的社群中，隐私等"软价值观"往往会被视为一种外部植入。

然而，硬接线隐私的意识形态与系统开发空间的差异并不像人们最初想象的那么大。数据隐私法的一些规范和问题相对技术官僚性：尤其是信息质量和安全方面的规范（更为明显）。此外，越来越多的证据表明，系统开发社群的重要元素对隐私威胁较为敏感，至少就隐私威胁对系统功能的负面影响而言确实如此。最近的一个例子是互联网工程工作小组（IETF）内部关于在互联网协议第 6 版（IPv6）中嵌入硬件（以太网）地址的隐私含义的争论（DeNardis 2009：79-88）。最近的另一个例子是 IETF 对斯诺登泄密事件的回应，其内容体现在 RFC（Request for Comment）[①]第 7258 条："无孔不入的监控就是攻击"（Farrell and Tschofenig 2014）。一个更早的例子是在互联网标准发展早期：核心参与人员将隐私事项纳入考虑范围之内，并试图提供隐私安全保障（Braman 2012）。事实上，在 1969 年至 1979 年发布的 RFC 中，隐私是讨论最多的社会政策问题。值得注意的是，这些早期的担忧发生于讨论较多的地域，此时并不存在适用于学术界的清晰的数据隐私立法基准，至少在美国（如此）。

五　合法性的论争

无论是从规范上还是从社会学角度来看，硬接线隐私（尚）未面临严重的合法性缺失问题。这与严格限制知识产权的工作形成了鲜明对比。因为（硬接线的知识产权保护）有可能侵害尤其是消费者信息隐私和自主权，打破传统知识产权立法所确立的脆弱的利益平衡，同时，相对于合同和个别指令的监管而言，监管版权客体使用的基本手段的相关立法，其长期重要性也可能就此受到动摇（通常参见 Bygrave 2002a 以及其中的参考文献）。特别是，人们指责以知识产权为基础的"数字版权管理系统"（Digital Rights Management Systems）允许实施预定的许可条件破坏了传统上版权法律规定的版权豁免。该做法（允许实施预定的许可条件）可归因于该技术本身（数字版权管理系统）并没有恰当考虑到这些豁免，并且，部分原因还包括某些法律规则的颁布，这些法律规则似乎限制了对版权保护技术的规避，即便这些技术有效地促使豁免无效。总而言之，硬接线知识产权的工作促成了一种普遍的观点，即知识产权持有者存在监管过度的过错。

而硬接线隐私工作没有遭受类似的批评。硬接线隐私工作天然地存在较高的规范正当性和社会学正当性，很大程度上是因为它与促进公民的自主权、隐私权和相关的公民自由密切相关。这与推广知识产权硬接线的措施不同，后者从来都不能在正当

₇₆₆

---

① RFCs 是核心互联网标准及其基本原理的主要文档。

性问题上打出"公民自由"那张牌。尽管如此，我们仍有理由对硬接线隐私可能的危害影响部分保持怀疑。正如前文所指出的，政府和执法机构倾向于对可能破坏国家安全、预防犯罪或其他重要国家利益的硬接线措施持怀疑态度。同样，企业天然地会怀疑那些可能会损害它们利润率的硬接线措施。然而，由于未大量吸收强大的 PET（技术），硬接线隐私在很大程度上并没有干扰这些参与者的各自利益。显然，如果经常使用有效匿名或加密服务的人数大幅增加，情况可能会有所改变。然而，即便如此，PET 的使用也很可能在一定程度上保留着相当大的规范正当性和社会学正当性，因为随着其发展，它关乎在表面咄咄逼人的"大政府"或"大企业"面前的公民自由。

更令人意想不到的是，隐私倡导者和学者们对硬接线措施持怀疑态度。怀疑的根源在于人们担忧这些措施对于隐私而言是"柔弱的"，尽管他们已经封包。例如，格鲁赛斯等人（Gurses and others 2011）发现：

> 在政策文件中，不同表现形式的经设计的隐私为任何数据的收集和处理预留了开放式的解释选项——却仅附加一个隐私标签。经设计的隐私可以简化为一系列象征性活动，用以确保消费者的信赖和市场中信息的自由流动（脚注略）。

767 这里的担忧不仅与 PbD 和 PET 的封包有关，还与隐私保护的整体效果有关。在最终导致强化组织对损害个人利益的力量的过程中，硬接线是否得到了适用？ PIT 是否能作为一种调和剂而被引入？如果匿名具有可行性，那么它能否推动假名的使用？它是否反映了欧盟数据隐私法的标准，还是反映为不太严格的标准呢？

此外，人们还对 PET 开发人员的背景和标准制定过程的特点感到担忧。比如，前述过程是如何公开、包容、透明的？用博克特（Burkert）（1997：135）的话说：

> PET 设计本身必须向参与人员公开，这意味着，设计 PET 并将其纳入社会制度予以实施，必须包括这些强化行为预期服务的对象。

这些可能会对硬接线隐私工作正当性产生质疑的担忧都是有依据的。它们的影响程度显然都将取决于未来几年（硬接线隐私）工作的结果，同样也将取决于（硬接线隐私）工作相关的新法律要求的起草和执行力度。这些要求的性质将是下一节的主题。

六　法律摩擦与运行法律带来的困难

数据隐私法对硬接线隐私和相关利益存在双重作用。一方面，它可能通过前述处理的强制实施以及强制性标准来鼓励硬接线。另一方面，由于其规范性的特征，数据隐私法可能会附带阻碍某些形式的硬接线。

关于后一种作用，存在两个主要障碍。首先，在数据隐私法中，许多规则的模糊性和随意性，成为试图将这些规则作为计算机代码进行原义复制，从而使之自动化的硬接线隐私的主要障碍。计算机操作代码假定了精确的、"硬的"命令的逻辑序列，但数据隐私立法中的命令往往相当不精确、具有"软法"标准——在数据隐私判例（判例法）中的命令更是如此。数据隐私法在多大程度上是或者应该是德国法学家所谓的"自动化"——即服从于自动化，立法者和法官对此几乎没有考虑。寻求通过计算机代码复制数据隐私法为硬接线隐私工作带来了难解之题。另外，因为该法还增加了要求硬接线的条款，可将其比作一艘悬挂着提升航运机动力的旗帜的风力帆船，但它本身的设计在很大程度上仍然依赖风。正如夏特姆（Schartum）（2016：152）所指出的，"以经设计的隐私为导向的政策与阻碍经设计的隐私的立法相结合，体现了一个严重的政策困境，使经设计隐私可以发挥其预期潜力的假设变得不切实际"。

另一个主要障碍涉及数据隐私法分配义务和责任的承担主体范围。这些义务和责任主要集中在个人数据的"控制者"，其次是这些数据的"处理者"（采用欧盟立法的术语）。前者基本定义为确定或共同确定个人数据处理目的、条件和手段的实体（见GDPR 第4条第7款），而后者则是代表控制者进行实际数据处理的实体（见第4条第8款）。此处难点在于，我们不能假设，在信息系统开发中，与隐私相关的基本设计决策总是由上述任何一种实体做出，而不是由参与起草互联网核心标准的计算软件制造商或工程师做出的。然而，正如进一步所阐述的，GDPR 中的DPbD 要求仅直接针对控制者而言。

这些（问题）根植于作为数据隐私法基本性质之"硬接线"的主要障碍，但不是唯一障碍（更全面的表述参见Koops and Leenes 2014）。它们都不能成为有效实现PbD 或DPbD 理念难以逾越的障碍。例如，正如夏特姆（Schartum）2016 年的论著中所强调的那样，存在着相当多基本上未被开发的可能性，如果采取行动，尽管存在上述障碍，但仍可能会公平地实现这些理念。虽然如此，在处理数据隐私法怎么以其他形式强制硬接线的下列问题时，我们必须牢记上述障碍。

长期以来，硬接线与隐私相关的利益的工作一直难以获得坚定的立法支持。再次说明，这与知识产权相关工作在这10 多年来得到许多国家政府的支持形成鲜明对比。在欧洲，这种支持主要是由欧盟第2001/29/EC 号指令第6条和第7条提供的，更间接的是由1996 年世界知识产权组织的《版权条约》第11条和第12条所提供的。总结而言，欧盟第2001/29/EC 号令第6条规定，为预防故意规避任何保护版权的有效"技术措施"，应当给予充分的法律保护，而第7条则规定了对"电子权利管理信息"的保护。

在支持与隐私相关和知识产权相关的硬接线措施方面，不同程度的立法支持力度

768

之间的差异明显反映了每个努力游说团体在经济和政治影响力层面的差异。与此同时，尝试为硬接线隐私制定明确且强有力的立法激励机制还面临其他挑战。例如，此类尝试可能会与当前的监管规则发生冲突，即法律规则作为出发点，不应当受制于特定的技术或市场模式，也不应阻碍市场竞争和创新。针对硬接线隐私的详细立法规定可能会违反这些习惯而形成僵化的瓶颈。但是，如其他人所说（Bygrave 2002c；Hildebrandt and Tielemans 2013；Bygrave 2014b），如果对硬接线隐私的详细立法规定能够保持一定的笼统性，硬接线隐私立法激励机制则不至于产生这些阻碍。

在过去 20 年里，欧盟数据隐私的主要立法基准是欧盟第 95/46/EC 号指令（以下简称"数据保护指令"或"DPD"）——该法也对欧洲以外许多国家的数据隐私法的制定产生了重要影响（Bygrave 2014a）。从表面上看，该指令更关心的是控制 PIT，而不是鼓励 PET、PbD 或 DPbD。当然，控制前者可以间接鼓励后者，但该指令对硬接线隐私几乎没有提供任何指导或激励。并且在该指令实际提供的前述指导或刺激的程度内，其重点倾向于确保信息安全（特别参见第 17 条、序言第 46 段，其中所宣称的安全性关注点较少）。虽然安全措施是数据隐私的一个重要组成部分，但它们并非是唯一要素。

除了极少数例外，前 GDPR 时代的其他数据隐私法也未能坚定地鼓励硬接线隐私的工作活动。一个值得注意的例外是欧盟第 2002/58/EC 号指令，该指令涉及电子通信的隐私，并载有一些直接鼓励超越确保信息安全的设计措施规定 [见第 14（3）条和序言第 30 段]。

在过去的 7—8 年里，监管机构对硬接线隐私的热情飙升。这种热情在数据隐私监管机构中尤为明显。如前所述，第 32 届国际数据保护和隐私委员会会议（International Conference of Data Protection and Privacy Commissioners）在 2010 年一致通过了一项决议，承认"经设计得到隐私作为基本隐私保护的一个主要组成部分"，并鼓励"采用经设计的隐私这项基本原则……作为建立一个组织默认运作模式的隐私指南"。随后大量的政策声明发表，特别是欧盟第 29 条关于个人数据处理保护的工作组（"第 29 条工作组"）（Article 29 Working Party 2014）。PbD 最佳模式（PbD ideals）也受到美国监管机构的推动，其中牵头的是美国联邦贸易委员会。所谓的"推动"的表现形式不仅包括政策性建议（FTC 2010；FTC 2012），还包括与公司达成协议（FTC 2011：4–5）。

监管机构对保密性的关注也得到了判例法的支持。与之相关的是具有开创性的欧洲人权法院（ECtHR）审理的艾诉芬兰案（*I v Finland*, 参见 2008 年 7 月 17 日判决；第 20511/03 号申诉）。欧洲人权法院认为，芬兰违反了《欧洲人权与基本自由公约》（*European Convention on Human Rights and basic Freedom*）第 8 条规定的私人生活受到尊重的权利，因为政府未能通过技术组织措施确保公立医院患者数据的私密性。欧盟法院（Court of Justice of The European Union，CJEU）并没有像欧洲人权法院（ECtHR）那样直接要求硬接线隐私的判决。不过，欧盟的部分判决中助长了DPbD理念。其中一个重要案例是它在谷歌西班牙一案的判决中（2014年5月13日第C-131/12号案件判决），谷歌西班牙公司和谷歌公司诉西班牙资料保护局和西班牙公民马里奥·哥斯德哈·冈萨雷斯 [*Google Spain v Agencia Española de Protección de Datos*（*AEPD*）*and Mario Costeja González*]对搜索引擎操作在系统层面进行重新配置，以实现更好的友好型隐私。

那些对硬接线在未来合法化感兴趣的人，现在的目光主要集中在《一般数据保护条例》（*General Data Protection Regulation*）上。关于硬接线，GDPR第25条是核心。它规定"有责任实施旨在执行数据保护原则的技术和组织措施……以有效方式（进行），并且结合……对个人数据的处理采取必要的保障措施，以'满足'GDPR规定的要求，并确保对数据主体权利的保护（第25条第1款）"。尽管受到一系列语境因素的限制，但它对硬接线隐私的支持远强于欧盟95指令。此外，还有一项看似无条件的义务，即确保默认适用数据最小化原则和比例原则，并确保默认限制数据可访问性（第25条第2款）。新的《关于警察和刑事司法部门数据保护的指令》（欧盟第2016/680号指令）的第20条也做出了类似规定，尽管存在细微差异。

遗憾的是，GDPR第25条对信息系统开发的作用很可能会因为其有限的适用范围而受到阻碍，第25条规定的措施仅适用于数据控制者。正如已指出的那样，我们不能假设信息系统开发中的基本设计决策将完全或主要由具备控制能力的实体做出。加剧该缺陷的是，第25条第1款规定了控制者何时处于承担控制者责任的设计阶段（"确定处理手段的时间"）。这可能无法等同于在事实上设计和制造某个特定数据处理设备的时间段，因此，前述规定违背了确保隐私利益完全融入信息系统架构的目标。GDPR的起草者似乎意识到这种缺点，因为GDPR还规定，"生产者"的产品、服务以及涉及加工个人数据的应用程序"应当被鼓励"在运作时将DPbD需求纳入考虑范围（序言第78段）。然而，这个规定被隐藏在了GDPR序言中一段冗长而又浓密的叙述词的尾端。它同时也不如第25条对控制者提出的要求那般严格。尽管如此，GDPR存在这样一种希望，即第25条的要求将"上游（追溯）"至信息系统开发商那里。在这方面，第25条禁止控制者使用超过技术功能之绝对必要的技术收集个人数据，或者适用破坏数据保密性的技术。第25条对处理者也提出了要求，因为控制者只允许使用"为实施适当的技术和组织措施提供充足保障"的处理者（第28条第1款，亦参见序言第81段）。从本质上说，GDPR依靠控制者沿着隐私友好型的路径来塑造信息系统开发的市场和技术基础。

这种策略的有效性至少值得怀疑。除了控制者和工程师之间潜在的脱节之外，对控制者的一些硬接线要求也存在模糊性问题。另一个问题是除了未实现硬接线时可能遭到制裁风险之外，它缺乏明确的硬接线激励机制。同时，援引严厉的制裁可能会被证明非常困难，因为硬接线义务是以很普遍的方式制定的（尤其是 GDPR 第 25 条第 1 款的规定）。挥舞棍的有限作用意味着，"应该更多地考虑如何制作最好的胡萝卜以确保硬接线相关的目标不仅仅是单纯的理念（Bygrave 2014b: 289）"。GDPR 试图规定部分激励措施。例如，第 83 条第 2 款 d 项规定，在决定对违反规定的行为罚款时，除其他事项外，应当考虑"控制者或者处理者对其实施的技术和组织措施的责任承担范围"。在评估出于其他目的处理个人数据是否与收集数据的初始目的相符时，应当考虑，尤其是"是否有适当的保护措施，包括加密或假名"（第 6 条第 4 款 e 项）。然而，这些激励措施的数量很少，而且被晦涩的措辞所阻碍。

七 结论

PbD 和 DPbD 在原则上都是有吸引力的主张。他们的理念和目标几乎也没有什么错误。它们是任何真正全面和合理的信息通信技术治理体系中不可或缺的组成部分。与此同时，它们也应该得到强有力的立法支撑。然而，对它们能够彻底改变 ICT 实际发展方式的能力寄予厚望是愚蠢的，至少在可预见的未来是这样。它们缺乏明确的参数和方法，其所试图自动化的法律规范模糊不清，工程师和普通民众对它们并不感兴趣，并且，更重要的是，商业和政府普遍的措施从根本上与硬接线隐私的核心形式相矛盾，（这些因素）导致它们的惩治能力是迟钝的。

772

虽然 PbD 和 DPbD 的理念已经在数据隐私机构的思维定式中站稳脚跟，或者正在获得稳固的立足点，然而，在最近，欧洲的立法者却没有真正保证这些理念会"在机器中"得到广泛适用。通过自上而下的立法法令来激励自下而上的发展，这种方式往往以失败告终，除非存在重大的激励措施（而不是惩罚性制裁的威胁）对此进行激励（Reed 2012）。在 PbD 和 DPbD 的场景下，这些措施几乎不存在。加剧这一问题的是，立法法令缺乏明确的告知，并且没有直接向工程师社群告知。法律术语的复杂性和模糊性最终导致其对于那些没有正式法律资格和数据隐私法专业知识的人来说就像是一种加密方式。这就阻碍了"监管对话"（Black 2002）的发展，但这是激发工程师社群朝着希望的方向发展的必要条件。诚然，PbD 和 DPbD 的理念对于工程师社群并不陌生，因为他们确实出于对隐私的担忧自愿做出了阐述和行动（cf Reed 2014）。尽管如此，要接受 PbD 和 DPbD 的最佳模式，达到隐私倡导者和监管机构所希望的程度，还有很长的路要走。它（工程师社群）也是一个以自我为中心而臭名昭著的社群，往往受外部的、非技术官僚的价值观的影响。因此，要想对它（工程师社群）产生真正的影响，立法者和其他监管机构不能仅仅是礼貌地敲开门，拿出一份含糊其辞的格式化通知，然后静静等待（工程师社群的回应）。

致谢

这一章的工作是在挪威研究委员会（Norwegian Research Council）和 UNINETT Norid 共同资助的"互联网治理和网络的安全：分析法律"（SIGNAL）项目的支持下进行的。

【参考文献】   773

Agre P, 'Beyond the Mirror World: Privacy and Representational Practices of Computing' in Philip Agre and Marc Rotenberg (eds), *Technology and Privacy: The New Landscape* (MIT Press 1997)

Antignac T and Le Metayer D, 'Privacy by Design: From Technologies to Architectures (Position Paper)' in Bart Preneel and Demosthenes Ikonomou (eds), Privacy Technologies and Policy: *Second Annual Privacy Forum* (Springer 2014)

Article 29 Working Party on the Protection of Individuals with regard to the Processing of Personal Data, 'Opinion 8/2014 on Recent Developments on the Internet of Things' (WP 223, 16 September 2014)

Bekker E and others (eds), *Digital Rights Management: Technological, Economic, Legal and Political Aspects* (Springer-Verlag Berling Heidelberg 2003)

Bernat L, 'A Study of Privacy-Enhancing Technologies' in Working Party on Information Security and Privacy, *Report on the OECD Forum Session on Privacy- Enhancing Technologies (PETs)* (DSTI/ICCP/REG(2001)6/FINAL, 2001)

Berthold O and Kohntopp M, 'Identity Management Based on P3P' in Hannes Federrath (ed), *Designing Privacy Enhancing Technologies: Design Issues in Anonymity and Unobservability* (Springer Verlag 2001)

Black J, 'Regulatory Conversations' (2002) 29 Journal of Law and Society 163

Boe E, 'Pseudo-Identities in Health Registers? Information Technology as a Vehicle for Privacy Protection' (1994) 2(3) The International Privacy Bulletin 8

Boe E, 'Nye helseregistre inn bakveien' (2000) 27 Kritisk Juss 63

Braman S, 'Privacy by Design: Networked Computing, 1969-1979' (2012) 14 New Media & Society 798

Burkert H, 'Privacy-Enhancing Technologies: Typology, Critique, Vision' in Philip Agre and Marc Rotenberg (eds), *Technology and Privacy: The New Landscape* (MIT Press 1997)

Bygrave L, 'The Technologisation of Copyright: Implications for Privacy and Related Interests' (2002a) 24 European Intellectual Property Review 51

Bygrave L, *Data Protection Law: Approaching Its Rationale, Logic and Limits* (Kluwer Law International 2002b)

Bygrave L, 'Privacy-enhancing Technologies: Caught Between a Rock and a Hard Place' (2002c) 9 Privacy Law & Policy Reporter 135

Bygrave L, *Data Privacy Law: An International Perspective* (OUP 2014a)

Bygrave L, 'Data Privacy Law and the Internet: Policy Challenges' in Normann Witzleb and others (eds), *Emerging Challenges in Privacy Law: Comparative Perspectives* (CUP 2014b)

Calo R, 'Against Notice Skepticism in Privacy (and Elsewhere)' (2012) 87 Notre Dame Law Review 1027

Cavoukian A, 'Privacy by Design: The 7 Foundational Principles' (August 2009; revised January 2011) <https://www.ipc.on.ca/wp-content/uploads/Resources/7foundational- principles.pdf> accessed 27 February 2017

Cavoukian A, 'A Regulator's Perspective on Privacy by Design' (2012) <www.futureofprivacy. org/ privacy-papers-2012> accessed 27 February 2017

Chaum D, 'Untraceable Electronic Mail, Return Addresses, and Digital Pseudonyms' (1981) 24 Communications of the ACM 84

Chaum D, 'Security without Identification: Transaction Systems to Make Big Brother Obsolete' (1985) 28 Communications of the ACM 1030

774   Chaum D, 'Achieving Electronic Privacy' (1992) 267 Scientific American 96

Clark C, 'The Answer to the Machine is in the Machine' in P Bernt Hugenholtz (ed), *The Future of Copyright in a Digital Environment* (Kluwer Law International 1996)

Clarke R, 'Introducing PITs and PETs: Technology Affecting Privacy' (2001a) 7 Privacy Law & Policy Reporter 181

Clarke R, 'P3P revisited' (2001b) 8 Privacy Law & Policy Reporter 81

Danezis G and others, *Privacy and Data Protection by Design— From Policy to Engineering* (European Union Agency for Network and Information Security 2014) <www. enisa.europa.eu/ activities/ identity- and- trust/ library/ deliverables/ privacy- and- data- protection-by-design> accessed 27 February 2017

DeNardis L, *Protocol Politics: The Globalization of Internet Governance* (MIT Press 2009) European Commission, 'Cybersecurity Strategy of the European Union: An Open, Safe and Secure Cyberspace' JOIN (2013) 1 final

European Commission, 'Recommendation of 10 October 2014 on the Data Protection Impact Assessment Template for Smart Grid and Smart Metering Systems' [2014] OJ L300/63 Farrell S and Tschofenig H, 'Pervasive Monitoring is an Attack' (RFC7258, May 2014) <https:// tools.ietf.org/html/rfc7258> accessed 27 February 2017

Federal Trade Commission, 'Protecting Consumer Privacy in an Era of Rapid Change: A Proposed Framework for Businesses and Policymakers' (2010)

Federal Trade Commission, 'Agreement Containing Consent Order, In the Matter of Google Inc.', FTC File No 102-3136 (2011)

Federal Trade Commission, 'Protecting Consumer Privacy in an Era of Rapid Change: Recommendations for Businesses and Policymakers' (2012)

Friedman B (ed), *Human Values and the Design of Computer Technology* (CUP 1997) Friedman B, Kane P Jr, and Howe D, 'Trust Online' (2000) 43 (12) Communications of the ACM 34

Gavison R, 'Privacy and the Limits of Law' (1980) 89 Yale L J 421

Gilbertson S, 'W3C's failed Do Not Track crusade tumbles to ad-blockers' Vietnam' (*The Register*, 29 July 2015) <http://www.theregister.co.uk/2015/07/29/dnt_dead_in_the_water/ > accessed 27 February 2017

Gonzalez Fuster G, 'Inaccuracy as a Privacy-Enhancing Tool' (2010) 12 Ethics and Information

Technology 87

Gonzalez Fuster G, *The Emergence of Personal Data Protection as a Fundamental Right of the EU* (Springer 2014)

Grimmelmann J, 'Saving Facebook' (2009) 94 Iowa Law Review 1137

Gurses S and Berendt B, 'PETs in the Surveillance Society: A Critical Review of the Potentials and Limitations of the Privacy as Confidentiality Paradigm' in Serge Gutwirth, Yves Poullet, and Paul de Hert (eds), *Data Protection in a Profiled World* (Springer Netherlands 2010)

Gurses S, Troncoso C and Diaz C, 'Engineering Privacy by Design' (Fourth Conference on Computers, Privacy and Data Protection, 25-27 January 2011) <www.cosic.esat.kuleuven. be/publications/ article-1542.pdf> accessed 27 February 2017

Hall L, *Inventory of Privacy- enhancing Technologies (PETs)* (Study for the OECD Working Party on Information Security and Privacy, DSTI/ICCP/REG(2001)1/FINAL, 7 January 2002)

Hes R and Borking J, *Privacy- Enhancing Technologies: The Path to Anonymity* (Registratiekamer 775 1995)

Hildebrandt M and Tielemans L, 'Data Protection by Design and Technology Neutral Law' (2013) 29 Computer Law and Security Review 509

Jones S, 'Snoop-proof Blackphone vies to be Blackberry's heir' (*Financial Times*, 13 October 2015)

Klitou D, 'A Solution, But Not a Panacea for Defending Privacy: The Challenges, Criticism and Limitations of Privacy by Design' in Bart Preneel and Demosthenes Ikonomou (eds), *Privacy Technologies and Policy: First Annual Privacy Forum, APF 2012* (Springer Verlag 2014)

Koops B-J, Leenes R, 'Privacy regulation cannot be hardcoded: A critical comment on the "privacy by design" provision in data-protection law' (2014) 28 International Review of Law, Computers & Technology 159

Lessig L, *Code, and Other Laws of Cyberspace* (Basic Books 1999)

Lessig L, *Code Version 2.0* (Basic Books 2006)

MacDonald A and Bartunek R, 'EU could demand that Web firms decrypt emails: adviser' (*Reuters*, 21 January 2015) <www.reuters.com/article/2015/01/21/us-eu-security- encryption-idUSKBN0KU2G920150121> accessed 3 December 2015

Perri 6, 'Can we be Persuaded to Become PET-Lovers?' in *Report on the OECD Forum Session on Privacy- Enhancing Technologies (PETs)* (DSTI/ICCP/REG(2001)6/FINAL, 2001)

Pfeifle S, 'Is This the End for DNT? DAA Pulls Out of W3C Process' (*The Privacy Advisor*, 17 September 2013) <https://iapp.org/news/a/is-this-the-end-for-dnt-daa-pulls-out-of-w3c- process/> accessed 27 February 2017

Preibusch S, 'Privacy Behaviors after Snowden' (2015) 58(5) Communications of the ACM 48 Reed C, *Making Laws for Cyberspace* (OUP 2012)

Reed C, 'You talkin' to me?' in Dag Wiese Schartum, Lee Bygrave and Anne Gunn Berge

Bekken (eds), *Jon Bing: En Hyllest / A Tribute* (Gyldendal Akademisk 2014)

Reidenberg J, 'Lex Informatica: The Formulation of Information Policy Rules through Technology' (1997) 76 Texas L Rev 553

Rost M and Pfitzmann A, 'Datenschutz-Schutzziele—revisited' (2009) 33 Datenschutz und Datensicherheit 353

Rotenberg M, 'Fair Information Practices and the Architecture of Privacy (What Larry Doesn't Get)' (2001) 1 Stanford Technology Law Review <https://journals.law.stan- ford.edu/ stanford-

technology- law- review/ online/ fair- information- practices- and- architecture-privacy-what-larry-doesnt-get> accessed 28 February 2017

Rubenstein and Good N, 'Privacy by Design: A Counterfactual Analysis of Google and Facebook Privacy Incidents' (2013) 28 Berkeley Technology Law Journal 1333

Schaar P, 'Privacy by Design' (2010) 3 Identity in the Information Society 267

Schartum D, 'Making Privacy by Design Operative' (2016) 24 International Journal of Law and Informational Technology 151

Spiekermann S, *Ethical IT Innovation: A Value- Based System Design Approach* (Taylor and Francis 2016)

Westin A, *Privacy and Freedom* (Atheneum 1970)

Wiener N, *The Human Use of Human Beings: Cybernetics and Society* (Doubleday Anchor 1954)

第三十二章
作为全球治理方法的数据挖掘

弗勒·约翰斯（Fleur Johns）

徐玖玖 译

一 引言

将"数据挖掘"和"治理"两个术语同置于一章的标题之中，也许会激发读者对后续内容的期待。可能有读者希望能够读到关于数据挖掘作为治理工具的内容；法学家或其他主体将其用于治理，兼有积极和消极的影响（例如：Zarsky 2011；Nissan 2013）。或者，有读者可能期望读到关于数据挖掘的治理的叙述；不同法域的法律如何或者应当如何引导和约束数据挖掘实践的综述（例如：Cate 2008；Solove 2008；Schwartz 2011）。或者，有人认为后文可能预示着一个治理方面的数据挖掘故事；详述治理实践成为人们所期望的全球性衡量标准的途径：例如使用指标（Davis，Kingsbury and Merry 2012；Fukuyama 2013）。

数据挖掘作为治理工具有着其他的意蕴。它表明数据集、数据库和数据挖掘技术及其基础设施不只是在全球范围内有待实施的治理工具，也不只是对抗法律等待进一步的或者更好的治理的实践，更不只是与法律并行作用但又保持着明确区别的约束（contra Lessig 1998）。更确切地说，这些技术和相关基础设施构成了治理的一个领域和治理的一种或治理的方式。在下文所述的项目中进行数据挖掘的工作，可能会与模糊和日趋流行的术语"治理"，或者与本书标题中的"法律"和"规制"相联系（Black 2002；Lobel 2004）。这是指，数据挖掘活动具有指导性和规范性；它们组成了相关部门和主体；它们收集信息并试图改变行为；它们塑造人们根据特定规范，对可想象或可实现的事物以及对于人和物"对"与"错"的理解（或者是这些术语的其他

776

777

代表：高效和低效；合理和不合理；公正和不公正；可计数和不可计数等），以及这些规范如何和为何会随着时间发生变化。并且，进行数据挖掘的要旨在于解决全球范围内的诸多治理困境：从救灾行动到食品安全；从疫情控制到灾民登记；从反腐败到环境影响评估，以及更多内容（分别见 Goetz and others 2009; Meier 2011; Wang, Tang and Cao 2012; French and Mykhalovskiy 2013; Su and Dan 2014; Jacobsen 2015）。

本章的观点是，鉴于数据挖掘已经非常关键，数据挖掘应当被作为一种全球治理的实践进行解读——既是一种技术（若内部不具有连贯性，则为一组技术，：Law and Ruppert 2013: 232），也是作为一种事关公众（各类群体）重大利益的价值和权威进行组合和分布的场合。这一观点的论证首先从对于一般数据挖掘行为的概念解释，以及对于数据挖掘在全球治理中发挥关键作用的指导性实践的调查进行切入。换句话说，本章首先分析全球范围内诉诸数据挖掘所完成和尝试的是什么。第二，我特意使用"低技术"的表述，以袜子抽屉等常见物品作为类比（常见，至少对那些拥有大量此类财物的群体来说是如此），这种表述会降低现代数据挖掘的讨论中常常带有的神秘感和敬畏感。通过这种方式，我将展示相较于更为传统的监管实践，数据挖掘技术是如何实现治理的。第三，也是最后一部分，将关注为何数据挖掘是全球公众都应关注和参与的事情。

二　使用模型进行数据挖掘

许多文献已经对各国政府和企业收集、挖掘和共享数据进行了论述，特别是法律执行、福利监督和情报用途，以及由此引发的隐私问题和对相关规范的担忧（例如：Rubinstein，Lee，and Schwartz 2008; Chan and Bennett Moses 2014; Pasquale 2015）。然而，鲜有学界或公众关注国际组织数据挖掘行为，以及其对于全球法律和政策潜在的复杂影响（尤其是隐私考虑之外的影响）。虽然如此，政府间和非政府间的国际组织发表了数份重要报告，强调数据自动分析现在和未来在他们工作中的重要性，这预示着全球治理中对于数据挖掘的重视程度会日益提高（IFRC 2013; UN OCHA 2013; UN Global Pulse 2013; 一般可参见 Taylor and Schroeder 2014）。

我们可以通过简要概述下列三个项目，来阐释数据挖掘在国际组织工作中与日俱增的重要性：第一项是联合国难民事务高级专员办事处（UNHCR）项目，旨在对生活在巴基斯坦难民营的阿富汗难民进行生物特征登记和重复删除，并在塔利班倒台后为其遣返申请人道主义援助（Jacobsen 2015）；第二项是由联合国（UN）领导的合作项目（包括联合国全球脉动行动、世界粮食计划署、鲁汶天主教大学和一家比利时数据分析公司 Real Impact Analytics），使用手机交易的数字记录作为评估和定位非货币性贫困的指标（Decuyper and others 2015）；第三项是 AIDR 平台，即人工智能救灾平台：一个用于在人道主义危机期间，对社交媒体上发布的灾害相关信息进行自动分类的免费开源原型。AIDR 平台由卡塔尔计算研究所的研究人员开发，并已在与联合国人道主义事务协调办公室（UN Office for the Coordination of Humanitarian Affairs, UN OCHA）的合作中部署使用（Imran and others 2014; Meier 2015）。为了准确理解数据挖掘如何在这些项目中发挥着重要的作用，需要对这一术语进行一些基础性的解释。

（一）什么是数据挖掘？

数据挖掘需要通过对大型数据库或数字信息存储的模式识别和关系绘制来实现知识的计算机化产出，这些模式和关系通常是不明显的。较之"数据库知识发现"（KDD），数据挖掘并不必须包括对数据收集的控制。数据挖掘经常处理其他过程产生的副产品；为数据挖掘之目的的汇编的数据，可能"不符合任何抽样计划或实验设计"（Azzalini and Scarpa 2012: 8; Colonna 2013:315–316）。

数据挖掘所处理的数据可能是结构化的或者非结构化的，也可能是两种状态的某种组合。结构化数据被组织成固定的维度或字段，每项表示一个特定的但是可归纳的特征或是对通用查询的响应，例如姓名或出生日期。相较而言，非结构化数据没有预定义的组织，并且通常组合了许多不同的数据表单；由视频流构成的数据就是一个例子。数据挖掘的关注点是"从大型数据库的数据中抽取有趣的（特别的、隐含的、前所未知的和可能有用的）信息或模式"，不管那些数据可能是非结构化或是结构化的（Han and Kamber 2001: 5）。此处"可能有用"的范围并不需要先验确定；即，如下文所述，数据挖掘本身可能会产生一种对于什么值得关注的认知（Azzalini and Scarpa 2012: 5）。此外，经数据挖掘之后的数据库不再需要集中化。现代许多数据挖掘关注分散化的或者"分布式"数据——即从不同的、不协调的站点和来源所收集的数据（Kargupta and Sivakumar 2004; Leskovec, Rajaraman, and Ullman 2014）。

对于治理目标至关重要的是，数据挖掘可以采取有监督或无监督的形式（或者半监督的混合形式）。有监督的数据挖掘是从已知具有特定特征的数据训练集中产生：人类（或非人类）监督者所感兴趣的，关于标准偏差类型事件的曾经成功和失败或预先确定的实例记录。数据挖掘软件的目的是在训练数据中学习某一兴趣点或者生成一些可能的兴趣点的特征，并应用这一或这些特征对其他无标签数据进行分类。另一方面，无监督的数据挖掘开始时不具有初始模型、假说或是必能查找偏差的标准。其目的是发现和探索规律和异常；推导数据中某些能够预测现象的函数的性质；在此基础上构建模型；不断改善那些推论以及其后的模型（一般可参见 Leskovec, Rajaraman, and Ullman 2014: 415–417）。有监督的数据挖掘为衡量成功和失败（或是错误程度）提供了明确标准，并为后者的修正提供基础；通过发现和纠正错误进行学习。无监督的数据挖掘不提供现成的方法用以评估其所产生的推理的有效性或实用性；这个过程的一部分是不断地重新审视和废弃数据挖掘实践本身所将产生的假设（Hastie，Tibshirani，and Friedman 2009）。然而，即使在无监督的情况下，数据挖掘仍然包含了部分复杂的"社会技术系统"，如下文所述的数据挖掘工作所表现的那样，人类和非人类在这个系统中以无数种方式交互作用（Nissenbaum 2009: 4–5; Colonna 2013: 335; 一般可参见 Suchman 2006）。

　　人们可能期望，与生存问题（救灾等）相关的数据挖掘工具的设计和部署能够反映人类在这项工作中发挥的作用。然而，由于数据挖掘编码和工具通常是零散地拼接在一起，经过自定义、重用和改变后与最初开发的设置不同，所以不一定会如此情况（Clements and Northrop 2001）。例如，谷歌著名的 PageRank 算法研制最初是作为商事企业的核心产品进行研制，但是经过重组后用于其它广泛的数据挖掘目的，包括贫困地图的绘制（Leber 2014; Pokhriyal, Dong, and Govindaraju 2015）。下节所述的每个项目都精确地展示了这种软件和硬件的重组。

780

（二）数据挖掘作为一项全球治理的三个例证

　　UNHCR 项目是在 2001 年塔利班倒台后，巴基斯坦难民营大规模遣返阿富汗国民回阿富汗的背景下提出的。2001 年至 2005 年，UNHCR 已帮助 300 多万名难民返回阿富汗（Kronenfeld 2008）。作为项目程序的一部分，UNHCR 为每名返回者提供了"5 美元到 30 美元不等（视该返回者的最终目的地而定）的交通援助——和一套 UNHCR 提供的家庭用品包，包含塑料防水布、肥皂、卫生用品以及世界粮食计划署提供的小麦粉"（UNHCR 2002）。在分派这些资源时，UNHCR 试图通过传统的身份识别方法以区分"真正"的首次申领者和领取多个救助包的"重复"申领者，但是发现这些方法都存在着不足之处（UNHCR 2002; UNHCR 2003a，2003b）。应 UNHCR 的要求，商业技术供应商生物身份科技（BioID）与 Iridian 科技合作，为部署现有的虹膜识别技术开发研制了生物特征登记设施和移动登记设备，其工作流程如下：

　　　　所有中心都配备虹膜识别摄像机网络（根据依需配备 2—9 台不等的设备）。每个人都要坐在一台摄像机前，由操作员进行简要介绍，摄像机获取一系列登记图像并发送至网络服务器中，由系统将合适的图片转换为虹膜代码（虹膜特征所组成的信息的数字化表达），并检索数据库中是否存在相匹配的已存储虹膜代码。如果不存在匹配结果则完成登记，其虹膜代码存储于数据库中，系统向该特定工作站发送客户信息编号（CIN）确认已成功登记……如果发现存在匹配结果，系统将向工作站发出发现重复申领者的警报信息，同时发送其最初登记的 CIN 编号。每个人从坐下、听取简介到完成登记，整个过程仅需不到 20 秒钟的时间（BioID 2015）。

BioID 和 UNHCR 都没有公开说明用于提取（解调）、分析和分类相位信息（从一组虹膜图像中提取模型的"位流"形式数字表达式）的技术（一般可参见 Daugman 2004）。然而，从公布的虹膜识别技术说明可以发现，它可能包含了一种应用了机器学习的数据挖掘模型，被称为神经网络（Lye and others 2002; Cao and others 2005; Bowyer and others 2008; Sibai and others 2011; Burge and Bowyer 2013: 79–80）。尽管神经网络的差异很大，但是它们都是基于对数值输入的处理，通过一系列相互连接的节点（包含部分隐藏层）和节点之间的连接权值的归因进行预测，这些节点的每一层由上一层权值的加权和组成。在很多情况下，节点的连接权值是通过对输入数据的训练集进行处理和性能验证而"学习"产生的（Roiger and Geatz 2002: 45–47，245–264）。或者，这种虹膜识别可能是使用决策树进行的，即另一种同样应用机器学习用于分类的数据挖掘预测模型（Kalka and others 2006; Burge and Bowyer 2013: 275）。决策树是表示二进制测试集的"树形结构"，基于此数据被划分和分类到每一个"分支"；通过对输出进行训练和验证，决策树可以在无监督的情况下用于"生成数据集的分类规则"（Roiger and Geatz 2002: 9–11; Sumathi and Sivanandam 2006: 402）。

在该系统运作一年后处理了超过 20 万名难民的信息，UNHCR 报告说将近 1000 人试图多次领取救助包，并且发现"通过其他筛查方式同一时期另有超过 7 万多个家庭被拒绝"（UNHCR 2003b，2003c）。除了虹膜识别，其他的筛查方法还包括"与可能的返回者面谈并检查他们的家庭照片"（UNHCR 2002）。UNHCR 的资料没有解释这些不同的筛查策略之间的关系，但是这些资料的确表明，生物特征筛检被视为决定性的方式。值得一提的是，尽管存在由于"巴基斯坦与阿富汗边境地区的高温和沙尘"导致数据损坏的风险，虹膜识别系统的表现据称仍是"完美无瑕"的，但是资料中没有提及与诸如图像压缩、隐形眼镜的使用、瞳孔扩张、角膜消融、角膜瘢痕、角膜发炎以及其他病状等因素相关的错误率（UNCHR 2003b; 关于错误率，可参见 Al Raisi and Al Khouri 2008; Vatsa，Singh，and Noore 2008; Bowyer，Hollingsworth，and Flynn 2013）。同样，根据 UNHCR 的说法，对于使用该技术可能产生威胁，以及引发传统的对于女性拍照的反对或者导致隐私泄露的担忧，都被证明是没有依据的："屏幕上只能看到眼睛"；"由难民机构的女性工作人员对女性和儿童进行测试"；"描述虹膜的代码与该难民的姓名、年龄、目的地或其他任何信息都没有关联"（UNHCR 2003c）。然而，评论家批评该组织未披露大规模运用生物技术可能产生的误匹配风险，或者应采取措施"检测并纠正这些误匹配"，尤其是考虑到数据匿名化可能阻碍检测的事实（Jacobsen 2015: 151–152）。即使未发现错误的方面能够得到充分和公开的解决（这不是本章的重点），UNHCR 的方案仍然提出了改变管理方式和转变权力分配的问题，这些将在下文进行讨论。

联合国全球脉动研究是预测性数据挖掘用以解决被认为在发展中国家缺乏可靠数据的另一个例子。然而在这个例子中，研究使用了传统的应用统计分析的"验证驱动型"数据挖掘方法，而非"发现驱动型"或机器学习的方法（Colonna 2013: 337–340）。该研究的起点是基于之前一系列研究得出的结论，即"在缺乏或难以收集官方统计数据的情况下，手机使用数据是清晰反映用户社会经济状况的晴雨表"（Decuyper and others 2015: 1）。基于此，该研究试图测试进一步的假设，即"从移动电话数据所导出的指标"可以作为"低收入国家粮食安全和贫困指标"的"实时标准"，特别是CDR（即呼叫详细记录，包括呼叫者和被呼叫者的识别数据、基站的识别数据、日期以及时间）"和话费积分购买"（数据包括用户的识别符、充值金额、时间以及充值次数）（Decuyper and others 2015: 1）。

用于测试这一假设的方法需要计算两个数据集之间的数学关系，两个数据集都是由在"中非某国"居住着 10000—50000 名居民的地理区域中统计得出的（Decuyper and others 2015: 2–3）。第一个数据集提取自移动电话公司用于计费所保留的记录，包括呼叫者家庭地址的数据，呼叫者"充值"（或者话费积分购买）行为的各项指标，呼叫者"社会多样性"（呼叫者的交流时间如何在其联系人中平等地分布）的各项指标：后者已证明是检测贫困水平差异的"优秀标准"（Eagle and others 2010; Decuyper and others 2015: 2–3）。第二个数据集提取自 2012 年对该国范围内 7500 个家庭的调查，该调查涵盖了 486 个问题，由包含了食物获取和消费相关方面的"一组与粮食安全相关的数值标准"组成，其中一些是与特定问题相关的具体指标，一些是与数个问题相关的综合指标（Decuyper and others 2015: 3–4）。第二个数据集旨在为验证第一个数据集提供"真实值"（Decuyper and others 2015: 2）。

调查计算了 13 项移动电话的变量与 232 项食品消费和贫困指标之间的相关性（变量关联程度的数值表示式）。然后，使用回归分析法（即，围绕相关因变量通过建模探索其与一个或多个自变量之间的预测关系或可能关系，以及自变量会对因变量的变化所产生的影响）对这些变量之间的关系进行建模（Decuyper and others 2015: 4）。这些分析的结果被用来支持"一个新的假设"，即"手机充值的支出与市场中的食品支出成正比"（Decuyper and others 2015: 5）。

联合国全球脉动研究的这些成果激励该项目的发起人设想，政府和其他执行与食品安全和贫困相关"项目和干预措施"的"合作伙伴"，可以与移动运营商合作开发关于"食品供应突变情况"的"预警系统"，并以此为指导制定政策，包括使用这种"预警"促进通过诸如深入调查等途径收集更多信息（Decuyper and others 2015: 6–7）。尽管联合国全球脉动研究的发起人没有阐明这种有针对性的后续调查如何进行，但是可想而知所有这些调查方法都可能采用更多的数据挖掘技术。由于发展中国家已经越来越多地将移动电话用作收集调查数据的平台，因此越来越多的数据挖掘技术的研究开始关注在移动电话调查数据收集过程中实现自动化数据质量控制（Chen and others 2011; Birnbaum and others 2012）。为了这一目的，机器学习数据挖掘技术，通过使用已知包含捏造的和"较为准确"的调查结果的训练集，试图基于可能检测出的"假数据"（如从未家访过的数据收集者编造的家访数据）或"坏数据"（源自"实地考察者善意的"但是受制于某些误解或错误传达所产生的数据）来"寻找异常模式"。因此，联合国全球脉动研究所期望的由"预警"机制所带来的这种深入调查，其本身就可能采取数据挖掘的形式，这至少在一定程度上是为了清除缺陷数据。

AIDR平台"处理移动电话、卫星和社交媒体"在人道主义灾难及其余波中"产生的海量信息"，以"帮助救援人员定位受灾者，确定救援需要，以及……在危险地形中导航"（Meier 2015）因此处理错误信息和冗余数据同样是该平台目标。为此，AIDR平台"从推特（Twitter）收集与危机相关的信息（'推文'），要求人们给这些信息的子集贴上标签，并且训练了一个基于这些标签的自动分类器"，"随着可用标签的增多，不断改进分类器"。这种方法将人工分类和自动分类相结合，旨在训练"每次当灾难发生时能使用最新训练数据的新分类器"，以确保"比以往灾难的标签的准确性更高"，并满足灾难受灾者和响应器不断变化的信息需求（Imran and others 2014: 159–160; Vieweg and Hodges 2014）。

在此背景下，数据收集——即，在AIDR平台上与组织信息相关的派生资料收集，而非与推特用户所决定的推文内容、时间以及写作方式相关的原始资料收集——由AIDR个人或集体用户发起，输入一系列关键词和/或地理区域以过滤推特的数据流。在此基础上，"许多"注释者提供了训练样本用来训练对输入项的分类，每个样本由带有已人工分配标签的系统生成信息所组成。训练样本可以由采集发起人或"所有者"，使用AIDR"基于web的内部接口"或调用外部众包平台获取：AIDR使用开源平台PyBossa。这个交互式训练过程生成以分类信息为形式的输出，通过输出适配器可用于应用程序编程接口（application programming interfaces，APIs），使用APIs进行收集并用于创建灾害地图和其他类型的报告及其可视化（Imran and others 2014: 160–161）。

对于AIDR所收集数据的挖掘受到"AIDR标记器"和"AIDR训练器"的影响。AIDR标记器负责对每一条推文进行分类，由三个模块组成：一个特征提取器（从推文中提取特定的特征）；一个机器学习模块；一个分类器（为推文分配一个用户定义的标签）。AIDR训练器使用来自数据收集所有者的"可信"训练样本或者经PyBossa处理的众包样本，为AIDR标记器的学习模块提供支持（Imran and others 2014: 161–162）。学习模块采用"随机森林"数据分类法：多个依次分裂的决策树的集合

（Boulesteix and others 2014: 341; Imran and others 2015）。一旦学习模块经训练计算出不同组案例之间的相似性，随机森林分类器可能会扩展至无标记数据，使数据能够在无监督的情况下被聚类成"不同的堆，每一堆都可以被赋予一些意义"（Breiman and Cutler 2015）。聚类需要将数据自动地收集到不同记录或"对象"的分组中，这些对象与同一个分组中的对象彼此相似，与其他分组中的对象相异。在无监督聚类中，构成特定分组的相关性的相似度和关联性并非已知或先验的，而是通过机器学习产生的（Berkhin 2006）。AIDR 平台已经在 2013 年的菲律宾 Yolanda 台风灾害和巴基斯坦地震，以及 2015 年尼泊尔地震和其他事件中得到了检验（Vieweg, Castillo, and Imran 2014; Imran and others 2014; Meier 2015）。

　　这些项目对于政府间组织和非政府组织而言，都带来了略有不同的数据挖掘技术，但它们都面临着一个明显的困境：（主要是在发展中国家）能用于治理的数据存在不足、超载或长期的不可靠。有评论家对这些类型的项目表示担忧，包括对技术选择界限的担心、对技术可靠性的高估、对技术不透明和"功能嬗变"的倾向：即，使用所收集数据用于未被预期和未经宣布的目的（Brownsword 2005; Mordini and Massari 2008; Jacobsen 2015）。学术文献也表达出对作为这些措施"基础"的经济和政治逻辑的担忧（Sarkar 2014; Pero and Smith 2014）。本章的目的不是重述或平息这些忧虑，而是关注全球监管风格或治理实践的变化，这些实例的意义可能不在于其逻辑基础，而在于其表象（关于表象批判的丰富成果，参见 Hacking 1979: 43）。为了追踪其中的部分表象变化，让我们从数据挖掘的技术语言转向生活常见的类比，将知识生产的传统方法与同一问题下法律法规所规定的数据挖掘技术进行比较。

三　袜子抽屉

　　让我们想象一个常见的"监管"挑战：需要去整理一个凌乱的袜子抽屉，使之为更多可能接触它的人所使用和接受。存在多种完成这项任务的方法，并如下文所述，可能会在整个过程中产生一系列需要考量的事项。本节第一部分详述的每项策略或考虑，与传统全球治理实践过程中可能出现的一些战略或可能情况大致相似：或是在多边条约起草和谈判阶段，或是条约通过后的修改阶段（无论是通过后的修改；后续更专业的协议；或部分缔约国的保留条款——对减损条约规定的选择退出或资格条款），或是在缔约国批准和履行过程中。本节第二部分试图通过共识性的粗略比较，阐明如何以一种特定类型的数据挖掘实践应对同样的监管挑战。

（一）袜子抽屉的传统治理

　　如果有人开始尝试用全球流行的传统法律和监管技术去"管理"凌乱的袜子抽

屉，那么他可能首先要设置一个一般原则或前序目标：即，为了促进实现及时、舒适和美观的着装，袜子抽屉内的袜子应当分为成对的袜子和有丢失的单个袜子。该原则已然包含了一个条件：所述特定的抽屉（和家庭）中袜子的使用价值。并且其中还包括了一个明确的、回避问题的遗漏：所讨论的是对谁而言的及时、舒适和美观；是对特定个体，特定家庭或群体的成员，或是对大多数人而言的？换言之，袜子配对或丢弃规则的规模和范围是什么，以及谁与之有利害关系？

　　另一种选择是，一个人可以从实践的初始架构来开展治理的进程。袜子必须被装在一个关闭的抽屉里吗？一个敞口桶或者墙上的一排分类架是否会成为更好的收纳工具？以何种方式并且对谁而言，这些选择中的一个或另一个会"更好"？配对的袜子是否事实上比不配对的袜子更美观或更舒适？应根据何种标准或者针对何人？

　　正视这些问题（并且给出答案——无论是否是暂时的）之后，可能需要适时地考虑开始人工分类的工作。这样可能会推动对进一步的规则、条件以及例外情况的考虑和采纳。也许只有良好状况的可用袜子才应当配对，而有洞的袜子应被丢弃（这引申出另一个问题：应当由谁以及如何来评估"良好状况"）？据此，可以增加一项分配规则，并且解释如何行使该项规则：例如，将分类规其限定为由所有者判断可用袜子是否处于"良好状况"，考虑袜子上是否有洞、磨损或撕破的情况。那么，出现了关于袜子所有权的问题；也许"占有"是个更为可取的选择。

　　甚至在确立所有权或占有权使现有的"顾客"满意后，仍可能会产生其他问题，它们也许是自始就存在的，也可能是遇到不同种类和状况的袜子时才产生。对于诸如羊绒袜子等以高质量、昂贵材料制成的袜子，或者是使用环境消耗大的工艺所生产的袜子，是否应当回收而非丢弃以使浪费最小化而可持续性最大化？对于那些可能原本是作为礼物的手工编织袜子，所有者对其存在情感依恋，是否应免于配对或丢弃的规则以防止对情感的伤害？特别是对于羊毛袜而言，在寒冷的气候环境中是否即使是单只也应该保存，而在温带或热带地区更易被丢弃？是否应该在评估过程中闻一闻袜子并且扔掉臭袜子？如果是这样，那么应该由谁来进行这个嗅觉测试，并且当这个人感冒鼻塞时又该如何？诸如这些的考虑，可能会鼓励采纳更多的例外情形，或规定更详细的指令和责任分配。

　　关于参与、公平和服从的问题也将会出现。谁可以使用所述的袜子抽屉，而他们又是如何看待所采用的分类方案的？那些根本无法使用这个抽屉或者袜子的人怎么办？这些"顾客"中是否存在一个或两个，可能对所制定的袜子分类安排表现出兴趣、支持或坚持？如果不存在的话，若他们的支持被认为是必要的或需要的，如何鼓励他们给予支持？这在一定程度上可能与培养或反映流行品位有关：成对袜子可能会使穿袜子的人直觉上觉得"正确"吗？

　　可以用决策树表现分类过程：一系列相互构建的二分选择。或者，可以从聚类的角度来理解分类过程：对一些人来说，可以接受收集诸如所有带黑色的袜子这种大致相同类别的袜子，并在集群中进行配对。对于如何呈现这一过程的选择，很可能会影响对其整体接受度的看法。但是，分类方法无论如何表达，都不大可能取代对于围绕目前提出的这些分类相关问题进行对话的经常性要求。

为了防止对这些所采纳规则的误用或曲解，可以通过例如邀请某个可信的第三方来引进审查来判断成对袜子是否适合在公共场合穿着以及规范一些成对袜子的去留。人们还可以选择在观众面前试穿一双或者一系列袜子，可能可以通过"众包"、选举或代表机构的一致决议获得观众对袜子时尚性的看法。这些都是在全球层面的传统治理实践中常见的技术（一般可参见 Kingsbury, Krisch, and Stewart 2005; Best and Gheciu 2014）。另外一些人可能会穿着特定的袜子进行选择性和试验性的户外活动，以确定穿着的舒适度或跌倒的可能性。有些人可能更愿意把袜子的分类过程全部委托给他人，由其根据所提供的指导方针或是不受限的自由裁量来完成这项工作。另一些人在保留对袜子进行最终分类的职责的同时，可能会寻求外部信息的输入：例如关于最适宜袜子数量的专家建议，是在已给定每周规定洗涤数量的情况下能确保每天有一双干净的袜子；在审核袜子的库存后，对保留袜子还是更新袜子的选择进行成本收益分析；或是关于在不同气候条件下，预计脚和踝关节的身体热量损失及其对身体影响的科学数据输入。同样，这些与在全球法律和政策中广泛使用的监管技术相类似。

无论采用何种流程或最终实现何种结果，使用部分或者所有这些常见的监管策略去"管理"一个袜子抽屉，都将治理本身作为讨论的核心和焦点。显然，不同的方法将满足不同的"顾客"，可能需要持续不断地重新考虑和／或审查方法和结果，以便解决随时出现的无法预见的问题、担忧和困境。此外，这种重复修改似乎是多方向的：可能在规则的层级中上下逡巡，从最重要的原则到最详细的例外然后再次往复，并且涉及规则和袜子的不同类别以及穿袜子群体的不同子集之间的横向比较。

即使在涉及委托的情况下，上述被夸张描述的监管策略也给人身临其境的感受，因为它们很可能是基于或参考了一些个人或集体的，对于自己或观察他人穿袜子（或不穿袜子）的体验。这并不意味着袜子分类策略的设计者需要穿过所有与讨论过相关的袜子。但是，至少在一个民主的环境中，他们可能会接触到穿过或测试过许多不同类型袜子的人所提供的一些代表性观点、品位和经验：例如，通过接受袜子的制造商、穿着者或者爱好者协会的委托或请愿，或者偶尔接受来自相关家庭不同成员的意见。在这一互动的过程中，可能会出现关于"真实的"穿袜子体验的特定描述，或者将袜子作为一种"社会结构"的观念。然而，对于那些将袜子抽屉的整理作为日常事务的人而言，这些描述不太具有决定性（Latour 2005）。

显然，这些传统策略的每一种都是相对的，也容易受到反驳。对于没有袜子的人、通常不在房间里睡觉的人、房间里有可用的衣柜或者其他储物柜的人、受到需要覆盖脚面的宗教或文化教义指导的人（可根据性别和年龄进行区分）而言，关于袜子分类的猜想似乎是与之无关的，甚至是任意的。此外，无论多么微不足道，关于权力和利益的问题似乎始终贯穿存在于整个调查的过程中，包括谁出于什么目的拥有权力，应当如何行使这种权力以及基于何人之利益。

（二）袜子抽屉的数据挖掘

现在让我们尝试应用数据挖掘来面对凌乱的袜子抽屉所带来的治理挑战。在本节中，将仅通过一种数据挖掘模式的视角来检验袜子分类的可能性：一种常被称为 k 均值聚类分析的无监督或半监督描述性数据挖掘技术。当数据挖掘的目的不仅仅是根据已知的属性或因素对数据进行划分和分类，而是以未预见的方式描述数据，揭示数据集中的"隐藏的特征和趋势"时，其被称为"描述性"数据挖掘（Zarsky 2011: 292; Colonna 2013: 345）。

回顾可知，前述 AIDR 平台使用了聚类技术。数据挖掘可以通过多种方式进行聚类：使用统计学方法；遗传算法（基于生物进化论的搜索技术，试图根据个体的"适应度""进化"数据的"种群"）；还有神经网络，等等（Adriaans and Zantinge 1996: 8; Hand, Mannila, and Smyth 2001: 266）。尽管如此，20 世纪 50 年代首次发表的 k 均值聚类算法仍然是最流行的聚类工具之一（Jain 2010）。

k 均值聚类算法围绕一组数据点组织数据，每个点称为质心，质心与数据之间的距离代表它们之间的距离或差异的程度。质心不是预先确定的；对关于当前任务中适当数量的簇进行猜测并对质心进行初始的随机定位，为了使所有簇中（如果同时应用凝聚法，则为簇之间）数据与质心距离的最小化，迭代式地重新计算质心的位置并进行簇的重新分配。通常会使用不同的、随机选择的初始质点产生多聚类的最优结果，以降低聚类算法收敛于"局部"而非"全局"的相似度或是产生过多异常值，从而丢失潜在的重要关系和模式的可能性（Hand, Mannila, and Smyth 2001: 293–326; Berkhin 2006: 15–18）。

为了将 k 均值聚类技术应用于袜子抽屉的整理，首先要确定 k 值或者需要识别的簇的数量。如果目标仍然是分类配对，这可能要基于对抽屉中可能的袜子对数的数目估计。同时也有两个进一步的参数需要初始的、主观的设定：影响聚类初始划分的过程（通过一种或其他随机化的方法），用以确定类簇中个体之间距离的度量标准或相似性度量的选择（如在进行聚类分析之前已经对变量做了标准化处理，那么通常由所选择使用的度量单位决定；见 Mohamad and Usman 2013）。后者将包括在评估相似性和差异性时应该考虑数据的哪些内在特征，或者应该如何描述数据（Jain 2010: 654–656）。这可以基于对混合袜子的某些概率计算，或者其他某些关涉如何最优地确定袜子"配对"的初始前提。无论如何，对于初始划分和后续的聚类优化而言，算法的选择都将对袜子的分类方式产生重要影响，因为"即使对于相同的数据，不同的聚类算法也常常导致完全不同的划分"（Jain 2010: 658）。

对于像作者一样缺乏信息技术和统计专业知识的人来说，用 k 均值聚类算法管理袜子抽屉将需要雇佣、咨询或委托。由于制定参数定义决策的权力推定有可能落于那些最熟悉数据挖掘技术的人员，上述初始的参数定义的决策也很可能将由负责执行这些决策的数据挖掘专家做出，而不是主要依照"客户"、袜子穿着者或第三方的指导性意见。正如本多利（Bendoly）通过对"来自数据挖掘团体不同方面的代表"半结构化访谈所发现的，"数据分析师最终负责由决策者传递尽可能多的相关的分析知识……或……（至少）由算法得出的信息的规则和关系，"这一过程往往会成为"咨询能力的黑盒内部化"的牺牲品（Bendoly 2003: 646）。

这一数据挖掘过程所产生的袜子聚类，可能与已有的关于"配对"的假设或感知（如果有的话）并不完全相符。基于可使用的数据或数据收集技术，无监督聚类算法可以根据人类无法检测到的因素，或者对大多数穿袜子的人来说无关紧要的因素，找到袜子之间的"紧密"关系。例如，它可以将袜子根据不同方面的相似性（以及与其他袜子的差异性）进行配对，包括袜子的重量、抗勾丝性或抗起球性、组成纤维的延伸率或透气性、棉绒含量和可燃性等。正如吉恩（Jain）所言，"聚类算法易于在数据中发现簇，无论是否存在'自然的'簇"（Jain 2010: 656）。

数据挖掘结果与预期相去甚远，可能会促使袜子分类者求助于半监督聚类。例如，可以引入一个或多个"必须链接的约束"，规定特定的袜子必须归于同一个类簇（例如，所有的蓝袜子，或者近似尺码的袜子）。或者，可以用若干已被"正确"标记的数据（即，已正确配对的袜子）来"播种"算法，而这些数据的可靠性已经得到外部的认定。这些约束或训练集数据可能由普遍了解袜子或特别了解某一袜子抽屉的"领域专家"提供，也可能派生自有关数据领域本体（即袜子的本体）的外源信息（Jain 2010: 660–661）。在某种程度上，这些方法与前一节所描述的"传统"规则中的例外情况、详细指示和审查机会的效果相似。或者，在技术决定论的影响下，出于法律、政策或袜子穿着的目的，最初似乎并不令人满意的结果，可能会被视为可容忍和可行的而被接受（Bimber 1994）。

无论所有实例的结果如何，按照所设想的思路通过数据挖掘"管理"袜子抽屉的过程与上文所述的"传统"治理相比，显现出一些关键性的区别。第一，数据挖掘技术对不同顾客的担忧相应趋于"后端"，或是将其推迟到结果评估阶段（至少就无监督或半监督数据挖掘技术而言）。传统的治理技术鼓励人们从最初阶段就关注过程和参与并围绕其展开讨论，因为这些因素在关于法律和政治机构合法性的主流叙述中占据着重要地位，例如法治的叙事。相反，数据挖掘场景中的合法性问题似乎主要围绕结果的有效性和可测量性（例如：Berkhin 2006: 17）。至少在民主的环境下，数据挖掘治理似乎没有必要像传统治理实践一般，在早期阶段例行询问"谁"或"谁之利益"之类的问题。

第二，无论是有监督的机器学习还是其他情况，对数据挖掘早期选择的任何重述与传统治理实践相比，似乎都更加围绕着特定领域的考量和选择来构建。例如，在关于 k 均值聚类的文献中，"交叉验证"往往需要以下一种或多种方法：比较不同参数下同一算法（或同样的算法组合）所生成的结构；比较相同参数下不同算法所产生的结构；或将其中一个或多个结构与所谓的"真实值"数据进行比较，这些数据通常是由数据收集和挖掘技术的其他组合所获取和表达的（Jain 2010: 656–658）。例如，联合国全球脉动研究将不同数据收集实践的产出进行比较，并将调查数据作为"真实值"，而未详细说明后者是如何收集或表达的。尽管至少自 19 世纪晚期开始，传统治理实践已然倾向于鼓励对一些领域强大而深入的跨领域侵袭保持开放的态度（以 Brandeis 的概述为例证），但是在数据挖掘领域这一路径的机会似乎要有限得多（关于 Brandeis 概述，参见 Doro 1958）。一本普及的数据挖掘教科书将数据挖掘描述为"跨学科的"，并对这一学科术语进行狭义解释："统计学、数据库技术、机器学习、模式识别、人工智能和可视化，这些都有所作用"（Hand，Mannila，and Smyth 2001: 4）。

第三，品味、性格、文化、风格、信仰、教育、阶级、种族、性别、性取向和经历的影响——以及以其中一种或其他模式所表达的对于偶然性和忠诚的认识——在数据挖掘背景中似乎比"传统"治理情境下更为隐蔽，或者更依赖于代理变量（关于种族和性别方面机械地依赖于代理变量的困境，见 Chan and Bennett Moses 2014: 672）。相较于运用数据挖掘在袜子分类过程中围绕如何分类和是否丢弃的"传统"对话，关于身份和忠诚的问题似乎不容易显现。数据挖掘过程可以判断某只袜子因失去弹性而没有价值时，但是它很难去回想袜子是祖母编织的，这对于它来说可能过于关乎情感，而传统的治理实践常或多或少需要人工输入此类（情感）变量。在数据挖掘中（正如其他一些量化知识实践的模式），意外事件和情感依恋往往被转换为数值属性、权重和随机化机制，并通过实验进行处理：通过调整参数并再次运行以查看结果。

并且，重要的是，就数据挖掘目的而言，数据集的主体和客体都并非必要的特征。一只袜子可以被分解并分散到成任意数量的数据点，以便与另一只袜子相关联；为了使数据挖掘生成的指令具有可行性，无须将这些数据点重组成可识别为袜子一类的东西。同样，在 UNHRC 项目中，通过对比不同虹膜图像（两者均被刻意匿名）中代表间隔的数字之间的关系，将某人判定为"重复申领者"并使其丧失信用和权利。这些情况中的数据挖掘实践，永远不需要为了生成可行指令而使用这样的主体或客体。正如路易斯·阿莫尔（Louise Amoore）所写的，关于主体的可省约性，"数字的另一个自我成为了事实上的人"（2009: 22; 亦可参见 1994）。

同样地，鉴于传统治理已然伴随了几个世纪以来人们对决策中存在"偏见"的焦

791

792 虑反思，并且试图弥补人类在这方面的缺点，数据挖掘相关文献中对"偏见"的描述似乎与这一传统不相符合。巴洛卡斯、胡德和泽维斯（Barocas，Hood，and Ziewitz）观察发现，"在计算机系统中有诊断'偏见'的历史"，但关键问题仍然存在："算法存在偏见是什么意思——我们如何得知？什么才是'公正'？"（2013）克劳福德（Crawford）主张积极应对这些问题（Crawford 2015）。然而，在考虑偏见时，数据挖掘实践和文献似乎在一个完全不同的、毫无争论的语域中进行。例如，一本有影响力的数据挖掘教材发现："不同的聚类算法会偏向于在数据中寻找不同类型的簇结构（或'形状'），而从聚类算法的描述中很难准确地确定这种偏向是什么"（Hand，Mannila，and Smyth 2001: 295）。尽管如此，有用的发现有助于包含并取代所有其他关注点："聚类的有效性往往取决于观察者的眼睛……如果聚类产生了有趣的科学见解，我们可以判断它是有用的"，将其付诸实施而不考虑偏见问题（Hand，Mannila，and Smyth 2001: 295）。

第四，也是最后一点，与传统的治理实践相比，数据挖掘治理相关的权力或管辖权问题似乎更难处理，甚至更难被提出来。联合国全球脉动研究中的数据挖掘使用从"中非某国"电话公司合法取得的数据，AIDR 所标记的数据来自推特。相较于相关国家在传统治理实践中所涉及的机构，这两项行动似乎没有对这些机构的管辖权提出相同程度的质疑。有人主张，数据挖掘在赋予或重新分配"做出判断"并向其他人宣布法律的权力（或宣布具有法律效力的规则），这与该学科的标准表述相比似乎有些格格不入和言过其实（关于此处所述的管辖权，参见 Dorsett and McVeigh 2012: 4）。相反，数据挖掘倾向于被简化为一种"自我学习"的实践："数据挖掘本质上是一组技术，允许你访问隐藏于数据库中的数据"（Adriaans and Zantinge 1996: 127）。

四 结论：数据挖掘是值得关注的问题

将数据挖掘作为一种治理实践而进行的研究表明，数据挖掘的操作与其他一些更
793 为常见的全球治理实践并非完全不同。许多关于全球法律和政策的传统技术是模式的创建和知识的提取。可以想象法律文件和政策指令中郑重载入的关于分类的定义术语、清单和多部分测试，往往能够为治理决定开辟道路（例如，关于清单的内容，参见 Johns 2015）。

被典型地表现为机构或实体的其他治理技术，也可以同样地被理解为分类、预测或生成知识。国家和公司可以被视为一种命令的工具：从现象中推导和得出关系并生成计划、规则和模式的方式。然而，我们通常认为它们远远不止这些功能；它们往往被拟人化，并被视为信仰或理性之物。尽管这些机构是由法律和政策创设的，人们通常对其理解为授予、分配和表现权威，创造和分配价值，并且以前述名词、清单和测

试等通常不具备的方式唤起人们的忠诚。

　　一些法律和政策手段最初始于较小的技术注册（如清单的构思），然后转移到价值创造、权力产生、身份定义的公共利益机构（如同公司的构思）的范畴。例如，我们可以思考在 2007 年至 2008 年全球金融危机之后证券化实践是如何产生的；债务抵押债券、信用违约互换等金融产品不再被认为是只有少数、精明的群体才关心的良性工具（Swan 2009; Erturk and others 2013）。一些机构则反向而行，并随着时间的推移变得更加技术性而非权威实体。例如，对于国家证券交易所的认识已经从对国家和全球经济至关重要的地方——人们前来此处工作，遵循特定的仪式并共同维持重要机构的存在和身份——转变为一系列主要围绕一组共同的符号和价格指标进行自动化交互的计算机和电话网络的名称（Michie 2001: 596）。

　　本章讨论的是对数据挖掘进行重新分类，正如证券化最近所经历的那样：从"仅仅"属于技术的范畴（少数高度专业人员所关注的）到全球公众关注的治理机构和实践范畴。这样做的部分原因是，正如第一部分所阐述的，在全球范围内需要运用数据挖掘对决策进行支持和指导，具有实质性的和政治性的意义：关于如何分配有限的援助资源的决定；关于如何确定脱贫措施和调查的顺序和目标；关于如何在紧急情况下定位、评估和处理人道主义需求。另一个原因是，正如第二部分所述，数据挖掘"决策支持"能够转化治理的经验和可能性。数据挖掘使许多与治理相关的任务变得更容易。然而，这样会导致对于一些传统治理实践中或围绕其而经常提出的问题，变得更难提出、考虑或解决。不需要声明对某些底层逻辑的特权访问就可以识别这一点（尽管对于识别的特定操作模式而言，特权访问可能是必要的）；数据挖掘实践从表象上就反映出全球治理正发生着重大变化。

794

致谢

　　感谢本书的编辑，以及在本章写作过程中不吝赐教的人：Lyria Bennett Moses，Janet Chan，Roger Clarke，Alana Maurushat。

【参考文献】

Adriaans P and Zantinge D, *Data Mining* (Addison-Wesley Professional 1996)

Al-Raisi A and Al-Khouri A, 'Iris Recognition and the Challenge of Homeland and Border Control Security in UAE' (2008) 25 Telematics and Informatics 117

Amoore L, 'Lines of Sight: On the Visualization of Unknown Futures' (2009) 13 Citizenship Studies 17

Azzalini A and Scarpa B, *Data Analysis and Data Mining: An Introduction* (OUP 2012)

Barocas S, Hood S, and Ziewitz M, 'Governing Algorithms: A Provocation Piece' (*Social Science Research Network*, 2013) <http://dx.doi.org/10.2139/ssrn.2245322> accessed 2 December 2015

Bendoly E, 'Theory and Support for Process Frameworks of Knowledge Discovery and Data Mining from ERP Systems' (2003) 40 Information & Management 639

Berkhin P, 'A Survey of Clustering Data Mining Techniques' in Jacob Kogan, Charles Nicholas and Marc Teboulle (eds), *Grouping Multidimensional Data: Recent Advances in Clustering* (Springer-Verlag Berlin Heidelberg 2006)

Best J and Gheciu A, *The Return of the Public in Global Governance* (CUP 2014)

Bimber B, 'Three Faces of Technological Determinism' in Merritt Roe Smith and Leo Marx (eds), *Does Technology Drive History? The Dilemma of Technological Determinism* (MIT Press 1994)

BioID Technologies, 'UNHCR Refugee Identification System' (2015) <www.bioidtech.co.uk/ BioID/ UNHCR.html> accessed 2 December 2015

Birnbaum B and others, 'Automated Quality Control for Mobile Data Collection' in Proceedings of the 2nd ACM Symposium on Computing for Development (11-12 March 2012)

Black J, 'Critical Reflections on Regulation' (2002) 27 Australian Journal of Legal Philosophy 1

Boulesteix A and others, 'Letter to the Editor: On the Term "Interaction" and Related Phrases in the Literature on Random Forests' (2014) 16 Briefings in Bioinformatics 338

Bowyer K, Hollingsworth K, and Flynn P, 'Image Understanding for Iris Biometrics: A Survey' (2008) 110 Computer Vision and Image Understanding 281

Bowyer K, Hollingsworth K, and Flynn P, A Survey of Iris Biometrics Research: 2008-2010' in Mark Burge and Kevin Bowyer (eds), *Handbook of Iris Recognition* (Springer-Verlag London 2013)

Breiman L and Cutler A, 'Random Forests: Original Implementation' (2015) <www.stat.berkeley. edu/~breiman/RandomForests/> accessed 2 December 2015

Brownsword R, 'Code, Control, and Choice: Why East is East and West is West' (2005) 25 Legal Studies 1

Burge M and Bowyer K, *Handbook of Iris Recognition* (Springer-Verlag London 2013)

Cao W and others, 'Iris Recognition Algorithm Based on Point Covering of High-Dimensional Space and Neural Network' in Petra Perner and Atsushi Imiya (eds), *Machine Learning and Data Mining in Pattern Recognition* (Springer-Verlag Berlin Heidelberg 2005)

Cate F, 'Government Data Mining: The Need for a Legal Framework' (2008) 43 Harvard Civil Rights-Civil Liberties Law Review 435

Chan J and Bennett Moses L, 'Using Big Data for Legal and Law Enforcement Decisions: Testing the New Tools' (2014) 37 University of New South Wales Law Journal 643

Chen K and others, 'Usher: Improving Data Quality with Dynamic Forms' (2011) 23 IEEE Transactions on Knowledge and Data Engineering 1138

Clarke R, 'The Digital Persona and its Application to Data Surveillance' (1994) 10 The Information Society 77

Clements P and Northrop L, *Software Product Lines: Patterns and Practices* (Addison-Wesley Professional 2001)

Colonna L, 'A Taxonomy and Classification of Data Mining' (2013) 16 SMU Science and Technology L Rev 309

Crawford K, 'Can an Algorithm be Agonistic? Ten Scenes from Life in Calculated Publics' (2015) 40 Science, Technology & Human Values <http://sth.sagepub.com/content/early/

2015/06/24/0162243915589635.full.pdf+html> accessed 2 December 2015

Daugman J, 'How Iris Recognition Works' (2004) 14 IEEE Transactions on Circuits and Systems for Video Technology 21

Davis K, Kingsbury B, and Merry S, 'Indicators as a Technology of Global Governance' (2012) 46 Law & Society Review 71

Decuyper A and others, 'Estimating Food Consumption and Poverty Indices with Mobile Phone Data' (2015) Computers and Society <http://arxiv.org/pdf/1412.2595.pdf> accessed 2 December 2015

Doro M, 'The Brandeis Brief' (1958) 11 Vanderbilt Law Review 783

Dorsett S and McVeigh S, *Jurisdiction* (Routledge 2012)

Eagle N, Macy M, and Claxton R, 'Network Diversity and Economic Development' (2010) 328 Science 1029

Erturk I and others, '(How) Do Devices Matter in Finance?' (2013) 6 Journal of Cultural Economy 336

French M and Mykhalovskiy E, 'Public Health Intelligence and the Detection of Potential Pandemics' (2013) 35 Sociology of Health and Illness 174

Fukuyama F, 'What is Governance?' (2013) 26 Governance 347

Goetz S and others, 'Mapping and Monitoring Carbon Stocks with Satellite Observations: A Comparison of Methods' (2009) 4 Carbon Balance and Management 1

Hacking I, 'Michel Foucault's Immature Science' (1979) 13 Nous 39

Han J and Kamber M, *Data Mining: Concepts and Techniques* (Morgan Kaufmann Publishers 2001)

Hand D, Mannila H, and Smyth P, *Principles of Data Mining* (MIT Press 2001)

Hastie T, Tibshirani R, and Friedman J, 'Unsupervised Learning' in Trevor Hastie, Robert Tibshirani, and Jerome Friedman, *The Elements of Statistical Learning* (Springer 2009)

Imran M and others, 'AIDR: Artificial Intelligence for Disaster Relief ' (23rd International World Wide Web Conference, Seoul, 7-11 April 2014) <http://dx.doi.org/10.1145/ 2567948.2577034> accessed 2 December 2015

Imran M and others, 'AIDR: Artificial Intelligence for Disaster Relief' (Qatar Computing Research Institute, Doha, 20 May 2015) <www.slideshare.net/mimran15/artificial-intelligence-for-disaster-response> accessed 2 December 2015

International Federation of Red Cross and Red Crescent Societies, *World Disasters Report: Focus on Technology and the Future of Humanitarian Technology* (IFRC 2013) <http://worlddisastersreport.org/en/> accessed 16 December 2015

Jacobsen K, 'Experimentation in Humanitarian Locations: UNHCR and Biometric Registration of Afghan Refugees' (2015) 46 Security Dialogue 144

Jain A, 'Data Clustering: 50 years beyond K-means' (2010) 31 Pattern Recognition Letters 651

Johns F, 'Global Governance through the Pairing of List and Algorithm' (2015) 33 Environment and Planning D: Society and Space <http://epd.sagepub.com/content/early/2015/08/13/0263775815599307.full.pdf+html> accessed 2 December 2015

Kalka N and others, 'Image quality assessment for iris biometric' in *SPIE 6202: Biometric Technology for Human Identification III* (Proceedings 6202:D1-D11, 2006)

Kargupta H and Sivakumar K, 'Existential Pleasures of Distributed Data Mining' in Hillol Kargupta and others (eds), *Data Mining: Next Generation Challenges and Future Directions* (AAAI Press/ MIT Press 2004)

Kingsbury B, Krisch N, and Stewart R, 'The Emergence of Global Administrative Law' (2005) 68 Law

796

and Contemporary Problems 15

Kronenfeld D, 'Afghan Refugees in Pakistan: Not All Refugees, Not Always in Pakistan, Not Necessarily Afghan?' (2008) 21 Journal of Refugee Studies 43

Latour B, *Reassembling the Social: An Introduction to Actor-Network-Theory* (OUP 2005)

Law J and Ruppert E, 'The Social Life of Methods: Devices' (2013) 6 Journal of Cultural Economy 229

Leber J, 'How Google's PageRank Quantifies Things (Like History's Best Tennis Player) Beyond the Web' (*Fast Company*, 18 August 2014) <www.fastcoexist.com/3034193/how-googles-pagerank-quantifyies-things-like-historys-best-tennis-player-beyond-the-web> accessed 2 December 2015

Leskovec J, Rajaraman A and Ullman J, *Mining of Massive Datasets* (CUP 2014)

Lessig L, 'The New Chicago School' (1998) 27 Journal of Legal Studies 661

Lye W and others, 'Iris Recognition using Self-Organizing Neural Network' (Student Conference on Research and Development, SCOReD, 2002) <http://ieeexplore.ieee.org/xpls/icp.jsp?arnumber=1033084> accessed 2 December 2015

Lobel O, 'The Renew Deal: The Fall of Regulation and the Rise of Governance in Contemporary Legal Thought' (2004) 89 Minnesota L Rev 342

Meier P, 'New Information Technologies and their Impact on the Humanitarian Sector' (2011) 93 International Review of the Red Cross 1239

Meier P, 'Virtual Aid to Nepal: Using Artificial Intelligence in Disaster Relief' (*Foreign Affairs*, 1 June 2015)

Michie R, *The London Stock Exchange: A History* (OUP 2001)

Mohamad I and Usman D, 'Standardization and its Effects on k-means Clustering Algorithm' (2013) 6 Research Journal of Applied Sciences, Engineering and Technology 3299

Mordini E and Massari S, 'Body, Biometrics and Identity' (2008) 22 Bioethics 488

Nissan E, 'Legal Evidence and Advanced Computing Techniques for Combatting Crime: An Overview' (2013) 22 Information & Communications Technology Law 213

Nissenbaum H, *Privacy in Context: Technology, Policy and the Integrity of Social Life* (Stanford UP 2009)

Pasquale F, *The Black Box Society* (Harvard UP 2015)

Pero R and Smith H, 'In the "Service" of Migrants: The Temporary Resident Biometrics Project and the Economization of Migrant Labor in Canada' (2014) 104 Annals of the Association of American Geographers 401

Pokhriyal N, Dong W, and Govindaraju V, 'Virtual Networks and Poverty Analysis in Senegal' (2015) Computers and Society <arXiv:1506.03401> accessed 2 December 2015

Roiger R and Geatz M, *Data Mining: A Tutorial-Based Primer* (Pearson Education Inc. 2002)

Rubinstein I, Lee R, and Schwartz P, 'Data Mining and Internet Profiling: Emerging Regulatory and Technological Approaches' (2008) 75 University of Chicago L Rev 261

Sarkar S, 'The Unique Identity (UID) Project, Biometrics and Re-Imagining Governance in India' (2014) 42 Oxford Development Studies 516

Schwartz P, 'Regulating Governmental Data Mining in the United States and Germany: Constitutional Courts, the State, and New Technology' (2011) 53 William and Mary L Rev 351

Sibai F and others, 'Iris Recognition using Artificial Neural Networks' (2011) 38 Expert Systems with Applications 5940

Solove D, 'Data Mining and the Security-Liberty Debate' (2008) 75 University of Chicago L Rev 343

Su J and Dan S, 'Application of Data Mining in Construction of Corruption Risks Prevention System' (2014) 513 Applied Mechanics and Materials 2165

Suchman L, *Human-Machine Reconfigurations: Plans and Situated Actions* (CUP 2006)

Sumathi S and Sivanandam S, *Introduction to Data Mining and its Applications* (Springer-Verlag Berlin Heidelberg 2006)

Swan P, 'The Political Economy of the Subprime Crisis: Why Subprime was so Attractive to its Creators' (2009) 25 European Journal of Political Economy 124

Taylor L and Schroeder R, 'Is Bigger Better? The Emergence of Big Data as a Tool for International Development Policy' (2014) 80 GeoJournal 503<10.1007/s10708-014-9603-5> accessed 2 December 2015

United Nations Global Pulse, 'Big Data for Development: A Primer' (2013) <www.unglobal- pulse. org/sites/default/files/Primer%202013_FINAL%20FOR%20PRINT.pdf> accessed 2 December 2015

United Nations High Commissioner for Refugees (UNHCR), 'Afghan "Recyclers" under Scrutiny of New Technology' (*UN News*, 3 October 2002) <www.unhcr.org/3d9c57708.html>accessed 2 December 2015

United Nations High Commissioner for Refugees (UNHCR), 'UNHCR gears up for 2003 Afghan repatriation' (*UN News*, 24 February 2003a) <www.unhcr.org/3e5a38924.html> accessed 2 December 2015

United Nations High Commissioner for Refugees (UNHCR), 'Iris Testing Proves Successful' (UN Briefing Notes, 10 October 2003b) <www.unhcr.org/3f86a3ac1.html> accessed 15 September 2015

United Nations High Commissioner for Refugees (UNHCR), 'Iris Testing of Returning Refugees Passes 200,000 Mark' (*UN News*, 10 October 2003c) <www.unhcr.org/3f86b4784.html> accessed 2 December 2015

United Nations Office for the Coordination of Humanitarian Affairs (OCHA), 'Humanitarianism in the Network Age' (2013) <www.unocha.org/hina> accessed 2 December 2015

Vatsa M, Singh R, and Noore A, 'Improving Iris Recognition Performance using Segmentation, Quality Enhancement, Match Score Fusion, and Indexing' (2008) 38 IEEE Transactions on Systems, Man, and Cybernetics, Part B: Cybernetics 1021

Vieweg S and Hodges A, 'Rethinking Context: Leveraging Human and Machine Computation in Disaster Response' (2014) 47 Computer 22

Vieweg S, Castillo C, and Imran M, 'Integrating Social Media Communications into the Rapid Assessment of Sudden Onset Disasters' (2014) 8851 Social Informatics: Lecture Notes in Computer Science 444

Wang Y, Tang J, and Cao W, 'Grey Prediction Model-Based Food Security Early Warning Prediction' (2012) 2 Grey Systems: Theory and Application 13

Zarsky T, 'Government Data Mining and Its Alternatives' (2011) 116 Penn State Law Review 285

798

第三十三章
太阳能气候工程、法律与监管

杰西·L. 雷诺兹（Jesse L. Reynolds）

刘笑岑 译

一 概述

799　　1965 年，此时正介于《寂静的春天》（Carson 1962）这本具有里程碑意义的书出版之后，以及 1970 年第一个地球日设立之前，现代环境运动初见规模，一份有关环境污染问题的权威性报告被提交到美国总统林登·约翰逊（Lyndon Johnson）办公室。其中有一章是关于人类活动引起大气中二氧化碳浓度上升的问题，这也是政府机构首个有关此问题的报告。尽管该报告那些受人尊敬的作者们得出结论认为，这一"上升"从人类的角度来看可能是"有害的"，但他们并没有提出应减少人为温室气体排放的建议。相反，他们提出如下建议：

　　　　有意识地带来抵消气候变化的可能性需要更彻底的探索。为了平衡与大气二氧化碳增加可能导致的辐射变化，可以通过提高地球的反照率或反射率实现……如果想实现反射率发生 1% 的变化，每年大约需要投入 5 亿美元的成本。考虑到气候对经济和人类的特殊重要性，这种规模的成本似乎并不过分（环境污染委员会、总统科学咨询委员会 1965：127）。

800　　这样的建议现在可能会被视作中世纪的遗产——具有现代技术乐观主义色彩——好比有关"药物令生活更美好"（Better Living through Chemistry）以及为亚利桑那州大峡谷筑坝的建议。事实上，为了应对气候变化而改变反射率的想法在随后的 40 年中几乎没有再被提及。

到了 1992 年，人们广泛认识到了气候变化的巨大风险，促使《联合国气候变化框架公约》（UNFCCC，*the United Nations Framework Convention on Climate Change*）在全球范围内得到批准以促进减排并适应气候变化。从那时起，实际的减排效果非常令人失望，持续的温室气体排放使得地球很有可能在未来面临气候变化的风险。然而改变地球反射率的建议只是处于搁置状态，而不是被彻底否决。经年以来在为数不多的论文研究和几近沉默的科学会议研讨之后，一位因臭氧消耗研究而被授予诺贝尔奖的大气科学家力挽狂澜一般恢复了这一想法，他提出"几乎没有理由对减排持乐观态度"（Crutzen 2006: 217）。

所谓的"太阳能气候工程"（SCE，或者表述为太阳能辐射管理）对法律和监管提出了新的挑战。考虑到气候风险的不断上升和温室气体的减排不足，对其进行研究及发展是合理的。然而，对其开展大规模的实地研究和实施本身也会带来环境和社会的风险，其中仍然具有一些高度不确定甚至未知的风险。此外，考虑到气候变化的风险、国家利益的分歧、科学研究的普遍保护地位以及太阳能气候工程具体法律的缺失等因素，目前尚不清楚如何对太阳能气候工程实行有效监管。

本章将概述在法律和监管方面面临的挑战。第二节是对太阳能气候工程的介绍，第三节将在其他新兴技术的语境下开展讨论。由于当前有关太阳能气候工程的法律和规制相对薄弱，因此有必要对太阳能气候工程的政治萌芽予以关注。随即本文将简要回顾一些现行的法律法规，尤其是相关国际法。接下来笔者将讨论未来对太阳能气候工程的潜在监管，包括监管的理由以及对提案的检视。同时考虑不确定性和预防性反应带来的特殊挑战。最后，本章就太阳能气候工程法律和监管问题的未来研究提出了建议。

二 太阳能气候工程

气候变化也许是全世界面临的最大环境挑战，也是一个极难解决的问题。人为造成的温室气体的积累会造成气温升高，改变降水模式，带来更多极端天气，并使海洋酸化。减排一直是应对气候风险的首要政策，但有理由相信仅凭减排是不够的。首先，减排是一个全球范围的代际集体行动问题，其要求各国在各地采取耗资巨大的行动，以防止未来发生在世界各地（包括偏远地区）的潜在损害。这类举措在政治上非常不受欢迎，且引发"搭便车"的诱惑很大。另一个原因是，各国在减排的利益和承诺方面存在较大分歧。工业国家的富裕程度足以使其居民愿意支付一定成本（尽管是有限的）来减少这种未来的、遥远的环境损害。相反，在发展中国家，广泛获得以化石资源为基础的可靠且可负担的能源仍然是已知的唯一可行的经济发展途径，同时也带来了生活条件的改善。可以理解的是，那里的居民和政治领袖都笃信这种观点。因此，从一个富裕国家的角度来说，可负担得起的减排措施可能会给发展中国家带来难以承受的高额机会成本。值得注意的是，当前以及未来温室气体排放总量的大规模占比，都是来自发展中国家，这也进一步造成了国际政治局势动态的混乱。

考虑到这种黯淡的前景，一些科学家和关心气候变化的人提议对地球系统采取人为的大规模干预措施，以减少气候变化及其风险。这些关于"气候工程"或"地球工程"的建议往往包括两类：即太阳能气候工程和"脱碳技术"（有时被称为"消极排放技术"）。越来越多的人意识到，这些问题应被分别考虑，因为它们具有独特的利益、能力、风险、限制、成本、速度和不确定性（Committee on Geoengineering Climate: Technical Evaluation and Discussion of Impacts 2015a; 2015b）。因此，本章没有针对通过直接采集空气、利用碳捕获和储存的生物能源以及海洋施肥等方法进行脱碳处理的建议进行讨论。

如前所述，太阳能气候工程通过轻微增加地球的反射率以应对气候变化。目前有两种方法看起来最具潜力也最受关注。首先，来自火山和空气污染的证据表明，某些物质的微小气体粒子（例如二氧化硫）就会反射太阳光从而使地球降温。一些科学家提出，这类物质做成的气溶胶可以被注入平流层——上层大气中的一层——以便使这种冷却效果扩散至全球。第二个被广泛讨论的建议方法，是将海水雾化后喷洒到低层的大气中，在水分蒸发后留下小盐粒。这就像云凝结核的功能一样反过来使云团变

802 得更加明亮。关于太阳能气候工程（Committee on Geoengineering Climate: Technical Evaluation and Discussion of Impacts 2015b）的讨论还有很多，未来可能带来完全超出当前想象的不同技术。

太阳能气候工程的几个特点对于实现本章的讨论目的具有重要意义。第一，它看起来有办法可以使全球平均气温和降水量（即降雨量和降雪量）恢复到接近工业社会的水平。政府间气候变化专门委员会在其最近的评估报告中总结说，"模型一致认为，与温室气体浓度升高、没有 SRM（Boucher and others 2013：575）的世界相比，SRM 通常会减少气候差异"。[①]第二，这些建议在技术上似乎是可行的。第三，太阳能气候工程将产生跨界影响。在平流层注入气溶胶的影响将是全球性的，尽管可以根据纬度变化进行局部调整，但海洋云层的增亮可能具有一定的区域适用性。第四，太阳能气候工程并不完美。它可能使赤道附近的气温降低，但在北极附近，全球气候变暖的情况将最为严重。此外，气候变化和太阳能气候工程都会改变降水模式，且可能是通过不可预测的方式。换言之，在温室气体浓度升高的世界中，有些区域会经历温度气候特别是降水的反常现象。此外还有其他的环境风险。例如，二氧化硫可能会对平流层

---

① 更具体地说，最近的模拟实验表明，SCE 可以在区域尺度上应对绝大多数气候变化的预期温度和降水异常 (Kravitz and others, 2014)。

中的臭氧造成破坏。太阳能气候工程下的光照会增加植物的产量，从而改进农业甚至改变生态。第五，太阳能气候工程实施后将迅速有效，其直接的气候效应在短时间内似乎是可逆的。然而，减排所期望的结果却可能迟迟得不到实现。第六，这些技术在执行上具有较低的直接财政成本投入，每年预算大概数百亿美元。在气候经济学中，减排成本和损失都以万亿美元计算，这个数目几乎微不足道。最后，太阳能气候工程的潜力和风险在某种程度上仍然是未知和不确定的，实际的技术水平正处于发展的初期阶段。通过建模和实验可以减少某些不确定性，但其他不确定因素很可能是不可预测的。

上述特点同时带来了机遇和困难。太阳能气候工程在看起来具有技术可行性和低投入的直接成本，都意味着许多执行者——国家，甚至是非国家——都可以实施。对某些国家来说，从太阳能气候工程在促进减少气候变化的经济和环境效益上来看，似乎大于预期的执行成本。因此，这将减排中的集体行动及伴随的"搭便车"问题，转化为单一"潜在行动者"（free-drivers）的最大付出问题（Barrett 2008；Bodansky 2012；Weitzman 2015），例如提供公共物品的行动者过剩问题。因此，这一挑战将从让所有国家都会付出高额成本的问题转变为阻止它们过多投入在廉价成本的问题上。后一种集体行动困境问题可以适用一个更为有效的应对架构（Barrett 2007；Bodansky 2012）。同时，各国将如何决定何时以及如何实施太阳能气候工程，以及它们如何解决潜在争端目前尚不清楚。这就增加了问题的难度，因为它们对它们的理想气候可能有着不同的偏好。的确，尽管目前科学家们热衷于谈及利用太阳能气候工程应对气候变化，但未来的政治领导人可能会有其他诉求。

同样地，太阳能气候工程的有效性和可逆性既有好处也有不足。如果减排和相应努力仍然不足，或气候影响远远大于预期，那么它可以在较短的时间内实施。因此，它可以作为一种抵御气候变化风险的保险政策。事实上，考虑到减排的延迟效应，太阳能气候工程只是唯一已知的短期内减少气候风险的手段。另一方面，如果要在温室气体浓度大幅升高的条件下实施太阳能气候工程，而此后因故停止，以前被抑制的气候变化会迅速显现，并产生严重影响。②

最后，太阳能气候工程与其他应对气候变化风险措施之间的关系是一个极具争议的问题。事实上，认为对其进行考虑、研究或发展将破坏已经为减排付出的微弱努力的观点，一直也是太阳能气候工程的首要关切。太阳能气候工程研究的倡导者往往把它看作对减排、适应和脱碳的补充，每种方法都在应对气候变化的对策中扮演不同的

803

---

② 请注意以下场景的概率，（ⅰ）SCE 的实施强度很大，（ⅱ）SCE 被终止，（ⅲ）没有其他行动者可以假设其实施，（ⅳ）人类是否面临比气候变化更紧迫的问题，目前是不确定的，而且可能概率非常低。参见 Reynolds、Parker 和 Irvine 2016。

角色。当然，未来决策者面临的激励措施将与今天的研究人员有所区别。这些眼光短浅的政治家可能会以社会和规范上都不受欢迎的方式追捧它。然而，人们的普遍担忧大部分都是预设的，而没有考虑太阳能气候工程是否真的会减少排放，是否会造成净损害，以及监管如何来防止这种情况的发生。

三　作为新兴技术的太阳能气候工程

当代有关技术、法律和监管的论述，在很大程度上是随着回应人们对生命科学领域最新实践的焦虑和对监管空白的感知而产生并走向成熟的。首当其冲的就是转基因生物和新型人类繁殖技术。近年来，合成生物学、纳米技术、信息技术、机器人技术以及应用认知科学被添加到所谓"新兴技术"的行列中（参见 Allenby 2011）。

某种程度上来说，太阳能气候工程属于这个范畴。技术的发展会超越法律的适用能力（Bennett Moses 2017）。往往需要自己开发技术并将成为监管目标的专家来参与制定有效的监管。然而，这种对专业知识的依赖也提高了实际或感知到的所谓精英技术官僚的风险，这可能会削弱监管的合法性。这些技术的开发和实施既可能造成大规模的物理和社会风险，也可能同时带来高度的不确定性。这些风险可能表现为对人体健康和安全、环境、权利（见 Goodwin 2017; Sartor 2017; Murphy 2017），人格尊严（见 Düwell 2017），身份权（见 Baldwin 2017），社会结构和体制（见 Sorell and Guelke 2017）以及共同价值观的损害。

与此同时，太阳能气候工程与这些传统的"新兴技术"存在三个关键性差异。这些差异意味着，太阳能气候工程可能需要其适用的法律法规采取截然不同的路径，或者至少应当出现一种不同的政治格局。首先，大多数其他新兴技术的发展是由生产者和消费者所获得（或预期将获取）的利益驱动的，而争议则源于对第三方的负面影响。例如，转基因作物可能会增加生产他们的生物技术公司和种植农民的利润，但有时会被认为对生态系统、消费者和其他农业生产者构成风险。正如前一段提到的那样，这种损害不一定是有形的：先进的人类生殖技术可以使准父母生出健康的孩子，也使利润可观的生殖辅助产业得以发展，但却可能损害某些人的道德观。换句话说，这些新兴的技术力量通常可以被定义为经济学家所称的负外部性。与气候变化的利害关系相比，目前正在研究太阳能气候工程的人——北美和欧洲的科学家——几乎没有直接的个人利益。显然，事业进步、收入增加、名望和个人成就感可能是其中之一，而且可能也是人们所期望的。然而，假定太阳能气候工程将按目前的设想运作，公众利益将远超过私人利益，而在撒哈拉以南非洲和南亚等特别易受气候变化影响的地区，公众利益将实现最大化。在没有强制执行的知识产权保护的情况下，私人利益和公共福利之间的这种差距将特别显著。事实上，公开发布太阳能气

候工程专利的结果以及限制或否定相关专利是开展太阳能气候工程研究的新模式
（Bipartisan Policy Center's Task Force on Climate Remediation 2011; Leinen 2011; Solar
Radiation Management Governance Initiative 2011; Mulkern 2012; Rayner and others 2013;
Reynolds，Contreras，and Sarnoff 2017），在这种情况下，与其他新兴技术相比，太阳
能气候工程将更多是一种公共活动。

　　第二，大多数新兴技术都会承诺或已经为现状提供了额外收益。例如，机器人
可以满足减少人类执行高危工作风险的需要。另外，太阳能气候工程打算减少可预
期的负面影响。它不会直接使当前受益，而只是提供一个可能"不那么糟糕的"明
天。事实上，相对于现在，大多数人都觉得它差强人意。虽然从理性的角度来看，
积极预防与消极预防之间区别并不大，但人们表现出对现状的偏好，基准也由此变
得重要。

　　第三，作为后者的结果，或许是以上两者的结果，技术倡导者的言辞大为不同。
"传统"新兴技术的驱动力，如转基因作物和新的人类生殖技术，拥有相当数量的推
动者，他们大肆宣扬产品的巨大好处。然而太阳能气候工程研究的支持者相当悲观。
他们中一些知名人士表示："只有傻瓜才会在气候工程的前景中找到乐趣"（Caldeira
2008）"表明大家对地球工程的普遍第一反应是反感这是一个好现象"（Keith，Parson，
and Morgan 2010: 427）。

四　政治动向

　　然而，正如"传统"新兴技术一样，在日益增长的气候工程讨论中，发挥作用的
不仅仅是利益和风险。太阳能气候工程看来有潜力大大减轻气候变化对脆弱人群和生
态系统的严重风险，这是任何现实的减排和适应都无法阻止的威胁。然而，对太阳能
气候工程的反应是多种多样的，包括一些最关心环境的人直言不讳的批评。在此，我
提出三种造成这种广泛反应的原因。这三个原因是相互一致的，可能只是对同一现象
的多种看法。

　　对于理解如此广泛反应的第一个建议是使用心理学和文化的交叉方法。气候变化
已经不仅仅是环境风险或市场失灵。它提出了我们潜在的世界观，强化和塑造了我们
如何看待自己、我们所属的群体、社会和自然世界（Hulme 2009）。风险文化理论可
以提供一个有用的视角来帮助我们理解各种世界观（Thompson，Ellis，and Wildavsky
1990; Verweij and others 2006），将它们组织在两个轴线上（图33.1）。水平轴描绘社
会群体团结的价值。纵轴从社会规则和等级上描绘了人的约束感。沿着这两个轴的位
置，有时分别称为"组"和"网格"，定义了所产生的四个象限中的一般世界观。其
中，高度重视群体团结的两个群体（高级群体）通常强调社会组织化行动对环境保

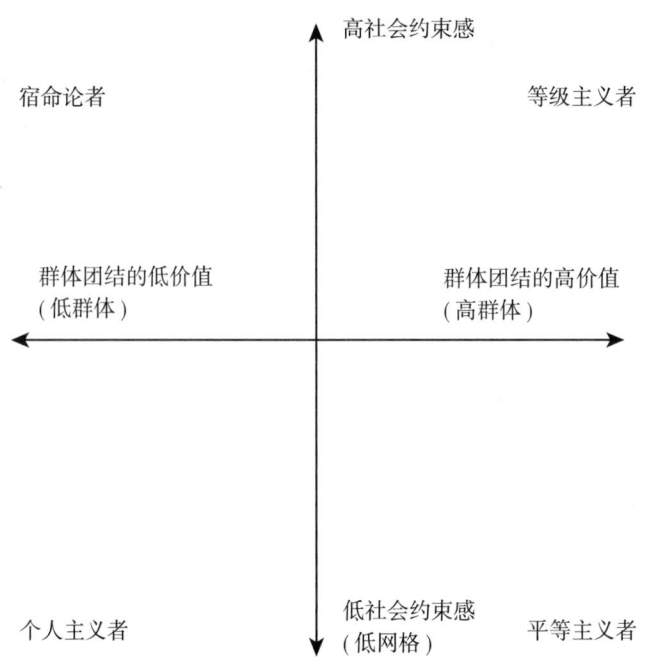

图33.1　文化风险理论的四种世界观（after Thompson，Ellis，and Wildavsky 1990; Verweij and others 2006）

护的重要性。③事实上，这些"等级主义者"和"平等主义者"经常能够合作，呼吁减少并适应温室气体的排放（Leiserowitz 2006；Nisbet 2014）。然而，这两个群体对社会规则的不同约束感导致了他们对社会关系和自然的不同看法。因此，他们对具体如何解决环境问题的偏好不同，包括对太阳能气候工程的立场也形成鲜明对比（Hayward and Rayner 2016；Kahan and others 2015）。"等级主义者"（高级群体，高级网格）认为个人被他们在社会中的角色所限制，如果管理得当，自然会相当强大。他们基本上对太阳能气候工程感到满意。相反，"平等者"（高群体，低网格）把人（理想地）视为水平网络的成员，因而自然是脆弱的。他们通常会拒绝太阳能气候工程，认为它是对脆弱自然世界的危险干涉，是不良等级社会结构的必然要求。

　　第二种理解方法侧重于气候政策的不同目标。呼吁采取强有力的早期减排和适应措施的政治行动者至少包括三个主要群体：那些以减少气候变化对人民和生态系统风险为主要目标的人，认为减排在减少人类对自然影响方面具有主要共同效益（如果不是主要效益的话）的绿色环保人士，以及认为气候政策是挑战主要经济秩序和分配财

_____

　　③ 其他人是个人主义者（低群体、低网格），他们把自然看作是有弹性的，而宿命论者（低群体、高网格），他们认为自然是短暂的，一般不参与政治演说。因此，这两种世界观对减少气候变化风险的行动持怀疑态度或不感兴趣。

富手段的人。④ 这三个主要群体既不是全面的，也不是相互排斥的，其动机往往是混合的或者潜意识的。无论如何，太阳能气候工程可能降低纯气候风险，进一步实现第一组群体的目标。然而，它对于减少对自然世界的干预和权力与财富的不平等没有任何作用。事实上，鉴于太阳能气候工程会对在有争议的环境中运作的脆弱政治联盟造成分裂的威胁，实施该工程可能会破坏后两个集团的努力。

第三个也是最后一个提出的对太阳能气候工程造成反应的是历史方法。当代环境运动产生于 20 世纪 60 年代。这是对认识到人类没有考虑到我们所有行动的影响，特别是对非人类世界和未来世界影响认识的回应。这种忽视在大规模的技术努力中最为明显。环境保护论的主要回应是呼吁与自然世界建立一种更少侵扰、更为谦抑的关系。相比之下，太阳能气候工程会更具有侵入性，并且——根据大多数定义——不会是谦抑的。环境运动酝酿的几十年间也是一个对核战争更加焦虑的时期，环境运动和反核运动同根同源。⑤ 当代环保主义随后制定了一条由怀疑论主导的路径——有时甚至断然拒绝对自然进行技术干预，特别是那些大规模和集中化的提议，而更倾向于更分散和更"自然的"反应。这种怀疑或否定在谴责太阳能气候工程是"技术修复"的言论中十分明显（例如，Hulme 2014）。"技术修复"这个术语几乎没有定义，但它隐含的意思是，太阳能气候工程将是一种过于廉价和快速的手段，仅解决气候变化的症状，而不能"治本"（参见 Flatt 2017，特别是"技术不是'自然'的：来自左派的批评"）。⑥ 另外，环保主义内部一直存在一股潜滋暗长的暗流，认为新技术对于减少我们对自然的净影响至关重要。环保主义与技术之间的这种复杂、交织的关系在当代太阳能气候工程论述中得到了体现。

五　现行法律法规

目前尚未出台专门针对太阳能气候工程具有约束力的法律。当然，太阳能气候工程是在适用现行法律的背景下发展起来的，以下是对其中一些法律规定的简要综述。⑦ 这种解释具有一定的高测性，一方面未来可能出台专门适用于太阳能气候工程的法律，另一方面太阳能气候工程将以不确定的方式展开，此外法官、监管机构和其他决策者也可能对同一法律体系做出不同的解释。此外，现行法律在试图适用于并非为其

---

④ 有效的国际减排和适应性政策将导致财富从富裕国家大量转移到贫穷国家。

⑤ 例如，在古巴导弹危机期间，《寂静的春天》是美国的"月度畅销书"，Carson 利用对核战争尤其是核辐射的恐惧来支持她的观点。See also Rothman 1998.

⑥ 术语"技术修复"的效用甚至比其定义更加不明确（Scott 2012）。请注意，"技术修复"一词出现在高度现代主义时代，是一种积极的技术描述，它可以解决社会反馈难以解决的问题。(Weinberg 1966).

⑦ 更详细的论述，see Bodle and others 2014。

设计的领域时总是显得相互矛盾。也许现存环境法在解释上最大的挑战就是，太阳能气候工程和气候变化（太阳能气候工程意在抵消的对象）各自都对人类和环境构成风险。例如，在国际领域，太阳能气候工程常常会符合"污染"或法律致力于减少的其他现象的定义。[⑧] 由于太阳能气候工程可能产生跨界（假设不是全球性的）影响，这里的摘要仅限于关系最密切的国际法（Rayfuse 2017）。

作为起点，在没有违反特定的具有法律约束力的国际协定或惯例的情况下，应推定允许国家采取行动（以及不采取行动），但前提是，如果在其领土内或在其管辖下的活动可能造成巨大的跨境损害，国家应履行尽职调查义务。通常的尽职调查应包括采取预防或减少潜在损害的适当措施；国家主管机构的审查；事先的环境影响评估；向公众和可能受影响的国家进行通报、咨询并与之合作；应急计划；以及持续监测。

与太阳能气候工程最为相关的国际协定就是《联合国气候变化框架公约》。毕竟这是全球参与的基本气候条约。然而，通过更仔细的审查可以发现法律背景并不明确。其目标是"将大气中温室气体浓度稳定在可防止气候系统受到危险人为干扰的水平"（《联合国气候变化框架公约》：第二条）。然而，也可能通过例如增加陆生植物来间接地减少它们（Keller and others 2014）。因此，有必要将太阳能气候工程纳入《联合国气候变化框架公约》的范围。无论如何，协议中那些承诺和鼓舞人心的声明至少暗含了对太阳能气候工程的考虑，虽然可能只是进行研究。例如，各国都承诺开展与气候变化有关的研究、开发和技术转让（UNFCCC 1992：4.3，4.7，4.8，4.9，11.1）。此外，根据《联合国气候变化框架公约》最近达成的《巴黎协定》，各国承诺将全球变暖限制在很低的水平，单靠减排很可能无法解决这一问题。太阳能气候工程可能有助于达成这一目标。

一个更直接适用（但鲜为人知）的条约是 1976 年的 ENMOD（《环境改变公约》）。它禁止对"……具有广泛、持久或严重影响的环境改造技术"的恶意使用（ENMOD 1976：第 1 条）。尽管"环境改变"一词的本意是指天气改变，但其定义明确包括太阳能气候工程（ENMOD 1976：第 2 条）。该协定明确不阻碍为和平目的的改变环境；事实上还鼓励它们的发展（ENMOD 1976：第 3 条），《公约》的 77 个缔约国包括工业化国家或新兴经济体中的大多数国家。然而，它没有常设的机构支持，其缔约方只举行了两次会议，提议的第三次审议会议在 2013 年被否决。因此，ENMOD被认为是休眠状态，难以适应不断变化的环境。

1992 年商定的《生物多样性公约》是一项多边环境协定，其广泛的范围、强有

---

⑧ 参考一下几个环境协定中对污染的定义（略有变化），例如 UN Convention on the Law of the Sea (Art. 1.1.4) 和 the Convention on Long- Range Transboundary Air Pollution (Art. 1) 以及其他国际法律文件中提到："污染是指人类直接或间接地将物质或能量引入环境，造成危害人类健康、损害生物资源和生态系统的有害影响，并损害或干扰环境的便利设施和其他合法用途。"

力的体制支持和近乎普遍的参与度使其缔约方对构成环境风险的大规模活动都饶有兴趣。近年来，他们就气候工程发表了四份声明。最相关的——也是唯一一个有如此广泛参与的国际法律论坛的声明——是一项无约束力的声明，要求《公约》缔约方在具有充分的科学基础支持和充分考虑其风险之前，或在有"以科学为基础的、全球的、透明的和有效的"监管出发之前，不要从事可能影响生物多样性的气候工程（Conference of the Parties to the Convention on Biological Diversity 2010）。

如果一个国家的行为违反了一项具有国际约束力的协定或惯例，那么国家责任的事后法就会发挥作用。要求停止侵害；保证不再发生；通过恢复原状、补偿和清偿等进行赔偿；以及保障受害者获得法律救济。太阳能气候工程的损害赔偿和归责问题极其复杂，因为其影响广泛分布，并且很难将特定天气事件和气候趋势归因于特定的太阳能气候工程活动（Horton，Parker，and Keith 2015; Reynolds 2015b; Saxler，Siegfried，and Proelss 2015）。

从上述回顾及更广泛的范围来看，尽管部分现行国际法可以适用于太阳能气候工程，但这些规定要么设定了不明确的义务（习惯法），要么范围不确定（UNFCCC 1992），要么适用于有限的情况（ENMOD 1976），要么只具有间接适用性（CBD），抑或是只具有特定地域的管辖效力（UNCLOS 1982）。其结果是国际法成为一个不统一的、支离破碎的拼凑物，其中包含许多空白和重叠。当然，对国际法的评估不仅仅是一个范围和适用性的问题，也应考虑更广泛的指标，以便对太阳能气候工程进行有效监管（Armeni and Redgwell 2015）。

810

六　未来的监管

（一）监管理由

上一节指出，现行国际法对太阳能气候工程的规制不够充分。在考虑未来的监管建议之前，我们必须首先弄清楚为什么应该从一开始就对太阳能气候工程进行监管。简单起见，这里便用两种常见的对比方法，法经济学学者，如卡斯·桑斯坦（Cass Sunstein）（1993）和理查德·波斯纳（Richard Posner）（2014），认为某些市场失灵理论可以适用于太阳能气候工程。例如，通过研究和实施太阳能气候工程——如果太阳能气候工程可以提供净收益——而产生的知识将是应该鼓励的公共产品。开展这些活动的成本将是一个集体行动问题，那些受益的人可能在法律缺位的情况下无法做出贡献。[9] 同样，太阳能气候工程的实地研究或实施造成的有害影响具有负外部性，应通

---

⑨ 如前所述，SCE 实施的预期成本足够低，预期收益足够大，因此，在国际舞台上，搭便车可能不会成为一个问题。然而，研究和实施成本仍然需要得到满足。此外，SCE 活动可能会出现非政府集体行动问题。如果 SCE 研究（甚至是实施）在选民中不受欢迎，但专家们认为这是有潜力的，那么决策者可能需要以某种形式开展国际合作，以便他们各自贡献必要的政治资本。

过监管来抑制。此外，不同的群体（即使它们都可能受到影响）在影响太阳能气候工程决策过程方面的能力是不平等的。因此，有必要制定政策以促进其被纳入，并尽量减少代议制的问题。同样，某些可以从太阳能气候工程政策中受益的行为者可能会因为受到诱惑而影响这一政策，从而构成寻租行为，应当通过法律予以规制。关于太阳能气候工程的广泛信念可能与最佳证据并不一致，采取"信息运动"这种监管形式可能是合适的。最后，需要公共机构协调太阳能气候工程的研究与实施，以最大限度地提高支出效率，防止太阳能气候工程活动之间相互的干扰并减少冲突。

811　　　相比之下，一些论者如罗杰·布朗斯沃德（Roger Brownsword）（2008）和托尼·布洛瑟（Tony Prosser）（2010）也主张将更多的社会理性纳入监管，如保护权利和维护团结等。其中，以权利为基础的建议强调，应当满足所有人（和可能的其他权利人）的某些最低要求，并且不得以更大社会总福利的名义牺牲这些要求。[⑩] 在国际环境下，这意味着太阳能气候工程的监管应力求不侵犯或者不进一步侵犯基本人权。维持社会团结的目标呼吁对于太阳能气候工程的监管，以避免破坏现有的社会关系，从而在多个层面上培养有凝聚力的社群。此时，防止国际紧张局势的问题可能会浮出水面。

（二）监管挑战

　　令人鼓舞的是出现了一些多样化的深入讨论，即如何在实地试验之前，（希望）甚至任何实施之前的更长的时间内对太阳能气候工程施行良好的监管。然而，太阳能气候工程监管的对象是"什么"以及"如何"监管仍不清楚。这也是 Collingridge 困境的一个例子（Bennett Moses 2017）。在这种情况下，技术监管者面临两难困境，他们早期对一项技术及其风险了解太少，无法有效地制定政策，然而一旦对技术更加熟悉，那么改变政策的社会和经济成本就很大。

　　尤为特别的挑战在于确定监管目标，即对哪些行为进行监管。这可以从两个维度来考虑。"纵向"来看涉及太阳能气候工程的发展阶段或规模，应予以特别监管。全球太阳能气候工程的实施将代表一种对环境的特殊干预，普遍认为它应该服从某种合法的、国际的、最好是合法的决策过程。因此，牛津气候工程五大原则之一就是"部署前治理"（Rayner 等 2013）。然而，太阳能气候工程的研究是否应遵循特别监管仍存在争议。如果严格采用上述经济导向，那么太阳能气候工程特有的问题便开始显现，主要表现为大规模实地试验，这些试验将改变反照率（或更准确地说是强迫辐射），其强度可能对人类或生态系统造成重大危害。[⑪] 在这里，人们可以提出干预措施的定量阈值（Parson and Keith 2013）或类似于 ENMOD 和其他地方提到的"广泛、

[⑩] 在不进行不适合本章语境的讨论下，应该通过考虑基于公平权重的福利分配，这也符合经济学方法。

[⑪] 从经济角度来看，对 SCE 进行监管的合理性还可能出现在早期阶段，例如需要公开资助和协调研究。然而，这些并不是 SCE 特有的。

持久或严重影响"的定性定义。某些观点甚至呼吁在开展对几乎对环境无影响的小规模户外试验之前就要进行某种形式的治理（参见 Parker 2014）。然而，这可能会对实际无害的活动提出不必要且繁重的要求。两位研究人员通过反问来说明这一点："如果我在黑暗的沥青车道上用白色油漆画一个一米见方的正方形，并测量反射的阳光，那是太阳能气候工程的实地测试吗？"（Caldeira and Ricke 2013）。

812

另外，界定监管目标的"横向"维度是区分太阳能气候工程与类似活动。这在研究领域尤其重要。让我们假设户外太阳能气候工程研究项目应该服从某种特定的治理，这超出了其他科学项目所需的范围。迄今为止，大多数有关太阳能气候工程的定义依赖于意图，但意图很难确定且缺乏可靠的论证。随着监管要求的增加，研究人员将有更强烈的动机将其活动描述为太阳能气候工程以外的东西。然而，从定义中删除意图会产生"镜像问题"。也就是说，仅仅依靠研究活动的物理性质及其预期效果，可能会给大范围的科学活动带来额外的监管负担。这一点尤其令人担忧，因为与太阳能气候工程和气候变化相关的知识和研究往往相互交叉重叠。举例来说，考虑到气溶胶和云层是理解气候变化的主要不确定因素。最近的一个研究项目将小颗粒注入到海洋上方的低层大气中，监测它们对云层的影响（Russell and others 2013）。尽管这（据称）是为了增进对气候变化的了解，但它会对太阳能气候工程特别是海洋云层增亮产生影响。这并不意味着研究者之间存在任何特定的动机，而仅是为了证明太阳能气候工程和非太阳能气候工程研究活动之间的频谱，以及由此导致的平衡监管精确性和有效性的困难。

实践领域的一个例子凸显了"横向"界定太阳能气候工程活动的难度。大气气溶胶喷射的主要候选材料二氧化硫目前是低层大气中的有害污染物，并掩盖了相当一部分的气候变化（Boucher and others 2013）。防污染政策一直在致力于减少硫的排放以及由此产生的大气浓度。（事实上，全球硫黄排放总量似乎正在见顶。）虽然这些防污染政策并不是针对太阳能气候工程活动，但它们会通过改变地球的反照率来改变气候。这有点类似于上述问题研究人员的意图，原本目标是减少大气污染，但气候改变是一个可预测、可预见的后果。此外，这些政策的影响将是使全球变暖，这就产生了一个问题，即对于太阳能气候工程的监管是否应限于解决全球变暖的问题，或是否应包括所有的人为气候变化（Somsen 2017）。监管中的技术中立原则则支持后者。

对太阳能气候工程进行监管的最后一个挑战是合法性问题。这不一定局限于太阳能气候工程本身，而是很大程度上依赖于现存的气候变化环境。如上所述，通过减排减少气候变化风险是一个全球集体行动的问题。克服这一点可能需要某种形式的全球治理，这一努力本身就面临着合法化的挑战（Buchanan and Keohane 2006）。因此，未来决定是否应人为改变全球气候的国际机构，或评估人为干预气候安全性的科学小组，可能与为防止全球变暖而对碳定价的国际机构，或者一个评估非人为干预气候安

813

全性的科学小组没有本质区别。

（三）监管建议

因此，国际上对太阳能气候工程的监管是必要的，至少在技术发展的某个阶段是如此，但目前仍有很大的差距。许多有关太阳能气候工程的法律学术讨论都考虑了潜在的监管制度。[⑫]笔者将对他们的若干特点进行对比，其中第一个是笔者的监管目标。大多数都明确或含蓄地强调，应尽量减少违反国际社会共识的单一或无力的横向行动以及执行太阳能气候工程对环境的消极影响。前者通常是通过合法化的国际决策过程来实现的。许多监管建议试图在政策和公众舆论之间寻求某种程度的一致性，通常是通过公共审议或协商程序。其他常见的建议包括避免减排活动的式微，防止从研究到实施的"滑坡"危险，最大限度地减少突然终止太阳能气候工程的可能，以及补偿受到负面环境影响的受害者。一些作者建议，通过促进和协调负责任的研究，鼓励国际合作，增强透明度，以及呼吁对结果进行独立评估来促进负责任的研究。

这些不同的监管目标意味着太阳能气候工程监管提案的第二种不同方式，即有关太阳能气候工程监管提案各不相同：大多数侧重于实施，而有些则着眼于研究。同样，大多数人只谈到了最佳结局，但少数学者描述了未来为制定出政策而可能采取的监管措施。例如，一些作者已经为气候工程研究制定了详细的行为准则，该准则将以符合国际法的方式落实现有的气候工程规范，如牛津原则中的规范（Hubert and Reichwein 2015）。

第三个变量是建议监管制度承诺的"深度"。有人预言各国会将其对太阳能气候工程做出决定的权力让渡给国际机构，而另一些人则较为保守，强调原则、最佳实践、信息交流、独立评估、咨询和其他有限的合作形式。与此相关，所设想的法制化程度是从国家和非国家行为者之间自下而上的合作，具有约束力的多边协定。最后，这些建议在参与的"广度"方面也有所不同，从有能力实施太阳能气候工程的国家到所有国家。

七　不确定性和预防措施

管理不确定性是对法律和监管的核心挑战，尤其是应对新兴技术方面（Bennett Moses 2017）。在太阳能气候工程场景中，其不确定性更加复杂，因为（气候变化）

---

⑫　See Barrett 2008; Victor 2008; Lin 2009; Virgoe 2009; Benedick 2011; Redgwell 2011; Abelkop and Carlson 2013; Bodansky 2013; Dilling and Hauser 2013; Hester 2013; Honegger, Sugathapala, and Michaelowa 2013; Kuokkanen and Yamineva 2013; Parson and Ernst 2013; Scott 2013; Zürn and Schäer 2013; Barrett 2014; Bodle and others 2014; Reynolds 2014; Reynolds 2015b; Chavez 2016; Larson 2016; Lin 2016.

技术的合理解释本身仍然存在着高度不确定性。具体而言，对温室气体排放途径进行评估的范围很广（依次是人口、经济活动、技术发展、政治和法律职能），包括气候变化的程度与温室气体大气浓度增加的关系，每单位气候变化造成的损害，以及社会和生态系统的适应能力等。太阳能气候工程将是一组额外的不确定因素，其预期效果直到现在才开始被结构化呈现。

在国际环境法和某些具体国家管辖范围内，管理不确定性的指导原则之一是预防，这在一定程度上是为了应对新技术带来的不确定性风险。在国际领域，预防等原则本身并不具有法律约束力或可执行性，而是必须在特定背景下实施，例如多边协定。举例来说，UNFCCC（《联合国气候变化框架公约》）反映了一种共同的预防措施：

> 缔约方应采取预防措施来预测、预防或尽量减少引起气候变化的原因，并减轻其不利影响。如果存在严重或不可逆转的损害威胁的情况下，则不应利用缺乏充分科学确定性作为推迟采取相关措施的理由，同时考虑到应对气候变化的政策和措施应当具有成本效益，应确保以尽可能低的成本获得全球利益（UNFCCC 1992 年：第 3 条）。

太阳能气候工程的监管如何以预防为导向？至少，在太阳能气候工程场景中以及在预防原则的多样性表述中，它们之间的关系并不简单（Tedsen and Homann 2013）。哲学家劳伦·哈特兹-尼古拉（Lauren Hartzell-Nichols）断言，太阳能气候工程与预防措施恰恰相反，因为它可能带来灾难性的风险，并且减排和适应是可替代的（Hartzell-Nichols 2012）。然而，这需要一个无法灵活变通的预防原则，拒绝诸如太阳能气候工程等一切应对措施，它具有造成灾难的风险，但也可能会阻止更严重的灾难。相反，《联合国气候变化框架公约》的措辞至少在短期内提供了一些指导意见：对太阳能气候工程开展负责任的研究将是一项可能减轻气候变化不利影响的措施，"不应利用缺乏充分的科学确定性作为推迟这种措施的理由"（UNFCCC 1992 年：第 3 条）。鉴于太阳能气候工程的预期低成本以及通过减排防止危险气候变化的高成本相对比（且不太可能实现），情况更是如此（参见 Reynolds and Fleurke 2013）。

八　未来方向

有关太阳能气候工程立法和监管的研究已经发展到可以被描述为一个真正文学体系的地步。几年内，研究者广泛考虑了国际法的作用和未来对实施太阳能气候工程的监管等方面，并开始着手解决其他方面的问题，例如对损害进行归责的可能性。在此，我提出一些仍待充分探讨的重要问题。首先是现有成员国和欧洲法律对太阳能气候工程的监管能力（参见 Hester 2011）。诚然，如果太阳能气候工程得以实施，那么监管最终需要是国际化的。然而，成员国法律和欧洲法律比国际法更为详细、有效且更具适应性，而且实地试验的风险和影响很可能在跨国之前就存在于国内。此外，美国州一级的法律也不容忽视。

其次，权利与太阳能气候工程之间的关系仍不清楚。在上文中，我就权利如何为监管提供依据提出了初步想法。这值得探讨，特别是关于如何在人权框架内理解太阳能气候工程的问题。如果气候变化威胁到人权，而太阳能气候工程可能防止其最严重的影响，那么，是否可以衍生出研究或执行太阳能气候工程的人权？或者反过来说，人们是否有权享有不受他人操纵的环境？

再次，必须研究发展中国家在太阳能气候工程方面可能发挥的作用，并在可能的情况下加以阐述。直到现在，对太阳能气候工程的考虑几乎完全来自工业化国家。由于这些国家对历史上大多数温室气体的排放负有责任，一些观点含蓄地或明确地认为，未来太阳能气候工程实施是由这些强大的国家希望避免减排的愿望所驱动的。然而，如果发展中国家面临更大的气候变化风险，那么它们很可能成为研究和开发太阳能气候工程的驱动者。例如，斯科特·巴雷特（Scott Barrett）认为印度可能是单方816 面实施太阳能气候工程的候选者（Barrett 2014）。小岛屿国家利用执行太阳能气候工程作为国际气候谈判的筹码，这种设想似乎也是可行的。就各国减少气候变化风险的需求而言，"共同但有区别的责任及其具体的国家和区域发展优先事项、目标和情况"对太阳能气候工程的法律和规章有何影响？（UNFCCC 1992 年：第 4 条第 1 款）

最后，近年来，科技法理论界不仅关注对技术的规制，而且对用技术规制也颇感兴趣。太阳能气候工程可以作为一种监管技术。尤其是其潜在的发展和实施可能会影响减排和适应政策及行动，例如，为这些行动提供"低成本支持"，或作为鼓励减排和适应的一种威慑（Reynolds 2015a）。最后，有关太阳能气候工程的研究在很大程度上假定其将只用于减少气候变化风险。然而，没有理由认为情况总是如此。国家和其他行为者可以使用太阳能气候工程技术来改变气候以适应人类的需要。此外，一些有关太阳能气候工程的建议可能具有非气候目的，例如削弱飓风等以增进人类福祉。未来的环境法可以承认、预测、整合甚至以环境改善为中心进行构建（Somsen 2017）。这种调整可能比预期发生得更早。

九　结论

为了应对气候变化的风险，人为改变全球气候的前景让人想起了马丁·克里格（Martin Krieger）的《塑料树有什么问题？》（*What's wrong with plastic Trees*）一书（Krieger 1973）。书里他指出，"对稀有环境的需求是后天习得的"，并断言，"如果仿造品为我们提供了与原件相同的体验，除了我们知道它是伪造的，那么我们对原件的要求就是虚伪的"（Krieger 1973：451，450）。面对气候风险，对太阳能气候工程的保留态度是一种虚伪吗？这一点令人震惊，因为绝大多数太阳能气候工程的批评者（以及支持者）都来自受气候变化威胁不大的国家。

法律学者劳伦斯·特里普（Laurence Tribe）的回应文章《不要塑料树的方法》（"Ways not to Think about plastic Trees"）被看作当代环境法的奠基之作，并因主张环境法应包含不以人类为中心的自然价值而被铭记（Tribe 1974）。他反对用人造环境代替自然环境，即使这反映了人们的愿望，其核心观点是新的环境将塑造当前和未来几代人的偏好。最终，特里普（Tribe）规划了一条较温和的路线，认为"内在理想"与　817"超越理想"的必要结合体现了对超越人类操纵及其意志后果的敬畏，以及对所给予一切的批判立场和对有意识地改善世界的承诺（Tribe 1974：1340）。他所提到的人类中心价值观的缺点之一就是手段和目的的"流动性"。在这篇文章中，作者的担忧是人造环境作为达到人们期望目的的手段，随后将重塑这些目的。

40多年后，我们可能看到对气候变化的反应也出现了类似的变化，尽管人造和自然的作用发生了逆转。那些最关心气候变化的人已经为之奋斗了四分之一个世纪通常处于守势，主张将减排作为减少气候风险的手段，并且发现成功的机会十分有限。这可能导致他们将面临目标—手段间的变通性。毕竟，在这种情况下，手段（减排）和目的（减少气候变化风险）似乎是高度一致的。太阳能气候工程的前景迫使我们重新考虑气候政策和环境法的实际目标。在我看来，这是一个值得期待的进步。

【参考文献】　　818

Abelkop A and Carlson J, 'Reining in Phaethons Chariot: Principles for the Governance of Geoengineering' (2013) 21 Transnational Law and Contemporary Problems 763

Allenby B, 'Governance and Technology Systems: The Challenge of Emerging Technologies' in Gary Marchant, Braden Allenby, and Joseph Herkert (eds), *The Growing Gap Between Emerging Technologies and Legal- Ethical Oversight: The Pacing Problem* (Springer 2011)

Armeni C and Redgwell C, 'International Legal and Regulatory Issues of Climate Geoengineering Governance: Rethinking the Approach' (Climate Geoengineering Governance Working Paper 21, 2015) <www.geoengineering-governance-research.org/ cgg-working-papers.php> accessed 19 January 2016

Baldwin T, 'Identity' in Roger Brownsword, Eloise Scotford, and Karen Yeung (eds), *The Oxford Handbook of the Law and Regulation of Technology* (OUP 2017)

Barrett S, *Why Cooperate? The Incentive to Supply Global Public Goods* (OUP 2007)

Barrett S, 'The Incredible Economics of Geoengineering' (2008) 39 Environmental and Resource Economics 45

Barrett S, 'Solar Geoengineering's Brave New World: Thoughts on the Governance of an　819

Unprecedented Technology' (2014) 8 Review of Environmental Economics and Policy 249

Benedick R, 'Considerations on Governance for Climate Remediation Technologies: Lessons from the "Ozone Hole" ' (2011) 4 Stanford Journal of Law, Science & Policy 6

Bennett Moses L, 'Regulating in the Face of Sociotechnical Change' in Roger Brownsword, Eloise Scotford, and Karen Yeung (eds), *The Oxford Handbook of the Law and Regulation of Technology* (OUP 2017)

Bipartisan Policy Center's Task Force on Climate Remediation, 'Geoengineering: A National Strategic Plan for Research on the Potential Effectiveness, Feasibility, and Consequences of Climate Remediation Technologies' (Bipartisan Policy Center, 2011) <http://bipar- tisanpolicy.org/library/report/task-force-climate-remediation-research> accessed 19 January 2016

Bodansky D, 'What's in a Concept? Global Public Goods, International Law, and Legitimacy' (2012) 23 European Journal of International Law 651

Bodansky D, 'The Who, What, and Wherefore of Geoengineering Governance' (2013) 121 Climatic Change 539

Bodle R and others, 'Options and Proposals for the International Governance of Geoengineering' (Umweltbundesamt Climate Change report 14/2014, Dessau-RoElau: Federal Environment Agency 2014) <www.umweltbundesamt.de/publikationen/ options-proposals-for-the-international-governance> accessed 19 January 2016

Boucher O and others, 'Clouds and Aerosols' in Thomas F. Stocker and others (eds), *Climate Change 2013: The Physical Science Basis Contribution of Working Group I to the Fifth Assessment Report of the Intergovernmental Panel on Climate Change* (CUP 2013)

Brownsword R, *Rights, Regulation, and the Technological Revolution* (OUP 2008)

Buchanan A and Keohane R, 'The Legitimacy of Global Governance Institutions' (2006) 20 Ethics and International Affairs 405

Caldeira K, 'We Should Plan for the Worst-case Climate Scenario' (Bulletin of the Atomic Scientists, 2008) <http://thebulletin.org/has-time-come-geoengineering/we-should- plan-worst-case-climate-scenario> accessed 19 January 2016

Caldeira K and Ricke K, 'Prudence on Solar Climate Engineering' (2013) 3 Nature Climate Change 941

Carson R, *Silent Spring* (Houghton Mifflin 1962)

Chavez A, 'Using Legal Principles to Guide Geoengineering Deployment' (2016) 24 New York University Environmental Law Journal 59

Committee on Geoengineering Climate: Technical Evaluation and Discussion of Impacts, *Climate Intervention: Carbon Dioxide Removal and Reliable Sequestration* (National Academies Press 2015a)

Committee on Geoengineering Climate: Technical Evaluation and Discussion of Impacts, *Climate Intervention: Reflecting Sunlight to Cool Earth* (National Academies Press 2015b)

Conference of the Parties to the Convention on Biological Diversity, 'Report of the Tenth Meeting of the Conference of Parties to the Convention on Biological Diversity' (UNEP/ CBD/COP/27, 2010)

Convention on the Prohibition of Military or Any Other Hostile Use of Environmental Modification Techniques (ENMOD) (1976) 1108 UNTS 151

Crutzen P, 'Albedo Enhancement by Stratospheric Sulfur Injections: A Contribution to Resolve a Policy Dilemma?' (2006) 77 Climatic Change 211

Dilling L and Hauser R, 'Governing Geoengineering Research: Why, When and How?' (2013) 121

Climatic Change 553

Duwell M, 'Human Dignity and the Ethics and Regulation of Technology' in Roger Brownsword, Eloise Scotford, and Karen Yeung (eds), *The Oxford Handbook of the Law and Regulation of Technology* (OUP 2017)

Environmental Pollution Panel, President's Science Advisory Committee, *Restoring the Quality of Our Environment: Report of the Environmental Pollution Panel President's Science Advisory Committee* (US Government Printing Office 1965)

Flatt V, 'Technology Wags the Law: How Technological Solutions Changed the Perception of Environmental Harm and Law' in Roger Brownsword, Eloise Scotford, and Karen Yeung (eds), *The Oxford Handbook of the Law and Regulation of Technology* (OUP 2017)

Goodwin M, 'Human Rights and Human Tissue: The Case of Sperm as Property' in Roger Brownsword, Eloise Scotford, and Karen Yeung (eds), *The Oxford Handbook of the Law and Regulation of Technology* (OUP 2017)

Hartzell-Nichols L, 'Precaution and Solar Radiation Management' (2012) 15 Ethics, Policy & Environment 158

Hester T, 'Remaking the World to Save it: Applying U.S. Environmental Laws to Climate Engineering Projects' (2011) 38 Ecology Law Quarterly 851

Hester T, 'A Matter of Scale: Regional Climate Engineering and the Shortfalls of Multinational Governance' [2013] Carbon & Climate Law Review 168

Heyward C and Rayner S, 'Apocalypse Nicked! Stolen Rhetoric in Early Geoengineering Advocacy' in Susan Crate and Mark Nuttal (eds), *Anthropology and Climate Change* (Left Coast Press 2016)

Honegger M, Sugathapala K, and Michaelowa A, 'Tackling Climate Change: Where Can the Generic Framework Be Located?' [2013] Carbon & Climate Law Review 125

Horton J, Parker A, and Keith D, 'Liability for Solar Geoengineering: Historical Precedents, Contemporary Innovations, and Governance Possibilities' (2015) 22 New York University Environmental Law Journal 225

Hubert A and Reichwein D, 'An Exploration of a Code of Conduct for Responsible Scientific Research involving Geoengineering: Introduction, Draft Articles and Commentaries' (Institute for Advanced Sustainability Studies (IASS) Working Paper/Institute for Science, Innovation and Society Occasional Paper, 2015) <http://publications.iass-potsdam. de/pubman/faces/viewItemOverviewPage.jsp?itemId=escidoc:1092905:4> accessed 19 January 2016

Hulme M, *Why We Disagree about Climate Change: Understanding Controversy, Inaction and Opportunity* (CUP 2009)

Hulme M, *Can Science Fix Climate Change?* (Polity Press 2014)

Kahan D and others, 'Geoengineering and Climate Change Polarization: Testing a Two- Channel Model of Science Communication' (2015) 658 Annals of American Academy of Political and Social Science 193

Keith D, Parson E, and Morgan M, 'Research on Global Sun Block Needed Now' (2010) 463 Nature 426

Keller D, Feng E, and Oschlies A, 'Potential Climate Engineering Effectiveness and Side Effects during a High Carbon Dioxide-Emission Scenario' (2014) 5 Nature Communications 3304

Kravitz B and others, 'A Multi-Model Assessment of Regional Climate Disparities Caused by Solar Geoengineering' (2014) 9 Environmental Research Letters 074013

Krieger M, 'What's Wrong with Plastic Trees?' (1973) 179 Science 446

821   Kuokkanen T and Yamineva Y, 'Regulating Geoengineering in International Environmental Law' [2013] Carbon & Climate Law Review 161

Larson E, 'The Red Dawn of Geoengineering: First Step Toward an Effective Governance for Stratospheric Injections' (2016) 14 Duke Law & Technology Review 157

Leinen M, 'The Asilomar International Conference on Climate Intervention Technologies: Background and Overview' (2011) 4 Stanford Journal of Law, Science, & Policy 1

Leiserowitz A, 'Climate Change Risk Perception and Policy Preferences: The Role of Affect, Imagery, and Values' (2006) 77 Climatic Change 45

Lin A, 'Geoengineering Governance' (2009) 8(3) Issues in Legal Scholarship

Lin A, 'Does Geoengineering Present a Moral Hazard?' (2013) 40 Ecology Law Quarterly 673 Lin A, 'The Missing Pieces of Geoengineering Research Governance' (2016) 100 Minnesota Law Review 2509

Mulkern A, 'Researcher: Ban Patents on Geoengineering Technology' (Scientific American, 2012) <www.scientificamerican.com/ article.cfm?id=researcher- ban- patents- on- geoengineering-technology> accessed 19 January 2016

Murphy T, 'Human Rights in Technological Times' in Roger Brownsword, Eloise Scotford, and Karen Yeung (eds), *The Oxford Handbook of the Law and Regulation of Technology* (OUP 2017)

Nisbet M, 'Disruptive Ideas: Public Intellectuals and their Arguments for Action on Climate Change' (2014) 5 Wiley Interdisciplinary Reviews: Climate Change 809

Parker A, 'Governing Solar Geoengineering Research as It Leaves the Laboratory' (2014) 372 Philosophical Transactions of the Royal Society A 20140173

Parson E, 'Climate Engineering in Global Climate Governance: Implications for Participation and Linkage' (2013) 3 Transnational Environmental Law 89

Parson E and Ernst L, 'International Governance of Climate Engineering' (2013) 14 Theoretical Inquiries in Law 307

Parson E and Keith D, 'End the Deadlock on Governance of Geoengineering Research' (2013) 339 Science 1278

Posner R, *Economic Analysis of Law*, 9th edn (Wolters Kluwer 2014)

Prosser T, *The Regulatory Enterprise: Government, Regulation, and Legitimacy* (OUP 2010)

Rayfuse R, 'Public International Law and the Regulation of Emerging Technologies' in Roger Brownsword, Eloise Scotford, and Karen Yeung (eds), *The Oxford Handbook of the Law and Regulation of Technology* (OUP 2017)

Rayner S and others, 'The Oxford Principles' (2013) 121 Climatic Change 499

Redgwell, C, 'Geoengineering the Climate: Technological Solutions to Mitigation-Failure or Continuing Carbon Addiction' [2013] Carbon and Climate Law Review 178

Reynolds J, 'The International Regulation of Climate Engineering: Lessons from Nuclear Power' (2014) 26 Journal of Environmental Law 269

Reynolds J, 'A Critical Examination of the Climate Engineering Moral Hazard and Risk Compensation Concern' (2015a) 2 The Anthropocene Review 174

Reynolds J, 'An Economic Analysis of Liability and Compensation for Harm from Large- Scale Solar Climate Engineering Field Research' (2015b) 5 Climate Law 182

Reynolds J, Contreras J, and Sarnoff J, 'Solar Climate Engineering and Intellectual Property: Toward a Research Commons' (2017) 18 Minnesota Journal of Law, Science & Technology 1

Reynolds J and Fleurke F, 'Climate Engineering Research: A Precautionary Response to Climate

Change?' [2013] Carbon & Climate Law Review 101

Reynolds J, Parker A, and Irvine P, 'Five Solar Geoengineering Tropes That Have Outstayed Their Welcome' (2016) 4 Earth's Future 562   822

Rothman H, *The Greening of a Nation? Environmentalism in the U.S. Since 1945* (Wadsworth 1998)

Russell L and others, 'Eastern Pacific Emitted Aerosol Cloud Experiment' (2013) 94 Bulletin of the American Meteorological Society 709

Sartor G, 'Human Rights and Information Technologies' in Roger Brownsword, Eloise Scotford, and Karen Yeung (eds), *The Oxford Handbook of the Law and Regulation of Technology* (OUP 2017)

Saxler B, Siegfried J, and Proelss A, 'International Liability for Transboundary Damage Arising from Stratospheric Aerosol Injections' (2015) 7 Law, Innovation and Technology 112

Scott D, 'Insurance Policy or Technological Fix: The Ethical Implications of Framing Solar Radiation Management' in Christopher J. Preston, (ed), *Engineering the Climate: The Ethics of Solar Radiation Management* (Lexington 2012)

Scott K, 'International Law in the Anthropocene: Responding to the Geoengineering Challenge' (2013) 34 Michigan Journal of International Law 309

Solar Radiation Management Governance Initiative, 'Solar Radiation Management: The Governance of Research' (2011) <http://www.srmgi.org/files/2016/02/SRMGI.pdf> accessed 19 January 2016

Somsen H, 'From Improvement towards Enhancement: A Regenesis of EU Environmental Law at the Dawn of the Anthropocene' in Roger Brownsword, Eloise Scotford, and Karen Yeung (eds), *The Oxford Handbook of the Law and Regulation of Technology* (OUP 2017)

Sorell T and Guelke J, 'Liberal Democratic Regulation and Technological Advance' in Roger Brownsword, Eloise Scotford, and Karen Yeung (eds), *The Oxford Handbook of the Law and Regulation of Technology* (OUP 2017)

Sunstein C, *After the Rights Revolution: Reconceiving the Regulatory State* (Harvard UP 1993)

Tedsen E and Homann G, 'Implementing the Precautionary Principle for Climate Engineering' [2013] Carbon & Climate Law Review 90

Thompson M, Ellis R, and Wildavsky A, *Cultural Theory* (Westview Press 1990)

Tribe L, 'Ways Not to Think about Plastic Trees: New Foundations for Environmental Law' (1974) 83 Yale Law Journal 1315

United Nations Convention on the Law of the Sea (UNCLOS) (1982) 1833 UNTS 3

United Nations Framework Convention on Climate Change (UNFCCC) (1992) 1771 UNTS 171

Verweij M and others, 'Clumsy Solutions for a Complex World: The Case of Climate Change' (2006) 84 Public Administration 817

Victor D, 'On the Regulation of Geoengineering' (2008) 24 Oxford Review of Economic Policy 322

Virgoe J, 'International Governance of a Possible Geoengineering Intervention to Combat Climate Change' (2009) 95 Climatic Change 103

Weinberg A, 'Can Technology Replace Social Engineering?' (1966) 22 Bulletin of the Atomic Scientists 4

Weitzman M, 'A Voting Architecture for the Governance of Free-Driver Externalities, with Application to Geoengineering' (2015) 117 The Scandinavian Journal of Economics 1049

Zurn M and Schafer S, 'The Paradox of Climate Engineering' (2013) 4 Global Policy 266

第三十四章
人类生物医学干预能否成为合法的政策监管工具?

凯伦·杨 (Karen Yeung)

刘笑岑 译

如果药物可以中和危险,何不用其代替手铐?

——麦克尔·夏皮多 (Michal shapiro)

一 概述

823　　长期以来,设计一直被用来影响和约束人们的行为,同时根据对环境和对象造成影响的反馈进行调试。因此,街道可以通过安装路桩的设计来防止车辆进入行人区,机动车可以通过使用安全气囊的设计来提高乘客的安全性:在这两种情况下,设计可以被理解为一种监管技术。与其他监管模式相比,这些"基于设计"的监管技术,被

824　广泛理解为有目的地塑造环境以及环境中的事物和人,以便于对行为或风险进行管理,这一点也一直被监管理论所忽略 (Yeung 2008)。然而,设计(或架构)作为一种规范性的技术并没有完全被忽视。推动技术旨在有意重新配置社会选择环境鼓励行为人采取受决策者欢迎的行为,同时保留个人选择的空间,这一技术最近在政策和学术界获得了重要地位 (Thaler and Sunstein 2008)。网络法律师们强调软件代码的设计对网络空间的规制作用 (Lessig 1999),同时犯罪学家已经演示了如何利用情境刺激引导行为走向合法结果的"情境预防犯罪技术"(最好是以对行为受影响的人不引人注目和不可见的方式),以实现减少犯罪的效果 (Garland 2000)。

　　然而,当前学术界几乎都把注意力集中在社会选择环境的设计上,但他们未能意识到,利用设计来实现监管的目的不再局限于产品、场所和流程,而是越来越多地针对生物有机体,包括人类。神经科学、生物科学、计算科学和工程学的最新发展极大

地扩展了对人类生物学的理解，改变了人类生物医学功能的可能性，探索出直接观察或干预人类身心以达到监管目的的可能性。与奥尔德斯·赫胥黎（Aldous Huxley）在《美丽新世界》（*The Brave New World*）中使用的令人不安的笔触描绘出来并落入科幻小说范畴的情况不同，许多技术已经开始应用。例如，许多司法管辖区的刑事政策规定对已定罪的性犯罪者进行"化学阉割"，以降低他们从监狱释放后对公共安全造成的风险（Peters 1993；Harrison and Rainey 2009），据报道，一些雇主被鼓励对从事长时间集中工作的员工（如外科医生和长途汽车司机）服用认知增强药物（Academy of Medical Sciences 2012），美国法院已下令让患有公认精神疾病的被告人强制服药，使他们有能力接受刑事指控的审判（*Sell v US* 539 US 166）。其他提议中的应用更具有可预测性，例如在法庭诉讼中使用颅磁刺激提高目击证人证词的准确性和可靠性（Klaming and Vedder 2009）；使用外骨骼来补充士兵和其他从事需要体力劳动的人的身体能力，如增强护士在抬病人时的体力（Pons，Ceres，and Calderón 2008）；使用脑受体阻滞剂来预防或减少可卡因到烟草和酒精等有害物质的成瘾率（Boire 2004-2005；Greely 2008）；以及使用精神活性物质使那些犯有严重罪行的人的主观惩罚体验更长、更严厉（Roache 2013）。[①]

　　然而，利用设计来塑造社会活动和人类行为的历史由来已久：门锁（据说是4000年前由古埃及人率先发明设计的）和对性侵者的化学阉割，都是有意采取减少不必要活动发生的设计。但是，通过直接设计人体生理功能来影响社会结果的尝试可能被认为是一种激进的、令人担忧的动作。我们应该如何评价这些技术？尤其是，如果将生物控制路径与那些通过社会环境的设计来塑造人类行为和经验的古老技术相比，会是什么结果呢？虽然从直觉上看，我们可能认为生物学路径会引起更为严重的法律、伦理和社会问题，但这种直觉可能经不起严格的审查。特别是基因学已经清楚地表明，个体的遗传天赋和社会环境都对遗传特性的表达有重要影响（Dupras，Ravitsky，and Williams-Jones 2014）。神经科学研究也表明，个体大脑的组成和功能是如何直接受到社会刺激和个体所处环境影响的（Dodge 2007）。随着我们对大脑的理解和干预能力的增强，这就产生了以比人类历史上任何时候都更精确、更强大、更普遍的操纵人类思维方式的机会，这些干预措施对那些试图影响他人行为的人尤其具有吸引力（Academy of Medical Sciences 2012）。这种探究的紧迫性在于，这种设计作为一种监管技术正在逐渐扩展范围，国家和非国家组织积极寻求利用设计的多种可能

825

---

① 例如，英国国家临床卓越研究所（NICE）最近建议全科医生为酒精依赖患者开纳美芬（又名塞林克罗）处方。纳美芬的工作原理是阻断大脑中让饮酒者从酒精中获得快乐的部分，阻止他们想要一杯以上的酒，see "Drinkers o ered pill to help reduce alcohol consumption"（e Guardian, 3 October 2014）http://www.theguardian.com/society/2014/oct/03/ drinkers-pill-alcohol-cravings-consumption-nalmefene accessed 19 January 2015。

性来实现它们的目标，特别是在基于设计的监管干预社会活动方面或在利用改变人类身体和思想的技术使用方面缺乏系统的学术研究的情况下。

本章分为四个部分。首先，我们思考一下基于设计形成社会结果的路径是否构成"监管"技术，引申出学术界对监管定义的争论和演变。第二，生物管制路径合法性的问题是否与更广泛意义上的被视为针对社会环境设计的干预措施引发的担忧相一致，特别是考虑到社会干预和生物干预对人类心理的影响在伦理上没有差别。尽管这些批评强调了关注改变人类思想和行为的传统手段在合法性方面的重要性，但这种所谓的均衡原则可能具有误导性，因此毫无益处。第三，笔者通过研究一方（"监管者"）利用这种技术直接影响目标群体（"监管目标"）行为或功能的各类情况，对生物路径对人类决策进行调节的合法性展开了调查。许多关于人类进步的文献主要集中在个人利用生物医学技术进行自我创造的伦理问题上。但最近的讨论凸显了利用生物医学干预手段促进个人"道德提升"，从而作为确保公共政策目标实现的可能性 [例如，Douglas（2008，2013，2014）；Harris（2011，2012）；De Grazia（2013）；Kahane and Savulescu（2015）]。 在关于人类进步的辩论中，"公共政策转向"（Murphy 2015）最引人注目的例子也许是佩尔松（Persson）和萨瓦卢塞斯库（Savalusecu）提出的激进建议，即我们必须在普遍和强制性的基础上加强道德建设（假设它们安全有效），以应对道德腐化的个人携带大规模杀伤性武器造成灾难性伤害的威胁（Persson and Savalusceu 2008；cf Beck 2015）。这篇文献的一个显著特点是它没有注意到提出这种干预措施的关联语境。我认为，当在监管环境中考虑此类干预措施时，其合法性的评估是建立在如何理解关系型权威的范围和限制基础之上的。因此，作为评估的起点，我们必须考虑谁在寻求利用这些技术，针对谁、基于什么目的、为了谁的利益以及付出多少成本（和为谁）？因此，我认为上述问题对于区分国家基于监管目的而使用此类技术，与非国家机构基于监管目的和自利目的使用此类技术是有帮助的。这些想法是通过对每种情况下可能出现的合法性问题的简要概述而发展起来的，借鉴了社会设计作为一种监管策略的批评。第四，有一些涉及人类价值观和社会意义共同关切，适用于监管与非监管环境中，这些关切简要表现了人与技术斡旋斗争时所面临的困难。最后，我得出了一些初步结论，强调我对该问题的思考是连续性的，需要发展和修正。因此，尽管我在这里试图勾画出一个分析框架的雏形，但我提出的问题比给出的答案要多，希望能够吸引和激发监管治理研究、生物伦理学等领域的学者进行更广泛的跨学科讨论和反思。

二　设计作为一种监管技术?

为了确定基于设计的社会活动和人类行为的路径是否构成"监管"技术，我们需要对"监管"进行定义。尽管在北美法律和政治学界对监管的研究由来已久，但伴

随着战后福利国家共识瓦解以及"监管国家"的兴起，其引起了西方工业化经济体　827
学术界的兴趣，尤其是在公共事业私有化以及独立监管机构出现以后（Majone 1994；
Moran 2002）。在这篇文献中，监管的概念引起了监管研究学者（或"监管治理"研
究）的极大争议，但其意义仍然不确定。早期的著作大量引用了菲利普·塞尔兹尼克
（Philip Selznick）的观点，他认为监管的"核心含义"是"公共机构对社会所关注活
动的持续和集中的控制"（Selznick 1985；Ogus 1994）。然而，学者们一直抨击这种将
监管作为国家机构的一项有目的的活动的做法，他们强调，非国家机构参与了大量活
动，旨在以可以理解为促进公众利益的方式有意地控制和安排社会活动，且通常是在
意想不到的地方（Baldwin，Cave，and Lodge 2010）。因此，茱莉亚·布莱克（Julia
Black）在其 2001 年关于"去中心化"监管方法的开创性著作中提出的定义已成为学
术分析中广泛引用的表述。她将监管定义为"一个持续而集中的改变他人行为的过
程，根据确定的标准或目的，以产生一个或多个广泛定义的结果"（2001:142）。

　　布莱克（Black）2001 年下的"去中心化"监管定义有几个优点：它包括非国家
行动者有目的的活动，且避免了一个非常广泛的定义，基本上涵盖了整个社会科学，
但又足够广泛以便于分析监管及其合法性的问题。虽然她的定义大大扩张了塞尔兹
尼克在 16 年前提出的包括非国家主体行动的定义，但布莱克将塞尔兹尼克的定义在
一个重要的方面进行了限缩——尽管较少被关注到——即将监管定义为控制他人的行
为②。塞尔兹尼克的定义侧重于监管行动（即"社会重视的活动"），而布莱克的定义侧
重于监管机构寻求施加控制（即"改变他人行为"）。许多基于设计的社会控制技术都
将满足布莱克的定义，例如性侵者的化学阉割和安装减速带以促使司机降低速度，因
为它们旨在引发个人行为的改变，以确保社会成果是可取的。但是布莱克的定义不包
括那些试图减轻与特定活动相关的伤害而不是试图引起用户行为变化的技术，例如在
机动车上安装安全气囊以减少碰撞对车辆发生的影响。在容易受到故意或意外损坏的
建筑物内安装防碎玻璃，或者对社区供水进行氟化，以减少龋齿的发生率和严重程
度。如果我们铭记监管制度的核心是对社会行为和活动领域的系统控制，那么在笔者
看来，这些减轻危害的技术应被恰当地视为监管干预措施。然而，布莱克最近修改了　828
她对监管（或监管治理）的定义，即"有组织地尝试管理风险或行为，以实现公开声
明的某个或某些目标"（2014:2）。该定义的重点是管理行为或风险，保留了布莱克为
支持其 2001 年定义的优点，但通过将分析范围扩展到包括行为管理和风险管理，从
而允许将危害缓解策略理解为监管技术，并直接纳入监管治理学者的分析范围。然

---

　　② 在她最近的评论中，布莱克更加强调了她对于监管这一方面的否定，试图将监管与更广泛的"管理"
概念区分开来，她指出"监管是一种独特的活动，它涉及一个特殊的社会问题：即如何改变他人的行为"
（2008b:8）。

而，布莱克在 2014 年给出的定义中，提到"公开声明的某个目标或某些目标"需要进一步的审视，这将在第 4 部分中进一步论述。③

三　监管设计的社会学路径和生物学路径具有伦理等价性吗？

通过论证基于设计的路径的适当性，但这并不意味着那种通过对人体生理功能进行设计的方法在本体论、法律或伦理上等同于重塑社会环境的设计。虽然关于"先天与后天"在塑造人类特征方面贡献比例的争论不太可能得到最终解决，但直到最近，我们才在一定程度上聚焦于通过操纵社会环境来影响人类的特性和行为。但是生物和神经科学的进步为直接以高度针对性的方式介入人体生理学创造了新的可能性，这有助于解释为什么近来人们对在公共政策中使用生物方法的兴趣重新抬头。

（一）均衡理论

在某些方面，使用生物来形成社会结果远不是什么新鲜事，至少在现代公共卫生实践中，生物干预措施作为促进人口健康的工具已经得到充分确立，如大规模疫苗接种计划、食品强化和氟化水计划。④ 然而，这些方案常常引起相当大的争议，因此，我们可以预测，利用生物技术实现与健康无关的目的的建议也同样具有争议。与以社会环境作为目标的设计方法（包括但不限于推动策略）不同，寻求直接利用或影响人类生物功能的设计方法似乎引发了更为严重的法律、伦理和社会问题。然而，哲学家尼尔·利维（Neil Levy）断言，通过使用心理药理学手段直接改变一个人的思想在伦理上应等同于用更传统的方式改变一个人的思想（如传统的谈话疗法）（2007a）。法律学者汉克·格里利（Hank Greely）不仅支持所谓的"均衡原则"（假设生物技术被证明是安全有效的），而且试图将其适用范围扩大到国家用来控制其主体的手段上，至少包括那些被定罪的罪犯在国家刑事机关服刑的场景（Greely 2008）。我们如何理解所谓的"均衡原则"，在什么情况下——如果有的话——得以适用？为了质疑这一原则的基础，请记住利维所描述的改变某人思想的两种基本方法：包括论点和论据的陈述，以及直接操纵大脑的方法（2007a: 70–71）。这两种技术有一个显著的不同：尽管论点和论据的呈现是通过头脑的理性能力来操纵大脑，而直接操纵则是通过直接作

---

③ See discussion at section 4.1.2.

④ 甚至化学阉割也被使用了几十年。值得注意的是，著名的英国数学家艾伦·图灵（Alan Turing）在破解被截获的密码信息方面发挥了重要作用，使盟军在第二次世界大战的几场关键战役中击败了纳粹，他在 1952 年因同性恋被起诉。当时，同性恋倾向不仅被视为一种疾病，而且被定为犯罪。图灵接受了注射雌激素的治疗，雌激素被用作化学阉割的一种形式，作为监狱的替代品。2009 年，英国首相戈登布朗（Gordon Brown）代表英国政府为图灵受到的骇人听闻的待遇道歉。我很感谢 Lyria Bennett Moses 提请我注意图灵的困境。

用于神经元或更大型的大脑结构来绕开了主体的理性能力。尽管如此，利维认为，除了与直接操控大脑新技术（如脑机接口和心理药理学技术）应用相关的可理解的安全性问题外，人们普遍认为直接改变大脑的方法总是令人怀疑的，这反映了一个普遍的假设，即赞同改变思想的传统技术无法经受严格的审视。⑤

在一场关于采用新技术手段改变个人心理和身体能力的道德问题的广泛辩论中，学术界对为追求非治疗性目标而对人体生理功能进行干预的提议进行了反思（例如 Harris 2007; Sandel 2007; Buchanan 2011）。许多关于"强化人类"的文献（主要是由生物伦理学家占据的，而不是其他学科的学者）倾向于将重点放在拟议中的技术应用上，这些应用主要是从个人的社会和政治背景和关系中抽象出来的，即使这些技术被宣传为确保实现公共政策目标的一种手段。例如，Douglas（2008，2013，2014）；De Grazia（2013）；Harris（2011，2012）；Persson and Savulescu（2008）；Kahane and Savalescu（2015）；CF de Melo Martin 和 Salles（2015）；Murphy（2015）。这种从场景中抽象出来的技术不仅支持均衡原则，而且还使技术人员能够调用我所说的"类比论证"（见本书第 25 章）。这种形式的论据经常被用于有关新技术合法性的辩论，旨在支持所谓的达到指定目的的社会和生物干预的伦理等效性。这一论点的一个例子反映在格里利对刑事罪犯现有和拟采取的药物"治疗"的讨论中，其指出：

> 我们不应该认为这些干预直接作用于受试者大脑的事实必然会使他们丧失资格……刑事司法系统的许多行动都是通过犯罪者大脑的物理变化来采取行动的。因此，我认为直接通过药物、手术、DBS（深部脑刺激）或疫苗（如果证明安全有效）来改变罪犯的大脑与通过惩罚、康复、认知治疗、假释条件来达到类似的效果之间没有本质区别。诚然，试图改变罪犯行为，包括他们极有可能失败的行为的可能影响，我们会更好地理解传统方法……如果一项干预被证明是安全有效的，那么直接还是间接的干预对我来说似乎并不重要（Greely 2008）。

格里利断言是建立在一种假设之上，即国家经授权对定罪的罪犯使用惩罚进行监禁，不仅为使他们接受各种形式的心理药理学"治疗"提供了充分的基础，而且也为这种强制治疗提供了充分的基础。在建立和维持刑事司法制度方面，这类强制措施也属于自由民主国家的适当权力范围。然而，这些都是大胆的假设，需要严格的审视：仅仅是等价的断言是不够的。一旦我们超越了个人自我管理的领域进入了监管环境，其中一方（"监管机构"）有意通过直接影响他人权利、利益或合法期望的行动来达到监管

⑤　由于本章的目的是对将社会和生物学方法用于监管的合法性的反思，因此我有选择性地对利维所主张的论点进行讨论。

机构的指定目的，这立即引发了有关此类行为是否属于监管机构处理范围的质疑。[⑥]换句话说，在监管环境中，我们的核心关注点不是个人真实性，而是在一系列特定的社会和政治关系和制度背景下行使权力的问题。因此，为了评估此类技术在监管环境中的合法性，我们必须考虑：

· 谁在寻求使用该技术？

· 与谁有关；

· 目的是什么；

· 为谁的利益；

· 以何种成本；以及

· 这些成本和收益是如何分配的？

这些考虑因素有助于区分三种不同的情景，在这些情景中，可以使用基于设计的技术来确保期望的社会结果：

831　（1）个人自我管理，从事个人自主创作项目；

（2）国家为达到监管目的而使用；及

（3）非国家主体为追求监管或其他目的而使用。

这些语境中的每一个问题都将被依次讨论，目的是勾勒出使用基于设计的控制技术可能引起的合法性问题。

（二）自我管理：个体强化的伦理

与格里利不同的是，利维对均衡原则的表述并没有明确指出它适用于国家利用生物医学干预来改变公民的思想和身体的场景。利维支持伦理均衡原则的论点借鉴了上述关于人类进步文献中经常提出的问题，特别是关于个人真实性、自我认识和个人成长以及自我机械化的关注。就目前而言，我不会就个人生物医学自我增强的道德合法性进行详细讨论。相反，我想重新审视生物伦理学争论中学者们所采用的两种论点，这些论点可能适用于监管环境及其他领域，值得更多的关注：第一，运用类比推理来从伦理维度评价新事物，而不是使用传统的人类干预方法；第二，关于皮肤—头骨屏障的渗透在伦理上并不重要的论点（笔者会在第 4.1.2 节中讨论）。

根据上述类比论点，新技术应该被视为道德上和伦理上中立：它们只是为我们提供了实现旧目标的新方法（Hood 1983）。因此，正如斧头既可以用作凶器，也可以帮助将孩子从燃烧的建筑物中拯救出来一样，新技术也经常被用于为善恶双方服务。因此，我们对这类技术合法性的评估应该参照它们所使用的目的，而不是参照我们寻求实现这一目的的手段。这种论据经常在有关个体增强的生物伦理学文献中被提及。例

---

⑥ See sections 2 and 4.1.

如，那些支持人类进步的人常常认为，父母总是在寻求为他们的孩子提供教育优势的方法，以及通过新开发的技术手段（如服用精神药物）来提供教育优势的能力。这样做的能力应该被看作与传统的提高儿童教育成绩的方法（如提高教职工与学生的比率，或提供课外活动和个人学费）并没有什么不同（因此也没有道德问题）。

832

尽管这一论点看起来很有诱惑力，但它建立在对社会目的的人为和武断的表述之上，并最终削弱了它的分析能力。正如 Ibo van der Poel 具有说服力的论证那样，技术人工制品不仅能发挥功能，而且还能产生各种有价值和有害的副作用，这些副作用超出了它们被设计或被使用的目标。因此，我们对这些技术进行评估时需要加入价值观的考量，例如有关安全、可持续性、人类健康、福利、人类自由或自治、用户友好性和隐私的价值观，这些价值观之所以有价值，往往是因为这些价值观能够帮助人们具备过上美好生活的能力。他观察到，给定一个特定的用户端，通常有其他方法来实现这一功能。尽管这些替代方案通常在满足规定的目的或功能的效率和有效性方面存在差异，但它们在副作用方面也有所不同，因此在评估这些副作用的价值方面也应有不同（Ibo van de Poel 2009）。综上，在评估旨在提高儿童教育表现的不同技术（无论是心理药理学还是其他）时，我们不能忽视它们的副作用。

然而，在关于个体增强技术伦理的争论中，由于副作用的经验必然性和它们所创造的（负）价值，技术上不可避免的"缺陷"常常被忽视。与此同时，这往往与一种倾向相结合，即尽可能狭隘地制定特定技术进行干预的相关"目的"或功能。但是，越是狭隘地规定特定技术应用的功能，新技术就越容易被理解为（且是通过类比）对传统手段的直接替代。神学家和伦理学家罗纳德·科尔特纳（Ronald Cole Turner）曾将抑郁药和祈祷作为实现"相同"目的的替代手段进行对比之后，有力地指出：

> 如果我们将我们所说的"改变"狭隘地理解为一个特定的、可测量的目标，那么通过技术和传统手段实现的目标可能是相同的。但如果我们赞同这样一个狭隘的定义，那么就意味着我们针对要达到的特定目的与使用一种手段而非另一种手段所产生全部影响之间的关系问题上已经做出重要决定。将注意力集中在狭义定义的决定上，与道德思想中的一种广泛倾向一致，即从其完整的语境和意义中抽象出具体的、可测量的、因而是"稀少"的。这种思想倾向包含了对技术的内在偏见，因为通过对目标的狭隘定义，我们可以认为技术实现了目标。
>
> 这种"轻量"描述的另一种选择是认识到人类经验的基本"厚度"，即使它是在严格的基因或神经层面上描述的。例如，尽管药丸和祈祷可能会让我们有同样的感觉，或使相同水平的血清素或其他关键神经递质达到相同的参数，但我们可以在心理层面上批评这种说法，祈祷和药丸并不能真正让我们有同样的感觉，因为即使是如果在某些方面（例如放松、信心、自信）的影响是相同的，在其他

833

方面（例如意识到上帝强加的义务），它们则几乎是不一样的。我们也可以在分子水平和细胞水平的祈祷中批评这种说法，而药丸并没有真正达到同样的神经效果，因为即使血清素水平看起来相同，祈祷也是一种强大的精神活动，与其他神经系统相关的因素不多，所有这些都发生在一系列明显不同的神经系统事件中。通过坚持选择狭隘或"细小的变化，并指出这两种方法如何达到相同的目的，我们就会对这一问题，特别是有利于技术的问题产生偏见。任何手段，任何人类活动，都产生一系列影响，有些是我们意识到的，有些是我们没有意识到的，有些是有意的，有些可能会后悔。当我们考虑各种影响时，我们发现显著不同的方法可以（并且经常如此）产生显著不同的影响（157-158）。

从这一点上看，格里利所倡导的广义的均衡原则，即当国家使用社会和生物干预手段影响他人的思想时，主张社会和生物干预的伦理对等，似乎站不住脚。但是，均衡原则是否有价值指导个人去选择以生物医学或社会学设计为基础的干预措施，以改变自己的想法呢？利维通过考虑一个患有中度抑郁症个体的情况来构建他提出的伦理原则，这些个体可以选择服用抗抑郁药来改善她的情绪，或者追求更传统的非生物技术，这些技术可能会对她的精神状态产生积极影响，如谈话疗法或定期锻炼计划（Levy 2007b）。Levy承认，尽管谈话疗法可能会以抗抑郁药所不具备的方式培养自我认识，而且自我认识具有巨大的好处，但个人可能会优先考虑其他价值观，特别是考虑到与传统手段（如心理治疗）相关的时间和成本时。在此过程中，利维承认，改变我们思想的生物和传统手段会产生不同的副作用，个人可能会重视（或不重视），从而承认这两种干预形式在伦理层面并不等同。即使是在个人自我管理的背景下，也必须参照个人价值层次来选择方法。因此，利维不会主张一个普遍的均衡原则，从而在自利和监管场景下使用社会和生物技术，而更赞成一个更为温和、有限的论点：即赞成用传统技术改变我们想法的普遍假设是经不起严格推敲的。换言之，他认为，在追求心理健康和自我创造的过程中，我们需要根据具体场景评估每一项干预措施，无论是直接的还是间接的，并在我们接受或拒绝它们之前评估其应用的细节（Levy 2007a:131）。基于这种更微妙的解释，均衡原则相当于一种主张，即我们的自主决定不应未经仔细审视技术化干预就产生偏见。虽然质疑这一主张的有效性几乎没有依据，但援引均衡伦理似乎很少为个人提供指导或帮助，更容易造成混淆而不是加以澄清，因此在我看来最好避免。

834

四　关于基于设计的监管科技的合法性评估

一旦我们对自主使用基于设计的干预措施从个人转向在监管语境下针对他人的使

用，那么就需要根据之前的讨论进一步澄清监管的含义。⑦ 如果我们思考一下监管治理学者所关注的活动、机构和问题，布莱克在 2001 年将监管定义为"根据确定的标准或目的持续且集中地改变他人行为以产生既定结果"，似乎过于宽泛。从字面上来看，它将包含大量的活动和关系，这些活动和关系通常不会被监管学者或者在通常用法中视为监管，例如父母鼓励子女多吃水果和蔬菜，或商业公司利用营销技巧促进销售。虽然这两个例子都属于一方使用权力来影响另一方的行为从而引起人们对使用和滥用权力的关注，同时也一直是学术研究的关注重点，但它们不属于监管学者普遍认为属于其调查或领域范围内的问题。布莱克对监管的最新定义描述了监管的目标，即寻求实现"公开声明的单个或多个目标"（2014:2），然而目前尚不清楚为什么目标的公开声明会将有组织地施加影响到社会活动的尝试转变为监管目标，特别是考虑到个人在公开网站上发布其活动，目标是件多么容易的事情。布莱克在 2008 年重新定义时提供了一种卓有成效的方法，在这种方法中，她将监管的目标定义为寻求"通过规则或规范及方式的结合，来解决某个集体问题或达到一个或多个既定目的，包括法律和非法律的手段"（2008a:139）。如果我们将对监管的理解限定于为解决集体问题而有组织管理行为或风险，这将更准确地切中监管问责制和合法性辩论中通常会出现的各种担忧。⑧ 鉴于旨在解决集体问题的干预措施会影响到社会中的许多个人和群体，确立其合法性是一个相当重要的问题。因为监管决策影响多个群体和个人，而不是孤立的个人，学术界往往试图从民主程序或监管机构拥有专业知识的假设下寻求监管合法性的基础，因为在实践中它们的合法性无法建立在每个受影响个人直接且明确知情的同意基础上。因此，合法性的来源（假设有关决策是合法的）必须来自别处，通常是在监管决策的机构流程和实践中。以下讨论将监管（或监管治理）理解为在解决集体问题或关切中试图有组织地管理风险或行为。

835

（一）国家对其国民的监管：有效结果、民主原则和宪法价值

尽管监管者把他们的决策描述为中立的专业判断，但监管学术界的核心观点之一就是强调监管决策无可回避的政治要素，因为它们会对公民和群体的生活产生不同的影响。因此，至少在自由民主社会中，监管者及其决策必须具备问责性和合法性。对于国家监管者来说，尽管有不同的作者表达方式和宪法传统，但都认为存在一套普遍

---

⑦　请参阅第 2 节。必须承认，为了确定学术研究某一领域或子领域的内容和范围从而对学术研究进行界定的尝试，都会不可避免地或多或少地反映出个别学者对学科范畴外延界定的主观偏见，因此具有一定程度的随意性。

⑧　因为布莱克的定义所提出的另一个目的，即"达到一个或多个既定目的"已经足够广泛，包括父母鼓励子女多吃水果和蔬菜，或商业公司利用营销技巧促进销售，我将把我的定义限定为有意识地解决集体问题或关切，以排除此类干预。

接受的规范性（在一定程度上是认知性的）合法标准（Black 2008a:145–146）。除了干预的有效性之外，这些标准还广泛地结合了民主、宪法有效性（包括与正当程序和法治相关的价值观）以及道德和正义等原则（Morgan and Yeung 2007:ch 6）。下文将探讨以设计为基础的监管合法性，聚焦在国家出于监管目的对其加以利用，同时也简要概述了被非国家行为者出于监管和自利目的雇用时可能产生的各种关切。

由于监管是一项旨在通过管理风险或行为解决集体问题的目的性活动，因此监管技术的合法性应当主要通过其有效性和效率进行评估（Yeung 2004）。尽管基于设计的技术无论在社会层面还是生物角度都得分很高，但是它们的有效性和效率是不能被假设的。相反，许多批评家认为，基于设计的技术旨在减少或消除特定环境中不必要的行为往往是无效的，要么是因为个人采取回避和规避策略而导致的设计不当，要么是因为设计"取代"而不是消除了不必要的活动。一个典型的例子就是数字黑客成功地设计出了破解数字媒体内容版权技术保护措施的技术，更多常见的方法同样无处不在。例如，在 20 世纪 70 年代早期美国机动车安装强制性安全带装置的场景中，不想系安全带的乘客要么需要切断启动装置的电线，要么系上安全带后坐在上面，从而避免使用作为安全防护装置的安全带（Stern 2014）。更糟糕的是，一些针对情境犯罪预防技术的批评人士声称，这种方法可能产生反效果，引发犯罪的全面增加，因为个人在遇到缺乏设计约束的社会环境时，更倾向于从事犯罪活动（Morozov 2013:194）。批评人士还指出，设计可能是一种非常低效的工具，特别是在它消除了人类自行决定的时候，其为了减少不需要的行为而无意中削减了良性甚至是必要的社会活动：例如，一次性使用医疗器械可以降低与感染相关的风险，但这一结果可能会以一种环境上的不可持续和成本过高的方式实现，特别是如果医疗设备能够通过适当的消毒技术实现安全和卫生的情况下（Yeung and Dixon–Woods 2010）。

1. 基于设计的社会环境塑造方法

不同学科背景的学者也显示出对重塑社会环境运作监管科技的民主合法性和合宪性的关注。例如，网络法学者在分析使用代码来限制、引导和以其他方式控制互联网用户的行为时声称，当被国家采用时，基于代码的监管破坏了一些宪法原则：其运作可能不透明，很难（如果不是不可能的话）发现，从而严重损害了监管政策的透明度（Lessig 1999）。由此造成的透明度缺失削弱了那些负责使用和操作基于代码进行控制的人的责任，以及受影响的个人在被使用前参与此类控制的程度，也包括在实施此类政策后对其提出质疑或上诉的程度（Citron 2008）。因此，无论是专制政府还是自由政府，都可以很轻易地在缺乏被监管人知悉、同意或合作的情况下执行自己的意愿。此外，例如利用代码强制用户执行特定操作（如设置密码保护的网站内容）的"先发制人"策略，用于防止或预先制止不必要的行为，但可能会消除有价值的法律变革，例如基于违法和传统执法机制的不合作主义和合理抗议，这些机制在历史上一直是反对不公正国家法律和政策的政治抗议重要阵地（Rosenthal 2011）。

政策制定者通过"推送"和其他类似的技术鼓励个人参与到那些通过精心设计的社会"架构"中被认为是可取的行为，也引起了类似的反对。对这些技术最激烈的反对意见之一，是这些技术试图利用实验心理学的发现，这些发现表明由于在决策时普遍依赖"认知启发法"，个人会系统性地做出次理性的（因此是次优的）决定，当那些推送者试图在不被察觉的情况下改变人的行为时，效果是最好的。由此造成的透明度缺乏削弱了技术使用者的责任，限制了公民识别这些技术并采取质疑其有效性的行动的实际可能性，从而滋生了相当大的滥用空间（Bovens 2008；Yeung 2012）。这些对基于技术的社会设计缺乏事后问责的担忧，与对其操作缺乏民主参与度的担忧直接相关。正如莫罗佐夫（Morozov）所说，在一个真正民主的社会中，国家采用的架构选择首先应该经过讨论并受到公众监督（Morozov 2013: 199）——这一特点在前一届英国政府推送各政策部门的积极性中明显缺失（Burgess 2012）。虽然对缺乏透明度和公众参与原则上可以通过机构体制加以解决，但对推送战略的其他反对意见就不是那么容易解决的了。例如，具体的推送战略不仅可能导致对基本权利的侵犯（例如推翻无罪推定），但也可以被视为以某种方式表达和强化对美好生活的独特看法，这直接违背了国家对善的概念保持中立的自由承诺（Raz 1986；Waldron 1987）。然而有争议的是，虽然不存在"中立"的架构形式和架构选择（cf White 2010），但也许某些形式的架构相对于其他形式而言，可能或多或少被视为是中性的（Winner 1980；Burgess 2012）。

2. 作为监管工具的生物设计

当以设计为基础的监管直接针对人类生理功能时，对其有效性、宪法价值和民主原则的关切又是如何体现的呢？虽然我在这里只能触及这些问题的表面，但我建议对它们提出更为尖锐的合法性问题，同时也提出新的合法性问题（特别是有关效率和效力），而我们对此准备不足。

首先在有效性和效率问题上我们就会遭遇到严重担忧，特别是针对人类身心，不仅是关于这种针对生物的干预措施是否会产生预期效果，还包括可能对人类健康造成潜在的严重副作用。正如制药公司敏锐地意识到的那样，证明药理物质的有效性和安全性是非常耗时、昂贵的，而且充满了实际困难（Goldacre 2012）。但是，由于现代法律和监管框架的建立主要是为了确保用于医疗和治疗目的的物质和设备受到适当的保障，因此在用于非治疗目的时，这些框架可能无法提供充分的保障[9]。例如，汉克·格里利指出，MDA是一种以"Depo-Provera"商标销售的合成孕酮，当给一个男人注射时会引起睾丸激素水平降低从而导致勃起或射精困难，并且导致（显然更重

838

---

⑨　有关脑机接口方面的监管漏洞，请参见 Maslen 及其他人的论述 (2014)。

要的是为了控制犯罪）性思维和性冲动的急剧下降，美国几个州就用它对特定性犯罪者进行化学阉割。然而，MDA 仅仅被食品和药物管理局（FDA）许可作为一种妇女避孕方法，其剂量比目前用于化学阉割的剂量低 8—40 倍（Greely 2008）。不仅因为这种"标签外"的药物销售和使用在法律上是允许的（前提是医生愿意开这种药物的处方），同时因为可能引起 FDA 的严格监管审查，这还有很大的动力去规避对人类受试者进行非治疗性药物使用的研究。使用丙二醛（包括化学阉割）用于非治疗性目的不受 FDA 监管。因此，目前的情况令人深感不安，允许国家刑事机构进行化学阉割，尽管众所周知其对妇女使用的剂量较低，丙二醛的使用与骨脱矿有关，因此 2004 年在 Depo-Provera 标签上添加了一个"黑匣子"警告，表明该药物的使用时间不应超过两年，除非患者没有其他选择。它是否对男性有这种影响（任何剂量）仍不得而知（Greely 2008）。

基于设计监管技术的人类生物学方法也涉及与传统基于设计技术相关的宪法和民主问题，尽管此类技术对特定利益的威胁程度将在很大程度上取决于特定应用。例如，有效的化学阉割目前依赖于持续的 MDA 调节管理，因此，如果受试者没有明确意识到其用途，就很难进行管理。然而，在未来，纳米药物注入系统可能会被开发出来，它可以不受干扰地定期将特定药物剂量注入个体体内。在这种情况下，干预的透明度可能会被大大削弱，而且可能在接受者没有意识到这种干预的情况下发生。

然而，由于对公共政策采用人类生物学方法而引起的宪法问题，似乎比其面向社会的部分更令人担忧，至少有两个原因。首先是被视为法治核心要素的确定性和可预测性的价值（Fuller 1964; Raz 1977）可能会面临更大的压力。甚至利维也承认，在社会政策问题上，我们更应该选择塑造我们社会环境的政策，而不是对我们的原始能力（情感的、道德的或狭隘认知的）进行药理学或技术改造以达到同样目的，因为生物医学功能的增强经常导致其他功能的减退（例如，通过基因改造细胞的记忆也会导致对疼痛的高敏感性）（Levy 2012）。

第二，人类的生物干预措施总是涉及基本权利。在第 4.1.1 节中，我注意到尼尔·利维的建议，即皮肤—颅骨屏障不应被视为对改变思想的不同方法进行伦理评估的重要因素。这一命题是他的一个推论，即人类的思维并不局限于大脑内部的活动，还包括我们用来处理心理活动的外部支持和认知资源（在神经伦理学文献中称为"扩展思维理论"，但基于本章的目的不予展开）。[10] 请注意，利维并不是试图论证直接干预心灵在伦理上没有问题，但与其他间接手段通过改变社会环境来改变人们心灵的更

---

⑩ 大致上，该论文认为精神不是在个体的头骨里被控制的，而是延伸到世界上，这样精神状态就不仅仅是由大脑状态构成的。这一主张的论据本质上是功能主义的：大脑外部的某些状态和过程在认知中起着与某些内部状态和过程相同的功能作用，因此应该给予相同的地位。因此，Levy 认为，如果大脑中的精神状态没有得到控制，那么就需要一个更有力的辩护，认为神经干预尤其有问题（2007b）。

传统的干预形式相比，它们没有特别的问题。我目前（相当不成熟）的观点是，我们需要认真对待皮肤—颅骨屏障本身可能不是关键性道德边界的说法（Anderson 2008；Buller 2013）。在某种程度上，这是一项非同寻常的要求，因为身体完整性对塑造法律权利和义务的内容和轮廓具有重要意义，而且被许多法律赋予了人权保护，例如《欧洲人权公约》第 8（1）条，该条赋予尊重私人和家庭生活的权利，并被司法解释为包括一个人的身心健全，因此国家只能对非常有限且详细规定的情况进行正当性的干预 [根据《欧洲人权公约》第 8（2）条]。从本质上讲，在公共政策中使用人类生物学方法所引起的宪法问题，似乎比那些作用于社会环境的传统设计方法所引起的宪法问题要严重得多。直接干预他人的思想所引发的对精神控制的令人不安的恐惧，赫胥黎在《美丽新世界》中生动地描绘了这种日常消耗"肉体"的恐慌。正如马歇尔（Marshall）法官在 *Stanley v Georgia* 一案中所说，"我们承袭的宪法精神都反对赋予政府控制人们思想的权力"。[⑪] 然而，事实证明，用更准确、基于权利的术语来表达这些反对意见是非常困难的，至少从我迄今为止发现的为数不多的法律和宪法文献来看，这些文献目前试图在特定背景下与特定类型干预相关的问题进行角力，包括化学阉割（Greely 2008；Harrison and Rainey 2009）。强迫精神不健全的人服药使他们可以参加审判（Deaton 2006；Likavec 2006）、使用吐真剂作为审讯技术（Keller 2005）、在法庭诉讼中使用测谎技术（Fox 2011）和记忆抑制精神药物（Kolber 2006）。法律学者已经确定了一系列可能因将这些技术用于特定非治疗性目的而受到损害的权利，包括言论自由、隐私权、免受不人道和有辱人格待遇的权利、人身完整权、沉默权、反对自证其罪和思想自由的权利。然而，为支持这些权利而提出的论点往往有些捉襟见肘，而且基本上是推测性的。[⑫]

840

　　想要准确阐释非治疗性生物医学干预如何牵涉到基本权利的困境，源于与当前和潜在人类生物控制技术用途相关的创新性。正如迈克尔·夏皮罗（Michael Shapiro）敏锐地指出的那样，我们所知道的生命过程将越来越多地被分割和重组为涉及生理功能的其他形式，包括那些与思想、行为有关的形式，在物理结构和外观上都可能被视为远远超出了我们目前用作思考和感觉的抽象化工具（Shapiro 2011:394）。我们的行为控制工具长期局限于道德劝告的不确定和影响的不可靠性，由于禁闭、威慑和胁迫导致的伤残，也可能是醉酒、睡眠药水、咖啡、烟草或"只是轻微敲击头部"的迟钝反应。人们通过说服和教育来思考和感受的变化，通常表现为渐进的、至少部分是可抵制的变化，并为我们提供了当前宪法和法律规范演变的社会技术背景。但是，通过

---

⑪　394 US 557 (1969).

⑫　See Bublitz and Merkel (2014); Bublitz (2014) who argue in favour of a conceptually distinct and self-standing right to freedom of mind. 他们主张在概念上有一种独特的、自立的思想自由权。

改变大脑的化学成分和结构来诱导这种心理功能的改变，在法律和道德上似乎有着质的不同。正如夏皮罗所指出的，头脑侵入有着很大的不同，但我们没有一个宏观术语来描述和评估它们，部分是因为我们在技术上指导这种头脑侵入的经验相对有限。对夏皮罗来说，需要在宪法框架内进行评估，与其说是吞下药丸或接受注射所带来的身体伤害，不如说是"精神攻击"——为此，他认为没有先例可循（Shapiro 2011: 427; Bublitz and Merkel 2014）。从这个角度来看，我们不难想象，通过操纵我们居住的社会环境而不是直接干预个体的神经功能来实现精神攻击的方式，潜意识广告也许是一个典型的例子。尤其是，我们对人类认知理解的进步表明，社会环境是如何被操纵的，而且通常是以非常简单的方式，以便从有认知能力的成年人那里产生系统性的非理性反应，这些发现为各种监管设计策略提供了基础，特别是以"推送"的形式被提出（Thaler and Sunstein 2008）

因此，皮肤—颅骨屏障可能不是一个关键的道德边界标记，但作为一个代表，它包含了更具体的、与道德相关的考虑，这些考虑影响了改变人们思想不同技术的道德合法性，例如它们的透明性、可逆性，它们在多大程度上参与了个人的理性决策能力，无论它们是否在个人或集体的基础上运作，以便为自由和知情的同意提供切实可行的机会等。无论它是否捕捉重大伦理差异的合理可靠、准确且有用的指标，抑或是它是否属于可能造成混淆而不是用于澄清的粗略指标，都需要进一步的分析和思考。简言之，虽然我不相信普遍均衡原则的价值或必要性，但我推测利维强调我们需要同时关注社会和神经的干预形式是正确的，而不是假设后者必然比前者更值得怀疑（Dupras，Ravitsky and Williams-Jones 2014）。

虽然神经技术的控制方式相对新颖，在其他方面我们有着熟悉而不光荣的基础：许多旨在确保非治疗性监管目的的现行和拟议的生物干预措施，在与旨在培育"优良物种"的国家赞助的优生计划相关的思想相互呼应。从 1890 年到 1930 年，30 多个国家出现了各种优生学运动，主要以绝育计划的形式出现，并在一些美国州、加拿大阿尔伯塔省和斯堪的纳维亚地区持续到 20 世纪 70 年代（Romero Bosch 2007:94）。我们必须铭记当代优生实践的不光彩历史：我们现在认为骇人听闻的国家滥用权力的行为曾经得到法院的积极支持。在臭名昭著的 *Buck v Bell* 案中，1924 年美国最高法院支持通过的弗吉尼亚州优生绝育法案以此来解决该州因精神错乱患者和"弱智"而产生的税收负担，并保护实施强制绝育的医生免受医疗事故的追究。[13] 美国联邦最高法院法官霍姆斯（Oliver Wendell Holmes）在批准一项提议对 17 岁的卡丽·巴克（Carrie Buck）进行绝育的立法时表明：

---

[13] *Buck v Bell* 274 US 200 (1927).

国家为了避免我们被无能所沉湮没而做出这些较小的牺牲，通常不被相关人士 842
关注。如果社会能阻止那些明显不称职的人继续存在，而不是等待处决堕落的后代，
或让他们因低能而挨饿，那么这对全世界而言都是更好的（*Buck v Bell* 207）。

这些以共同利益的名义而实施的计划和大规模的权力滥用，清醒地提醒人们必须
保持警惕，特别是在罪犯、精神病患者、儿童、穷人、未受教育者和残疾人等易受伤
害（往往不受欢迎或被鄙视的）的少数群体中，他们通常被选为监管对象。

（二）非国家行为者和基于设计的技术：防止滥用权力

前面的讨论强调了在国家采用社会和生物方法解决集体关切的问题时，用于评估
监管设计合法性的基础。那么，当非国家行为者采用这种技术时，我们应该如何评估
这种技术的合法性？要回答这个问题，我们必须要问"被谁，作用于谁，为了谁？"
使用这些技术，以及"用于什么目的？"如果监管活动也包括非国家行为者有组织地
试图管理行为或风险以解决集体关切，则需要注意避免分析上的混乱。这在一定程度
上是因为一方当事人寻求管理行为或风险的技术可以在广泛的关系中使用，并确保
目的的广泛性和多样性。因此，我们判断任何特定的基于设计的干预的合法性的标准
可能会有所不同，这取决于那些试图控制他人的人与那些他们试图影响的人之间关系
的性质和特点以及他们寻求的目的。例如，父母安装楼梯门是防止婴儿上下楼梯以提
高孩子的安全。尽管楼梯门的安装显然符合基于设计的控制策略，其依赖于对社会环
境的有意塑造，但其目的不是解决集体关切，也不存在多个群体或个人受其影响，因
此，这并不属于符合我所定义的符合"监管"标准的干预措施。[14] 同样，连锁超市可
能有意设计产品的布局和展示，以鼓励购物者在商店里花更多的钱（例如在支付点附
近放置糖果和薯片，以激发购买冲动）。在这些情况下，公司使用基于设计的技术来
追求自利商业目的，而不是解决集体问题，尽管许多个人和团体可能会受到这种有意 843
行为的影响。

诚然，将特定的基于设计的干预描述为不符合"监管"要求的目的并不意味着它
们不会引起对其合法性的担忧。但是，我的主张仅仅是，适用于国家为追求监管目
的而采用的以设计为基础的监管干预措施的标准并不能直接传导到非国家主体场景中
去，特别是当其使用的目的不是监管目的时。例如，考虑到宪法价值观和民主原则对
评估国家使用基于设计的监管战略的合法性至关重要，超市使用"推送"技术鼓励消
费者消费：在自由民主的市场经济中，商业公司在行使权力时不受适用于政府主体宪

---

[14] 但是，如果国家决定直接向在其管辖范围内出生的婴儿的父母提供阶梯门，这就将构成一项管理
方案，因为它有意寻求解决旨在实现特定结果（即婴儿群体的健康和安全）的共同关切。

法义务的约束，无论它们多么强大和富有；它们不受宪法义务的约束，不必向公众解释其行为，也无须确保受其决策影响的人有机会参与决策过程——公司管理层的义务是通过市场竞争对股东和客户而不是公民承担责任；也不要求他们在表达自己的观点或设计零售店时表现出公正和中立——而是，他们可以自由地追求自己的自利目的，表达自己的意见或寻求他们希望的生活方式，只要他们的行为活动不涉及任何违法行为。然而，这并不是说，它们使用基于设计控制策略的一般或特别活动，都没有引起任何合法性问题。相反地，我们有相当多的理由担心强大的跨国公司可能以滥用权力的方式使用技术，但用来表达和质询这些关切的分析框架，更取决于对有关行动者或组织的性质和活动及其与其他社会和政治机构关系的理解。因此，如果我们想了解连锁超市为鼓励消费者消费而采用推送技术的合法性，那么借鉴企业社会责任、商业／管理伦理、市场营销、公司法和竞争法等方面的研究成果可能会更有成效，而不是监管治理学，迄今为止，监管治理学主要侧重于基于绩效、宪法、民主和道德的合法性主张，但绝不是专门针对在国家或国际一级正式法律授权下运作的监管机构。

844　　　　因此，我们对非国家行为者控制的基于生物设计而非社会设计方法的合法性评估，也将在很大程度上取决于谁在寻求使用生物干预，作用于谁，为了什么的、需要付出多少成本以及如何分配这些成本和利益。例如，有些父母给年幼的孩子服用非处方抗组胺药，以帮助他们睡得更香，尤其是在长途飞行中，这种做法既受到赞扬也引起舆论哗然。[15] 我们对这种做法合法性的评估不仅取决于其安全性和有效性，还取决于我们如何理解父母与子女关系的性质，特别是父母与子女之间的道德和法律权利、义务和利益，鉴于实施干预的特定背景和目的，包括航空公司乘客之间的权利和义务，特别是那些缺乏充分的道德和身体代理权的情形。因此，当父母在长途飞行中帮助他们的孩子睡得安稳时（以及那些声称孩子的父母有责任管理他们的人），也许有合理的理由质疑这种技术，但我们很难批评逃离国内持续暴力的叙利亚人，据报道，他们一直在给孩子们注射镇静剂，让他们在逃离时保持安静。[16]

　　前面的例子涉及私人行为者使用基于设计的技术，但民间社会中也有许多非国家行为者，既不是国家机构，也不是商业营利性企业，在从事着符合我们定义为监管的活动，即旨在解决集体问题管理行为或风险的有意活动。布莱克描述了这些监管机构，在社会和环境领域例如国际公平贸易组或森林管理委员会（FSC），国际会计准则委员会（IASC）等金融监管机构，或巴塞尔银行监管委员会（BCBS），用于提供合法性、权威性和问责制的"硬性案例"，因为它们的活动不是基于国家、超国

---

⑮　R Morris, 'Should parents drug their babies on long ights? (BBC News Magazine, 3 April 2013) <www.bbc.co.uk/news/magazine–21977785> accessed 19 January 2015.

⑯　UNHCRblog,UNHCR#Syriaassessmentteam ndsacutehumanitarianneedsinHoms <https://storify.com/Refugees/unhcr–syria–assessment–team– nds–acute–humanitari> accessed 19 January 2015.

家或国际法的规定或授权，也没有明确的机构组织可以求助或问责。在他们的进程中也没有容易识别的潜在民主参与者（Black 2008a: 138）。然而，由于它们所追求的活动和目的与拥有正式法律授权的国家监管机构的活动和目的非常相似，因此，前一节中讨论的通常适用于国家监管机构的合法性标准完全可以适用于它们（Black 2008a:145-146）。很难想象在各类的情况下，此类监管者可能希望利用基于设计的技术，特别是那些直接作用于人类生物功能的技术来追求其监管目的。然而，利用社会和环境机构的媒体宣传活动来提高对社会和环境负责任行为的认识和动员支持，可以被理解为一种对社会文化环境起作用的基于设计的管理技术。在这种情况下，有必要质疑这些活动是否有效，是否符合包括透明度、问责制在内的宪法价值观，是否尊重法治，以及是否具备有意义的民主参与保障，尽管这些标准在有关活动未经民主立法机关正式授权时可能不是以简单或直接的方式应用的。⑰

五　道德合法性：社会意义与人的价值

在参照其效果和效力、宪法价值和民主原则对基于设计技术的监管目的的合法性进行审查之后，我将谈到管制决定的合法性常常受到质疑的最后一种观点：道德和正义。尽管我认为，在评估国家和非国家行为者使用基于设计的控制技术时，根据干预的目的、寻求使用这种技术的人与直接受其影响的人之间关系的性质和特点，适用不同的合法性标准，但仍然存在一些基于道德和正义的共同合法性问题适用于国家和非国家行为者，只要他们采用或考虑采用基于设计的干预措施，而无论出于何种目的（无论是监管还是其他目的）。

道德问题中的第一个问题植根于尊重人权的基本道德义务。一些基于设计的技术，无论是社会的还是生物的，都可能违反这一义务，这取决于所涉及技术及其使用的特定场景。例如，正如我在其他地方所论证的那样，某些推送的形式（特别是那些有意绕过个人理性决策过程的推送）通过故意利用人类无意识行为的倾向而产生一种微妙的操纵形式，适用于国家和非国家行为者的使用场景，因此可能被视为违反了尊重他人人格尊严的道德义务（Yeung 2012:136）。即使在例如父母和幼儿之间家庭关系中，我们通常认为在道德、法律和社会上给予父母对待子女方式以相当大的自由度是适当的，然而这种自由也不是无限的：例如，把自己的孩子卖作奴隶，甚至拒绝为他们提供基础教育，这在道德上是不可接受的。这样做将不能表明对人格尊严的尊重，并侵犯通常被称为儿童享有未来可能性的权利（Feinberg 1992:76-97）。同样，即

---

⑰　例如，有关非国家机构为促进可持续林业而建立的森林认证方案的关键审查，见 Meidinger（1999-2000）。

846　使我们可以接受超市通过布置食品货架以追求最大化的消费支出是一种可接受的商业
惯例。但我们可能会另眼看待餐馆和其他食品机构向空气中喷洒生长素以刺激顾客食
欲来鼓励更多食品消费的行为，即使生长素在科学上被证明对人类健康没有负面影响
（Bublitz and Merkel 2014）。简言之，以设计为基础的技术管理，涉及将其他个人视
为物体或事物，而不是具有理性反思和思辨能力的道德主体，这是令人反感的，因为
它没有表现出对人的尊重。因此，巴布利兹（Bublitz）和默克尔（Merkel）的主张有
相当大的影响力，与对社会环境进行间接干预以实现预期的行为改变不同，直接作用
于他人身心的干预行为在道德上是值得怀疑的：由于其必然会将他人视为对象而非事
物，因此，这些行为显然违反了康德关于尊严和尊重他人的禁令（Bublitz and Merkel
2014）。此外，基于设计的"强制"监管形式，使个人除了按照规定框架的方式行事
之外别无选择，这显然已经侵蚀了道德行动的范围（Brownsword 2006；Kerr 2010）。
然而，我们现有的法教义学和原则能否足以防范这种风险是存疑的，为此需要进一步
的法律和伦理反思（Yeung 2011）。

　　另一方面，尊重他人人格尊严的义务可能不适用于个人对待自己的方式，一个完
全行为能力的成年人把自己当作机械上的客体在道德上的可接受性，引发了相当大的
争论，生物伦理学家经常援引个体真实性或自我异化的概念展开讨论（Levy 2007b）。
然而，即使在这种情况下，这些想法也没有充分抓住更深层次的道德和正义关切。尤
其是我们如何对待自己和他人，以及我们用来达到目的的手段，都具有重要的表达意
义。这些社会意义对我们评价新技术和旧技术的控制方式都起着至关重要的作用。例
如，对预防犯罪场景技术的批评者认为，这些技术显示了对于个人道德自治，信任，
道德自我约束，甚至道德反思等机制的蔑视（Crawford 2000；von Hirsch, Garland,
and Wakefield 2000）。同样，通过设计医疗设备来提高病人的安全性，可能显示出一
种可喜的认识，即医疗专业人员也是容易犯错的个人，他们在提供医疗服务时不可避
免地会犯错误，但也可能被解释为对医生的专业机构和判断力表示不信任。并可能会
对医患关系产生侵蚀性影响（Yeung and Dixon-Woods 2010）。就连尼尔·利维也认
为，有时把自己当作单纯的机器是恰当的，并承认把自己当作公正的机制确实会威胁
到我们的理性，而过分操纵自己则会威胁到我们的代理机制（Levy 2007a:120）。

847　　　我们对实现目标的方法所做的选择可能会通过改变我们理想生活的社会类型而造
成撕裂伤害，并可能对我们的集体认同和自我理解产生深远的影响（Glover 2006）。
这些都是经常被忽视和难以表达的重要问题，因为它们提出了关于人类价值以及是什
么使生命有意义和有价值的复杂问题。在考虑新技术控制形式在监管范围内和监管范
围外的道德合法性时我们需要面临的困境是，我们的集体社会、道德和文化生活是无
数决定和行动的产物：涉及个人、公司、政府，民间社会，出于多种目的采取孤立行
动或与其他人合作，而且出于各类我们可能赞同或谴责的理由。就我们如何使用这种

技术手段做出集体选择，更可能引起分歧和异议，特别是在珍视个人自由的自由民主社会。我不想让我的孩子们忽视他们的焦虑或提高他们的教育表现。我认为这不仅与他们的福祉背道而驰，而且这样做将从根本上损害我对子女义务的理解（包括将子女视为人而不是物的义务）。我相信生活充满了意义，我的孩子给我的生活以及他们与他人的关系带来了难以言喻的价值，无论他们的行为有时多么令人感到困惑和愤怒。但我还没有形成一个观点，这样的做法在道德上是否正确，以及其他父母如何抚养他们的孩子，这都不是我应该关注的问题。尽管如此，我也相信我有权在关于我孩子学习的社会和教育环境的辩论中享有发言权。我不希望生活在这样一个社会中，因为非治疗性的目的给儿童提供药物治疗，更不用说这将成为正常或预期的做法（Merkel 2007: 314）。这就是为什么监管此类行为的法律和道德框架如此重要的原因。公众和学术界的辩论和讨论至关重要，这样我们才能集体决定是否要禁止、限制、允许甚至鼓励这种做法，并使我们能够发现捍卫我们选择的监管机构。

六 结论

在本章中，我试图确定并批判性地审查基于设计的控制技术的合法性，批判性地将人类生物控制技术的合法性与针对社会环境的基于设计的传统监管方法进行对比。我的分析从几个学科的角度涉及了一系列的文献。在此过程中，我重新审视了监管治理研究中监管的含义，建议最好将监管定义为"试图有组织地管理行为或风险，以解决集体关切或问题"。此间，我试图揭示出在关于新技术的辩论中经常出现的各种论点的缺陷，包括声称技术道德中立，生物和社会干预在道德上等价。

然而，这并不是说，传统形式的基于设计的监管所引起的合法性问题，不如那些寻求直接作用于人类生理功能的新型监管所引起的合法性问题重要。从这个意义上说，我完全赞同 Levy 的说法，即我们需要关注影响人类功能和行为的社会和生物方法的合法性。我概述了各种以设计为基础的监管可能被视为非法的方式，包括其效果和效力、其未能促进宪法价值观以及相关监管行动缺乏民主参与。因为我们的技术能力在不断增强，有时是以强有力且无法预见的方式，尤其是考虑到我们干预人类思维运作的能力不断增强，评估这些技术的道德合法性是复杂且重要的，而且需要不断修正。我在这一章中提出的论点只触及了这些问题的表面，基本上是试探性的且远未展开。

那么，我们可以怎样进行呢？乔纳森·格洛弗（Jonathan Glover）在其《人类遗传选择的伦理》（*the Ethics of Human Genetic Selection*）（2006）一书中提出了一个有用的出发点。格洛弗呼吁应该建立一个引导我们价值观的框架，并提出探索人性价值观的一个合理起点在于人类对美好生活的理念。在关于什么是好生活的伦理讨论中，他确定了两个主要的传统：人类繁荣的传统和幸福的传统，每一个传统都可能导致关于基因选择的不同政策，这些政策可以很容易地适用于我们个人和集体对新旧技术干预形式的选择。他认为，这两个愿景对应着赫胥黎《美丽新世界》中鲜明对比的两条美好生活路径：一条是关于你想要什么和价值之间的契合，以及你的生活是什么样的（即，一个人的欲望和那些被满足的欲望之间的契合）；另一条是关于一个人的生活是多么丰富：你和别人是什么关系，你的健康，你对自己的生活如何负责，你有多大的创造力空间。一个人的生活在人类物品中有多丰富：你与他人有什么关系，你的健康，你对自己的生活有多负责，你有多大的创造力空间。我们正处于人类历史上的一个特殊时刻，我们正开始利用我们最近获得的和不断扩大的力量，以可能对人类繁荣产生深远影响的方式操纵我们的精神和身体能力。我们人类的未来岌岌可危。然而，我们才刚刚开始处理我们新获得的权力所涉及的社会、道德和法律问题，迫切需要更多的公开讨论和学术研讨。

849

致谢

在此我要向利里亚·贝内特·摩西（Lyria Bennett Moses），简·克里斯托弗·布勃利茨（Jan–Christoph Bublitz），以及 2014 年巴塞罗那 ECPR 监管治理常设小组会议中的与会者对本文草稿提出的有益反馈表示感谢。

850 【参考文献】

Academy of Medical Sciences and others, Human Enhancement and the Future of Work (Academy of Medical Sciences 2012)

Anderson J, 'Neuro-prosthetics, the Extended Mind and Respect for Persons with Disability' in Marcus Düwell, Christoph Rehmann-Sutter, and Dietmar Mieth (eds), The Contingent Nature of Life 2008 (Springer 2008) 259

Baldwin R, Cave M, and Lodge M, The Oxford Handbook of Regulation (OUP 2010)

Beck B, 'Conceptual and Practical Problems of Moral Enhancement' (2015) 29 (4) Bioethics 233

Black J, 'Decentring Regulation: Understanding the Role of Regulation and Self-regulation in a 'Post-Regulatory' World' (2001) 54 Current Legal Problems 103

Black J, 'Constructing and Contesting Legitimacy and Accountability in Polycentric Regulatory Regimes' (2008a) 2 Regulation & Governance 137

Black J, 'Constructing and Contesting Legitimacy and Accountability in Polycentric Regulatory Regimes' (LSE Law, Society and Economy Working Papers, 2008b)

851 Black, J, 'Learning from Regulatory Disasters' (LSE Law, Society and Economy Working Papers, 2014)

Boire R, 'Neurocops: The Politics of Prohibition and the Future of Enforcing Social Policy from Inside the Body' (2004-2005) 19 Journal of Law and Health 215

Bovens L, 'The Ethics of Nudge' in Till Grune-Yanooff and Sven Ove Hansson (eds), Preference Change: Approaches from Philosophy, Economics and Psychology (Springer 2008) ch 10

Brownsword R, 'Code, Control, and Choice: Why East Is East and West Is West' (2006) 25 Legal Studies 1

Bublitz J, 'Freedom of Thought in the Age of Neuroscience' (2014) 100 Archiv fur Recht— und Sozialphilosophie 1

Bublitz J and Merkel R, 'In What Ways Should It Be Permissible to Change Other People's Minds?' (2014) 8 Criminal Law and Philosophy 51

Buchanan A, Beyond Humanity? (OUP 2011)

Buller T, 'Neurotechnology, Invasiveness and the Extended Mind' (2013) 6 Neuroethics 593 Burgess A, '"Nudging" Healthy Lifestyles: The UK Experiments with the Behavioural Alternative to Regulation and the Market' (2012) 3 European Journal of Risk Regulation 3

Citron D, 'Technological Due Process' (2008) 85 Washington University Law Review 1249

Cole-Turner R, 'Do Means Matter?' in Erik Parens (ed), Enhancing Human Traits: Ethical and Social Implications (University of Georgetown Press 1998)

Crawford A, 'SCP, Urban Governance and Trust Relations', in David Garland (ed), Ethical and Social Perspectives on Situational Crime Prevention (Hart Publishing 2000) 193

Deaton R, 'Neuroscience and the Incorporated First Amendment' (2006) 4 First Amendment Law Review 181

De Grazia D, 'Moral Enhancement, Freedom and What We (Should) Value in Moral Behaviour' (2013) Journal of Medical Ethics <doi:10.1136/medethics-2012-101157> accessed 20 January 2016

de Melo-Martin I and Salles A, 'Moral Bioenhancement: Much Ado About Nothing?' (2015) 29(4) Bioethics 223

Dodge N, The Brain That Changes Itself (Penguin Publishing Group 2007)

Douglas T, 'Moral Enhancement' (2008) 25(3) Journal of Applied Philosophy 228 Douglas T, 'Moral Enhancement via Direct Emotion Modulation: A Reply to John Harris' (2013) 27(3) Bioethics 160

Douglas T, 'Criminal Rehabilitation through Medical Intervention: Moral Liability and the Right to Bodily Integrity' (2014) 18 Journal of Ethics 101

Dupras C, Ravitsky V, and Williams-Jones B, 'Epigenetics and the Environment in Bioethics' (2014) 28(7) Bioethics 327

Feinberg J, 'The Child's Right to an Open Future' in Joel Feinberg, Freedom and Fulfillment: Philosophical Essays (Princeton UP 1992) 76

Fox D, 'The Right to Silence Protects Mental Control' in Michael Freeman (ed), Law and Neuroscience: Current Legal Issues Volume 13 (OUP 2011)

Fuller L, The Morality of Law (Yale UP 1964)

Garland D, 'Ideas, Institutions and Situational Crime Prevention' in David Garland (ed), Ethical and Social Perspectives on Situational Crime Prevention (Hart Publishing 2000) 1

Glover J, Choosing Children (OUP 2006)

Goldacre B, Bad Pharma: How Medicine is Broken, and How We Can Fix It (Fourth Estate 2012)

Greely H, 'Neuroscience and Criminal Justice: Not Responsibility But Treatment' (2008) 56 Kansas Law Review 1103

Harris J, Enhancing Evolution (Princeton UP 2007)

Harris J, Moral Enhancement and Freedom (2011) 27(3) Bioethics 102

852

Harris J, 'What It's Like to Be Good' (2012) 21 Cambridge Quarterly of Healthcare Ethics 293

Harrison K and Rainey B, 'Suppressing Human Rights? A Rights-Based Approach to the Use of Pharmacotherapy with Sex Offenders' (2009) 29 Legal Studies 47

Hood C, The Tools of Government (Macmillan Press 1983)

Kahane G and Savulescu J, 'Normal Human Variation: Refocussing the Enhancement Debate' (2015) 29 (2) Bioethics 133

Keller L, 'Is Truth Serum Torture?' (2005) 20 American University International Law Review 521

Kerr I, 'Digital Locks and the Automation of Virtue' in Michael Geist (ed), From 'Radical Extremism' to 'Balanced Copyright': Canadian Copyright and the Digital Agenda (Irwin Law 2010)

Klaming L and Vedder A, 'Brushing up Our Memories: Can We Use Neurotechnologies to Improve Eyewitness Memory?' (2009) 2 Law, Innovation and Technology 203

Kolber A, 'Therapeutic Forgetting: The Legal and Ethical Implications of Memory Dampening' (2006) 59 Vanderbilt Law Review 1561

Lessig L, Code and Other Laws of Cyberspace (Basic Books 1999)

Leta Jones M and Millar J, 'Hacking Metaphors in the Governance of Emerging Technology:The Case of Regulating Robots' in Roger Brownsword, Eloise Scotford and Karen Yeung (eds), The Oxford Handbook of Law, Regulation and Technology (Oxford University Press, 2017)

Levy N, Neuroethics (CUP 2007a)

Levy N, 'Rethinking Neuroethics in the Light of the Extended Mind Thesis' (2007b) 7(9) American Journal of Bioethics 3

Likavec B, 'Unforeseen Side Effects: The Impact of Forcibly Medicating Criminal Defendants on Sixth Amendment Rights' (2006) 41 Valparaiso University Law Review 455

Majone G, 'The Rise of the Regulatory State in Europe' (1994) 17(3): West European Politics 11

Maslen H and others, Mind Machines: The Regulation of Cognitive Enhancement Devices (Oxford Martin School 2014)

Meidinger E, 'Private Environmental Regulation, Human Rights and Community' (1999-2000) 7 Buffalo Environmental Law Journal 123

Merkel R, 'Treatment—Prevention—Enhancement: Normative Foundations and Limits', in Reinhard Merkel and others (eds), Intervening in the Brain Changing Psyche and Society(Springer-Verlag 2007)

Moran M, The British Regulatory State (OUP 2002)

Morgan B and Yeung K, An Introduction to Law and Regulation (CUP 2007)

Morozov E, To Save Everything, Click Here (Penguin Group 2013)

Murphy T, 'Preventing Ultimate Harm as the Justification for Biomoral Modification' (2015)29 (2) Bioethics 369

Ogus A, Regulation: Legal Form and Economic Theory (Clarendon Law Series, OUP 1994)

Persson I and Savulescu J, 'The Perils of Cognitive Enhancement and the Urgent Imperative of Enhance the Moral Character of Humanity' (2008) 25(3) Journal of Applied Philosophy 162

Peters K, 'Chemical Castration: An Alternative to Incarceration' (1993) 31 Duquesne Law Review 307

Pons J, Ceres R and Calderon L, 'Introduction to Wearable Robotics, in Jose Pons (ed), Wearable Robots: Biomechatronic Exoskeleton (John Wiley 2008)

Raz J, 'The Rule of Law and its Virtue' (1977) 93 Law Quarterly Review 195

853

Raz J, The Morality of Freedom (Clarendon Press 1986)

Roache R, 'How Technology Could Make "Life in Prison" a Much Longer, Tougher Sentence' (Slate, 12 August 2013) <www.slate.com/blogs/future_tense/2013/08/12/daniel_pelka_ ariel_castro_how_ life_extending_technology_could_make_a_life.html> accessed 19 January 2016

Romero-Bosch A, 'Lessons in Legal History—Eugenics and Genetics' (2007) 11 Michigan State University Journal of Medicine & Law 89

Rosenthal D, 'Assessing Digital Preemption (And the Future of Law Enforcement?)' (2011) 14 New Criminal Law Review 576

Sandel M, The Case Against Perfection (Harvard UP 2007)

Selznick P, 'Focusing Organisational Research on Regulation' in Roger Noll (ed), Regulatory Policy and the Social Sciences (University of California Press 1985) 363

Shapiro M, 'Constitutional Adjudication and Standards of Review under Pressure from Biological Technologies' (2011) 11 Health Matrix 351

Stern D, The Return of the Seatbelt Interlock: Crazy Rule or Money Saver? (Allpar, 2014) <www. allpar.com/fix/electrical/interlocks.html> accessed 19 January 2016

Thaler R and Sunstein C, Nudge (Penguin Books 2008)

Van de Poel I, 'Values in Engineering Design' in Anthonie Meijers (ed), Handbook of the Philosophy of Science: Philosophy of Technology and Engineering Sciences Volume 9 (Elsevier 2009)

von Hirsch A, Garland D, and Wakefield A (eds), Ethical and Social Perspectives on Situational Crime Prevention (Hart Publishing 2000)

Waldron J, 'Theoretical Foundations of Liberalism' (1987) 37(147) The Philosophical Quarterly 127

White M, 'Behavioural Law and Economics: The Assault on the Consent, Will and Dignity', in Gerald Gaus, Christi Favour, and Julian Lamont (eds), New Essays on Philosophy, Politics & Economics: Integration and Common Research Projects (Stanford UP 2010)

Winner L, 'Do Artifacts Have Politics?' (1980) 109 Daedalus 121

Yeung K, Securing Compliance (Hart Publishing 2004)

Yeung K, 'Towards an Understanding of Regulation by Design' in Roger Brownsword and Karen Yeung (eds), Regulating Technology (Hart Publishing 2008) 79-94

Yeung K, 'Can We Employ Design-Based Regulation While Avoiding Brave New World?' (2011) 3 Innovation and Technology 1

Yeung K, 'Nudge as Fudge' (2012) 75 Modern Law Review 122

Yeung K and Dixon-Woods M, 'Design-based Regulation and Patient Safety: A Regulatory Studies Perspective' (2010) 71 Social Science and Medicine 502

第三十五章
来自人类机能强化的未来挑战

尼古拉斯·阿扎尔（Nicholas Agar）

林华、徐靖仪 译

一 导论

各种新兴的技术正日益把人类机能强化的愿景从科幻小说的情节转化为科学事实。现在，我们拥有了选择或者修改 DNA 的技术。今天，一些人们在怀孕之初会选择一个胚胎，该胚胎的 DNA 不包含特定疾病。基因工程师们越来越熟练于修改人类胚胎 DNA 所需的技术。在其他方面，计算机科学家正在研究如何通过电子植入增强或创造人的能力。譬如人工耳蜗可以将电子设备直接连接入天生聋哑人的大脑，他们可以因此获得听力。许多人类技能强化应用的重点是预防疾病或治疗疾病。毕竟，上述技术没有任何内在的东西限制它们应用于疾病。有些技术被重新确定目标或重新设计，使之能够用于提高人的能力。

本章着重讨论了人类机能强化的前景及其对监管者构成的挑战。我认为，目前对人类机能强化的公众思考和哲学思考是过于简单的。我提出了一个多元化定义的概念，该概念承认了诸多人类机能强化的需要。学界有一个概念定义的传统，就是把加强定义为强化。

为了明确起见，我把这种概念的增强称为强化。这是对人们通常意思的合理解释，即当他们说某个人或某件事得到了改善的时候。但这并不足以满足我们所有的解释或道德目的。我介绍了关于人类机能强化概念的两种不同阐述，重点突出了将技术应用于人类大脑或身体的不同道德层面。我将之称为超越人类准则的强化。这一概念将人类机能的强化与治疗区分开来，治疗的目的是使人类的机能恢复到正常水平，或

854

855

防止其低于这些水平。对人类机能强化的许多批评中都有关于治疗与人类机能强化的区别。对人类机能强化的传统概念的另一种阐述是激进的强化。当一个人产生的能力大大超过目前人类所能达到的能力时，其机能就会大大增强。目前的研究目标包括千年寿命和超高智力，超高智力的实现会比当今的最高人类智力还要高出许多倍。这些可能性听起来就像是科幻小说。但一些胸怀大志的人却正在朝着这些目标努力。我主张，我们不应该假设，在道德方面，极大程度的机能强化将带来更多同样的东西。我们应该把在正常人体寿命上添加几年的疗法与给我们提供千年寿命的伟大计划相区别。激进的机能强化应该被置于一个不同的道德范畴，而不是一个较小的机能强化概念之中。

在本章结束部分，我讨论了一个积极和持续管理人类机能强化的领域。这就是精英运动。世界反兴奋剂机构（WADA）公布了一项守则，该守则使用超越人类规范的强化概念，将允许精英运动员在比赛期间使用的干预措施与被禁止的干预措施分开。世界反兴奋剂机构试图让体育运动不受提高性能药物的影响，这种做法是有争议的。我在此为世界反兴奋剂机构及其规则辩护。那些寻求在运动之外保持人工表现强化能力的人背负了相当大的挑战。但世界反兴奋剂机构帮我们保护了一些非常重要的东西，因为，一个允许我们在精英运动中提高药物表现能力的未来会失去很多其应有的价值。

二　人类机能强化的诸多概念

在不充分了解增强人体机能意义的前提下，我们不能寄希望于找到适当的方法来管理强化技术，重要的是，在面对改变人的能力的新方法时，必须认识到我们常识性的强化概念的局限性。遗传和控制论技术在影响关于人类机能强化的主导语义方面没有发挥任何重要的作用。在这些技术存在之前，人们很早就在谈论人体机能强化的问题。我因此建议一种概念上的多元化，承认存在一系列的增强概念。这些不同的人体机能强化概念有助于突出人类技术变革所产生的不同道德问题。

让我们打个颇具指导性的比方。弗朗西斯·克里克（Francis Crick）和詹姆斯·沃森（James Watson）对DNA的结构的描述，使我们在对遗传的理解上取得了重大突破。他们期待着他们的发现能带来更多的发现。他们本来应该预测的另一件事是需要更多的词汇——我们将需要各种阐述关于人类继承常识性概念的词汇，来描述我们发现的进程。举个例子，我们需要对DNA、RNA等在一个世代之间传递信息的方式上存在敏感差异的遗传概念。我们目前发现我们在提高人类机能强化的能力方面处于相似的位置。在今后几十年中，人的能力将成为许多不同技术的重点。如果单一的普通语言强化概念足以描述人类利用技术改变自身的所有方式，那将是令人惊讶的。

　　我们可以确定一种祖传的强化意识，把这个概念看作是改进的同义词。根据这一作为改进的强化概念，只要（人体机能）得到强化，就能增强人的能力（Harris 2007；Savulescu and Bostrom 2009；Buchanan 2011）。我并不是说，把强化阐述为改进就能避免所有的哲学问题。例如，人们对于如何理解改进的概念有疑问（参见 Roduit，Baumann，Heilinger 2014）。我们可能更喜欢一个道德化的概念，根据这个概念，改进将会使道德更好。或者，我们可能更倾向于一个函数账户，其中的改进是更好地执行自然选择或设计的函数。在这里，当一个设计对象更好地履行其功能而不考虑该功能的性能在道德上是否良好时，改进就产生了。概念上的多元化主义者将承认两个作为改进的强化概念的存在，以避免语义上的分歧。强化概念包括道德的提升，以及功能的改善。

　　强化作为改进的特征，其在强化的倡导者的工作中得以凸显并不奇怪。（Roduit，Baumann，and Heilinger 2014）提出了这一现象；关于在积极评价人的强化方面使用增强作为改进的例子（参见 Harris 2007；Savulescu and Bostro 2009；Buchanan 2011）。关于加强人类能力的哲学辩论是由于认识到利用基因技术增强人类能力的可能性而引发的。然而，人类改良的活动与小说中的描述始终大相径庭。当教师指导孩子们做长时间的分科练习时，孩子们正在提高对数学的理解，并因此将提高作为改进来练习。尼克·博斯特罗姆（Nick Bostrom）和朱莉·萨乌列斯库（Julian Savulescu）于 2009 年指出，普遍的强化都是为了嘲弄其所谓的哲学对立面。一旦我们选择把人类机能的强化解释为人类的进步，那么，我们应该寻求的未来中没有它的想法将是荒谬的。把强化作为改善，是人的不可缺少的特征。博斯特罗姆和萨乌列斯库说，"倘若我们摒弃所有的强化，我们将无法生存下去，甚至在灭亡前的短短几天里，我们始终都不会成为完全的人类"（2009:3）。

　　强化的捍卫者寻求将这种对人类改进的普遍认可发展成为新的方法。遗传学家已经确定了一些影响人类智力的基因。例如，NR2B 基因被认为在大脑发育过程中特别活跃。在小鼠基因组中添加了更多的 NR2B 基因，产生了所谓的"杜奇"（Doogi）小鼠，这是有史以来最聪明的小鼠（Tang and others 1999）。"杜奇"小鼠的大脑组织似乎有更优越的连接性，使得它们在记忆和解决问题的测试表现中明显优于其他小鼠。在人类胚胎中添加更多的拷贝基因也可能会有类似的效果。

　　添加额外的 NR2B 基因和传统的认知改进手段（如代数课程）之间存在着些许差异。在人类胚胎的基因组中添加额外的 NR2B 基因比通过代数课程提高智力的尝试要早。它涉及的风险与代数教学不同。但是，将这两种干预措施放在同强化一样的概念下进行分组的决定，会极大地影响我们如何看待这些差异。在人类胚胎中加入一个额外的 NR2B 基因会使它处于高风险的状态之中。但是，如果我们认为这种干预目的基本上类似于找到一种新的代数教学方式，那么我们就可以期待人类基因工程的安全性得到改善，从而使我们能够对其道德上的可取性得出同样的结论。

三 超越人类规范的强化与治疗的区别

我们已经看到，把强化作为改善的概念倾向于对基因强化秉持一个宽容的态度。那些对人类机能强化感到怀疑的人应该拒绝利用对手的概念工具来表达他们的担忧。强化作为改进的概念，将 NR$_2$B 基因的添加和控制性植入置于其中，其目的是提高我们在代数教学中的认知能力。这并不奇怪，毕竟它倾向于支持对新技术的有利看法。反对这种新颖方法的人会想到利用人类强化的概念，这种概念将代数课程与 NR2B 基因的添加以及控制性植入区分开来。

将两个强化案例视为涉及遗传干预的改进。首先，在人类胚胎中添加了额外的NR2B 基因。其次，假设人类胚胎的基因组存在修改，纠正了与脆弱 X 综合征相关的突变。脆弱性 X 综合征是一种与一系列认知损害相关的遗传障碍。X 染色体的突变位置意味着它往往比女性更频繁和严重地影响男性。

这两种基因干预手段都有提高认知能力的效果。这意味着，它们都是作为改进的强化案例。但是，加强的一个概念使这些干预措施基本上相似，并不妨碍加强的替代概念发现它们之间的重大差异。超越人类规范的强化概念允许对某些强化品种有疑虑的人表达这些疑虑（Juengst 1998；Daniels 2000）。它对预防脆弱性 X 综合征和引进更多的 NR2B 基因之间做了区别（见 Kass 2002；Habermas 2003；President's Commission on Bioethics 2003；Sandel 2007）。附加一个额外的 NR$_2$B 基因是超越人类规范的机能强化方式。对导致脆弱性 X 综合征的 X 染色体突变的矫正就是一种疗法。其目的是防止某个发展中的个体的认知能力低于人类公认的正常水平。

这两项活动本质上是不同的，其本身并不强制任何道德上的区别。这些干预措施可能有本质上的不同，但在道义上都可以接受。但是，选择将这两种活动分开的强化概念，就能对另一种不适用的活动表示原则性的反对。

治疗最熟悉的语境是医学。那些因心脏问题而去看医生的人通常会寻求改善心脏功能，使其达到人类认为正常的水平。能够成功使心脏功能恢复到这一水平的医生可以考虑完成这项工作。但他可能把一种要求看作是不恰当的，即要求进一步改善已经正常运作的人的心脏的运作。

人类规范的概念需要加以澄清。规范有时以明确评估的方式使用。根据这些理解，正常应该比不正常更好。这并不是在此种情况下可以操作的"规范"的意义。在这方面，规范显然是生物性的。心脏正常的功能水平是指通过自然选择设计来执行的水平（Millikan 1989；Neander 1991；关于这一概念在道德范畴内的应用，见 Daniels 2000）。心脏病专家的目标是，只要可能，就要把功能低于正常水平的心脏恢复到生

858

859

物的正常水平。没有特定的水平对应于生物学上正常的心脏功能。相反，它涵盖了不同程度的运作水平。倘若低于这个范围，心脏的泵便不足以充分履行其生物功能。倘若高于这个范围，我们可能会发现达到一个远远超出自然选择所要求的运作水平的心脏。这两条边界线将由含心脏的模糊区域划分，该区域并不会明确地将心脏置于两个毗邻区域中的一个或另一个特定区域。

一个类别缺乏精确的界限并不妨碍它的有用性。在我们许多具有道德意义的类别中，都存在着模糊现象。许多社会将投票权的行使限制在一定年龄以上的人。这些法律的动机显然是与投票有关的道德因素。人们理解复杂的政治选择的能力往往在非常年轻的时候就没有了。然而，我们承认，人与人之间对政治选择的能力的确存在一定的年龄差异。我们认识到，许多人从不会刻意发展为了能够做出正确的政治选择所需的知识能力。我们采纳了特定的指定年龄作为一个可行的近似年龄。当医生检查心脏时，他们往往需要区分那些足以保证治疗干预的最低功能水平和被恰当描述为处于正常范围低端的水平，其中后者不要求被干预。他们明白，他们正在处理界限模糊的类别。

治疗与超越人类规范的强化有本质不同的这一建议，并没有说明这种区别应该如何应用于道德层面。哲学家选择用两种方法来区分超越人类规范的强化和具有道德意义的治疗。

所谓的"生物保守主义者"呼吁使用生物规范，以标记道德上允许的遗传干预与道德上不允许的基因干预之间的区别（Fukuyama 2002；Kass 2002；Habermas 2003；President's Commission on Bioethics 2003；Sandel 2007）。考虑哈贝马斯（Habermas）的诉求。他提出，父母选择从基因上加强子女能力的方式，是一代人对下一代的一种颇具争议的干涉方式。基因工程师们表示他们是孩子生活的共同缔造者："那些雄心勃勃并被给予实验的父母的编程意图……具有片面和不可挑战的期望的特殊地位"（Habermas 2003: 51）。在你出生之前，你不可能对自己的遗传体质提出质疑。哈贝马斯认为一个基因得以强化的人必须不断质疑他／她强化自身基因的动机。他们真的是他们自己本身的基因选择吗？抑或他们其实是其父母对其个人基因组选择的体现呢？

860　这不是一种基因疗法的特征，在这种疗法中，父母除了让孩子享受良好的健康和过上美好生活的基本先决条件之外，并不能决定孩子的一生将如何展开。因此，对于超越人类规范的强化与治疗应进行彻底区分，后者让父母进行任意基因选择的做法是要受到道德的谴责的。

在允许和不允许之间的区别，并不是哲学家们在道义上利用生物规范的唯一方法。布坎南（Buchanan）等人（2000）提议，治疗的类别应与民主国家被要求向其公民提供的基因干预措施大体相当。基因治疗的目的是使人们能够正常参与社会活动。这种义务往往不适用于超出人的规范的强化。这并不意味着要求禁止这些行为。但它确实表明，那些运行水平低于人类生物准则的人，其治疗待遇应当优先于那些目前处于正常运作水平并可从更高水平获益之人。

在本章的最后一节，我探讨了在精英体育中使用治疗和超越人类规范的强化之间的区别。在精英体育中，目前允许使用人工手段提升能力，将其从低于正常状态提升到正常状态。但用人为的手段把能力提升到超出人类规范的水平则是不允许的。我认为，禁止在精英体育中采取超越人类规范的人为手段，与上述区别的两种道德用途不同。

四　激进强化与温和强化

有关加强人类能力的条例必须考虑到预期的技术发展。许多强化技术都大量地运用信息技术。信息技术是人类 DNA 测序和分析的关键。2003 年人类基因组的完整序列被揭开。如果不大幅度提高计算机的处理能力，这一成就是不可能实现的。信息技术对一些主张人类机能强化的学者的大脑和身体移植的控制论植入观点提供了有力的保障。

信息技术的改进应使我们期待着它们的力量得到显著提高，从而强化自身的能力。根据因英特尔公司联合创始人戈登·摩尔（Gordon Moore）而得名的摩尔定律（Moore's law），集成电路、计算机的关键部件、处理能力大约每两年翻一番（关于摩尔定律及其影响的最新讨论，参见 Brynjolfsson and McAfee 2014，Agar 2015）。许多人类观察者未能正确认识到这种指数式改进的影响。他们预计电脑将以更渐进的线性方式日益提升其能力。当国际象棋电脑从指数级的改进中获益，并迅速从输给 10 岁的孩子到击败加里·卡斯帕罗夫（Garry Kasparov）时，他们感到十分惊讶。在一些测试中，卡斯帕罗夫作为棋手已经站在了人类象棋成就的巅峰。摩尔定律与新增强技术的发明直接相关。该定律是对人类基因组测序的一个重大贡献。测序技术提供了可能需要的基因促进剂的信息，以确定其强化的目标。其他人则寄望于摩尔定律，以加速他们希望依附于人类大脑和身体的控制论植入物的发展。

发明者和未来学家雷·库兹韦尔（Ray Kurzweil）预计，人类将从数字技术的进步中受益，通过电子芯片逐步取代计算效率低下和易患疾病的生物大脑组织。库兹韦尔预测，人类机器思维的存在"比今天所有人类智力的力量大 10 亿倍左右"（Ray Kurzweil 2005：136）。奥布里·德格雷（Aubrey de Grey）是一位特立独行的老年学家，他渴望做的远不止减缓老龄化这一小措施，还包括推迟避免老年疾病的发生（de Grey and Rae 2007）。他目前正在寻求生物工程上可以忽略不计的衰老手段。一个可以忽略不计衰老的人是不会衰老的。一个人若是没有年龄，就不是不朽的。在某一时刻，人们甚至会期望方向操控不良的公共汽车、太空飞行器或从太空电梯坠落，以结束可忽略不计的衰老者的生命。但他们不会体验到今天人类生活的一个标准特征——日益衰老的状态。德格雷计划通过开发治疗方法来达到这一目的，这种疗法将修复七

861

种目前在细胞水平上对人体造成的问题。他声称现在暂且没有这些疗法，但他表示他知道该在哪里寻找它们。他等待着政府和私人来源的资助，这将使他能够实现其关于人类无年龄的愿景。德格雷给出了诱人的预测。他认为，第一个活到 150 岁的人，现在正在地球上活着。此外，他预计，第一个活到 1000 岁的人将在第一个活到 150 岁的人之后的 20 年就会出生。

对清醒的观察家来说，库兹韦尔和德格雷的预测可能只是一种无稽之谈。例如，德格雷对达到可忽略不计的衰老的时间节点的乐观态度，其目的在很大程度上在于吸引资金。他在谷歌公司的谈话记录表明，他深受年轻科技企业家的欢迎，他们非常希望把最近赚到的几百万变成千年寿命。认为我们可能会变得比今天所有人类智力总和聪明 10 亿倍，或者活到一千岁甚至更久远的想法，推动了人类理解的极限。但监管机构应当认真对待这些可能性。如果我们有了一些规定，涵盖了一些不存在的可能性，那么少数道德主义者、律师和政策制定者就相当于浪费了时间来完成这些事情。更糟糕的是，由于我们没有给予他们现有技术应有的关注，我们发现我们无法充分应对现有的技术。

想想国际社会对 1997 年宣布克隆羊之后的困惑反应。多莉（Dolly）是用从另一只羊的臀部上取下的细胞产生的。很明显，用于生产多莉的这一技术很可能也会应用于人类。但这是应该实现的事情吗？一边是瑞莲的 UFO 教派，他们声称已经创造了一个克隆的"夏娃"，这引发了媒体极大的关注（Berryman 2003）。另一边是莱昂·卡斯（Leon Kass）的夸张比较，其将克隆人与"父女乱伦（甚至在同意的情况下）、与动物发生性关系、肢解尸体、吃人肉"（Kass and Wilson 1998: 18）都做了对比。如果评论员在多莉宣布之前对克隆人的伦理进行认真的思考，可能会产生一个更连贯、更深思熟虑的社会反应。为此，我们应该认真对待库兹韦尔和德格雷能够如愿以偿的可能。

在接下来的文章中，我提议，我们不应该认为库兹韦尔的智力和德格雷的寿命延长完全一样——如果在正常的人类智力基础上提高智商到更高层次是好的——那么提高智商中的认知能力到正常人类认知能力的好几倍，无疑也将是非常好的。温和强化和彻底强化之间的区别，使我们不应对生理上拥有正常智力的人的适度强化或正常人类寿命的适度延长抱有太大希冀。但法律监管将允许对库兹韦尔和德格雷所寻求的认知强化和寿命延长做出他们所希望的充分反应。这种程度的强化，需要新的强化概念。他们需要采取与监管机构不同的方法。

如果人类强化的哲学家要为决策者提供指导，他们必须超越迄今为止消耗了大多数哲学注意力的问题——人类强化在道德上是否被允许的问题。现在假设我们接受一些强化是道德上所允许的。生物保守主义声称的不允许任何人类强化存在的论点是错误的。现在，我们必须决定，在我们社会的优先事项清单中，人类强化应位于哪一项优先级中。它们如何与减少贫困、保护自然环境、纠正全球不公正等其他重要事项进行优先级的排序？关于道德许可的辩论无助于解决这个问题。人类主义者主张一种观点。他们将激进的强化视为我们社会集体发展优先事项的重中之重（参见德格雷在2005 年中关于激进的寿命延长的主张）。我提及进行一个更为谨慎的评估，该评估会将机能强化的重要性列于榜单的末端。一些人希望大幅提升自己的智力水平和延长寿命的强烈愿望，应该被视为古怪的想法，该想法不应该得到公众的大力支持。

我将激进的强化定义为将显著的属性和能力提升到大大超过人类目前可能的水平（Agar 2010，2014）。超越人类规范的强化的对立面是治疗。与此形成鲜明对比的是适度的增强，其目的是要提高人的重要的属性和能力，使其略高于目前人类所能达到的程度。适度强化的范畴，包含了人类规范之外的诸多强化。

与早先的区分一样，激进和温和强化的类别被模糊地区分开。其也包含了并不直接适用于其中任何一类的强化种类。一个通过技术使能够活到 150 岁的人的寿命超过了截至 2015 年统计的最长人类寿命：122 岁。这个人显然经历了超越人类规范的强化。但这属于温和还是激进的强化呢？这是非常难决定的。但是这种困难并不妨碍我们将千禧寿命完全归入激进强化的范畴。

激进强化的倡导者中尤以全人类主义者（transhumanists）为主导。根据一个被广泛引用的概念，全人类主义（transhumanism）是：

> 一种从根本上理性地改善人类状况的可能性和可取性的智力和文化运动，特别是通过开发和制造广泛可用的技术来消除衰老和大大增强人类智力、身体和心理能力的运动（Humanity Plus 2015）。

"全人类主义"的愿景是一种近乎永恒的生活和快乐，这种快乐结合了超级强化能力来解决集体和个人问题。下面是全人类主义哲学家尼克·博斯特罗姆（Nick Bostrom）想象的，一个激进的生活方式。博斯特罗姆首先邀请他的读者想象一下他们刚刚庆祝了他的 170 岁生日：

> 每一天都是欢乐的日子。你发明了全新的艺术形式，这种艺术形式利用了你发展出来的新的认知能力和感性。你仍然听音乐——此类音乐之于莫扎特，仿佛莫扎特之于零售场所反复播放的糟糕背景乐（Muzak）。你正在用一种在过去一个世纪里脱胎于英语的语言与同龄人交流，这种语言有一种词汇和表达能力，可以让你分享和讨论人类甚至无法思考或体验的想法和感受……周围的事情越来越好，但实际上每天都已经很精彩。

这些关于一个人类机能强化的未来的大胆预测并非天方夜谭。尽管如此，我们还是应该警惕所鼓吹的全人类主义者的跨种族做法。它加剧了人们高估根本性强化的系统性倾向。这对我们制定社会优先发展事项产生了颠覆性影响。毫无疑问，激进强化的好处似乎显而易见。激进的认知强化能让我们解决人类目前无法解决的智力问题。也许它能使物理学家们对量子引力有一个全面的理解，最终调和相对论和量子场论的理论。也许它将允许一个人几乎立即掌握所有人类语言，并立即能够全面欣赏所有语言的文学经典。这些东西似乎属于神奇和美妙的领域，而不是仅仅属于美好的领域。但是，这些机能强化所带来的好处也蕴含着重重危机。它们往往会降低激进强化的潜在成本。若我们对大幅提升的潜在益处的关注使我们无法对其潜在的负面影响给予应有的关注，我们可能会做出不太明智的决定。

　　我们在想，激进强化的代价是什么？我认为，我们所看重的某些东西取决于认知和身体能力，这些能力都和目前的人类范围相接近（参见 Agar 2010，2014）。人类有想象力的限制影响了我们如何看待强化所带来的经验和成就价值。在人类规范之外的适度强化对这些价值观的影响不像激进强化那样大。想想我们可能会把什么样的事情放在人类生活最重要的成就清单上——维持漫长的浪漫关系，拥有并成功抚养孩子，跑几场马拉松，写作和出版一本书，等等。我们根据这些经历构建了我们生存的故事。不难想象，这些成就似乎并没有什么价值。一个人的激进运动能力强化使她能够在不到 30 分钟的时间内跑马拉松，但他发现自己在其中得到的体验与不到 3 小时的强化前马拉松大相径庭。假设一个哲学家从根本上增强了他的智力。从这个极端强化的角度来看，充斥他的书籍和他以前感到非常自豪的哲学提议要么是明显的真理，要么是根本的谎言。我们生活中的重要经历往往默契地与人类能力联系在一起。一旦你从根本上增强了自己的认知和情感能力，你配偶的机智和社会洞察力就会不出所料地变得不那么有价值。全人类主义者们喜欢将他们希望达到的强化程度与我们的生物谱系中通过自然选择产生的强化程度进行比较。后人类未来中的人看我们就会像我们现在看黑猩猩一样。黑猩猩的确是非常令人印象深刻的野兽，但很少有人类希望与它们建立起某种浪漫关系。试想一下，倘若突然发现你的智力和配偶或孩子的智力之间存在这样的鸿沟会是什么感觉？我们认知能力或情感能力的激进强化，实际上会把我们目前看重的许多东西剔除掉去。这种破坏效应不一定是程度较轻的强化的特征。如果你继续跑马拉松，那么你可能会超越你早先的运动成绩。但是这些原来的成绩对你来说依旧有非同寻常的意义。

　　这种推理对激进强化的监管者而言又有什么相关性可言呢？这并不表明激进的强化是不道德的。相反，这表明其倡导者可能夸大了它的好处。它不太可能达到"全人类主义者"的过高预期。激进强化的许多显而易见的好处可能会被其不那么明显的成本所抵消。我们制定了一些法律，防止人们将退休储蓄投资于快速致富的计划。如果激进的强化使人们不再依恋他们过去的成就，而这个事实没有得到那些深思的人的充分理解，那么就需要有一个起到警示作用的法规来规范强化措施。矫正并完善一个正确的量子引力理论的能力很值得拥有。但是假设掌握这种强化机能会削弱你对过去许多成就和独特的人际关系的价值。如果你重视这些东西，你可能会倾向于判断所获得的东西并不能证明失去某样东西是合理的。无论如何，一个真实的广告条款应该指示人们在做出重大的、潜在的、不可逆转的决定来进行机能强化之前，充分了解成本和收益。这些信息要求在我们的社会优先事项清单上将激进的强化放置在一个正确的位置上。

我试图展示不同的强化概念如何让我们表达对人类能力强化的各种担忧以及希冀。关于人类强化的争论比对这个术语的任何单一理解都更加复杂。哲学家们不应试图将这种观念上的多样性归结为人类强化的单一"真实"概念。我们应该把定义视为可以用来表达对将技术应用于人类的各种关切和希望的工具。对于那些试图为关于强化的哲学辩论做出贡献的人来说，重要的一步是确定他们的推理依赖于哪种人类强化。他们应该承认依赖其他理解强化方式的合法性。

五　精英运动中的规制强化

到目前为止，我一直在强调以人类强化概念为依据的法规的重要性，这些观念为我们未来的技术发展做好了充分准备。最后一节的重点是当下的情况。在精英运动中，我们应该积极执行关于人类强化的法规。这些规定的目的是避免在精英运动当中使用提高成绩的药物。负责领导这项工作的组织是世界反兴奋剂机构（WADA）。人们普遍认为，世界反兴奋剂机构正在逐渐失势。当代奥运会的一个可预测的特征是一系列运动员被发现服用兴奋剂。许多评论人士怀疑，这仅仅是兴奋剂使用的冰山一角。世界反兴奋剂机构通过其测试技术发现作弊的能力是有限的。兰斯·阿姆斯特朗（Lance Armstrong）一度被认为是环法自行车赛的获胜者，但在多年的竞争中，他始终能够顺利通过兴奋剂的测试，这个故事似乎进一步引发了人们的绝望。精英运动中胜利者获得的经济和个人回报是相当可观的。这些好处都为运动达人提供了击败WADA测试的手段和动机。

这对反兴奋剂使用的运动无疑带来了一些挑战。朱利安·萨乌列斯库（Julian Savulescu）和他的合著者（2004）认为，提高成绩的药物应该被接受，而不是被排除在精英运动之外。精英运动员的任务是进行优秀的表演，药物应该被认为是他们事业的一部分。最后这一部分确定了加强世界反兴奋剂机构监管努力的核心概念。它为将毒品排除在精英运动之外的事业提供了辩护。世界反兴奋剂机构的工作并不容易。但无药奥运会和环法自行车赛的存在对我们有其自身不可取代的价值，这种价值值得我们保护。

世界反兴奋剂机构发布了一项法规，试图解释并证明其努力保持精英运动不使用兴奋剂的合理性（World Anti-Doping Agency 2015）。该准则规定，如果在三个标准列表中符合了其中的两个标准，就将禁止使用此种物质或运用此种方法。如果某种物质或方法"有潜力提高或提高体育成绩"，它就满足第一个标准。如果一种物质或方法"对运动员构成实际或潜在的健康风险"，它就满足第二个标准。如果一种物质违反了《准则》引言中描述的体育精神，它就满足了第三个标准。《准则》在介绍中解释说，体育精神"是对人类精神、身体和心灵的庆祝，该精神反映在我们通过体育运动所发现的价值中"。这些价值观包含了诸如"道德、公平、诚信、健康、快乐、团队合作、尊重规则与法律"等内容。条款三的这种模糊性显然是为了让世界反兴奋剂机构的官员有一定的自由来应对可能被更精确的剂型所遗漏的作弊事件。

在这一背景下，我们应该如何理解"强化"一词的使用？一项描述"治疗性使用豁免"的条款清楚地表明，世界反兴奋剂机构的利益正在增强，超出了人类的规范。我们希望精英运动员努力取得远远超出人类规范的成就，但他们不应该在试图做到这一点时使用人工手段。

目前最具新闻价值的机能强化的药剂——合成促红细胞生素（EPO）的案例说明了治疗性使用豁免的适用方式。EPO 是一种在人类体内自然产生的荷尔蒙。它的作用是控制红血球的产生，即血液中供应器官和组织供氧的成分。20 世纪 70 年代末和 20 世纪 80 年代初，科学家们摸索出了如何生产出一种合成 EPO 的方法。医生能够用它来治疗贫血，当身体产生红血球的能力受损时，就会导致贫血。这种治疗性的 EPO 的使用目的是使一个病人的红血球恢复到正常的生物水平。这是一个作为改进的强化案例——医生旨在改善患者的健康。但是它并不寻求超越人类规范的强化。世界反兴奋剂机构允许对合成库的此类用途进行治疗性豁免。

耐力运动领域的选手们很快发现了合成 EPO 具有超越人类规范的潜力。在环法自行车赛时，参赛者的红细胞会逐渐流失是正常的。注射合成的 EPO 有助于提高这些水平，确保肌肉在艰苦的山地阶段能保持良好的状态。阿姆斯特朗使用人工合成的 EPO 并非一种治疗手段。他是在人体正常范围内输入红血球的。多阶段骑行活动的参与者的红血球水平会逐渐降低，这在生物学上是正常的。假设医生发现一个病人的红细胞含量很低。医生随后得知，他的病人是一名刚刚完成环法自行车赛的骑车人。如果他明白自己的职责是进行治疗，他就会开出静养处方，而不是注射合成的 EPO。

哲学家萨乌列斯库和他的合著者（Savulescu, Foddy and Clayton）（2004）对世界反兴奋剂机构的法规提出了挑战。他们提出了一种精英运动的观点，不仅接受提高成绩的物质和方法，而且还同意可以对其加以使用。他们说"生物操纵远非违背体育精神，而是体现了人类精神——在理性和判断的基础上提高自己的能力"（Savulescu,

Foddy，and Clayton 2004 ）。

倘若世界反兴奋剂机构在这方面稍加纵容，运动员们就可以取得更出色的体育成绩。但也可以通过使用世界反兴奋剂机构禁用列表中的物质和方法来达到这一目的。实际上，萨乌列斯库和他的合著者指责了世界反兴奋剂机构前后矛盾的情况。世界反兴奋剂机构认为，精英运动中的选手使用合成的 EPO 来提升身体的红血球供给是错误的。但是世界反兴奋剂机构允许其他能实现相同目的的技术的存在。资源充足的运动员可以通过高原训练来为比赛做准备。人体在高原空气稀薄的情况下，会通过增加其提供的红血球来进行调节。参赛者希望在回归平地时能将这些调节方式一并纳入竞争机制中。一些参赛者可以获得这些优势，且无须为他们特别配备健身房。

传说中的芬兰耐力滑雪者埃罗·曼蒂兰塔（Eero Mantyranta）在 20 世纪 60 年代获得 7 枚奥运奖牌。他的成功在一定程度上归功于一种罕见的基因突变，这种突变使他的红细胞供应量增加了 40%—50%。曼蒂兰塔最初被怀疑有作弊行为，但在查明其优势来源并将其认定为自然人时，这种怀疑才得以消除。据萨乌列斯库介绍，合成 EPO 是一种相对廉价的接受优势的手段，这种优势是一些参赛者通过其他手段所能获得的资源，也是某些人天生就拥有的。

世界反兴奋剂机构的第二个标准指的是"实际或潜在的健康风险"。萨乌列斯库、弗迪和克雷顿（Savulescu，Foddy，and Clayton）认为合成 EPO 与风险相关。但是他们坚持认为，接受风险是当今精英运动的一部分。超级马拉松运动员的运动量超过了他们的医生所说的治疗水平级别的运动量。最近关于接触运动中连续脑震荡的长期危害的宣传进一步消除了精英运动总是或通常会有助于健康的观念。精英体育是我们喜欢观看的东西，尽管我们意识到它可能会对那些参与其中的人有害。我们认为精英运动员已经自动接受了它的风险。萨乌列斯库、弗迪和克雷顿指出，禁止合成 EPO 的决定使得精英运动更加危险。运动员被迫服用它却无法享受能减轻其潜在危险的医疗监督的益处。

我支持世界反兴奋剂机构的计划，即禁用超越人类规范的强化运动员机能的物质和方法。世界反兴奋剂机构应被视为保护精英运动的一个宝贵特征。了解我即将提出的论点的范围是很重要的。我所发现的这一宝贵特征，主要是针对精英运动而言的。我们不应该运用我在这里提供的理由来阻止强化技术在其他活动领域的应用。

精英体育并不存在于社会真空之中。他们与业余运动的区别在于他们能够吸引观众精英体育为他们的观众提供了宝贵的体验。我认为，应该把 WADA 看作是试图通过禁止使用有利于表演的物质和方法来保护观众的利益。

人们倾向于过度简化观众对精英运动的兴趣。诚然，我们对精英运动员的表演感兴趣，是因为他们客观上给人留下深刻印象。牙买加短跑传奇人物尤塞恩·博尔特

（Usain Bolt）100 米的速度比作为本章作者的 50 岁患有糖尿病的学者要快得多。这就是他的体育表现有观众的部分原因，而我却没有。但这种观众对极限表演的兴趣，应该放在其适当的背景下来考虑。

对极端运动的兴趣并不能解释我们对精英运动兴趣的持久性。我们需要走进帐篷，一睹世界第一高人的风采。但是通常观看一次世界第一高人就足够了。那些从世界上最高的人的帐篷里出来的人，很少有人会有兴趣花钱进入另一个帐篷，去看世界上第十高的人。精英运动确实包含着极端的表现。许多足球迷对 1986 年世界杯上迭戈马拉多纳的"世纪目标"有着美好的回忆。但是这些对我们享受体育而言并不重要。很少有球迷在周末足球比赛前期待马拉多纳的进球达到什么水平。我们从精英运动中感受到了某种东西，即一些与众不同的人类运动。我们可以看到更健康、更有才华、更专注的属于我们人类的表演。我作为一个正常人类的 100 米短跑表演相较而言就没有任何吸引力了。

如果观众的观赏体验对精英体育至关重要，那么我们应该将精英运动员视为与演员类似的人。无论是人类演员还是精英运动员都为观众们表演。最好的演员做的不仅仅只是记住他们的台词。他们以对其受众具有关联性的方式进行这些活动。我们不会指望拜访外星人会对凯特·布兰切特（Cate Blanchett）在伍迪·艾伦（Woody Allen）的电影《蓝色茉莉花》（*Blue Jasmine*）中扮演的情感脆弱、酗酒的社交名媛感兴趣。她的表演是为我们准备的，而不是为他们外星人准备的。精英运动员的表现也适用类似的观点。他们为我们表演。不只是博尔特能飞快地跑出 100 米这一行为有意义，更重要的是他这样做对人类观众而言十分具有吸引力。

观众对精英运动的兴趣并没有延续到与我们不同的其他种类的生物的表现上。我拥有一辆有 10 年历史的丰田卡罗拉，它能比博尔特更快地完成 100 米跑的任务。我的卡罗拉 100 多米的表演和我的 100 米跑步表演一样，都不是电视直播的好素材。我们对博尔特的表演很感兴趣，因为他与我们之间有关联——我的丰田汽车和人类缺乏这种关联，即人类没有机械化的四肢。博尔特以我们所拥有的同款理生器官参加奥林匹克竞赛。观看奥运会马拉松比赛的人们认为，自己做的事情本质上与马拉松纪录保持者丹尼斯·基普鲁托·基梅托（Dennis Kipruto Kimetto）和宝拉·拉德克利夫（Paula Radcliffe）的行为相似（这一论点见 Agar 2011）。我的丰田汽车在 42.1195 公里以上的性能与基普鲁托·基梅托和拉德克利夫的性能之间的差距甚至比博尔特和我的汽车在 100 米以上的差距更引人注目。然而，在汽车上被运送超过 42.195 公里的事实不会激励任何人去跑步。

观众感兴趣的是保持他们和精英运动员之间的相似性。我们需要他们的表演不仅令人印象深刻，还与我们息息相关。这种维护我们和我们的体育英雄之间的相似性的必要性解释了世界反兴奋剂机构为什么要禁止使用某些物质和方法。许多跟随阿姆斯特朗的人都被激励着去学习骑车。他们当中很少有人认真地思考注射合成 EPO 的事情。

那么，我们应该如何回应萨乌列斯库、弗迪和克雷顿的一致性要求？使用合成的 EPO 不过是阿姆斯特朗和那些喜欢环法自行车比赛的人之间的一个区别。我们为什么要把注意力集中在阿姆斯特朗与他和其他优秀运动员这方面的不同，而不是所有其他方面的不同呢？当然，这些也构成了我们对运动英雄想象的壁垒。

相较于环法自行车赛的参赛选手在客观上取得骄人成绩所需的其他手段，将注射合成的邻苯二甲酸酯区分开来有一个很好的实用主义理由。要将精英运动员排除在竞争之外，还有其他难以逾越的实际障碍——在许多方面，精英运动员与我们其他人不同。运动员增加红细胞供应的一个方法是在高原训练。如果我们禁止在高原训练，我们将会消除运动员和他们大多数观众之间的一个区别。但是禁止高原训练是荒谬的。这将导致许多安第斯山脉居民无法参加赛事。试图禁止像曼蒂兰塔（Mantyranta）这样的基因"怪胎"是没有意义的。我们期待精英运动员和我们其他人之间有基因差异。博尔特基因组的序列可能会揭示许多基因优势。曼蒂兰塔与博尔特不同的是，它有一种遗传优势，其运作模式很容易被理解。以我们不会对待后者的方式对待前者似乎是不公平的。曼蒂兰塔和博尔特出生时就与我们其他人有些许差别，这是当我们看着他们就能明白的。

870

注射合成的 EPO 类似于高原训练，以及曼蒂兰塔在可预见地提高耐力运动表现方面的基因。注射合成 EPO 与其他精英运动员与他们的观众之间存在的可禁止的差异有区别，注射激素用于非治疗目的是我们认为不寻常的事情。将它排除在精英运动之外，并不涉及禁止居住在高海拔地区或继承遗传优势的人参赛的不公平性。这不是运动员和他们的教练不经意间会做的事情。事实上，这些物质带来的优势是有条件的，它们不会被大多数与他们竞争的人使用。当一名运动员注射合成的 EPO 时，他明白自己在做一些不寻常的事情。

关于我们生活条件和我们对体育英雄期望的这一事实可能会改变。如果注射合成的 EPO 成为我们生活的标准特征，那么世界反兴奋剂机构就不应该代表我们提出申诉。注射合成 EPO 的周末骑行者不会承认这是对想象中与阿姆斯特朗得到相同身份认可的障碍。人类可以通过多种方式改变，这些方式将对我们喜欢观看的体育项目产生影响。未来的奥运会可能会举办网络强化短跑比赛。他们的表演将与网络强化的观众相关。但就目前而言，它们与我们并无特别关联。

再看看我们人类对精英表演的独特兴趣的另一个例子。如今，用电脑操控的国际象棋击败了最优秀的人类棋手。1997 年，国际象棋计算机"深蓝"击败了卡斯帕罗夫，当时就有人猜测，这将终结我们对国际象棋的兴趣。但这并没有发生。我们继续追随马格努斯·卡尔森（Magnus Carlsen）在电脑国际象棋时代的功绩，就像我们继续对人类短跑运动员客观上平庸的表现感兴趣一样。人类棋手与国际象棋的观察者们有着电脑操控下的国际象棋永远不可能有的关联。当我们得知精英棋手在比赛期间如厕休息，接受象棋电脑的建议时，我们发现我们对比赛的兴趣受到了破坏。在这个便携式计算能力超强的时代，很难让机器远离国际象棋这一精英运动。但如果要维持人类对顶级国际象棋的兴趣，那么这样做是值得的。我们对卡尔森选择如何移动他的骑士比对深蓝计划中的骑士更感兴趣。

871 我认为，使用提高成绩药物的运动员没有达到他们的观众对精英运动的合理期望。世界反兴奋剂机构应该被视为一个保护这种利益的机构。这种反对超越人类规范的绩效提升的论点范围是有限的。它是专门针对精英运动而言的。观众对表演感兴趣，这不是人为的强化手段超出人类规范的结果。他们认为服用兴奋剂的运动员客观上的表现不如不服用兴奋剂的运动员客观上的表现令人印象深刻。体育规则禁止了许多在体育运动之外完全被允许的活动。橄榄球运动员在比赛中不允许将球传给前锋。但是向前抛球在橄榄球场外是完全被允许的。我刚刚提出的论点表明，在精英运动中，应该禁止超越人类规范的人为强化手段。但是它没有说明什么活动在精英体育中是被许可的。反对在你的体育英雄身上运用超越人类规范的人为强化手段是正确的。不过，假设你发现自己被困在了珠穆朗玛峰的山坡上。你了解到拯救你的人需要注射合成 EPO 才能到达你身边。你没有理由抱怨。在这一点上，你的兴趣与观众对精英运动的兴趣截然不同。你想要救援者的努力来拯救你的生命。你不会太在意注射合成 EPO 会使这些努力更难得到认可。

不可否认，世界反兴奋剂机构面临着一项艰巨的任务，即保持精英运动不受超越人类规范的人为强化所影响。但毋庸置疑的是，当它这样做的时候，它是在寻求保护对我们有重要价值的东西。兰斯·阿姆斯特朗从某种程度上说是一个骗子，因为他一再谎称服用了提高业绩的药物。但他从更深层的意义上来说就是个骗子。他称他和那些试图模仿他的骑行能力的普通骑行者几乎是一样的。

六　结束语

这一章强调了制定人类强化条例的重要性，从而为我们未来的技术发展做好准备。这些规定应当承认人类强化的多种概念。那些参与当前人类强化辩论的人应该找出对他们有利的强化方面。而不应当强迫他们使用一种他们所不适应的表达自身关切或利益的概念。最后，我讨论了世界反兴奋剂机构将人工强化剂排除在精英运动之外的努力，并证明了这一点。

【 参考文献 】

Agar N, *Humanity's End: Why We Should Reject Radical Enhancement* (MIT Press 2010)

Agar N, 'Sport, Simulation, and EPO' in Gregory Kaebnick (ed), *The Ideal of Nature: Debates about Biotechnology and the Environment* (Johns Hopkins University Press 2011)

Agar N, *Truly Human Enhancement: A Philosophical Defense of Limits* (MIT Press 2014)

Agar N, *The Sceptical Optimist: Why Technology Isn't the Answer to Everything* (OUP 2015)

Berryman A, 'Who Are the Raelians?' (Time, 4 January 2003) <http://content.time.com/time/nation/article/0,8599,404175,00.html> accessed 29 October 2015

Bostrom N, 'Why I Want to be a Posthuman When I Grow Up' in Bert Gordijn and Ruth Chadwick (eds), *Medical Enhancement and Posthumanity* (Springer 2008)

Brynjolfsson E and A McAfee, *The Second Machine Age: Work, Progress, and Prosperity in a Time of Brilliant Machines* (Norton 2014)

Buchanan A, *Beyond Humanity? The Ethics of Biomedical Enhancement* (OUP 2011)

Buchanan A and others, *From Chance to Choice: Genetics and Justice* (CUP 2000)

de Grey A (2005) 'Resistance to Debate on How to Postpone Ageing is Delaying Progress and Costing Lives' (2005) 6 European Molecular Biology Organization Reports S49

de Grey and M Rae, *Ending Aging: The Rejuvenation Breakthroughs that could Reverse Human Aging in our Lifetime* (St Martin's Griffin Press 2007)

Daniels N, 'Normal Functioning and the Treatment-Enhancement Distinction' (2000) 9 Cambridge Quarterly of Healthcare Ethics 309

Fukuyama F, *Our Posthuman Future: Consequences of the Biotechnology Revolution* (Farrar, Straus and Giroux 2002)

Habermas J, *The Future of Human Nature* (Polity 2003)

Harris J, *Enhancing Evolution: The Ethical Case for Making Better People* (Princeton UP 2007)

Humanity Plus, 'Transhumanist FAQ' (2015) <http://humanityplus.org/philosophy/transhumanist-faq/> accessed 29 October 2015

Juengst E, 'The meaning of enhancement' in Erik Parens (ed) *Enhancing Human Traits: Ethical and Social Implications* (Georgetown UP 1998)

Kass L, *Life, Liberty, and the Defense of Dignity: The Challenge for Bioethics* (Encounter Books 2002)

Kass L and J Wilson, *The Ethics of Human Cloning* (AEI Press 1998)

Kelland K, (2011) 'Who Wants to Live forever? Scientist Sees Aging Cured' (Reuters, 4 July 2011) <www.reuters.com/article/2011/07/04/us-ageing-cure-idUSTRE7632ID20110704> accessed 29 October 2015

Kurzweil R, *The Singularity Is Near: When Humans Transcend Biology* (Penguin 2005)

Millikan R, 'In Defense of Proper Functions' (1989) 56 Philosophy of Science 288

Moss S, 'The Chess Toilet Scandal Shows Cheating Isn't Black-and-White' (*The Guardian*, 13 April 2015) <www.theguardian.com/commentisfree/2015/apr/13/chess-toilet-scandal- cheating-gaioz-nigalidze> accessed 29 October 2015

Neander K, 'Functions as Selected Effects: The Conceptual Analyst's Defense' (1991) 58 Philosophy

of Science 168

President's Commission on Bioethics, *Beyond Therapy: Biotechnology and the Pursuit of Happiness* (Dana Press 2003)

Roduit J, H Baumann, and J Heilinger, 'Evaluating Human Enhancements: The Importance of Ideals' (2014) 32 Monash Bioethics Rev 205

873　Sandel M, *The Case against Perfection: Ethics in the Age of Genetic Engineering* (Belknap Press 2007)

Savulescu J and N Bostrom, 'Introduction: Human Enhancement Ethics—The State of the Debate' in Julian Savulescu and Nick Bostrom (eds) *Human Enhancement* (OUP 2009)

Savulescu J, B Foddy, and M Clayton, 'Why We Should Allow Performance Enhancing Drugs in Sport' (2004) 38 British Journal of Sports Medicine 666

Tang Y and others, 'Genetic Enhancement of Learning and Memory in Mice' (1999) 401 Nature 63

World Anti-Doping Agency, 'What We Do: The Code' (2015) <www.wada-ama.org/en/ what-we-do/ the-code> accessed 29 October 2015

拓展阅读

Kaebnick G, *Humans in Nature: The World as We Find It and the World as We Create It*, (OUP 2014)

Levy N, *Neuroethics: Challenges for the 21st Century* (CUP 1997)

Sparrow R, 'Should Human Beings Have Sex? Sexual Dimorphism and Human Enhancement' (2010) 10(7) American Journal of Bioethics 3

第三十六章
基因时代的种族和法律：一个平等法律待遇问题

罗宾·布莱德利·卡尔（Robin Bradley Kar）

约翰·林多（John Lindo）

孙南翔 译

一 导言

尽管"基因时代"正在兴起，许多研究种族和法律的学者目前仍抵制将生物学观点纳入他们对人类心理和行为的理解中。这种抵制的一个原因是历史维度的——种族的伪生物观念往往在法律和社会政策中更多扮演有害的角色。研究种族的许多学者和社会科学家认为，种族概念反映了社会建构，全然排斥生物学范式，而不反映生物学的事实。然而，种族意识在现实中存在并且在许多社会互动中继续发挥作用，包括警察、法官和决策者等国家官员与公民之间的互动。 874

对于那些对种族和法律有兴趣的人来说，对进化和生物知识的抵制越来越站不住脚了。最近的技术、经验和理论的进步开创了这些领域的复兴。现在已有排列完整的人类基因组，并且测序的成本已大大降低。新的方法也存在于古老的 DNA 测序 875 中。结果是，科学家现在可以通过更多的空间和时间来研究人类的进化和自然选择的模式。在人口遗传学领域，最近在计算和统计方面取得的进展已经允许从大量基因组数据中得出持续增多的推论。这些工具可用来确定人类祖先和系统发育关系的深层模式。在进化心理学、进化博弈理论、遗传学、社会基因组学以及进化与发展生物学的交叉点上，也同样出现了重要理论和经验的进步。这些发展叠加在一起，可以进一步揭示生物机制如何能够影响像人类这样的社会物种的复杂特性。然而，这些发展也使一些人认为，种族在生物学上可能要比许多种族学者和社会学家通常认为的更真实（例如，见 Andreamen 1998；Kitcher 2007）。

　　这些发展造成了转换问题。法律必须不断适应其他领域的技术发展。然而，若对这些特定发展之于种族问题的影响缺乏持续的了解，法律官员、政策制定者和学者就将产生严重的误解。在许多政策忽视生物学模式时，这种风险会加剧，因为普遍的生物学误解仍然以更加零碎的和未规制的方式影响着法律官员的理解程度。

　　本章综合了最近在基因组学和进化心理学方面的研究成果，其表明在种族概念通常如何在法律中发挥作用方面上，当前存在着更多而不是更少的担忧。其原因存在于两个层面：其一，许多种族观念涉及人类心理学中的"民间生物学"模式。该模式最适合于对不同物种的特性进行推断，但对识别那些与不同现代人群成员相关的基因或生物学事实问题上，却并不适合。因此，特别在法律范围内，种族观念倾向于以具有更加偏见的方式发挥作用，这未必和诸多与刑事或民事责任相关的事实问题相关。其二，民间生物学的推论往往是不自觉地自动产生，并且无须具备故意的或歧视性的意图。因此，目前的平等保护原则要求对赔偿责任做出歧视性意图的认定，并且保障法律面前人人平等的宪法机制无法适应于此项任务的需要。

　　虽然种族理论家通常拒绝进化和生物范式（甚至许多人拒绝真理概念），但一些人已经开始主张与社会科学进行更直接的接触（Carbado and Roithmayr 2014）。前者对进化和生物范式的排斥是遗憾的，因为正如本章所表明的，对这些领域最近的研究结果支持了与种族研究相关的诸多主张。其中，德文·卡巴多（Devon Carbado）和
876 达利亚·罗伊特梅尔（Daria Roithmayr）认为，在美国从业人员中存在普遍关于"现代主义核心主张"的观念，具体如下：（1）"种族不平等内嵌于我们的社会和经济结构中；（2）[因此]"种族"是一种社会建构，其意义和影响随时间而变化；（3）"种族既有观念在社会中普遍存在，限制了不同肤色人群的机会"；（4）"因为种族主义存在于潜意识和有意识层面中，所以消除有意识的种族主义并不能消除种族不平等"；（5）"法律和社会政策中存在"看不见的肤色"歧视，以及表面上的种族中立，往往损害有色人种"（Carbado and Roithmayr 2014）。本章提出，从进化心理学和人类群体遗传学中得出的现有见解提供了一些支持上述主张的意见，同时，现有见解也补充并增强了相关主张。

　　在提出这些一般性观点之后，本章最后确定了涉及法律和政策的四个意涵。首先，为纠正过去有意歧视的实践，以及消除种族民间生物学见解所系统产生的不利影响，我们仍需要平权行动。其次，美国最高法院应当重新解释联邦宪法的平等保护条款，以防止故意的歧视，并且消除那些因为种族的民间生物学所系统产生的可识别的不利影响。这一说法与人们对隐性偏见（这是更为人们熟悉的说法）有关，这种偏见依赖于无意识的或歧视性意图问题的概念化。历史表明，只有在 20 世纪 50 年代和60 年代开始才需要解决歧视意图，同时，平等保护法在 20 世纪 50 年代之前具有更大的可塑性（参见 Siegel 1997）。第三，应该有更多的政策关注制定社会混同的连贯

性的方式——社会混同的目标在 20 世纪 80 年代执行"布朗诉教育局案"共同努力后基本上被放弃（Anderson 2011），但在某些情况下，该目标可以帮助减少民间生物学的种族观念。第四，影响少数种族的国家行动和警务政策应以积极包容的多元种族选民的见解为基础。在宪法限度内，我们应考虑具有更多元的种族背景的陪审团机制。

二 一种新兴的、流行的误解

首先，描述一个越来越普遍的误解（即，基因时代的当代发展如何影响种族问题）是有益的。一些人将这些发展解读为，此证明了在生物学意义上，种族类别比社会科学家所通常承认的更真实，而这用于支持更广泛的且有意义的生物学推断。此类解释看似因为在某些医疗诊断情况下持续使用种族分类以及普遍使用基因测试来鉴定祖先而得以证明（González Burchard and others 2003）。

在《一个可怕的继承：基因、种族和历史》（*A Troublesome Inheritance: Genes, Race and History*）中，尼古拉斯·韦德（Nicholas Wade）详细阐述了这一新兴观点。据一位极具影响力的科学记者韦德说，

> 遗传学、进化科学和生物学领域的当代发展表明：
>
> 人类的进化不仅发生在近期，并且具有广泛性；它同时也具有区域性质。在距今 30000—5000 年前的时期，从最近自然选择信号中可以看出，每一个种族基本上都是独立发展的。这三个原始群体是非洲人（生活在撒哈拉以南之人）、东亚人（中国人、日本人和韩国人）和高加索人（欧洲人和近东和印度次大陆之人）。在每一个种族中，不同的基因被自然选择所改变……这正是每个大陆的人群应适应不同挑战的观点所预期的。受自然选择控制影响的基因不仅有预期的特征，如肤色和营养代谢，还影响大脑功能的某些方面，尽管其作用机理尚不明确（Wade 2015）。

韦德正确地指出，人类的进化远比许多人以前认为的发生时间更近、范围更广和更具有地域特性（Sabeti and others 2007；Voight and others 2006）。然而，韦德也指出，传统的种族类别因此被确立，这是错误的。[1] 如果认为可假定传统的种族概念在许多与

---

[1] 韦德的书引起了许多遗传学家和社会科学家的批评。参见，例如，Michael Balter, Geneticists Decry Book on Race and Evolution, in Science Insider(8 August 2014)。韦德对其中一些批评者做出了回应，指责他们向社会科学界灌输教条，并禁止社会科学者在人类生活中扮演角色。参见 "Five Critics Say You Shouldn't Read This 'Dangerous' Book", The Huffington Post Blog(19 June 2014)。本章不接受任何其他信条，而是评估关于人类心理和生物学的整体演变的作用的相关证据。

刑事或民事责任有关的推论中发挥正确的作用，这就更不正确。

要理解这些观点为何错误，应区分两个问题。第 3 节讨论的第一个问题是种族观念通常如何发挥作用。即使种族类别对一些与刑事或民事责任有关的事实具有某种证明价值，对种族的看法可能会产生与对其他类别的看法不同的人性推论、看法和动机。第 3 节建议，种族观念往往涉及一种"民间生物学"性质的人类心理学模式，其最适合于确定某些广泛共享的物种的生物特性。然而，由于这种心理模式运作的方式，人们对种族的看法可能扭曲平等对待所有人的推断，并且干预根据法律作为特定的和负责任的代理人的行为。

第 4 节讨论了第二个问题，即是否存在正确的基因组和生物学事实，以保证利用民间生物学模式对不同人类群体中的特定人进行推断。即使适合度不够完美，但在某些情况下，某些种族推论的证明价值可能足以胜过偏见风险。然而，总的来说，相反的情况将是真实存在的——至少对与刑事和民事责任有关的许多问题而言。因此，在当今的"基因时代"中，有更多的理由让人相信，如果不建立解决这些问题的机制，人们对种族的普遍看法将继续削弱法律保障人人平等的功能。

三　关于种族信仰的进化心理学

对当代西方人进行实证性研究表明，与新的个体打交道通常会产生三种"原始的"或"初级的"印象形式，其涉及种族、性别和年龄（Messick and Mackie 1989；Kurzban，Tooby and Cosmides 2001）。这些分类往往是自动地和强制性地进行的——即，它们在所有或大部分的社会背景下运作，其强度大体相当（Kurzban, Tooby and Cosadis 2001）。但是，将人按种族分类究竟意味着什么，以及种族信仰通常如何发挥作用呢？大多数认为存在种族的人认为，以明确的术语来定义种族类别是很难的，不同的文化和人群通常将"种族"做出不同归类。

幸运的是，即使对如何定义"种族"持不同意见和不能阐明拟归类的"种族"之间的基本或普遍差异的人而言，他们也可以研究种族概念和观念在人类心理学中的作用。最重要的一点是，并非所有概念都以同样的方式发挥作用。进化心理学家现在提出了一系列强有力的证据表明，与人类认知的标准社会科学模式相反的，人类头脑的运作并不像一个通用的、无内容的信息处理器，它从一个类似于"空白的石板"开始，从经验上获得所有信息（Buss 1995；Cosmides and Tooby 2013）。它也没有以同样的方式编码或操作所有内容（Buss 1995; Cosmides and Tooby 2013）。在许多情况下，人的头脑被更好地理解为由更小的模块组成的组合，每一个模块都特别适合于解决人类进化适应环境中出现的不同类别的问题（Buss 1995；Cosmides and Tooby 2013）。为了出色地服务这些专门的功能，这些模块往往特别适合于包含或获取一些内容。此外，这些模块往往通过区别于其他模块的特殊方法，以类别化的方式来塑造人类见解和动机。

例如，对"危险"感觉做出反应的恐惧情绪，通常会迅速地、条件反射地依据特定刺激产生战斗或逃跑的反应（Öhman and Mineka 2001）。一些被认为"危险"的刺激是人类本能的，而另一些则可以学习。在所有的文化中，普通人也被赋予了"民间物理学体系"，专门用于推论无生命物体的可能运动和相互作用（Geary and Huffman, 2002）。另一项研究表明，人们天生有一种"民间心理学"体系，特别适应于对人们的心理状态，包括其信仰、欲望、计划和意图的推论（Geary and Huffman 2002）。人们似乎有一种天生的"民间道德感"，其包括普遍的道德语法（Mikhail 2007）和先天的责任感（Kar 2013）。这个模块涉及法律的许多方面（Mikhail 2007; Kar 2013），并且它似乎特别适合帮助人们解决与其集团内其他成员的合作问题（Kar 2013）。人类还有一个用于交流的自然语言模块（Hauser and Wood 2010）和一个"民间生物学"体系，专门用于推断生物在其环境中的生物特性（Geary and Huffman 2002；Atran 1998）。每个模块都有不同种类的区分，并以不同的方式进行运行。每个模块都有一些接近通用、或更接近"硬连接"的功能，还有一些对学习、体验和文化敏感的功能。

当然，对于理解种族概念最重要的模块是民间生物学模块。因此，在考察法律中关于种族功能的各种生物概念之前，有必要阐述在争议较小的情况下，这一模块是如何运作的。

有证据表明，所有文化体系都将活人和非活人区分开来，并认识到活着的人具有某些内在的、类似于目标的性质（有时称为"目的论"），这些性质是实用和有效的（Atran 1998）。因此，人们天生就认为活体生物具有某种内在的画像原理，就像自然或生物目标一样。人们同样自然地将目的论的作用归因于生物的许多部分，如肺或心脏。虽然人们所接受的具体的民间生物学概念可以被学习，并在文化上具有高度依赖性，但人们自然地将生物分为相似物种的群体，并将这些群体组织成具有特定（1）等级的和（2）非重叠的结构（Atran 1998）。

关于民间生物学概念之间的等级关系，例如，两种橡树可能被认为是属于一种更具一般性的橡树生物学类别；更一般的生物学类别的树木；还有一个更一般的植物的生物学类型。每一个具有顺序的且比较笼统的分类通常被用来解释特定橡树的有机和生态特性的某些方面，其与同类其他成员在同一水平上分享这些特性。其后，这些类别通常在以下意义上被描述为非重叠的：如果一个生物是一个民间生物学类别的一部分，例如"橡树"，其解释了它所具有的一系列特性，那么就不会推断出那些不属于同一民间生物学类别的生物也具有这些特性。据推定，属于不同民间生物学类别的生物不能混合特性。

当然，仍有可能是属于非重叠类别的有机体具有共同属性，其被视为生物性质的共同特征。例如，鹦鹉和蝙蝠都有翅膀，这通常被认为是它们的生物性质的一部分。然而，鹦鹉和蝙蝠尽管共用翅膀，但从直觉上看，它们被等级地视为两种不同和不重叠的生物类别，即鸟类和哺乳动物。以这种方式代表事物，就是要相信（正确地说是）鹦鹉（甚至鸟）的任何部分都不能解释蝙蝠为什么就像鸟一样有翅膀。这种共有的特性也不是由鸟类和蝙蝠之间的任何掺和物所解释，实践中，用作为颜色概念的黄色可以解释为红色和绿色的掺和物。色彩概念与民俗生物学概念的功能不同。

另一方面，还有其他一些由鸟类和蝙蝠所共同拥有的特性，这些特性直觉地反映出它们属于一个更一般的生物类别。例如，鹦鹉和蝙蝠都有四只四肢，像鸟类、哺乳动物、蜥蜴、两栖动物、海龟等许多其他动物一样，但是昆虫也不是鱼类并没有此特性。生物学家已经确定了一个特定的系统学类别——"四足动物"，直观上与这个类别非常相似。结果发现，所有的四足动物都是共同祖先的后代，它们首先进化了四肢所需的骨骼肩膀结构。这一特性不同于鱼类鳍片所需的结构，它涉及某些基因的发展，这些基因的发育已经以某种形式传递给了所有从这个共同祖先遗传下来的物种（Daeschler, Shubin, and Jenkins 2006）。因此，鹦鹉和蝙蝠确实共享了某些常见的遗传学，这解释了为什么两者都有四肢。然而，它们的前肢已经进化成翅膀的事实并不是鹦鹉和蝙蝠之间有任何共同的遗传学或混合基因所能解释的。相反，这是在两个不同和不重叠的物种中平行进化而出现的翅膀。（相关关系见下图 36.1）

尽管民间生物学与现代生物科学（Atran 1998）不尽相同，但刻画民间生物学概念之间关系的方法却为现代进化科学家解决物种间的系统发育关系找到了一个方法。一个"物种"可以被定义为任何一组能够交配繁殖的生物。由此定义，物种间的系统发育关系变成了一个类似树木的结构，具有如下特征。

882　　　图 36.1 展示了一种高度简化的家族树。该数字描述了鸟类、哺乳动物、植物以及其他生物之间的一些已知的系统学关系。图 36.1 中的每个圆环代表一个进化的性状，它具有生物功能，并取决于特定的遗传基础。这些生物性状已经以某种形式传给了最初进化该特征的共同祖先遗传下来的所有物种。例如，四足动物的特征（但不是有翅膀的特征）已经被传给了两栖动物、爬行动物、鸟类、袋鼠和哺乳动物，包括灵长类动物。它因此被传给鹦鹉和蝙蝠。

在民间生物学中，诸如此类的"等级和非重叠分类学"不仅组织和总结生物信息，而且还提供了一个强有力的归纳框架，以便对生物体中有机和生态特征的可能分布做出系统的推断（Atran 1998）。例如，认为某种动物是鸟的人可能更倾向于对它是否从卵子孵化出来、是否拥有支撑四肢所需的骨骼结构以及是否拥有（或将自然发育）能飞的翅膀问题中，得出推断。此外，无论是否有意识的所有文化体系，通常假定"每一个普通物种都具有潜在的因果性质或本质，其对这类物种的典型外观、行为和生态偏好负有独特的责任"（Atran 1998）。因此，民间生物学推论取决于将某些

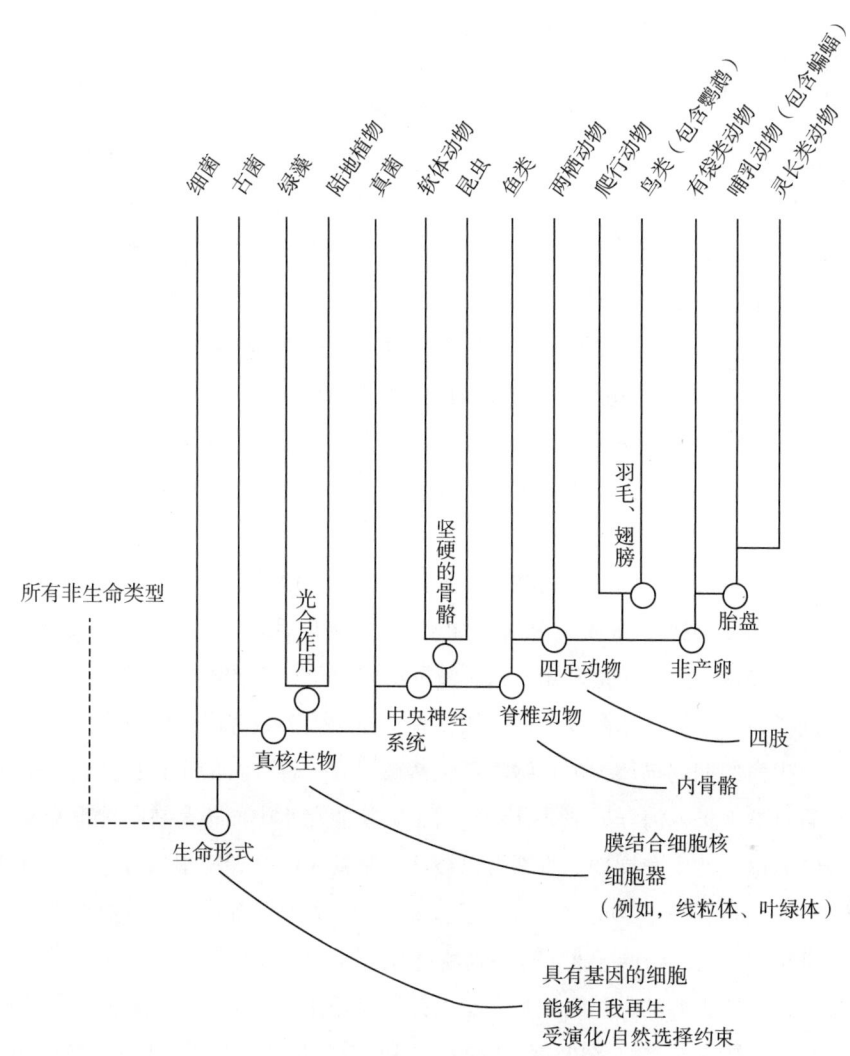

图36.1　生命树内部骨架图

　　"生命之树"描绘了几种主要生物有机体类别之间的进化关系。现有类别（如细菌、古菌、绿藻……哺乳动物、灵长类）出现在图中顶部。这些类别之间的进化和系统发育关系由一种类似树木的结构表示，这种结构从底部开始，最基本的是区分有机（"生命形态"）和无机实体。随着向上移动，一些区分新的祖先生命形式和那些已传递给其所有后代的主要适应特征用圆环和对适应特征的描述进行标记。例如，区别于细菌和古菌的膜化细胞适应特征，是所有生物体从第一个真核生物所遗传下来的特征。这种适应特征将所有这些生物区别于细菌和古菌。光合作用反过来又是绿藻和陆地植物共同的适应特征，而生命树上的其他生物并不具备此特征。四足动物具有四个骨骼肢体。这种适应特征产生于所有两栖动物、爬行动物、鸟类、有袋类动物、哺乳动物和灵长类动物的共同祖先上。然而，这种适应并不存在于那些并非来自该祖先的四足动物生物中，即，其不存在于细菌、古菌、绿藻、陆地植物、真菌、软体动物、昆虫或鱼类中。虽然鱼有鳍状物，但鳍与肩骨并无关系，因此现代的鱼不是四足动物。这与民间生物学概念的层次和非重叠方面都是对应的。

感知的目的论特征投射到每一个物种中。实际上，它还投射到其他更广泛的民间生物学分类形式中。这些特征被认为是必不可少的，是必然遗传的，并且在一个物种的所有成员中几乎是普遍存在的。

基于这些事实，人们在使用民间生物学分类时，并不采用与其他心理模块相联系的概念相同的方式进行操作。例如"黄色"（颜色感知模块）、"危险"（恐惧模块）、"沉重"（民间物理学）、"有意"（民间心理学）或"错误"（民间道德）。要看到这一点，不妨考虑一下通常对绿海龟做出的一些判断，绿海龟是目前现存的 7 种海龟之一。正如本文所表明的，人们经常对绿海龟进行无穷无尽的概括，包括其自然寿命、饮食、行为和繁殖方法等特征（关于其他例子的深入讨论，见 Thompson 1995；1998;2004）。很常见的说法是："当绿海龟第一次孵化时，它本能地走向水面。"这不是关于任何特定绿海龟的说法，而是与一种理想化的民间生物学种类相关。相信这种民间生物学类型的人，倾向于根据他们对作为绿海龟的理想的民间生物学属性的归属，对特定的绿海龟做出许多进一步的推断。

883　　　此外，人们对什么是绿海龟的观念与关于特定绿海龟的实证证据也有复杂的思考（Thompson 2004）。例如，如果某个特定的绿海龟在孵化后静止不动，通常认为这与绿海龟无关。大多数人会简单地断定，这种特殊的绿海龟与它的本质属性相比，是存在问题的。同样，在它们到达海洋之前，捕食者吃掉绝大多数绿海龟的事实，通常被认为与绿海龟生命周期的描述无关。绿海龟仍然被视为一种独特的生物种类，如果任由它本能地且自然地进入海洋，那么几十年后，它就能在水中而不是在陆地上交配。因此，关于绿海龟自然生命周期的判断可以被认为是真实的，即使很少有绿海龟过这样的生活（Thompson 1995;1998;2004）。事实上，如果绿海龟灭绝了，这些判断甚至可能被认为是真实的。在这种情况下，这些判断将有助于说明已不存在的动物本性。

正如此例子所表明的，民间生物学概念并不只是作为推论特定生物的可能特性的统计工具。它们塑造人类的感知和预期的方式往往难以回应特殊性证据的存在。此外，它们使人们倾向于接受不同类型的生物体存在不同特征的观点。共同特征通常被视为共同生物本质的结果，而差异性往往被视为影响或抑制这一性质的外部力量的结果。

"民间生物学"的语法是指民间生物学概念在人的推理、感知和动机上的作用。这个语法与人们对种族机能的信念有关，因为大多数人都认为种族是一种民间生物学观念。正如《斯坦福哲学百科全书》所解释的：

> 从历史上说，种族概念可按照五个标准将人类划分为不同的次群体：（1）种族反映某种生物基础，无论是亚里士多德的本质说，还是现代基因说；（2）这个生物基础产生不同的种族群体，使某一个种族的成员共同拥有一套与其他种族成员不共有的生物特征；（3）这个生物基础是代代相传的，其允许观察者通过它的

祖先或家谱来识别个人的种族；（4）基因学调查应确定每一种族的地理来源，通常是在非洲、欧洲、亚洲、或北美洲和南美洲；并且（5）这种遗传的种族生物学基础主要表现在身体特征上，如皮肤颜色、眼睛、形状、头发纹理、骨骼结构，或许还表现在行为表现上，例如智力或缺陷。

当人们通过种族生物学概念来看待彼此时，他们就会倾向于通过某种无时空的、理想化的抽象视角来看待彼此，比如"白人""黑人"或"东亚人"——即，用韦德提出的主要类别来看待。这些抽象视角被预先假定具有某些遗传的特性，这些特性具有因果关系，并从一个人的多种形式的特征出发，推断出其内在的和本质上所属的种族。事实上，这些抽象视角存在于民间生物学类别之后，它会影响人们对彼此的认知。人们相互看到的内容，往往是透过这些视角看到的。一旦被引入，民间生物模块就并不依赖于人们表达的信仰，即种族是否是真正的生物种类，或者是否有人对任何群体有敌意或歧视性意图。

让这一现象生动起来的方法之一是考虑路德维希·维特根斯坦（Ludwig Wittgenstein）著名的"鸭兔"，图 36.2 中展示这一现象的修订版。这种图像既可以看作是鸭子，也可以看作是兔子，这两者都是民间生物学种类，尽管物理线条是世界上唯一的事实，且其永远不会改变。当人们把某样事物看成是鸭子或兔子时，世界对它们来说就完全不同了。这种差异往往与注意力、推断、信仰、情感、态度、期望、动机、评价和反应等不同模式密切相关。因此，把所有的人看作一个种族或一个民族的成员，就是将所有的人视为除了其基本的人性之外，还具有另一种本质上的遗传性质，这种性质具有真正的因果关系，并将人分为不同的且非重叠的生物种类。这听起来非常真实。要成为真正的"无视肤色者"，用同样的比喻来说，就像无法看到鸭子或兔子的身影（或许只能看到动物）。对大多数人来说，这几乎是不可能的任务。

下一节讨论是否存在正确的生物学事实，以保证将民间生物学概念应用于次人类群体，以理解人们对纯粹事实的认知。然而，在这之前，至少有三个理由认为，民间生物学的种族观念可能会干扰与确定刑事和民事责任相关的诸多推论的客观性。

图36.2　鸭兔

这只"鸭兔"的图像是由路德维希·维特根斯坦提出的。其可以从两个视角得出该图像要么是鸭子，要么是兔子。参见 Ludwig Wittgenstein, *Philosophical Investigations*, Part Ⅱ, sec.xi。

885 　　首先，民间生物学是基于对特定种类的归类，专门帮助人们进行推论的知识，其解决生物世界中的生物体类别问题。因此，它不能很好地支持根据人的特殊素质和特征而进行公平对待的具体推论。例如，民间生物学认为"蛇是危险的"，这可能给人们提供了有用的信息，即使它倾向于使人们对许多不危险的蛇持过度反应的态度。对于持有这种民间生物信仰的人来说，即使是不危险的蛇也会变得很恐怖，而这些人往往会对蛇做出过度反应。因此，民间生物学认为"黑人具有犯罪倾向"，这应该也是以类似的方式发挥作用。在许多情况下，这被证明是有偏见的，因为即使从统计数字上看，非洲裔美国人比其他群种实施更多罪行，但是上述观点会产生对许多个体不公平的看法和待遇。当然，这里的统计推断也可能是错误的。

　　然而，美国法的理想状态是，不论其种族，国家及其法律官员一视同仁地对待每一个人。这至少意味着，法律应当根据有关个人的具体事实，即，该人选择如何采取行动的事实，伴随这些行动的特定精神状况，以及相关个人的特殊素质或其他特征，而确定每个人的刑事和民事责任。只有此类具体化的事实，才能佐证与大多数刑事和民事责任有关的个体属性，诸如意图、逃亡、违背义务和责任等。

　　如果说种族的民间生物学概念要塑造法律官员对特定民族的犯罪特征的看法，那么这些共同的种族观念难以撼动，因此将系统地破坏平等法律待遇的理想。不管人们是否对其他种族怀有敌意，也不管他们是否意识到民间生物学种族类别对他人认知产生影响，他们都应该具体问题具体分析。

　　遗憾的是，包括一些法律官员在内的许多人似乎都持有这种民间生物学信念。例如，美国司法部最近对密苏里州弗格森县警察局进行调查时发现了一些电子邮件，这些邮件既表明一些执法人员接受种族的民间生物学概念，也表明其将一些种族类别与犯罪行为"挂钩"的看法。2011年4月的一封邮件把奥巴马总统描述成一只黑猩猩，因此表达了一种看法，即不同种族就像不同的物种，想必容易受到民间生物学分类和推断模式的影响。2011年5月的一封邮件里包含了以下种族主义的"笑话"：

　　　　新奥尔良一名非洲裔妇女因堕胎而入院。两周后她收到一张5000美元的支票。她打电话给医院询问，"钱从哪里来的"。医院说，"犯罪制止者"。

886 　　这封电子邮件提议对美国境内非洲裔美国人的刑事起诉和监禁率的增加做出民间生物学解释。出于种种原因，人们对民间生物种族分类的信念使这种解释显得更加突出和直观，即使现有社会科学证据的严格分析表明，一个社区犯罪的最有力和最稳定的经验预测因素是贫穷、家庭破裂和种族异质（prat and Cullen 2015），即使民间生物学信念所造成的偏见会提高非洲裔美国人的（真实的或虚假的）刑事定罪率。

　　其二，种族类别通常与群体内/群体外的区分相绑定（Culotta 2012）。群体内/

群体外的显著性差异是人类文化心理层面的普遍特征（Messick and Mackie 1989），这似乎已演变为管控人类群体之间的或联合或竞争模式的方法（Kurzban, Tooby and Cosmides 2001）。这些分类经常产生群体内的偏袒和群体外的冷漠、敌对和非人化的情绪（Kurzban, Tooby and Cosmides 2001）。事实上，"将个人分为两个社会群体的简单行为，使人类在资源分配和评价指挥方面歧视群体外的人群，并支持群体内的人群"（Kurzban，Tooby and Cosmides 2001）。这类分类也会影响到人们对故意或意外、恶意或无辜行为的看法（Hackel，Looser and Van Bavel 2014），从而使得肤色与犯罪意图、责任相关联。

当民间生物学的种族概念与群体内/群体外概念联系起来时，它们往往也会以其他方式使得推论和见解具有偏见。例如，当涉及恐惧学习时，人类和灵长类动物都有一些选择性的或有倾向准备从事"有意识的学习"。一些对蛇和蜘蛛的自然分类，自然被标记为"与恐惧相关"，因此与其他类别（诸如鸟类和蝴蝶，这被标记为"与恐惧无关"）的刺激相比，蛇与蜘蛛更容易与负面事件相关联（Olsson and others 2005）。实证研究表明，这种自然偏见也延伸到了群体外的类别，包括那些被"种族"定义的事项。因此，"在美国白人和黑人中，除了自己之外，来自其他种族群体的个体，而不是自己种族的个体，更容易与负面刺激行动相互关联"（Olsson and others 2005）。

对法律实施而言，这种心理倾向非常有问题，因为它可以使法律官员和公民个人对其他种族的人的恐惧程度被提升。例如，在弗格森案大陪审团作证时，开枪打死手无寸铁的非洲裔少年迈克·布朗的非裔警官达伦·威尔逊作证说，迈克·布朗在开枪时"看起来像恶魔"。然而，世界上没有任何事实能够将人变成恶魔，所以这种感觉必然是恐惧和隔阂等情绪的投射。像这样的非人化的看法，对于那些被感知的群体外的成员来说，是相当普遍的。在特雷冯·马丁案中，枪杀另一名手无寸铁的非裔美国公民乔治·齐默尔曼也同样作证说，他认为自己在枪击事件发生时受到了威胁。陪审团承认了这一观点，这足以维持齐默尔曼在佛罗里达的谋杀案中获得无罪的裁决。

然而，实证证据表明，对其他社会群体的恐惧，很像是对蛇的恐惧（Olsson and others 2005）。它过于笼统，并不总是捕获构成实际危险的事实（Olsson and others 2005）。此外，恐惧也会扭曲人们对正在发生的情形的看法。它可以使人们将手无寸铁者的无辜动作视为"伸手拿枪"；或者，就像最近发生在克利夫兰的一起案件，一个非裔美国儿童拿着玩具枪玩耍，这被视为是一种威胁。在这起案件下，警察在操场上看到孩子后几秒钟内就开枪打死了他。当这样的看法不平等地针对不同的种族时，无论是否存在任何敌意或歧视的动机，也不论是否存在意识，公权力无法根据法律平等地对待人民。

其三，现在有一些证据表明，将人按照民间生物学类别的心理倾向，而非提供生物学上的有用信息分类，可能有利于管理同盟者联盟。因为所有的人都是单一物种的一部分，所以人类为什么会使用民间生物学概念将人类划分为子群体，这存在一个进化困境。在史前阶段，人类都生活在小规模的狩猎集中区域，并且主要与本地的群体相互交往，这些区域与遗传密切相关。在这种情况下，将民间生物学概念投射到其他人群身上，将无法提供对生物体有用的信息（Kurzban, Tooby and Cosmides 2001）。然而，与群体间冲突有关的暴力和压迫在整个人类历史和史前（McFarland 2010）中都有出现。实际上，这完全是灵长类动物的生活路线（Boehm 2012）。在人类中，像这样的社会进程往往涉及人们对群体基本观念的心理预测（Leyens and others 2001）。虽然韦德提出的具体种族概念在西方具有现代属性，而且直到欧洲殖民主义时代，其似乎还没能塑造人们的观念（Smedley and Smedley 2005），但种族分类目前在大多数当代西方人的心理上，正以一种看似自动的和强制的方式运作（Messick and Mackie 1989）。

解释所有这些事实（包括种族概念的文化灵活性）的一种方法是假设现代种族概念是历史上比较普遍的认知机制所产生的本土副产品，这种认知机制适合于管理同盟联盟（Kurzban, Tooby and Cosmides 2001）。这种机制通常为这个目的使用（或重新使用）民间生物学体系。在群体间冲突和竞争的背景下，由于早期人类进化适应环境的特点，将民间生物学概念投射到其他群体身上可能无法提供任何真正有用的生物信息。然而，事实证明它对于追踪与集团冲突和竞争有关的某些关系型事实上，可能是非常有用的。

例如，两个相互竞争的集团的成员可能都认为他们自己集团的成员自然是"值得信任的"，而竞争集团的成员自然是"不可信任"的。每个集团成员可能对其关于可信度的相对判断都是正确的，但认为这些判断若反映为任何人的自然或基本的生物学特性，那么这个判断是错误的。出于类似的原因，对其他群体的民间生物学概念的预测可能被证明对追踪其他群体文化生活形式的某类非生物学事实具有帮助。这种预测可能会带来偏见，但正如对蛇的恐惧一样，这种风险不必然在集团内部冲突和竞争的情况下，破坏此种固有观念所具有的选择性优势。现在有相当多的跨文化的证据表明，世界各地的人往往具有贬低群体外的成员的固有观念（Cuddy and others 2009）。

此外，罗伯特·库兹班（Robert Kurzban）和他的同事们最近进行了一系列实验，为这种关于种族分类的同盟解释提供了实证证据。尽管有大量的实证研究表明，当代西方社会在种族方面自动地、强制地对彼此进行分类，但他们的实验表明，若"接触另一个社会世界的时间不到 4 分钟"，这将使得联合联盟的替代线索更加突出，其"足以抑制按种族归类的倾向"，并加剧了按其他线索归类的倾向（Kurzban, Tooby and Cosmides 2001）。这些发现表明，特定的种族概念并不是永恒不变的。人们将人性刻画成各种形式，这似乎是比生物学认知更好的改变竞争格局的方式（同时参见 Caprariello and others 2009）。

下一节将提供进一步的证据解释种族分类。它通过表明对这种心理倾向的另一种现实主义解释（即，解释将人分为民间生物学种类的心理倾向）是多么困难的，以此增强人们对生物特性的健全认知。尽管这种现实主义的解释一开始看起来可能很直观，但它只不过是一个"正是如此"的故事：它是一个表面上很有说服力的解释，但对基因和进化证据的仔细研究却驳斥了这种解释。

四　关于种族信仰情境和人类生物学事实之间的相符性（或不相符性）

889

由于许多人对种族的普遍看法似乎涉及了人类心理学的生物模式，人们对种族的信仰往往由民间生物学的情境所调整。最后一节将介绍此情境。它还确定了三个理由，即，对种族的信仰会损害认知，破坏健全的道德和法律判断以及法律所保障的平等待遇。然而，一个单独的问题是，那些试图将人划分为不同种族类别的民间生物学类别体系，能否充分证明任何法律问题都足以克服这种偏见产生的危险。

人们不能仅仅通过询问种族在抽象上是否"在生物学上具有真实性"来回答这个问题。人们必须探究具体类型的生物事实，以保证使用民间生物学的归纳框架来支持寻求具体事实的认知程度。关键的问题是关于人类的生物学和基因组事实的匹配性，以及与民间生物学分类有关的特定心理干预和观念形成过程。

最适合利用民间生物学归纳框架的生物事实，显然是那些将生物分为能够交配繁殖的生物群体的框架。作为单一物种的生物通常共享大量的遗传物质，这种物质既具有因果性，又被选定为各种自然功能服务。然而，根据定义，一物种无法与其他物种一起繁殖，因此这种共同的遗传物质不能与任何其他物种进行重组。结果是，不同物种的成员确实分享着大量可遗传的、有效的遗传材料，这些材料被遗传给了所有的同一物种的成员，几乎没有随机变异。此外，所有已知的活生物体在其进化历史的某个时刻都有共同的祖先，如图36.1所示。因此，认为不同的物种具有不同的生物性质是有意义的，这些生物性质完全遗传，显示出明显的功能或目的的迹象，并将物种分为不重叠的和等级性的独立类别。正是在这些条件下，民间生物学模块最适合对特定生物的特性进行推断。

因此，相关的问题是，是否存在任何类似的、关于人类遗传学的事实，其可能需要利用民间生物学的归纳框架来支持不同种族人群的相似的演进。事实上，人类遗传学的一些次要的方面，展示出一种不重叠的、等级森严的树状结构的模式。

图36.3说明了人类男性的主要Y-单倍群间的关系。如图所示，这些关系既是非重叠的，又具有等级性。如果只从此方面看待基因数据，那么似乎只在那些确保在民间生物学类型所需的人类基因分类形式上，人类具有可分性。

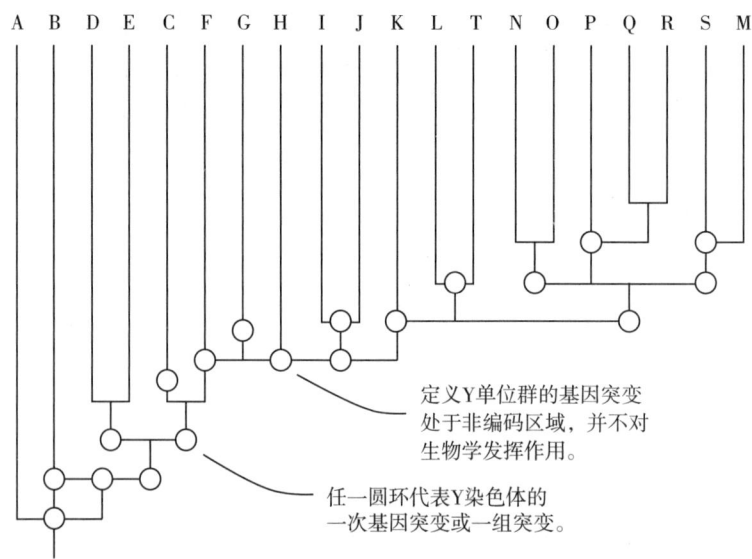

图36.3　人类Y染色体的主要分布群体

　　这个图描述了人类 Y 染色体之间的进化和系统学关系。每个男性人类都有一个 Y 染色体，在没有任何父系重组的情况下将一直传下去。然而，Y 染色体不时会发生随机突变，然后传递给最初产生随机突变的男子的所有男性后代。因此，遗传学家可以观察人类的 Y 染色体，并确定人类 Y 染色体组的系统化的发育树在何处。应该指明的是，Y 染色体组之间的系统学关系并不需要与人的基因组不同部分的系统学关系对应，因为人们的遗传材料中的其他部分通常以随机的方式重新结合。这就意味着人类基因组的不同部分有着不同的祖先起源，它们可以反映不同的系统发育树和祖先起源。2015 年遗传系谱 Y 染色体组树国际学会的数据最近引起了相当大的关注，因为它在私人血统测试中得到普遍使用，其与基因变异的 Y 染色体有关。与其他大多数基因不同的是，Y 染色体上绝大多数的基因都是由父亲传给儿子，而没有进行重组。然而，这些片段不时发生随机突变，这些突变往往会累积。因此，这些突变可被用作基因标记，将人组合成所谓的"Y– 单倍群"。

891　　然而，在解释遗传证据上，存在三个主要问题。第一，确定这些特定的系统发育的基因突变的关系依赖于 Y 染色体所处的区域，此区域被认为是不受编码影响的区域。因此，它们无法支持任何因果推论，即，种族的民间生物学信念使人们倾向于对不同群体之间的生物学差异做出推论。第二，没有一个由所有并且使任何传统种族成员所共享的独立的 Y 型染色体组。事实上，这一点可以进一步推广：现代科学的共识是没有任何传统种族的所有成员且唯一由该种族成员所共享的特定遗传物质（Mallon 2006）。第三，在人类生殖过程中，大多数人的基因发生了反复的重组。当这种情况发生时，基因组的其余部分被有效地打乱，Y 型染色体往往与许多更广泛的人类遗传变异模式之间的关联性较差。同样的，任何用来产生人类的系统基因分类的遗传标记，都是不重叠的且具有层次性的。由于大多数基因变量通过人类再生产过程中的重组变得不相关，因此，对不同遗传物质的分析会产生不同的和相互冲突的系统发育种。因此，没有一个单一的非重叠和等级性质的遗传树，其可以与民间生物学的"种族"概念相对应。

　　然而，认为新的基因学支持使用种族类别来对特定个体进行生物学推断的大多数人将重点放在不同的事实层面。他们指出，遗传学家仍然可以识别出与在繁殖频率方面存在差异的人类群体（Andreasen 1998; Kitcher 2007）。这些差异可能来自地理事实，例如各大洲之间的距离，或文化事实，如语言、宗教或禁止种族间婚姻上的差异。不管原因是什么，其结果是人类有时会经历不同的基因漂移模式[②]和其他导致与某些同等基因（或变种）频率有所差异的进程。当这种情况发生时，关于人群成员的知识可以支持一些有效的统计推断，即，不同人群的成员有某些基因变异的可能性。这基本上是当医生在某些医学诊断环境中寻求使用种族类别来帮助对各种疾病风险评估时发生的情况。应当指明的是，与根据一个人的症状和状况的特殊特征进行诊断的其他方法相比，这些推论的差异性通常非常弱。

　　有时，在一些人类群体中发现的基因频率差异是否足以证明，利用民间生物学的归纳法来推断被民间生物学概念归类为"种族"的人群之间具备合法的差异性呢？答案是否定的，理由有三个。第一，遗传的是基因，而非基因的频率。因此，人类群体之间基因频率的差异，从来就不符合民间生物学种族概念所预设的必须遗传和普遍共享的种族本质的类型。最常见的种族生物学分类可能是一些统计学上的推论，这些推论或多或少关于某些个体的基因特征。然而，采用民间生物学类别做出类似的推论，往往会使这些推论看起来比实际更有效，而非其可以并能够预见对多数特殊个体的偏见。

892

　　第二，即使是纯粹的统计学推论，传统的种族类别也没有在最佳的环节中减少人群结构。人口遗传学家创造了计算和统计工具，使他们能够从世界各地的人那里分析大量的遗传数据，并得出最能解释总体数据的祖先人口群。"最佳"建构的群体是指，如果有了定位，就能在同型交配和等位基因共享中，最大限度地扩大内部群体，并最大限度地缩小群体间的差异[③]，这些差异解释了人的遗传物质是人类生殖过程反复产生的结果。这些工具也可用于确定最精确地解释某一组数据所需的确切的分组数目。不过，应当强调的是，拟定的分组及其数目往往因数据集的不同而有所不同。因此，从人口群体到个体遗传学的最佳统计推论应来自这类群体，即，其可能与任何传统种族类别或现代人口群体都不完全吻合。

　　举例来说，梅斯帕卢和其他人最近在世界各地选定的现代人口的一个基因数据集上运行了这些工具。例如，闪族人、法国人、亚美尼亚人、汉人、日本人等（Metspalu and others 2011）。他们使用的数据集表明，15 个祖先群显示出最适合他们的数据，但以 10 个群体为起点的图表与上图之间的差异在视觉上微不足道。图 36.4

　　[②]　遗传漂移是一个过程，在这个过程中，由于纯粹随机的机会，人类群体中的遗传基因频率开始在后代中出现差异。

　　[③]　异种交配是指具有相似基因的个体的交配方式。或者，如果交配纯粹是随机的，那么他们之间的交配比预期的更频繁。

A 表明这一特定数据集中的个人将如何看待数据中 12 个经过最好验证的人口群体的混合体。这也表明了这些群体将落到韦德提出的三个主要种族的分类中："撒哈拉以南非洲""高加索"和"东亚"。为参考，图 36.4B 说明了图 36.4A 所展示的内容，如果这些统计方法只确定了三个最受欢迎的祖先种群，并且如果韦德的三个现代组（即"撒哈拉以南""高加索"和"东亚"）是这三个祖先群体中的未混合后裔。必须明确的是，图 36.4B 不是对现代基因组调查结果的准确表述。通过与图 36.4A 的对照，有人提出，为什么已知的人类基因组的事实表明，现代人口的民间生物学分类有可能扭曲推论。

893

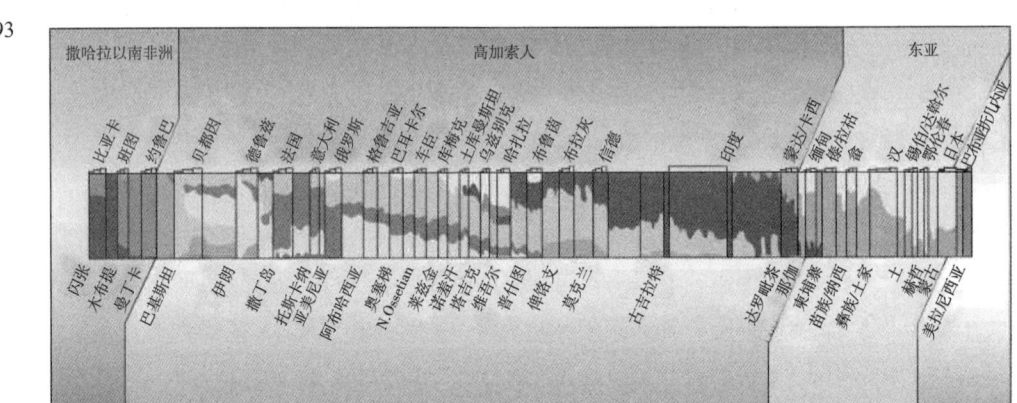

图36.4A　从挑选的现代人群中，个体的最佳人口结构和混合模式

　　图 36.4A 和 36.4B 共同显示了种族的民间生物学概念以及更为复杂的概念（基于感知性的遗传人群）难以支持那些共同种族所推断的事项。

　　图 36.4A 描述了来自世界各地现代人的基因数据。各竖排栏目表明一系列个体，他们属于一个熟悉的现代人口群体，如班图人、法国人、汉人等。在每一个竖排栏目中，一系列的竖线已经被展示（尽管它们在视觉上并非相互分离）。每一个较细的垂直线条代表着一个个体的遗传材料。

　　每个垂直线上的不同颜色代表了这个人的基因组数据的百分比，这些基因组数据是从 16 个祖先群体中某个祖先处所遗传的。这 16 个祖先是世界范围的最好的基因组数据集。统计程序的"ADMIXTURE"发现，这 16 个祖先的种族提供了平均数据的最佳情形，但现代个体可以包含从这 16 个祖先群体处遗传的不同比例的基因物质。图 36.4A 表明，大多数现代个体出现在人们熟悉的现代人口群体中，其并不是直接和完全从最能代表的任何一个独特的祖先人口群体中产生的。如果是，那么图 36.4A 就会与图 36.4B 相似。相反，现代人看起来就像那些最受欢迎的祖先群体（即，如果被刻画，通过最大化群体内部基因关联性和与此类组选群体的群体外部基因差异性，这些群体将会在基因组"联合"中具有最大限度的最优属性）的独特混合体。

893　　　在图 36.4A 中，第一个突出的事实是，来自任何重要群体的现代个人实际上都不是基因数据中任何经证实的最优秀祖先群体的未混合后代。与图 36.4B 不同，在图 36.4A 中，韦德的"高加索"类别不仅高度混杂（即，不同的现代群体显示出其来自多个不同祖先群体的遗传血统）。不同的高加索人是不同的，有时是完全不重叠的祖先群体的混合体。在图 36.4A，而非图 36.4B 中，我们可从这个事实清楚地明确，"高加索人"群体显示出其祖先来自不同的祖先群体。此外，现代个体表明其是最好的祖先群体中的最低程度的混合体，这也与韦德关于三个初等种族的观念相去甚远。他们包括一些个人成员：（1）闪族人和姆布蒂人撒哈拉以南非洲的俾格米人（许多当代西方人可能认为"黑人"，但他们与班图族的邻居们形成了不同的群体）；（2）约鲁巴人；（3）莫扎布人；（4）贝都因人；（5）德鲁兹人；（6）萨蒂尼亚人；（7）南印度的一些人群（其与安达曼群岛岛民关系密切[④]，许多西方人也会依据感官认为他们是"黑人"）；（8）傣族人/拉祜族人；（9）鄂伦春族人（来自西伯利亚）；以及（10）-（11）来自美拉尼西亚和巴布亚新几内亚的两个单独的群体（许多当代西方人根据视觉，也可认为其是"黑人"，但是他们是单独的群体）。在这个数据中，还有另一个较好的祖先人口群，它显示在图 36.4A 中的欧洲、近东、中亚和南亚的大多数人群中，但是在现代数据中，看似并没有出现。在史前阶段，从欧洲和中东到印度和南亚其他地区，这个祖先群体似乎与许多不同的人群混在一起。这些事实显然有损于使用概念框架来进行归纳，该归纳的前提是存在不重叠的且有等级性质的类别。

894

894

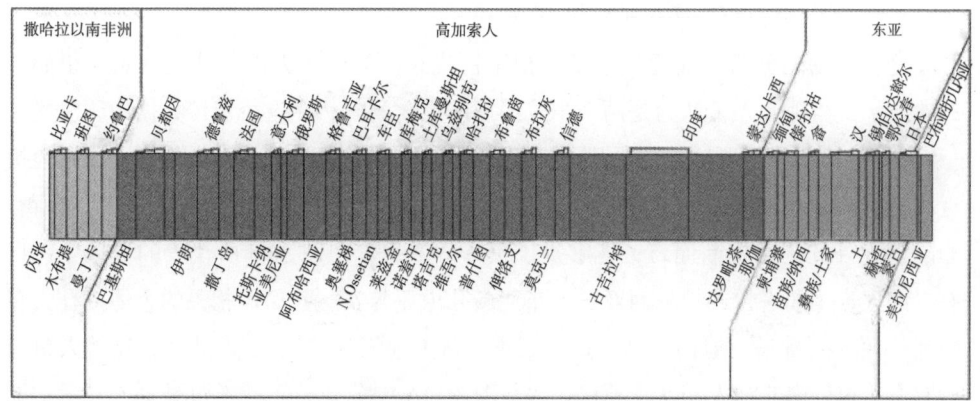

图36.4B　如果现代人口血统发现了三个经过验证的最佳祖先群体，那么现代人口将如何看待这三个经过验证的最佳祖先群体。

图 36.4B 显示了现代人口需要什么样子的遗传数据来支持有限的推论，即，有时认为人口集群的"种族"概念是合理的。然而，如图 36.4A 所示，现代人口并未提供这些类型的推论提供合理理由的特征。由于主要文本中所描述的原因，民间生物学的种族概念对潜在的遗传事实做出更强有力的假设，并试图支持与潜在的遗传事实不相符的推论。因此，民间生物学推理可以更恶劣的方式扭曲推断。总而言之，比起民间生物学或人口群体所假定的种族而言，现代人口结构提出遗传推断是不够可信的。对图 36.4A 和图 36.4B 的全色版本感兴趣的读者可查阅 http://ssrncom/abstract=2629819< https://emea01.safelinks.protection.outlook.com/?url=https%3A%2F%2Fssrn.com%2Fabstract%3D2629819&data=01%7C01%7Ckris.perez_hicks%40kcl.ac.uk%7C b7d2a9167fb84ccc4ec608d44e058a4e%7C8370cf1416f34c16b83c724071654356%7C0&sdata=0gXyV0Vv0APIFe4Q hRxUpNi4TREpHyU1jc%2FMzA0yFi8%3D&reserved=0&gt。

———————————

④　这些是属于"德拉维典"范畴中群体的一部分，他们最清楚地显示了大卫·里奇所说的"南印度祖先"。大卫·里奇和他的同事们已经表明，这个祖先成分是来自同一个祖先群体，安达曼岛民几乎完全来自这个群体（Reich and others 2009）。

895

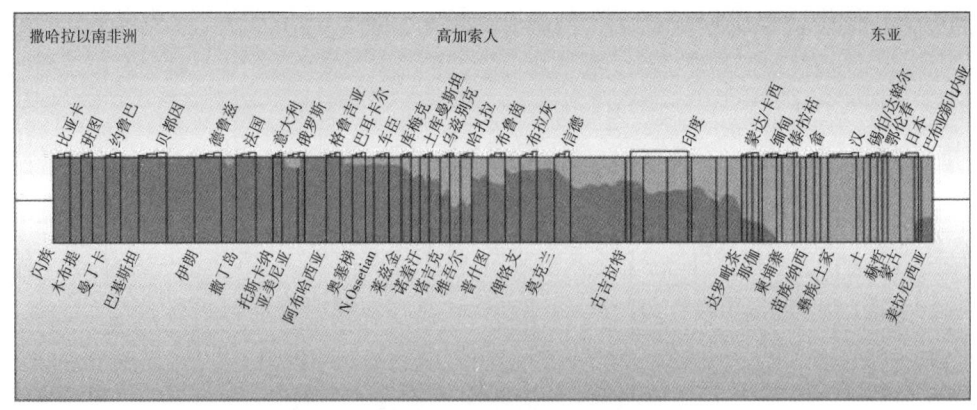

图36.5　某些特定种族概念与数据格格不入

　　这个数字显示如何看待不同的现代人群中的不同个体，如果两个最佳的祖先群体中遗传给两个不同肤色个体以相同的遗传物质。这个图不是把世界分成两个明确的"种族"，而是表明大多数群体拥有遗传物质来自这两个最大的祖先群体的个体。正如本文中所讨论的，人们用来识别"种族"的主要特征与这种经过验证的祖先群体的关联性较弱。还应该记住的，ADMIXTURE 程序发现 16 个祖先组能够更符合现有数据。因此，这张图主要用来证明某些熟悉的种族概念与现有数据格格不入，即使数据被迫分为两个。

895　　　　这种类别的分析转而提供了基于拟定古代人群的最佳人群集合的观点。正如图 36.5 所示，当现代人被认为是两个祖先群体的混合物时，在这个遗传数据中，汉族人（和一些密切相关的群体）似乎最为明显，撒哈拉以南非洲人群体与欧洲人也最为接近（Metspalu and others 2011）。因此，这一划分应当比区分撒哈拉以南非洲人和所有非除洲人外的统计推断而言，能够提供更好的依据。在图 36.5 所代表的群体中，也有一些人，例如来自美拉尼西亚、巴布亚新几内亚与安达曼岛民相关的个体，在大多数当代西方人看来，他们是基于视觉表现，认为他们为"黑人"。然而，这些人口与所有撒哈拉以南非洲人相比，不仅无法在图 36.4A 中分开，而且，如图 36.5 显示，即使将两个证实最充分的祖先群体重组，也仍然无法区分（Metspalu and others 2011）。因此，当代"种族"的变异线索无法追踪基因组数据中所能揭示的最有意义的种群结构。

　　　　在美国，有关非洲裔美国人的遗传证据就更复杂了。虽有部分的挑选存在偏见。但亨利·路易斯盖茨博士最近从多家私人基因检测公司那里找到证据，包括 Ancestry. com，23andme. com 和 FamilyTreeDNA.com，在这样的数据中，这三个公司的结果都高度一致。在这 3 个私人网站中提交个人 DNA 进行检测的非裔美国人，大约 65%—75% 的 DNA 处于撒哈拉以南非洲地区，22%—29% 在欧洲地区，0.6%—2% 为美洲原住民遗传物质（Gates 2013）。类似这样的混合体，在不同人的不同基因上使遗传学层发生了变化，这极大地干扰了任何统计推论的有效性，即使你可能试图从一个人是"非洲裔美国人"这一事实中得出任何遗传成分的信息。再次重述的，问题在于，这些类别实际上并不满足使民间生物学对物种的推论奏效的前提，即，类别不重叠。

第三，结论是，无论是图36.4A还是图36.5，以及许多人通常认为的作为"种族"的传统线索的差异性，都极大地夸大了遗传群体结构可能与功能型生物学差异相关的程度。以不同频率出现在不同人群中的基因变量可分为三种基本类型：（一）对任何表现型没有影响的基因变量类型，因此仅仅可以作为祖先标记的信息；（二）对可观察的显性特征有一定影响但未经过近期自然选择，因此不具有真正生物学功能的类型；以及（三）最近进行自然选择，并可起到生物学功能的类型。

为了进行自然选择并因此属于第三类型，基因必须在一个群体的进化适应环境中有效。它的效应必须被赋予承载者选择性优势，而这些效应必须以因果关系解释基因通过祖先群体进行扩散。在这种情况下，有一种确切的感觉，即，一种特性及其潜在的基因变量可以被理解为是生物学"适应"的一部分，它们具有产生这些特殊效应的"自然功能"（Godfrey–Smith 1994；Kaplan and Pigliucci 2001）。用这些定义，可以恰当地说，心脏的自然功能（或"目的"）是泵血（Kar 2013）；并且正是绿海龟的自然功能（或"目的"）的一部分，使它一出生就走向海洋。虽然科学家们拒绝使用亚里士多德的"终极"或"终因"（至少若被解释为一种具有目的性的、内在的行动原理，那么它独立于有效的因果关系）理论，但民间生物学自由地运用目的论判断。若基于真正的自然功能主张而使用民间生物学体系时，目的论的判断可以被理解为正确

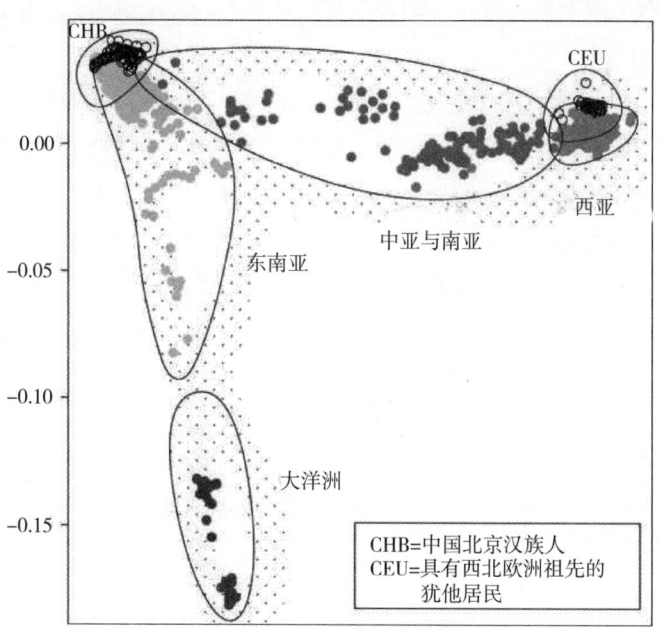

图36.6 "主成分分析"的实例

主成分分析确定了一组个体中能够最好地解释人群变异及次好地解释人群变异的两个变异变量，然后，再将个体投射至这两个坐标上。在这样的图上，来自一些现代人口群体的人（如汉族人或拥有西北欧洲血统的犹他州居民）往往比来自世界各地的人更倾向于聚在一起。

的（Kar 2013）。⑤ 因此，只有属于第三类型的基因差异才有可能将具有目的论的种族的本质投射到群体中，以帮助生物认知。

遗憾的是，就种族概念而言，用于识别像图 36.4A 和图 36.5 所描述的群体的基因频率的差异，绝大多数属于第一类：它们位于目前被认为无编码影响的基因组区域。因此，主成分分析确定了一组个体中能够最好地解释人群变异及次好地解释人群变异的两个变异变量。无论哪种表现形式，不管是图 36.4A 还是图 36.5，都会夸大不同群体的成员在任何有生物学意义上可能存在差异的程度。类似的歪曲是由于越来越广泛地使用"主成分分析"的方法，来探索活人群体之间遗传差异，例如图 36.6 所示（Lu and Xu 2013）。

像这样的图表侧重于人群间的遗传变异。为了使这一变化能够为人所知，他们掩盖了统一性的特点。人类平均共享约 99.9% 的遗传物质。⑥ 最近的一项标志性研究表明，人口内部的变异来源（在研究的遗传数据中占 89.8%—94.6%）通常远远大于人口间的变异（2.4%—5.4%）和区域间的变异（3.6%—5.2%）（Rosenberg and others 2002）。在这项研究中使用的"区域"是非洲、欧洲、中东、中亚/南亚、东亚、大洋洲和美洲。此外，在用于量化人口差异的 4199 个基因中，只有 7.4% 被发现由其中一个区域所独占。然而，这些特定区域的等位基因"通常是罕见的，其发生区域的中位数相对频率为 1.0%"（Rosenberg and others 2002）。像这样的罕见的变体，从来就不能建立在传统生物学概念所预设的种族本质之上。许多随机突变与任何可观察的特征无关。

基因频率剩余部分的差异大部分属于第二类：它们涉及基因变异，可以产生一些可以观察到的变异，但没有显示出其为近期自然选择或生物功能的证据。这种频率的差异可能来自一些众所周知的进化过程，如随机突变、遗传漂移、人口瓶颈⑦ 和创始人效应。⑧ 当人们认为他们看到了"种族"时，他们往往依赖类似于这些（即第二类）的可观察的形态学差异，将其作为更深层次的种族性质的非正式线索，他们隐含地推定这些差异具有进一步的功能作用（即第三类，下文讨论）。然而，如果这些视觉暗

---

⑤ 这些主张具备纯粹的历史因果条件，因此免除了最终原因上的形而上学问题概念（Kar 2013）。

⑥ 因为繁殖可能涉及许多复杂的过程，其不仅是重组和随机变异，还有基因插入和缺失，所以人类之间的遗传变量有不同的估计方式。一个简单的经验法则是，以平均每个人发现的单核苷酸多态性数，除以平均每人对的基数。1000 个基因组项目的最新数据表明，平均每个人每 1000 对基础对，大约有一个核苷酸多态性（Altshuler and others 2012）。其他类型的遗传差异显示出同一数量级上的个体变异（Altshuler and others 2012）。

⑦ 当一个群体的人口规模急剧减少时，就会出现"人口瓶颈"。这些进程往往会减少特定人群中的许多基因变异，从而使一些染色体频率更高，其他基因的频率更低，甚至全部消除。

⑧ "创始人效应"是指人口的一个子集脱离其原有人口的过程，通常是通过迁移的方式，其只携带原始人口原有基因变异的子集。与人口瓶颈一样，这些过程往往会减少新人口中的基因变异，从而导致新人口中其他人出现更多的等位基因频率较低，甚至全部消除。

示与最近经过自然选择的遗传差异之间没有足够强的相关性，那么就没有理由认为这些暗示提供了关于人与人之间功能差异的任何信息。

这就只剩下另一种差异。然而，属于第三类的遗传变种（即，真正具有功能的、具有自然选择效果的证据）的遗传变种结果非常稀少，并且在最近对国际人类基因组单体型图项目第二阶段中，在对 3000000 个单核苷酸基因多态性[⑨] 的分析后，萨贝蒂（Sabeti）和其他人（2007）发现，只有 300 个可能的区域在近期进行了自然选择。这表明，在现代人体内频率分离的基因中，大约只有百分之零点一的基因是产生功能生物学差异的可能基因。这大约占百分之零点一遗传资源（以单个核苷酸多态性的形式）中的百分之零点一在人与人之间存在差异。正如讨论的，这些差异（大约 7.4%）几乎不为一个地理区域所独占，其中大多数区域变异在这些不同的区域人口中占不到 1% 的比例。显然，在现代人口中，在作为此类功能性生物差异指示标记上，"种族"发挥的作用极小。

此外，当科学家们确定了一些显示近期自然选择证据的特定基因时，自然选择与人口结构的相关性较低。有三个例子足以说明这一点。

首先，科学家们已经确定了一个适应高原的基因，其反映在人体内近期进行自然选择的强烈信号（Huerta–Sanchez and others 2014）。然而，大多数人都认为藏族人是东亚人，而不是一个单独的种族，图 36.4A 同样暗示藏族人（就像汉族人和大多数其他东亚的族群一样）主要表现为两个祖先群体之间的混合，这两个祖先群体与现代的傣族/拉祜族和鄂伦春族在梅斯帕卢数据集中的关系度最为密切。但是，现代研究表明，在其他东亚人群中，适应高空的基因很少，并且东亚人口的两个祖先群体都没有进入了西藏（Huerta Sanchez and others 2014）。取而代之的是，其通过极少量的混合人口方式进入西藏，这些混合人口带有史前的、现已灭绝的原住民（Denosivan）血统，这是尼安德特人的姊妹分支（Huerta Sanchez and others 2014）。这一基因在现代藏族人中达到如此高的频率，其原因并不是人口结构或任何民间生物学的"种族"范畴，而是藏族人生活在海拔很高的青藏高原，在那里适应高原生活已经证明对生存和繁衍特别有利。在这种情况下，地理比任何传统的种族类别或视觉上可观察到的表现更好地表明功能生物学统计指标的差异。

其次，科学家们已经确定了乳糖耐受性的特定基因，这也显示了近期一些种群自然选择的迹象。这些基因实质上允许人类将牛奶和奶制品消化到体内。它们在地理方面更为广泛，而且似乎至少在两个不同的场合发生了变化——一次是在欧亚大陆的某

---

⑨　DNA 通常是由一个双链螺旋组成的，每个螺旋链都是由 4 个品种的单核苷酸链组成的，通常称为"A""C""T"和"G"。当核苷酸在一个群体的所有成员的同一位点上具有相同的价值时，那么核苷酸在人群中并不能被视为"多形态的"。因此，如果在某一特定地点，人群中不同的人拥有不同价值的核苷酸，从而允许人群中的遗传变异，那么这种"单核苷酸多态性"就存在于人群中。

个地方（Voete and others 2006），一次是在东非（Tishkoff and others 2007）。该基因的欧亚版本目前在许多西北欧人的后代中出现频率特别高（Itan and others 2010），但该基因与"欧洲人""白种人"或更为所谓的"白人"并没有很好的关联。这方面的证据来自这样一个事实，即，这种基因在南欧和高加索的许多群体中出现的频率要低得多（Itan and others 2010）。欧洲人口似乎是拥有这种基因频率最高的人群，因为他们主要来自某些牧民和养牛的群体，从公元前3000年左右开始从欧亚大草原进入欧洲，然后继续依赖奶制品维持生计（Allentoft and others 2015）。这些群体绝不是单独的"种族"（Allentoft and others 2015），事实上，他们与许多拥有这种基因的现代人口密切相关，后者出现此基因的频率较低，他们主要依赖肉类和农业生活。这个基因的欧亚版本在一些北非牧民群体中也达到了高于正常频率的水平（Itan and others 2010），他们似乎与一些同样的欧亚牧民混在一起（Myles and others 2005），但许多当代西方人会基于视觉认为他们是"黑人"。因此，历史性的生活本领跨越了人们认为的种族鸿沟，也更好地证明了这一功能生物学差异在统计指标上的作用。

按照这一建议，另一种主要基因产生的耐乳酸性似乎在东非发生了变化，目前在东非（Tishkoff and others 2007）和沙特阿拉伯（Enattah and others 2008）的某些牧民群体中出现此类基因的频率最高。因此，这个基因版本也跨越了人们认为的种族鸿沟。再次，它的频率能够较好地预测历史生活本领，其比任何传统的种族类别或差异性视觉的预测更好。

第三，科学家发现了特定的基因，显示出近期在预防疟疾方面的自然选择迹象，但这些基因似乎是单独进化的，并在来自至少三个不同地区的人群中进行了自然选择：撒哈拉以南非洲、东南亚和大洋洲的热带地区。有意思的是，中非和巴布亚新几内亚似乎分别出现了一种抗疟适应办法，但还是通过一个相同的适应机制发展起来（Zimmerman and others 1999）。在每一种情况下，这些基因的选择都发生在赤道地区，那里的疟疾发病率很高（Hedrick 2011）。因此，来自疟疾繁荣的热带地区的血统，比任何传统的种族类别或可观察到的变异都更好地表明，这一功能生物学在统计指标上的差异。

这三个例子说明了一个更为一般性的观点。虽然大陆的差异可以在不同族群的交配中产生变异，这往往导致人类群体间积累可观察的到但非功能性的（仅仅是频率意义上的）遗传资源的差异，但最近对生物功能性差异的自然选择却难得多，而且表明其很少与人类群体结构相关，特别是在人口之间甚至存有少量混血的情况下。然而，总是有一些这样的混血儿，其只是在现代世界中不断增加。由此可以预见，"种族"的视觉暗示不仅会给人们留下夸张的印象，而且会扭曲人们对不同"种族"的人之间可能的功能性差异的认识。

民间生物学的种族类别存在的问题是，他们假定人们具有分散的和非重叠性质的生物特征。这些生物性质被推定为必然遗传，以获取种族中所有成员共有的种族"本质"，并服务于真正的生物学功能。但是，没有一个人的遗传特征能全面拥有这些特性。因此，种族的生物学概念确实只是个神话。它们使人们倾向于使用强大的民间生物学的归纳框架，该框架支持对物种近乎普遍和实用的生物学特性做出有效的推断，但在这种情况下，可能比证明人与人之间的任何有意义的区别更有偏见。这种认知上的且不可靠的心理机制在许多情况下运作，它常常是不自觉的，在这些情况下，群体差异被有效地生物化（Dar-Nimrod and Heine 2011）。还应指出的是，我们无法仅仅宣称种族是社会建构性质的，或不管如何真诚，我们都未能抓住生物本质，以保证民间生物学模式将不再以这种种族观念的方式运作。民间生物模式在运作中，也不需要带有任何故意的或歧视性的动机，无论是有意识的还是无意识的。

901

五 法律规定的平等待遇含义

最后一节解释了为何属于不同群体的人的生物事实与使民间生物学类别适用于人的群体之间的契合度不高。然而，将人划分为民间生物学类别的倾向仍然很强，它似乎比认知能力更好地服务于竞争性目的。这些事实构成了法律平等待遇的主要障碍，而现行法律很难解决此问题。本节介绍了这一问题及四种可能的解决办法。

此类问题产生于两组事实。法律制度取决于许多角色中人的作用，例如法官、陪审团、立法者、警官、调查员、律师和证人。然而，人类具有典型的心理遗传性，这种遗传性，部分是自然的，部分是文化性的，其可以朝着相互竞争的方向发展。它使人们有能力做出正确的道德、法律和事实判断，但也可使人们以不自觉的、违背平等待遇的方式看待群体外的成员。不管是自觉还是不自觉地，当人们利用民间生物学信息来把人分成群体或使用"种族"概念时，情况尤其如此。第二，法律的许多部分仍假定，歧视和不歧视本质上是有意识的决定；并且，在人们基于种族而对他人区别对待之前，就需要这种有意识的敌意或歧视的意图。因此，目前的法律不适合处理来自民间生物学种族观念的不平等待遇观念。

从第一组事实开始，证据表明，普遍的道德情境和人类的义务感可能已经初步发展起来，以促进少数群体在不同工种之间的合作（Kar 2005）。它使人们认为自己对其群体内部的其他成员负有真正的义务，进而发挥作用，以此安排他们的社会交往（Kar 2013）。这些机制包含认知的组成部分，它使人们有能力对道德和法律义务做出正确的事实判断（Mikhail 2007; Kar 2013）。与许多关于世界的信念不同的是，义务的信念也与特殊的激励因素组合在一起，这就产生了一种复杂而高度结构化的人类社会生活和互动形式（Kar 2013）。作为一种文化问题，现代法律制度似乎重新使用这些心理机制，以维持更广泛的合作形式和民间社会，其基础是广泛分享公民共享的观

902

念（Kar 2013；2005）。

　　相反，将人类群体划分为民间生物学类别的心理倾向似乎主要是为了促进群体之间的竞争（例如，见 Boehm 2012）。当其活跃的时候，它经常会产生对其他群体的看法，他们对其他群体时常更有偏见。这种倾向会经常造成个人的不同待遇，从而扭曲健全的道德、法律和事实判断。当接受民间生物学信念的人在现代法律制度中发挥作用时，他们的行为应反映出根据普遍适用的规则平等对待他人，并且对那些被视为（有意识或无意识的）属于民间生物学种类的群体而言，他们持有某些差别待遇。

　　当这种不平等待遇源自接受民间生物学的种族观念，而非歧视性的意图时，它往往会在无意识的情况下塑造人们对彼此的看法，而不需要持有故意意图。因此，事实上，许多对他人采取不同待遇的人认为其只是对不同事实做出反应。他们还可能表现出无意识的注意力、推理和关注模式，从而使他们更容易识别其内部群体的利益，同时忽视外部群体的利益。这就解释了为什么不能总是依靠民主进程来保障法律的平等待遇，以及为什么需要一些宪法性的保护机制。

　　关于第二组事实，法律不适合处理此类不平等待遇的根源，因为其仅将有意图的不法行为形式作为平等待遇的挑战。这种"画地为牢"的方式，在任何法律体系中都可能出现。为了澄清这一问题，我们应该关注美国，因为美国的法院目前要求证明歧视意图，而不仅仅是不同的影响，以查明违反联邦宪法平等保护条款的情况。[10] 虽并不总是如此（Siegal 2017），但是，首席大法官罗伯茨（Roberts）提出了一个类似的观点，他提出"在种族的基础上阻止歧视的方法，就是停止基于种族的歧视"。[11] 本建议假定，歧视和非歧视都是自觉选择的。它还假设，法律规定平等待遇的唯一挑战来自有意识的歧视决定。

　　在法院肯定平权行为的法理上，我们可以找到相关的想法。法院承认，过去蓄意
903　歧视的事件在美国造成了严重的种族不平等。[12] 但一些法官倾向于将任何有意识的、基于种族的不同决定视为一种令人反感的歧视。[13] 因此，他们倾向于相信平权行动本身就是一种（所谓"反向"）歧视，只有为补救目的才有理由（即纠正过去的蓄意歧视

---

　　[10] 例如，见 Crawford v Board of Ed. of Los Angeles458 U.S.527,537–538(1982);Arlington Heights v Metropolitan Housing Development Corp.,429 U.S.252,264–265(1977);Washington v Davis,426 U.S.229(1976)。

　　[11] Parents Involved in Community Schools v Seattle School Dist.No.1,551 U.S.701(2007).

　　[12] 例如，见 Grutter v Bollinger 案，539 U.306(2003)；Regents of Univ.of Cal.v Bakke,438 U.S.265(1978)。

　　[13] 例如，见 Parents Involved in Community Schools v Seattle School Dist.No.1,551 U.S.701,851(2007)（Thomas J,concurring)（"因此，作为一般性的规则，不管背景如何，所有种族为基础的政府决策都是违宪的。"）；参见，同上，第 772 页（"多数异议者对当前结果的批评可追溯到他们对不歧视肤色的宪法的拒绝。持不同政见者试图将不歧视肤色的宪法的概念边缘化，并把它委托给我以及当前多元化的成员。但我在我所属的群体中非常舒适）。

历史）^⑭或促进其他一些合法、无歧视目的的措施（例如，创造多样化的学习环境）。^⑮鉴于普遍接受反对蓄意种族歧视的规范，奥康纳（O'Connor）法官曾预言说，一旦意识到过去的虐待行为的影响得到纠正，就不可能再需要平权行动。^⑯

所有这些观点的共同假设是，造成人的不平等的原因只有两种：（1）有意识的歧视意图；和（2）不偏不倚的种族决定，这些决定恰巧对不同群体造成不同的影响。正如目前所解释的，平等保护条款有时被说成是保障平等待遇，但不是结果平等。

然而，假设这两种心理根源的不平等待遇已经穷尽逻辑方法，这是错误的。进化心理学的当代发展表明，人类也可以有进化的心理机制，并且因此特别在群体之间产生不平等的待遇和资源分配心理。当这种心理机制存在并很好地发挥作用时，产生的不平等将不仅仅是巧合（即，不仅仅是第二类）。它们将展示自然选择的、进化意图的证据，并将定期发挥作用，以产生不平等待遇心理，其方式与心脏定期发挥作用以抽血液和眼睛定期发挥作用以产生视力的方式大致相同。将民间生物学类别应用于群体外部的竞争优势将有助于解释某些主流社区信念（如"种族"信念）的扩散和平稳发展（Wright 2000）。然而，发挥这些作用的心理机制不需要通过有意识的歧视意图来运作（因此，它们也不仅仅属于第一类）。例如，就其他民间生物学类别而言，如鸭子、兔子和蛇，它们不需要区分的意图，就可以看到不同的民间生物学种类并对其做出反应。大多数的心理工作都是在不自觉的情况下发生的，没有任何故意的或歧视的意图。人们简单地相信，他们对不同生物学种类的不同事实做出反应。

因此，进化心理学、遗传学和生物科学最近的发展表明，需要更多地考虑如何建立法律制度，以保证根据法律真正平等地对待个人。一些种族不平等的心理根源显示出，是适应竞争而非认知证据起作用，但它们可以在痛惜种族仇恨和诚恳接受反对有意歧视的准则的人们心理上发挥作用。这种不平等的原因可能会损害法律制度保障人民得到平等待遇的能力，但根据现行法律理论，这尤其难以解决，因为这意味着被不同对待的个人不总是被有意歧视。许多觉得自己心知肚明，其没有察觉到任何敌意的

904

---

⑭　比如，参见同上，第 750 页（Thomas J, concurring）（"因为本法院授权并要求，当采取对种族的补救措施来解决法律上的隔离问题时，必须明确将种族隔离与种族不平衡区别开来。在公立学校方面，种族隔离是学校系统的一种故意行为，目的是"执行一项政府政策，仅根据种族来隔离学校中的学生"（此处强调并省略引用部分）；Richmond v J.A.Croson Co.,488 U.S.469,493(1996)（其指出，除非对种族问题有意识的立法严格保留补救办法，否则事实上可能会助长种族自卑的观念，导致种族敌视政治）。

⑮　例如，见 Grutter v Bollinger，539 U.306(2003)；Regents of Univ.of Cal.v Bakke,438 U.S.265(1978)。

⑯　Grutter 案指出，"我们预计，25 年后，不再需要使用种族优先来进一步扩大今天所获准的利益。"Grutter v Bollinger,539 U.S.306(2003)。然而，应该强调的是，奥康纳法官并没有建议 Grutter 案是基于补救的理由，尤其是这一术语在法院现有的平权行动法理中，以技术语境而得以使用。她似乎预测，一旦消除了过去种族主义态度和社会隔离的某些普遍但挥之不去的影响，格鲁特所依据的多样性和教育理性将在一段时间后，不再需要平权行动方案。

人，他们也可能倾向于对种族主义指控大加谴责，认为其所谓的善意努力被误解。然而，正如人类往往不知道其器官和解剖学的所有功能一样，他们也往往不知道其进化心理中的所有功能。

本章的主要目的是找出这些问题，并澄清与民间生物学种族分类有关的问题。然而，在结束之前，有必要概述四项法律改革提案，这些建议可能有助于缓解此类问题，因此值得给予更多的关注。

首先，证据表明，如果平权行动方案仅限于对过去故意歧视做法的补救办法，则我们这些方案以消除结构性的待遇不平等。当民间生物学种族分类在法律或其他机构如何对不同种族的人上发挥作用，并且造成不同影响时，某种形式的平权行动才有可能被需要。这可以在许多情况下发生，其远远超出目前美国采取平权行动的范围，例如在就业、陪审团和市场领域。此外，与奥康纳大法官在格鲁特诉博林格案（*Grutter v Bollinger*）中的建议相反，一些平权行动应被假定已超过了纠正过去故意歧视做法所需的时间。至少在充分清楚地表明民间生物学种族观念不再产生损害人人享有平等待遇效果之前，这种需求应当持续存在。[⑰]

第二，尽管美国最高法院目前没有对联邦宪法平等保护条款进行解释，以保护免受无意识的、不同形式的待遇（并将其这种保护留给民主进程），但民主进程不能依赖于试图真正平等对待人民的法律、机构和官方行为。要知道，国家官员是其他经常性的和持续性的不平等待遇的某种根源，诚然，平等保护条款仍被解释为仅保护免受有意歧视，从平等保护条款的语言的最直接意义上说，这因此是"否认……[某些人]法律的平等保护要求的"。因此，美国最高法院目前对该条款的解释建立在对不平等待遇的心理根源之过于狭隘的假设上。如果这些假设被越来越多的实证证据所反驳，那么这一事实应该对如何最好地解释平等保护条款产生影响。

法院并不总是对不平等待遇原因及平等保护条款范围与适用采取狭义理解（见 Siegel 2017）。鉴于本章中的观点（与其他社会科学家就隐性偏见和结构性不平等提出的一些主张相符），法院因此应以有助于宪法保障人民所享有的平等待遇的方式，考虑对平等保护条款的解释。这至少需要一种解释，即，允许对由于故意歧视或心理过程造成不同待遇而产生的不同影响，进行更广泛、更有力的宪法性保护。

第三，如果经常将不同种族的人隔离在不同群体外视为是产生问题的一个主要根源，那么更好地整合不同群体的进程应该是一个更大范围的解决方案（关于优秀和扩展的讨论，见 Anderson 2010）。遗憾的是：

> 自从20世纪80年代执行布朗诉教育委员会案的共同努力后，活动家、政治

---

⑰ 这并不是为了淡化平权行动的其他理由，比如，创建一个多元化的教育经验。

家、学者和美国公众都主张走一条非一体化的道路，以实现种族正义。我们被告知，种族正义可通过多文化的种族多样性而实现；或对事实上隔离的学校和街区进行平等的经济投入；或者关注贫困而非种族问题；或者更严格地执行反歧视法律；或不考虑肤色；或福利改革；抑或是，在少数族群内部下定决心改变与"贫困文化"有关的社会行为规范（Anderson 2011）。

然而，所有这些提议都是有限的，因为它们可以与事实上的种族隔离共存。种族隔离情况仍然存在，甚至在美国许多地区都在持续增长（Anderson 2011; Roithmayr 2014），但实证证据表明，种族隔离倾向于强化群体间偏见和旧有观念，而在学校、工作岗位、军队、公共广场和陪审团框架内，工作和社交共同致力于倾向于减少群体间偏见（Gaertner and Dovidio 2000）。因此，我们需要更多的社会融合，以破坏维持目前民间生物学种族信念的同盟结构。要想行之有效，理想的是，这种融合应该包括一些共同项目，创建不同公民之间的友谊和社区纽带。

第四，由于有限的感知和关注是问题的另一个根源，而且由于不同群体往往有不同的认知模式，这要求在采取国家行动前，应关注更多的人，他们可以在关键领域弥补彼此的有限能力。例如，更多的警务政策应该是警察部队与他们所服务的不同公民进行面对面讨论的结果。更多的警察雇佣和宣传决定都需要得到社区投入的支持。

出于类似的原因，涉及少数群体的案件的陪审团应具有种族多样性。他们应该包括那些倾向于看到特殊性，而不是群体刻板形象的人。实证证据表明，"融合的陪审团考虑的时间更长，考虑的证据更多，其产生事实性错误更少，比全部白人陪审团更警惕刑事司法程序中的种族歧视"（Anderson 2011）。"比起全部白人的陪审团，在一个融合的环境中进行审议……使白人更加聪明和负责地深思熟虑：他们不太可能仓促做出有罪判决，更可能提出并严肃地关注刑事司法程序中的歧视问题。在不同的人面前必须为自己辩解，这会激励人们对不同人的利益做出回应（Anderson 2011）。因此，在宪法限制的范围内，甚至需要在某些陪审团中采取一些平权行动，以保证人民得到法律的实际平等保护。

906

【参考文献】

908

Allentoft M and others, 'Population Genomics of Bronze Age Eurasia' (2015) 522 Nature 167

Altshuler D and others, 'An Integrated Map of Genetic Variation from 1,092 Human Genomes' (2012) 491 Nature 56

Anderson E, *The Imperative of Integration* (Princeton UP 2010)

Anderson E, 'Why Racial Integration Remains an Imperative' (2011) 20(4) *Poverty & Race* (July/August): 1-2, 17-18

Andreasen R, 'A New Perspective on the Race Debate' (1998) 49(2) British Journal of Philosophy of Science 199

Atran S, 'Folk Biology and the Anthropology of Science: Cognitive Universals and Cultural Particulars' (1998) 21 Behavioral and Brain Sciences 547

Boehm C, 'Ancestral Hierarchy and Conflict' (2012) 336 Science 844

Buss D, 'Evolutionary Psychology: A New Paradigm for Psychological Science' (1995) 6 Psychological Inquiry 1

Caprariello PA, Cuddy AJ, and Fiske ST, 'Social Structure Shapes Cultural Stereotypes and Emotions: A Causal Test of the Stereotype Content Model' (2009) 12(2) Group Processes & Intergroup Relations 147

Carbado D and Roithmayr D, 'Critical Race Theory Meets Social Science' (2014) 10 Annual Review of Law and Social Science 149

Cosmides L and Tooby J, 'Evolutionary Psychology: New Perspectives on Cognition and Motivation' (2013) 64 Annual Review of Psychology 201

Cuddy and others, 'Stereotype content model across cultures: Towards universal similarities and some differences' (2009) 48 British Journal of Social Psychology 1

Culotta E, 'Roots of Racism' (2012) 336 Science 825

Daeschler E, Shubin N, and Jenkins F, 'A Devonian Tetrapod-Like Fish and the Evolution of the Tetrapod Body Plan' (2006) 440 Nature 757

Dar-Nimrod I and Heine S, 'Genetic Essentialism: On the Deceptive Determinism of DNA' (2011) 137(5) Psychological Bulletin 800

Enattah N and others, 'Independent Introduction of Two Lactase-Persistence Alleles into Human Populations Reflects Different History of Adaptation to Milk Culture' (2008) 82(1) The American Journal of Human Genetics 57

Gaertner SL and Dovidio JF, *Reducing intergroup bias: The common ingroup identity model* (Psychology Press 2000)

Gates H, 'Exactly How "Black" is Black America' (*The Root*, 11 February 2013) <http:// www.theroot. com/exactly-how-black-is-black-america-1790895185> accessed 26 November 2016

Geary D and Huffman K, 'Brain and Cognitive Evolution: Forms of Modularity and Functions of Mind' (2002) 128(5) Psychological Bulletin 667

Godfrey-Smith P, 'A Modern History Theory of Functions' (1994) 28(3) Nous 344 Gonzalez Burchard E and others, 'The Importance of Race and Ethnic Background in

Biomedical Research and Clinical Practice' (2003) 348(12) The New England Journal of Medicine 1170

Hackel L, Looser C, and Van Bavel J, 'Group Membership Alters the Threshold for Mind Perception: The Role of Social Identity, Collective Identification, and Intergroup Threat' (2014) 52 Journal of Experimental Social Psychology 15

Hauser M and Wood J, 'Evolving the Capacity to Understand Actions, Intentions, and Goals.' (2010) 61 Annual Review of Psychology 303

Hedrick P, 'Population genetics of malaria resistance in humans' (2011) 107(4) Heredity 283 <http:// doi.org/10.1038/hdy.2011.16>

Huerta-Sanchez E and others, Altitude Adaptation in Tibetans Caused by Introgression of Denisovan-Like DNA' (2014) 512 Nature 194

Itan Y and others, 'A Worldwide Correlation of Lactase Persistence Phenotype and Genotypes' (2010) 10 BMC Evolutionary Biology 36

Kaplan J and Pigliucci M, 'Genes 'for' Phenotypes: A Modern History View' (2001) 16 Biology and Philosophy 189

Kar R, 'The Deep Structure of Law and Morality' (2005) Texas Law Review

Kar R, 'The Psychological Foundations of Human Rights' in Dinah Shelton (ed), *The Oxford Handbook of International Human Rights* (OUP 2013)

Kitcher P, 'Does "Race" Have a Future?' (2007) 35 Philosophy and Public Affairs 293

Kurzban R, Tooby J, and Cosmides L, 'Can Race Be Erased? Coalitional Computation and Social Categorization' (2001) 98(26) Proceedings of the National Academy of Sciences 15387

Leyens JP and others, 'Psychological Essentialism and the Differential Attribution of Uniquely Human Emotions to Ingroups and Outgroups' (2001) 31(4) European Journal of Social Psychology 395

Lu D and Xu S 'Principal Component Analysis Reveals the 1000 Genomes Project Does Not Sufficiently Cover the Human Genetic Diversity in Asia' (2013) 4 Frontiers in Genetics 127

McFarland S, 'Authoritarianism, Social Dominance, and Other Roots of Generalized Prejudice' (2010) 31(3) Political Psychology 453

Mallon R, 'Race: Normative, not Metaphysical or Semantic' (2006) 116 Ethics 525 Messick DM and Mackie DM, 'Intergroup Relations' (1989) 40 Annual Review of Psychology 45

Metspalu M and others 'Shared and Unique Components of Human Population Structure and Genome-Wide Signals of Positive Selection in South Asia' (2011) 89(6) Am J Hum Genet 731

Mikhail J, 'Universal Moral Grammar: Theory, Evidence and the Future' (2007) 11(4) Trends in Cognitive Sciences 143

Myles S and others, 'Genetic Evidence in Support of a Shared Eurasian-North African Dairying Origin' (2005) 117 Human Genetics 34

Olsson A and others, 'The Role of Social Groups in the Persistence of Learned Fear' (2005) 309 (5735) Science 785

Ohman A and Mineka S, 'Fears, Phobias, and Preparedness: Toward an Evolved Module of Fear and Fear Learning' (2001) 108(3) Psychological Review 483

Pratt T and Cullen F, 'Assessing Macro-Level Predictors and Theories of Crime: A MetaAnalysis' (2015) 32 Crime and Justice 373

Reich D and others, 'Reconstructing Indian Population History' (2009) 461 Nature 489 Roithmayr D, *Reproducing Racism: How Everyday Choices Lock in White Advantage* (NYU Press 2014)

Rosenberg N and others, 'Genetic Structure of Human Populations' (2002) 298 Science 2381 Sabeti P and others, 'Genome-Wide Detection and Characterization of Positive Selection in Human Populations' (2007) 449 (7164) Nature 913

Siegel R, 'Why Equal Protection No Longer Protects: The Evolving Forms of Status-Enforcing State Action' (1997) Stanford Law Review   910

Smedley A and Smedley B, 'Race as Biology Is Fiction, Racism as a Social Problem Is Real: Anthropological and Historical Perspectives on the Social Construction of Race' (2005) 60(1) American Psychologist 16

Thompson M, 'The Representation of Life' in Rosalind Hursthouse, Gavin Lawrence, and Warren Quinn (eds), *Virtues and Reasons* (OUP *1995*) 247-297

Thompson M, 'The Living Individual and Its Kind' (1998) 21 Behavioral and Brain Sciences 591

Thompson M, 'Apprehending Human Form' in Anthony O'Hear (ed), *Modern Moral Philosophy* (Cambridge UP 2004) 47-74

Tishkoff S and others, 'Convergent Adaptation of Human Lactase Persistence in Africa and Europe' (2007) 39 Nature Genetics 31

Voight B and others, 'A Map of Recent Positive Selection in the Human Genome' (2006) 4(3) PLOS Biology 72

Wade N, *A Troublesome Inheritance: Genes, Race and Human History* (Penguin Books 2015)

Wright E, 'Metatheoretical Foundations of Charles Tilly's *Durable Inequality*' (2000) 42(2) Comparative Studies in Society and History 458

Zimmerman P and others, 'Emergence of FY*Anull in a Plasmodium vivax-endemic region of Papua New Guinea PNAS' (1999) 96(24) PNAS 13973 DOI: 10.1073/pnas.96.24.13973

第五篇

六大政策面向

壹

医　学

第三十七章
新技术、旧态度和立法刚性

约翰·哈里斯[*]（John Harris）
大卫·R. 劳伦斯（David R. Lawrence）
林华、徐靖仪 译

一 导论 915

> 对于改变人类胚胎中的生殖细胞用于临床目的，多年来一直存在不同的争论，它也被大众普遍视为一条不应该逾越的红线……技术的进步为我们提供了一种极佳的进行基因编辑的新方式，但反对参与这一活动的有力论据依然存在。
>
> （Collins 2015）

美国国家卫生研究院院长弗朗西斯·柯林斯（Francis Collins）这样说道。然而，正如我们所见，这种公开声明具有某些误导性。

这份声明是在梁（Liang）等人的研究报告（2015）引起媒体喧嚣①后发表的，在梁等人的研究中，其中一个人的胚胎基因被编辑以纠正突变，这些突变是潜在的严重地中海贫血型血型失调症的罪魁祸首。最近，英国研究人员申请利用 Crispr/Cas9 基因编辑系 916
统进行类似实验的许可，该许可也引发了一系列争议（Cressey and others 2015）。

目前值得注意的是，根据中国的研究和英国的拟计划研究，一旦确定了程序的成败，胚胎就将被立即摧毁。在任何时候，都没有任何相关的胚胎被提议植入或以其他方式实现孕育。从更广泛的意义上说，人类集体种系仍然以这种方式免受研究的影

* 这一章沿用了哈里斯（2016）发展起来的行文方式。
① 包括名字有趣的斯坦利（2015）。

响，这也是我们稍后会继续探讨的一个想法。

柯林斯关于种系改造被"普遍"回避的说法是十分有趣的。他没有详细说明这种说法是如何在法律或其他方面得到证实的。在生物领域属于保守的遗传学和社会中心执行主任马西·达诺夫斯基（Marcy Darnovsky），在一份支持柯林斯的声明中表示，遵循柯林斯的观点符合美国的利益。这也符合欧洲理事会生物医学和人权公约以及联合国教科文组织关于人类基因组和人权的《世界宣言》的路线达成的国际协议（Centre for Genetics and Society 2015）。推论可能是，被点名的立法代表表达了柯林斯的普遍共识，尽管这个概念充其量是值得怀疑的。

欧洲委员会的《人权与生物医学公约》（*Convention on Human Rights and Biomedicine*，简称《公约》）是为了在生物技术和医学科学进步的背景下，构成对病人权利和一般人权的有约束力的参考。从数字上来说，它在批准接纳方面非常成功。理事会公布的官方名单显示，47 个成员国中，有 35 个是签约国，其中 29 个已批准《公约》（Council of Europe 2015a）。然而，我们不能理所当然地把这些数字当真；特别是当我们考虑"协议"的概念时，尤其是考虑到它的精神，例如，达诺斯基代表了那些广泛支持柯林斯声明精神的人。

至少就基因科学而言，几个领先的欧洲国家，例如英国、德国和比利时，经过慎重考虑表示不签署该公约，明确表示了他们对该公约的异议。在很大程度上，这些分歧在于第 18 条，即克隆人类胚胎用于研究，以及其他"与 [英国] 立法相冲突的重要条款"（Science and Technology Committee 2004–05）。

公约仅要求五个国家（Council of Europe 2015a: Art 33.3）批准就能使其生效，在它生效后的八个月内，它已经获得了 23 个签名——这已有足够多的签名使它在 1999 年 1 月 12 日生效。[②]

进一步的批准很快接踵而至，在公约成立后的五年内，又有 13 个国家先后加入公约。值得注意的是，如今欧洲人权公约大约三分之二的签名是在 1997 年签署的，而在过去的十年里，只有一个新的签署国：2011 年签署加入的阿尔巴尼亚（Council of Europe 2015a: Art 33.3）。不过，这也许并不令人惊讶，因为人们可能预料到，到目前为止，大多数打算签署协议的国家都已经加入该公约了。在签署该公约时，各国不一定会"表示同意受其约束"（Council of Europe 2015a）。因此，倘若我们只是从字面对条约进行解读的话，我们可能不会认为这种行为本身构成了与内心拥护的价值观的一致性。

弗朗西斯·米勒德（Frances Millard）（2010: 427）曾提出，10 个中东欧国家中，有 9 个签署并迅速批准了《欧洲人权公约》，"没有迹象表明会有议会代表、专业委

917

---

② 我们可能会注意到，这是目前正在进行的人类种系编辑的日期。其讨论的不是现实，更谈不上是政策制定者的担忧。

员会、专业机构或更广泛的公众参与进来"。那么，我们必须要问的是，如果没有适当的方式和成熟的考虑，谓之曰"模仿式"的立法，何时才能真正被认定为代表了普遍共识。关于米勒德对这些国家认为需要国际"合法化"的看法，我们必须考虑到，在大多数情况下，新主权国家缺乏专业的生物伦理和病人权利立法（Birmontiene 2004），因此不得在立法上力求构建一个最现代民主化的国家。许多人权政策是在欧洲委员会准则基础上制定的，我们注意到这些国家的大部分宪法都认为，批准的国际条约的准则可直接适用于国家立法；因此，法院可以根据国际条约的文本做出裁决，即使批准后该国际条约尚未列入国家法律体系当中（Goffin and others 2008）。这实际上意味着，伴随着《公约》的签署，这些国家得到了现成的立法，弥补了它们自身立法上的差距，因为其不再需要进一步的国内立法。没有一个国家就公约的任何部分进行过辩论，如果有的话，由于新的修订版发行的很快，这些国家也不会有异议。我们还注意到第1条的规定——即"每个缔约方应当在其内部法律体系中采取必要措施，使本公约的规定生效"（Council of Europe 2015a: Art 1）。

因此，这些中东欧国家在对《公约》适用的问题上没有异议，并立即与《公约》达成共识。当然，这些国家中的一个或多个国家最终可能会考虑就这些问题进行未来的辩论，然后在接近知情同意的基础上最终选择真正加入或不加入《公约》。

如果《欧洲人权公约》等基于道德准则制定的法律不能反映特定国家的道德立场，那么这些法律既不可能反映对共识的任何贡献，也不可能反映对民主支持的任何证据。虽然在任何伦理学理论下都可以认为这是真的，但有人认为：

> 我们不需要对造成苦难的道德传统采取一种绥靖的态度。我们也不需要被动地接受我们各自社会的道德规范，以至于它们无效、适得其反或者根本没有必要（Blackford 2010）。

这就是说，一个文化或民族的主观价值观是值得捍卫的。因此，我们不必接受来　918
自内部或外部的违背这些价值观的行为。我们在国家范围内捍卫我们价值观的方法是通过颁布法律，因此，正如达诺夫斯基所认为的那样，防止来自国外侵犯的方法必须通过国际立法来实现。

为了研究这个问题，我们不妨再次使用《欧洲人权公约》的示例，该示例名义上只针对欧洲委员会成员国。需要注意的是，《公约》不是全球性立法。尽管《公约》允许非成员国加入，③但它在序言中把自己与欧洲委员会的利益联系起来："考虑

---

③ "本公约生效后，委员会……可邀请欧洲委员会的任何非成员国加入本公约"（Council of Europe 2015a: Art 34.1）。

到欧洲委员会的目标是在其成员之间实现更大的团结……"（Council of Europe 2015a: Preamble）。这段话可以被解释为指明了文件的影响范围，并因此明确表示，它旨在保护或促进该领域内价值观的一致表达。

因此，仍然存在的问题是，虽然保护自己的价值观是可以接受的，但将此类法律强加给他人则完全是另一回事。这通常是对人权理想的违背，也会在某种程度上超出辩护的程度，成为对这一主题所持价值观的攻击。我们可以用两种方式来看待这种困境。

第一道调查要求我们支持这样一种观点，即国际分歧导致了旨在安抚各方的微弱妥协。约翰·威廉姆斯（John Williams）在当时关于生物伦理和人权的世界宣言草案中提出了这样的批评，他称之为"一份没有以任何方式推进国际生物伦理的文件"（Williams 2005: 214）接着又说，真正重要的国际宣言……基本上是难以实现的。（Williams 2005: 215；类似建议参见 Harris 2004）。这个问题似乎是制定立法提案以最大限度地提高可接受性的一个必然结果，即便从道德相对主义的立场出发制定一项法律规定也是如此；因此，它本身就是支持国际法具有合法性问题的观点的证据。

其次，各国可以自由地选择不接受任何国际文书的条款。例如，如前所述，有些国家拒绝签署《欧洲人权公约》，遑论批准（*ECHRB*）（Council of Europe 2015a）。无论是出于保护已经载入了国内立法的价值观的目的（Science and Technology Committee 2004–05），还是如印度投票反对《世界人类克隆宣言》[*Universal Declaration on Human Cloning*（*UDoHC*）] 的解释中已经给出的文化道德原因（该"宣言的一些条款可以解释为呼吁全面禁止所有形式的克隆"，United Nations 2005，与此同时，印度支持治疗性克隆）。毫无疑问的是，各国能够通过拒绝加入来保护自己的价值观。我们可能（略带自嘲地）注意到，《世界人类克隆宣言》原本是想成为一个有约束力的公约，但因分歧而被降级（United Nations 2005）。

因此，我们可以假设，不同的全球道德标准在国际生物体系下可以畅通无阻地存在，它们也不会以任何方式来反对种系改造等技术的统一意见；尽管美国国家卫生研究院的支持者可能会试图为他们的谴责辩护。我们已经注意到，允许种系干预甚至达成道德和立法共识还为时尚早，现在是时候更详细地研究该领域新技术的基础理性方法了。为此，我们将研究三种涉及种系干预的新技术的产生或革新。以下部分的讨论遵循了现任作者在最近的两篇研究论文（Harris 2016a and 2016b）中的论述。

二　改变胚胎中的人类种系：一个案例研究

人类胚胎修改的争论，随着 1978 年 7 月 25 日第一个试管婴儿路易丝·布朗（Louise Brown）的出生而拉开了帷幕（技术描述见 Harris 1983；关于克隆人的一些可能优势的讨论，见 Harris 1985 and 2004）。不过，决定性事件当然是 1997 年 2 月

27 日在《自然》（*Nature*）杂志上公布的另一"瞬间成名"的英国羊羔的诞生（见 Wilmut and others 2007）。这头羊羔名叫多莉，据称因为她从是从一个乳腺细胞中克隆出来的，这让那些创造出多莉羊的人给她取了这个名字。露易丝和多莉被证明是健康的，而且，就公众所知，她们活的很快乐。像世界上通过试管婴儿出生的 500 多万婴儿一样，他们的存在归功于英国的科学，特别是鲍勃·爱德华兹（Bob Edwards）和帕特里克·斯特普托（Patrick Stept）的工作（Brian 2013）。露易丝·布朗和多莉的关系还在于对他们的偏见，这些偏见来自对制造出他们的人的谴责。换言之，这些人不仅反对这些技术，也反对发明出这些技术的科学家。我们希望这些孩子中有很大一部分人能很高兴活着，也很高兴他们的出生没有使其收到科学的压制而被阻止。

　　两种能够对人类基因组进行可遗传改变的基因技术重新唤起了人们对所谓种系干预的兴趣。在一些方面而言，人们可谓是非常熟悉这种恐慌。这些技术利用了 CRISPR/Cas9 基因编辑非存活试管婴儿合子中的基因（Collins 2015）并创造了线粒 920 体替代疗法（Mitochondrial Replacement Therapy，MRT），在 2015 年早些时候英国议会具有里程碑意义的投票中，该法案的使用得到了批准（*Human Fertilisation and Embryology Regulations* 2015）。在人类身上使用这两种技术的可能性遇到了最激烈的敌意和怀疑。然而，重要的是要意识到，这种敌意在很大程度上可以追溯到与试管婴儿和其他生殖技术以及克隆技术有关的恐惧；在当时，这种担忧毫无根据，因为事实证明，这种担忧对人类非常有益，而且能够得到有效的监管和控制。

　　联合国教育、科学与文化组织（UNESCO）于 1997 年 11 月 11 日发表《人类基因组与人权的普遍宣言》（*Universal Declaration on the Human Genome and Human Rights*），赞同"将人类基因组作为人类共同遗产加以保护"。《欧洲人权公约》（*ECHRB*）第 13 条规定：

> 　　寻求修改人类基因组的干预可能只能用于预防、诊断或治疗的目的，而且只有在其目的不是在任何后代的基因组中引入任何修改的情况下，这种干预才是可行的（UNESCO 1997: Art 13）。

　　欧洲理事会没有解释，在没有将这种"修改"引入任何后代基因组的情况下进行任何此类修改，会有什么样的后果。此外，专门禁止克隆人的附加议定书第 1 条规定：

　　（1）任何试图令一个人在基因上与另一个人相同的干预都是被禁止的，不管是针对活着的还是死去的人。

　　（2）就这篇文章而言，人类与另一个人的"基因相同"一词意味着人类与另一个人共享相同的核基因集（Council of Europe 2015b）。

那些以这种方式呼吁人类共同遗产的人也开始看到人类基因组目前的进化状态。他们表示基因组不仅是人类的共同遗产，而且是在这个特定的进化阶段，对其必须尽可能永久地"冻结"。

对基因组干预的共识本身——这是我们之一很久以前就主张为错误的构想（Harris 1992: ch 8）——并且现在正在崩溃。英国议会最近投票产生的（Vogel and Stokstad 2015）关于改变种系干预的法律——连同之前提到的最近申请在人类胚胎中进行此类研究——以及美国国家科学院医学研究所愿意对这些做出认真、客观的重新评估等事例均说明了上述问题（National Academies 2015；Harris 2016a）。

联合国教科文组织（以及之前和之后的许多组织）方便地忽略了这样一个事实，即克隆是唯一真正保护人类基因组完整的生殖方法。确实，克隆完全复制了人类基因组（尽管有时只是几乎复制，尚未达到完全的程度）。另一方面，其他人类繁殖形式将两个或更多不同个体的遗传物质进行随机组合来改变人类基因组。人类的生殖并没有很好地完成它的改进。正如哈里斯（2007）所主张的，目前状态下的人类基因组是一项非常不完美的"正在进行中的工作"。问题是达尔文进化论（Darwinian evolution）的进展非常缓慢，其进化方向不可预测，只是这种方式有助于基因生存（Dawkins 1976）。我们肯定需要加快开发更好的抵抗细菌、疾病、病毒或敌对环境的技术，或者加快开发找到地球以外的栖息地并前往居住的必要技术。

三　线粒体替代疗法（MRT）

如前所述，最近的论文、社论和新闻文章讨论了使用各种基因组修改技术的可行性研究和治疗方案，并随后宣布中国的一个团体在人类胚胎中使用了这种技术（Cyranoski and Reardon 2015；Cyranoski 2015）。鉴于这些情况和其他事态发展，我们迫切需要重新评估在人类中使用这种技术的安全性、有效性和伦理，并就其最终可接受性的适当条件达成新的共识（Baltimore and others 2015; Cyranoski 2015; Lanphier and others 2015; Vogel 2015）。大卫·巴尔的摩（David Baltimore）等人强调，有必要在生物科学能力高度发达的国家开展这项工作。这些国家会对这类科学建立起"严格监管"或者已经采取了相关措施。

在英国，任何最终将被植入人类胚胎基因组的进一步修改，都必须获得英国议会1990年通过的《人类生育和胚胎学法案》（*Human Fertilisation and Embryology Authority*, *HFEA*）的授权。这些措施很可能还需要得到英国议会的单独批准，就像最近批准的《2015年人类受精和胚胎学条例》（*Human Fertilisation and Embryology Regulations* 2015）一样。在英国，到目前为止，超过25年的时间，为该项技术提供了足够有力的保障措施。实际上，这些保障措施源自于此前多年广泛的公众咨询、学术研究和权威报告

（Department of Health and Social Security 1984），使得社会各界在发展道路上产生了广泛共识，并不断接受议会的审议。

按照上述标准，线粒体替代疗法现在被认为是"足够安全的"，可以在人类身上使用。但是我们要始终记住在这方面，不存在所谓的"安全"。什么是"足够安全"是在具体情境相对应的，并且总是涉及与具体情境的风险收益分析。例如，几乎所有用于治疗癌症的化学疗法都是剧毒的，因此，与大多数其他供人类使用的药物不同，在临床采用前，从未用此方法对"健康成人"进行过检测。然而，鉴于替代方案的致命性，癌症患者、他们的家人和临床医生认为它们足够安全。

线粒体替代疗法将使英国约 2500 名女性能够拥有与其基因相关的孩子，也能避免孩子患上可怕的疾病。线粒体疾病可能非常严重，导致像利氏病这样的疾病、致命的婴儿脑病，以及其他导致肌肉萎缩、糖尿病或耳聋的疾病。

（一）未来的一代

许多反对种系干预的人强调，这种干预在影响"下一代"（2012 年样本）的方面有所不同。然而，这不仅适用于所有的辅助生殖技术，也适用于任何其他类型的生殖技术。这个所谓的"未知领域"（2012 年样本）自然涉及现在给人们带来的好处与对未来危险的担忧之间的权衡。所有新技术的引入都涉及对长期和不可预见事件的不确定性。

当然，"正常"的性繁殖也是如此。可以说这是一种非常危险的活动，而且经常被描述为"基因彩票"：

> 据估计，每年有 790 万儿童——占全球总出生人数的 6%——出生时患有严重的由于遗传导致的缺陷。另外还有数十万人出生时患有严重的孕后缺陷，包括产妇对环境剂的感染，例如酒精、风疹、梅毒和碘缺乏会对胎儿产生危害（March of Dimes Birth Defects Foundation 2006：2）。

有性繁殖，就胚胎的死亡和破坏性而言，它是严重低效的——根据欧德（Ord）（2008）的说法，有性繁殖的存活率只有 37%，这也伴随了大约有 2.26 亿次的自然堕胎——这无疑涉及对后代的重大伤害。但有性繁殖本身通常不会因为这些理由而遭到反对。

如果对后代允许的伤害风险的适当测试是有性繁殖，那么其他种系变化技术（除了有性繁殖）需要证明严重的可预见的危险，才能证明其失败。线粒体替代疗法将预防严重的线粒体疾病，即让有线粒体疾病的妇女、他们自己的孩子及其后代免除疾病的伤害。这看起来像是一种合理的成本效益战略。

此外，哈里斯（2016）在对这些问题进行全面讨论时所指出的那样：

就线粒体疾病而言，我们知道许多女性会继续渴望拥有自己基因的孩子，如果她们拒绝或不能使用线粒体替代疗法，她们也会继续用自然繁殖的方式拥有自己的孩子。拒绝接受线粒体替代疗法不会阻止严重疾病在几代人之间的无限期传播，而接受线粒体替代疗法则有望显著降低这种风险。这里的选择不是在可能出错的种系干预和导致问题无限期持续存在和安全的替代之间做出选择。对于那些想要与基因相关的后代的女性来说，这是一种介于这种技术和目前没有替代方案之间的选择，最终她们也将选择用自然繁殖的方式来使疾病的发生永久化。

换言之，不选择线粒体替代疗法将会涉及更大的风险。

（二）三亲家庭

大众媒体通常将线粒体替代疗法标记为"三基因父母"程序，尽管捐赠线粒体中包含的第三方 DNA 占总遗传贡献的比例远低于 1%，并且不传递任何通常家庭相似性和父母和孩子都感兴趣的显著个人特征。线粒体为细胞提供能量，当它们患病时会造成遗传伤害——因此需要线粒体替代治疗方式。线粒体无法传递任何身份特征或其他家族特征。在任何情况下，作为一个被这样称呼的父母，相对于一个单纯的（基因贡献上的）祖先来说，要比对孩子的遗传贡献多得多，其贡献不在于单纯的基因贡献。

四　基因编辑技术在胚胎中的应用

以上论述的许多论点也适用于对其他种系改造技术的反对。回到我们最开始的论点，弗朗西斯·柯林斯（2015）又进一步指出：

> 他依然坚决反对这项活动。这些包括严重的和无法量化的安全问题、伦理问题，以及改变了下一代的身体，却没有得到他们的同意等。

924

所有新技术中都有"严重和不可量化"的安全问题——这里有什么不同？柯林斯认为一个重要的区别是缺乏知情同意。

（一）同意

在这里，同意根本无关紧要，因为没有人能够对自己种系的这种变化给予或拒绝同意。我们都必须为未来的人做出决定，而不去考虑他们是否会不同意这种决定。一切即将成为或可能成为父母的人在许多可能影响他们未来孩子的问题上做出决定，他们一直在这样做，而没有考虑孩子之后是否会同意；试想一下，他们又怎能不这么做呢？在大多数有性繁殖的案例中，首先有一些决定，是关于一组染色体的特殊分割（或更复杂的组合）可能会导致何种遗传天赋。乔治·萧伯纳（George Bernard Shaw）和伊萨多拉·邓肯（Isadora Duncan）都是天赋异禀之人，但其基因中只有部分例外。当邓肯对萧伯纳说："我们为什么不生一个孩子……以我的长相和你的大脑，这个孩子是不可能失败的"，④ 随后萧伯纳理性地评价道："是的，但是如果孩子拥有了我的长相和你的大脑呢？"与大多数准父母不同，萧伯纳与邓肯确实考虑了集体基因的组合会是有利的还是有害的，甚至他们也不认为（不像柯林斯夫妇）他们对孩子所做的任何决定需要得到孩子的同意。没人这么做！所有父母都为自己现在和将来的孩子决定，直到他们的孩子能够自己做决定为止。这当然不是说父母和科学家不应该负责任地决定现有证据和论据的最佳组合；他们必须这么做。相反，由于显而易见的原因，他们决策的依据不能包括未来孩子的同意。

这当然是德里克·帕菲特（Derek Parfit）著名的"非身份问题"（non-identity problem）（1984：351-377）。这种无视这种同意的相关性是这个潜在孩子唯一的生存机会，因此只要最好的猜测是孩子的最终生活不会令人不可接受，那么这个决定就是符合这个孩子的利益的。

请注意，那些提出与未来到世上的人类有关的同意问题的人，只有在他们希望声称相关的孩子不会，或者不应该来到世上时，才会做出如此提问。因此在他们看来，那些潜在的孩子不应该出生。

如果这里存在一个显而易见的职责，那这个职责肯定是创造出最好的孩子。或者说，达成"考虑一切因素"下的最佳表现。⑤ 尽管我们有道德上的理由去做这件事情；但它们并不一定是压倒一切的理由（Harris 1985; 1986）。

（二）跨代遗传传承

925

我们认为，迄今为止完全没有注意到的一个可能性是，遗传的变化不一定局限于传统的生殖系统遗传效应（Reardon 2015）。正如最近有人指出的："体细胞分化中的表观遗传状态的传播现在已被广泛接受，其机制也开始被揭示出来。"遗传因素能具

---

④ "事实上，"萧伯纳说，"不是伊莎多拉向我提出了这个建议。这个故事告知我与几位著名的女性，尤其是伊萨多拉·邓肯，联系在一起。但我真的收到过一位外国女演员的奇怪提议，她的名字你不会知道，我也已经忘记了。但是我确实对她的提议做出了回应。"（Gibbs, 1990: 417, 419）（Section: Tea with Isadora, excerpt from "Hear the Lions Roar"（1931）by Sewell Stokes, published by Harold Shaylor, London）.

⑤ 约翰·哈里斯在他的新书 *How to be Good*（OUP 2016）中阐述了这种当务之急的重要性，即"为所有考虑到的事情采取行动"。

体相传几代的程度还不太明确。⑥ 例如，联合国教科文组织已经注意到如何将"人类基因组作为人类共同遗产"的荒谬主张应用于仅在事后才显现出来的后生遗传效应中？对这种疏漏我们应该感到震惊，抑或是安慰？这些问题最近在其他地方已经讨论过，⑦ 它们也是作者将继续研究的问题。

就目前而言，我们不必恐慌。相反，我们需要认识到，我们是一个被称为"进化"的基因转变过程的产物，它使用了有时被委婉地称为"性繁殖"（有时则不会如此委婉）的实验技术。这个过程非常缓慢，但它并没有停止，除非我们自己灭绝，否则我们无法阻止它。我们肯定知道，未来将不再有人类，不再有地球这个星球。要么，我们会被自己的愚蠢或大自然的野蛮力量消灭，要么，我们希望，我们会进入一个比达尔文主义进化更理性、更迅速的进一步的进化过程（Harris 2007 and Lawrence 2014）。⑧

926　【参考文献】

Baltimore D and others, 'A Prudent Path Forward for Genomic Engineering and Germline Gene Modification' (2015) 19 Science 1325

Birmontiene T, 'Health Legislation in Eastern European Countries: the Baltic States' (2004) 11 European Journal of Health Law 77

Blackford R, 'Book Review: Sam Harris' *The Moral Landscape*' (2010) 21 Journal of Evolution and Technology 53 <http://jetpress.org/v21/blackford3.htm> accessed 25 November 2015

Brian K, 'The Amazing Story of IVF: 35 Years and Five Million Babies Later' (*The Guardian*,12 July 2013) <www.theguardian.com/society/2013/jul/12/story-ivf-five-million-babies> accessed 25 April 2015

Centre for Genetics and Society, 'NIH Statement on Gene Editing Highlights Need for Stronger US Stance on Genetically Modified Humans, Says Public Interest Group' (*Genetics and Society*, 19 April 2015) www.geneticsandsociety.org/article.php?id=8544 accessed 25 November 2015

Collins F, 'Statement on NIH Funding of Research Using Gene-Editing Technologies in Human Embryos' (*National Institutes of Health*, 29 April 2015) <www.nih.gov/about/direc- tor/04292015_statement_gene_editing_technologies.htm> accessed 25 November 2015

Council of Europe, 'Convention for the Protection of Human Rights and Dignity of the Human Being with regard to the Application of Biology and Medicine: Convention on Human Rights and Biomedicine' (CETS No 164, 2015a) <http://conventions.coe. int/Treaty/Commun/ChercheSig.asp?NT=164&CM=&DF=&CL=ENG> accessed 5 October 2015

⑥　关于跨代遗传继承的研讨会公告。The Company of Biologists 4th–7th October 2015 organised by Edith Heard, Institute Curie, Paris, France and Ruth Lehmann Skirball Institute, The Company of Biologists, 2015）<http:// workshops.biologists.com/ transgenerational– epigenetic– inheritance/ >2015 年 6 月 27 日访问。

⑦　（n 25）生殖系改造与人类生存的负担。

⑧　在一篇即将发表的博士论文中也会有所提及。

Council of Europe, 'Additional Protocol to the Convention for the Protection of Human Rights and Dignity of the Human Being with regard to the Application of Biology and Medicine, on the Prohibition of Cloning Human Beings' (CETS No 168, 2015b) <http:// conventions.coe.int/Treaty/ en/Treaties/Html/168.htm> accessed 25 November 2015

Cressey D, Abbott A, and Ledford H, 'UK Scientists Apply for Licence to Edit Genes in Human Embryos' (*Nature News*, 18 September 2015) <www.nature.com/news/uk-scientists-apply- for-licence-to-edit-genes-in-human-embryos-1.18394> accessed 25 November 2015

Cyranoski D, '*Ethics of embryo editing divides scientists*' (2015) 519 Nature 272 <www. nature.com/ news/ ethics- of- embryo- editing- divides- scientists- 1.17131> accessed 23 November 2015

Cyranoski D and Reardon S, 'Chinese Scientists Genetically Modify Human Embryos' (*Nature*, 2015) <www.nature.com/news/chinese-scientists-genetically-modify-human- embryos-1.17378> accessed 23 November 2015

Dawkins R, *The Selfish Gene* (OUP 1976)   927

Department of Health and Social Security, *Report of the Committee of Inquiry into Human Fertilisation and Embryology* (Cm 9314, 1984) ('The Warnock Report')

Gibbs A, *Shaw Interviews and Recollections* (University of Iowa Press 1990)

Goffin T and others, 'Why Eight EU Member States Signed, but Not Yet Ratified the Convention for Human Rights and Biomedicine' (2008) 86 Health Policy 222

Harris J, 'In Vitro fertilisation: the ethical issues' (1983) 33 Philosophical Quarterly 217 Harris J, *The Value of Life* (Routledge 1985)

Harris J, *Wonderwoman and Superman: The Ethics of Human Biotechnology* (OUP 1992)

Harris J, 'Rights and Reproductive Choice' in John Harris and S0ren Holm (eds) *The Future of Human Reproduction: Choice and Regulation* (Clarendon Press 1998)

Harris J, *On Cloning* (Routledge 2004)

Harris J, *Enhancing Evolution* (Princeton UP 2007)

Harris J, 'Germ Line Modification and the Burden of Human Existence' (2016a) 25 Cambridge Quarterly of Healthcare Ethics 1 <http://dx.doi.org/10.1017/S0963180115000237> accessed 25 November 2015

Harris J, 'Germline Manipulation and our Future Worlds' (2016b) American Journal of Bioethics (in press)

Human Fertilisation and Embryology Act 1990 c 37 (as amended by the Human Fertilisation and Embryology Act 2008 c 22)

Human Fertilisation and Embryology (Mitochondrial Donation) Regulations 2015, SI 2015/572— Lanphier E and others, 'Don't Edit the Human Germ Line' (2015) 519 Nature 410 <www.nature. com/ news/ don- t- edit- the- human- germ- line- 1.17111> accessed 25 November 2015

Lawrence D, 'To what Extent is the Use of Human Enhancements Defended in International Human Rights Legislation?' (2014) 13 Medical Law International 254

Liang P and others, 'CRISPR/Cas9-Mediated Gene Editing in Human Tripronuclear Zygotes' (2015) 6 Protein & Cell 363

March of Dimes Birth Defects Foundation, 'March of Dimes Global Report on Birth Defects' (*March of Dimes*, 2006) <www.marchofdimes.org/materials/global-report-on-birth- defects-the-hidden-toll-of-dying-and-disabled-children-full-report.pdf> accessed 25 November 2015

Millard F, 'Rights Transmission by Mimesis: the Biomedicine Convention in Central Europe' (2010) 9

Journal of Human Rights 427

National Academies, 'Ethical and Social Policy Considerations of Novel Techniques for Prevention of Maternal Transmission of Mitochondrial DNA Diseases' (*National Academies Current Projects*, 2015) <www8.nationalacademies.org/cp/projectview. aspx?key=49648> accessed 25 November 2015

Ord T, 'The Scourge: Moral Implications of Natural Embryo Loss' (2008) 8 American Journal of Bioethics 12

Parfit D, *Reasons and Persons* (Clarendon Press 1984)

Reardon S, 'US Congress Moves to Block Human-Embryo Editing' (*Nature*, 25 June 2015) <www. nature.com/ news/us- congress-moves- to- block-human- embryo- editing- 1.17858> accessed 27 June 2015

Sample I, 'Regulator to Consult Public Over Plans for New Fertility Treatments' (*The Guardian*, 17 September 2012) <www.theguardian.com/science/2012/sep/17/genetics- embryo-dna-mitochondrial-disease?newsfeed=true> accessed 25 November 2015

Science and Technology Committee, *Human Reproductive Technologies and the Law* (HC 2004-05, 7-I)

Stanley T, 'Three Parent Babies: Unethical, Scary and Wrong' (*The Telegraph*, 3 February 2015) <www.telegraph.co.uk/ news/ health/ 11380784/ Three- parent- babies- unethical- scary-and-wrong. html> accessed 25 November 2015

UN Educational, Scientific and Cultural Organization, 'Universal Declaration on the Human Genome and Human Rights' (1997) <www.refworld.org/docid/404226144.html> accessed 25 November 2015 (UNESCO)

United Nations, 'General Assembly Adopts United Nations Declaration on Human Cloning by Vote of 84-34-37' (Press Release GA/10333, 8 March 2005) <www.un.org/News/Press/ docs/2005/ga10333. doc.htm> accessed 25 November 2015

Vogel G, 'Embryo Engineering Alarm' (2015) 347 Science 1301

Vogel G and Stokstad E, 'U.K. Parliament Approves Controversial Three-Parent Mitochondrial Gene Therapy' (*ScienceInsider*, 3 Febraury 2015) <http://news.sciencemag.org/biology/ 2015/ 02/ u-k-parliament- approves- controversial- three- parent- mitochondrial- gene- therapy> accessed 25 November 2015

Williams J, 'UNESCO's Proposed Declaration on Bioethics and Human Rights- A Bland Compromise?' (2005) 5 Developing World Bioethics 210

Wilmut I and others, 'Viable offspring derived from fetal and adult mammalian cells' (2007) 9 Cloning and Stem Cells 3

928

第三十八章
超越"法律扼杀技术创新"的迷思
——如何维持适应性药物许可的进程与合法监管的关系

巴尔贝尔·多贝克·荣格（Bärbel Dorbeck-Jung）

林华、徐靖仪 译

一 引言

产业和科学界的代表经常声称，监管扼杀了有益的创新，因为它落后于技术发展的水平。例如，在美国生物世纪出版物中关注医药创新的《伯恩斯坦报告》（*Bernstein Report*）清楚地表达了这一点：

> 监管体系目前尚未得到很好的配置，在监管体系能有效应用于目前的科学和
> 临床经验之前，现有的监管范式将继续延缓患者需要的治疗进程，并带动风险资
> 本投入其他工作之中（BioCentury Publications 2010）。

最后，"生物世纪"强调，监管创新迫切地需要将监管与药品创新联系起来。

有影响力的学者和监管机构也提出了不断维持规章和技术创新之间联系的必要性。在《法律、创新和技术》（*Law, Innovation and Technology*）杂志创刊时，其就如何保持技术创新与（法律）管制之间的联系提出了一系列令人鼓舞的想法，以维护人权和人的尊严，同时支持可取的技术创新并确保公平分享利益（2009:3）。根据这一说法，"成功的"监管涉及特定监管环境的合法性。

在医药界，西方监管机构一直在大力扶持急需的创新药物的销售。为了确

保患有罕见疾病的病人享受与其他病人相同的治疗质量，美国于 1983 年颁布了
《孤儿药品管制条例》（*orphan drug regulation*）。寻求适当的监管联系的其他例
子是，加速的、特殊的、有条件的药品授权办法，这些办法有助于向市场输送急
需的药品，并加快病人对药品的获得速度（Eichler and others 2012: 427; Ludwig
Boltzmann Institute 2013）。在过去 8 年中，关于预期计划中的药品许可适应性办
法的一系列提案在各种标签下出现，包括分阶段的方法、受管控的准入、适应性
的许可和渐进的授权（Eichler and others 2012: 427）。通过使许可程序更具活力、
包容性、互动性，并能满足患者的需要，这些建议有望更广泛地扩大新药品对公
众健康的积极影响。

其中一些监管创新举措有效地保持了与药品创新和患者需求之间的监管联系。例
如，美国《孤儿药品管制条例》被认为是美国近代史上最成功的立法干预措施之一
（Haffner, Whitley, and Moses 2002）。关于加速的、例外的和附条件的许可办法的实
证研究表明，经批准的临床数据比较有限的药品，竟然与遵循标准程序生产的药品
一样安全（Boon and others 2010; Anardottir and others 2011）。然而，这些监管创新的
合法性却遭到了质疑。尽管监管机构努力增加患者获得急需药品的渠道与数量，但
每年获得批准的药物数量始终保持不变。评论人士总结说，真正创新的治疗方法很
少（Eichler and others 2012: 426; Baird and others 2013）。令人惊讶的是，只有少数制
药公司使用了附条件的批准方式（Boon and others 2010）。在这些例子中，人们可能
对监管创新缺乏信任。所有利益相关者似乎都在努力应对条件许可涉及的不确定性
（Hoekman and others 2015）。为了解决这些问题，美国、欧洲、加拿大、日本和新加
坡最近提出了适应性药物的许可途径。监管程序的这些创新之举似乎有可能提高监管
连接的合法性。

本章着重探讨了如何从药品许可进程的合法性问题上吸取经验教训。适应性许可
是一个特别有趣的例子，因为它似乎在全世界得到许多利益攸关方的支持。它采用了
一种应对管制本身的管理办法，被视为解决技术发展的不确定性及其影响的正确措施
（Levi-Faur and Comaneshter 2007; Dorbeck-Jung 2013）。本章首先探讨了响应规制的
承诺和要求，以便与技术创新建立合法的联系。这项探索首先简要讨论了技术管制的
具体合法性问题，目的是确定能够应对这些问题的回应办法。其次，本章论述了医药
产品适应性许可的监管策略。它描述了为什么提出了这种响应性技术管制的例子，说
明了它是如何发展的，以及最初的经验是什么。它同时评估了监管机构目前面临的承
诺和合法性问题，以便将适应性许可付诸实践。这也让我们收获了关于可能促进技术
管制合法性的初步经验。

二 对技术监管的承诺与要求

（一）技术管制的具体合法性问题

要了解具体的合法性问题，最好仔细研究一下技术的"社会性许可"概念。通常，这一概念被理解为："在民主社会中，政治家和监管者有责任引导理想的技术创新之路"（Brownsword and Somsen 2009: 2）。监管机构的任务是设定技术创新的限度，协调风险的评估和管理，设计公众参与的程序，设定补偿责任的条款，支持可取的技术创新。

在努力取得"社会性许可"的时候，监管机构必须应对许多困难，这些困难涉及管理能力和良好的治理规范。管理能力应当考虑到管制的预期效果，同时善政源自广义的法治概念和一定的民主思想（van Kersbergen and van Waarden 2004）。管理能力和善政是合法治理的一个方面。它们主导了这本手册四项合法性主张中的两项（见这本书的编辑导言）。这两项主张涉及监管的效果和监管程序的规则。效果导向的合法性考虑的是监管的结果（结果是否有助于实现管制的目标），而民主导向的合法性则考虑监管程序的质量（这些程序是否透明、具有包容性和可商议性；而监管部门是否独立，并能对它们的活动负责？）本章着重论述这两个合法性主张。

关于绩效合法性，监管机构必须处理社会性许可任务内的矛盾和紧张局势。为确保宪法权利和监管目标与监管任务发生冲突，我们应该设定一些限制，从而使技术革新成为可能。例如，对安全问题的不确定性可能抑制创新药物的销售。在新技术的监管中，最关键的问题是如何应对技术发展的不确定性及其更广泛的社会、伦理和法律影响。不确定因素存在于技术发展的特征、好处和风险，以及它对人类状况和宪法问题的影响。目前尚不确定新技术是否可以通过现有的监管方式进行适当控制，或者是否存在监管空白，对其范围予以缩小。除了这些"与技术有关的不确定因素"之外，监管机构还必须应付关于监管目标是否实现、控制措施是否会建立信任以及受监管各方是否遵守规则的一般不确定因素影响（"一般监管结果不确定因素"）。

与技术有关的不确定因素本身并不是新的热点。它们可能伴随着任何新技术而出现。然而，可以说的是，这些"不确定性"可能在一定程度上是由于与任何新兴技术有关的复杂性程度造成的（Dorbeck-Jung and Bowman 2017）。此外，新兴技术也是被置于更有紧密联系、全球化和解放的当今社会环境之中。这对监管对策提出了特别的挑战。由于目前在发展的早期阶段，我们也需要认真对待技术的社会性许可。根据欧洲对预防原则的看法，当诸如人的尊严、健康、安全、环境和隐私等基本价值受到威胁时，监管机构必须在技术发展的早期阶段采取行动（EC 2000; Fisher 2007）。监管机构（有时是受监管方）有义务探索科学技术的最新状态及其对监管进程的影响。

最近，在所谓负责任的研究和创新的框架下，产生了一系列建议，以便在存在多重不确定因素的情况下（Owen and others 2012; von Schomberg 2013; Dorbeck-Jung and Bowman 2017），制定指导技术发展的框架，从而使其影响得到切实的落实（Dorbeck-Jung and Bowman 2017）；预期的监管方法必须认识到预测的局限性（Kearnes and Rip 2009）。

对于监管机构来说，在发展的早期阶段解决不确定因素是极其困难的，因为它们必须将所有活动建立在科学证据的基础上。以证据为基础的监管要求获得有关知识和时间，来验证新的监管框架会有什么样的后果。在这些活动中，监管机构必须对具有科学合法性的说法做出充分回应（Forsberg 2012）。合理的对策包括不断提高知识的可信度、不断测试知识的稳健性和可靠性以及让所有利益攸关方参与知识收集（Kica Ibraimi 2015）。适当的利益攸关方参与也是民主合法性的主张之一。进一步的要求是监管程序和结果的透明度、独立的监管机构和问责制（Scharpf 1999; Schmidt 2010）。

鉴于对合法技术管制的诸多要求，与所有利益攸关方的合作似乎是将条例与快速推动技术发展联系起来的途径。在技术法中，共同监管在发展的早期阶段就已开始实施。从19世纪开始，技术法依赖于行业、专家和政府之间的共同管理（Kloepfer 2002；Randles 2014）。政府了解其技术知识的限度是建立在私人标准的制定和私人活动的监督的基础上的。反之亦然，各行业通常都欢迎监管合作，因为他们预计，公共监管将为知识产权保护提供稳定性和确定性。目前，联合监管在新兴技术的监管中被频繁采用。例如，在治疗性纳米产品的监管过程中，药品机构与有影响力的科学家、行业协会和病人组织合作，以深入了解潜在的监管差距（Dorbeck-Jung 2013）。又如，在纳米技术的管理过程中，通过在网络建设和维护方面不断协调科学和监管能力，从而制定监管决策（Reichow 2015）。

根据共同监管的重点，"社会性许可"被解释为公共和私营监管机构的共同责任。由于技术发展的动态和对其影响的深刻认识，在限制和促进技术创新之间进行取舍是暂时和脆弱的。在下一节中，我们将讨论那些被认为能够应对社会性许可任务的调控办法。

（二）应对性的调控办法

对条例的回应办法是诺奈特和塞尔兹尼克（Nonet and Selznick）于1978年，艾尔斯（Ayres）于1992年，甘宁汉、格拉博斯基和辛克莱（Gunningham、Grabosky and Sinclair）于1998年、鲍德温与布莱克（Baldwin and Black）于2008年和2010年分别提出的。这些框架借鉴了不同的社会科学理论，作为不同调查的理论基础。具有高度影响力的布雷斯韦特（Braithwaite）理论的目标是最大限度地实施执法策略，而诺奈特和塞尔兹尼克则更广泛地寻求如何将法律重新连接到社会问题之中。甘宁汉、格拉博斯基和辛克莱关于"智能"监管的想法，让艾尔斯和布莱克的监管理论拥有了更全面的视角，包括监管机构与受监管的监管机构之间的互动，以及对兼容性监管手段的要求（Baldwin and Black 2008: 65）。考虑到对强制性执法战略的批评，布莱克与鲍德温提议进一步扩展他们认为是"真正的回应型监管"的建议（2008，2010）。"真正的"反应型监管将重点从个人的合规动机转向特定监管制度的逻辑性、制度环境和绩效上。该报告提请注意分析框架所有要素的变化，据说这些变化不仅适用于执行方面，而且也适用于所有管制活动（Baldwin and Black 2008: 69）。

　　为了深入了解监管机构如何处理技术法规的合法性问题，我们详细阐述了诺奈特和塞尔兹尼克的想法（1978; Selznick 1992）。与其他具有响应性的监管框架不同的是，诺奈特和塞尔兹尼克将重点放在了监管连接的合法性上。他们关于谨慎的联合监管的想法和试验可以激发合法的技术监管。诺奈特和塞尔兹尼克提议制定相应的法律，以更新法律与社会环境之间的联系。他们注意到，以前的法律演变形式，具有压迫性和自主性，因此破坏了法律的权威。由于法律与政治的急剧分离，"自治法"遭到了根本性的批评，导致了法律合法性的危机（Nonet and Selznick 1978: 4）。为了使法律能够促进社会问题的解决，诺奈特和塞尔兹尼克提出了一种反应迅速的办法，希望它能作为社会秩序的重要组成部分并保障其免受社会任意意志的影响。考虑到体制的潜在韧性和开放性，一项反应迅速的监管措施在许多方面对"挑战"应该持开放态度，鼓励公众积极参与，并期望新的社会利益与这项监管措施能相互挂钩（Nonet and Selznick 1978: 6）。

935

　　诺奈特和塞尔兹尼克的做法的核心思想是，如果能对监管问题做出批判性反应，并因此对结构和体制环境进行调整，就能在一定程度上提高监管合法性。批判性回应包括试图在相互冲突的利益和相互冲突的规范要求之间取得平衡。为了应对这些挑战，塞尔兹尼克后来主张采取审慎的监管立场（1992）。提到亚里士多德的想法时，他强调谨慎并不意味着专注于机巧智识和经济计算（Selznick 1992: 60）。审慎监管机构更注重对监管实践做出合理的道德判断。应诉规章规定要求监管机构（1）扩大调查范围，以了解社会背景和监管决定的影响；（2）以社会后果为中心，力求超越一味遵循规则的推理方式；（3）测试执行任务的替代战略，并根据所学到的知识重建这些任务；（4）与所有利益攸关方合作并鼓励参与到监管任务中（Nonet and Selznick 1978; Selznick 1992; Trubek and others 2008: 1）。简言之，顺应需求的管理包括持续的交互式学习和调整过程。

（三）应对性技术管制

　　为加强对技术管制工作业绩的调查，现已制定了分析框架。该框架借鉴了布雷斯韦特的想法（Levi-Faur and Comaneshter 2007）和塞尔兹尼克的工作（Dorbeck-

Jung 2011; 2013）。本章以多贝克（Dorbeck-Jung）对塞尔兹尼克观点的评论为基础，该观点侧重于更广泛的合法性问题。回应性监管的愿望似乎有应对技术监管的合法性挑战的潜力。为了解决管理成果的不确定因素以及与技术有关的不确定性，回应性规制鼓励注重持续的知识收集和交流活动。说明审慎的监管者意识到在不确定因素较大的情况下，以证据为基础的监管和预测的局限性。回应性规制承认各项监管任务之间的紧张关系。它主张审慎权衡矛盾任务、保持持续的警惕并且谨慎进行调整调控。回应性规制强烈支持所有利益相关者的参与。它激发了监管的透明度，以及监管者的诚信和问责制。然而，正如诺奈特和塞尔兹尼克承认的一样，最大限度地应对监管是一种"高风险"的方法。用他们的话说："高风险的观点……可能带来比商讨更多的麻烦，在压力面前助长软弱和摇摆不定，对激进主义少数群体产生过936 多的影响"（Nonet and Selznick 1978: 7）。因此，需要做出回应的监管机构对其活动后果进行批判性审查。

对于诺奈特和塞尔兹尼克所提供的观点，令人震惊的是，监管理论几乎没有建立在它们的理论之上。这主要是由于他们概念化的模糊，以及缺乏可操作性。相反，艾尔斯（Ayres）和布莱斯韦特提出了一个成熟的分析框架，在实证研究中经常得以使用，并对其不断改进。（Braithwaite 2006; Baldwin and Black 2008; Braithwaite 2013）。上述学者对这一具有影响力的框架发表的批评意见表明，监管机构很难做出回应。回应性规制的成功取决于诸多因素，其中包括管制人员的知识、其沟通技巧，以及管制机构的廉正性（Lehmann Nielsen and Parker 2009: 395）。由于时间和财政资源的限制，监管机构通常对反应迅速的监管规定优先次序。下一节探讨了监管者如何以回应的方式应对医药产品许可的上述难题。

三　医药产品的适应性许可——一种现实的应对方式？

（一）为何及如何制定适应性许可途径

自《药品条例》制定以来，关于及时获得新疗法、撤销产品和对批准后的药品进行标签修改的争议与质疑一直持续不断（Eichler and others 2012: 426）。关于使药品审批更加适应科学发展和社会背景要求的建议是对现有许可途径的批评所做的回应。该批评的重点是"证据与药物获取"这一难题。20世纪80年代，人体免疫机能丧失病毒（HIV）宣传团体就强烈表达了这一观点。正如他们的一位发言人所说的那样："即使是最有效的药品，如果它们太贵或者研发出来的时间太晚，对病人也没有任何937 好处。"（Eichler and others 2015: 235）目前，在新药审批数量没有相应增加的情况下药品研发方需要进行的临床试验的成本和复杂性却都在增加。（Baird and others 2013）制药公司很难满足持续不断增加的安全和药效数据需求，以销售一种新药。用艾希勒

（Eichler）等人的话来说（2012: 427）：

> 在满足提供利益和风险的全面信息、减少创新障碍和提供及时的患者准入的必要性方面存在着紧张关系。在目前的药品许可模式下，很难对这些条款做出权衡及取舍。

据说，适应性许可可以减少这种紧张关系，从而可以比传统药物的开发周期（Baird and others 2013）提早大约 8 年让病人获得药物。综观适应性药品许可途径的发展，我们看到三套相互依存的监管对策。首先，20 世纪 80 年代出台了无数新规定，以便能够加快药品审批。为了回应来自艾滋病毒、罕见病和其他团体的批评，监管机构引入了"孤儿"（单项）药品监管，加速批准（美国）计划、有条件营销授权（欧洲和日本）以及在特殊情况下批准治疗罕见和威胁生命疾病的条件（欧洲）。评论人士一致认为，这些监管措施为更根本性的监管创新铺平了道路（Eichler and others 2012; Jong de，Putzeist，and Stolk 2012; Baird and others 2013）。然而，他们也批评这些监管适应措施对药物创新的最新深远变化及其社会背景没有做出足够的反应（我们在其中应该注意到个性化药物和越来越多的纳税人的影响力）。新的条例只对一小部分药物开发（严重的和危及生命的情况）有用，而且没有得到它们应有的重视。例如，制药公司认为有条件的市场营销授权，只有当证据不充分时（Hoekman and others 2015）才是一种拯救选择。批评的一大焦点是，该"第一波"监管创新仍沿用传统的二元许可方式，其特点是采用了许可前阶段与许可后阶段的二分法。这种方法侧重于不批准和批准之间的"单一魔法时刻"（Eichler and others 2012: 426）。它没有对临床试验的科学进展、审议管理进程的要求和报销要求做出充分的回应。为了更密切地与病人的需要保持一致，增加科学证据对益处和风险的认识，并及时获得新药，有影响力的评论员主张建立一个更全面和更有变革意义的监管框架（Eichler and others 2012; 2015）。

这一论证在 2005 年以来提出的第二波适应药品许可办法中得到了考虑。[①] 尽管这些建议在各种标签下出现，而且细节不尽相同，但都主张前瞻性规划的药物许可和适应不断变化的药物知识。2012 年，一批领先的监管机构、制药公司、工业组织和大学，提出了药品审批的演变路径——用更普遍、更统一、更全面的角度看待适应性许可。该小组提出了以下工作定义（Eichler and others 2012: 428）[②]：

938

---

① 关于各种方法的概述，见 Eichler and others (2012)。
② 虽然"适应方法"一词还没有一个商定的定义，但就引用次数而言，这一理解似乎是最有影响的。

适应性许可是对药物和生物制剂管制的具有前瞻性和计划性的方法。通过反复收集证据来减少不确定因素，然后进行管制评估和许可证调整适应性许可力求最大限度地扩大新药物对公共卫生的积极影响，办法是在让患者及时获得医疗评估与向其提供有关利弊的信息之间保持平衡，以便能够做出更全面、更具有知情性的病人护理决定。

根据这项定义，适应性许可包括药物的整个寿命。传统方法的授权前阶段和授权后阶段的二分法被分级、管理更严格的市场准入所取代。适应性许可是试图将以前的监管创新从"系统"的角度加以集成、评估和细化。它吸取了关于药品知识随着时间的发展而演变的认识。适应性许可办法建立在分阶段评估和重新评估之上，而不是建立在传统的单一时间点评估上。它们在公认的不确定性条件下逐步建立，其中也包含了数据收集和管理评估的迭代阶段。它们涉及根据对有限临床试验的评估、一个或多个随后的数据收集周期的分析，以及根据预定治疗人群的核准所做的调整（"后续批准"），这种调整将导致一种"完全授权"（Eichler and others 2012: 430–432）。每个授权步骤的目标是尽量减小对收益和风险的不确定性，并确保患者和从业人员了解有关产品的情况。预计随着更多证据的产生，不确定程度将降低，据说这些证据将受制于科学常识及其方法的严谨性。

目前，适应性许可的支持者强调，"一种单一的模式不适合所有患者"（Eichler and others 2012: 431）。由于不同的病人有着不同的需求，他们可能需要不同的数据，因此必须在个案的基础上制定各种途径。[③] 多种适应许可的途径也更符合现代医学中个性化疗法的趋势（Rosano and others 2015）。

考虑到药品审批中不断变化的社会背景和社会后果，以及所有利益攸关方的投入，调整管制应建立在不断发展和经过检验的知识库的基础上，因此，适应性许可提案似乎遵循了塞尔兹尼克所提出的反应性质。它们涉及科学和民主合法性的各个方面。根据第二节中提出的技术管制合法性准则，问题在于监管者是否足够谨慎，以成功实现适应许可途径所依赖的条件；他们是否能考虑到合法管制决策的所有关注点；他们是否了解其建议的限制，以及他们是否会为应付这些挑战而提出想法。在下一节中，将讨论提议者对合法的适应性许可要求的看法。

（二）合法的适应性许可途径的条件

适应性许可途径的倡导者提出了一些条件，这些条件应该得到满足，以使患者更

---

③ 为了更好地为临床药物开发、许可、报销和在临床和监测中使用新药的患者带来新的药物，欧洲药物管理局目前正在讨论适应性许可途径 (European Medicines Agency, 2014a)。

早获得安全有益的药物。他们还具体规定了合法监管决策的各个方面。他们强调,至关重要的是,所有利益攸关方能清楚地意识到相关药物的好处及其风险的不确定因素,并明确接受这些因素(Eichler and others 2015: 238)。患者、从业者、缴费者和监管者必须愿意承担更大的风险,包括在最终疗效和安全方面的未知风险(Eichler and others 2012: 427)。在此背景下评论人士澄清说,适应性许可并不是要改变必要性。一个积极的利益——风险平衡体系,通常支配着所有药品的市场进入条件。仅就可接受的证据程度提出修改建议。由于尚不清楚"可接受"是指明确和令人信服的证据标准("实质性证据"),还是合理和透明的"具有持续监测的概率平衡"(Eichler and others 2015: 238),从而提出了公认的可接受性这一另一要求。此外,持续监测也是至关重要的,因为它可能揭示罕见的不良事件和其他信息,从而进一步调整药物标签和/或治疗人群。

关于制定新的社会契约的管制决定的合法性问题,卫生技术评估方面的国际政策论坛已对此提出了建议(Husereau, Henshall, and Jivraj 2014: 245)。社会契约是对知情和交互性决策、扩大协作和协调所有利益攸关方的要求的回应。它认识到,所有缔约方都是共同决策的重要贡献者,适应办法的目标和好处要求改变临床医生、患者、公众、监管者、HTA/覆盖机构和行业的作用、义务和责任。这将意味着,例如,临床医生可能会丧失某些开药的自主权(特别是药物的标签外使用)。对于有限的临床试验人群来说,适当地对标签人群进行安全性和有效性问题的预测至关重要。无视或对标签的不充分理解将使适应许可的意图落空,从而无法为最需要的特定患者储备某些药品,患者也因此很可能不再愿意接受更高程度的不确定性(Eichler and others 2012: 430)。

适应性许可更加强调公众沟通的不确定性、知识的演变性和利益风险评估的临时性(Eichler and others 2012: 429; Husereau, Henshall, and Jivraj 2014)。新社会契约的概念涉及交流、互动、合作等方面的改进。患者和医生在传达药品的个人利益损害情况方面负有更大的个人责任。在某些情况下,可能要求它们承担有限的产品责任。《合约》要求监管机构与所有相关方共同监管,反之亦然。特别是,HTA 和覆盖机构必须与监管机构更密切地合作,在偿还和数据评估方面比目前做的更为明确。要求工业界提供更多的下游数据,并提高其发展计划的透明度。为了保证相关临床数据的采集,需要行业、监管者和付费者之间的合作达到一个新的水平。适应性许可提案涉及患者参与确定可接受的风险容忍阈值和可接受的不确定性程度。为实现患者及时获得治疗的目标,另一个条件是使 HTA 的证据要求与支付人就偿还的先决条件达成一致(Henshall and others 2011: 20; Eichler and others 2012: 435)。

关于需要对管制药品批准程序、新的权限和利益攸关方的承诺进行创新的众多条件,在适应性许可途径的可行性方面出了很多问题。换言之,适应性药品许可是现实的反应性监管方式吗?

（三）适应性许可途径的可行性

在学界，适应性许可途径的提出引起了人们的浓厚兴趣，同时也提出了许多可行性问题。为了更深入地了解这些问题，美国、欧洲（欧盟）和其他地方都制定了一些项目。自 2011 年以来，麻省理工学院生物医学创新倡议"新药开发范例"（NEWDIGS）方案正在努力确定适应性开发和许可证发放的构成部分和过程（Baird and others 2014; Trusheim and others 2014）。新药开发范例的重点是通过扩大迭代场景设计过程，在适应性许可设置中模拟潜在利益相关者的决策对其的影响。更具体地说，雅努斯倡议[④]（the Janus Initiative）作为该方案的一部分，它使多方利益相关者能够开展一个综合的、最好的定量模拟工具集，以支持适应性许可的相关讨论。目前，这项倡议正在推进其第一项个案研究，并将在多个治疗领域和全球区域继续发展。评论人士重申，雅努斯倡议为多方利益攸关者（Baird and Hirsch 2013）提供了宝贵的建议。他们的结论是，适应性许可模式似乎增加了利益攸关方的承诺（Baird and others 2013: 12）。

另一个旨在测试适应性许可可行性的有趣举措是欧洲药品管理局（EMA）2014 年启动的试点项目（EMA, 2014a）。该机构讨论了目前正在开发的一些药物（"生命资产"），希望所有利益攸关者都能解决适应性许可和潜在阻碍因素的可行性问题。2014 年，EMA 已经发布了一份关于试点项目初步经验的报告，该报告强调了所有利益相关方（EMA 2014b）的学习曲线。与科学建议工作组的强大联系似乎加强了学习进程，后者提供了优化的资源和便利的高质量投入。报告还显示，与有经验的健康技术评估机构的合作，对于适应性许可途径的成功至关重要。目前，试点项目的最终报告已发布（EMA 2016）。关于病人、保健专业人员和付款人员对（适应性许可途径）参与的有限问题，最后报告的结论是，适应性许可途径仍然是发展中的一个概念，必须对其加以完善。

第三项跨国倡议是对适应性许可的法律基础的检验。2012 年 4 月，美国麻省理工学院生物医学创新中心和 EMA 共同主办了一个关于适应性药品许可法律问题的研讨会。美国食品药品管理局、EMA 和新加坡卫生科学署的律师们发现，现有的法规规定了不同国家各自的适应性许可权限（Oye and others 2013）。有趣的是，加拿大卫生部发现了加拿大立法在这方面的空白。

今天，全世界都在讨论适应性许可证的好处及其潜在挑战。最近，一批有影响力的支持者认为，药物开发和销售的科学和政治环境正在发生深远的变化，这将使适应性许可途径成为今后的首选方案（Eichler and others 2015）。据此，四个因素正在为适应性许可途径的成功铺平道路。这些问题包括患者对及时获得有良好效果的疗法的需

---

④ NEWDIGS 将增强的场景设计方法命名为雅努斯倡议，雅努斯排在罗马诸神之后（门神），他在所有寺庙中都受到了供奉，但他自己却没有一所神殿，见 Trusheim and others (2014)。

求不断增加；新出现的科学方式所导致的治疗人群的分散；制药业为确保药物开发的可持续性的压力，以及付款人对产品可获得性的上升影响力。关于越来越多的患者要求获得及时治疗的问题，评论员认为，今天，这种要求比过去更加充分和有力。患者团体现在更了解情况，更有组织，有时甚至愿意资助和指导临床研究 [例如参与囊性纤维化（研究）的案例，Eichler and others 2015: 236]。在这种情况下，评论者强调，适应性许可并非是纯粹出于需求而产生的。它坚持这样的法律原则，即对明确的病人群体所能产生的益处必须大于预期风险。因此，由于对药物有效性和安全性的探索，可能会推迟早期的获取。正如评论人士所承认的那样，若要获得初始授权，其关键性在于对风险和收益的估计要达到何种程度。一个复杂的因素是，患者群体的数量和民族文化的不同对不确定性和风险的接受程度可能会有所差异。

942

关于第二个因素——科学方面的某些发展——评论者们指出了临床试验方法的科学进步。这些方法得到了显著改进。对病理学的更好了解可以为越来越多的亚群提供更多的个性化治疗（Orloff and others 2009; Eichler and others 2015: 238）。依据这些方法，初始许可可在较早阶段被授予。评论人士认为，一个问题是，尚不清楚监管者和付款人是否会接受一个"小的"证据基础，这种证据基础必须通过对预先确定的患者使用群体和其他观察数据进行监测，并在患者的寿命后期才能获得（Husereau, Henshall，and Jivraj 2014: 245）。

在讨论第三个因素，即药品开发的可持续性时，评论者认为，适应性许可得益于制药业的变化，制药业目前正从"一鸣惊人"的模式转向尼奇 – 巴斯特的商业模式（Eichler and others 2015: 24）。适应性许可途径对行业十分有吸引力，因为他们是基于拥有较少患者的临床试验产生的。因此，预计总的发展费用将会减少（Kocher and Roberts 2014）。

关于第四个因素——付款人对药物获取途径日益上升的影响——评论员认为，越来越多的付款人倾向于将保健技术的评估和报销视为正在进行的过程，目的是随着证据的日益积累，对货币价值提供更大的确定性（Henshall and Schuller 2013）。覆盖带证据开发是付款人的相当于监管者的适应性许可的一种方式（Eichler and others 2012: 435; Mohr and Tunis 2010）。

有影响力的评论家们在得出结论后强调四个因素相衔接，使适应性途径成为今后大多数新药品产生的必要条件（Eichler and others 2015: 241）。这些因素有力地促进了对现有授权程序的改革，并"缓解了目前行业、监管机构及其利益攸关方之间的某些脱节，且在监管系统中建立起了公众信任和政治信任"（Eichler and others 2012: 436）。

（四）其余的挑战和潜在的解决办法

适应性许可办法的支持者承认，关键的可行性问题仍然存在。目前处于（适应性

943　许可）的实施初期，尚不清楚是否存在足够的认识、能力和利益相关者的承诺，使适应性许可成为可行的办法。我们需要进一步制定证据收集和评价方法，并同时协调运用 HTA 方法。尽管对 EMA 试点项目的第一次评估显示出学习曲线，NEWDIGS 项目表明对新的交流模式的承诺越来越大，但目前尚不清楚利益攸关方是否有能力应付适应途径的复杂性，是否愿意密切合作、提供所需资源、保持一致，以及接受不断变化的角色、义务和责任（Eichler and others 2015）。关于拟议的新的社会契约的要求，仍然需要对监管机构在社会不同地区（Eichler and others 2012: 429）中对风险容忍度差异的证明。监管者是否有能力管理一个持续扩大的利益攸关方小组的数据收集和评估的审议过程？他们是否能够接受在承诺的研究成果未得到履行，或是在预期的数据无法获得的情况下采取适当监管行动（Eichler and others 2015：434-436）？在初始授权期间，业界是否会要求限制赔偿责任？另一个关键的问题是，付款人是否会完全接受这一做法。他们面临的风险是，后来的评价不能证实对药物价值的早期预期。只有在它们能够根据已证明的货币价值调整偿还办法的情况下，它们才有可能承诺采取适应性许可的办法。

　　为了应对这些挑战，适应性许可途径的倡议者们提出了一些建议，以确保适应性许可途径的良好成效，同时将其纳入善政规范。由于这些提议可以启发本章节旨在吸取的经验教训，我们将要在本章对其着重讨论。我们已经提到了一项新的社会契约的提议，该契约的职能是澄清和确定所有利益攸关方的责任。进一步的建议包括确定病人的需要、（事后）许可过程的管理等（包括警戒和有针对性的处方）。

　　为了确定病人的需求，艾希勒等人（2015: 235）建议将"治疗的机会之窗"作为出发点来制定概念。这个概念指的是数月或数年内的中间时期，在这期间，疾病患者可能从一种新的治疗方法中获益。艾希勒等人（2015: 238）对一些卫生决策者提出的使用量化指标的方式（如质量调整后的寿命和能力不足）提出了质疑。艾希勒等人没有采用量化方式，而是建议使用一种考虑到生活质量降低的丧失健康观念。关于知识生成，建议在许可后阶段通过观察研究纳入更多实际数据，并转向适应性临床试验

944　（Eichler and others 2015: 241-244）。评论人士建议，许可程序应从早期规划开始，包括赞助者、监管者和付款人在内的所有参与者需要在新药研发和授权的每一阶段就疗效和安全证据达成协议（Eichler and others 2012: 431），并建议为病人提供新的知情同意单。关于许可前活动的协调，适应性许可的倡导者建议，我们应当借鉴三方科学咨询程序的经验，在这些程序中，监管者、保健提供者和付款人商定了适应性临床发展计划（Eichler and others 2012: 435）。

　　脱标使用被认为是适应性许可的成功关键（Eichler and others 2015: 244）。关于医师处方执业中常见的脱标使用问题，评论员强调，至少在最初授权阶段可能需要对执业进行系统限制和监测（Eichler and others 2012: 430）。进一步的措施是具体的包装和

标签信息以及与工业界达成的在最初营销期间不刊登消费广告的协议。建议对缴费者进行劝阻，以减少脱标使用的情况（Eichler and others 2012: 435）。最近，已出台了具体的管理入境协定（Eichler and others 2015: 240）。这些是付款人与制造商之间自愿签订的协议，目的是分担由于采用新技术时在临床和成本效益方面存在不确定性而产生的财务风险。

四　结论

本章探讨了如何从适应性药物许可程序中吸取处理管制联系的合法性问题的经验教训。本章假定，对技术法规采取响应性的办法提供了满足合法性要求的机会。它以诺奈特和塞尔兹尼克的观点为基础，这些观点的重点是如何将监管与环境联系起来，以促进社会问题的解决。诺奈特和塞尔兹尼克主张对监管采取一种谨慎的立场，其中包括对利益的权衡、不断学习、尝试，以及共同监管。他们的想法为在技术快速发展的背景下解决技术监管中的各种不确定性问题提供了很大的启发。同时他们也希望更多的利益相关者能参与其中。本章建立了一个理论框架，该框架重新强调了诺奈特和塞尔兹尼克的思想。这个理论框架将性能合法性与过程合法性连接起来。

若以这一理论框架的视角来审视现有的和拟议中的适应性药品许可途径，我们将会看到一种真正的应对监管的方式。欧洲药品管理局和美国食品药品管理局等监管机构不断努力与新的科学发展（例如适应性临床试验）、未满足的病人需求和医药部门的变化相联系。他们希望在快速获得有益（有效和安全）药品的潜在利益与行业和付款人对金钱价值的需求之间取得平衡。与传统的药品审批模式相比，适应性药品许可途径涉及利益相关者的时间更早。目前，对适应性批准办法进行了测试，以获取关于其效力、利益攸关方能力和承诺的可行性的证据。

尽管适应性药品许可似乎是一个基础很好的、可行的办法，其表明了法律扼杀创新的说法是一个谬论，但其本身仍有许多困难需要克服。关键问题是，在有限的预算范围内，如何将未满足的病人需求列为优先事项，无论是患者、医生，还是缴费者，都将在市场进入的初始阶段接受有关风险和福利的不确定性。在此情况下，医生是否会坚持限制处方规则，是否可以实施限制脱单用途，是否能满足苛刻的警惕要求，以及所有利益攸关方是否足够胜任并将致力于他们的新职责。关于程序合法性的规范，似乎没有多少人关注在适应性许可途径中的监管决策的完整性。目前尚不清楚如何确保适应性许可途径的透明度和问责制，以及如何处理规制俘虏带来的问题。在这方面，一个众所周知的问题似乎是透明度与商业保密之间的紧张关系。

然而，尽管有许多困难，适应性许可似乎是一个很有希望的进步方式，因为它能使患者能够更早地获得有益的药物。决策互动模式具有建立信任的潜力，从而使决策具有合法性，并使公众接受决策。适应性许可并不需要从零开始。它可以利用现有的多方利益攸关者在决策、共同监管、适应性授权、临床试验和报销方面的经验。它采用了一种有发展前景的现实的回应办法，从经验中吸取教训，考虑到困难因素，在旨在改善监管过程的绩效和质量的措施中确定优先事项，并努力在监管发展的下一阶段认真加以执行。

在实施适应性药物许可途径的早期阶段，只能在技术管制的合法性问题上吸取初步教训。首先，这个案例表明，在广泛利益共享的同时，必须有强大的"驱动者"和"推动者"，才能使技术创新取得成功。在适应性许可的例子中，所有利益攸关方似乎都对将药品提前推向市场有着浓厚的兴趣。强大的驱动力和推动力是某些病人的期望，以及科学进步的前提（例如创新的临床试验设计），它也将推进制药部门和保健系统的变革（Eichler and others 2015: 235）。由于共同的利益是基于不同利益攸关方而产生的，审慎的协调似乎显得至关重要。

第二个教训是必须持续谨慎地进行协调，这也是为了在最初的授权阶段接受产品影响的暂时不确定性、保持与不断变化的证据的联系、并使调整成为现实所面临的挑战的基础。案例表明，审慎协调需要跨学科的能力、财力、监管权威和值得信赖的能力。考虑到这些要求，监管机构似乎比缺乏正式监管权威的组织（例如国际标准化组织）更有能力承担这项苛刻的协调任务。在无法确认治疗价值的情况下，强制执行利益攸关方的义务和（及早）撤销需要得到监管当局的批准。关于在适应性药品许可方面所从事的协调活动，似乎区域监管机构，如 EMA 和 FDA，已经做好准备，能够在这方面起带头作用。

第三个教训是，如何确保新的职责和透明、廉洁、问责的规范在实践中得到认真对待。此案重申了诺奈特和塞尔兹尼克对反应视角（"高风险"方法）的批判。报告指出，应特别注意诚信问题，以便预见规制俘虏效应的危害。为了提高技术管制的合法性，该案为形成新的社会契约提供了启示。该案例表明，通过采用事先商定的持续证据生成途径、新的知情同意书以及付款人与制造商之间旨在分担财务风险的自愿正式协议（"管理下的准入协议"），可以加强利益攸关方的合法性。它重申，监管的灵活性伴随着正规化。它表明，正规化是由于所有利益攸关方均要求确保药物的安全有效或物有所值的这一法律确定性。监管机构有任务来平衡开放的需求并规制法律的确定性利益。在这方面，本案表明：公开的监管规范如医疗产品监管的利益—风险平衡原则，有助于提高监管的应变能力。开放式的规范有利于约束监管变革。关于新的社会契约的形成，必须指出，正规化只是合法技术管制的其中一小部分。在实践中，合法性是正规和非正规结构之间持续相互作用的结果（Selznick 1992: 235）。对技术创新融入社会的过程的关注（"深入体制化"）（Polanyi 1944）可以为如何使新的社会契约制度化提供经验。

【参考文献】

Anardottir A and others, 'Additional Safety Risk to Exceptionally Approved Drugs in Europe?' (2011) 72 British Journal Clinical Pharmacology 490

Ayres I and Braithwaite J, *Responsive Regulation: Transcending the Deregulation Debate* (Oxford University Press 1992)

Baird L and others, 'New Medicines Eight Years Faster to Patients: Blazing a New Trail in Drug Development with Adaptive Licensing' (2013) <www.rajpharma.com/productsec- tor/ pharmaceuticals/New-medicines-eight-years-faster-to-patients-blazing-a-new- trail- in-drug-development-with-adaptive-licensing-343503> accessed 1 June 2016

Baird L and Hirsch G, 'Adaptive Licensing: Creating a Safe Haven for Discussion' (2013) <www. rajpharma.com/ productsector/ pharmaceuticals/ Adaptive-licensing-creating- a- safe-haven-for-discussions-345945> accessed 20 October 2016

Baird L and others, 'Accelerated Access to Innovative Medicines for Patients in Need' (2014) 96 Clinical Pharmacology & Therapeutics 559

Baldwin R and Black J, 'Really Responsive Regulation' (2008) 71 Modern Law Review 59

BioCentury, 'Bernstein Report' (BioCentury Publications 2010) <http://thepharmaceuti- calconference. com/ _ docs/ Greet%20Musch%20Early%20access%20and%20market%20 authorization.pdf> accessed 18 March 2015

Black J and Baldwin R, 'Really Responsive Risk-based Regulation' (2010) 32 Law & Policy 181

Boon W and others, 'Conditional Approval and Approval under Exceptional Circumstances as Regulatory Instruments for Stimulating Responsible Drug Innovation in Europe' (2010) 88 Clinical Pharmacology & Therapeutics 848

Braithwaite J, 'Responsive Regulation and Developing Economies' (2006) 34 World Development 884

Braithwaite J, 'Relational Republican Regulation' (2013) 7 Regulation and Governance 124

Brownsword R and Somsen H, 'Law, Innovation and Technology: Before We Fast Forward— A Forum for Debate' (2009) 1 Law, Innovation and Technology 1

Coast J, 'Strategies for the Economic Evaluation of End-of-Life Care: Making a Case for the Capability Approach' (2013) 14 Expert Review Phamacoecon Outcomes Res 473

Dorbeck-Jung B, 'Soft Regulation and Responsible Nanotechnological Development in the European Union: Regulating Occupational Health and Safety in the Netherlands' (2011) 2 EJLT <http://ejlt. org/article/view/86/176> accessed 20 November 2015

Dorbeck-Jung B, 'Responsive Governance of Uncertain Risks in the European Union; Some Lessons from Nanotechnologies' in Marjolein van Asselt, Michelle Everson, and Ellen Vos (eds), *Trade, Health and the Environment. The European Union Put to the Test* (Routledge 2013)

Dorbeck-Jung B and D Bowman, 'Governance Approaches for Emerging Technologies' in Diana Bowman, Ellen Stokes, and Arie Rip (eds), *Embedding and Governing New Technologies: A Regulatory, Ethical and Societal Perspective* (Pan Stanford Publishing 2017)

Eichler H and others, 'Adaptive Licensing: Taking the Next Step in the Evolution of Drug Approval' (2012) 91 Clinical Pharmacology and Therapeutics 426

Eichler H and others, 'From Adaptive Licensing to Adaptive Pathways: Delivering a Flexible Life-

Span Approach to Bring New Drugs to Patients' (2015) 97 Clinical Pharmacology and Therapeutics 234

European Commission, 'Communication from the Commission on the Precautionary Principle' COM (2000) 1 final (EC)

European Medicines Agency, 'Adaptive Pathways' (2014a) <www.ema.europa.eu/ema/index. jsp?curl=pages/regulation/general/general_content_000601.jsp> accessed 1 June 2015 European Medicines Agency, 'Adaptive Pathways to Patients: Report on the Initial

Experience of the Pilot Project' (2014b) <www.ema.europa.eu/docs/en_GB/document_ library/ Report/2014/12/WC500179560.pdf> accessed 1 June 2015

European Medicines Agency, 'Final Report on the Adaptive Pathways Pilot' (2016) <www. ema. europa.eu/ docs/ en_ GB/ document_ library/ Report/ 2016/ 08/ WC500211526.pdf> accessed 19 October 2016

Fisher E, *Risk Regulation and Administrative Constitutionalism* (Hart Publishing 2007) Forsberg E, 'Standardisation in the Field of Nanotechnology: Some Issues of Legitimacy' (2012) 18 Science Engineering and Ethics 719

Gunningham N, Grabosky P, and Sinclair D, *Smart Regulation: Designing Environmental Policy* (Oxford University Press 1998)

Haffner M, Whitley J, and Moses M, 'Two Decades of Orphan Development' (2002) 10 Nature Reviews Drug Discovery 821

Henshall C and others, 'Interactions between Health Technology Assessment, Coverage, and Regulatory Processes: Emerging Issues and Opportunities' (2011) 27 International Journal of Technology Assessment Health Care 253

Henshall C and Schuller T, 'HTAi Policy Forum. Health Technology Assessment, Value- based Decision Making, and Innovation' (2013) 29 International Journal of Technology Assessment Health Care 353

Hodge G, Bowman D, and Ludlow K (eds), *New Global Regulatory Frontiers in Regulation: The Age of Nanotechnology* (Edward Elgar Publishing 2007)

Hodge G, Bowman D, and Maynard A (eds), *International Handbook on Regulating Nanotechnologies* (Edward Elgar Publishing 2010)

Hoekman J and others, 'Use of the Conditional Marketing Authorisation Pathway for Oncology Medicines in Europe' (2015) 98 Clinical Pharmacology & Therapeutics 534

Husereau D, Henshall C, and Jivraj J, 'Adaptive Approaches to Licensing, Health Technology Assessment, and Introduction of Drugs and Devices' (2014) 30 International Journal of Technology Assessment in Health Care 241

Jong J, de Putzeist M, and Stolk P, 'Towards Appropriate Level of Evidence: A Regulatory Science Perspective on Adaptive Approaches to Marketing Authorisation' (2012) Discussion paper Escher Project <http://escher.tipharma.com/fileadmin/media-archive/ escher/Reports/escher-report-6-7-december-20121.pdf> accessed 19 March 2015

Kearnes M and Rip A, 'The Emerging Governance Landscape of Nanotechnology' in Stefan Gammel, Adreas Losch, and Alfred Nordmann (eds), *Jenseits von Regulierung: Zum Politischen Umgang mit der Nanotechnologie* (Akademische Verlagsgesellschaft 2009)

van Kersbergen K and van Waarden F, 'Governance as a Bridge between Disciplines, Crossdisciplinary Inspiration Regarding Shifts in Governance and Problems of Governability, Accountability and Legitimacy' (2004) 43 European Journal of Political Research 143

Kica Ibraimi E, *The Legitimacy of Transnational Private Governance Arrangements Related to Nanotechnologies* (Konijklijke Wohrmann 2015)

Kloepfer M, *Technik und Recht im wechselseitigen Werden -Kommunikationsrecht in der Technikgeschichte* (Duncker & Humblot 2002)

Kocher R and Roberts B, 'The Calculus of Cures' (2014) 370 New England Journal of Medicine 1473

Lehmann Nielsen V, 'Are Regulators Responsive?' (2006) 28 Law and Policy 395 Lehmann Nielsen V and C Parker, 'Testing Responsive Regulation in Regulatory Enforcement' (2009) 3 Regulation and Governance 376

Levi-Faur D and Comaneshter H, 'The Risk of Regulation and the Regulation of Risks: The Governance of Nanotechnology', in Graeme Hodge, Diana Bowman, and Karinne Ludlow (eds), *New Global Regulatory Frontiers in Regulation: The Age of Nanotechnology* (Edward Elgar 2007)

Ludwig Boltzmann Institute, 'Marketing Authorisations under Exceptional Circumstances for Oncology Drugs: An Analysis of Approval and Reimbursement Decisions of Four Drugs' (Report No 065, 2013)

Mohr P and Tunis S, 'Access with Evidence Development: The US Experience' (2010) 28 Pharmacoeconomics 153

Nonet P and Selznick P, *Law and Society in Transition, Towards Responsive Law* (Harper 1978) Orloff J and others, 'The Future of Drug Development: Advancing Clinical Trial Design'(2009) 8 Nature Reviews Drug Discovery 949

Owen R, Macnagten P, and Stilgoe J, 'Responsible Research and Innovation: From Science in Society to Science for Society, with Society' (2012) 39 Science and Public Policy 751

Oye K and others, 'Legal Foundation of Adaptive Licensing' (2013) 94 Clinical Pharmacol Ther 309

Polanyi K, *The Great Transformation* (Beacon Press 1944)

Randles S and others, 'Where to Next for Responsible Innovation?' in Christopher Coenen and others (eds), *Innovation and Responsibility: Engaging with New and Emerging Technologies* (Akademische Verlagsgesellschaft 2014)

Reichow A, 'Effective Regulation under Conditions of Scientific Uncertainty: How Collaborative Networks Contribute to Occupational Health and Safety Regulation for Nanomaterials' (PhD, University of Twente 2015)

Rosano G and others, 'Adaptive Licensing—A Way Forward in the Approval Process of New Therapeutic Agents in Europe' (2015) 1 Clinical Trials and Regulatory Science in Cardiology 1

Scharpf F, *Governing in Europe: Effective and Democratic* (Oxford University Press 1999)

Schmidt V, 'Democracy and Legitimacy in the European Union Revisited: Input, Output and Throughput' (KFG Working Paper 21, Free University of Berlin 2010) <http://userpage.fu- berlin. de/kfgeu/kfgwp/wpseries/WorkingPaperKFG_21.pdf> accessed 1 June 2015

von Schomberg R, 'A Vision of Responsible Innovation' in Richard Owen, Maggy Heintz, and John Bessant (eds), *Responsible Innovation: Managing the Responsible Emergence of Science and Innovation* (Wiley 2013)

Selznick P, *The Moral Commonwealth: Social Theory and the Promise of Community* (University of California Press 1992)

Trubek L and others, 'Health Care and New Governance: The Quest for Effective Regulation' (2008) 2 Regulation and Governance 1

Trusheim M and others, 'The Janus Initiative: A Multi-Stakeholder Process and Tool Set for Facilitating and Quantifying Adaptive Licensing Discussions' (2014) 3 Health Policy and Technology 241

贰

人口、生育
和家庭

第三十九章
技术时代中的人权

特莉丝·墨菲（Thérèse Murphy）

孙南翔 译

一　引言

应邀为这本手册做贡献的驱动力主要来自三个词：人口、繁衍、家庭。这些话并不完全从本书中得到体现：编辑们编选的逻辑线索较为清楚，但缺乏惊艳之处。我想过只用一个或最多两个字描述，似乎也很吸引人。例如，性别或种族，或身份、文化或市场。但在任何时候我都没有放弃这些选项。我意识到，我的专业领域是问题，而不是术语。这个专业知识是人权（具体而言，是国际人权法和实践；更具体而言，健康和人权）以及在讨论科学和技术，特别是生命科学方面，其提出了两个问题。其中一个是次要的，另一个是令人忧心忡忡的重要问题，我在第 2 节详细介绍了这两种情况。然而，从总体上看，这一章是对这些问题的回应，特别是对它们如何锁定科学、技术和人权之间的关系的回应。

二　次要的和主要的问题

因此，一个次要的问题是，从国际人权法和实践的角度来看，这本书的总主题——技术的法律和规制，是否具有充分必要性。我对此有两个观点。一方面，在过去十年左右的时间里，关于生命科学的法律制定各式各样，其主要来自联合国（特别是联合国教科文组织）和欧洲委员会。① 在同一时期内，判例法也或多或少地规定了相应的标准。例如，欧洲人权法院警告说，在刑事司法领域中使用技术不得损害私人生活得到尊重的权利（*S and Marper v UK* 2008: para 112），并且美洲人权法院认为禁止试管受精违反了《美洲人权公约》（*Artavia- Murillo and Others v Costa Rica* 2012）。② 这一标准的制定并不完全可靠或完全令人满意，在本章列举的若干案例中，也存在着明显的冲突（*Evans v UK* 2007; *SH and Others v Austria* 2011; *Parrillo v Italy* 2015）。然而，关键的是，这是一个明显的且正在发生的趋势。

对现有标准的进一步明确似乎迫在眉睫。联合国人权事务高级专员和美洲人权委员会都强调有必要界定科学领域的人权，以便在实践中加以应用。在 2015 年的一次会议上，联合国人权理事会同意任命一位人权专家，成为数字时代隐私权问题特别报告员。以前有一个人权和人类基因问题特别报告员，③ 并且有迹象表明，将来可能会有一个关于生物技术的特别报告员。

其他人权法律领域的标准制定也与此相关。例如，2003 年的《非洲妇女权利公约》④是第一个承认感染艾滋病毒是妇女权利问题的人权条约，也是第一个承认堕胎是一项人权的人权条约。获得基本药物（特别是抗逆转录病毒药物）也被广泛认为是一项人权，法院、非政府组织、个人和基因产品生产国帮助拯救生命，并质疑有害的药物和知识产权做法。更广泛的，关于环境人权法的呼声一直很高，⑤ 还有制定阐述《公民权利和政治权利国际公约》第六条生命权的新的一般性评论也迫在眉睫。信息和通信技术也引起人们的高度关注。有人说，这些技术将使人权报告成为日常工作的一部分，传统上这是非政府专家的工作事项。其他关注侵犯人权行为的人认为，在科学和技术的作用下，他们将更容易查明、记录和证明现存的侵犯人权的行为。然而，另一些人再次指出一系列风险，包括数字鸿沟可能造成的新的排斥方式（联合国人权理事会 2015）。

955

---

① 从欧洲委员会看，特别应参见《保护人类人权和人的尊严公约》（1997）及其以后的议定书；从教科文组织看来，参见《人类基因组与人权宣言》（1997）；人类遗传数据国际宣言（2003）；《生物伦理学和人权宣言》（2005），以及该组织的国际生物伦理学委员会编写的关于这些概念的说明和报告。其他专门的人权文件包括《各国经济权利和义务宪章》（1974）、《关于在和平利益和人类利益中使用科学技术进步宣言》（1975）：它们都是在联合国大会在 1976 年《经济、社会、文化权利国际公约》生效前通过的两项公约，其第 15 条规定了保护科学的权利。

② 美洲人权法院是美洲最高的人权法院，其裁决对接受法院管辖权的 22 个国家而言是终局的，且具有约束力。

③ Iulia Antoanella Motoc 在撰写本报告时担任欧洲人权法院法官（其在 2004 年到 2007 年期间任职）。

④ 关于非洲妇女权利的人权和人民权利宪章议定书（2000）。关于人权和人民权利委员会对议定书第 15 条一般性评论（非洲经济委员会第五十二届和第五十五届常会）要求各国确保实现妇女健康权利，包括性权利和生育健康。参见联合国经济、社会和文化权利委员会，"第 22 号一般性意见"（2016）。

⑤ 从环境方面看，例如 2014 年秋季生效的《生物多样性公约》（2010）的《关于获取遗传资源和公正公平分享利用遗传资源所产生惠益的名古屋议定书》。

我知道，所有这一切，甚至是我能够列举的一系列发展，都可能使我的主要关切显得言过其实，甚至是愚蠢的。这将是个误读：我所概述的事态发展既是彻底的，也只是部分的，其并不奇特。最奇特的是从2001—2005年开始尝试达成一项禁止人的生殖性克隆的具有约束力的国际条约。[⑥]正如拉里·戈斯汀和艾琳·泰勒（Larry Gostin and Allyn Taylor 2008: 58）当时所问的，"人的克隆究竟是如何成为全球健康问题的？"[⑦]此外还有一个奇特的问题，即，在有关科学和技术的一系列国际人权标准方面，人们的兴趣持续不足。因此，欧洲委员会的《人权和生物医学公约》，即俗称的《奥维多公约》，很少被欧洲人权法院所援引，[⑧]并且就《经济、社会、文化权利国际公约》第15条的科学权利发表一般性意见的工作最近才启动（Mancisidor 2015）。[⑨]同样，联合国特别程序提出的关于后一项权利的第一份报告在几年前已编写（联合国人权理事会2012），在我写本文时，教科文组织只是更新了1974年关于科研人员地位建议的一部分。

学界也有同样的初步感受。他们长期参与处理与酷刑相关的健康专业问题，[⑩]并且也研究科学自由，但其很少关注科学家的责任（Wyndham and others 2015）。同样的，生物伦理学家而不是法律工作者一直是教科文组织《世界生物伦理学和人权宣言》的主要评论员（正如Ashcroft 2008）解释的，他们的观点基本上是批评性的。然而，《宣言》的表现比《奥维多公约》更好，《奥维多公约》几乎没有考虑法律或生物伦理学。我承认，有一系列关于科学权利的作品（Schabas 2007；Chapman 2009; Shaver 2010; Donders 2011; AAAS 2013; Besson 2015），包括2009年由一个专家组应教科文组织的要求发表的《威尼斯声明》，其作为就《经济、社会、文化权利国际公约》第15条提出一般性意见的第一步（Müller 2010）。[⑪]然而，总体而言，公众参与科学和技术的问题似乎仍然很少涉及此类议题（Galligan 2007），对第15条"保护"和"扩散"等术语的意义以及今天的生物学者、遗传学者和道德先驱（使用社会学家和科学技术人类学

---

⑥　作为一个无约束力的文书，《联合国人类克隆宣言》在2005年联合国大会上通过，但表决结果有很大分歧：84个国家支持，34个国家反对，37个国家弃权。

⑦　联合国教科文组织国际生命伦理学委员会注意到，涉及人类胚胎的线粒体捐赠/替换治疗可能使其重新审视人类克隆问题。见《关于更新IBC对人类基因组和人权的反思的概念说明》（2014年5月15日）第18段。

⑧　个人不能向欧洲人权法院提出违反《奥维耶多公约》的申请；该主张必须援引《欧洲人权公约》所保障的权利。

⑨　《经济、社会、文化权利国际公约》第15条（1966年）承认（1）承认人人有权享受科学进步及其应用带来的好处；（2）促进科学的"留存""发展"和"扩散"；（3）尊重"科研不可或缺的自由"；并且（4）鼓励和发展科学的"国际联系与合作"。

⑩　《公民权利和政治权利国际公约》（1966年）第7条规定："任何人不得遭受酷刑或残忍、不人道或有辱人格的待遇或处罚。特别是，未经本人自由同意进行医学和科学实验，不得对任何人进行实验。"

⑪　关于科学权利和知识产权之间的关系也有一系列成果如Plomer A, "The Human Rights Paradox:Intellectual Property Rights and Rights of Access to Science"（2013）35 Human Rights Quarterly 143.

家创造的术语）对人权语言和法律的认同和参与仍然很少。

当然，这些问题可以解决。所以，我前面所说的主要问题，才是真正的麻烦所在。简而言之，如果从国际人权法和实践的角度，对技术的法律和规制有相关，这一问题有受众感兴趣吗？我描绘了两个受众群体，一个是国际人权法律领域的专业人士，另一个是门外汉。困难在于，我把受众都认为是敌对的：专业人士会不喜欢我在人权方面的专注，门外汉会对我在权利方面的专注感到厌恶。由此，专业人士会问：如果人口、繁衍和家庭是你的关注点，那么你为何不考察那些预防产妇死亡和发病的问题呢？或者关注健康和贫困？或者关注以权利为基础的发展路径？毫无疑问，有一些长期关注生育权利的专业人士，以及那些在生育健康或性健康和权利领域具有长期兴趣的人。然而，对于国际人权法的专业人士来说，科学和技术将是重要但非迫切的问题。我怀疑也会有这样一种感觉，那就是希望远离科学的技术以及它在询问、取证和证明力问题上的不同世界观。

我想象中的门外汉会有不同的感受，尽管他们不会比专业人士更受到鼓舞。门外汉的立场是国际人权法是一个次要的事项。例如，有些人坚持认为，国际人权法是一种奇怪的法律，它是一种热门话题，既包括本体的人权（卷入世俗政治和国际关系，因此根本不是真正的类似法律），也包括无休止地争取新权利。另一些人则会将国际人权律师斥为法庭痴迷者，而对另一些人来说，国际人权法则类似于质量低劣的道德或政治理论。还有一些人会对国际人权机构和国际人权律师对统计和法律主义的执着感到厌恶。

如果我们再深入到权利本身，就会有更多的批评声音。权利似乎过于抽象，而且很可能相互冲突，并且与实践中发挥作用的公共产品产生冲突。还有人说，它们使我们对个人的决策自主权给予了不应有的重视，这消减了专业判断、道德的作用，并弱化了达成共识的可能性。明确参与社会正义的人通常是最令人怀疑的。例如，我被告知，生育权利与"选择权"（这一般意味着选择堕胎）的关系非常大，但其比生殖健康及生殖健康权利范围更小，其很可能会压制性及性健康权利，并且其无法保证生育正义。这些社会正义批评家问，这是否是对父母权利及其尊严的补充，特别是对那些受到控制和禁育的群体而言？

以这种方式探索下去，通常也会暴露缺乏兴趣感。在我的经验中，那些研究科学、技术和社会的人几乎没有对人权法感兴趣的，对人权话语的兴趣也很低。[12] 即使是伦理学家似乎也只是断断续续地、不平衡地参与：正如美国科学促进会所指出的，"人权本身常常被视为与道德实践无关"（AAAS 科学与人权联盟 2012：2）。

956

957

---

⑫　一个例外是 2011 年的贾萨诺夫观点。

三　征集对策

这些抱怨无论从实质上还是从整体上来说，都是令人恐惧的。有些是误导性陈述，但很多陈述是包含真相的。对这些抱怨，或者是为权利的欢呼声，都是可以预测的，因此根本就没有回音。呼吁制定更多国际人权标准同样可以被预见；它至少在短期会产生有限的作用。那么，该如何回应呢？具体而言，我提出的建议是将抱怨与毫无根据的谎言、偏见、鼠目寸光的批评等区分开来吗？

首先，回归实践可能有所帮助。我们知道，在其他情况下，人权被当作一种抗辩的话语，因此我们可能会问，新的健康技术是否也是如此。例如，主张生育正义的倡导者如何看待生育权利和生殖健康权利，以及它们在国家之间、国家和超国家之间存在的差异呢（Luna and Luker 2013）？同样的，个人，对于想要报名参加临床试验的个人、家庭和团体，如何看待对人体受试者的保护（Epstein 2007）？"弱势人群"与所有那些当代保护时代前已成为人类主题的人之间是否能够产生共鸣，或者是否有些人在其他方面回忆他们的经历（Campbell and Stark 2015）？

同样的，科学家、科学协会和科学基金会如何看待人权，尤其是国际人权法？这一套法律是一种约束、保护的来源，还是浪费时间，因为它似乎重复了现有的职业标准和道德模式？更深层的观点是，是否有证据表明初级和高级科学家之间的观点存在差异，在实验室下的高级人员和初级人员关系中，这些差异是否容易表达？此外，鉴于在大多数领域中，理解会随着时间的推移而转移，今天的科学家们是否正在积极地使用权利语言？例如，是否正在通过权利语言促进开发针对具体种族的药品，例如，作为解决过去种族歧视问题的手段（Robert 2013）？

其他观点也出现了。学习国际和地方道德委员会如何定义人权和人权法将是有意思的事情（Murphy and Turkmendag 2014）。他们是否认为国际人权法与其他法律领域相同或有所不同？他们对联合国前文化权利问题特别报告员关于"制定明确的人权行为守则……似乎至关重要"的主张有何看法（2012：para 53）？更广泛地说，是否不应该对生物伦理学和国际人权法的共同起源故事进行持续考察，这个故事是如何从第二次世界大战后纽伦堡审判发展到20世纪60年代民权运动，再发展到20世纪80年代的自治问题呢？起源的故事很少是强有力的。此外，鉴于人们强烈要求进行负责任的研究和创新（这种生物伦理学和人权是新的伪装，还是有什么不同？），现在似乎是重温过去的极好时机。

迈向未来是另一个选择。在这里，我们不妨讨论下格伦·科恩最近提出的一个问题："如果能够利用强化剂来增进对人权的尊重和对人权法的忠诚……特别是以减少严重侵犯人权行为的方式，这是否值得'研究'？"（2015：1）。我们还需要不断地

958

处理阿兰·布坎南和其他人在世纪之交提出的一个问题：是否应该为所有人设立一个"遗传上、最低体面程度的界限"？（Buchanan and others 2000）。失踪人口当然是人权的对立面。因此，由于基因选择技术，特别是产前测试和植入前基因诊断技术，人类多样性可能会丧失，这都有损残疾人和妇女与女童的权利。然而，这些承诺并不阻止新的和困难的问题，也不为我们提供简单的或立即的答案。

有些人不会热衷于根本性的或种族调查的模式，因此也需要更规范的法律规则。在此模式下，中肯的问题包括人权机构如何设定具体技术以及抽象技术／人权法之间的关系（Murphy and Ó Cuinn 2010；2013）。例如，法院如何回应获得新药物和疗法的要求？在不同的公共和私人资金组合下，卫生系统内的法庭行为是否存在差异（Flood and Gross 2014）？此外，谁负责出庭，以及出于何种原因，谁在代表这些当事人，谁在干预这种情况（Montgomery，Jones and Biggs 2014）？

四　一个三个单词的支点

不过，我不打算在这里进行任何调查。相反的，我的计划是在广泛的认知意识下

959 继续提升模式，增加编辑的"三个词汇"——人口、繁衍和家庭——将其作为前进的支点。对于每个词，我都会勾勒出讨论的路线。我直截了当地说，这些词不会涵盖这个领域，并且它们是简短的形式表达。但总体来说，应该有足够的时间来消除我先前所说的国际人权法和实践的封闭性。

（一）人口

从"人口"开始，我立即想到了几乎所有的门外汉，他们耸耸肩说："权利就在这里面，它们主要是个人与个人，个人与国家的关系，这包括很多悲伤、感伤的故事。"实质上，这些外界批评者说的是人权可能使用"弱势人群"的语言，但总体上它的重点是个人，而不是人群。例如，人权讨论是否可能以公共健康的办法限制性权利和生殖权利？

这是个关于公平的问题。在人权领域，几乎没有人讨论过这个问题（Erdman 2011；Parmet 2011），但应该有更多关注安全孕产，尤其是通过公共健康视角看的堕胎权利。安全孕产至关重要：不安全堕胎持续杀害和伤害太多妇女。安全孕产也关注健康风险以及特殊射线的危害。然而，对堕胎采取的公共健康方法与以权利为基础的方法是不一样的。特别是，它忽视了自治的价值以及在堕胎受到阻挠或拒绝时，随之而来的对尊严的伤害（Erdman 2014）。

对公共健康方法普遍缺乏兴趣的解释部分可能是，根据国际人权法，"人群"并不代表公共健康。相反，它针对特定的人口，特别是处于社会边缘地位和弱势的群

体。因此，联合国文化权利领域特别报告员在 2012 年的一份关于科学权利的报告中指出："由于财政或政治权力有限，科学意识有限的边缘化人口被作为人类研究对象，这使得他们有遭受更大侵犯的风险"（联合国人权理事会 2012：para 52 ）。她还呼吁各国确保"在不歧视的基础上，使得科学好处成形，且经济上可负担"（联合国人权理事会 2012：para 30 ）。对法律上和事实上歧视的相关关切，可通过联合国机构和联合国条约监督机构的工作加以传播，后者是国际人权法的主要解释机构。⑬ 因此，作为条约机构之一的联合国人权事务委员会强调，《公民权利与政治权利公约》第 7 条禁止未经有关人员自愿同意，不得进行医学或科学实验，并呼吁对不能给予有效同意的人（特别是被任何形式拘留或监禁的人）给予特别保护（1992 年人权委员会：para 7 ）。2014 年，一些联合国机构聚集在一起，发表了一项声明，呼吁各国尊重、保护和落实残疾妇女的生育权利。该声明敦促各国消除强迫和威胁残疾妇女绝育，并采取积极措施保障她们的性和生殖权利（世界卫生组织 2014 ）。更广泛地说，联合国日益认识到在生育和性健康层面，旧有性观念（联合国消除对妇女歧视委员会 2014：para 42—43 ）和多重歧视（例如 *Alyne da Silva Pimentel Teixeira v Brazil* 2011 ）的特殊危害。

960

我知道，这必须看起来像标准的国际人权法文章；一份清单，甚至是一份坚持列出的清单，每一份清单都会消除门外汉的好奇并增加门外汉的抱怨。此外，有些人会坚持认为，列出国际人权法比列出国内"书本上的法律"更糟糕，并且因此忽视了"实践中的法律"。正如这些批评家所指出的，国际法并不是特别法律的规定：它缺乏我们所期望的执法机制——总的来说，国际法必须与各国合作：它不能命令国家，而必须使国家与国家进行交往（Goodman and Jinks 2013 ）。毫不奇怪，这种不能具有法律一样的能力通常被认为是一个问题，但如果我们把它看作一种潜在的形式呢？具体来说，如果我们可以用它来突破拉丁术语和小玩意以及其他法律技术，这不仅可以让门外汉感到厌恶，而且还可以让人们持有如下观点，即，法律仅仅是禁止性的吗？如果我们能够利用它来鼓励更多的社会学方法，从而看到国际人权法在社会文化进程中的特殊性，又会如何？

这样看，可能会从阿马蒂亚·森所谓的"司法牢笼"（Amartya Sen 2004：319 ）中释放出来。例如，它将帮助我们更多地了解各国何时以及为什么以平等的方式援引人权和公共健康，并承认边缘化和弱势人口的处境，同时对抗歧视措施。我们或许可以看看，是什么促使巴西推动世界知识产权组织的发展议程，以及承认性权利，并在联合国设立健康权问题特别报告员。我们还可以看看，在 2006 年，H5N1 禽流感疫情

---

⑬ 这些机构是缔约国根据条约协定设立的独立专家机构。他们监测国家遵守情况，对条约规定做出权威性解释，有时还听取个人意见，并就所称的违反行为进行调查。

期间，是什么促使印度尼西亚抗拒世界卫生组织（WHO），拒绝继续分享病毒样本，当世界卫生组织传递样本的公司否认了利益分享责任（Murphy 2013）。总的来说，我们可能会问：这些国家是激进主义国家，还有其他国家是这样吗？

同样的，我们可以观察到，国际人权法机制核心是其他行动者何时以及为何改变其工作重点。例如，国际的人权法院和联合国条约机构认定强迫绝育侵犯了免受残忍、不人道或有辱人格待遇的权利，并开始详细提及受害者的精神痛苦（例如，*NB v Slovakia* 2012: para 80）。我们可以问，这是什么原因造成的，它的可能影响是积极的，还是有问题的？与此相关的是，限制性堕胎法规现在不仅将受到联合国消除对妇女歧视委员会和联合国经济、社会、文化权利委员会的审查，而且还将受到联合国人权事务委员会、联合国禁止酷刑委员会以及欧洲人权法院的审查。这些机构的判例和结论性意见表明，拒绝或阻碍妇女堕胎可能违反免受残忍、不人道或有辱人格待遇的权利（*KL v Peru* 2005; *Tysiag v Poland* 2007; *LMR v Argentina* 2011; *RR v Poland* 2011; *P and S v Poland* 2012）。[⑭] 在此，我们也应该问，是什么促使了转变？特别是，是什么鼓励对现有权利做出新的解释，并且这可能产生何种影响？[⑮]

然而，国家、法院和条约机构将不提供全面的说明，我们还应该研究社会运动对公共健康问题和生育问题的实践，特别是边缘化和弱势群体的生育选择问题。在这里，我们可能会问那些重复博弈者在这些领域中，他们的策略是什么？在国家和国际法院以及联合国条约机构做出拒绝权利的决定之后，他们更有可能联合起来，还是更愿意集中于为确认权利的决定铺平道路？同样，在事态发展停滞时，它们又如何着手？此外，还有不同的社会运动浪潮——包括女权主义、同性恋以及艾滋病激进主义，与国际人权法相比，这些浪潮是否采取了不同的立场？

今天，在信息和通信技术的部分推动下，许多社会运动进行跨界合作。在跨国诉讼和宣传方面，主要行为者之一是1992年在美国成立的生育权利中心，其与50多个国家的100多个组织进行合作。强制绝育长期以来一直是该中心的重点之一，并且产生了诉讼和法律之上的策略。目前，该中心与智利非政府组织（Vivo Positivo）合作，其宗旨是"由国际人权机构裁决拉丁美洲艾滋病病毒感染者的首次强制绝育问题"（生育权利中心 2014）。FS诉智利案将由美洲人权委员会审理。在申诉中，非政府组织争辩说，强行绝育侵犯了原告一系列权利，包括不受酷刑或残忍、不人道或有辱人格待遇的权利、隐私权、不受歧视的权利，以及获得有效司法补救的权利。如果他们赢

---

⑭　国家对被剥夺或阻挠使用根据国家法律可合法获得的堕胎服务的妇女所遭受的残忍、不人道或有辱人格的待遇负责；此外，实施限制性堕胎法被认为是实施残忍、不人道或有辱人格的待遇。

⑮　另见，联合国人权理事会，《关于酷刑、其他残忍、不人道或有辱人格的待遇或处罚的特别报告员报告》，胡安·E.门德斯（2013年2月1日），联合国文件A/HRC/22/53；关于健康环境中的酷刑和虐待，包括虐待寻求生育健康的妇女的报告。

了，那将是一个里程碑事件，但正如该中心所指出的，即使胜诉，司法补救办法也是不同的，判决从来不会自我执行。至少在法庭上赢得胜利是"进步"，但有时难以执行。

962

该中心的另一个案件（*María Mamérita Mestanza Chávez v Peru*）就很好地证明了这一点。该案件涉及一名土著妇女的死亡，该妇女被强迫绝育，这是国家关于人口控制的十年方案的一部分，其影响到近 35 万名妇女和 2.5 万名男子，他们主要来自贫困地区、农村和土著社区。2003 年，美洲人权委员会与秘鲁达成了一项友好解决协议，秘鲁承诺采取措施解决健康部门的结构性歧视问题，并对大规模绝育进行调查。但是，这项调查已多次开展并已经结束，但没有进行任何起诉活动。

我想强调的是，强迫绝育不是一个"拉丁美洲问题"。无论是区域因素、国家因素还是更多的地方因素，地方因素当然都是重要的，并且承认和理解这些因素是防止侵犯行为和尊重生育选择的重要部分（Cook，Erdman and Dickens 2014）。然而，同样重要的是，这种国家和非国家行为体对边缘化和弱势人口的生殖选择的控制行为在全球持续存在。回顾一下联合国消除对妇女歧视委员会关于强制绝育的第一项决定，其涉及一个欧洲国家（*AS v Hungary* 2006）。最近，欧洲人权法院在 12 个月内就斯洛伐克强迫绝育问题做出了三项裁决，这些裁决涉及侵犯罗马尼亚妇女生育权利问题（*VC v Slovakia* 2011; *NB v Slovakia* 2012; *IG and Others v Slovakia* 2012）。这些决定是足够清楚的：如果未经知情同意，对妇女进行绝育违反了《欧洲人权公约》第 3 条的有辱人格权利，部分原因是它干扰了妇女在生育选择方面的自主权（例如，*NB v Slovakia* 2012: paras 71–88）。

（二）生育

在这一点上，有些人会问：试管婴儿、植入前基因诊断（PGD）、产前基因测试等的技术边界在哪里？国际人权法律和实践的确考虑此类生育技术；我在下文介绍一下主导的案例。然而，大多数情况下，在这一法律领域中，"生育"问题引发了现代性的讨论，而不是技术。因此，联合国条约机构和国际人权法院都呼吁各国确保负担得起的现代避孕方法，[⑯] 以及相关信息和服务（Open Door 1992；UN CEDAW 2014）。此外，正如我们所看到的那样，强迫绝育和安全孕产是上述行为者和其他国际人权法行为者关注的核心事项。

这意味着，分层生育的某些方面在国际人权法和实践中是存在的，而另一些方面（例如商业化与繁衍中的利他主义）则并非如此。同样，"负责任的亲子关系"的概念体现了天主教提倡自然计划生育方法（联合国消除对妇女歧视公约 2014）；在国际人

963

---

⑯ 世卫组织基本药物示范清单所列方法。

权法和实践中，它尚未涵盖那些被鼓励或指导使用技术行使生育权利的人所面临的挑战。[⑰] 一个更广泛的焦点将所有类型的负责任的亲子关系纳入我们的视野中，这是可取的，但这并不容易实现。重点很可能是自治或自决问题（通常被视为私人生活的尊重权），大多数意思自治的版本并不涉及辅助生育事项（Lõhmus 2015）。部分的挑战是产前筛查、试管婴儿等将产生强烈的生育责任感，特别是对妇女而言，她们中的许多人做出决定时都有强烈的家庭意识和更强烈的社会结构意识。按照通常的理解，自治并不容易决定其决策进程。此外，有了辅助生育工具（特别是配子和胚胎的储存以及各种捐赠的可能性），我们所面对的远不止怀孕主体的自治性问题（Ford 2008）。当然，另一个挑战是，"家庭"在当前的联合国是一个极具争议性的话题，许多国家提倡"家庭价值"的决议，实际上是要为对同性恋的歧视辩护。

因此，一个重要的问题是，我们如何为再生育技术时代规划自治性。在所有的规划中，国际人权法都坚持，我们不仅应注意到法律标准，而且还应注意以下几点：第一，所有人都无法获得再遗传技术。第二，在一些选择使用它们的国家中，这显然是一个家庭、社区或国家责任问题，而不仅仅是个人决定。第三，非国家行为者的活动（例如，促进可遗传技术解决方案的企业）也必须予以考虑。第四，这些技术在现有的情况下被用来选择规避性别和残疾工具。这种选择性生育是否加剧了歧视的实践？第五，生育权利、健康或正义的重新规划都不能忽视安全孕产或有尊严的养育。每年在怀孕和分娩期间有太多妇女死亡或受伤，但还有太多父母被迫在贫困中养育家庭。

我们需要进行深思熟虑且相对复杂的思维转变。以前的经验可能在这方面有所帮助，但需要认识到先前经验好坏参半。在 20 世纪 90 年代的一系列联合国会议上，特别是开罗国际人口与发展会议上，各国同意采取行动，避免控制生育率，以尊重、保护和履行生育权利。在开罗会议上，各国一致认为这些权利：

964
　　　　国内法、国际人权文书和其他协商一致的文件已经承认某些人权一致，这些权利的基础是承认自由和负责任地决定儿童的数量、间隔和时间的基本权利，以及拥有这样做的信息和手段。它还包括人人有权在不受歧视、胁迫和暴力的情况下就生育问题做出决定（1994 年国际人口与发展会议：第 7.3 段）。

然而，正如我们所看到的，开罗会议后的关注点到具体的问题上。安全孕产、强制绝育和负担得起的现代避孕方法以及相关信息和服务成为关键议题。预防母婴传播艾滋病毒也是核心问题之一（Murphy 2013）。在某种程度上，这些问题（特别是安全孕产）出现并发展起来，是为了围绕一些国家和非国家行为者反对将堕胎视为权利、健

---

　　⑰ 遗传载体测试在大多数国家是自愿的，但在一些国家是强制性的。

康或正义的一部分而进行的工作。人们认为有必要处理这些反对意见，这也可能有助于解释，为什么在国际人权法范围内，生命权的发展不太关注生育问题。然而，越来越有机会澄清现有标准和处理讨论不足的问题。例如，在最近的联合国残疾人权利委员会结论性意见中，其似乎提出了一个问题，即，将胎儿残疾与其他合法批准的堕胎理由区别对待是否具有歧视性，因为对后者施加了更短的时限要求（如，联合国关于残疾人权利公约 2011，paras 17-18）。《公民权利和政治权利公约》第 6 条生命权的拟定一般性意见为澄清和巩固现有办法提供了进一步的机会，尽管一些国家和非政府组织对保护"未出生的"生命的立场也进行了激烈争论。

我们有可能提供一些以权利为基础的方法来处理辅助生殖技术及其他再遗传技术问题。欧洲和美洲人权法院存在一组案件；具体而言，欧洲人权法院至少审理了 6 起辅助生殖技术问题（*Evans v UK* 2007; *Dickson v UK* 2007; *SH and Others v Austria* 2011; *Costa and Pavan v Italy* 2012; *Knecht v Romania* 2012; *Parrillo v Italy* 2015），同时，美洲法院也存在一起相关案件，即，Artawvia-Murillo 等案。欧洲人权法院也有在家生育的案件（例如，*Ternovszky v Hungary* 2010），这是一个有益的提醒，非医学化、非技术性的选择也是有效的生育选择。同一法院还有一个案件涉及一名妇女（RR），该妇女被多次拒绝进行产前基因检测，然后又以太晚决定为由拒绝堕胎。RR被迫继续怀孕，并生下具有罕见遗传疾病的、发育异常的女儿。她向欧洲人权法院提出申诉，欧洲人权法院认为，国家侵犯了她免于残忍、不人道或有辱人格待遇的权利（*RR v Poland* 2011）。

现在谈谈国际人权法领域七个辅助生殖技术案件的焦点问题。第一，尊重私人生活的权利，这是一项资格性质的权利，[18] 包括决定拥有或不拥有一个孩子，并为此目的利用辅助生殖技术。因此，在美洲，哥斯达黎加完全禁止试管婴儿技术被认为违反了《美洲人权公约》：美洲人权法院指出，私人生活权与生育自主权与获得生殖健康服务的权利有关，其中包括有权获得行使这一权利所必需的医疗技术（Artavia- Murillo and Others para 146）。[19]

第二，在欧洲，在最近的帕里洛诉意大利案（*Parrillo v Italy*）中，申请人试图将试管婴儿的胚胎捐给科学研究，欧洲人权法院裁定因为胚胎含有申请人的遗传物质，所以它们代表了"遗传物质和生物特性的组成部分，该裁决令许多经验丰富的观察员

965

---

[18] 如果在追求特定目标的过程中"依法"和"民主社会所必需的"，对权利的干涉是合理的。

[19] 法院继续指出："《消除对妇女一切形式歧视公约》第 16（e）条也承认了生育自主权，根据该条，妇女有权'自由和负责任地决定子女的数量和生育间隔，并有权获得使她们能够行使这些权利的信息、教育和手段'。当妇女行使控制生育权的手段受到限制时，这项权利就受到侵犯。"同样，在欧洲，欧洲人权法院指出，"夫妇生育子女并为此利用医学辅助生育技术的权利也受到《欧洲人权公约》第 8 条的保护，因为这种选择是私人和家庭生活的一种表现"（SH 等诉奥地利案）。

感到惊讶（2015：para 158）。法院继续认为，因此，申请人有能力行使"对其胚胎命运的有意识和经考虑的选择，这是个人生活的一个私密事项"，因此属于自决权，而这又属于《欧洲人权公约》第 8 条中尊重私人生活的权利（2015：para 159）。最终，申请人败诉了：法院对缔约国给予了广泛的裁量余地，并再三强调，该事实既不涉及准父母身份，也不是申请人的存在和身份的重要问题。因此，申请人希望在她的男伴去世后将胚胎捐给科学界的愿望受挫，他们被无限期留在了储存地。然而，耐人寻味的一点是，法院认定这些胚胎是"申请人身份的组成部分"。正如联合的不同意见所指出的，一些人将这看作是"对人类胚胎地位的难以接受的声明"。（2015：卡萨迪韦尔法官、齐梅莱法官、波尔 – 福德法官、德加塔诺法官和尤克维斯卡共和国法官联合不同意见，para 4）。

　　第三，尽管欧洲人权法院的许多生育辅助技术案件涉及缔约国的裁量余地，但有人指出，法院持有对涉及生物辅助技术的立法进行评价的观点。在 SH 和其他国家，尽管奥地利完全禁止捐卵的规定经过了严格的审查，但法院警告说，如果不以"协调一致的方式"，允许"适当考虑所涉及的不同合法利益"，这些禁令将不符合公约规定（2011：para 100）。同时，在较早的埃文斯（Evans）案中，法院在权衡私人和公共利益以确定是否实现了公正的平衡时，强调了与生殖辅助技术相关的两项特殊的公共利益。其一，它坚持了同意至上的原则，并且其二，它的"亮点"（非例外做法）推动了法律的明确性和确定性。

　　关于法律制定问题，在 SH 等案中，奥地利对"小心谨慎"的做法表示赞赏（2011：para 114），在埃文斯案中，法院强调英国的法律"对人类受精卵和胚胎学领域发展中的社会、道德和法律影响进行详细考察，并且其是思考成熟、经过协商和辩论的成果"（2008：para 86）。同样的，在帕里洛案（Parrillo）中，法院强调，意大利禁止对人类胚胎进行科学研究背后的起草过程（2015：para 188）。相比之下，在克内希特诉罗马尼亚（*Knecht v Romania*）案中，尽管没有违反《欧洲人权公约》第 8 条，但是，法院提到了规制者的"阻碍和摇摆态度"（2012：para 61）。在科斯塔和帕万（Costa and Pavan）诉意大利案的类似情况下，法院决定的重点是"意大利立法体系的不协调问题"。法院认为，异性恋的已婚夫妇患有囊状纤维化，他们被禁止使用试管婴儿和胚胎植入前遗传学诊断来筛查他们的胚胎。法院强调，一方面，意大利禁止只植入健康胚胎，另一方面，其又允许附带遗传条件的胎儿流产。法院称，意大利的法律规定，"对申请人造成了痛苦的状况（2012：para 66），同时其不一致性造成对其第 8 条尊重私人和家庭生活的权利不相称的干涉"。

　　第四，总体而言，法院对各缔约国关于辅助生育技术的案件中，给予了广泛的裁量余地，其一般给出了两个相关的理由：第一，在提出的问题上缺乏欧洲共识，"成员国之间没有明确的共同点"；第二，"在医学和科学迅速发展的背景下，采用试管婴儿治疗会引起敏感的道德和伦理问题"（Evans 2007：para 81）。法院有时也提到国际规范缺乏共识。它还提到有必要平衡相互竞争的私人和公共（或一般）利益，并提到国家最适合这样做。在 SH 等案中，令持不同意见的法官感到不安的是，它提到了正在形成的欧洲关于生殖辅助技术的共识。法院认为，这存在"尚未明确的共同立场"。换言之，正在出现的共识并不是基于成员国法律确定的既定和长期原则，而是反映了一个特别活跃领域的发展阶段（2011：para 96）。看来，当法律和科学都特别活跃的时候，法院需要借助"新兴的欧洲共识"工具，这个工具不仅体现了法院对法律的信仰，而且体现出对生殖辅助技术以及科技的"尚无感性认识"的态度。

展望未来，我们应该期待更多的案件，不仅出现在欧洲，还应该出现在更多的地方。我们也期望这些案件具有挑战性。上述决定并非"盖棺定论"，而且正如我们看到的，它们提出了一系列的难题。例如，如果关于生殖辅助技术的法律是尊重权利的，那么它是否应该区分提供给男性还是女性的技术呢？它是否应该承认卵子和精子储存之间存在的差异？它是否应该有一项尊重生殖辅助技术法律的强制性规制体系，其能够降低对个别案件中相互竞争利益评估的清晰度和确定性？同样，虽然 SH 等案中的大多数意见避免对交叉生殖护理发表评论，但我们能够认为它提出的困难问题会再次出现（可能与代孕结合在一起）。不同的是，欧洲人权法院和更广泛的国际人权法都只是开始处理由生殖辅助技术所提出的问题。因此，在建立基于权利的遗传、孕产、社会和法律上的亲子关系方面，现在仍为时较早。为强调这一点，以及它所带来的机遇和挑战，我最后谈谈辅助生殖技术所提出的家庭生活和更广泛的亲属关系问题——即，捐赠者怀有的孩子是否有权知道他的基因身份？

967

（三）家庭

一些声称捐赠者怀有"知情权"的人指出，欧洲人权法院的判例法和《联合国儿童权利公约》的规定都表明，儿童应能尽可能了解她的父母。然而，据我所知，在欧洲人权法院并没有关于受赠人怀孕儿童的"知情权"的案例。欧洲法院关于援引知晓基因身份重要性的案件涉及亲子关系监测或者是匿名生育的实践（*Mikulic v Croatia* 2002; *Odièvre v France* 2003; *Godelli v Italy* 2012），所有的案件看起来都与捐赠问题无关。此外，在 SH 等案涉及捐赠受孕的禁止问题，法院认为，缔约国对"分裂母子关系"的忧虑（从卵子捐赠开始）增加了一个未出现在收养方面的"新领域"（2011：para 105）。这表明，法院可能不赞同被收养人和捐赠者之间的类比，接受较为流行的所谓捐赠者的"知情权"。

更广泛的，我们应该认识到，虽然与私生活相对应的家庭生活受尊重的权利相比，《欧洲人权公约》第 8 条中的家庭生活受尊重的权利仍未发展成熟，而且《欧洲人权公约》第 12 条也有类似的不发达之处，但就家庭的含义而言，法院对社会变革持开放态度（例如，*X, Y and Z v UK* 1997; *Schalk and Kopf v Austria* 2010; *X and Others v Austria* 2013 ）。的确，法院继续支持对"传统家庭"给予特别保护的缔约国政策选择，例如允许对那些在使用生殖辅助技术后寻求收养人的未婚夫妇进行差别对待（*Gas and Dubois v France* 2012; *X and Others* 2013 ）。然而，也许在一些缔约国的主导下，改革近在眼前，从而能够使得法院寻找到关于当前家庭和血缘关系的新欧洲共识。

968　　但我需要补充的是，案件所说的是权利的一部分，而另一部分的权利并不总是如此。因此，目前正在为受赠人构想的儿童"知情权"的主张在法律上可能无法令人信服，但这并不减损其权力。实际上，反对"知情权"似乎是一个特殊的立场。它表明，一个人反对真理和知识，反对家庭和自决。我们中很少有人（特别是支持国际人权法和实践的人）愿意签下保密和谎言协议，或采取损害个人或家庭的立场。对我来说，这就是生活的细节；如果我们需要既了解实际亲子关系的做法，又更广泛地了解我前面提到的社会学方法。这样的观察方式远远超出法律范畴，并且其可以帮助我们解开不同形式的秘密和真相。比如，我们该不该使用不同的框架来规范家族秘密和官方秘密？我们还需要解开遗传关系与家庭或亲属关系的关联。儿童的"最佳利益"的问题也需要继续探讨。

五　结论

对律师来说，这似乎是一个奇怪的结论——尤其是因为在整个这一章中，我试图通过国际人权法和实践的视角来建立对科学和技术的思考的兴趣。然而，对我来说，如果我们坚持把权利视为绝对的或对抗的权利，那么对权利的兴趣和实际的法律和实践都不会发展。在今天，人们对法律权利的看法似乎在过去、现在和将来都是可怕的。我认为，解决这一差距需要在两个方面采取行动。其一，正如我在本章中所强调的，我们需要更好地传递法律权利的细节。例如，《欧洲人权公约》中规定的尊重私人生活的权利是一项有条件的权利，而不是一项绝对的权利，虽然受到忽视，但在科学和技术问题上存在着一套国际人权法和惯例。其二，对律师来说，这是困难的。我们需要接受和承认，作为法律权利并不是权利的全部。"法律"只会带我们走这么远；我们还需要注意权利的构成，以及权利的其他细节。权利如何成为法律？他们怎样打磨和规划法律，以及如何将它们的法律形式转化为现实，并融入个人的身份中。这都是细节部分，而且正如我在本章中所指出的，科学和技术是一个很好的场所，可以将这一内容提炼出来并发展我们对它的理解。

【参考文献】

AAAS Science and Human Rights Coalition, 'Intersections of Science, Ethics, and Human Rights: The Question of Human Subjects Protection' (report of the Science, Ethics, and Human Rights Working Group, 2012)

AAAS Science and Human Rights Coalition, 'Defining the Right to Enjoy the Benefits of Scientific Progress and Its Applications: American Scientists' Perspectives' (report prepared by M Weigers Vitullo and J Wyndham, 2013)

Alyne da Silva Pimentel Teixeira v Brazil, no 17/2008, UN Doc CEDAW/C/49/D/17/2008 (UNCEDAW C'tee 2011)

Artavia- Murillo and Others v Costa Rica, case 12.361 (Inter-Am Ct HR 2012)

AS v Hungary, no 4/2004, UN Doc CEDAW/C/36/D/4/2004 (UNCEDAW C'tee 2006)

Ashcroft R, 'The Troubled Relationship between Human Rights and Bioethics' in MDA Freeman (ed), 971
Law and Bioethics: Current Legal Issues (vol 11, OUP 2008)

Besson S (ed), 'Human Rights and Science', Special Issue (2015) 4 European Journal of Human Rights 403-518

Buchanan A and others, *Chance to Choice: Genetics and Justice* (CUP 2000)

Campbell N and Stark L, 'Making up "Vulnerable" People: Human Subjects and the Subjective Experience of Medical Experiment' (2015) 28 Social History of Medicine 825 Center for Reproductive Rights, International Programme on Reproductive and Sexual Health Law and University of the Free State, *Legal Grounds: Reproductive and Sexual Rights in African and Commonwealth Courts, volumes I and II* (2005, 2010) <http://www. law.utoronto.ca/programs-centres/ programs/irshl-reproductive-and-sexual-health-law/ irshl-legal-grounds-updates> accessed 10 January 2017

Chapman A, 'Towards an Understanding of the Right to Enjoy the Benefits of Scientific Progress and Its Applications' (2009) 8 Journal of Human Rights 1

Cohen I, 'This Is Your Brain on Human Rights: Moral Enhancement and Human Rights' (2015) 9 Law & Ethics of Human Rights 1

Cook R, Erdman J, and Dickens B (eds), *Abortion Law in Transnational Perspective: Cases and Controversies* (University of Pennsylvania Press 2014)

Costa and Pavan v Italy, no 54270/10 (ECtHR 2012)

Dickson v United Kingdom [GC], no 44362/04 (ECtHR 2007)

Donders Y, 'The Right to Enjoy the Benefits of Scientific Progress: In Search of State Obligations in Relation to Health' (2011) 14 Medicine, Health Care and Philosophy 371

Epstein S, *Inclusion: The Politics of Difference in Medical Research* (University of Chicago Press 2007)

Erdman J, 'Access to Information on Safer Abortion: A Harm Reduction and Human Rights Approach' (2011) 34 Harvard Journal of Law and Gender 413

Erdman J, 'Abortion in International Human Rights Law' in Sam Rowlands (ed), *Abortion Care* (CUP 2014)

Evans v United Kingdom [GC], no 6339/05 (ECtHR 2007)

Flood C and Gross A (eds), *The Right to Health at the Private/ Public Divide: A Global Comparative Study* (CUP 2014)

Ford M, '*Evans v United Kingdom*: What Implications for the Jurisprudence of Pregnancy?' (2008) 8 Human Rights Law Review 171

Galligan DJ, 'Citizens' Rights and Participation in the Regulation of Biotechnology' in Franceso Francioni (ed), *Biotechnologies and International Human Rights* (Hart Publishing 2007)

Gas and Dubois v France, no 25951/07 (ECtHR 2012)

Godelli v Italy, no 33783/09 (ECtHR 2012)

Goodman R and Jinks D, *Socializing States: Promoting Human Rights through International Law* (OUP 2013)

Gostin L and Taylor A, 'Global Health Law: A Definition and Grand Challenges' (2008) 1 Public Health Ethics 53

IG and Others v Slovakia, no 15966/04 (ECtHR 2012)

International Conference on Population and Development, 'Report of the International Conference on Population and Development' (UN Doc A/CONF.171/13., 18 October 1994)

Jasanoff S (ed), *Reframing Rights: Bioconstitutionalism in the Genetic Age* (MIT Press 2011)

Jasanoff S, *Science and Public Reason* (Routledge 2013)

972 *KL v Peru*, no 1153/2003, UN Doc CCPR/C/85/D/1153/2003 (UNHRC 2005)

Knecht v Romania, no 10048/10 (ECtHR 2012)

LMR v Argentina, no 1608/2007, UN Doc CCPR/C/101/D/1608/2007 (UNHRC 2011)

Lohmus K, *Caring Autonomy: European Human Rights Law and the Challenge of Individualism*(CUP 2015)

Luna Z and Luker K, 'Reproductive Justice' (2013) 9 Annual Review of Law and Social Science 327

Mancisidor M, 'Is There Such a Thing as a Human Right to Science in International Law'(2015) 4 ESIL Reflections (April 7)

Maria Mamerita Mestanza Chavez v Peru, friendly settlement, case 12.191, Report 71/03(Inter-Am Comm HR 2003)

Mikulic v Croatia, no 53176/99 (ECtHR 2002)

Montgomery J, Jones C, and Biggs H, 'Hidden Law-Making in the Province of Medical Jurisprudence' (2014) 77 Modern Law Review 343

Muller A, 'Remarks on the Venice Statement on the Right to Enjoy the Benefits of Scientific Progress and its Applications (Article 15(1)(b) ICESCR)' (2010) 10 Human Rights Law Review 765

Murphy T, *Health and Human Rights* (Hart Publishing 2013)

Murphy T and O Cuinn G, 'Works in Progress: New Technologies and the European Court of Human Rights' (2010) 10 Human Rights Law Review 601

Murphy T and O Cuinn G, 'Taking Technology Seriously: STS as a Human Rights Method' in Mark Flear and others (eds), *European Law and New Health Technologies* (OUP 2013)

Murphy T and Turkmendag I, 'Kinship: Born and Bred (But Also Facilitated)? Commentary on "Donor Conception: Ethical Issues in Information Sharing" (Nuffield Council on Bioethics 2013)' (2014) 22 Medical Law 422

NB v Slovakia, no 29518/10 (ECtHR 2012)

Odievre v France [GC], no 42326/98 (ECtHR 2003)

Open Door and Dublin Well Woman v Ireland, nos 14234/88 and 14235/88 (ECtHR 1992)

P and S v Poland, no 57375/08 (ECtHR 2012)

Parmet W, 'Beyond Privacy: A Population Approach to Reproductive Rights' in John Culhane (ed),

Reconsidering Law and Policy Debates: A Public Health Perspective (CUP 2011)

Parrillo v Italy, no 464470/11 (ECtHR 2015)

Roberts D, 'Law, Race, and Biotechnology: Toward a Biopolitical and Transdisciplinary Paradigm (2013) 9 Annual Review of Law and Social Science 149

RR v Poland, no 27617/04 (ECtHR 2011)

S and Marper v United Kingdom [GC], nos 30562/04 and 30566/04 (ECtHR 2008)

Schabas W, 'Study of the Right to Enjoy the Benefits of Scientific and Technological Progress and its Application' in Yvonne Donders and Vladimir Volodin (eds), *Human Rights in Education, Science and Culture: Legal Developments and Challenges* (UNESCO/Ashgate Publishing 2007)

Schalk and Kopf v Austria, no 30141/04 (ECtHR 2010)

Sen A, 'Elements of a Theory of Human Rights' (2004) 32 Philosophy and Public Affairs 315 *SH and Others v Austria* [GC], no 57813/00 (ECtHR 2011)

Shaver L, 'The Right to Science and Culture' (2010) Wisconsin Law Review 121 *Ternovszky v Hungary*, no 67545/09 (ECtHR 2010)

Tysiag v Poland, no 5410/03 (ECtHR 2007)

UN CEDAW Committee, 'Summary of the Inquiry Concerning the Philippines under Article 8 of the Optional Protocol to the Convention on the Elimination of All Forms of Discrimination against Women' (UN Doc CEDAW/C/OP.8/PHL/1, August 2014)

UN Committee on Economic, Social and Cultural Rights, 'General Comment No 22: The Right to Sexual and Reproductive Health (Art 12)' (2 May 2016) UN Doc E/ C.12/GC/22

UN Convention on the Rights of Persons with Disabilities, 'Concluding Observations' (CRPD/C/ESP/ CO/1, Spain, 2011)

UN Human Rights Committee, 'General Comment No 7: Torture and Other Cruel, Inhuman or Degrading Treatment or Punishment (Art 7)' (10 March 1992) Compilation of General Comments and General Recommendations Adopted by Human Rights Treaty Bodies (UN Doc HRI/GEN/1/ Rev.1, 1994) 30

UN Human Rights Council, 'Report of the Special Rapporteur in the field of cultural rights, Farida Shaheed' (14 May 2012) UN Doc A/HRC/20/26

UN Human Rights Council, 'Report of the Special Rapporteur on extrajudicial, summary or arbitrary executions, Christof Heyns' (24 April 2015) UN Doc A/HRC/29/37

VC v Slovakia, no 18968/07 (ECtHR 2011)

World Health Organization, 'Eliminating Forced, Coercive and Otherwise Involuntary Sterilization: An Interagency Statement—UNHCHR, UN Women, UNAIDS, UNDP, UNFPA, UNICEF and WHO' (2014)

Wyndham J and others, 'Social Responsibilities: A Preliminary Inquiry into the Perspectives of Scientists, Engineers and Health Professionals' (report prepared under the auspices of the AAAS Science and Human Rights Coalition and AAAS Scientific Responsibility, Human Rights and Law Program, 2015)

X and Others v Austria [GC], no 19010/07 (ECtHR 2013)

X, Y and Z v UK [GC], no 21830/93 (ECtHR 1997)

973

拓展阅读

American Association for the Advancement of Science, 'Venice Statement on the Right to Enjoy the Benefits of Scientific Progress and its Applications' (adopted in July 2009) <www. aaas.org/sites/default/files/VeniceStatement_July2009.pdf> accessed 10 January 2017

Annas GJ, *American Bioethics: Crossing Human Rights and Health Law Boundaries* (OUP 2005)

Annas GJ and Grodin MA (eds), *The Nazi Doctors and the Nuremberg Code: Human Rights in Human Experimentation* (OUP 2005)

Ashcroft R, 'Could Human Rights Supersede Bioethics?' (2010) 10 Human Rights Law Review 639

Van Beers B and others (eds), *Humanity across International Law and Biolaw* (CUP 2014)

Brownsword R, *Rights, Regulation, and the Technological Revolution* (OUP 2008)

Brownsword R, 'Bioethics: Bridging from Morality to Law?' in MDA Freeman (ed), *Law and Bioethics: Current Legal Issues* (vol 11, OUP 2008)

Brownsword R and Goodwin M, *Law and the Technologies of the Twenty- First Century: Text and Materials* (CUP 2012)

Claude RP (ed), *Science in the Service of Human Rights* (University of Philadelphia Press 2002)

Cohen G, 'Sperm and Egg Donor Anonymity: Legal and Ethical Issues' in Leslie Francis (ed), *Oxford Handbook of Reproductive Ethics* (OUP 2015)

Cook R, Dickens B, and Fathalla M, *Reproductive Health and Human Rights: Integrating Medicine, Ethics, and Law* (OUP 2003)

Cook R and Cusack S, *Gender Stereotyping: Transnational Legal Perspectives* (University of Pennsylvania Press 2010)

Correa, Petchesky R, and Parker R, *Sexuality, Health and Human Rights* (Routledge 2008) Farmer F and Gastineau Campos N, 'New Malaise: Bioethics and Human Rights in the Global Era' (2004) 32 Journal of Law, Medicine and Ethics 243

Fenton E and Arras JD, 'Bioethics and Human Rights: Curb Your Enthusiasm' (2010) 19 Cambridge Quarterly of Healthcare Ethics 127

Fortin J 'Children's Rights to Know their Origins—Too Far, Too Fast?' (2009) 21 Child and Family Law Quarterly 336

Gibson JL and others (eds), Special Section on 'Bioethics and the Right to Health' (2015) 17 Health and Human Rights Journal 1

International Council for Science, Singapore Statement on Research Integrity (2010), and the Montreal Statement on Research Integrity in Cross-Boundary Research Collaborations (2013), <www.icsu. org/ icsu- asia/ news-centre/ news/ montreal-statement-on- research- integrity> accessed 10 January 2017

Karpin I and Savell K, *Perfecting Pregnancy: Law, Disability and the Future of Reproduction* (CUP 2012)

Lemmens T, 'Global Pharmaceutical Knowledge Governance: A Human Rights Perspective' (2013) 41 Journal of Law, Medicine & Ethics 163

Murphy T (ed), *New Technologies and Human Rights* (OUP 2009)

Ngwena C, 'Inscribing Abortion as a Human Right: Significance of the Protocol on the Rights of Women in Africa' (2010) 32 Human Rights Quarterly 783

Rheaume C, 'Western Scientists' Reactions to Andrei Sakharov's Human Rights Struggle in the Soviet

Union, 1968-1989' (2008) 30 Human Rights Quarterly 1

Roseman M and Miller A, 'Normalizing Sex and Its Discontents: Establishing Sexual Rights in International Law' (2011) 34 Harvard Journal of Law & Gender 313

Saul B, Kinley D, and Mowbray J, *The International Covenant on Economic, Social and Cultural Rights: Cases, Materials, and Commentary* (OUP 2014)

Sheldon S, 'Gender Equality and Reproductive Decision-Making' (2004) 12 Feminist Legal Studies 303

Sifris R, *Reproductive Freedom, Torture and International Human Rights: Challenging the Masculinisation of Torture* (Routledge 2014)

Sifris R, 'Involuntary Sterilization of HIV-Positive Women: An Example of Intersectional Discrimination' (2015) 37 Human Rights Quarterly 464

Smart C, 'Law and the Regulation of Family Secrets' (2010) 24 International Journal of Law, Policy and the Family 397

Ten Have HTM and Jean MS (eds), *The UNESCO Universal Declaration on Bioethics and Human Rights: Background, Principles and Application* (UNESCO 2009)

Tobin J, 'Donor-Conceived Individuals and Access to Information about Their Genetic Origins: The Relevance and Role of Rights' (2012) 19 Journal of Law & Medicine 742

UN Sub-Commission on the Promotion and Protection of Human Rights, 'Human Rights and the Human Genome', Preliminary report submitted by Special Rapporteur Iulia-Antoanella Motoc, UN Doc E/CN.4/Sub.2/2003/36 (10 July 2003); E/CN.4/Sub.2/ 2004/38 (23 July 2004); E/CN.4/Sub.2/2005/38 (14 July 2005)

Weeramantry C (ed), *Human Rights and Scientific and Technological Development* (United Nations University Press 1990)

Zureick A, '(En)gendering Suffering: Denial of Abortion as a Form of Cruel, Inhuman, or Degrading Treatment' (2015) 38 Fordham International Law Journal 99

975

第四十章
人口、生育和家庭

希拉·A.M. 麦克林（Sheila A. M. McLean）

许　琳译

一　引言

在20世纪50年代之前，生育决策和实践是相对简单的，繁衍仅需男女性交，避免意外怀孕的唯一途径是独身。20世纪50年代以来，辅助生殖技术的出现和发展改变了这一切，它为不育症患者或那些没有异性伴侣的人提供生育机会，使这些人能够成为父母，并由此塑造了与过去不同的家庭形式。同时，有效安全的流产和复杂的避孕措施使个人有机会进行积极的性生活。

生育领域的政策与那些可能是自由的或者干预个人选择的规制密切相关。然而，由于可能受到偏见或未经检验的假设的影响，制定政策通常更复杂和不透明。虽然英国的监管框架常常被认为是重度监管，但仍以相对自由为基本前提假设，并保留了一定程度的灵活性，这使得监管者可以对科学和医学的创新做出回应。

在人权话语体系中，生育也是一重要范畴。生育政策及其监管机制不仅应符合这些人权规范，而且政策及其监管机制的性质和程度还应具有合法性。

二　家庭、婚姻和新的生育技术

众多国际宣言和条约都规定了结婚家庭权，认为组建一个"家庭"对个人来说具有非常重要的意义。确切地说，家庭的重要性已被联合国直接认定。《世界人权宣言》第16条第3款说："家庭是天然的和基本的社会单元，并应受社会和国家的保护。"

实际上，无论是出于对儿童福利的关注还是对妇女生殖健康的关注，联合国的重要工作都直接或间接地与家庭有关（联合国 2015）。传统上，结婚权主要受到禁止血亲婚姻的限制，当然也有更不同寻常的限制，例如禁止英国王室成员与天主教徒结婚！除了上述限制之外，结婚法律能力具有历史和现实的意义。婚姻法作为传统法律部门，将婚姻视为男性和女性的结合，通常是（尽管并非始终如此）目前尚未与任何其他人结婚，是具有适当法定年龄且有能力自由结成婚姻的男人和女人结婚的决定。因为对于许多人来说，结婚的愿望与（合法的）家庭的基础以及后代的合法性密切相关，所以传统的婚姻是异性恋，并且目的（或至少一部分）是生育。但是，尽管生育通常是决定结婚的关键，但正如麦卡锡指出的那样，"人类结婚的愿望反映了承诺、个人尊严和尊重等核心价值"（McCarthy 2013：1178）。

在传统的婚姻观念中，一幅舒适的图景是异性恋夫妇带着他们的 2.4 个孩子。时移事异！所谓的生育革命已经促成或至少影响这些变化，这一点将在本章中得到进一步讨论。此外，家庭性质的变化也可追溯到国际上普遍关注的歧视和人权问题。如果婚姻是关于"承诺"和"个人尊严"的，那么我们必须追问为什么婚姻应限于异性伴侣。正如在种族隔离时期由南非和美国的某些州规定的禁止种族间婚姻的法律一样，无法以完全相同的价值认识同性伴侣的合法利益，是具有歧视性的。当然，通常来自基于宗教团体的强有力声音立法者会采取不同的立场，而且事实上，他们在英国关于同性婚姻合法化的辩论中也采取了不同的立场，这场辩论以《2013 年（同性）婚姻法》[*Marriage (Same Sex Couples) Act 2013*] 的通过而告终。第二年，英国诞生了第一批同性婚姻。

正如《1950 年欧洲人权公约》（*the European Convention on Human Rights*）早已支持的那样[①]，其他一些欧洲司法管辖区（以及世界其他地区）已经立法允许和承认同性婚姻。尽管如此，现实还是被自由裁量边际原则击败。例如，在 *Schalk v. Austria*[②] 一案中，法院拒绝"以自己的判决代替政府的决策"，认为，"国家是最有能力评估和回应社会需求的主体"（Schalk 2010：para 62）。法院注意到"婚姻具有根深蒂固的社会和文化内涵，不同社会具有巨大差异"，法院裁定"《公约》（《欧洲人权公约》，译者注）第 12 条未对被告政府施加任何义务，要求政府准予同性可申请结婚"。因此，欧洲委员会内部的国家没有义务允许同性婚姻，但是如果这符合其道德标准，则可以这样做。

婚姻除了表明承诺外，在很多情况下还伴随着建立家庭的愿望。如前所述，

---

① 《1950 年欧洲人权公约》第 12 条规定，"达到结婚年龄的男女根据规定结婚和成立家庭权利的国内法的规定享有结婚和成立家庭的权利"。（译者注）

② (2010)53 EHRR 683.

通过异性恋不再是建立家庭唯一的方式。通过养育、收养等可以建立家庭，而现代辅助生殖技术也可以建立家庭，在许多情况下，它为由一方或双方给予后代遗传联系的情况提供了一个建立家庭单位的机会。以往，遗传联系一直是法律上理解父母身份的关键。但是，正如麦卡沃伊（McAvoy）所指出的那样，"由于辅助生殖领域的科学进步，重视以遗传来认定亲子关系的做法显得不合时宜了"（2013：1422）。

因此，构成一个家庭具有相当大的当代意义。认识到新的婚姻形式，辅助生殖技术（ART）的可用性以及（通常是非商业性的）代孕安排的合法性，都在挑战传统的家庭和父母观念。这个挑战不是针对家庭单位本身，而是针对单词本身的含义。正如巴顿指出的那样：

> 生育和"合法"的父母身份是两回事。同性伴侣无法通过生育成为法律意义上的父母，但像异性伴侣一样，同性伴侣可以按一定的生物学和遗传学的参与顺序进行辅助生殖、代孕，或者收养配偶或他人的子女……（2015：400）

979 因此，谁是传统观念中的"母亲"和"父亲"，这个问题已经变得更加复杂。在同性婚姻家庭，有两个母亲或父亲？对此，卡思汀（Castignone）指出她说的（家庭）定义为"多样角色的一群人"已经成为现实。她认为，这意味着：

> 传统道德和法律范畴已不复存在，根据某一特征的权重或者处于辅助生殖某一阶段，来判断谁是真正的母亲或父亲有时会陷入严重冲突。（2006：86）

因此，科恩（Cohen）说道：

> 新的辅助生殖不同于其他医疗措施，这种技术的主要目的是创造人类，顺带缓解不孕症，因此，不仅要承认辅助生殖，还要对其采取不同于其他医疗的规制。（1997: 359）

令人乐观的是，安妮·唐钦（Anne Donchin）预测，尽管争论在某些情况下可能是正确的，但"民主国家可能会推进全面立法，前提是如果这是一种相对容易的实现目标的方式"（2011：96）。达成共识的原因是，如果不采取规制，对个人和社会可能产生深远影响的自由、选择和实践将处于危险之中。贝尔德（Baird）反思了"人类生殖科学知识的应用"方式，并得出结论认为，它具有"改变和影响我们社会如何看待妇女、儿童和生育的潜力"（1995：491）。因此，美国许多州对辅助生殖领域进行"全面立法"。

人类繁殖（包括不生育的决定）对社会、文化、伦理和法律的影响是最复杂、细微的，且有时是难以调和的。例如，那些国家不予干预的自由行为的承诺（Mill 1859）可能与国家利益存在冲突，此处的国家利益的表现是因对变化从本质上具有怀疑而采取的预防方式。前一种路径可以说是乐观的。后者本质上是悲观的。前一种通常被用于促进创新，而后一种则是从环境法发展而来的，"如果存在环境损害的风险，即使该风险尚未由科学充分论证，也可以对合法活动施加限制"（Murphy 2009：12）。即使是在美国的一些认为自己与自由主义者保持一致的州、西方的所谓民主阵营，对人类生育，尤其是辅助生殖的控制或至少是监视也被认为是无法抗拒，甚至是应负责的。戈罗维茨（Gorowitz）认为，"如果我们想对这些技术的发展产生合理的影响，对它们进行监管是必不可少的……"（2005：8）。科恩 同样认为，"对使用新的生殖技术的监管性限制"是基于"使用新的生殖技术对健康和福利的社会和伦理上的关注，以及有关家庭的本质和儿童的价值"（1997：350）。

此外，宗教的、社会的和文化的敏感性可能指向截然不同的方向。例如，正如曼德尔（Mandel）所说，"早期的治理和更具适应性的治理的障碍是新技术经常引发高度分化的争论，一方面是新技术开发和使用，另一方面是对新技术的规制"（2009：76）。沃尔诺克（Warnock）进一步指出，

> 披露任何新的生物医学技术是一个令人震惊或恐怖的故事，这对媒体来说是相当诱人的（媒体肯定会因诱惑而堕落）；公众可能会接受他们所读到的信息，并向立法机关施加压力，要求采取措施完全禁止进一步的研究，或者至少使其受到非科学的规制。（1998：174）

长期以来大多数或许是所有国家都在监管与不育有关的（非）生殖决定（例如，堕胎和获得避孕措施），故此，无论是直接地（如英国）还是间接地，大多数法域都认可国家对管理所谓生育革命能够发挥作用，这一点是可以理解的。对于立法者和政策制定者来说，尽管米勒（Mill）的伤害原则有时被用作干预其他私人选择的理由，但更多的情况是，这是一个合法的领域，并具有重大意义。事实上，在建议对英国的辅助生殖进行法律监管时，人类受精和胚胎学调查委员会（the Committee of Inquiry into Human Fertilisation and Embryology）将规制提高了前所未有的最高水平，声称通过建议立法，他们正在"建议建设所有人都引以为豪的社会"（*Warnock Report* 1984：3，para 6）。

创新立法存在两个未获解答的基本问题。对此，卡思汀明确提出，第一个问题是"这些活动是否可以受到法律约束，要施加什么样的限制"（2006：81），第二个

980

"问题"是有关法律制度内部的限制、分类和概念的不足，以及创设新类别的必要性（2006：81）。这些问题是根本性的，即使那些不涉及国家直接规制的法律也是如此。如经济、社会、文化、宗教，任何能够控制人类行为的系统都需要被认识到以下可能性：要么执行力不足，要么缺乏能够充分地适当管理新颖性和挑战性事物的清晰的概念。

尽管在很多评论员以及评论中共识似乎仍旧存在，但如果不认真解决上述问题，科恩警告说，"私人的道德选择会产生公共后果"，并推导出国家需要发挥作用，同时国家还有义务拒绝政府胁迫或不适当地影响人们对是否生育孩子的看法的企图（1997：364）。对于个人和监管者来说，实现个人选择与公共监管的平衡是一个难题。沃诺克委员会（The Warnock Committee）认为，"保护公众"的立法可能"被某些人视为侵犯诊疗或学术自由"，因此，那些政策制定者必须考虑相关利益和关切。

三　世界范围内的人类生育相关政策制定

迄今为止，大部分话题都集中在辅助生殖引起的问题上，但是还存在许多其他（主要是）女性关心的生殖问题。鉴于它们也已经或可能要受到（某种形式的）监管，因此目前将对其进行讨论。同样地，由于法律不是控制自由、选择和生育的唯一手段，因此，这里还要讨论治理或规制的手段问题。重要的是简要说明规制的基础，以及可能影响这一特定领域的政策的产生背景，这一点朱丽娅·布莱克（Julia Black）和罗杰·布朗斯沃德（Roger Brownsword）及其本书的其他部分也有所论述。

规制可以视为政策。不论规制采取何种形式，一个决策与形塑它的过程紧密相关。在家庭、生育和人口方面，这些决策有可能是隐藏的、自我服务的、不透明的、现实的、被误解的，等等。

例如，博谢（Bochel）和邓肯（Duncan）假定制定政策"很少……有序地进行"，因为制定政策"涉及许多不同的参与者，并且涉及目的、目标和价值观的冲突"（2007：3）。佩奇（Page）还质疑政策决定的科学基础，他说：

> 只要它们来自反思和审议，政策就可能反映出各种意图和思想：有的含糊，有的具体，有的矛盾，有的不清晰。它们甚至……可能是专业实践或官僚作风的意料之外或未经考虑的后果。（2007：207）

奥利弗（Oliver）说，"实践中"，"公共政策不是政府的单一行为，而是一种行为过程，它涉及公共部门和私人部门的个人和组织，并且包括自愿行为和法律禁令"（2006年：219）。因此，还需要检视制定政策和监管框架的过程。在稍微不同的情况下，布朗斯沃德和桑森（Somsen）建议，"参与式的过程……是朝正确方向迈出的一步，涉及关键新技术的政策决策不要留给技术专家及所谓公正无误的"可靠科学"的判断。然而，除非找到创新的方法来消除隐含的调节压力和可能隐瞒决策的各种框架特征，否则此类过程的合法性将受到质疑（2009：19）。这些"隐含的调节压力"可能源于无知、有限知识或歪曲的信息，然而，这些特征中的任何一个或所有特征都可以在不明显、不透明、不负责任甚至不被知情的情况下，深刻影响着那些可能限制个人自由的政策。李、薛佛乐、莱文施泰因（Lee、Scheufele and Lewenstein）建议，即使公众不了解或无法获得事实，也不会阻止他们对新技术做出假设（2005）。进一步地说，"公民将使用认知捷径或启发式方法，例如意识形态倾向或大众媒体的暗示，来对新兴技术做出判断"（2005：241）。因此，决策者以和上述一样的方式来做出反应，似乎是合理的。

不论政策是如何制定的、政策实际上的强度多大，也不论人们是如何得出允许或不允许的结论，生育政策的后果既是个人的也是社会的。例如，禁止堕胎可能增加孕妇的伤害，甚至是死亡；那些有生育问题的人无法获得帮助，可能会导致其身体上的问题和情感上的抑郁或其他心理问题。这些例子都昭示着个人悲剧，也明显具有超越民族国家的广泛的社会后果。尽管不同文化优先考虑的问题可能是不同的，国际社会对生育习俗也有兴趣。

四　从不在意国家——国家共同体如何？

当你快速浏览互联网，你会发现有多少条约、宣言、报告等是与人类生育主题相关的。通常，他们出现在妇女权利的权利束，也出现在人权的权利束下——弱势群体或特定群体的权利——开发、环境、人口控制、专业权利和责任、商业和专利权等。与此相关的行为体范围非常广泛，包括利益相关者、不同的组织的和专业的观点、国际和超国家谈判的现实以及具有约束力的国际法的可执行问题。上述文件的影响显然是很重要的，但在许多情况下，与国家的实际行动相比，并没有那么直接的相关性。尽管如此，就其修辞的重要性及其成为通用语言（*lingua franca*）的一部分的能力而言，这些工具既不能也不应该被忽略。

在这方面，最重要的国际贡献是1994年召开的国际人口与发展会议（ICPD），"179个国家一道通过《行动纲领》，同意人口政策必须旨在赋予夫妇和个人——尤其是妇女决定其家庭人数的权利，并且应提供给他们决策所需的信息和资源，并使他们能够行使其生育权利"（Centre for Reproductive Rights 2013：1）。这种对生育决策领域的人权的重要性认识，彰显了国际上主张生育自由的个人和团体为此奋战多年的成果，是向前迈出的重要一步。联合国对生育健康和权利的关注，进一步促成了旨在促使各国尊重和增进公民权利的协议的达成。

五　生育与否：谁在意?

在讨论国家在生育权利方面的作用之前，值得注意的是，还有其他利益可能会影响个人做出非强制性生育决定的能力。当然，不仅是国家可能与人类生育利益相关或者具有掌控权。如莱维特（Levitt）所说的来自她所谓的"生育产业"的压力扩大了984　可用服务的范围，已处于一种卡思汀所说的"传统道德和法律范畴不再存在"的情形中。（2006：86）

贝尔德担心人类生育的商业化问题，这在某些国家已经有很大的可能性，他认为，"如果允许市场力量来驱动生育技术的使用，可能会因不恰当、不道德或不安全的技术使用，从而破坏重要的社会价值，对公众造成伤害"（1995：492）。唐钦认为，"制度化将生育政策的重点从接受 ART 服务的个人消费者转向了医疗和法律机构"（2011：99）。正如舍温（Sherwin）指出的，"尽管新的生育技术可以为个人提供更大的力量去进行生育选择，但实际的控制权可能属于他人"（1992：120）。

经济、信息、宗教和文化的压力可能在实际地阻止真正自由的生育决策。在回答"谁在乎"这一问题时，我们会发现，显然有很多人和组织都"在乎"。这个领域诸多的问题是交织在一起的。尽管允许个人对自己的生育行为做出负责和真实的决定是一种近乎本能的意愿，但文化的、基于信仰的和其他的观念可能有不同的结果，而且这种结果是有力而诚实的。此外，科学发展速度太快或者方向不对，从而会对个人或整个社会构成威胁。这种语用学和意识形态上的困惑对人权理论试图验证和强化的实质自由构成严重的威胁。

非规制的影响与通常的监管一样对生育决策有影响，这是必须要提出的。即使国家采取如放松规制的方式不直接干预生育选择，或者利用经济的力量，也会不可避免地影响生育选择的"自由"程度。在那些分娩医疗不是免费的地区，经济因素势必是主要的控制因素。即使在那些存在国民健康保险服务的地区，可能会因经费不足或资源竞争而无法自由地进行生育决策。同样，文化、宗教或社会规范也可能产生微妙或明显的对生育决策的压力，这些非正式的制度影响人们的行为、限制（或加强）选择，并指向具体的结论。

完全不规制是不可能的。某些国家和地区的政府会将采取放任自由的方式，让市场和其他力量来决定资源的使用。即使在上述国家，对一些领域的规制措施也不少见，比较常见的领域是终止妊娠。比如，美国对于堕胎的规制，虽然没有联邦政府的规制，但更多地在司法和立法上会有所行动。显然，人们正在加大努力来限制或阻碍人们获得终止妊娠的服务。此外，收入可能会影响那些有生育问题的人决定是否采用辅助生殖；对收养的限制可能会阻止一些人组建家庭；尽管减少了对同性结合的限制，但仍然会妨碍其法律关系的建立。

其他法域的法律形式和内容可能有所不同，但都选取立法规制。因为立法是最 **985** 受认可的规制形式，它可以是宽容的也可能是限制性的。英国在 1990 年通过了相对宽松的立法，在 2008 年进行了修订，2015 年又进行了修订，允许线粒体 DNA 转移（McLean 2015）。有批评认为立法方法过于僵化，无法适应人类生育等敏感问题。但是英国最近通过了《2015 年人类受精和胚胎学（线粒体捐赠）条例》（2015 年 10 月生效），这表明立法有足够的灵活性来反映技术进步。尽管如此，即使是灵活的立法也会受到批评。

曼德尔提出，"高潜力、高风险的新兴技术带来了社会和规制难题"（2009：75）。多数学者担心所谓"技术的发展速度与通过法律机制来改善其管理之间存在的越来越大的差距"（Marchant 2001：19）如果这一差距是真实存在的，那么它将对生育自由和社会道德基准都构成威胁。而不能对快速发展的技术做出恰当和适当的回应，国家作为规制者和个人自由的捍卫者这两个角色，都有可能失败。

国家干预生育决策的历史是充满争议的。19 世纪早期，女权主义者为获得避孕权而斗争。如果无法避孕，哪怕是最初级的避孕，结果会导致怀孕次数的增加，儿童和孕产妇的死亡率也很高。20 世纪初期，美国和纳粹德国等国家采取优生政策，旨在鼓励和允许"强壮"或"种族纯正"的生育。由于上述原因，亦即对个人权利的日益关注，生育或非生育意愿被纳入人权话语中，而人权话语已成为个人能够主张的最强大的社会和政治工具。当国家超越它的权威对个人和 / 或社会行为施加不可接受或不合理的限制，人权允许个人和团体挑战国家行为。

然而，一些学者认为生育政策具有社会意义，因而要求暗示由中央机构（通常是国家）来制定标准。例如，弗瑞理（Freely）和派珀（Pyper）建议，"公共机构参与的生育决策必须遵循机构设定的标准以及法律限制"（1993：3）。但是，这里的问题是不管是何种权源的规制都"既可以扩大生育决策，也可以通过禁止某些行为来限制决策"（Mclean 2006：241）。这里有两个重要的准则，一个是组织或个人行使权力、 **986** 制定政策时的定势思维和动机；一个是符合人权的程度。

尽管本章未专门讨论英国的政策，但最近发生的事情可以有利地说明政策制定者和规制者能够影响社会态度。从瓦诺克（Warnock）报告阐发的部分预防方法来看，经验表明可以合理地放松控制程度。美国众议院科学技术委员会对生育决策采取了放松规制的态度，它在《人类生殖技术和法律报告》中阐述：

　　当立法上的限制保护未来的儿童免受严重伤害时，政府被视为具有令人信服的国家利益。但是，许多对使用生殖技术采取限制的建议，不会保护可识别的儿童免受伤害，相反，他们是通过改变出生孩子的身份来减少未来的痛苦（2009：319）。

虽然一些人认为人权用语已被过度使用，并且还有人认为人权法"不过是特定事物的普遍化"（Murphy 2009：10），尽管如此，我们仍有保持乐观的理由，因为她在哲学上和实用上都保留了其良性的核心目的以及在全"善"中的位置。即使没有某些人希望的那样有效，人权规范的存在也要求各国考虑其作用，并为个人提供一种手段，以迫使人们承认其合法权益和自由。

六　人口

　　本节简单地探讨人口控制问题。在世界的某些地理区域内，人口过剩确实是令人担忧的问题，一些国家不可避免地会采取强硬立场以防止这一问题的发生。例如，2015 年 5 月，缅甸总统签署了一项法律，妇女每隔三年才能再生一个孩子（ABC / AFP 2015）。

　　但是，最著名的、可能也是最具争议的生殖政策是中国的"独生子女"政策。聂精保 2005 年的深度研究，基于对中国妇女的广泛采访和社会学分析，虽然不够精巧和严谨，但提出了许多重要观点。首先，他指出，排除西方国家立场，对许多中国家庭而言，一个孩子的限制被视为一种对社会负责任的限制，是为了国家利益，尽管不情愿但还是会接受。然而，这项限制在农村经常被忽略。其次，他认为就这项政策和堕胎问题而言：

　　　　针对中国人口控制和堕胎行为的国际辩论……在进行时并未充分重视中国的观点和经验。实际上，由于缺乏认真的研究以及受对中国人和文化的刻板印象的影响（无论是在西方还是在中国），中国社会堕胎的道德和社会文化层面的研究充斥着未经审查的假设、肤浅的观察、误解以及神话。（2005：6–7）

最后，他拒绝了他认为是错误的道德论证形式，即"目的使手段合理化"，认为这"会严重破坏整个社会的道德基础"（2005：220）。为了反思我们先前对政策制定的讨论，这似乎是一个明显的例子，说明人们普遍认为人口控制的绝对必要性将如何占主导地位，显然没有对更广泛的情况或其实施的含义有任何充分的思考。ICPD 认为需要"承认强迫个人执行各国基于人口的强制性法律、政策或做法是对人权的侵犯，应予以废除"（CRR：3）。

七 结论

对于在组建家庭和生育决策方面的由个人的人权主张所构成的挑战，需要更加复杂、细致、恰当和合理的应对。因此正如作为积极支持者的茱莉亚·布莱克所建议的那样，任何形式的监管都需要权衡并平衡一系列棘手的问题（1998）。这不仅仅意味着宽容；相反，这意味着要努力确保监管有效地"将参与者的观点联系起来，促进该技术及其规制所适用的过程能够整合更广泛的观点"（Black 1998：621）。鲍德温和布莱克提倡"真正的回应性规制"，并将其描述为那些正在发生的"存在明确的规制者和制度环境，具有连贯的、不同的和新的规制逻辑的能力，反应敏捷且掌控不断变化的挑战"的规制。（2008：94）

鲍德温和布莱克的指摘非常重要，然而这也清楚地表明了现实中生殖相关的规制是非常困难的。一方面，并不是所有的生殖选择都可以通过先进的技术来实现。尽管例如堕胎的医学技术已经是很安全的。但在有些国家堕胎通常会受到刑法规制。而刑法规制在医疗规制中是一种不常见的规制形式。人们逐渐认识到体外受精是标准的医学实践，但它与其他常规医疗行为，比如胆囊切除手术的待遇是不同的。可以肯定的是辅助生殖仍旧处于生育范畴中更为复杂的一端，然而，很可能有一天也会被视为一种普通的医疗活动。

"一刀切"的规制体制并不适用于人类生殖和家庭选择的各个方面。当要兼顾人口控制和弱势群体保护时，我们会发现有许多规制会使政策和法规的连贯性出现问题。总之，我们应该规范人类生殖行为或权利，形成具有约束力的法律关系，然而根据人类生殖活动的本质，这样做的任何努力可能注定要失败，或者只能获得有限的成功。此外，我们还可能存在过度监管或监管不足的问题。正如戈罗维茨所讲的，对于发明能力来说，我们缺乏负责任的处理智慧，或者说我们不知道对什么样的研究应保持警惕，这些会使我们错过那些可以使我们更好发展的东西。英国科学技术委员会认为，我们应该重新考虑规制的内容和原因，尽管意见并不一致，但仍强调规制不应要求"最高技术标准"（House of Commons Select Committee on Science and Technology 2004-2005：40，para 83）。

当代世界的家庭、生育和人口控制是复杂的。有关父母身份、法律地位和生育自由的传统理解已经彻底瓦解。如果仅是出于对伴侣、父母、子女关系的保护，有些法律监管和管理是必要的。国家（或其他主体）对私人决策的干预程度将受到各种隐形的、公开的、非透明的、透明决策的影响。通常，有关人口控制政策的辩论是比较具体的。我们不应仅仅因为我们能决定做某事就指定政策，相反，我们必须问"为什么", 而不是"如何"。因此, 问题不是我们如何控制生殖行为, 而是我们为什么要这样做。在这样做时, 我们还必须避免哈特所说的"道德民粹主义"(1963: 79), 而应专注于尊重不会造成明显伤害的个人自治权。像弗里曼(Freeman)那样, 在考虑干预个人婚姻权利和组建家庭权利时, 我们应该牢记"'自由'平等地适用于所有人(或至少所有公民), 而不考虑社会或经济地位。基本自由平等是自由制度中承认平等的主要方式"(2002: 108)。

在这个领域中对平等、不歧视和正义的追求是与国际规范和许多国家的意愿相吻合的。弗里曼提醒我们, "实行基本自由的限制仅是为了保护和维护他人的基本自由以及维持其基本自由所需的正义的权利和义务"(2002: 109)。我们建议从宏观上来看, 我们必须问一问规制的动机是什么, 以及支撑此类规制的政策是什么。此外, 我们必须问一问这些政策决定如何影响基本人权, 以及任何的决定对社会的影响(如果有的话)。

【参考文献】

ABC/AFP, 'Myanmar Population Control Bill Signed into Law despite Concerns it could be used to Persecute Minorities' (*abc.net*, 2015) <www.abc.net.au/news/2015-05-24/ myanmar-president-signs-off-on-controversial-population-law/6493198> accessed 17 November 2015.

Baird P, 'Proceed with Care: New Reproductive Technologies and the Need for Boundaries' (1995) 12 Journal of Assisted Reproduction and Genetics 491.

Baldwin R and Black J, 'Really Responsive Regulation' (2008) 71 Modern Law Review 59.

Barton C, 'How Many Sorts of Domestic Partnership are There?' 2015 Family Law 393.

Black J, 'Regulation as Facilitation: Negotiating the Genetic Revolution' (1998) 61 Modern Law Review 621.

Bochel H and Duncan S, 'Introduction', in Hugh Bochel and Susan Duncan (eds), *Making Policy in Theory and Practice* (Policy Press 2007).

Brownsword R and Somsen H, 'Law, Innovation and Technology: Before We Fast Forward- A Forum for Debate' (2009) 1 Law, Innovation and Technology 1.

Castignone S, 'The Problem of Limits of Law in Bioethical Issues' in Christoph Rehmann-Sutter, Marcus Düwell, and Dietmar Marcus (eds), *Bioethics in Cultural Contexts* (Springer 2006).

Centre for Reproductive Rights, 'ICPD AND HUMAN RIGHTS: 20 years of advancing reproductive rights through UN treaty bodies and legal reform' (*UNFPA*, 2013) <www. unfpa.org/sites/default/files/pub-pdf/icpd_and_human_rights_20_years.pdf> accessed 17 November 2015.

Cohen C, 'Unmanaged Care: The Need to Regulate New Reproductive Technologies in the United States' (1997) 11 Bioethics 348

Cook R and Dickens B, 'Reproductive Health and the Law', in Pamela R Ferguson and Graeme T Laurie (eds), *Inspiring a Medico- Legal Revolution: Essays in Honour of Sheila McLean* (Ashgate Publishing 2015).

Department of Health & Social Security, *Report of the Committee of Inquiry into Human Fertilisation and Embryology* (*Cmnd 9314*, 1984) (*Warnock Report*).

Donchin A, 'In Whose Interest? Policy and Politics in Assisted Reproduction' (2011) 25 Bioethics 92.

Freely M and Pyper C, *Pandora's Clock: Understanding Our Fertility* (Heinemann 1993).

Freeman S, 'Illiberal Libertarians: Why Libertarianism is not a Liberal View' (2002) 30 Philosophy & Public Affairs 105.

Gorowitz S, 'The Past, Present and Future of Human Nature' in Arthur W Galston and Christiana Z Peppard (eds), *Expanding Horizons in Bioethics* (Springer 2005).

Hart HLA, *Law, Liberty and Morality* (OUP 1963).

House of Commons Select Committee on Science and Technology, 'Human Reproductive Technologies and the Law' (*Fifth Report of Session* 2004-2005, *HC 7- 1*).

Lee C, Scheufele D, and Lewenstein B, 'Public Attitudes toward Emerging Technologies: Examining the Interactive Effects of Cognitions and Affect on Public Attitudes toward Nanotechnology' (2005) 27 Science Communication 240.

Levitt M, 'Assisted Reproduction: Managing an Unruly Technology' (2004) 12 Health Care Analysis 41.

McAvoy S, 'Modern Family: Parenthood' (2013) 43 Family Law 1343.

McCarthy R, 'Same-Sex Marriage Developments and Turmoil within the US Supreme Court: Part 1' (2013) 43 Family Law 1105.

McLean S, 'De-Regulating Assisted Reproduction: Some Reflections' (2006) 7 Medical Law International 233.

McLean S, 'Mitochondrial DNA Transfer: Some Reflections from the United Kingdom' (2015) 2 Biolaw Journal 81.

Mandel G, 'Regulating Emerging Technologies' (2009) 1 Law, Innovation and Technology 75 Marchant G, 'The Growing Gap between Emerging Technologies and the Law', in Gary Marchant, Braden Allerby, and Joseph Herkert (eds), *The Growing Gap Between Emerging Technologies and Legal- Ethical Oversight* (Springer 2011).

Mill J, 'On Liberty' in John Stuart Mill, *Utilitarianism* (Mary Warnock (ed), *first published* 1859, Collins/Fontana 1962).

Murphy T, 'Repetition, Revolution, and Resonance' in Therese Murphy (ed), *New Technologies and Human Rights* (OUP 2009).

Nie J, *Behind the Silence: Chinese Voices on Abortion* (Rowman & Littlefield 2005).

Oliver T, 'The Politics of Public Health Policy' (2006) 27 Annual Review Public Health 195 Page E,

991

'The Origins of Policy' in Hugh Bochel and Susan Duncan (eds), *Making Policy in Theory and Practice* (Policy Press 2007).

Peters P, 'Implications of the Nonidentity Problem for State Regulation of Reproductive Liberty' in Melinda A Roberts and David T Wasserman (eds), *Harming Future Persons: Ethics, Genetics and the Nonidentity Problem* (International Library of Ethics, Law, and the New Medicine, Springer 2009).

Schalk v Austria (2010) 53 EHRR 683

Sherwin S, *No Longer Patient: Feminist Ethics and Health Care* (Temple UP 1992).

United Nations, 'Global Issues: Family' (2015) <www.un.org/en/globalissues/family/>accessed on 17 November 2015.

Warnock M, 'The Regulation of Technology' (1998) 7 *Cambridge Quarterly of Healthcare* Ethics 173.

第四十一章
生殖技术与寻求监管合法性
——模糊路线的边界、共识式微和棘手的规范性问题

科林·加瓦安（Colin Gavaghan）

刘笑岑 译

一 简介

布朗斯沃德（Brownsword）和古德温（Goodwin）写道："伴随着技术日臻成熟，监管机构需要保持一种更为社会所接受的监管立场"（2012:372）。对于那些负责监管新兴生殖技术的人来说，这是一项异常艰巨的任务。沃诺克（Warnock）报告发布后 的30年来，同时也是英国议会成为首个尝试为此类技术提供立法框架的25年之后，人们对辅助生殖技术（下文简称 ART 或 ARTs）的监管立场在多大程度上仍与这类观点相符以及这样做的意义何在，均存在重大疑问。

即使诸如基因编辑一类的新技术前景在伦理的讨论中隐约可见（Lanphier et al. 2015；Savulescu et al. 2015），但对于卵子冷冻（Baylis 2014）、产前筛查（Sullivan 2013）以及植入前诊断等成熟技术的使用仍然持续引发强烈的反对和讨论。无论在程序层面还是实体层面，监管机构都遭到了无情的批评，例如不作为（Snelling 2013:194）、超出职责范围（科学和技术委员会 2005）、过度自由主义（Quintavalle 2010）、过度保守主义（Harris 2005）或在存疑的基础上做出决策（Gavagan 2007）。

本章分析了一些 ARTs 监管难以与社会观点相一致的原因，即便不是唯一的原因，那么至少是很特别的。诚然，有些困境在其他技术监管领域也十分常见。在几乎所有的社群中，监管机构都会遇到多个价值观并存和需要优先考虑事项的问题，其中一些矛盾很可能在经过长期协商之后仍被证明是不可调和的。他们还将面临一些有据可查

的争议，即如何快速捕获乃至跟进迅猛发展的技术并予以监管，既包括在性质上，也包括在使用上（Brownsword 2008）。

依笔者所见，其他难点来自对所谓"社区观点"的矛盾心理。监管部门该不该关注辖区内大多数人的意见？还是寻找某种共同的伦理规范？某些观点是否应该享有特权？——例如那些对某个领域拥有更多专业技能的人，或者是对某个结果具有亲身经历的人，又或者是最有可能受到某项决策影响的人。

如果监管机构能够确定需要咨询的人群，那么进一步的问题就在于确定具体咨询他们什么问题。即使我们假设征求意见的人群对 ART 有足够的了解并可以理解问题（并非总是如此），但如果要形成准确的图景，则在提出问题和解释答案时必须相当谨慎。关于某项特定技术的可取性并不能总是为其可接受性问题提供答案。如果监管机构将两者混为一谈，则可能会陷入困境。

最后，监管层必须考虑如何利用公众舆论。即使监管机构确信公众舆论支持禁止某项技术，但仅凭这个事实就足以为那些反对的多数人否认这项技术提供理由吗？在一个既追求自由又追求民主的社会里，如何平衡多数人的观点与少数人的不同意见？监管机构能否为私人决策领域留出空间，同时还能保持大多数公民的信心？

这些技术所提供的具有奇特性的选择使挑战变得更加复杂。面对关于"救世主兄弟姐妹"、多"父母"的胚胎或"祖父母怀孕"的决定时，很多人（包括我们这些考虑这些事情的人）可能只是对其可接受性没有明确的看法，却发现自己在与半成形的或相互角力的直觉搏斗。不难看出，如何将规则、法律和指引使用清晰易懂的语言表达出来可能是一个挑战。

即使经过深思熟虑，生育和代际伦理学中的一些问题确实很难解决，甚至可能是大卫·海德（David Heyd）称之为"难以解决的规范性问题"（2009）的范例。这不仅意味着他们将造成难以调和的两极分化反应也会给几乎所有花费时间认真考虑这些问题的人都提出了难题——甚至可能是真正的两难困境。本章的第二部分也许是这些问题中最令人困扰的部分，即帕菲特（Parfit 1984）提出的臭名昭著的非同一性问题（Non-Identity Problem）。笔者认为，尽管最近尝试了一些值得称道的解决方案，但该问题仍然存在。

我将简要介绍 ARTs 监管者将面临的各种合法性挑战。在本章中，笔者将系统性梳理应对挑战的措施。首先，我梳理了一些研究人员和评论家的建议。最近发表的一系列出版物为这些问题提供了各种新方法，希望找到走出道德僵局的新途径。有些人甚至雄心勃勃地宣称要应对非同一性问题的挑战。我认为新出现的一些候选人更有希望，但似乎无论他们多么有进取心和创造力，最终都无法解决问题。最后，我认为，随着基因编辑技术的出现，非同一性问题将变得更加令人烦恼且难以忽视。

其次，我考虑了一系列立法和监管措施，特别关注两种常见的策略：有关民主协商和不完善的协议。虽然这两者都可能在追求监管合法性方面发挥了一定作用，但我试图说明它们可能存在的某些局限性甚至风险。

二　难以达成的共同目标

围绕 ARTs 存在着大量有关伦理的观点，这并不令人感到意外。这种技术的使用触及了我们关于家庭和父母的基本直觉；关于性和性别；关于残障；以及关于对人类胚胎生命价值的看法。同时，对这些技术的戏剧性甚至耸人听闻的文学描绘往往会引发讨论。[①]

然而，如果有人认为只是基于情感上的考虑而使之无法达成共识，则将是一种误解。伦理价值的激烈冲突不容忽视。其中一些讨论与许多生物伦理冲突相似：人类生命的神圣性和人身完整的价值与堕胎或自愿安乐死的争论有关，正如在体外受精或植入前的基因诊断一样。

另一些讨论则是最近才出现的，但在伦理领域还不够成熟。例如，对傲慢的人和不速之客开放的担忧，需要通过对尊严和真实性的呼吁来引起关注，而"相关"的义务则与生育义务相冲突。虽然这似乎与许多人在直觉上产生共鸣，但可以说，它们的含义和细微差别还需要深思熟虑。并以一种使他们具有规范性（而不仅仅是描述性）研究的价值而加以开展。换句话说，它们现在可能更倾向于描述我们的感受，而不是告诉我们如何采取行动。

不难理解为什么一些新规容易在广大受众中引起共鸣。我们认为，未来的父母有权利——甚至是一种义务——采取行动，以便最大限度地提高其未来子女的福祉，这似乎是合理的。同时，我们也同意，有必要限制父母能够预先决定这些未来孩子的特征和生活选择的程度。我们不赞成拒绝给孩子治病的家长，当然也不赞成歧视残障的家长。在许多比较平凡的家庭中，这些看似相近的直觉之间也存在张力。

诚然，培养孩子的爱好以及尊重他们自己的选择和性格是值得称赞且可取的。但是当我们被要求将这种同理心转化为对待他人的规则时可能有些障碍。平衡具有竞争性的义务构成大部分家庭生活内容的竞争关系平衡，与精确的、可预测的法律或准则的制定是截然不同的。试图根据一般性的积极立场制定准确的法律规则，这本身就已经提出了重大挑战。

将管理散乱家庭关系中的规则转化为精确法律条文所带来的挑战，仅是 ARTs 被证明难以确定监管目标的原因之一。或者可以说，这种技术带来了独特的伦理困境和哲学问题。虽然道德、法律和政治领域中的许多争议都涉及竞争性的权利、利益和义

---

① 突出的例子包括 Im Gattaca, 和 Jodi Picoult 的小说，后来也改编成了电影 *My Sister's Keeper*。

务，但生殖问题增加了一个独特的维度，即明确^②涉及对权利、利益甚至可以说是对存在于取决于我们对于所做决定对象的义务的考虑。

996　在德里克·帕菲特（Derek Parfit）那臭名昭著的非同一性问题（non-identity problem，或称 NIP）中，其所提出问题的"难度"也许就是最好的总结。在他开创性的《原因与人》（*Reasons and Persons*）一书中，帕菲特考虑了个人同一性对一系列生殖决定的影响，其中包括一名 14 岁的女孩和一名服用短期药物（可能造成生殖缺陷）的妇女。尽管直觉上表明，二者都应该推迟怀孕日期，但帕菲特迫使我们去考虑如果他们都选择当下怀孕，到底谁会受到伤害。事实上，当前他们可能比将来更容易生育出陷入困苦的孩子。但对那些孩子来说，这是他们唯一可能拥有的生活。因此，如果这些人的生活并不总是那么痛苦，甚至比未曾生活过更糟糕，那么就很难坚持这样的说法：有关他们出生的决定实际上已经对他们造成了伤害。

同样，上述母亲可能拥有的另一个孩子并不会因为她的决定而受到伤害，因为她的决定只是理论上的可能，因此不能成为伤害的对象。^③如果一切都如此，那么这些决定看似是道德中立的（至少从其后代的多样化可能性来看），这种结论甚至让帕菲特感到是反直觉的。

这一哲学难题继续吸引着哲学界的关注（Roberts and Wasserman 2009；Taylor-Sands 2013；Boonin 2014）。然而，这对该领域的决策影响微不足道。事实上，对标准化监管与立法应对非同一性问题进行回应的描述定性为忽视它，（寄希望于其他领域的关注）并不是毫无根据的。

然而，这个问题并没有消失的迹象。如我在本章最后讨论的那样，基因编辑提供的各种可能性都可能使它比以往任何时候都更具有意义。然而，除了忽略之外，当面对一个像非同一性那样棘手的问题时，监管部门要做什么？

大卫·海德（David Heyd）列举了对非同一性问题的四种可能反应：

1. 否认这是一个问题；

2. 希望在未来的某些（但未知）综合伦理理论中寻求解决方案；

3. 减弱它使其更符合当前的理论和道德观；

4. 正面应对，即接受非同一性问题的一切影响（2009:5）。

虽然监管机构基本上采用了第一种方式，但学术界人士提出了其他多种替代方案。虽

---

②　我所谓的"明确"，是指在某种意义上一些立法特别提到了考虑这些问题的要求。同样值得注意的是，一些关于个人身份和代际正义的概念认为，许多其他决定也将影响那些尚未到来的代际身份，尽管这些考虑在此类前沿讨论中并不常见。从移民到家庭税收抵免的任何政策决定都可能对孩子的出生产生合理的影响，尽管我们很少从个人身份的角度来考虑这些政策。

③　这一暗示似乎也违背了一些人的直觉。在关于 HART 法案的议会辩论中，新西兰绿党议员 Sue Kedgley 警告说，诸如植入前基因诊断（PGD）等技术将威胁到残疾人，我们会给他们将来出生的权利造成威胁。Sue Kedgley,（25 August 2004）65 NZPD 15064.

然很少有人承认非同一性问题的所有影响，但一些人建议，在不清楚是否会伤害其他人（Gavaghan 2007）的情况下，监管应该不太倾向于限制父母的选择。在那些寻求避免违反直觉的群体中，人们通常会呼吁采取某种形式的非个人方法，即判断道德的选择不仅通过对其可确定的人的影响进行判断，更要通过其对共同幸福或福祉的关注程度所做出的贡献来判断。

997

这样的尝试虽然很有吸引力，但也存在明显的问题，笔者在其他地方已经详细讨论过这些问题（Gavaghan 2007）。最近对于海德提出的第三类问题尤为感兴趣。正如他所描述的那样，它"试图坚持一种对人的影响的观点，即从广义上解释它，或者用非个人的特征来补充它"（2009）。这样的尝试还有很多，最近有两个更有趣的尝试，要么是涉及身份关系的观点，要么是基于美德的方法。

三　关系标识

就抵制非同一性的问题上有一个具有影响力的尝试，停留在影响个人的范式内，涉及对非同一性问题所依赖的个人身份概念的挑战。在最近被讨论众多的例子中（这是《美国生物伦理学杂志》一期特刊的主题），马利克（Malek）和达尔（Daar）提出了一种非同一性问题的替代方法，这一方法依赖于影响力不断提升的关系伦理传统。他们的论点是，"在生殖场景中……对未来孩子的身份采取关系论的观点可能更为合适"，根据这种观点：

> 未来儿童的相关道德特征不是来自遗传，而是与其在世界上所起到的作用有关……在描述父母责任时，使用一种对未来孩子关系的理解，并将伦理分析的重点放在潜在父母责任上的方式是恰当的。这种方法为保持未来儿童的身份连续性提供了可能，由此，我们可以说潜在的父母可以通过使用 PGD 抑制 ARPKD（隐性常染色体多囊肾病，Autosomal recessive polycystic kidney disease）的方式来从事实上增加她或他未来孩子的健康。（Malek and Daar 2012: 5）④

"关系"的身份识别方法并非生殖伦理领域所独有。在讨论神经伦理学语境下的身份连续性时，弗朗索瓦兹·贝利斯（Françoise Baylis）提出了一个类似的概念：

> 我们是在个人（亲密的）关系与公众（非个人的社会和政治）的相互作用中

---

④ 对于另一个声称从关系角度解决 non-identity problem 的方法，see Taylor-Sands 2013: 18–19, and for a critical response, see Wilkinson 2015。

建立／建造的……我们是特定的社会、文化、政治和历史背景下的产物……我的身份不在我的身体里，也不在我的大脑里，而是我的身体和大脑以及与其他人的身体和大脑之间协商的产物（2013：517）。

998　　贝利斯将这种关于个人身份的描述与"个人的身体（或生物）描述以及个人身份的心理描述"（2013）区分开来。

　　这种方法很具有吸引力。首先，它为被视为识别个人身份的方法中提供了某种平衡，"个人"方法过分看重生物特别是遗传因素，而忽视了可能发挥重要作用的环境和关系因素。例如，《你认为你是谁》是英国的一档流行电视节目，每集都会有一个名人讲述他们家族历史的许多细节，往往带有相当强的情感效果。在节目标题中隐含的是，个人的自我意识在某种意义上可能是错误的，这个错误可以通过准确的家谱数据来修正。⑤

　　马利克、达尔和贝利斯在其论著中时常提醒我们，人际关系和经验对身份认同同样重要，他们的论点也发挥了重要作用。但这对于我们回应非同一性问题提供了多大帮助尚不明确。首先，"未来的孩子在世界中扮演什么角色"可能在很大程度上取决于他们的基因属性。当然，从某种意义上说，他们的"关系特性"将是可以互换的，因为这两个孩子都可以被形容为"X 和 Y"的孩子。但这只是我们在世界中所扮演的一种角色。其他方面还可能取决于候选胚胎的独特属性。最明显的是，在男性或女性胚胎之间的选择将决定这个孩子是"X 和 Y 的女儿"，还是"X 和 Y 的儿子"。

　　其他属性也可能会发挥作用。例如，一个天生具有深度认知障碍的孩子（作为一个可被选择的孩子）与父母的关系肯定会有所不同；一方面，这类孩子很可能会与父母保持更长期甚至是终生的依赖关系。不过，更根本的是，对于很难接受 X 和 Y 是否是同一个人的观点完全可以通过 Z 是否把他们当作同一个人来参照判断。冒名顶替马丁·古雷（Martin Guerre）的人能成为马丁·古雷，并不仅仅因为他的妻子、家人和邻居都这样看待和对待他。⑥ 其他人的承认可能只是"我们是谁"的部分原因，但不是全部。

　　另一种将关系纳入界定个人身份理论的合理方式，可能是在某种程度上规定身份取决于多种因素，而对其中任何因素做出根本性的改变都可能带来一个"不同的人"。因此，一个由不同配子结合而产生的胚胎，将成长为"一个不同的孩子"（根据 NIP

---

⑤ 有趣的是，电视节目主持人 Nicky Campbell 利用他在节目中的露面来了解更多关于他收养家庭的信息，这表明他至少拒绝了一个直截了当的基因解释的身份。

⑥ Davis NZ, *e Return of Martin Guerre*（Harvard UP 1983）.

的基本假设）。但同样，未来孩子的身份可能取决于它出生时的环境。一个冷冻胚胎由不同的母亲（甚至由同一个母亲）⑦几十年后在非常不同的环境下孕育出来，与今天被植入的相同胚胎相比，都可能被认为会成长为一个"不同的人"。

　　然而，身份认同可能在一定程度上取决于非遗传因素，并不意味着它不依赖于遗传因素。它提请我们关注一些有趣的因素，但我不建议用它来解决 NIP。事实上，它可能会增加困扰。毕竟，如果个人身份像遗传学一样取决于关系和环境，那么我们可以得出这样的结论，帕菲特假设的 14 岁女孩即使有机会 10 年后在她情感上更成熟，在经济上更有保障的条件下怀上同样的胚胎，也没有什么不对。这个"富裕"的孩子可能被视为一个不同的孩子，尽管它完全是相同基因组合的产物。

四　美德

　　在对于马利克和达尔的论文的回应中，詹姆士·德兰尼（James Delaney）提出了对 NIP 的一种截然不同的回应，即一种源自美德伦理的回应：

　　　　笔者认为，也许应该从父母的道德角度来理解这种义务，而不是从可能给未来孩子带来利弊的角度。如果育儿是一种特殊的人类实践，也是一种具有道德属性的做法，笔者持怀疑的态度，即父母如果对其孩子是否携带 ARPKD 出生这件事漠不关心，即使在其他的事情上没有污点，这样的父母也会被认为缺乏道德。（2012: 25）

美德伦理当然是生命伦理的组成部分，但它能在多大程度上引导我们走出监管僵局尚不清楚。首先，正如德兰尼所指出的那样，"我们一般不会为了限制人们的不道德行为而对他们施加义务。因此，我们可能在这一新领域中保持观望"（2012）。

　　即使我们放弃传统目标而认可提倡道德是一个合法的监管目的，而不是追求防止伤害和维护权利等传统目标，我们仍将面临哪些道德应该被提倡的问题。当然，如果一些准父母对他们未来孩子的痛苦漠不关心，或者（无论多么令人难以置信）对他们未来遭受的痛苦津津乐道——这些都是我们有充分理由谴责和劝阻的"恶"。例如，正如海德所建议的那样，"如果父母对他们未来的孩子的福利完全无动于衷，他们就有可能成为坏父母，一旦孩子出生，他们就违背了父母对孩子的责任"（2009：16）。

---

　　⑦　恐怕我是在讨论本体论问题，未来几十年的同一个母亲是否是"同一个母亲"！不过，值得注意的是，伴随着正常老龄化的那种逐渐变化与大多数关于身份连续性的概念是一致的。

但是存在疑问的是，那些经过深思熟虑的准父母，认为任何一种选择都不具有道德优越性，同时坚定地承诺要在孩子出生后照顾它，但又未能表现出父母被期待所具有的任何美德。对生出哪种孩子的冷漠与孩子出生后是否幸福的漠不关心是不同的。

不过，监管目标可能会比抑制恶毒或冷酷的行为更进一步，并试图促进那些被认为是美德的倾向。我们会认为，做一个好的父母不能仅仅是不残忍或不会漠不关心；好的父母会努力为他们的孩子创造良好的未来。

许多人相信，好的父母应该拥有且培养孩子形成仁慈的性格。然而，对于寻求民众共识的监管者来说，这不太可能是好父母被期望拥有的唯一品质，同时其中一些人还可能会做出相反的行动。

事实上，也有其他论者支持家长们的意愿和观点来反对德兰尼的结论。迈克尔·桑德尔（Michael Sandel）写过我们可能看重或会鼓励父母的另一种道德倾向：即"未禁止即允许"，要求父母"把孩子当作礼物来珍视和接受，而不是作为我们设计的对象、意志的产物或实现我们抱负的工具"（2007：45）。

这一观点似乎与英国相当一部分人产生了共鸣。来自斯嘉丽（Scully）、莎士比亚（Shakespeare）和班克斯（Banks）的研究发现，支持"孩子应该是'礼物'"的观点，其中一个重要因素就是"应该接受孩子的本来面目"（2006：753）。（应当指出的是，虽然他们的研究涉及的是性别选择而非残疾问题的选择，但没有证据显示这种理论的适用具有特定性）。当家长们面对这样的选择时，监管机构应该关注这些"美德"是什么？他们应该试图灌输：对"未禁止即允许"的开放态度，还是承诺带来"最好的"结果？在缺乏任何明确裁判机制的情况下，在ARTs所处的有争议的道德领域中，美德似乎并没有比作为指引的原则或价值观更有前途。

五　策略和解决方案

如果新的学术理论无法解决规范僵局和棘手问题，那么监管者是否取得了更大成功？在追求监管合法性方面已经出现一系列策略和解决方案。

（一）直接民主：斯洛文尼亚解决方案

协调竞争规范立场的一种方法是诉诸直接民主。2001年6月，斯洛文尼亚提交了关于是否允许未婚妇女采取生殖技术的议题并进行公投。全民公决受到进步派和自由派民众的普遍抵制，结果73.3%的人投了反对票。

在全民公投基础上确定获得这些服务的合法性在几个层面上都存在疑问。最明显的是，只有35.7%的斯洛文尼亚选民参加了公民投票。把这样一个重大决定建立在仅仅四分之一成年人口的反对之上真的是合法的吗？

其他更多是质疑基于这种决策模式的根本基础。正如斯洛文尼亚政治活动家达里·扎德尼卡尔（Darij Zadnikar）反对时指出的那样："这次公投对我们来说是非法的，因为你不能在公民投票的基础上决定人权问题。"⑧是否存在某些决定不受公众意见的合法约束，这似乎是监管合法性问题中一个非常重要的问题，笔者将在后文详述这一问题。

（二）单方面执行决策

在参与度方面，规范性僵局可以通过执行法令来解决。从 2007 年到 2014 年，新西兰卫生部长托尼·莱尔（Tony Ryall）对使用 PGD 进行组织配型的改革立场表示反对。根据 2004 年《人类辅助生殖技术法》规定的法定义务，新西兰两个生殖技术监管机构之一的辅助生殖技术咨询委员会（ACART）已经向部长提交了改进方案。

甚至对于这种情况是否符合法定程序的标准也存在疑问（Brownsword and Goodwin 2012: 48）。新西兰议会对于授予部长如此大的权力存在疑虑。"咨询"通常意味着 ACART 有义务在发布指引之前与部长进行讨论，但由此推断出需要部长级的批准似乎有些牵强。

不过，这种解决规范僵局的方式也可能在更根本的层面上受到质疑。如果一位部长的个人意见可以阻止经过详细磋商产生的拟议改革，那么这在多大程度上符合监管合法性的目标？（关于这个案例的更详细的讨论，见 Snelling 2013）

这些替代方案可能被视为是在包含不同程度监管参与的谱系两端。中间存在一系列寻求更细微观点和方式的可能性。

1002

六　不完善的共识与共识衰败

也许是作为对棘手哲学问题的回应，许多对 ART 采取的伦理和监管立场都是基于"妥协的"务实结果。最重要的是，这些都有助于突破歌迪安（Gordian）（或 Parfitian）提出的非同一性问题的解决方案，虽然也许在哲学推理上差强人意，但可以更好地服务实践。

这种务实的妥协可能采取卡斯·桑斯坦（Cass Sunstein）在另一个语境中提出的"不完善的共识"形式：

> 当人们不同意或无法确定某个抽象问题时——平等比自由更重要吗？自由会存在吗？功利主义是对的吗？惩罚有报应的目的吗？——他们通常可以通过增大

---

⑧ Alexei Monroe, 'O ce Politics: Slovene Activists Urad za intervencije interviewed' (Central Europe Review 11 June 2001) <www.ce-review.org/01/21/monroe21.html> accessed 7 February 2016.

特殊性从而取得进展（2007：2）。

　　这种方法在技术规制领域得到了相当大的支持。例如，新西兰生物伦理学家迈克·金（Mike King）曾写道："出于政策目的，我们可以说，有很多方法试图找到共同点来帮助达成共识，从而推动讨论向前发展，特别是在新西兰这样一个多元民主的社会中"（2006：194；也见 Brownscher and Goodwin 2012：51）。因此，坚持各种观点的人可以商定在哪里划定界限，而不必就为什么应在这里划定界限的问题达成一致。

　　在 ARTs 领域的监管机构往往试图避免卷入明显牵扯到具有竞争关系的多个伦理原则和理论，而更倾向于制定能够在一系列伦理观点上都能获得认可或至少被接受的政策。在 PGD 的范围内，不同的司法管辖区一直在尝试将技术的使用限制在有限的"治疗"目的的范围内，同时禁止"社会"用途。

　　英国《1991 年人类受精和胚胎学法》（2008 年修订）在此基础上限制了对胚胎的使用。表 2 详细列出了允许进行胚胎试验的目的。这些情况可以概括为：

1003

　　（a）在决定胚胎是否有可能影响其具备活胎能力的情况；

　　（b）确定胚胎是否有任何基因、染色体或线粒体异常；

　　（c）如果存在与性别相关的疾病的特殊风险，则确立胚胎的性别；

　　（d）为其同胞兄弟姐妹进行组织配型；

　　（e）确定父母身份（第 1ZA（1）段）。

　　关于（b）附件二还规定，除非监管确信"存在或可能发展为严重的身体或精神残疾、严重疾病或任何其他严重的医疗疾病的重大风险，否则不能授权进行测试"［第 1ZA（2）段］。

　　该法案还明确禁止使用 PGD。第 1ZB 段禁止"任何旨在确保出生的孩子将是一种性别而不是另一种性别的做法"，但第 1ZA（c）段中规定的"治疗"目的除外。第 13（9）节（由 2008 年法案增补）要求：

　　具有异常基因、染色体或线粒体的人或胚胎，异常患者将具有或可能发展为以下重大风险：

　　（a）严重的身体或精神残疾；

　　（b）严重疾病；

　　（c）任何其他严重的身体状况。

　　但不能优位于那些不知道有这种异常的人。

　　其实衡量这类规定的意图并不难。他们坚持"医疗"和"社会"在使用 PGD 上的区别，并反对该技术被用于其他琐碎或表面用途。他们也可能会认同在前一节中讨论的父母美德和有利处置的价值。尽责的父母希望保护他们的孩子免受可避免的疾病和残疾，但他们不希望生活的其他方面被施加不适当的控制。

虽然反堕胎主义者和女权主义者在生殖领域的意见可能不太一致，但他们可能都会同意，出于性别选择的目的而进行的 PGD 是不可接受的。保守主义者对 PGD 的关注可能也会不同意"生育利益"中有关允许此类选择的观点，但他们可能同意，至少此类技术不应被用来拒绝"健康"的胚胎，而应该用于那些携带疾病或残疾基因的胚胎。

这种务实的妥协和理论上不完美的共识可能被认为是在将监管立场与社群观点达成一致性方面的阶段性成果。不过，至少存在两项保留意见。首先，通常很难达成某种共识（尽管理论上也不甚完善），但不排除某些重要利益集团。医疗/社会的差异可能得到广泛接受并达成一定共识，但它也疏远了许多残障群体，并对他们造成了严重伤害。所谓的"表现主义批判"吸引人们注意到这类政策中隐含的信息：比如产前筛查和 PGD 等技术在道德上并不中立，为了某种预防某种生命的存在目的，这种技术仍然被容忍。

提摩太·克拉恩（Timothy Krahn）在讨论唐氏综合征语境下使用 PGD 时解释了这种信息为何被认为是对已经受到普遍歧视和影响的人群的特别侮辱：

> 通过仅允许对"严重遗传条件"进行 PGD 检测，并将唐氏综合征作为此类情况标记，实际上，当前的监管系统存在参与到社会歧视中的风险，可能是包括羞耻、偏见和关于唐氏综合征患者生活能力和生活质量谣言的综合性结果（2011:191）。

"拯救唐氏综合征"游说团体向新西兰机构提出的一系列投诉也引发了类似的争论。[9]新西兰法律不允许妇女享有普遍的堕胎权，但允许那些包括患有唐氏综合征的妇女们依据某些特征和条件终止妊娠。不难看出，在这些条件下的人们是如何从这个立场上辨别出侵犯性信息的。

第二，随着技术的发展，这种妥协立场正在受到越来越大的压力，在某些情况下导致可能出现监管脱节的情况（Brownsword 2008:166）。例如，随着可能进行试验的遗传条件和生殖选择范围的扩大，这种压力也随之增加。尽管支持先前妥协政策的价值诉求从未令人满意，但现在看来不太可能存在普遍令人满意的实际效果。

最近一个同样挑战的例子涉及 HFEA 决定允许将 PGD 用于新生儿的恒河病/溶血病病例中。[10]这一问题可能导致胎儿死亡或儿童的永久性发育问题，是由于恒河病

---

[9]　Saving Downs, 'Action So Far: Our Social Justice Work Comprises of ...' (2016) <www.savingdownsyndrome.org/action-so-far/> accessed 7 February 2016.

[10]　Human Fertilization Embryology Authority, 'New PGD Conditions Licensed by the HFEA Between 1 April 2012 and 31 March 2013'（HFEA）<www.hfea.gov.uk/cps/hfea/ gen/List%20of%20New%20PGD%20 Conditions%20Licensed%20by%20the%20HFEA. pdf> accessed 7 February 2016.

阴性孕妇的血型与其胎儿不相容，导致妇女的免疫系统攻击作为"入侵者"的胎儿。使用 PGD 可以确保只选择 RHD 阴性胚胎进行植入，从而避免免疫系统排异的问题。

1005 　　毫无疑问，这种排异性会导致严重的健康问题（尽管这些问题通常可以从医学上进行预防）。然而，很难将那些被取消选择的胚胎——那些没有 RHD 阴性血型的胚胎——定性为监管法规所要求的所谓任何类型的"基因、染色体或线粒体异常"。事实上，他们的血型更为常见（更详细的讨论见 Snelling and Gavaghan 2015）。

　　一般认为，许多赞成对严重遗传病人使用 PGD 的观点可能不会反对在这种情况下使用它。这一挑战与该规则的措辞以及该规则所依据的伦理不匹配有关。尽管如此，它说明了规范描述的基本原理不够明确时可能出现的困难。如果道德目标是为了"治疗"目的，这一目标有时可能涉及超出立法规定的情形，即只有在胚胎异常的情况下才可使用。

　　撇开实用主义和经济成本不谈，有关允许使用 PGD 的规范可能会被重新起草，以应对 RHD 疾病，又不至于对道德契约造成过度分裂。可以说，在组织配型的语境下还有一个更具挑战性的例子。从一系列的角度来看，将 PGD 的使用限制在避免严重遗传疾病上的尝试可能是合理的，但是该协议对于适用像惠特克（Whittakers）那样情况的使用该作何解释？例如，一个叫查理（Charlie）的孩子，受到了一种非遗传性疾病（diamond blackfan anaemia）的影响，这不太可能影响他未来的兄弟姐妹。查理（Charlie）的父母试图使用组织配型技术，以确保他们的下一个孩子与查理的组织类型相匹配。与以往的组织配型不同，没有任何风险可以佐证"救世主兄弟"在此时使用 PDG 是合理的（进一步讨论，见 Gavagan 2007:162）。

　　如果原共识的理由是 PGD 仅在被视为对儿童有好处的情况下才是合理的（当然，受非同一性问题引起关注的影响）。那么这似乎是有问题的。另一方面，如果该共识的目的是，防止该技术被用于琐碎的、表面的或其他非"治疗性"的目的，那么一项旨在治疗患病儿童的使用则完全可能符合最初的监管目标。由此产生的对该共识的重新谈判是长期且艰苦的，正如前面所讨论的，只是最近才在新西兰达成。

　　所有这些都不能完全否定不完善共识的潜在价值。因为担心这些解决方案不足以应付明天可能出现的问题，便因此忽视现存问题可能是不明智的。然而，我们应该意识到，这种共识具有局限性和保留性。面对技术的快速发展，共识似乎不可避免地需要频繁的重新谈判。调整和改革监管或政策方案不是一个无代价的过程；它可能涉及

1006 进一步的会议、磋商、议会会议或专门委员会。短期内避免更大问题的解决方案是监管实用主义还是泡沫经济，将取决于一系列因素，包括需要谈判的确定性、可能需要的时间以及实施的难易程度。

　　至少同样重要的是，监管机构应该注意到，不完善的共识并不能满足广泛共识，同时也牺牲了那些实际上在决策中拥有更多利害关系的少数群体。接受"困难"的观

点可能会阻碍妥协的目标，但排除这些观点可能会形成大家都满意的方案，唯独不包括对其生活产生重要影响的群体。

七　协商民主和公众参与

布朗斯沃德和古德温致力于研究在过去几十年里"公众参与各级监管治理的重要性"的观点再次得到重视，并提出"与公众进行直接对话已成为技术监管合法性的一个重要方面"（2012: 247–248）。

尽管监管策略与其规范基础之间的某种联系及原因无疑是至关重要的，但这也引发了许多关于"社区"在监管决策中所起到作用的进一步讨论。例如：

1. 在此种目的下，"公众"指谁？
2. 应该如何对他们发问？
3. 应该在多大程度上重视他们的观点？

（一）谁属于公众群体？

如果监管的合法性在某种程度上是相对于社区价值观而言的，那么就这些目的来看，考虑谁有资格被认定为"公众群体"似乎很重要。这是否指直接受决策内容影响的利益相关者群体？群体中对决议有足够兴趣的那一部分人会花时间参与协商进程吗？群体的确定是应该限定于具备相关技术和伦理知识背景的积极个体，例如参加了"公民陪审团"或热衷于社群活动群体？还是应该指代最广泛意义上的社群，包括特定社群中的每个人？1007

最近在"协商民主"方面的一些实践，例如 HFEA，就涉及多个"社群"，包括各种意见调查、公共研讨会和重点小组（HFEA 2013）。但是，如果监管机构发现利益相关方对待一项新技术的看法比一般公众更积极，那么如何分配给这些不同"群体"的话语权重呢？ HFEA 当然认识到在寻求平衡这些观点方面所面临的挑战：

> 寻求治疗的人在很多方面都是判断病情严重程度的最佳选择。然而，许多人认为，应该对提供 PGD 的条件类型加以限制，不应用于一些微不足道的场景。HFEA 需要尊重寻求 PDG 群体的观点，与避免将技术用于普遍认为不可接受的目的之间寻求平衡（2005: paragraph 4.4）。

那些希望使用或受益于某项技术的人并不是唯一可能受到其影响的群体。如上所述，残障人士可能会认为，使用筛查技术来防止其他同样受影响的人的出生，可能会影响他们的生活。此外，有人认为，应特别注意这类群体及其家庭的诉求。除了可能受到这些技术的影响外，这些人可能对生活在这样的条件下意味着什么有特别的洞察，这些洞察可能与主流的或医学的观点相悖。

（二）应当问什么？

其次，咨询必须明确它的要求。"你赞成 X 吗？"与"你允许 X 吗？"并不是同一个问题。各种民主协商和研究表明，许多答复者都认同尊重他人意见和选择的价值。在"线粒体替代"工作坊上，参与者非常重视"个人和个人选择"；许多人认为，仅仅因为某些人（和群体）反对他们的临床使用，并不适宜成为阻止个人和家庭使用这些新技术的理由（HFEA 2013:5）。

HFEA 在植入前性别选择的早期咨询中也显示出了不愿将价值观强加于其他人的共性。尽管大多数被咨询者都对性别选择表示反对，但父母们普遍认为，当没有人受到伤害时，很难拒绝一对夫妇的需求，尽管这可能让他们感到不自在（HFEA 2002:第 6.4 段）。

正如笔者在下文所讨论的，这种对多样性的容忍本身可能被视为一种重要的公共价值；但就目的而言，需要强调一点：如果公共舆论被用来合法化某一特定的监管立场，则应注意确保它实际上支持了该立场。

一个更复杂的问题可能与对共同价值观的深入调查有关。监管机构是否有足够的理由询问对具体技术的态度，或者他们可以用于哪些具体用途？或者，在更普遍的层面探索价值观是否合适？迈克·金提出，最有效地利用公众舆论似乎"需要对公众舆论的深入了解，而不仅仅是对某些做法和行为表达赞同或不赞同"：

必须尝试对公众使用的道德规范框架进行特征化描述，因为这可能涉及广泛的伦理用途，并且有助于公共政策制定。就公众对技术和实践的认可或不认可进行简单的调查，可能无法为得出规范性结论提供坚实的基础（2006：203）。

这是一个值得认真考虑的建议。对监管合法性的探索应该包括这样一种尝试，即将真正有理有据的担忧和反对与对仅仅对不合常理、不受欢迎或不被广泛知悉的实践或选择产生的直觉厌恶区分开来。

（三）公众意见应该受到什么样的重视？

如果说对极端民粹主义或精英主义的监管缺乏合法性，那么监管机构应该寻求什么？笔者建议，在最低限度的情况下，从社区价值观角度寻求合法性的法律规定应寻求与广泛（不一定是普遍的）共享、持有并在一定程度上适用于各种情况下的伦理或政治信念相一致。仅仅出于对新实践的厌恶（即使是强烈的厌恶）也不能满足自由或多元化监管制度的需求，除非这种反对能够体现在更实质的规范内容中。当然，正如一些评论所指出的，这在损害原则中可以找到解释，但没有理由认为其他价值观就不能发挥重要作用。然而，即使能够识别出这种价值，仍存在尊重私人领域决策的情况。如果一项决定对个人或家庭的权利和利益产生重大影响，并且对其他人的权利或利益没有同等的影响，那么，尽管大多数人都可能不赞成，这可能会被视为一个真正的私人决定。正如前文所指出的那样，自主权和隐私本身是西方民主国家普遍认同的价值观，不应轻易加以干涉。如果我们要认真对待这些问题，那么就必须承认，并非每个问题都需要接受他人的审查。正如约翰·哈里斯所说的那样，"只能做多数人允许做的事情，根本没有自由可言"（2007:73）。

1009

笔者认为，这种认同应该体现在监管上的倾斜（Brownshig 2008），且是被允许的。如果我们要求我们的法律和条例具有规范上的合法性，并且需要进一步证明，这种合法性植根于社会的看法和价值观中，同时也存在于广泛共享、相对固定、强有力且一贯适用的价值观中。如果没有达成共识的证据，或者存在立场矛盾或相对冷漠之处，监管应默认尊重个人选择。如果没有证据表明这些价值观体现在更为熟悉的或世俗的环境中，那么我们可能就会怀疑它们是技术例外主义甚至是技术恐惧症的表现，而不是具有规范性的实质。

当然，监管倾斜只是可能的策略之一。如果认为它具有普遍的适用性则是不现实的。尽管如此，我的建议是，如果没有明确的反对共识尤其是在这种做法仅仅是与直觉相违背时，或者是造成棘手问题时，应当保持一定程度的规范谦抑性。当各方反应不确定或存在矛盾时，我们应该谨慎地把自己的选择和答案强加于别人。

八 重新审视非同一性问题

我认为，海德将非同一性问题定性为一个难以解决的规范性问题是正确的，因为没有现成的解决办法。我还提出了一些监管机构能够处理这个问题的建议。然而，这一问题带来的挑战可能会随着基因编辑技术的出现而变得更加紧迫和困扰。

在考虑未来父母面对植入胚胎A或胚胎B的选择时，有可能将他们的选择（在绝大多数情况下）描述为道德中立。他们的选择将导致儿童A或儿童B的出生，假设他们的生活质量都好过未出生，那么就不能说这两个孩子受到了这项决定的伤害。负责保障"未来儿童福利"的监管机构应该可以接受这种暗示，并且要谨慎干预那些没有伤害其他人的父母决定。

1010

然而，对于面临基因编辑选择的潜在父母来说，非同一性的暗示远没有那么清晰。植入一个胚胎而非另一种胚胎，会导致一个人的出生而不是另一个人，但如果对胚胎的基因组做出改变，那么身份的连续性有什么意义呢？如果这些变化会对未来的孩子的性格、价值观、优越性和社会关系产生如此深远的影响，我们是否能从胚胎是被取代而不是修复的角度来思考？如果有，我们应该如何看待——更重要的是，对于那些希望拒绝这种干预的潜在父母我们应该如何应对？这样做是否等同于允许父母对孩子做出不利选择？还是决定植入一个胚胎而不是另外一个？

即使是那些试图在现有的 ARTs 语境下理解非同一性问题的人，也可能发现我们的观点正受到下一代技术的挑战。

致谢

感谢德鲁·斯诺迪（Drew Snoddy）在本章写作过程中提供的研究协助。

【参考文献】

Baylis F, ' "I Am Who I Am": On the Perceived Threats to Personal Identity from Deep Brain Stimulation' (2013) 6 Neuroethics 513

Baylis F, 'Left Out in the Cold: Seven Reasons Not to Freeze Your Eggs' (*Bioethics Research Library*, 16 October 2014) <https://bioethics.georgetown.edu/2014/10/left-out-in-the- cold-seven-reasons-not-to-freeze-your-eggs> accessed 7 February 2016

Boonin D, The Non-Identity Problem and the Ethics of Future People, Oxford University Press, 2014

Brownsword R, *Rights, Regulation, and the Technological Revolution* (OUP 2008)

Brownsword R and M Goodwin, *Law and the Technologies of the Twenty- First Century: Text and Materials* (CUP 2012)

Delaney J, 'Revisiting the Non-Identity Problem and the Virtues of Parenthood' (2012) 12(4) American Journal of Bioethics 24

Gavaghan C, *Defending the Genetic Supermarket: The Law and Ethics of Selecting the Next Generation* (Routledge Cavendish 2007)

Harris J, 'No Sex Selection Please, We're British' (2005) 31 Journal of Medical Ethics 286

Harris J, *Enhancing Evolution: The Ethical Case for Making Better People* (Princeton UP 2007)

Heyd D, 'The Intractability of the Nonidentity Problem' in Melinda Roberts and David Wasserman (eds), *Harming Future Persons: Ethics, Genetics and the Nonidentity Problem* (Springer 2009)

Human Fertilisation and Embryology Authority, 'Sex Selection—Policy and Regulatory Review: A Report on the Key Findings from a Qualitative Research Study' (HFEA 2002)

Human Fertilisation and Embryology Authority, *Choices and Boundaries* (HFEA November 2005)

Human Fertilisation and Embryology Authority, Medical Frontiers: Debating Mitochondria Replacement (HFEA February 2013)

King M, 'A Discussion of Ethical Issues' in Mike Henaghan, *Choosing Genes for Future Children: The Regulatory Implications of Preimplantation Genetic Diagnosis* (Human Genome Research Project 2006)

Krahn T, 'Regulating Preimplantation Genetic Diagnosis: The Case of Down's Syndrome' (2011) 19 Medical Law Review 157

Lanphier E and others, 'Don't Edit the Human Germ Line' (2015) 519 Nature 410

Malek J and J Daar, 'The Case for a Parental Duty to use Preimplantation Genetic Diagnosis for

Medical Benefit' (2012) 12(4) American Journal of Bioethics 3

Parfit D, *Reasons and Persons* (OUP 1984)

Quintavalle J, 'HFEA Up for the Axe?' (*BioNews*, 6 September 2010)

Roberts M and D Wasserman (eds), *Harming Future Persons: Ethics, Genetics and the Nonidentity Problem* (Springer 2009)

Sandel M, *The Case Against Perfection* (Belknap 2007)

Savulescu J and others, 'The Moral Imperative to Continue Gene Editing Research on Human Embryos' (2015) 6(7) Protein Cell 476

Science and Technology Committee, *Human Reproductive Technologies and the Law* (HC 2004-5, 7-I)

Scully J, T Shakespeare, and S Banks, 'Gift not Commodity? Lay people Deliberating Social Sex Selection' (2006) 28(6) Sociology of Health & Illness 749

Snelling J, 'Cartwright Calamities, Frankenstein Monsters and the Regulation of PGD in New Zealand' in Sheila McLean and Sarah Elliston (eds), *Regulating Pre- implantation Genetic Diagnosis: A Comparative and Theoretical Analysis* (Routledge 2013)

Snelling J and C Gavaghan, 'PGD Past, Present and Future: Is the HFE Act 1990 Now "Fit for Purpose"?' in Kirsty Horsey (ed), *Human Fertilisation and Embryology: Regulation Revisited* (Routledge 2015)

Sullivan M, 'Otago University Bioethics Director Must Resign Following Discriminatory Paper on Down Syndrome' (*Saving Down Syndrome*, 5 March 2013) <www.savingdownsyndrome.org/ press-release-otago-university-bioethics- director- must- resign- following- discriminatory- paper- on-down- syndrome> accessed 7 February 2016

Sunstein C, 'Incompletely Theorized Agreements in Constitutional Law' (2007) 74 Social Research 1

Taylor-Sands M, *Saviour Siblings: A Relational Approach to the Welfare of the Child in Selective Reproduction* (Routledge 2013)

Wilkinson S, 'Do We Need an Alternative "Relational Approach" to Saviour Siblings?' (2015) 41(12) J Med Ethics 927

拓展阅读

Day Sclater S and others (eds), *Regulating Autonomy: Sex, Reproduction and Family* (Hart Publishing 2009)

Gavaghan C, *Defending the Genetic Supermarket: The Law and Ethics of Selecting the Next Generation* (Routledge Cavendish 2007)

Heyd D, 'The Intractability of the Nonidentity Problem' in Melinda A Roberts and David T Wasserman (eds), *Harming Future Persons: Ethics, Genetics and the Nonidentity Problem* (Springer 2009)

Taylor-Sands M, *Saviour Siblings: A Relational Approach to the Welfare of the Child in Selective Reproduction* (Routledge 2013)

Wilkinson S, *Choosing Tomorrow's Children: The Ethics of Selective Reproduction* (OUP 2010)

贸易　商业　就业

第四十二章
技术和国际贸易规制法

托马斯·科蒂尔 (Thomas Cottier)

孙南翔 译

一 法律与技术

（一）一种辩证的关系

技术一直是国内和国际商务的主要驱动力。从地方贸易到全球贸易，贸易发展伴随着运输手段的演变，这构成了当今的全球价值链。从车轮到马力，从陆地到海道、现代航运、公路、铁路和航空、电信和互联网，国际分工和商业的范围在很大程度上（即使不是绝对的）取决于技术及其发展。大多数交易产品是由技术定义的，并随着技术的进步而发展。在日益依赖现代通信手段并从中受益的服务方面，情况也如此。

伴随着生活和商业，技术也是法律的重要推动力。然而自始以来，一般性的法律，尤其是国际贸易法，就一直落后于技术革命，技术革命要求法律进行调整，以应对新的风险及其管理。它在管辖权层面提出了新主张。海洋法和海洋区域的演变反映在开采自然资源方面的技术进步（Cottier 2015a,b）。国际贸易法体系随着贸易的增长及其在国内生产总值中的份额而发展。技术塑造了超越故意伤害和过失的法律责任体系。它使得处理这些风险和预防伤害方面的技术条例和标准具有必要性。技术也塑造了劳动法。这种条例在国内法律中泛滥，在很大程度上反过来导致了新的贸易限制，并导致了国际贸易中所谓的非关税壁垒，当然，这些壁垒并非完全是针对技术及其产品和工艺的规制（Mercuio and Kuei-Jung 2014）。

反过来，国际贸易法律也间接地对技术发展产生了影响。公司法、竞争法和知识产权法的框架在很大程度上界定了生产、开发和使用新技术的国内法律环境。它界定了合作、资金和人才的合作水平。法律框架决定竞争力的形成，其是新技术的主要推动力。产品的质量和安全要求不仅限于技术，还影响新技术及其基本构造、使用方法。风险和安全的标准水平由法律所确定，这同时也确定了新的产品及其被接受度。技术效果导致人类健康和环境的新需求，反过来，诸如气候变化及其应对气候变化等新技术需要诉诸更新的技术。无碳经济的目标推动了可持续发展理念下的新技术投资及发展。

最后，法律和技术处于一个相互辩证的过程，它们不断相互作用，当然，技术进步是该进程的主要推动力（Abbott and Gerber 1997）。法律在很大程度上一直对这种演变持被动态度，而不是对技术进步产生积极影响。不管是在国内层面还是在国际法律及其合作层面上，都是如此。

（二）国际贸易法的核心功能

虽然技术规制核心依赖于国内法律及其关切，但国际法核心是处理规制多样性及其由此产生的贸易限制。它寻求弥合不同的法律制度，提供共同标准的核心内容，并避免不必要的国际贸易和投资障碍。本章主要论述了这些纪律和规则，并阐述现代技术和新兴技术对未来规制方法的影响。

除了非歧视和透明度这类一般原则外，知识产权保护规则以及工业和农业产品的技术法规和标准也涉及技术问题。它日益与服务规制交织在一起。我们试图将这些在不同法律传统中解决的事项结合起来。虽然知识产权是商业和私法的一部分，但公法领域的技术法规和标准对服务规制也有影响。然而，国际法并没有将这些私法和公法类型化区分，也不提供解决国际技术法律问题的综合路径。

从国家责任到条约法，从海洋法到自然资源永久主权原则，所有国际法都与技术间接相关。我们很难勾画出单独的技术法律体系。在贸易法规中，针对不适当补贴或倾销进口的贸易补救办法以及保障措施涉及技术，但不限于技术。政府采购间接地影响了技术的进步，因为其影响研究和开发的公共资金。寻求单独的法律规制技术是没有意义的。

具体而言，国际法基本上处理的是技术规制中的四个不同职能，其超出了一般法律体系。首先，国际专利法和部分著作权为技术的财产权分配提供了法律依据（Abbott and Gerber 1997; Maskus and Reichman 2005）。这一职能对于鼓励此类产品的技术开发、使用与许可等具有激励作用，并且其可以定义民间的工业标准。第二，它通过技术标准的协调，寻求建立和保障相互之间的关联，例如，电信和互联网，也包括早期对邮政服务的规制（Burri and Cottier 2014）。第三，技术法规和标准服务于保护消费者安全和健康以及避免对人和环境造成危害的目标（Delimatsis 2015），这在政府采购领域也日益重要（Arrowsmith and Anderson 2011; Gorvaglia 2016）。正是在这些领域中，不同程度的社会和经济发展以及包括人权在内的社会观念发挥了作用。最后，国际规则和纪律试图弥合分歧，进而避免产生不必要的国际贸易障碍。

这四种特定技术规制的功能不能明显地分离，其往往相互影响。与其他不同的技术系统的联系需要协调工作，并发展国际甚至是全球的标准。同时，保护安全和健康也解释了存在一系列不同标准，其反映了对风险的不同态度或不同的风险管理方法。例如，尽管美国依赖产品责任体系，但欧盟遵循审慎原则和严格责任标准。避免不必要的贸易壁垒承认不同规制办法和政策目标的合法性，并力求将这种多样性对国际贸易和市场准入的影响降至最低。知识产权最终可以发挥民间部门标准的作用，但其可能会引起过度垄断权力，并要求强制许可或实施基本设施的原则（Larouche and Van Overwalle 2015）。

（三）国际法和技术法规

国际法没有正式地区分法律和法规。后者构成法律的一部分，主要适用于产品和服务。除民间标准化外，法规和法律之间不能轻易做出区分，这些区分取决于特定的背景。处理国际法中的法规无法将范围限制在适当的技术法规中，而是应涵盖相关原则和规则。

国际法区分了相关原则，特别是非歧视（最惠国待遇、国民待遇）或整体上的透明度规则。然而，有关法规的具体特点和挑战是狭义层面的。第一，世界贸易组织（WTO）的《技术性贸易壁垒协定》（TBT）专门规定技术法规为强制性规定，并将技术标准作为自愿性的规则。两者受不同的规则约束。第二，对公共和民间的法规或标准进行区分。技术法规往往授权给由各行业控制和资助的民间标准制定机构，它们在国内和国际上颁布技术法规。授权的规范和标准反过来需要区别于公司和行业自行采用的纯民间标准。迄今为止，非政府标准不受国际法纪律的约束。第三，技术条例超越了特定法域。国际交易的产品的生命周期是在不同国家完成的。这使得国际层面有效规制问题更加复杂化。本章力求简要论述这些问题。

（四）"边境后议题"

随着对技术和其他产品关税壁垒的减少，非关税壁垒成为了核心议题，重点是解决传统上属于国内法的事项。这些所谓的"边境后议题"使得现代规制更加复杂，并产生了合法性和问责制的新问题。它们要求对国内法和国际法的传统区别进行一些反思，以便我们在寻求适当分配公共品生产方面的权力，例如通信和安全方面。我们可从多层次治理（Joerges and Petersmann 2011）或全球行政法（Kingsbury, Krisch and Stewart 2005）的角度来理解和构思这些问题。对规制趋同和适当合作程序的努力是国际法规制理论的前沿（Mathis 2012）；这再次提出了在多元社会中的合法性和民主问责制问题。重要的是，技术法规越来越注重生产的流程和方法（Conrad 2011；Holzer 2014）。除产品质量之外，在减缓和适应气候变化时代，在执行和实现劳工标准和环境标准时，生产方式和手段成为重点考虑的事项。技术对人权的影响和人权的规范性影响日益重要。这表明即将发生重大的范式转变，这将对法律如何处理技术产生重大影响，反之亦然。

二　一段简史

在国际公法层面，有关商业和贸易相关的国内规制管辖权问题的探索始于 19 世纪。虽然重点是双边协定中的关税削减，其源自 1861 年法国和联合王国《柯布登条约》（*Cobden Chevalier Agreement*），而且当时主要涉及新兴工业时代的工业产品和技术产品，但规制问题由此在国际法中逐渐发展起来（Bairoch 1989）。电报的出现使 1884 年《保护海底电缆国际公约》第一次实现了技术上的协调统一，最终该公约被 1982 年《联合国海洋法公约》所取代。同一时期，国际经济法首次多边化的努力包括 1883 年《保护工业产权巴黎公约》和 1886 年《保护文学艺术作品伯尔尼公约》。这些公约合并了知识产权保护的现有双边协定，提供了最低限度的知识产权标准，这为国内保护提供信息，并且其与专利法的技术进步相关（Potage and Sherman 2010; Cottier, Sieber, and Wermelinger 2015）。19 世纪还见证了在减少与健康有关的国际贸易障碍方面所做的努力。今天的世界卫生组织《国际卫生条例》的前身是 1851 年巴黎国际卫生会议通过的《国际卫生条例》，该条例是为了防止和避免在流行病大暴发后，在贸易协定处理非关税壁垒之前，对货物贸易和人员流动设置了过于限制性的壁垒（Howard–Jones 1975）。从 19 世纪到 20 世纪 30 年代，贸易规制协定基本上限于边境措施，特别是关税削减措施（Biroch 1989; Kindleberger 1989）。贸易以外的规制事务还存在于劳动关系中，其寻求与社会正义、国际公平竞争环境相结合。国际劳工局（BIT）是在第一次世界大战之后成立的，其采取最低限度的劳动保护标准，创造公平竞争环境，以更有效地保护劳动者，避免再发生布尔什维克革命（Van Daele 2005，国际劳工组织 2016）。第二次世界大战后，技术法规主要属于功能主义国际组织的管辖范畴：国际电信联盟涉及电信问题，世界卫生组织 / 联合国粮食和农业组织制定关于食品标准的法典，世界知识产权组织针对知识产权，1947 年关税及贸易总协定（GATT）涉及商品贸易。随后举行的八轮多边贸易回合谈判促成了关于技术性贸易壁垒和植物及植物卫生措施的专门协定（Scott 2007; Gruszczynski 2010; Wolfrum, Stoll Seibert 2007）。在民间方面，国际协会和非政府组织转向与技术标准，特别是与国际标准化组织（ISO）或欧洲标准化委员会（CEN）和欧洲国家电工技术委员会（CENELEC）的相互联系与协调（Delimatsis 2015）。今天，所有技术，特别是机械、化学、制药、电信、运输、生物技术和基因工程，都有相应的贸易规则，这些规则也适用于新技术，特别是纳米技术和合成生物学。

虽然贸易协定基本上是为了避免对国际贸易造成不必要的障碍，但在区域一体化的背景下，特别是在欧洲自由贸易联盟（EFTA）的《坦佩雷公约》和 1984 年欧洲经

1022

济共同体内部新路径方面，贸易协定率先推动了技术法规协调及其相互承认的探索。[①]最终，建立在相互信任基础上的对等原则应运而生，成为欧盟内部的主导哲学。针对第三国而言，它推动了区域一体化以外的相互承认协定（MRAs）。它为当今规制趋同的努力奠定了基础，尤其是在美国和欧盟之间。

因此，技术规制的历史反映为从边境措施转向与国内规制相关的事项，并对国内和进口产品产生同等待遇。转移到"边境后措施"的原因是，国际贸易法规对贸易的重要性越来越大，因为它影响到健康、环境和文化等其他政策领域的规制活动，并提出了民主问责制的问题。

在学术研究中，国际法与技术的关系似乎在 20 世纪 60 年代新出现的空间科学和法律的范围内能够更为具体地加以介绍（Seneker 1967），尽管在有关协定中，其涉及与不同国家铁路的连接以及国际航空的相关标准制定和管理。今天，国际法与技术的关系主要集中在知识产权保护、专利和商业秘密问题上（Abbott / Cottier / Gurry 2015），遗传工程和生物技术（Francioni and Scovazzi 2006; 国际法协会 2010，2008; Wüger and Cottier 2009），纳米技术（Karlaganis and Licti-McKee 2013），互联网通信（Burri and Cottier 2014）和标准化进程（Dimelatsis 2015）。它已成为该领域利益集团和学术期刊的重要议题。[②]

三 国际法和欧盟法对技术的规制方法

国内法律和国际法关于技术规制的融合涉及从非正式合作到全面协调的问题。经济合作与发展组织（OECD）指出，在技术性贸易壁垒领域，为应对技术性贸易壁垒，存在 11 种不同的整合国际合作的步骤，包括从非正式对话到全面协调。本节从国际合作开始，阐述国际一体化及其与技术有关的国际经济法协调统一的主要方法。

（一）国际合作

在相互合作中，存在相交织的不同规制标准。合作并不影响国家决策和规制的自主性，但允许在研究、教育和测试方面进行非正式和正式的意见交换及协调。合作计划可能需要两个或两个以上国家的专业化的研究和测试机构。它一般是由专门化的机构和监管机构进行的，但这未达到政治层面。最重要的方面是相互交流的信息和听证

1023

1024

---

① http://www.newapproach.org/(2016 年 2 月 19 日访问)。

② 美国国际法学会国际法和技术小组 :https://www.asil.org/commu-nity/international-law-and-technology; 国际技术政策和法律杂志；http://www.inderscience.com/info/inarticletoc.php?jcode=ijtpl&year=2014&vol=1&issue=4; 国际法律和信息科技杂志：http://ijlit.org/; 国际商法与技术杂志；http://www.jiclt.com/index.php/jiclt; 欧洲法律和技术杂志 ,http://ejlt.org/。

会。技术法规和标准是第一个可由其他国家提出意见的领域。《技术性贸易壁垒协定》第 2.9 条要求成员方发布拟议的国家法规，并考虑其他成员方就该规范的潜在影响发表的意见（Wulfrum，Strol and Seibert 2007）。[③] 听证会超越国内领域的做法在全球化立法方面具有里程碑意义，到今天为止，虽然没有超出技术法规定义的范围，但它表明了持续扩大相互协商的路径，特别是在新出现的规制趋同概念范围内。国际合作需要对问题和价值观存在最小程度的共同理解和看法。在缺乏基本共识的情况下，由于不同的规制优先事项，合作往往无法成功（Pollack and Shaffer 2009）。

（二）最低的标准

国际法可以界定各国有义务遵守法律标准的最低限度，同时给予技术保护的更大空间。这是知识产权采取的方法。世贸组织《与贸易有关的知识产权协定》（TRIPS 协议）界定了最低标准，并允许成员给予加强性保护（Cottier 2005）。[④] 例如，TRIPS 协议要求至少有 20 年的专利保护期，但不排除在药品方面延长规制审批期限。最近的自由贸易协定建立在这一方法的基础上，在所谓的 TRIPS 协议上增加规定，例如，2015 年缔结的《跨太平洋伙伴关系协定》中第 18 章知识产权。[⑤] 虽然其市场导致了协调的结果，但是国家之间的保护水平并非总是统一的。

（三）最高的标准

最低标准未能处理过度使用法规和过度保护知识产权的问题，而知识产权又可能以此种方式妨碍国际贸易。因此，最近有学者建议，最高限额和最高标准概念的提出可限制国际法的保护水平、支持竞争，并避免过多的垄断权利（Cottier and Meitinger 2005；Grosse Ruse–Khan and Kur 2008）。迄今为止，最高标准在知识产权执法领域很少使用，且尚未与实质性标准相关。除电信法规和所谓的《服务贸易总协定》（GATS）参考文件外，国际法并没有关于竞争政策的共同机构（Mathew 2003）。[⑥] 然而，国际贸易法的其他领域，特别是贸易补救规则（反倾销、反补贴和保障措施）以及一般原

----

③　WTO,Agreement on Technical Barriers to Trade,in WTO,The Legal Texts:The Results of the Uruguay Round of Multilateral Negotiations,121,137(Cambridge University Press 1999);https://www.wto.org/english/docs_e/legal_e/legal_e.htm（2016 年 2 月 19 日访问）。

④　WTO,Agreement on Trade-related Aspects of Intellectual Property Rights, first published in WTO The Legal Texts:The Results of the Uruguay Round of Multilateral Negotiations,365-403(GATT Secretariat 1994); https://www.wto.org/english/docs_e/legal_e/legal_e.htm（2016 年 2 月 19 日访问）。

⑤　Https://ustr.gov/trade–agreements/free–trade–agreements/trans–pacific–partnership/tpp–full–text(2016年2 月 19 日访问）。

⑥　General Agreement on Trade in Services,in WTO:The Legal Texts:The Results of the Uruguay Round of Multilateral Negotiations,284(Cambridge University Press 1999); https://www.wto.org/english/docs_e/legal_e/legal_e.htm（2016 年 2 月 19 日访问）。

则的影响，可以被理解为最高标准，因为它们限制了国内政策空间，不允许国内法
超越这些界限（Cotier and Oesch 2005；Van den Bossche and Zdoug 2013; Mathusitam,
Schoenbaum，Marvroidis and Hahn 2015）。

（四）相互承认和认证

相互承认需要在互惠的基础上明确承认外国的具体标准。该政策是通过双边互认协
定（MRAs）进行实施（Schroder 2011）。这些协议意味着相互给予特权，而不是扩大到双
边互认协定以外的第三方。因此，这些协定作为对最惠国待遇的固有限制，TBT 协定第
6.3 条证明了这些协定的正当性。该协定基础是相互信任以及经认可的认证和测试机构的
可靠性。因此，这些机构根据进口国的有关法规或标准对其产品进行的检验和核准，这
得到了出口国机构的承认。因此，由于进口时无须进一步检验，相应成本得以减少。

对于其他不受益于"一站式"认证且进口时必须经检验和批准的产品而言，依赖
此类机构认证的贸易行业可获得大量的贸易转移。该协定主要是在工业化国家之间签
订的，并逐渐构成自由贸易的一部分。

（五）法规的等价性

法律和技术法规的等价性意味着，尽管存在差异，但另一国颁布的产品和工艺要
求具有同等的价值。一旦一个产品按照其规范，合法地进入一个国家的市场，进口国
就承认销售的合法性，理由是外国规则带来同等程度的保护，尽管其本身的规范各不
相同。等价性预先假定了一种较高的互信水平。它不针对具体的产品，而是适用所有
的产品。因此，它不是基于特定产品的互惠原则。

欧盟法院的标志性裁定——*Cassis-de-Dijon* 裁决在欧洲联盟中得到了一致的支
持。[7] 该裁决是引人注目的利益测试（Craig and de Burca 2015）。欧盟成员国和欧洲经
济区（EEA）如果认为必须保护令人信服的公共利益，就有权援引自己的法规。因此，
等价性的例外情形非常多，特别是在药品和食品领域，这就意味着存在相当多的市场
准入限制。只有转向正式的相互承认或协调，才能克服这些限制问题，尽管必须指出，
世贸组织规则并不强制要求等价原则。《技术性贸易壁垒协定》第 2.7 条建议实行等价
原则，从而接受一个隐含的最惠国待遇的限制。但在欧盟内，等价性仅限于欧盟成员
国和 EEA 协定成员国。该协议并不适用于自由贸易协定的合作伙伴。

（六）规制趋同和跨大西洋贸易与投资伙伴关系

在关税削减之后对非关税壁垒的重视，以及欧洲联盟内部寻求成员国之间规制趋

1026

---

⑦ Case 120/78 Rewe Zentral AG v Bundesmonopolverwaltung fur Branntwein[1979]ECT 649.

同方面的经验，激励了欧洲国家将规制趋同扩大到其他优惠性贸易和区域一体化的想法。与设定法规和标准的静态贸易协定相反，这一想法的目的是建立一个合作框架，促进规则的动态性制定。虽然世贸组织协定继续为国际贸易的共同法，但优惠贸易安排力求在现有的相互承认之外建立起协调和等价性的机制（Chase and Pelkman 2015;Mathis 2012）。在2014年和2015年欧盟—美国跨大西洋贸易和投资伙伴关系谈判（TTIP）中提交的提案草案建议，欧盟提出在2013年版本上加强规制合作：

> TTIP为欧盟和美国大幅加强规制合作提供了历史性机遇。这种合作应以双方的发展和维护权利、确保高标准的环境、健康、安全、消费者和劳动保护的政策和措施为指导，充分尊重双方按照其认为适当的保护水平进行规制的权利。更密切的监管合作不仅对逐步实现更一体化的跨大西洋市场十分重要，而且也是确保欧盟和美国在共同促进与其他伙伴合作中制定国际法规和标准的最有效的方式，进而确保共同的目标。（欧盟委员会2013）

1027　2015年草案（欧洲联盟2015）规定了早期信息和听证会内容，并提出和起草了法规。它们包括与广泛的利益攸关方协商，利益攸关方应超出受影响的产业；提供系统性的评估影响和成果交流机制；并寻求通过诉诸国际标准或其他具有近似性、等效性和相互承认的方法，来加强协调。作为缔约方之间联系方式的联络点。欧洲国家提议设立一个联合规制的合作机构（RCB），以实行监督，并确保在制定具体部门技术法规的过程中继续合作。下列行业被确定为优先考虑的主要部门：纺织品、化学品、药品、化妆品、医疗器械、汽车、电子和信息技术、机械和工程、农药以及卫生和植物卫生措施领域（SPS）。后来的提议则被修改为较为精简的体制办法，并被称为规制合作方案（RCP）。

加强规制合作能有效消除不必要的贸易壁垒，并为制定新的全球标准奠定基础，因为欧盟和美国是最重要的投资者和贸易伙伴。2013年，它们的贸易额占世界贸易总额的26.04%，占世界GDP的49.5%。[⑧] 例如，在汽车业中，加强跨大西洋合作对缓解气候变化具有特别的意义（Holzer and Cottier 2015）。同时，这还需要努力克服体制上的阻力、不同的规制传统、文化和特性、对风险的不同态度、对参与竞争的恐惧（特别是与环境标准有关的恐惧），以及持续存在的保护主义利益，以维持不同的法律制度。美国和欧盟都习惯于根据各自的模式与第三国打交道。但是，它们再也不能这样做了，它们需要找到新的共同基础并进行妥协。这并非空想，因为TRIPS和其他WTO协定都是在过去由跨大西洋关系为主导的多边贸易回合中发展起来的（Watal

---

⑧ Eurostat:http://trade.ec.Europa.eu/doclib/docs/2013/may/tradoc_151348.pdf;http://ec.http://ec.eu/eurostat/statistics-explained/index.php/The_EU_in_the_world_-_econ-omy_and_finance.

and Taubman 2015)。规制融合需要新的、动态性的规则制定过程。与其他规制方法不同的是，规制趋同并非一成不变的，而是在一个新的框架内，随着互信的增长，随着新的技术进步，随着新的需求出现，在未来的时点上创造出新的法律。确保民主合法性和问责制是建立国际合作新制度建立过程中，对信任的主要挑战之一。在国际贸易和投资方面，这将在今后数十年中被关注。

显然，全球化进程和全球价值链的强化要求加强规制合作与协调，并寻求新的治理体制，以实现治理和民主问责制。针对全球化过程中的民族主义和双边主义的回归，可能会阻碍这一进程。2016 年年底，TTIP 是否会像跨太平洋伙伴关系协定（TPP）那样成熟化，这尚不清楚。然而，从长期来看，市场和全球价值链的密切依存将提高法律一体化的水平。

1028

规制趋同并非局限于贸易技术壁垒领域，其可能适用于法律的所有领域。各国政府在努力实现趋同化的同时，也可共同制定法律框架和具体规则。知识产权标准、竞争政策或赔偿责任规则领域可能率先产生规制趋同的现象。

（七）全面的协调

协调要求在所有相关的法域内，采用单一和统一的规范。由于法规和规则是相同的，并且只可能在适用方面有所不同，因此，这有效地消除了贸易壁垒和障碍，创造了公平的竞争环境。生产和市场准入都是基于类似的标准，并且有时通过联合和中央机构进行运作。协调要求所有参与方采用单一标准，这些标准要么已经存在，要么必须重新制定。不言而喻，在没有多数裁决的情况下，国际协调是最难以实现的，因此往往要靠次优选项来解决。欧盟范围内已经实现了协调化，它们根据指令或条例已通过了共同立法。在国际法中，全面的协调仍是少数的。

如果存在国际和协调的法规和标准，国际协定要求各成员将这些法规和标准作为国内法规的基础。《技术性贸易壁垒协定》第 2.4 条规定，各成员方应在现有的情况下使用这些法规；根据《实施卫生与植物卫生措施协定》第 3.1 条规定，食品安全标准也是如此（Scott 2007; Wolfrum, Stoll and Seibert 2007; Gruszczynski 2010; Maidana 2015)。[9] 成员仍然可以自由地采用更严格的国内标准，但条件是它们能够以科学证据证明需要提高保护水平，只有在所界定的风险水平能够以更严格的、从而以限制贸易的国内标准来满足的情况下，才能达到这一要求（Cottier 2001)。自欧共体荷尔蒙案和美国持续中止案以来，世贸组织上诉机构的判例法认为后一种替代方案构成独立的

---

⑨ WTO,Agreement the Application of Sanitary and Phytosanitary Measures,in WTO,The Legal Texts:The Results of the Uruguay Round of Multilateral Negotiations,59,68(Cambridge University Press 1999); Https://www. wto.org/english/docs_e/legal_e/legal_ e.htm(visited 19 February 2016).

替代方案，从而使现行国际法规的规范性降级。[⑩]

当法规和标准在两个主要市场之间协调时，它们往往产生溢出效应，能够改善其他国家的市场准入条件，有时这些国家将单方面地采用此类法规和标准。这些溢出效应对 TPP 和 TTIP 协定具有特别的重要性。尽管存在最惠国待遇例外情形，但是各国之间的规制一体化程度越深，尤其是随着美国和欧盟之间的规制一体化加深，第三方将从溢出效应中获益更多。然而，若这些类型的协定仍然是浅层次的并限于关税削减，那么贸易扭曲效应就越大（Cottier and Francois 2014）。制定与主要市场相联系的技术法规和标准，将产生新的全球标准，最终将由负责制定标准的国际组织将其多边化。

四　技术法规的基本原则和规则

技术由民间或公共标准或两者共同结合的方法被规制。因为国际法目前不包括由公司和协会发布的民间标准的约束，因此，必须区分民间和公共标准，尽管它们在提供安全或消费者信息方面都具有准公共职能。本节所涉及的规范涉及政府当局颁布的公共法规和标准，或者是政府对私营标准化机构的授权。它们目前不适用于民间标准。

（一）最惠国待遇、国民待遇以及例外的作用

在所有的规制职能中，那些具体涉及技术的职能必须遵守非歧视原则，特别是最惠国待遇和国民待遇。前者要求一个国家给予另一个国家的所有特权都延伸到世贸组织其他成员的相似产品上。反过来，国民待遇使国家有义务把相似的外国产品当作本国产品对待。两种非歧视性的规则都力求建立关于相似产品和相竞争产品的平等竞争条件（Cottier and Schneller 2014）。这些原则适用于所有类型的法律，也适用于知识产权、技术法规和标准。它们也适用于 TRIPS 协定的知识产权，《技术性贸易壁垒协定》的技术法规，以及《卫生和植物卫生协定》中的食品标准。这些原则受一些例外的制约，特别是对自由贸易协定和关税联盟的例外，这些例外限制了最惠国待遇。它们在追求合法的政策目标时对国民待遇进行限制，只要这些限制是出于正当的合法政策目的，并且不超过实现这些目的所需的水平。大量的判例完善了这些条件（Cottier and Oesch 2005；Van den Bossche and Zdoug 2013; Mathusita, Schoenbaum, Marvroidis and Hahn 2015）。重要的是，它们同样适用于事实上的歧视（Ehling 2002）。如果最终对外国产品的影响大于对国内产品和生产商的影响，那么笼统地制定一项法规是无济

---

⑩　European Communities—Measures Concerning Meat and Meat Products(Hormones),WT/DS26/AB/R,WT/DS48/AB/R,adopted 13 February 1998,DSR 1998:I,p.135;European Communities—Measures Concerning Meat and Meat Products(Hormones),WT/DS26/AB/R,WT/DS48/AB/R,adopted 13 February 1998,DSR 1998:I,p.135.

于事的。其他和隐含的例外允许相互承认和等价性仅限于特定的和可信的合作伙伴。

（二）技术法规

除一般法律规则外，世贸组织法还适用于具体的技术法规纪律。《TBT 协定》附件一对技术法规做出了定义：

> 其是规定产品特性或相关生产和加工方法的文件，包括强制性遵守的行政规定。它还可包括或专门规定术语、符号、包装、标记或标签要求，因为上述要求适用于产品、生产或加工方法。[⑪]

因此，技术法规是法律规定的强制性要求。它们不仅限于产品规格，还包括生产、销售和包装的要求。根据世贸组织上诉机构所述，在美国金枪鱼案 Ⅱ（*US-Tuna Dolphin* Ⅱ）中，自愿使用由法律所确定的标签也构成技术法规。[⑫] 某一特定规范是否为技术法规，或根据《关贸总协定》第 3 条的规则，其取决于特殊性，并必须考虑到所有组成部分。因此，在欧共体石棉案中，上诉机构认为，禁止某些石棉纤维的措施构成 TBT 协定项下的技术法规[⑬]，相同的，在欧共体海豹产品案中，对海豹相关产品的限制构成了在《关贸总协定》项下的法律规范。[⑭] 技术法规受技术性贸易壁垒的约束，特别是最惠国待遇和国民待遇，并只有在这一规定符合合理的政策目标的情况下，才可给予国内产品特权。法规应以存在的国际标准为依据，但也可在替代方案中使用。这在食品标准领域尤其重要，但须有适当的科学证据表明，风险管理中界定的风险水平需要更严格的产品规制。

（三）技术规格

技术规格也在政府采购中发挥了重要作用。《政府采购协定》（GPA）2014 年版第 1（U）条定义如下：

（1）规定拟采购的货物或服务的特点，包括质量、性能、安全和尺寸，或其生产 1031

---

⑪ WTO,Agreement on Technical Barriers to Trade,in WTO,The Legal Texts:The Results of the Uruguay Round of Multilateral Negotiations,121,137(Cambridge University Press 1999);https://www.wto.org/english/docs_e/legal_e/legal_e.htm（2016 年 2 月 19 日访问）。

⑫ United States—Measures Concerning the Importation,Marketing and Sale of Tuna and Tuna Products,WT/DS381/AB/R,adopted 13 June 2012,DSR 2012:IV,p.1837.

⑬ European Communities—Measures Affecting Asbestos and Asbestos-Containing Products,WT/DS135/AB/R,adopted 5 April 2001,DSR 2001:VII,p.3243，paras 63-77.

⑭ European Communities—Measures Prohibiting the Importation and Marketing of Seal Products,WT/DS400/AB/R/WT/DS401/AB/R,adopted 18 June 2014.

或提供的过程和方法；或者

（2）解决术语、符号、包装、标记或标签要求，因为它们适用于商品或服务。[15]

在产品需要遵守强制性的要求和规格时，政府机构应具体说明产品的质量和特点，并在此基础上，选定总体上最有利的报价。根据这些标准，各国政府能够通过影响研究和发展，以满足具体的政府需要，例如公共交通部门的需要。

（四）技术标准

技术标准（与技术法规相反）属于自愿性质，但其范围与 TBT 协定附件 1 所界定的范围相似（Wulfulm，Stoll and Sebert 2007）。[16]虽然非歧视纪律本身不适用于标准本身，而只适用于合格评定程序（第 5 条），但是中央政府标准化机构有义务根据 TBT 协定附件 3 的《标准拟订和实施的良好做法守则》予以编制。该守则不是强制性的，但一旦被接受，就规定了对外国产品的非歧视纪律。它基本上界定了由中央标准化机构制定标准的适当程序，包括对草案（L）发表意见的权利。该制度在很大程度上与为具有约束力的法规的制度相一致，但在适用方面却不那么严格。

（五）民间标准

迄今为止，世贸组织法并没有扩大到私营部门所发布的民间标准上，例如，由非政府组织确定的社会和环境标签，或大型零售公司确定其产品的生产和加工条件。《TBT 协定》附件 3《标准拟订和实施的良好做法守则》适用于民间标准化机构，如 ISO，但仅限于协定附件 1 所规定的公法层面的法规和标准。世贸组织法的范围限于政府及其授权的行动，除非公共机构直接或间接介入，否则相关行为不受世贸组织法的约束。[17]民间标准，特别是食品标准和标签，由民间协会依据私法规范所发布，其效果与政府标准类似，但不受《行为守则》纪律的约束。民间标准往往对发展中国家造成额外的贸易壁垒。它们的用意很好，往往为满足消费者的需要，但可能使生产者，特别是发展中国家的生产者更难以满足要求（Aerni 2013）。同时，它们也有可能加强对发展中国家的出口，因为发达国家的生产者组织和结构都很合理（Loconto and Dankers 2014）。因此，民间的产品标准日益重要。国际贸易中心是世贸组织和联合国的一个联合组织。目前，已经有 170 个民间可持续标准在该组织公开登记，根据这些标准，生产者也可以选择加入标签制度。[18]联合国也举办关于这些问题的论坛（联合

---

［15］参见网络链接。

［16］见上文脚注 11。

［17］See Japan—Film,Panel Report,Japan—Measures Affecting Consumer Photographic Film and Paper,WT/DS44/R,adopted 22 April 1998,DSR 1998:IV,p.1179.

［18］http://www.standardsmap. org/（2016 年 2 月 19 日访问）。

国可持续发展标准论坛，UNFSS）。[19]

关于民间标准的法律纪律涉及不正当竞争规则、反托拉斯以及知识产权（Larouche and Van Overwalle 2015）。世贸组织法解决消费者欺诈领域中的知识产权和不公平竞争（Cottier and Jevtic 2009），但并没有扩大到反垄断和滥用支配市场权力问题。这些领域仍然是国内和欧洲法的管辖范围，在世贸组织法中尚未得到适当处理。

以公司社会责任纪律为基础的业绩标准承担着与公司在可持续发展、人权、劳工和环境标准等领域所发表的声明中所主张的职能。根据被 TRIPS 协议包含的《巴黎公约》第 10 条之二规定，世贸组织成员有义务防止不公平竞争，这些不正当竞争可用于支持与产品生产和加工有关的民间标准的执行问题（Cottier and Wermelinger 2014）。

（六）生产和加工方法（PPMs）

世贸组织法越来越多地适用于所谓的生产和加工方法（PPMs）。技术法规和标准不仅界定了产品的质量，还可解决生产和生产过程中的方法。这些产品未必会在最终产品中得到反映，但在其存在的范围内，与产品相关的生产和加工方法是存在的。如果最终产品的质量与适用的生产方法无关，则生产和加工方法能够将产品和工艺明确分开。因此，两种产品在物理上相同，但过程不同。由于存在相似产品得到相同待遇的义务，判例法和大多数研究人员认为，非产品相关的生产与加工方法违背了非歧视性义务，并且允许它们只能在合法政策目标范围内有效（Conrad 2011；Holzer 2014）。 1033
大多数的生产与加工方法相关的技术法规和标准与劳工标准的保护或环境与动物保护相关。在具有里程碑意义的美国虾案（*US—Shrimps*）中，世贸组织上诉机构原则上承认，基于某些捕鱼方法限制进口的合法性。[20] 在欧共体海豹产品案（*EC—Seal Products*）中，上诉机构再次在原则上认可，因为捕猎方法而对海豹产品的进口禁止措施。[21] 未来，我们可能会看到在援引公共道德的基础上加强与人权的联系，特别是通过贸易法规实施核心人权的目标（Cottier, Pauwelyn and Buergi 2005）。除为人类和动物健康提供产品安全性外，产品生产和加工方法力求避免产品制造所造成的负面外部性。在缓解和适应气候变化的时代，显然，这些措施日益突显其价值以及与实践的关联性（Cottier, Nartova and Bigdeli 2009; Kloeckner 2012; Leal-Arcas 2013; Cottier 2014; Cottier and others 2014; Holzer 2014）。

---

[19] http://unfss.org/（2016 年 2 月 19 日访问）。

[20] United States—Import Prohibition of Certain Shrimp and Shrimp Products,WT/DS58/AB/R,adopted 6 November 1998, DSR 1998:VII,p.2755.

[21] Appellate Body Reports,European Communities—Measures Prohibiting the Importation and Marketing of Seal Products,WT/DS400/AB/R/WT/DS401/AB/R, adopted 18 June 2014.

（七）风险评估

技术规章和标准服务于保护工人、消费者的健康，并确保产品和工艺的可持续性，它们构成了所谓的风险评估和管理。世贸组织《SPS 协定》附件 A 规定，国际贸易条例界定风险评估和可接受的风险水平（适当的保护水平或限期工作）：

> 4. 风险评估——根据可能适用的卫生或植物检疫措施以及相关的潜在生物和经济后果，对输入、建立或传播的有害生物或疾病的可能性进行评估；或评价食品、饮料或饲料中存在添加剂、污染物、毒素或致病生物对人体或动物健康产生不利影响的可能性。
>
> 5. 适当的卫生或植物检疫水平——由建立卫生或植物检疫措施的成员在其境内保护人、动物或植物的生命或健康时认为适当的保护水平。[22]

世贸组织法没有明确区分风险评估和风险管理。[23]但从概念上讲，它们是两个不同的步骤（Robertson and Kelly 2001；Maidani 2015）。评估需要对人类、动物或环境的现有健康风险进行科学研究。风险管理涉及对科学确定的风险的处理，而科学评估产生了可复核的结果，风险管理则取决于所考虑的风险。因此，由于不同的社会观念以及社会和经济发展，国家对可接受的风险水平持不同态度。（国际法协会 2008；Cottier and Delimatsis 2011）。第三种因素是风险沟通，这就需要制定政策，告知公众并预防恐慌；世贸组织法没有解决此问题。实践中，这三种功能往往混为一谈，相互混淆，今后应加以明确。

在法律责任方面，风险水平的差异与风险评估有关。这不是国际贸易法所涉及的领域，除了在欧盟。欧盟已界定《产品责任领域的共同责任标准》（EEC 第 85/374 号指令）[24]或环境危害规则（第 2004/35/EC 号指令）。[25]不管国家和地区是否在以产品嗣后责任为基础进行运作，并将主要责任留给民间部门或法院，或者其倾向于选择严格的或因果的责任（以及成本高昂的全面保险），对风险和预防，各成员方具有不同看法。这些差异可能会造成贸易扭曲，这也是欧盟采取可比于美国法律的产品责任规则

---

[22]　WTO,Agreement the Application of Sanitary and Phytosanitary Measures,in WTO,The Legal Texts:The Results of the Uruguay Round of Multilateral Negotiations,59,68(Cambridge University Press 1999);https://www.wto.org/english/docs_e/legal_e/legal_ e.htm（2016 年 2 月 19 日访问）。

[23]　EC—Hormones Appellate Body Report,EC Measures Concerning Meat and Meat Products(Hormones),WT/DS26/AB/R,WT/DS48/AB/R,adopted 13 February 1998,DSR 1998:I,p.135;US—Continued Suspension Appellate Body Report,United States—Continued Suspension of Obligations in the EC—Hormones Dispute,WT/DS320/AB/R,adopted 14 November 2008,DSR 2008:X,p.3507.(Parallel rulings upon complaints by Canada omitted).

[24]　https://osha.europa.eu/en/legislation/directives/council–directive–85–374–eec(2016 年 2 月 19 日访问)。

[25]　http://ec.Europa.eu/environment/legal/liability/（2016 年 2 月 19 日访问）。

的原因之一，但由于在环境法领域需要建立更完善的社会保障网络和严格的赔偿责任标准，因此，它的实际重要性要小得多。因此，这些领域对保险成本的影响，以及美国和欧盟之间的规制趋同所产生的风险问题，都是未来关注的内容。

（八）专利与著作权

专利与版权都是现代技术的关键议题，其主要规定于国内法或欧洲法上。但是，国际法规定了对世贸组织成员具有约束力的最低限度保护标准，同时也允许例外情况，特别是在公平使用和强制性许可原则下。[26]国际法中的知识产权保护不仅限于协调功能，而且也是对技术和创新必不可少的国际规制领域之一（Maskus and Reichman 2005；Cottier 2005）。世贸组织的 TRIPS 协定包括了世界知识产权组织的《巴黎公约》《伯尔尼公约》、为国际登记目的的《专利合作条约》以及世界知识产权组织实施的附加协定，[27]其确定了专利和版权法工作的基础（Abbott / Cottier / Gurry 2015），并且也提高了各国规则的透明度，以及研究、专利和技术进步所需信息问题上的透明度（Cottier and Temmerman 2013）。

在 WTO 法的基本原则下，《巴黎公约》的属地原则和优先原则保证了不同专利权在国际上的共存。TRIPS 协定进一步规定了专利和版权的范围、保护期限、例外情况以及强制性许可的使用。TRIPS 协定还规定了强制执行知识产权的规则，从而有助于落实专有权和确保投资回报，从而推动创新。

专利权和版权之间要进行复杂的平衡，要尽量避免出于公共利益的过度垄断和权利集中，因为这反过来可能妨碍创新（美国联邦贸易委员会 2003；世界知识产权组织研发、创新及专利 2016）。该系统依赖于适当的平衡，这种平衡可能随着新技术的出现而改变。因此，信息技术中的开放源代码行为是平衡系统的一个重要举措，特别是在软件业和信息技术行业中，这至关重要。专利汇集和自限专利是促进包容性技术进步，特别是适应和减缓气候变化的法律所采用的重要工具（Awad 2015）。

对拥有世界基因库和生物多样性资源达95%以上的发展中国家最为重要的是保护好传统知识。基因工程与传统知识的结合可能产生新产品，包括药品和农业种子。目前的系统没有在生物勘探中对知识持有人及其集体给予充分的奖励（Bieber-Klemm and Cottier 2006）。报酬取决于《生物多样性公约》（*Convention on Biodiversity*）项下《关于获取和惠益分享的名古屋议定书》（*Nagoya Protocol on Access and Benefit Sharing*）中的自愿协定。[28]目前正努力在专利申请中提出原产地声明，而截至2016年，

1035

---

[26] See in particular Panel Report,Canada—Patent Protection of Pharmaceutical Products,WT/DS114/R,adopted 7 April 2000,DSR 2000:V,p.2289.

[27] http://www.wipo.int/treaties/en/(2016 年 2 月 21 日访问）。

[28] https://www.cbd.int/abs/(2016 年 2 月 21 日访问）。

在世贸组织和世界知识产权组织知识产权与遗传资源、传统知识和民俗政府间委员会中，关于保护传统知识的新型知识产权尚未取得足够的进展（Cottier and Panizzon 2004）。[29]

（九）保护未披露的信息和数据

技术的一个关键特征是保护未公开信息和商业秘密。尽管技术可能受到专利和版权保护，但未公开的信息免受使用和披露，并受补偿和损害规则的约束。1995年，根据 TRIPS 第 39 条关于防止不正当竞争的规定，引入了此种保护方式。（Abbott, Cottier and Gurry 2015）。今天，它是国际技术法律的一个最重要的特征。许多公司宁可依赖未披露信息的保护规则，其部分和专利相结合，也可不与专利结合（特别是中小企业），进而在复制技术出现之前确保其先发优势。保护知识产权的成本更多投入在产品的研发和营销上。

1036   新的信息技术使数据保护问题更加严重，特别是通过使用互联网浏览器和云计算提供的个人资料。技术进步产生了跨大西洋关系中的新问题，因为人们对风险和数据保护的看法各不相同，部分原因是美国和欧盟对国家安全和地缘政治持有不同看法。欧盟法院推翻了委员会 2000 年的安全港决定，该决定试图执行跨大西洋安全港的隐私权原则。[30] 在未来的 TTIP 框架内，在更大程度上发展这些问题是很有意义的。

五　全球价值链和产品生命周期的影响

本章概述的国际技术法律主要以国际分工和相对优势理论为基础。它也是基于传统的货物与服务贸易相区分的观点。然而，现实情况却完全不同。货物贸易和服务贸易越来越难以分开。此外，贸易主要是零部件贸易，而不是自己生产的成品消费品。最后，随着产品跨越国界运输，它们的生活周期跨越不同的法域。这些新出现的现实规制议题仍需研究，并制定适当的解决办法。孤立的国家制度和不同标准的想法很可能让位于国际技术法中更综合的办法。

（一）整合货物和服务的法律规则

现代产品往往是货物和服务的组成，并且两者不独立，不能孤立地处理。例如，

---

[29]　http://www.wipo. int/tk/en/igc/(2016 年 2 月 21 日访问)。

[30]　See ECJ,Case C–362/14 Maximillian Schrems v Data Protection Commissioner Judgment of October 6,2014;http://curia.Europa.eu/juris/document/document.jsf?docid=169195&mode=lst&pageIndex=1&dir=&occ=first&part=1&text=&doclang=EN&cid=1096282. 相关规定随后进行了修订，并于 2016 年 2 月 2 日由委员会做出了新的安全港决定。

现代复杂的喷气发动机在生产者的复杂服务系统上运行，航空公司并不仅仅拥有航空器的实体组成部分。发动机的运行由国外监测并提供服务（Morris 2014）。如果没有这些综合服务，引擎就无法可靠地工作。因此，与发动机有关的技术标准需要辅之确立为产品提供服务的标准。最近关于全球价值链的研究表明，货物和服务的相互联系通常比预期的要紧密得多（Elms and Low 2013; 世贸组织 2013）。产品由包含若干相互作用的要素经包装组成，而目前技术法规和规则主要涉及实物产品，而对服务构成部分适用的规则，但《关贸总协定》第 3 条和国民待遇也适用于货物运输和分销。如果存在不同规则，那么产品的服务成分可以分别适用不同的标准。

目前在减缓气候变化目标的支持下，我们更多关注生产和加工方法（PPMs），但同时也将贸易、劳工、人权和其他环境问题联系起来，这就要求重新思考传统的同类产品定义，并考虑在生产货物过程中服务提供中的加工因素。与产品有关的技术标准需要与生产和加工程序、服务部件有关的技术标准结合起来。因此，未来的法规必须采取更加全面的办法，以一致的、一贯的方式规制产品，包括货物和服务。国际贸易协定中关于货物和服务的传统区分应被综合性纪律所取代，这些纪律可以在修订后的 2014 年世贸组织《政府采购协定》中找到。[31] 关于政府采购的纪律适用于货物和服务（Arrowmith 2003）。这种联系是如何界定产品的原产地（原产地规则）或如何在边境征税（海关估价）。这将需要就产品标准（特别是贸易技术壁垒和食品标准）达成新协议。生产和服务标准将成为这些纪律的组成部分。未来我们很可能会看到更多的贸易协议，它们将货物、服务、知识产权、投资和劳动力纳入某个特定领域，例如电能贸易。

（二）技术零部件的贸易

国际贸易规制的基础是，假定货物在企业之间或企业与消费者之间进行国际贸易，同时该货物能够自行使用。在生产产品的高度分工的现实中，国际贸易往往是在同一企业内进行的，而且主要是组装和生产过程中的运输部件。企业内部和企业对企业（行业内）贸易占主导地位，特别是在发达经济体中（世贸组织 2013）。因此，不同的国内标准适用于不同地点的不同生产阶段。分工和地理位置显然要求采用类似的法规和标准。这加强了协调的必要性，或至少是技术标准的等价性，并要求采用类似的知识产权保护水平和责任规则。这还要求对与生产链有关的服务做出类似规定。零部件贸易也挑战着原产地规则以及海关估价和征税规则。

（三）生命周期分析

在国际上交易的货物是在不同地点进行生产、使用和组装的。产品的生命周期肇

---

[31] https://www.wto.org/english/docs_e/legal_e/rev-gpr-94_01_e.pdf（2017 年 5 月 12 日访问）。

1037
1038

始于之前的某段实践（Day 1981），但可能在近些年的技术法规中产品才具有相关性。它影响到不同的法域，使得不同地区面临着不同挑战。例如，以纳米技术为基础的产品在生产国提出了劳动标准问题，在销售的市场上产生保护消费者的问题，以及在其被处置的管辖国产生环境退化和水污染问题（Karlaganis and Licti-Mckee 2014）。因此，每一个法域法规都要求在确定产品的生产、消费和处置过程中对产品及其相关服务的适当标准进行协调。生命周期分析和规制本身要求在标准制定方面加强国际合作，并再次要求协调统一，或至少在标准方面进行统一。该领域目前没有得到很好的研究，但在国际经济法中仍然需要充分发展生命周期分析的法律含义。理想的情况是，产品将根据全面协调的标准生产。这在本质上也只能在国际层面通过民间或公共法规或标准来实现。

六　规制的难题

（一）从碎片化到一贯性

货物和服务的一体化、零部件的贸易以及整个国内法范围内的产品的生命周期要求法律制度更加协调一致，以减少碎片化（Cottier and Delimatsis 2011）。但是，这并不一定意味着完全协调统一的标准。不同的法域由于有不同的需求和价值，对风险的态度也不同。在共同框架内，分歧和政策空间仍然存在，但这些空间应在国际法的整体框架中加以体现。多层治理的模式（或者五层模式）提供了一个适当的分析框架（Joerge and Petersmann 2011）。它允许将法规分配到适当的管理层面，无论是城市、地区、国家、大陆，还是全球层面。分配主要取决于其产生的公众利益。在全球化的经济中，规则、法规和标准往往需要在全球层面由世界市场所制定，至少在原则上是这样，有时它们仍维持在陆地层面并因此是欧盟内部的。与技术有关的独立的国家、区域和地方法规将是例外。然而，这些层次的法律在执行统一规范方面仍然具有重要作用，部分原因是同一制度内的任务分配和职能承担可能因不同的治理层次而有所不同。对于风险评估、风险管理和风险沟通来说，情况尤其如此。

（二）多层面的风险政策

就货物和服务在全球范围内的交易而言，规制原则上也具有全球影响力，并以国际商定和协调的标准为基础。然而，全球规则可将某些方面转到区域或国家层面，以允许不同的看法和待遇的存在。这一区分主要适用于风险评估和风险管理，如前所述，这两个职能并没有明确区分。许多人认为这是不可能的，但主要责任可分配给不同的治理级别。多层次治理理论（Joerges and Petersmann 2011）提供了一个适当的框架，以发展处理技术风险的不同职能（Robertson and Kelley 2001）。风险评估和风险管理是一个适合于多层次治理的组织和结构的问题。该办法在生物技术领域得到认可（国际法协会2010）。其他领域（如流行性疾病、纳米技术和合成生物学）可以据此组织起来，而不是只把这些问题留给各国政府，因为它们在发生危机时往往无法履行职责。

1. 风险评估

与需要精密科学实验室和专门知识的产品和服务有关的科学风险评估应在一个由适当的国际组织领导下的国际网络内进行，例如当前在国际食品法典组织（世界卫生组织和联合国粮农组织在食品标准方面的一个联合机制）中进行。还可以采用类似的模式，世界卫生组织可评估大流行疾病（例如SARA、埃博拉、寨卡、艾滋病毒）的健康风险，并在处理此类技术的国际组织或非政府机构中评估技术风险。对风险存在的认定和决定并非或多或少应该落入此类机构的责任范围。它们本身就能够进行必要的科学评估，并应当建立一个科学机构的国际网络，以保证透明和负责任的运作。将风险评估任务分配给每个国家并不可取，因为大多数国家在面对新的和未知的风险时，它既没有专门知识也没有经验，也不适宜提供所需的所有实验室设施的资金。这并不意味着国家当局从未从事过风险评估，特别是在对风险进行例行审查时，其方法和科学都已建立。相反的，这意味着，应当在一个所有国家都可以向其提供实物和资源的专门国际网络内，来评估更为复杂的和新的风险。

2. 风险管理

风险管理处理已查明风险的方法，取决于对风险的态度和特定管辖范围内的不同社会需要。国际贸易中的风险管理应在国内层面进行。它不需要统一，并可能因国而异。因此，各国在处理基因工程、生物技术、纳米技术或合成生物学的风险方面分歧很大。这些差异还可能导致合法的贸易壁垒，这些壁垒在风险和不同适当水平概念上有所不同。这里唯一的共同点是认为应首先查明风险。风险管理以及随后的政府行动，只有在国际体系和网络中发现风险后才会发生。这种依赖使各国政府坚持自己的风险评估。许多人拒绝明确区分这两个概念，认为风险评估同样依赖于价值判断。适当分配任务取决于确定适当的优先事项。

3. 风险沟通

在一个即时通信的世界中，与技术危险有关的风险沟通在预防和打击恐慌和激励经营者、政府和公众的适当反应和行为方面具有关键的重要性。在技术法规方面，风险沟通并未独立化和概念化。在国际层面上，除了使用标签（Kloeckner 2012）之外，它并没有得到很好的发展，其应该作为一个单独的类别和职能加以处理，如气候变化沟通所表现的（Center for Research on Environmental Decisions and ecoAmerica 2014）。在其他领域，特别是技术和健康风险领域，风险沟通则不那么发达。同样，这是确定适当的治理水平的问题。全球威胁（例如流行病）需要国际组织与受影响最严重的国家政府进行沟通。本土和地理相连地区的风险也需要地方当局的管控。风险沟通是一

1040

1041

种信息政策，其需要由向媒体和公众提供的信息的性质和数量做出决定。选择适当的风险沟通水平将有助于避免相互冲突的信息，从而减少对技术威胁的混淆。

（三）研究与发展

许多应用的研究和发展是由民间部门在市场条件下进行的，而且可以在既定的知识产权和合同安排的法律框架内运作，并受竞争法的制约。然而，基础研究产生出公共产品，并因此依靠公共科研经费，或者通过公共研究机构和大学，或由税收资助的拨款而展开。这两个领域的研究往往不能清晰地分开，具有混合性质。后者在贸易方面提出了诸多法律问题。世贸组织《补贴和反补贴措施协定》[32]不再涵盖不可诉补贴类别，该协定最初被列入一个目标相对均衡的协定（Rubini 2009）。在某些条件下，政府对研究和开发的支持被认为是合法的，只要其在特定条件下不超过工业研究费用的75%或竞争前开发活动费用的50%。[33]今天，这种补贴仍不被排除，但如果它们给外国竞争者造成伤害，就可以提出质疑。目前，世贸组织法仍有诸多法律不确定性，并且其有必要审查此类条款的中止，并使其满足推动特别是发展中国家的中小企业科研发展的需要。减缓和适应气候变化的挑战为加强公众对研究和发展的支持，以解决人类的这一共同关切问题，提供了更多的论据。

（四）技术转移

在南北国家对立的背景下，技术转让和相关知识的问题也许是技术法律中最紧迫和最难解决的挑战（Maskus Reichman 2005）。由于缺乏产生足够回报的市场，知识产权和投资法的自愿和合同许可机制往往不会给发展中国家带来知识和技术转让。或者，通过进口消费品服务市场，使进口国得不到技能发展的好处。各国政府主张其能够使用公平使用限制或强制许可规则（Abbott，Cottier and Gurry 2015）。可以说，它们可能会强加当地的工作要求，尽管根据世界贸易组织规则，这种做法是有争议的，而且考虑到全球价值链，这可能已经过时（Cottier, Lalani and Temmerman 2014）。由《联合国气候变化框架公约》（UNFCCC）下的《京都议定书》规定的清洁发展等转让绿色技术的专门机制尚未取得令人满意的结果（IPCC 2014）。迄今为止，根据 TRIPS 第 66.2 条关于最不发达国家转让技术激励措施的义务，仍然没有实质性的解决办法。因此，我们需要设计新机制，以纠正现有市场失灵。向发展中国家转让技术的基本问题是，各国政府可以在国际协议中做出承诺和保证，但最终又不提供技术。这些技术

---

[32] WTO,The Legal Texts:The Results of the Uruguay Round of Multilateral Negotiations,231(Cambridge University Press 1999);https://www.wto.org/english/docs_e/Legal_e/lical_e.htm(2016 年 2 月 19 日访问)。

[33] 同上第 8 条，见第 239/240 号。

主要是在公司和私营部门的手中。因此，激励措施需要解决公司的需要，并对这些公司向不赚钱的市场转让技术提供补偿，例如，为发展中国家转让技术的公司提供减税优惠，并避免对投资重复征税。

2015 年《巴黎气候变化协定》规定的全球升温限制在 2 摄氏度的成就，迫切要求将先进技术转移到为国内消费和向工业化国家出口产品的新兴经济体中（Conick and Sagar 2015）。保持先发优势和只向这些市场转让第二最佳技术的政策无法实现减缓和适应气候变化的目标，尤其是在农业领域。只有广泛传播最先进的技术，才能支持为实现所设定的目标所需要的变革。此外，碳关税和碳税需要建立适当的激励和筹资机制，以促进技术变革与合作。生产和加工程序在设计适当的激励措施方面将发挥非常重要的作用。公私合作关系（PPPs）正在出现，其将囊括私人基金、公司和政府，以实现这些目标，该合作关系不仅仅针对药品获得领域。为了解决人类共同关心的问题，需要合作和采取新的办法来转让技术和知识的单方措施。

（五）规则制定的合法性及其参与

虽然抽象层面的技术法律和一般框架由立法者确定，而且往往以国际协定为基础，但技术法规和标准的通过一般享有高度的政府授权并由民间标准机构所参与，特别是国际标准化组织（ISO）。在国家和区域层面，同样如此。欧盟 1984 年采用的所谓新办法是将法律规定限于基本产品安全要求的一种模式，但将详细的法规留给民间制定标准的公司。[34] 遵守这些标准意味着假定其遵守适用于技术的基本法律规则。这种向全球产品和生产标准的转变，将增加民间标准制定组织的作用。因此，国际标准化组织和其他机构将发挥更大的作用，这提出民主问责制和透明度问题（Delimatsis 2015）。最近的研究表明，该领域在输入型合法性和实现输入型合法性的适当程序方面没有很好的发展，而且在问责制日益重要的情况下，相关问题在法律界通常不为人所知，因为标准的制定（在此基础上转向生产和加工程序）越来越多地涉及产品生产问题，从而也进入了公司社会责任领域。2010 年通过的 ISO 标准 26000 远远超出了生产和加工标准，其还规定了良好公司治理和可持续发展的规则（Bijlmaker and Van callster 2015）。这些标准需要在与利益有关者协商的基础上制定，这超出了工业标准制定的通常框架，后者主要涉及有关的工业和行业协会。

由于这些标准的国际化程度和全球化程度得到提高，对标准制定的问责制和参与性而言，这是一个挑战。设计并强化非国家参与者的作用，特别是在技术法规领域，这是一项重要的工作（Peters, Koechlin, Förster and Fenner Zinkernagel 2009）。规制趋同的概念以及相关的结构和程序允许创建适当的机制，使政府和非国家行动者以更

---

[34]　http://www.newapproach.org/(2016 年 2 月 19 日访问）。

透明的方式共同参与。欧盟和美国谈判中做出的努力之一在于建立包容性机制，以便在适当时候制定公开的和持续的联合法律和技术标准。随着法规越发得到国际社会的重视，我们需要重新设计政府机构和议会的传统决策模式，以便在法律全球化进程中达到民主问责制标准。同时，次联邦层面和本土层面的利益也不应忽视。

（六）尊重人权和可持续性

技术规范和标准的输出型合法性取决于其效力和效率，进而实现促进人类、动物、环境安全和可持续发展的目标。从这个角度来看，我们较少关注法律制定和适用过程中的输入型合法性，而更多关注法规的结果和效果。从效率的角度来看，这些标准是根据其对促进产品和生产过程的安全以及服务的完整性和质量的贡献来衡量的。不过，它们也需要对公平做出回应。这些标准非常广泛，其需要更准确地评估这些准则对促进特定人权的影响，如健康权、生命权、进食权等。它们提供广泛的指导，以评估某一特定技术法规或规则的合法性，并在专利生命形式（Temmerman 2012）、管理生物技术（Francioni 2007；Cottier 2007）、信息技术和数据保护领域发挥重要作用（Burri and Cottier 2014）。[35] 世贸组织法还提供了更多的和更具体的基准，以评估某一国内规范或标准是否表现出过度的限制性，以及在产品和食品方面对国际贸易和商业造成不必要的损害。[36] 无论在何处，援引国际标准的核心都表明，这些标准应作为国内法规和标准的重要参考内容。虽然世贸组织争端解决对此类标准持有开放态度，但是援引世贸组织法外的标准，特别是与加强人类尊严、人权和可持续发展相关的生产和加工程序标准而言（Cottier, Pauwelyn and Buergi 2005；Buergi 2015），这仍需要在今后数年后或数十年时间中得以发展，以克服碎片化现象，从而在多层次治理模式下实现更大的一致性，并建立起技术及其相应服务的良好责任体系。

【参考文献】

Abbott F and Gerbers D (eds), *Public Policy and Global Technological Integration* (Nijhoff 1997)

Abbott F, Cottier T, and Gurry F, *International Intellectual Property in an Integrated World Economy* (3rd edn, Aspen 2015)

Aerni P, *Do private standards encourage or hinder trade and innovation?* (NNCR Working Paper 2013/18, 2013) <www.nccr-trade.org/fileadmin/user_upload/nccr-trade.ch/wp3/ 2013_06_final_ Private_Standards_Paper_Philipp.pdf> accessed on 3 Feburary 2016)

Arrowsmith S and Anderson R (eds), *The WTO Regime on Government Procurement: Challenges and*

㉟　另见上文注释 28。
㊱　另见上文注释 23。

Reform (Cambridge University Press 2011)

Arrowsmith S, *Government Procurement in the WTO* (Kluwer International Law 2003) Awad B, 'Global Patent Pledges: A Collaborative Mechanism for Climate Change Technology'(CIGI Papers 81/2015, 2015) <www.cigionline.org/publications/global-patent-pledges- collaborative-mechanism-climate-change-technology> accessed 4 February 2016)

Bairoch P, 'European Trade Policy, 1814-1914' in Peter Mathias and Sidney Pollard (eds) *The Cambridge Economic History of Europe Vol. 8: The Industrial Economies: the Development of Economic and Social Policies 1* (Cambridge University Press 1989) 36-51

Bijlmakers S and Van Calster G, 'You'd be surprised how much it costs to look this cheap! A case study of ISO 26000 on social responsibility' in Panagiotis Delimatis (ed), *The Law, Econonmics and Politics of International Standarisation* (Cambridge University Press 2015) 275-310

Bieber-Klemm S and Cottier T (eds), *Rights to Plant Genetic Resources and Traditional Knowledge:*   1047
Basic Issues and Perspectives (CAB International 2006)

Buergi Bonanomi E, *Sustainable Development in International Law Making and Trade: International Food Governance and Trade in Agriculture* (Edward Elgar 2015)

Burri M and Cottier T (eds), *Trade Governance in the Digital Age* (Cambridge University Press 2014)

Center for Research on Environmental Decisions and ecoAmerica, *Connecting on Climate: A Guide to Effective Climate Change Communication* (New York and Washington DC, 2014) <www.connectingonclimate.org> accessed 18 March 2016

Chase P and Pelkman J, 'This time is different: Turbo-charging regulatory cooperation in TTIP' (Paper Nr. 7 in the CEPS-CTR Project TTIP in the Balance and CEPS Special Report Nr 110/2015) <www.ceps.eu/publications/time-it%E2%80%99s-different-turbo- charging-regulatory-cooperation-ttip> accessed 18 March 2016

Coninck H and Sagar A, *Technology in the 2015 Paris Climate Agreement* (ICTSD Issue Paper Nr. 42, 2015) <www.ictsd.org/themes/innovation-and-ip/research/technology-in-the- 2015-paris-climate-agreement-and-beyond> accessed 18 March 2016

Conrad C, *Process and Production Methods (PPMs) in WTO Law: Interfacing Trade and Social Goals* (Cambridge University Press 2011)

Cottier T, 'Risk management experience in WTO dispute settlement' in David Robertson and Aynsley Kellow (eds), *Globalisation and the Environment: Risk Assessment and the WTO* (Elgar Publishers 2001) 41-62

Cottier T, *Trade and Intellectual Property Protection in WTO Law. Collected Essays* (Cameron May 2005)

Cottier T, 'Genetic Engineering, Trade and Human Rights' in Francesco Francioni (ed), *Biotechnologies and International Human Rights* (Hart Publishing 2007)

Cottier T, 'Renewable Energy and WTO Law: More Policy Space or Enhanced Disciplines?' 5 *Renewable Energy Law and Policy Review* 40-51 (2014)

Cottier T, *Renewable Energy and Process and Production Methods* (ICTSD 2015a) <www.ictsd. org/themes/global-economic-governance/research/renewable-energy-and-process-and- production-methods> accessed 4 February 2016

Cottier T, *Equitable Principles of Maritime Boundary Delimitation: The Quest for Global Justice in International Law* (Cambridge University Press 2015b)

Cottier T and Panizzon M, 'Legal Perspectives on Traditional Knowledge: The Case for Intellectual

Property Protection' (2004) 7 Journal of International Economic Law 397-432

Cottier T and Meitinger I, 'The TRIPs Agreement without a Competition Agreement?' in *Nota di Lavoro 65.99* (Milano 1999); and in Thomas Cottier, *Trade and Intellectual Property in WTO Law: Collected Essays* (Cameron May 2005) 331-348

Cottier T and Oesch M, *International Trade Regulation: the Law and Policy of the WTO, the European Union and Switzerland* (Cameron May and Staempfli Publishers 2005)

Cottier T, Pauwelyn J, and Buergi E (eds), *Human Rights and International Trade* (Oxford University Press 2005)

Cottier T, Nartova O, and Bigdeli S (eds), *International Trade Regulation and the Mitigation of Climate Change* (Cambridge University Press 2009)

Cottier T and Jevtic A, 'The Protection against Unfair Competition in WTO Law: Status, Potential and Prospects' in Josef Drexl and others (eds), *Technology and Competition. Contributions in Honour of Hanns Ullrich* (Editions Lacier 2009)

Cottier T and Delimatsis P (eds), *The Prospects of International Trade Regulation: from Fragmentation to Coherence* (Cambridge University Press 2011)

Cottier T and Temmerman M, 'Transparency and Intellectual Property Protection in International Law' in Andrea Bianchi and Anne Peters (eds), *Transparency in International Law* (Cambridge University Press 2013)

Cottier T and Schneller L, 'The philosophy of non-discrimination in international trade regulation' in Anselm Kamperman Sanders (ed), *The Principle of National Treatment in International Economic Law: Trade, Investment and Intellectual Property* (Elgar Publishing 2014)

Cottier T and Wermelinger G, Implementing and Enforcing Corporate Social Responsibility: The Potential of Unfair Competition Rules in International Law in Reto Hilty, Frauke Henning-Bodewig (eds) Corporate Social Responsibilty. Verbindliche Standards des Wettbewerbsrechts? (Springer 2014)

Cottier T and Francois J, *Potential Impacts of EU- US Free Trade Agreement on the Swiss Economy and External Economic Relations* (World Trade Institute 2014) <www.news. admin.ch/NSBSubscriber/message/attachments/35611.pdf> accessed 19 February 2016

1048 Cottier T, Lalani S, and Temmerman M, 'Use It or Lose It: Assessing the Compatibility of the Paris Convention and TRIPS Agreement with Respect to Local Working Requirements'(2014) 17 Journal of International Economic Law 437-471

Cottier T, Sieber C, and Wermelinger G, 'The dialectical relationship of preferential and multilateral trade agreements' in Manfred Elsig and Andreas Dur (eds), *Trade Cooperation: the Purpose, Design and Effects of Preferential Trade Agreements* (Cambridge University Press 2015)

Craic P and de Burca G, *EU Law: Text, Cases, and Materials* (6th edn, Oxford University Press 2015)

Day G, 'The product life cycle: analysis and application' (1981) 45 Journal of Marketing 60-67

Delimatsis P (ed), *The Law, Economics and Politics of International Standardization* (Cambridge University Press 2015)

Ehring L, 'De facto Discrimination in World Trade Law: National and Most-FavouredNation Treatment—or Equal Treatment?' (2002) 36 Journal of World Trade 921

Elms D and Low P (eds), *Global value chains in a changing world* (World Trade Organization 2013) <www.wto.org/english/res_e/booksp_e/aid4tradeglobalvalue13_e.pdf> accessed 4 Feburary 2016

European Commission, 'TTIP Cross-Cutting disciplines and Institutional Provisions: Position Paper,

Chapter on Regulatory Governance' (2013) <http://corporateeurope.org/sites/ default/files/ttip-regulatory-coherence-2-12-2013.pdf> accessed 3 February 2016

European Union, 'TTIP—Initial Provisions for Chaper [] Regulatory Convergence' (issued 4 May 2015) <http://trade.ec.europa.eu/doclib/docs/2015/april/tradoc_153403.pdf> accessed 18 March 2016

Federal Trade Commission, *To Promote Innovation: The Proper Balance of Competition and Patent Law and Policy* (2003) <www.wipo.int/patent-law/en/developments/research. html> accessed 4 February 2016

Francioni F (ed), *Biotechnologies and International Human Rights* (Hart Publishing 2007) Francioni F and Scovazzi T (eds), *Biotechnology and International Law* (Hart Publishing 2006) Gorvaglia M, *Public Procurement and Labour Rights: Towards Coherence in International Instruments of Procurement Regulation* (Hart Publishing 2016)

Grosse Ruse-Khan H and Kur A, 'Enough is Enough: The Notion of Binding Ceilings on International   1049 Intellectual Property Protection' *Max Planck Institute for Intellectual Property & Tax Law, Research Paper Series 01/ 09* (December 2008) <http://papers.ssrn. com/sol3/papers.cfm?abstract_id=1326429##> accessed 29 January 2016

Gruszczynski L, *Regulating Health and Environmental Risks under WTO Law: A Critical Analysis of the SPS Agreement* (Oxford University Press 2010)

Holzer K and Cottier T, 'Addressing climate change under preferential trade agreements: Towards alignment of carbon standards under the Transatlantic Trade and Investment Partnership' (2015) 35 Global Environmental Change 514-522

Holzer K, *Carbon- Related Border Adjustment in WTO Law* (Edward Elgar Publishing 2014)

Howard-Jones N, *The Scientific Backround of the International Sanitary Conferences 18511938* (WHO 1975) <http://apps.who.int/iris/bitstream/10665/62873/1/14549_eng.pdf> accessed 27 January 2016)

Intergovernmental Panel on Climate Change, *Climate Change 2014: Mitigation of Climate Change. Contribution of Working Group III to the Fifth Assessment Report of the Intergovernmental Panel on Climate Change, Chapter 13, 2014: International Cooperation: Agreements and Instruments* (IPCC 2014) <http://www.ipcc.ch/pdf/assessment-report/ar5/syr/SYR_AR5_FINAL_full_wcover. pdf>accessed 18 March 2016

International Labour Organization, 'Brief History and Timeline' <www.ilo.org/washington/ ilo-and-the-united-states/brief-history-and-timeline/lang-en/index.htm> accessed 27 January 2016

International Law Association, 'International Law on Biotechnology 2003-2010', 'Resolution 5/2010' and 'Conference Report 2008'<www.ila-hq.org/en/committees/index.cfm/cid/ 1016> accessed 28 January 2016

Joerges C and Petersmann E (eds), *Constitutionalism, Multilevel Trade Governance and International Economic Law* (Hart Publishing 2011)

Karlaganis G and Liechti-McKee R, 'The Regulatory Framework for Nanomaterials at a Global Level: SAICM and WTO Insights' (2013) 22 Review of European Community and International Environmental Law 163-173

Kindleberger C, 'Commercial Policy Between the Wars' in Peter Mathias and Sidney Pollard(eds), *The Cambridge Economic History of Europe Vol. 8: The Industrial Economies: the Development of Economic and Social Policies* (Cambridge University Press 1989)

Kingsbury B, Krisch N, and Stewart RB, 'The Emergence of Global Administrative Law', 68 *Law and Contemporary Problems* 15-62 (2005)

Kloeckner J, 'The power of eco-labels—Communicating climate change using carbon footprint labels consistent with international trade regimes under WTO', 3 *Climate Change Law* 209-230 (2012)

Larouche P and Van Overwalle G, 'Interoperability standards, patents and competition policy', in Delimatsis, Panagiotis (ed), *The Law, Economics and Politics of International Standardization* 367-393 (Cambridge University Press 2015)

Leal-Arcas R, *Climate Change and International Trade* (Edward Elgar 2013)

Loconto A and Dankers C, *Impact of International Voluntary Standards on Smallholder Market Participation in Developing Countries: A Review of the Literature* (FAO 2014)

Maidana-Eletti M, 'Global Food Governance: Implications for Food Safety and Quality Standards in International Trade Law', 15 Studies in Global Economic Law (Peter Lang 2015)

Maskus, KE and Reichman JH (eds), *International Public Goods and Transfer of Technology Under a Globalized Intellectual Property Regime* (Cambridge University Press 2005)

Mathew B, *The WTO Agreement on Telecommunications*, 6 Studies in Global Economic Law (Peter Lang 2003)

Mathis J, 'Multilateral Aspects of Advanced Regulatory Cooperation: Considerations for a Canada-EU Comprehensive Trade Agreement (CETA)' 39 *Legal Issues of Economic Integration* 73-91 (2012)

Mathusita M, Schoenbaum TJ, Mavroidis PC, and Hahn M, *The World Trade Organization: Law Practice and Policy*, 3rd ed. (Oxford University Press 2015)

Mercurio B and Kuei-Jung N (eds), *Science and Technology in International Economic Law: Balancing Competing Interests* (Routledge 2014)

Morris J, 'Rolls-Royce's 'Corporate Care'spures increased support', *Aviation Week Network, Show News*, 21 May 2014; http://aviationweek.com/nbaa2014/rolls-royce-s-corporatecare- increases-support (visited 20 Feburary 2016)

OECD, *International Regulatory Co- operation— Better rules for globalisation*, http://www. oecd.org/gov/regulatory-policy/irc.htm (visited 29 January 2016)

Peters A, Koechlin L, Forster T, and Fenner Zinkernagel G (eds), *Non-State Actors as Standard Setters* (Cambridge University Press 2009)

Pollack MA and Shaffer G, *When Cooperation Fails: The International Law and Politics of Genetically Modified Foods* (Oxford University Press 2009)

Pottage A and Sherman B, *Figures of Invention: A History of modern Patent Law* (Oxford University Press 2010)

Robertson D and Kellow A (eds), *Globalisation and the Environment: Risk Assessment and the WTO* (Elgar 2001)

Rubini L, *The Definition of Subsidy and State Aid: WTO and EC Law in Comparative Perspective* (Oxford University Press 2009)

Schrode HZ, *Harmonization, Equivalence and Mutual Recognition of Standards in WTO Law* (Wolters Kluwer 2011)

Scott J, *The WTO Agreement on Sanitary and Phytosanitary Measures: A Commentary* (Oxford University Press 2007)

Seneker CJ, 'The Impact of Science and Technology on International Law: Introduction', 55 *California*

1050

Law Review (1967)

Temmerman M, *Intellectual Property and Biodiversity: Rights to Animal Genetic Resources* (Kluwer Law International 2012)

Van Daele J, 'Engineering Social Peace: Networks, Ideas, and the Founding of the International Labour Organization', 50 International Review of Social History 435-466 (2005)

Van den Bossche P and Zdoug W, *The Law and Policy of the World Trade Organization*, 3rd edn (Cambridge University Press 2013)

Watal J and Taubman A (eds), *The Making of the TRIPs Agreement: Personal Insights from the Uruguay Round Negotiations* (Geneva: World Trade Organization 2015)

WIPO, *R&D, Innovation and Patents*, http://www.wipo.int/patent-law/en/developments/ research.html (visited 4 February 2016)

Wolfrum R, Stoll PT, and Seibert A, *WTO— Technical Barriers and SPS Measures, Commentary* (Martinus Nijhoff 2007)

World Health Organization, International Health Regulations, http://www.who.int/topics/ international_health_regulations/en/

World Trade Organization, *World Trade Report 2013: factors shaping the future of world trade, Part B*, (WTO 2013); https://www.wto.org/english/res_e/booksp_e/world_trade_ report13_e.pdf (visited 4 February 2016)

Wuger D and Cottier T (eds), *Genetic Engineering and the World Trade System* (Cambridge University Press 2009)

1051

第四十三章
贸易、商业和就业：
因应新信息技术的雇佣形式及其规制发展

肯尼斯·道－施密特（Kenneth G. Dau-Schmidt）

孙南翔 译

一 导言

　　生产技术决定了雇佣关系的形式，从而决定了在调节这种关系时必须解决的问题。在工业时期，经济生产的主导力量主要是垂直整合大型的公司，其得到稳定的

劳动力支持（Cappelli 1999: 54–55，60–62）。规模化和纵向一体化使公司能够协调生产，以确保生产适当数量的零件以满足装配需要（Cappeli 1999：54–55，60–62）。一个稳定的劳动队伍保证企业有足够的员工，并拥有恰当的技能来满足生产需求（Cappelli 1999: 54–55, 60–62）。雇佣者倾向于维持长期雇佣关系，而雇员在一个或多个物理地点中只服务一个雇主，进而雇佣关系和议价单元将相对稳定并容易确定。在这些谈判单位中，雇员经常在同一物理环境中相互交流，并共同交往（Dau-Schmidt 2001：5–6，9）。此外，雇主鼓励和管理这些长期的关系，他的办法是建立一套公司政策和福利制度，并通过集体谈判，从雇员的发言及其行动中获益（Dau-Schmidt 2001：5–6，9）。这种大型纵向一体化企业的长期就业模式，有助于集体谈判解决争端（Dau-Schmidt，2007：909）。因此，国家工业化时期的特点是规制雇员的组织形式以及集体谈判的行为，辅之以关于工资、工时和工作条件的各种保护性就业法律，主要是为保护未加入工会的人员的利益，以及禁止基于种族、性别、宗教或国籍的歧视。

　　新信息技术的兴起改变了雇佣关系的性质，使生产关系复杂化，其要求对有关

就业关系的法律做出修正或对其进行新解释，并扩大保护性立法领域（Herzenberg，Alic and Wial 1998; Cappelli 1999; Dau-Schmidt 2001:5-6,9; Dau-Schmidt 2007:909; Dau-Schmidt 2015）。从 20 世纪 80 年代开始，新的信息技术促进了企业最佳商业实践和雇佣关系性质的范式转变（Dau-Schmidt 2007：913）。在信息时代，信息技术允许公司进行横向组织生产，其可横跨遍及全球的多个分包和供应公司。这些横向关系中的每一个公司都只关注"核心竞争力"，或者如何在全球经济中做得最好、最便宜（Cappelli 1999:99-100）。公司通过短期的转包和外包方式组织生产，而不是制定企业行政规则，这剑指对全球市场的垄断（Cappelli 1999：104；Slaughter 1999:8）。雇主开始寻求灵活性的（而不是稳定的）就业和劳务派遣员工，他们从事兼职工作，或以租赁或分包的方式，该模式在发达经济体中达到了新的高度（Belous 1995）。从事同样生产性企业的雇员在法律关系和地域上与公司越来越远。此外，信息技术降低了实体企业的重要性，并提出了新雇员准入和通信问题（Technology Service 2000）。这引发了新的问题，即谁是谈判中的雇主和雇员，如何鼓励这些雇员相互沟通，以便实现他们在工作场所的利益（Dau-Schmidt 2007:915-918）。新信息技术也削弱了发达国家雇员的讨价还价能力，降低了他们通过集体谈判解决工资时数和工作条件等基本问题的可能性。因此，新的信息技术使工人更多地需要依靠保护性立法来解决与雇主的冲突。

1054

尽管在过去 40 年中，通过新信息技术解决了许多法律问题，但新信息技术所带来的就业关系的转变还没有完成。事实上，随着新信息技术的进展步伐加快，或许最大的变化还没有到来。新信息技术的硬件和软件组件在速度和效率上都有了成倍提高，这增加了它们完成任务的范围和复杂性（Brynjolfsson，McAfee 2011：18-19）。尚不清楚有多少劳动力成员在适应技能和培训方面能跟上这一变化速度（Ford 2009:53；Kurzweil 2000）。此外，人工智能的进步表明，我们可能会在 2029 年创造出比普通人更聪明的电脑（Ford 2009:2）。一旦计算机比人类"更聪明"，谁知道这些机器可能会催生什么样的生产技术改变？尽管许多经济学家对这些发展持乐观态度，他们认为，历史上的工人和整个经济都受益于技术的进步（Autor 2014），但是，技术专家并不是那么乐观。他们认为，这将预示着生产中奖励分配机制的巨大改变，或许是劳动力与资本关系的根本性变化（Ford 2009:4-6）。至少，信息技术的不断改进将导致行业改革，这不仅会引起集体谈判的新问题，而且会引起我们在教育、养老金和社会福利方面公共政策的改变。

在本章中，我将概述新信息技术对雇佣关系的影响，以及这些变化对管理雇佣关系的影响。我将首先讨论工业生产制度，即 20 世纪 70 年代后期，在新信息技术提升之前，发达国家实行集体谈判保护性规章和法律的背景。其次，我会讨论新信息技术以及它如何发展和改变了雇佣关系。在这次讨论中，我将区分已经发生的变化及其对管理就业关系的影响、预计在不久的将会发生的变化及对管理就业关系和其他公共政策的影响。

二 工业生产与集体谈判的兴起

（一）工业生产组织

虽然英国和其他欧洲国家较早开始工业化，而美国的工业生产在 19 世纪末期才开始。但在欧洲和北美，工业化进程在 20 世纪初已经成熟，其对就业关系的影响相近。之前的手工制作系统与拥有专业工匠的小型本土或区域性的"工厂主"相关，其中，专业工匠监督生产的所有方面（Stone 2004：27-41）。即使在较大型的设施内，资本家也与被雇用的佣仆、其知识基础涵盖整个生产技术的工匠大师合作进行生产（Stone 2004: 27-41）。19 世纪和 20 世纪初的通信和运输技术的进步扩大了生产的最佳规模，使许多生产商能够在本区域，甚至是国家层面销售产品（Dau-Schmidt and others 2014：20）。此外，在 20 世纪初，人们使用了弗雷德里克·温斯洛·泰勒（Frederick Winslow Taylor）的"科学管理"技术，将每一项工作分解为几个部分，以确定生产的最佳手段，并确定适当的报酬（Stone 2004：27-41）。1913 年，亨利·福特于高地公园工厂将"泰勒主义"（Taylorism）原则增加了一个流水线，现代工业生产由此诞生。这些管理技术的进步和生产的组织，允许大量生产和"脱产"的工作。管理部门控制了生产线的速度和生产，而低技能工人因为不了解整个生产技术就生产零部件（Stone 2004:27-41）。在现代工业生产中，生产技术被纳入了流水线，因此，我们不再需要工匠。

随后数十年间，大规模工业生产席卷了发达国家。到 20 世纪 20 年代，世界工业领袖们认为，最好的管理方法是建立一个大型的垂直整合公司，由稳定的劳动力提供支持（Cappelli 1999：61）。公司"纵向一体化"将使得所有生产阶段内部化，以确保协调生产实现规模效益（Cappelli 1999 59-60）。公司希望有一个稳定的劳动力，来为企业提供宝贵的生产资源，并且能够维持生产（Da-Schmidt 2001:9）。为了保持员工的稳定，公司制定了维持、培训和提升员工的行政规则。经济学家将这些行政规则作为"内部劳动力市场"的制度，因为尽管这些决定是参照外部市场力量做出的，但它们不直接由"外部"市场决定的方式界定，而是由公司内部的报酬和激励条件所决定（Doeringer and Piore 1985）。公司的纵向整合有助于雇员在职业生涯中的留任，因为综合性公司在职工提升层面，有许多内部的职位或工作阶级（Herzenberg, Alic and Wial 1998:ii-i2；Cappelli 1999:61）。于是，雇主成为员工一生中培训、安全保障、福利的重要来源。

（二）工业生产下的集体谈判

当然，雇员发现，在工业化阶段，其具有组织和推行保护性立法的利益，包括设定工资、工时和就业条件确定最低标准，但在此期间，许多工人还发现，集体谈判的效果很好，有助于他们在法定最低限度之外获得有利的就业条件。在美国，《国家劳动关系法》（NLRA）规定通过在适当单位选举出专属代表和通过集体谈判解决争端的制度，该法从 20 世纪 30 年代到战后时期取得较好的效果。由于一家公司对生产进行了大规模的纵向整合，《国家劳动关系法》关于"雇主"和"雇员"的定义以塔夫特－哈特利（Taf-Hartley）修正案规定的代理和侵权行为为基础，其一般确定对劳动方关切的雇佣条款和条件拥有控制权的一方 [29 USC§152（2），（3）；Harper 1998:333-355]。由于分包、外包和租赁雇员案件较少，所以集体谈判各方关系并未过分复杂化。此外，由于工作的定义是明确和长期的，根据《国家劳动关系法》，雇员的谈判单位定义相对较容易界定且较稳定 [29 USC§152（b）]。这些雇员对自己的工作和某个特定的雇主有长期的兴趣，因此有动力组织他们的工作场所，以获得未来的福利（Dau-Schmidt 2001：20）。雇主与国际竞争相对隔绝，他们更关心维持生产，而不是维持低工资（Dau-Schmidt 2001：9）。因此，雇主为有组织的雇员提供工资和福利方面，是相对及时的。

此外，传统的"面包与黄油"（bread-and-butter）集体谈判制度在解决工业工作场所的问题方面运作良好。由于企业的大规模纵向整合，签署员工薪酬支票的公司也是决定生产多少、使用何种方法以及如何进行市场生产的公司。这一统一的强大雇主与《国家劳动关系法》下的"雇主"定义一致，雇员可以通过集体谈判向雇主解决其关切（Dau-Schmidt 2007:911）。传统的集体谈判也使雇员在内部劳动力市场的行政规则制定中获得了发言权（Weil 1999）。工人对福利、年资和工作保障的要求与管理层长期保留熟练工人的目标是一致的。雇员共同决心和执行内部劳工市场的行政规则在工业时期的最佳管理实践中发挥了重要作用（Cooke 1994；Rubinstein 2000）。最后，工会代表及其伴随的申诉和仲裁制度为商定执行工作场所的行政规则提供了公正和有效的手段（Wheeler, Klaas and Mahony 2004:32-44）。

三　利用信息技术的生产和雇佣

（一）新信息技术

直到 20 世纪 70 年代末，大规模垂直整合的工业生产在发达国家占主导地位。随后，计算机及其伴随的软件和网络开始成为新的通用技术，就像之前的蒸汽和电力一样，重新创造工作和生产的定义。计算机是一个由许多"开关"组成的装置，可以根据预先设计的程序保存和检索信息，进行算术或逻辑运算（Koepsell 2000: 3 and n 6）。

现代计算机使用集成电路开关工作，这些电路的速度呈几何级数增长，其大小和成本呈几何级数降低（Brynjolfsson and McAfee 2011：17–18）。根据"摩尔定律"，自1965 年以来，最低成本的集成电路中的晶体管数量每12—18 个月翻一番，这一过程看不到尽头。同样，在"格劳斯特观察"之后，软件算法的效率也以指数速度增长（Brynjolfsson and McAfee 2011：18）。由于可以更改预先设计的程序来调节计算机的运算工程，计算机可以用来解决诸多问题。

计算机比其他人能更好地执行一些任务。计算机擅长进行诸如组织、存储、检索和操纵信息等"常规任务"，或者在生产过程中精确地记住特定的物理运动（Autor, Levy and Murnane 2003：1279–1333）。这些工作通常与中等技能或中等薪水的工作有关，如文书工作、会计、记账和重复生产工作。然而，还有其他任务对计算机和程序员的挑战更大（Autor，Levy and Murnane 2003：1279–1333）。首先，计算机在执行一些"体力任务"时遇到了麻烦，这些任务需要进行情境调试、目测识别、语言识别或人际互动。这些任务大多是低技能／付费的工作，如清洁和洗护工作、食品准备和服务、个人健康援助和保护性服务（Autor 2014：7–8）。其次，计算机在执行抽象任务时遇到了麻烦，这些任务是回应型问题，需要直觉、创造性或说服能力。这些任务最常为高技能／付费的专业和创造就业岗位，如管理、法律、医学、科学、工程、广告和设计（Autor 2014：7–8）。尽管计算机正在进入几乎所有的职业中，但目前他们似乎倾向于取代中等技术／付费的工人，同时他们往往提高高技能／付费工人的生产率（Brynjolfsson and McAfee 2011:50）。尽管有人认为高技能职业不应完全采用新的信息技术，然而计算机目前被用来进行复杂的法律文件搜索和疾病诊断（Markoff 2011）。

就像其他变革性技术一样，新的信息技术已经激起了人们关于技术对工作和就业影响的"自动化焦虑"。就像卢德派和约翰·亨利为自己的工作而与蒸汽机争斗一样，也有人担心计算机可能会取代人们从事薪水高的工作，或者可能是全职工作（Ford 2009: 47–48）。20 世纪技术对就业的影响也同样令人担忧。约翰·梅纳德·凯恩斯写于萧条时代的文章已经预见，在一个世纪内出现"技术失业"的可能性，因为技术可能使"我们以人类所习惯的四分之一的努力来完成农业、矿业和制造业的所有工作"（1963：358–373）。凯恩斯认为，这是一个短期的问题，其指出，若社会适应这一发展，也许每周将工作 15 小时（1963：358–373）。1964 年，约翰逊总统任命了"技术、自动化和经济进步国家委员会"，并要求他们评估技术变革对新工作的要求，以及对工人失业所产生的影响（*Herald Post* 1966: 2）。该委员会最终得出结论，自动化不会威胁到就业，但作为防止这种情况的保障措施，它建议"保证每个家庭的最低收入；将政府作为应对失业最后手段的雇主；在社区或职业学院接受两年免费教育；全面管理联邦就业服务和联邦储备银行在地区经济发展中所提供的赞助"（*Herald Post* 1966:2）。委员会的结论仍然让一些思想家感到担忧。1966 年，在一封致约翰逊总统的公开信中，诺贝尔化学奖得主林纳斯·鲍林（Linus Pauling）、经济学奖得主冈纳尔·迈达尔（Gunnar Myrdal）、经济史学家罗伯特·海尔布纳（Robert Heilbroner）担心，"工作与收入之间的传统联系正在被打破"，"充裕的经济将能够在舒适和经济安全的环境中维持所有公民的生活，无论他们是否从事……工作"（Akst 2013）。

　　传统上，经济学家们对长期技术失业的担忧不屑一顾。他们指出，新技术资本既是劳动力生产的替代品，也是劳动力生产的补充，技术取代了一些工人，但提高了剩余工人的生产力。历史上，失业的工人普遍找到新工作，有时是新技术创造的工作（Autor 2014：7-8）。因此，尽管技术改进可能导致工人在短期内无法找到工作，但在历史上，这些失业的工人最终得到重新培训并得到新工作，并且使用新技术的工人的工资和生产总量最终得到提高（Autor 2014：7-8）。没有经济规律认为技术变革会导致所有人受益的帕累托改进；技术变革会有赢家和输家，但总体而言，技术改进提高了生产率和工资水平（Brynjolfsson and McAfee 2011：38-39；Autor 2014:8-9）。然而，新信息技术引起了新的担忧，即使在一些经济学家中也是如此，因为新信息技术变化如此之快，人工智能可能会导致资本与劳动关系发生根本性变化（Sachs and Kotlikoff 2012）。至少，新的信息技术似乎将导致一些工人跨行业面临失业，中等技能工作长期减少，劳工讨价还价能力将长期降低。

（二）新信息技术条件下的生产组织与全球经济崛起

　　20世纪80年代，新的信息技术使公司得以有效的横向化，加速了全球经济的崛起。雇主不再必须"大而全"和垂直整合的组织，以确保高效生产；他们必须与世界上的可靠的分包商有足够的联系。"最佳商业实践"变成横向化组织、外包和分包的做法，因为公司集中于"核心能力"，生产或销售其做得最好的部分（Capelli 1999 99-100）。信息技术还使雇主能够协调世界各地的各种工厂、供应商和分包商，同时集装箱技术则使船运变得更加便宜（Carpelli 1999 99-100）。在这种经济环境中，雇主在雇佣中寻求灵活性，而非稳定性，因此，从事兼职工作，或租赁、分包等工种，在发达经济体中达到了新的高度（Belous 1995：867）。新的公司横向化趋势打破了内部劳动力市场的行政规则和工作阶梯，公司变得更加受市场驱动。新技术允许"基准标记"，或考察公司针对外部供应商的效率，从而以发达国家雇员以前没有经历过的方式将市场带入公司内部（Cappeli 1999：106）。新的信息技术也推动了大型零售商的崛起，使世界空前的经济强国得以出现。简单的条形码让沃尔玛掌握了库存控制，协调全球的产品供应来源，并成为全球生产商的零售部门（Da-Schmidt 2007: 14）。

　　发达国家的许多工人在信息时代的全球经济中并未获得福利。例如，虽然战后美国工人的工资与生产率的增长比例都有所提高，但自20世纪70年代末以来，尽管工人生产力显著提高，但美国工人的工资却一直持平（Dau-Schmidt 2011: 793）。由于工资与生产率之间的这种差异，或者"工资差距"，近年来，"劳动力成本"在国内生产总值（GDP）中所占份额逐渐下降，并且美国收入和财富的分配越来越不平等。自20世纪80年代以来，以工资和福利形式向非监管雇员提供的非农国内产品所占份额从35%下降到仅27%（Dau-Schmidt 2011:795）。劳动力占产品总量的比例在世界大多数国家（尤其是发达国家）出现了下降（Karabarbounis and Neiman 2013）。当然，随着劳动力成本在GDP中所占的份额下降，支付给资本和管理层的份额增加了。

经济学家们确定了新信息技术促进提高资本（并降低劳动力报酬）的相对报酬的几种方式。首先，新信息技术使投资产品更便宜、更富有成效，因此其鼓励生产者购买更多的投资品，以资本替代生产过程中的劳动力（Karabarbounis and Neiman 2013）。卡拉巴波尼斯（Karabarbounis）和尼曼（Neiman）估计，这一效应可以解释为何劳动力占比份额下降了一半（2014年）。其次，通过经济全球化，新信息技术使发达国家的工人与全球各地的低薪工人竞争，降低了这些工人可以要求的工资和福利，并提高了资本的价值（Dau-Schmidt 2007:913-914）。即便是简单的国际贸易模型预测，当高工资、高资本的国家与低工资、低资本国家进行贸易时，其结果将是工资较高的国家的工资下降，而对目前需求更大的资本的价值增加（Feenstra 2004; Tsaganea 2014）。随着东欧、俄罗斯、中国和印度进入全球经济链条，这种工资下行压力和国际贸易对资本支付的上行压力更加明显，因为它们的加入使全球劳动力从3.3亿人增加到6亿人，但同时资本并没有如此增长（Freeman 2007:128-140）。最后，托马斯·皮凯蒂（Tomas Piketty）提供了实证证据，证明在1945年至1980年的战后时期，由于世界上许多资本在两次世界大战中被摧毁，劳动力相对匮乏，因此劳动力在国内生产总值中所占份额是特殊的（2014: 356）。以皮凯蒂的说法，我们现在正回归到资本主义经济历史上一个更"正常"的时期——在这一段时期，资本回报率超过经济增长率，财富越来越集中于少数人手中（2014: 356）。

经济学家还认为，新信息技术促进了对创新者和管理人员的更高报酬，并降低了对劳动力的相对报酬，因为它允许在大量市场上复制创新，将许多市场从普通市场转变为少数"超级明星"的主导领域（Brynjolfsson and McAfee 2011:42-44）。正如新的信息技术允许在国家或国际层面上录制和分发音乐一样，新技术也允许在国际公司或行业之间复制生产流程和管理战略，进而放大这些表演的价值，并允许一些顶尖的表演者或创新者收获以前难以想象的回报（Brynjolfsson and McAfee 2011:1-11）。尽管新的信息技术很可能有助于提高发达国家的首席执行官的薪酬，但由于美国公司的组织存在机构问题，以及为了管理薪酬的利益而短期操纵股价，美国首席执行官的薪酬远远高于全球经济的发展水平（Dau-Schmidt 2011）。

新信息技术也导致发达国家工人收入不平等，因为这往往会消除中等技能/有偿的工作，同时创造对低技能/有偿工作和高技能/有偿工作的需求（Autor 2014:10）。

回顾过去，尽管计算机能够执行许多重复性的"例行任务"，从而减少了执行这些任务所需的中等技术工人的数量，但计算机却难取代"人工任务"，它们需要情境适应能力、视觉和语言识别，或者个人互动能力，以及解决"抽象性任务"的高技能工人，它们需要解决问题为导向，并需要直觉、创造力或说服力（Autor，Levy and Murnane 2003：1279；Autor，Katz and Kearney 2006; Autor 2014:11）。大量的国际实证证据证实，新信息技术的采用产生了"工作的两极分化现象"，即消失的工作是中等技术／有偿工作，而继续增长的工作类型是低技能／高薪和高技能／有偿工作（Autor、Katz and Kearney 2006）；Brynjolfsson and McAfee 2011:50; Autor 2014:10）。高技能的工作岗位具有更大的优势：高技能工人往往会成为新信息技术的补充，从而使他们的生产率和工资得到提高（Autor 2014：10）。在 2007 年经济大衰退期间，中等技能工作受到了特别严重的冲击，许多原先的中等技能工人纷纷进入低技能劳动力市场，进一步压低了其工资（Autor 2014：18）。遭受失业命运的中等技能工人主要是男性，他们没有享受到与女性同等的升学机会（Autor 2014:14）。发达国家的低技能工作仍然保持并增长，其优势在于其中大多数是无法外包给其他国家的服务工作（Autor 2014：11）。遗憾的是，他们仍然承受着工资和福利的下行压力，越来越多的中等技能工人会进入低技能劳动力市场。

1062

（三）信息时代的集体谈判

信息时代的新生产方式束缚了许多传统的集体谈判理念。例如，在美国，根据《国家劳动关系法》，关于谁是雇员与雇主、以及什么是适当的谈判单位的旧有定义，对确定谈判对象以及确定就业条款和条件来说，都变得越来越不相关。工人可以作为临时工人、分包商、分包工人或分包雇主的雇员，如果这种关系中的实际经济权力属于"第三方"生产商或零售商（Harper 1998）。由于美国最高法院对监督和管理雇员例外情况的广泛解释，新经济环境下的权力下放决策对《国家劳动关系法》的雇员和雇主定义提出了一个特殊问题（Yeshiva 1980;[①] Oakwood 2006）。[②] 适当的谈判单位的定义已失去意义，不仅因为它基于过时的关于谁是雇主与雇员的定义，而且还因为它在员工之间建立了一种物理位置上的关系，新信息技术的"工作场所"可能是不存在的（Malin and Perritt:13–21）。对于那些从不在一个物理空间里聚会、可能永远不见面

---

① 根据叶史瓦所言，管理人员是那些与管理层关系密切的人，或为公司制定或实施管理政策的人，国家劳动关系委员会诉叶史瓦大学 [1980]USC，444 U.672（USSC）；又见太平洋鲁太斯大学 [2014]NLRB,361 NLRB No 157(NLRB)，其狭义地解读了叶史瓦案。

② 本案把"监督者"定义为"拥有独立做出决定权力的人，其定期至少履行十二项具体列明的监督职能之一，并且此类工作至少构成其工作总时间的 10%—15%。Oakwood Healthcare,Inc[2006]NLRB,348 NLRB 686(NLRB)。

甚至看不到彼此的员工，什么是适当的谈判单位？最后，我们对《国家劳动关系法》的解释必须涉及新信息技术本身的使用。工人是否应该为组织和集体行动的目的而查阅其雇员的工作电子邮件，如果是的话，根据什么条款？（Malin and Perritt：37）雇主是否可以管理员工使用社交媒体来对他们的工作进行投诉？政府监管机构在何种程度上利用新的信息技术来进行和加速选举和行政程序？（Malin and Perritt：60）

1063

在美国，委员会已开始处理其中一些问题，并将《国家劳动关系法》解释为符合促进集体谈判的宗旨。早在 2000 年，委员会就开始考虑信息时代新的多雇主生产方式。在斯特吉斯（Sturgis）决定中，它承认一个由用户雇主和供应商雇主共同雇用的雇员，以及仅由雇主雇用的雇员组成的谈判单位（MB Sturgis 2000）。然而，这一先例是昙花一现的，因为后来的一个委员会推翻了 2004 年的斯特吉斯决定。嗣后的委员会认为，"单独和联合雇用的雇员单位是多雇主单位，这只有在征得当事人同意的情况下，在法规上才被允许"（H.S.Care 2004）。然而，最近，委员会表示有兴趣恢复与雇主联盟的联合原则，其在布朗宁－费利斯公司案中邀请法庭之友（Browning-Ferris 2013），并且在近期裁定麦当劳及其特许经营公司作为联合雇主负有法律责任（Crain's 2014; Spandorf 2014）。认识到各公司现在通常在一个企业中与多个雇主进行联系，就雇用条件做出联合或相互联系的决定，这对于在新的经济环境中成功开展集体谈判是必要的。如果没有这种认识，委员会的先例将限制《国家劳动关系法》的平权义务，使之拓展到企业内部对就业条款和条件没有有效控制的雇员和雇主的谈判中。

美国委员会最近还审议了关于通过电子社交媒体处理关于其工作的通信活动是否受《国家劳动关系法》保护的问题。2011 年，委员会总法律顾问发布了一系列报告，讨论《国家劳动关系法》在社交媒体上对雇员评论的适用性（NLRB 2015b）。这些报告讨论了具体的案例，并明确指出，在总法律顾问看来，《国家劳动关系法》提供了保护雇员交流的权利，无论这种通信是直接进行的还是通过社交媒体进行的（NLRB 2015b）。因此，报告建议，雇主不应制定一般性政策，阻止雇员在社交媒体上就协调活动发表评论，也不应惩罚雇员在协调活动的电子展板上发表评论（NLRB 2015b）。在 2012 年，委员会确认了总法律顾问报告的主旨，并认为，脸书上的雇员评论构成"协调一致的活动"，[③] 这与西语裔美国布法罗联合公司案件（2012）中的面对面雇员沟通是享有在《国家劳动关系法》下的同等保护。与《国家劳动关系法》保护的协调活动一样，无论雇员是否有组织，这些保护都适用。一般而言，当两名或两名以上的雇员通过相互讨论

1064

或为解决关切问题而共同行动以改善其就业条款和条件时，他们就会受到保护（Meyers 1984）。然而，《国家劳动关系法》的保护并不延伸到与协同活动无关的"其他活动"（Karl 2012）。

---

③　有关联合活动的演讲，请参阅 Meyers Industries,Inc.[1984]NLRB,268 NLRB 493(NLRB)。

最后，委员会在保障雇员在行使第 7 节权利和进行代表选举时使用现代信息技术的权利方面取得了进展。去年，在紫色通信公司案件中，委员会认为，已经获准为工作目的使用雇主电子邮件系统的雇员，有权推定享有第 7 节通信保护。只有在特殊情况下禁止非商业性地使用维持雇员生产或纪律所需的系统，雇主才可拒绝这一推定（Purple 2013）。虽然该意见只适用于电子邮件，但委员会暗示可能将其认定扩大到其他类型的电子通信（Purple 2013；Sloan and Park 2014）。委员会还通过了新的代表选举规则，该规则可使用新的信息技术。在这些程序中，双方现在不仅可以电子方式提交和传送文件，而且雇主还必须向工会提供有资格参加单位选举的雇员的电子邮件和电话号码，作为"优质名单"的一部分，以便工会能够使用现代通信方法与潜在选民进行通信（NLRB 2015a）。

无论法律的形式或解释如何，无论在培养雇员组织还是在生产更高的工资和福利的条件下，尚不清楚传统的集体谈判制度是否在新的信息时代将像在工业时代一样成功。在新经济中，雇员对工作的长期兴趣较小，因而没有组织特定雇主的动力。当雇员明年很可能为不同的雇主工作时，为什么要承担组织某个雇主的风险和费用？（Dau–Schmidt 2007:916）。雇主更关心的是确保生产的价格低廉和灵活性，而不是维持生产或稳定劳动力。因此，雇主更倾向于抵制雇员组织，并利用现行法律实施拖延和恐吓战略（Dau–Schmidt 2007:916）。信息时代的全球经济使发达国家工人处于与全球低工资工人的竞争中，对工资和福利造成持续的下行压力，使得工会活动难以通过集体谈判来实现（Dau–Schmidt 2007:917）。最后，在新的经济环境中，雇主努力在生产和就业方面保持灵活性，并抵制雇主对雇员从事工作的安全、资历和福利的承诺。随着内部劳动力市场的衰退和市场驱动的劳动力队伍的增加，工会帮助确定和管理的行政规则将减少，因此工会通过传统的集体谈判履行责任范围也将减少（Dau–Schmidt 2007：917）。

（四）未来已来？利用信息技术创造雇佣的美丽新世界

新的信息技术已经给就业关系带来了巨大的变化，但许多人预测随着技术升级加快，变化会更大。回顾过去，计算机硬件和软件一直在以指数级的速度提升（Brynjolfsson and McAfee 2011:18–19）。正如这项技术在最近 40 年引发的巨大变化和影响，未来 40 年的变化将更大。这对就业关系及其管控意味着什么？

多数经济学家在预测新信息技术对就业的未来影响时，往往会趋于保守。他们认为，我们应该抵制那种认为经济中对劳动力的需求是固定的并将随着就业的自动化而减少的"劳动力迷失论"（Autor 2014:2）。尽管一些工人由于计算机将失业，但从长远来看，他们将找到其他工作，生产其他产品和服务，他们的新工作也许是新的信息技术创造的（Autor 2014:38）。他们指出，与其他节省劳动力的技术一样，新的信息技术既是劳动力的替代品，也是劳动力的补充物。一些工人将保住他们的工作，或找

1065

到新的工作，并因为技术提高了生产率和工资（Autor 2014:16）。为了支持这一论点，他们指出了新的非常有用但具有破坏性的技术的历史例证，例如蒸汽机、电力和装配线（Ford 2009:135）。这些经济学家承认，对个别工人而言，错位将是困难的，其需要投资于再培训，但他们认为，错位不可避免。经济学家们也承认，无法保证所有的工人都将从新信息技术中获益（Brynjolfsson and McAfee 2011:38-39; Autor 2014:8-10）。这将有赢家，比如那些生产率提高的高技能工人，同时也存在输家，诸如那些失去工作和落入低技能/付费就业市场的中等技能工人。他们还承认，新的信息技术迄今为止将使资本和创新者以及一些高技能工人的报酬增加了，并降低了对中/低技能工人的报酬，从而使我们的社会收入和财富分配不均（Autor 2014:23）。④有人承认，不平等加剧可能会削弱我们的经济活力，从而削弱中产阶级消费者——发达经济体真正的就业者（Stiglitz 2011）。针对那些说新信息技术与众不同并将最终取代一大部分劳动力的说法，传统经济学家的回应是，总有一些需要创造性、灵活性、常识的任务，在这些任务中，人类将比计算机有优势（Autor 2014:11）。人们在解决问题或执行任务时的默契总是比他们显露出来的知识更多，这种默契知识不能复制到计算机程序中（Autor 2014：1）。因此，他们争辩说，我们绝不会被机器取代。

然而，"技术专家"们的预测更加危言耸听，他们认为新信息技术的发展速度比过去的技术要快，而且性质不同，这预示着劳资关系发生了根本性变化。他们认为，新信息技术的技术变革速度远远快于以前的技术，这将使人们在工作中更加难以跟上技术变革的步伐（Kurzweil 2000; Ford 2009:100; Brynjolfsson and McAfee 2011:9-11）。新的信息技术使得一些行业工人发生大规模错位现象。例如，新无人驾驶汽车可能在未来20年内，在运输和运输行业中消除两百万卡车和出租车司机的岗位（Brynjolfsson and McAfee 2011：14; Mui 2013:pt 3）。弗雷伊和奥斯本估计，在未来20年内，47%的美国劳动力将接受自动化管理，其中包括交通、物流、生产劳动、建筑、行政支持工作、销售以及服务营业员职位（Frey and Osborne 2013; Dashevsky 2014）。一些技术专家担心，新信息技术造成的收入日益不平等将损害我们经济的活力，因为许多工人将无能力购买生产的商品（Ford 2009:17-20; Brynjolfsson and McAfee 2011:48-49）。⑤其他一些人担心，财富不平等的加剧将使越来越多的低技能/工资工人不再投资于晋升到高技能/有偿工作的事项，并从新信息技术获益所需的教

---

④　在这些经济学家中，至少有一位是悲观者。泰勒·科恩（Tyler Cohen）预测，这些受技术驱动的收入分配变化将导致人口划分为两个群体：一个出身较富裕的高学历工人，他们有能力与自动化系统进行合作；还有一个规模大得多的工人群体，靠第一集团制造的低价商品维持生计（Cowen 2013）。

⑤　亨利·福特二世据称，在与美国汽车工人联合会主席沃尔特·瑞瑟（Walter Reuther）一起参观机器人装配线时曾问道，"沃尔特，你将如何让这些机器人向美国汽车工人联合会支付费用？"瑞瑟回应道，"亨利，你打算怎么让他们买汽车呢？"（Brynjolfsson 和 McAfee 2011:49）。

育。（Sachs and Kotlikoff 2012）。技术专家还认为，新信息技术的性质不同于以前的技术，在这种技术中，经过适当程序设计的计算机能够利用它们巨大的存储、检索和计算技能来实现"人工智能"，它们能够自动执行，或者学会执行许多以前由人类完成的"抽象任务"（Ford 2009:97-100）。在诸多任务中，计算机取代人类的能力可能会引发新的资本和劳动力之间的关系变化，并且劳动对于许多生产过程来说将是多余的。一些技术专家预测，只有一小部分人口需要工作，这就要求重新思考以工作为基础的经济和社会结构（Ford 2009:100-103）。

即使技术专家们最乐观的预测都被经济学家们更为乐观的推理所反驳，但似乎可以肯定的是，新的信息技术将在未来几年内对经济和就业关系造成巨大的变化。这项技术已经改变了我们的生产方式，改变了雇员的价值，使其他一些人更有生产力。不管计算机是否真的能够取代人类智能，似乎可以肯定的是，在这一边缘，人类将越来越难以适应这种增加岗位变动速度、提高再培训成本以及缩短有效工作寿命的技术。1067 与此同时，这项技术似乎可能会使我们社会中的一些人变得更富有且更有成效，但也会增加我们社会中那些难以拿出足够的薪水来维持自己的人的比例，或许他们还能以在工作生涯中实现抚养和教育孩子的目标。

在这个美丽新世界中，有组织的劳工和决策者将不得不努力地保持传统的集体谈判制度，解决工人的问题和关切。新信息技术将对劳工和就业基本法的定义提出新的挑战。例如，"分享经济"的任务型工人（例如优步司机）是否为立法所保护的雇员，还是独立订约人或非正式雇员，后者不受保护。在大多数工业化国家中，作为工人运动基石的中等技能/高技能工人正在减少，至少工会和政策制定者将必须努力适应法律理论和程序，以便由更多低技能或高技能工人组织集体谈判，使集体谈判与新经济保持相关性。美国经济中的低技能工人的集体活动最近有所增加，因为他们认为自己在低技能市场中的地位是长期而非暂时的，尽管这种集体活动采取了全国性的战略抗议，比如"我们的沃尔玛"或麦当劳的工人运动，而不是传统的集体谈判。这些工人的集体行动显然受到《国家劳动关系法》的保护，尽管他们尚未由工会所代表。有证据表明，这些抗议活动正在产生效果，因为包括沃尔玛、塔吉特和麦当劳在内的全国性公司最近宣布大幅度提高最低收入员工的工资。当高技能工人从独立专业人员转为大公司的雇员时，甚至对组织工作产生了某种兴趣。

新经济中的劳动市场不会出现需求短缺。他们需要接受补贴的教育和再培训，使他们能够成为新信息技术的补充物，可以弥补个人负担的健康成本的健康保险，通过错位和再培训的周期来确保他们的收入保险，也许是一种补贴性养老金，在他们有效工作生活结束之后，甚至可以保证最低的收入水平。如果不能通过个人或集体谈判获得这些权利，今后的立法机构几乎肯定会对其中一个或多个问题采取行动。当然，有组织的劳动不仅有助于集体谈判，而且也有助于在立法机构中代表工人的利益。或许，在社会和政治言论中保留工人的声音，将是未来有组织的劳工和决策者面临的最大挑战。

1068　　**四　结论**

　　新的信息技术使就业关系发生了巨大的变化，但还有更多的变化尚未实现。随着这项技术的兴起，发达国家已从以大型垂直一体化公司和长期就业为主导的工业经济，转为频繁与世界各地的贸易伙伴和供应商开展横向合作的企业，而且相应的，就业关系变得更加短暂。生产方式的转变使雇主变得更加受市场驱动，寻求灵活性的就业，并尽量减少公司的行政规则和福利。这种转变还削弱了雇员和工会的讨价还价能力。随着自动化技术的加快，技术专家们开发了"人工智能"，新的信息技术有望进一步改变。这种自动化给一些工人带来了更高的生产率，但也威胁到大量劳动力，特别是中等技能劳动力，甚至可能导致资本与劳动力关系的根本性变化。即使没有发生技术专家的最危言耸听的预测，但进一步采用信息技术似乎可能会加剧收入不平等，造成劳动力的严重错位，缩短有效的工作寿命，并要求增加对再培训的投资。

　　政策制定者必须努力起草和解释保护性立法，并根据技术改变的情况制定集体谈判的法律，以便在信息时代的全球经济中充分保护工人。在考虑生产安排被改变的前提下，政策制定者必须扩大劳动和就业法的关键概念，特别是"雇员"的定义，以及谁是"雇主"，什么是"适当的谈判单位"等问题。他们还必须决定如何将新信息技术纳入工会准入和雇员协调活动中。在美国，国家劳动关系委员会已经开始了一些工作，重新考虑在布朗宁－费利斯工业公司（Browning–Ferris Industries Inc）联合雇主原则，并承认雇员获得公司电子邮件的假定，以便在民盈电讯案中采取一致行动。如果采用新的信息技术继续削弱雇员和工会在工作场所的谈判能力，雇员将不得不更多地依靠立法来满足其需要。这些需求将是多方面的，包括公共教育和再培训方案、创造就业方案、健康和退休方案，或许还包括有保障的最低收入。新的信息技术极有希望成为约瑟夫·熊彼特（Joseph Schumpeter）所认为的对资本主义至关重要的"创造性破坏"行为。这将需要精心策划，帮助工人从这项技术的"创造性"方面获益，并将其"破坏性"影响降到最低。

1069　**【参考文献】**

Akst D, 'What Can We Learn from Past Anxiety over Automation?' (summer 2013) Wilson Quarterly <http:// wilsonquarterly.com/ quarterly/ summer- 2014- where-have-all- the- jobs-gone/theres-much-learn-from-past-anxiety-over-automation/>

Autor D, 'Polanyi's Paradox and the Shape of Employment Growth' (MIT, NBER, and JPAL 2014) Working Paper Number 9835 <http://economics.mit.edu/files/9835> accessed 25 November 2015

Autor D, Katz L, and Kearney M, 'The Polarization of the U.S. Labor Market' (2006) 96 American Economic Review 2

Autor D, Levy F, and Murnane R, 'The Skill Content of Recent Technological Change: An Empirical Exploration' (2003) 118 Quarterly Journal of Economics 4

Belous R, 'The Rise of the Contingent Work Force: The Key Challenges and Opportunities' (1995) 52 Washington & Lee Law Review 863

Browning- Ferris Industries NLRB [(filed) 2013] NLRB Case 32-RC-109684 (NLRB) Brynjolfsson E and McAfee A, *Race Against the Machine* (Digital Frontier Press 2011) Cappelli P, *The New Deal at Work: Managing the Market- Driven Workforce* (Harvard Business School Press 1999)

Cooke W, 'Employee Participation Programs, Group-Based Incentives, and Company Performance: A Union-Nonunion Comparison' (1994) 47 Industrial and Labor Relations Review No 4

Cowen T, *Average Is Over: Powering America Beyond the Age of the Great Stagnation*(Dutton 2013)

Crain's Chicago Business, 'So Who Is Technically an Employer? We May Be about to Find out' (2014) <www.chicagobusiness.com/article/20141201/NEWS04/141209972/ so- who- is- technically- an-employer-we- may- be- about- to- find- out> accessed 25 November 2015

Dashevsky E, '20 Jobs Likely to be Replaced by Robots (and 20 That Are Safe)' (PCMAG 2014) <http://uk.pcmag.com/ feature/ 33742/ 20- jobs- likely- to- be- replaced- by-robots- and-20-tha> accessed 25 November 2015

Dau-Schmidt K, 'Employment in the New Age of Trade and Technology: Implications for Labor and Employment Law' (2001) 76 Indiana Law Journal 1

Dau-Schmidt K, 'The Changing Face of Collective Representation: The Future of Collective Bargaining' (2007) 82 Chicago-Kent Law Review 903

Dau-Schmidt K, 'Promoting Employee Voice in the American Economy: A Call for Comprehensive Reform' (2011) 94 Marquette Law Review 765

Dau-Schmidt K, 'Labor Law 2.0: The Impact of Information Technology on the Employment Relationship and the Relevance of the NLRA' (2015) 64 Emory Law Journal 1583

Dau-Schmidt K and others, *Labor Law in the Contemporary Workplace* (2nd edn, West Academic Publishing 2014)

Doeringer P and Piore M, *Internal Labor Markets and Manpower Analysis* (M.E. Sharpe 1985) Feenstra R, *Advanced International Trade* (Princeton UP 2004)

Ford M, *The Lights in the Tunnel* (Acculant Publishing 2009)

Freeman R, *America Work: Critical Thoughts on the Exceptional U.S. Labor Market* (Russell Sage Foundation 2007)

Frey C and Osborne M, 'The Future of Employment: How Susceptible Are Jobs to Computerisation?' (Oxford Martin School, Programme on the Impacts of Future Technology 2013) <www.oxfordmartin.ox.ac.uk/downloads/academic/The_Future_of_ Employment.pdf> accessed 25 November 2015

Harper M, 'Defining the Economic Relationship Appropriate for Collective Bargaining' (1998) 39 Boston College Law Review 329

Herald Post, 'Skirting the Automation Question' (1966)

Herzenberg S, Alic J, and Wial H, *New Rules for a New Economy: Employment and Opportunity in*

1070

Post- Industrial America (ILR Press Books 1998)

Hispanics United of Buffalo, Inc., NLRB Case 03-CA-027872 (2012)

HS Care LLC (Oakwood Care Center), 343 NLRB No 76 (2004)

Karabarbounis L and Neiman B, 'The Global Decline of the Labor Share' (2013) 129 Quarterly Journal of Economics 1

Karl Knauz Motors, Inc., NLRB Case 13-CA-046452 (2012)

Keynes J, *Essays in Persuasion* (first published 1932, W.W. Norton & Co. 1963)

Koepsell D, *The Ontology of Cyberspace: Philosophy, Law, and the Future of Intellectual Property* (Open Court Publishing 2000)

Kurzweil R, *The Age of Spiritual Machines* (Viking 2000)

Malin M and Perritt H, 'The National Labor Relations Act in Cyberspace: Union Organizing in Electronic Workplaces' (2000) 49 University of Kansas Law Review 1

Markoff J, 'Armies of Expensive Lawyers, Replaced by Cheaper Software' (*New York Times*, 4 March 2011) <www.nytimes.com/2011/03/05/science/05legal.html?pagewanted=all&_ r=0> accessed 19 November 2015

MB Sturgis, Inc., 331 NLRB 1298 (2000)

Meyers Industries, Inc., 268 NLRB 493 (1984)

Mui C, 'Google's Trillion-Dollar Driverless Car—Part 3: Sooner Than You Think' (*Forbes*, 2013) <www.forbes.com/sites/chunkamui/ 2013/01/30/ googles-trillion-dollar-driverless- car-part-3-sooner-than-you-think/> accessed 25 November 2015

National Labor Relations Act of 1935 (49 Stat. 449) 29 U.S.C. § 151-169

National Labor Relations Board v Yeshiva University, 444 US 672(1980)

NLRB, 'NLRB Representation Case-Procedures Fact Sheet' (2015a) <www.nlrb.gov/news- outreach/ fact- sheets/ nlrb- representation- case- procedures- fact- sheet> accessed 25 November 2015

NLRB, 'The NLRB and Social Media' (2015b) <www.nlrb.gov/news-outreach/fact-sheets/ nlrb-and-social-media> accessed 25 November 2015

Oakwood Healthcare, Inc., 348 NLRB 686 (2006)

Pacific Lutheran University, 361 NLRB No 157 (2014).

Piketty T, *Capital in the Twenty- First Century* (Arthur Goldhammer tr, Harvard UP 2014) *Purple Communications, Inc.*, NLRB Case Nos 21-CA-095151 (2013)

Rubinstein S, 'The Impact of Co-Management on Quality Performance: The Case of the Saturn Corporation' (2000) 53 Industrial and Labor Relations Rev 2

Sachs J and Kotlikoff L, 'Smart Machines and Long-Term Misery' (2012) NBER Working Paper 18629 <www.kotlikoff.net/node/505> accessed 25 November 2015

Slaughter J, 'Modular Assembly: The Ultimate in "Contracting Out" Comes to North America' (1999) Labor Notes 8

Sloan J and Park E, 'Union Access to Employer's E-Mail Systems: Are Times A- Changin'?' (California Employment Law Letter 2014) <http://publiclawgroup.com/ wp-content/uploads/2014/10/Aug-2014-CAEMP-Labor-Law.pdf.pdf> accessed 25 November 2015

Spandorf R, 'NLRB Will Charge McDonald's as "Joint Employer" for Franchisee Labor Violations' (Davis Wright Tremaine LLP 2014) <www.dwt.com/NLRB-Will-Charge- McDonalds-as-Joint-Employer-For-Franchisee-Labor-Violations-08-05-2014/> accessed 25 November 2015

Stiglitz J, 'Of the 1%, by the 1%, for the 1%' (*Vanity Fair*, 2011) <www.vanityfair.com/news/ 2011/05/

top-one-percent-201105> accessed 25 November 2015

Stone K, *From Widgets to Digits* (CUP 2004)

Technology Service Solutions, NLRB 332 (2000)

Tsaganea D, 'Effects of US Trade with Low Wage Countries on US Wages: An Analysis Based on the Heckscher-Ohlin Model' (2014) Working Paper <http://web.isanet.org/Web/Conferences/ FLACSO-ISA%20BuenosAires%202014/ Archive/ 3409d03b- d8c7-4487- af1c-3f37c7830cdc.pdf>　1072

Weil D, 'Are Mandated Health and Safety Committees Substitutes for or Supplements to Labor Unions?' (1999) 52 Industrial and Labor Relations R 3

Wheeler H, Klaas B, and Mahony D, *Workplace Justice without Unions* (WE Upjohn Institute for Employment Research 2004)

Yeshiva University, 444 US 672 (1980)

肆

公共安全
和安全

第四十四章
犯罪、安全和信息通信技术
——网络安全威胁的变革及其规制和监管的意义

大卫·S. 沃尔（David S. Wall）

刘灿华[*]译

一 导言

当代媒体关于网络犯罪的头条新闻大胆地暗示，虽然互联网已经诞生约四分之一个世纪，但我们仍然未能与互联网和谐共处。[①]然而，与早些年相比，至少在了解互联网的不良影响以及如何应对这些影响方面，我们已经走得很远了。在互联网发展的早期，许多关于网络犯罪的末日式预言被提出。然而，有关网络犯罪危害程度 的预言，并没有任何实际的证据予以支持（Wall 2008）。例如，在我们真正经历过任何网络犯罪之前，我们早就知道所有关于网络犯罪的事情，但我们对这些问题的理解，在很大程度上受到类似"雨伞推销员的天气预报"（weather reports from umbrella salesmen）原理的影响（Wall2008：53）。换言之，在没有任何当代反向信息的情况下，新兴的网络安全行业和其他行业将恐惧作为一种营销手段来增加其产品的销量，这就提出了重要的认识论问题：我们如何理解网络犯罪的现实情况。我们稍后再回到这个问题。

---

* 本译文是国家社科基金项目"打击网络犯罪国际刑事司法协助的理论与实践研究"（19BFX073）的阶段性成果。

① 本章最初是作为一篇论文提交给 2015 年 10 月 5 日至 8 日在葡萄牙里斯本 Edficio PoUcia Judiciaria 举行的欧洲警察研究和科学年会的"网络犯罪：研究、实践和路线图"小组。它主要借鉴英国的经验，但同时也研究讨论一般性全球性问题。在此我对凯伦·杨（Karen Yeung）和评论家的宝贵意见表示感谢。

　　就预测的威胁而言，陪审团对以下事项仍没有结论："千年虫"（Y2K）和当代安全问题（Bilton 2009），在预防措施上花费数十亿美元、英镑、欧元或卢布，是否是一种明智的投资，或者这只是对未知风险的过度反应。可以肯定的是，关于网络犯罪的侵袭力和影响的一些早期预测现在正在得到证实，并已成为我们日常生活的一部分。随着互联网继续渗透到我们日常生活的几乎每个方面，发生网络犯罪的机会越来越多，其发展过程经常类似于电子商务的发展过程。但网络活动的影响往往会出现矛盾，有时也会产生意想不到的效果；例如，十年前人们没有预见到社会网络媒体的影响力，也没有预测到其是好是坏。社交网络媒体的罪恶，比如色情信息、欺凌以及由此引发的自杀、欺骗等，都被广泛报道，但互联网对数百万人的积极福祉的贡献，或者它"促进文明"的效应，基本上没有得到新闻报道。[②] 了解网络犯罪是一回事，但对这一知识做出建设性的回应则是另一回事。

　　随着与数字和互联网技术有关的犯罪机会的增加，法律、行业、警察和法院的监管挑战也随之不断增加。其中一个挑战是，调整公众对安全的期望，使它们符合警察和政府能够现实地提供的保护水平。警察和政府管理这些期望的能力是重要的，因为警察作为法律的维护者和司法系统的守门人，不仅其必须对收到的受害案件做出反应，而且他们如何处理也日益重要。这是因为，对抗网络犯罪的执法政策与警察执法过程本身是一样重要的。此外，问题不仅仅在于警察机构必须对公众的要求做出反应，而且在于它们所使用的法律往往已经过时、被不当适用或尚未形成——例如，可以参见本章后面提到的三项个案研究。案例研究着重指出，警察机构不能单独应对网络犯罪。与此同时，有证据表明，在解决办法需要跨越刑事司法机构和其他机构时，他们不应该单独行动。然而，一个潜在的矛盾是，一方面，如果使警察成为处理一些更轻微的网络犯罪案件的唯一机构，那么效果可能会适得其反，因为警察缺乏处理数量不断增加的犯罪案件所需要的财力和人力资源。但是，如果没有警察的参与，就会使法官无法参与其中，这就会对有关网络犯罪的普通法判例的发展产生有害影响。这是因为，警方对调查的内容做出的决定，是随后的有关决定的重要因素，这些决定包括是否起诉或不起诉，以及在上法庭之前过滤些什么。由于这些原因，以及透明度和监督的需要，警察机构必须与金融行业和电信服务提供商等其他主要利益攸关者发展一种协作模式。这种模式不仅有悖于传统的警察组织文化（见 Reiner 2010），而且也不仅仅是协作。任何新的伙伴关系都必须是共同产生的，以便在新的智能安全产品和规范方面创造一个 USP（独特的点）。

1077

---

　　② 这些声明是基于我在英国国民幸福调查中的观察。该调查显示，在紧缩时期，幸福度（尤其是年轻女性的幸福度）有所提高，这种提高可能归因于社交网络媒体的影响。参见 <https://www.gov.uk/government/publications/wellbeing- policy-and-analysis>。基于对年轻社交网络用户的观察，当他们中的一个"越界"时，他们似乎在道德上互相指责。

本篇反思性论文借鉴了在"犯罪和科技"这一发展领域中的 20 年（从 Wall 1997 年这篇文献开始）的研究和评论经验。它还包括最近为英国研究理事会（RCUK）"全球不确定性"项目（Global Uncertainties programme）所进行的研究成果③，这个项目是研究在犯罪和安全期待方面，互联网和数字通信技术如何改变④，以及如何继续改变世界。这一章首先分析了互联网和数字化技术对社会和犯罪的影响。第二部分专门探讨了网络安全威胁和犯罪图景如何发生了改变。第三部分讨论了数字技术如何影响到对数字技术的监管能力，以及对法律及其实施的相应挑战。紧接着的下一部分探讨网络犯罪是什么以及我们如何理解网络犯罪。第五部分描述了未来五至十年可能对网络犯罪的管制产生影响的技术发展，第六部分则分析，如果我们不对这些变化做出反应，将会产生的后果。最后一部分提出了需要做什么以及如何做的一些想法。

二　互联网与数字技术如何改变线上犯罪行为？

在三个重要的方面，数字和互联网技术使社会行为在它们创造的网络中发生了根本性的转变。它们使它变成了全球性的、信息化的和分布式的（另见 Castelles 2000）。同样的技术也以大同小异的方式改变了犯罪行为，尽管其结果不同（Wall 2007）。第 1078 一，网络技术不仅使信息、思想和欲望的传播全球化，而且对当地产生了"全球化"影响——对当地的警务服务带来了全球化的影响。例如，一个国家的罪犯对另一个国家的受害者实施了新型诈骗行为，这将产生扩大当地警察处理这一罪行的能力的需要，如英国的犯罪分子对南美洲的受害者实施了金字塔式传销骗局。⑤ 第二，网络技术为新型不对称关系的出现创造了可能性，在这种关系中，犯罪者可以同时使地球上的许多个人受害。第三，网络技术和相关的网络社交媒体正在创造新形式的网络化的和无形的社会关系，这将成为新的犯罪机会的来源（Wall 2007；2013）。这些机会导致新犯罪的出现，如跟踪、调戏、欺凌、欺诈、色情信息和性勒索等⑥，这些形式的犯罪将对法律及其程序构成挑战。结果是，犯罪现在可以同时是全景式的和概要式的，因为不仅少数犯罪分子可以加害多数人，而且多数人也可以反过来成为少数人的加害者；尤其是在涉及网络社交媒介犯罪的案件中。网络犯罪可以远程实施，其速度要快得多，

---

③ EPSRC 全球不确定性项目 (EPSRC CeRes Project EP/K03345X/1)。

④ 本文还参考了 EPSRC 全球不确定性项目下另一个 (新) 项目的早期发现，该项目正在研究云技术对网络犯罪的影响 (EPSRC CRITiCal EP/M020576/1)。

⑤ 传销骗局 (或庞氏骗局) 即"Pyramid selling scams (or Ponzi schemes)"已经转移到了网上，其是精心设计的信心把戏以显得该计划有望获得良好的投资回报。但实际上投资回报来自新投资者的资金，而不是利润。从数学上说，这些计划最终会耗尽投资者的资金。

⑥ 性勒索（Sextortion）是指通过受害者的私密信息或照片并以其名誉来威胁，以报复、勒索金钱或相关利益。

而且其数量远远大于线下犯罪，这种"网络提升"标志着两者之间的根本差异。

新的犯罪机会正在被创造，犯罪的方式也正在改变。犯罪劳动——因为犯罪也可视为一种劳动形式——由于互联网和数字技术，正同时迅速地变得去技能化和再技能化（见 Wall 2007:42 中的论点）；同样地，日常工作通过自动化劳动的过程变得合理化。就犯罪劳动而言，一个人现在可以控制一个完整的犯罪过程，例如抢劫，这是曾经需要多人参与、具备各种犯罪技能的犯罪。此外，网络犯罪的入门技能已经下降，因为犯罪技术已经自动化，恶意软件现在可以自行操作，或被租用，或通过"犯罪软件即服务"（crimeware-as-a-service）买到。（Sood and Enbody 2013；Wall 2015a）使用的"技术"实际上已经"消失"了，因为它的操作现在是直观的，违法者不再需要像过去那样掌握专业的编程技巧。另一个重大的发展是技术成本的下降，特别是随着云技术的出现，这极大地降低了犯罪的启动成本，从而提高了犯罪诱惑。（见下文）。

用更简单的话说，互联网和数字技术创造了一种条件，使罪犯不再需要冒着极大的风险犯下大罪，因为一个人现在可以犯下许多对自己风险较小的轻罪。例如，当前，为了获得与抢劫罪同等的收获，犯罪分子可以在舒服和安全的家中实施 5000 万次、每次 1 英镑的盗窃，而不是实施一次 5000 万英镑的抢劫，而且抢劫需要复杂的犯罪技能集合，犯罪分子亦面临很高的人身风险（Wall 2007:3,70）。这些变化对犯罪的影响是，从理论上讲，一般人现在可以在全球范围内以以前想象不到的方式同时犯下许多罪行。如果不是银行抢劫案，那么他们可以实施一个主要的黑客行为，一个 DDOS（分布式拒绝服务）[7] 攻击（De Villiers 2006），一场仇恨言论的运动，或者成套骗局；具体的例子如，在 Lomas 案中，10000 名受害人被骗了 2100 万英镑（Wall 2015b BBC 2015a），或者，一名 15 岁的 TalkTalk 黑客，伙同其他人非法侵入了 TalkTalk 的数据库，并盗取了 120 万名客户的个人信息。现在一两个人就能控制整个犯罪过程，这个事实对我们认识网络犯罪的组织化有深刻的意义。互联网以一种颇为愤世嫉俗的方式，有效地将曾经被视为权贵和特权者的犯罪，如诈骗等行为世俗化。然而，有一个潜在的和几乎是意识形态的（错误的）假设：一个新的互联网黑手党正在形成（Wall 2015a）。如前所述，所有的犯罪都是以这样或那样的方式组织的，但并非所有的犯罪都是"有组织犯罪"，所以我们需要简要了解网络犯罪与其他犯罪有什么区别，但首先需要看看网络威胁的图景。

1079

---

⑦　分布式拒绝服务攻击（Distributed denial of service 即 DDOS）通过用大量数据轰击入口通道来阻止合法用户访问他们的网络空间（即网络和计算机系统）。

三　网络与数字技术如何改变了网络威胁图景？

自互联网诞生的 25 年以来，网络安全威胁状况显然发生了很大变化，因为网络技术逐渐改变了线上犯罪的组织方式。这些威胁近年来进一步升级，网络犯罪变得更加专业（例如可参见 Stuxnet 案[⑧]）和隐蔽，这与 Rootkit[⑨] 恶意软件，例如 Zeus[⑩] 和 BEEBONE 僵尸网络[⑪]（机器人网络）等技术有很大关系（Simmons 2015）。在这个后脚本小子[⑫] 时代，犯罪者不再像以前那样希望被人知道，甚至被人仰慕。网络犯罪也变得更加自动化，例如，勒索软件[⑬] 和假冒防毒软件[⑭]，以及像最近的分布式拒绝服务（DDOS）攻击表明的那样，危害更大。随着网络社交媒体的日益成熟，以及可以增加计算能力、存储空间和降低整体成本的云技术显现出的犯罪潜力，网络犯罪也变得更加复杂。[⑮] 此外，目前正在计划或正在进行的新的网络化技术使这些趋势更加复杂（见下文）。在探讨如何理解网络犯罪的许多问题之前，还必须简要地探讨给犯罪创造机会的技术，如何同时给警察公共服务和刑事司法提供帮助。

1080

（一）监管和警务：技术如何帮助？

改造犯罪的技术同样也在改造警务，这是通向刑事司法系统的门户——一个常常被遗忘的因素。这些技术不仅可以帮助警方调查和捉拿犯罪分子，还可以帮助受害者报告自己的受害情况，帮助警方应对受害者，尤其是在警方不再采取进一步行动的情况下。它们可以使受害者能够被转介到另一个机构，例如英国反诈骗行动机构（the UK

---

⑧ 震网蠕虫（The Stuxnet worm）是一种恶意软件，2010 年其被用来破坏伊朗核电站的工业控制系统。蠕虫是通过 u 盘导入的，并在部署前寻找硬件和控制系统的特定配置。它经常被视为信息战的一个案例。

⑨ Rootkit 恶意软件驻留在操作系统的"根"中，使黑客能够远程访问计算机。在执行僵尸网络等网络犯罪时，这一点至关重要。

⑩ 宙斯（Zeus）是一种恶意软件，其通过垃圾邮件传播，感染小企业和个人的计算机，以窃取银行登录信息，并使计算机成为僵尸网络的一部分。

⑪ 僵尸网络（Botnets）包括被远程管理工具（恶意代码）感染的"僵尸"计算机的互联网协议地址列表，这些计算机随后可以被远程控制。

⑫ 脚本小子（Script kiddies）是缺乏经验和技能的黑客，他们通过使用自己设计的破解脚本渗透或破坏计算机系统来寻求同行对他们胆大妄为行径的尊重。

⑬ 勒索软件（Ransomware）是一种恶意软件，它劫持计算机系统，直到赎金支付后被勒索者使用勒索者提供的代码消除恶意问题。

⑭ 假冒防毒（Fake AV 即 Anti-Virus）恶意软件通过模仿操作系统的标志通知用户，在他们的计算机上发现了非法文件，他们需要下载一个免费的"补丁"来防止它们再次出现。然后用户被告知，他们需要购买专业版本的"补丁"，以便永久修复。

⑮ 我在这里避免使用"云"这个术语，因为它在概念上有问题，很难与以前的术语区分开来，但是云技术这个短语概括了计算能力、存储和成本降低方面的变化。

Action Fraud National）报告网站，该网站收集关于经济和某些类型的网络犯罪的报告。

除上述之外，网络社交媒体不仅可以帮助警察和其他机构与公众进行对外交流，而且还可以帮助其获取必要的专门社区知识，甚至支持警察的社区调查活动。同样的技术也有助于加强警察对公众、警察本身以及法律的责任（Chan 2001:139）。此外，新技术还在协助警察部队更有效地管理其组织，并帮助个别警官更有效、更大量、更远距离地处理案件——具有讽刺意味的是，这与罪犯犯罪的方式大致相同。通过这样做，新的数字和网络技术增加了工作人员个人在警察管理中的责任，同时也有助于执行本组织的规则。警务未来的迹象是，通过保留地方警务规范的同时创建国家警务规范，网络化技术正在促使英国的个别警察部队具备国家思维。然而，由于有初步的证据表明警务模式正在发展，与当地在线服务相比，警务模式对当地警察局系统本身的依赖程度越来越小，这也带来了转折。但是，本章的其余部分集中讨论网络犯罪。

四　什么是网络犯罪：我们怎样才能更好理解它？

网络犯罪的定义很有争议，因为每个人都同意它的存在，但即使在这么多年之后，并不是每个人都在"它是什么"这一问题上持相同见解（Wall 2007；2014）。下面关于网络犯罪的概述有助于我们理解它是如何组织起来的，但我们必须首先将有关网络安全的风险和威胁的争论与有关网络犯罪的实际危害（对个人、企业和国家）的争论相区分。这些问题常常被混淆，并非所有的威胁和风险都表现为危害，也并非所有的危害都是犯罪，而有些则是犯罪，因此我们如何理解它们？

"转化试验"（Wall 2007）是将网络犯罪与非网络犯罪区分开来的一种方式。这就是将网络技术（早期称为"网络提升"）的影响从犯罪中删除，以确定会留下什么。这既可以在科学的意义上施行，也可以在隐喻的意义上施行。但这一过程有助于反思犯罪是如何发生的，以及网络和数字技术对犯罪行为的协助程度。我们可以通过这个"转化试验"来了解，犯罪由于技术媒介如何发生变化。在这个领域的一端是"网络协助"犯罪，犯罪分子在策划和实施犯罪过程中使用互联网，但如果互联网被拿走，这种犯罪仍将发生（例如杀人犯在谷歌上寻找如何杀人或处理尸体的信息）。在这个领域的另一端是"网络依赖"犯罪，这种犯罪是由于互联网而存在的，例如 DDoS 攻击或垃圾邮件。[16] 如果互联网（网络技术）被拿走，那么，犯罪就会消失。在网络协助犯罪和网络依赖犯罪之间，是一系列混合的"网络支持"犯罪。这种"网络支持"犯罪包括大多数类型的欺诈（但不完全是），它们是法律上现有的犯罪，以前在一国

1081

内实施，但由于因特网而变成跨国犯罪，例如庞氏欺诈和传销骗局。如果把互联网拿走，这些犯罪仍会发生，但只在一个更加本土化的层面上，同时这些犯罪将失去具有"网络"特点的全球性、信息化和分布式提升（可进一步参见 Wall 2005）。

　　一旦确定了技术媒介的级别，就需要考虑作案手法。因此，我们需要区分"针对机器的犯罪"，如黑客攻击和 DDOS 攻击等，这些都与"使用机器的犯罪"有很大区别，如欺诈等。两者也都不同于"机器中的犯罪"，比如极端色情、仇恨言论和社交网络引发的犯罪等。尽管三种作案手法在大多数现代司法管辖区都各自对应不同的法律部门，然而在实践中我们很少对它们加以区分。最后，对网络犯罪的处理也需要按受害群体进行区分。尽管"攻击类型"相似，但个人受害者不同于组织受害者（包括企业），而组织受害者又不同于国家受害者（国家基础设施）（见 Wall 2005；2014）。每一项都涉及不同的犯罪动机和受害手法。

　　网络犯罪的这些维度——技术影响、作案手法和受害者群体——中的每一个，都对我们理解受害经历性质有着不同的意义，罪犯类型和网络犯罪的组织方式方面也有差异。区分网络犯罪的不同概念的过程也有助于区分不同类型的争论、技术的不同影响和不同类型的犯罪。它有助于增加我们对网络犯罪的理解，也调和了文献中经常以相互冲突的方式所呈现的关于网络犯罪和网络安全的不同说法。通过确定技术对犯罪作案手法的影响、通过区分不同的受害者群体，可以确定应对网络犯罪所需的不同资源。由此产生的矩阵还有助于找出智力和证据方面的挑战以及负责机构。此外，它还可以帮助警察确定何时介入或不介入，或将某类案件转给另一机构，下文关于网络犯罪统计的一节说明了为什么这一点可能很重要。

五　哪些网络犯罪正在实际影响警察和刑事司法制度？

　　多年来，人们一直对网络犯罪的受害程度有很多的猜测，同时存在一种相当不一致的现象：数以百万计的网络威胁在任何时候都存在着，但对诸如计算机滥用行为等的起诉率却很低（例如见 Wall 2007:42）。有关网络威胁的分析不胜枚举，《Semantec 2015 年互联网安全威胁报告》（Semantec's 2015 Internet Security Threat Report）就是许多此类常规报告的典型范例之一，它在报告威胁状况的变化方面有着很多的记录。例如，2014 年的报告指出，每天有 500000 次网络攻击被拦截，同时发现了 6549 个新的漏洞。恶意软件和勒索软件的攻击在 2014 年增加了，其中密码勒索软件的攻击明显增加了 4000 倍。迈克菲（McAfee）估计，每年的网络攻击造成的全球损失和影响约为 4000 亿美元（Latiff 2014）。卡巴斯基和其他机构提出了类似的威胁分析。这些威胁报告的问题是，基于数量和成本而估计的损失额与起诉数量，特别是对计算机滥用行为的起诉数量形成鲜明的对照。例如，在英国，《1990 年电脑滥用法》实施 25

年来，根据该法提出了大约 400 起的起诉。(Wall and cockhott 2015)

（一）网络犯罪预测与起诉之间的鸿沟

1083

简单地说，对网络犯罪的预测和所谓的研究报告，往往是使用了惊人的说法，并吸引了大量的媒体头条报道。然而，这些报告可能同样令人困惑，因为它们经常把风险与威胁、伤害、犯罪混为一谈，而且媒体往往报道其调查结论，而不是数据。在寻求理解网络犯罪时，每个概念之间的差异在认识论上非常重要。"风险"是理论上可能发生的事情，例如陨石可能毁灭地球生命，"威胁"是指那些在任何一个时候可能实现的风险，例如陨石在宇宙中飞来飞去，但不一定能击中任何东西（还没有！）。这些风险和威胁都与危害和犯罪不同，后者（继续以陨石为例）确实击中了某种东西，但不一定造成重大损害。然而，在犯罪的情况下——陨石的例子到此为止——它们可能造成需要处理的损害，或者在犯罪未完成的情况下，[17]表现出预防再次发生该行为的需要。因此，必须区分：有关风险和威胁的报告；关于向警察举报损害的报告；关于警察决定对损害调查的报告；以及关于皇家检察署起诉罪犯的报告。

最为刺激媒体的预测通常是有关威胁和风险的，而不是对受害者的实际伤害（除非受害者的故事涉及很强的人类利益），因为它们具有巨大的数量或新颖的新闻价值。在法院——刑事司法程序的最后一环，起诉是总体犯罪水平的非常不可靠的指标，因为它们仅仅代表着漫长法律程序的结束。还有，正如上述对网络犯罪的分析所说明的，除了电脑滥用之外，网络犯罪也有很多不同的类型。此外，还有许多不同的受害者类型——如前所述，个别受害者与商业受害者大不相同，每个类型下都有多种亚类型，不同的亚类型受害者有不同的举报经历，他们对于损害的理解亦不相同。也有不同的公共部门或私营部门的监管者，他们可能在犯罪处理属于公共还是私人事务这一问题上持有不同看法。尽管媒体有过度耸人听闻的倾向，但一些网络犯罪很可能被低估，例如商业受害者，或带有性动机的网络犯罪受害者（因为他们往往也处于下线状态）。事实上，许多滥用计算机的罪行最终根据其他法律被起诉。例如，通常与计算机有关的欺诈往往仅根据《2006 年欺诈法》（主要罪行）被起诉为欺诈，《1990 年电脑滥用法》中的任何方面在辩论或对话中都不会发生作用。

这里再次重申，为了理解网络犯罪问题，必须将风险与威胁和现实损害区分开来。损害是司法程序中的一个重要引爆点，因为它们表明，一个犯罪开始作为有具体受害人的犯罪，而非技术上的被害。一个例子可能是，某人接收到一个诈骗邮件，但收件人没有做出回应。从技术上讲，这是一种欺诈未遂（被欺骗的邀请），在大多数情况下，施骗者不大可能实现欺诈，也不可能被起诉。因此，作为一个技术性概念，

1084

---

⑰　犯罪预备通常是为犯罪做准备而采取的行动，其本身可能无害。

犯罪是违反了某些法律规定，但要刑事司法制度处理它，就必须在大多数情况下对受害者造成重大伤害，以便使之受到举报，并满足各种法律和程序标准，以便对其进行调查和起诉。这些标准包括《内政部（犯罪）统计规则》[18]《刑事诉讼程序和警察调查业务守则》[19] 或《皇家检察官守则》[20]。如前所述，通常被描述为网络犯罪的犯罪只是技术上的犯罪，是违反法律的犯罪，但由于种种原因，往往不符合可以通过法院调查和追究刑事责任的法律标准。

有时，网络犯罪只是"法律不以为意的琐事"；即犯罪情节太轻微，追究或者起诉不符合公共利益，或不属于警察通常的执法范围，或不符合立案和调查犯罪的标准（Wall 2007:ch8）。如果犯罪是包括 5000 万次、每次 1 英镑的盗窃案件，而不是 5000 万英镑的银行抢劫案件，情况尤其如此。虽然这是一个假设的例子，但先前讨论的 Lomas 案（BBC 2015a）生动地说明了对网络犯罪进行监管需要一种新的和真正的方式，特别是需要组合每一项犯罪中获取的情报，以确定犯罪者。这种情报不仅包括关于谁在大量实施轻微犯罪的信息，而且还包括与其相关的各种未完成犯罪，例如发出有欺诈危险的垃圾邮件——在大多数情况下，这种信息往往被忽视。在这套新的警察执法模式中，情报和证据可以非常紧密地交织在一起。

最后，还有一个定义问题，那就是道德上被禁止的越轨行为在法律上何时真正被规定为犯罪，因为公众关注的许多危害行为实际上并不是电脑滥用，而是与互联网不良行为有关，或者说是，违反了曾经被称为"网络礼仪"的行为。一种类似于"狗屎综合征"的现象发生了。"狗屎综合征"是在有关街头安全认识的研究中发现的现象：人们很注意诸如狗在街道上排泄等不文明行为，却不注意更严重的、影响他们生命和健康的犯罪威胁。通过比较根据《2003 年通信法》第 127 条提出的起诉与根据《1990 年电脑滥用法》（*Computer Misuse Act* 1990）提出的起诉案件数量，可以说明人们更重视互联网不良行为的现象。2004 年至 2015 年期间，根据第 127 条提出公诉的案件有 21320 件[21]，与之相比，有关电脑滥用的公诉案件数量相当少（25 年来共有 400 起）。这一发现表明，警察正在响应越来越多的要求，以解决网络社交媒体上的行为和在线通信问题，而不是《1990 年电脑滥用法》规定的犯罪问题。以下三个个案研究分别探讨当前在警察工作中经常发现的犯罪类型。

---

[18] 《犯罪统计规则》（Counting rules for recorded crime），https://www.gov.uk/government/publications/counting–rules–for–recorded–crime。

[19] 《刑事诉讼程序和警察调查业务守则》（Code of Practice to the Criminal Procedure and Investigations Act 1996），https:// www.app.college.police.uk/ app– content/ investigations/ introduction/ #principles–of–investigation。

[20] 《皇家检察官守则》（Code for Crown Prosecutors）http://www.cps.gov.uk/publications/code_for_crown_prosecutors/codetest.html。

[21] 从根据《2000 年信息自由法案》（the Freedom of Information Act 2000）提出的请求中获得的数据（我感谢拉丹·科克斯托克博士"Dr Ladan Cockshut"和劳拉·康纳利博士"Dr Laura Connelly"）。

1085   1. Facebook 和调戏

第一个案例研究令人想起推特（Twitter）玩笑案件（*DPP v Chambers*）[22]，该案涉及《2003 年通信法》第 127 条和互联网威胁行为。大约 5 年前，一个年轻的女孩在 Facebook 上发布了一张自己从海上走出来的、穿着比基尼的度假照片，上面写着："男孩们，你觉得怎么样？"她的 15 岁男朋友的好朋友留言说，"真 ×× 的棒"，随后附上一个调戏但风趣的表情图。嫉妒之下，她男朋友回复他的朋友说"滚蛋"，并随后说了一些生气的话。这位男友愤怒地（对他的前好朋友）说，如果他再这么说，他就会揍他并杀死他——实际上他模仿了在 2008 年皮埃尔·莫瑞尔（Pierre Morel）执导的电影《飓风营救》（*Taken*）中利亚姆·尼森（Liam Neeson）说过的一句话。这位前朋友的父母看到了这些对话，很担心他的安全，向他的老师提起了这件事，但老师不知道该怎么办。老师把这件事转告了当年的领导，事件就通报到学校的管理阶层、到校长，但校长也不知道该怎么办。他询问了当地的警务联络官，后者向皇家检察署征求了意见。他们认为"我将杀死你"等字眼具有威胁性质，明显违反了《2003 年通信法》第 127（1a）条。警方逮捕了这名男友，他被认为是一名潜在杀手，并扣押了他的电脑。在随后的调查中，案件开始变得公开和支离破碎，公众非常关注；这名男朋友显然不是杀手，他拒绝接受警告处罚，案件亦被撤销了。

2. Snapchat 和"色情信息"

第二份案例研究由 BBC（2015b）报道，涉及一名 14 岁男孩通过智能手机应用程序 Snapchat 将自己的裸体照片发送给他学校的一名女生。Snapchat 在十秒钟之后删除图片，但是收件人在那个期间保存了图片并将它发送给了她的同学朋友。该图片被学校的联络官注意，该行为虽然没有被指控，但被正式记录为犯罪，而且发件人和收件人的详细情况都录入了警方情报数据库。它们可以保存长达十年，并在犯罪前科记录检查中被披露。如果图片的最初发送者已经超过 18 岁，男孩就会成为"复仇性色情"的受害者，而传播图片的女孩则被起诉。男孩的母亲在接受记者采访时说，她的儿子因为"充其量是幼稚的"，以及最糟糕的是，只是因为是"十几岁的孩子"而受到了"羞辱"。案件表明的是，许多年轻人现在将所谓的"发送色情信息"作为调情的一种形式（BBC 2015b）。这种行为，已成为"新常态"的一部分，这需要老一辈和当局去理解更多。

---

    [22]   在推特玩笑案件（Twitter Joke Trial）中，钱伯斯（Chambers）发了一条推文，说他会在生气时推毁唐卡斯特机场（Doncaster airport），随后根据《2003 年通信法》第 127 条被起诉。其定罪在第三次上诉后被撤销，因为它被认为是"一个不会在被传达者或有理由预期会看到它的人中造成恐惧或恐惧的信息，不在此规定范围之内"（根据《加拿大 2003 年法案》），见 DPP v Paul Chambers [2012] EWHC 2157 https://www.judiciary.gov.uk/wp-content/ uploads/ JCO/Documents/ Judgments/chambers- v- dpp. pdf.

3. TalkTalk 黑客事件

第三项案例研究是 2015 年的 TalkTalk 黑客[23] 和数据盗窃案，这引发了媒体的狂热兴趣，并引发了一个问题，即罪犯能否受到公正的审判，法院通常适用的司法比例原则能否在此案中适用。在 TalkTalk 受"攻击"后，出现了来自该公司首席执行官的似乎无穷无尽，但信息不足的道歉。首席执行官多次将公司描述成无辜的受害者。在媒体大幅报道之后，各种专家对恐怖分子的潜在参与、巨大的财政损失和即将到来的网络犯罪海啸进行了自由猜测。工商界随后发出了世界末日式的警告，政府调查委托之后发出了同样警告。此外，有许多媒体报道，客户因随机式的欺诈行为而受到了二次伤害。与数据黑客没有关系的骗子们，随机拨打了一些电话，他们声称自己来自 TalkTalk，并要求"受害"用户通过电话更改登录信息，同时确认退款途径或打折后付款方式——从而使受害者提供了其个人财务信息。这些事件证实了许多民间关于网络犯罪的传言，加剧了对网络犯罪的恐惧文化（见 Wall 2015b）。后来，北爱尔兰一名 15 岁的男孩突然被捕，案情有了大反转。据推测，他在卧室里策划了这起令人发指的国际罪行，与此案有关的还有两名 16 岁的少年和一名 20 岁的少年。15 岁的少年和同伙随后被取保候审，他们被指控侵入互联网服务提供商，侵入方式是以 DDoS 攻击作为烟幕，隐盖其植入 SQL 的行为，从而盗取了包含 400 万名左右 TalkTalk 客户信息的数据（实际数量根据不同报告有所不同）。不仅 DDoS 的攻击触犯了《2006 年警察和司法法》第 36（3）条，而且数据被盗的方式也违反了《1990 年电脑滥用法》第 1（1）条和第 1（3）条；所以在这种情况下，对于犯罪行为而言，法律的规定是很明确的。黑客们随后被指与 TalkTalk 联系，并勒索大约 80000 英镑[24] 以赎回数据，并威胁如果不支付赎金，这些数据可能会被公开或出售。大城市反网络犯罪警察部门（FALCON）追踪了他们，并在数据公开或出售之前逮捕了他们。大城市反网络犯罪警察部门还证实，虽然一些个人信息可能被盗取，但信用卡和借记卡号码并未被盗取。

事实上，最初关于这次黑客袭击的许多猜测都是毫无根据的，整个事件开始显得相当业余。但不是在案情反转之前。随着更多的询问被公布，尴尬的问题出现了：TalkTalk 的安保人员当时在哪里？以及 TalkTalk 从前两次袭击得到了什么样的教训？他们对顾客公平吗？但一个"房间里的大象"式问题（明明存在，却被人刻意地回避或无视的问题）是：一个 15 岁的孩子和他的 16 岁与 20 岁的同伙怎么能在卧室里犯下如此严重的罪行、造成如此大的破坏，而这仅仅是"因为他们可以"，而不是因为

1086

㉓　数据盗窃黑客［Data theft (hack)］是黑客对大量数据的盗窃，到目前为止，他们倾向于以 DDoS 攻击为诱饵，在侵入系统（通过 SQL 注入）窃取数据之前迷惑计算机安全系统。

㉔　与数据对公司的价值相比，这是一个小数目。

更深的犯罪动机。在向治安官解释自己的行为时，其中一名黑客说："我当时没有想到后果。我只是在向我的朋友炫耀"（BBC 2016）。因此，关于"他们如何造成这种损害"这个问题的答案在于上文的分析，即互联网是如何通过为远距离、快速和大数量的犯罪提供新的机会，而改变犯罪行为的（Wall 2015b）。在这个案件中，回答"为什么"可能简单得多。

4. 解密网络犯罪威胁

上述三起案件中的每一起都提出了一些非常重要的问题，这些问题是关于今天警察和政府当局在处理互联网和网络社交媒体引起的争端和问题方面的角色。虽然没有一种情况特别不寻常，但每个警察机构目前都面临全新的情况，而这些不属于它们传统的活动范围。在威胁行为和色情信息案件中，关于警察是否如此直接地介入，是存在问题的。另外重要的问题是，其他参与各方的责任。家长反应过度了吗？老师们是过于谨慎还是见识不足，抑或两者兼而有之？控方律师在评估刑事责任时是否考虑了案件的全部背景？警方是否因为家长或老师的压力而做出过激反应？然而，在 TalkTalk 案中，几乎可以提出相反的问题：父母们是否不够谨慎？他们，或者老师们，是否应该早一点有所警觉，或者警察是否应该更早地介入？这三起案件的共同问题是，有关当局是否充分了解青少年使用网络和移动设备的表面上"正常"的行为的性质，这一点上文已经提出。所有情况似乎都表明，将网络犯罪纳入警察主流业务的重要性日益增加，例如，将类似于学校联络警官的角色作为解决网络犯罪的关键角色，而不仅仅是发展专门的网络犯罪部门。

（二）警务工作弥合鸿沟

各种受害者调查显示，与实际发生的较低的受害程度相比，人们对网络犯罪的恐惧程度较高，二者之间存在明显的差距（National Statistics 2012; Levi and Williams 2012; Wall 2013：16-17）。正如前面提到的，关于网络犯罪的"恐惧文化"产生于混乱的媒体报告风格，它将潜在的网络安全风险和威胁与实际的网络犯罪危害混为一谈，其背景是在网络犯罪还没有存在之前，社会科幻小说中就已经出现了对网络犯罪的错位定义（见 Wall 2008）。这种恐惧膨胀可以说导致了人们对提高安全程度的需求，而警察机构和政府无法现实地单独满足这种需求（Wall 2008）。其连锁效应是，警察和政府已经开始了一项旨在保证警务工作能够弥合安全需求与安全供应之间的鸿沟的进程。但是，结果好坏参半，因为所采用的一些战术推动了警务方面的重要和新的发展（例如颠覆性的警务模式），而其他一些战术似乎不过是安抚公众的公关活动。正在发生的情况似乎是，在当前网络犯罪政治化、警察执法工作缺乏法律焦点和实务指引的情况下，警察机构往往倾向于回应局势中的微观政治问题，尤其是大众"关切的声音"，而不是满足个别受害者的司法需求。由于警察机构在实际打击网络犯罪的参与具有普遍的不确定性，警察机关及其官员发现很难区分那些对受害者造成实际伤害的罪行和人们认为有害的罪行。人们认为，这样的结果是，音量最大的声音往往占上风，以及警察机构会感觉到压力，原因是他们需要弥合（上文提及的）鸿沟，却不是为了伸张正义而打击网络犯罪。对当地警察数据的分析支持了这一现象，分析显示，警务工作的重点是打击互联网不良行为（根据《2003年通信法》第127条），而不是计算机滥用行为，但我们观察的视野可以更广阔些，例如，从地方和国家的角度观察本文上一部分提及的三个案例中的各种不同反应。

对网络犯罪的恐惧文化以及由于安全期望与安全供给之间的不匹配而产生的心理差距，意味着警察和有关机构必须努力管理公众和企业对于警察和政府所能够提供的安全保障水平和类型的期望。例如，公众的第一个联络点——电话报警中心，就是最符合逻辑的起点。对于欺诈和网络犯罪的举报，目前许多电话报警中心的做法是，指示报案者向反诈骗行动处（Action Fraud，英国经济和网络犯罪举报中心）举报。可以说，如果在英国各地的电话报警中心的工作人员多花一两分钟时间向每个来电者提供建议，并向受害者解释，即使案例不那么严重、警察不会进行刑事调查，他们的信息仍非常重要，那么公众可能更乐于举报网络犯罪。在这样做的过程中，国家机关还收集了重要的战略情报，包括许多关于欺诈未遂和相关的未完成犯罪的重要情报，国家反欺诈情报局可以利用这些情报来制定国家的反欺诈策略，并查找出调查网上犯罪所需的重要情报（见 Wall 2013：18 和下文参考文献）。㉕

（三）哪些网络犯罪正在冲击当地警察部门？㉖

上文所述的网络犯罪的政策和现实之间的差距，得到了对主要警察数据（来自英国的两个警察部队）的分析的证实。㉗ 本地案件和犯罪数据集明显缺乏的是，网络犯罪对国家构成的第一层威胁，以及媒体经常报道的网络依赖型的恶意软件犯罪和网络支持型欺诈犯罪。但是，这种缺陷并不奇怪，因为与这些事件有关的举报被电话报警中心的接听者从地方警察机构的业务中移走，例如，直接将案件转介给反诈骗行动处——经济和网络犯罪举报的中心数据库。因此，这些数据可以在不同的数据库中找到，例如伦敦市警方掌握的反诈骗行动处的数据集和 GCHQ（国家通信总局）提供的情报。然而，在当地警方的数据中可以发现互联网的影响，而这很少成为公众讨论

1089

㉕　在撰写本文时，许多英国警察正在审查报警中心向公众提供的关于网络犯罪的建议；也有人谈到正在进行中的一次针对反诈骗行动处的制度所进行的审查。

㉖　这部分观察结果是关于趋势的。这些趋势结论来源于两项分析。一项分析综合了警察机构一个 EPSRC 项目（EP/K03345X/1）的数据；根据数据使用协议，因为研究还在进行，只能原则上地进行讨论。另一项分析则是作者根据反诈骗行动处的数据而进行的。（见 Levi and others 2015）。

㉗　受规定数据使用规则的数据处理协议所限，在此阶段，只能宽泛地与原则性地讨论分析结果。

的焦点。地方警察部队收到许多关于低水平的网络社交媒体造成的加重犯罪（网络协助型犯罪）的举报，其中网络技术发挥了重要作用，同时增加了对警察工作时间的要求。这种类型的犯罪主要有两种表现形式：网络社交媒体加重威胁与攻击犯罪，以及网络社交媒体加重欺诈犯罪。

网络社交媒介加重攻击犯罪是这样的情形：A 在社交网络媒介网站上侮辱了 B，B 及其伴侣或朋友、亲戚对 A 进行报复，对其进行侮辱甚至人身攻击。这种行为的一种变种是"无赖"行为或互联网不良行为，即个人通过在网上反复地骚扰别人而获得快乐。这两种犯罪的受害者往往是犯罪分子的原朋友或家人——尽管并非总是这样，而且这些行为给受害者的生活造成了相当大的不安和破坏。经常的情况是，线上违法行为违反了线下的禁制令，典型的情形是前伴侣在网络上骚扰受害者，并错误地认为该行为不属于禁制令的效力范围。在威胁和攻击行为的每一种变种中，网上行为都会产生线下影响，并对当地警察机关提出了局部性和需要占用大量资源的要求，以便满足有关各方的需求。

网络社交媒体加重欺诈犯罪是这样的情形：点对点（P2P）的网络关系导致欺诈行为出现在网络上以及常常在某种情形下出现在线下。许多都是预付款欺诈[28]的变种，其中"419骗局"是经典的模式。罪犯通常诱使受害人参加一项活动，在未提供服务之前收取费用。在互联网存在之前，这类骗局都是通过利用邮政系统和信件在线下进行，但随着互联网的出现而迅速转移到线上实施：犯罪分子承诺会给受害者一大笔钱，前提是受害者帮助骗子将资金从一个国家转移到另一个国家。这种"所谓的"资金转移通常要求受害人提供预付款以"释放资金"，或允许犯罪人进入受害人的银行账户，有时两者兼而有之。尽管受害者不愿意冒险，而且似乎很少堕入预付款骗局，但当他们这样做时，他们面临着相当大的个人风险，尤其是在网上行为转移到线下的情况下。

预付款骗局最近演变成彩票骗局，即要求交纳手续费才能发放"中奖奖金"；以及使众多人受害的约会骗局。他们通过在线约会网站遇见和引诱受害者，并随着关系的发展，受害人在预料到会约会见面和情感或性欲会得到满足的情况下，常常会交出钱财（进一步可参见 Whitty and Buchanan 2012）。第三种预付款骗局是拍卖欺诈，欺诈者诱骗受害人，其方式是引诱他们购买不存在或不像宣传那样的商品。这些和其他相关的犯罪最初由反诈骗行动处、贸易标准或商业部门处理，然后当有明显的证据时，再将案件转交给当地警察部门。一些更直截了当的骗局，主要是受害者和罪犯都在警察部门所在地的案件，将由当地警察直接处理（进一步见 Levi and others 2015）。

㉘　预付款欺诈［Advanced fee frauds (419 骗局)］是欺骗受害者提前支付费用的欺诈策略，目的是促成所谓的对受害者有利但从未实现的交易。

在警察所应对的犯罪中，这两种基本类型的网络协助（或网络加重）犯罪并没有特别剧烈的发展，但它们确实表明警察的应对行为发生了明显和逐步的变化，这就提出了一个问题，即警察和警察部门在数量和资源需求方面需要如何地发展。目前，地方警察部队和国家一级的国家犯罪署都在办理网络协助型犯罪，至于具体由哪个机构处理，则主要取决于攻击的严重程度和违法行为的数量。

六 技术发展：未来 5—10 年对警察的影响

目前的三项技术进步中的一项或多项可能会对执法工作构成挑战，并在今后十年里使警察管理人员和政策制定者彻夜不眠[29]。网格技术将与我们的数字"设备"一起发展横向通信网络；自我删除的通信技术，如 Tiger texts 或 Snapchat 等将消除通信的证据；而比特币、机器人币、狗狗币、莱特币等自称匿名的加密货币（Greenberg 2015）将创造出可能挑战银行系统权威性的另一种货币交换系统。由于其作用刚好被"物联网"放大（Ward 2014），这三项技术将共同对警务活动以及政府治理，特别是跨管辖区治理，构成挑战。此外，还出现了新形式的犯罪服务提供方式，其模拟网上商业服务，使非专业的罪犯能够实施犯罪。"犯罪软件即服务"能够使犯罪分子在不需要掌握计算机或系统方面的专业知识的情况下，组织网络犯罪攻击，就像曾经发生过的那样（Wall 2015a）。对这些事态发展的普遍关切是，公众对犯罪的恐惧将减弱合法企业投资于网络活动的动机，同时却进一步鼓励线下有组织犯罪分子渗透网上市场。这一事态发展可能进一步扩大公众要求的安全水平与政府和警察机构实际能够提供的安全水平之间的心理落差。媒体报道中的对有组织犯罪集团接管因特网的担忧，进一步加剧了心理落差，使人们对警方如何应对这些潜在变化产生疑虑（Wall 2015a）。

1091

（一）未能对这些变化做出反应：后果

如果警察无法或未能对网络上罪犯和网络犯罪做出反应，将会发生什么？首先，不可能有"拘捕的确定性"，因此没有威慑效果，这会鼓励更多的网上犯罪。这凸显出需要思考如何应对网络犯罪犯罪者群体，这与其他犯罪者群体有着明显的不同。由于几乎没有证据表明传统的有组织犯罪集团已将其活动转移到网上，事实上，网上犯罪集团似乎具有与传统有组织犯罪集团不同的社会和教育特征。如此一来，直接将青少年网络犯罪者囚禁起来，恐怕是不明智的，他们只是屈服于网络犯罪的诱惑，而且在身处卧室之时就陷入了严重（网络）犯罪。通常，这些犯罪者都曾沉迷电脑游戏，然

---

[29] 这些问题是在［诺曼·贝克（Norman Baker）的］"内政部 2020—2025 年地平线计划部长级工作组"（Home Office Ministerial Working Group on Horizon Planning 2020—2025）中于 2013 年首次被提出。

后学会游戏中作弊，然后为了取胜而学会如何使对手操作不了电脑，然后，往往是为了"看看自己是否能做到"，而从在各种犯罪论坛上进一步学习网络犯罪技能。他们不仅对刑事司法程序和刑罚毫无心理准备，而且在监狱中他们很容易落入有组织犯罪分子的魔掌。犯罪分子很可能，也可能不，控制他们，然后在未来的网络犯罪中召集他们！可见，确实需要一些替代惩罚，以利用他们的技能来实现共同利益。然而，如果没有足够的威慑力，上述提到的、公众对安全的要求（恐惧文化）与警察及政府能够或不能提供的保障之间的心理落差将会扩大。公众的更大的不安全感反过来可能进一步阻碍对互联网的战略投资，而这些投资可以改善公共服务和公民参与情况。最糟糕的情况是，认为警察机构失败的大众心理，将导致线上和线下民团组织的发展，这可能导致虚拟或网络社团数量的增长，而这种增长将远离"威斯特伐利亚"（Westphalian）国家模式，并导致建立在亲和力基础上的网络化社会，就像中东 IS 组织那样。

1092

七　结论：对于网络犯罪，可以做什么，如何做?

关于网络犯罪的一个事实是，它不能被根除，也没有彻底性开关（无论从字面上还是隐喻上）可以将这些技术关掉。更多的法律也不是办法，因为现有的计算机滥用法，似乎在所有管辖区内，都没有得到充分利用。此外，纯粹的技术反应措施并非唯一的解决办法，因为它们经常限制其他自由。相反，我们只能寻求建设性地管理网络犯罪，尽快切实减轻其带来的风险和危害。因此，警察、政府和私营部门作为"有能力的监护人"（见 Hollis and others 2013），都需要对日益活跃和多种多样的网络犯罪做出明智的反应。为实现这一目标，需要采取更加细致和相互关联的办法来应对各种挑战，并在若干不同的层次上应对，但如何应对?

传统的对策是发展协作模式，使警务机构、计算机安全行业和其他私营部门机构一起合作。然而，本文介绍的网络犯罪概况表明，这类机构还需要广泛地与其他类型的当事人密切合作，仅举几个例子，这些当事人包括教师、家长和皇家检察署等。然而，协作的主要弱点之一是，它们充其量只能促进一种妥协形式，因此需要一种更有活力的协作关系，遵循共同生产或共同创造的模式。这种模式由每个利益攸关者共同拥有，并与一个更智能的能力建设方案保持一致，该方案可以帮助警察机关领导人、官员、后勤人员和其他利益相关者了解、应对和管理某些导致线上、线下犯罪的行为。此外，警察机构需要与本国以及海外的其他伙伴机构和主要利益攸关方合作，制定新的制度和标准，以便了解犯罪的变化，然后立即分享有关这些变化的信息。"大数据"分析能力的发展使我们可能近乎实时地被告知相应的战略和政策，尽管这些发展也带来了新的风险和道德关切，特别是对隐私的关注。所有这一切都表明，私营部门和公共部门之间有必要进行一次重要的对话，特别是在我们即将迎来"物联网"的

时代，物联网将把我们家庭内的和职业上的大部分事物与互联网连接起来，并极大地 1093
扩大关于我们、以及我们之间的信息流动。

【参考文献】

BBC, 'Promoter of £21m pyramid scam ordered to pay back £1' (*BBC News Online*, 15 July 2015a) <www.bbc.co.uk/news/uk-england-bristol-33536824> accessed 30 April 2016

BBC, 'Sexting' boy's naked selfie recorded as crime by police' (*BBC News Online*, 3 September 2015b) <www.bbc.com/news/uk-34136388> accessed 30 April 2016

BBC, 'TalkTalk hack: Boy, 15, arrested in Northern Ireland released on bail' (*BBC News Online*, 27 October 2015c) <www.bbc.co.uk/news/uk-northern-ireland-34646196> accessed 30 April 2016

BBC, 'Boy, 17, admits TalkTalk hacking offences' (*BBC News Online*, 15 November 2016) <http://www.bbc.co.uk/news/uk-37990246> accessed 15 November 2016

Bilton N, 'The Y2K That (Thankfully) Never Happened' (*New York Times*, 30 December 2009) <http://bits.blogs.nytimes.com/2009/12/30/ the-y2k-that-thankfully-never- happened/?_ r=0> accessed 30 April 2016

Castells M, 'Materials for an explanatory theory of the network society' (2000) 51(1) British Journal of Sociology 5

Chan J, 'The technological game: How information technology is transforming police practice' (2001) 1(2) Criminal Justice 139

De Villiers M, 'Distributed Denial of Service: Law, Technology & Policy' (2006) 39(3) World Jurist Law/Technology Journal <http://papers.ssrn.com/sol3/papers.cfm?abstract_ id=952177> accessed 30 April 2016

Greenberg A, 'Zerocoin Startup Revives the Dream of Truly Anonymous Money' (*WIRED*, 4 November 2015) <www.wired.com/2015/11/zerocoin-startup-revives-the-dream-of- truly-anonymous-money/> accessed 30 April 2016

Hollis M and others, 'The capable guardian in routine activities theory: A theoretical and conceptual reappraisal', (2013) 15(1) *Crime Prevention & Community Safety* 65

Latiff S, 'Cyber Attacks Cost $400 Billion A Year, Wrecking Global Economy' (The TechJournal, 11 June 2014) <http://thetechjournal.com/internet/web-security/cyber- attacks-wrecking-global-economy.xhtml> accessed 30 April 2016

Levi M and others, *The Implications of Economic Cybercrime for Policing* (City of London Corporation, 2015) <www.cityoflondon.gov.uk/ business/ economic- research- and- information/ research-publications/Documents/Research- 2015/Economic- Cybercrime- FullReport.pdf> accessed 30 April 2016

Levi M and Williams M, *eCrime Reduction Partnership Mapping Study* (NOMINET/ Cardiff University, 2012)

National Statistics, *2010/1 1 Scottish Crime and Justice Survey: Main Findings*, (National Statistics/ Scottish Government, 2012) <http://www.scotland.gov.uk/Resource/Doc/ 361684/0122316.pdf> accessed 1 February 2013

Reiner R, *The Politics of the Police* (4th edn, OUP 2010)

Simmons D, 'Europol kills off shape-shifting 'Mystique' malware' (*BBC News Online*, 9 April 2015) <www.bbc.co.uk/news/technology-32218381> accessed 30 April 2016

1096 Sood A and Enbody R, 'Crimeware-as-a-service—A survey of commoditized crimeware in the underground market' (2013) 6(1) ScienceDirect 28 <www.sciencedirect.com/science/ article/pii/ S1874548213000036> accessed 30 April 2016

Wall D, 'Policing the Virtual Community: The Internet, Cyber-crimes and the Policing of Cyberspace' in Peter Francis, Pamela Davies, and Victor Jupp (eds), *Policing Futures: The Police, Law Enforcement and the Twenty- First Century* (Palgrave Macmillan 1997)

Wall D, 'The Internet as a Conduit for Criminal Activity' in April Pattavina (ed), *Information Technology and the Criminal Justice System* (2015 revised version on SSRN, Sage 2005) <http:// ssrn.com/abstract=740626> accessed 30 April 2016

Wall D, 'Cybercrime: The transformation of crime in the information age' (Polity Press 2007) Wall D, 'Cybercrime and the Culture of Fear: Social Science fiction and the production of knowledge about cybercrime' (Article revised in May 2010, 2008) 11(6) Information Communications and Society 861 <http://papers.ssrn.com/sol3/papers.cfm?abstract_id=1155155> accessed 30 April 2016

Wall D, 'Policing Identity Crimes' (2013) 23(4) Policing and Society: An International Journal of Research and Policy 437

Wall D, ' "High risk" cyber-crime is really a mixed bag of threats' (The Conversation, 17 November 2014) <https://theconversation.com/high-risk-cyber-crime-is-really-a-mixed- bag-of-threats-34091> accessed 30 April 2016

Wall D, 'Dis-organized Crime: Towards a distributed model of the organization of Cybercrime' (2015a) 2(2) The European Review of Organised Crime 71

Wall D, 'The TalkTalk hack story shows UK cybersecurity in disarray' (*The Conversation*, 28 October 2015b) <http://theconversation.com/the-talktalk-hack-story-shows-uk- cybersecurity-in-disarray-49909> accessed 30 April 2016

Wall D and Cockshut L, 'Prosecuting Cybercrime: Achieving Justice or Reassurance?' (European Society of Criminology Annual Conference, September 2015)

Ward M, 'CES 2014: Connected tech raises privacy fears' (*BBC News Online*, 8 January 2014) <www. bbc.co.uk/news/technology-25662006> accessed 30 April 2016

Whitty M and Buchanan T, 'The Psychology of the Online Dating Romance Scam' (ESRC Research Report, University of Leicester 2012) <www2.le.ac.uk/departments/media/peo- ple/monica-whitty/ Whitty_romance_scam_report.pdf> accessed 30 April 2016

第四十五章
对自动武器系统及其伦理与国际法规制的辩论

肯尼思·安德森（Kenneth Anderson）

马修·C. 瓦克斯曼（Matthew C. Waxman）

孙南翔 译

一 导言

2012 年 11 月，两个不同的组织发布了两份不同的文件，拉开了一场关于自动武器系统的法律和伦理公开辩论的序幕。

其中第一份是美国国防部（DOD）发布的关于自主武器的政策备忘录，由时任国防部副部长阿什顿·B. 卡特（Ashton B Carter）签署，即《国防部指令：武器系统的自主性》（国防部指令 2012）。该指令的根本目的：一是确立国防部关于"发展和使用武器系统中的自主性和半自主性功能"的政策，二是确立国防部"旨在最大限度地降低自主和半自动武器系统失效的可能性和后果的准则，该武器系统可能产生意
外"（《国防部指令 2012：1》）。

该指令界定了国际武装冲突法（LOAC）中关于武器和目标的"自主"和"半自主"的含义。根本上，国际法或是国际人道法的主要目标是规范作战行为（国防部指令 2012：13-15）。作为一项政策指示，它对目前或将来可能的自动武器系统提出了特别要求。但其实质是描绘国防部对武器发展的政策、法律和法规的长期理解。在指令的语言中，这种理解的前提是要求反地雷的设计必须"允许指挥官和操作员对使用武力做出适当程度的人类判断"（国防部指令 2012：2）。

美国军队逐步增加武器系统的自动化程度。以漫长的历史来考察，这至少可以追溯到"二战"和早期发展的粗体、机械反应装置，其目的在于增加高射炮的目标。提

高武器自动化的努力对美国或其他主要国家的军事机构来说并不是什么新鲜事。该指令（至少对国防部而言）代表了将多种类型的自动化技术纳入武器系统的程序方面进行政策指导的一个渐进步骤，包括对特定战场使用武器的合法性关切，以及确保对操作人员进行适当和有效的培训。但该指令的基本假设（实际上是国防部关于美国所有军事技术的基本假设）是，一般而言，自动化技术将继续在新的和现有的武器系统中进行使用。虽然该指令强调采取实际的和不断发展的政策需求，并尽量减少任何特定系统在特定环境中可能造成的风险和意外情况，但它理所当然地认为，推进自动化（甚至在某些情况下提高"自主性"）是武器设计的合理目标。

然而，这一假设恰恰是第二份备受瞩目的文件所提出的挑战。这是一个著名的国际人权组织——人权观察（HRW）所发布的报告：《丧失人性：针对杀人机器人的案例》Losing Humanity: The Case against Killer Robots（于 2012 年 11 月发布）。它的发布与发起名为"停止杀手机器人"的国际非政府组织运动（2013 年）相互交叉。这一新运动借鉴了现在人们熟悉的 20 世纪 90 年代禁止杀伤人员的地雷运动的模式。"停止杀手机器人联盟"以人权观察为核心，以丧失人性为宣言，以最广泛的措辞呼吁全面地、先发制人地禁止开发、生产、转让、销售或使用任何"完全自主"的自动武器系统。它呼吁制定一项国际条约，颁布这项全面的、先发制人的禁令。

1099　　　因此，丧失人性问题主要与国防部最佳审慎政策的主要内容有关，但这不是确保今天新兴武器系统在其他战场上具备合法性的法律解释。相反的（正如本章第 3 节和第 4 节讨论的那样），主张丧失人性的人断言，在其初步评估中，现在或将来，无论有一天人工智能（AI）会变得多么先进，自动武器系统都将无法遵守国际武装冲突法的要求。正如报告的批评者（包括现在的作者）所指出的那样，这是一个不得了的论断，因为它包含了关于技术将能够远至未来的假设。

当前，国际倡导性的活动正寻求全面的、先发制人的禁约条约，其描绘了未来战争的可怕景象，如果目前在武器系统中实现自动化和人工智能的趋势尚未被消灭。倡导者们对技术的未来能力和极限提出了大胆的主张。这种公开的宣传还从流行文化和科幻小说（"杀人机器人"）的角度出发，认为颁布一项完全禁止自动武器系统的法令，是防止杀人机器人最终控制人类的方法。

因为《丧失人性》报告和停止杀戮机器人联盟的运动，一些国家和联合国官员在联合国各个论坛上采取了针对自动武器系统及其规范性条例的辩论，无论是通过禁令还是其他一些方法。从 2013 年开始，在《联合国特定常规武器公约》（CCW 1980）缔约方的召集下，诸多关于自动武器系统的专家会议得以召开。然而，有关国际法是否能适当适用于自动武器系统的辩论远不是一成不变的，国际社会中倡导行动者的立场和观点很可能在本文发布时正发生转变。

综合来看，这两份以 2012 年基础文件代表着自动武器系统辩论中的两个主要立场：一方面以国际武装冲突法中已经要求的方式规范自动武器系统，另一方面则要求全面禁止。而在《特定常规武器公约》会议上，又出现了其他更微妙的立场，其构成了上述两个立场的重要的且法律性的替代方法。然而，这两者之间的争论有一定的假定成分；美国国防部指令是从实际的、当前技术研发出发，而人权观察则要求完全先发制人的禁令，其呼吁在很大程度上是对长期的预测。因此，在自动武器系统中，每个立场所应对的"风险"是不同的，同样，每一方均提出对风险进行规范和监管的方法。尽管已开展三年了，辩论中的一些主导者在弥合这些观念差距方面进行了努力，但在某些根本层面上，差距始终存在。然而，值得注意的是，在一本关于武器和战争的手册中，关于新兴技术及其更广泛的管理主张比起其他诸如自动化、自主性和人工智能技术而言，更加广泛。此类新兴技术与自动武器系统也相关。

本章的目的是对目前关于自动武器系统的辩论，以及在国家和国际两个层面进行这些辩论的过程做一个基本的概述。

二 什么是自动武器系统，为什么它们会被军事化？

美国国防部指令将自动武器系统（automation of weapon systems，AWS）定义为"一种武器系统，其一旦激活，就可以选择并实现目标，而无须人工操作的进一步干涉"。该指令继续将"半自动武器系统"定义为"一旦启动，其目的仅仅是针对特定目标或特定目标打击群体，这些目标由人工操作所选定"（国防部指令 2012: 13–14）。《丧失人性》报告将一种"完全自主的武器"定义为：（1）操作人员处于"外循环"的武器系统，意指机器"能够在没有任何人类输入或相互作用的情况下选择目标和投送力量"；或者是（2）操作人员处于"回旋"的武器系统，"操作人员"原则上可以超越机器的目标选择和参与，但实际上，操作人员是"参与环"之外的，因为监督机制是有限的（《丧失人性报告》2012：2）。这些对自动武器系统的定义在某些重要方面有所不同，但它们对使武器系统"自主"的原因有共同的看法：这关系到操作人员是否现实中能够在目标选择和参与的核心瞄准功能中取代机器。

在高度抽象的意义上，任何不要求操作人员的武器都可以被视为一个自动武器系统。反人类的地雷是一个简单的例子，它是一个没有操作人员在环路或回旋中触发的武器，而是由压力或移动触发的。至少，从概念上讲，这种地雷可能符合自治性的定义。然而，只有当"选择"被解释为仅仅是"触发"，而不是在目标中选择时，情况才是如此。"选择"强调由一个机器生成的目标决定；某种形式的计算认知，意指某种形式的人工智能或逻辑推理，本质上是当代辩论中关于自动武器系统的一部分。关于什么是自动武器系统的辩论，其放弃了概念上属于"自主"的武器，例如地雷，仅仅因为它们在技术上是不先进的，以至于地雷不能成为目标，因此，我们也放弃了这些武

1100

1101　器。在今天的辩论中，自动武器系统指的是技术上先进的系统，其中"选择"的能力是武器的特定设计目标，而在其中，机器拥有"选择"和"参与"的决定性能力。

　　然而，上述关于自动武器系统定义的一个特点是，它们本质上属于类别化的——武器具有或不具有自主性。如果是这样，这肯定会使自动武器系统的监管变得容易。但实践中的现实是，"高度自动化"和"自主"之间的界限并不明确。相反，"自动化"描述了一个连续体，并且有各种方法来定义它的位置。诸如"半自治性""人在回路""人上回路"等术语，用来表达机器与人之间的不同层次和结构，以及独立机器决策的程度。自主性不仅仅是关于机器能力，而是关于机器和人类操作的能力及其限制，二者是相互作用的。与其进行关于类型化的辩论，一个更好的起点是，随着更多的功能（不仅是武器的功能，而且是平台的功能，例如车辆或飞机的功能）自动化，新的自主系统将逐渐发展起来。自动化程度的提高将改变人机交互能力，而"功能"的自主性（不管被认为是好是坏）将必须在详细检查每个系统、案例、机器功能、人类操作功能及其交互方式的基础上加以评估。

　　这个连续体提供了许多可能的自动化、自主性和人力操作控制的层次。例如，"中等"自动化的武器系统可能会预先安排机器寻找某些敌方武器踪迹，并提醒操作人员注意威胁，然后由他们决定是否扣动扳机。在进一步自动化的层面上，可能会设置如下的系统，即，操作人员不必给出肯定的命令，而只决定是否取消和否决一个攻击。也许在接下来的自动化分级中，该系统的设计将具有选择目标和自主参与的能力，但如果它确定了平民的存在，或者是更复杂的（可能是科幻小说的水平，或许不是）情况，则该系统将被设计为能够评估可能的附带损害，如果损害估计超过一定水平，则不会启动。

　　在某些情况下，操作人员只控制一个或几组传感器和武器单位。在另一些情况下，人们可能控制或监督许多传感器和武器单位的综合网络，这种网络在很大程度上可能是自动运作的，但主管人员可以对任何武器单位进行干预。还有一些情况下，武器系统自动化（甚至赋予其自主权）的行动可能是由必须协调武器平台的所有其他非武器系统的自动化（包括以平台其他部分工作的相同速度运行的能力）而推动。最终，这些系统可能达到充分自治的程度，一旦激活，人的作用就会变小（功能上处于
1102　循环之外，即使技术上处于循环之中）而且它可能严重依赖操作人员的训练和上级指挥官的命令。因此，从高度自动化的系统到"自主"系统的转化点非常小，是一个连续的且相同的类别，它是机器和人体参数的共同作用，而且在技术进步的过程中，其实际上是一条不稳定的分界线。

　　必须明确的是，今天存在着何种高度自动化甚至是自主的武器。今天并不存在能够评估平民地位或估计伤害并将其作为独立打击决定考虑因素的武器系统，针对这种能力的研究目前仍然停留在理论领域（见 Arkin 2009）。尽管如此，一些高度现代化、

自动化的武器系统已经存在。这些武器通常用于作战环境，例如海军在海上遭遇的袭击，此情况下平民面临的风险很小，而且通常限于防御环境，以对付其他机器。在这些机器中，操作人员激活和监测系统，并可以覆盖其运行。美国爱国者和宙斯盾反导系统和以色列的铁穹顶反导系统都是领先的例子，但它们不会是唯一的（参见 Schmitt 和 Thurnher 于 2013 年的解释，即现有类型的高精密自动化或自动武器系统）。随着技术的进步和能力的提高，新的自动武器系统正逐渐被纳入战争之中。

武器技术的日益自动化来自传感器和分析能力的进步以及它们融入军事行动速度的加快，特别是应对军事行动速度的加快。其中一些技术特别适用于军事战场的要求，但很大一部分只是一种新技术的军事应用，它们在一般社会中已经存在广泛用途。例如，随着私人汽车逐渐将新的自动化技术（甚至是真正的自我驾驶汽车）纳入其中，军事技术也会将其纳入其中。对于武器的目标功能，如导航或飞行等其他武器系统的功能而言，情况也是如此。换句话说，将机器人系统应用于军事功能的能力取决于所需要的机器人技术的进步和创新，包括传感器、计算认知和决策分析，以及使机器人（而非仅仅计算机）能够进行物理移动，并实施行为机制。

自动化程度的提高还有其他因素，特别是军方，例如政治领导人不仅希望保护自己在战场上的人员，而且希望保护平民和财产。尽管自动化将是整个战场环境和武器系统的一个普遍特点，但在可预见的将来，真正、充分自治的武器可能仍然是罕见的，除非在特殊的情况下，武器研制的费用和负担被认为是合理的。这些特殊的作战需求有哪些呢？一个重要而又常见的事情是，军事作战的节奏越来越快，而其他事情同样如此，更快的系统将赢得参与权（Marra and McNeil 2012）。自动化允许所有种类的军事系统（不仅仅是武器）要比人们能够做得更快，以便评估、计算和应对威胁。

此外，无论是提高自动化还是通过真正的自主性来实现，速度有时使战斗中部署部队的工作更加精确化。例如，若缩短对目标的有效识别与实施攻击之间的时间，那么情况已经改变、目标已经移动或平民接近的可能性就更小。据报道，在 2011 年的利比亚敌对行动中，北约人驾驶的攻击机速度太慢，停留时间太短，无法在一个平民众多的城市战场上精确瞄准地面高度机动的飞行器。对此，美国发出了供应监视无人机以及可加速瞄准过程的武装无人机的请求。① 这推动了对自动化的需求，特别是在与敌方处于复杂的技术竞争之时。

---

① 参见，例如 Julian E.Barnes, "US Launches Drone Strikes in Libya"（Wall Street Journal, 22 April 2011）A6（"无人机"在冲突时就被用于侦察任务，但最近几天北约指挥官曾要求美国提供武装演习）。

三　现有武装冲突法下的自动武器系统

自 2012 年以来，关于"自动武器系统"辩论的一个特点是，一些参与者和许多普通观察员似乎认为，自动武器系统目前不受现行国际法的管辖，或者至少没有受到足够强有力的国际法的约束。这一错误印象使人们更加重视和迫切地要求制定一些新的法律来处理这些问题，无论是以禁止条约的形式，还是以《特定常规武器公约》新议定书的形式。但事实并非如此。任何种类的自动武器系统（事实上是所有武器），都要接受武装冲突法的约束。国际武装冲突法的一项要求是，各国对武器进行法律审查，以确定它们是否满足特定的长期基准要求的合法武器；如果对其合法使用的战场环境有任何法律限制；或者，如果在法律上对如何使用它们有任何限制（见 Thurnher 于 2013 年对这些要求的非技术性阐述）。这一点很重要，因为尽管非政府组织的禁止武器运动引起了关注，并要求拟订一项新的《特定常规武器公约》议定书，但已经有一个强有力的法律程序来对武器进行法律审查。

此外，针对武装冲突法、任何形式的自动武器或其他形式的武器而言，所有国际武装冲突法的目标和其他基本规则已经可以适用。事实上，化学武器的种类很少，这些武器是由一套特别国际条约规则管理。这种专门的监管方式是例外，而不是普遍性规则。绝大多数武器系统以及这些系统的使用受一个广泛适用的既定法律管辖，这包括发明任何一种新武器。

一些国际武装冲突法专家相信（或许尤其是在美国国防部和其他一些国防部的国际武装冲突法律师），自 2012 年以来，关于自动武器系统的整个辩论都是错误的。他们假设其在法律上是不受控制的，或者只是对规制空间进行了简单的规制，因此必须建立起一套新规范。这些国际武装冲突法律师可能更愿意首先询问下，国际武装冲突法的现状和需求有什么问题，因为它们现在和将来都适用自动武器系统？并且，目前的法律武器审查进程以何种方式被证明是不充分的，以至于需要用其他法律要求来取代或补充这一进程。特别是考虑到在大多数情况下，这些武器仍然是未来的武器，在设计和性能方面存在许多未知问题。虽然对高度自动化系统进行法律武器审查肯定是正确的，并得到国际武装冲突法律师的认可，但是，在设计阶段，对高度自动化系统进行法律审查将需要更早期的审查和法律指导，而且很可能需要对武器系统的工程和软件进行非常细致的新测试和核查，目前的法律审查和规制制度是如何失败的。

《人权观察》认为，一个符合"充分自治"定义的武器系统在国际武装冲突法下，其本身不可避免地具有非法性。《丧失人性》报告表明：

> 针对完全自治的武器的初步评估表明……这种机器人似乎无法遵守国际人道

主义法的主要原则。他们无法遵守区分性、相称性和军事必要性规则……全面自治性将剥夺根据法律规定，平民免受战争影响的权利（2012：1–2）。

许多国际武装冲突法专家（包括我自己）都不同意，这是现行法律原则存在的问题。相反的，问题是审查任何特定的制度，并评估它是否以及在何种程度上能够满足在某一战场环境下国际武装冲突法的要求。[②] 国际武装冲突法专家，包括我自己，主张一个先发制人的禁令（或甚至强化《特定常规武器公约》议定书的限制）。此外，这是在制定新的法律，而不仅仅是解释现有的法律，而且这样做是基于对技术未来的某些事实预测，以及长期来看技术在复杂性方面可能取得的进展。为了理解这种差异，有必要了解现有国际武装冲突法框架的基本内容，以便详细讨论这些法律要求对自动武器系统的适用（见 Anderson、Reisner and Waxman 2014）。

武器系统的合法性取决于三项基本规则。第一，武器系统不能本质上具有歧视性。这不是探索，在某些情况下，武器是否能够符合合法军事目标与平民之间的"区别"这一法律要求。几乎任何武器都是如此，因为任何武器都可能被故意滥用。相反的，这项规则要求其设计中有关于武器的用途性质，或者正如某些国家所说的，它必须符合其"正常"用途，即意向用途。这就为非法设置武器创设了一个很高的门槛；很少有武器构成非法的原因在于它们本质上是歧视性的。非歧视地使用法律武器是严重违反武装冲突法的，这会产生诸多问题，相似的，这也涉及武器的实际用途。

第二，一个合法的武器系统不能在"本质上"造成"不必要的痛苦或多余的伤害"。这项规定的目的是保护战斗人员免遭不必要或不人道的痛苦，例如，无法被 X 光所检查的充满玻璃碎片的炮弹。这项规则只适用于战斗人员，而不是平民（受武装冲突其他法律的保护）。就像"本质上是非歧视"的规则，该规则也设置了一个高门槛。这并不奇怪，因为武装冲突中的战斗人员可以合法地遭受许多形式的暴力。

第三，如果武器的有害影响无法被"控制"，武器系统本身就可被视为非法。对具有不可控有害影响的武器的规则是涉及生物武器，在这种武器中，人类无法控制或遏制病毒或其他生物制剂；一旦释放出来，上述病毒或生物制剂将无处不在。尽管许多国际武装冲突法规则阻止了在无法控制的情况下使用武器的情形，但该武器本身构成违法的门槛很高。

这一点存在着辩论，但许多国际武装冲突法专家（包括本章的作者）认为，这些规则并不完全由于武器系统是自主而使其本身非法（Schmitt and Thurnher 2013:279），讨论"自动武器系统本身并不非法"。然而，即使武器系统本身并不非法，但在某些

1105

---

② 从美国的角度来看，对国际法中武器审查的法律要求和进程进行了全面和法律上的介绍，见 Hays Parks, Conventional Weapons and Weapons Reviews(2005)8 Yearbook of International Humanitarian Law 55。

甚至是最严重的战场环境中，它仍可能被禁止，特别是在特定战场上使用。在其他情况下，该武器也可能合法。关于新的武器技术，问题不在于"新技术本身是好是坏"，而是"新技术的使用情况"（红十字委员会 2011：40）。

目标法约束使用合法武器的情况，包括三项基本规则：识别性（或区分性）、比例原则和攻击中的预防措施（关于目标法的标准参照工作，见 Boothby 2012）。区分要求战斗人员根据情况做出合理判断，区分战斗人员和平民以及军事和民用物体。尽管使用自动武器系统本身并不违法，但对其合法使用的要求（把合法的目标与不合法的目标区分开来）可能因武器系统的技术而不相同。一些算法、传感器或分析能力可能表现良好，而另一些算法、传感器或分析测试能力较差。

这种能力是根据特定战场环境中的特定用途来衡量的。"武器系统的运作背景和环境在这一分析中发挥了重要作用"（Thurnser 2013）。例如，在公海上空的军用飞机之间的空对空战斗可能有一天在自动系统之间发生，其是对承受速度、扭矩和惯性压力等技术发展的结果。然而，在这种特殊的行动环境中，区分不太可能是一个问题，因为作战环境中缺乏平民。然而，在许多作战环境中，以完全自主的系统来满足区分要求是非常困难的。例如，在城市作战环境中，平民和战斗人员是混合在一起的。这并不是说自主系统完全是违法的。事实上恰恰相反，因为在某些情况下，使用它们将是合法的，而在另一些情况下，则取决于技术如何发展。

比例原则对合理预期的军事利益与合理预期的平民损害进行权衡。与区分原则一样，有作战环境（在开放水域上空的空对空作战、在偏远无人居住的沙漠中的坦克战、舰船反导防御、海底反潜行动等）区别。在这些环境中，平民不可能出现，而且实际上并不需要非常复杂地权衡军事利益对平民的伤害。相反，在城市作战等环境中，比例原则很可能为机器编程提出非常困难的条件，人们普遍认识到，此类系统是否以及如何发展只是一个时间问题。

攻击中的预防措施要求攻击方在特定情况下采取可行的预防措施以避免平民人口的死亡。然而，值得强调的是，这是武装冲突法中赋予作战指挥官合理酌处权的条款。指挥官的义务以合理性和善意为依据，在"策划、决定或实施袭击时，其必须根据在一定时间内掌握的所有信息来判断而做出决定，而不是根据事后了解的情况来判断"。

在将这些规则应用于自动武器系统的过程中，我们必须明白，在自动武器系统中，在军事行动中使用任何武器系统前，包括高度自动化或自主的武器系统，在一般意义上，指挥人员和其他人员将继续被期望对此类行动进行谨慎判断，即包括可能是无辜平民的存在以及他们可能受到无心伤害或被杀害的可能性；预期军事优势；特定环境特点或特征；武器的能力、局限性和安全特征；还有其他诸多因素。这类方案涉及许多复杂的法律问题，因此很难抽象地得出结论。然而，在许多情况下，虽然武器

系统可能是自主的，但许多必要的法律分析仍将由人类决策者进行，他们必须选择是 1107
否在特定情况下使用武器。因此，在特定情况下，国际武装冲突法的要求是否得到满
足，并不仅仅取决于机器本身的编程和技术能力，而且也取决于人类的判断。

最后，至少在一些国际武装冲突法专家看来，为什么高度自动化或自动系统无法
满足目标法律的要求，原则上这不应该存在理由（Schmitt and Thurnher 2013：279）。
它到底有多大可能这样做，这是一个悬而未决的问题。事实上，正如人工智能机器人
研究的领军人物——罗纳德·阿金所说的那样，它应该被当作一种假设来加以证明，
或者由能够这样做的机器的尝试所证明（Arkin 2014）[③]。然而，实际上，由于没有能
力遵循所有的国际武装冲突法规则，因为它们对目标选择和参与都有一套非常严格的
限制因素。例如，自动武器系统可设定的参数远低于法律规定的参数；如果不对平民
的存在进行检测，那么就不应该"开枪"。换句话说，自动武器系统不意味着它不能
被使用，只要它能够完全依据国际武装冲突法的规则。由于自动武器系统的参与逐渐
被认可，真正的争论话题不是自动武器系统在战场上设定的，而是对机器和人类相互
关系的规制。

四　对自动武器系统先发制人禁令的实质性论据

虽然现行法律框架管辖自动武器系统和任何其他武器系统的自动武器系统主要是
依据国际武装冲突法及相应的武器审查流程（和其他一些法律机构，如人权法，可在
某些具体情况下适用），然而，一些人主张应该支持对先发制人的禁令，对此行为全
面禁止。其中最突出的有三个理由在这一节中将提及：（1）应禁止自动武器系统是建
立在机器不应做出杀人决定的纯粹道德原则之上，此道德来源于人，而不是机器人；
（2）机器编程和人工智能永远无法达到满足国际武装冲突法、其他法律和伦理要求的
地步，因为即使在未来，它们也无法做到这一点，因此今天应该先发制人地加以取
缔；以及（3）应禁止"自动武器系统"，因为机器决策会破坏甚至消除人的责任，例 1108
如，士兵可能因非法甚至犯罪的个人行为而受到追究。

在道德原则下，"自动武器系统"应当被禁止，因为只有人类才应当做出故意杀
人或不杀人的决定。这一论点是由伦理学家温德尔·沃勒克（Wendell Wallach）以
最完整的、最先进的形式所确定，它是根据人类道德机构观点所绘制的（见 Wallach
2015）。换言之，一部机器无论其程序设计有多尖端，都无法取代真正的道德代理人

---

③　例如，罗纳德·C.阿金在关于"自主武器系统"的公开小组讨论中的发言（关于机器系统逐渐能
够在能力上取得符合国际武装冲突法要求的算法确定性的能力，不是确定性的，也不是不可能的，相反
的，它将作为一个"可测试的假设"）University of Pennsylvania School of Law,Conference on Autonomous
Weapon Systems,14 November 2014。

作用，即，一个有良知的人和有道德判断能力的机构。只有具备这些素质的人应做出决定，或在道德上完全有能力做出决定，并在战争中执行决定，决定何时、何地、何人以致命武力作为攻击目标。瓦拉奇表示，在自身的程序中制作并执行致命的打击决定，必然是错误的（Wallach 2013）。

这是一个难以解决的论点，因为作为一个道义论的论点，它涉及接受或不接受某种道德原则。一个人不必是一个全面的后果主义者，就像在人类生活的其他领域一样，相信这种实际后果是重要的。如果将来的机器证明是正确的，那就只是在瞄准目标方面做得更好，在减少平民伤害或战场上的全面破坏方面有很大改进，例如，这肯定还有其他基本原则在起作用。

换句话说，人们可能承认，如果简单地以机器来决定并通过机器进行，那么在战争中采取生命和杀人的故意决定，就会使人的生命丧失尊严，这就需要真正的道德关切。但在某个时候，我们中的许多人都会说，尊严的道德价值应该让位于机器，如果机器所产生的暴力力量使得我们明显使用更少的暴力，杀死更少的人，造成更少的附带伤害等。

在可预见的未来，我们将把越来越多的具有生死影响的功能转向机器，例如无人驾驶汽车或自动化机器人手术技术。这不仅仅是因为它们更方便，而是因为它们被证明更安全。我们关于机器和人类决策的基本概念将有所演变。如果一个世界接受自动驾驶汽车，那么人们也期望这些技术能理所当然地应用于武器和战场，因为人们认为这些技术更好（实际上可能会在道义上是令人反感的）。

第二个理由是，自动武器系统应该被禁止，因为机器学习和人工智能永远都无法达到满足国际武装冲突法、其他法律和伦理的要求。这里的基本前提是，现在或将来，机器将无法满足法律和道德要求，尤其是在战争中，因为战争行为必须有必要的直觉、认知和判断。这是许多赞成全面禁止自主致命武器的人所持有的核心信念。他们普遍否认，即使随着时间的推移，事实上，无论经历多少时间或技术进步，机器系统必将能够达到满足适用于战争的法律和道德准则和原则的程度。这是因为，他们认为，任何机器系统都不可能在战争的无限复杂情况下做出适当的判断，或因为任何机器都不可能通过其编程展示人类情感的关键要素，并影响人类在战场上做出不可替代的致命决定即，对其他人类的怜悯心、同理心和同情心（*Losing Humanity* 2012:4）。

这些评估大多是实证的。尽管许多支持自动武器系统的人最终也会在道德问题上止步，但原则上否认机器拥有道德权威或道德心理学来做出致命的决定，这与未来技术发展的事实主张不相同。争论的基础是关于机器技术将如何在数十年内或更长的时间内进行发展，或者更坦率地说，它将如何发展，以增加对人类的特殊性及其在战场上的情感和感情能力的信念。即使是在技术发展过程中，这也是存在的。似乎可以说，任何自主的致命武器系统都不可能通过"伦理图灵试验"。根据这项试验，假设一个人和机器都隐藏在面纱后面，客观的观察者无法根据他们的行为判断出哪个是人。

当然，完全自主的武器将永远无法达到所必需标准的能力，甚至可谓遥遥无期。然而，这种激进的怀疑论者支持了他们决不会这样做的论点，这是没有道理的。研究自主机器决策的可能性不仅在武器上，而且在许多人类活动中，都只有数十年的时间。对技术的未来做出如此全面的结论，这并没有坚实的基础。

此外，我们不应事先排除技术成果取得积极效应的可能性，包括发展战争技术，通过更精确的针对目标和射击决定来减少对平民的威胁，从而更多地控制战争的危险。（尤其是与人类士兵的弱点相比，这些缺点往往由于恐惧、恐慌、复仇或其他情感而加剧，更不用说人类感官和认知具有极限）。④ 例如，很可能的是，在一些战场上，甚至随着时间的推移，与人类决策相比，越来越多的自动化武器系统可以减少对军事目标的误判，从而更好地发现或计算可能的附带损害，或允许使用更少的武力。诚然，依靠计算机分析和人工智能的承诺，可能会把我们推到另一个极端，而未来的技术承诺推动我们克服人类的失败，而不是直接解决人类道德心理的弱点，后者将导致人类在战场上的道德和法律失败。

但是，保护战争中的平民和减少战争的危害，归根结底"不是为了促进人类的美德和对人类的罪恶加以制止；而是为了消灭人类的罪恶"；人类的道德心理只是达到这些目的的手段，技术也是。如果技术能够更可靠地促进这些目标，并通过提高精确度，减少对人的美德和道德弱点的依赖；把人类带离战场，减轻士兵对人类自我利益保护的压力；从战斗中消除了军人的恐惧心理、愤怒情绪、报复欲望；而替代更容易做出决定的机器——这是有好处的。任何自主致命武器系统必须最终满足合法性的检验工作，该目的有助于将技术发展引向武装冲突的保护目标。 1110

最后的论点是，应禁止"自动武器系统"，因为机器决策会破坏，甚至取消人在战争中对非法或犯罪行为负责的可能性。这是一种反对声音，尤其是对那些支持战争责任中的个人刑事责任机制（如国际法庭或其他司法机制）的人来说，该主张特别重要。我们无法追究计算机的刑事责任或对它进行惩罚。但是，对机器程序员而言，因机器错误而被追究其刑事责任的制度也不令人满意，因为虽然在某些情况下，设计上的疏忽可能被认为这足以严重到能够对程序员进行刑事惩罚，然而，但民事责任的基本概念和设计理念并不与士兵在战场上所采取的战争罪行动进行对应。因此，正如许多人指出的那样，困难在于，对机器采取行动的人的责任和负责性是不存在的，甚至

---

④　正如红十字委员会在 2011 年《武装冲突的当代挑战报告》（第 40 页）中所说的，"毕竟，感情、同伴的死亡和个人的自我利益不是一个机器人的问题，至少可以说，人类士兵尊重武装冲突法的记录远非完美。"又见 'Out of the Loop,' p.249（虽然情感能够约束人类，但同样真实的是，他们能释放最基础性的本能。从卢旺达和巴尔干地区到达尔富尔和阿富汗，历史充满了不受控制的情绪导致可怕苦难的悲惨例子。）"

是缺失的。我们不能指望作战中的士兵以认真的方式了解机器的编程;设计师和程序员的运作完全基于不同的法律标准;作战策划者无法确切知道机器在战争中的表现;最后,可能没有人类行为者站出来负责。

然而,抛开个人责任在使用自主武器方面的作用不谈,重要的是要了解,刑事责任只是促进和强制遵守战争法的许多机制之一(对于扩展讨论而言,详见 Anderson and Waxman 2013)。国家(或武装组织)责任机制历来是有效遵守武装冲突法的方法。冲突一方在前线的责任反映在一方如何通过其交战规则和"作战法"规划其行动。虽然行政和司法机制针对个人发挥了一些重要的执行作用,但在战争中,国际武装冲突法发挥着最大的作用,并提供最大的保护,因为它适用于作为一个整体的一方,而且其会对违反国际武装冲突法的法律责任的各方实施制裁并进行施压。

因此,将刑事责任视为问责制的有效机制,有可能阻碍机器系统的发展,如果机器系统发展得以成功,可能全面减少战场上的实际损害。遗憾的是,阻止机器系统产生因降低战场伤害的现实收益(假设有任何这种收益),只是为了满足一个先验原则,即始终需要有一个人来负责的原则。

五 针对自动武器系统的国际辩论进程

"阻止杀手机器人"运动的特点是,它愿意以流行文化和科幻的方式来表达对禁令的呼吁(没有人可以不提及《终结者》和《天网》,尤其是那些发现"杀手机器人"的科幻主张不可抗拒的记者),他们能够在联合国和其他国际社会会议和论坛上与各种富有同情心的国家一起,要求讨论"杀手机器人"。各国有各种各样的理由希望展开讨论,除了真诚地相信这项技术需要有超越现有国际武装冲突层面的国际监管。例如,它们希望减缓美国在自主军事技术方面的领先优势。但这个问题最后被提到合乎逻辑的场合——《特定常规武器公约》规定的审查、起草和谈判机制。定期审查会议被纳入条约,这将是进行这种讨论的惯常场所。

《特定常规武器公约》进程率先举行了数次"专家会议",邀请国际公认的专家以个人身份公开讨论这些问题。其中一次活动于 2014 年春天举行,第二次于 2015 年春天举行。自 20 世纪 90 年代以来,在政府间条约进程发展的同时,国际非政府组织(特别是"停止杀人机器人"运动的成员组织)在政府 / 非政府组织平行会议中,主持了相应的会议,禁止地雷的国际运动也在举行。

目前尚不清楚的是,《特定常规武器公约》讨论是否会产生一项关注自动武器系统的议定书,开放供各国签署和批准。我们不希望预测任何实质性结果。然而,即使各国之间由于广泛利益共享,进而确保非法的自主武器不得进入战场,但过于迅速地制定正式国际法的方式(条约或议定书)将面临失败。正如我们以前同丹尼尔·赖斯

纳（Daniel Reisner）共同指出的，对自动武器系统的管理比迅速颁布新的条约要好的
办法是：

> 达成一些核心的最低标准的共识，但同时随着技术的发展演变，也要在国际 1112
> 标准及其要求方面保持灵活性。这样一份文件不可能在时间推移的情况下，使得
> 各国都遵守，除非它基本上编纂了各国在系统实际发展时期内趋同的标准、做
> 法、议定书和解释（Anderson，Reisner and Waxman 2014:407）。

对《公约》进行合法规范的目标很可能需要最终的条约制度，而且极有可能是新的
《特定常规武器公约》议定书。但是，要真正遵守国际规则，最好的办法是在国家层
面，在各国的军事机构内部，非正式地延长酝酿期。谈判条约的正式机制造成了国际
政治的和外交的压力。正如我们与丹尼尔·赖斯纳（Daniel Reisner）共同指出的，如
果"在各国之间进行非正式讨论，通过充分透明和公开地分享有关信息，而不是通过
正式的条约谈判，也不通过为时过早的行动使国家进入僵化的政治博弈，那么这项努
力就可能会取得最大成功"（Anderson，Reisner and Waxman 2014:407）。

换言之，取得进展的最佳途径是，在掌握相关技术尖端或接近尖端技术的国家内
（例如，美国及其北约和亚洲盟友），展开关于自主问题中关于技术演变性质的非正式
讨论，重点是对涉及自主武器的法律、设计、工程和战略问题的渐进的、实质性的审
议，通过共同交流和讨论，引导各国达成一套共同的谅解意见、共同的标准，并提出
解决这些问题的最佳实践。它是渐进的，也是以国家为中心的，而不是集中于国际机
构或国际非政府组织及倡导团体，这种做法将更好地适应自动化、自主化、人工智能
和机器人技术的发展。

对特定技术及其用途做出法律解释，并与国家进行非正式交流，上述做法在制定
更持久的关于自动武器系统国际规范过程中，存在好处。各国之间进行的是非正式的
和直接的讨论，但不是国际"谈判"的一部分，而且由于最初不主张制定新的法律，
因此各国可以更自由地阐述、探索、发展观点，并与他人分享观点。此外，在实际设
计和技术解决之前，条约语言的迅速编纂将不可避免地产生条约与声明无异，并笼统
化和抽象化的问题。然而实践中，我们需要的不是笼统的条约，而是针对具体技术和
设计所产生的具体规范；国际武装冲突法已经提供了必要的、一般性的和抽象的原则。

在最佳做法和非正式规范逐渐结合起来的过程中，需要面对许多复杂的、具体
的和技术性很强的问题，例如，法律标准如何转化为"可测试、可量化、可衡量和 1113
合理的可靠性工具"（Anderson，Reisner and Waxman 2014:409，引用 Backstrom and
Henderson 2012:507）。这些具体的、往往是技术性的事项（包括法律和工程事项）是
制定准则以规制自动武器系统的真正问题，而不是发布已由国际武装冲突法所解决的

第一原则声明。然而，这意味着，逐渐发展广泛共享的国际准则（这些准则是具体的，而且往往是技术性的）的能力必然取决于自动武器系统的主要持有者，例如美国及其盟国，恰恰相反的是，它们更愿意拥有更大程度上的战略利益，而不是履行更多的透明度义务，因为共享准则至少需要一些共享的信息。

六 结论及"有意义的人类控制"标准

通过国际条约进程的政治、外交和谈判问题，以及相应的监管问题，我们可以得出关于自主系统武器讨论的结论。《特定常规武器公约》会议以及学术和政策论坛的讨论最近提出了关于高度自动化或自动武器系统的"有意义的人类控制"（MHC）法律标准的设想（参见 Horowitz and Scharre 2015）。毫无疑问，这一想法很有吸引力，谁不想要求机器武器系统需具有适当和合理的人类控制水平？例如，在国防部指令中，这一概念被认为是对自动武器系统所施加的特殊要求的目的之一（国防部指令 2012：2）。

不过，在接受"有意义的人类控制"标准方面，有以下几点是需要谨慎的。首先，许多观点似乎将"有意义的人类控制"标准视为摆脱概念和政治困境的基础，因为它提供了战略上的模糊性。这个原则可以用许多不同的方式来解读，它提出了"控制"及"有意义"如何理解的问题。有时战略模糊是国际政治中的一个好主意，作为缓和紧张局势的一种方法。但很多时候，战略模糊最终是让人失望的。一般而言，接受条约模糊化的措辞并不是一个好主意，各方对其含义可能持完全相反或至少是不一致的立场。在某个时候，矛盾将无法再被忽略。这可能与"有意义的人类控制"标准有关。美国可以对"有意义的人类控制"标准感到满意，因为它说，它的自动武器系统当然拥有"有意义的人类控制"标准；"停止杀手机器人"运动者及其持有相同立场的政府则认为，没有真正的自主系统能够拥有"有意义的人类控制"标准；并且数量不少的军事先进国家将敦促其他国家（尤其是它们的对手——美国）接纳该标准，同时秘密研制具备只有在使用时才知道其能力的自动武器系统。

其次，尽管一些支持者认为"有意义的人类控制"标准来自国际武装冲突法，但在某些重要方面，它与国际武装冲突法的基本结构及其必要性、区分性、比例性和人性化的核心原则是背道而驰的。上述四项原则中的每一项原则都要求对武装冲突影响加以评估。必要性允许暴力敌对行动，但也限制了其影响。区分性允许对一些人进行攻击，但也限制了攻击的效果，限制了那些可以直接针对的个人。相称性要求预见产生平民伤害或死亡的攻击，但也限制了可允许的附带损害范围。人性化在国际武装冲突法层面，是人类试图减轻那些受困于武装冲突中的人的负担，但它这样做的依据建立在其行动对人的影响上。

"有意义的人类控制"标准则是不同的。它意味着义务最终不是以其影响来衡量的，而是通过坚持某种武器和敌对行动来衡量的。然而，以某种方式把"有意义"的人控制起来的武器，必然在最大限度地减少战场伤害方面做得最好，虽然这不是自然法则。在某些情况下，某种机器也许能自己做得更好，这一点也是无可置疑的。

关于一项新条约的国际辩论如何甚至是否继续进行，这一点是不清楚的。在这场辩论中，有哪些论据或概念可能成为主导也不清楚。也许它是"有意义的人类控制"标准，也或者是其他概念。然而，作为"有意义的人类控制"标准的替代办法，我们建议对自动或自动系统的标准或规则进行辩论，应在人或机器之间保持中立，并应拒绝对人工优于机器的偏好。

人道原则是根本的，但它指的不是人必须操作武器的想法，而是促进在合法的战争范围内，最好地保护人类的作战手段或方法，而不论实现这一目的的手段是人还是机器，又或是两者的某种结合。究竟是赞成在道德上坚持人的控制要素，还是主张在"谁"或"什么"之间保持严格的中立，仅根据效果和谁在最大限度地减少战场伤害方面的表现更好来解决：这是当前关于自动武器系统规范的重要辩论，当然也与当前围绕自动化和机器人技术的法律和伦理展开的许多其他辩论极具相关性。[⑤]

拓展阅读 ——————————————————————— 1115

Anderson K and Waxman M, 'Law and Ethics for Autonomous Weapon Systems: Why a Ban Won't Work and How the Laws of War Can, National Security and Law Task Force Essay' (The Hoover Institution, Stanford University, 2013) <http://papers.ssrn.com/sol3/papers. cfm?abstract_id=2250126> accessed 17 November 2015

Anderson K, Reisner D, and Waxman M, 'Adapting the Law of Armed Conflict to Autonomous Weapon Systems' (2014) 90 International Legal Studies 398 ('Adapting the Law of Armed Conflict')

Arkin R, *Governing Lethal Behavior in Autonomous Robots* (Chapman and Hall 2009)

Article 36, 'Home Page' (2015) <http://article36.org> accessed 17 November 2015

Asaro P, 'On Banning Autonomous Weapon Systems: Human Rights, Automation, and the Dehumanization of Lethal Decisionmaking' (2012) 94 International Review of the Red Cross 687 <www.icrc.org/eng/resources/documents/article/review-2012/irrc-886-asaro. htm> accessed 17 November 2015

Backstrom A and Henderson I, 'New Capabilities in Warfare: An Overview of Contemporary Technological Developments and the Associated Legal and Engineering Issues in Article 36 Weapons Reviews' (2012) 94 International Review of the Red Cross 483

Boothby W, *The Law of Targeting* (OUP 2012)

1116

---

⑤ 读者有兴趣获得关于自主武器系统及其法律和道德考虑的额外资源，请提交新美国安全中心 20YY 战争倡议道德自治项目，该项目自 2014 年以来一直从技术、战略、法律和道德的角度就自主武器系统问题维持体系化的文献系统；网址：http://cnas.org。

Calo R, 'Robotics and the Lessons of Cyberlaw' (2015) 103 California Law Review 513

Campaign to Stop Killer Robots, 'About Us' (*Stop Killer Robots*, 2013) <https://www.stopkill-errobots.org/about-us/> accessed 17 November 2015

Center for a New American Security (CNAS), '20YY Future of Warfare Initiative, Ethical Autonomy Project' (2015) <www.cnas.org/research/us-defense-policy-and-military- operations/20yy-warfare-initiative> accessed 17 November 2015

Department of Defense, 'Autonomy in Weapon Systems' (2012) Directive Number 3000.09 ('Directive' or 'DOD Directive')

Horowitz M and Scharre P, 'Meaningful Human Control in Weapon Systems: A Primer' (Center for a New American Security, 2015) <www.cnas.org/sites/default/files/publications- pdf/Ethical_Autonomy_Working_Paper_031315.pdf> accessed 17 November 2015

Human Rights Watch, 'Arms' (2015) <www.hrw.org/topic/arms> accessed 17 November 2015 Human Rights Watch, *Losing Humanity: The Case Against Killer Robots* (International

Human Rights Clinic at Harvard Law School, 2012) ('Losing Humanity')

International Committee for Robot Arms Control (ICRAC), <http://icrac.net> accessed 17 November 2015

International Committee of the Red Cross (ICRC), 'International Humanitarian Law and the Challenges of Contemporary Armed Conflict: Report Prepared for the 31st International Conference of the Red Cross and Red Crescent 40' (2011) ('Challenges of Contemporary Armed Conflict')

International Committee of the Red Cross (ICRC), 'New Technologies and Warfare' (2012) 94 (886) International Review of the Red Cross <www.icrc.org/eng/resources/ international- review/ review- 886- new- technologies- warfare/ review- 886- all.pdf> accessed 17 November 2015

International Committee of the Red Cross (ICRC), 'New Technologies and IHL' (2015) <www.icrc. org/ en/ war- and- law/ weapons/ ihl- and- new- technologies> accessed 17 November 2015

Marra W and McNeil S, 'Automation and Autonomy in Advanced Machines: Understanding and Regulating Complex Systems' (Lawfare Research Paper Series, 1-2012, April 2012) http:// lawfareblog.com

Parks H, 'Conventional Weapons and Weapons Reviews' (2005) 8 Yearbook of International Humanitarian Law 55

Schmitt M, 'Autonomous Weapon Systems and International Humanitarian Law: A Reply to the Critics' (2013) 4 Harvard National Security Journal <http://harvardnsj.org/2013/ 02/autonomous-weapon-systems-and-international-humanitarian-law-a-reply-to-the-critics/> accessed 17 November 2015

Schmitt M and Thurnher J, ' "Out of the Loop": Autonomous Weapon Systems and the Law of Armed Conflict' (2013) 4 Harvard National Security Journal 234 <http://harvardnsj.org/2013/05/out-of-the-loop-autonomous-weapon-systems-and-the-law-of-armed-conflict/>accessed 17 November 2015

Sharkey N, 'The Evitability of Autonomous Robot Warfare' (2012) 94 International Review of the Red Cross 787 www.icrc.org/eng/resources/documents/article/review-2012/irrc- 886-sharkey.htm> accessed 17 November 2015

Stockton Center for the Study of International Law, 'Autonomous Weapons Forum' (US Naval War College, 2014) 90 International Legal Studies <www.usnwc.edu/Research-Gaming/ International-Law/New-International-Law-Studies-(Blue-Book)-Series/International-Law-Blue-Book-Articles. aspx?Volume=90> accessed 17 November 2015

Thurnher J, 'The Law That Applies to Autonomous Weapon Systems' (American Society of International Law 2013) 17 Insights <www.asil.org/insights/volume/17/issue/4/law- applies-autonomous-weapon-systems> accessed 17 November 2015

United Nations, 'Convention on Prohibitions or Restrictions on the Use of Certain Conventional Weapons Which May be Deemed to be Excessively Injurious or to Have Indiscriminate Effects (and Protocols) (As Amended on 21 December 2001)' (1980) 1342 UNTS 137 ('CCW')

US Department of Defense, 'Law of War Manual' (2015) <www.dod.mil/dodgc/images/law_ war_ manual15.pdf> accessed 17 November 2015

US Department of Defense, 'Task Force Report: the Role of Autonomy in DoD Systems' (Defense Science Board, 2012) <www.acq.osd.mil/dsb/reports/AutonomyReport.pdf> accessed 17 November 2015

Wallach W, 'Terminating the Terminator: What to Do About Autonomous Weapons' (Science Progress 2013)

Wallach W, A *Dangerous Master: How to Keep Technology from Slipping Beyond Our Control* (Basic Books 2015)

Wallach W and Allen C, *Moral Machines: Teaching Robots Right from Wrong* (OUP 2008)

第四十六章
基因工程和生物风险
——政策制定和监管反应

菲利帕·伦佐斯（Filippa Lentzos）

林华、徐靖仪 译

一 导言

生物工程在过去几十年中经历了巨大的发展，其动力来自 DNA 结构和遗传密码的一系列突破性发现，以及生物作为信息概念的提出（Fox Keller 2000; Kay 2000）。基因拼接技术发挥了特别重大的作用，不仅使生物之间的遗传物质能够进行人工修饰和转移，而且允许物种之间交换遗传物质。DNA 排序和合成技术的进步正在使基因工程变得更加精确和可以预测，同时越来越多的工程师正在进入这一领域，目的是使DNA 标准化，然后将其组装成全新的生物装置系统。

随着科学在整个过程中取得的进展，人们提出了一系列社会、伦理、环境和安全问题。生物学也日渐成为工程性的一门学科。本章考虑了一系列规范发展过程中所涉及的具体点，以探讨对这些问题的政策回应，以及基因技术和基因工程监督机制的起源和演变：（1）20 世纪 70 年代"重组 DNA"技术的发展和对安全问题的关注成为对这一技术的监管焦点，并由此产生了一整套欧洲和英语国家的 DNA 复制准则；（2）20 世纪 80 年代末、90 年代初引入"转基因工程"并因此引得公共卫生和环境界的关注，欧盟国家因此对转基因进行立法，但美国除外；（3）美国从 20 世纪90 年代中期开始对其表现出安全关切，并在随后引进了"选择代理人"、物理安全措施和人员可靠性方案等概念，其后又引进了"关切实验"和危险生物方面的知识；最后，（4）在合成生物学和潜在的大流行病病原体的争论方面，政策和监管措施仍在形成过程之中。

本章认为，虽然一些国家采用了以强制性制裁为后盾的法律框架，但生物工程技术方面的大多数问题主要是通过自我管理来实现，其重点是通过科学界自身对其进行控制，而不是通过法律进行外部监督。大多数创建管制系统的尝试都发生在国家层面，这些国家都紧跟美国领导，生物工程的大多数科学突破都发生在美国。

二　早期的担忧

现代生物技术，更具体地说，基因技术的诞生一般可追溯到 20 世纪 70 年代初。正是在这个时候，斯坦福大学和美国加州大学洛杉矶分校的科学家们开发出了革命性的"重组 DNA"技术，使基因能够在通常不会繁殖的生物之间转移。最初的实验使用了与细菌自身 DNA 共存并可在细菌中复制的"质粒"，作为转移和连接遗传物质的"病毒载体"。

在基因拼接方面的迅速发展，让人们越来越关注新技术对社会、伦理和环境的潜在影响。1973 年 6 月在新罕布什尔州（New Hampshire）举行的美国戈登核酸会议年会（US Gordon Conference on Nucleic Acids）上（Wright 1994），人们对来自不同生物的拼接基因可能带来的危害进行了讨论。正是在那次会议上，斯坦福和加州大学洛杉矶分校的科学家们首次介绍了他们早期重组 DNA 实验的结果。随后提出的关于继续开展重组工作的问题促使会议联合主席致函美国国家科学院（NAS），表达了上述关切。这封信发表在《科学》杂志上，其表达了对实验室工作人员和公众的安全担忧。它提议，NAS（国家行动委员会）应设立一个专门小组，评估重组 DNA 研究所造成的生物危害，并"建议采取合适的具体行动或准则"（Singer and Söll 1973）。

作为回应，NAS 于 1974 年 2 月成立了一个委员会，由斯坦福著名的生物化学家伯格（Berg）担任主席（Wright 1994）。委员会由 11 名成员组成，他们都积极参与重组 DNA 的研究。委员会在讨论新技术的潜在影响时，重点讨论了病毒和其他类型的 DNA 的基因改变所造成的危害。科学史学家苏珊赖特（Susan Wright）指出："如果伯格委员会的组成范围更广，那么一些未被提出或者未被迅速考虑的问题也将在会上得到解答。"（1994: 137）在 6 个月内，该委员会编写了报告——《伯格的信件》（Berg letter）——该报告同时发表在了《国家科学院学报》（the *Proceedings of the National Academy of Sciences*）、[1]《科学》（*Science*）[2]和《自然》（*Nature*）[3]杂志上。信中呼吁美国

----

[1]　Berg and others (1974a).

[2]　Berg and others (1974b: 303).

[3]　Berg and others (1974c: 175).

1120

国家卫生研究院（NIH）立即成立一个专家委员会，监督和制定重组 DNA 研究指南。信中还呼吁召开一次该领域的国际会议，"审查这一领域的科学进展，并进一步讨论处理潜在生物危害的适当方法"（Berg 1974a,b,c）。伯格委员会在界定新技术的问题和提出将解决这些问题的机制方面发挥了重要作用：

> 在传播伯格委员会的信函过程中，普遍缺失的是对委员会程序性和政策建议的重要性考虑，特别是关于对该领域的控制应成为美国国家卫生研究院的责任的建议，并应制定对应的准则进行研究。这些行动有力地加强了消除与基因工程有关的社会层面的问题并将政策制定限制在了技术层面（Wright 1994:139–140）。

伯格信中所呼吁的国际科学家会议于 1975 年 2 月在加利福尼亚州的阿西洛马尔（Asilomar）举行（Wright 1994）。怀特（Wright）认为，一个"以科学家群体的理想主义来限制自己的研究和预测其危害"的会议，目的是使研究能够向前发展，而这一目标从一开始就是组织者所期望的（1994: 145）。会议范围限于危害和安全问题，明确不包括更广泛的社会和道德问题；会议的关注点仅限于广泛设计的效益和成本，将焦点狭隘地集中于实验室危险。尽管科学家们的分歧很突出，但他们被说服同意了以下观点：

> 有两个因素似乎特别有影响力，使与会者能够得出几乎一致的结论。首先，对危险问题做出技术解决办法的承诺——或至少是其中的一部分——作为宿主生物使用的大肠杆菌 K12 菌株，无法在实验室以外生活或繁殖。其次，倘若会议产生的只是争议，一个非常现实的问题是美国和其他地方的立法很有可能控制新的领域（Wright 1994: 152–153）。

怀特认为，只有受邀方才能参加的会议被证明是重组 DNA 技术政策形成史上的关键事件：

> 它在美国和其他地方的科学家中就遗传工程问题的性质和未来政策的轮廓达成了广泛共识，这有助于产生关于该问题及其解决办法的极具影响力的公众讨论（Wright 1994: 144）。

会议结束的 4 个月后，《阿西洛马尔声明》（Asilomar）的定稿于 1975 年 6 月在《科学》杂志上发表。[④]该声明建议把同行审查和自愿准则作为控制重组 DNA 研究的监督机制。

---

④　Berg and others (1975).

怀特指出：

> 将社会排除在基因工程问题的定义之外，以及接受这一定义的虚拟一致性的做法，意味着这种对基因工程的认知将迅速成为教条性的准则。未来很少有政策制定者会偏离这一基本立场。在大西洋两岸，那些为政策制定做出贡献的专家们将主要在这一范围内展开研究讨论（1994: 159）。

三 制定监管框架

美国国家卫生研究院接受了伯格委员会关于设立一个咨询委员会的建议，在阿西洛马（Asilomar）会议召开时，NIH 重组 DNA 分子咨询委员会已经成立，该委员会的名字后来缩短为重组 DNA 咨询委员会（RAC）。根据公认的意见，委员会被界定为"一个技术委员会，其设立的目的是研究具体问题"（Department of Health, Education and Welfare 1974; Wright 1994: 164）在 1976 年 6 月 23 日美国国家卫生研究院的准则公布之前，仅 1975 年这一年就举行了四次全面的 RAC 会议。这些准则建立在阿西洛马结论的基础上，即危害是可按比例排列的，这些危害可与一系列物理和生物遏制预防措施相匹配。

美国制定的仅适用于美国国家卫生研究院（NIH）赞助的实验室管制框架，对其他国家和国际社会制定基因技术的控制框架产生了相当大的影响。欧洲尤其如此，许多国家在 20 世纪 70 年代中后期还成立了科学委员会，考虑对重组 DNA 进行监督。例如，在英国设立了一个中央咨询机构——基因操纵咨询小组（the Genetic Manipulation Advisory Group, GMAG），并拟订了《业务守则》和《一般准则》（*GMAG* 1976）。[5] 此外，随着技术经验的增长，英国对重组 DNA 技术危害的控制也有所放松，基因操纵咨询小组因此将全球 DNA 技术研究小组的职能移交给了卫生和安全行政机构（the Health and Safety Executive）（负责执行 1974 年法令的英国法定机构），并相应地制定了《1974 年 5 号工作健康和安全法》（*Health and Safety at Work etc Act* 1974）。[6] 挪威的制度遵循了类似的模式，通过一个称为管制委员会的中央咨询机构执行强制性准则，对重组 DNA 研究进行管制。[7]

20 世纪 90 年代初，欧洲管制转基因和转基因生物的管理措施发生了重大变化。

1122

---

⑤ Health and Safety (Genetic Manipulation) Regulations 1978, SI 1978/752.

⑥ HC Deb 18 January 1984, vol 52, col 230w.

⑦ Kontrollutvalget for Rekombinant-DNA, Forskning Retningslinjer for Bruk av Rekombinant DNA Teknikk i Norge (Sosialdepartementet, 1987).

在欧盟关于有限制地使用和故意释放转基因生物的指令出台之后，[⑧]英国也有义务执行这些指令并调整其管理框架。英国根据 1974 年《健康和安全工作法》(*Health and Safety at Work etc Act* 1974）制定了《转基因生物（含使用）条例》[*The Genetically Modified Organisms（Contained Use）Regulations*]，以控制实验室中的重组 DNA 技术，根据 1990 年《环境保护法》(*the Environmental Protection Act* 1990）制定了《转基因生物（故意释放）条例》[*the Genetically Modified Organisms（Deliberate Release）Regulations*]，以控制实验室外的重组 DNA 技术。[⑨]挪威则在 20 世纪 80 年代后期将重组 DNA 技术政治化，并于 1993 年颁布了全新的立法——《基因技术法》(*the Gene Technology Act*）,以确保该技术"用于共同利益并符合挪威社会所依据的价值观"。挪威虽然不是欧盟成员，但仍然执行了（通过《基因技术法》）限制使用和故意释放转基因生物的指令。[⑩]但是，这些指令并没有大大改变挪威的规章，因为它们相较于挪威的条例显得不那么繁重，而且如果个别（欧盟）会员国认为有必要，可以执行额外的要求。

尽管英国和挪威的政治传统非常不同，但两国都有着引人注目的相似的治理机制。在这两个国家，为初步审议新技术的控制和管理的必要性而设立的委员会完全由科学家们组成。他们以同样的方式应对基因改造的问题——两国都设想了重组 DNA 的风险——而且他们对必要的监督类型达成了相似的结论。类似的准则——英国的准则与美国国家卫生研究院的指南非常相似（GMAG 1976）[⑪]；挪威则完全以美国国家卫生研究院指南的第十一章为基础——将其应用于控制微生物的基因改造，实验也得到了类似咨询机构的批准——挪威的咨询机构也完全由科学专家组成——以确保他们遵守适当的安全预防措施。

20 世纪 90 年代初，这两个规范性框架都改变了他们对基因改造问题的认识，即规范准则不仅要考虑对人类健康的保护，也要考虑对环境的保护。英国关于含有使用和故意释放转基因生物的两套条例在很大程度上与 1993 年挪威《基因技术法》(*the Gene Technology Act*）[⑫]的两个主要部分有关。甚至使用的术语——如"限制使用""蓄

---

⑧　Council Directive 90/219/EEC of 23 April 1990 on Contained Use of Genetically Modified Organisms OJ L 117/1; Council Directive 90/220/EEC of 23 April 1990 on Deliberate Release of Genetically Modified Organisms [1990] OJ L 117/15.

⑨　Genetically Modified Organisms (Contained Use) Regulations 1992 (SI 1992 No 3217).

⑩　Lov om fremstilling og bruk av genmodifiserte organismer (Genteknologiloven) 2 april 1993 nr 38 [Gene Technology Act]; Forskrift om meldeplikt eller godkjenning ved innes-luttet bruk av genmodifiserte organismer 11 februar 1994 nr 126; Forskrift om sikkerhet-stiltak, klassifisering og protokolfbring ved laboratorier og anlegg for innesluttet bruk 11 februar 1994 nr 127.

⑪　Kontrollutvalget for Rekombinant-DNA Forskning 1987 (n 7).

⑫　Genetically Modified Organisms (Contained Use) Regulations under the Health and Safety at Work etc Act 1974 and the Genetically Modified Organisms (Deliberate Release) Regulations under the Environmental Protection Act 1990.

意释放"和"转基因生物"——也是一样的。这两个国家都以咨询机构支持其立法：英国的转基因问题咨询委员会和挪威的挪威生物技术咨询委员会。条例中的具体要求也在很大程度上相类似。例如，实验室按照四级分类，其中两组为转基因生物，另两组则涉及运营操作（其中 10 公升是这两种类型在两国的截断点）。两国的通知要求在总体上也十分类似，风险评估、制订应急计划和向监管当局通报任何事故的要求也非常相似。

英国和挪威建立的类似监督机制和规章要求强调，虽然规章框架的正当理由取决于对预防意外伤害风险的关切，但规章的形式侧重于通过科学界的自我约束进行软性管制。[13] 显然，这里所强调的管理框架受到强有力的具体执行者的重大影响。尤其是科学家和工业界，其在制定国家管制重组 DNA 技术的规范框架方面发挥了关键作用。科学家建立的政策规范将转基因微生物的影响减少到直接性的实验室危害，并建议自愿控制，由专家监督委员会作为治理机构对政策加以执行。这一规范是通过期刊出版物（例如《科学》杂志中的"戈登核酸信件会议"和国家科学院会议记录中的伯格信件）、科学会议（例如阿西洛马会议）、专业协会（例如欧洲科学基金会）以及或许是最重要的咨询委员会（例如英国的阿西比和威廉姆斯工作组以及挪威的 DNA 控制委员会）广泛传播的。工业界对国际竞争力的需求促使英国，特别是挪威，根据 20 世纪 70 年代末和 20 世纪 80 年代初其他国家的发展情况制定其国家的监管要求和监督机制。

美国指定了将 RAC 和 NIH 准则适用于重组 DNA 技术的控制和发展，这促使英国和挪威都仿效其监管制度。类似的专家委员会的组成，对问题的定义、对监督机制和管理要求的相似态度体现了如何将他国政治解决办法应用于本国，从而使国家解决规范具有合法性（在这种情况下控制重组 DNA 技术）。 1124

当然，国家政策制定者保留了灵活性，以便在适当时候对所规定的模式做出反应，而参与社会谈判和达成政治解决的不同地方和团体也在一定程度上解释了为什么会在欧洲条例中产生区域性分歧。例如，在这里介绍的个案研究中，挪威环境部指出，"欧洲诸国之中只有挪威单独建立了一个管理框架，我们除了纳入对健康和环境的考虑外，还需要强调道德和社会关切。"这意味着必须批准：[14]（一）脊椎动物的基因改造导致遗传改变；（二）向动物、植物或者微生物转移人的遗传物质，这些做法不是为了鉴定 DNA 的结构、特性和功能而进行的研究或者实验；（三）生产、使用转基因生物供市场或其他商业用途。与英国相比，挪威框架相对限制性较大的另一个因素

---

[13] Contained Use Regulation; Deliberate Release Regulation; Gene Technology Act.

[14] Odelstingproposisjon (Ot.prp.) nr 8 Om lov om framstilling og bruk av genmodifiserte organismer (1992-1993) 14.

是，挪威故意释放的定义外延十分宽泛，不仅包括实地试验，并将含有转基因生物或由转基因生物组成的产品推向市场，并且允许在温室、水产养殖设施和动物饲养场所使用转基因生物。的确，一位保守派代表在制定《基因技术法》(the Gene Technology Act)的议会辩论中略带自豪地指出，挪威的管制框架"很可能成为世界上最严格的管制框架之一"[⑮]。

英国和挪威监管框架的差异也是一些当地特定因素所导致的（Corneliussen 2003）。挪威基因技术法相对严格的原因是挪威政治的特殊状况——特别是强大的环境议程——以及缺乏生物技术产业的游说团。挪威生物技术产业在《基因技术法》成立时还处于起步阶段。事实上，该行业在 2001 年 4 月才成立了自己的组织——挪威生物产业协会。与挪威相比，自第二次世界大战以来，英国一直存在结构性失业问题，特别是在北部，其原因是采矿和重工程的衰落，这也导致了人们对引入英国工业的持续性担忧。其中大多数行动都失败了，但这并没有击退有关政府机构——政治家们不能放弃带来新工作的尝试——其原因也包括选民压力和工会的强大。其结果不是狭义上的"行业游说"，而是"行业联盟"，即政客和工党领袖愿意按行业条款与工业界结盟（这往往使他们容易受到剥削）。这从英国监管框架建立期间进行的政策辩论中可见一斑。例如，英国生物技术工业对 20 世纪 70 年代末、20 世纪 80 年代初其他国家管制削弱及将研究方案转移到国外的威胁感到十分担忧，随后便促使 GMAG 将转基因工作重新分类，以降低遏制水平并削弱实验的通知程序（从而几乎取消了工业方案的修订）（GMAG 1982）。同样，根据 1990 年欧共体的指示，该行业从转基因通知公共登记册中扣压信息，该做法也迫使政府允许转基因信息大范围散播。1992 年条例出台后，该行业声称竞争不利，并促使政府修订布鲁塞尔的欧共体指令（Science and Technology Committee 1992）。

四　安全关切和不断演变的管理环境

20 世纪对基因技术的主要关注涉及实验室安全、公共卫生和环境。这种关切在 20 世纪 90 年代中期开始改变，因为生物恐怖主义的担忧在美国出现了（Guillemin 2005; Wright 2006）。在美国，虽然在相当长的一段时间内，使用生物制剂作为武器被认为是非法的，但在 20 世纪 90 年代中期，微生物学家、白人至上主义者拉里·韦恩·哈里斯（Larry Wayne Harris）向一家供应商订购了鼠疫菌，同年晚些时候，俄克拉荷马城的一栋联邦大楼遭到炸弹袭击，某些生物制剂在此案中被认为有可能构

---

⑮　Forhandlinger i Stortinget, 6 June 1991: 3749.

成严重的安全威胁。[16] 这些"精选剂"最初是在 1996 年的《反恐和死刑法案》(*the Antiterrorism and Effective Death Penalty Act of 1996*) 中被定义的，其由炭疽杆菌、鼠疫菌、埃博拉病毒、肉毒梭状梭菌、禽流感病毒和牛线虫病（BSE）等"最坏"微生物组成。立法确定了选择代理的名单以及这些选定代理人的移交程序。[17]

然而，就在 21 世纪初，在 9·11 事件后几周内发现"炭疽信件"之后，生物恐怖主义的政治意义及其转折点——生物安全——经历了数量级的变化。炭疽的攻击被联邦调查局（FBI）贴上了标签——他们有力地证明了生物学是如何被用来制造恐怖和杀人的。此外，FBI 强调目前我们尚缺乏手段来检测和减轻这种袭击，更不用说预防这种攻击了（专家行为分析小组 2011）。对生物安全的政治关切的增强也反映在规章框架的重点上。9·11 和炭疽事件之后不久，国会通过了美国《爱国者法》(*the USA PATRIOT Act 2001*)[18] 和《生物恐怖主义法》(*the Bioterrorism Acts 2002*)[19]，大大扩大了对某些特工的管制。新的立法要求在实验室安装实物安全措施，以保护选定的（特工）代理人；它还要求防止实施未经许可的计划，并建立账户记录，对实验室和设施进行检查，并在发生盗窃、丢失或有害物质释放时及时通知有关当局（Bioterrorism Acts 2002）。

新的立法对人员安全给予了极大的关注，其中有一套新的监督规定，在没有公开通知和评论的情况下就生效了。具体而言，立法要求对与某些特工有正当合作需要的个人进行登记，并对他们进行与某些特工合作的培训（Bioterrorism Acts 2002）。它还要求对他们进行安全风险评估，查明任何"受限制的人"（包括国务卿确定的支持国际恐怖主义的国家的国民）或涉嫌参与恐怖主义组织的个人（Bioterrorism Acts 2002）。负责这些评估的联邦调查局主管说，风险评估由联邦调查局利用刑事、移民、国家安全和其他电子数据库进行，一般需要一个月左右的时间才能完成。在 9·11 和炭疽信件十年之后，处理了大约 35000 项评估，限制了大约 250 人，其中大多数（约 70%）是因为他们被认定为相关的罪犯（Bane and Strovers 2008; Majidi 2011）。获准进入特工工作的个人必须每三至五年进行一次新的安全风险评估（Bioterrorism Acts 2002）。此外，联邦调查局将继续监测有机会接触某些特工的个人，审查他们是否有犯罪史（Bioterrorism Acts 2002）。

一些机构——包括国防、能源、农业和国土安全部以及国家卫生研究院和疾病控制和预防中心——甚至自愿执行了人员可靠性方案，以确保获准获取敏感材料的个人，在这种情况下，选定的代理人是"值得信赖的、负责任的、稳定的、胜任履行职

1126

---

[16]　18 USC §175 (prohibitions with respects to biological weapons).

[17]　Antiterrorism and Effective Death Penalty Act of 1996, Pub L No 104-132, 110 Stat 1214 (1996).

[18]　USA PATRIOT Act.

[19]　Bioterrorism Acts (2002).

责的，而不是具有安全风险的"（National Science Advisory Board for Biosecurity 2009；White House Working Group 2009）。作为化学武器和核武器方案的一个显著特征，人员可靠性方案包括背景调查；安全检查病历审查和／或医疗检查；心理筛查；药物检测；对滥用、或依赖酒精的行为进行检查；测谎检查；信贷检查；综合人事记录审核；以及持续人员监测机制（核证官员、主管、医疗评估人员以及自我和同事的评估报告）。

新的立法还规定联邦调查局和司法部有权在可能有理由认为生物制剂将被用作武器的地方扣押生物制剂，并起诉犯罪者（见 2002 年《生物恐怖主义法》）。美国联邦调查局强调的"成功案例"包括：（1）2003 年在华盛顿州，一名电脑程序员将蓖麻毒素制成生物武器。他因此被判处有期徒刑 14 年。（二）2003 年判决德州一名医学研究人员不当处理和转移鼠疫样本之罪，判处该人员 24 个月监禁。（3）2008 年被定罪的一名男子在拉斯维加斯一家酒店的房间里被发现在一本无政府主义者的食谱上写着"如何准备蓖麻毒"的笔记，还有一个装满武器的袋子和手工制作的消音器。他被判入狱 42 个月，罚款 7500 美元。（4）2009 年，一名男子因向金融机构寄送炭疽杆菌的信件而被定罪。他被判处 46 个月徒刑、5000 美元罚金和 87734.40 美元的赔偿（United States 2004; Majidi 2011）。

只有少数美国以外的国家管理特定病原体的生物安全威胁，而且大多数是在 2001 年之后开始实施的。例如，在英国，选定的病原体被称为"附表 5 病原体"，该附表是 2001 年《反恐、犯罪和安全法》（the 2001 Anti-terrorism Crime and Security Act regulations）规定的一部分；在澳大利亚，选定的病原体被称为"安全敏感生物制剂"，并受《2007 年国家卫生安全法》（the National Health Security Act 2007）的管制；在以色列，它们被称为"生物疾病制剂"，并受《2008 年生物疾病研究条例法》（the Regulation of Research into Biological Disease Agents Act 2008）的管制。

五　由臭虫引发的人们对实验和危险的认识

作为对《特工条例》（the select agents regulations）的补充，美国推出了第二套安全条例，其重点是解决生物科学中可能存在的知识和信息滥用问题（2012）。虽然该条例于 2012 年 3 月才生效，但在这之前，它们已经发展了至少十年，2001 年初在《病毒学杂志》（Journal of Virology）上发表的科学实验就阐述了这一问题。

该刊物掀起了一系列关于生命科学研究与安全的交叉性讨论。澳大利亚国立大学的科学家一直在开发一种新的害虫控制机制，以限制野生老鼠的种群密度（Jackson 2001）。他们的目的是生产一种传染性免疫避孕疫苗———一种通过免疫反应预防怀孕的疫苗。为了制作疫苗，研究人员将一种用抗原体编码的基因从受精卵的卵子中植入到一个鼠痘病毒当中。免疫小鼠随后感染了带有特定抗原体的鼠痘病毒，希望以此刺激对其卵子的抗体，使其遭到破坏，使小鼠不孕。但是这种方法并没有奏效：受感染的小鼠并未不孕。

研究人员随后试图通过增加鼠疫病毒的致病力，来促进抗体的生产。为了做到这一点，他们将另一种基因插入到鼠疫病毒中，这种病毒会产生大量的白细胞介素 4（IL-4），因为先前的研究表明这会是个有效的方法。事实证明确实如此。白细胞介素 4 的加入使变异后的病毒比母体病毒更具有毒性，并成功地增加了对其卵子产生抗体的能力。但出乎意料的是，它也完全抑制了小鼠免疫系统对抗病毒感染的能力。正常的鼠痘只会让研究中所使用的老鼠产生轻微的症状，但随着白细胞介素 4 的增加，它在 9 天内使所有的实验小鼠死亡。更令人意想不到的是，容易感染鼠痘病毒，但最近对其进行了免疫接种的小鼠们也死亡了（Jackson and others 2001）。

论文的发表及其意外发现立即引发了安全担忧。虽然鼠痘病毒不会对人类产生影响，但有人担心，如果将人的白细胞胆固醇插入天花中——相当于人类的鼠痘病毒——其杀伤力会急剧增加。免疫小鼠死亡的事实也表明天花疫苗接种方案的使用是具有局限性的。《新科学家》杂志的一篇文章问道"你如何阻止恐怖分子为了自己的邪恶目的而采取正当的研究并运用之？"（Nowak 2001）。

在 9·11 和炭疽信件（Amerithrax）发生之后的几年里，为审查下一代生物威胁和减轻这些威胁的方式而设立的国家评估委员会突出强调了鼠痘实验。他们在 2004 年和 2006 年发布了两份报告，认为美国监管体系将重点放在病毒制剂的选择上，其中大部分是一些国家在 20 世纪研制的公认的"传统"生物制剂，这在很大程度上是对 2001 年邮政攻击中所使用"经典的"生物制剂——炭疽——的回应，但这种狭隘的关注方式是具有危险性的。选定的病毒制剂：

> 只是威胁格局不断变化的一个方面。虽然其中一些可能是潜在攻击者——特别是对缺乏专业技术知识的攻击者而言——最容易获得的威胁因素，或者是最明显的威胁因素，但由于生命科学研究的最尖端方面日益全球化，这种情况可能会有所改变。（Committee on Advances in Technology 2006）

1129

因此，必须将生物威胁的概念扩大，超出具体的病原体清单范围，并将正在进行研究的病原体也纳入其中（Committee on Advances in Technology 2006）。然而，在基础研究级别很难对允许的活动和禁止的活动做出有效的区分，因为本来旨在为人类健康和福利而研发的技术也可能被用来制造新一代的生物制剂。因此，有人主张，不要把重点放在确定和禁止某些研究领域的方法上，而应在生命科学界和政府机构之间建立沟通渠道，以提高对潜在问题的认识，并加强对研究工作的监督（Committee on

Advances in Technology 2006）。

现已确定了七类实验，要求在进行这类实验之前对其加以审查，并称它们为"令人关注的实验"（Committee on Research Standards and Practices 2004）。对这类实验的审查应遵循用于审查重组 DNA 实验的模式，这种模式首先依赖于由研究人员和管理人员组成的地方机构生物安全委员会的监管。在扩大重组 DNA 监督模式的同时，还将由资助机构对研究提案进行审查，并由出版商对结果进行审查：

> 该系统的核心将是一套准则，以帮助查明可能引起关注的研究……它们将提供标准，协助有知识的科学家、科学杂志编辑委员会和供资机构权衡将研究进行应用的潜力，同时考虑在这一领域进行试验的预期好处（Committee on Research Standards and Practices 2004: 85）。

风险评估在从资助到出版的整个研究过程中的传播符合出版商和资助者的想法。大约与此同时，一个具有影响力的期刊编辑小组制定了内部政策，规定了期刊编辑在查明和处理提交出版的文件时所提出的安全方面的作用（Atlas and others 2003）。他们说，在潜在风险大于社会效益的情况下，对该文件应进行修改或不予出版（Atlas and others 2003）。英国生物科学研究的主要资助方在 2005 年发布了一份联合政策声明，内容是"管理与赠款资助活动的相关滥用风险"；它概述了一个关于赠款提案表格的问题，要求申请者考虑与他们的研究有关的滥用风险（BBSRC，MRC，& Welcome Trust 2005）。在欧盟也采取了类似的措施。"Horizon 2020"是欧盟最大的研究和创新计划项目，该项目 2014 年至 2020 年的可用资金近 800 亿欧元。其在指导说明"如何完成道德自我评估"时提及了关于滥用的建议。指导说明中包含了许多问题，其中一项为："你的研究是否有恶意 / 犯罪 / 恐怖主义的动机？"如果答案是肯定的，申请者"必须进行风险评估，并采取适当措施避免滥用"（European Commission 2014）。虽然该文件提供了一些可采取的措施类型，以避免滥用（例如确保为所使用的设施提供足够的安全，任命一名研究项目专家安全顾问，并对所有人员进行适当的培训），但该文件却没有关于进行风险评估的标准的建议。出版商的出版标准也未对此做出指示，而且实际上很少因为这种情况，导致某文件被限制出版。在 2008 年由国家生物安全科学咨询委员会主办的一次会议上，一些期刊编辑报告说，2003 年至 2008 年收到的"两用问题"稿件很少，没有一篇稿件是以安全问题为由而被拒绝的（Nightingale 2011）。

根据 2004 年国家生物安全科学咨询委员会的报告，2006 年成立的国家生物安全科学咨询委员会（NSABB）也把重点放在研究本身，而不是硬件、窃听器或人员上，以便就两用生命科学研究的监督问题向美国政府提供咨询意见。在其建议中，国家生物安全科学咨询委员会采用了七项"关注实验"的修订版，并将其作为一种指南，据此可以评估知识、产品或技术的潜力。尽管承认"在对某一特定研究项目的双重用途潜力的评估中可能存在重大变化"，但在两个或两个以上不同的、同样的专家审评员进行审议时，而且"在许多情况下，可能没有明确的正确或错误的答案"，国家审计委员会建议由科学家自己对研究项目进行初步审查（2007 年 12 月）。鉴于在明确界定滥用威胁的严重程度时存在着内在困难，美国国家生物安全科学咨询委员会建议在机构一级强调教育问题，并提高首席调查员对两用问题的认识能力（NSABB 2007: 22）。如果在初步审查过程中，一个项目被认为具有"双重使用关切"，美国国家生物安全科学咨询委员会就会建议采用更为详细的审查制度。

美国政府最终于 2012 年 3 月实施了一系列条例，这些条例选择了一些不同的标准来衡量具有"双重使用关切"的研究。与 NAS 和 NSABB 监督模式一样，政府条例要求对研究进行审查，其目的是合理预期该研究是否会产生七类影响中的某一类或几类，例如增强一种病毒制剂的有害后果、改变一种病毒制剂的主剂范围或增加一种病毒制剂的稳定性或可传递性（US Government 2012）。然而，政府的审查仅限于对 15 种病毒制剂进行的研究，这些病毒制剂被认为具有最大的滥用风险，最有可能造成大规模伤亡或对经济、关键基础设施或公众信心造成破坏性影响（US Government 2012）。审查也仅限于公共研究，即由政府资助或进行的研究，并仅在制度层面进行审查。各机构将通知供资部门和机构，随后这些部门和机构将向国土安全和反恐事务总部长进行报告。如果通过修改项目设计、应用强化的生物安全或生物安全措施等方法不能充分减轻研究带来的任何风险，那么可以要求出版物进行校订增补，对研究进行重新分类，或者终止对其的资助（US Government 2012）。2014 年 9 月出台了更为详细的政策，对机构和调查员的角色和职责进行了明确和正式的规定，自 2015 年 9 月（White House 2014）起生效。

迄今为止，还没有其他国家针对恐怖主义分子滥用生物科学研究的犯罪可能性制定过此类指导意见。

六　潜在的流行病原体

就在美国政府首次出台关于知识性风险法规的同时，另一项科学实验正引人注目，该实验为从研究假说发展阶段思考生物科学风险的做法提供了一个现实的试验案例。结果发现，在福切尔和河冈义裕（Ron Fouchier and Yoshihiro Kawaoka）的领导下，两个主要的流感实验室进行了 H5N1 型禽流感及其高危变异实验。H5N1 不容易在人与人之间传播，但它仍旧杀死了 50% 以上的感染者。福切尔和河冈义裕担心 H5N1 很容易在哺乳动物之间传播，并且仍然具有高度的毒性，病毒学家担心各国政府没有认真对待这一生物威胁。2011年夏天，福切尔和河冈义裕分别将雪貂作为动物模型研究H5N1的传播方式，并发现一种变异的H5N1病毒确实可以在空气中传播。换句话说，在他们的实验室里，他们培育出了一种新的、更具传染性的禽流感病毒株，这种病毒可以传播给人类和其他哺乳动物。

1132

　　卡瑟琳（Kathleen Vogel）（2013—2014）详细介绍了这个正在展开的故事。总之，福切尔把自己的论文投给了著名的《科学》杂志；河冈义裕偏爱大自然。9月，福切尔和河冈义裕在马耳他的一次科学会议上透露了他们的新发现：变异的病毒是通过空气传播的，和季节性流感病毒一样高效传播。在公开场合，这种病毒非常危险（参见Harmon 2011）。[20] 如果公布结果，美国国家卫生研究所对安全性问题会越来越担心：生物恐怖分子是否可以采用类似的功能技术来增加病毒的致病性和传播性？美国国家卫生研究院要求美国国家生命科学研究监督机构审查这两篇关于双重科学研究监管的论文。到11月底，美国国家生命科学研究监督机构建议发表这些论文的结论，突出强调了这一新颖性成果，但该手稿没有阐述关于如何进行实验的详细方法（US Department of Health and Human Services 2011）。这是美国国家生命科学研究监督机构首次建议限制生命科学领域的科学出版物。

　　实验的安全保障性得到了媒体的大量报道。《纽约时报》（*New York Times*）以标题"一个工程的末日"发表社论，认为经过改造的流感病毒如果逃出实验室或被恐怖分子所窃取，可能会杀死数千万或数亿人。另一方面，GOF研究的支持者认为，此类研究对我们有帮助。因为了解流感传播，能帮助公共卫生研究人员检测即将发生的大型流感并准备相应的疫苗（Vogel 2013-2014）。

　　2012年1月，一个著名的病毒学家小组曾写信给美国国家生命科学研究监督机构（NSABB），要求其重新考虑上述问题。美国国家生命科学研究监督机构在《自然》和《科学》上都发表了解释和辩护。造成此次史无前例的裁员的主要原因是，"详细地发布这些实验，将向一些人、组织或政府提供信息，帮助他们开发类似哺乳动物改用的甲型H5N1型流感，从而达成其邪恶目的"。到2012年2月中旬，世界卫生组织（WHO）召开了福切尔和河冈义裕实验技术协商会议（World Health Organization 2012a，2012b）。两位科学家都出席了会议，并展示了与手稿有关的新数据。世卫组织同意临时暂停会议，以解决公众关注的问题。福切尔和河冈义裕将对他们的手稿做进一步的细节修改，并提交给美国国家生命科学研究监督机构进行第二次安全审查。

――――――――――

　　[20] 9月下旬，《新科学家》的一篇文章报道说，福切尔改造的H5N1病毒对实验中的雪貂是致命的。参见MacKenzie（2011）https://www.newscientist.com/article/mg21128314-600-five-easy-mutations-to-make-bird-flu-a-lethal-pandemic/（2016年12月8日访问）。

福切尔更改了他之前的言论。他现在表示，他研发的群体变异的病毒在被雪貂吸入时没有致命性，不会"像野火一样"通过空气传播；实际上，传播并非易事。他还说，大部分通过气溶胶传播感染病毒的雪貂几乎没有生病，更没有一只死亡。然而，他澄清道，当这种变异的病毒以很高的浓度注射到雪貂的下呼吸道时，确实会引发疾病。

最后，美国国家生命科学研究监督机构建议全文公布河冈义裕的修订版论文，但一些董事会成员仍对福切尔的论文表示担忧。他们觉得这是对恐怖主义"立即和直接的帮助"。2012 年 5 月，河冈义裕的论文发表在了《自然》杂志上。福切尔的论文紧随其后，并于 2012 年 6 月在《科学》杂志上发表。

在自愿暂停之后，2013 年恢复了 GOF 实验的工作，多个实验室的科学家们研发了生物制剂的新特性，并创造了目前自然界中不存在的经修改后形成的病毒变种。然而，在很短的时间内，有关人类制造的 H5N1 和其他危险流感株的新论文再次引发了人们对实验室可能产生的大流行病原体的担忧——部分原因是美国国家卫生研究院和疾病控制和预防中心的一系列实验室事故和违规行为引起了对实验室安全问题的担忧。2014 年 10 月 17 日，美国政府对最危险的 GOF 实验暂停提供联邦资金资助，并宣布延长审议程序（Public Health Emergency 2014）。

七　合成生物学与突变技术

许多人认为，在"合成生物学"这一新兴领域开始成熟的时候，这种争论将成为一个试验案例。合成生物学的主要创立原则是"设计基于生物的原有的基因以重新设计现有的自然生物系统"——换句话说，通过应用工程原理，建立一个合理的框架来操纵生物的 DNA（皇家工程学院 2009）。

虽然许多人将其定性为 21 世纪的科学，但合成生物学的历史可以追溯到 1979 年，当时第一个基因是通过化学手段合成的（Khorana 1979）。印度裔美籍化学家哈戈宾德·科拉纳（Har Gobind Khorana）和美国麻省理工学院的 17 名同事花费数年时间，制作出一个由 207 对 DNA 核苷酸基对组成的小基因。20 世纪 80 年代初，两项技术发展促进了 DNA 结构的合成：自动 DNA 合成器的发明和多聚酶链式反应（PCR），其可以复制任何 DNA 序列至数百万倍。到 20 世纪 80 年代末，化学合成了 2100 对 DNA 序列（Mandecki and others 1990）。

2002 年，第一个功能性病毒是由小儿麻痹症病毒合成的，该病毒的基因组是单链 RNA 分子，由大约 7500 对核苷酸基组成（Cello，Paul，and Wimmer 2002）。在几个月的时间里，维梅尔和他在纽约州立大学石溪分校（the State University of New York at Stony Brook）的同事们将从一家商业供应商处订制的寡核苷酸组装成了小儿麻痹症

1134　基因组。当放置在无细胞提取物中时，病毒基因组便进行了传染性病毒颗粒的合成。次年，史密斯和他在马里兰州凡特研究所（the J. Craig Venter Institute in Maryland）的同事出版了一本书，其描述了噬菌体的合成，并介绍了一种感染细菌的病毒，叫作"φX174"。尽管这种病毒仅含有 5386 个 DNA 碱基对（少于骨髓灰质炎病毒），但新技术大大提高了 DNA 的合成速度。与 Wimer 小组花了一年多时间合成小儿麻痹症病毒相比，史密斯和他的同事们仅用两周时间就对该病毒进行了精确、功能齐全的复制，使 φX174 疫苗成功上市。（Smith H and others 2003）

　　从那以后，进步的步伐令人瞩目。2004 年，合成了 14600 个 DNA 序列和 32000 个核苷酸（Kodumai and others 2004; Tian and others 2004）。2005 年，美国疾病控制和预防中心的研究人员利用从受害者的冷冻或石蜡切片固定细胞中提取的序列数据，重建了"西班牙"流感病毒株的基因组，该病毒株是导致全球数千万人死亡的 1918—1919 年流感的罪魁祸首；复活这种已经灭绝的病毒的理由是为了深入了解它为何如此具有毒性。2006 年底，科学家们重新发现了一种"病毒化石"，这是一种人类逆转录病毒，大约在 500 万年前被纳入了人类基因组（Enserink 2006）。2008 年，在实验室中重新制作了一种与人类 SARS 致病剂有关的蝙蝠病毒（Skilton 2008）。同年，凡特研究所合成了一个由 583000 对 DNA 组成的菌丝生殖支原体基因组的删节版（Gibson and others 2008）。2010 年 5 月，凡特研究所的科学家宣布合成了由超过 100 万个 DNA 碱基对组成的菌类支原体基因组（Gibson and others 2010; Pennisi 2010）。从化学构件合成细菌基因组是利用 DNA 合成技术制造更复杂和功能更强大产品的一个重大里程碑。2014 年科学家们构建了一个酵母染色体——这意味着人类在朝着构建一个完全人工合成的真体（即无细菌或单细胞）基因组（Annaluru and others 2014）的方向取得了重大进展。

　　这些进步与基因编辑技术的进步相辅相成，这种技术正在使人类 DNA 序列的删除和添加变得比以往任何时候都更有效率、更精确、更可控。CRISPR 基因编辑技术已成为用于这些目的的主要技术，并被用来操纵生物的基因，如酵母、植物、小鼠和 2015 年 4 月报道的人类胚胎等（Liang and others 2015）。CRISPR 基因编辑技术依赖于一种叫作 Cas9 的酶，这种酶利用一个引导 RNA 分子来定位其目标 DNA，然后编辑 DNA 以破坏基因或插入期望的序列。实验所需的大部分元器件都能直接从商店购入；通常研究人员只需要订购 RNA 片段，其总成本只有 30 美元（Ledford 2015:21）。

1135　它的特点是"便宜、快捷、好用"，自 1985 年发明基因工程后（Ledford 2015: 20），该方法就被称为"PCR 以来对生物学冲击最大的游戏改变者"。

　　一种生物的遗传变化通常需要很长时间才能通过一个种群传播。这是因为一对染色体上的一个突变仅遗传给有性繁殖群体后代中的一半。但一种名为"基因驱动"的新方法，允许一个染色体上的基因发生突变，将自己复制到每一代人的伴侣身上，这样几乎所有后代都会继承改变后的基因（Ledford 2015）。这意味着编辑后的基因在人群中的传播速度会比正常的速度更快。基因驱动的潜在有益用途包括重新编辑蚊子基因组以消除疟疾、逆转农药和除草剂抗药性的发展以及就地根除入侵物种（Ledford 2015）。但评论员也提请他们注意其所提出的一些环境和安全挑战，并得出以下结论。

对于影响全球公共领域的新兴技术，应提前发布其概念和应用方式，并对其适用前景做出测试。这一筹备时间使公众能够讨论环境和安全问题，研究不确定领域，开发和测试其安全特性。它允许根据新出现的关于利益、风险和政策差距的信息对现有条例和公约做出调整。最重要的是，筹备时间将允许广泛的公众讨论，以确定是否需要，何时以及如何使用基因驱动。（Oye and others 2014）

正是这样的"筹备时间"，美国政府一直在努力推行"广泛的公众讨论"，暂停了对 GOF 实验的资助，并延长了审议过程（Public Health Emergency 2014）。然而，这一进程并非没有问题。首先是事实上缺乏透明度和公开讨论性。在政府间论坛的辩论中，精英的高度参与至关重要，因为公共卫生和安全的利害关系非同一般，其好处相较之下就显得微不足道，甚至不值一提。就像有关 CRISPR 基因编辑的报告所指出的那样，"暂停没有进行公众审议的规定，会缩小我们对风险的理解，并绕开民主性审查"（Jasano，Hurlbut，and Saha 2015）。

八 结论

本章概述了生物工程的政策和管理框架是如何形成和发展的。它强调了美国国家卫生研究院等强大的部门以及个别科学家在定义基因拼接"问题"方面的作用。它还强调了如何在国际上转让和调整这一由美国管制框架建立起来的监督结构和要求，使各国的解决办法具有合法性。在 21 世纪初，特别是在美国，健康和环境管理框架的重点扩大到了安全性考虑，这一考虑反映在对某些微生物（"特定制剂"）和特定科学家（"受限制者"）的限制上。随着科学的发展，社会政治领域出现了新的问题，并出台了一些条例，重点关注生物科学中可能滥用的知识和信息，并通过对微生物和科学家个人的限制，扩大对物理和生物防护措施的管制重点，限制了所进行的实验的种类。美国继续是生物工程技术的主要开发者，并在这方面充当标准制定者。

今天，人们对新基因技术的关切日益趋同，新基因技术带来了重大的社会、伦理、环境和安全风险。白宫暂停提供资金，并启动对人类构成最大、最直接威胁的生物实验的审议进程，受到了广泛赞扬。虽然在微生物中添加新的特性并让它们变成新的物种或使它们更易于传播并不是新概念，但人们对一系列关于流感和非典病毒的实验感到严重关切，这些实验可能会使它们演变为具有潜在灾难性的流行病原体。然而，迄今为止，审议进程一直以美国为中心，缺乏与国际社会的接触。但微生物是不分国界的。世界其他国家在监管生物工程实验方面也有着巨大的利益——它们很可能会效仿美国的倡议。1975 年阿西洛马会议（Asilomar meeting）后出现的关于重组 DNA 的规定就是这方面的一个典型案例。合成生物学等其他新兴基因技术，需要一个来自社会各阶层的具有全球代表性的群体，对这些新兴基因技术的安全界限的划分达成共同的认识。必须提供有力、广泛和深入的公众参与，并利用好民间社会的意见。

　　1975 年阿西洛马会议的一些关键经验是，不能限制关注的领域，不能减少辩论的复杂性，必须扩大不同观点的代表性。对这一问题的不同看法将导致人们对监管框架的合理性得出不同的结论。例如，如果在阿西洛马会议上有更多的代表，重组 DNA 条例也可能扩大适用于军事和商业部门，而且不限于接受美国国家卫生研究院资金的部门。立法而不是控制资金的投入可能成为监管的重要手段。这些经验教训都强调了开放、包容各方辩论意见的重要性，辩论也扩展到了决策进程之中。

1137　【参考文献】

Agricultural Bioterrorism Protection Act of 2002 Pub L No 107-5, 116 Stat 647 (2002) (Bioterrorism Acts)

Annaluru N and others, 'Total Synthesis of a Functional Designer Eukaryotic Chromosome'(2014) 344 Science 55

1138　Atlas R and others, 'Statement on Scientific Publication and Security' (2003) 200 Science 1149 Bane L and Strovers J, 'National Select Agent Workshop: Security Risk Assessments'(Presentation at the Federal Select Agent Program Workshop, Maryland, 9 December 2008)

BBSRC, MRC, and Wellcome Trust, 'Managing Risks of Misuse Associated with Grant Funding Activities' (2005)

Berg P and others, 'Potential Biohazards of Recombinant DNA Molecules' (1974a) 71 Proceedings of the National Academy of Sciences of the United States of America 2593-2594

Berg P and others, 'Potential Biohazards of Recombinant DNA Molecules' (1974b) 185 Science 303

Berg P and others, 'Potential Biohazards of Recombinant DNA Molecules' (1974c) 250 Nature (19 July): 175

Berg P and others, 'Asilomar Conference on DNA Recombinant Molecules' (1975) 188 Science (6 June): 991-994

Cello J, A Paul, and E Wimmer, 'Chemical Synthesis of Poliovirus cDNA: Generation of Infectious Virus in the Absence of Natural Template' (2002) 297 Science 1016

Committee on Advances in Technology and the Prevention of Their Application to Next Generation Biowarfare Threats, *Globalization, Biosecurity and the Future of the Life Sciences* (Institute of Medicine and National Research Council, National Academies Press 2006) 214

Committee on Research Standards and Practices to prevent the Destructive Application of Biotechnology, *Biotechnology Research in an Age of Terrorism* (National Research Council, National Academies 2004)

Corneliussen F, 'Regulating Biotechnology: A Comparative Study of the Formation, Implementation, and Impact of Regulations Controlling Biotechnology Firms in Scotland and Norway' (PhD thesis, University of Nottingham 2003)

Department of Health, Education and Welfare, NIH, 'Advisory Committee: Establishment of Committee' (1974) 39 Federal Register 39306

Enserink M, 'Viral Fossil Brought Back to Life' (*Science Now*, 1 November 2006) <http:// news. sciencemag.org/sciencenow/2006/11/01-04.html> accessed 11 November 2015

European Commission, 'The EU Framework Programme for Research and Innovation Horizon 2020: How to Complete Your Ethics Self-Assessment' (2014)

Expert Behavioral Analysis Panel, *The Amerithrax Case: Report of the Expert Behavioral Analysis Panel* (Research Strategies Network 2011)

Fox Keller E, *The Century of the Gene* (Harvard UP 2000)

Genetic Manipulation Advisory Group, *Report of the Working Party on the Practice of Genetic Manipulation* (Cmnd 6600 1976) (GMAG)

Genetic Manipulation Advisory Group, *Third Report of the Genetic Manipulation Advisory Group* (Cmnd 8665 1982)

Gibson D and others, 'Complete Chemical Synthesis, Assembly, and Cloning of *Mycoplasma Genitalium* Genome' (2008) 319 Science 1215

Gibson D and others, 'Creation of a Bacterial Cell Controlled by a Chemically Synthesized Genome' (2010) 329 Science 52

Guillemin J, *Biological Weapons: From the Invention of State- Sponsored Programs to Contemporary Bioterrorism* (CUP 2005)

Harmon K, 'What Really Happened in Malta this September When Contagious Bird Flu Was First Announced' (Scientific American blog, 30 December 2011) <http://blogs.scientificamerican.com/ observations/what- really-happened-in- malta- this-september- when-contagious-bird-flu-was-first-announced/> accessed 11 November 2015

Jackson R and others, 'Expression of Mouse Interleukin-4 a Recombinant Ectromelia Virus Suppresses Cytolytic Lymphocyte Responses and Overcomes Genetic Resistance to Mousepox' (2001) 75 Journal of Virology 1205

Jasanoff S, J Hurlbut, and K Saha, 'Human Genetic Engineering Demands more than a Moratorium' (*The Guardian*, 7 April 2015) <www.theguardian.com/science/political- science/2015/ apr/ 07/ human- genetic-engineering-demands-more- than-a-moratorium> accessed 4 November 2015

Kay L, *Who Wrote the Book of Life? A History of the Genetic Code* (Stanford UP 2000)

Khorana H, 'Total Synthesis of a Gene' (1979) 203 Science 614

Kodumai S and others, 'Total Synthesis of Long DNA Sequences: Synthesis of a Contagious 32-kb Polyketide Synthase Gene Cluster' (2004) 101 Proceedings of the National Academy of Sciences 15573

Ledford H, 'CRISPR, the Disruptor' (2015) 522 Nature 21

Lentzos F, K van der Bruggen, and K Nixdorff, 'Can We Trust Scientists' Self-control?' (*The Guardian*, 26 April 2015) <www.theguardian.com/science/political-science/2015/apr/26/ can-we-trust-scientists-self-control> accessed 4 November 2015

Liang P and others, 'CRISPR/Cas9-mediated Gene Editing in Human Tripronuclear Zygotes' (2015) 6 Protein & Cell 363

1139

MacKenzie, D, 'Five Easy Mutations to Make Bird Flu a Lethal Pandemic' (2011) New Scientist (26 September) <http://www.newscientist.com/article/mg21128314.600-ave- easy-mutations-to-make-bird-ou-a-lethal-pandemic.html>

Majidi V, 'Ten years after 9/11 and the anthrax attacks' (Statement before the Senate Committee on Homeland Security and Governmental Affairs, 18 October 2011)

Mandecki W and others, 'A Totally Synthetic Plasmid for General Cloning, Gene Expression and Mutagenesis in *Escherichia coli*' (1990) 94 Gene 103

National Science Advisory Board for Biosecurity, 'Enhancing Personnel Reliability among Individuals with Access to Select Agents' (May 2009)

Nightingale S, 'Scientific Publication and Global Security' (2011) 306 JAMA 545

Norwegian Bioindustry Association, 'Who We Are?' (2008) <www.biotekforum.no/About_ us/> accessed 11 November 2015

Nowak R, 'Killer Mousepox Virus Raises Bioterror Fears' (2001) New Scientist, Published online, 10 January 2001

NSABB, 'Proposed Framework for the Oversight of Dual Use Life Sciences Research: Strategies for Minimizing the Potential Misuse of Research Information' (2007) 22

Oye K and others, 'Regulating Gene Drives' (2014) 345 Science 626

Pennisi E, 'Synthetic Genome Brings New Life to Bacterium' (2010) 328 Science 958

Public Health Security and Bioterrorism Preparedness and Response Act of 2002 Pub L No 107-188, 116 Stat 594 (2002) (Bioterrorism Acts)

Roberts D, 'Mission of FBI's Bioterrorism Risk Assessment Group' (Statement before the Senate Judiciary Committee, Subcommittee on Terrorism and Homeland Security, Washington DC, 22 September 2009) <www.fbi.gov/news/testimony/mission-of-fbis- bioterrorism-risk-assessment-group> accessed 12 November 2015

Royal Academy of Engineering, *Synthetic Biology: Scope, Applications and Implications* (2009)

Science and Technology Committee, *Regulation of the United Kingdom Biotechnology Industry and Global Competitiveness* (HL 1992-1993, 80)

Singer M, and D Soil, 'Guidelines for DNA Hybrid Molecules' (1973) 181 Science 1114 Skilton N, 'Man-Made SARS Virus Spreads Fear' (*Canberra Times*, 24 December 2008) Smith H and others, 'Generating a Synthetic Genome by Whole Genome Assembly: *PX174* Bacteriophage from Synthetic Oligonucleotides' (2003) 100 Proceedings of the National Academy of Sciences 15440

Tian J and others, 'Accurate Multiplex Gene Synthesis from Programmable DNA Microchips' (2004) 432 Nature 1050

United States, Report to the Security Council Committee established Pursuant to Resolution 1540 (12 October 2004)

Uniting and Strengthening America by Providing Appropriate Tools Required to Intercept and Obstruct Terrorism Act of 2001 Pub L No 107-56, 115 Stat 272 (2001) (USA PATRIOT Act)

US Department of Health and Human Services, 'Press Statement on the NSABB Review of H5N1 Research' (NIH News, 20 December 2011) <www.nih.gov/news/health/dec2011/od- 20.htm> accessed 11 November 2015

US Department of Health and Human Services, 'United States Government Policy for Oversight of Life Sciences Dual Use Research of Concern' (*Public Health Emergency*, 29 March 2012) <www.phe.gov/s3/Documents/life-sci-dual-use.pdf> accessed 12 November 2015

US Department of Health and Human Services, 'US Government Gain-of-Function Deliberative Process and Research Funding Pause on Selected Gain-of-Function Research Involving Influenza, MERS, and SARS Viruses' (*Public Health Emergency*, 2014) <www. phe.gov/s3/dual-use/ Documents/gain-of-function.pdf> accessed 11 November 2015

Vogel K, 'Expert Knowledge in Intelligence Assessments: Bird Flu and Bioterrorism' (2013- 2014) 38 International Security 39

White House, 'Enhancing Biosafety and Biosecurity in the United States' (18 August 2014) White House Working Group, 'Report of the Working Group on Strengthening the Biosecurity of the United States' (2009) 38

World Health Organization, 'Technical Consultation on H5N1 Research Issues—Consensus Points' (2012a) <www.who.int/ influenza/human_animal_interface/consensus_points/ en/> accessed 16 November 2015

World Health Organization, 'Public Health, Influenza Experts Agree H5N1 Research Critical But Extend Delay' (17 February 2012b) <www.who.int/mediacentre/news/releases/2012/ h5n1_ research_20120217/en/> accessed 16 November 2015

Wright S, *Molecular Politics: Developing American and British Regulatory Policy for Genetic Engineering, 1972- 1982* (University of Chicago Press 1994)

Wright S, 'Terrorists and Biological Weapons: Forging the Linkage in the Clinton Administration' (2006) 25 Politics and the Life Sciences 57

伍

通信　信息
媒体　文化

第四十七章
受众建构、消费者声誉以及新媒体技术
——法律和社会政策的新问题

诺拉·A. 德雷柏（Nora A. Draper）

约瑟夫·塔洛（Joseph Turow）*

高　奇** 译

一　引言

1143

受众本质上是一种建构。人们常常认为受众是自然形成的，其实受众的形成并非自发聚集。相反，是一些人精心设计并控制了受众的形成。1907 年，早期的广告心理学学者沃尔特·迪尔·斯科特（Walter Dill Scott）就描述了演讲者在构建自己的受众过程中所扮演的角色：

> 演讲者如果与他的受众属于同一类人，那么演讲者在受众当中就越有影响力。　1144
> 把喜欢他观点的听众凝聚到一起，演讲者就已经完成了他最艰苦的工作。说服并
> 改变人们的观点并不是最难的，难的是要发现和自己志同道合的人。(1907: 179)

斯科特的话表明，早在 20 世纪初，传播界人士就认识到了受众并非天然形成。相反，传播者的工作是尽可能将认同他观点的受众聚集到一起。当传播是为了像广告一样去说服别人时，找到具有相同观点的受众就显得愈发重要。受众建设在广告领域

* 作者感谢受邀 ECPR 监管治理会议，并感谢各位编辑对本文的评论。

** 本译文是译者承担的国家社科基金青年项目"移动互联时代立法公众参与的类型特征、形成机制和应对策略研究"（17CFX058）的阶段性成果。——译者注。

有着悠久的历史。在 19 世纪，报纸便向广告客户证明，他们拥有巨大的发行量，他们的读者非常广泛。杂志为了与报纸竞争，放弃了对发行数量的追求，转而青睐那些具有特定的商业利益或收入较高的受众。整个 20 世纪，大众传媒在传播领域的主导地位不断下降，互动媒体的兴起促使广告商思考如何创造性地构建和吸引受众。

　　在过去的两个世纪里，通信技术的发展推动了受众结构的转变。传媒的进步使得发布和传播信息更加方便，这使得传播渠道更加多元，受众开始细分。这一变化促使媒体专注于特定的内容，以吸引相应的受众。虽然媒体偶尔也会抱怨，传播渠道的多元化对他们的商业模式构成了威胁，但广告客户已经认同了对受众类别的划分，他们筛选出他们喜欢的人来并直接与之交流。这一时期，我们见证了商业监控技术的日益成熟。从信用卡、会员卡、网络中的本地数据到移动 GPS，对受众进行全方位的监控成为可能。通过访问这些数据，广告商获得了关于消费者兴趣和行为的详细信息。随着观察、测量和定位人群的方法越来越复杂，对消费者的定义和评估也变得越来越复杂。随着经济转型，商品由大规模生产转向高度定制化，广告商不再进行可以覆盖全国，但方式单一的大规模营销。相反，现在的广告商热衷于在产品和广告中，寻求并利用受众的个性化需求。广告商通过各种渠道，利用各种数据，力图能够提供吸引消费者的广告。传媒渠道的多样化和消费者监控技术的发展，为广告商提供了分析、反映、预测和塑造受众偏好的工具。

1145　　　对于广告商获取消费者信息的研究和评论主要集中在隐私和监视这两个方面。本文通过个人媒体体验过程中形成的消费者声誉来讨论这个问题。在本章中，我们将探讨广告商利用新媒体技术来对消费者进行画像的程序及其影响。我们认为，广告除了具有经济功能，促进商品和服务的销售，还具有社会作用。由于广告在社会中扮演了核心角色，因此广告商如何塑造受众将变得非常重要。广告传递信息的能力很强大，通过叙述一件事情，广告可以彰显并强化社会中的行为规范和期望。越来越多的情况下，广告讲述的故事不再涉及整个社会，而是关注特定的个人。在营销人员的眼里，媒体内容日益个性化，反映了消费者的社会价值。广告商提出了许多支持广告的理由：广告向消费者提供了信息；降低了沟通的成本；在某些情况下，还具有娱乐功能。此外，广告商认为，个性化的营销手段可以让观众跳过花言巧语，转而直接关注他们关心的消息，从而丰富客户体验。尽管有诸多益处，但是现在的广告可能也会造成歧视、隔离和排斥的问题。本文接下来将阐明监控技术是如何塑造群体和个人的声誉的，以及监管技术是如何与消费者权利发生冲突的。

二　广告商的受众建设

　　20 世纪，一种全新的市场资本主义形式出现，特点是工业化的迅速发展和消费品的规模化生产（Leach 1993: 5）。产业革命使大量商品正从工厂流入商店，企业家担心生产过剩会导致价格不断压低，导致制造商和零售商停产停业。广告的目的是使产品符合需求以防止生产过剩。报纸和杂志为广告客户提供了重要渠道，让尽可能多的人看到它们的广告。19世纪早期，印刷和交通的发展使期刊的大规模生产和发行成为可能，期刊成为大众传媒的主要渠道（Cooper 2003: 103）。19世纪中期，美国的报业从业者开始摒弃年度订阅的商业模式。相反，它们开始发行日报，每一期只需几美分，并依靠广告创收（Cooper 2003）。到19世纪80年代末，大多数报纸和杂志出版社都认为，出版人们普遍感兴趣的内容，提高发行量，是吸引广告客户，提高收入的最佳途径（Turow 1997: 22）。

1146

　　报纸和杂志通过报告它们的发行量，可以向广告客户证明它们所花费的广告费物有所值。发行量的多少决定了每一期杂志的价值，广告商按照不同的版面收取不同的广告费。尽管发行量成了广告商向广告客户收费的依据，但在如何计算发行量上存在分歧。发行量对广告定价的影响用每千份的成本（CPM）来表示。由于发行量的重要性，广告客户怀疑报纸等广告商虚报发行量。到19世纪末，广告商通过各种方法来验证发行量是否准确（Cooper 2003: 103）。两家早期的报纸发行量审计机构——美国广告主协会和发行审计局——在1914年合并成为发行稽核局（Cooper 2003）。该组织为美国所有的报纸、杂志、行业出版物或其他出版物提供发行数据，涉嫌提交虚假数据的出版物将暂停出版（Cooper 2003: 104）。发行稽核局最近改名为美国媒体审计联盟，虽然也有其他组织提供发行量的资料，该机构仍是期刊订阅和单次购买数量的重要来源。

　　19世纪末到20世纪初，出版商规模庞大的广告宣传，尽可能针对大众共有的兴趣爱好，是当时吸引消费者的最佳方式，这一观念主导了当时的营销。营销对象的重点是数量众多，偏好和品位都相对一致的中产阶级。即使处于大众传媒的营销宣传阶段，广告商在此时也开发出了针对特定受众的广告。历史学家加里·克罗斯（Gary Cross）认为，广告商的大规模营销宣传主要是为了吸引社会上较为富裕的人群（2002：35）。20世纪中叶，在社科领域，人口学研究取得了进展，这使得营销人员能够进一步思考他们是如何吸引特定受众的。根据美国社会和人口趋势的调查数据，广告商放弃了对美国人共同兴趣与爱好的关注，转而支持了强调社会差异的新营销理论（Cohen 2004: 299）。随着针对消费者的策略发生了变化，广告商对美国人偏好的看法也发生了变化。

　　广告商开始寻找新的方法，期待可以找到特征明显、范围明确的特定受众群体。虽然这种做法自20世纪20年代以来就以某种形式存在，但是丽莎白·科恩（Lisabeth Cohen）在20世纪50年代才首次使用"市场细分"一词来指代这种现象。在同一细分市场之间，购买者是具有同一属性的，在不同的细分市场之间，购买者

1147

是具有不同属性的（2004: 295）。这种将人口划分为不同群体，并分别向他们发送有针对性信息的策略，揭示了对受众性质本质上的转变。市场细分并不认为仅需一条信息就足以说服所有消费者，它反映出一种新兴的理念，即不同的消费者具有不同的价值观和生活方式，这可以通过消费品反应出来。硬件的发展开始允许市场细分，向不同类型的市场销售不同的产品，这一策略作为一种有效的营销方法被大规模应用。

出版商为了满足广告客户可以发现更有针对性的受众的需求，对广告内容进行了重新塑造，以在更小的兴趣范围内吸引受众。为了在大萧条中生存下来，许多杂志进行了重新定位，放弃了依靠大规模发行量的策略（Cross 2002: 79）。他们希望此举能吸引那些面向特定群体的广告客户，这些客户为吸引高质量的受众，专注于某一特定的主题。这些杂志并不与发行量较大的期刊竞争，而是树立了独特的形象，将有商业价值的消费者与相应的广告客户联系起来（Turow 1997: 29）。杂志为了应对报纸的大规模发行而改变策略，广播电台在电视的威胁下也改变了策略，按照年龄、种族和音乐偏好进行市场细分，以此来维持收入。电台的顾问和管理层认为，按照电台风格对音乐、新闻和广告进行形式上的区分，目标观众会有针对性地选择他们的节目。到了20世纪50年代，广告公司向特定受众播放广告，DJ模式已经成为美国广播电台的主流（Turow 1997: 31）。

到了20世纪80年代，随着媒体的多样化发展，特别是电视的普及，定向广告迅速发展。20世纪70年代，美国降低了对有线电视的发行监管，新兴电视台不断涌现，挑战了美国广播公司（ABC）、哥伦比亚广播公司（CBS）和全国广播公司（NBC）的主导地位（Turow 1997）。正如广播电台为了吸引特定的听众而进行个性化发展那样，有线电视台为迎合广告客户也开始对受众进行细分（Turow 1997: 52）。电视台声称基于已有的渠道，可以直接面向细分受众，在一天的不同时间里，分别以儿童、女性和男性为目标，吸引不同的观众。然而，对美国市场的细分，并不完全是由传媒业推动的。广告商认为，美国人对民权不断进行斗争，对身份的认同增强，因此在社会问题上分歧日益扩大（Turow 1997: 40- 41）。因此，营销人员除了考虑受众统计的这一传统特征外，还需考虑人们的生活方式。由此产生的细分策略要求广告商及时感知到社会的发展，并通过广告反映出来。

广告商在思考如何以最划算的方式迎合受众时，电视网络也在重新思考对受众的构建和衡量。尼尔森公司（Nielsen）最突出的特点是提供电视节目的收视率，收视率可以有效地确定广告的发展变化趋势。最初，尼尔森公司是在全国范围内的采样家庭中，安装一种名为"审计表"（audimeters）的设备收集数据。尼尔森每天都会记录哪些家庭成员观看了哪些节目，并且可通过观众的性别、年龄和经济状况等更具体的信息，对这些数据进行补充（Barnouw 1978: 70）。传媒史学家埃里克·巴诺（Erik

Barnouw）指出，到了 20 世纪 70 年代，对消费者进行评级已十分科学，广告商向广告客户提供他们需要的计划和受众，使得这种采样方式存活下来（1978: 70–71）。

三　观众统计中的争议

发行稽核局提供的数据不附带任何选项（Bennett 1965），这反映出受众统计的科学性。然而，在过去的几十年里，受众统计的有效性一直存疑。例如，批评人士指责美国发行稽核局对于以基础价格 50% 的比例进行有偿发售这一方式的统计，可能掩盖销售和消费之间的重要差异（Atkinson 1998）。另外，也有人提出了这样的担忧，即受众测量方法决定了行业对受众的策略，这种策略可能会忽视某些群体。现有的衡量模式可能会让少数族裔无法看到他们想看的节目，因此，尼尔森公司多次被指责忽视少数族裔（Napoli 2005）。这种担忧在 2004 年尤为严重，当时一些政界人士、社会团体和网络媒体认为尼尔森公司低估了非裔美国人和西班牙裔观众的观看习惯，然而他们被禁止发声（Barnes 2004）。尼尔森推出了一系列策略来解决评级不准确的问题，包括增加少数民族家庭的份额，教给人们如何正确使用设备（Barnes 2004）。媒体经济学家菲利普·那不勒斯（Philip Napoli）指出，尽管对统计观众偏好的方法有所改进，但尼尔森在把握少数群体的观看习惯上存在困难，这反映出针对观众偏好的统计工具存在深层的问题（Napoli 2005）。

受众测量策略与 20 世纪日益成熟的消费者监控技术密切相关。传播学者奥斯卡·甘地（Oscar Gandy）描述了这种机制的发展，消费者在进行市场交易和非市场交易时产生的信息，都被广告商和零售商获取（1996: 132–155）。他们开发了数据库，并将这些信息存储下来，评估消费者群体的经济价值。这些数据还生成了客户列表，其中包含关于用户基本信息、兴趣爱好和已往购买行为的详细信息。广告商发现，这些信息对于确定广告的目标群体很有价值。广告界人士说，这种方法让零售商将注意力集中在最关心这些产品的消费者身上。通过收集信息，营销人员认为定制广告可以提高效率，降低消费者遇到不感兴趣的广告的数量。

支持者认为定向广告对消费者是有好处的，消费者的媒体环境中没有多余的、无关的内容。广告主用相关性来描述这种广告的好处，即广告可以直接建立在消费者的兴趣之上。然而，为了广告传播更有效率而对受众进行细分，这也会带来一些负面后果。约瑟夫·塔洛（Joseph Turow）认为，20 世纪广告商将美国受众的类型进行细分，这些措施已经改变了媒体的形态，使之从"社会媒体"变成了"细分媒体"。细分媒体鼓励阶层内部进行交流，而社会媒体则可能促进跨阶层的交流（Turow 2011: 194）。两种类型的媒体在塑造一个健康社会的过程中各有优点和缺点。细分媒体倾向于传播特定的观点，社会媒体则会记录边缘声音。这两种媒体一起，使利益集团内部

1149

1150　的交流和跨利益集团的交流成为可能。近几十年来，广告商不断对受众进行细分，这改变了这两种媒体之间的平衡。

　　广告需要发现并利用消费者之间的差异，这影响了媒体从社会化媒体向细分媒体进行转变。媒体具有面向特定人群的渠道，这能够为广告商直接匹配到它们认为有价值的群体，尽可能错开不需要的这些信息的受众，找到有价值的需要这些信息的受众。正如甘地所说：

> 在商品和服务的营销过程中，收集和使用个人信息是存在困难的，其中一个困难就是，不仅在商业领域，在就业、保险、住房、教育和信贷等方面也会使用这些信息，这将会减少消费者的选择范围（1996：132）。

甘地将此过程称为全景排序。这一过程包括对个人进行监控、识别和分类，零售商和广告商能够将更多的资源导向具有投资价值的客户，而忽略那些难以产生利润的客户。对用户进行分类并进行画像是有效的，但是一些学者对此有所异议，因为这种广告具有特殊的上帝视角。与弗兰兹·卡夫卡的小说《审判》相比，索洛夫（2013）更习惯拿乔治·奥威尔的《1984》相比较。他们能看到当代的困境，就像许多眼睛从不同的地方关注我们一样，而我们不知道他们何时、何地以及如何做到这一点。公司将每个人的资料串联起来，有许多人在不同的时间，以不为人知或不为人所了解的方式使用了这些个人资料。通过这些资料可以对不同人群进行区分，这决定了他们的不同待遇，因此这个个人资料十分重要。图罗写道："将个人资料转化为个人评价时，对这个人的简介就表明了他的个人声誉。一个人能接收到怎么样的广告，这些声誉在其中发挥着核心作用，而且很难改变。

　　20世纪媒体技术和监控技术的发展，再加上广告商对市场效率的追捧，强化了市场细分的思维方式。媒体制作人和市场营销者之间似乎正在形成一种默契，以小范围群体为目标提供内容（Turow 1997：190）。1978年，巴诺（Barnouw）在一篇文章中谈到了广告商对媒体发布的内容的影响力："围绕赞助商的需求和愿望，一个庞大的行业已经成长起来。为了满足赞助商的需求，广告产业的节目模式、商业惯例、评
1151　级方式、受众调查都在不断发展"（1978：4）。媒体的发展使得广告客户可以直接与相匹配的消费者进行互动，这促使了大规模定制的发展。在大规模定制设想的销售方式中，每个人的个人需求、价值观和需求都会对最终的内容产生影响。数字时代互动技术的普及极大地促进了定向广告的发展。广告商通过数字产品和移动终端，如具备Wi-Fi功能的笔记本电脑和智能手机，可以同时收集和了解个人的行为和偏好。这些新技术从细节上加强了对消费者的评级和对广告的定位。

四　从对群体细分向个性化的转变

20 世纪广播、杂志和电视等传媒技术，使得媒体能够制作出足够吸引女性、非裔美国人和青少年这类特定群体的内容。如果说 20 世纪的媒介促进了群体上的细分，那么数字媒体平台则提供了针对个人的个性化技术。20 世纪的技术已经允许广告商将消费者按照相同的品位划分为不同群体，数字媒体为广告更加个性化创造了机会，广告商可以直接与单个的消费者进行互动。交互技术使媒体能够捕捉用户的行为，并通过分析这些行为来推断消费者的偏好，并以促销的形式反映这些偏好。此外，在数字时代，用户可以参与到自己的消费者声誉构建中去，而消费者的声誉又为媒体内容的个性化提供了数据。

然而，即使没有现代的营销技术，有的媒体也会收集数以百计的个人信息，并依据这些数据对用户进行区分，这会让他们觉得所谓的新媒体名不副实。使用复杂的计算方法来评估、计算并预测用户的行为，提供了一个新的区分方式。数字媒体的交互功能不仅增强了对于用户的监视，而且能够对用户进行更详细的分析。基于共同的统计特征和生活方式对用户进行分组，是符合分类逻辑的。如果一些人有共同的人口统计学特征和生活方式，那么他们就会被打上相同的标签。分类策略如何为广告客户决策提供信息的一个示例，是来自消费者研究公司 Claritas 开发的 PRIZM 地理人口分层系统。PRIZM 地理人口分层系统，彰显出细分策略对广告主的决策产生的重要影响（Turow 1997）。根据尼尔森近年来统计的消费者信息，PRIZM 系统将美国人口分成了波西米亚混合型群体、青年影响力群体和银发力量等不同的消费群体。Claritas公司能够提供广告商感兴趣的一系列信息，包括这些消费群体的居住地和他们的数字产品。例如，青年影响力群体往往住在郊区，读的是《细节》（*Details*）杂志，看的是《居家男人》（*American Dad*）（Nielsen 2015）这一电视节目。这些信息使客户能够确定他们广告投放的地区和渠道。

1152

诸如 PRIZM 分类系统这样的消费者声誉机制提供了详细的美国人口统计数据和消费者偏好。数字媒体允许广告商在用户个人层面收集信息，从而形成针对个人的消费者档案。有许多可以收集个人信息的工具，包括存储在电脑浏览器中名为 cookie 的小数据包，这种数据包允许网站跟踪网络上的用户行为。假设一个人访问旅游网站，搜索有关巴黎旅游的优惠信息。该网站可能会在用户的浏览器中放入一个 cookie，并在 cookie 中存储正在查看的旅行信息。当这个人浏览到另一个网站时，这些 cookie 就会被识别出来，旅游公司可能就针对这个用户投放有关巴黎之旅的广告。西蒙·加芬克尔（Simon Garfinkel）注意到，cookie 技术的引入和发展使得高度个性化营销得以兴起。"营销人员不再满足于从邮件列表中提取的潜在客户池。相反，他们积极寻找个性化的信息，并研发网络系统来对个人消费者的信息进行分类"（2000: 158）。此外，在这种交互式媒体环境中，简化了广告通知的过程，因为数字和移动设备既是广告发送的渠道，又确定广告内容的监视技术。

在当代，营销人员与数据库公司、网络分析服务公司密切合作，观察和分析用户的在线行为。利用这些信息，营销人员创建了消费者声誉——包含个人基本信息、消费模式和上网行为模式的一对一档案，营销人员可以评估消费者对产品的兴趣，并推送个性化的广告和定制交易。随着个人用户在零售环节和非零售环境中的参与日益增多，为消费者声誉的构建提供了越来越多的信息。与营销人员在 20 世纪所依赖的数据库技术不同，当代营销模式中模型的构建十分灵活，通过不断地向文件中添加的新信息，促进构建更完整的消费者形象（Cheney-Lippold 2011）。从灵活性上讲，当前的技术要优于先前的静态数据收集技术，这为广告商针对用户定向投放广告提供了优势。约翰切尼–利波尔德（John Cheney-Lippold）指出，交互式的数字媒体意味着不再对个人用户按照固定的数据（如用户普查所提供的数据）进行分类，而是按照一组不断发展的数据进行持续的分类。用户的声誉是通过一系列不断发展变化的分类方法构建的，广告客户通过这些分类对广告用户进行深入了解（2011：173）。这些分类的细化程度，远远超过了人口统计甚至生活方式中的分类目录。

数据库通过算法来搜索消费者的行为模式。算法可以推算出个人的偏好，广告商能够利用当代通信技术的交互特性，以消费者的偏好为基础，投放具有针对性的广告。广告商通过收集每个人零散的信息，推算出消费者整体的偏好，并通过分析偏好来预测未来趋势。基于对数据预测能力的信心，因此对于消费者偏好的把握也怀有信心。马克·安德列耶维奇（Mark Andrejevic）写道，"算法能够挖掘出任何人类分析师都无法预测和运算的模式，这些模式太过复杂以至于严重挑战人类的预测能力"（2013：21）。将算法应用于预测未来的偏好和行为，有助于将零散的信息重建整合为有用的资源。通过个性化的媒体环境，能够反映出人们热衷的内容，这使得个性化媒体也变得统一起来。

与有的人支持对消费者进行分类一样，有的人支持对广告进行分类，生成定向广告（Negroponte 1995），因为消费者将不会接收到与自己无关的信息，堪称消费者福利。定向广告可以直接定位于单一消费者的偏好，营销人员与用户得以直接交流，不需要对消费者群体的偏好做出假设，可以进一步在广告中剔除无关内容。有些人认为，将个人偏好从群体偏好中脱离出来，为消费者个人提供完全基于个人行为的独特身份特征，可以减少歧视，发挥个人的自主性。虽然提供个性化搜索的媒体可以为用户节省搜索时间，但对消费者偏好的构建缺乏透明度，查看或纠正个人偏好的机会有限，这与个人的自主权利相矛盾（Rosen 2000; Solove 2004; Turow 2011）。这种广告模式可以了解用户所做的一切，限制了用户的后悔权，用户却无权拒绝这一广告模式。

此外，出于某一目的的数据收集，比如说通过对手机进行定位，检测并提高信号不足地区的信号质量，但是这些数据却很容易用于其他目的。随着存储和分析数据的成本下降，大型数据库中收集的信息将被永久储存，这些信息的用途将成倍扩展。收集消费者信息很多都是出于短期目的，例如提供精确的运输信息或者账单，但信息的长期存储提高了信息被滥用于其他目的的可能性。甘地观察到，数据的重复使用令人不安，在寻找合适的消费者时使用数据分析技术并没有什么坏处，但将数据用于解决地方和国家安全问题时，就存在着与消费领域不同的利害关系（Gandy 2006; Andrejevic 2013: ch 2）。

1154

五　让用户参与进来：用户在互动广告中的作用

数字媒体技术的交互性引发了对消费者自主权的各种讨论。媒体学者阿克塞尔·布伦斯（Axel Bruns）认为，互动媒体这一渠道让消费者在广告的产生过程中拥有了话语权和自主权。布伦斯创造了"生产－消费者"（produser）这个词，意在说明数字媒体的互动特性使得生产和消费变得模糊。"生产－消费者"通过一个协作过程实现了创造和消费的完美融合，"使用过程一定程度上也是生产过程"（Bruns 2008: 21）。各种媒体平台都在结合用户的兴趣制定参与策略。通常，用户个人的参与和体验会增加消费者的权利。但是另一个角度上，越来越多的消费者主张参与到对自己的商业监控和用户偏好的构建上来。授权这一术语，反映了现在流行的经济学逻辑，个性化内容通过减少用户与不必要广告进行互动，并免费提供内容，从而丰富了用户的体验。目前存在一些呼声对这一逻辑进行了扩展，它要求个人在确认自己参与商业监控的同时，并为自己的商业监控提供协助。在最后一节中，我们将介绍两个平台——社交媒体网络和互动电视——它们可以让个人直接参与到广告中去。通过这些平台，我们研究了广告客户、媒体制作人和观众之间不断变化的关系，并对受众的影响进行了分析。

1155

（一）Facebook 赞助故事：你作为明星的广告

在 2011 年，大受欢迎的社交网站 Facebook 在其平台上推出了一项功能，使广告客户能自然地接触消费者。在这个名为"赞助故事"（Sponsored Stories）的社交广告项目中，Facebook 将用户的活动变身成为广告的内容。当 Facebook 用户与该活动的赞助商或品牌互动时，这种互动行为可以作为广告的一部分出现在他朋友的新闻推送中（Fowler 2011）。例如，我们假设服装公司——香蕉共和国（Banana Republic）作为"赞助故事"项目的赞助商。如果埃里克（Eric）在香蕉共和国（Banana Republic）签到或者在自己的 Facebook 页面上分享公司的产品，他的朋友们可能会在他们的 Facebook 上看到一则广告，上面显示埃里克的名字和照片，以及他原始帖子中的任何评论或照片。这个项目是为了使用户在使用其产品时，也让更多的人可以看到他们的产品。为此，Facebook 希望创建一个平台来支持这样的营销活动，即利用消费者"口碑"的力量，让人们对产品和品牌产生真正的兴趣（Serazio 2013: ch 4）。

在介绍"赞助故事"这一项目时，Facebook 强调了社交环境在提高广告与受众匹配度中发挥的作用。Facebook 新闻编辑室的一篇文章写道：

> 我们知道社交可以增强广告对人的影响；人们会受到这种口碑营销的影响。尼尔森（Nielsen）、康姆斯克（ComScore）和 Datalogix 的研究表明，广告与社交的结合可以提高广告的知名度和广告支出的回报，所以我们想让社交与广告融合的更加自然（Simo 2013）。

这里的逻辑是基于朋友的经验显示推荐的广告与用户具有更大的相关性。何塞·迪杰克（José van Dijck）描述了这种社交广告的力量，它呈现出了一种个人叙事的模式（van Dijck 2013: 2016）。通过用户参与的方法创建广告，Facebook 采用用户与合作伙伴的广告相融合的策略。无论是否愿意，Facebook 用户都会面临这样一种可能：公司依据用户自己的行为为好友推送广告，泰纳·布切（Taina Bucher）称之为"商业化的友谊"（2013: 488）。

Facebook 表示，该计划将尊重用户的隐私设置，只有那些被允许访问个人时间轴的用户，才会看到该用户的赞助故事（Facebook 2012）。事实上，用户无法确定是哪些朋友可以看到他们的赞助故事，也无法确定他们的哪些活动会被做成广告推送。相反，高度关联的广告可以基于任何用户活动，任何有权限查看其个人资料的人都可以看到这些广告。有消费者以侵犯隐私权为由批评了"赞助故事"计划。2013年，Facebook 在集体诉讼中，就该项目侵犯隐私权的内容，以 2000 万美元达成和解（Hendricks 2014）。2014 年，Facebook 终止"赞助故事"活动，公司称由于公司在所有广告中都引入了情境化内容，因此该活动已经没有必要性（Hendricks 2014）。

用户对"赞助故事"反应不佳，许多原因值得深思。一个可能的原因是该计划侵犯了人们对隐私的需求。你的在线好友能看到你的"点赞"和"签到"，虽然这是半公开的行为，但将社交行为重新定义为商业行为，这样的做法模糊了对公众和私人进行的区分（Bednarz Beauchamp 2013）。技术学家海伦·尼森鲍姆（Helen Nissenbaum）认为我们对隐私的认定是需要以背景为依托的。我们可能会向医生分享特定的信息，但我们可能不太愿意与配偶、孩子或父母，这些更亲近的人分享这些信息。信息本身不涉及隐私，但是需要考虑到环境的作用。同理，尽管用户的分享或点赞未必一定涉及隐私，但将用户的这些行为在商业环境中表现，这是不合适的。此外，尽管广告商认为这样的活动会产生高度语境化的内容，但在广告语境中再现用户行为时，用户行为最初要表达的含义可能会发生改变。

"赞助故事"遭到消费者抵制的第二个原因可能是，即使对已经习惯于在广告中进行重新定位的消费者来说，根据个人搜索记录向其提供广告，这一做法有违道德。这一计划表明对用户进行了重新定位，用户在销售中不仅仅是消费者，也是代言人（Hendricks 2014）。这远远打破了数据内容隐含的平衡，许多美国人为此感到不安（Turow，Hennessy，and Draper 2015）。此外，它通过"喜欢"和"分享"等指标，使人际关系商品化。在针对 Facebook "赞助故事"提起的集体诉讼起诉书中，核心是用户是否同意的问题。起诉书称，Facebook 在未经用户"同意"的情况下，通过"赞助故事"宣传、销售产品和服务，并非法使用美国 Facebook 用户的姓名、头像、照片、肖像和验证信息（*Fraley et al v Facebook Inc* 2011）。对于数据的合理使用，并获取用户的同意，这个问题一直困扰着 Facebook 和其他依赖广告的社交平台。而赞助故事的独特之处在于，它使得通过数据推断并反映个人偏好成为可见模式。

（二）互动电视：电视平台引进互联网

1157

20 世纪 90 年代，美国有线电视和电话公司开始在社区推出允许双向通信的基础设施（Sherman 1994）。通信技术的进步使人们对互动电视迸发兴趣。将双向有线信号接入美国家庭，广告商通过这一计划想象出了一种新的直销模式，消费者可以根据自己的兴趣浏览并订购产品。1994 年，微软首席执行官、技术预言家比尔·盖茨描述了互动电视带来的令人激动的场景：

> 你在电视上看《宋飞正传》（*Seinfeld*），你喜欢他穿的夹克，你就可以用遥控器点击。节目暂停后，屏幕顶部会出现一个 Windows 风格的下拉菜单，询问你是否要买。你点击"是"。下一个菜单提供了可选择的颜色；你可以单击黑色。另一个菜单列出了你要用哪一张信用卡付款。点击万事达信用卡之类的。然后继续点击这件夹克应该寄到哪个地址？是寄到你的办公室，你的家还是你的客房？点击需要的地址，购买就完成了——此时菜单消失，而宋飞正说到刚才暂停的地方（Sherman 1994: para 1 quoting Bill Gates）。

双向有线电视将观众定位于观看电视的活跃消费者。《财富》杂志的一篇文章指出，与互动电视相比，标准广播电视的局限性是：

> 电视频道没有机会让观众有选择观看电视节目的时间。在一个真正的交互系统中，广告可以预先录制并存储在功能强大的中央计算机（称为服务器）中，就像今天发送语音消息一样。然后，任何有兴趣的人，比如说有的人喜欢附有装饰的牛仔带扣，他们可以直接找到相关视频（Sherman 1994: para 3）。

通信基础设施不断进步，预示着电视也将发生深刻变化，这迫使广告商开始反思自己的策略（Lee and Lee 1995）。许多方面，互动视频都是理想的销售媒介，互动视频可以让观众控制他们所消费的娱乐和商业内容。

比尔·盖茨和其他人设想的互动购物方式还没有实现。虽然视频点播平台在 20 世纪 90 年代就已经引起了轰动（Sherman 1994: para 2），观众可以直接观看电视节目和电影，但盖茨设想的局域广告发展比较缓慢。一些营销人士质疑，电视作为最基本的大众传媒，投放定向广告是否合适？尽管存在怀疑，但数字技术的进步为观众创造了一系列机会，让观众接触媒体内容，并塑造用户媒体体验。此外，广告商已经开始将一些网络广告中的方法应用到电视广告中。对消费者进行数据统计的公司正在结合消费者的购物习惯和观看习惯，帮助广告商确定广告费用花在哪里最划算。例如，一家名为 Simulmedia 的公司，以数据为导向发展定向广告，以此来确定哪些节目最能吸引到特定受众（Perlberg 2014）。电视收视率巨头尼尔森与零售营销公司卡特琳娜（Catalina）成立了一家合资企业，将产品忠实度数据与电视收视信息结合起来（Perlberg 2014）。这使得这家公司能够确定是哪些人看了什么节目，买了什么产品。虽然这些合资企业致力于在面向全国的电视节目中有效投放广告，但是有证据表明，对于可以根据消费者偏好，向观看同一节目的不同人群，可以发送不同广告的局域广告，一些人已经开始展望、布局。尼尔森还收购了数据管理平台 eXelate，一些业内专家将此举解读为试图增强其在局域电视领域的优势（Nail 2015）。

允许用户传输电视内容的数字平台为我们展现了局域电视的未来。例如，在线视频网站 Hulu 让用户直接参与到观看体验中，并选择自己喜欢的广告。该平台向观众提供三种广告的选择，这些广告来自同一品牌或三个不同品牌。该程序的更新版本允许用户在中途切换广告。Hulu 强调了这些广告平台对观众和广告商的好处：

> 广告交换是用户选择和控制的下一个发展方向，旨在显著改善用户广告体验，提升品牌效果。Hulu 将把广告的控制权赋予用户，用户观看广告时可以切换一个更加匹配的广告（Colaco 2011）。

Hulu 的广告交换计划并不依靠消费者信息和行为数据库中的信息，而是让用户参与到观看体验中去。Hulu 的另一项功能就是允许用户就广告的匹配度这一问题向公司提供反馈。按屏幕右上角，观众可以确认该广告是否与他们相关。为符合观众口味，广告定制功能的未来将是个性化广告。此外，该公司还向有关各方宣传了这一功能："广告与用户匹配度越大，人们越能从中受益。用户可以看到数量更多的与之匹配的广告，广告商也能发现更有针对性、更容易接受广告的客户（Hulu Help Center 2015）。"通过这些互动，Hulu 不仅为广告客户提供了他们喜欢的受众，还帮助客户建立了自己的观众数据库。每一次观众互动都会增加 Hulu 获得一次观众行为和偏好的更多信息。这些信息也可以用来构建消费者的声誉。

Hulu 通过观众互动来决定观众接收到的广告，而另外两个电视平台则依靠观众数据来决定广告内容。在线电视和电影流媒体平台 Netflix 在 2012 年推出了原创内容。《纸牌屋》和《女子监狱》等 Netflix 出品的电视剧都获得了金球奖提名。在 2013 年《纽约时报》的一篇文章中，大卫·卡尔（David Carr）分析了 Netflix 是如何收集观众的习惯数据并帮助公司开发出热门剧集的。尽管在确定电视剧的制作，包括项目的批准上，一直需要考虑观众的喜好，但交互技术提供的数据促进了这方面的计算。虽然塑造基本剧情的数据是基于观众的总体偏好而产生的，但是对剧集的宣传确实是高度个性化的。观众登录 Netflix 账户时，会显示《纸牌屋》不同的预告片，预告片的种类取决于是把观众定位于凯文·史派西（Kevin Spacey）的粉丝、还是定位于偏爱有强势女性主角的电影，还是定位于仅仅是一个电影迷（Carr 2013: para 11）。

在线零售巨头亚马逊也采取了类似的策略，转向了内容的原创。亚马逊于 2011 年开始允许用户订阅 Prime 服务来播放电影和电视节目。2013 年，亚马逊推出了《阿尔法之家》（*Alpha House*），这是一部半小时的黑色喜剧，主演约翰·古德曼（John Goodman），他饰演一位来自北卡罗来纳州的共和党参议员（Spangler 2013）。《阿尔法之家》是从亚马逊网站发布的 14 个试播剧集中选出的五个节目之一（Sharma 2013）。亚马逊对于试播剧的播放，是通过对观众观看次数、收视率以及与朋友分享次数分析出来的（Sharma 2013）。就像 Netflix 一样，亚马逊也通过观众的数据来预测哪些节目会盈利；然而，亚马逊采取了更深入的策略，允许观众以多种方式对他们喜欢的节目（甚至是不喜欢的节目）提供反馈，从而明确地让观众参与决策过程。除了可以观看和分享数据，亚马逊通过问卷调查和重点关注，还为用户提供了反馈的机会（Sharma 2013）。

Hulu、Netflix 和亚马逊等公司采取的策略，就是让观众深入参与到促销活动和娱乐活动的构建中去，这为了解观众提供了一种新的示范。正如大卫·卡尔所说：

> 电影和电视制片人总是在使用数据，对重点观测人群进行分析并记录结果，但 Netflix 作为一家分销和制作的科技公司，拥有惊人的渠道可以实时获知消费者的感受（2013: para 6）。

1160

消费者偏好从消费者接受或者放弃某一内容的数据中挖掘出来，并决定了一个节目或电影是否可以发展存活下去。一方面，这使得观众在媒体选择上处于主导地位（Sharma 2013）。然而，也有人认为，这种众包艺术存在局限性。批评者担心，大数据分析将限制创新的过程。基于现有分析做出的预测只能关注到人们过去喜欢什么，限制了真正具有创新性、填补空白领域的节目的出现（Carr 2013: para 17）。除了扼杀艺术创造力，利用数据分析来预测吸引人的内容，包含了许多细分媒体的特征。虽然这些方法可以通过反映观众的兴趣来吸引观众，但它们不太可能消费观众的政治观点和社会现实问题。

六　消费者声誉的局限性

声誉具有社会和经济功能。经济学理论认为，声誉是在买卖双方互不了解的情况下促进市场发展的（Whitfield 2012）。从信用卡到 eBay 分数，声誉都是在市场上衡量一个人过去行为的指标。这基于一个前提，即过去行为可以很好地预测未来的行为。同时，声誉也有社会功能。负面声誉可能带来潜在危害，这促使人们以与社会期待相符的方式行事（Nock 1993）。因此，声誉是执行社会规范的一种非常有效的方法。我们的商业信誉也具有类似的社会功能。如果我们学会如何解读声誉，声誉就能告诉我们广告商是如何重视声誉的。这些声誉可以向他人和我们自己传达我们的价值。

在美国，对广告商利用数据构建消费者声誉这一行为，目前监管有限。欧盟赋予个人权利，可以访问企业采集的关于他的个人信息，而美国则缺乏全面的隐私立法。由于担心政府的干预监管可能扼杀新兴的科技行业，因此监管机构通常鼓励行业进行自我管理。行业自我监管引入的监管方案都是受到行业自身支持的，例如网站的隐私政策和识别目标广告的图标，批评人士普遍指责这两种方法均是无效的。在缺乏足够的行业自律和政府干预时，出现了许多公司帮助消费者管理声誉。例如 Personal.com 和 DataCoup 等公司正在开发一种工具，可以从多渠道帮助个人收集数据，包括他们的财务信息和社交网络数据。他们设想开发出一个关于信息的市场，在这个市场中，个人可以向公司出售他们的个人数据。这样可以创造一个更有效率的市场，个人从数据销售中获利，而消费者的声誉也因此更能准确反映个人的偏好。

鼓励个人参与构建消费者声誉，营销人员需要评估他们的价值，让他们参与到评估系统中去。对一些人来说这是很重要的，一些被广告商关注的客户如果能够提供信息，作为很有价值的消费者，那么他们的声誉就会被巩固。相反对另外一些人来说，如果系统没有发现需求的利润点，或者数据没有发现他们的需求，那么他们的需求很可能会被系统抛弃（see Lerman 2013）。之所以说将个性化广告视为对消费者权利的增加是错误的，原因就在于此。广告复制了评估系统的不平等因素，使其关注某些消费者，忽视另一些消费者。通过互动广告，个人能够参与到这样一个系统中，这并不是对消费者权利的增加，而是权利的剥夺。

使用监视技术来细分受众和塑造媒体内容，并不是数字时代特有的方法。这种方法的初衷是为了吸引广大的中产阶级受众，一直持续到了大众传媒时代。媒体技术和用于衡量受众偏好和参与度的工具变得越来越复杂，能够反映受众偏好的内容也变得越来越复杂。无疑，媒体从业者的全部或者部分利润都来自广告商，为了提高广告收入，他们一直在努力创造最有可能吸引受众的内容。细分和评估受众，这是当代广告体系的核心，在媒体层面，某些群体会被高度关注，而某些群体则会被边缘、忽视。这些行为在美国尚未得到有效监管，对因商业声誉而处于不利地位的消费者来说，消　1162
费者保护法和消费者隐私规则为他们提供了有限的保护。

　　目前的个性化媒体并没有从根本上改变通过促销内容和娱乐内容反映个人声誉的现行状态。相反，媒体和广告商对受众会有不同的关注点，它以一种易于巩固的方式加剧了这种状态，如果广告商愿意为他们的广告投放到更加匹配的受众中去，进而支付更高的广告费，那么媒体就会完善广告内容，以反映出通过数据分析得到的偏好，将对这些首选受众更具吸引力。一篇报道中的观点值得注意，亚马逊之所以放弃一些节目，很大原因是它吸引了很多年轻观众——而年轻观众很少为观看节目支付会员费用（Sharma 2013）。不难想象，同样的计算也针对于其他一些不富裕的人群。

　　营销人员利用消费者的个人信息、行为和参与模式来生成统计驱动的概要文件，从而塑造他们所遇到的媒体环境的程度，对 21 世纪的消费者与企业关系造成了损害。不断有调查表明，消费者个人对这些做法持怀疑态度，他们已放弃使用这些平台（Turow and others 2009; Madden 2014; Turow, Hennessy, and Draper 2015）。营销人员和媒体人员从事这些活动时，绝大多数观众都无法直接看到，这是很严重的问题。在媒体中，以个人信息为基础塑造的消费者声誉与个人的自我认知可能关系不大，并且受众对其中的错误信息几乎没法纠正（Turow 1997）。在构建消费者声誉中，允许当事人直接参与，这有助于提升一部分消费者的待遇，但这不会消除这种商业体系下固有的不平等，因为它更关注那些能带来利润的消费者。个性化广告虽然有效，但是并不意味着为观众所贴的标签就是正确的。此外，个人有权选择广告、生成广告内容或形成自己的声誉，这并不能说明消费者被赋予了新的权利。随着媒体从业者为满足广告商的需求，不断完善对于受众的构建，我们需要重新思考，受众获得授权参与自己声誉形成的意义，以及监管干预的作用。为受众赋予一定权利并不意味着只有精英受众的预期偏好才能决定媒体上的内容，也并不表明单个的观众就能有权决定他们能看什么内容，而不看自己不想看的内容。为受众赋予一定权利要求受众个人能够理解并可以影响这种制度。

【参考文献】
1163

Andrejevic M, *Infoglut: How Too Much Information Is Changing the Way We Think and Know* (Routledge 2013)

Atkinson P, 'How to Keep ABC Relevant: Print Auditor Must Make Its Chief Mission Full Disclosure of Circulation Data' (Advertising Age, 26 October 1998) <http://adage.com/ article/news/abc-relevant-print-auditor-make-chief-mission-full-disclosure-circulation- data/63994/> accessed 17 November 2015

Barnes B, 'For Nielsen, Fixing Old Ratings System Causes New Static' (*Wall Street Journal*, 16 September 2004) <www.wsj.com/articles/SB109528999177619147> accessed 17 November 2015

Barnouw E, *The Sponsor: Notes on a Modern Potentate* (OUP 1978)

Bednarz Beauchamp M, 'Don't Invade My Personal Space: Facebook's Advertising Dilemma' (2013) 29 Journal of Applied Business Research 91

Bennett C, *Facts without Opinion: First Fifty Years of the Audit Bureau of Circulations* (Audit Bureau of Circulations 1965)

Bruns A, *Blogs, Wikipedia, Second Life, and beyond: From Production to Produsage* (Peter Lang 2008)

Bucher T, 'The Friendship Assemblage: Investigating Programmed Sociality on Facebook' (2013) 14 Television & New Media 488 <doi:10.1177/1527476412452800> accessed 17 November 2015

Carr D, 'Giving Viewers What They Want' (*New York Times*, 24 February 2013) <www. nytimes.com/ 2013/ 02/ 25/ business/ media/ for- house- of- cards- using- big- data- to- guarantee-its-popularity. html?_r=0> accessed 17 November 2015

Cheney-Lippold J, 'A New Algorithmic Identity: Soft Biopolitics and the Modulation of Control' (2011) 28 Theory, Culture & Society 164 <doi:10.1177/0263276411424420> accessed 17 November 2015

Cohen L, *A Consumers' Republic: The Politics of Mass Consumption in Postwar America* (Vintage Books 2004)

Colaco J, 'The Power of Choice in Advertising' (Hulu Blog, 3 October 2011) <http://blog. hulu. com/2011/10/03/the-power-of-choice-in-advertising/> accessed 17 November 2015

Cooper C, 'Audit Bureau of Circulations' in John McDonough and Karen Egolf (eds), *The Advertising Age Encyclopedia of Advertising* (Fitzroy Dearborn 2003)

Cross G, *An All- Consuming Century: Why Commercialism Won in Modern America* (Columbia UP 2002)

Facebook, 'Accounting Offers, New Placements' (Facebook Newsroom, 29 February 2012) <https:// newsroom.fb.com/ news/2012/02/ announcing- offers- new-placements/> accessed 17 November 2015

Fowler G, 'Facebook Friends Used in Ads' (*Wall Street Journal*, 26 January 2011)

Fraley et al v Facebook Inc, No 11-CV-01726 (ND Cal, filed 4 April 2011)

Gandy O, Jr 'Coming to Terms with the Panoptic Sort' in David Lyon and Elia Zureik (eds) *Computers, Surveillance, and Privacy* (University of Minnesota Press 1996)

Gandy O, Jr 'Data-Mining, Surveillance, and Discrimination in the Post-9/11 Environment' in Kevin D. Haggerty and Richard V. Ericson (eds), *The New Politics of Surveillance and Visibility* (University of Toronto Press 2006)

Garfinkel S, *Database Nation: The Death of Privacy in the 21st Century* (O'Reilly Media 2000)

Hendricks D, 'Facebook to Drop Sponsored Stories: What Does This Mean for Advertisers?' (Forbes, 16 January 2014) <www.forbes.com/sites/drewhendricks/2014/01/16/facebook- to- drop- sponsored-stories- what- does- this- mean- for- advertisers/ > accessed 17 November 2015

Hulu Help Center, 'Ad Tailor' (Hulu, 2015) <http://www.adweek.com/socialtimes/hulu- giving-users-

1164

control-over-their-video-ad-experience/13993>

Leach W, *Land of Desire: Merchants, Power, and the Rise of a New American Culture* (1st edn, Pantheon 1993)

Lee B and Lee R, 'How and Why People Watch TV: Implications for the Future of Interactive Television' (1995) 35 Journal of Advertising Research 9

Lerman J, 'Big Data and Its Exclusions' (2013) 66 Stanford Law Review 55

Madden M, 'Public Perceptions of Privacy and Security in the Post-Snowden Era' (2014) <www. pewinternet.org/2014/11/12/public-privacy-perceptions/> accessed 17 November 2015

Nail J, 'Brief: With Exelate Acquisition, Nielsen Recognizes TV's Impending Addressable Future' (Forrester Research, 10 March 2015)

Napoli P, 'Audience Measurement and Media Policy: Audience Economics, the Diversity Principle, and the Local People Meter' (2005) 10 Communication Law and Policy 349 <doi:10.1207/ s15326926clp1004_1> accessed 17 November 2015

Negroponte N, *Being Digital* (Knopf 1995)

Nielsen MyBestSegment, 'Segment Explorer' (Claritas, 2015) <www.claritas.com/ MyBestSegments/ Default.jsp?ID=30&menuOption=segmentexplorer&pageName=Seg ment%2BExplorer> accessed 17 November 2015

Nissenbaum H, *Privacy in Context: Technology, Policy, and the Integrity of Social Life* (Stanford UP 2010)

Nock S, *The Costs of Privacy: Surveillance and Reputation in America* (Aldine de Gruyter 1993) Perlberg S, 'Targeted Ads? TV Can Do That Now Too' (*The Wall Street Journal*, 20 November 2014)

Rosen J, *The Unwanted Gaze: The Destruction of Privacy in America* (Random House 2000) Scott W, *The Psychology of Public Speaking* (Pearson 1907)

Serazio M, *Your Ad Here: The Cool Sell of Guerrilla Marketing, Postmillennial Pop* (New York UP 2013)

Sharma A, 'Amazon Mines Its Data Trove to Bet on TV's Next Hit' (*Wall Street Journal*, 1 November 2013)

Sherman S, 'Will the Information Superhighway Be the Death of Retailing?' (Fortune, 18 April 1994) <http://archive.fortune.com/magazines/fortune/fortune_archive/1994/04/18/ 79191/index.htm> accessed 17 November 2015

Simo F, 'An Update on Facebook Ads' (Facebook Newsroom, 6 June 2013) <https://news- room. fb.com/news/2013/06/an-update-on-facebook-ads/> accessed 17 November 2015

Solove D, *Nothing to Hide* (Yale UP 2013)

Solove D, *The Digital Person: Technology and Privacy in the Information Age* (New York UP 2004)

Spangler T, 'Step Aside, Netflix: Amazon's Entering the Original Series Race' (Variety, 22 October 2013) <http://variety.com/2013/biz/news/step-aside-netflix-amazons-entering- the-original-series-race-1200749146/> accessed 17 November 2015

Turow J, *Breaking up America: Advertisers and the New Media World* (University of Chicago Press 1997)

Turow J, *The Daily You: How the New Advertising Industry Is Defining Your Identity and Your Worth* 1165 (Yale UP 2011)

Turow J and others, 'Contrary to What Marketers Say Americans Reject Tailored Advertising and Three Activities That Enable It' (2009) <http://papers.ssrn.com/sol3/papers. cfm?abstract_id=1478214> accessed 17 November 2015

Turow J, Hennessy M, and Draper N, 'The Tradeoff Fallacy: How Marketers Are Misrepresenting American Consumers and Opening Them up to Exploitation' (Annenberg School of Communication 2015) <www.asc.upenn.edu/news-events/publi- cations/tradeoff-fallacy-how-marketers-are-misrepresenting-american-consumers-and> accessed 17 November 2015

van Dijck J, ' "You Have One Identity": Performing the Self on Facebook and LinkedIn' (2013) 35 Media, Culture & Society 206

Whitfield J, *People Will Talk: The Surprising Science of Reputation* (Wiley 2012)

陆

食物、水、
能源和环境

第四十八章
水、能源和技术：相互依赖性和技术制约的法律挑战

罗宾·昆蒂斯·克雷格（Robin Kundis Craig）

马 允 译

一 引言

"水与能源联结"（water–energy nexus）这一短语描述了这样一种事实：用水和供水需要大量的能源，而能源生产（尤其是电力生产）需要大量的水。在供水方面，需要有能源来抽水、处理和运输饮用水，并在返回到天然溪流、湖泊和河流之前处理由此产生的废水。在能源方面，几乎所有形式的电力生产都需要用水。

公共供水的能源需求往往已经十分显著。例如，在美国，加利福尼亚州将其全部国家用电的 20%——每年 48 万亿瓦时（terawatt–hours）——和天然气用量的 30%用于"水的运输和处理，废水的处理和处置，以及用于加热和消费水上"（California Energy Commission 2016）。然而，未来水的能源需求可能增加，因为受干旱和气候变化影响，世界上的一些地区越来越多地转向能源密集型方法来采购饮用水，例如废水再利用、淡盐水和海水的淡化。例如，在 2013 年 4 月，阿拉伯联合酋长国在迪拜开设了世界最大的海水淡化厂——杰贝尔阿里（Jebel Ali），使用天然气来生产电力和供水，每天供水量多达 1.4 亿加仑（Simpson 2013）。一年后，中国宣布将建设一个沿海海水淡化厂，向北京供应水（Wong 2014）。这两种供水方案都具有巨大的能源成本消耗，尽管杰贝尔阿里通过运用电力生产和海水淡化的共置来减少这些成本。

反过来，能源，特别是电力生产，很容易受到供水变化的影响。水力发电是明显的例子：没有水转动涡轮，水力发电厂不会发电。不太明显的例子是，热电发电厂需要大量的水进行冷却和生成蒸汽。在美国，截至 2005 年，热电发电厂（煤炭、

天然气和核能）每天回收约 2100 亿加仑水，占全国用水量的 49%（几乎一半）（US Geological Survey 2015）。即使是太阳能电力生产也需要大量的水。特别是，抛物槽式和发电塔式太阳能发电站与燃煤发电站或核电站的耗水量相同（500—800 加仑／兆瓦时）（Solar Energy Industries Association 2010）。只有风力发电厂和太阳能光伏电池在不使用和消耗大量的水的情况下就能发电。

水与能源联结的结果应当是各国在制定其用水和能源的法律和政策时考虑到其中一方对另一方的影响，然而事实却往往并非如此。随着技术的发展，可用的解决办法的种类得以拓展，这些解决办法的成本——经济和生态成本——也随之增长，这种相互考虑变得越来越重要。作为许多水政策制定方面的例子，塞浦路斯的岛屿由于地下水的过度抽采、人口增长和气候变化，正在遭受日益严重的水缺乏（造成盐水入侵）（Gies 2013）。北塞浦路斯试图通过从土耳其引入输水管道解决其水资源问题。管道穿越地中海，每年运载 198 亿加仑水，耗资 10 亿土耳其里尔（约 5.5 亿美元）。塞浦路斯共和国南部则转而使用水循环利用和海水淡化来提供水源。它依赖五个海水淡化厂，每天可净化 25 万立方米水。因此，技术提供了新的用水机会，但也耗费了能源。实际上，塞浦路斯共和国进行水循环利用的一个原因是为了减少它对通过矿物燃料进行海水淡化的依赖（Gies 2013）。

相反，不考虑水的问题会阻碍能源政策的实施。例如，在美国，能源政策往往是联邦特权，而水资源分配则本质上属于州权范畴。2006 年，美国能源部向国会提交了一份报告，其中指出，令美国能源部感到沮丧的是，州关于水资源分配的法律可能会干扰其能源开发计划。例如，报告称"由于水的问题，某些能源设施的运行已经缩减，新能源设施的选址和运行必须考虑到水资源的价值（US Department of Energy 2006）。因此，尽管技术上没有问题，治理问题和可用水的缺乏仍会阻碍能源政策的实施。

在许多方面，水与能源的联结都体现出市场失灵，这也表明水和能源至少在政策层面上都是公有资源。例如，人们普遍同意，节约用水和用电都较好地体现"最少的精力就能轻易实现的目标"（low-hanging fruit）战略，以确保这种不可避免的联结不会阻碍供水和能源生产的需求。但是，无论对水电还是对电力，定价和计量制度都不能鼓励节约，因为法律政策迫使电力公司依靠更多的使用来维持其财务稳定，或鼓励水权持有者尽可能多地消费水，以维持其水权的持续使用能力。此外，虽然使用前沿技术可以通过提高效率实现双方主体间的平衡从而促进节约，但是市政和其他政府、甚至是工业企业安装这些技术都需要投入大量的前期费用，这可能对它们使用这些技术形成阻碍，即便长期来看的成本节省可以很容易证成这些前期投资的正当性。因此，水与能源联结提供了这样一个场域，其中经细致考量后，在研究和发展方面进行国家补贴和投资，用以提高资源保护和效率，长期来看可以产生有成本效益的结果，同时仍然可以保护基本人权，获得充足的饮用水供应、健康和生产性生活的充足能源供应。

本章从电力和水的相互关系入手简要概述了水和能源的联结，强调了一些新出现的问题，以及双方所涉及的成本和技术方面的限制。第二节分析了供水的能源需求，考察了水的开采（抽水）、运输、处理（包括再利用）和海水淡化。第三节分析电力生产中的用水情况，包括这种使用可能对环境造成的影响。第四节转向分析气候变化对水资源联结造成的影响，结论是如果所有国家都能够确保在制定用水和能源生产的法律和政策时充分考虑其中一个对另外一个的影响，所有国家将会从中受益。总的来说，虽然一些技术发展在减少用水和最大限度地提高能源产量方面似乎是理想的解决办法，但通常须与其他利益进行权衡，地理因素的影响也非常明显，政策情况只会由于气候变化的影响而变得更加复杂。对能源生产和用水的法律和管理方法从一定程度上来说存在缺陷，它们并没有考虑到这种相互联系和复杂的情况。

二　供水的能源需求

1172

供应各种用途的水需要耗费能源。例如，就美国全国平均水平而言，供水占其所有耗电量的 3.5%（National Research Council 2008）。因此，水法和相关政策必须承认和考虑这一能源需求。然而，与此同时，供水过程的所有方面都是通过技术手段实现的——技术可以提高效率。正因如此，技术可以对水和能源联结这一方面的法律和政策产生重大影响。

（一）取水（泵水）的能源使用

在我们可以用水之前，必须从水源处将水提取出来。在地形允许地表水通过地心引力引入壕沟和沟渠时，或者当承压含水层的自然压力传导地下水到有关土地的地表时，取水几乎不需要耗费外部能源。然而在多数其他情况下，需要某种抽水技术来使水可以使用。此外，当水井变得太深或从地表水源抽取的水量过大的时候，人类的劳力已不足以将水运到需要的地方。此时就需要某种机器泵。

这个时候，泵的效率直接影响到从一个水源取水需要多少能量。水泵一般由电机、排水头管（水由泵排出的管子），从水泵顶部通往水源处的竖井以及用来将水引入竖井中的一系列水缸和叶轮组成。总体抽泵效率取决于发动机的效率、传输效率和水缸效率，这是泵中效率最低也是最容易变化的部分。当泵的总体效率为 66% 时，泵被认为具有很好的效率，但是抽水机可以通过将它们的具体抽水状况（每分钟泵抽水水位差和加仑）与特定的水泵技术进行匹配，从而大大提高抽水效率。换句话说，抽水机的选择可以根据手头工作量的多寡量体裁衣，以显著地提高泵的效率，从而减少能源使用（Canessa 2013）。

　　然而，水泵的效率并不是能源需求中唯一的变量。重要的是，抽水的深度，或者水面需要上升的高度，也会影响到总的能源使用。例如，加利福尼亚的一项研究显示，从地下120英尺的地方抽取地下水时每立方米水的耗电量为0.14千瓦时（kWh/m³），而从地下200英尺的地方抽取地下水时每立方米的用电量是0.24 kWh/m³（National Research Council 2008:142）。因此，不考虑水泵效率的提高，到更深层的含水层取水或抽水上山，必然会增加供水的能源成本。

　　这些技术现实表明法律和政策有待改进。首先，各国政府在考虑从更深层的含水层取水或运水上山来提供新的水源时，应考虑能源成本，不管政府是自行开发这些项目，还是许可私人来进行水开发的项目。虽然增加的能源成本几乎总是转化为经济成本，并因此几乎总是作为一个实际事项得到一些考虑，但增加的能源成本并不总是会影响拟议的新供水方案的合法性。因此，决定向更深层取水或抽水上山可能会完全取决于公共用水和经济需求，而并未充分考量对能源需求的更广泛的公共影响（特别是在累积的能源需求方面），产生新能源供应需求的可能性，取水、调水和增加的能源需求带来的生态影响以及能源需求增加对生态的影响（包括温室气体排放量的增加）。第二，由于新技术的前期成本阻碍了对更有效率的、更合适的抽水技术的投资，鼓励这些投资的政府补贴、资助和贷款将是一项合适的节能战略。不过，第三，政府也应考虑是否有能源依赖更少的水源供应，包括增加水源的保护，这样可以避免更多的能源密集型水源的用水需求。

（二）水处理（包括废水利用）的能源使用

　　在工业化国家，很少有国家允许消费者合法使用未经处理的饮用水。例如，在美国，1974年的《安全饮用水法》对公共供水设定了基于健康的用水纯度要求，而欧洲联盟委员会1998年的饮用水指令也在欧盟范围内实现了同样的目标。此外，水质立法往往要求污水和其他废水在排放到河流、湖泊或溪流前须经过处理。虽然这些要求既保障了公共卫生和环境质量，也带来了巨大的能源成本。然而，对水的处理，特别是在废水再利用的情况下，可能会使其能源需求大大低于其他潜在的供水方案，特别是远距离水运输和海水淡化处理。实际上，处理使用后的废水所需能量和生产饮用水的能量相同（Webber 2008; European Environment Agency 2012）。因此，正如塞浦路斯共和国所认可的那样，废水再利用应成为面对更加能源密集型的、以矿物燃料为基础的运输和脱盐技术的首选供水办法。

　　而且，与抽水一样，水处理设施往往也能降低能源成本。例如，美国环境保护局已经确定了若干供水和处理设施可资利用以减少能源消耗的方法，最常见的是通过提高技术效率来实现（US Environmental Protection Agency 2013）。就取水而言，在水处理和分配的许多阶段，有效的抽水系统可以节省能源，但更有效率的消毒剂系统、曝气设备、厌氧消化、甚至照明和供暖、通风、空调系统（HVAC）系统也能做到。热电联产（由水处理的副产品产生的电力），从重力依赖系统获取能源，增加对现场可再生能源的利用，再循环用水也可以减少对传统发电的需求。

改进和改变这类技术会导致能源需求的大幅度减少。格林湾、威斯康星州、大都市污水处理区在

> （其中一个水处理厂）第一阶段的曝气系统中安装了新的节能鼓风机，这使电力消耗减少了 50%，节约了 2144000 千瓦时／年。这些能量足够满足 126 个家庭的供电需求，并且避免了等同于将近 1480 公吨的二氧化碳排放量，这大约相当于每年 290 辆汽车的排放量（US Environmental Protection Agency 2013:4）。

废水处理厂的热能与动力相结合（CHP）系统是一个较新的技术创新，可以节省大量的能源，因为废水可以产生沼气和相当数量的通常以电力形式存在的热量（US Environmental Protection Agency 2013:4）。然而，废水处理厂购买和安装改进技术或建立市域范围的水再利用设施的前期资本成本也是令人望而生畏的。例如，在美国加州，奥兰治郡建造了世界上最大的废水再利用和含水层补给设施，2008 年建造时耗资 4.81 亿美元，2013 年扩建时投资 1.5 亿美元（Cocca and Vargas 2013）。扩建的设施每天生产一亿加仑（378540 立方米）饮用水，但是"尽管产出惊人，该补水系统耗能不足海水淡化所需能量的三分之一，也不到从加利福尼亚北部运输水所需能源的一半"（Cocca and Vargas 2013）。即便奥兰治郡是一个富裕的城市，它也必须依靠州和联邦的补助以及与附近郡县污水处理设施的创造性融资安排，为其水资源再利用设施提供资金。不那么富裕的市镇和世界各地的其他供水商也应当同样受益于政府对投资更有效的废水处理设施和水再利用设施提供的更高补贴和资助。

然而，治理问题也可能对实施水再利用技术造成障碍。例如，欧盟委员会在 2012 年 4 月支持水的再利用，它发现其"对环境的影响要低于其他替代供水"（例如调水或海水淡化）。但也注意到，水的再利用"仅在有限程度上为欧盟所使用"（European Commission 2015b; 2015a）。欧盟委员会 2013 年 4 月关于该主题的报告指出，"对大多数国家来说，替代的可能性不到 0.5%"，马耳他、塞浦路斯和西班牙的未来水资源需求可能分别增长 26%、7.6% 和 3%（European Commission 2013）。欧盟委员会将未采用水再利用技术作为治理失败的原因，特别是"缺乏欧盟对再利用水的统一环境／健康标准，以及对经再利用水灌溉的农产品的自由流动的潜在障碍"（2015a; 2015b）。2015 年 9 月，欧盟委员会发布了一项新倡议的"路线图"，即"欧盟水再利用的最大化"，强调"由于再利用水消耗的能源要比替代性的供水选项（海水淡化／

跨流域调水）少得多，而且它在废水处理过程中可能消耗较少的能源，这一举措可以降低欧盟国家对能源进口的依赖程度"（2015b）。

（三）运输和浇灌水的能源使用

水很重，任何距离的运输都需要大量的能源。然而，远距离的水运输是一项已有数百年历史的供水技术，正如北塞浦路斯指出的那样，这项技术仍在继续使用。举例来说，1903 年，西澳大利亚完成了 330 英里长的戈德沃德供水计划（Australian Department of the Environment 2016）。1700 英里长的曼得利河位于利比亚，该河流运输了从深含水层抽出的 368000 立方米水（Water Technology 2016）。塞浦路斯输水管道长 80 公里，深约 250 米，从地中海取道，水是从土耳其的水泵中抽出来的。德国的投资者还提出了一个 "欧洲水"（Euro Water）管道项目，该项目将从欧洲北部取水，并将其运往南欧和北非（Euro Water Pipeline 2013）。

这些项目通常需要大量的能源，美国西南部对此或许做出了最好的记载。例如，中部亚利桑那项目的导水管装置于 1993 年建成。它从亚利桑那—加利福尼亚边境的哈瓦苏湖（Lake Havasu）到图森市（Tucson）西南绵延 336 公里，把亚利桑那州所享有的科罗拉多河的相应份额运送给农民、美洲原住民部落和包括凤凰城和图森在内的 50 个社区（US Bureau of Reclamation 2011）。该项目每年提供 150 万英亩（acre-feet）的水，"消耗了亚利桑那州所有耗能的 4%"（Pierce, Sheesley and White 2011）。

加州具有庞大的水运工程系统。其中最大的两个，一个是作为联邦项目的中心山谷项目，另外一个是州水利项目，二者合计每年从加州北部向加州中部和洛杉矶、圣地亚哥等南部城市的农耕社区运送大约 930 万英亩英尺的水。反过来，全美运河和科罗拉多河高架渠项目（All-American Canal and Colorado River Aqueduct）从科罗拉多河沿加利福尼亚—亚利桑那州的边境向南加州的农民和社区输送约 420 万英亩英尺的水（Association of California Water Agencies 2016）。

加州南部如此严重地依赖运输水，这导致加州南北部在供水问题上的能源消费呈现重大差异。具体而言，虽然加州北部和南部在饮用水处理、水分配和污水处理上的耗能数据差不多，加州北部的供水和运输平均每百万加仑水的耗能量为 150 千瓦时（0.04 千瓦时 / 立方米），而加州南部的供水和运输平均每百万加仑水的耗能量为 8900 千瓦时（2.35 千瓦时 / 立方米）（California Energy Commission 2006）。同样，从科罗拉多河高架渠到圣地亚哥（最远目的地）运输水耗能为 1.6 千瓦时 / 立方米，而从旧金山湾三角洲到圣地亚哥（同样也是最远目的地）的州水利项目耗能为 2.6 千瓦时 / 立方米（National Research Council 2008:142），这也让该项目成为加州最大的电力使用者（US Environmental Protection Agency 2015）。

因此，水的运输明显地增加了供水的能源成本。而雪上加霜的是，这些运输系统中的大多数都是水渠，在沙漠中通过开敞式的无衬砌渠道输送水。由此造成的蒸发和渗流所造成的水量损失是相当大的。例如，2009 年在 23 英里长的全美运河线路上加筑衬砌，该项目耗资 3 亿美元，预计将每年节省 67000 英亩（超 8260 万立方米）的水（Perry 2009）。

因此，水运输既产生了大量的能源成本，又可能在供水上造成重大的水损成本。这些成本使得水的再利用在很多情况下成为一个更好的选择。特别是由于水管的技术型基础设施的前期投资成本可能与更有效率的水处理和水再利用技术的成本一样多（从塞浦路斯的运输管道的成本便可见一斑），政府政策应通过法律要求（例如许可和水权）、补贴和资助鼓励对水源保护和再利用的投资，而不是对供水管线和导水管的投资。此外，当这种管线和导水管成为必须的时候，政府应确保它们的运行达到峰值 1177
能效和最高用水效率，尽量减少运输过程中的水损失和污染。

（四）淡化水的能源使用

2008 年，美国国家研究理事会（NRC）指出"地球上几乎全部的储水都在海洋中，只有 2.5% 的水以淡水形式存在"（National Research Council 2008:13）。因此，海水淡化长期以来一直被认为是"供水的圣杯，（提供了）从环绕我们的广阔海水中净化出无穷尽的淡水资源的潜力"（Cooley，Gleick and Wolff 2006）。例如，在欧洲，西班牙已经投入大量资金进行海水淡化，中东也有许多国家开始这样做。

当然，海水淡化是技术依赖型的淡水来源。然而，从传统来看，海水淡化是一种典型的能源密集型的供水方式。尽管如此，人口不断增加、地下水资源枯竭、干旱更严重且更频繁，这些促使世界各国政府提出把海水淡化作为供水问题的解决办法并对此加以投资。加州就是其中之一。值得注意的是，即使在一个供水所耗能源已占整体能源需求非常大比例的州，海水淡化会"增加更多的需求。不同水源的耗能对比显示海水 [逆向渗透] 所需能量是处理传统地表水所需能量"的 10 倍以上（National Research Council 2008:141-142）。

然而，在因 2008 年的金融危机而中断之后，加利福尼亚州继续开展海水淡化作为其供水策略，其驱动因素来自干旱、从中央山谷项目和州水利工程获取的水源持续减少或中断，以及对加州从科罗拉多河所获水源配额的持续增加的威胁。2009 年5 月，波塞冬资源（Poseidon Resources）公司获得了加州卡尔斯巴德（Carlsbad）的首批新工厂之一的最终批准，该系列新工厂将利用逆向渗透工艺每天生产 5000 万加仑（189270 立方米）饮用水（Gorman 2009）。该厂于 2015 年 12 月 14 日启用。它耗资约 10 亿美元建造，而该工厂生产水的成本是圣地亚哥水务管理局为其大部分剩余供水所支付费用的两倍多（Kasler 2015）。具体而言，"圣地亚哥已经同意按照2131—2367 美元每英亩英尺的价格向波塞冬支付水费，其中包括将水成品通过管道运往政府渡槽的费用。相比之下，……水务局为从加州北部运输并由大都会送到圣地亚哥门口的水支付的费用不到 1000 美元每英亩英尺。一英亩英尺是 326000 加仑"（Kasler 2015）。

1178　　　澳大利亚也为了实现"水安全"而转向海水淡化，以便在严重干旱时期供应水源。2000 年，联邦政府确定了澳大利亚 21 个盐度污染水源地作为优先地区（Pannell and Roberts 2010：439）。该计划于 2008 年 6 月 30 日到期，但它确定并促进了澳大利亚有关海水淡化的使用（Mercer 2009；Australian Department of the Environment 2002）。具体而言，预计"到 2013 年由在墨尔本、悉尼、珀斯、阿德莱德以及东南部昆士兰的部分地区的海水淡化厂生产的饮用水每年将达 4600 亿升（UNESCO Center for Membrane Science & Technology and National Water Commission 2008）。然而，现实却有些许不同：尽管海水淡化厂建造耗资数十亿澳元，每年运转费用约 2 亿澳元，但许多工厂在 2012 年直到 2014 年都没有生产任何水（Ferguson 2014），可能从 2014 年以后才开始生产。

　　总体来说，海水淡化技术将海水或淡盐水中的盐全部清除掉，只留下淡水（National Research Council 2008:19）。在世界范围内，下述两种通用技术几乎代表了现有的海水淡化能力：（1）热蒸馏，一种依赖热水的脱盐形式；（2）薄膜过滤技术，例如逆向渗透（Library Index 2016）。脱盐成本因特定地点、所采用的海水淡化技术以及水的含盐度（盐浓度）等条件的不同而有很大的区别。结果上来看，淡化海水的成本通常比淡化淡盐水的成本高。然而，即使有上述众多变数，直到最近，海水淡化几乎总是比传统的供水方式更昂贵（Radford 2008）。世界范围内，逆向渗透装置的最低成本是新加坡的每千加仑 1.70 美元（3.79 立方米），而巴哈马群岛的价格为每千加仑 5.60 美元，塞浦路斯为 5.40 美元。在阿布扎比，用热蒸馏方法生产的水成本约每千加仑 2.65 美元，而在科威特的一个热蒸馏工厂，该价格为每千加仑 5.03 美元至 6.93 美元（Cooley，Gleick and Wolff 2006:40）。

　　然而，最近海水淡化的成本在不断降低（UNESCO Center for Membrane Science&Technology and National Water Commission 2008:ix）。此外，干旱和缺水也能让
1179　海水淡化与其他供水办法相比具有竞争力。例如，在加利福尼亚，海水淡化工厂生产的水通常价格从每英亩英尺 1000—4000 美元不等（1233.5 立方米），而传统的供水来源则是每英亩英尺 27—269 美元，新兴的非淡化水源的价格则是每英亩英尺 600—700 美元（Library Index 2016）。相比之下，佛罗里达州坦帕湾海水淡化厂尽管工期延误、预算超支，其最终供水价格为每英亩英尺 1100 美元，但正如上文指出的那样，圣地亚哥向波塞冬工厂支付的用水价格为每英亩英尺 2000 美元（Kasler 2015）。此外，干旱会对成本产生很大影响。例如，加州圣巴巴拉市一般只依靠自己的水库来供水，1988 年干旱期间，它购买水的价格为每英亩英尺 2300 美元。如果它决定永久加入加州水利项目，

需要支付每英亩英尺 1300 美元的费用（Library Index 2016）。相反，它选择紧急建造自己的海水淡化厂，尽管最后它还是接入了更大的项目。

脱盐也带来了环境成本，这需要纳入能源和水资源政策决定中来。许多与建造海水淡化厂有关的环境考量，也是在沿海地区建立重大设施时须同样考量的事项：设施的所在地，对湿地、红树林和河口等海岸生态系统的影响，以及废弃物的处置，包括人工作业者产生的垃圾和污水。这些考量意义重大，但对海水淡化厂来说，大部分考量与建设任何其他重大沿海设施的考量并无二致（UNESCO Center for Membrane Science& Technology and National Water Commission 2008:16）。然而，海水淡化厂确实会因它们的运营产生两个特定的环境问题。首先，淡盐水或海水的引入会对环境产生影响，例如，夹带或冲击鱼类和其他生物，或改变近岸水流。第二个更困难的环境问题是处理淡化形成的浓盐水，它可能会损害沿海的海洋生物和生态系统（UNESCO Center for Membrane Science& Technology and National Water Commission 2008）。技术修复在很多情况下可以减轻上述的其中一些影响，例如减缓水的引入速度和浓盐水的深海处理等，但作为一个政策问题，它们仍然代表着在推行海水淡化战略方面需要做出的环境和潜在的经济权衡。

因此，在大多数地方，尤其是在涉及海水淡化的情况下，使用化石燃料能源的传统淡化可能不是一个最好的供水办法。然而，在许多地区，替代能源的使用可能会使海水淡化成为一种更易接受的选择。例如，澳大利亚珀斯的奎纳那（Kwinana）逆向渗透海水淡化厂，从伊缪当斯（Emu Downs）风力发电厂购买能源，德克萨斯州正考虑利用风能发电为其淡盐水脱盐设备提供能源。智利、沙特和加州都在诉诸通过太阳能来进行海水淡化。

其他技术创新可以帮助减少海水淡化的环境和能源成本。例如，将海水淡化热力厂与利用海水进行冷却的发电厂选址在同一个地方，可以让海水淡化厂使用发电厂使用过的冷却海水进行脱盐处理，节省与加热海水有关的能源成本，并利用冷却流程产生的剩余废水来稀释浓盐水，从而减少了环境影响——圣地亚哥的波塞冬工厂就是采纳了这一方法。因此，脱盐代表了一种供水解决方案，它仍然可以从政府的研发投资中获益良多，既可以改善许多有关的技术，也可以根据不同条件发展出海水淡化技术的"最佳做法"。

然而，即便如此，许多沿海社区，甚至考虑进行淡盐水脱盐处理的社区，仍然可以通过在提高水处理效率和改善水再利用设施方面进行投资来实现节约耗能的目的，而不是仅投资于海水淡化。因此，作为一项法律和政策事项，澳大利亚和美国等国政府应更谨慎地考虑在供水投资组合中为海水淡化选取最佳位置，尤其是那些在大部分时间里海水淡化将意味着供水产能过剩的地区。

1180

三 减少能源生产对水—能源联结的影响：技术和法律挑战

（一）水电

水力发电是反映水—能源联结的最明显的例子之一，这种联结从技术上限制了水电作为能源来源的可依赖性。由于水电对河流流量有着高度依赖，而河流流量已逐年不同，这也导致水电也是一种非常易变的电力来源。例如，在美国，2003 年的高流量年份和 2001 年低流量年份之间的电力生产量相差 590 亿千瓦时（US Climate Change Science Program 2008）。

气候差异性通常来说是水电生产变动的主要因素，当然政策、法律问题和法律要求也扮演了重要的角色。例如，在美国，向水权持有人分配上游水以及运行机制的调整（例如，为了确保符合《联邦濒危物种法》的规定，确保水生物种所需的水流量）可能会减少通过水电设施的水流量，从而减少发电量（US Climate Change Science Program 2008:41）。

水力发电厂几乎可以实现碳中和，从而促进气候变化减缓政策的落实。然而，水电厂并非无害于环境，它们破坏了河流生态，特别是对全世界范围内的溯河产卵的洄游鱼类（大马哈鱼和虹鳟）产生了损害。电力供应的可变性和环境规制的增加使得水电大坝在商业上不可行，例如为了恢复水生生态系统和自然的水的流动状态，美国拆除了太平洋西北部的许多较小的水坝。尽管水电是一种可再生能源，但拆除水坝可能是最明智的法律和政策决策。

（二）热电

从全球来看，80% 的发电量来自热电发电厂（Byers，Hall and Armezaga 2014）。通过燃料产生热量而进行的电力生产是水密集型的，主要是出于对冷却用水的需求。在美国、加拿大、英格兰和威尔士等许多国家，这些热力工厂为了冷却目的而提取的水量大约占所有用水量的 50%（或更多）（US Department of Energy 2006:9; Byers, Hall and Armezaga 2014:17; European Wind Energy Association 2014）。即使冷却水实际消耗有限，它也必须足够以保证发电厂的平稳运行。事实上，供水通常是新建发电厂选址的一个考量因素。而且在很多地方，未来对冷却用水的需求有望增加。例如，仅基于人口增长这一个要素，美国能源部就认为"如果新的发电厂将继续以蒸发冷却方式建造，到 2030 年，用于电力生产的耗水量可能会从 1995 年的每天 33 亿加仑增长到每天 73 亿加仑（US Department of Energy 2006:10—11）。

热电厂的用水需求取决于制冷技术和所使用燃料的种类。例如，在燃料方面，要生产一兆瓦小时的电力，燃气 / 蒸汽联合循环发电厂需要 7400—20000 加仑的水，燃

1181

煤和燃油发电厂需要 21000—50000 加仑的水，而核电站需要 25000—60000 加仑的水（Webber 2008:38）。

冷却技术主要有四种类型：（1）"单程"（once-through）或"开环"（open loop）技术，即冷却水只使用一次，然后就排放掉；（2）"闭环"（closed-loop）技术，即重复使用冷却水；（3）空气冷却技术，几乎不使用水；（4）混合技术（Byers,Hall,and Armezaga 2014:17）。使用不同的技术会产生下列变量上的区别：取水量、耗水量以及"能量损耗"（即由于冷却技术而在发电过程中损失的能量）。例如，开环冷却系统须提取大量的水——每生产一千瓦时电须提取 43—168 升，但耗水量非常少（0%—1%），而且能量损耗也非常小（占电力产出的 0.7%—2.3%）。相比之下，闭环式冷却塔每生产一千瓦时的电只需提取 1—5 升水，但要消耗 61%—95% 的提取水，能量损耗占电力产出的 1.8%—6.3%。气冷系统不需要水，但能量损耗占比达 3.1%—11.2%。除此之外：

> 尽管在理论和实证研究之间还存在着一定的争议，但一般来说用水少的冷却系统，其投入资本和运营成本往往更高；前者来自冷却塔的建设，而抽水、风扇和较高的冷凝器都会影响到运营成本。在此基础上，如果有水可用和环保规定允许的情况下，开环冷却通常是开发商的首选（Byers, Hall and Armezaga 2014:17）。

1182

因此，总体来说，出于能源效率和经济考量，发电厂倾向于使用那些从当地地表水源抽取大量水的冷却技术。然而，"单程"冷却技术会带来环境成本。除了当地（或许更大范围）地表水体的水位降低之外，发电厂进水泵抽水可能杀死水生生物，这会触发美国联邦环保署的冷却取水规则（US Environmental Protection Agency 2014）。此外，排放冷却后的热水会破坏接收水域的功能，这一事实反映在美国、欧盟和澳大利亚等国家为冷却水设定的排放标准上。

因此，何者为"最佳"冷却技术往往取决于具体的当地情况，而治理体系也需要考虑到这些情况。如果冷却水充足，特别是当法律要求发电厂在作业时使用吸水筛管并附加散热要求时，考虑到其他冷却技术对电力生产带来的能量损耗，单程冷却系统可能仍然是最合理的选择。然而，如果冷却水供应短缺，或者环境影响很大，使用其他冷却技术可以更好地平衡能源产量目标、供水目标和生态目标。然而，政府对改进冷却技术的研究和开发的投资，尤其是研发那些减少能量损耗、使其对水的使用更具效率的技术，将是面向未来的一种审慎的投资选择。

（三）太阳能

太阳能往往被鼓吹为气候友好的替代能源，确实可能是这样。然而，不同的太阳能发电方式会带来不同的水资源成本。太阳能发电的两个主要类别是太阳能光伏电池、集中式太阳能热发电或集中式太阳能发电（CSP）。

光伏技术利用某些物料在受阳光照射时释放电子这一事实来发电。大多数光伏电池使用的都是通常由硅晶体组成的两层半导体材料，这些晶体中含有硼或磷等杂质（Union of Concerned Scientists 2016a）。当阳光照射到半导体时产生电流。光伏发电的操作不需要水，但生产半导体需要大量的用水（Union of Concerned Scientists 2016b）。

集中太阳能发电（CSP）则是一种不同的太阳能生产技术。在集中太阳能发电工厂，"成排的镜子把太阳光束集中到一个很小的区域，能够使温度变得非常高。这种热量驱动涡轮发电。蒸汽经过冷却后重新变成水，所以循环得以重新开始并保持涡轮转动"（European Commission 2014）。因此，就冷却水而言，集中太阳能发电工厂与热力发电厂的操作非常类似，它们使用的是同样的冷却技术。然而，与大多数热电厂不同的是，集中太阳能发电工厂在选址时，沙漠通常被认为是比较好的选择，那里一般需要空气冷却或干式冷却。遗憾的是，温度高于华氏 100 度时，干式冷却技术的效用明显降低（Union of Concerned Scientists 2016b）。尽管如此，技术革新可能会降低集中太阳能发电厂的用水强度和提高干式冷却的效率。例如，欧盟正在资助和推广在集中太阳能发电厂使用无水干式冷却的新技术，以便这些工厂能够在沙漠中良好运转（European Commission 2014）。

当然，除了水以外，太阳能发电还涉及其他的环境问题。例如，与常规发电厂相比，两种太阳能发电在工程设施规模上都需要占用大量的土地。"[光伏]系统的占地规模预计为每兆瓦 3.5—10 英亩，而集中太阳能发电厂的设施占地规模预计为每兆瓦 4—16.5 英亩"（Union of Concerned Scientists 2016b）。此外，制造光伏太阳能所需的半导体会产生许多危险化学物质。因此，尽管太阳能发电在发电过程中不会产生温室气体，但工程规模的太阳能发电，尤其是集中太阳能发电，并不一定是一种法律和政策应当盲目加以推广的"解决方案"。

（四）风电

就水与能源的联结而言，风能被广泛认为是对水的依赖性最低的一种发电方法。例如，在美国，"2013 年美国通过风能发电避免消耗超过 350 亿加仑的水，或者说每年为每人节省了 120 加仑水，相当于 2850 亿瓶瓶装水"（American Wind Energy Association 2015）。同样，在欧洲，"2012 年，风能避免消耗 3.87 亿立方米的水——相当于差不多 700 万欧盟公民的平均年家庭用水"，并避免了 7.43 亿欧元的经济开支。预测到 2030 年，在欧盟，"风能将避免消耗 12.2 亿立方米到 15.7 亿立方米的水"（European Wind Energy Association 2014）。

然而，就像所有的能源一样，风力发电并不是在任何地点都能解决水—能源联结所涉问题的尚方宝剑。第一，并非所有的地方都有固定的、足够的风力来支持可靠的能源生产。第二，像水电一样，风能每天、每年都会有变化。第三，与太阳能发电一样，风力发电厂所占面积相对来说也非常大——每生产一兆瓦电力所需面积为30—141英亩，但风力涡轮机之间的间距可以使大部分土地用于其他用途，例如农业或放牧。第四，风力发电厂可能杀死鸟类和蝙蝠，尽管可能有一些方法可以减轻这些影响（Union of Concerned Scientists 2016b）。最后，与所有新的或替代技术一样，风力发电厂的前期投资成本可能非常高。

对许多沿海国家来说，离岸风力可能会带来有效的产出。例如，英国一直在积极推行海上风能，2015年2月的一份新报告指出，三年来海上风力发电成本下降了11%（Hill 2015）。尽管美国在海上风能方面落后于英国和欧洲，但其能源机构预估"美国的离岸风力资源总量为4223千兆瓦"，"这大约是目前美国电网发电量的四倍"（Bureau of Ocean Energy Management 2016）。因此，在这些国家，通过法律和政策激励政府和私营公司投资海上风能，可能是非常合适的鼓励可再生和碳中和的能源生产的手段，同时也可以在可承受的环境代价范围内节省大量淡水。

四 展望未来：水—能源联结的气候变化考量

气候变化及其影响意味着，认真考虑水与能源联结及与之相适应的可行技术只会变得越来越重要。具体而言，气候变化影响到水—能源联结的双方，并影响到供需两个方面。

（一）气候变化与水供应

对气候变化的影响最笃信的预测之一是供水问题的广泛变化，这种变化通常是供水量的减少。特别是在区域范围内，这些变化可能非常重大，无论是在可供所有用途的水的绝对数量方面，还是就可用水的时间安排而言都是如此。

在其最近的第五次评估报告（2014）中，政府间气候变化专门委员会（IPCC）的结论表明，全球淡水资源面临的风险随着温室气体排放量的增加而增加。风险来自两个极端：

> 全球温度每升高一度，预计全球约7%的人口将面临至少20%的可再生水源的减少（多元模式的平均值）。以2005年的固定人口作为基数水平，到21世纪末，极高的碳排放和较低的碳排放水平相比较，每年暴露在相当于20世纪100年中河流洪水中的人数，前者将比后者高三倍（Intergovernmental Panel on Climate Change 2014:232）。

政府间气候变化专门委员会指出，大多数干燥的、亚热带地区的可再生地表水源和地下水水源都会减少。此外，气候变化很可能会增加干旱地区干旱的频率，而"高纬度地区的水资源预计会上升"（Intergovernmental Panel on Climate Change 2014:232）。

气候变化造成的供水减少促使对能源密集型的供水来源进行投资，例如开采更深的含水层、输水管道和海水淡化，这些会增加能源需求。此外，气候变化还可能降低水质。正如政府间气候变化专门委员会指出的那样：

> 预计气候变化会降低生水的水质，即便用常规的净化处理方式也会对饮用水质量造成风险……风险的来源是气温升高、沉积物、营养物和污染物的增加，造成上述因素的原因包括降雨量增大、在干旱期间对污染物稀释的减少以及在洪涝期间对处理设施的破坏（Intergovernmental Panel on Climate Change 2014:14）。

因此，气候变化对供水的影响也有可能增加世界许多地区在进行水处理时所需的能源。

最后，气候变化对淡水供应的影响将可能加剧水基础设施和人类用水所造成的现有生态问题。政府间气候变化专门委员会指出：

> 气候变化通过改变河流流量和水质对淡水生态系统产生了不利影响……除了密集灌溉的地区外，气候变化对河流生态带来的影响预计要比传统的通过取水和建造水库而人为改变水流带来的影响要大得多（Intergovernmental Panel on Climate Change 2014:232）。

（二）气候变化与水需求

由于气候变化而减少的供水会增加在这些地区的用水需求。淡水供应减少"将加剧农业、生态系统、住宅、工业和能源生产中的水竞争，影响区域水、能源和粮食安全"（Intergovernmental Panel on Climate Change 2014:232）。

在大多数国家，农业和热电生产是目前需水量最大的板块，气候变化只会加剧这一现象，使世界上一些地区变得越来越热和干燥。在农业方面，气温升高，降水模式发生变化以及越来越长的生长季节都可能增加对灌溉用水的需求。例如在美国，气候变化引起的降水改变最初预计是到 2030 年，农业灌溉量总计减少 5%—10%；到 2090 年将达到 30%—40%（US Global Change Research Program 2003）。然而最近的分析显示，尽管在面对气候变化影响时预测作物用水量是一项复杂的任务，但总体上"由于全球变暖而延长的生长季节可能会增加作物需水量"（US Global Change Research Program 2006:39; 另见 US Global Change Research Program 2008，2009）。

即使在供水减少的情况下，热电发电厂对水的需求也不会减少，从而可能减少电力产量（见第 4.4 节）。此外，当各国要求化石燃料发电厂实施碳捕获和固碳技术以缓解气候变化时，"每生产一兆瓦时电力的需水量可能会翻倍"（Intergovernmental Panel on Climate Change 2014:665）。最后，尤其是在既有的发电厂中，适应水供应减少的办法相对有限，包括：

> 开发非传统水源，并将过程用水重新用于安装干式冷却塔、热管换热器、再生冷却等措施，这些措施都增加了成本。用水规制、散热限制和偶尔的豁免机制可能是一些机制上的适应方式（Intergovernmental Panel on Climate Change 2014:667）。

（三）气候变化与能源需求

尤其是在区域一级，气候变化的影响，如气温升高，可能会直接增加或减少对能源的需求，包括所需能源的数量和种类。以美国为例，2008 年，美国气候变化科学项目（USCCSP）认为"气候变化对美国能源总需求的净效应被预测为中度"（US Climate Change Science Program 2008:1）。然而，在全球范围内，能源需求的形式可能发生变化，因为"气候变化会降低住宅和商业区供热的能源需求，增加制冷的能源需求"（Intergovernmental Panel on Climate Change 2014:662），并从木材、燃油和天然气转向电力需求。此外，虽然整个国家能源需求的净变化可能不大，但特定地区和地点的能源需求变化可能非常大。最后，对电力制冷的需求在那些预计会面临供水减少、气候更炎热的地区可能是最大的。

另外，为适应气候变化对其他方面（例如供水）的影响而采取的行动，可能同时会改变对能源的需求。例如，为农业目的取水并将其运输到农田和牲畜已经需要大量的能源，气候变化增加了对灌溉用水的需求，这将同时增加对运送水的能源需求。

（四）气候变化与能源供应

气候变化的影响可能会限制可获取的能源数量。一般而言，气候变化对能源生产的影响比对能源消费和需求的影响更难以预测和更难以准确界定。尽管如此，美国国家科学院指出，在美国：

> 气候变化对能源工业的影响在次国家范围很可能最为明显，例如极端天气事件的区域影响，可用水的减少对能源生产的制约，以及海平面上升影响能源生产

和输送系统（America's Climate Choices 2011:48）。

上升的温度降低了常规发电厂的发电循环效率。然而，就效率而言，并非所有的发电厂对温度变化都同样敏感，这一事实应纳入未来的能源基础设施投资的考量中来。尤其是，核能和燃煤发电厂的效率在空气温度发生变化时并没有受到很多影响，而石油、天然气和双燃料发电厂对这种变化更加敏感。燃气轮机对环境温度特别敏感，而且研究表明，"空气温度每升高 60 华氏度（这可能是沙漠环境中一天的温差），（燃气轮机）的效率会降低 1—2 个百分点，电力输出减少 20%—25%（Wilbanks 2009:42）。政府间气候变化专门委员会在最新的报告中注意到这些热电生产中与热相关的损失，并强调"由于温度上升本身不能被消解，气候变化对热力发电（含热电联调）产生的一般影响是热转换效率的降低"（Intergovernmental Panel on Climate Change 2014:665）。此外，电力厂中用于解决诸如温室气体排放等其他问题的技术创新只会加剧上述问题。正如政府间气候变化专门委员会所描述的那样，当二氧化碳捕获和储存设备被添置到火力发电厂时，"能源效率下降 8—14 个百分点"（Intergovernmental Panel on Climate Change 2014:665）。不过它也强调，诸如超临界和超超临界蒸汽循环电站等新技术可能会补偿一些温度相关的效率损失。

更关键的是气候变化对电力生产供水的影响。例如，在水电很重要的地区，供水减少几乎肯定会减少地方的电力供应。事实上，"水力发电对降水和河流流量变化的敏感性是很高的，而且无论是径流总量或时间改变，例如在炎热气候下雪堆和冰川的自然蓄水减少，气候变化对水电的影响就会显现（United States Climate Change Science Program 2008:41）。

更常见的是，气候变化对热电厂的最直接影响是有关冷却用水的。首先，像所有的用水需求一样，热力发电厂易受供水减少的影响。而且，技术创新的能动性也是有限的。"工厂设计是灵活的，用于水的再利用、热排放和替代水源所使用的新技术也被开发出来。但目前可以预见一些对地方层面的重大影响"（United States Climate Change Science Program 2008:31）。其次，热力发电厂冷却技术也容易受到空气和水温增加的影响。发电厂冷却技术有三个相关的温度要求：（1）水在进入电厂时的温度；（2）如果电厂采用空气冷却技术时周围的空气温度；（3）水在排回有关水体时的温度。关于冷却用水的进水，所取水的水温必须足够低才能将热量从发电厂带走，从而发挥冷却水的功用。而空气和水温日益增高的情况下，尤其是夏季的水温可能过高以致不能发挥冷却水的功能。此外，即使有充足的水源存在，气候变化导致的冷却水的温度问题仍会存在。其结果是，气候变化对电厂冷却水的影响要比简单地减少供水复杂得多。

在一些发电厂，冷却水在排放前要通过冷却塔循环。为了使这些塔体能够有效地工作，塔体周围的空气温度必须比使用过的水温度低。然而，如果空气过于温暖——

1188

随着气候变化这种可能性越来越大——冷却塔无法正常地发挥其功能。

最后，温度也可能成为冷却水排放面临的问题。不断增加的气温将导致水温升高。这些被改变的环境状况，可能使电厂合法地把热水排放到附近的湖泊、河流、河流甚至海洋中变得更为困难。不能合法地排放冷却水，那么工厂就没办法正常运转；此外，这还可能干扰到下游的依赖于电厂的水回流的用水者。

1189

五　结论

在这个气候变化的时代，水与能源之间的联结成为了一个多面向的、复杂的政策问题，它有多个反馈回路，而且有可能造成水和能源两方面生产和供应减少的恶性循环。这一问题只会因人口增长而进一步复杂化，因为逾20亿人口的人类形成了对充足的洁净水和足够能源的独立的且日益增长的需求，否则将难以实现人权目标。

技术可以提供一些改进，但几乎所有技术的"解决方案"都伴随着重大的权衡。海水淡化可增加供水，但它伴随着高能源成本，而且还可能增加用水需求。此外，根据能源来源的不同，海水淡化的增加也可能以温室气体排放量的增加为代价。热力发电厂可以以较少的水实现运行，但通常只能以减少能源生产为代价。而且，这些工厂在水和气温不断升高的情况下的用水方式很可能既降低了发电效率，又增加了对水生环境的风险。

更好的"大技术"解决方案正在显现。在供水方面，更有效率的抽水和处理技术可以降低目前供水的能源成本，而水的再利用可以使干渴的人口获得"新的"水，其能源成本要大大低于远距离运输水或海水淡化。废水处理和各种工厂的共同选址所产生的能源生产也为改善能源需求带来了一些希望。在能源方面，冷却技术的改进和对海上风力投资的增加，为减少能源生产用水提供了可行的途径；同样，一些形式的太阳能，例如日光照射充足地区的屋顶光伏太阳能也能发挥类似的作用。

尽管如此，特别是面对气候变化及其不可预测性时，节约能源和更有效地利用能源（尤其是电力）和水应当成为最重要的、"不后悔"（即没有重大的消极取舍）的水和能源政策。然而，考虑到先开发—后建设更高效的基础设施伴随的前期巨大成本投入，各国政府应该促进对节能的水技术和节水的能源技术的投资。作为治理、法律和政策问题，这样的推广可以采取多种形式，不同的具体形式的结合应该反映当地的情况、需求和规范。这种治理改革可以包括对在新的基础设施中使用已证明行之有效的技术以及在现有基础设施中进行定期技术升级施加法律上的要求（例如许可制度）、用以帮助市政当局和工业设施投资于资本密集型的新技术的补贴和资助、以消费者为导向的补贴（如保温、屋顶太阳能技术、热泵和低水量厕所和淋浴设备等）、计量要求、定价结构和鼓励家庭规模的节约用电和用水的奖励方案，和／或投入大量资金进

1190

行研究，不断发展效率更高的水和能源技术及最佳做法，例如太阳能、风能和海水淡化。

　　更广泛地说，一个国家的水法律和政策应将能源需求和气候展望作为供水来源和用水决策的重要因素，特别是在长期基础设施投资方面。同样，一个国家的能源法律和政策在决定新能源生产以满足日益增长的需求时，应考虑到水供应和气候展望。在这两个部门，政策制定者都应该抵制为满足日益增长的需求而"建设更多"的下意识的本能反应，而应首先寻求减少浪费、减少使用、循环利用和提高效率这些悬挂较低的果实（译者注：指更容易实现的目标）。

【参考文献】

American Wind Energy Association, 'Get the Facts: Wind Energy Conserving Water' (2015) <www.awea.org/windandwater> accessed 23 February 2016

Association of California Water Agencies, 'California's Water: California Water Systems' (2016) <www.acwa.com/ content/ california- water- series/ californias- water- california- water-systems> accessed 23 February 2016

Australian Department of the Environment, 'Introduction to Desalination Technologies in Australia' (2002) <www.environment.gov.au/system/files/resources/ef2c1cc7-07d8-4ed8- 8f79-816d36fb959e/files/desalination-summary.pdf> accessed 23 February 2016

Australian Department of the Environment, 'National Heritage Places—The Goldfields Water Supply Scheme Western Australia' (2016) <www.environment.gov.au/heritage/ places/national/goldfields> accessed 23 February 2016

Bureau of Ocean Energy Management, 'Offshore Wind Energy' (2016) <www.boem.gov/ renewable-energy- program/ renewable- energy- guide/ offshore- wind- energy.aspx> accessed 23 February 2016

Byers E, J Hall, and J Armezaga, 'Electricity Generation and Cooling Water Use: Pathways to 2050' (2014) 25 Global Environmental Change 16

California Energy Commission, 'Refining Estimates of Water-Related Energy Use in

California' (CEC-500-2006-118, 2006) <www.energy.ca.gov/2006publications/CEC-500- 2006-118/CEC-500-2006-118.PDF> accessed 23 February 2016

California Energy Commission, 'Water-Energy Nexus' (2016) <www.energy.ca.gov/ research/iaw/water.html> accessed 23 February 2016

Canessa P, 'Reducing Energy Use and Costs for Pumping Water' (Vineyard Team Webinar, 2013) <www.vineyardteam.org/files/resources/Canessa,%20Pete.pdf> accessed 23 February 2016

Cocca C and V Vargas, 'Orange County's Wastewater Purification System, World's Largest, Expands' (*NBC Los Angeles*, 18 June 2013) <www.nbclosangeles.com/news/local/Orange- Countys- Wastewater-Purification- System-Worlds- Largest- Expands- 211900901.html> accessed 23 February 2016

Cooley H, P Gleick, and G Wolff, *Desalination, with a Grain of Salt: A California Perspective* (Pacific Institute, 2006) <http:// pacinst.org/ wp- content/ uploads/ sites/ 21/ 2015/ 01/ desalination-grain-of-

salt.pdf> accessed 23 February 2016

Council Directive 98/83/EC of 3 November 1998 on the quality of water intended for human consumption [1998] OJ L330/32

Endangered Species Act, 16 USC §§ 1531-1544 (2012) (US)

Euro Water Pipeline, 'The Euro Water Pipeline Project' (2013) <www.euro-wasser-pipeline. de/index. php?article_id=9&clang=1> accessed 23 February 2016

European Commission, 'Updated Report on Wastewater Reuse in the European Union' (April 2013) <http://ec.europa.eu/environment/water/blueprint/pdf/Final%20Report_ Water%20Reuse_April%20 2013.pdf> accessed 23 February 2016

European Commission, 'Water-Efficient Coolers for Solar Power Plants' (2014) <http:// ec.europa. eu/ programmes/ horizon2020/en/news/ water-efficient- coolers- solar-powerplants> accessed 23 February 2016

European Commission, 'Environment: Water Blueprint: Follow-up' (as updated 4 February 2015a) <http://ec.europa.eu/environment/water/blueprint/follow_up_en.htm>

European Commission, 'ROADMAP: Maximisation of Water Reuse in the EU (a New EU Instrument)' (September 2015b) <http://ec.europa.eu/smart-regulation/roadmaps/docs/ 2015_env_001_water_ reuse_en.pdf> accessed 23 February 2016

European Environment Agency, 'Europe Needs to Use Water More Efficiently' [as modified 29 November 2012] <www.eea.europa.eu/media/newsreleases/europe-needs-to-use- water> accessed 23 February 2016

European Wind Energy Association, 'Saving Water with Wind Energy' (2014) <www.ewea. org/ fileadmin/ files/library/publications/reports/Saving_water_with_ wind_energy.pdf> accessed 23 February 2016

Ferguson J, 'Billions in Desalination Costs for Not a Drop of Water' (*The Australian*, 18 October 2014) <www.theaustralian.com.au/national- affairs/state- politics/billions- in- desalination-costs-for-not-a-drop-of-water/story-e6frgczx-1227094416376> accessed 23 February 2016

Gies E, 'Northern Cyprus Sees Hope in Water Pipeline' (*New York Times*, 3 April 2013) <www. nytimes.com/2013/04/04/ world/europe/ northern- cyprus- sees-hope-in-water- pipeline. html?_r=0> accessed 23 February 2016

Gorman G, 'Desalination Plant Clears Final California Hurdle' (Reuters, 14 May 2009) <www. reuters.com/article/environmentNews/idUSTRE54D6M420090514?pageNumber=1&vir tualBrandChannel=0> accessed 23 February 2016

Hill J, 'Offshore Wind Costs Continue to Fall, UK Study Finds' (Clean Technica, 28 February 2015) <http://cleantechnica.com/2015/02/28/offshore-wind-costs-continue-fall-study> accessed 23 February 2016

Intergovernmental Panel on Climate Change, *Climate Change 2014: Impacts, Adaptation, and Vulnerability* (2014) <https://ipcc-wg2.gov/AR5/report/full-report/> accessed 23 February 2016

Kasler D, 'Southern California desalination plant will help ease water crunch, but price is steep' (*The Sacramento Bee*, 12 December 2015) <http://www.sacbee.com/news/state/cali- fornia/water-and-drought/article49468770.html> accessed 2 November 2016

Library Index, 'The Arid West—Where Water Is Scarce—Desalination—a Growing Watersupply Source' (2016) <www.libraryindex.com/pages/2644/Arid-West-Where- Water-Scarce-DESALINATION-GROWING-WATERSUPPLY-SOURCE.html> accessed 23 February 2016

1192

Mercer P, 'Desalination Schemes Stir Debate in Parched Australia' (*Voice of America News*, 2 November 2009) <http://m.voanews.com/a/a-13-2009-02-18-voa30-68715147/409704. html> accessed 23 February 2016

National Academies of Science, Engineering, and Medicine (Committee on America's Climate Choices), *America's Climate Choices* (National Academies Press 2011)

National Research Council (Committee on Advancing Desalination Technology), *Desalination: A National Perspective* (National Academies Press 2008)

Pannell D and Roberts A, 'Australia's National Action Plan for Salinity and Water Quality: A Retrospective Assessment' (2010) 54 Australian Journal of Agricultural and Resource Economics 437 <http://ageconsearch.umn.edu/bitstream/162021/2/j.1467- 8489.2010.00504.x.pdf> accessed 23 February 2016

Perry T, 'Officials Celebrate Project to Cut Water Loss on All-American Canal' (*Los Angeles Times*, 2 May 2009) <http://articles.latimes.com/2009/may/02/local/me-all-american- canal2> accessed 23 February 2016

Pierce G, J Sheesley, and B White, 'Central Arizona Project' (Desert Museum, 2011) <www. desertmuseum.org/earthcamp/posters/CAP.pdf> accessed 23 February 2016

Radford B, 'The Water Shortage Myth' (*LiveScience*, 23 June 2008) <www.livescience.com/ environment/080623-bad-water-shortage.html> accessed 23 February 2016

Safe Water Drinking Act, 42 USC §300f (2012) (US)

Simpson C, 'UAE's largest power and desalination plant opens at Jebel Ali' (*National UAE*, 9 April 2013) <www.thenational.ae/news/uae-news/uae-s-largest-power-and-desalination- plant-opens-at-jebel-ali> accessed 23 February 2016

Solar Energy Industries Association, 'Utility Scale Solar Power: Responsible Water Resource Management' (2010) <www.seia.org/sites/default/files/wateruse11072011-120712145702-phpapp01_0.pdf> accessed 23 February 2016

Union of Concerned Scientists, 'Environmental Impacts of Solar Power' (2016a) <www. ucsusa.org/ clean_ energy/ our- energy- choices/ renewable- energy/ environmental- impacts-solar-power.html> accessed 23 February 2016

Union of Concerned Scientists, 'How Solar Energy Works' (2016b) <www.ucsusa.org/clean_ energy/ our-energy-choices/renewable-energy/how-solar-energy-works.html> accessed 23 February 2016

UNESCO Center for Membrane Science & Technology and National Water Commission, *Emerging Trends in Desalination: A Review* (Waterlines Report Series No 9, October 2008)<http://archive. nwc.gov.au/_ _data/assets/pdf_file/ 0009/11007/ Waterlines_ -_Trends_in_ Desalination_-_ REPLACE_2.pdf> accessed 23 February 2016

1193 US Bureau of Reclamation, 'Central Arizona Project' (2011) <www.usbr.gov/projects/Project. jsp?proj_Name=Central+Arizona+Project> accessed 23 February 2016

US Climate Change Science Program, *Effects of Climate Change on Energy Production and Use in the United States* (Synthesis and Assessment Product 4.5, 2008) <http://downloads. globalchange.gov/ sap/sap4-5/sap4-5-final-all.pdf> accessed 23 February 2016

US Department of Energy, 'Energy Demands on Water Resources: Report to Congress on the Interdependency of Energy and Water' (December 2006) <www.circleofblue. org/waternews/ wp-content/ uploads/ 2010/ 09/121-RptToCongress-EWwEIAcomments- FINAL2.pdf> accessed 23 February 2016

US Environmental Protection Agency, *State & Local Climate & Energy Program, Local Government Climate and Energy Strategy Guides: Energy Efficiency in Water and Wastewater Facilities: A Guide to Developing and Implementing Greenhouse Gas Reduction Programs* (2013)

US Environmental Protection Agency, 'Water-energy Connection' (last updated 29 August 2015) <www.epa.gov/region9/waterinfrastructure/waterenergy.html> accessed 7 September 2015

US Environmental Protection Agency, 'National Pollutant Discharge Elimination System— Final Regulations to Establish Requirements for Cooling Water Intake Structures at Existing Facilities and Amend Requirements at Phase I Facilities' (Final Rule, 79 Fed Reg 48, 2014) <www.gpo.gov/fdsys/pkg/FR-2014-08-15/pdf/2014-12164.pdf> accessed 23 February 2016

US Geological Survey, 'Thermoelectric Power Water Use' (last modified 30 July 2015) <http:// water.usgs.gov/edu/wupt.html> accessed 23 February 2016

US Global Change Research Program, *Our Changing Planet* (2003) <https://www.carboncy-clescience.us/sites/default/files/documents/2013/ocp2003.pdf> accessed 2 November 2016

US Global Change Research Program, *Our Changing Planet* (2006) <https://downloads. globalchange.gov/ocp/ocp2006/ocp2006.pdf> accessed 2 November 2016

US Global Change Research Program, *The Effects of Climate Change on Agriculture, Land Resources, Water Resources, and Biodiversity in the United States* (2008) <www.usda.gov/ oce/climate_change/SAP4_3/CCSPFinalReport.pdf> accessed 23 February 2016

US Global Change Research Program, *Global Climate Change Impacts on the United States* (2009) <http://downloads.globalchange.gov/usimpacts/pdfs/climate-impacts-report. pdf> accessed 23 February 2016

Water Technology, 'GMR (Great Man-Made River) Water Supply Project, Libya' (water- technology.net, 2016) <www.water-technology.net/projects/gmr/> accessed 23 February 2016

Webber M, 'Energy versus Water: Solving Both Crises Together' (Scientific American: Earth 3.0, 2008) <www.scientificamerican.com/article/the-future-of-fuel/> accessed 23 February 2016

Wilbanks T, *Effects of Climate Change on Energy Production and Use in the United States* (2009)

Wong E, 'Desalination Plant Said to Be Planned for Thirsty Beijing' (*New York Times*, 15 April 2014) <www.nytimes.com/2014/04/16/world/asia/desalination-plant-beijing-china. html?_r=0> accessed 23 February 2016

第四十九章
技术影响法律：技术解决方案如何改变人们对环境
损害和法律的理解

维克多·B. 福莱特（Victor B. Flatt）

马　允　译

我们需要让技术服务于人，而不是危及人。我们需要保护地球和复杂的生命系统，让其宜居，而不是为了短期的经济利益破坏它的平衡。

——Senator Edmund Muskie, Introduction of the Environmental Quality Improvement Act of 1969

除了土地用途管制，没有其他有效的方法可以拦截并控制点污染源的径流。我们还没有发展出能够处理那种问题的技术。

——Senator Edmund Muskie, Federal Water Pollution Control Act Amendments of 1971

科学和技术……必须适用于识别、避免和控制环境风险和解决环境问题。

——Principle 18 of the Stockholm Declaration of 1972 from the UN Conference on the Human Environment

一　引言

现代环境法可追溯到 20 世纪 60 年代末至 70 年代中期，美国通过了一系列有关环境问题的新的、更强有力的法律。这些法律至少在两个方面预示着全球环境法的新时代。首先，它们在公共政策和监管方面将公众健康和环境关切提高到了前所未有的程度。这些法律没有把重点放在对政策做出某些调整上，而是大胆地树立了诸如不计成本地保护公众健康的价值观，并承认自然价值本身可能超越经济上的考量（Flatt 2004b:1）。

其次，早期的环境法依靠技术解决办法作为实现上述明确目标的主要工具（McCubbin 2005：31）。然而，自彼时起环境法中关于技术控制的法律要求开始自成一体。它们被赞扬和批判，好像它们自己便是主要目标而不仅仅是达成目标的工具。正因如此，规制工具——技术控制和市场机制等其他规制手段——占据了环境法律和政策的辩论核心，改变了我们对环境损害及其解决办法的看法，掩盖了应成为政策和法律选择和辩论核心的基本政策价值。

二　如何拯救环境？作为解决方案和争论焦点的技术

当环境法和污染控制进入当今时代，技术在控制污染方面发挥了越来越大的作用。这创造了一种新的辩论和看待环境政策的方式，降低了基本的环境保护价值观的重点。

（一）技术可以拯救环境：美国早期环境规制的历史

早在 1866 年，美国各州和地方就开始进行了控制污染的初步尝试（Andreen 2012:633）。然而，当其他州能够通过较低的环境基准来吸引商业和经济发展的时候，每个州都难以单方面提高标准（Flatt 1997：3）。由于似乎收效甚微，工业污染日趋严重，至 20 世纪 60 年代中期，联邦政府开始与各州周旋，要求后者设定水和空气质量标准（Andreen 2012:633）。美国和英国在 20 世纪 50 和 60 年代重新开始空气污染控制的尝试（1956 年《清洁空气法》；Reitze 1991:1586-1587）。然而，似乎无法阻止这一趋势。事后来看，由于缺乏遵守这些要求的执行机制或激励机制，这些尝试可能会被批评为是无效的（Flatt 2004a:600）。

随着引人瞩目的污染事件的发生和污染状况的持续，美国改变了路线，并在 20 世纪 70 年代初通过了具有里程碑意义的法律，最终成为世界范围内环境立法的典范。除了为健康和环境提供强有力的保护之外，这些法律还首次支持了对污染源进行直接技术控制的目标（Blais and Wagner 2008：1715-1716）。例如，除了要求整个国家将环境污染水平降低到不会损害公共健康的程度外，1970 年《清洁空气法》还要求新建和改建空气污染源安装已经"充分论证"的"最佳污染控制"设备（Clean Air Act 2012）。1972 年《清洁水法》的修正案除了规定提高水质以促进健康和环境的目标外，还指示联邦环保署（EPA）对现有工业点源设置污染物排放的技术界限（Clean

1196

Water Act 2012）。虽然这些联邦法律中的技术要求受到了批评，但传统的叙事是这些控制是扭转美国污染和推动该国实现公共健康和环境目标的第一个真正成功的方法（Andreen 2012:629）。

美国为何在此时最终接受具体的技术相关要求以达成其公共健康和环境目标，有许多可能的解释。其中一个解释涉及当时流行的关于技术的观点，认为它是拯救人类的救星。虽然从罗马时代就可以看出技术进步和发展对人类生活的影响，但从 20 年代初开始的技术成就的加速，使技术的前景对更广泛的受众产生了影响。第一次世界大战结束时，由于美国文化对"实验和创新的开放"，美国走在了技术的前沿（Knoll 1996:1602）。当时有电动洗碗机、烘干机、电冰箱和电灯。到了 1960 年，还有喷气机、无线电、电视、移动图片，甚至还有飞船。仅仅在 60 年前，诸如上述发明般的创新对世界上的公民来说多是未知的（Lancaster and Connors1992：1753）。从那个时代的角度对未来进行展望，则超音速飞机、可视电话、自洁房屋和机械大脑这些都是惊人的发展（Lee 1964；Stiger 2000）。这种"杰森"（Jetsons）式的对未来的看法，体现在 1964 年的纽约世界博览会、迪士尼的明日之地和后来的艾波卡特（EPCOT）中，①向世界展示了一个技术进步的方向（Sullivan 1999; Schulmiler 2014）。"纽约世界博览会让 5000 万名来客窥探到了一个充满希望的未来，它的动力来自⋯⋯对世界上所有的问题都可以通过企业和技术奇迹来解决的确信"（Schulmiller 2014）。

现在看来当时并不新鲜的就是污染。令人窒息的煤尘和灰烬已经覆盖了大部分西方城市至少一个世纪，现代钢结构的制造工艺造成了 20 世纪 40 年代的宾州危害极大的多诺拉（Donora）烟雾污染事件，而英国伦敦"正常"的煤炭使用则导致了自 1952 年起因空气逆流造成的 4000 人死亡的事件（*Water and Air Pollution* 2009）。技术革新带来了更舒适的生活，也让我们更多地认识到这些环境损害。许多历史学家认为，新技术的使用使得生活水平不断提高，是最终推动在美国，而后在西欧、大洋洲和日本建立更有力的环境保护法律的因素（Chen 2001：56）。毫不意外的是，鉴于社会将技术视为救世主，从世界范围的趋势来看，各国在做出阻止污染的努力时都视图诉诸技术，毕竟技术已经提供和承诺了如此之巨。美国已经把人类送上了月球；当然，它可以使用更多平淡一些的技术来降低污染水平，从而保护公众健康。

作为新《清洁空气法》的发起人之一，共和党参议员霍华德·贝克（Howard Baker）认为"应该让美国的技术天才们在空气污染问题上承担起责任，并要求企业必须使用最佳可得技术"（Ridge 1994：170）。正如奥利弗·胡克（Oliver Houck）教授所指出的那样，当时的观点是，"毕竟是像蕾切尔·卡森（Rachel Carson），雅

---

① 译者注：《杰森一家》（*The Jetsons*）是在 1962 年上映的一部美国动画片，杰森一家住在未来世界的科技乌托邦里。艾波卡特是位于美国佛罗里达州迪士尼度假区的一座以未来世界为主题的主题乐园。

克·库斯托（Jacques Cousteau）和尤里·季莫申科（Yuri Timoshenko）这样的科学家们敲响的警钟，那灭火的责任也是他们的"（Houck 2003：1926）。美国诞生的新环境法并不依赖于人类的判断和决议，因为这些判断和决议并不足信（Guruswamy 1989:481），而且在解决空气污染和水污染方面几乎没有取得什么成就；美国环境法要求对污染源实行科学客观和严格的技术控制（Andreen 2012：655-656）。正如温迪·瓦格纳（Wendy Wagner）教授所指出的那样，"在围绕着人类对自然和公共健康的影响进行政策讨论所蕴含的巨大科学不确定性中，（技术）标准所具有的'用手指堵住大坝'（finger-in-the-dike）② 的路径可谓是控制污染的最可靠方法"（Wagner 2000：85）。

　　这些用以达到新的强化的环境目标的技术标准很快证明，在实际减少某些领域的污染方面，比此前的强制模式要好用得多。而国会在一些新的更强有力的污染法律中没有具体规定技术标准，例如空气和水中的有毒污染物，这些法律就收效甚微。对于《清洁水法》所规制的包括致癌物质在内的有毒污染物，在 1972 年，国会不愿意放弃以健康为基础的监管方案而采纳技术标准，但它确实将执行该方案的责任交给了联邦环保署，而不是各州。立法机构授权联邦环保署制定能够为保护公众健康提供"充分的安全保障"（ample margin of safety）的标准，就像水质标准一样，要求监管机构尽力对水体中污染物所构成的风险进行详细调查，以宣布其为"安全"水平（*Clean Air Act* 2012）。事实证明这一调查过于复杂，难以按时执行。五年之后，联邦环保署仅提出了九种有毒水污染物的"充分的安全保障"标准，而且最终一个都没有出台（Murchison 2005：551）。因此，1977 年对《清洁水法》进行修正时，国会要求环保署为现有的（有毒污染物源）制定基于技术的"最佳可得技术"标准（*Clean Water Act* 2012）。同样，在《清洁空气法》领域，法案出台 20 年后，环保署在控制有毒空气污染物上的惊人失败，促成了美国环保法最后一项重大技术要求，即 1990 年《清洁空气法》修正案中规定的对有害空气污染物实行"最高可实现的控制技术"（MACT）（Flatt 2007a：115）。

1198

　　因此，到 1990 年，对于有毒和无毒污染物，美国完全放弃了其失败的"只以健康为基础"（health-based only）的环境监管体系。该体系须计算工业污染源和限制排放的污染物对公众健康和环境造成的精确风险，并将该风险控制在"安全"水平。相反，现在的立法要求每个受监管的污染源必须满足那些以技术为基础的、能够反映出联邦环保署对该污染源所选定的污染控制技术的排放限额（McCubbin 2005：6-11）。

---

　　② 译者注：finger-in-the-dike 这一俚语来自荷兰的一个传说。有一个小男孩在上学途中发现堤坝上有一个小裂缝正在漏水，他知道如果不把这个漏水口堵住，这个裂缝就会变得越来越大，堤坝将会决堤从而危及很多人的生命，于是他用自己的手指把这个裂缝堵住了，一直到他被路过的大人发现并修补了堤坝。这个短语用来比喻用很小的成本和努力去避免非常大的灾难。

　　世界其他地区的许多国家效仿了美国的技术解决方案模式。英国采用了"最佳可行方法"（best practicable means，BPM）标准。到 1990 年，欧盟采用了"不产生过高费用的最佳可得技术"（best available techniques not entailing excessive costs，BATNEEC）的模式。然而，从 20 世纪 80 年代开始，欧洲也发展出了自己的污染控制道路，重点更多地放在了风险监管而不是绝对标准上（Wiener 2003:224）。虽然许多人认为欧盟的这一做法保护性更强，更能制止环境损害，但事实上，美国的技术要求往往超过欧盟（Wiener 2003:224）。欧洲从未转向完全以环境为基础的污染标准，但公平地说，技术在欧洲的受推崇程度比美国少，这使得欧洲在环境污染控制方面具有多样性，包括通过预防性和风险控制策略来进行污染控制（Faure and Johnston 2009:264）。

（二）技术重塑对环境法的理解

　　尽管在实现控制污染的目标上，美国对环境问题的技术控制已经证明了其有效性，但这些技术控制的有效性和普遍性开始改变学者和决策者对环境法的思考方式，以及他们如何处理关于环境和健康保护与其他利益的辩论时的基本价值观。

1199

　　首先，由于可以相对容易地分析技术修复的结果（与以前相比，现在管道中产生的污染有多少），技术似乎是执行环境标准的一种"容易的"进路：

> 因为我们的参照点是一个可定义的技术，全国范围内已经发展出了以数值为表现方式的标准，因此以技术为基准的要求通常总是清晰的，容易通过法律规范固定下来，也容易体现在许可的条件中（Wagner 2000：101–102）。

技术解决办法忽视了权衡取舍的问题（Driesen 2005:4）。然而，这种简单化处理是虚幻的。仅仅有一个"数字"并不一定能反映进步。这些"数字"或关于数字的决定似乎很容易成为客观的选择，即便潜在的决定可能是由价值观所驱动的（Wagner 1995：1617）。这使得重要的政策和价值观问题可以被归因为科学问题，然而它们并非如此（Wager 1995：1617）。换言之，如果技术是我们的解决方案，那么由这些技术标准所确定的所有答案都必须是客观的。正如吉姆·萨尔兹曼（Jim Salzman）和马丁·道尔（Martin Doyle）所指出的那样，"先入为主的参考框架几乎在塑造许多学科的过程中都发挥着作用（Salzman and Doyle 2015：9）。视角很重要，它塑造着"我们对环境法的理解和应用"（Salzman and Doyle 2015：9）。或者，正如埃洛伊斯·斯科特福德（Eloise Scotford）所解释的那样，技术过程创造了一种影响并构造环境信息和理解的情境（Scotford：2）。这种视角的改变曾经是否为接受技术解决方案的直接意图尚不明确，但技术之所以能够被快速接受并产生持续的力量，这与它能够消除控制污染目标上的分歧，转而关注工具是分不开的（Babich 2003:123）。

通过技术对污染外流（或排污）进行控制的固定化也使得污染源作为整个讨论的核心概念变为可能，并由此产生相关的污染者付费原则（Nash 2000:466）。当控制成本直接强加于污染者（正如管道控制的技术末端）时，它只关注等式的一个方面，即生产，而不着眼于另一端的消费。如果对污染的最初反应集中在与污染有关的产品消费上，那么技术的"管道末端"的解决办法可能不会是重点。把消费作为焦点会把污染问题重构为系统问题，而不是排污本身。与其他人一样，阿尔多·利奥波德（Aldo Leopold）认为，如果不解决系统化的消费需求，任何数量的污染控制都无法奏效（Freyfogle 2013：241-242）。

但在现代环境运动初期，技术解决方案贯穿了美国的法律和政策（在世界其他地区这一程度较低一些），它影响了我们如何看待环境问题，也影响了受监管群体将如何对这些施加的义务做出回应。

（三）来自右翼的对技术控制要求的抨击

1200

尽管技术解决方案似乎是第一个有效的污染控制装置，能够实现主要法律中以环境和健康为基础的目标。但从 20 世纪 80 年代开始，"理性右翼"（rational right）开始对这些技术要求进行批评（Hardin 2008: 1147-1148）。正如纽约大学法学院的理查德·斯图尔特（Richard Stewart）教授在几篇文章中所主张的那样，环境法中的技术控制被指效率低下，导致"太多"控制，也导致了"太少"控制（Stewart 1996）。这一批判催生了环境法学研究的一个分支领域，支持者和反对者均甚众（Cole and Grossman 1999; Wagner 2000:85）。到 2000 年，温迪·瓦格纳（Wendy Wagner）教授指称"关于这一主题的几乎所有文献都对基于技术的标准持批判态度"（2000：107）。

但是，这种对技术标准效率低下的批评只有在技术成果被视为目标本身的情况下才有意义。这造成了两个问题：首先，如果把技术控制本身视为目标，这会降低比最初的技术标准更有利于环境保护的激励。污染者"没有动力减少其工艺对环境的有害影响，或许更严重的是，也没有动力去研究新的、更有效率的减排方式"（Richardson et al.1982: 39）。

无论是《清洁水法》（CWA）还是《清洁空气法》（CAA）都不需要这种静态的技术管制（Driesen 2005:2）。两者都允许考虑不同技术水平的相对成本，因为这对于确定控制技术的"最佳"部分是必要的。此外，由于以技术为基础的标准回避了以放弃污染活动作为解决办法的观念，这些标准必须被视为是"成本敏感"（cost sensitive）的（Driesen 2005：11）。然而，由于环境问题解决方案的技术思维，大多数法院都将《清洁水法》和《清洁空气法》的技术参照视为仅由客观标准来决定的单一要求。这反过来又给理性的成本效益批评者带来了一些可信度，同时也表明重点是监管的体制，而不是对环境的保护（McCubbin 2005:4）。在这些辩论中，霍华德·拉丁（Howard Latin）为技术方法的有效性发出了独到的声音，他试图重新将注意力集中在技术是否能实现一个目标，而不是它是否是"最佳"的控制体系上。但大多数批评者都将精力集中在最好的控制"体系"而不是环境的进步上（McCubbin 2005:4）。

其次，或许更根本的问题是，尽管这些批评看似是对一些需要具体技术解决方案的主要环境法规的攻击，比如"最佳减排体系"（*Clean Air Act* 2012; *Clean Water Act* 2012），它们实际上更多的是对经济效率低下的看法和目标的批评（Driesen 1998:350）。根据此种对环境问题的设想，将经济激励与污染控制结合起来将会引入市场的力量来控制污染，从而提供更具成本收益的解决方案（Stewart 1996）。然而，这模糊了我们环境法律的宗旨和基本价值。

技术解决方案成为了所谓的通过成本收益分析来实现环境监管的"理性"路径的死对头。技术路径下的环境监管忽视了环境保护的最初目标，转而将辩论转向为把成本收益分析的决定本身作为追求的目标，而不提及享有健康环境的权利（Stewart 1996）。成本收益分析一旦被激活，作为对低效率环境规制（例如一刀切的技术控制）的必要修正，就在20世纪80年代和90年代主导了有关监管效率的辩论（Hardin 2008:1147-1148）。这一做法不仅适用于（行政机关的）行政行为，而且强调了理性的个人决策者（Bejesky 2001：285）。这种规制改革的张力最终要求的不仅仅是符合成本效益的环境规制，而是从其支持者的角度来看符合成本效益原则的政策（Guruswamy 1989:503-505）。这破坏了我们主要的环境法律的基本环境政策价值，例如人类健康目标的至高地位（Flatt 2001：350）。

虽然关于"市场规制"作为实现环境目标"工具"的辩论继续弥漫在环境法学术期刊上（Keohane et al. 1998:313-314），主要政策辩论转向效率本身，这是对环境法目标本身进行的隐秘（sub rosa）攻击（Flatt 2001:359-360）。对美国主要环境法特定的技术要求（这些要求仍然存在）展开的学术批评开始逐渐体现规制和治理的整体方法。技术控制或以市场为基础的控制不再被视为实现政策领域所决定的环境目标的选项（Flatt 1999），它们开始被视为是形成基本政策的竞争对手。正如布鲁斯·阿克曼（Bruce Ackerman）和威廉·哈斯勒（William Hassler）所指出的那样，"通过在法律上突出新工厂净化技术手段的重要性，（《清洁空气法》的）第111条今后将扭曲政策制定的观念"（1980：1479）。

要求理性规制的呼声将技术第一的要求与最初的目的脱钩，取代了命令控制型规制的稻草人。政治辩论不再是保护我们免受他人伤害或价值取舍，而是关于具有成本效益的污染控制。技术不再是救世主，它甚至连工具都不是。它是效率的敌人。如果技术标准本身已经被公众因科学客观性光环的投射而诋毁和降格，那么对这些标准的攻击就进一步将政策辩论与技术要求的最初目的以及它们能够带来环境保护的希望相隔离开来。

即使关于基于市场的控制手段的辩论是被正确地框定为有关政策工具的辩论，这种区别也可能在政治辩论中被忽视。例如，美国关于温室气体控制的拟议立法中对基于市场的碳交易体系的自动假设掩盖了一些需要考虑的基本价值选择（Flatt 2007b:128）。 1202

同样，在国际层面上，对市场微调的关注掩盖了更多关于气候变化的根本性争论。目前全球对气候变化的共识路径明显背离了以前的有关自然、健康或本底污染水平的环境目标（*Clean Air Act* 2012）；它从一开始就跳到一个成本收益更高的目标上来。在关于目标以及道德脱节的部分辩论中，仍然可以看到这一点带来的影响（Wood 2009:96）。

（四）技术并非"自然的"：来自左翼的批判

技术也有来自左翼的批评人士，或那些可能被称为偏爱自然世界的人。早在 19 世纪中叶，梭罗就对技术对人类生存的影响发出了悲叹的声音。他的著名的论断是，对于所有那些被创造出来的能够"节省时间"的技术，都需要投入更多的时间来赚取足够支付技术的钱（Thoreau 1937）。在 20 世纪早期，阿尔多·利奥波德（Aldo Leopold）以不同的方式批评了人类对环境以及人类与其周边环境关系的认知减弱（Freyfogle 2013：241）。虽然这并不是对技术本身的批评，但它呼应了与自然环境共同经验这一主题，而机器一般并不会对自然环境产生促进作用（Freyfogle 2013：241）。同样，加勒特·哈丁（Garrett Hardin）在其著名的"公地悲剧"的讨论中，更侧重于社会结构和消费问题，而不是针对环境问题的技术性"修复"。技术本身也产生了一些自己的反作用。"二战"后兴起的庞大的化学和塑料工业、新的化肥、农药和神奇的材料，是对技术进步不受约束的危险警告。

20 世纪 60 年代初，将自然世界视为"反对技术"的新观点开始在美国和欧洲的某些群体中凸显出来。蕾切尔·卡森（Rachel Carson）在她充满争议的《寂静的春天》一书中提出了"生态相互依赖性"这一概念。它塑造出了这样一个自然的形象，即所有自然系统，包括人类的身体和其他生物系统，都是紧密相连甚至是相互渗透的。这一观念与哈丁的观点遥相呼应（Guruswamy 1989: 509）。这一理念引导了一些改革者和普通公民意识到并组织一个植根于污染和有毒物质损害带来的新问题的网 1203
络。新的目标变成了保护和恢复大自然的资源，尽管很快证明这一目标在概念上和实际上都是难以实现的。

这种观点也符合当时正在兴起的反战运动和民权运动，它们侧重于一些必须以精神而不是以技术来解决的问题。这一时期的体制发展与正处于发展初期的人与自然的哲学理念——生态相互依存性——交织在一起（Guruswamy 1989：509）。这种哲学是建立在一个由复杂的、远距离的和常常看不见的因果关系组成的网络所构成的物理世界的图像。它们形成了一个互相依存的整体，而不是一些相对独立的个体的简单集合。相互依存最突出的含义是人与自然系统都很容易受到工业技术外泄的影响：废物一旦被释放，就可以通过风、河流、食物链和血液循环以无法预料和无法察觉的方式返回。蕾切尔·卡森的《寂静的春天》描述了这些相互依赖的系统，杀虫剂依次通过空气、水、土地，接下来是植物和动物，最后是人体进行循环（Carson 1962：39-83）。到 20 世纪 60 年代末，说工业社会以新颖的方式危害到每个人已经成为左翼的标准立场，而生态，即相互依存关系的科学，是理解这一点的关键（*The Age of Effluence* 1968:52）。

即使在采用环境法所需的技术控制之后，环境保护确实得到了改善，但一些生态运动虽然不批评技术污染的减少本身，仍然认为技术是不自然的（unnatural），而且很大程度上是不可持续的。技术被视为仅仅是一种补丁，助长了持续的不可持续的消费。1972年出版了一本有争议的书叫作《增长的极限》，在全世界已销售了数百万本。它利用过去人口、工业生产和污染的指数增长趋势来预测未来状况，并创造了一个世界模拟模型（Word 3）（Meadows 1972；Cole 1973; Greenberger et al. 1976:158-161）。由于世界在物理方面是有限的，指数增长最终必须达到极限。避免预期灾难的措施将会涉及政策上彻底的"价值转变"。例如把目标设定为将出生率降低到死亡率的水平，保持资本投资与折旧平衡，减少消费，将重点从物质产品转向服务，并回收利用资源（Meadows 1972:163-164；Greenberger et al. 1976:161）。

正如技术官僚批评者很快指出的那样，《增长的极限》的作者尽管对指数增长给予了很大关注，但在技术方面却忽略了它（Cole 1973; Greenberger et al. 1976:161-176）。如果把技术的增长考虑在内，突然之间未来看起来很有希望。很多那些声称的人口、生产和消费增加以及明显减少的自然资源等弊病，看起来可能可以在不采取严厉措施的情况下予以纠正，即便并不是绝大多数弊病都可以如此。这样的话就可以避免马尔萨斯预测的前景（Malthusian prospects）③（至少在某些情形下如此），也无须就悲观主义者所敦促的社会价值、组织和行为做出基本改变。根据这种支持技术的世界观，"耗尽"的终极问题，根本不是一个可预见的问题。指数级的技术进步可以防止这一问题的出现。我们已经把"技术可以拯救我们于技术"的观点看作技术环境解决方案的原始基础之一。

关于技术能否为承载力提供解决方案的辩论开始将环境法律中的技术控制与对世界进行更全面考虑的观念对立，尽管当时它从未打算这样做（Andrews 2006：253）。

---

③ 译者注：托马斯·罗伯特·马尔萨斯，英国人口学家和政治经济学家，著有《人口原理》等。其关于人口增长的基本观点是人口增长有超过生活资料增长的必然趋势，须采取一定的手段来控制人口增长。

对技术的批评也扩大到了先前讨论的目前流行的以市场为基础的对环境法的反应，原因与忽视消费问题类似（Beder 2002）。这种对环境问题的批判因此成了对消费（而不是污染）的批判。从这个角度来看，以技术为基础和以市场为基础的法律解决方案完全是环境控制的错误制度。

经济增长与温室气体产生之间的直接关系为这一运动提供了新的动力，使其更加坚定使用消费控制而避免使用技术或市场工具来实现这一目标，从而在哥本哈根联合国气候变化框架公约第15次缔约方会议以及随后召开的气候变化缔约方会议上引发了大规模抗议。它使人们重新关注与"自然"基准更相关的温室气体水平，而不是"最佳"基准（Wood 2009:96）。加上2008年和其后几年的金融危机，要求重新审查关于社会组织及其在环境问题上应用的基本假设的呼声越来越大。正如凯瑟琳·菲利普斯（Catherine Phillips）最近指出的那样，"持久的环境问题涉及我们当前经济体系中不可消除的因素，如果不解决根本体系的问题，就不可能找到解决办法"（2013：230）。

这一主张在农业方面引起特别的共鸣。转基因（GMO）在欧盟异常强大，在美国也面临持续的争论（Borg 2004：683；Poorbaugh 2005：71）。美国也开始了对食品工业化的批评（Bratspies 2013：927-930）。尽管这不仅仅涉及人工除害剂和肥料所引发的环境问题，但它确实同样位于寻求更多基于消费的解决问题方式的阵营中，从技术路径中脱离出来，寻求与支撑这一产业的经济体系之间的联系。正如马克·比特曼（Mark Bittman）在《纽约时报》上所写的那样，"问题在于真正的食物并非真的能盈利。给新鲜水果和蔬菜'增值'是很难的"（Bittman 2014）。

遗憾的是，也许因为过去40年来环境辩论的路径依赖，左翼人士对现行经济制度的性质所造成的伤害的控诉必须是彻底的。因此，它未能放弃把技术或技术解决方案作为一种政策工具。因此，从左翼人士的批评来看，技术在环境法中的首要位置造成了这样一种局面，即技术被视为一种信仰体系而并非一种工具。虽然要求重新考虑经济体系和回归自然价值的呼吁可能会解决许多世界性问题，但对技术的泛泛谴责似乎会使许多问题得不到解决。

三 结论：技术／环境之舞塑造技术和环境法

早期的现代环境法以崭新的、动态的方式采纳了技术解决办法，似乎解决了许多以前难以处理的问题。这开启了一个进程和道路，为此关于环境政策未来方向的辩论关乎作为范式的、而非作为工具的技术。作为一种范式，对环境问题的技术补救办法可能因效率问题遭到政治右翼的批判，也可能因其阻碍了对社会问题的全局性思考遭到政治左翼的批判。这对一般法律和政策中的技术信赖产生了影响。美国气候变化科学的政治化可以看作是这场范式之争的结果之一。许多反技术运动也可以反映这一点，例如植物生长抑制剂、接种疫苗、转基因生物和纳米技术等（Reynolds 2003：187）。

由于环境法辩论专注于并围绕着技术的作用展开，这就模糊了环境法律的基本原则——包括享有完整的人身权和财产权的观念以及出于开发以外的原因保护自然的原则。"了解我们权利的性质对于实现这些权利，强制执行这些权利并平衡它们与其他利益的关系至关重要。"（Flatt 2004b：4）

因此，第一代现代环境法的技术部分以及随后关于技术、市场和消费的模糊争论，使我们的社会在环境保护方面处于危险的境地。它似乎打破了环境法的基本原则，使一般公众，特别是最贫穷的公众，受到行政管理和政策辩论的影响。这些辩论可能损害这些现代环境法带来的保护性收益。这在美国尤其如此。尽管世界其他国家也未能在这一潮流中幸免，但欧洲早已改变了对技术指令的唯一依赖，对单个环境风险进行审查，并大规模使用了环境评估以及安全和风险规划（Faure and Johnston 2009:264）。国际领域也越来越多地接受和理解在可持续发展运动中经济、环境保护和人类与自然的综合作用之间的交融。可持续发展当然可以成为重新理解和认识技术的渠道，技术只是我们社会中的其中一个因素，是保护环境和提升人类的一个工具。

讨论和认识我国环境保护和环境法律辩论所走的道路是一个重要步骤。正如基斯·广川（Keith Hirokawa）在他的出色的新书《环境法和关于自然的观点反差》中所指出的，"法律体系提供了一套复杂且不断发展的规则，用以指导关于自然的相互竞争的建构观点之间的相互作用"（Hirokawa 2014）。它对整个世界，包括我们的环境都是如此。通过描述这一建构是如何发生的来理解这本身就是一种建构，可能会提醒我们原初的轨道是怎样的，并把我们带回到环境运动的基础上——其重点是保护人类健康和自然界。技术、市场和消费偏好的转变是规制手段，取决于具体情况，其中一些工具可能比另一些更有效。它们并没有界定我们的环境价值和目标。

【参考文献】

Ackerman B and W Hassler, 'Beyond the New Deal: Coal and the Clean Air Act' (1980) 89 Yale LJ 1466

Andreen W, 'Of Fables and Federalism: A Re-examination of the Historical Rationale for Federal Environmental Law' (2012) 42 Envtl L 627

Andrews R, *Managing the Environment, Managing Ourselves: A History of America's Environmental Policy* (2nd edn, Yale UP 2006)

Babich A, 'Too Much Science in Environmental Law' (2003) 28 Colum J Envtl L 119

Beder S, 'Economy and Environment: Competitors or Partners?' (2002) 3 Pacific Ecologist 50 Bejesky R, 'An Analytical Appraisal of Public Choice Value Shifts for Environmental Protection in the United States & Mexico' (2001) 11 Ind Int'l & Comp L Rev 251

Bittman M, 'Parasites, Killing Their Host: The Food Industry's Solution to Obesity' (*New York Times*, 17 June 2014)

Blais L and W Wagner, 'Emerging Science, Adaptive Regulation, and the Problem of Rulemaking Ruts' (2008) 86 Tex L Rev 1701

Borg S, 'Waiting for the River: The United States and European Union, Heads Up and High Stakes in the WTO—Genetically Modified Organisms in International Trade' (2004) 43 Washburn LJ 681

Bratspies R, 'Is Anyone Regulating? The Curious State of GMO Governance in the United States' (2013) 37 Vt L Rev 923

Carson R, *Silent Spring* (Houghton Mifflin 1962)

Chen J, 'Epiphytic Economics and the Politics of Place' (2001) 10 Minn J Global Trade 1

Clean Air Act 1956, ss 1-47

Clean Air Act 42 USC § 7411 (2012)

Clean Water Act 33 USC § 1311 (2012)

Cole D and P Grossman, 'When Is Command-and-Control Efficient? Institutions, Technology, and the Comparative Efficiency of Alternative Regulatory Regimes for Environmental Protection' (1999) 1999 Wis L Rev 887

Cole H, *Models of Doom: A Critique of the Limits of Growth* (Universe Books 1973)

Driesen D, 'Is Emissions Trading an Economic Incentives Program?: Replacing the Command and Control/Economic Incentives Dichotomy' (1998) 55 Wash & Lee L Rev 289

Driesen D, 'Distributing the Costs of Environmental, Health, and Safety Protection: The Feasibility Principle, Cost-Benefit Analysis, and Regulatory Reform' (2005) 32 BC Envtl Aff L Rev 1

Faure M and Johnston J, 'The Law and Economics of Environmental Federalism: Europe and the United States Compared' (2009) 27 Va Envtl LJ 205

Flatt V, 'A Dirty River Runs Through It (The Failure of Enforcement in the Clean Water Act)' (1997) 25 BC Envt'l Aff L Rev 1

Flatt V, 'Saving the Lost Sheep: Bringing Environmental Values Back into the Fold with a New EPA Decisionmaking Paradigm' (1999) 74 Wash L Rev 1

Flatt V, ' "[H]e Should at His Peril Keep It There …": How the Common Law Tells Us That Risk Based Corrective Action Is Wrong' (2001) 76 Notre Dame L Rev 341

Flatt V, 'Spare the Rod and Spoil the Law: Why the Clean Water Act Has Never Grown Up' (2004a) 55 Ala L Rev 595

Flatt V, 'This Land Is Your Land: Our Right to the Environment' (2004b) 107 W Va L Rev 1 Flatt V, 'Gasping for Breath: The Administrative Flaws of Federal Hazardous Air Pollution Regulation and What We Can Learn from the States' (2007a) 34 Ecology LQ 107

Flatt V, 'Taking the Legislative Temperature: Which Federal Climate Change Legislative Proposal Is Best' (2007b) 102 *Nw U L Rev* 123

Freyfogle E, 'Leopold's Last Talk' (2013) 2 Wash J Envtl L & Pol'y 236

Greenberger M and others, *Models in the Policy Process* (Russell Sage Foundation 1976) Guruswamy L, 'Integrating Thoughtways: Re-opening of the Environmental Mind?' (1989) 1989 Wis L Rev 463

Hardin Bradford D, 'Why Cost-Benefit Analysis? A Question (and Some Answers) about the Legal Academy' (2008) 59 Ala L Rev 1135

Hirokawa K, *Environmental Law and Contrasting Ideas of Nature* (CUP 2014)

Houck O, 'Tales from a Troubled Marriage: Science and Law in Environmental Policy' (2003) 302 Sci 1926

Keohane N and others, 'The Choice of Regulatory Instruments in Environmental Policy' (1998) 22 Harv Envtl L Rev 313

Knoll M, 'Perchance to Dream: The Global Economy and the American Dream' (1996) 66 So Cal L Rev 1599, 1602

Lancaster R and Connors C, 'Creation of a National Disaster Court: A Response to "Judicial Federalism in Action" ' (1992) 78 Va L Rev 1753

Lee J, 'Mechanical "Brains", Lasers and 2-Way Picture Phone Are Shown by Industry' (*New York Times*, 22 April 1964)

McCubbin P, 'The Risk in Technology-Based Standards' (2005) 16 Duke Envtl L & Pol'y F 1

Meadows D and others, *The Limits of Growth* (Universe Books 1972)

Murchison K, 'Learning from More Than Five-and-A-Half Decades of Federal Water Pollution Control Legislation: Twenty Lessons for the Future' (2005) 32 BC Envtl Aff L Rev 527

Nash J, 'Too Much Market? Conflict Between Tradable Pollution Allowances and the "Polluter Pays" Principle' (2000) 24 Harv Envtl L Rev 465

Phillips C, 'It's the Economy, Stupid: Capitalism, Environmental Law, and the Need for Sustainable Economies' (2013) 70 Nat'l Law Guild Rev 230

Poorbaugh B, 'The Challenges of Exporting Biotechnology Products Created by the European Union Moratorium on Genetically Modified Organisms' (2005) 7 Duq Bus LJ 65

Reitze A, 'A Century of Air Pollution Control Law: What's Worked, What's Failed, and What Might Work' (1991) 21 Envtl L 1549

Reynolds G, 'Nanotechnology and Regulatory Policy, Three Futures' (2003) 17 Harv J L & Tech 179

Richardson G and others, *Policing Pollution: A Study of Regulation and Enforcement* (Clarendon Press 1982)

Ridge J, 'Deconstructing the Clean Air Act: Examining the Controversy Surrounding Massachusetts's Adoption of the California Low Vehicle Emissions Program' (1994) 22 BC Envtl Aff L Rev 163

Salzman J and Doyle M, 'Turning the World Upside Down: How Frames of Reference Shape Environmental Law', 44 Envtl. L. 1, 9 (2015)

Schulmiller E, 'The Future Sure Looks Better from the Past' (*New York Times Magazine*, 11 July 2014) <www.nytimes.com/2014/07/13/magazine/the-future-sure-looks-better-from- the-past.html> accessed 7 November 2015

Scotford E, 'Access to Environmental Information and Technology' (forthcoming)

Stewart R, 'United States Environmental Regulation: A Failing Paradigm' (1996) 15 JL & Com 585

Stiger S, 'Future Shock (Trends)' (*Albuquerque Journal*, 21 May 2000) <http://business.high- beam.com/2872/article-1G1-107016768/future-shock> accessed 7 November 2015

Sullivan J, 'Visions of Tomorrowland/How Past Concepts of the Future Are Taking Over Pop Culture' (*San Francisco Chronicle*, 3 January 1999)

Thoreau H, *Walden* (Brooks Atkinson 1937)

Wagner W, 'The Science Charade in Toxic Risk Regulation' (1995) 95 Colum L Rev 1613, 161

Wagner W, 'The Triumph of Technology Based Standards' (2000) 2000 U Ill L Rev 83

Wiener J, 'Whose Precaution After All? A Comment on the Comparison and Evolution of Risk Regulatory Systems' (2003) 13 Duke J Comp & Int'l L 207

Wood M, 'Addressing the Sovereign Trust of Government to Safeguard the Environment for Present and Future Generations (Part II): Instilling a Fiduciary Obligation in Governance' (2009) 39 Envtl L 91

Wood M, 'The Age of Effluence' (*Time*, 10 May 1968) 52

Wood M, 'Water and Air Pollution' (*History.com*, 2009) <www.history.com/topics/water- and-air-pollution> accessed 7 November 2015

第五十章
欧洲新食品和风险评估：科学和社会的分野

罗伯特·李（Robert Lee）

马　允　译

一　引言

　　人们可能认为，这样一卷有关于技术规制的大部头可能会有很多比食品技术更具有戏剧性，也更重要的问题。然而，食物是至关重要的。它是人类最早开始考虑和发展技术的领域之一，其中许多技术被证明对维持生命和福祉至关重要。从刀和锅到烤箱和食用油，它们都是食品准备的必要构成。在粮食种植方面，灌溉和作物轮作制度，以及犁和打谷机等工具提高了生产力。最初是由人力苦役对食物进行研磨和碾磨，后来变成了由风和水驱动的工作。在桶和瓶中保存食物（最终演变成罐装食物）的方法减少了对季节性产品的依赖，使得食物可以在更远距离内储蓄和运输，后者甚至早于冷藏技术的发明。发酵、巴氏消毒和杀菌成为食品加工的一部分，随着微波辐射被引入到厨房，加工食品在 20 世纪变得越来越流行起来。

　　这些早期的食品技术表明，从生产、加工、运输、分销、销售和准备食品，食品供应链仍有很多技术创新的空间。这些技术的嵌入式本质以及我们对它们的依赖，意味着它们不仅被消费者接受，而且被视为理所当然。尽管某些生产和加工方式可能会在人类健康、动物福利问题，特别是环境影响方面产生社会成本，但消费者对此是忽略的，因此这些行为基本上是没有争议的。重要的是，这些技术同时也推动了更广泛的科学认识。① 提高食品保质期、质量和安全性的压力加快了食品加工技术的发展

---

　　① 一个简单的例子就是巴氏杀菌。巴斯德的工作起初集中在酒精饮料上，显然是因为他一位学生的父亲从事葡萄酒酿造，并来寻求他的意见（Dubos 1998, 52 et seq）。根据微生物理论和细菌的作用，他证明了减少病原微生物数量可以大大减少食物的酸化和腐败。实际上，这一见解借鉴了 18 世纪的知识，即加热和滤干奶油可以增加黄油的使用寿命。

（Jermann and others 2015），采用高压加工（HPP）等冷巴氏杀菌技术来消除了对食品进行热处理的需要，并减少了对添加剂的依赖。还有各种各样的辐射或类似技术，包括红外线和欧姆加热、微波、紫外线灯、脉冲电源和超声。臭氧、二氧化碳、电解水和冷等离子体都可以用于抗菌、去污和保存。然而，报告称此类技术的商业化进展缓慢，主要原因在于重新定位食物系统所需的投资规模（Jermann 2015:25）。总体来说，虽然购买和消费更多加工食品的趋势仍在继续，[②] 但大多数消费者对日常食品的加工方式似乎并不感到诧异。有时，食品安全或质量标准方面的丑闻，例如 2013 年初的"马肉风波"，可能会打开一扇窗，暴露出更多是工业而非农业的食品系统的规模和复杂性，但这种情况往往会很快结束，而生产和消费模式在更长时期内基本上不受影响。另一方面，正如本章后面会解释和探讨的那样，新颖食物或新技术可能会面临越来越大的阻力。

　　食品安全历来是举国关注的事项。1266 年的《面包和麦芽酒法令》（Assize of Bread and Ale of 1266）[③] 提供了一个关于一旦在家庭外准备食物就需要对公众进行保护的早期例子。当本章讨论的这些技术开始被应用时，立法的疆域就扩展到不仅仅是对掺假的担心，还有安全问题（MacMaoláin 2015）。此外，在欧盟内部，由于食品流动跨越边境，诸如标签、最低标准和禁止某些物质作为食品原料的规制保障措施有赖于各成员国之间日益统一的规则，例如今日在欧盟内部，立法便对向市场推出新食品进行了审慎的规制。作为食品安全规制进展的一部分，规制欧盟新食品的主要立法措施已于最近进行了修订。[④] 鉴于这些发展，本章将分析对新食物规制结构的改革，特别是在欧洲单一市场结构范围这一更广泛的背景下。

　　本章指出，欧洲食品安全局（EFSA）在风险评估方面主导的信息、科学主导的规制模式，脱离了风险治理的更广泛问题，是一种脱胎于法律和政治因素制约的模型。然而，欧盟委员会坚定地致力于这一模式，它使得在欧盟食品治理问题上科学和政治之间的关系变得不稳定。欧盟委员会偏爱科学监管——美国的食品和药品管理局（FDA）是这一模式的典型代表——这在欧洲政治上是难以实现的。因此，食品监管模式仍然受到对商品自由流动和欧盟本身功能主义限制等历史性关切的制约。从历史上看，控制着一国食品安全的成员国与欧洲食品安全局之间有着一种尴尬而复杂的关系。这也反映在欧盟的各机构行动者（欧盟委员会、欧洲议会、欧盟理事会和欧盟法

1211

---

　　② 加工食品出口额从 2009 年的 290 亿美元攀升至 2013 年的 450 多亿美元。在这五年里，外国农业服务局（Foreign Agricultural Service）监测的 20 个加工食品类别的出口增长了 61%，参见 FAS, *US Processed Food Exports: Growth and Outlook*, International Agricultural Trade Report, May 2014.

　　③ 51 Hen 3 stat. 1.

　　④ 2015 年 11 月 25 日关于新食品的 Framework Regulation (EU) 2015/2283 修订了 Regulation (EU) 1169/2011 并废止了 Regulation (EC) No 258/97 and Commission Regulation (EC) No 1852/2001 [2015] L327/11（"新食品条例"）。2015 年 11 月通过的《新食品条例》将会废止现有的 Novel Foods Regulations 258/97 and 1852/2001.《新食品条例》的绝大多数条款将从 2018 年 1 月 1 日起生效。

院）之间的关系中，这使得广泛的利益和问题的处理变得困难。这些问题包括道德、伦理、环境和文化问题，以及来自当前和未来农业食品生产系统的种源、可持续性和社会责任等问题。本章认为，科学风险评估问题的分离，甚至是隔离和屏蔽，不仅使这些更广泛的问题和关切更难以处理，而且还可能被视为边缘化或无视这些关切。

在某种意义上，欧盟的结构可以被视为是一种协商参与的形式，专家委员会的议事过程可以接收到公众的声音，从而打开了本来可能是狭隘的技术官僚决策的局面（Jorges and Neyer 1997）。也可以说，将风险评估与风险管理分离，可以在更大程度上审议将风险治理纳入法律和其他政策文件的问题。然而，这两种说法都不能准确地描述欧盟模式，因为科学——略为狭隘地设想——具有认识论意义上的首要地位，在实践中具有自身的合法性（Lee 2008）。将风险评估视作一种专家决定，使得风险管理后期阶段的开放程度较低，产生较多问题。下文将通过分析三种特定技术对这些问题进行探索，已修订的欧盟规制结构认定通过这些技术生产出的食品为新食品：动物克隆生产的食品、转基因食品和纳米技术生产的食品。然而，在此之前，我们首先需要对欧洲食品规制的更广泛背景进行一些解释。

二 单一市场下的食品安全

毫不奇怪，欧洲食品政策的一个中心目标始终是基于内部市场的利益，以消除成员国对食品贸易的壁垒。这看起来似乎是一种放松管制的运动，但这将忽视食品作为一种信誉商品的本质。这意味着，尽管消费者知道食品与健康密切相关，但他们可能仍难以评估各类食品或保健品对其机能的影响。因此，信任对市场活动至关重要，而20世纪90年代一系列食品丑闻和危机严重扰乱了对食品系统的信任（Baggot 1998，Bartlett 1998，Jasanoff 1997）。其中包括疯牛病（BSE）、鸡蛋中的沙门氏菌、受污染肉类中的大肠杆菌0157和家禽体内的二恶英残留物（Knowles and others 2007）。考虑到在设想的单一市场内施加进口禁令这一点，这些恐慌给内部市场带来的后果是影响深远的。此后，欧盟的食品安全议程迅速大幅扩展，以顾及对消费者保护和食品安全的关切（Vos 2000）。这可能是必要的。罗伯塔·萨塞特利（Roberta Sassatelli）和阿兰·斯科特（Alan Scott）（2001）认为，尽管信任更容易嵌入当地的传统农业食品体系，但在能够产生食品危机的高度自由化、工业化的系统中，这种信任可能已被瓦解。相比较而言，玛莎·埃克斯（Marsha Echols）（1998）认为，欧盟食品规制与美国相比最主要的一个区别是，美国民众往往倾向于信任食品系统中的技术创新，却不信任某些被视为风险更大的传统产品（例如软奶酪和腌制肉）[⑤]；在欧洲，这种趋势被

1212

---

⑤ 这意味着，欧洲食品安全局位于帕尔马（Parma）——最著名的干腌制火腿（prosciutto）的故乡——不无讽刺意味。

扭转，民众对技术创新持怀疑态度。

从 20 世纪 90 年代初疯牛病危机后发布的《欧洲食品法绿皮书》开始（European Commission 1997），欧盟被卷入风险领域，并制定了基于风险的条例，评估与特定食品相关的风险，以便进行有效控制。这使得数据收集和监测的综合系统成为必要，以便支持作为风险管理基础的适当风险评估。然而，由此产生的结构被描述为包含了"巧妙但复杂的规制模式，通过这种模式，产品安全、市场一体化和合法的国家规制关切之间的紧张关系得到调和"（Vos 2000，229）。这似乎暗示了（相当正确地）欧盟所设计的风险治理体系是由兼顾相互竞争的政策目标的政治需求决定的，有时也是由不同的机构行动者之间的紧张关系决定的。

由此带来的广泛影响是调和了美国食品和药品管理局的模式，而欧盟委员会看起来对追随美国模式颇有介怀。欧洲议会的《麦地那报告》（*Medina Report*）呼吁整合食品安全责任，认为以前各总局之间的权限划分"使得管理不善的责任得以在委员会各部门之间转移，并指出缺乏一种综合的路径"（European Parliament 1997，14）。欧盟委员会随后发布的《食品安全白皮书》明确提到了美国食品药品管理局，认为它提供了一种模式，其中"管理机构应当具有与欧盟现有机构相分离的法律存在和人格，以便独立地发挥其在风险评估和风险交流方面的作用，并将其对消费者健康保护和信任建构的影响最大化"（European Commission 1999, [39]）。白皮书明确提及（但最终未采纳）由委员会聘请的三位食品科学家组成一个新的机构。该专家报告（James and others 1999）指出，单一食品市场的成功超出了委员会规制食品安全的能力。根据《麦地那报告》（European Parliament 1997）中提出的批评意见，他们认为答案是在委员会之外的、一个仿效美国食品药品管理局和美国疾病控制和预防中心的独立的综合监管机构。但欧盟并没有这样做。

如果欧洲的食品药品管理局成立了，毫无疑问，它将产生一种更强有力的食品安全科学规制模式，避免政治对风险治理决定做出不当干预。作为负责保护公众的执法机构，美国食品药品管理局部署了大量的人力和财力资源。在这样做的过程中，它奉行"完全依靠科学而不是依靠社会因素"这样一种统一的风险评估和风险管理模式（Alemanno 2006，253）。食品药品管理局的法律基础是强有力的——它的执法依据主要是《联邦食品、药品和化妆品法》，这是拥有一般和永久效力的美国法典的一部分。食品药品管理局可以根据《联邦食品、药品和化妆品法》以及其他法律的规定，通过实施《联邦行政程序法》来制定规章。这种所谓的"通知和评论规则"允许公众对任何拟议规章发表意见，而规章一旦通过，其效力与联邦法律等同。此外，它还可以就规制问题发布食品药品管理局指导意见，虽然该指导意见对公众和食品药品管理局来说并不具有法律拘束力，但却是其独立性的有力表现。

然而，委员会 1999 年的白皮书最后并没有主张引入美国食品药品管理局的综合模式，而是将其新权力机构欧洲食品安全局（EFSA）的作用限于：为食品（和饲料）安全的立法和政策提供咨询和支持、为相关事项提供信息以及风险沟通。总体而言，委员会不愿意倡导一个综合规制模式，似乎是考虑到欧盟本身功能主义的限制和有限的能力。《白皮书》提到了在食品药品管理局这种独立监管模式可能存在的"民主问责制稀释"的问题（European Commission 1999:[33]），但这在很大程度上取决于人们如何看待欧洲的民主问责制。在由欧洲食品安全局决定风险评估并由委员会决定风险管理的制度框架下，也没有有力保障欧洲公民广泛参与或有充分的机会去影响科学决策的机制。相反，在这种模式下，成员国只是失去了其在历史上一直在该领域享有主权的规制控制。在对转基因作物批准问题进行激烈争论的同时（见本章第 5 节），成员国及其公民开始对欧盟的风险管理决定进行抵制。耐人寻味的是，白皮书在提出这一论点时指出，"高度的问责制和透明度……在权力下放的结构中可能难以复制"（European Commission 1999, [33]）。然而，在实践中，欧洲食品安全局的设立和欧盟法规中食品安全法律的修订都产生了高度集权的效果。

在其建议的模式中，委员会不准备考虑把执行职能转移给欧洲食品安全局，指出它必须代表欧洲公民保留必要的控制职能，以确保对行动建议采取后续行动："如果委员会要履行公约赋予它的职责，就必须保留规制和控制权力"（European Commission 1999,[33]）。实践中，委员会对食品安全规制的控制或执法职能进行监督，具体日常工作仍由成员国的规制机构进行。委员会这里的声明是该种职能的权力下放，其在宪法上是不可能的："不能在欧盟目前的体制安排下建立具有规制权力的管理机构，除非修改欧共体条约的现有规定"（European Commission 1999, [33]）。是否这样做取决于如何架构欧洲食品安全局的结构，以及它在共同体体制结构中的位置如何。然而，对规制机构的任何授权，当然还有任何通过修改条约来促成上述授权的行为都会遭到会员国的强烈抵制。

白皮书仅仅提到一个管理机构必须有充分的资源并在这些资源范围内开展工作外，却对资源这一重要问题言之甚少。具有在整个欧洲单一市场上决定、颁布和实施风险管理控制的机构将承担巨大的工作，需要大量的财政资源。成员国将不愿为此背书，因为这样做将会使得权力从国内监管机构中转移出去。因此，唯一的选择是建立一个遵循"信息和协调"模式的食品安全机构，该机构可以对国家规制机构的活动进行同行审查，并寻求推广最佳做法。通过向委员会提供专家意见并由委员会最终控制向市场投放食品的授权，这一模式将专家只是作为其间接合法性的来源（Chalmers and Chaves 2014）。欧洲食品安全局随后按照这一模式设立，其他欧洲机构例如欧洲化学品机构（ECHA）和欧洲药品管理局（EMA）等也采用了类似模式。尽管欧洲化学品机构可以根据其"无数据、无准入"规则拒绝市场准入（Heyvaert 2007），但总体来说，这些机构的目标是进行风险评估。尤其对欧洲食品安全局来说，这一职能是与风险管理相分离的，风险管理仍在委员会控制之中。尽管如此，在这些模式中，风险评估结果有助于验证所达成的管理决定。

1215　　白皮书公布之后颁布的对新食品的管制体现在第 178/2002 号法规中，一般将其称作《通用食品法》（*General Food Law Regulation*），⑥ 因为它规定了食品法的基本原则和要求。虽然本章的重点是新食品的规制，但这背后是《通用食品法》所规定的要求（和执法机制），即任何种类的食品，只有是安全的才可以被投放市场。该法规定欧洲食品安全局作为一个独立规制机构负责提供科学咨询和支持，并为制定欧盟和国家一级的食品和饲料立法提供了一个广泛的基础框架。为此，该法规定了在食品和饲料的生产、分销和销售过程中，为食品和饲料安全的决策提供信息的原则和程序。这包括在食品恐慌或紧急情况下可援引的程序，欧洲食品安全局通过食品和饲料快速预警系统（RASFF）帮助协调成员国的规制。该法规定了保护人的生命和保护消费者的高级别的标准，并力求在这一标准与内部市场有效运作之间实现平衡。要确定市场运作是否是风险评估的一个相关因素，还是应该把唯一的重点放在高水平的保护上，对这一问题的回答能够很好地说明了欧洲食品安全局的职权范围，这一点是非常有意思的。

（一）风险评估与风险管理

1999 年的白皮书呼吁在"风险管理和风险评估之间进行明确的分离"（European Commission 1999, [32]）。而欧洲食品安全局接受了这样的设定，并且表示"仅仅十多年前将风险评估和风险管理任务分开的决定，已经改变了欧洲食品的安全性"（EFSA 2014）。主张这种规制结构的论点的核心是科学独立性。白皮书表示希望欧洲食品安全局能以最佳科学为指导、与工业和政治利益相独立、公开接受公众的严格监督和审查、要具有科学权威并与各成员国科学机构密切合作。该机构的合法性在于其独立性，通过专家知识与更广泛的社会和政治利益隔离开来。正像杰拉德（Gerrard）和佩茨（Petts）（1998）指出的那样，以这种方式将风险评估分开的任务开始以一种逻辑实证主义立场的出现，赋予科学的专业知识以客观性。这一点要优于一种更具文化相对主义的路径，后者可能认为追求这种客观性是虚幻的，因为科学是一个受制于政治和体制结构的社会进程，主观价值判断是不可避免的。这并不是说，那些负责设计欧盟食品安全结构的人必然相信科学的客观性，而是他们承担着将欧洲食品安全局的作用限制在风险评估范围内的政治任务，他们当然准备以这种方式利用科学，作为其合法化的助力。

---

⑥　2002 年 1 月 28 日的 Regulation (EC) 178/2002 规定了食品法的一般原则的要求，创设了欧洲食品安全局，并在食品安全问题上制定了程序 [2002] OJ L31/1（"Food Safety Regulation"）。

美国对风险评估流程与风险管理的分离进行了激烈的辩论。鉴于允许像美国食品药品管理局这样的机构拥有广泛的风险管理权力，此番辩论也许并不奇怪。20 世纪 80 年代初，人们担心，过多的外来干扰正在潜入应当是美国食品药品管理局进行科学风险评估的范畴。国家研究委员会（National Research Council）的一份报告赞成分成风险评估和风险管理决定两个阶段，并在这两个阶段之间设立衔接性的风险评估政策。在两个阶段之间建立"中国墙"（译者注：中国墙是一个组织术语，意指信息隔离墙，指在组织中创建信息障碍以防止可能导致利益冲突的沟通或交流。）似的想法被否决，理由是"行政上的迁移并不会改善知识基础，因为风险评估只是形成规制行动的其中一个要素，即便风险评估方面取得了重大进展，也不能指望它们可以完全消除对这些规制行动的争议"（National Research Council 1983, 6）。后来的一份政府报告强调，需要一个更加一体化的进程，让负责风险治理的各方尽早参与进来，以便在现实世界减少风险目标里考虑风险管理问题（Presidential/Congressional Committee 1997）。

美国的这一经验表明，科学不可能孤立存在，即便在描述某些食品的风险特征——哪些是被视为危险的，应该保护谁，免受伤害的途径等——的最早阶段，从根本上说都是充满了一系列政策考虑的。然而这仅仅是开始，其后的风险评估措施和协议，也将同样受到由于透明和辩论带来的更强有力的判断的影响。哪怕只是承认最后做出决定要受到主观方面的影响，这些判断也须向科学界以外开放。风险评估过程涉及同行审查的重要内容，与任何同行审查过程一样，这涉及经过深思熟虑后提出的意见，就像一名评论员所说的那样，"科学应植根于信仰"这句话是多么奇怪（Smith 2006）。然而，在获取专家意见时，欧洲食品安全局的工作似乎是一个封闭的过程，特别是因为所涉科学并非实验室或检测科学。欧洲食品安全局既没有进行实验也没有进行检测。欧洲食品安全局内部的工作组分析和评估现有数据，以便就风险程度提供咨询和沟通，有时是应成员国及其监管机构或欧洲议会的要求来进行上述工作。令人好奇的是，欧洲食品安全局显然承担着风险交流的责任，尽管风险管理并不在其控制范围。

亚里曼诺（Alemanno）（2006）审查了欧洲食品安全局所出具的科学意见的法律地位，并得出结论，虽然欧盟各机构在起草和采取共同体措施时必须考虑欧洲食品安全局的意见，[⑦]但没有任何官方意见认定这些意见具有拘束力，尽管根据《新食品条例》第 7 条，授权的首要条件就是"根据现有科学证据，食品不会对人类健康构成安全风险"。这也使得在执行《通用食品法》时与成员国规制机构之间产生了一种奇怪又复杂的关系。出于为人类健康提供高水平保护的目的，《通用食品法》第 1（1）条

1216

1217

---

⑦　Food Safety Regulation, art 22(6).

规定"强有力的科学"应当成为食品安全决策的基础。在将各国关于食品安全的意见纳入考量方面,《通用食品法》第 30(4)条涉及成员国机构和欧洲食品安全局之间在科学问题上存在实质性分歧的情况。在这种情况下,欧洲食品安全局和成员国机构"有义务进行合作以便解决分歧",⑧ 或者在分歧无法解决的情况下发表一份联合文件,澄清有争议的科学问题,并指明数据中的相关不确定性。然而,欧洲食品安全局最终不是决策机构。这是很有说服力的,因为它表明基于相互承认支持市场准入的结构继续占有主导地位。建立欧洲食品安全局对消除这种结构而言并不那么重要,这反映出对欧盟功能主义前景的现实制约。

至于在欧洲食品安全规制范围内隔离风险评估,这被认为是为了容纳政治压力所必需的,但是可以从风险治理的视角对其提出批评。有人提出,技术风险总是会伴随着强烈的政治情感,因为在风险社会中,我们不仅需要处理那些好的东西的分配,也要涉及那些以危险形式存在的"不好的东西"(Beck 1992)。正如所指出的那样,欧洲食品安全局的风险分析、评估和交流的功能可能通过欧盟机构的和国内的框架,朝着从欧洲食品安全局向欧洲公民的单一方向运作。这忽略了大量的学习(European Environment Agency 2013),即一个渐进的、双向的过程可能会更富有成效(Habermas 1996),既可以让公众更广泛地了解风险评估模式,也可以建立对评估结果的信任(Petts and Brooks 2006)。这还意味着,只有在风险治理进程后期的风险管理阶段,才会处理社会关切和更广泛的伦理或道德问题。在这一阶段,某些问题可能已经被评估为"安全",从而消除了风险管理阶段要考虑的风险范围。所有这一切至少让科学发现看起来在风险治理过程中起到了主要作用。有人认为,这已经有很大问题了,但在食品制造业领域可能问题会更大,因为技术在食品生产和消费环节的介入更深。以下各节将在新食品的背景下讨论这些问题,首先将讨论已经修订的对这些食品的规制制度。

三 应对新食品

新食品制度的改革经历了漫长而"枯燥"的历史(Ballke 2014,285)。最初于1997 年开始实施的《新食品规制条例》⑨ 要求在 1997 年 5 月 15 日之前在欧盟境内没有被大量消费历史的任何食品或食品原料均需获得授权。为了获得授权,该食品不得对消费者构成危险或者误导消费者。如果一种食品或原料意在取代市场上销售的产

1218

---

⑧　Food Safety Regulation,art 30(4).

⑨　Regulation(EC)258/97 of 27 January 1997 concerning novel foods and novel food ingredients[1997]OJ L253/1.

品，就不能与已有产品之间存在对消费者的营养供给上的差距。对 1997 年条例进行改革的步伐始于 2002 年，这与欧洲食品安全局的建立基本上是同步的。改革的部分目的是解决本章导言中所讨论的食品行业技术迅速变化的问题。尤其是，转基因食品和饲料在政治上被证明是一个有着高度分歧的话题，欧盟对此类产品的授权已陷入停滞。然而，部分由于这一政治僵局，立法改革草案直到 2008 年才出台。2011 年 3 月，由于委员会和议会之间就来自克隆动物的食物以及含有纳米材料的食物等问题发生激烈争执，该修正案被摒弃。在讨论这些例子之前，本节讨论了 2013 年 12 月重新提出的修订案，该草案最终于 2015 年 11 月获得通过。[10]

根据修订后的 2015 年《新食品条例》，新食品仍被定义为在 1997 年 5 月 15 日之前在欧盟未被大量消费的食品，[11]但现在要求至少属于新条例第 3 条所列举的十个类别之一。在继续讨论第 3 条之前，应当指出，确定 20 多年前某种特定食物是否被人类大量食用，本身在提供证据加以证明上可能就很困难（European Commission 2009）。此外，假设在该日期之前已经上市的食品没有构成任何风险，这似乎是不可能的，因为 1997 年最初的《新食品条例》本身在很大程度上就是对震动欧洲市场的一系列持续的食品恐慌的回应。修订后的《新食品条例》第 3 条列举了从不同来源（如矿物、藻类和真菌）分离出的食品，接下来着重列举了通过某些技术和工艺制造的食品上，包括：非传统的繁殖方法或育种技术，[12]特定细胞或组织培养物以及由工程纳米材料组成的食品。本章的后面几节将会分别讨论这些不同类别的新食品。

《新食品条例》第 4 条规定，食品企业有责任确定其食品是否属于《条例》意义上所指的"新"食品。在对新颖性有异议的情况下，食品拟销往市场所在成员国的主管部门将会对此做出首次判断。第 4 条设想了包括协商在内的各种程序，以帮助确定新颖性和适销性的问题。但是，这些程序还没有到位，因为我们还在等待条例中若干条款实施细则的出台。来自第三国的传统食品寻求进入欧盟市场时，还有一个新的通知程序。[13]这些食品在欧盟市场上的安全食用历史必须至少可追溯到 25 年前。然后，授权将取决于成员国或欧洲食品安全局在接到通知后四个月内没有提出任何有关该食品安全的关切。注意这里国内监管机构和欧洲食品安全局共同的和看似同等的责任。 1219

如果该产品显然需要新产品的授权，条例第 10 条规定了有固定时限的集中授权程序。授权申请须提交给欧盟委员会，委员会负责在通过前核实其内容，并在一个月内转交给欧洲食品安全局。接下来欧洲食品安全局必须在九个月内进行安全性评估并

---

[10] 参见脚注 4。

[11] Regulation 258/97, art 1(2).

[12] 在关于这个问题的任何单独立法之前，来自克隆体但并非其后代的食品将继续属于《新颖食品条例》的范围（见下文）。

[13] Novel Foods Regulation, arts 14–20.

提出科学意见，作为其风险评估职能的一部分。从发表科学意见之日起，委员会有七个月的时间来行使其风险管理职能，为植物、动物、食品和饲料常设委员会（PAFF）提出一份提案草案，该委员会是由成员国的代表组成的。如果委员会的建议是给予新食品授权，欧洲议会不能否决该建议。在特定时限内把责任从委员会正式转移给欧洲食品安全局，然后再转回来。这一责任转移机制表明风险评估和风险管理的正式分离，即便在改革后的结构中也是如此。还需注意授权过程明显的程序化，这与欧洲食品安全局确定风险评估方法时的自由形成了鲜明的对照。

在撰写本章时，规定申请程序和欧洲食品安全局的科学意见的行政和科学要求的执行性立法还没出台。[⑭] 与欧盟内部其他形式的科学信息的规制一样，这意味着《条例》本身所形成的只是一个框架，而其细节处可能是撒旦藏身之地，可以由议定书或指南加以填补。在不同的规制背景下，沃汉（Vaughan）的结论表明，有关当局将会出台详细的指南，其后将会认真遵照和实施这些指南（Vaughan 2015）。

该条例第 6 条首次列举了欧盟授权的新食品清单，委员会应当在 2018 年 1 月 1 日之前进行汇编。该清单将首先从根据第 258/97 号条例规定的早期程序授权的新食品开始。加入该名单是至关重要的，因为从 2018 年 1 月 1 日起，只有经授权列入正面清单的新食品才可以在欧盟市场销售。该清单将通过执行措施加以更新，其中将包括任何使用条件、标签和监测要求的细节。同样，这种模式倾向于采取欧盟的中央集权机构常见的信息提供方式，这种情况与《化学品注册、评估、授权和限制条例》（REACH）的注册程序并无二致。[⑮] 下面将要对这一规制结构进行评估，方法是审查它迄今如何应对并很可能在将来适用于《新食品条例》特别指出的三个领域，即克隆养殖动物、转基因作物和食品中的纳米材料。

1220　四　克隆动物产生的食品

1996 年，由伊恩·威尔穆特爵士（Sir Ian Wilmut）领导的一个小组通过转移成年体细胞的细胞核，克隆出了第一头哺乳动物——一头名叫多莉的羊（Wilmut and others 1997）。有人预想这一技术为保护濒危物种甚至恢复已灭绝物种开辟了各种可能性，同时它也产生了大量商业机会，从器官异种移植到制作含有治疗性蛋白质的牛奶。一个重要的商业机遇就是食品生产。2008 年 1 月，尽管遭到动物福利组织、消费者组织和环保非政府组织的抗议，以及国会议员的反对，美国食品药品管理局还是

---

⑭ Novel Foods Regulation,art 13 要求在 2018 年 1 月 1 日之前出台这些文件。

⑮ Regulation 1907/2006/EC concerning the Registration,Evaluation,Authorisation and Restriction of Chemicals[2006]OJ L396/1.

批准了将克隆动物及其后代用作食品的销售。美国食品药品管理局风险评估得出的结论是，与其他生殖方法相比，克隆不会对动物健康造成特别的风险，克隆产品及其后代的成分与通过传统方法饲养的动物的成分没有区别。因此，任何此种食品都会"像我们每天吃的食品一样安全"（FDA 2008）。有意思的是，尽管《新食品条例》第3条将克隆动物所生产的食品包括在内，但美国食品药品管理局不承认任何此种食品的新颖性："克隆没有向动物体内投放任何新物质，因此没有什么'新'物质可供检测。"（FDA 2015）

这与欧洲食品安全局所采取的立场没有本质上的不同（EFSA 2008）。欧洲食品安全局发表的最终科学意见中，结论是健康的牛和猪的克隆体及其后代所产生的食品和那些健康的按常规养殖方法饲养的动物之间没有区别。它补充说，这种动物对遗传多样性、生物多样性或环境没有构成特别的风险。欧洲食品安全局科学委员会于2010年认可了这一观点，并在委员会的推动下，于2012年发布了最新的科学评估报告。该项评估在很大程度上重复了先前的调查结果。但从一开始，欧洲食品安全局的意见就指出了该结论具有一定程度的偶然性，因为在每项研究中只对数量有限的动物进行了少量研究，而且没有一个商定的统一方法来作为这项研究的基础。然而，这种保留并没有取代固有的假设，即克隆动物产生的肉类不会对人类健康造成额外的风险。

不过，克隆技术可能引发动物健康问题，需要对其进行科学审查。它也可能引起人们对以这种方式生产食品的关切。从多莉开始，就出现了克隆动物肺部和其他器官异常的问题，心血管和呼吸系统问题的发病率增加了，死亡率和病变率与传统动物相比也有所上升（Gaskell and others 2010）。欧洲食品安全局虽然承认此类问题，但似乎并不认为这些问题属于风险评估范围，而风险评估范围更多地是由人类健康问题所决定。因此对这些问题的审议必须等到风险管理阶段。这样做是有问题的，因为世贸组织《卫生和植物卫生（SPS）协议》强调风险评估的重要性。基于此，为限制克隆动物或其后代的肉类贸易而采取的任何措施，包括与动物健康有关的措施，都必须有科学证据的支持。⑯

考虑到这些动物健康问题，2008年，与欧洲食品安全局提供的科学意见一起，欧洲科学伦理小组（European Group on Ethics in Science）向欧盟委员会提交了一份意见称，在目前发展阶段，为生产食品的目的使用克隆技术很难从伦理上进行证成（European Group on Ethics in Science 2008）。正如欧盟民意调查（Eurobarometer）2008年的调查结果所反映的那样，这种关切反映了民意。该调查显示公众对克隆技术有很高的了解，并强烈认为这一技术不应当用于食品生产，只有三分之一的欧洲受访

1221

---

⑯　WTO Panel Reports, *EC—Hormones* (*Canada*) [8.104] WT/DS48/R/CAN; and *EC—Hormones* (*US*) [8.101] WT/DS26/R/USA.

者愿意支持克隆肉类生产，即便这种技术的使用是为了克服粮食短缺（Eurobarometer 2008）。如果将其投放市场，83% 的欧洲消费者希望在克隆动物或其后代的肉类上加上标签。

2008 年 9 月，欧洲议会通过一项决议拟禁止克隆技术的商业化，禁止相关产品进口到欧盟并要求委员会采取相应行动，其中 622 名议员投赞成票，仅有 32 票反对票（25 票弃权）。2015 年，欧洲议会以类似投票结果通过决议（529 票赞成票，120 票反对票）呼吁禁止克隆所有养殖动物，并禁止出售此类动物及其后代和任何基于克隆技术的产品。这比委员会在 2013 年提出的临时禁令范围更广，[17] 进一步扩大到了牛、羊、猪、山羊和马。除该项立法提案外，还有一项关于克隆农场动物产生的食物的立法提案，把克隆农场动物的问题拿出来单独审议。二者是为了打破通过《新食品条例》修正案的僵局，委员会试图断言，具体的立法框架可以更恰当地界定用于食品生产的克隆的界限。然而，由于这些提议并没有禁止来自克隆动物后代的食物进入欧洲市场，也没有要求追溯，它们几乎没有减轻欧洲议会的疑虑。

根据《新食品条例》第 3 条的规定，任何试图将由克隆动物生产的食品投放到欧洲市场的行为均应受到该条例的管辖。然而，在此种情况下，欧洲食品安全局在风险评估阶段的意见很可能是与传统养殖动物的产品相比，此类食品对人体健康没有造成特别的风险。然而，我们也知道，这种风险评估将无助于委员会在议会和公众的强烈反对下就这些产品的销售做出任何决定。委员会提出的建立单独的克隆产品规制制度的建议，不仅离达成一致意见似乎尚有很远距离，而且该路径的明显优势也值得怀疑，尤其是如果该制度的一个组成部分也是欧洲食品安全局的风险评估的话。下一节将讨论的有关欧盟转基因食品的风险评估意见的历史，支持了这一预测。

1222

五　转基因农作物产品

通过一项早期批准制度，[18] 转基因食品在遭遇欧洲公民反对之前就通过成员国的批准进入到了欧洲市场。后来这种反对变得越来越激烈，至少对转基因技术的好处提出了质疑（Poortinga and Pidgeon 2004）。潜在的抗疾病、抗病虫害或耐寒植物等好处对公众来说似乎遥不可及，这也绝不是进行基因改造的唯一理由。[19] 欧洲公民倡议组织

---

⑰　Proposal for a Directive on the cloning of animals of the bovine, porcine, ovine, caprine, and equine species kept and reproduced for farming purposes COM (2013) 892 final.

⑱　Council Directive 90/219/EEC of 23 April 1990 on the contained use of genetically modified micro-organisms[1990]OJ L117/1 and Council Directive 90/220/EEC of 23 April 1990 on the deliberate release into the environment of genetically modified organisms[1990]OJ L 117/15.

⑲　因此其中一个获得欧盟批准的转基因产品是蓝色康乃馨。参见 Alan McHughen, *Pandora's Picnic Basket:The Potential and Hazards of Genetically Modified Foods*(OUP 2000)195。

（EU's Citizens Initiatives）[20] 提出的请愿指出不应让科学机构来批准转基因申请，而应进行伦理审查并在此种机制建立之前暂停规制审批。食物链中的转基因产品对人体健康风险的科学评估往往立足于怀疑的立场，因为传统的植物育种技术也完全有可能实现基因改造。然而，这并不意味着食品链中种植和使用转基因作物不具有偶然性，因为转基因作物种植的历史和地理范围都是有限的。

欧洲对转基因作物的反对是出于对人类健康风险的简单关切以外的其他因素。例如，在奥地利，受小型农田种植的影响，通过设障让转基因和非转基因作物共存实际上可能很难操作。出于保护高山生物多样性的目的，转基因玉米和油籽油菜反复被禁止在欧洲市场上投放。[21] 希腊和意大利等国家基于保护当地饮食文化和限制农业集约化的担忧而反对转基因作物。转基因作物与常规作物，特别是有机作物并存种植也存在问题，并不可避免地引起某些部门的反对。的确，有人指出有关作物分离或距离隔离的科学工作已经被扭曲了（走向不必要的大分离），因为"共存已成为有关未来农业及农业食品生物技术在其中可能发挥作用的一个充满价值争辩的另一个领域。" 1223
（Devos and others 2009:11）

在转基因作物的规制方面，欧盟的规制批准是成员国主管机关的职权范畴。许多对转基因持顽固抵抗态度的成员国意识到，其做出的任何批准都会促进生物技术在整个市场的应用，因此至少在处理申请方面步调迟缓，尽管根据当时的90/220号指令，[22] 即规定了蓄意向环境中释放转基因生物的规制控制机制的指令。理论上处理申请须在90日内完成，对这项指令的修改，包括现在由《食品和饲料条例》[23] 规定的加添标签和可追溯性，[24] 仍未能打破这一僵局。除此之外，第258/97号条例——以前的《新食品条例》——确实对食品实行了更严格的规制，包括对新型转基因食品或转基因生产的食品。[25] 然而，在这一阶段，第258/97号条例是在以成员国责任为基础的分权模式下运作的；毫无疑问，成员国的顽固态度使得转基因审批事实上处于停滞状态，[26] 这促

---

[20]　关于欧洲公民倡议组织（ECI），参见 TEU,art 11(4)and TFEU,art 24(1)(as introduced by the Treaty of Lisbon)。注意议会否认绿色和平关于转基因的倡议等同于 ECI 下的请愿：http://www.europarl.europa.eu/aboutparliament/en/displayFtu.html? uId=FTU_2.1.5.html（访问日期 2016 年 7 月 1 日）。

[21]　有关背景和细节，参见 http://bmg.gv.at/home/Schwerpunkte/Gentechnik/ Fachinformation_Allgemeines/Description_of_Austrian_Regulations_on_Genetic_ Engineering（访问日期 2016 年 7 月 1 日）。

[22]　Council Directive 90/220/EEC of 23 April 1990 on the deliberate release into the environment of genetically modified organisms（现已废止，参见脚注 32）。

[23]　Regulation (EC) 1829/2003 on genetically modified Food and Feed [2003] OJ L268/24.

[24]　第二次是由第 97/35/EC 号指令添加，用于适应技术发展；Council Directive 90/220/EEC on the deliberate release into the environment of genetically modified organisms [1997] OJ 1997 L169/73。

[25]　这将不适用于 1997 年 5 月 15 日已经在市面上的转基因产品。

[26]　法国、德国、意大利、希腊和卢森堡事实上正在实施在其管辖范围内转基因作物的禁令。丹麦、比利时和奥地利后来也支持了这一行动。参见 Robert Lee, "Humming a Different Tune: Commercial Cultivation of GM Crops in Europe"（2015）14(5)Bio-science Law Review 185–192。

使转向欧洲食品安全局所支持的集权化的体系。这一停滞引发了由一个美洲国家集团对欧盟提起的世贸组织争端，[27] 即便欧洲食品安全局做了大量的风险评估工作，基于转基因产品对人类健康没有构成风险而在很大程度上否定了成员国的关切，但这并没有使得该争端的处理变得简单。

在转基因食品和饲料方面，根据《食品和饲料条例》[28]规定的替代程序，即申请人需要证明转基因食品或饲料未对人类健康、动物健康或环境造成不利影响，风险评估的程序由此破了。其希望能够启动一个进程以加速批准和结束事实上的停滞。但这是不成功的，原因是在完成风险评估后，欧洲食品安全局的工作就转交给委员会（抄送给成员国），交由其在有关批准决定做出之前处理风险管理问题。修订后的机制包括向一个规制委员会提出申诉，但由于该委员会的成员包括成员国的代表，委员会很难在某些会员国的一致反对的情况下通过批准。即使在即将获得批准的情况下，这也只是意味着成员国可能诉诸 2001/18 号指令第 23 条中的保障条款，该条例当时规范了蓄意向环境中释放转基因生物的行为。[29] 如果在成员国批准后发现了新的或额外的涉及转基因食品或饲料对环境和人类健康产生影响的科学证据，那么就可以援引第 23 条。八个成员国就对一种由委员会批准的转基因玉米采取了安全隔离行动。尽管在任何情况下都很难说服欧洲食品安全局认可所谓"新的证据"从而重启早期的风险评估程序，但这种策略束缚住了审批程序，使其无法运作。欧盟法院（CJEU）做出了一项法院裁决，命令委员会向理事会提交对转基因玉米的授权，[30]这加剧而非缓和了紧张局势，因为理事会中的许多成员国仍然反对转基因玉米的种植，尽管委员会一直对其施加压力。

为了打破在批准方面的这一僵局，在 2014 年 3 月的理事会会议上，[31]成员国环境部长开始考虑实际上是一项妥协协议的条文。根据该协议，成员国可以就某些有限的理由禁止转基因作物。这一措施背后的想法是，如果某些成员国能够确保转基因作物不会在其境内种植，那么转基因食品的批准可能会变得容易一些。该协议于 2014 年 6 月通过；2014 年 12 月理事会和欧洲议会之间达成了一项有关转基因作物的协议，其形式是修订关于故意释放转基因生物的第 2001/18 号指令，[32] 随后于 2015 年 1 月经

㉗　EC Approval and Marketing of Biotech Products (WT/DS291/R/USA); available at: http://www.wto.org/english/tratop_e/dispu_e/cases_e/ds291_e.htm（访问日期 2016 年 7 月 1 日）。

㉘　见脚注 26。

㉙　Directive 2001/18/EC of 12 March 2001 on the deliberate release into the environment of genetically modified organisms and repealing Council Directive 90/220/EEC [2001] OJ L106/1.

㉚　Case T-164/10 Pioneer Hi-Bred International v European Commission (not reported).

㉛　Council of the European Union "Council reaches agreement on the cultivation of genetically modified organisms"press release 10415/14, 12 June 2014.

㉜　现在是 Directive(EU)2015/412 指令，修订了 Directive 2001/18/EC 指令中关于成员国限制或禁止在其领土范围内种植转基因作物的可能性 [2015]OJ L68/1。

由全体会议投票通过。从 2016 年 4 月 2 日起，成员国可选择不种植欧盟批准的转基因作物。欧盟现有的风险评估和决策进程仍然存在，但会员国可以自由拒绝实施授权，并出于有限的理由禁止转基因作物，包括环境政策目标、城乡规划、土地利用、社会经济影响、农业政策和公共政策等。[33] 如果在欧盟授权之前，成员国能够与授权申请人达成协议，它可以将其部分或全部领土排除在申请的地理范围之外。其正当性并不基于申请人的同意。成员国可以在授权后采取措施限制或禁止在其领土的一部分或全部领土上种植转基因作物，但该措施应以合理、合比例的方式援引上述例外理由之一（或多种理由），但这些理由"在任何情况下都不得与作为批准程序一部分的欧洲食品安全局的环境风险评估相冲突"。委员会本来希望采纳批准前同意这一选项，毫无疑问因为这样能使它防范世贸组织的挑战，但是迫于成员国的压力，最后采纳了批准后例外主义的妥协办法。这些理由可能会遭到非欧洲生物技术公司的攻击，这些公司正在寻求更广泛的欧洲市场。

因此，出于地方、农业和环境政策目标可能会支持转基因禁令，但欧洲食品安全局的规制科学不会受到挑战。在围绕转基因食品和饲料在欧洲市场上的批准问题的严重冲突事件中，科学风险评估模糊而非澄清了问题。具有讽刺意味的是，围绕信息科学模式的集权规制结构并没有带来更大的和谐或效率，而是导致食品单一市场的运做出现明显的断裂。

六　含有纳米粒子的产品

与转基因食品和饲料的历史相比，新食品的最后一个领域——含有纳米粒子的食品——更有前瞻性。把纳米材料作为一种新食品的组成成分来进行规制控制有点奇怪，因为这些材料很自然地出现在我们的食品中。现代食品制备中青睐泡沫和乳剂很可能是因为这些物质的结构成分包括纳米材料，这种材料可能会增强食品的质地和口感。同样，在食品生产中使用气相二氧化硅作为抗结块剂也不稀奇，这可以更好地混合配料。奶制品可能含有来自牛奶或乳清蛋白的脂肪球蛋白等物质。这些长期存在的做法很少受到规制的关注。然而，今后似乎很有可能更加重视在食品中添加纳米材料，因为技术专家们希望利用纳米材料的表面积效应来增强风味或利用微生物的抗药性。这可能会立即带来好处，包括更好地保存食物，或减少对脂肪、糖或盐等某些种类成分的依赖。食物中的维生素或营养成分也可以得到改善。

纳米技术不仅可以用于食品本身的增强，还可用于食品接触材料，包括食品制备和食品包装物的表面。这方面的创新是在塑料瓶中加入纳米材料作为气体屏障，以延

1225

---

[33]　参见 Directive 2015/412,art 26b。

长液体的保质期（House of Lords 2009）。食品包装不仅可以更薄、更轻，而且可以含有纳米传感器，以检测食物的最佳状态。纳米材料也可以用于其他可能与食品接触的物质，例如杀虫剂、油锅涂料等。若这些涂料中含有纳米银等金属，人们可能会期待至少在人类健康影响方面应呼吁进行风险评估。目前市场上在售的纳米材料被设计和引入食品可能就是这种情况。

欧洲食品安全局发表了一项意见，认为现行的风险评估范式适用于纳米材料（EFSA 2009）。这或许并不那么令人惊讶。人们普遍认为，纳米材料的毒理学概况不能从传统形式的同等物质数据中得出（Lee and Vaughan 2010）。也有人说，关于纳米材料的口服接触和由此产生的任何毒性的数据有限，以及在食品或饲料中对纳米材料进行定性、检测和测量的方法有限。因此，根据《新食品条例》，在审议食品中的纳米粒子时，欧洲食品安全局可能必须以不同于普遍接受的有关克隆肉类安全问题的方式逐案进行审议。此外，纳米粒子可能需要作为食品添加剂来管理，而不是简单地作

1226

为一种新食品或食品接触材料。[34] 这一领域的风险评估对欧洲食品安全局来说更成问题，因为它依赖从其他地方提供可靠的数据来处理在这方面更难以识别的潜在危险。在这种情况下，面对食品中纳米材料的数据缺口，可能需要、当然也需要更多地呼吁在批准新食品时适用预防原则。

上议院选择委员会（House of Lords' Select Committee）在审查纳米技术和食品问题时认为将采取一种预防性做法，因为它指出，"在没有安全数据的情况下，将有选择性地暂停生产产品"（House of Lords Select Committee 2009:[8.11]）。它提议，"政府应在欧盟范围内努力推动修订现行立法，以确保食品、添加剂或补充剂使用的所有纳米材料都属于现行立法的范围。"委员会还要求对纳米材料做出可行的定义。在这一事件中，修改新食品制度花了一些时间，以确保新立法所确定的食品纳米材料需要获得新食品授权。关于定义，最初载于食品标签条例[35] 中的纳米材料定义被取代，但该定义仍然提及"具有纳米级特性"的材料 [Novel Food Regulation:Article 3（2）（f）]。选择委员会建议详细列举出这些特性具体包括哪些内容，但即使在修订后的定义里，也并没有超出该材料的具体表面面积效应和具体物理化学特性等内容。这种定义的不确定性是很麻烦的，因为制造商将承担新颖性的举证责任。

该委员会还呼吁英国政府与食品行业合作，以"确保其研究和发展以及今后在食品领域应用纳米技术的计划更加开放和透明"（House of Lords Select Committee 2009:[8.29]）。几乎没有证据表明这一愿景已经实现。同样，它对公众参与解决纳米技

---

[34]　As regulated by Regulation 1935/2004 on materials and articles intended to come into contact with food.

[35]　Regulation (EU) No 1169/2011 of 25 October 2011 on the provision of food information to consumers [2011] OJ L304/22, art 2(1)(t).

术和食品问题的呼吁也尚未得到满足。如果不允许进行协商对话，并确保将审议结果纳入政策制定，可能会损害农业食品技术专家的研究努力。只有当第一批带有工程纳米颗粒的食品投放市场时，才会引起反对。反对或接受的轨迹将由与公众消费者的透明交易以及对风险和不确定性的开放程度来决定。如果没有这一点，无论多么严格的风格评估都不大可能缓解公众的担忧。但是，在科学规制模式下运作的封闭式和孤立型风险评估模式，可能并不会降低纳米增强型产品投放市场的难度。鉴于纳米技术和纳米材料在市场内的食品中普遍存在，有无数的物质在发挥着多种功能，因此完全有可能设想出既有益又可能有害的应用；如果早期风险评估不能解决消费者的真正关切，逐案处理的方法可能会陷入困境。迄今为止，新食品风险治理模式的经验并不乐观。

1227

七　结论

允许一个分立的科学风险评估进程来指导食品的风险治理过程，当风险评估已确凿地表明不存在相关风险时，这往往会取代甚至讽刺风险治理过程中的其他问题，将其视为非科学的，甚至不相关的。因此，成员国采取的行动不能被视为风险管理，这是委员会在批准时须完成的任务。这种立场片面地将成员国的关切视为狭隘的，但却忽略了一个现实，即现有的风险治理进程往往未能得到绝大多数成员国或其公民的信任。就批准程序而言，它还对科学的风险评估和政策评估进行了区分，后者本质上对支持采取预防措施是缺乏科学合法性的。尽管可能是妥协，但欧盟的食品治理体系却重复了一个持久的错误，即把规制科学放在首位，而把对环境可能造成损害的其他规范性评估边缘化。问题的根源在于建立了这样一种风险评估框架，即给予某些假设和方法以特殊考量，而排除掉更广泛的主张或关切。尝试并建立这样一种风险评估框架是有问题的，即明确地依赖于特定的、精心设计的和排外的事实和假设，因为风险评估框架本身以及哪些是值得考虑的，这本身就是存在竞争选项的问题。委员会从未放弃自己对一种、公正、客观、没有任何偶然性的理想化模式进行人力建构的努力。在这样做的过程中，它将自己置于一种须处理由欧洲议会、成员国和欧洲公民共同关注的广泛的社会、道德、文化和环境等问题的不利地位，而所有这些关切都可以，并且应该为风险评估进程提供信息。

【参考文献】

1229

Alemanno A, 'Food Safety in the Single European Market' in Christopher Ansell and David Vogel (eds), *What's the Beef? The Contested Governance of Food Safety in Europe* (MIT Press 2006)

Baggot R, 'The BSE Crisis: Public Health and the "Risk Society" ' in Pat Gray and Paul Hart(eds),

Public Policy Disasters in Western Europe (Routledge 1998)

Ballke C, 'The Novel Food Regulation—Reform 2.0' (2014) 9(5) European Food and Feed Law Review 285

Bartlett D, 'Mad Cows and Democratic Governance: BSE and the Construction of a "Free Market" in the UK' (1998) 30(3) Crime, Law and Social Change 237

1230   Beck U, *Risk Society: Towards a New Modernity* (Sage 1992)

Chalmers D and Chaves M, 'EU Law-Making and the State of European Democratic Agency' in Cramme Olaf and Hobolt Sara (eds), *Democratic Politics in a European Union under Stress* (OUP 2014)

Devos Y and others, 'Coexistence of Genetically Modified (GM) and non-GM Crops in the European Union' (2009) 29 Agronomy for Sustainable Development 11

Dubos R, *Pasteur and Modern Science* (Springer 1998)

Echols M, 'Food Safety Regulation in the European Union and the United States: Different Cultures, Different Law' (1998) 4(3) Columbia Journal of European Law 525

Eurobarometer, 'Europeans' Attitudes towards Animal Cloning: Analytical Report' (2008) 238 Flash Eurobarometer (Gallup Organization)

European Commission, 'Green Paper on European Food Law' (1997) IP/97/370

European Commission, 'White Paper on Food Safety' COM (1999) 719 final

European Commission, 'Human Consumption to a Significant Degree' CAFAB 41/2009 <http:// ec.europa.eu/ food/safety/ docs/ novel- food_ guidance_ human- consumption_ en.pdf> accessed 10 October 2016

European Environment Agency, Late Lessons from Early Warnings Report No1/2013 (EEA 2013)

European Food Safety Authority (2008), Food Safety, Animal Health and Welfare and Environmental Impact of Animals derived from Cloning by Somatic Cell Nucleus Transfer (SCNT) and their offspring and Products Obtained from those Animals, Scientific Opinion of 15 July 2008

European Food Safety Authority, 'The Potential Risks Arising from Nanoscience and Nanotechnologies on Food and Feed Safety' (EFSA 2009) 10.2903/j.efsa.2009.958 <www. efsa.europa.eu/en/ efsajournal/pub/958> accessed 10 October 2016

European Food Safety Authority, Risk assessment vs risk management: What's the difference? (EFSA 2014) <www.efsa.europa.eu/en/press/news/140416> accessed 10 October 2016

European Group on Ethics in Science and New Technologies, Ethical aspects of animal cloning for food supply, Opinion No 23 of 16 January 2008.

European Parliament (1997), Report on alleged contraventions or maladministration in the implementation of Community law in relation to BSE, without prejudice to the jurisdiction of the Community and national courts A4-0020/97

Food and Drug Administration, *Animal Cloning and Food Safety* (FDA 2008): www.fda.gov/ downloads/ForConsumers/ConsumerUpdates/UCM203337.pdf accessed 10 October 2016

Food and Drug Administration, *Animal Cloning: Consumer FAQs* (FDA 2015) www.fda.gov/ AnimalVeterinary/SafetyHealth/AnimalCloning/ucm055516.htm#Risk_ Management_ Plan accessed 10 October 2016

Gaskell G and others, 'Europeans and Biotechnology in 2010: Winds of Change?' (European Commission, Directorate General for Research 2010) 176, 43 http://ec.europa.eu/public_ opinion/ archives/ebs/ebs_341_winds_en.pdf accessed 10 October 2016

Gerrard S and Petts J, 'Isolation or integration? The Relationship between Risk Assessment and Risk Management' in Hester Ronald and Harrison Roy (eds), *Risk Assessment and Risk Management* (Royal Society of Chemistry 1998)

Habermas J, *Between Facts and Norms: Contributions to a Discourse Theory of Law and Democracy* (MIT Press 1996)

Heyvaert V, 'No Data, No Market: The Future of EU Chemicals Control Under the REACH Regulation' (2007) 9 Environmental Law Review 201

House of Lords' Select Committee on Science and Technology, Nanotechnologies and Food, First Report 2009-2010

James P, Kemper F, and Pascal G, '*A European Food and Public Health Authority: The Future of Scientific Advice in the EU*' (European Commission 1999)

Jasanoff S, 'Civilization and Madness: The Great BSE scare of 1996' (1997) 6(4) Public Understanding of Science 221

Jermann C and others, 'Mapping Trends in Novel and Emerging Food Processing Technologies around the World' (2015) 31 Innovative Food Science and Emerging Technologies 14

Jorges C and Neyer J, 'From Intergovernmental Bargaining to Deliberative Political Processes: The Constitutionalisation of Comitology' (1997) 3 European Law Journal 273

Knowles T, Moody R, and McEachern M, 'European Food Scares and the Impact on EU Food Policy' (2007) 109(1) British Food Journal 43-67

Lee M, *EU Regulation of GMOs: Law and Decision- making for a New Technology* (Edward Elgar 2008)

Lee R and Vaughan S, 'REACHing Down: Nanomaterials and Chemical Safety in the EU' (2010) 2(2) Journal of Law, Innovation and Technology 193

MacMaolain C, *Food Law: European, Domestic and International Frameworks* (Hart Publishing 2015)

National Research Council, *Risk Assessment in the Federal Government: Managing the Process* (National Academy Press 1983)

Petts J and Brooks C, 'Expert Conceptualisations of the Role of Lay Knowledge in Environmental Decision Making: Challenges for Deliberative Democracy' (2006) 38 Environment and Planning 1045

Poortinga W and Pidgeon N, 'Public Perceptions of Genetically Modified Food and Crops, and the GM Nation? The Public Debate on the Commercialization of Agricultural Biotechnology in the UK' (Understanding Risk Working Paper 2004-01, Centre for Environmental Risk)

Presidential/Congressional Commission on Risk Assessment and Risk Management, *Risk Assessment and Risk Management in Regulatory Decision- Making* (EPA 1997)

Sassatelli R and Scott A, 'Novel food, new markets and trust regimes' (2001) 3(2) European Societies 213

Smith R, 'Peer Review: A Flawed Process at the Heart of Science and Journals' (2006) 99(4) Journal of the Royal Society of Medicine 178

Vaughan S, *EU Chemicals Regulation: New Governance, Hybridity and REACH* (Edward Elgar 2015)

Vos E, 'EU Food Safety Regulation in the Aftermath of the BSE Crisis' (2000) 25 Journal of Consumer Policy 227

Wilmut I and others, 'Viable offspring derived from fetal and adult mammalian cells' (1997) 385 Nature (6619): 810-813

1231

第五十一章
碳捕获与存储

理查德·麦考瑞（Richard Macrory）

马 允 译

一 引言

迄今为止，有关碳捕获和存储（CCS）的规制框架发展的故事给我们提供了关于法律与新技术之间关系的重要经验教训。一个强有力的法律框架对于在一个未探索领域确保产业和公信力而言非常重要，但同时也可能在不经意间抑制创新。本章探讨碳捕获和存储规制设计中出现的一些挑战，重点放在欧盟的碳捕获和存储规制上。2009年，欧盟首次对碳捕获和存储进行全面立法《关于二氧化碳地质储存的第 2009/31/EC 号指令》。本章避免对法律制度进行全面分析，而是着重关注三个领域，即对采用一种新颖的（可能引起争议的）技术进行规制可能引起特殊挑战的领域，包括（1）特意赋予成员国在其管辖范围内禁止这种技术的规制裁量权；（2）立法规定公众参与决策的程度，以及这是否充分反映出涉及新技术时的参与挑战；（3）由于特定技术涉及的时间跨度非常长而引发的富有特色的法律问题，以及由此产生的长期责任问题。所有这些问题都触及合法性的概念，涉及各国在处理对环境有害的新技术时如何行使其权力。第一个问题涉及在联邦或准联邦体系内运作的国家是否有能力根据科学或其他理由做出拒绝某项特定技术的政治决定。这是一种最近欧盟在涉及转基因作物规制的立法中才被承认的一项权力。[①]第二个问题反映了公共参与作为善治的固有组成部分，

[①] 参见修订了的第 2001/18/EC 号指令的第 2015/412 号指令，有关成员国在其领土上限制或禁止转基因作物种植的可能性，[2015] OJ L68/1。有人可能会在此基础上进行延展分析，即一个国家的地区或当地社区是否应有权禁止特定技术，例如 2015 年的《能源法案》的提案就把对大型沿岸风力发电厂的最终决定权从中央政府转移给了地方规划部门。

在当代环境决策中被接受的程度，同时也探究现有程序是否适合处理更多与新兴技术有关的一般性问题。最后，责任问题本质上是公平的风险分摊问题，它也关乎在该种情境下国家对私营工业部门承担责任在多大程度上是合法的。

二　技术

从本质上说，碳捕获与存储是指二氧化碳在来源排放之前的物理捕获，把它转化为液体形式并进行安全运输，然后长期储存在陆地或海底以下的深孔空间中。事实上，该技术的许多个别技术元素并不是全新的。捕获工厂与发电站、化工生产、水泥制造等大型二氧化碳源有关。全球正在运营的碳捕获与存储大型项目超过 15 个，其中 2014 年 10 月在加拿大为燃煤发电站建造了第一个商业规模的碳捕获工厂（Global Carbon Capture Storage Institute 2015）。多年来，液化二氧化碳经常通过数百英里的管道进行运输，其中在美国近 6000 公里的管道上运输的二氧化碳大约有 60 公吨（Morgan and McCoy 2012）。尤其是在美国，自 20 世纪 70 年代以来，为了提高石油采收率，定期向油田注入二氧化碳，每年注入约 5300 万吨。在挪威，自 1996 年以来，作为从天然气中清除过量二氧化碳的一部分，每年在近海的深层盐碱储备中注入近 100 万吨二氧化碳（Morgan and McCoy 2012）。

因此，我们在有关碳捕获与存储的组成部分方面有相当丰富的经验，但在当下的规制环境中有两个方面是新的。第一，既有的经验主要涉及技术的各个组成部分。现在的需要是建立一个包含从包括发电站在内的大型工业二氧化碳源捕获二氧化碳、运输和最终存储的综合规制体系。第二，到目前为止，使用该技术的动机主要是出于其经济用途或为了改善油井产量而获取二氧化碳。现在，它被视为防止碳基能源产生的二氧化碳排放到大气中的政策组成部分。这一政策转变将带来若干影响。该技术必须在公共领域与其他应对气候变化的政策和技术进行竞争，包括可再生能源、节能和核能政策。一些政府可能主张采取一种混合办法，但对碳捕获与存储持反对意见的政府可以有力地主张，当政策转向支持非化石燃料经济的时候，这项技术允许继续使用化石燃料。这就在法律规制方面提出了一个问题，即这些关切在多大程度上反映在关于对碳捕获和存储技术的公众参与的法律条文中。同时，该技术必须保证二氧化碳一旦捕获，将能够得到有效的永久处置。若随后发生重大泄漏使得二氧化碳重新进入大气，将会明显地使政策目标作废。存储操作本身的长期性质引发了有关泄漏事件中的赔偿责任的困难法律问题。在这方面，赔偿责任不仅涉及造成的实际损害（不太可能是重大的），而且还涉及捕获或存储工厂的经营者多年前可能已获得的经济利益，因为这是为了公共利益而进行的活动，例如根据碳排放交易制度就碳捕获和存储项目给予的津贴。

1234

三 欧盟碳捕获与存储指令

欧盟关于二氧化碳地质储存的第 2009/31/EC 号指示（以下简称《指令》或《碳捕获和存储指令》）被认为是世界上第一个全面的有关碳捕获和存储法律框架的范例，它是欧盟关于气候行动和可再生能源的更广泛的一揽子立法措施的组成部分。[②] 本节阐述了该规制框架的性质、产生方式，并阐述了其主要规定。总的来说，该指令的重点是为长期储存二氧化碳提供一个规制框架，而且这一进程将由私营部门予以发展，并最终在商业基础上进行。除了提供规制框架外，该指令并没有被明确设计为促进碳捕获和存储技术的使用，而且它有一点特征有些奇怪，它在一项技术被投入商业使用之前就对其进行了规制，从而有助于该技术的形成。首先，有必要对这一指令的一些细节进行关注；它在碳捕获和存储规制方面具有开创性，因此可以为其他法域在该领域发展自己的一套规制体制提供好的经验和不好的教训。其次，《指令》的制定和实施提出了关于法律与新技术之间关系的更多一般性问题，特别是公众参与、赔偿责任条款的问题，以及在联邦或准联邦治理体系内，应在何种程度上赋予国家或地方接受或拒绝该技术的裁量权。

欧盟委员会在 2007 年 1 月 10 日的通报《化石燃料可持续发电：旨在 2020 年接近零排放》中提出了在欧盟一级进行碳捕获和存储立法的第一个正式提案（European Commission 2006）。在通报中，欧盟委员会认为需要在欧盟一级建立一个规制框架，原因有三：（1）确保碳捕获和存储活动以无害环境安全和可靠的方式进行；（2）消除当前立法中对碳捕获与存储活动的不必要障碍；（3）提供与减排效益成比例的适当激励。与制定许多环境指令的时间表相比，碳捕获和存储指令在仅仅两年多的时间里便在立法上达成了一致意见，这是一项重大成就，特别是考虑到接下来关于碳捕获与存储的发展已证明大多数欧盟成员国在政治上对这一技术持不同意见。欧盟委员会、欧盟理事会和欧洲议会之间进行了激烈的谈判，导致本章所讨论的内容发生了一些重大变化。但似乎存在若干理由使立法能够比较顺利地通过，而这些都与法律和技术有关。首先，立法提供了一个控制框架，但并不要求任何成员国支持或采用这种技术的讨论。其次，在谈判期间，对环境非政府组织提出的提案没有明显反对意见。这在一定程度上可能是由于认识到将在成员国这一级做出关键的政策性决定，因此应当把重点放在这一层级上。再次，设计立法的人审慎地决定在适当情况下均使用欧盟现

[②] 该一揽子措施的其他组成部分包括对碳排放交易制度的修正 (Directive 2009/29/EC)，促进可再生能源 (Directive 2009/28/EC)，燃料质量 (Directive 2009/30/EC) 和成员国减少温室气体排放的努力 (Decision 406/2009/EC)。

行立法。例如，对碳捕获的规制问题将通过修订既有的《综合污染和预防控制指令》（Directive on Integrated Pollution and Prevention Control）来完成。[3] 这种做法的好处是把提案的不同方面作为对既有熟悉的规制要求的无缝衔接的补充，而不是将其作为一个全新的法律挑战，因为后者将可能引发更大的政治争议；同时这样做也符合关于减轻不必要的新规制负担的政策。尽管采取这种做法有其吸引力，但我认为，在涉及公众参与的问题时，该指令过渡依赖既有指令中的规定，而这些规定并不一定适合或符合碳捕获和存储技术的问题。

　　鉴于其结构性路径，该指令的重点是为长期储存二氧化碳提供一个规制框架，而且这一进程将由私营部门予以发展，并最终在商业基础上进行。该建议的另一个方面意义重大。如上文所述，该技术的不同方面已经在其他情况下使用，但显然，就用于气候变化目的的碳捕获和存储而言，在进行有关碳捕获和存储的任何实际商业部署之前，需要有若干年的示范项目并得到政府的资助。处理一种新技术的另一种方法是制定专门处理示范工厂的立法，借鉴其经验，然后在示范成功的情况下促进新的立法，以规制更广泛的碳捕获和存储的部署。这是 2003 年西澳大利亚在巴罗岛就天然气生产和存储二氧化碳的合资企业采取的做法，即通过了专门指向特定地点的 2003 年《巴罗岛法案》，以处理该项目中碳存储的特定授权问题。欧盟委员会的背景文件没有明确讨论欧盟立法最初只就碳捕获和存储示范项目进行规制的可能性。在欧洲和国际层面上，立法空档的机会以及建立一个全面的规制制度来改善对新兴行业的信心之前景，似乎是非常有吸引力的选择。与此同时，人们对欧洲碳排放交易体系（ETS）可能带来的促使工业投资于无碳技术的预测过于乐观。在 2007 年欧盟碳排放交易补贴市场价格崩溃后，碳价格在 2008 年上升到每吨二氧化碳超过 20 欧元（拟定提案时）。许多观察人士认为，需要 40 欧元左右的价格才能推动行业投资于碳捕获（International Energy Agency 2012），但碳价格稳步上升的预测没有根据，到 2013 年，每吨二氧化碳的价格已经降到 3 欧元以下。碳排放交易的补贴价格和价格水平的波动都不可能保证对碳捕获和存储的大量投资（House of Commons Select Committee 2014）。

　　对于涉及新技术的法律，《碳捕获和存储指令》在审查机制中要求欧盟委员会在 2015 年 3 月底之前根据"执行指令的经验，并考虑到技术进步和最新的科学知识"，就该指令的执行经验编写一份报告 [CCS Directive,article 38（2）]。《指令》并没有规定上述日期之后的审查程序，显然是预期到 2015 年将有足够的实际经验进行有意义的分析。本章在撰写时，根据《指令》和成员国执行法律的规定，只有一个存储地点获得了批准 [荷兰鹿特丹碳捕获和存储示范项目（ROAD）：European Commission

1236

---

　　③　现在被有关工业排放（综合污染防治）的欧盟第 2010/75/EU 号指令取代，[2010] OJ L334/17。

2012]，但是该项目的资金尚无着落（Carbon Capture Journal 2014）。英国在2014年公布了两个示范项目（Department of Energy and Climate Change 201），但是在2015年9月，其中一个项目的合作伙伴宣布，由于金融和监管环境的变化，在可行性和技术阶段以外将不再继续投资（Drax 2015），而财政部2015年撤回财政支持的决定导致了第二个项目陷入崩溃。

就规制机制而言，该指令采用了许可这种公共机构使用的常规规制工具。其他学者对指令的条款提供了更详细的解读（Doppelheimer 2011），但本质上，成员国必须首先确定它们可以允许长期存储二氧化碳的地理区域（无论是陆上还是近海），然后它们可以发放勘探许可证、存储许可证，这些许可是确保存储是在没有不当环境风险的情况下进行的核心机制。该指令要求许可申请必须附有监测计划、纠正计划（处理渗漏时间）以及停止作业后的关闭计划草案。上述做法有许多鲜明的特点，其中有两个可以说反映了在处理该技术的新颖性方面的挑战。

第一，存储场地的责任归于单一经营者 [CCS Directive, article 6（1）]。这是欧洲议会在立法过程中增加的一项修正案的结果，它对于在公法范围内明确义务和责任是重要的，尽管实际上会有许多复杂的商业安排，涉及到不同的经济参与方之间的风险分担和赔偿。第二，虽然签发许可证的责任由成员国承担，但所有许可证申请都必须连同任何许可决定草案一起送交欧盟委员会。欧盟委员会对成员国的决定没有否决权，但在收到许可证草案后四个月内，"可就该决定发表一项不具约束力的意见" [CCS Directive, art 10（1）]。成员国主管部门可以背离欧盟委员会的意见，但如果这样做，则"应说明理由" [CCS Directive, article 10（2）]。这对于决策的透明度非常重要，并为申请人（在许可证被拒绝的情况下）和非政府组织（尽管欧盟委员会反对但仍获得了许可的情况下）在成员国法院申请司法审查提供了依据。该制度的第二个显著特征涉及欧盟委员会与成员国之间微妙的权力平衡，并引起人们对批准碳捕获和存储技术的政治合法性表示关切。

四 拒接碳捕获与存储技术的权力

也许该指令最耐人寻味的一点是明确承认应由成员国来决定是否允许在其管辖范围内进行碳捕获和存储。条文规定，成员国保留确定可从哪些地区选择存储地点的权利，但接着指出"这包括成员国不允许在其部分或全部领土内进行任何存储的权利" [CCS Directive, article 4（1）]。需要指出的是，这项规定不需要为不允许储存提供任何技术上的理由，例如地质或经济上的不适宜，从这个意义上说，这是一项政治性很强的规定。成员国不必提供不允许在其领土内储存的"理性"理由，例如在英国，成员国可以奉行只允许离岸进行碳捕获和存储的政策，因为它们完全清楚，在陆上进行存储的提议可能引起强烈的政治反对。

当然，有许多立法范例提供了这样一种规制框架，其中并不要求政府采用或支持法律所涵盖的特定技术。例如，欧盟关于环境评估的指示要求对核电站进行环境评估，但没有规定成员国有义务以任何方式促进核能的使用（关于评估某些公共和私人项目对环境影响的第 2011/92/EU 号指令，已被 2014/52/EU 号指令修正）。从这个意义上说，即便没有指令中的明确规定，成员国本来就有不支持碳捕获和存储技术的自由裁量权。最初的提案草案中并没有明确规定否决权条款，这一条款是立法过程中在与欧洲议会进行激烈讨论之后增加的，这反映了欧洲议会某些议员和一些成员国对该技术及其价值持有相当大的疑虑。

但是，《指令》明确赋予成员国在其管辖范围内禁止碳存储的权力——这一条款在欧盟其他环境立法中似乎没有类似的先例——这对欧盟法转化的常规实践产生了重大和意想不到的影响。指令这一立法形式代表着对成员国施加的义务，各成员国有义务在特定时期内，通常是两年内，将指令的规定纳入其本国法律体系。成员国必须将本国立法的文本报欧盟委员会审查，委员会有责任检查这一转化是否完整；如果不是，则可对有关成员国违反法律义务的行为提出诉讼。

过去，欧盟委员会通常坚持认为，成员国必须将指令的规定转化为国家立法，尽管该成员国可能无意提倡与指令有关的技术或程序。欧盟法院（ECJ）倾向于认可这种做法。例如，欧盟法院认为，葡萄牙不能声称它可以不遵守《二氧化钛指令》（Directive on Titanium Dioxide）所规定的报告要求，理由是该国没有产生二氧化钛工业的任何废物（*Commission v Portugal* [2000]）。在欧盟委员会诉荷兰一案中（*Commission v Netherlands* [1990]），欧盟法院驳斥了以下论点，即成员国可以不必将《野生鸟类指示》中的某些规定转化为国内法，因为指令所禁止的特定活动不会在本国内发生：

1239

　　一些与指令禁令不符的活动在某一特定成员国处于未明状态，这一事实不能成为该国法律中缺乏适当规定的理由（第 22 段）。

其基本理由是，国家政策和情况可能发生改变，但成员国之间在指令转化时的零碎状态将破坏欧洲法律制度的一致性。然而，在这个问题上并未达成完全一致意见。例如，1991 年，欧盟委员会和欧盟法院似乎都同意不需要在布鲁塞尔地区转化《饮用水指令》的规定，因为该地区的地表水并非用于饮用（*Commission v Belgium* [1991]）。

在转化《碳捕获和存储指令》时，该技术在一些成员国中引起了争议。例如在德国出现了强烈的反对意见。德国政府准备转化《指令》中关于碳存储的规定，但也只涉及碳存储的研究项目（Kramer 2011）。将该指令的转化范围进一步扩展到涵盖完整的商业碳存储，似乎过早地认可了这一技术，而且也不太可能在国家一级获得议会的批准。德国最初的碳捕获和存储法案在 2011 年被联邦参议院否决，而新法案（Gesetz zur Demonstration und Anwendung von Technologien our Abscheidung,zum Transport und zur dauerhaften Speicherung von Kohlendioxid）最终于 2012 年通过。该法案显然仅限于用于二氧化碳存储的研究、试点和示范项目，一个存储场地每年存储的二氧化碳不超过 130 万吨，且该国每年存储的二氧化碳总量不超过 400 万吨。联邦政府将在 2017 年之前向议会报告有关立法的经验，并有可能出台新的法律。欧盟委员会的法律服务部门对成员国以此种方式限制对欧盟法的转化非常不安，委员会代表在国际能源局的年度规制者会议等场合表示，成员国的这种限制将会使该国面临委员会的执法行动。但是，在 2013 年的某个时候，法律服务部门似乎转变了意见，认为由于该指令一反常规地明确地赋予成员国有不允许在其所有或部分管辖范围内存储二氧化碳的权力，因此限制该指令在国内法中的适用并不与成员国的转化义务相冲突。欧盟委员会自己在 2014 年发布的关于执行该指令的报告中指出，欧盟的七个成员国禁止在其领土内存储二氧化碳，其中一些国家对《指令》的转化仅限于研究设施（European Commission 2014）。

1240   一个强有力的论断是，如果欧盟有关碳捕获和存储的立法从一开始就限于试点和示范项目，那么国内的政治争议就可能会减少。这样成员国内部就会更好地了解到，至少就目前而言，任何政治支持基本上仅限于在做出进一步发展该技术的承诺之前对该技术进行研究。事实上，立法进程暗暗给人一种印象，即尽管缺乏实际经验，该技术已得到了最高级别的支持，而且立法要求的基本内容已经得到了充分理解。的确，该指令规定了审查机制，要求欧盟委员会"根据执行本指令有关碳捕获和存储的经验，考虑到技术进展和最新的科学知识"进行评估（CCS Directive，article 38）。但该条款只规定在 2015 年 3 月之前完成一次审查，而欧盟委员会实际上在 2014 年启动的审查（ccs-directive-evaluation.eu），很明显是在缺乏实际经验的情况下进行的，不太可能建议对《指令》的条款做出重大修改。作为欧盟委员会审查的一部分，2014 年进行的利益相关方磋商得出结论称，欧洲的碳捕获和存储之所以进展缓慢，其主要原因是经济低迷和二氧化碳价格低廉，而不是《指令》本身存在问题。普遍的共识是，由于《指令》缺乏实际经验，重新就其规定进行讨论只会造成更多的不确定性，现在的重点应当放在促进碳捕获和存储的支持性政策上。对该指令的全面审查应当推迟到 2020 年，因为届时可能会有更多的示范工厂建成，可在此时间点之后继续开展审查（European Commission 2014）。欧盟委员会在 2015 年提交给欧洲议会的报告中也广泛赞同了这些观点。委员会的结论是，该指令规定的规制框架需要确保对二氧化碳的安全捕获、运输和存储，同时向成员国提供足够的灵活性，但由于缺乏执行该指令的实际经验，因此无法对其执行情况做出有力的判断。现在重启对该指令的讨论将增加该行业的不确定性，而投资者对该行业的信心本来已经很低了。下次对《碳捕获和存储指令》的审查将在欧盟有更多的实际经验之后进行，而不指定未来的某个确定日期。欧盟委员会基本上仍然相信，欧盟的碳排放交易制度，而不是通过强加于排放标准的直接规制，最终将为碳捕获和存储的投资提供激励。欧盟正在进行的碳排放贸易制度的改革，包括引入市场稳定储备和在 2020 年之后更雄心勃勃的二氧化碳减排指标，"预计将大大提升低碳技术的投资环境"。时间会判断这一预测是否正确，但它反映了对两种环境政策工具的功效的根本不同的看法，即常规规制排放标准和以经济市场为基础的系统。（Macrory 2011）

1241

五　公众参与

在过去 30 年中，公众参与决策的权利日益被确认为当代环境法的一个重要内容，并且在 1998 年得到欧盟和所有成员国批准的《联合国欧洲经济委员会（UNECE）奥胡斯公约》（the Aarhus Convention）中，与获得环境信息和诉诸司法的权利一起成为环境法的三大支柱之一。《奥胡斯公约》中核心的参与权与个别项目的同意程序相关联，要求缔约方"在所有选项都公开的且有效的公众参与能够进行的情况下，应当让公众尽早参与进来"（第 6 条）。在涉及环境规划和计划时，《奥胡斯公约》也规定了类似的要求（第 7 条）。但就条例和具有法律约束力的文书而言，这些规定基本上是劝诫性的，要求各缔约方"努力促进早期的有效参与"（第 8 条）。

碳捕获和存储对公众参与权的传统概念提出了一些挑战。在具体项目方面，英国目前的政策是将重点放在离岸储存场所上，但这引起了哪些公众成员有权参与决策的问题。显然，下述群体可能存在利害关系，例如渔业或其他设施的经营者，但确定应赋予其他哪些公众成员参与权就不那么容易了。欧盟环境立法——明确地规定了《奥胡斯公约》核心的公众参与条款——需要对具体项目进行环境评估，并将公众参与的权利纳入其中（EU Directive 2011/92）。然而，成员国对确定哪些公众应当参与以及应当采用何种参与形式有很大的裁量权。2001 年《战略评价指令》（Strategic Assessment Directive，EU Directive 2001/42）规定了类似的评估要求，将公众参与纳入更高层次的、涵盖可能对环境产生重大影响的"规划和计划"的决策范围，但再次给予成员国广泛的裁量权，以确定应与哪些公众进行磋商，以及应采取何种协商形式[第 6（4）条]。就离岸规划和计划而言，迄今为止英国的做法主要是公布提案和征求意见的常规方案。2011 年，英国能源和气候变化部第一次就离岸碳存储进行了为期三个月的战略环境影响评价，并计划今后允许在英国可再生能源区以及英格兰和威尔士领水发放许可证，涵盖可再生能源、石油和地下存储二氧化碳。作为评价组成部门的《环境报告》的副本可在该部网站上查阅，该报告已发送给法定的咨询人，置于沿

1242

海的公共图书馆，并刊载在 24 份全国性和地方性报纸上。该部做出了 22 项答复，其对象包括若干国家行政机关、行业协会和四个全国性环保组织（Department of Energy and Climate Change 2011）。关于碳捕获与存储的评论较少，只有一个组织要求为具体存储项目的环评出具更好的指导意见。

针对离岸碳存储活动进行有效的公众咨询可能本身就存在问题，但更根本的是现有立法为处理具体项目和规划而采取的路径是否真正适合处理可能与新技术有关的更为普遍的公众关切，以及如何符合气候变化背景下能源政策的未来方向。

欧盟《碳捕获和存储指令》的序言以令人琢磨不透的方式指出：

> 二氧化碳的捕获和地质存储是一种衔接性技术（bridging technology），将有助于缓解气候变化，然而"该技术不应成为增加化石燃料发电厂份额的激励"。该技术的发展不应减少在支持节能政策、可再生能源和其他安全的、可持续的低碳技术方面的努力，无论是在研究还是在财政方面（Directive 2009/31/EU）。

欧盟指令中的序言本身没有法律拘束力，但有助于法律文本的解释。这些都是模棱两可和可争议的陈述——例如，所谓的"衔接性技术"要衔接多长时间？此外，该指令本身没有说明在探讨这些问题时是否应有任何公众参与以及参与如何进行。该指令没有制定任何旨在考虑新技术的影响和作用的关于公众参与的特别规定，而是采用了既有的模式，即要求有关碳捕获和存储的提案、运输和存储设备应当符合现有的环评指令的规定。这种无争议的做法提供了规制的简单性，但却回避了确保公众对新技术的信任和对核心关切的问题的公开参与等艰巨挑战。

从欧盟的角度来看，可以认为，鉴于这种技术处于早期阶段，在了解更现实的数据之前进行广泛的磋商会为时过早。或者，由于成员国拥有是否允许在其领土内进行碳存储的裁量权，应由成员国承担确定任何新的公共参与形式的责任。当然，迄今在七个欧盟成员国中，公众对于陆上碳存储提议的反对已导致了碳捕获和存储的禁令。从这一点来看，我们已经丧失了发展出更复杂和基础更广泛的参与活动的机会。

在英国，最近的关于公众对新兴技术的新的参与形式是政府于 2003 年发起的转基因国家（GM Nation）倡议，其核心关切是转基因作物的潜在商业化问题（Macroy 2008）。该倡议是根据英国皇家环境污染委员会关于普遍探讨环境政策的公共价值观的概念制定的。环境污染委员会强调：

> 这些新路径的根本目的不是提出"正确答案"，而是阐明环境问题提出的价值观的问题，以便确定更有可能达成共识的政策，并使决策能够获得更充分的信息和更有力的执行（Royal Commission on Environmental Pollution 1998）。

"转基因国家"由一个独立的咨询机构进行监督。它在英国各地举办了 9 场研讨会，旨在确定那些应当得到更详尽探索的问题。正式辩论于 2003 年 6 月展开，为期 6 周，涉及 7 次全国会议、41 次区域或郡县级会议以及 629 次地方规模会议。在此期间，"转基因国家"的辩论网站点击量超过 290 万次，反馈表格发送份数约 3.7 万份。结果表明，这一技术一直令人不安和有不确定感，随着人们了解得越多，其对较早进行商业化所持态度总体上趋于强硬。政府的答复是拒绝暂停，但是会根据预防原则采取更为谨慎、逐案处理的方法。

随后，有人批评上述参与所采用的一些方法，一般公众而不是那些持坚定意见的公众在多大程度上真正参与了这一议题的讨论，以及政府规定的参与时间表过于紧凑（Horlick-Jones 2003）。然而，它是设计一项关于新技术的公众咨询活动的大胆试验，它远远超出了以公布提案和征求意见为基础的现有规制要求中的传统方法。在碳捕获和存储的背景下，当它进入更广泛的商业化阶段时，是否也会有类似的活动开展，以及这是否应反映在规制框架中，还有待观察（Markusson, Shackley, and Evar 2012; Ashworth and Cormick 2011）。在欧盟内部，《碳捕获和存储指令》本身就积极避免应对这一挑战，既有的适用于政策和计划的战略环境影响评价程序或适用于特定项目的环境影响评价程序，尽管都很重要，但是否能够成为有效的替代规制程序，仍然是存有疑问的（Rydin, Lee and Lock 2015; Hilson 2015）。

1244

六　长期责任问题

碳捕获与存储的一个显著特征是所涉时间非常长，这给规制制度的设计带来了挑战。如果要为温室气体减排做出贡献，二氧化碳的存储必须是永久性的，这远远超出了最初进行存储业务的商业公司的可能寿命。几乎每一个制定碳捕获和存储立法的法域（包括欧盟在内）都不得不面对一个问题，即赔偿责任在某个时候是否应移交给国家。这反过来又提出了诸如责任的确切含义、究竟转移什么以及转移的条件等问题。立法中采用的解决办法往往显示出截然不同的做法，这反映出对责任制度目的的看法，以及立法机关在多大程度上支持这一技术。

在谈到赔偿责任的含义时，必须区分可能涉及的不同类别的赔偿责任和损害。存储场地的二氧化碳泄漏，无论是直接泄漏还是泄漏造成的地下层压力，从而使盐水或其他地表层下物质流动，都会给第三方的利益带来损害，例如地下水的供应。认真细致的选址和监测应将可能性降到最低。但尽管如此，仍存在民事责任的可能性——根据普通法中的侵权法构成过失或妨害——而且这里还有一个问题，国家是否应该在某个时候对此承担责任。由于必须区分场地仍在运营时由于地质渗漏的缓慢性质，泄漏在事件发生后的很多年里并没有被发现或未造成损害而产生的历史责任，以及场地已经被关闭并移交给国家后因泄漏产生的责任，于是情况变得更加复杂了。提起民事索赔的诉讼时效制度可能为经营者的长期责任提供某种保护，但是世界各地有许多公司因几十年前发生或开始发生的事件而承担责任的例子（Clarke 2011）。可能把第二类责任理解为场地管理责任更为合适，例如监测和核查，需要在发生渗漏问题时采取行动。最后，在某些法域中，碳捕获与存储在某种程度上与碳排放交易制度联系在一起，希望能够为技术投资提供更多的财政激励。例如，根据欧盟碳交易体系，捕获二氧化碳并将其送入根据欧盟指令管理的存储地点的工厂经营者可以获得一点信用，被捕获的二氧化碳就不再计入该工厂的排放量，该排放量须与该工厂购买的碳配额相匹配。假设碳存储的运营商是一个独立的实体，它并没有因此获得任何的信用，但是一旦发生泄漏却需为此负责，并需要购买因泄漏而产生的碳排放所对应的碳配额。经营者可以在多大程度上从最初获得经济利益的人那里收回所产生的费用，这将是有关行为者之间的商业安排问题。

　　欧盟指令中包含关于责任转让的重要规定（第18条），但不涉及第三方赔偿责任，而是把它交由成员国来自行确定。这在一定程度上可能是由于该问题所涉政治敏感性，但也是出于该问题超出欧盟的立法权限的考虑。委员会官员意识到，试图就第三方环境责任问题出台有关环境责任的指令将会涉及多年的讨论，而成员国之间几乎不可能就这一问题达成一致意见。最终商定的《环境责任指令》（Directive 2004/35）避免规定第三方责任的问题，而是把重点放在了经营者和公共当局在环境行动受到威胁或已经发生的情况下采取补救行动的责任。

　　根据《碳捕获和存储指令》，可能移交给国家的责任仅限于：（1）《指令》规定的与监测以及采取纠正措施的必要性有关的义务；（2）在发生渗漏的情况下，与根据温室气体排放交易制度购买和移交温室气体限额的必要性有关的义务；（3）根据《环境责任指令》经营者须采取预防性和补救行动的义务 [CSC Directive，article 18（1）]。转让场地上的持续行政责任是加拿大和澳大利亚等法域最近的碳捕获和存储立法的一个特点，但是在转让之前必须满足的条件这一点上，不同立法设计产生了实质差异。根据《碳捕获和存储指令》第18条，这些条件包括：必须对场地进行查封；须向国家支付转移后费用相关的财政款项；在停止存储作业后，必须至少经过20年的时间（如果相关国家当局认可所有其他条件都已得到满足，这一期限可以缩短）；而且"所有可获取的证据"都表明，储存的二氧化碳将被完全和永久储存。"所有可获取的证据"这一测试非常严格，可以与例如加拿大艾伯特省的立法措辞进行一下对比，后者指出转移的核心条件是"部长须确信……所捕获的二氧化碳以一种稳定和可预测的方式存储着，没有重大的未来泄漏风险" [《矿产和矿物法》，经由2010年《碳捕获和存储法规修正案》修正，s120（1）]。在澳大利亚维多利亚州，其核心条件是，"部长须确信，在许可证区域内的地下地质构造中注入的温室气体物质正在并将继续以可预测的方式存在"（2008年《温室气体地质封存法》，s 170）。在这些法域中，触发因素显然是基于部长对条件已经满足的确信，这意味着，在不存在非理性决定的情况下，该决定很难被诉诸法院。

相反，欧盟指令的核心条件是客观的，立法中没有提到风险、可能性或优势科学证据等细微的措辞。从字面上来看，该条件将很难被满足：例如如果一个环境团体质疑行政机关的接受转移的决定并且提出了异议专家证据，那么法院是否能够确信"所有可获取的证据"这一检验被满足了呢？立法设计上的差异可以从立法的政治背景加以解释。在艾伯塔省和维多利亚州，推动上述立法的政策在很大程度上都支持碳捕获和存储技术。与此不同，欧盟内部已经表达了相当多的关切，特别是欧洲议会中的绿色议会成员对于碳捕获和存储的可能性表示了自己的关切，一些成员国对该技术真正的可行性深表怀疑。《指令》对责任转移设置了非常严苛的检验条件，实际上是争取政治支持的代价之一。在实践中，这一严苛条件可能因《指令》第18条的规定有所缓和。第18条要求运营者必须向国家当局编写一份报告证明二氧化碳的存储符合模型化的预测，没有可探测的泄漏，而且存储场地正在朝着长期稳定的方向发展。该报告可能会大大有助于使行政机关确信"所有可获取证据"要求已经得到满足，欧盟委员会也已经发布了指导意见，倾向于把这两项要求等同起来（European Commission 2011）。对《指令》进行更清晰的解读会发现，尽管两者有关联，却是两个不同的测试。

然而，根据《指令》进行的转移并不能完全解除经营者对国家的责任。欧盟法有一个独特的"回溯"规定，这在其他法域的碳捕获和存储立法中似乎未被仿效，该规定使得政府可以向有"过错"的经营者索赔，从而收回成本。过错的定义极为宽泛，包括"数据不充分、隐瞒有关信息、疏忽、故意欺骗或未能尽到审慎调查职责"[CCS Directive, article 18（2）]。将"数据不充分"也列入成本回收的理由似乎在某种程度上超出了传统的疏忽概念，这也反映出这一技术的科学不确定性。

关于向第三方转移潜在的责任，我们可以看到不同的立法模式。显然，一旦国家对场所承担责任，它将对转移后发生的任何泄漏事件承担法律责任；但这里我们考虑的是该存储场所仍然处于运营商控制期间发生的泄漏。例如，阿尔伯塔省的法律规定如果该行为可归因于行使存储许可证规定的权利而做出或不做出的任何行为，则存储经营商将被依法追究侵权赔偿责任 [Mines and Mineral Act, s 121（2）]。然而，赔偿责任只有在运营商仍然存在或可以成为主要被告的情况下才能发挥作用。相反，澳大利亚维多利亚州的立法中没有关于赔偿或承担赔偿责任的规定，这是在立法时做出的一项有意识的政策决定。保留民事责任使之不可能向国家转移，这一做法被视为"将有助于确保碳捕获和存储的支持者们保持强有力的财政激励，使其能够以对人类健康和环境安全的方式开展业务"（Department of Primary Industries 2008）。澳大利亚联邦关于离岸存储的立法采用了另一种做法，即对转让后的民事责任进行追究，但同时明文规定，如果经营者此时不复存在，国家将承担由此产生的任何责任（*Off-Shore Petroleum and Gas Storage Act* 2006; Swayne and Phillips 2012）。

欧盟指令赋予了成员国对第三方民事赔偿责任转让问题的自由裁量权，英国的法规似乎包含了对经营者而言最慷慨的规定，即在转让和交出存储场所时，许可证持有人所承担的任何泄漏责任都转移给国家。"泄漏责任"一词的定义极为宽泛，包括"由相关许可证所涉及的存储泄漏而产生的无论是现在还是未来的、实际发生的还是可能发生的对人身伤害、财产损害和经济损失的任何责任"（*Storage of Carbon Dioxide Regulations* 2011）。由此来看，工业处于一种特权地位。这大概反映了英国政府当时鼓励该技术的商业发展的政策，以及它对实际上很少会发生此类责任的预估——鉴于英国目前的政策只允许离岸存储二氧化碳，这一判断是相当现实的。

长期责任问题给政策制定者和行业造成了潜在的困境，许多人仍将这一行业视为一个充满了相当多不确定性的新技术领域，而且在这一领域中未来风险的最小化必须在很大程度上取决于严格的场所选址和完善的预测模型。法律对工业施加太多不可预测的未来法律责任，这只可能会阻碍商业投资和风险承担，尤其是在该领域内的第三方责任保险仍然匮乏的时候（Climatewise 2012）。另一方面，如果立法在转移或承担债务方面走得太远，而且远远超出废物处置等可比的同类行业，这可能会损害公众信心，因为这表明技术本身存在着某种固有的风险和不寻常之处。与核行业相类比，由于核工业本身所涉风险的不同寻常的性质，国际条约中规定了独特的最高限额赔偿责任制度，但这无助于解决确保对碳捕获和存储技术信心的问题。对一些人来说，保有经营者的民事责任有强有力的理论基础，因为它的存在可以确保良好的标准和行为。这对于短期风险来说可能确实如此，但是对于远远长于当前管理周期的长期潜在风险来说，它在多大程度上还能发挥重要作用就未可知了（Adelman and Duncan 2011）。显然，在欧盟以及加拿大和澳大利亚等目前正在制定碳捕获和存储立法的国家，有关严格选址和评估的规制要求而非严苛的威慑性民事责任制度，被认为是减少环境和公共风险可能性的主要法律工具。

七　结论

处理新技术会为规制设计带来独特挑战。规制制度中一定程度的确定性和严谨性对于确保商业和公众信任来说是很重要的。同时灵活性也同样重要，以适应在缺乏经验的情况下所存在的不确定性。过于精细的规制可能会在不经意间扼杀一项具有潜在公众利益的技术的发展，而例外主义可能暗示着这项技术带来了其他更熟悉的行业所不具有的风险。新兴的对于碳捕获和存储的规制框架提供了所涉新问题的一些令人信服的例子。为确保存储安全，其所需的时间跨度非常长，这不可避免地引起了法律责任的问题，以及在何种程度上由国家在某个时候承担这些责任是合法的。目前，碳捕获与存储规制的发展是在它作为一种可以应对气候变化威胁的技术的情境下展开的，该技术与其他路径和技术之间形成竞争。有些人可能会主张，鉴于燃煤和燃气电站在新兴经济体的不断发展，如果要在规定的限期内将大气中的二氧化碳排放降低到可接受水平，那么碳捕获与存储作为一项技术，对于实现这一点至关重要。但这具有争议，其他人会说，在政策要求快速转向不依赖化石燃料经济模式的情况下，这种技术的使用只会允许继续开采化石燃料。在这种模式下，碳捕获与存储最多只能局限于那些在现实中没有可替代工艺的，例如水泥生产等工业活动。虽然当代环境法往往将公众参与的权利作为决策的核心要素，但这在很大程度上与特定的项目提案有关。在处理与碳捕获和存储等新技术有关的，以及它所涉及困难的公共政策选择等方面的更普遍的一般性问题，以及在常规参与模式可能并不恰当的情况下，公众参与权利的发展还很不充分。在这方面，我们可能超出了适当的规制范围，但是如若干欧洲国家已经看到的那样，若未能解决这一问题，可能只会提供增加公众关切以及反技术的机会。80 年前，美国律师索尔曼·阿诺德（Thurman Arnold）写道，法律"保留了统一的外表，同时容忍和实施各种沿着相反方向背道而驰的理想……当它代表了最多的彼此竞争的象征时，就能发挥最大的作用"（Arnold 1935）。规制制度，特别是处理新的和具有潜在争议的技术，可能同样需要反映和容纳难以化解的矛盾和紧张关系，但这应被视为一种优势而不是弱点。

1249

【参考文献】

Adelman D and Duncan I, 'The Limits of Liability in Promoting Safe Geologic Sequestration of CO2' (2011) 22(1) Duke Environmental Law and Policy Forum 1

Arnold T, *The Symbols of Government* (Yale UP 1935)

Ashworth P and Cormick C, 'Enabling the Social Shaping of CCS Technology' in Ian Havercroft, Richard Macrory, and Richard B Stewart (eds), *Carbon Capture and Storage: Emerging Legal and Regulatory Issues* (Hart Publishing 2011)

Carbon Capture Journal, 'CCS in the Netherlands and the future of ROAD' (2014) Carbon Capture Journal <www.carboncapturejournal.com/ViewNews.aspx?NewsID=3482> accessed 4 September 2015

Case C-290/89 *Commission v Belgium* [1991] ECR I-2851

Case C-339/87 *Commission v Netherlands* [1990] ECR I-851

Case C-435/99 *Commission v Portugal* [2000] ECR I-11179

Clarke C, 'Long-term Liability for CCS in the EU' in Ian Havercroft, Richard Macrory, and Richard B Stewart (eds), *Carbon Capture and Storage: Emerging Legal and Regulatory Issues* (Hart Publishing 2011)

Climatewise, 'Managing Liabilities of European Carbon Capture and Storage' (2012) <http:// www. cisl.cam.ac.uk/ publications/ publication- pdfs/ climatewise- ccs- report-nov- 2012- full-report.pdf/ view> accessed 5 September 2015

Convention on Access to Information, Public Participation in Decision-Making and Access to Justice in Environmental Decision (adopted 25 June 1998, entered into force 30 October 2001) (Aarhus Convention) 2161 UNTS 447

Council Directive 2011/92/EU of the European Parliament and of the Council of 13 December 2011 on the assessment of the effects of certain public and private projects on the environment Text with EEA relevance (as amended) [2012] OJL 26/1

Council Directive 2001/42/EC on the assessment of the effects of certain plans and programmes on the environment [2001] OJ L197/30

Council Directive 2004/35/EC on environmental liability with regard to the prevention and remedying of environmental damage OJ [2004] L143/56

1250   Council Directive 2009/31/EC on the geological storage of carbon dioxide and amending Council Directive 85/337/EEC, European Parliament and Council Directives 2000/60/ EC, 2001/80/EC, 2004/35/EC, 2006/12/EC, 2008/1/EC and Regulation (EC) No 1013/2006 [2009] L140/114

Council Directive 2011/92/EU on the assessment of the effects of certain public and private projects on the environment [2012] OJ L26/1

Council Directive 2014/52/EU amending Directive 2011/92/EU on the assessment of the effects of certain public and private projects on the environment [2014] OJ L124/1

Department of Energy and Climate Change, 'UK carbon capture and storage: government funding and support' (22 January 2013) <www.gov.uk/guidance/uk-carbon-capture-and- storage-government-funding-and-support> accessed 30 May 2015

Department of Energy and Climate Change, 'Offshore Energy Strategic Environmental Assessment 2 (OESEA2): Post Public Consultation Report' (2011) <https://www.gov. uk/ government/ uploads/ system/ uploads/attachment_ data/ file/197708/ OESEA2_ Post_ Consultation_Report.pdf> accessed 8 May 2015

Department of Primary Industries, 'A Regulatory Framework for the Long- term Underground Geological Storage of Carbon Dioxide in Victoria' Discussion Paper (2008)

Department of Trade and Industry, GM Nation: The Findings of the Public Debate (2003) <http:// webarchive.nationalarchives.gov.uk/ 20100419143351/ http:// www.aebc.gov.uk/ aebc/reports/gm_ nation_report_final.pdf> accessed 5 September 2015

Doppelheimer M, 'The CCS Directive, its implementation and the Co-financing of CCS and RES Demonstration Projects under the Emissions Trading System' in Ian Havercroft, Richard Macrory, and Richard B Stewart (eds), Carbon Capture and Storage: Emerging Legal and Regulatory Issues (Hart Publishing 2011)

Drax 'Drax announces plan to end further investment in White Rose Carbon Capture & Storage project' Press Release 25 September 2015 <http://www.drax.com/press_release/ drax-announces-plan- end- investment- white- rose- carbon- capture- storage- project/> accessed 12 November 2015

European Commission, 'Communication from the Commission to the Council and the European Parliament—Sustainable power generation from fossil fuels: aiming for nearzero emissions from coal after 2020', COM (2006) 843

European Commission, 'Implementation of Directive 2009/31/EC on the Geological Storage of

Carbon Dioxide: Guidance Document 3—Criteria for Transfer of Responsibility to the Competent Authority' <http://ec.europa.eu/clima/policies/lowcarbon/ccs/implementa- tion/docs/gd3_en.pdf> accessed 5 September

European Commission, 'Commission Opinion of 28.2.2012 relating to the draft permit for the permanent storage of carbon dioxide in block section P18-4 of block section P18a of the Dutch continental shelf, in accordance with Article 10(1) of Directive 2009/31/EC of 23 April 2009 on the geological storage of carbon dioxide' C (2012) 1236 <http://ec.europa. eu/clima/policies/lowcarbon/ccs/implementation/docs/c_2012_1236_en.pdf> accessed 12 November 2015

European Commission, 'Support to the review of Directive 2009/31/EC on the geological storage of carbon dioxide (CCS Directive)' December 2014 <http://publications.europa. eu/resource/cellar/3f0867e1- 8e88-11e5- b8b7-01aa75ed71a1.0001.01/DOC_1> accessed 13 November 2015

European Commission, 'Report from the Commission to the European Parliament and the Council on the implementation of Directive 2009/31/EC on the geological storage of carbon dioxide' COM (2014) 99

European Commission, 'Report on review of Directive 009/31/EC on the geological storage of carbon dioxide' COM (2015) 576 final

Gesetz zur Demonstration und Anwendung von Technologien our Abscheidung, zum Transport und zur dauerhaften Speicherung von Kohlendioxid (2012) (FRG)

Global Carbon Capture Storage Institute, 'The Global Status of CCS: 2015' (2014) GCCSI <https://www.globalccsinstitute.com/ publications/global- status- ccs- 2015- summary- report> accessed 12 November 2015

Greenhouse Gas Geological Sequestration Act 2008 (AU)

Hilson C, 'Framing Fracking: Which Frames Are Heard in English Planning and Environmental Policy and Practice?' (2015) 27(2) Journal of Environmental Law 177

T Horlick-Jones and others, 'A Deliberative Future? An Independent Evaluation of the GM Nation? Public Debate about the Possible Commercialisation of Transgenic Crops in Britain' (2003) Risk Working Paper 04-02 University of East Anglia

House of Commons Select Committee on Energy and Climate Change, 'Carbon Capture and Storage', 2014, Ninth Report of Session 2013-2014 HC 742

International Energy Agency, 'A Policy Strategy for Carbon Capture and Storage' (2012) <https://www.iea.org/publications/freepublications/publication/policy_strategy_for_ccs. pdf> accessed 12 November 2015

Kramer L, 'Case Studies on the Implementation of Directive 2009/31/EC on the geological storage of carbon dioxide: Germany', (2011) UCL Carbon Capture Legal Programme, <http:// blogs.ucl.ac.uk/ law- environment/ files/ 2012/ 11/ Ludwig- Kraemer- CCLP- EU- Case-Studies-Germany-2011. pdf> accessed May 30 2015

Macrory R, 'Public Consultation and GMO Policy—A Very British Experiment' (2008) 5:1 Journal of European Environmental and Planning Law 97

Macrory R, 'Weighing up the Performance' (2011) Journal of Environmental Law Vol 23 No 2 311-318

Markusson N, Shackley S, and Evar B (eds), *The Social Dynamics of Carbon Capture and Storage: Understanding CCS Representations, Governance and Innovation* (Earthscan 2012)

Morgan MG and McCoy ST, *Carbon Capture and Sequestration: Removing the Legal and Regulatory*

1251

Barriers (Routledge 2012)

Mines and Minerals Act as amended by Carbon Capture and Storage Statutes Amendment Act 2010 (Canada)

Off-Shore Petroleum and Gas Storage Act 2006 (Australia)

Royal Commission on Environmental Pollution, Setting Environmental Standards (Cm 4053 1998)

Rydin Y, Lee M, and Lock SJ, 'Public Engagement in Decision-Making on Major Wind Energy Projects' (2015) 27(1) Journal of Environmental Law 139

Storage of Carbon Dioxide (Termination of Licences) Regulations, SI 2011/1483

Swayne N and Phillips A, 'Legal liability for carbon capture and storage in Australia: where should the losses fall?' (2012) 29(3) Environmental and Planning Law Journal 189

Turmes C, Statements in European Parliament Debate 16/12/2008 (Procedure 2008/ 0015(COD) CRE 16/12/2008-13)

1252　拓展阅读

Gibbs M, 'Greenhouse Gas Storage in Offshore Waters: Balancing Competing Interests' (2009) 28(1) Australian Resources and Energy Law Journal 52

Havercroft I, Macrory R, and Stewart R (eds), *Carbon Capture and Storage: Emerging Legal and Regulatory Issues* (Hart Publishing 2011; 2nd edn 2017)

McHarg A and Poustie M, 'Risk, Regulation and Carbon Capture and Storage: The United Kingdom Experience' in Donald N Zillman and others (eds), *The Law of Energy Underground: Understanding New Developments in Subsurface Production, Transmission and Storage* (OUP 2014)

Smit B and others, Introduction to Carbon Capture and Sequestration (Imperial College Press 2014)

第五十二章
妨害法、规制与典型污染减排技术的发明：普通法中的"自愿主义"和规制

本杰明·庞汀（Benjamin Pontin）

马　允　译

一　引言

妨害和规制在"清理"造成污染的工业技术中起到互补的作用是一种正在出现的新论点，而本章旨在为其补充一些细枝末节（Pontin 2013a，2013b）。目前的论点是防害法，在英国以严格赔偿责任的形式存在。在强制令这种救济方式的支持下，它促进了污染减排技术原型的发明。这些措施包括改进烟囱烟道的设计以减少酸性气体排放，或为减少河流污染而修改废水排水口。而后，在规制机构认为此举符合公众利益的情况下，规制法将"普通法原型"（common law prototype）转化为了"工业典型"（industry archetype）。

需要详细阐述的一个问题是，规制法（事实上是社会）对妨害法促进创新的能力的依赖程度和性质。如果真的能够"证实"，在邻里的生活实验室中，私人有途径也有意愿去维护自己的私权，从而使妨害救济得到了很好的执行，而确实有存在着减轻污染的技术原型，那么我们是否可以这样理解，如果没有妨害法，那么规制法是无法促进技术创新的？规制法是否仅仅关注原型？通过分析工业化过程中环境规制的现代起源的历史材料，本章讨论了规制促进了污染减排技术发明中一些被忽视的领域。然而，这些领域是特殊的，是有历史条件的。在这种情况下，规制法以多变的面貌呈现的主要原因是法律中的"自愿主义"。这是一个在妨害的有关文献中根深蒂固的观念（McLaren 1983：205–219；Pontin 2012：1031–1035），但它同样也适用于规制法。

　　规制学者通常并不把环境规制理解为创造性地推动了前沿的污染防治技术创新。就某种具体的规制形式而言——强制的生产流程标准——许多规制学者都认同安东尼·奥古斯（Anthony Ogus）早期对"具体规范标准"（specification standards）的批评（Richardson，Ogus and Burrows 1982）。这些标准构成了"对制造商行为的直接干扰"，产生了以下不良后果：

　　　　因此，（制造商）没有动力去减少其工艺流程对环境造成的有害影响，也许更严重的是没有动力去研究新的、更有效率的减排形式。（Richardson, Ogus and Burrows 1982:39）。

大卫·罗宾逊（David Robinson）也以类似的措辞对"传统的"污染控制标准的"静态性质"提出了批评（Robinson 1998：44–45）。

　　奥古斯（Ogus）和罗宾逊在很大程度上都借鉴了环境规制的"英国经验"。他们所指的是以"最佳可行方法"（best practical means，BPM）形式存在的有关生产流程标准的经典示例。"最佳可行方法"是工业污染背景下通过1874年和1881年的《碱法》和1876年的《河流污染防治法》形成的一个法律标准。后来它在全世界，例如北美和欧洲，获得了青睐，只是表述上略有不同，变成了"最佳可得技术"（best availaue techniques，BAT）。尽管没有人认为最佳可行技术／最佳可得技术是用来扼杀清洁技术创新的，原则上而言恰恰是出于相反的目的，但这却是批评者认为它在现实中真正发挥作用的方式。

1255　　本章的结构如下：第2节对新近文献进行了综述，认为妨害法有助于清洁技术领域内技术原型的形成，为行政标准化创造了技术条件。第3节开始讨论规制法，尤其是最佳可行方法标准对污染减排技术的贡献这一核心问题。它参照了安古斯·史密斯（Angus Smith）博士和阿尔弗雷德·弗莱彻（Alfred Fletcher）博士 [分别是女皇陛下碱务督察局（Alkali Inspectorate）的第一任和第二任总督察员，这一机构是世界上第一个专业的、全国性的污染管理机构] 的规制实践。在《碱法》框架下，督察员根据法律未明确界定的"最佳可行方法"享有广泛的自由裁量权。他们选择利用法律提供的这种鼓励清洁技术的实际创新以符合公共利益的机会。第4节分析了维持这种主动的、促进创新的角色而面临的困境。水泥行业被用作案例研究，以证明对企业和政府对妨害法和渐进式"清理"的规制可能性的抵制。对水泥和其他领域的研究支持了"自愿主义"这一广义概念，发展了麦克拉伦（McLaren）对缓和"果断行动"（resolute action）的"抵消价值"的分析（尤其是在妨害法方面）（McLaren 1983:205）。

二　妨害法框架下的清洁技术原型

在 20 世纪 70 年代和 20 世纪 80 年代关于侵权和法定规制作为环境保护竞争工具的优点的广泛辩论中，清洁技术与防害和监管的关系在很大程度上处于边缘地位（Michelman 1971；Epstein 1982）。这一时期的"比较规制工具"的路径被无处不在的法律和经济学文献发挥到了极致，但却受到了侵权法学者的挑战，这些学者关注的是妨害法的自主性和法律背后的"非工具性"价值（从伦理意义上做一个好邻居）（Weinrib 1988; Penner 2000; Beever 2013）。这就是为什么有必要强调，本章出于与规制相比较的目的对妨害法的社会（特别是技术性）后果的关注，并不是为了暗示普通法和规制法在其规范基础上同样是结果主义的，因为它们并不是。这种比较是有着不同规范基础的不同形式的法律之间的比较，这些法律围绕着污染工业进程产生的共同问题。

探讨普通法对清洁技术做出的实质性贡献这一概念，必须克服一些有影响力的学术研究，尤其是乔·布伦纳（Joel Brenner）和约翰·麦克拉伦（John McLaren）所带来的巨大学术障碍（Brenner 1974; McLaren 1983），此二人对妨害法的批判已经主导了几十年的历史文献。这些意见对工业化过程中与规制法有关的妨害法提出了普遍不利的评估，包括对促进技术创新的妨害诉讼前景的怀疑。例如，通过援引布伦纳和麦克拉伦的观点，历史学家诺加·莫拉格莱文（Noga Morag-Levine）指出"（在维多利亚时代的英国）工业来源普遍未能采取污染控制措施"（2011:11）。

批评中最发人深省的部分是，与规制法相关的妨害法的主要弱点过去是（现在仍是）存在形式上的许可性或自愿性（McLaren 1983 205-206;Pontin 2012:1031）。这意味着，它取决于对在其邻近地区免受污染有充分利益的个人是否有意愿和能力花时间和金钱诉诸法院来保护这一利益。在英国已经工业化或正在步入工业化的许多城市地区，这种意愿和能力显然是缺乏的，因为在那里工人阶级社群依靠污染工业维持生计。在这种思维下，规制的吸引力在于它超脱了私人诉讼自愿性的约束。私人所有者可能拥有或不拥有保护其财产所处环境的手段和倾向，而代替私人所有者的是一个行政机构，它负责执行"保护公共健康和环境的强有力的统一措施"（McLaren 1983:219）。

修正论者承认，在许多情况下，自愿主义是作为"环境之剑"运行的妨害法的一个现实问题，并接受规制在原则上是有利的。然而，它在强调自愿主义的积极方面上却有所不同。如果有一个富裕的又怀有公共精神的私人财产所有者，或一个虽不那么富足但却有一个庞大的社群支持的人，典型的妨害救济——禁止令——可能会对污染侵权者使用的技术或工艺产生强化的变革性影响（Pontin 2013a:191-197; Pontin

1256

2013b:20）。此外，本章对自愿主义增加了不同的视角，采取了妨害诉讼程序中被告的视角，并且超越妨害法的范畴，将自愿主义视为环境规制法的范围和界限的核心概念。

　　这种普遍适用自愿主义的优点可以用文献中研究的 19 世纪工业妨害诉讼的三个主要领域来说明。第一个领域涉及污染严重的 19 世纪铜冶炼行业。历史学家里斯（Rees）（1993）和纽厄尔（Newell）（1990）根据当地档案进行的单独研究曾提到一个未收录到法学报告的戴维诉维维安案（*David v. Vivian*）。该案中的原告是一个得到了当地大力支持的农民租户（托马斯·戴维），被告是一个家长式的工业企业家（约翰·亨利·维维安）。当针对被告位于南威尔士哈福德地区的工厂排放的酸性气体的抱怨首次出现（大约在 1810 年），即抱怨"铜烟"严重破坏了临近植被时，维维安采取了积极措施以减少排放。他与科学发明家迈克尔·法拉第（Michael Faraday）和理查德·菲利普斯（Richard Phillips）签订协议，委托其设计一种能够解决此问题的烟气处理技术。经过大约十年的构思和修改，问题的解决虽然并不完美，但它充分显示出了潜力，并改善了哈福德工厂对空气质量的影响。一些历史学家将本案中被告的胜诉视为是支持强大工业的司法偏见的证据（Rees 1993:42）。然而，结果也与强大的制造商认真承担作为一个好邻居的责任有关。维维安和其子（工厂的继承人，亨利·侯赛因·维维安）与阿尔弗雷德·亨利·佩吉特（Alfred Henry Paget）勋爵——圣赫勒森冶炼有限公司的共同拥有者——是朋友。圣赫勒森是一个冶铜工厂，它的出名是因为被原告威廉·泰平（William Tipping）告到法院，而最后上议院在判决中支持了原告的诉求（*Tipping v. St Helens Smelting*）。几乎可以肯定的是由于（安装和维修的）成本太高，但也可能是因为后来被泰平买下的邻近土地是一片荒废土地，佩吉特的工厂在 19 世纪 50 年代末开始进行贸易，但却没有安装维维安的用于阻止酸性气体排放的技术原型。被诉时，被告的策略是以各种原则为依据来维护其普通法上的污染的权利（Pontin 2013b：88—89）。这些原则包括妨害法上的抗辩、符合一般的行业惯例以及对这种性质的工厂的合理选址（在圣海伦这样一个工业制造地区的郊区）。换言之，争议各方一致认为，工业工程的经营者有道德和法律上的责任以一种无害于邻里的方式行事，但原则上这种责任的内容是什么需要由法院来决定。

　　在这种情况下，由于泰平案中的被告提出了睦邻原则问题，即一个好邻居到底意味着什么，但本案中被告的行为是否与维维安案中被告行为之间有差别——是否更"不负责任"，仍是不明确的。此外，为了执行法院应原告的请求颁发的禁令，工厂在制造中心重新选址时，佩内特勋爵的企业采取了积极的减轻污染的步骤。他们使用了维维安初期清洁技术的变体，表面上取得的结果是令人满意的（Pontin 2013b:90）。这是承担减轻邻里污染责任的自愿表现，与维维安相当。

　　在没有政府规制的情况下，铜厂业主选择以类似的方式进行创新以遵守妨害法的规定，这样的例子还有很多（Rees 1993：42-43）。需要强调的一点是，这些案件比被告的私法"合规行为"有更深层次上的意义，尽管私法合规也很重要。被告不仅向更广泛的工业和住宅所有人，而且向立法机构和行政部门证明，通过对技术现代化的投资，可以改善此种形式的严重工业污染。但是，它们是在普通法的背景下这样做的，因此需要考虑一种事先的"立法/宣告活动"。正如雷蒙德·科克斯（Raymond Crocks）（2004）在他撰写的韦斯特伯里（Westbury）勋爵的简短传记中指出的那样，泰平案判决反映了杰出的法律专业人士在其司法权力的高度，阐明了相邻财产的规则，这些规则在今天来看也是正确的。

1258

　　第二组例子突出了妨害法的双重职能，即在碱业领域阐明邻里法律规范，并对邻里污染的技术补救进行证明。1836 年，在了解到按照妨害法的要求进行化学品制造的技术难度后，威廉·戈萨奇（William Gossage）为其"戈萨奇塔"申请了专利。这是一种将盐酸气体凝结在工厂烟囱内的技术，可以大大减轻邻居们对污染的抱怨。到 1860 年，为遵守普通法而进行的这一发明以及其他发明获得了工业届的信任，很多（也许是大多数）工程减少了排放（再次说明没有任何规制法律要求它们这样做）（Royal Commission on Noxious Vapours 1878）。

　　同时，虽然该行业有足够的利润来承担发明、安装和经营这种清洁技术的成本（Pontin 2013a：191），而且实际上从回收的硫黄废料中还能够获得一些利润，但这并不是市场力量推动的技术变革。工厂在被起诉时面临着"霍布森选择"（Hobson's Choice），要么清理污染，要么关闭在其被诉的社区的工厂。他们选择前者是对睦邻这一司法原则的遵从，同时也带来了一些其他方面的有益启示，通过政府检查使得"普通法技术"得以标准化，从而为法定规制提供了途径。

　　第三组具有历史意义的普通法清洁技术案例涉及城镇排水问题。可以说，对污水的处理是 19 世纪环境和公共卫生的最典型的灾难，在英国各地，伦敦的"大恶臭"（Great Stink）正在以省级的规模扩散（Wohl 1984）。布伦纳/麦克拉伦的论述指出污水问题的规模太大，以至于有关妨碍的普通法甚至无法着手解决这一问题（Brenner 1974:432）。然而，近年来出现了一些截然不同的观点，最初源于莱斯利·罗森塔尔（Leslie Rosenthal）对总检察长诉伯明翰公司（*Attorney General v Birmingham Corporation*）一案的背景性研究（Rosenthal 2007）。原告和被告档案中都有记录，表明双方在长达 37 年的暂停和中止执行后方才实施了这一禁令，当地公司投资了约 50 万英镑用于清洁基础设施建设。只有当索赔人确信被告已经完善了一种旨在净化对泰晤士河和该河流经的不动产造成污染的城市污水的方法，实施才得以停止。配备了这种污水处理技术后，企业可以每天向河中排放高达 4000 万加仑的绝大部分已被净化的水（Pontin 2013b）。

　　我在其他文章中已经指出，阿德利（Adderley）地区的诉讼是通过技术创新来清理向内陆水域排放的污水的全国性的普通法运动的开端（Pontin 2013b:51–57）。这一定程度上是基于 1873 年的一份地方政府委员会调查报告（Local Government Board 1873），该报告列出了一百多家地方政府的排污企业，它们通过贷款来进行清理污水的技术试验，以减少妨害。委员会借款总计超过 100 万英镑（用今天的货币价值来计算是 10 亿英镑）来资助污水净化实验，这些实验涉及污水处理的三大技术：污水处理场、污水沉淀和污水过滤。罗森塔尔在其关于妨害诉讼对英国地方污水管理机构的影响的重要著作中，对这些技术背后大量的工程信息细节进行了讨论（Rosenthal 2014）。

再次说明，这一技术创新发生在议会通过 1876 年《河流污染防治法》对河流污染进行规制之前（尽管在此之前有关法案已经辩论了一段时间）。而且，为了当下讨论的目的，这场诉讼不"仅仅"是为一项技术方案提供证明，或说服议会此种和其他类型的污染是可以避免的、立法也是恰当的。该诉讼提出了复杂的理论问题。因此，"伟大的伯明翰公司案" [正如康沃斯（Carnwath）勋爵所庆祝的那样]（2014: 178）之所以"伟大"，不仅仅体现在其社会影响方面，也是出于布鲁斯（Bruce VC）骑士精心设计出一种衡平路径，明确了向污染企业颁发禁令的条件，这些污染企业在不对国家造成重大损害的情况下就不能被关闭。它涉及使用暂停执行的强制令，以便使索赔人有一种期望，即一方面这些禁令能够在合理的时间内确保对污染的实际补救办法，另一方面让被告有时间和空间来发明这种补救办法。这里的"简单"原则就是邻里互惠。

上述普通法清洁技术格局在 20 世纪和 21 世纪仍在延续。例如，化石燃料发电厂（实际上还有其他的大型燃烧厂排放这种酸性气体）越来越多地使用烟气脱硫技术。它最初是由曼彻斯特公司电力部作为对亚瑟·法恩沃斯（Arthur Farnworth）在 20 世纪 20 年代提出的妨害诉讼（上议院在 *Farnworth v. Manchester Corporation* 一案中支持了原告的诉求）的回应而进行的试点（Pontin 2013b:105）。曼彻斯特公司选择在其巴顿的工厂中不永久性安装这一技术原型（倾向于选择更便宜的买断原告的索赔权和建造更高的烟囱的方式），但其总工程师莱纳德·皮尔斯（Leonard Pearce）调到伦敦，并接手了巴特西区发电厂。他于 1930 年在此发电厂内安装使用了曼彻斯特的技术（Pontin 2013b:124–125）。

在那之后，噪音妨害已经成为与维多利亚时代和爱德华时代的污水和烟雾相当的重大社会问题。普通法再次走在技术创新的前列。在 *Halsey v. Esso Petroleum* 一案中，被告由于受到对其重型货车引擎噪音问题发出禁制令的威胁，其研究和发展部以发明玻璃钢发动机舱隔音设备的方式进行了回应（Pontin 2013b:150）。当今这种技术以这样或那样的形式出现，已经成为现代技术的原型。同样，据了解，喧闹的建筑物已被重新设计以符合妨害法，例如从萨尔福德大学可见的超高层贝塔姆大厦（其屋顶被重新安装了一个旨在减轻风声的装置——这也是噪音妨害诉讼的结果）（Manchester

Evening News 2012）。

　　这一证据在政治上是微妙的，因为在私人财产的框架内发明清洁技术似乎密切地支持了哈耶克（Hayek）与新自由主义政治思想有关的"自发秩序"理论（Ogus 1989）。然而，哈耶克的自由主义秩序理念是通过执行普通法财产权来实现的，其前提是这些权利容易被剥夺，权利之贸易是分配土地使用的定价机制的基础。这些例子并不容易适应这种范式。在19世纪，拥有土地的精英索赔人是定居土地的终身承租人，以信托的方式向其继承人移转这些土地，在公开市场上出售土地的方式非常有限。在20世纪，在上述案件中，索赔人是租户，其于土地上的利益也并不容易交易。因此，尽管妨害法确实构成了一种私人命令的形式，但它并不是或很大程度上并不是一种市场机制；有时候，恰恰相反——从"强制"的意义上来说（Steele 1995）。

　　在就妨害法的失败挑战旧有的正统观念时，不必夸大侵权在这一领域的重要性。要说妨害法曾经是或将来会是污染的综合补救方法，或任何人希望它成为这样一种方法，都是不正确的。布伦纳和麦克拉伦强调在过去——在某种程度上是现在——对很多人而言，普通法在体制上过去是（或现在是）一纸空文，他们是正确的。出于这个原因和其他原因，奥古斯（Ogus）对当下妨害法的一般评价当然是正确的，即"作为工业社会污染控制的一般工具显然是不够的"（Richardson, Ogus and Burrows 1982:30）。然而，妨害法通过在某些私营和公营企业中释放发明的力量，产生技术原型，从而清理污染技术，它已经通过谨慎地运用互惠的基本伦理，做到了这一点。另一方面，奥古斯太快地拒绝了在命令控制型规制中的类似"动力"（dynamism）。

三　污染防治技术的原型和典型：史密斯和弗莱彻的"橡皮筋理论"

　　本节探讨环境规制对渐进式清洁工业生产流程发明的贡献。它分析了19世纪碱务督察局在《碱法》（1863—1906）的框架下做出的推动清洁技术的承诺，这一承诺独立于——以及附加于——通过邻里执行妨害法所实现的清洁技术的推动。最早基于技术的工业污染控制是1863年的《碱法》（Vogel 1986）。它要求制碱企业在中央政府督察人员的监督下凝结盐酸气体。1874年对该法的一项修正案要求注册工厂必须使用最佳可行方法来防止空气污染。这一标准在后来1881年的立法中进一步被扩大到减少水污染和土地污染上。这是世界上最早的综合污染控制（Pontin 2007）。正像本章开头指出的那样，这些都是典型的"具体规范标准"。直到1990年的《环境保护法》颁布之前，最佳可行方法都是英国污染控制的核心标准。到了1990年，这一标准被欧盟的"不产生过高费用的最佳可得技术"（BATNEEC）标准[和后来的简化的最佳可得技术（BAT）标准]所取代。生产流程的最低标准一直受到广泛的批评，原因是它们构成了技术创新的负激励。这反映在20世纪90年代的一个（在环境法圈子

1261

中）流行的说法，即 BATNEEC 实际上意味着 CATNIP（不会被起诉的最便宜的可得技术）。如果这种批评是中肯的，那么根据上文的分析，这将意味着社会在对清洁技术典型进行创造性改进的问题上，相当依赖妨害法。

奥古斯和其他人提出了一个表面上看起来很有吸引力的观点，即一个公司进行耗时耗钱的实验，有可能产生改良技术从而使现有的技术典型变得过时，这是非常不合常理的（Richardson, Ogus and Burrows 1982; Robinson 1998）。如果监管企业被明确要求，或监管机构命令其推动技术至可行的前沿，那么上述说法的效力就会降低，但现实中并没有这样要求（至少没有明确要求）。法条围绕着 BPM–BAT 进行了各种各样的措辞，最多要求主管机构要跟上科技的最新发展。它们没有任何正式义务去鼓励甚至是促进实现科技发展。因此，至少是在正式的规制法框架内，创造性似乎是缺乏的。相比之下，其他学科的评论家们认为，这种规制会在不经意间激发创新。他们大多是基于企业自身利益得出这一结论的（Desrochers and Haight 2014）。这里的自身利益可以有很多合理化的解释，包括"先发优势"。根据这一优势，企业可以通过预测更加严格的以技术为基础的标准而获利（因此在这种情况下进行技术创新在经济上是理性的）。

本章节其余部分的核心是把规制机构裁量权的范围解释为包括"创造性检查"（creative inspection）在内，其结果与为了符合妨害法而发明的清洁技术相似。重点是碱务督察局在其漫长历史（1864 年至 1987 年）中的做法。从一开始，督察局就把最佳可行方法解释为强加给督察员三管齐下的职责：

1. 确保在所有规定的行业采用标准化的减排技术和工艺；
2. 逐步研究更清洁的技术；
3. 确保采用经验证实的更清洁技术。

特别是，第一任总督察员安古斯·史密斯（Angus Smith）博士在 19 世纪的学术论文、官方报告和回应公众质询的调查证据中，都提到原型与典型的重要性相当（Smith 1876a，1876b; Royal Commission on Noxious Vapours 1878）。史密斯和他的同僚阿尔弗雷德·弗莱彻（接替史密斯担任总督察员）提出了最佳可行方法的概念：

> 比一个明确的（环境质量）数字——即便可以给出这个数字——更有约束力；因为它是一个橡皮筋，而且随着人们越来越多地了解到使用何种手段可以压制那些被抗议的邪恶等诸如此类的知识，它可能会不断被绷紧 (Royal Commission on Noxious Vapours 1878; Ashby and Anderson 1981:40)。

最佳可行方法的字义从来没有在与碱有关的立法中界定，也没有在法院提出诉讼，在整个发展的历史中，其含义是由监察局来赋予的（Frankel 1974：46；Guruswamy and

Tromans 1986:646）。基斯·霍金斯（Keith Hawkins）在略有不同的背景下（在河流污染立法背景下的排放同意机制）对这种标准设定的裁量方式给出的分析意见是适当的："规制机构不仅……拥有执行法律的权利，它们实际上在行使真正的立法权"（1984:23）。

总督察员的年度报告中报告了早期指导督察员进行日常"行政立法"的规范（实际上是来源于日常"行政立法"实践）。这些规范中非常有趣的是它们如何传达对规制活力的信念，推动清洁技术发展的前沿。阿什比（Ashby）和安德森（Anderson）特别评论了弗莱彻拒绝 1863 年《碱法》规定的具有约束力的排放限制数字的做法，因为"固定排放量限制阻碍了制造商改善其减轻污染的技术，也无助于进一步的研究"（Ashby and Anderson 1981:90）。他倾向于逐步收紧由规制机构裁量制定的"推定标准"，参考专家和享有特权者正在改进的生产工艺标准的理解。尽管可以争论，但史密斯最坚定地致力于并对形成日益收紧的清洁技术 / 工艺标准有着最深远的影响。

在 1878 年皇家有毒蒸汽委员会（Royal Commission on Noxious Vapours 1878）收到的史密斯的证据中，总督察员史密斯反映了一个具体的情况，即目前的规制典型已经过期，能够对其加以完善。下面这段话反映了由督察局在此种情况下率先进行技术创新的任务：

> 看起来，只要这种不完善的机制在运行，就非常有必要让督察局来承担克服困难的责任……如果这样一个时刻来临（我相信很快就会到来），我们可以制造出一个不受每周，甚至几乎是每小时发生的事故影响的炉子，那么我相信责任将在很大程度上从督察局身上卸下来，并转移到制造商身上 (Royal Commission on Noxious Vapours 1878:Q.152)。

1263

基于这种推理，督察局的角色是迭代的。它的目的是规定和完善清洁技术的原型，并定期重新讨论这个问题。在这方面工业部门是技术革新的被动接受者，而督察局对技术革新负责。

虽然很明显，史密斯将基础科学和技术研究视为规制"工作"的根本，而工业界似乎也看到了这一点（Warren 1980），但财政部对此采取了不同的观点，至少在最初是这样的。从白厅的记录可以清楚地看出，督察局的财政拨款人员最初将检查理解为纯粹是治安规则的问题，而不是什么更具创造性的问题（例如研究一个收紧规则的科学依据）（McLeod 1965:99）。这从早期政府督察员获得的微薄报酬中可见一斑。随着史密斯说服财政部，督察员的工作异常多元，除了维持治安之外还包括专家研究和发展工作，这种低收入的情况才得到了改变。史密斯得到了可观的加薪。除此之外，他经常能够为实验室空间和设备争取到财政部的资金，以推进测试和验证清洁技术

（McLeod 1965:99 ）。

　　除此之外，督察组对工业企业所雇用的越来越多的科学家和实验室设施的使用逐渐放宽，而这些在规制之初是微乎其微的："《碱法》出台时，很少有制碱厂拥有好的实验室，化学家就更少了"（Smith 1876a:2 ）。史密斯在担任总督察员期间，试图在行业内部创造出一种技术创新的文化。这建立在对员工进行清洁技术科学教育的规制战略上（现在称作"合规战略"）。因此，史密斯把督察员的作用比作医生——与病人共事的人，这样病人的身体才会变得健康起来。当然，医生出于其专门知识和严格保密扮演着最亲近的角色，但这些素质常常与更广泛的利害相关者的期待之间存在张力——后者期待规制能够更加透明和独立（Frankel 1974；Garwood 2004 ）。

　　史密斯的报告对他的规制模式在促进技术创新方面的实际成果表示满意。在考察督察化工行业初期所谓的外行的"问题"，史密斯自豪地说道"现在事情已经完全变了"（1876a：3 ）。史密斯描绘了该行业新装备的实验室内一番热热闹闹的创新场景，在那里，企业的化学家和政府督察员一起研究一些前沿的想法："督察员的频繁进入使他受到关注、模仿或批评，没有什么比与他在一起比较结果更常见的了"（Smith 1876a：2 ）。麦克劳德（McLeod ）强调了这样一个事实的重要性，史密斯去世时，最崇高的敬意来自他所管理的工业家们，他们赞扬了他的合作精神、职业道德和他精明的科学头脑为工业家们带来的益处（1965:111 ）。通过"游说"促使最初《碱法》出台的土地所有人们也赞扬史密斯（Royal Commission on Noxious Vapours 1878 ）。

1264　　　对史密斯在河流污染领域的规制实践，我们了解较少，也没有文件记载。这与他的《碱法》有所不同，因为《碱法》首先涉及的是公共部门规制的企业（地方当局是河流的主要污染者），其次它没有重视最佳可行方法。[①] 尽管如此，他于1881年向地方政府委员会提交的报告与他的《碱法》报告的风格相同。报告首先提出一项任务，即对减少河流污染技术进行基础科学研究（Smith 1881：5 ）。[②] 其中100多页是对可溯及到1846年的科学调查结论的个人总结。研究结果是原创的和持续进行的，而且确实正如该报告公开声明的功能那样，它为进一步"成熟思想"提供了一个基准，提供了"在进步道路上的"科学和技术的洞察力（Smith 1881：5 ）。污水净化技术是史密斯开拓性研究的重点，史密斯介绍了他对诸如"曝气"和"机械分离"等问题的研究结果。

[①] 根据该法第二部分，禁止排污企业向河流排放固体或液体污水，但有一项抗辩，就是排污企业已经使用了"最佳可行的和可得的方法来使流入河流的污水无害"。对"可行的"和"可得的"措辞是有意思的，但法条中没有对二者进行定义。

[②] Rivers Pollution Prevention Act 1876: Report to the Local Government Board by Dr R Angus Smith(1881,Cm 3080),5（"我已经提出了几项调查，我希望这些调查有价值"）。关于史密斯在这方面对科学的贡献，见 Hamlin(2008)。

尽管后期做了一些修改，以这种和其他方式进行的假定的创新任务，还是一直持续到督察局最后的时日。根据皇家环境污染委员会的说法，1970 年代的督察人员不再亲自进行研究，"尽管他们会偶尔赞助研究"（Royal Commission on Environmental Pollution 1974:[89]）。然而，至关重要的是，他们继续认为自己的任务是为工业界进行的研究和开发进行投入："研究通常由督察局提出建议，有关的行业具体进行，而且督察局一般都要听取情况介绍"（Royal Commission on Environmental Pollution 1974:[89]）。这体现出早期培育企业内部专家的规制政策的成功（McLeod 1965:107–108）。

有趣的是，为监督创新而非发起创新提供正当化理由的是新出现的"污染者付费"的概念（Royal Commission on Environmental Pollution 1974:[89]）。这把问题过于简单化了。从史密斯和弗莱彻早期的"亲力亲为"做法中退出的背后还有其他重要因素。这也是下一节要做的，即在"概括的自愿主义"（generalized voluntarism）的框架下，去研究一个特别重要的行业：水泥。

四　水泥行业背景中概括的自愿主义

1265

在 1864 年至 1900 年期间，碱务督察局管理的工业工序数量增加了 10 倍，在 19、20 世纪之际，大约有 1000 个大型工业设施处于督察局的监督之下。该机构职权范围内企业数目的增加，给史密斯及其继任的首席督察员（弗莱彻）带来了压力，也给他们富有弹性和创造性地参与到更清洁技术中去的工作风格带来了压力。但也有其他因素，导致早期的规制方式难以为继。本节将以水泥行业的规制作为案例研究对这些因素进行分析。

与化学工业不同的是，水泥这一行业是"较老的"，这意味着它已经确立了做事的方式，包括经营者习惯于追求免于检查的惯例流程。史密斯可能知道或可能不知道，该行业已经被证明对铜和化学品领域的技术补救措施具有抵抗力，以回应妨害诉讼。实际上，在自愿主义问题上的一个重要观点是，这一领域的妨害求偿人似乎没有因为诉讼费用的问题受到阻碍，其威慑来自行业的恐吓。潜在索赔人向皇家水泥工程有害蒸气问题委员会提供了证据，证明水泥厂的雇员通过人身威胁的方式恐吓他们放弃索赔（Royal Commission on Noxious Vapours 1878:Q 8637）。[③] 有时（例如在一起针对 *Messrs John Bazely White and Co* 的诉讼中，被告是一个有着 25 根烟囱的庞大的水泥厂），双方会"同意"一个事后解决方案，即侵权人购买涉案的污染土地（Royal

---

③　证据，乔治·弗利丽米（George Vulliamy）："与水泥厂有关系的工人数量越来越多，他们并不是生活在这些工人中最令人愉快的人，因为当你威胁使用诉讼程序时，他们就会对你大打出手，把你关进黑屋子里，并向你的马车投掷石块"。

Commission on Noxious Vapours 1878: Q 8721），这与通过更清洁的技术来减轻污染大相径庭。

在这种情形下，督察局开始利用一个独特的机会，在清洁技术上大显身手。史密斯以高涨的热情和效率对待这项任务，他根据 1881 年法令，及时地争取政府支持，将该行业纳入督察局的检查范围。史密斯寻求并最终获得的只是一种纯粹的检查的权力，而不是参照最佳可行方法进行检查的权力。这是因为最佳可行方法当时并不存在。因此，检查的目的从根本上说就是一种创新，是为了协助最佳可行方法的发展。

然而，在发明一种可在全行业进行标准化的新工艺的过程中，督察局在促进下一步或下面多个步骤时，困难重重。与化学工业相比，史密斯对水泥工业的落后思维感到惊讶。在他的最后一份年度报告（发表于 1883 年，他去世的前一年）中，他批评了水泥厂的炉子和烟囱的中世纪设计风格，采用"大孔径的短圆锥的设计，吐出的烟浓重地流淌在地面上"（Smith 1883:20）。由于在生产过程中不假思索地使用盐水和盐土，使得问题更加严重。这导致了剧毒盐酸气体的排放。史密斯在他的报告中以一种又厌倦又自豪的口吻说道：通过设计一个淡水工艺，"我创造了一个实质性的改善"（Smith 1883:20）。

史密斯的继任者弗莱彻一开始就热情而敏锐地接受了清理水泥工序的挑战。他对气体和尘埃的静电沉淀表现出兴趣，认为这是这个行业（和其他行业）潜在的最佳可行方法，学术物理学家奥利弗·洛奇（Oliver Lodge）对该问题已经就切斯特的一个铅工厂进行了研究（1886）（Ashby and Anderson 1981:111; LeCain 2000）。然而，弗莱彻似乎没有将实现这一可能性列为优先事项，督察局直到 50 年后（新的总督察员已经上任）才确信这一技术是切实可行的。1935 年，它成为水泥行业的最佳可行方法（Ashby and Anderson 1981:101）。在公众眼中，督察局因为这一拖延而受到不利的评价。

阿什比和安德森在他们对督察局的回顾中评论道水泥行业是如何成为"被公众与督察局联系在一起并加以鞭笞的对象"（Ashby and Anderson 1981:134）。作者对督察局表示同情，他们指出："督察专员必须在考虑水泥行业的需求和人们满意之间寻求平衡"（Ashby and Anderson 1981:134）。然而，这种同情对史密斯和弗莱彻的继任者来说就过于慷慨了，因为他们可以说在很大程度上低估了公众此时对水泥污染感到失望的程度及其合法性，以及对水泥污染的规制。

由于有少量的全职工作人员（大约十名），而且没有处理公众投诉的行政制度，督察局经常受到批评，这些批评是那些在长期污染的水泥厂中周边挣扎着生存的议会成员的政治代表提出的。例如，达特福德的议员悉尼·欧文（Sydney Irvine）在下议院宣读了两个肯特郡的家庭主妇的信：

1266

水泥尘埃在像翻滚的灰色云层一样袭来，像浓雾一样降落，覆盖着路面和汽车，窒息了花园和田野。我们不仅从家庭主妇中听到了同样的故事，还从当地四家医院的员工、店主、咖啡馆和公共房屋的业主中听到。他们都在抱怨为了使食物和房屋不被水泥尘土污染而进行的艰苦卓越的斗争。它嵌入食物和陶器橱柜，把花园里的蔬菜、花朵和树木憋得透不过气，油漆作品和柔软的陈设物毁于一旦，排水沟和水渠无不被它们堵塞，家庭主妇们洗的衣服也变得面目全非。它伴随着恶臭的硫黄味，晚上窗户必须保持关闭——但灰尘和气味仍然能够渗透进来（House of Commons Debate 13 June 1962, col 342）。

就大范围的环境污染而言，这就像 19 世纪污染的见证人提供的证词，只不过此时的申诉人并不是那些通过土地代理人发言的地主士绅，而是城市和郊区那些通过其议员发言的人。这恰恰正是《碱法》的设计者们在对污染工业进行公共利益控制时考虑到的那些"公众"。

1267

欧文提请议会注意居民呼吁加强规制的请愿书，该请愿书上有 13500 人签名。住房和地方政府部发言人（F V Cofield）做出回应，他呼吁当地请愿者保持其对督察局的信任（House of Commons Debates, 13 June 1962, col 344）。解释称，幸亏有碱法制度的存在，英国"首创"了静电沉淀，这是"一种非常有效的装置，能使在烟气中捕获极高比例的尘埃"（同上）。此时肯特水泥行业的存在的主要问题是"技术性的"。工厂使用的黏土含盐量太高，以致沉淀无法进行。解决这一问题需要时间，也需要耐心。

政府的辩护有两个方面需要考虑，一是关于英国在清洁技术方面的开创性角色，二是公众不安的核心问题本质上具有的"技术性"特征。因此，关于《碱法》具有世界领先的水泥污染减排技术这一说法，只有部分正确。弗莱彻（如上所述）的确目睹了世界上最早在商业化的工业过程中试验性地应用这种原型的情况，但他和随后的总督察员却迟迟意识不到它的实用性，而且在面对水泥行业的阻力时，他们进一步放慢了将它作为最佳可行方法的速度。这也说明了弗兰克尔（Frankel）当下对工业的批评："由于进化后的体系很好地服务了工业企业，工业几乎没有什么理由与督察局发生严重的冲突"。它实际上可以在方便的时候安装污染控制设备（Frankel 1974:46）。这里的措辞是"进化的"——它一开始的时候确实很不一样，规制机构负责监督被规制者，而不是相反。

关于政府提到肯特郡居民是与酸性气体有关的"技术问题"的受害者的说法，这也只是事件全貌的一部分，其根本是政治问题而不是技术问题。政治最初并不是史密斯在水泥污染方面进行规制投入的实质因素。他简单地从有关高含盐量黏土燃烧对大气的影响这些基本化学论点推断，水泥厂应该使用低含盐量黏土。当时由于高盐或低盐原料的成本似乎没有任何显著差异，工业界不可能反对使用这种较清洁的原料，这已经成为或正在成为常规做法。然而，在建筑业几十年的增长之后，低盐黏土和淡水日益稀缺，与"更脏"的黏土和水之间的价格差异越来越大。这是生活在这个行业中间的肯特郡居民遭受痛苦的根源。史密斯提出的"纯粹从技术上来说工业如何才能避免污染"的问题，通过历史背景的改变，变成了"如何在政治上为技术上可行的清洁技术提供资金"。但是，督察局不愿意向更广泛的利益相关方承认这一点，甚至自己也不愿承认这一点。相反，它使人们产生一种错觉，即规制关乎执行具有技术性质的专家知识的问题，正像它一开始的目的那样。

整体而言，水泥行业是一个发人深省的研究案例，既影响妨害法，也影响规制。作为一个问题或制约因素，自愿主义的许多方面都在这里发挥着作用。关于妨害法，企业恐吓私人受害者放弃行动，当这种威胁没有用时，他们选择支付污染费用（通过购买原告的土地）而不是对污染进行清理。面对居民区持续不断的污染前景，富裕的居民搬走了，被那些不太可能通过私人补救措施来清理工业的人"自愿"取代。接下来，人们可以想象，成千上万肯特郡请愿者中的一个正在考虑由法律援助支持其妨害索赔，就像让托马斯·哈尔西（Thomas Halsey）能够清理他位于伦敦的居所的污染一样（*Halsey v Esso Petroleum*; Pontin 2013b）。与之相反的是，这个社区的居民相信其政治代表。

就碱督察局而言，这接近于对这一困难行业进行的初步管制，并确保在没有额外成本（例如使用低盐黏土）的情况下进行"低果低悬果实"（low-fruit）清理。然而，当污染清理工作需要工业界进行大量的财政投入时，督察员惊讶地发现他们遭遇了抵制。另外，由于该行业在战后经济中日益趋于核心地位——对清除贫民窟和重建受炸弹破坏的城镇至关重要——它们得到了白厅许多部门的支持。因此，督察员们面临着"抵消价值"的问题（McLaren 1983: 205–206）。

五　结论

本章主要采取了一种历史的方法，比较了妨害法和规制对"可行的"减轻污染技术发明的贡献。总的结论是，很难泛泛给出一个观点说妨害法或规制在加快技术创新的步伐和指引方向上是"好"还是"坏"，是快还是慢。从这个证据来看，实践似乎因过程而异，因行业而异，因时而异。尽管正式法律具有很大的连续性，但从 19 世纪中期到现在（无论是在妨害法还是规制）几乎没有根本性的变化。

更具体地说，如果要给法律的贡献划分时期，我们应该注意到，碱务督察局在其最初的几十年中最坚定地致力于推动和促进更清洁的生产工艺的发明。这是一个惊喜，因为据研究该机构的有影响力的历史学家的说法，早期的督察人员与不祥的社会经济环境进行了艰苦斗争：

不难想象史密斯需要克服的种种障碍：一个驻扎在曼彻斯特的被孤立的政府官员，很少能从位于 180 英里外的白厅里的他的上司那里得到支持或指导，被授权去控制一个伟大的、繁荣的工业的排放（Ashby and Anderson:25）。

于此相反，上文的论点是，对督察人员最大的制度性制约出现在 20 世纪，那时工业变得不那么"伟大和繁荣"，而且／或白厅抓住一切机会确保在逐步减少污染之前满足经济增长的直接需要。

在这一历史经验的基础上，人们可以开始对工艺标准规制所需的"必要条件"列"清单"——在目前阶段不可避免会是粗略的——以便与妨害法一起，逐步形成清洁技术。这个清单包括下列内容：

· 财务状况良好的受规制企业；

· 乐善好施的企业领袖；

· 具有世界领先科学专家知识的声誉的公共服务规制者；以及

· 信任规制者判断的管理层中的上级领导。

这些条件的出现与妨害的"同步发展"是至关重要的。这是因为在本研究报告所涉及的任何阶段，规制都没有像侵权那样促进了污染减排技术原型的发展。尽管史密斯博士在寻求技术改进的过程中一直在坚持不懈地进行试验，但可以说杰出的个人贡献来自法官。韦斯特伯里勋爵在泰平案中对"好邻居"这一古老规则的重新解读，在当时和今天都仍然是在邻里关系中对污染提供救济的关键所在（例如 Coventry v Lawrence 案）。

【参考文献】

Ashby E and Anderson M, *The Politics of Clean Air* (OUP 1981)

Attorney General v Birmingham Corporation 1858) 4 K and J 528

Beever A, *The Law of Private Nuisance* (Hart Publishing 2013)

Brenner J, 'Nuisance Law and the Industrial Revolution (1974) 3 Journal of Legal Studies 403 Lord Carnwath, 'Judges and the Common Laws of the Environment—At Home and Abroad'(2014) 26 Journal of Environmental Law 177, 178

Cocks R, 'Richard Bethell, 1st Baron Westbury (1800-1873)' in *Oxford Dictionary of National Biography* (OUP 2004)

Coventry v Lawrence [2014] UKSC 13

David v Vivian, unreported, Carmathen Assizes, 1833

Desrochers P and Haight C, 'Squandered Profit Opportunities? Some Historical Perspective on Industrial Waste and the Porter Hypothesis' (2014) 92 Resources, Conservation and Recycling 179

Epstein R, 'The Social Consequences of Common Law Rules' (1982) 95 Harv LR 1717 *Farnworth v Manchester Corporation* [1930] AC 171

Frankel M, *The Alkali Inspectorate; The Control of Air Pollution* (Social Audit 1974)

Garwood C, 'Green Crusaders or Captives of Industry? The British Alkali Inspectorate and the Ethics of Environmental Decision Making, 1864-95' (2004) 61 Annals of Science 99

Guruswamy L and Tromans S, 'Towards and Integrated Approach to Pollution Control'[1986] JPL 643

Halsey v Esso Petroleum [1961] 2 All ER 145

Hamlin C, 'Smith (Robert) Angus, 1817-1884', *Oxford Dictionary of National Biography* (OUP 2008)

Hawkins K, *Environment and Enforcement* (Clarendon Press 1984)

LeCain T, 'The Limits of "Eco-Efficiency": Arsenic Pollution and the Cottrell Electrical Precipitator in the U.S. Copper Smelting Industry' (2000) 5 Environmental History 366

Local Government Board, *Sewage Farms (Boroughs etc): Return of the names of boroughs, local boards, parishes, and special drainage districts which have through loans provided sewage farms or other means for the disposal of sewage by filtration or precipitation*, House of Commons Paper 134 (HMSO 1873)

McLaren J, 'Nuisance Law and the Industrial Revolution—Some Lessons from Social History' (1983) 3 OJLS 155

McLeod R, 'The Alkali Act Administration, 1863-84: The Emergence of the Civil Scientist' (1965) 9 Victorian Studies 85

Manchester Evening News, 'I'm Sorry about the Beetham Tower Howl, Says Architect Ian Simpson' (6 January 2012)

Michelman F, 'Pollution as a Tort: A Non-Accidental Perspective on Calabresi's Costs' (1971) 50 Yale LJ 647

Morag-Levine N, 'Is the Precautionary Principle a Civil Law Instrument? Lessons from the History of the Alkali Acts' (2011) 23 JEL 1

Newell E, ' "Copperopolis": The Rise and Fall of the Copper Industry in the Swansea District, 1826-1921' (1990) 32 Business History 75

Ogus A, 'Law and Spontaneous Order: Hayek's Contribution to Legal Theory' (1989) 16 Journal of Law and Society 393

Penner J, 'Nuisance, The Morality of Neighbourliness and Environmental Protection' in Lowry J and Edmunds R (eds), *Environmental Protection and the Common Law* (Hart 2000)

Pontin B, 'Integrated Pollution Control in Victorian Britain: Rethinking Progress within the History of Environmental Law' (2007) 19 Journal of Environmental Law 173

Pontin B, 'Nuisance Law and the Industrial Revolution: A Reinterpretation of Doctrine and Institutional Competence' (2012) 75 Modern Law Review 1010

Pontin B (2013a), 'Common Law Clean up of the "Workshop of the World": More Realism about Nuisance Law's Historic Environmental Achievements' (2013) 40 Journal of Law and Society 173

Pontin B (2013b), *Nuisance Law and Environmental Protection* (Lawtext Publications 2013)

R (Rockware Glass Ltd) v Quinn Glass Ltd and Chester CC [2006] EWCA Civ 992

Rees R, 'The Great Copper Trials' (1993) 43 History Today 38

Richardson G, Ogus A, and Burrows P, *Policing Pollution: A Study of Regulation and Enforcement* (Clarendon Press 1982)

Robinson D, 'Regulatory Evolution in Pollution Control' in Tim Jewell and Jenny Steele (eds), *Law in*

1271

Environmental Decision Making (Clarendon Press 1998) 44-45

Rosenthal L, 'Economic Efficiency, Nuisance, and Sewage: New Lessons from *Attorney- General v Council of the Borough of Birmingham*, 1858-95' (2007) 36 Journal of Legal Studies 2

Rosenthal L, *The Rivers Pollution Dilemma in Victorian England: Nuisance Versus Economic Efficiency* (Ashgate 2014)

Royal Commission on Environmental Pollution, *Pollution Control: Progress and Problems*(4th report, HMSO 1974)

Royal Commission on Noxious Vapours, British Parliamentary Papers XLIV (HMSO 1878)

Smith A (1876a), *Intermediate Report of the Chief Inspector of the Alkali Acts, 1863 and 1874*(HMSO 1876)

Smith A (1876b), 'What Amendments Are Required in the Legislation Necessary to Prevent the Evils Arising from Noxious Vapours and Smoke? (1876) [1876] Annual Proceedings of the National Association for the Promotion of Social Sciences 495

Smith A, *Rivers Pollution Prevention Act 1876: Report to the Local Government Board by Dr R Angus Smith* (HMSO 1881)

Smith A, *18th Annual Report of the Chief Alkali Inspector*, 1881 (HMSO 1883)

Steele J, 'Private Law and the Environment: Nuisance in Context' (1995) 15 Legal Studies 236   1272

Tipping v St Helens Smelting Co Ltd (1865) 11 HL Case 642

Vogel D, *National Styles of Regulation: Environmental Protection in Great Britain and the United States* (Cornell University Press 1986)

Warren K, *The Alkali Industry in Britain to 1926* (OUP 1980)

Weinrib E, 'The Special Morality of Tort Law' (1988) 34 McGill LJ 403

Wohl A, *Endangered Lives* (Methuen 1984)

索 引